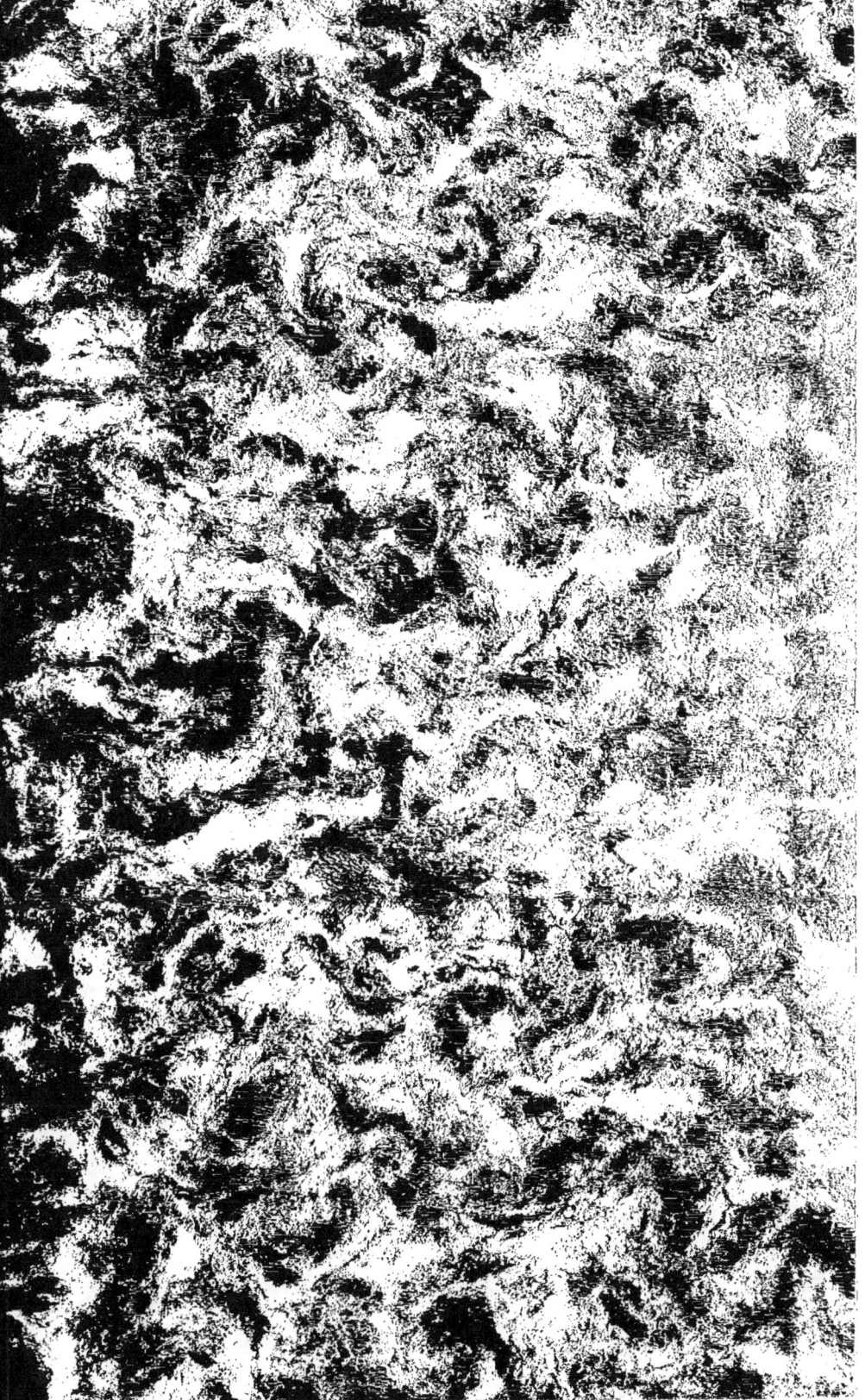

BIBLIOTHÈQUE DU MUSÉE CALVET D'AVIGNON

CATALOGUE

des ouvrages concernant

AVIGNON

ET

le Département de Vaucluse

(Fonds Requien, Massilian, Moutte, Chambaud et divers)

TOME Ier

AVIGNON
DOMINIQUE SEGUIN, IMPRIMEUR-LIBRAIRE
Rue Bouquerie, 13

1912 — 1921

BIBLIOTHÈQUE DU MUSÉE CALVET D'AVIGNON

CATALOGUE

des ouvrages concernant

AVIGNON

ET

le Département de Vaucluse

(Fonds Requien, Massilian, Moutte, Chambaud et divers)

TOME Ier

AVIGNON
DOMINIQUE SEGUIN, IMPRIMEUR-LIBRAIRE
Rue Bouquerie, 13

1912 — 1921

INTRODUCTION

La collection, dont nous présentons aujourd'hui le Catalogue, a été presque entièrement constituée par des libéralités particulières.

A l'origine, il n'y avait à la Bibliothèque d'Avignon qu'un petit nombre de livres ou brochures d'histoire locale, provenant pour la plupart de la collection formée au XVIIIe siècle par le chanoine de Véras [1], auteur souvent cité d'un *Recueil des épitaphes et inscriptions des églises d'Avignon* [2]. Ces ouvrages inventoriés sommairement [3] par le chanoine Calvet, bibliothécaire de la ville [4], n'étaient pas assez nombreux pour constituer un fonds spécial. De fait, qu'on ouvre le Catalogue des 26.451 ouvrages de la Bibliothèque de la ville rédigé, en 1808 [5], par le même chanoine Calvet, on n'y trouvera qu'une courte rubrique affectée à l'histoire d'Avignon. Quant à Esprit Calvet, le fondateur du Musée [6],

---

1. Jean-Raymond de Véras ou Devéras, chanoine de la collégiale de St-Pierre d'Avignon, mort dans cette ville le 4 septembre 1785. (Sur ce personnage, voir BARJAVEL, *Dictionnaire biographique et bibliographique... de Vaucluse*, t. Ier, p. 433).

2. Ms. 1738 de la Bibliothèque d'Avignon.

3. « Table générale du recueil de M. de Véras, chanoine de St-Pierre d'Avignon ». Ms. 2021 de la même bibliothèque, fol. 123-139.

4. André-Guillaume CALVET, né à Avignon le 24 avril 1759 (Arch. d'Avignon, GG, registres paroissiaux, St-Agricol : naissances 1748-1772, p 213), cousin du fondateur du Musée ; il entra dans les ordres et devint chanoine de la métropole d'Avignon. Le 15 germinal an XII (4 avril 1804), il fut nommé par l'administration municipale, conservateur de la Bibliothèque et du Musée de la commune, aux appointements annuels de 600 francs, en remplacement de Meynet, décédé (LABANDE, dans *Catalogue général des manuscrits... Avignon*, t. Ier, p LXXXVII) Il conserva ces fonctions jusqu'au 22 janvier 1825, date de sa mort (Mairie d'Avignon, registres de l'état-civil, année 1825. n° 45).

5. « Catalogue de la Bibliothèque de la ville d'Avignon par ordre de matières » 3 vol. in-fol. manuscrits. Ms. 3181-3183 de la Bibliothèque d'Avignon.

6. Voir : L.-H. LABANDE, *Esprit Calvet et le XVIIIe siècle à Avignon*, dans les *Mémoires de l'Académie de Vaucluse*, 1891, p. 249-275, et Joseph GIRARD, *L'Œuvre d'Esprit Calvet*, ibidem, 1911, p. 161-209.

il a beaucoup écrit sur les antiquités trouvées dans la région[1] ; on lui doit même des travaux d'histoire locale proprement dits, entre autres des « Mémoires pour servir à l'histoire des évêques et archevêques d'Avignon »[2]. Mais, sa bibliothèque, moins considérable d'ailleurs que la précédente[3], ne comprenait qu'une petite quantité d'ouvrages sur Avignon.

Ce fonds qu'on avait négligé de réunir, un bienfaiteur insigne du Musée Calvet, Esprit Requien, l'apporta un jour tout constitué. Son généreux exemple suscita ensuite des imitateurs. C'est donc un devoir de reconnaissance que de consacrer, en tête de cet ouvrage, une courte notice à ceux dont les libéralités ont permis la création d'un fonds qui avait sa place toute indiquée à la Bibliothèque d'Avignon.

* *

Parmi les donateurs dont je viens de parler, Esprit Requien occupe le premier rang, non seulement par la date, mais encore par l'importance de ses générosités.

Esprit Requien naquit à Avignon le 6 mai 1788[4]. Son père et son grand-père étaient tanneurs et lui-même exerça longtemps[5] cette industrie de la peausserie jadis si florissante à Avignon[6].

Doué d'un goût très vif pour les sciences naturelles, il s'adonna de bonne heure à l'étude de la botanique et de la géologie. Ses travaux et ses recherches lui acquirent bientôt une réputation européenne[7] qu'atteste la volumineuse correspondance laissée par lui et où figurent les savants les plus éminents de son épo-

---

1. La plupart de ses travaux sont restés manuscrits ; on sait qu'il les avait rédigés en deux exemplaires, conservés l'un à la Bibliothèque d'Avignon ms. 2344-2349 et l'autre à la Bibliothèque de Marseille (ms. 1504-1509). — Ses ouvrages imprimés sont indiqués ci-dessous, col. 183-185.

2. T. V. des *Œuvres* de CALVET (ms. 2348 de la Bibliothèque d'Avignon, fol. 145-228.

3. Le catalogue rédigé par CALVET en 1791 et comprenant 1382 numéros est transcrit dans le tome III des *Œuvres*, fol. 277-368 v°. Le cadre de classement en a été publié dans les *Mémoires de l'Académie de Vaucluse*, 1911, p 204-206.

4. BARJAVEL, *Dictionnaire*, etc., t. II, p. 316.

5. La Bibliothèque d'Avignon conserve les comptes de la « Maison Requien » de l'an VIII à 1837 (ms. 2.331-2.333 et 3.172), ainsi qu'un registre de « copie de lettres » de commerce d'Esprit Requien, 1834-1835 (Ms. 2.334).

6. ACHARD (Paul). *Historique des foires et marchés d'Avignon et de l'industrie et du commerce des cuirs dans cette ville*. Avignon, 1853, in 4°.

7. Voir les ouvrages sur le Mont-Ventoux de MARTINS, indiqués ci-dessous, col. 609.

que, tels que Brongniart, Jean-Baptiste Dumas, de Mirbel, Adrien de Jussieu, Alphonse de Candolle, Moquin-Tandon, etc. [1].

Le gouvernement lui confia à plusieurs reprises des missions scientifiques ; c'est, au cours de l'une d'elles, en Corse, où il devait faire le catalogue de la flore et de la faune conchyologique, qu'il mourut, à Bonifacio, le 29 mai 1851 [2]. De son vivant même [3], il avait donné au Musée Calvet les riches collections d'histoire naturelle formées par lui ; c'est aujourd'hui le Museum Requien [4].

Mais Requien n'était point de ces savants confinés dans une étude spéciale et qui semblent fermer les yeux au spectacle de la vie. En relation avec les personnalités les plus éminentes de son époque, il s'intéressait vivement aux hommes et aux choses de son temps. Sa culture était très vaste, sa curiosité universelle. On appréciait aussi son esprit, sa vive gaieté, presque autant que son savoir. Sa petite maison de la rue de l'Ombre [5] (aujourd'hui rue Cassan), était le rendez-vous de toutes les illustrations locales, de toutes les célébrités de passage à Avignon. Armand Pontmartin, reçu en familier, se rappelait y avoir vu le duc de Luynes, Horace Vernet, Paul Delaroche, Marmier, Méry, Ampère, Fauriel, M. de Mirbel, déjà nommé, Champmartin, Liszt, Castil-Blaze et son fils Henry Blaze de Bury [6]. Mais de tous les commensaux d'Esprit Requien, Prosper Mérimée fut le plus fidèle. L'illustre écrivain venait souvent à Avignon, appelé par ses fonc-

---

1. Cette correspondance comprenant 14.172 numéros, a été inventoriée par L.-H. Labande dans *Catalogue général des Manuscrits des Bibliothèques publiques de France, départements*, t. XXIX (Avignon, t. III) 1ʳᵉ partie, p. 635-679.
2. F. Seguin, *Pèlerinage au Mont-Ventoux*. (V. ci-dessous, col. 933), p. 134.
3. Le 18 janvier 1840 (*Documents divers sur le Musée Calvet d'Avignon*, p. 56-6:).
4. Ainsi nommé en vertu d'une décision du Conseil municipal du 23 août 1851, approuvée par décret du 30 septembre 1851. (*Ibidem*, p. 77-80).
5. Armand de Pontmartin en a donné une amusante description : « La demeure de Requien, — je ne dis pas la maison, — était certainement une des plus originales que peut rêver une imagination fantaisiste ; elle occupait le coin, — et quel coin ! — d'une ruelle qui n'était en réalité qu'un cul-de-sac, que l'on appelait la rue *de l'Ombre* et qui me rappelait la rue Soly, de *Ferragus* (*Histoire des treize*). Le rez-de-chaussée n'existait pas. Ce n'était qu'un hangar, où l'on entassait les produits de la tannerie, administrée par un régisseur. On montait par un escalier de bois (*scilicet*, échelle), aux appartements du maître. Sa chambre donnait sur un tout petit jardin, dont le principal ornement était un immense figuier, connu et presque célèbre dans toute la ville... » (A. de Pontmartin, *Mes Mémoires ; seconde jeunesse*, t. II, édit. Calmann Lévy, 1886, p. 60). Cette chambre, ajoutait ailleurs le célèbre critique, « c'était un temple, consacré à tout ce qui ennoblit l'intelligence et le cœur, à la science, aux arts, à l'amitié ». (Cité par F. Seguin, *op. laud.* p. 148).
6 *Idem., ibidem*, p. 57-58.

tions d'inspecteur général des monuments historiques [1] : entre deux visites, il entretenait avec son ami une correspondance célèbre dont une partie a été publiée [2].

Passionnément attaché à sa ville natale, Requien y a exercé plusieurs charges publiques ; il a été conseiller municipal, administrateur des Hospices et du Mont-de-Piété, directeur du Syndicat de la Durance [3], enfin et surtout administrateur [4], puis conservateur du Musée Calvet [5], fonctions auxquelles l'appelaient tout naturellement ses connaissances très variées. En effet, tout en faisant de l'histoire naurelle l'objet principal de ses études, Requien s'était aussi occupé d'histoire locale, de bibliographie, de numismatique, d'art et d'archéologie. S'il a peu écrit sur ces questions [6], il a par contre amassé en abondance objets d'art, notes et documents, livres manuscrits ou imprimés qu'il a d'ailleurs généreusement laissés au Musée Calvet, estimant à juste titre que « *c'était folie que de faire des collections pour les laisser vendre ou dilapider après soi* » [7]. On a signalé ailleurs l'importance de ses collections artistiques [8], le nombre et la valeur des manuscrits réunis par lui [9] : nous n'avons à étudier ici que l'œuvre de Requien en tant que créateur d'un fonds de bibliographie vauclusienne.

Laissons-le expliquer lui-même comment il fut appelé à former sa collection historique et à la donner à ses concitoyens. Dans une lettre du 5 janvier 1839, il écrivait aux administrateurs du Musée Calvet : « Convaincu qu'uue des choses les plus utiles à

---

1. V. André HALLAYS, *Mérimée, inspecteur des monuments historiques*, dans *Revue des Deux-Mondes*, 1911, t. II, p. 761-786.
2. Dans la *Revue de Paris*, n° du 15 mai 1898, p. 225-256.
3. Cf. L.-H. LABANDE, dans *Catalogue général des manuscrits... Avignon*, t. III, 2 partie, p. 1385, v° Requien (Esprit).
4. Administrateur nommé par le Conseil municipal, à partir du 8 juin 1819, exécuteur testamentaire de Calvet à partir du 25 mai 1838. (*Testament de M. Esprit-Claude-François Calvet d'Avignon, suivi de l'extrait du testament de M. Artaud, etc.*, p. 34 et 32).
5. A partir d'octobre 1849 (*Ibidem*, p. 36, addition manuscrite.
6. Voir la liste de ses publications, ci-dessous col. 847. — Il est à remarquer que CARTIER a rédigé sa *Numismatique de l'ancien Comtat Venaissin et de la principauté d'Orange*, d'après des notes à lui communiquées par M. Requien. — D'autres notes de Requien sur la bibliographie, l'archéologie, l'histoire et la numismatique sont conservées à la Bibliothèque d'Avignon (ms. 2.828, p. 785, 3.147, 3153-3159).
7. *Documents divers sur le Musée Calvet d'Avignon*, p. 58.
8. J. GIRARD, *Catalogue des tableaux exposés dans les Galeries du Musée Calvet d'Avignon* Avignon, 1909, in-12.
9. L.-H. LABANDE, dans *Catalogue général des manuscrits... Avignon*, t. I, p. XCI-XCIV. — Les manuscrits donnés ou légués par Requien forment les n°s 2.591 à 3175.

« un pays est le recueil des documents qui le concernent, depuis
« trente ans, je travaille à former une bibliothèque de livres im-
« primés ou manuscrits relatifs à Avignon, au département de
« Vaucluse et aux trois provinces qui l'entourent et dont l'his-
« toire se lie si intimement à la nôtre. Je suis parvenu, non sans
« peine et sans dépense, à recueillir au moins deux mille volu-
« mes imprimés parmi lesquels beaucoup de très rares, je dirai
« même presque uniques ; je me bornerai à citer le Recueil que
« j'ai formé de pièces imprimées ou manuscrites sur l'histoire
« ou les événements d'Avignon, depuis le XVIe siècle jusqu'à
« nos jours, recueil qui forme plus de cent volumes de tous for-
« mats et qui contient plus de dix mille pièces diverses...
« Croyant cette collection historique la plus complète qui
« existe, soit dans les établissements publics, soit chez les parti-
« culiers, mon intention était d'en faire jouir mon pays après
« moi... Mais voyant, chaque jour, des lecteurs demander à notre
« bibliothèque des ouvrages qu'elle n'a pas et que je possède,
« pénétré de l'idée que nous devons propager l'étude des scien-
« ces historiques si généralement cultivées aujourd'hui, et encou-
« rager, autant que cela dépend de nous, les personnes capables
« de s'occuper de l'histoire de notre ville, en leur fournissant
« tous les matériaux possibles, je viens vous offrir de donner
« immédiatement, à la Bibliothèque d'Avignon, une collection
« que je crois si utile... » [1].

Esprit Requien avait raison de souligner l'importance de la
« bibliothèque » formée par lui. L'inventaire qui en fut dressé en
1839 [2] accuse :

1° Imprimés in-folio............		149	volumes.
— in-4°............		782	»
— in-8° et petits formats........		2.326	»
		3.257	»
2° Manuscrits............		301	»
	Total général......	3.558	volumes.

L'Administration du Musée Calvet s'empressa d'accepter ce
magnifique cadeau ; par arrêté du 15 mars 1839, le Préfet de
Vaucluse lui donna l'autorisation administrative nécessaire [3].

1. *Documents divers sur le Musée Calvet d'Avignon*, p. 48-51.
2. *Dons faits au Museum Calvet pendant l'année 1839*, p. 23.
3. *Documents divers...*, p. 52.

Aussitôt après, une galerie fut construite et spécialement aménagée pour ce nouveau fonds de livres [1] qui reçut officiellement, suivant le désir du donateur, le titre de *Bibliothèque historique du Midi de la France*, mais qu'on appela dès lors plus brièvement, *Bibliothèque Requien* [2].

En annonçant à ses collègues le don qu'il faisait, Requien avait dit : « Quoique privé des collections que j'ai l'honneur de vous offrir, je n'en saisirai pas moins toutes les occasions qui se présenteront pour les augmenter » [3]. De fait, ce généreux bienfaiteur ne cessa d'enrichir la bibliothèque par des *dons* presque quotidiens : en outre, l'abandon qu'il fit, en 1840 [4], de sa bibliothèque d'histoire naturelle, fort considérable pour l'époque, valut encore à la Bibliothèque d'Avignon une certaine quantité d'ouvrages utiles pour les études locales. Enfin, le 21 janvier 1849, dans son testament, Requien confirma ses précédentes donations en y ajoutant de nouvelles libéralités en faveur du Musée proprement dit [5].

Voici le passage de ce document qui concerne la collection d'histoire vauclusienne :

« Je confirme, si besoin est, les dons que j'ai faits au Musée
« Calvet de mon vivant, savoir : Ma bibliothèque relative aux
« provinces de la France et surtout à Avignon, qui est déposée
« dans une des galeries de ce Musée, à laquelle on a bien voulu
« donner mon nom. Il n'en existe pas d'aussi complète » [6].

Requien pouvait en connaissance de cause se donner ce témoignage : il avait été, comme nous l'avons dit, conservateur du Musée Calvet, de 1849 à 1851 ; à ce titre, il avait eu la garde de deux collections semblables à la sienne et dont nous parlerons dans un instant. En tout cas, si sa collection était la plus nombreuse, il n'est pas douteux qu'elle fût aussi la plus importante par la valeur exceptionnelle et la rareté de certains documents recueillis par lui. Elle comprenait naturellement tous les ouvrages précieux du XVI° au XVIII° siècle, aujourd'hui si recherchés des collectionneurs locaux. Dans le fascicule des *Dons faits au*

---

1. *Documents divers...*, p. 54.
2. *Ibidem*, p. 69.
3. *Ibidem*, p. 51.
4. Séance de l'Administration du Musée Calvet, du 18 janvier 1840 (*Ibidem*, p. 56-61).
5. *Ibidem*, p. 67-76.
6. *Ibidem*, p. 69.

Museum Calvet pendant l'année 1839 [1], la notice consacrée à Requien et rédigée sous son inspiration, cite comme particulièrement dignes de remarque : la collection de toutes les éditions des statuts d'Avignon de 1564 à 1698 (7 volumes), et celle des statuts du Comtat de 1511 à 1700 (3 volumes), les discours de Louis de Pérussis sur les guerres du Comté Venaissin et de la Provence, les *Commentaires des guerres civiles de notre temps*, par Honoré Henry, le *Mémoire pour le procureur général au Parlement de Provence* [Ripert Monclar], les *Mémoires sur la Révolution d'Avignon et du Comtat Venaissin*, imprimés en français et en italien, à Rome, en 1793, le recueil factice des jugements rendus par la Commission populaire d'Orange en l'an II, etc. On aurait pu allonger cette liste en y faisant entrer beaucoup d'autres ouvrages peu communs, dont on trouvera l'indication dans le présent catalogue.

Mais ce que Requien prisait par-dessus tout, c'étaient les recueils où il avait réuni un nombre considérable de brochures et de plaquettes sur l'histoire d'Avignon, du Comtat et du département de Vaucluse. Requien collectionnait tout : bulles des papes, ordonnances des rois de France ou des vice-légats, relations d'entrées solennelles, brochures de circonstance, de polémique ou d'édification, factums, thèses, circulaires et publications administratives, affiches, journaux [2] et jusqu'à des prospectus [3], des placards électoraux, des bulletins de vote et même de simples cartes de visite [4], minces feuilles volantes que le temps élève parfois à la dignité de documents historiques. La plupart de ses amis occupaient des situations importantes dans les administrations locales ; habiles à flatter sa bienfaisante passion, ils se mettaient aussi en chasse pour lui. Grâce à de tels concours et à sa patience inlassable, Requien réussit à former une collection extrêmement abondante qui comprenait dès 1839 plus de 10,000 numéros [5]. Est-il besoin d'ajouter que pareille récolte serait aujourd'hui à peu près impossible, même au prix de dépenses considérables ?

1. P. 23-25.
2. On trouvera l'indication de ces pièces dans le tome II du présent Catalogue.
3. Cf. par ex. ci-dessous, col. 372 : DUVERNAY, *Devis et projet pour une Société de plusieurs personnes d'Avignon...* — D'autres pièces de ce genre figureront dans le tome II.
4. Ex. : la carte du commandeur abbé Gazzera, représentant l'*Ancien Palais Apostolique d'Avignon* (ci-dessous col. 29).
5. *Documents divers*, p. 49.

Requien ne laissa à personne le soin de classer sa précieuse collection. Son système fut d'ailleurs très simple. Il divisa ses brochures en trois groupes suivant leurs formats ; il y eut la série in folio, la série in-4° et la série in-8° (qui comprit aussi les petits formats). Dans chaque série, les pièces furent disposées suivant l'ordre chronologique et reliées ensemble, par paquets, pour former des volumes d'épaisseur à peu près équivalente. Les Recueils sur Avignon et le Comtat sous l'ancien régime comptent ainsi un volume in-folio et 32 volumes in-4°. La seconde série, de beaucoup la plus considérable et qui va de 1789 à 1847, comprend un volume in-folio, 28 in-4°, et 32 in-8° [1]. En outre, il existe certaines séries de documents que Requien avait classées à part, les thèses et programmes de l'ancienne Université d'Avignon [2], les actes et jugements de la Commission populaire d'Orange [3], les arrêtés du conventionnel Maignet en mission dans les Bouches-du-Rhône et en Vaucluse [4], les factums ; telles sont aussi les listes électorales [5], les listes du jury [6], les affiches administratives qui forment un recueil de douze volumes de près de 400 pièces chacun, de 1583 à 1830 (deux volumes pour l'ancien régime, quatre pour la révolution, six pour le XIX° siècle [7]), etc., etc. Citons enfin la collection presque complète des journaux publiés à Avignon et dans le département de Vaucluse depuis 1733 [8].

.·.

En affirmant que sa bibliothèque vauclusienne était la plus importante qui fût à Avignon, Requien visait évidemment deux autres collections formées à des époques très différentes, celles de Xavier Moutte et celle de Victor-Dominique Chambaud, la première intéressant l'ancien régime, la seconde concernant la période révolutionnaire.

---

1. Ces recueils, parce que certains d'entre eux contiennent quelques pièces manuscrites, ont tous été classés parmi les manuscrits (n°° 2924 à 3018), afin de ne pas dépareiller la collection.
2. Atlas 324 et 337, in-4° 3594, etc.
3. In-4° 3861.
4. In-4° 3862.
5. Atlas 325.
6. In-4° 3684 à 3687, in-8° 27.232.
7. Atlas 312 à 323.
8. On sait que Requien a publié en 1837 une *Bibliographie* de ces journaux (cf. ci-dessous, col. 847) ; le ms. 3031 contient les matériaux d'une nouvelle édition mise à jour de cette bibliographie.

La bibliothèque de Xavier Moutte est aujourd'hui désignée sous le nom de fonds Massilian-Moutte, parce que la partie, la plus utile à nos yeux, consiste dans les recueils formés au XVIIIᵉ siècle par le chanoine avignonais Massilian, le premier qui ait eu l'idée de constituer une collection de tous les documents manuscrits ou imprimés sur Avignon et la région.

Henri-Joseph-Léon de Massilian, né à Avignon le 11 avril 1721, avait été d'abord officier de marine, puis s'était retiré, jeune encore, dans sa ville natale où il entra dans les ordres, devint chanoine, puis prévôt de l'église St-Didier [1]. Doué d'un goût très vif pour les études historiques, Massilian explora, avec zèle et compétence, les chartiers des communautés religieuses d'Avignon ; il copia ou analysa une foule de documents originaux dont beaucoup ont disparu depuis ; aussi, ses cahiers de notes et de copies ont-ils aujourd'hui encore une très grande valeur ; ils sont consultés presque journellement par les érudits [2]. Mais Massilian ne borna pas son activité à ce travail d'archiviste ; il fut aussi un excellent bibliographe. Un de ses registres manuscrits porte le titre suivant : « *Bibliothèque avignonnoise ou Catalogue des ouvrages tant imprimés que manuscrits concernant l'histoire civile et ecclésiastique de la ville d'Avignon et de son diocèse, de la province du Comtat Venaissin et de la principauté d'Orange* » [3]. C'est, comme on le voit, une véritable bibliographie d'ailleurs assez complète, très clairement et très méthodiquement ordonnée. Voici au surplus, à titre de document, les divisions adoptées par l'auteur.

Cartes et plans.

Avignon. HISTOIRE CIVILE : 1º Histoire générale ; 2º Collections de chartes et titres ; 3º Statuts et règlements ; 5º Privilèges, hommages et ambassades des habitants d'Avignon ; 5º Concordats entre le St-Siège et la cour de France au sujet du sel, du tabac et des toiles peintes, des cartes à jouer, des déserteurs ; 6º Prises de possession sous les rois Louis XIV et Louis XV et reprises de possession ; 7º Descriptions d'entrées solennelles de rois, reines, princes, princesses, légats, archevêques, etc., dans la ville d'Avignon ; 8º Réjouissances, processions, canonisations ; 9º Pompes funèbres; 10º Papes qui ont siégé à Avignon et cardinaux faits par eux ; 11º Légats et vice-légats d'Avignon ; 12º Podestats et vigiers de la ville d'Avignon ; 13º Université d'Avignon ; 14º Auditeur général et tribunal de la rote ; 15º Tribunal de la vice-gérence ; 16º Justice et juges

---

1. Barjavel, *Dictionnaire historique, biographique et bibliographique de Vaucluse*, t. II, p. 155-157.
2. Ce sont les mss. 2379 à 2461 de la Bibliothèque d'Avignon.
3. Ms. 2387.

d'Avignon, notaires, etc. ; 17° Consuls, hôtel-de-ville, administration et police ; 18° Rivières et canaux ; 19° Monnaies ; 20° Commerce de la ville d'Avignon 21° Juifs d'Avignon et du Comtat ; 22° Habitants de la ville d'Avignon ; 23° Généalogies et nobiliaires ; 24° Histoire littéraire ; bibliothèques ; ouvrages composés par des habitants de la ville d'Avignon. — HISTOIRE ECCLÉSIASTIQUE : 1° Évêques et archevêques d'Avignon ; 2° Église métropolitaine de Notre-Dame des Doms ; 3° Conciles d'Avignon ; 4° Inquisition ; 5° Églises collégiales et paroissiales ; 6° Chapelles ; 7° Communautés religieuses d'hommes ; collèges ; séminaires ; 9° Communautés religieuses de filles ; 10° Hôpitaux ; conservatoires ; maisons de charité ; Mont-de-Piété ; 11° Compagnies de Pénitents. — DIOCÈSE d'Avignon dans le Comtat, le Languedoc et la Provence [1].

Province du Comtat Venaissin.

Carpentras. — HISTOIRE ECCLÉSIASTIQUE : 1° Évêques : 2° Église cathédrale : 3° Conciles ; 4° Communautés d'hommes et de filles ; hôpitaux, etc. — HISTOIRE CIVILE. — DIOCÈSE de Carpentras.

Cavaillon. — (Mêmes divisions que pour Carpentras).

Vaison. — (Mêmes divisions que pour Carpentras).

Paroisses du Comtat dépendantes des diocèses situés en France.

Principauté d'Orange. — Histoire générale. Université. — ORANGE. Histoire civile et Histoire ecclésiastique (mêmes divisions que pour Carpentras). — PAROISSES de la principauté d'Orange.

Massilian ne s'était pas borné à rédiger ce très utile catalogue ; il avait aussi, comme nous l'avons dit, collectionné avec le plus grand soin les livres et brochures concernant Avignon et le Comtat. De ces brochures, il avait formé, suivant l'usage de l'époque, des recueils reliés, comprenant en tout 53 volumes [2]. Mais, contrairement au système adopté plus tard par Requien, Massilian avait classé ses brochures par ordre méthodique en suivant à peu près l'ordre des divisions établies dans sa « Bibliothèque avignonaise. »

Émigré en 1792, Massilian mourut en Italie au commencement du XIX° siècle [3] Après lui, ses papiers et ses livres tombèrent, on ne sait comment, entre les mains d'un avignonais, Charles-Agricol-Xavier-Régis Moutte, ancien pharmacien des armées d'Italie et d'Orient et bibliophile distingué [4]. Moutte conserva

---

1. L'auteur groupe sous ce titre et par ordre alphabétique les localités de l'ancien diocèse d'Avignon. — De même, plus loin, pour les autres diocèses, à leur rubrique.
2. Ces volumes entrés à la Bibliothèque d'Avignon dans les conditions indiquées plus loin ont été, pour la plupart, classés parmi les manuscrits (n° 2413 à 2415 et 2421 à 2461), comme on l'avait fait pour les volumes de Requien et pour les mêmes raisons (Cf ci-dessus, p. x, note 1).
3. Barjavel, *Dictionnaire*, etc. t. II, p. 155.
4. Sa bibliothèque, fort importante, s'est vendue à Avignon, en 1872. (Le *Catalogue* de cette bibliothèque est indiqué ci-dessous col. 123).

avec soin et augmenta de quelques pièces la collection de Massilian. Puis un jour, entraîné par l'exemple de Requien, sollicité d'autre part par le conservateur Blégier de Pierregrosse, il se décida à en faire don au Musée Calvet. Il fit part de son intention aux administrateurs de cet établissement, par la lettre suivante, du 5 janvier 1841 :

« J'ai l'honneur de vous informer que je viens accomplir la
« promesse que je fis, il y a quelque temps, à M. de Blégier,
« conservateur du Musée, de faire don à votre établissement des
« précieux manuscrits de M. de Massilian, sur l'histoire d'Avi-
« gnon, du Comtat-Venaissin et de la principauté d'Orange,
« ainsi que de tous les ouvrages que je possède se rattachant à la
« même histoire, désireux que je suis de compléter la belle col-
« lection Requien, ce qui formera alors un ensemble unique de
« tous les titres historiques de notre pays, rendu célèbre par le
« séjour que les papes y ont fait dans le XIV° siècle »[1]. On verra, en effet, par les mentions nombreuses qui en seront faites au cours de ce Catalogue, que la collection Massilian-Moutte constituait un apport très considérable[2].

Cette collection intéresse presque exclusivement l'ancien régime. Celle de Chambaud est importante surtout pour la période révolutionnaire.

« Depuis le 14 janvier 1841, Dominique-Victor-Hyacinthe Chambaud fut conservateur de la bibliothèque. Il était fils du notaire Charles-Dominique Chambaud, qui avait ramassé toute espèce de documents sur la période révolutionnaire à Avignon et qui avait même commencé la rédaction de l'histoire de ces temps troublés. Victor Chambaud continua les recherches de son père, compléta ses recueils, poussa plus loin ses études et forma lui aussi une magnifique collection de manuscrits sur Avignon et l'ancien Comté Venaissin »[3]. Il avait réuni également en très grand nombre les livres, brochures et placards concernant l'histoire d'Avignon ; ses recueils font, en grande partie, double emploi avec ceux de Requien et sont, comme ceux-ci, classés

---

1. *Documents divers...*, p. 64-65.
2. Moutte en avait dressé lui-même et transcrit de sa propre main le Catalogue. C'est aujourd'hui le ms. 2022, intitulé : « *Catalogue des livres pour servir à l'histoire de la ville d'Avignon et du ci-devant Comtat Venaissin, donnés au Museum Calvet, par Charles-Agricol-Xavier-Régis Moutte, chevalier de la Légion d'honneur.* »
3. L.-H. Labande, *Introduction au Catalogue des manuscrits des Bibliothèques publiques de France. Départements*, tome XXVII. *Avignon*, tome I, p. xcv.

d'après leur format, en trois groupes, dans lesquels les pièces sont disposées suivant l'ordre chronologique [1]. « Victor Chambaud mourut le 8 octobre 1849 ; ses recueils de pièces et ses propres manuscrits (car il avait écrit plusieurs mémoires historiques fort appréciés) [2] restèrent à la Bibliothèque, qu'il avait dirigée avec autant de compétence que de dévouement » [3].

En résumé, le fonds vauclusien de la Bibiothèque d'Avignon se compose en grande partie, pour la période antérieure au milieu du XIX° siècle, des trois collections Requien, Massilian-Moutte et Chambaud. De ces deux dernières, l'une, la collection Massilian-Moutte, concerne l'ancien régime ; l'autre, celle de Chambaud, est précieuse, surtout par sa série « révolutionnaire ». Quant à celle de Requien, elle forme une série ininterrompue allant du commencement du XVI° siècle au milieu du XIX°; elle est en outre beaucoup plus abondante que les deux autres collections réunies.

Ainsi constitué, le « fonds local » de la Bibliothèque d'Avignon continua à s'enrichir dans la seconde moitié du XIX° siècle, par quelques acquisitions, par les dons des auteurs, par des libéralités diverses. Les noms des bienfaiteurs de la bibliothèque ont été insérés dans une publication périodique intitulée *Dons faits au Museum Calvet* et éditée depuis 1816 jusqu'à 1910 ; on retrouvera ces noms cités au cours du présent Catalogue [4].

La provenance de chaque ouvrage est, en effet, indiquée chaque fois que l'ouvrage ne fait pas partie du fonds Requien. A cause de l'importance sans pareille de ce fonds, nous avons cru devoir, par mesure de simplification, sous-entendre la mention « *fonds Requien* » chaque fois que l'ouvrage signalé figurait seulement dans cette collection.

Les règles suivies pour l'établissement de ce Catalogue apparaîtront d'elles-mêmes. Nous avons dû renoncer au classement

---

1. La plupart de ces recueils contiennent des pièces et des notes manuscrites et ont été classés, pour cette raison, parmi les manuscrits ; ce sont les n°˚ 2522 à 2551 (Cf. *Id., ibid.* t. II, p. 517-541).

2. Voir ci-dessous, col. 225-226.

3. L.-H. Labande, *loc. cit.*, p. xcv.

4. Par exception, les ouvrages du fonds Cottier (500 brochures environ) ne figurent pas sous le nom de leur véritable donateur, M. le médecin-principal Ravoux, arrière-petit neveu de Cottier. On a voulu mettre en vedette le nom de l'auteur de la collection, historien toujours consulté des recteurs du Venaissin et de la ville de Carpentras.

par ordre méthodique adopté à l'origine et souvent usité dans des publications de ce genre. Outre les inconvénients que comporte ce système et sa grande complication, il nous a paru présenter ici une difficulté spéciale résultant de ce fait qu'un très grand nombre de pièces, telles que des publications administratives ou de collectivités ou des écrits anonymes n'ayant pas de titre typographique, risquaient de figurer dans ce catalogue sous plusieurs rubriques différentes suivant les formules adoptées par les divers rédacteurs. Le classement par nom d'auteur permettait d'éviter ce danger. Il est le seul qui offre une base de classification absolue.

Qui avons-nous considéré comme *auteur* ? D'abord, évidemment, l'individu qui a écrit le livre ; c'est le sens propre du mot *auteur*. Mais, de plus, quand l'ouvrage émane d'un corps organisé, d'une administration, d'une collectivité, en un mot d'une « personne morale » qu'elle soit juridiquement ou non constituée, nous avons considéré comme auteur cette « personne morale » lorsque le véritable rédacteur ne s'est pas révélé ou que la publication ne peut être admise comme l'œuvre exclusivement personnelle du signataire.

Or, dans une collection comme celle qui fait l'objet du présent Catalogue, les ouvrages qui ont un « auteur » au sens exact du terme ne sont pas la majorité. Les publications de collectivités administratives ou autres sont de beaucoup les plus nombreuses. Adopter un ordre alphabétique continu risquait de noyer les « auteurs » au milieu des publications administratives.

Nous avons donc adopté la solution suivante.

Dans une première partie, nous avons groupé tous les ouvrages portant un nom d'auteur et tous les anonymes dont il avait été impossible de retrouver l'origine. Cette première partie forme le présent volume qui comprend les notices de plus de cinq mille livres ou brochures [1].

Dans un second volume, plus considérable encore que celui-ci, nous réunirons tous les actes et documents administratifs et les publications de collectivités diverses (sociétés, syndicats, etc.). En tête de ce second volume, nous nous réservons d'expliquer, en détail, la méthode suivie. Nous dirons seulement que nous

---

1. Il a été imprimé de janvier 1912 à juillet 1914. Nous donnnons ces dates pour qu'on ne cherche pas, dans ce premier volume, les ouvrages entrés postérieurement à la période qui vient d'être indiquée.

avons classé, dans cette deuxième série, les bulles des papes [1], les ordonnances des rois de France, des légats et vice-légats d'Avignon. Selon le principe posé plus haut, ces documents ne peuvent être considérés, d'une façon générale, comme l'œuvre personnelle de leurs signataires ; ils sont moins le fait de l'homme que de la fonction. Nous les avons donc classés, suivant leur série, par ordre de date, ce qui nous permettra de présenter le développement logique de toute l'œuvre législative ou réglementaire des papes, des rois de France, des légats et vice-légats, en ce qui concerne la région qui nous occupe.

Enfin, nous avons réservé à une troisième partie les factums et pièces judiciaires classés suivant les règles adoptées dans le Catalogue des factums de la Bibliothèque Nationale par A. Corda. Cette troisième partie renfermera en outre un supplément contenant les additions ou corrections et la liste des ouvrages entrés à la Bibliothèque depuis le commencement de l'impression de ce Catalogue.

L'ouvrage complet sera terminé par une table alphabétique détaillée des noms et des matières. En attendant, chaque volume sera muni d'un sommaire alphabétique qui en facilitera la consultation.

Ce Catalogue, commencé par M. L.-H. Labande, ancien conservateur de la Bibliothèque, qui a rédigé un grand nombre de « fiches », a été achevé par M. J. Girard, conservateur actuel de la Bibliothèque, avec le concours de M. Lucien Gap, sous-bibliothécaire, — qui a établi des notices et fourni plusieurs indications utiles —, et de M. Louis Binon, aide-bibliothécaire.

J. GIRARD.

[1] Exception a été faite pour les volumes de l'École française de Rome qui ne sont plus des publications administratives, mais des recueils préparés et édités par des érudits

PREMIÈRE PARTIE

AUTEURS ET ANONYMES

A

A Clément XIV [Adresse en vers]. — [Avignon], s. d. [1774], in-4°, pièce (4 p.).

Fonds Massilian-Moutte et Requien.

2 ex. [**4°, 5.484**. — Ms. **2.439**, n° 51.

A la mémoire de deux frères : Charles Barcilon, décédé le 31 octobre 1892, et Augustin Barcilon, décédé le 8 novembre 1892. — [Carpentras, impr. Tourette, 1892], in-8°, port.

[8°, **27.796**.

A la mémoire de Monsieur Achille-Benjamin-Constant Bonnet, médecin, né à Oppède, le 6 avril 1829, mort à Aix-les-Bains (Savoie), le 3 août 1871... — [Avignon, impr. F. Seguin], s. d., in-8°, pièce (19 p.).

[8°, **26.937**.

A Leurs Excellences Messeigneurs Messeigneurs Aquaviva et Passionei, l'un finissant et l'autre commençant sa vice-légation. — [Avignon, D. Seguin, 1754], in-4°, pièce (III ff. n. ch.).

Fonds Massilian-Moutte

2 ex. [Ms. **2.431**, n° 57, et **2.930**, n° 19.

A mes concitoyens. Observations sur les questions actuelles [avril 1790]. — S. l., n. d., in-8°, pièce (16 p.).

[Sur le projet de réunion des Etats généraux du Comtat].

Fonds Chambaud.

[Ms. **2.536**, n° 27.

A mes concitoyens pour les engager à demander un canal d'arrosage. — [Beaucaire, J.-M. Garrigan jeune], 1790, in-8°, pièce (16 p.).

[8°, **24.868**, n° 8.

A Messieurs les maistres de la confrérie de N. D. la Maiour, recteurs des hospitaux de ladite confrérie, l'un dit des Lombards, près le Portal Matheron, dans lequel on reçoit les pelerins : l'autre dit Saint-Michel, joignant le couvent des Peres Celestins... ausquels ont esté unis les hôpitaux Saint Martial, du Portal l'Evesque, et de N. Dame de Sauvation, avec tous ses droits et appartenances... [Statuts de la Confrérie]. — Avignon, A. Dupérier, 1678, in-4°, pièce (22 p.).

Page 2. Gravure sur bois (la Vierge) de la Confrérie. — Page 20. Eau-forte : la Vierge de miséricorde, d'après le tableau d'Enguerrand Charonton et Pierre Villate, aux Célestins.—Page 21. « Ordonnances et reglement general pour toutes les Confreries de la presente ville. » 25 mars 1665.

[**Ms. 2.452**, n° 19.

— Autre ex. dans lequel les gravures des p. 20 et 21 manquent.

[**Ms. 2.952**, n° 1.

A Messieurs les membres de la Chambre des députés. — A Messieurs les membres de la Chambre des Pairs. — *S. l. n. d.*, in-4°, 2 pièces de 2 ff. n. ch.

[Formule de pétition signée à Avignon pour la liberté de l'enseignement].

[**Ms. 2.978**, n°s 57 et 58.

A Messieurs tenant la cour royale de Nimes, chambres assemblées, l'ordre des avocats près la cour royale de Nimes et les tribunaux du ressort [au sujet du conflit survenu entre les avocats et les avoués d'Orange, 1833]. — [*Nimes, impr. Durand-Belle*], s. d., in-4°, pièce (37 p.).

[**Ms. 2.973**, n° 78.

A M. Imbert de Lonnes [poésie]. — *S. l. n. d.*, in 8°, pièce (1 ff. n. ch.).

[8°, **25.068**, n° 41.

A Monsieur d'Orgons, seigneur de Puimichel, trésorier-général de France [A Avignon, le 6. Iuliet 1681]. — *S. l. n. d.*, in-4°, pièce (4 p.).

[Dessin et description d'un œuf extraordinaire trouvé à Avignon].

2 ex. [**Ms. 2.451**, n° 32, et **2.939**, n° 20.

A Monsieur le Maire d'Avignon, président du Bureau de police [3 mai 1790]. — *S. l. n. d.*, in-12, pièce (7 p.).

[Projet pour la sûreté et la police de la ville].

Fonds Chambaud et Requien.

2 ex. [**Ms. 2.536**, n° 37, et **2.987**, n° 17.

A Monsieur Victor Augier, sur son livre intitulé : Les crimes d'Avignon pendant les Cent jours. — *S. l. n. d.* [1818], in-8°, pièce (23 p.).

Fonds Chambaud et Requien.

3 ex. [8° **26.592**. — **Ms. 2 548**, n° 11, et **2.999**, n° 13.

A. — R. — Les Jésuites à Avignon. — *Le Constitutionnel*, n°s des 21 juin et 13 juillet 1843.

[Sur les agissements de la Société de la Foi à Avignon. — Signé : A.-R.].

[**Ms. 2.978**, n°s 28 et 29.

A Son Excellence, Monseigneur Durini, archevêque d'Ancyre, président et pro-légat. — *S. l. n. d.*, pet. in-8°, pièce (7 p.).

[8°, **25.088**, n° 6.

ABBÉ (L') André (Jean-François), Docteur en droit canonique, Correspondant du Ministère pour les travaux historiques, membre de plusieurs Sociétés savantes... — *Répertoire historique des contemporains*. t. II, 1861, p. 396-398.

[Notice biographique sur l'Abbé J.-F. André].

[4°, **3.249**.

ABBÉ (L') Maury, répudié par la Négrisse, le lendemain de son mariage. — *S. l., de la 60° impr. de la Liberté*, [1790], in-8°, pièce (8 p.)

[Pamphlet contre l'abbé Maury].

[**Ms. 3.012**, n° 20.

ABILLON (André d'). — Le Concile de la grâce ou Reflexions théologiques. sur le second Concile d'Orange, et le parfait accord de ses décisions avec celles du Concile de Trente. Par André d'Abillon... — *Paris, Sébastien Piquet*, 1645, in-4°,

26 p. - 1 ff. n. ch. - 334 p. - 1 ff. n. ch.

[Sur le titre, grav. signée J. Briot].

[8°, **17.225**.

ABRÉGÉ de la devotion de Nostre Dame du S. Rosaire pour les confrères de la ville d'Avignon. — *Avignon, Michel Chastel*, 1666, in-16, pièce (36 p.).

[8°, **24.425**, n° 9.

ABRÉGÉ de la Doctrine Chrétienne, à l'usage du Diocèse de Saint-Paul-Trois-Chateaux. — *Avignon, F. Nicolas Barnème*, s. d., in-12, pièce (48 p.).

[8°, **23.810**.

ABRÉGÉ de la vie de Mr Laurent-Dominique Bertet, fondateur et premier supérieur de la Congrégation des Prêtres missionnaires de N. D. de Ste Garde, sa conduite spirituelle et le recueil de ses lettres, par un prêtre de la même Congrégation. — *Avignon, L. Chambeau*, 1758, in-12, VI ff. n. ch. - 458 p.

[8°, **31.817**.

ABRÉGÉ de la vie du maréchal Brune [2 août 1815]. — *S.l.n.d.*, in-8°, pièce (3 p.).

Fonds Chambaud et Requien.

3 ex. [8°, **31.548**. — Ms. **2.547**, n° 8, et **2.998**, n° 32.

ABRÉGÉ de la vie militaire du lieutenant-général [Jean-Charles Monnier], commandant les gardes nationales de Vaucluse. — *S. l. n. d.*, in-8°, pièce (4 p.).

(Extrait de la *Biographie moderne*).
Fonds Chambaud et Requien.

2 ex. [Ms. **2.547**, n° 35, et **2.998**, n° 12.

ABRÉGÉ de l'histoire prodigieuse de Jean Bertet, du Comtat d'Avignon, avec une dissertation pour distinguer les vraies possessions d'avec les fausses. Et un abrégé d'un livre intitulé : Le Triomphe du Très-Saint Sacrement sur le Démon. — *Paris, rue de la Harpe, au Bon Pasteur*, 1732, in-12, II ff. n. ch. - 48-72 p. - II ff. n. ch. - 76 p. - II ff. n. ch.

[8°, **24.892**.

ABRÉGÉ du catéchisme... d'Avignon... *Voir* : CATÉCHISME. Abrégé du catéchisme... *Avignon*, 1768, in-18.

[Ms. **2.441**, n° 12.

ABRÉGÉ historique et chronologique de la dévote et royale Confrérie des Pénitents gris d'Avignon. — *Avignon, Seguin*, 1874, in-16, pièce (16 p.).

Anc. Archevêché d'Avignon.

[8°, **37.275**.

ACHARD (CLAUDE-FRANÇOIS). — Catalogue de la bibliothèque des livres de feu l'abbé Rive, acquise par les citoyens Chauffard et Colomby, mis en ordre par C.-F. Achard,... — *Marseille, Rochebrun et Mazet*, 1793, in-8°.

3 ex. [8°, **16.674**, **26.885** et **28.587**.

— Description Historique, Géographique et Topographique des Villes, Bourgs, Villages et Hameaux de la Provence ancienne et moderne, du Comté Venaissin, de la Principauté d'Orange, du Comté de Nice, etc., pour servir de suite au Dictionnaire de la Provence. Par M. Achard, ... Précédée d'un Discours sur l'état actuel de la Provence, par M. Bouche,.... — *Aix, P.-J. Calmen*, 1787-1788, 2 vol. in-4°.

2 ex. [4°, **2.836** et **3.806**.

— Dictionnaire de la Provence et du Comté Venaissin... par une société de gens de lettres (Par C.-F. Achard). — *Marseille, J. Mossy*, 1785-87, 4 vol. in-4°.

2 ex. [4°, **2.831** et **2.836**.

ACHARD (Félix). — De la municipalité et de la République d'Avignon, aux XII° et XIII° siècles, par Félix Achard, *dans les* Positions des thèses soutenues par les élèves de la promotion 1863-64 [de l'École impériale des Chartes] pour obtenir le diplôme d'archiviste-paléographe. — *Paris, Ad. Lainé et J. Havard*, 1864, in-8°, p. 3-5.

[8°, **28.691**.

— La municipalité et la république d'Avignon au XII° et XIII° siècles, par Félix Achard. — *Avignon, Clément Saint-Just*, 1872, in-8°, 85 p.
Don de l'auteur.

2 ex. [8°, **14.981** et **26.562**.

ACHARD (Paul). — Guide du voyageur ou dictionnaire historique des rues et des places publiques de la ville d'Avignon, indiquant d'après les documents authentiques l'origine de tous les noms qui ont été donnés aux lieux publics de la ville... dressé par Paul Achard, archiviste du département de Vaucluse... — *Avignon, Seguin aîné*, 1857, in-8°, VIII-192 p.

2 ex. [8°, **28.667** et **30.856**.

— Historique des foires et marchés d'Avignon et de l'industrie et du commerce des cuirs dans cette ville. — *Avignon, Bonnet fils*, 1853, in-4°, pièce (11 p.).

2 ex. [4°, **5.063** et **6.350**.

— Les Horloges publiques et les horlogers à Avignon et dans le département de Vaucluse. (Signé : P. A.) — *Avignon, F. Seguin aîné*, 1877, in-8°, p. 65-100.

[8°, **15.044**.

— Ville d'Avignon. Monument élevé à la mémoire du brave Crillon. Historique de l'affaire et comptes des recettes et des dépenses présentés à la commission du monument par M. P. Achard, son secrétaire-trésorier, et approuvés par elle, suivis de la liste générale des souscripteurs. — *Avignon, Bonnet fils*, [1858], in-4°, pièce (8 p.).

3 ex. [8°, **29.430**, n° 3, **31.788** et **31.789**.

— Notes chronologiques sur les différentes inondations dont la ville d'Avignon et les lieux environnants ont eu à souffrir. — *Avignon, F. Seguin aîné*, 1873, in-12, pièce (35 p.).

4 ex. [8°, **15.046**, **26.585**, **28.746** et **28.811**.

— Notes historiques sur l'Aumône générale d'Avignon et les diverses œuvres de bienfaisance qui lui ont été unies... [Signé : P. A.]. — *Avignon, Bonnet fils*, 1853, in-4°, 67 p.

2 ex. [8°, **27.269** et **28.590**.

— Notes sur Jean Althen, la culture et le commerce de la garance. — *Avignon, typ. Bonnet fils*, [1849], in-8°, pièce (32 p.).

2 ex. [8°, **17.315** et **28.718**.

— Notes sur quelques anciens artistes d'Avignon suivies d'un acte du XI° siècle qui mentionne un peintre et qui détermine très approximativement l'époque où fut construit l'édifice actuel de l'église métropolitaine de Notre-Dame-des-Doms, par M. J.-P.-X. Achard... Quatrième édition. — *Carpentras, L. Devillario*, 1856, in-8°, pièce (15 p.).

[8°, **27 015**.

— Notice historique sur les anciens Remparts d'Avignon...— [*Avignon, impr. Jacquet*, 1850], in-8°, 71 p.

(Extrait de l'*Annuaire de Vaucluse*, 1850).

[8°, **26.559**.

— Notice sur la création, les développements et la décadence des manufactures de soie à Avignon, par Paul Achard... — *Avignon, F. Seguin aîné*, 1874, in-8°, 61 p.

(2ᵉ fasc. du tome Iᵉʳ des *Mémoires de la Société littéraire... d'Apt*).

[4°, **4.953**, n° 2.

—Tirage à part du même ouvrage. — *Avignon, F. Seguin*, 1874, in-8°.

[8°, **15.047**.

— 2ᵉ ex. annoté par l'auteur.

[8°, **26.584**.

— Saint Agricol d'Avignon, son église, son chapitre et son état actuel par un paroissien. — *Avignon, Amédée Chaillot*, 1873, in-12, 104 p.

2 ex. [8°, **13.499** et **25.916**.

— *Edit*. Annuaire statistique... de Vaucluse pour 1840. — *Avignon*, 1840, in-12.

2 ex. [8°, **31.397** et **31.437**.

— *Edit*. Annuaire de Vaucluse pour les années 1841 et 1842. — *Avignon, s. d.*, in-12.

[8°, **14.984** et **31.398**.

— *Edit*. Annuaire statistique... de Vaucluse... 1851. — *Avignon, s. d.*, in-12.

[8°, **31.402**.

— *Edit*. Annuaire administratif... de Vaucluse... 1854 à 1870. — *Avignon, s. d.*, 17 vol. in-12.

[8°, **31.403** à **31.419**.

— *Voir* : BARJAVEL (C.-F.-H.) — Dictons et sobriquets patois des villes... du département de Vaucluse. — *Carpentras*, 1849-53, in-8°.

[8°, **26.678**.

ACHARD (PAUL) et DUHAMEL (LÉOPOLD). — Inventaire sommaire des Archives départementales antérieures à 1790, rédigé par MM. Achard et Duhamel... Vaucluse. Archives civiles, série B... Tomes I et II. — *Paris, P. Dupont*, 1878 ; *Avignon, Seguin frères*, 1884, 2 vol. in-4°.

(Collection des inventaires sommaires des Archives...)

[Fol. **4.945**.

ACLOQUE (A.). — Flore du Sud-Est de la France et des Alpes (... Vaucluse) contenant la description de toutes les espèces indigènes disposées en tableaux analytiques et illustrée de 2165 figures... — *Paris, J.-B. Baillière et fils*, 1904, in-12, 816 p., fig.

[8°, **35.368**.

ACTE servant à confirmer l'innocence des prisonniers avignonais détenus à Orange, et à éclaircir l'origine des malheurs arrivés à Avignon [13 septembre 1790].— [*S. l., impr. Guillaume Junior*, 1790], in-12, pièce (4 p.).

2 ex. [Ms. **2.537**, n° 27, et **2.988**, n° 21.

ACTES anciens et documents concernant le bienheureux Urbain V pape, sa famille, sa personne, son pontificat, ses miracles et son culte recueillis par feu M. le chanoine J.-H. Albanès... et publiés par le chanoine Ulysse Chevalier... — *Paris, Picard, Marseille, Ruat*, 1897, in-8°, 488 p.

[4°, **4.796**.

ACTES du synode diocésain tenu à Avignon [en 1800]. — *Voir* : CONCILES D'AVIGNON.

ACTION oratoire faicte à la lecture du Brief de nostre S. Pere le Pape Paul V, portant confirmation de l'Estat de General de ses armes en Avignon, et Comté Venaissin, en la personne de Monseigneur Charles Félix de Malateste, marquis de Roncoffrede, dans la Grand Chapelle du Palais Apostolic d'Avignon... le 2 juillet 1620... — *S. l. n. d.*, in-4°, pièce (6 p.).

[**Ms. 2.952**, n° 12.

ACTIONS de grâce que les juifs avignonois de Bordeaux ont chanté le 23 janvier 1757, pour remercier l'Eternel d'avoir conservé la vie de Louis XV le bien-aimé, composées en hébreu par le rabin Jacob Sarhy, traduites en françois. — [*Bordeaux, Vve Calamy*], s. d., in-4°, pièce (11 ff. n. ch.).

[**Ms. 2.453**, n° 47.

AD Clementem XIII. Pont. Opt. Max. in perenne grati animi monimentum. Ode. — *S. l. n. d.*, in-4°, pièce (11 ff. n. ch.).

[**Ms. 2.931**, n° 16.

ADAM (Le P. J.). — P. J. Adam, S. J. Joseph Sépet, [né à Avignon], avocat à la Cour d'appel d'Aix, président de la conférence Saint-Louis de Gonzague (1874-1898). — *Paris, V. Retaux*, 1900, in-12, XVI-139 p., port.

[8° **36.005**.

ADIEUX du sieur Crépin Audiffret à sa patrie [13 septembre 1790]. — *S. l. n. d.*, in-4°, pièce (1 ff. n. ch.)

[*Suit* : Observations sur les adieux du sieur Crépin Audiffret à sa patrie. *S. l. n. d.*, in-4°, pièce (1 ff. n. ch.)].

2 ex. [**Ms. 2.522**, n° 94, et **2.959**, n°s 43 et 44.

ADRESSE à l'Assemblée Nationale par les citoyens soussignés membres de la société populaire de Nimes, le 20 mai 1792, l'an quatrième de la Liberté [au sujet des troubles d'Avignon et du Comtat]. — *S. l. n. d.*, [1792], in-8°, pièce (4 p.)

2 ex. [**Ms. 2.542**, n° 8, et **2.992**, n° 34.

ADRESSE à l'Assemblée nationale par les malheureux soldats du 67me régiment ci-devant Languedoc détenus dans les prisons de Carpentras [janvier 1792]. — [*Orange, impr. Esprit Nicolau*, 1792], in-8°, pièce (14 p.).

[**Ms. 3.014**, n° 1.

ADRESSE à la Chambre des députés, formée par un grand nombre de propriétaires de la ville d'Avignon (Vaucluse) à l'effet d'obtenir une loi qui regle, d'après les plans admis, le mode d'exécution des alignemens et élargissemens de rues, dans les villes du Royaume. — [*Avignon, impr. Aubanel*, 1842], in-4°, pièce (7 p.).

[**Ms. 2.977**, n° 131.

ADRESSE au peuple avignonais.

— S. l. n. d. [1791], in-12, pièce (6 p.).

3 ex. [8°, **33.466**. — Ms. **2.539**, n° 15, et **2.990**, n° 20.

ADRESSE aux citoyens d'Avignon [sur la formation de la municipalité, 12 décembre 1791]. — S. l. n. d. [1791], in-8°, pièce (2 p.).

2 ex. [Ms. **2.540**, n° 26, et **2.991**, n° 27.

ADRESSE aux citoyens Français, par un citoyen d'Apt. — S. l. n. d., [1791], in-8°, pièce (15 p.).

[Ms. **3.016**, n° 28.

ADRESSE aux Français [au sujet du régiment d'Enghien (30 avril 1792). *Signé* : Un ami de la Constitution]. — S. l. n. d. [1792], in-8°, pièce (3 p.).

2 ex. [Ms. **2.542**, n° 2, et **3.014**, n° 10.

ADRESSE aux Français par un vrai patriote d'Avignon. — S. l. n. d. [1791], in-8°, pièce (8 p.).

[Ms. **3.013**, n° 21.

ADRESSE de la Société Populaire des Amis de la Constitution de Nismes, à l'Assemblée nationale, en réponse à la lettre ci-dessus. Nismes, 27 avril 1792... — S. l. n. d., in-8°, p. 3-14.

[Réfutation de la « Lettre du Directoire du département du Gard à l'Assemblée Nationale, lue dans la séance du lundi 16 avril 1792. »]

[Ms. **2.541**, n° 24.

ADRESSE de MM. les chevaliers de la Légion d'honneur de la ville de Carpentras, à Sa Majesté Louis XVIII [10 mars 1815]. — S. l. n. d., in-4°, placard.

2 ex. [Ms. **2.534**, n°ˢ 108, et **2.969**, n° 145.

[ADRESSE des Amis de la Constitution d'Arles aux Français. 12 avril 1792]. — S. l. n. d., in-8°, pièce (10 p.).

Dénonciation contre le général Wittgenstein.

[Ms. **2.541**, n° 21.

ADRESSE des citoyens d'Avignon à l'Assemblée Nationale. Du 5ᵉ juin 1792, de la Liberté l'an 4ᵉ. — S. l. n. d. [1792], in-8°, pièce (14 p.).

[Dénonciation contre les commissaires civils et demande du rapport du décret du 10 mai].

3 ex. [8°, **33.467**.— Ms. **2.542**, n° 11, et **2.992**, n° 37.

ADRESSE des citoyens de la ville d'Orange à l'Assemblée nationale [23 février 1792].— [*Orange, impr. du Journal des Ecclésiastiques constitutionnels*, 1792], in-8°, pièce (12 p.).

[Contre les commissaires civils].

2 ex. [Ms. **2.541**, n° 11, et **2.992**, n° 13.

ADRESSE des citoyens du lieu d   à l'Assemblée Nationale. — S l. n. d., in-8°, pièce (4 p.).

[Contre les commissaires civils].

[Ms. **3.014**, n° 15.

ADRESSE des Emigrés de la ville d'Avignon qui ont fait partie des armées de Condé et autres alliées, à S. M. Louis XVIII, arrêtée et signée après avoir chanté une messe et un *Te Deum* en actions de grâce des événemens qui ont remis Sa Majesté sur le Trône de France. — [*Avignon, impr. Chaillot aîné*, 1814], in-8°, pièce (4 p.).

3 ex. [8°, **33.303**. — Ms. **2.547**, n° 29, et **2.998**, n° 2.

ADRESSE des patriotes d'Orange, de 1789..., au Conseil des Cinq-Cents, et au Directoire exécutif [16 frimaire an IV]. — S. l. n. d., in-4°, pièce (3 p.).

[**Ms. 2.531**, n° 17.

ADRESSE des patriotes de 89 de diverses communes des départements des Bouches-du-Rhône et de Vaucluse, retirés à Grenoble, à la Convention Nationale [8 vendémiaire, an IV]. — [*Grenoble, impr. Duclaud et Ferry*], s. d., in-12, pièce (11 ff. n. ch.).

2 ex. [**Ms. 2.544**, n° 59, et **2.995**, n° 1.

ADRESSE des patriotes de 89 de diverses communes des départemens du Midi, retirés auprès de l'armée d'Italie, à la Convention Nationale [15 vendémiaire an IV]. — [*Avignon, impr. Vincent Raphael*], s. d., in-12, pièce (3 p.).

2 ex. [**Ms. 2.544**, n° 61, et **2.995**, n° 3.

ADRESSE des patriotes de 89, du département des Bouches-du-Rhône, réfugiés à Avignon ; aux représentans du peuple, Fréron et Goupilleau, en mission dans les départemens de Vaucluse et des Bouches-du-Rhône [13 brumaire, an IV]. — [*Avignon, impr. Vincent Raphel*], s. d., in-12, pièce (3 p.).

3 ex. [8°, **31.539**. — **Ms. 2.544**, n° 63, et **2.995**, n° 6.

ADRESSE des prisonniers avignonais [aux « généreux Orangeois », 2 septembre 1790]. — S. l. n. d., in-4°, placard.

2 ex. [**Ms. 2.522**, n° 90, et **2.959**, n° 38.

ADRESSE des républicains du département de Vaucluse, à leurs concitoyens de ce département [au sujet des élections, 27 ventose an V]. — [*Paris, impr. des Amis de l'ordre*], s. d., in-12, pièce (4 p.).

2 ex. [**Ms. 5.245**, n° 8, et **2.996**, n° 19.

ADRESSE du peuple avignonais au peuple parisien [15 mai 1791]. — S. l. n. d. [1791], in-12, pièce (4 p.).

3 ex. [8°, **33.465**. — **Ms. 2.538**, n° 44, et **2.990**, n° 9.

ADRESSE justificative des infortunés et braves Avignonais, aux Français généreux [16 mai 1791. *Signé* : Le peuple Avignonais et Comtadin]. — S. l. n. d., in-4°, pièce (11 ff. n. ch.).

[**Ms. 2.523**, n° 73.

ADRESSE patriotique au peuple avignonais [11 avril 1791]. — S. l. n. d., in-4°, pièce (1 ff. n. ch.).

2 ex. [**Ms. 2.523**, n° 40, et **2.960**, n° 49.

ADRESSE présentée à Messieurs les Maire et Officiers municipaux de la ville d'Avignon [3 mai 1790]. — S. l. n. d., in-8°, pièce (5 p.).

2 ex. [**Ms. 2.536**, n° 86, et **2.987**, n° 18.

ADVERTISSEMENS pour les sacrées cerémonies de la saincte messe, imprimées à Rome, avec une lettre pastorale de Monseigneur Mancini, evesque et conseigneur de Cavaillon, sur le mesme subject, au clergé de son diocèse. Traduittes d'italien en françois... — *Avignon, J. Bramereau*, 1618, in-12, 56 p.

Chartreux de Villeneuve.

[8°, **17.120**, n° 8.

ADVIELLE (Victor). — L'abbé
J.-H.-R. Prompsault, chapelain de la maison impériale des
Quinze-Vingts aveugles de Paris, de 1829 à 1855... Notice
biographique et littéraire par M.
Victor Advielle... — *Paris, chez
l'auteur ; Pont-St-Esprit, Gros
frères*, 1862, in-8°, III-175 p.,
port.
2 ex. [8°, **16.913** et **27.634**.

— L'abbé Prompsault, chapelain
de l'hospice des Quinze-Vingts
aveugles. Son ex-libris manuscrit. — *Archives de la société
des collectionneurs d'ex-libris*,
novembre 1902, p. 162.
Don de M. l'abbé J.-L. Prompsault.
[Fol. **5.089**.

— Victor Advielle. Compte rendu
de la remise au Musée de l'hospice national des Quinze-Vingts
aveugles de Paris du médaillon
de l'abbé J.-H.-R. Prompsault,
...exécuté par Mme la duchesse
d'Uzès, douairière. — *Paris,
chez l'auteur*, 1901, in-8°, pièce
(22 p.), grav.
Don de M. l'abbé J.-L. Prompsault.
[8°, **9 536**.

AGATHON. — Du félibrige. —
Les fêtes du Rhône... *Revue
encyclopédique Larousse*, n° du
31 juillet 1897, p. 650-657,
photos.
[Fol. **4.833**.

AGRICULTURE. Département de
Vaucluse. [Réflexions sur l'établissement d'une ferme destinée
à constater dans le département
de Vaucluse, les procédés les
plus utiles aux progrès de l'agriculture et à l'accroissement
de ses produits]. — [*Avignon,
impr. Chambeau*, an XI], in-8°,
pièce (29 p.).
3 ex. [Ms. **2.546**, n° 41, et **2.997**,
n° 20.— H. N., 8°, **1.563**, n° 4.

AILHAUD (Jean). — Traité de
l'origine des maladies et de l'usage de la poudre purgative...
— *Avignon, E.-J. Rousset*, 1746,
in-12, 135 p.
[8°, **24.722**.

— Autre édition. — *Avignon, J.
Garrigan*, 1753, in-12.
[8°, **24.721**.

— Médecine universelle ou Traité
de l'origine des maladies et de
l'usage de la poudre purgative
par messire Jean Ailhaud ; suivie du précis dudit traité par
messire Jean Ailhaud, son fils...
Avec les réponses aux écrits
publiés contre le remède universel et son auteur. — *Carpentras, D.-G. Quenin*, 1764, in-12.
[8°, **24.725**.

AILHAUD (Jean-Gaspard) fils. —
L'ami des malades ou Discours
historique et apologétique sur
la poudre purgative de M. Ailhaud, depuis son origine jusqu'à présent. — *Carpentras,
D.-G. Quenin*, 1770, in-12.
[8°, **24.727**.

— Dictionnaire abrégé des maladies guéries par le remède universel [de J.-G. d'Ailhaud, de
Carpentras]. — *Carpentras, D.-
G. Quenin*, 1769, in-12.
[8°, **24.726**.

— Médecine universelle prouvée
par le raisonnement, démontrée
par l'expérience, ou précis du
traité de messire Jean Ailhaud,...
par messire Jean-Gaspard Ailhaud, son fils... — *Carpentras, D.-G. Quenin*, 1762-68,
in-12, 7 vol.
[8°, **24.723**.

— 2e exemplaire incomplet (3 vol.)
[8°, **24.724**.

AILHAUD (J.-G.).

— Traité de la vraie cause des maladies, et manière la plus sûre de les guérir par le moyen d'un seul remède, par messire Jean-Gaspard d'Ailhaud... — *Carpentras, D.-G. Quenin*, 1776, in-12, xxviii-764 p.
[8°, **6.587**.

— *Voir* : AILHAUD (Jean). Médecine universelle... *Carpentras*, 1764, in-12.
[8°, **24.725**.

ALBANÈS (Abbé J.-H.).

— Entrée solennelle du pape Urbain V à Marseille en 1365..., par l'abbé J.-H. Albanès,... — *Marseille, Boy-Estellon*, 1865, in-8°, 79 p.
2 ex. [8°, **26.501** et **29.872**.

— Gallia christiana novissima. Histoire des archevêchés, évêchés et abbayes de France..., par feu le chanoine J.-H. Albanès..., complétée, annotée et publiée par le chanoine Ulysse Chevalier... — *Montbéliard, P. Hoffmann, et Valence, impr. Valentinoise*, 1895-1911, 5 vol. in-fol.

Tome Ier. Province d'Aix. Archevêché d'Aix, évêchés d'Apt, Fréjus, Gap, Riez et Sisteron. — Tome II. Marseille. — Tome III. Arles. — Tome IV. Saint-Paul-Trois-Châteaux. — Tome V. Toulon.
[4°, **4.884**.

— Histoire des évêques de Saint-Paul-Trois-Châteaux au quatorzième siècle. Corrections et documents... — *Montbéliard, P. Hoffmann*, 1885, in-8°, 62 et 36 p.
[4°, **6.751**.

— Inventaire analytique des titres de la maison de Forbin, recueillis au château de Saint-Marcel par M. le marquis de Forbin d'Oppède et d'autres titres provenant de diverses archives, le tout analysé par M. le chanoine Albanès, avec une introduction de M. Louis Blancard... — *Marseille, impr. Marseillaise*, 1900, in-4°, v-297 p.
Don de la marquise de Forbin d'Oppède.
[Fol. **4.243**.

— Nouvelles recherches sur Pierre d'Aigrefeuille, évêque de Tulle, Vabres, Clermont, Uzès, Mende et Avignon... — *Brive, Roche*, 1892, in-8°, pièce (47 p.).
[8°, **34.928**.

— Panégyrique du bienheureux Urbain V, prononcé le 19 décembre 1870 dans l'église de Saint-Victor, à Marseille... — *Marseille, Vve P. Chauffard*, 1870, in-8°, pièce (24 p.).
[8°, **28.808**.

— Pierre d'Aigrefeuille, évêque d'Avignon, de Vabres, de Clermont, d'Uzès et de Mende ; preuves de son épiscopat; élimination de trois faux évêques d'Avignon... — *Marseille, M. Lebon*, 1877, in-8°, pièce (56 p.).
2 ex. [8°, **30.605**. — 4°, **8.124**.

— Recherches sur la famille de Grimoard et sur ses possessions territoriales au XIVe siècle... — *Mende, C. Privat*, 1866, in-8°, 84 p.
[8°, **13.188**.

— Réponse à M. l'abbé Magnan... servant de supplément aux erratas de son histoire d'Urbain V et à l'entrée d'Urbain V à Marseille en 1365. [*Signé* : J.-H. Albanès]. — *Marseille, Arnaud, Cayer et Cie*, 1867, in-8°, pièce (30 p.).
[8°, **28.788**.

— La Vie de saint Bénézet, fondateur du pont d'Avignon... — *Marseille, E. Camoin*, 1876, in-8°, xxi - 49 p.

[8°, **25.885**.

— *Edit*. Actes anciens et documents concernant le bienheureux pape Urbain V... — *Paris, Picard*, etc., 1897, in-8°.

[4°, **4.796**.

ALBI (R. P. Henri). — La vie de la Mère Jeanne de Jésus, religieuse ursuline, fondatrice des monastères de Saincte Ursule de l'ordre réformé de S. Augustin, aux villes d'Arles, Avignon, Tarascon, Vaulréas, Bolene et S. Remy, par le P. Henry Albi. — [*Lyon, Vve Rigaud et P. Borde*, 1640, (le bas du frontispice déchiré)], in-12, 336 p.

Relig. du Verbe Incarné d'Avignon.

[8°, **11.570**.

— La vie du B. Pierre, cardinal de Luxembourg, evesque de Mets, et protecteur de la ville d'Avignon. Ensemble le Voyage spirituel, composé par le mesme bienheureux, en faveur de Mademoiselle sa sœur. Seconde édition... — *Avignon, Jacques Bramereau*, 1651, in-16, xii ff. n. ch. — 478 p.

[Dédicace « à Monseigneur Henry de Lévi, duc de Vantadour, etc. » signée Henry Albi].

[8°, **25.838**.

— Pierre, cardinal de Luxembourg, evesque de Mets. — Extr. des *Eloges historiques des cardinaux illustres*, par le P. Henri Albi, p. 51-66.

[Ms. **2.445**, n° 56.

— Pierre, cardinal de Foix, archevesque d'Arles, [légat d'Avignon]. — Extr. du même ouvrage, p. 81-92, in-4°.

Fonds Massilian-Moutte.

[Ms. **2.431**, n°20.

— Jacques, cardinal Sadolet, evesque de Carpentras. — Extr. du même ouvrage, p. 115-126, in-4°.

[Ms. **2.423**, n° 9.

— George, cardinal d'Amboise, archevesque de Roüen, [légat d'Avignon]. — Extr. du même ouvrage, p. 201-214, in-4°.

[Ms. **2.431**, n° 22.

— Charles Ier, cardinal de Bour-Bourbon, archevesque de Lyon, [légat d'Avignon]. — Extr. du même ouvrage, p. 235-240, in-4°

[Ms. **2.431**, n° 21.

— George, cardinal d'Armagnac, archevesque d'Avignon.—Extr. du même ouvrage, p. 329-334, in-4°.

[Ms. **2.431**, n° 24.

— Octavio, cardinal Aquaviva, archevesque de Naples, [légat d'Avignon]. — Extr. du même ouvrage, p. 401-408, in-4°.

[Ms. **2.431**, n° 27.

— *Edit*. LUXEMBOURG (PIERRE DE). Le voyage spirituel..., ensemble la vie excellente du mesme bienheureux... 2° édit. — *Lyon*, 1632, in-12.

2 ex. [8°. **21.411** et **25.835**.

ALBIOUSSE (Lionel d'). — Souvenir de famille. Notice historique et généalogique sur la famille de Massilian, par Lionel d'Albiousse,... — *Uzès, H. Malige*, 1877, in-8°, pièce (48 p.).

[8°, **34.130**.

ALBOIZE DU PUJOL (Jules-Edouard). — Description pittoresque de la succursale de l'hôtel royal des Invalides à Avignon. (Extrait du « Moniteur de l'Armée » des 5, 10 et 15 février 1845), suivie de la biographie militaire du général vicomte Le Noir, par M. Alboize du Pujol. — *Avignon, impr. Bonnet fils*, [1845], in-8°, 105 p.

2 ex. [8°, **15.059** et **30.842**, n° 2.

ALBUM avignonais. — *S. l. n. d.*, in-12, pièce (8 p.).

[8°, **26.581**.

ALEARDI (Aleardo). — Discorso su Francesco Petrarca letto a Padova il 19 luglio 1874, da Aleardo Aleardi. — *Padoue, typ. F. Sacchetto*, 1874, in-4°, 80 p.

2 ex. [4°, **2.341** et **3.777**.

ALEXANDRE IV, pape. — Les registres d'Alexandre IV, recueil des bulles de ce pape publiées ou analysées... par MM. C. Bourel de la Roncière, J. de Loye et A. Coulon... — *Paris, Fontemoing*, 1895-1902, 4 fasc. in-4°.

(Bibliothèque des Écoles françaises d'Athènes et de Rome.)

Dépôt de l'Etat. [Fol. **5.288**.

ALEXIS (Edouard). — Etude sur la signification des noms des communes de Provence... — *Aix, impr. Nicot*, 1876, in-8°, 100 p.

Don de l'auteur. [8°, **15.131**.

ALFONSE DE POITIERS. — Correspondance administrative d'Alphonse de Poitiers, publiée par Auguste Molinier... — *Paris, impr. Nationale*, 1894-1900, 2 vol. in-4°.

(Documents inédits de l'histoire de France.)

[Doc. In., n° 32.

ALINEY (Joseph). — Evaluation juste, et supputation exacte par des tables avec lesquelles on réduit promptement l'une en l'autre les différentes sortes de monnoie dont on se sert dans Avignon et dans le Comtat Venaissin, l'écu blanc valant 5 livres monnoie de Roy..., par Mr Joseph Aliney, prêtre de l'Isle. — *Avignon, F.-S. Offray*, 1712, in-18, pièce (30 p. Manquent les pages 9-12.)

Collection Moutte.

[8°, **17.120**, n° 1.

ALLARD (Comte d'). — Le comte d'Allard. Un favori de Louis XIII. Esprit Allard, sieur des Ilans, marquis de Grimaud, baron d'Aramon et de Valabrègue. — *Avignon, F. Seguin*, 1895, in-8°, pièce (20 p.).

(Extrait des *Mémoires de l'Académie de Vaucluse*.)

[8°, **29.581**.

ALLARD (Guy). — Histoire généalogique des familles de Bonne, de Créquy, de Blanchefort, d'Agout, de Vesc, de Montlor, de Maubec et de Montauban, par M. Guy Allard... — *Grenoble, J. Nicolas*, 1672, in-4°, VIII ff. n. ch. - 224 p.

[8°, **27.286**.

— Les Vies de François de Beaumont, baron des Adrets, de Charles Dupuy, seigneur de Montbrun, et de Soffrey de Calignon, chancelier de Navarre, par M. Guy Allard... — *Grenoble, J. Nicolas*, 1676, in-12, pièces liminaires - 91-91-66 p.

2 ex. [8°, **14.888** et **26.090**.

ALLÈGRE (Abbé A.). — Le culte de S. Maurice à Caromb (Vaucluse). — *Avignon, Aubanel frères*, 1881, in-8°, pièce (8 p.).

2 ex. [8°, **28.411**, et **37.346**.

— Monographie de Baumes de Venisse par l'abbé A. Allègre. — *Carpentras, H. Condamin*, 1888, in-8°, 270 p.

2 ex. [4°, **4.528**, et **8.106**.

— *Voir* : CHAMBELLE (LOUIS DE). Aeria retrouvée. *Avignon*, 1891, in-8°.

[8°, **17.291**.

ALLIÉ, électeur de Carpentras.— *Voir* : DUPRAT (JEAN). Discours prononcé... *S. l. n. d.* (1791), in-4°.

3 ex. [8°, **33.829**. — Ms. **2.523**, n° 116, et **2.960**, n° 88.

ALLIER (C.). — Ecole pratique d'agriculture et d'irrigation d'Avignon. Expériences sur la culture intensive des céréales en 1890-91, par C. Allier, directeur de l'école. — *Avignon, Seguin frères*, 1891, in-8°, pièce (18 p.).

[8°, **17.313**.

ALMÆ et nobilissimæ Academiæ Avenionensi, nec non perillvstri ejus primicerio. — *S. l. n. d.*, in-4°, pièce (11 ff. n. ch.)

[Ms. **2.941**, n° 10.

ALMANACH annuaire du département de Vaucluse, 1895. 5° année. — *Carpentras, J. Brun et Cie*, s. d., in-8°.

[8°, **27.829**.

ALMANACH de l'arrondissement d'Orange pour 1810, publié par Joseph Bouchony. — *Orange, J. Bouchony*, s. d., in-12, pièces liminaires - 324 p., pl.

Tableau de l'arrondissement. — Description des communes (par M.de Stassart). — Topographie, notice sur les eaux minérales de Vacqueyras, le Mont-Ventoux, etc., par le Dr Guérin. — Liste chronologique des princes d'Orange ; description de la fête du papegai, notice sur les antiquités par M. de Gasparin. — Notices sur Pierre Derin, légionnaire (par l'abbé Michel, de Caderousse), l'abbé de Grand-Pré, membre de l'Athénée de Vaucluse (par M. de Stassart), François Guérin, sous-préfet d'Orange (par le Dr Guérin), M. de Granet-Lacroix, maire de Bollène (par M. Eugène de Guilbermier), Louis-Guillaume Dutillet, dernier évêque d'Orange (par l'évêque Etienne). — Fête de la Rosière. — Collèges et pensionnats d'Orange, de Bollène et de Valréas.

2 ex. [8°, **26.615** et **31.866**.

ALMANACH de l'union des syndicats agricoles des Alpes et de Provence pour l'année 1896. — *Avignon, impr. F. Seguin*, [1895], in-8°, 150 p. - 11 ff. n. ch.

[8°, **29.649**.

— 1897. — *Avignon, impr. F. Seguin*, 1897, in-8°, 94 p.

[8°, **30.002**.

ALMANACH de Saint Gens pour l'an de grâce 1906. — *Villedieu-Vaison, Grande imprimerie Provençale*, s. d., in-12, 71 p.

Anc. archevêché d'Avignon.

[8°, **37.241**.

ALMANACH des saints de Provence pour l'année 1891 [et les années suivantes, 1892 à 1905. Avec le supplément contenant la table des matières]. — *Marseille, impr. Marseillaise*, 1890-1906, 16 vol. in-16.

[8°, **35.086**.

ALMANACH du Syndicat agricole Vauclusien pour l'année 1897. — *Avignon, impr. F. Seguin*, 1897, in-8°, 94 p.

[8°, **30.001**.

— 1900. — [*Lyon, impr. P. Legendre*, 1900], in-8°, 160-8-IV p.

[8°, **31.812**.

ALMANACH paroissial de Bollène pour l'an de grâce 1905. — *Villedieu-Vaison, grande imprimerie provençale*, s. d. [1904], in-8°, 64 p.

Don de M. P. de Faucher.
[8°, **31.126**.

ALPARTILS (Martin de). — Martin de Alpartils Chronica actitorum temporibus domini Benedicti XIII, zum Erstenmal veröffentlicht von Franz Ehrle, S. J. Band I : Einleitung, Text der Chronik, Anhang ungedruckter Aktenstücke. — *Paderborn, F. Schöningh*, 1906, gr. in-8°, XLII-616 p.

(Quellen und Forschungen aus dem Gebiete der Geschichte... herausgegeben von der Görres-Gesellschaft, XII Band.)
[4°, **7.573**.

ALTÉRATIONS frauduleuses de la garance et de ses dérivés. Mémoires récompensés au concours ouvert à Avignon sur cette question. — *Avignon, A. Chaillot*, 1860, in-8°, 128 p.

[Mémoires de J.-Henri Fabre, professeur au lycée d'Avignon, T. Chateau, chimiste au Muséum d'histoire naturelle de Paris, et D. Fabre jeune, pharmacien-chimiste à Arles.]
(Chambre de commerce d'Avignon.)
3 ex. [8°, **5.077**, **28.736** et **28.737**.

ALTHEN (Marguerite). — Supplications adressées aux habitans du pays Venaissin, par Marguerite Althen... S. l. n. d., in-12, pièce (1 fl. n. ch. - 8 p.).

2 ex. [8°, **26.588**, n° 9, et **27.233**, fol. 5.

AMAT DE GRAVESON (R. P. Ignace-Hyacinthe). — Vita generosi Ludovici de Berton, domini de Crillon... concinnata a R.P.F. Ignatio Hyacintho Amat de Graveson... — *Romae, H. Mainardus*, 1724, in-12, XII ou XIII ff. n. ch. - 256 p. - IV ff. n. ch.

A la fin : Notice sur la famille Berton de Crillon. S. l. n. d., in-12, pièce (19 p.)
4 ex. [8°, **26.006**, **26.007**, **28.325** et **31.836**, n° 3.

AMI (l') de soun peis a si councitoyens. — [*Avignon, s. n.*, 1838], in-8°, pièce (4 p.).

[Sur la cloche municipale d'Avignon].
Fonds Chambaud et Requien.
3 ex. [8°, **25.320**. — Ms. **2.550**, n° 46, et **3.005**, n° 59.

AMI (l') du peuple Comtadin. — S. l. n. d. [1789], in-8°, pièce (8 p.).
[Ms. **3.012**, n° 7.

AMIC (Auguste). — Les Méridionales, par Auguste Amic. — *Paris, Garnier*, 1829, in-12, 103 p.

[A la fin, poésies de M. Balze].
[8°, **25.102**.

AMIC (Joseph). — Association catholique de la jeunesse française. Retraite annuelle du groupe Saint-Joseph d'Avignon (29 août-3 septembre 1900). — *Avignon, Fr. Seguin*, 1900, in-8°, pièce (16 p.).
[8°, **32.440**.

— J. Amic. Discipline, hiérarchie, charité, liberté, égalité, fraternité. Rapport sur le concours pour le prix des anciens élèves présenté à la distribution des prix de l'Ecole libre St-Joseph le 26 juillet 1903. — *Avignon, F. Seguin*, 1903, in-8°, pièce (16 p.).

Don de M. F. Seguin.
[8°, **33.849**.

AMIC (Joseph). — — Renseignements municipaux. [Chanson satirique sur la politique avignonaise. *Signé*: J. A.] — *S. l. n. d.*, in-8°. plac.

[8°, **32.707**.

— *Voir*: Marchand (Félix), Boulle (Eugène) et Amic (Joseph). Rrra !... Rrra pas !... *Avignon*, 1900, in-8°.

[8°, **32.418**.

AMOREUX (P. J.). — Opuscule sur les truffes, traduction libre du latin d'Alphonse Ciccarellus, avec des annotations sur le texte, et un préambule historique... — *Montpellier, J.-G. Tournel*, 1813, in-8°, 180 p.

[8°, **4.900**.

AMPÈRE (J.-J.). — M. Philippe de Girard, par J.-J. Ampère... — [*Corbeil, Crété*],' s. d., in-8°, pièce (16 p.).

Don de M. F. Mistral.

[8°, **33.641**.

— M. Philippe de Girard [*Signé* : J.-J. Ampère]. — [*Paris, A. René et Cie*], s. d., in-8°, pièce (14 p.).

[4°, **3.352**, n° 1.

ANC[IEN] Pal[ais] Apostol[ique] d'Avignon. [Carte du commandeur abbé Gazzera, grav. par A^{der} Le Blond, d'après P. Raspail]. — *S. l. n. d.*, in-16, plac.

[**Ms. 3.001**, n° 59.

Anciens statuts de la communauté du lieu de Gigondas... — *Voir*: Statuts. Gigondas.

ANDRÉ (Fernand). — Félix André ou vie édifiante d'un congréganiste du petit séminaire de Notre-Dame de Ste-Garde-des-Champs, par M. Fernand André, curé, ex-professeur. — *Avignon,*

ANDRÉ (Abbé J.-F.) *Seguin*, 1894, in-12, 99 p., port.

Ancien archevêché d'Avignon.

[8°, **37.264**.

ANDRÉ (Abbé Jean-François). — Affaire du curé des Baumettes [*Signé* : J.-F. André]. — *Carpentras, impr. L. Devillario*, 1849, in-8°, pièce (19 p.).

2 ex. [8°, **29.866** et **33.294**.

— Affaire Rosette Tamisier, précédée d'une notice sur Pierre-Michel Vintras et sa secte, par l'abbé J.-F. André. — *Carpentras, L. Devillario*, 1851, in-12, 151 p.

[A la fin, note manuscrite du Vte de Seguins-Vassieux, sur Rosette Tamisier.]

(Tribunal de police correctionnelle de Carpentras.)

[8°, **25.988**.

— Le Christ et la démocratie. — [*Carpentras, impr. L. Devillario*, 1842], in-8°, pièce (8 p.).

[Article non publié dans la *Revue du Comtat.*]

[**Ms. 3.008**, n° 3.

— Les communes du département de Vaucluse de 1556 à 1789. Lagnes, par l'abbé J.-F. André. — *Avignon, F. Seguin ainé*, 1874, in-12, 127 p.

3 ex. [8°, **15.223**, **32.048** et **33.057**.

— L'enseignement épiscopal d'Avignon opposé à celui du Saint-Siège. — [*Avignon, Gros frères*], s. d. [1878], in-4°, pièce (28 p.)

Don de l'auteur.

3 ex. [4°, **2.482**, **3.698** et **6.306**.

— Etudes sur le XIVe siècle. Histoire de la papauté à Avignon, par l'abbé J.-F. André..., 2e édition, revue et corrigée par l'auteur, publiée par les soins de

ANDRÉ (Abbé J.-F.).

l'administration du Musée Calvet. — *Avignon, Seguin frères*, 1887, in-8°, viii-557 p.

[2ᵉ édition de l'« Histoire politique de la monarchie pontificale.]

3 ex. [8°, **13.745** et **25.829**.

— Histoire de la Révolution avignonaise, par J.-F. André. — *Paris, René et Cie*, 1844, 2 vol. in-8°, x-384 et xi-348 p., pl.

[8°, **30.849**.

— Histoire de saint Véran, anachorète à Vaucluse, évêque de Cavaillon, ambassadeur du roi Gontran, par l'abbé J.-F. André... — *Paris, A. Pringuet*, 1858, in-12, xxi-159 p.

[8°, **25.918**.

— Autre exemplaire avec additions manuscrites de l'auteur.

[8°, **11.309**.

— Histoire du gouvernement des recteurs pontificaux dans le Comtat-Venaissin, d'après les notes recueillies par Charles Cottier, par J.-F. André. — *Carpentras, L. Devillario*, 1847, in-12, xxiii-204 p.

2 ex. [8°, **13.740** et **25.825**.

— Histoire politique de la monarchie pontificale au XIVᵉ siècle, ou la papauté à Avignon, par l'abbé J.-F. André. — *Paris, Vaton*, 1845, in-8°, 515 p.

[8°, **25.826**.

— Neuvaine à tous les saints patrons du diocèse d'Avignon à l'occasion du choléra, avec une notice sur cette maladie, par l'abbé André... — *Avignon, Rastoul*, 1835, in-8°, pièce (36 p.).

[8°, **24.433**.

ANDRÉ (Abbé J.-F.).

— Notes sur l'histoire, la statistique, la féodalité, le clergé, la noblesse, le peuple, le luxe, les impôts, la propriété dans le département de Vaucluse, de l'an 1500 à 1789. Bilan de la Révolution, par l'abbé J.-F. André... — *Vaucluse, D. Coursant*, 1876, in-8°, 215 p.

Don de l'auteur.

[8°, **14.990**.

— Notice historique sur Gabriel de Valori, deuxième du nom, prince de Cozenza châtelain et gouverneur des châteaux et villes de Tarascon et de Beaucaire, par l'abbé J.-F. André... — *Avignon, F Seguin aîné*, 1865, in-8°, pièce (16 p.).

3 ex. [8°, **16.846**, **26.932** et **28.412**.

— Notice historique sur le tombeau de saint Véran à Vaucluse, suivie d'un guide des voyageurs dans cette localité, par l'abbé J.-F. André... — *Carpentras, L. Devillario*, 1852, in-12, 77 p.

[8°, **25.965**.

— Le prince Henry de Valori, par M. l'abbé J.-F. André... — *Paris, C. Douniol*, 1862, in-8°, pièce (16 p.), port.

(Extrait des *Archives biographiques*.)

[8°, **28.389**.

— Vie des saints de l'église d'Avignon par l'abbé André, suivie d'un discours sur l'excellence du catholicisme prêché à Paris... — *Avignon, Rastoul, L. Aubanel*, 1836, in-12, 148 p.

2 ex. [8°, **13.470** et **25.905**.

— [Articles de journaux rédigés par l'abbé André ou le concernant (découpures)].

[8°, **16.907**.

ANDRÉ (Abbé JEAN-FRANÇOIS) et LOUBET (L.). — Correspondance entre M. l'abbé André et M. Loubet, juge suppléant, à Carpentras. — *S. l. n. d.* [1839], in-4°, pièce (2 ff. n. ch.).

[Ms. **2.976**, n° 15.

— Note additionnelle à consulter dans la correspondance entre M. l'abbé André, vicaire à Carpentras, et M. L. Loubet, auteur du feuilleton inséré dans le n° 232 du *Messager de Vaucluse*. — [*Avignon. impr. Jacquet et Joudou*, 1839], in-4°, pièce (7 p.).

[Ms. **2.976**, n° 16.

ANDRÉ (MARIUS). — Marius André. Plòu e souleio. — *Avignon, J. Roumanille*, 1890, in-12, 300 p.

Don de l'auteur.

[8°, **10.571**.

ANDRÉE (CHARLES-CLAUDE D'). — Oraison funèbre de... Louis XV, roi de France et de Navarre, prononcée dans la Sainte Église d'Avignon, le 15 juin 1774, par messire Charles-Claude d'Andrée... — *Avignon, Roberty*, 1774, in-12, pièce (36 p.).

[8°, **27.230**, t. V, n° 20.

ANDREOLI (E.) et LAMBERT (B.-S.). — Monographie de l'église cathédrale Saint-Siffrein de Carpentras, renfermant une description du cloître et de l'ancienne église, des détails historiques..., par M. E. Andreoli... et M. B.-S. Lambert... — *Paris, Bance, Marseille, Alex. Gueidon*, gr. in-8°, 251 p., pl.

(Statistique monumentale de la Provence.)

3 ex. [8°, **16.523**, **25.818** et **31.073**.

ANNALES de Notre-Dame de Lourdes. — 15° année. 7° livr.,

30 octobre 1882. [Pèlerinages et guérisons... 29-31 août : Mgr l'Archevêque d'Avignon...] — *Lourdes, B. Lujo*, s. d., in-8°, pièce (p. 171-172).

[8°, **28.923**.

[ANNONCE à Avignon de la mort du marquis de Rochechouart et préparatifs d'un service funèbre, 21 mai 1776.] — *Feuille du Courrier d'Avignon*, mai 1776, in-4°, pièce.

Fonds de Véras.

[8°, **32.505**.

ANNUAIRE-ALMANACH du département de Vaucluse pour 1896... — *Carpentras, J. Brun et Cie*, s. d., in-8°.

[8°, **28.883**.

ANNUAIRE - ALMANACH (Grand) illustré pour toute la France et le Vaucluse... Annuaire complet administratif et commercial de la ville d'Avignon. — *Avignon, H. Chassing*, 1880, in-8°.

[8°, **31.432**.

ANNUAIRE commercial et industriel de l'Union des Associations amicales des anciens élèves des Frères et des Institutions libres catholiques... de la région du Midi... Première année. — *Avignon, F. Seguin*, 1909-1910, in-12.

Don de M. F. Seguin.

[8°, **36.709**.

ANNUAIRE d'Avignon, de la banlieue, du Pontet, de Montfavet, etc. Administrations, commerce, industrie, 1901. Édition Ad. Capeau... — [*Avignon, F. Seguin*], s. d., in-8°.

Don de l'auteur.

ANNUAIRE d'Avignon. Administration, commerce, industrie,

1904. Edition Ad. Capeau. — *Avignon, F. Seguin*, 1904, in-8°.

ANNUAIRE d'Avignon. Adresses des principaux industriels du département de Vaucluse, 1905. Edition Ad. Capeau.— *Villedieu-Vaison, Grande impr. provençale*, 1905, in-8°.

[Même ouvrage, 1906-1912]. — [*Cavaillon, Mistral*], s. d., in-8°, 7 vol.

[8°, **34.673**].

ANNUAIRE (L') de Vaucluse. Répertoire des administrations, du commerce et de l'industrie. (Livre d'annonces et d'adresses). Année 1899. — *Avignon, E. Millo*, 1898, in-8°.

[8°, **31.787**].

ANNUAIRE FANOT.— Annuaire indicateur ou guide général dans Avignon, ouvrage administratif, commercial et historique pour l'année 1847, établi par Clément Fanot.— *Avignon, impr. Peyri*, s. d., in-12, 155 p.

Contient : Notices historiques sur Avignon. — Les capucins d'Avignon (par Amédée DU LAURENS). — La rue du Muguet (par Augustin PICHON).

2 ex. [8°, **28.437** (t. I) et **31.399**].

Annuaire indicateur administratif, statistique et commercial du département de Vaucluse pour 1848 (et 1850) publié par Clément Fanot. — *Avignon, impr. Jacquet*, 1848 et 1850, 2 vol. in-12, IV-104 et 424 p.

1848. Aperçu historique et statistique sur le département.

1850. Notice (par P. ACHARD) sur les remparts d'Avignon.

Don de l'auteur.

4 ex. [8°, **14.986**, **28.437** (t. II et III), **31.400** et **31.401**].

— Indicateur administratif, statistique et commercial de la ville d'Avignon, publié par Clément Fanot, 1854. *Avignon, Seguin aîné*, 1854, in-12.

2 ex. [8°, **28.437** (t. IV) et **31.420**].

— Guide commercial, administratif et statistique de la ville d'Avignon... publié par Clément Fanot, 1860. *Avignon, C. Fanot, Roumanille*, etc., s. d., in-12.

3 ex. [8°, **28.437** (t. V), **31.421** et **31.470**].

— Guide Fanot pour la ville d'Avignon... par Clément Fanot. Années 1864, 1868 et 1871. — *Avignon, Bonnet fils, puis A. Roux*, s. d., 3 vol. in-12.

3 ex. de chaque année. [8°, **28.437** (t. VI-VIII), **31.422** à **31.425**, **31.471** et **31.472**].

ANNUAIRE INDUSTRIEL et commercial d'Avignon et du département de Vaucluse... 1891, 1892, 1893. *Avignon, H. Guigou*. 1891-1893. 3 vol. in-8°.

[8°, **31.433** à **31.435**].

ANNUAIRE OFFICIEL DU DÉPARTEMENT DE VAUCLUSE. Annuaire du département de Vaucluse pour l'an VIII. *Carpentras, J.-A. Proyet*, s. d., in-12.

[Rédigé par les professeurs de l'école centrale de Vaucluse avec la collaboration de Charles COTTIER.— Contient : Carte du département. — Notice sur le département et sa division en cantons. — Traits d'humanité, de courage et de républicanisme, recueillis dans le département. — Programme des cours de l'école centrale du département. — Agriculture, manufacture et commerce. — Observations météorologiques. — Topographie naturelle du département. — Nouvelles mesures.]

[8°, **31.389**].

— Annuaire du département de Vaucluse pour l'an IX. — *Carpentras, J.-A. Proyet*, s. d., in-12, VIII-112 p.

Rédigé par AUPHANT, BERNARD, DANDRÉE et WATON, professeurs à l'école centrale du département.
Contient : Topographie du département. — Lauréats de l'école centrale. — Célébrités vauclusiennes. — Observations agricoles et météorologiques.
[8°, **31.390**.

— Annuaire statistique du département de Vaucluse pour l'an XII. — *Carpentras, J.-A. Proyet*, s. d., in-12, xx-326 p.

Rédigé par Maxime de PAZZIS et Denis WATON.

Contient : Topographie du département. — Population. — Ecole centrale. — Bibliothèque et musée d'Avignon. — Bibliothèque de Carpentras. — Théâtres. — Monuments antiques d'Orange, de Carpentras, de Venasque, de Vaison, de Cavaillon. — Aqueduc de Carpentras. — Nécrologie [J.-S. Duplessis]. — Athénée de Vaucluse. — Société de médecine d'Avignon. — Société agricole, commerciale et littéraire [de Carpentras]. — Agriculture. - Météorologie. — Commerce.
[8°, **31.391**.

— Annuaire du département de Vaucluse pour l'année 1835, historique, agricole, administratif, industriel et commercial, par Alph. Rastoul... — *Avignon, bureau de l' « Echo de Vaucluse »* [Impr. Rastoul], 1835, in-12, xxx-180 p.

Contient : Introduction historique. — Aperçu statistique. — Courte notice sur les chefs-lieux d'arrondissement. — Notes sur Malachie d'Inguimbert, sur l'arc-de-triomphe de Carpentras, le théâtre antique d'Orange (par Léon MOREL).
2 ex. [8°, **14.972** et **31.392**.

— Annuaire du département de Vaucluse contenant tout ce qui intéresse, dans ce département, l'administrateur, l'homme d'affaires, l'habitant et l'étranger. — *Apt, Ed. Cartier*, 1835, in-18, 180 p.

Contient : Description topographique du département. — Notice biographique sur Bernardi. — Constitution administrative des anciens Etats de Provence.
2 ex. [8°, **14.974** et **31.393**.

— Annuaire de Vaucluse, 1836... — *Avignon, impr. Vve Guichard aîné*, s. d., in-18, 216 p.

Contient les notices suivantes de J.-B. JOUDOU : Vaucluse. — Biographies de Crillon, Fléchier, d'Inguimbert, Maury, Calvet. — Notice sur les tableaux du Musée Calvet.
[8°, **31.394**.

— Annuaire statistique, commercial, industriel et administratif du département de Vaucluse pour l'année MDCCCXXXVIII. — *Avignon, Jacquet et Joudou*, s. d., in-12, 272 p., cart.

Contient les notices suivantes de J.-B. JOUDOU : Ephémérides de l'histoire d'Avignon et du Comtat Venaissin. — Population, commerce et manufacture de la soie, industrie (garance) à Avignon et dans le département de Vaucluse. — Papes ayant siégé à Avignon, légats et vice-légats, recteurs du Comtat. Représentants en mission. Administration centrale du département pendant la Révolution. Préfets de Vaucluse. - Ancienne Université d'Avignon. — Courtes notices sur les principales communes.
[8°, **31.395**.

— Annuaire administratif, statistique et commercial du département de Vaucluse, pour 1839. — *Avignon, bureau du « Messager de Vaucluse »*, s. d., in-12, 288 p.

Notices par J.-B. JOUDOU sur les monuments d'Orange et l'arc-de-triomphe de Carpentras. — Table générale des minutes des notaires d'Avignon
2 ex. [8°, **14.975** et **31.396**.

— Annuaire statistique et administratif du département de Vaucluse pour 1840 [Par Paul Achard]. — *Avignon, P. Chaillot jeune*, 1840, in-12, 401 p., pl.

Contient : Notice (par Charles de Blégier) sur l'origine de l'imprimerie à Avignon. — Notice sur Antoine d'Alleman.

2 ex. [8°, **31.397** et **31.437**.

— Annuaire de Vaucluse pour les années 1841-1842 [par Paul Achard]. — *Avignon, au bureau des archives de la préfecture*, s. d., in-12, 550 p.

Contient : Histoire de Veranus, évêque de Cavaillon (par Louis Richaud). — Notice biographique et bibliographique sur Louis de Pérussis (par Charles de Blégier). Etude sur Hyacinthe Morel (par F. Tamisier).

2 ex. [8°, **14.984** et **31.398**.

— Annuaire indicateur administratif et commercial du département de Vaucluse pour 1848 (et 1850), publié par Clément Fanot. — Voir : ANNUAIRE FANOT. Annuaire indicateur, etc., 1848 et 1850.

4 ex. [8°, **14.986**, **28.437** (t. II et III), **31.400** et **31.401**.

—Annuaire statistique et administratif du département de Vaucluse pour l'année 1851 [par Paul Achard]. — *Avignon, Seguin aîné*, s. d., in-12, 420 p.

Contient (p. 265) : Liste de quelques édifices du département de Vaucluse classés comme monuments historiques ou qui paraissent susceptibles de l'être.

[8°, **31.402**.

—Annuaire administratif, statistique et historique du département de Vaucluse [par Paul Achard]. Années 1854 à 1870. — *Avignon, Seguin aîné;* puis *Carpentras, L. Devillario ;* puis *Avignon, Bonnet fils et Vve A. Bonnet fils*, s. d., 17 vol. in-12.

1854. Liste des légats et vice-légats, recteurs du Comtat, des commissaires et représentants en mission dans le département, des membres de l'administration centrale du département, des préfets, etc., des évêques et archevêques d'Avignon et des évêques de Carpentras, Orange. Apt, Cavaillon, Vaison. — Historique de l'instruction publique dans le département.— Notes sur les monuments historiques, les théâtres, les poids et mesures et l'éclairage public, etc.

[8°, **31.403**.

1855. Dictionnaire géographique, historique et biographique des communes du département communiqué par J. Courtet. — Notice sur le musée Calvet d'Avignon. — Monuments historiques du département.

[8°, **31.404**.

1856. Dictionnaire historique des rues et des places publiques de la ville d'Avignon. — Liste des lieux habités du département avec la population de chacun d'eux.

[8°, **31.405**.

1857. Anciens poids et mesures (p. 350). Anciennes monnaies, cours des assignats et mandats territoriaux (p. 356).

[8°, **31.406**.

1858. Ephémérides historiques du département. — Notes sur les musées d'Avignon et de Carpentras. — Monuments du département. — Tableau des fêtes votives.

[8°, **31.407**.

1859. Nouvelles éphémérides historiques du département. Points les plus élevés du département. — Température des sources. — Notes sur la mortalité.

[8°, **31.408**.

1860. Nouvelles éphémérides historiques du département. — Mémoire sur l'état des peuples qui habitaient le département de Vaucluse avant la domination romaine (par Th. Génerat). — Liste des podestats, syndics, viguiers, consuls et maires de la ville d'Avignon. — Notes sur l'organisation de l'instruction primaire dans les diverses communes du département aux XVI°-XVII° siècles. — Monuments historiques.

[8°, **31.409**.

1861. Lettre de J.-Charles de Fabry de Châteaubrun, sur la noblesse d'Avignon (avec notes). — Biographie du marquis de Cambis d'Orsan (par F. Tamisier).

[8°, **31.410**.

1862. Notice sur les annuaires de Vaucluse.
[8°, **31.411**.

1863. De l'orthographe employée pour les noms de lieux du département. — Réunion d'Avignon et du Comtat-Venaissin à la France.
[8°, **31.412**.

1864. Notes historiques sur l'origine et les progrès de la musique à Avignon et dans le département de Vaucluse. — Notes sur les musées d'Avignon, de Carpentras et de Sault.
[8°, **31.413**.

1865. Notes historiques sur les peintres et sculpteurs, ainsi que sur les théâtres du département de Vaucluse.
[8°, **31.414**.

1866. Liste d'honneur des élèves du lycée d'Avignon.
[8°, **31.415**.

1867. Foires et marchés du département.
[8°, **31.416**.

1868. Statistique de la population.
[8°, **31.417**.

1869. Les chefs des plaisirs. – Bazoche. Abbés de la jeunesse.
[8°, **31.418**.

1870. Les ponts du département.
[8°, **31.419**.

— Annuaire administratif et commercial du département de Vaucluse pour 1872 et 1874... — *Avignon, A. Roux*, 1872-1874, 2 vol. in-8°.

1872. Deux révolutionnaires de l'industrie Jean Althen, Philippe de Girard (par A. Mouzin).

2 ex. [8°, **31.426** et **31.438**.
1874.
2 ex. [8°, **31.427** et **31.428**.

—Annuaire officiel du département de Vaucluse pour l'année 1875 et l'année 1876, publié par Gros frères... — *Avignon, Gros frères*, 1875-1876, 2 vol. in-8.

1875. [8°, **31.439**.
1876. [8°, **31.430**.

— Annuaire administratif, historique et statistique de Vaucluse, publié par L. Duhamel... Années 1877 à 1912. — *Avignon, impr. Gros, puis F. Seguin, puis Millo, puis F. Seguin*, s. d., 36 vol. in-12.

1877. Anciennes divisions du Comtat-Venaissin. — Formation du département. — Statuts de Bédarrides. — Carte du département. — Renseignements météorologiques.

1878. Statuts du Barroux. — Université d'Orange (par le Dr Millet).

1879. Dictionnaire des communes et lieux habités du département.— Charte et statuts de Châteauneuf-de-Gadagne.

1880. Charte de Courthézon.

1881. Chronique d'un notaire d'Orange.

1882. Médecins d'Avignon au moyen (par G. Bayle). — Statistique de la population.

1883. Origine du mot Doms. — Ambassade à la cour pontificale. — Vache de Châteauneuf. — Note sur Viala.

1884. Visite au Palais des Papes. — Statues historiques du département. — Statuts de Cavaillon.

1885. Grandes épidémies à Avignon et dans le Comtat-Venaissin.

1886. Dictionnaire philologique des noms de lieux (par A. Maire).

1887. Grandes inondations à Avignon.

1888. Mémorial de Carpentras. — Recteurs du Comtat. — Actes de l'état-civil antérieurs à 1790.

1889. Table des minutes des notaires de l'arrondissement d'Avignon.

1890. Documents sur l'agriculture, l'industrie et le commerce. — Les exécutions capitales à Avignon au XVIIIe siècle.

1891. Documents sur la réunion d'Avignon et du Comtat-Venaissin à la France. — L'œuvre de Louis David, graveur, à Avignon.

1892. Statuts des drapiers d'Avignon au XVe siècle. — Statuts de l'Université d'Orange. — Les Etats provinciaux du Comtat-Venaissin au XVe siècle.

1893. Représentants de Vaucluse. — Documents sur la réunion du Comtat-Venaissin et d'Avignon à la France. Création du département. — Consuls et officiers municipaux de Carpentras.

1894. Fin de la principauté d'Orange. Capitulation de Lapalud (campagne du duc d'Angoulême dans Vaucluse, mars-avril 1815). — Documents sur la Révolution dans Vaucluse.

1895. Archives notariales d'Avignon et du Comtat-Venaissin. Documents sur la Révolution dans Vaucluse. — Liste des primiciers de l'Université d'Avignon. — Statuts des marchands d'Avignon.

1896. Les masses des Universités d'Avignon et d'Orange. - Documents sur la Révolution dans Vaucluse.

1897. Les usages locaux d'Avignon... par M. le président Benoit.

1898. État des minutes des notaires de l'arrondissement d'Orange.

1899. Une visite au Palais des Papes.

1900. Monuments historiques. — Documents sur la Révolution dans Vaucluse.

1901. Documents sur la Révolution dans Vaucluse.

1902. Documents sur la Révolution dans Vaucluse. · Monographies communales : I. Althen-les-Paluds. II. Ausouis.

1903. Monographies communales : III. Apt (par F. Sauve).

1904. État général des fonds des archives départementales de Vaucluse. — Monographies communales : IV. Aubignan ; V. Aurel ; VI. Auribeau. — La colline de Montdevergues : son nom, ses seigneurs (par Paul Duhamel).

1905. Usages locaux du département.

1906. Cour de la claverie à Orange.

1907. Réforme des poids et mesures dans Vaucluse. — Bâtiments nationaux et départementaux : préfecture, archevêché, séminaire. — Monographie du Barroux. — Restauration du Palais des Papes.

1908. Le Palais des Papes (1791-1902). — Monuments historiques et objets d'art classés.

1909. Le théâtre à Avignon aux XVII⁰ et XVIII⁰ siècles. — Monuments historiques et objets d'art classés (2ᵉ liste).

1910. Vie avignonaise aux XVIIᵉ et XVIIIᵉ siècles : musique, jeux, exhibitions, etc. — L'École centrale de Vaucluse. · Monuments historiques et objets d'art classés (3ᵉ liste).

1911. Avignon au XVIIIᵉ siècle : Topographie, organisation générale, corporations, industrie, commerce. — État sommaire des archives des districts d'Apt et d'Avignon.

1912. Prise de possession de la ville d'Avignon par la France (novembre 1791). — État sommaire des archives des districts de Carpentras et d'Orange. — Monuments historiques et objets d'art classés (4ᵉ liste).

[8°, **14.977**]

ANSELME (FRANÇOIS). — Ad Clementem XIV. P. O. M. Avenio pontificiæ ditioni restituta. Carmen gratulatorium. [Signé : FRANCISCUS ANSELME,...] — S. l. n. d., in-4°, pièce (1 fl. n. ch.)

4 ex. [4°, **3.632**, n° 7. — Ms. **2.450**. nᵒ 50, **2.933**, nᵒ 13, et **2.437**, n° 9.

— Ad Clementem XIII. Pont. opt. Max. in solemni ejus exaltationis festo Avenione celebrato, ode. — S. l. n. d., in-4°, pièce (11 fl. n. ch.).

3 ex. [Ms. **2.439**, nᵒ 38, **2.930**, n° 55, et **2.953**, nᵒ 19.

— Ad Excellentissimum D. D. Angelum Durini, archiepiscopum Ancyranum, praesidem et prolegatum Avenionensem, carmen. S. l. n. d., in-4°, pièce (11 fl. n. ch.).

(Signé : Franciscus Anselme, insignis Ecclesiæ sancti Petri Aven. Decanus.)

2 ex. [4°, **3.632**, n° 23. — Ms. **2.951**, n° 38.

— Daphnis è morbo redivivus. Ecloga. — S. l. n. d. [1753], in-4°, pièce (1 fl. n. ch. - 9 p.).

[Sur le rétablissement de la santé de Joseph-Ignace de Blanc, marquis de Brantes.]

4 ex. [Ms. **2.431**, n° 56, **2.450**, nᵒ 13. **2.930**, nᵒ 16, et **2.945**, nᵒ 20.

— Daphnis rétabli. Eglogue. — *Avignon, J.-S. Tournet*, 1753, in-4°, pièce (19 pages).

2 ex. [**Ms. 2.450**, n° 14, et **2.930**, n° 17.

— Pro solemni Ingressu... D. D. Josephi de Guyon de Crochans, archiepiscopi. Urbi Avenioni Gratulatio. — [*Avenione, F. Girard et D. Seguin*, 1742], in-4°, pièce (11 ff n. ch.).

6 ex. [**Ms. 2.438**, n° 23, **2.439**, n° 33, **2.440**, n° 22, **2.450**, n° 39, **2.929**, n° 35, et **2.944**, n° 42.

— A la ville d'Avignon, sur l'entrée solemnelle de Monseigneur Joseph de Guyon de Crochans, son illustre archevêque. Ode librement traduite. — [*Avignon, F. Girard et D. Seguin*, 1742], in-4°, pièce (11 ff. n. ch.).

[**Ms. 2.440**, n° 23.

ANSELME (HUBERT D'). — Liberté de l'enseignement. Lettres d'un père de famille à ses concitoyens. [*Signé* : H^t D'...]. — *Avignon, Seguin aîné*, 1844, in-8°, 60 p.

2 ex. [8°, **33.269**. **Ms. 3.010**, n° 7.

ANSELME (J.), doyen de Saint-Pierre d'Avignon. — A monsieur le duc de Crillon, sur la prise de l'Isle Minorque. [*Suit* : A monsieur Murray, après la reddition du fort St-Philippe. — Quatrain à mettre sous le portrait du brave Crillon, dédié à M. le Duc, vainqueur de Mahon (Par J. Anselme)]. — *S. l. n. d.*, in-4°, pièce (11 ff. n. ch.).

[**Ms. 2.956**, n° 5.

— Chanson à l'honneur du globe aérostatique. [*Signé* : J. ANSELME D. de St-P.]. — [*Avignon, imp. J. Guichard*], s. d., in-12, pièce (3 p.).

2 ex. [8°, **25.068**, n° 6, et **25.088**, n° 9.

ANSELME (JACQUES - BERNARD-MODESTE D'), général. — Supplément aux 44 pièces justificatives insérées dans le 2° mémoire du C^{en} général Danselme, pour servir à sa défense... — *Paris, impr. Demonville*, s. d., in-fol. plac.

[Atl. **314**, n° 192.

ANTIENNE très-dévote à l'honneur de S. Pierre de Luxembourg. — *S. l. n. d.*, in-16, placard.

[**Ms. 2.445**, n° 9.

ANTONELLE (PIERRE-ANTOINE). — Les deux points de vue des troubles actuels du département de Vaucluse, par P.-A. Antonelle, maire d'Arles. [6 mai 1791]. — *S. l. n. d.*, [1791], in-12, pièce (14 p.).

3 ex. [8°, **33.376**. — **Ms. 2.538**, n° 42, et **2.990**, n° 5.

— Lettre du maire d'Arles à MM. les officiers municipaux de la commune d'Avignon. [26 novembre 1790. — Suit une lettre du même au rédacteur de la *Gazette universelle*, 3 décembre 1790.] — *S. l. n. d.*, in-4°, pièce (2 p.).

[Contre le Comté Venaissin et en faveur d'Avignon.]

3 ex. [**Ms. 2.522**, n° 118, **2.959**, n° 69, et **2.980**, n° 45.

— [Lettre du maire d'Arles aux officiers municipaux de la commune d'Avignon, 26 décembre 1790]. — *S. l. n. d.*, in-4°, pièce (1 ff. n. ch.).

[**Ms. 2.980**, n° 46.

ANTONELLE (P.-A).

— Lettre de M. le Maire d'Arles, à la municipalité d'Avignon. Servant de réponse aux basses calomnies des députés de l'assemblée de Carpentras, soi-disans députés du comtat Venaissin [28 octobre 1790]. — [*Paris, Lejay fils*, 1790], in-8°, pièce (3 p.)

2 ex. [**Ms. 2.537**, n° 39, et **3.012**, n° 27.

— Pierre-Antoine Antonelle à Stanislas Clermont [15 mai 1791]. — *S. l. n. d.*, in-4°, 6 p.

[**Ms. 2.950**, n° 55.

— Le premier et dernier mot de l'Ami des Avignonais, sur Mallet Dupan. — *S. l. n. d.* [1790], in-12, 3 p.).

Fonds Chambaud et Requien.

2 ex. [**Ms. 2.537**, n° 21, et **2.988**, n° 9.

— Quelques réflexions sur la mémorable Assemblée de Carpentras, sur la pétition du peuple avignonais, et sur l'opinion de Stanislas Clermont-Tonnerre, membre de l'Assemblée nationale, par Pierre-Antoine Antonelle,... — *S. l. n. d.*, in-4°, pièce (8 p.).

(Le bas de la pièce est rogné.)

[**Ms. 2.950**, n° 47.

— ...Seconde édition.— *Avignon*, 17 novembre 1790, in-8°, 54 p.

2 ex. [8°, **33.375**. — **Ms. 3.016**, n° 12.

— ...Troisième édition. — *Paris, Lejay fils*, s. d., in-12, 56 p.

Fonds Chambaud et Requien.

2 ex. [**Ms. 2.537**, n° 44 et **2.988**, n° 38.

— Réponse du Président de la société [des Amis de la Constitution établie à Arles. P. A. Antonelle] au député de la commune de Carpentras [10 mars 1791]. — *S. l. n. d.* in-4°, pièce (4 p.).

[**Ms. 2.960**, n° 18.

— Réponse du Président de la Société des Amis de la Constitution établie à Arles, au discours prononcé par M. Richard, maire d'Avignon, un des députés du Club de cette ville, au nom de la députation de ce dernier Club, près du premier, et dans la séance du jeudi 31 mars 1791. — [*Arles, Jacques et Gaspard Mesnier*, 1791]. in-4°, pièce (12 p.).

[**Ms. 2.960**, n° 31.

ANTONELLI (Curzio).— A Francesco Petrarca nella occasione del suo V° centenario. Canzone. [*Signé* : Curzio Antonelli]. — *S. l. n. d.* [1874], in-fol., pièce (11 ff. n. ch.).

[Fol. **5.148**.

ANTONNELLE (Fr. d.). — Elys de Sault ou la Cour des Papes au milieu du XIV° siècle, par Fr. d'Antonnelle. — *Paris Mme Charles - Béchet*, 1834, 2 vol. in-8°, 312 et 334 p.

[8°, **25.600**.

APERÇUS politiques. *Paris, Corréard*, 5 mai 1820, in-8°, 15 p.

[P. 11 et suiv. : Collège électoral de Vaucluse (compte-rendu des élections de 1820).]

Fonds Chambaud.

[**Ms. 2.549**, n° 1.

APOLLINAIRE de Valence (R. P.). — Etudes franciscaines sur la Révolution dans le département de Vaucluse par le P. Apollinaire de Valence,... — *Avignon, F. Seguin*, 1895, in-8°, 84 p.

[8°, **29.551**.

APOLOGIE d'un patriotisme bien bien intentionné. — *S. l. n. d.* [1783], in-4°, 4 p.

[Réponse au mémoire de Joseph de Poulle contre le projet de règlement de M. d'Astier pour les tribunaux collégiaux à établir à Avignon et dans le Comtat.]

3 ex. [8°, **33.813**. — Ms. **2.449**, n° 63, et **2.936**, n° 35.

APOTHICAIRE (L'), chanson aquatique, chantée par un canard à l'époque des élections municipales de Gaflopolis [Avignon]. — [*Avignon, s. n.*,1837]. in-8°, 4 p.

[Ms. **3.005**, n° 37.

[APPEL aux « braves habitants de Vaucluse » en faveur d'une loterie destinée à secourir les « victimes de l'héroïque Vendée ». Mars 1832]. — *S. l. n. d.*, in-8°, pièce (1 ff. n. ch.).

Fonds Chambaud.

[Ms. **2.551**, n° 29.

APPENDIX ad synodum diœcesanam Carpen. — *Voir* : Conciles. Carpentras, 1756.

ARAMON (Mis d'). — Discours prononcé par Monsieur le Marquis d'Aramon, président le collège électoral du département de Vaucluse, à l'ouverture dudit collège [1816]. — [*Avignon, impr. de Bonnet fils*], s. d., in-4°, 3 p.

Fonds Chambaud et Requien.

2 ex. [Ms. **2.535**, n° 15, et **2.970**, n° 14.

ARBAUD (Damase). — Chants populaires de la Provence recueillis et annotés par Damase Arbaud... — *Aix A. Makaire*, 1862-1864, 2 vol. in-12, xlviii-228 p., li-250 p.

3 ex. [8°, **25.351**, **28.555** et **28.608**.

— Etude sur l'orthographe provençale par Damase Arbaud... — *Aix, Makaire*, 1864, in-12, 51 p.

(Extrait du 2e volume des *Chants populaires de la Provence.*)

[8°, **24.984**.

— Lettres sur quelques-unes des monnaies qui avaient cours en Provence aux XIVe et XVe siècles, suivies de recherches sur le prix du blé et la taxe du pain à la même époque, par Damase Arbaud... — *Digne, Ve A. Guichard*, 1851, in-8°, 67 p.

[8°, **16.188**.

— De l'orthographe provençale. Lettre à M. Anselme Mathieu, par Damase Arbaud... — *Aix, Makaire*, 1865, in-12, x-41 p.

[8°, **24.985**.

— De la poésie populaire en Provence, par Damase Arbaud... — *Marseille, typ. Vve Marius Olive*, 1862, in-8°, 46 p.

[8°, **25.352**.

ARBAUD (Mme d'), née Martin (Valère). — Lis amouro de ribas culido pèr la felibresso dou Cauloun [avec la traduction française]. — *Avignon, J. Roumanille*, 1863, in-8°, xxix-311 p.

Don de l'auteur.

[8°, **10.555**.

ARCHELET (L'abbé). — ...Panégyrique de saint Agricol, prononcé en l'église Saint-Agricol [d'Avignon], le dimanche 8 septembre 1895. — *Avignon Aubanel*, 1895, in-8°, 20 p.

Anc. archevêché d'Avignon.

[8°, **37.344**.

— ...Saint Véran, évêque et patron de Cavaillon ; panégyrique prononcé dans l'ancien cathédrale de Cavaillon, le dimanche 13 novembre 1904. — *Avignon, Aubanel*, s. d., in-12, 30 p.

Anc. archevêché d'Avignon.

[8°, **37.317**.

ARENA (Antoine), étudiant à Avignon, juge à St-Rémy-de-Provence. — Antonius de Arena Provençalis, de Bragardissima villa de Soleriis. Ad suos compagnones studiantes, qui sunt de persona friantes, bassas Dansas et Branlos practicantes, nouvellos quamplurimos mandat... — *Stampatus in stampatura stampatorum*, 1670, in-12, 191 p.

[8°, **25.057**.

— Autre édition. — *Londini*, 1758, III ff. n. ch. - xiv-94 p.

[8°, **25.056**.

— Meygra entreprisa catoliqui imperatoris quando de anno Domini mille CCCCC.XXXVI. veniebat per Provensam benè corrosatus in postam prendere Fransam cum villis de Provensa; propter grossas, et menutas gentes rejohire, per Antonium Arenam... — *Bruxelles J. van Ulanderem [Avignon]*, 1748, in-8°, xii-78 p. - x ff. n. ch.

[A la fin, liste des cités, villes et châteaux de Provence classés par vigueries et bailliages.]

[8°, **25.054**.

— Autre édition. — *Lyon*, s. n., 1760, in-8°, xvi-106.

[8°, **25.055**.

— Nouvelle édition entièrement conforme à l'édition originale de 1537, précédée d'une notice bibliographique et littéraire, par Norbert Bonafous... — *Aix, Makaire*, 1868, in-8°, xxviii-127 p.

(Bibliothèque provençale.)

[8°, **10.375**.

ARLATAN (d'). — Discours prononcé par Mⁱ d'Arlatan, maire de la commune de Vacquéiras... et président du collège électoral de l'arrondissement d'Apt, à l'ouverture de la session, le 1ᵉʳ février 1811. — [*Apt, impr. J. Trémollière*], s. d., in-8°, 9 p.

Fonds Chambaud.

[Ms. **2.547**, n° 12.

ARMANA DOU VENTOUR en prouvençau espeli emé l'ajudo di mèstre dóu felibrige pèr estruire e amusa... [par Louis Charrasse]. — *Vaison, chez l'auteur*, 1899-1907, 9 vol. in-12.

Don de l'auteur.

[8°, **37.682**.

ARMANA PROUVENÇAU per lou bèl an de Dieu 1855 [et années suivantes 1856 à 1912] adouba et publica de la man di felibre... — *Avignon, Aubanel, puis Roumanille*, s. d., 57 vol. in 18.

[8°, **37.539**.

ARMAND (d'). — Résumé d'un commentaire sur nos conventions de 1251 [mars 1790]. — S. l. n. d., in-8°, 8 p.

3 ex. [8°, **33.472**. — Ms. **2.536**, n° 17, et **2.986**, n° 27.

ARMAND-DELILLE. — La veille de la bataille d'Austerlitz. Ode lue au dîner que Mⁱ le Préfet de Vaucluse a donné le 1ᵉʳ décembre 1811, jour anniversaire du couronnement de S. M. l'Empereur, et de la bataille d'Austerlitz. - S. l. n. d., in-8°, 4 p.

[Ms. **3.015**, n° 22.

ARNALDO (Pietro-Antonio). — Buone Feste Natalizie all'eminentiss⁽ᵐ⁾ principe, il signor cardinale Altieri... Legato d'Avignone, etc. Humilmente augurate... da Pietro Antonio Arnaldo,.. Il primo decembre 1676. — *Avignon, A. Dupérier*, 1676, in-4°, III ff. n. ch. - 10 pages.

[**Ms. 2.939**, n° 4.

— Il Diluvio trilingue italiano, latino, e francesé di Pietr'Antonio di Villafranca... — *Avignon, A. Dupérier*, s. d., in-8°, paginé 1-16, 5-16.

(Sur l'inondation du Rhône à Avignon en 1674.)
Fonds Massilian-Moutte.

[8°, **28.066**, n° 9.

— Hyacinthus Libellvs archiepiscopus Avenionensis. Panegyris... [*Dédicace signée : Petrus Antonius Arnaldus*]. — *Lugduni, typ. Anissonianis*, 1682, in-4°, pièce (III fl. n. ch.-23 p.).

[**Ms. 2.939**, n° 24.

— Insignis Metropolitani Capituli Avenionensis Pax Inter Præpositum, Canonicos, et quatuor Hebdomadarios, et Beneficiatos. Ill^{mi} et Excell^{mi} D. D. Francisci Niccolini... Vicelegati Octimestri patienta elaborata : Ejusdem studio, et solertia, publico monumento æternata die... 23 Aprilis 1678. Elégia Petri Antonii Arnaldi...— *Lugduni, G. Nanti*, 1678, in-4°, pièce (20 pages).

Fonds Massilian-Moutte.

3 ex. [**Ms. 2.431**, n° 39, **2.443**, n° 9, et **2.939**, n° 11.

— Lettera di raguaglio all'...cardinale Alderano Cybo... legato d'Avignone, etc. [*Signé* : Pietro Antonio Arnaldo].— S. l. n. d., in-4°, pièce (22 pages).

Fonds Massilian-Moutte.

2 ex. [**Ms. 2.431**, n° 40, et **2.939**, n° 30.

— Ottimi Effetti del zelo apostolico, Et indefessa applicazione, al buon'Gouerno Dell'... Francesco abbate Niccolini, Vicelegato della Città d'Auignone, e Contado Venaissino, etc. Dal Mercoledi delle Ceneri 3. di Marzo 1677, giorno del suo Arriuo sino al primo d'agosto seguento... da Pietro Antonio Arnaldo. — *Lione, G. Nanti*, 1677, in-4°, pièce (III ff. n. ch.).

Fonds Massilian-Moutte.

2 ex. [**Ms. 2.431**, n° 38, et **2.939**, n° 7.

— La provida Vigilanza dell' Excell^{mo}... Mgnore Carlo Anguisciola... vicelegato d'Avignone, etc., con l'occasione dell'improvisa, e deplorabile inondatione del Rodano seguita à danni di detta città, e territorio, li 16 di novembre 1674. Descrittione poetica di Pietro-Antonio Arnaldo... — *Avignone, M. Mallard*, s. d., in-4°, pièce (18 p.).

Fonds Massilian-Moutte.

[**Ms. 2.428**, n° 17.

ARNAUD (Eugène). — Histoire des protestants de Provence, du Comtat Venaissin et de la principauté d'Orange... par E. Arnaud...— *Paris, Grassart*, 1884, 2 vol. in-8°, XXII-573, XII-414 p., cart.

Don de M. F. Digonnet.

[8°, **31.442**.

ARNAUD (Abbé François) et CHATEAUBRUN (Jean-Baptiste Vivien de). — Discours prononcés dans l'Académie française, le lundi XIII mai M.DCC. LXXI, à la réception de M. l'abbé Arnaud, imprimés par ordre de l'assemblée des Trois-Etats du Comté Venaissin. — *Carpen*-

tras, D.-G. Quenin, 1771, in-4°, pièce (28 p.).

[Contient la délibération des Etats du Comtat].
Fonds Massilian-Moutte et Requien.

7 ex. [4°, **6.892** et **7.072**. — Ms. **2.422**, n° 2, **2.937**, n° 9, **2.945**, n° 14, et **2.955**, n°ˢ 41 et 42.

ARNAUD (Joseph). — Nouveau recueil de noëls provençaux composés par le sieur Joseph Arnaud, cordonnier à l'Isle...; le 2 février 1815. Première édition. — *Carpentras, Gaudibert-Penne*, 1815, in-12, 60 p.

[8°, **25.225**.

ARNAUD (Raoul). — Journaliste, sans-culotte et thermidorien. Le fils de Fréron (1754-1802) d'après des documents inédits, par Raoul Arnaud. — *Paris, Perrin et Cie*, 1909, in-12, vi-368 p., port.

[8°, **36.762**.

ARNAUD D'AGNEL (Abbé G.). — L'abbé G. Arnaud d'Agnel... Les comptes du roi Réné publiés d'après les originaux inédits conservés aux Archives des Bouches-du-Rhône. — *Paris, A. Picard*, 1908-10, 3 vol. gr. in-8°, xxviii-411, 491 et 511 p.

[4°, **7.727**.

ARNAUD DE FABRE (Dʳ). — Note relative à la maladie des écrevisses de la Sorgue. [*Signé*: Dʳ Arnaud de Fabre.] — [*Avignon, Berty et Chapelle*], s. d., in-8°, pièce (7 pages).
Succession P. Grivolas.

[8°, **35.172**.

ARNAULD (Pierre-Antoine). — *Voir* : Arnaldo (Pietro-Antonio).

ARNAVON (Abbé François). — Le génie de Pétrarque ou imitation en vers françois, de ses plus belles poésies, précédée de la vie de cet homme célèbre [par l'abbé Arnavon]... — *Parme, Avignon, J. Guichard*, 1778, in-12, vi-390 p.

[8°, **27.005**.

— Pétrarque à Vaucluse, prince de la poésie lyrique italienne, orateur et philosophe le plus renommé de son siècle, et non moins célèbre par la constance de sa passion pour la vertueuse Laure. — *Paris, Le Normand, Debray*, an XIII.-1804, in-8°, xxxii-391 p.

(Le faux titre porte : Pétrarque à Vaucluse, et histoire de cette fontaine par un ancien habitant de Vaucluse).

[8°, **16.929**.

— Pétrarque à Vaucluse, précédé du voyage à Vaucluse et suivi du retour de Vaucluse... par M. l'abbé Arnavon...Deuxième édition. — *Paris, Gillé, Debray et Lenormand*, 1814, in-8°, en deux parties, xxii-391 et 110 p., pl.
Portrait de Pétrarque gravé par J.-B. Guibert.

[8°, **27.008**.

— Retour de la fontaine de Vaucluse contenant l'histoire de cette source... par l'auteur du Voyage à Vaucluse et du Pétrarque à Vaucluse. — *Avignon, Vve Guichard*, 1805, in-8°, 110 p., pl.
Portrait de Pétrarque gravé par J.-B. Guibert.

[8°, **27.009**.

ARTAUD. — [Poésie en l'honneur de Mgr Durini, président-prolégat d'Avignon, avec la réponse de celui-ci]. — *S. l. n. d.* [1776], in-4°, pièce (11 ff. n. ch.).

[4°, **3.632**, n° 17.

ARTAUD (François). — L'Arc d'Orange, par F. Artaud,... — *Orange, Raphel aîné*, 1840, in-8°, 64 p.
[8°, **26.745**.

— Extrait du testament de M. Artaud. — *Voir :* Calvet (Esprit-Claude-François). Testament... *Avignon*, [1846], in-8°.
3 ex. [8°, **28.271**, n° 2, **34.475**, n° 1, et **34.494**.

ARTEFEUIL (Louis Ventre, seigneur de la Touloubre, *dit*). — Histoire héroïque et universelle de Provence. — *Avignon, Vve Girard*, 1757-1759, 2 vol. in-4°, t. I : pièces liminaires - xiv - 545 p. ; t. II : 608 p.
Planches gravées par Cousin.
[4°, **3.733**.

— Autre édition. — *Avignon, Vve Girard et Seguin*, 1776-1786, 3 vol., plus un 4ᵉ volume formant le 2ᵉ supplément, *s. l. n. d.*, in-4°, t. I : pièces liminaires - xiv-549 p. ; t. II : 607 p. ; t. III : viii-352 p. ; t. IV : 168 p.
[4°, **8.424**.

— Histoire héroïque et universelle de la noblesse de Provence... Tome quatrième, 2ᵉ supplément et tables armoriales. — *Blois, C. Migault et Cie*, 1901, in-4°. vii-163 p.
[4°, **8.425**.

ARTICLE destiné par la Vérité, la Noblesse et la gloire de la ville d'Avignon, pour être mis dans ses Annales. D'Avignon le 4 avril 1755. — *S. l. n. d.*, in-4°, placard.
[Sur le départ du margrave et de la margrave de Brandebourg-Kuhlbach-Bareith.]
[Ms. **2.930**, n° 25.

ARTICLES pour la cause des 32 religieuses guillotinées à Orange en 1794. — *Avignon, Aubanel frères*, 1904, in-4°. pièce (27 p.).
Don de M. l'abbé Redon.
[4°, **6.629**.
Autre ex. (Ancien archevêché d'Avignon.)
[4°, **8.094**.

ARTOZOUL (A.). — A. Artozoul. Biographie de Jean Fauvety, président du tribunal révolutionnaire d'Orange. — *Lyon, A. Bonnaviat*, 1897, in-8°, 134 p.
Don de l'auteur.
[8°, **30.639**.

ASSASSINAT du maréchal Brune suivi du procès Guindon-Roquefort, 1815. — *Avignon, impr. Jacquet*, 1847, in-8°, pièce (31 p.).
(Extrait de la *Gazette des Tribunaux* du 9 et 15 mai 1840.)
2 ex. [8°, **988**.

— Autre édition. — *Ibid.*, in-12, pièce (24 p.).
[8°, **28.392**, n° 7.

ASSEMBLÉE (L') Nationale acceptera-t-elle le Comtat qui lui est offert par les députés de la capitale de cette province ? [15 février 1791]. — *S. l. n. d.*, in-8°, pièce (16 p.).
2 ex. [8°, **26.573**, n° 11.
— Ms. **2.989**, n° 11.

ASTIER. — Epitre en vers provençaux, à Monsieur Morel, doctrinaire, professeur de rhétorique au Collège Royal - Bourbon d'Aix. [Par Astier, de St-Rémy.] — [*Avignon, F. Seguin*], s. d., pet. in-8°, pièce (12 p.).
[8°, **25.262**, n° 1.

ASTIER (D'). — Exposition faite à l'Assemblée représentative par M. d'Astier, ci-devant Montredon, député de la Commune de Monteux, tendante à relever les inconvéniens du projet des districts, et à soutenir le plan qu'il a donné sur l'organisation du pouvoir judiciaire. — [*Carpentras, D.-G. Quenin*], s. d., in-4°, pièce (15 p.).

2 ex. [4°, **2.848**, n° 81. — **Ms. 2.959**, n° 54.

ASTIER (Louis-Charles-André d'). — Compliment fait au nom de la ville d'Avignon, par M. d'Astier, Assesseur, à Son Excellence Monseigneur Louis de Balbis de Berton, Duc de Crillon et de Mahon... à l'occasion de son passage en cette Ville [9 juin 1783]. — *Avignon, J. Garrigan*, 1783, in-4°, pièce (11 ff. n. ch.).

4 ex. [**Ms. 2.438**, n° 33, **2.449**, n° 60, **2.936**, n° 40, et **2.956**, n° 33.

— Dialogue de Jaquemart et de sa femme, sur le Mémoire distribué contre la ville d'Avignon, sous le nom du doyen de la Rote. — *S. l. n. d.* [1783], in-8°, pièce (34 p.).

2 ex. [8°, **26.589**, n° 9. — **Ms. 2.449**, n° 64.

— Discours prononcé par M' d'Astier, actuellement Assesseur et Acteur de la ville d'Avignon, à l'occasion de l'Inauguration du Portrait du roi Louis XVI, dont Sa Majesté a honoré cette Ville. — *S. l. n. d.*, in-4°, pièce (1 ff. n. ch.).

4 ex. [**Ms. 2.429**, n° 24, **2.439**, n° 64, **2.449**, n° 56, et **2.936**, n° 38.

— Projet de règlement dressé par M. d'Astier, actuellement Assesseur et Acteur de la Ville d'Avignon, tendant à établir des Tribunaux Collégiaux dans cette Ville et dans la Province du Comtat, pour, d'après les Délibérations qui seront respectivement prises par le Conseil extraordinaire de cette même Ville, et par l'Assemblée générale de ladite Province, être ensuite présenté à Notre Très-Saint Père le Pape, à l'effet d'en obtenir la confirmation. — *Avignon, F. Chambeau*, 1783, in-4°, pièce (20 p.).

2 ex. [4°, **4.412**. — **Ms. 2.449**, n° 62, et **2.936**, n° 31.

ATHANASE (R. P.) de Sainte-Agnès. — Le chandelier d'or du temple de Salomon ou la chronologie des prélats et des religions qui suivent la reigle de S. Augustin, par le R. P. Athanase de S. Agnès... — *Lyon, Vve C. Rigaud et ses fils*, 1643, in-4°, pièces liminaires - 378 p. et table.

Séminaire de St-Charles d'Avignon.

[8°, **15.606**.

ATHÉNOSY. — *Voir* : Mémoire pour les religieuses hospitalières de St-Joseph d'Avignon. — *Avignon*, 1844, in-4°.

[4°, **4.436**.

AU citoyen Dejean... Les ouvriers de l'imprimerie du citoyen Bérenguier. — [*Avignon, Bérenguier*], s. d., in-8°, placard.

[4°, **3.634**, n° 11.

AU Roi des Français [3 mars 1792]. — [*Arles, Gaspard Mesnier fils*], s. d., in-8°, pièce (11 p.).

[Supplique de la municipalité d'Arles au roi demandant l'envoi dans cette ville, pour maintenir le bon ordre, des troupes de ligne en garnison à Avignon.]

[**Ms. 2.541**, n° 13.

AU théâtre antique d'Orange. Les deux Hélène, par M. Jules Bois. — *S. l. n. d.* [1911], in-4°, 9 p. (impr. à la machine à écrire).

Don de M. Frédéric Mistral.

[8°, **37.494**.

AUBANEL. — *Voir :* ODE et AUBANEL. Notice sur l'église paroissiale de St-Agricol... — *Avignon*, 1839, in-18.

3 ex. [8°, **28.860**, n° 12, et **37.291**. — Ms. **3.006**, n° 36.

AUBANEL (CHARLES). — *Voir :* CANRON (Augustin) et AUBANEL (Charles). Appel en faveur des chrétiens de Syrie... — [*Avignon*], 1861, in-8°.

[8°, **11.313**.

AUBANEL (THÉODORE). — A Madamisello... — [*Avignon, impr. Aubanel*], s. d., in-8°, pièce (4 p.).

[8°, **31.653**.

— Brinde à Sa Grandour Mgr Louis-Ano Dubreil, archevesque d'Avignoun... - [*Avignon, Aubanel*, 1877], in-8°, pièce (11 fl. n. ch.).

[8°, **28.835**.

— Discours de Teodor Aubanel, presidènt di jo flourau tengu dins la vilo coumtalo de Fourcauquié per li fèsto de Nosto-Damo de Prouvènço (11-12-13-14 de Setèmbre 1875). [Avec la traduction française en regard.] — *Avignon, les frères Aubanel,* [1875], in-8°, pièce (31 p.).

2 ex. [4°, **8.487**. — 8°, **28.836**.

— Teodor Aubanel. Li filho d'Avignoun, traduction française en regard. *Montpellier, impr. centrale du Midi,* 1885, in-12, 369 p.

2 ex. [8°, **28.107** et **34.902**.

— Li Taulejaire de la Miougrano [Paul Cassin, Enri Delpon, Aguste Desandré, Francès Dumas, Pèire Grivolas, Alfret Pamard, Ougèni Pascau, Teodor Aubanel. — *Signé :* Teodor Aubanel]. — *Montpellier, imp. centrale du Midi,* 1883, in-4°, pièce (13 p.).

[4°, **4.544**.

— *Edit.* PEIROL (Antoine) et CASSAN (Denis). Li Nouvé... em'uno noutiço biougrafico sus Peyrol pèr Teodor Aubanel. — *Avignon.* s. d., in-12.

[8°, **25.212**.

AUBANEL (THÉODORE) et GRAS (FÉLIX). — Discours de Teodor Aubanel, presidènt di jo flourau tengu en Avignoun pèr lou centenari cinquen de Francès Petrarco (18-19-20 de juliet 1874) segui dóu raport de Félis Gras, secretàri dóu Counsistòri. — *Avignon, Aubanel frères* [1874], in-8°, pièce (49 p.).

[8°, **8.486**.

AUBENAS (ADOLPHE). — Mémoire sur les arcs de triomphe du département de Vaucluse par M. Adolphe Aubenas... — [*Paris, impr. Duverger*], s. d., in-8°, 68 p.

(Extr. du XV° vol. des *Mémoires de la Société des Antiquaires.*)

2 ex. [8°, **26.763**. — Ms. **3.007**, n° 81.

— Notice historique sur la ville et le canton de Valréas, par Adolphe Aubenas (de Valréas)... [Prospectus]. — [*Le Mans, impr. Fleuriot*, 1836], in-12, pièce (1 ff. n. ch.).

2 ex. [8°, **27.233**, fol. 118. — Ms. **3.005**, n° 19.

AUBENAS (Adolphe).

— Notice historique sur la ville et le canton de Valréas (Vaucluse, par Adolphe Aubenas... — *Paris, Mme Porthmann*, 1838, in-12, 163 p.

2 ex. [8°, **15.067**, n° 1, et **26.608**.

— Le Pont de Maupas, chronique méridionale. [*Signé* : Adolphe Aubenas (de Vaucluse)]. — S. *l. n. d.*, in-12, paginé 33 à 63.

[8°, **26.613**.

AUBERT. — *Voir* : Saboly (Nicolas), . Eyrol, Roumanille (J.), Astros (J.-J.-L. d') et Aubert. Li Nouè... — *Avignon*, 1852, in-12.

[8°, **25.204**.

AUBERT et DESCOURS. — Discours prononcés le 26 messidor, an VII, par les citoyens Aubert, président de l'Administration centrale de Vaucluse, et Descours, commissaire du Directoire exécutif, près l'Administration municipale de la commune-canton d'Avignon, à l'occasion de la commémoration du 14 juillet correspondant au 26 messidor. — *Avignon, impr. J.-J.-M. Carias*, [an VII], in-8°, pièce (8 p.).

2 ex. [**Ms. 0.540**, n° 0, et **2.996**, n° 24.

AUBERT (A.). — Les Vauclusiens ou dictionnaire biographique spécial au département de Vaucluse, par A. Aubert... — *Avignon, Seguin frères*, 1890, in-8°, xvii-212 p.

[8°, **31.510**.

— Supplément (1892)... — *Avignon, Seguin frères*, 1892, in-8°, vi-264 p.

[8°, **31.510**, n° 2.

AUBÉRY (J.-E.-A.-S.).

— Le Brave Crillon, 1541-1615. Faits en France de 1541 à 1631, par A. Aubert... — *Lyon, A. Coste ; Avignon, Durand*, 1897, in-8°, 127 p.

[8°, **30.189**.

— Laure (1307-1348). Pétrarque (1304-1374). — *Avignon, Seguin*, 1891, in-8°, pièce (21 p.).

[8°, **31.510**, n° 3.

AUBERT-SUAU (Mme G.). — A Sainte Anne d'Apt. Paroles et musique de Madame G. Aubert-Suau. — *Avignon, impr. François Seguin*, [1895], in-8°, pièce (11 ff. n. ch.).

[4°, **4.442**, n°s 5 et 6.

AUBÉRY (Antoine). — L'histoire du cardinal Mazarin, par M. Aubéry... — *Paris, D. Thierry*, 1688, 2 vol. in-8°.

[T. Ier, p. 53 : Mazarin, vice-légat d'Avignon.]
Du cabinet de M. de Thomas-Lavalette.

[8°, **11.291**.

AUBÉRY (Jacques). — Histoire de l'exécution de Cabrières et de Merindol et d'autres lieux en Provence, particulièrement déduite dans le plaidoyé qu'en fit l'an 1551... Jacques Aubery... Ensemble une relation particulière de ce qui se passa aux cinquante audiances de la cause de Merindol. — *Paris, S. et G. Cramoisy*, 1645, in-4°, pièces liminaires - 230 p.

Préface signée : Louis Aubery du Maurier.

2 ex. [8°, **27.753** et **28.255**.

Autre ex. ayant appartenu à Joseph de Guyon de Crochans, évêque de Cavaillon, et à Radisson, chanoine de St-Didier.

[4°, **2.889**.

AUBÉRY (Joseph-Etienne-Augustin-Sébastien). — Discours

prononcé à l'Assemblée représentative du Comté Venaissin, par M. Aubery, portant la parole au nom d'une députation de la ville de Malaucène, le 9 juillet 1790. — *S. l. n. d.*, in-4°, pièce (4 p.).

2 ex. [4°, **2.848**, n° 55. — Ms. **2.980**, n° 31.

— *Voir :* Mémoires sur la Révolution d'Avignon et du Comté Venaissin... — *S. l.*, 1793, 2 vol. in-4°.

2 ex. [4°, **3.700** et **4.249**.

AUBERY du MAURIER (Louis). — *Edit.* Aubery (Jacques). Histoire de l'exécution de Cabrières et de Merindol... — *Paris*, 1645, in-4°.

[8°, **27.753**.

AUBIGNY (Mar.-B. d'). — Portrait av natvrel de Monseigneur Flavio de Chigi cardinal et légat d'Avignon. [*Dédicace signée :* Mar.-B. d'Avbigny]. — *Avignon, M. Chastel et C. Deforge*, 1664, in-4°, pièce (11 p.).

[Ms. **2.925**, n° 30.

AUBRY (François). — Discours prononcé au Conseil général de la Garde nationale de Nismes, par M. François Aubry, commandant général, le dimanche 6 août 1791. [*Suit, p. 10 :* Lettres des médiateurs de la France, auprès des Etats d'Avignon et du Comtat Vénaissin, à M. Aubry, Commandant-Général des Gardes nationales de Nîmes, en détachement à Avignon]. — *S. l. n. d.*, in-8°, pièce (12 p.).

Fonds Chambaud et Requien..

2 ex. [Ms. **2.539**, n° 36, et **2.990**, n° 41.

AUBRY (François). — Prospectus des œuvres en vers et en prose de François Aubry [serrurier d'Avignon, résidant à Nismes], ou le Délassement de la Forge. — [*Nîmes, impr. Gaude*, janvier 1827], in-12, pièce (12 p.).

[8°, **37.470**.

— Œuvres en vers et en prose de François Aubry, serrurier d'Avignon, résidant à Nismes. — [Edition augmentée d'un supplément].— *Nîmes, Gaude, etc., Avignon, Guichard*, 1818, in-12, 262 p., port.

[*A la fin :* Aubry ancien serrurier, à M. Hyacinthe Morel,. . etc.]

2 ex. [8°, **25.100** et **25.101**.

— L'élève de la nature, en contemplant l'agréable séjour de *Vaucluse*, se dit en lui-même... [par l'auteur du délassement de la forge]. — *S. l. n. d.*, in-8°, placard.

[8°, **37.469**.

AUBRY (Pierre). — Les fêtes musicales d'Avignon et l'œuvre de Saint-Gervais (3, 4 et 5 août 1899), par Pierre Aubry, archiviste-paléographe. — *Paris, De Soye*, 1899, in-8°, pièce (20 p.).

(Extrait du *Correspondant*.)
Ancien archevêché d'Avignon.

[4°, **8.248**.

AUDIBERT (Dr L.). — L'Idée de justice dans ses rapports avec la Providence et avec la vie future. Discours prononcé à la distribution des prix de l'école libre St-Joseph d'Avignon... le 26 juillet 1904, par le Dr L. Audibert. — *Avignon, F. Seguin*, 1904, in-8°, pièce (21 p.).

Don de M. F. Mistral.

[8°, **16.452**.

AUDIFFRET (Crépin). — Démission de M. Audiffret le jeune, de sa charge d'officier municipal de la commune d'Avignon et adresse dud. S' Audiffret au peuple Avignonais. [24] septembre 1790. — S. l. n d., in-4°, pièce (16 p.).

2 ex. [**Ms. 2.522**, n° 96, et **2.959**, n° 46.

AUDIFFRET (P.-Hyacinthe-J.-J.-B.). — Notice sur la belle Laure, par M. Audiffet. — [*Paris, Everat*], 1822, in-8°, pièce (16 p.).

(Extrait de la *Biographie universelle*, tome xxxi.)

[8°, **28.860**, n° 5.

AUDOUARD (Jean). — Généalogie de la maison de Bruny, barons de la Tour-d'Aigues, marquis d'Entrecasteaux, par Jean Audouard. — [*Marseille, impr. Nouvelle*], 1912, in-8°, 51 p. tabl. et blas.

(Les anciennes familles de Provence.)

[4°, **8.409**.

— ... Une famille provençale au XVIII° siècle. Les Bruny d'Entrecasteaux. Notices généalogiques. — *Paris, H. Daragon*, 1910, in-12, 30 p., blas. et tabl.

Don de l'auteur.

[0°, **8T.ITD**.

AUFFANT (Abbé Pierre). — Souvenir du jubilé sacerdotal de M. l'abbé Pierre Auffant, chanoine honoraire, curé-doyen de Monteux (1845-1895). — *Avignon, Seguin*, 1896, in-8°, 63 p., port.

Anc. archevêché d'Avignon.

[4°, **8.246**.

AUGIÉ (Noel). — Pétition patriotique envoyée à mes Camarades à l'armée, au camp de Monteux [20 mai 1791. Signé : Noël Augié, garde Avignonais]. S. l. n. d., in-4°, pièce (1 ff. n. ch.).

2 ex. [**Ms. 2.523**, n° 80, et **2.960**, n° 60.

AUGIER (François-Henri-Eugène, Comte d'). — Discours prononcé par M. le comte d'Augier, président du collège électoral du département de Vaucluse, à l'ouverture de la session, le 11 septembre 1819. — [*Avignon, impr. Seguin*, 1819], in-4°, pièce (3 p.).

2 ex. [**Ms. 2.535**, n° 29, et **2.970**, n° 46.

— Discours prononcé le 25 février 1824, à l'ouverture du collège du 1er arrondissement électoral du département de Vaucluse, à Avignon, par M' le comte d'Augier, contre amiral, conseiller d'Etat, président dudit collège. — [*Avignon, impr. Bonnet*], s. d., in-4°, pièce (4 p.).

2 ex. [**Ms. 2.535**, n° 51, et **2.970**, n° 113.

— Discours prononcé par M. le comte d'Augier, vice-amiral, président du collège électoral d'Avignon, à l'ouverture de ce collège. — [*Avignon, impr. Bonnet fils*], s. d., in-4°, pièce (4 p.).

[**Ms. 2.971**, n° 71.

AUGIER (Victor). — Les crimes d'Avignon depuis les Cent jours, par un Vauclusien [Victor Augier]. — *Paris, Plancher, Delaunay, Pillet*, [1818], in-8°, 60 p.

2 ex. [**Ms. 2.548**, n° 10, et **2.999**, n° 12.

— *Voir* : Pigault-Lebrun et Augier (Victor). Voyage dans le

Midi de la France... — *Paris*, 1827, in-8°.

2 ex. [8°, **25.738** et **28.753**.

AUGUSTE (L') PIÉTÉ de la maison de Bourbon, sujet des préparatifs faits par la ville d'Avignon pour l'entrée triomphante de Monseigneur le duc de Bourgogne, et de Monseigneur le duc de Berry. — *Avignon, J.-C. Chastagnier*, 1701, in 4°, pièce (16 p.).

Page 1 : Lettre de M***, à M***, sur le dessein général de l'apareil.

2 ex. [**Ms. 2.438**, n° 11, et **2.439**, n° 23.

[AUMONE à Avignon de la mort du marquis de Rochechouart et préparatifs d'un service funèbre. 21 mai 1776.] — *Feuille du Courrier d'Avignon*, mai 1776, in-4°, pièce (1 ff.).

Fonds De Véras.

[8°, **32.505**.

AVMOSNE (L') de contrebande. Ov l'on enseigne qve l'avmosne que les Particuliers donnent aux Mandians à qui la Police défend de mandier, est une aumône blâmable devant Dieu, et devant les Hommes. — [*Avignon, M. Mallard*], s. d. [fin du XVIIᵉ siècle], in-4°, pièce (15 p.).

[Publication de l'hôpital général d'Avignon.]

[**Ms. 2.940**, n° 29.

AUPHANT. — *Voir :* Annuaire [officiel] du département de Vaucluse pour l'an IX. — *Carpentras*, s. d., in-12.

[8°, **31.390**.

AURIC (Jean-Bernard).— [Lettre écrite de Sablet, district de l'Ouvèze, département de la Drôme, le 15 juin 1792, par le sieur Jean-Bernard Auric au sujet de deux mules qui lui avaient été volées]. — *S. l. n. d.*, in-4°, pièce (1 ff. n. ch.).

[**Ms. 2.961**, n° 32.

AUROUZE (Abbé J.). — J. Aurouze... Choses de chez nous. Rapport présenté au Congrès de la Presse tenu à Paris, le 9 octobre 1909. — *Paris, impr. P. Feron-Vrau*, s. d., in-32, pièce (16 p.).

Don de l'auteur.

[8°, **36.883**.

— J. Aurouze... Le costume en Provence, à propos de l'ouvrage récent de M. Jules Charles-Roux. — *Avignon, F. Seguin*, 1908, in-12, pièce (15 p.).

Don de l'auteur.

[8°, **35.598**.

— J. Aurouze... Histoire critique de la Renaissance méridionale. Les idées directrices. La pédagogie rationaliste. — *Avignon, F. Seguin, et J. Roumanille*, 1907, 2 vol. gr. in-8°, xix-309 et xiv-271 p.

Legs Arnaud de Fabre.

[4°, **7.599**.

AUVRAY (Lucien). — *Edit.* Grégoire IX... Les registres de Grégoire IX... *Paris*, 1896-1907, in-4°.

[Fol. **5.286**.

AUX CHIRURGIENS d'Avignon ligués pour faire la critique contre le Livre de l'Observation de Mʳ Manne. — *S. l. n. d.*, in-4°, placard.

[**Ms. 2.942**, n° 76.

AUX CITOYENS honnêtes de notre département. A la Commission Militaire qui doit nous juger. — *S. l. n. d.* [an IX], in-8°, pièce (13 p.).

[Communication d'un mémoire présenté

au Premier Consul par six Citoyens de Bollène détenus arbitrairement.]
[**Ms. 2.559**, n° 22.

AUX COMTADINS. Réflexions sur leur état présent. [30 août 1790]. — S. l. n. d., in-8°, pièce (14 p.).

2 ex. [8°, **26.573**, n° 12.
— Ms. **2.988**, n° 18.

— Autre ex. incomplet.
[**Ms. 2.537**, n° 27.

AUX GÉNÉREUSES SECTIONS de Marseille. Le 15 juin, l'an second de la République Franç. — S. l. n. d. [1793], in-8°, pièce (22 p.).
[Contre Jourdan, Duprat, Minville, Curnier, etc.]

2 ex. [**Ms. 2.543**, n°° 17, et **2.993**, n° 40.

AUX ILLUSTRES et magnifiques seigneurs Messieurs les Consuls et assesseur de la ville d'Avignon. [Requête pour la continuation de la place publique. 1755.] — S. l. n. d., in-fol. pièce (1 ff. n. ch., incomplet ?)
[**Ms. 2.449**, n° 3.

AUX PATRIOTES du Comtat. — S. l. n. d., in-4°, pièce (2 p.).
[Manifeste contre l'Assemblée représentative, 6 décembre 1790.]

2 ex. [**Ms. 2.522**, n° 119, et **2.959**, n° 72.

AVEC PERMISSION de Monseigneur le Vice légat, et de Monseigneur l'Archevêque, de Monsieur le Viguier et du R. P. Inquisiteur, le Docteur *Allemand* nouvellement arrivé en ce païs [Avignon] advertit le public, qu'il a une infinité de secrets... pour la guérison de toutes sortes de maladies... — S. l. n. d. [vers 1740], in-fol. placard.
[**Atl. 312**, n° 274.

AVERTON (Cte F. D'), SALVADOR (J. DE), PONTMARTIN (A. DE), etc. — Déclaration [sur le différend entre Armand de Pontmartin, A. Déretz et le journal *la Mouche*. Signé : Cte F. d'Averton, J. de Salvador, A. de Pontmartin, G. du Demaine, A. d'Archimbaud]. — S. l. n. d. [1839], in-4°, pièce (11 ff. n. ch.), lithographié.
[**Ms. 2.976**, n° 27.

AVIAS (J. IRÉNÉE). — J. Irénée Avias. Nouvelles avignonaises avec une préface par Alexis Mouzin. — *Avignon, impr. Gros*, 1886, in-8°, 190 p., pl.
[8°, **27 565**.

AVIGNON à Rome [poème à l'occasion de l'arrivée à Avignon du cardinal Flavio Chigi, légat]. — S. l. n. d. [1664], in-fol., pièce (iv ff. n. ch.).
[**Ms. 2.949**, n° 2.

AVIGNON et ses environs. Livret-guide illustré publié par le Syndicat d'initiative d'Avignon et de la région. — *Avignon, siège du Syndicat*, 1905-1906, in-8°, 71 p.
Don de M. Labande.
[8°, **34.925**.

AVIGNON et ses environs, Villeneuve, L'Isle-sur-la-Sorgue, Fontaine de Vaucluse. — *Paris, Hachette et Cie*, 1898, in-12, 40 p., pl. et grav.
Collection des Guides-Joanne.
[8°, **31.467**.

— Autre édition. — *Paris, Hachette et Cie*, 1909, in-12, 28 p., pl. et grav.
[8°, **36.329**.

AVIGNON - Kermesse, journal. Souvenir de la nuit du 15 mars 1884. — *Avignon, A. Gros*, s. d., in-12, pièce (27 p.), fig.
[8°, **17.288**.

AVIGNON le 13 juillet 1791. Monsieur le Maire et Messieurs les Officiers municipaux. [*Adresse signée* : Un Patriote qui vous méprise et qui ne vous craint pas.] — *S. l. n. d.*, in-4°, placard.

2 ex. [**Ms. 2.523**, n° 109, et **2.960**, n° 81.

AVIGNONNOIS (Les) aux François [18 mars 1792]. — *S. l. n. d.*, in-8°, pièce (3 p.).

Fonds Chambaud.

[**Ms. 2.541**, n° 19.

AVIS aux Citoyens François du ci-devant Comtat, sur le choix des Officiers municipaux, des Membres des Assemblées de Districts et Députés à l'Assemblée Nationale, par un Citoyen de Carpentras. — [*Valence, Pierre Aurel*, 1791], in-8°, pièce (8 p.).

[**Ms. 3.013**, n° 38.

AVIS aux Citoyens qui formoient ci-devant les peuples Avignonois et Venaissin. [21 septembre 1791]. — *S. l. n. d.*, in-8°, pièce (23 p.).

[**Ms. 2.539**, n° 45.

AVIS aux Patriotes. — [*Paris, impr. du Journal du Soir*, 1791], in-12, pièce (1 fl. n. ch.).

[Au sujet d'Avignon.]
Fonds Chambaud et Requien.

3 ex. [**Ms. 2.539**, n° 13, **2.550**, n° 13, et **2.990**, n° 19.

AVIS charitables donnés à l'auteur du Fléau aquatique [François Chassenet], par un écolier de grammaire. — *S. l.* [*Avignon*], 1756, in-8°, pièce (21 p.).

[8°, **26.589**, n° 4.

AVIS impartial d'un citoyen qui ne désire que le bien de la patrie [21 mars 1790]. — *S. l. n. d.*, in-8°, pièce (19 p.).

[Sur la constitution municipale d'Avignon et contre le règlement du 18 mars].

2 ex. [**Ms. 2.536**, n° 23, et **2.986**, n° 32.

AVIS important pour les communes du Comtat [20 juin 1791]. — *S. l. n. d.* [1791], in-12, pièce (4 p.).

Fonds Chambaud et Requien.

2 ex. [**Ms. 2.539**, n° 23, et **2.990**, n° 26.

AVIS patriotique d'un soi-disant Aristocrate, habitant de la ville de Valréas, à ses concitoyens, soi-disant Démagogues, sur l'émission de leurs vœux de réunion à l'Empire François [21 juin 1791]. — *S. l. n. d.*, in-8°, pièce (14 p.).

Fonds Chambaud.

[**Ms. 2.539**, n° 25.

AVIS plus que pressant [aux Comtadins, au sujet des abus du gouvernement pontifical]. — *S. l. n. d.* [1789], in-8°, pièce (13 p.).

[**Ms. 3.012**, n° 8.

AVIS pressant aux habitans du Comté Venaissin [1789]. — *S. l. n. d.*, in-8°, pièce (4 p.).

[**Ms. 2.986**, n° 9.

AVIS salutaire et pressant aux Emigrans et Fuyards de la ville de Carpentras. — [*Carpentras, J.-A. Proyet*, 1791], in-8°, pièce (7 p.).

[**Ms. 3.013**, n° 42.

AVIS salutaires servant aux directeurs et confesseurs pour aider et instruire leurs pénitens dans l'exacte recherche et discussion de leur conscience par raport à certains pechés propres du temps de peste. — *S. l. n. d.* [vers 1720], in-4°, pièce (4 p.).

(A l'occasion de la peste d'Avignon.)
Fonds Massilian-Moutte.

> 2 ex. [**Ms. 2.428**, n° 31, et **2.942**, n° 26.

AVIS succinct aux habitants des communautés dissidentes du Comté Venaissin. — *S. l. n. d.*, in-8°, pièce (11 ff. n. ch.).

[Pour les engager à se séparer d'Avignon et à se réunir au Comtat.]
Fonds Chambaud et Requien.

> 2 ex. [**Ms. 2.537**, n° 9, et **2.987**, n° 42.

AVIS très-pressant aux citoyens du Comtat [en faveur de la réunion de l'Assemblée représentative ; mars-avril 1790]. — *S. l. n. d.*, in-4°, pièce (1 ff. n. ch.).

Fonds Chambaud et Requien.

> 4 ex. [4°, **2.848**, n° 10. — **Ms. 2.522**, n° 33, **2.980**, n° 8, et **2.984**, n° 10.

AVRIL (J.-T.). — Dictionnaire provençal-français… suivi d'un vocabulaire français-provençal et enrichi… de notes historiques et curieuses sur certains usages de la Provence, et d'observations relatives à l'histoire naturelle et à l'économie rurale par J.-T. Avril. — *Apt, E Cartier*, 1839, in-8°, x-481-156 p.

> 2 ex. [8°, **9.570** et **24.990**.

AYMARD (Jacques-Antoine-Marie-Rodolphe d'). — Le Maire de la ville d'Orange, à ses administrés. — [*Orange, impr. Joseph Bouchony*, 1819], in-12, pièce (8 p.).

(Au sujet de la mission d'Orange.)

> 2 ex. [**Ms. 2.548**, n° 20, et **3.000**, n° 9.

AYME (Abbé). — Discours prononcé par M. l'abbé Ayme, l'un des électeurs de la commune de Carpentras, au nom de tous les électeurs, dont il était accompagné, dans l'Assemblée générale de la Province, le 11 mai 1790. — *S. l. n. d.*, in-4°, pièce (4 p.).

Fonds Chambaud et Requien.

> 2 ex. [4°, **2.848**, n° 22. — **Ms. 2.522**, n° 45.

— Requête à Messieurs les Consuls de la ville de Carpentras, le 3 août 1789 [sur la constitution municipale de cette ville]. — *S. l. n. d.*, in-8°, pièce (3 p.)

> [**Ms. 2.936**, n° 5.

AYME, conseiller municipal d'Avignon. — Rapport contre le projet de construction d'un pont suspendu sur le Rhône, vis-à-vis la porte de la Ligne. [*Titre intérieur* : Extrait du Registre des délibérations du Conseil municipal de la ville d'Avignon. Rapport contre le projet présenté par M. Rolland de Ravel, pour la construction d'un pont suspendu, sur les deux branches du Rhône, entre Villeneuve et Avignon, vis-à-vis la porte de la Ligne, lu au Conseil municipal dans sa séance du 12 janvier 1839, par M. Ayme]. — *Avignon, Bonnet fils* [1839], in-4°, pièce (19 p.), cart.

> 4 ex. [4°, **1.431**, n° 2, **2.297**. — **Ms. 2.976**, n° 1, et **2.985**, n° 17.

— *Voir* : Mémoire pour les religieuses hospitalières de St-Joseph d'Avignon. *Avignon*, 1844, in-4°.

> [4°, **4.436**.

AYME (Augustin-Xavier). — Eloge funèbre du général Hoche,

prononcé au Cercle constitutionnel de la commune de Carpentras, dans sa séance du 25 brumaire, an 6, par le citoyen Augustin-Xavier Aymé. — [*Carpentras, J.-A. Proyet*, an VI], in-8°, pièce (22 p.).

[Ms. **3.014**, n° 45.

AYMÉ (Jean-Jacques), ci-devant procureur-général-syndic du département de la Drôme, à Boisset, représentant du peuple [3ᵉ jour complémentaire de l'an III]. — [*Montélimar, impr. Fr. Mistral*], s. d., in-4°, pièce (4 p.).

[Ms. **2.965**, n° 195.

B

B. (A.). — Nicolas Saboly, sa vie, ses noëls, par A. B. — *Marseille, J. Chauffard*, 1883, in-8°, pièce (44 p.), port. et pl.

(Extrait des *Annales de Provence*.)
Anc. archevêché d'Avignon.

[4°, **8.128**.

B. (Agricol). — Lettre d'un Avignonois à un de ses amis. [*Signé* : Agricol B...]. — *S. l. n. d.* [1791], in-8°, pièce (4 p.).

(En faveur de l'abbé Mulot.)
Fonds Chambaud et Requien.

2 ex. [Ms. **2.550**, n° 10, et **3.013**, n° 27.

B... (Mᵐᵉ Bernard de). — La Vierge des Doms, poème à l'occasion de l'inauguration de la statue de la Sainte Vierge sur l'église métropolitaine d'Avignon le 23 octobre 1859, par Mᵐᵉ Bernard de B... — *Paris, Librairie nouvelle ; Avignon, Aubanel et Caillat-Belhomme*, 1859, gr. in-8°, pièce (31 p.).

[4°, **4.503**, n° 1.

B. C. (Alexandre). — M. Hippolyte de Gérente, député de l'arrondissement de Carpentras (Vaucluse). [*Signé* : Alexandre B. C.]. — *S. l. n. d.*, in-12, pièce (8 p.).

[8°, **28.392**, n° 9.

BABUT (E.-C.). — Le concile de Turin, essai sur l'histoire des églises provençales au Vᵉ siècle et sur les origines de la monarchie ecclésiastique romaine (417-450), par E.-Ch. Babut. — *Paris, A. Picard*, 1904, in-8°, xi-317 p.

[8°, **35.635**.

BAERT. — A mes Collègues. Sur la prétendue amnistie en faveur de Jourdan et de ses complices. Paris, ce mars 1792. [*Signé* : Baert, député du Pas-de-Calais]. — [*Paris, impr. Du Pont*, 1792], in-8°, pièce (6 p.).

[Ms. **3.016**, n° 33.

BAILLE (Pierre). — Discours prononcé à la Tribune de l'Assemblée électorale du département des Bouches-du-Rhône, par M. Pierre Baille, nommé député à la Convention Nationale. — *S. l. n. d.* [1792], in-8°, pièce (3 p.).

[Ms. **3.016**, n° 39.

BAILLY (Émile). — A travers les salles du Musée d'Avignon. — *Le Musée*, février 1907, p. 51-70, fig. et pl.

[4°, **7.708**.

— Documents d'art. Moine agenouillé [marbre avignonais]. (Collection de Mᵐᵉ Paul Biollay).

— *Le Musée*, juin 1907, p. 228, pl.

[4°, **7.709**.

BAISSAC. — Discours prononcé dans la séance des Amis de la Constitution d'Avignon [par Baissac, 5 mai 1792]. — *S. l. n. d.*, in-8°, pièce (3 p.).

Fonds Chambaud et Requien.

2 ex. [**Ms. 2.542**, n° 3, et **2.992**, n° 27.

BALDELLI (Cte Giovanni-Battista). — Del Petrarca e delle sue opere libri quattro [par le Cte G.-B. Baldelli]. — *Florence, Gaetan Cambiagi*, 1797, in-4°, xxvi-321 p.

2 ex. [8°, **27.293** et **27.294**.

BALECHOU (Jean-Joseph) et MARIGNY (de). — [Correspondance de Jean-Joseph Balechou, graveur, avec M. de Marigny]. — *Archives de l'art français*, nouv. pér., t. Ier, 1907, pièce (p. 42-46).

[8°, **36.939**.

BALINCOURT (Comte E. de). — Deux Livres de raison du XVe siècle. Les Merles de Beauchamps, par le comte E. de Balincourt... — *Nimes, A. Chastagnier*, 1903, in-8°, 83 p., port. et tabl.

Don de M. de Surville.

[8°, **34.447**.

BALLEYDIER (Alphonse). — Les bords du Rhône de Lyon à la mer, par Alphonse B..., 2e édit. — *Paris, Masson*, 1843, in-8°, 404 p., pl. et cart.

[8°, **9.400**.

BALUZE (Etienne). — Vitae paparum Avenionensium... Stephanus Baluzius, Tutelensis, magnam partem nunc primum edidit, reliquam emendavit..., notas adjecit... — *Paris, F. Muguet*, 1693, 2 vol. in-4°. I. pièces liminaires - 1478 col. et table. — II. 1230 col. et table.

Collection de Véras.

[4°, **3.690**.

— 2e exempl. avec ex-libris gravé d'André-Alexandre Normandeau, docteur en médecine d'Avignon.

[4°, **2.761**.

— 3e exempl. provenant de Bournareau et V. Chambaud.

]4°, **2.762**.

— 4e exempl. provenant d'Henri Joseph de Favier, avocat et procureur général de la légation d'Avignon.

[4°, **4.017**.

BALZE (J.). — Ode à Son Excellence Monseigneur Durini, président d'Avignon et du Comtat par M. Balze. — *S. l. n. d.*, pet. in-8°, pièce (II ff. n. ch.).

[8°, **25.088**, n° 7.

— Autre édit. in-4°, *suivie de* : Ad Apollinem Angeli Durini, archiepiscopi Ancyrani, praesidis et prolegati Avenionensis. — Angeli Durini, archiepiscopi Ancyrani, apud Polonos nuntii apostolici, ode, cum Ludovica Borbonia, Ludovici XV filia, monialibus Divae Theresiæ nomen daret]. — *S. l. n. d.*, in-4°, pièce (IV ff. n. ch.).

[4°, **3.632**, n° 18.

— *Voir :* Amic (Auguste). Les Méridionales. *Paris*, 1829, in-12.

[8°, **25.102**.

BANCAL. — Arrondissement d'Apt. Monographies communales d'après les documents re-

cueillis par les instituteurs sous la direction de M. Bancal,... — *Cavaillon, Mistral*, 1896, in-8°, 227 p.
[8°, **33.247**.

BARBAROUX (Charles). — Discours adressé à l'Assemblée électorale par Charles Barbaroux de Marseille, élu député du département des Bouches-du-Rhône à la Convention Nationale, le 5 septembre 1792... S. l. n. d., in-8°, pièce (2 p.).
[Ms. **3.016**, n° 38.

BARBAROUX (Charles) et LOYS. — Observations de la commune de Marseille sur l'état actuel du département des Bouches-du-Rhône, présentées à l'Assemblée Nationale par Barbaroux et Loys, députés extraordinaires de cette commune. — *Paris, impr. de la Société Typographique*, 1792, in-8°, 54 p.
[Ms. **3.014**, n° 20.

BARBE (Paul). — Les débuts du théâtre d'Avignon en 1827, comédie historique en 3 actes et en vers, par M. Paul Barbe. — *Avignon, typ. A. Roux*, 1873, in-8°, 68 p.
3 ex. [8°, **9.056, 25.547 et 32.297**.

— Les débuts en province. Comédie en trois actes et en vers, par M. Paul Barbe ; représentée pour la première fois sur le grand Théâtre d'Avignon, le 5 janvier 1830. — *Avignon, impr. Offray aîné*, 1830, in-8°, 66 p.
2 ex. [8°, **20.065 et 25.539**, n° 8.

— La peste de 1721 à Avignon. Grand drame historique en cinq actes et en prose, tiré d'une chronique avignonaise et imité d'un roman d'Elie Berthet par M. Paul Barbe. — *Avignon, typ. A. Roux*, 1873, in-8°.
[4°, **4.724**.

BARD (Joseph). — Manuel général d'archéologie sacrée Burgundo-lyonnaise (monuments ecclésiastiques) pour la ville et la province de Lyon... et quelques anciens diocèses du Comtat, de la Provence et du Languedoc, suivi d'un dictionnaire et de la bibliographie moderne de l'archéologie sacrée... par M. le chevalier Joseph Bard. — *Lyon, Guyot*, etc., 1844, in-8°, xi-424 p., fig. et pl.
[8°, **13.960**.

BARDINET (Léon). — Antiquité et organisation des juiveries du Comtat Venaissin. — *Revue des Etudes juives*, n° 2, octobre-décembre 1880, p. 262-292.
[4°, **6.789**.

— Condition civile des Juifs du Comtat Venaissin pendant le séjour des Papes à Avignon, 1309-1376. — *Revue historique*, janvier-février 1880, p. 1-47.
[4°, **2.912**.

— Universitatis Avenionensis historica adumbratio ; haec apud Aquensem litterarum facultatem disputabat Léon Bardinet... — *Limoges, impr. H. Ducourtieux*, 1880, in-8°, 109 p.
[4°, **7.922**.

BAREZZI (Barezzo). — Li due Petrarchisti dialoghi di Nicolo Franco e di Ercole Giovannini : ne' quali con vaga dispositione si scuo prono bellissime fantasie, nuovi, e ingegnosi Secretti sopra il Petrarca ;... — *Venise, impr. Barezzo Barezzi*, 1623, in-12, viii ff. n. ch. - 198 p.
2 ex. [8°, **27.003 et 27.006**.

BARGÈS (Abbé J.-J.-L.). — Recherches archéologiques sur les colonies phéniciennes établies sur le littoral de la Celtoligurie par M. l'abbé J.-J.-L. Bargès... — *Paris, Leroux*, 1878, in-8°, 160 p.

Legs Arnaud de Fabre.

[8°, **36.136**.

BARJAVEL fils. — Réflexions et expériences concernant la vaccination. Par le cit. Barjavel fils, officier de santé, de la ville de Carpentras. — [*Carpentras, impr. Jean-Alexis Proyet*, an IX], in-8°, pièce (II ff. n. ch.).

[Ms. **3.017**, n° 53.

BARJAVEL (Casimir-François-Henri). — Dictionnaire historique, biographique et bibliographique du département de Vaucluse... par C.-F.-H. Barjavel, D. M. Prospectus. — [*Carpentras, impr. L. Devillario*, 1840], in-8°, pièce (4 p.).

[Ms. **3.007**, n° 47.

— Dictionnaire historique, biographique et bibliographique du département de Vaucluse... par C.-F.-H. Barjavel, D. M. — *Carpentras, impr. L. Devillario*, 1841, 2 vol. gr. in-8°, 519 et 514 p.

3 ex. [4°, **4.535**. — 8°, **26.553** et **30.855**.

— Dictons et sobriquets patois des villes, bourgs et villages du département de Vaucluse... par C.-F.-H. Barjavel... — *Carpentras, L. Devillario*, 1849-1853, in-8°, VIII-306 p.

(On a joint un numéro du *Bulletin du commerce... du département de Vaucluse* [23 février 1854], contenant un compte-rendu de l'ouvrage de Barjavel par P[aul] A[chard].)

[8°, **26,678**.

— Gasparin [Auguste de], né en 1787, mort en 1857. [*Signé* : C.-F.-H. Barjavel]. — *S.l.n.d.*, in-8°, découpé du *Plutarque provençal*, p. 23-30.

Don de l'auteur.

[8°, **26.961**.

— Notre-Dame de Ste-Garde-des-Champs ; son berceau, son accroissement, ses vicissitudes, sa transformation, par C.-F.-H. Barjavel... Seconde édition, considérablement augmentée. — *Carpentras, Rolland*, 1865, in-8°, II ff. n. ch. - 92 p.

[8°, **15.116**.

— Le Père Justin, né en 1736, mort en 1811. [*Signé* : C.-F.-H. Barjavel...] — *S. l. n. d.* [1858], in-8°, pièce (8 p.).

[4°, **6.285**.

— Le seizième siècle au point de vue des convictions religieuses, principalement dans les contrées dont a été formé le département de Vaucluse ; esquisse historico-philosophique et bio-bibliographique, où l'on essaye d'interpréter une inscription gravée sur la tour de la grande horloge d'Apt, par C.-F.-H. Barjavel... — [*Carpentras, impr.J. A.-Ed. Rolland*, 1865], in-8°, 1 ff. n. ch. - 115 p.

2 ex. [8°, **14.962** et **28.249**.

— Simple exposé touchant l'inscription récemment déchiffrée de l'Arc ancien d'Orange ; par C.-F.-H. Barjavel... — *Carpentras, J.-A.-E. Rolland*, 1861, gr. in-8°, pièce (15 p.), pl.

[8°, **16.197**.

— Traité complet de la culture de l'olivier, rédigé d'après les observations et expériences de M. l'abbé F. Jamet, propriétaire à

Courtheson (Vaucluse), par C.-F.-H. Barjavel... — *Marseille, Camoin, et Paris, Mme Huzard*, 1830, in-8°, 252 p.

(Envoi autographe de l'auteur à Esprit Requien.)

H. N. [8°, **1.779**, n° 11.

— *Edit.* FABRE DE SAINT-VÉRAN (abbé Joseph-Dominique). Mémoire historique sur la vie et les écrits de dom M. d'Inguimbert, évêque de Carpentras. — *Carpentras*, 1860, in-12.

[8°, **28.438**.

— Autre édition. — *Ibid.*, 1860, in-8°.

2 ex. [8°, **16.911** et **26.991**.

BARJAVEL (FRANÇOIS). — Avis très-pressant au peuple de Carpentras. Du premier septembre 1791. [Par Barjavel].— *S. l. n. d.* [1791], in-8°, pièce (11 ff. n. ch.).

[**Ms. 3.013**, n° 18.

— Les Comtadins deviendront-ils Français ? Par un membre de la Société des Amis de la Constitution, séante aux Jacobins à Carpentras. [*Signé* : Barjavel, homme de loi]. — [*Carpentras, J.-A. Proyet*, 1791], in-12, pièce (14 p.).

Fonds Chambaud et Requien.

2 ex. [**Ms. 2.539**, n° 1, et **2.990**, n° 29.

— Lettres de l'Accusateur public près le Tribunal criminel du département de Vaucluse, imprimées en exécution d'une délibération de la Société Populaire et Montagnarde d'Avignon du 17 germinal [an II]. — *Avignon, Bérenguier*], s. d., in-4°, pièce (5 p.).

[A la Convention Nationale et au député Rovère au sujet des dénonciations dont il a été l'objet].

Fonds Chambaud et Requien.

2 ex. [**Ms. 2.527**, n° 19, et **2.964**, n° 101.

— Mémoire d'un patriote zélé pour éclairer la plus grande partie des communautés sur leurs vrais intérêts, au sujet de la réunion d'Avignon au Comté-Venaissin et de la création d'un tribunal souverain dans cette ville [mars 1790]. — [*Carpentras, impr. J.-A. Proyet*, 1790], in-8°, pièce (16 p.).

Attribué à François Barjavel.

Fonds Chambaud et Requien.

2 ex. [**Ms. 2.536**, n° 19, et **2.986**, n° 29.

— Mémoire justificatif pour Fouque, président, Faure, Boyer et Remusat, juges, ci-devant au Tribunal criminel du département de Vaucluse, et Barjavel, accusateur public, contre la dénonciation faite le 14 vendémiaire, par la Société de Carpentras. — *S. l. n. d.*, in-4°, pièce (12 p.).

[Sur l'affaire de Bédoin].

Fonds Chambaud et Requien.

2 ex. [**Ms. 2.529**, n° 24, et **2.981**, n° 84.

— Mémoire justificatif pour François Barjavel, ex-accusateur public près le Tribunal criminel du département de Vaucluse ; aux représentans du peuple composans le comité de sûreté générale. [Avignon, 18 prairial an II]. —[*Paris, impr. Quillau,* an II], in-12, pièce (14 p.).

Fonds Chambaud et Requien.

3 ex. [**Ms. 2.544**, n° 42, **2.994**, n° 39, et **3.014**, n° 32.

BARJAVEL (François). — Réflexions d'un citoyen de Carpentras [F. Barjavel], sur l'état politique qui convient au peuple Venaissin. — S. l. n. d. [1791], in-12, pièce (16 p.).
[Ms. **2.990**, n° 30.

— *Voir* : Duprat (Jean). Discours prononcé... S. l. n. d., [1791], in-4°.

3 ex. [8°, **33.829**. — Ms. **2.523**, n° 116, et **2.960**, n° 88.

BARJOL (P.). — Ville de Malaucène. Répartement de l'impôt sur les propriétés non-bâties, ses conséquences, par P. Barjol, secrétaire de la mairie de Malaucène. — *Avignon, impr. Eugène Millo et Cie*, 1894, in-8°, pièce (16 p.).
[8°, **29.319**.

BARONCELLI-JAVON (Marquis Folco de). — Blad. de Luna, recuei de pouësio prouvençalo emé la traducioun en francés e 155 ilustracioun retrasènt lou biòu e lou chivau dins l'art au courrènt dis age. Prefaci per Frederi Mistral... — *Paris, A. Lemerre, Avignon, Roumanille*, 1909, gr. in-4°, pièces liminaires - 239 p., fig. et pl.

Don de l'auteur.
[4°, **7.775**.

BARONCELLI-JAVON (Gabriel-Adrien-Marie de). — Guides routiers méridionaux à l'usage des cyclistes et des automobilistes. La Provence... par A. de Baroncelli — *Paris, chez tous les libraires*, s. d., in-16, xviii-216 p.

Don de l'auteur.
[8°, **34.879**.

BARRAL (Jean-Augustin). — Les irrigations dans le département de Vaucluse. Rapport sur le concours ouvert en 1876 (et 2° rapport sur le concours ouvert en 1877) pour le meilleur emploi des eaux d'irrigation, par J.-A. Barral, secrétaire perpétuel de la Société centrale d'agriculture de France. — *Paris, imprimerie Nationale*, 1877-1878, in-4°, 595 et 583 p., cart. et pl.

(Ministère de l'Agriculture et du Commerce. Direction de l'agriculture.)
[Fol. **1.631**.

BARRÉ (H.). — Bibliothèque de la ville de Marseille. Catalogue du fonds de Provence... Tomes I, III et IV. — *Marseille, Barlatier et Barthelet*, 1890-1894, 3 vol. in-8°.
[8°, **29.368**.

BARRÊME (Eugène). — La géographie du Mont-Ventoux, mémoire présenté au Congrès de géographie tenu en septembre 1898 à Marseille, par Eug. Barrême... — *Marseille, typ. et lith. Barlatier*, 1899, gr. in-8°, pièce (38 p.).

(Extrait du *Bulletin de la Société de Géographie*, tome XXIII, n°s 1 et 2.)
[4°, **5.012**.

BARRET (C.). — Vie de l'abbé Louis Sollier, vicaire-général du diocèse d'Avignon, ancien supérieur du séminaire.[Préface signée : B. C.]. — *Avignon, Aubanel*, 1843, in-12, xxiv-216 p.

2 ex. [8°, **25.946** et **28.391**.

Autre ex. (Anc. Archevêché d'Avignon).
[8°, **37.441**.

BARRET (Louis-François-André) — De illustrissimo et Reverendissimo D. D. Josepho Benio... nov.. Carpentoract. episcopo Mopsus et Thyrsis. (Signé : L.-

BARRET (L.-F.-A.). F.-A. Barret... — *S. l. n. d.*, in 4°, pièce (11 ff. n. ch.).
Fonds Cottier et R. quien.
2 ex. [4°, **6.822**. — Ms. **2.947**, n° 49.

— Eloge de Louis-Balbe-Berton de Crillon, surnommé le Brave. Discours qui a été prononcé publiquement dans le collège de Carpentras, par M. L.-F.-A. Barret,... — *Carpentras. D.-G. Quenin*, 1775, in-12. 64 p.
2 ex. [8°, **26.944** et **31.865**.

BARRIGUE DE MONTVALON. — Précis des ordonnances, édits, déclarations, lettres-patentes, statuts et règlements, dont les dispositions sont le plus souvent en usage dans le ressort du Parlement de Provence, disposé par ordre alphabétique... par M. Barrigue de Montvalon. — *Aix. Vve J. David*, 1752, in-12, 506-48 p.
2 ex. [8°, **1.251** et **27.050**.

— Autre édition. — *Ibid.* 1766, in-12, 570 p.
2 ex. [8°, **1.260** et **27.051**.

BARRILLON. — Rapport fait au Conseil municipal de la ville de de Lyon, sur la question des chemins de fer, par M. Barrillon... — *Lyon, impr. Chardin et Nigon*, 1842, in-8°, 88 p.
[Ms. **3.008**, n° 13.

BARRON (LOUIS). — Le Rhône, par Louis Barron. — *Paris. H. Laurens*, s. d., in-8°, 455 p., fig.
(Les Fleuves de France.)
[8°, **30.197**.

BARTHÉLEMY (A.). — *Voir* : CAUVIN (C.) et BARTHÉLEMY (A.). Les volontaires et les réquisitionnaires des Basses-Alpes... — *Paris*, 1910, in-8°.
[4°, **8.384**.

BARTHÉLEMY (Dr J.-L.). — Inventaire chronologique et analytique des chartes de la maison de Baux... par le Dr L. Barthélemy... — *Marseille, Barlatier-Feissat père et fils*, 1882, in-8°, XXI-680 p. et pl.
[4°, **3.132**.

— Recherches historiques et généalogiques sur la Maison des Baux suivies de dix-huit chartes inédites, par J.-L. Barthélemy... — *Tours, impr. Paul Bousrez*, [1877], in-8°, 101 p. - 1 ff. n. ch.
(Extrait du *Compte rendu du Congrès archéologique de France*, XLIIIe session.)
[8°, **13.331**.

BARTHÉLEMY - LAPOMMERAYE. — *Voir* : JAUBERT (J.-B.) et BARTHÉLEMY-LAPOMMERAYE. Richesses ornithologiques du Midi de la France... *Marseille*, 1859, in-4°.
[4°, **6.159**.

BASSAGET (Abbé ALBERT), DUHAMEL (LÉOPOLD) et BONNET (EUGÈNE). — Diocèse d'Avignon. Le Château des Papes. Avignon. Les papes. Notre-Dame des Doms. Histoire générale. — *Marseille, Baudouin*, 1902, in-fol., pièce (32 p.), fig.
[N. de janvier 1902 de *L'Eglise française illustrée*.]
[Fol. **5.076**.

BASSI (C.). — Al sommo Poeta lirico italiano Francesco Petrarca pel suo centenario funebre. 18 luglio 1874. Poesie. [*Signé* : C. Bassi.]. — [*Milano. tip. del Commercio*. 1874], in-8°, pièce (8 p.).
[8°, **34.580**.

BASSINET (JOSEPH). — Oratio habita in publicatione Bullæ Legationis Eminentissimi... Cardinalis Alterii Legati Aven. ab... D. Josepho Bassinet,... die IX. Junii. M.DC.LXX... [*Page 5* : Præhabitæ Orationi Excellentissimus... Lavrentivs Lomellinvs, Cancellariæ Apostolicæ Regens et Prolegatus Avenionensis Meritissimus ex tempore respondit vt sequitur]. — [*Avenione, G. Bramereau*, 1670], in-4°, pièce (8 p.).

Fonds Massilian-Moutte et Requien.

3 ex. [**Ms. 2.431**, n° 35, **2.447**, n° 8, et **2.925**, n° 39.

BASTET (Joseph). — [Articles sur les garances de Vaucluse dans le *Messager de Vaucluse* des 12, 19, 23 et 26 mars, 23 avril, 1ᵉʳ juin, 16 novembre 1837, et dans l'*Echo de Vaucluse* du 25 mai 1837].

H. N. [8°, **1.098**, n° 4.

— Canal de Mérindol. (*Signé* : J. Bastet, pharmacien, ex-professeur d'histoire naturelle). — [*Orange, impr. Raphel*, 1837], in-4°, pièce (11 p.).

[**Ms. 2.975**, n° 17.

— Canal de Mérindol. Premier [2ᵉ, 3ᵉ et 4ᵉ] article. — [*Avignon*, s. n., 1838], in-8°, pièces (4-4-4-4 p.).

(Extrait du *Messager de Vaucluse*, 12, 16, 19, 23 août et 6 septembre 1838.)

[**Ms. 3.005**, nᵒˢ 64 à 67.

— 3ᵉ article seulement.

[8°, **33.323**.

— Etudes agronomiques sur les garances [de Vaucluse]. Du Farum. — [*Avignon, impr. Jacquet*, 1837], in-12, pièce (7 p.).

(Extrait du *Messager de Vaucluse*. Bulletin scientifique.)

H. N. [8°, **1.098**, n° 3.

— Essai historique sur les évêques du diocèse d'Orange... [*Préface signée* : J. Bastet...]. — *Orange, J. Escoffier*, 1837, in-8°, VIII-275 p.

3 ex. [8°, **12.591**, **25.820** et **28.201**.

— Essai sur la culture, la chimie et le commerce des garances de Vaucluse, par J. Bastet, pharmacien, ex-professeur d'histoire naturelle. — *Orange, impr. Raphel*, [1835], in-8°, IV-160 p.

H. N. [8°, **1.098**, n° 1.

— Les garances actuelles de Vaucluse. Lettres à M. R. Lançon, membre du Conseil général, auteur de l'ouvrage intitulé : l'Agriculture et l'Industrie du département de Vaucluse à l'Exposition universelle de 1855, [par J. Bastet]. — [*Orange, impr. Raphel fils*, 1856], in-12, pièce (22 p.).

[8°, **4.889**, n° 2.

— Notice historique et archéologique sur Orange, par J. Bastet... — *Orange, Raphel aîné*, in-12, 102 p.

2 ex. [8°, **26.612** et **28.860**, n° 13.

— Nouvel essai sur la culture vauclusienne et l'histoire naturelle de la garance, par J. Bastet... — *Orange, impr. Raphel aîné*, 1839, in-8°, III-76 p.

[8°, **4.887**.

— Nouvel essai sur la culture et le commerce des garances, par J. Bastet... — *Orange, impr. Raphel fils*, 1854, in-8°, 80 p.

[8°, **4.889**, n° 1.

— Du système protecteur et du régime de liberté, en matière de garance. — [*Orange, impr. Raphel fils*, 1856], in-12, pièce (20 p.).

[8°, **4.889**, n° 3.

BAUDOIN - BUGNET. — Rapport de M. Baudoin-Bugnet, inspecteur des finances, concernant la vérification des dépenses supportées par la ville d'Avignon, à l'occasion des élections législatives de 1902.— *Avignon, E. Millo*, s. d. [1903], in-8°, pièce (15 p.).

[8°, **33.699**.

BAUDOUIN DU BREUX. — Abrégé de la vie du vénérable Père César de Bus, fondateur de la congrégation de la Doctrine chrétienne. Par un Père de la même congrégation. — *Avignon, M. Chastel*, 1697, in-12, 75 p.

Attribué à Baudouin du Breux par Barbier (*Dict. des ouvrages anonymes*).
Fonds Massilian-Moutte.

[8°, **28.074**, n° 1.

— 3ᵉ édit.— *Avignon, J.-D. Hirschner*, 1747, in-12 (incomplet, 68 p.).

Fonds Massilian-Moutte.

[8°, **28.074**, n° 2.

BAUDRILLART (Henri). — Les populations agricoles de la Provence dans le passé : historique, mœurs et état matériel, par M. Henri Baudrillart... — *Paris, impr. Firmin-Didot*, 1890, in-4°, 98 p.

(Institut de France.)
Don de l'auteur.

[4°, **2.863**.

BAUER (Jules). — Les troupes du maréchal de Belle-Isle et les Juifs du Comtat-Venaissin (1746-1758), par J. Bauer. — [*Versailles, impr. Cerf et Cie*, 1893], in-8°, pièce (8 p.).

(Extrait de la *Revue des Etudes Juives*, tome XXVII, année 1893.)

[8°, **28.986**.

— Une nouvelle inscription hébraïque [au Musée Calvet d'Avignon, par J. Bauer]. — *Revue des Etudes Juives*, n° d'octobre-décembre 1897, p. 305.

[4°, **4.727**.

BAUMEFORT (Victor de). — Du caractère des Provençaux, par M. V. de Baumefort... — *Apt, impr. J.-S. Jean*, 1865, in-8°, pièce (43 p.).

[8°, **26.364**.

— Cession de la ville et de l'Etat d'Avignon au pape Clément VI, par Jeanne Iʳᵉ, reine de Naples, par M. V. de Baumefort... — *Mémoires de la Société littéraire d'Apt*, fasc. 1 du tome Iᵉʳ, 1874, in-8°.

[4°, **4.953**, n° 1.

— Tirage à part. — *Apt, impr. J.-S. Jean*, 1873, in-8°, 104 p.

1 ex. donné par l'auteur.

3 ex. [8°, **14.994** et **28.200**.— 4°, **8.121**.

— Episodes de la Terreur. Tribunal révolutionnaire d'Orange, par V. de Baumefort... — *Avignon, Fr. Seguin*, 1875, in-8°, 407 p.

[8°, **26.594**.

BAUVAIS (Le P. Jacques). — La vie du B. Père César de Bus, fondateur en France de la Congrégation de la Doctrine chrestienne..., composée par le R.P. Jacques Bauvais... — *Paris, S. Huré*, 1745, in-4°, VIII ff. n. ch.- 276 p., port.

[8°, **27.751**.

BAYET (De). — Lettre adressée par M. de Bayet fils, à M. Bilhion père, de Bédarrides. (Carpentras, 29 octobre 1808). — S. l. n. d., in-8°, pièce (11 ff. n. ch.).

Fonds Cottier.

[8°, **35.098**.

BAYLE (Gustave). — Gustave Bayle. Les Anglais à Vaucluse. Philippe Stanhope. — *Nîmes, impr. Gervais-Bedot*, 1898, in-8°, pièce (23 p.).

(Extrait de la *Revue du Midi*.)

Don de l'auteur.

[8°, **30.630**.

— Contribution à l'histoire de l'école avignonaise de peinture (XV° siècle), par M. Gustave Bayle... — *Nîmes, impr. Clavel et Chastagnier*, 1898, in-8°, 73 p.

(Extrait des *Mémoires de l'Académie de Nîmes*, 1897.)

Don de l'auteur.

[8°, **31.930**.

— Les croix couvertes. Mémoire présenté au Congrès archéologique d'Avignon. — *Avignon, Aubanel frères*, 1882, in-8°, pièce (36 p.)

2 ex. [8°, **15.049** et **28.594**.

— Etude historique, littéraire et musicale sur un recueil manuscrit des anciens noëls de Notre-Dame des Doms... — *Avignon, Aubanel ; Paris, Oudin*, 1884, in-8°, 63 p.

(Extrait de la *Semaine Religieuse* du diocèse d'Avignon.)

[8°, **10.578**.

— Gustave Bayle. Etude historique sur un tableau Flamand (inédit) du XV° siècle appartenant aux collections de M. Paul Arbaud à Aix. — *Avignon, impr. J. Chapelle*, 1894, in-fol., pièce (22 p.) et photogr.

Don de l'auteur.

[Fol. **4.720**.

— Introduction à une étude sur l'école avignonaise de peinture, par M. Gustave Bayle... — *Nîmes, impr. Clavel et Chastanier*, 1897, in-8°, pièce (15 p.)

(Extrait des *Mémoires de l'Académie de Nîmes*, 1896.)

Don de l'auteur.

[8°, **31.929**.

— Gustave Bayle. Léon Ménard, auteur de l'Histoire de Nîmes, à Avignon. — *Nîmes, impr. Clavel et Chastanier*, 1895, in-8°, pièce (35 p.).

(Extrait des *Mémoires de l'Académie de Nîmes*, année 1894.)

Don de l'auteur.

[4°, **4.499**.

— Gustave Bayle. Marie Mancini à Avignon. — *Avignon, Seguin frères*, 1883, in-8°, pièce (27 p.).

(Extrait des *Mémoires de l'Académie de Vaucluse*, année 1883.)

[8°, **16.370**.

— Les médecins d'Avignon au moyen-âge... — *Avignon, imp. Seguin*, 1882, in-8°, 102 p.

[8°, **15.048**.

— Notes historiques sur l'église de Saint-Pierre d'Avignon, par G. Bayle. — *Avignon, François Seguin*, 1897, in-8°, 86 p.

[On a joint à ce volume des coupures d'articles de journaux contenant des « Rectifications aux notes historiques sur l'église St-Pierre », par l'abbé H. Requin.]

Don de l'auteur.

[8°, **30.523**.

— La question de l'imprimerie à Avignon en 1444 et 1446, par M. Gustave Bayle... — *Nîmes, impr. Clavel et Chastanier*, 1900, in-8°, 90 p.

(Extrait des *Mémoires de l'Académie de Nîmes*, 1900.)

[4°, **5.981**.

— Une Académie à Cavaillon au XVIIe siècle. — *Nîmes, impr. Générale*, 1898, in-8°.

(Extrait de la *Revue du Midi*.)

[8°, **31.235**.

— Gustave Bayle. Le véritable emplacement de l'habitation de Pétrarque à Vaucluse... — *Nî- impr. Gervais-Bedot*, 1897, in-8°, pièce (41 p.), pl.

(Extrait de la *Revue du Midi*.)

[8°, **30.261**.

BAYLE (Moyse). — Discours prononcé à l'Assemblée électorale, par M. Moyse Bayle, élu huitième député du département des Bouches-du-Rhône, à la Convention Nationale, le 7 septembre 1792... — *S. l. n. d.*, in-8°, pièce (3 p.).

[**Ms. 3.016**, n° 40.

BAYOL, dessinateur à la chefferie du 7e génie. — Notice sur le pont St-Bénezet d'Avignon. — *Avignon, J. Chapelle*, 1896, in-12, pièce (11 p.).

2 ex. [8°, **34.131** et **37.320**.

— Notes archeologiques et topographiques sur le fort Saint-André...— *Avignon, F. Seguin*, 1898, in-8°, pièce (16 p.), fig.

(Extrait des *Mémoires de l'Académie de Vaucluse*.)

[8°, **31.005**.

BAZIN (Hippolyte).—...L'Artémis marseillaise du Musée d'Avignon, copie romaine du type archaique d'Artémis Dictynne (la Diane-Vierge), patronne de la colonie Phocéenne. — *Paris, E. Leroux*, 1886, in-8°, pièce (8 p.), pl.

(Extrait de la *Revue archéologique*.)
Don de l'auteur.

[4°, **3.304**.

BAZIRE (Claude). — Opinion de Claude Bazire, député de la Côte-d'Or, à l'Assemblée Nationale ; sur l'affaire d'Avignon, prononcée à la séance du 16 mars 1792, au matin. — [*Paris, impr. Tremblay*, 1792], in-8°, pièce (8 p.).

Fonds Chambaud et Requien.

2 ex. [**Ms. 2.541**, n° 17, et **2.992**, n° 16.

BEATI Petri Luxemburgii episcopi Metensis, cardinalis et tutelaris Avenionensis, elogium historicum. — [*Avignon, G. Bramereau*, 1660], in-4°, pièce (3 p.).

[**Ms. 2.952**, n° 30.

BEAUCLOS (De). — Harangue faite à son Eminence Monseigneur le cardinal Durazzo, évêque de Carpentras, le 26e aoust 1690. Par M. de Beauclos. — *S. l. n. d.*, in-4°, pièce (3 p.).

[**Ms. 2.941**, n° 6.

BEAUFORT (Mlle de). — Essai sur la vie de M. de Rochemore, vicaire général du diocèse d'Avignon et curé de Notre-Dame et de St-Castor de Nismes, par Mlle XXX (de Beaufort).— *Nîmes, J. Gaude*, 1811, in-8°, pièce (49 p.).

[8°, **18.499**.

BEAULIEU (Abbé D.-Michel de). — Discours prononcé à l'occasion d'un service funèbre que MM. les Chevaliers de l'ordre royal et militaire de St-Louis, ont fait célébrer dans l'église cathédrale d'Avignon, le 4 juin 1818, pour très-haut et très-puissant prince Louis-Joseph de Bourbon, prince de Condé, colonel-général de l'Infanterie française. Par M. l'abbé Michel de Beaulieu, vicaire-général du Diocèse. — *Avignon, Hipolyte Offray*, 1818, in-8°, pièce (7 p.)

2 ex. [8°, **33.7 0**. — Ms. **2.999**, n° 4.

— Eloge de M. l'abbé Poulle, prédicateur du roi, vicaire général de Laon, et abbé commendataire de Nogent-sous-Couci, faisant partie des ouvrages lus à la séance publique de l'Athénée de Vaucluse, du 2 brumaire an XII, par D.-Michel Beaulieu, ancien Prévôt de l'Isle, membre de l'Athénée de Vaucluse… — *Avignon, Alphonse Bérenguier*, an XII - 1804, in-12, pièce (22 p.).

4 ex. [8°, **26.927** n° 2, **26.946** et **28.392**, n° 3. — Ms. **3.018**, n° 3.

BEAUMONT (De). — Observations du 26 avril 1791. Lettre de M. de Beaumont, citoyen d'Avignon, à MM. les Députés de l'Assemblée nationale [25 avril 1791]. — [*Paris, impr. du Postillon*, 1791], in-12, pièce (3 p.)

Fonds Chambaud et Requien.

2 ex. [Ms. **2.550**, n° 7, et **2.989**, n° 31.

BEAUMONT (Elie de). — Voir : Dufrénoy et Beaumont (Elie de). Extrait de la carte géologique de France… — *S. l. n. d.*, in-plano.

[Fol. **5.202**,

BEAUNIER (Dom). — Etat des archevêchez, évêchez, abbayes et prieurez de France, tant d'hommes que de filles de nomination et collation royale… [*Préface signée* : D. Beaunier]. — *Paris, A. Boudet*, 1743, 2 vol. in-4°, cart.

[Tome I : Provinces d'Aix et d'Arles.]

[4°, **4.251**.

— Abbayes et prieurés de l'ancienne France ; recueil historique des archevêchés, évêchés, abbayes et prieurés de France par Dom Beaunier. Tome deuxième : Provinces ecclésiastiques d'Aix, Arles, Avignon et Embrun, par le R. P. Dom J.-M. Besse. — *Chevetogne, abbaye de Ligugé, et Paris, Poussielgue*, 1909, in-8°, VIII-253 p.

(Archives de la France monastique, vol. VII.)

[4°, **7.755**.

BEAUREGARD. — *Trad.* Durini (Ange-Marie)… Ode… *S. l. n. d.*, in-4°.

[Ms. **2.951**, n° 32.

BEC (D' Fortuné). — De la Mortalité des enfants du premier âge dans le département de Vaucluse, par Fortuné Bec,… — *Montpellier, G. Firmin et Montane*, 1901, in-8°, 56 p.

Don de l'auteur.

[8°, **33.203**.

BÉCHET (D' Jean-Joseph). — De la méningite purulente épidémique. Mémoire sur cette affection qui a régné à Avignon dans l'hiver 1846-47, par le docteur J.-J. Béchet… — *Paris, J.-B. Baillière*, 1852, in-8°, 271 p.

Ex. du D' Yvaren.

[8°, **5.746**.

— Réponse à la Notice sur le choléra-morbus observé à Avignon pendant les mois de juillet, août et septembre 1835, par François Gérard, médecin, ex - premier chirurgien de l'hôpital civil et militaire d'Avignon ; par Joseph Béchet, actuellement premier interne à l'Hôtel-Dieu d'Avignon, ayant succédé à M. François Gérard, mais ne le remplaçant pas. — *Avignon, impr.*

BÉCHET (Dr J.-J.). — BELLEUDY (Jules).

veuve Guichard aîné,[1836], in-8°, pièce (24 p.).
  2 ex. [8°, **24.751**. — Ms. **3.004**, n° 66.

— *Edit*. Revue médicale homœopathique publiée à Avignon. — *Avignon, Bonnet et Fischer*, 1853 - 1857, 4 vol. in-8°.
  [8°, **6.658**.

BEFFROY DE REIGNY (Louis-Abel). — Le Club des bonnes gens, ou le curé français, folie en vers et en deux actes, mêlée de vaudevilles et d'airs nouveaux... Par le cousin Jacques. — *Avignon, frères Bonnet* 1792, in-8°, pièce (48 p.).
[Théâtre avignonais].
  [8°, **8.719**, n° 10.

BELISY (M. de). — M. Grimaud condamné par l'Eglise et réfuté par lui-même, par M. de Bélisy. — *Carpentras, impr. E. Rolland*, 1864, in-8°, pièce (12 p.).
[Contre l'abbé Grimaud, au sujet de l'Œuvre de la Miséricorde ou secte de Vintras.]
  [8°, **11.675**.

BELLEGUISE (A.). — Traité de la noblesse suivant les préjugez rendus par les commissaires deputez pour la vérification des titres de noblesse en Provence... — *S. l. n. n.*. 1669 in-12, pièces liminaires - 188 p.
  [8°, **26.718**.

BELLEUDY (Jules), préfet de Vaucluse, président de la Société Vauclusienne des Amis des Arts. — Jules Belleudy. Antoine Grivolas, paysagiste et peintre de fleurs. — *Avignon, éditions de l'Académie de Vaucluse*, s. d., in-8°, pièce (18 p.).
(Extrait des *Mémoires de l'Académie de Vaucluse*.)
Don de l'auteur.
  [4°, **8.411**.

— ... Les artistes du Gard et de Vaucluse aux salons de 1911. — *Nîmes, impr. générale*, 1911, in-8°, pièce (30 p.).
(Extrait de la *Revue du Midi*, 1911.)
Dons de l'auteur et de M. F. Mistral.
  2 ex. [4°, **8.077** et **8.086**.

— ... Frédéric Mistral, élève du Collège royal d'Avignon (1842-1847). Discours prononcé à la distribution des prix du Lycée d'Avignon le 31 juillet 1907. — [*Avignon*], *L. Vaison*, [1907]. in-8°, pièce (10 p.).
Don de l'auteur.
  2 ex. [8°, **35.388**.

— ... J.-J. Balechou, graveur du roi (1716-1764), avec deux portraits hors texte. — *Avignon, F. Seguin*, 1908, in-8°, 80 p., port.
(Extr. des *Mémoires de l'Académie de Vaucluse*, 1908.)
Dons de l'auteur et de M. F. Seguin.
  2 ex. [4°, **7.567** et **7.568**.

— ... J.-S. Duplessis, peintre du roi (1725-1802). — *Avignon, éditions de l'Académie de Vaucluse* [1909], in-8°, pièce (16 p.).
(Extrait des *Mémoires de l'Académie de Vaucluse*.)
Don de l'auteur.
  [8°, **36.716**.

— Nécrologie. Paul Vayson. — [*Nîmes, impr. Générale*, 1912], in-8°, pièce (4 p.).
(Extrait de la *Revue du Midi*, 1912.)
Don de l'auteur.
  [4°, **8.393**.

— ... L'œuvre de Victorien Bastet, statuaire (1852-1905). — *Nîmes, impr. Générale*, 1909, in-8°, pièce (33 p.).
(Extrait de la *Revue du Midi*, 1909.)
Don de l'auteur.
  [8°, **36.756**.

— ...Les œuvres de Bastet à l'exposition d'Avignon. — *Nîmes, impr. de la Revue du Midi*, 1909, in-8°.

(Extrait de la *Revue du Midi*, 1909.)
Don de l'auteur.
[4°, **7.829**.

— ...Paul Vayson. — *Nîmes, impr. de la Revue du Midi*, 1910, in-8°, pièce (46 p.). pl.

(Extrait de la *Revue du Midi*, 1910.)
Don de l'auteur.
[4°, **7.899**.

— ...René Seyssaud, le peintre, le poète, avec plusieurs reproductions et des poésies inédites. — *Nîmes, impr. Générale*, 1912, in-8°, pièce (21 p.), pl.

(Extrait de la *Revue du Midi*, 1912.)
Don de l'auteur.
[4°, **8.394**.

— ...Une lettre de M. J.-F. Raffaelli et le paysage historique d'Avignon. — *Nîmes, impr. Générale*, 1911, in-8°, pièce (12 p.).

(Extr. de la *Revue du Midi*, 1911.)
Don de l'auteur.
[4°, **8.265**.

— Une lettre inédite de J.-J. Balechou. — [*Avignon, F. Seguin*, 1909], in-8°, pièce (3 p.).

(Extrait des *Mémoires de l'Académie de Vaucluse*, 1909)
Don de l'auteur.
2 ex [4°, **7.567** et **7.568**, in fine.

BELLEUDY (JULES), VIONNET (CHARLES) et MOUZIN (ALEXIS). — Paul Saïn. [Discours prononcés, le 9 mars 1908, aux obsèques du peintre Paul Saïn, par MM. Jules Belleudy, Charles Vionnet et Alexis Mouzin]. — [*Avignon, impr. Millo*, 1908], in-12, pièce (15 p.)

Don de M. Jules Belleudy.
[8°, **37.529**.

BELOT (ADOLPHE) et DAUDET (ERNEST). — Adolphe Belot. Ernest Daudet. La Vénus de Gordes. — *Paris, C. Marpon et E. Flammarion*, [1890], in-16, 249 p.

(Auteurs célèbres.)
Legs Geoffroy-Perret.
[8°, **33.917**.

BENECH (J.-B.). — Notice des désastres survenus au hameau du Pontet, durant l'inondation de 1840, par J.-B. B***, témoin et victime. — *Avignon, impr. Bonnet fils*, 1840, in-8°, pièce (8 p.).

2 ex. [8°, **33.497**. — Ms. **3.007**, n° 41.

BÉNÉZET. — Les cloches d'Avignon avant la Révolution de 1789. Traditions populaires. — *La France provinciale*, p. 69-81.

[8°, **27.233**, fol. 98.

BENING (FRANÇOIS). — Le Bouclier d'honneur où sont représentés les beaux faicts de... feu Messire Louys de Berton, seigneur de Crillon... appendu à son tombeau... par un Père de la Compagnie de Jésus, dans l'église cathédrale de Nostre Dame de Dons d'Avignon. [*Dédicace signée* : François Bening,...] — *Avignon, J. Bramereau*, s. d. [1616], in-8°, VII ff. n. ch. - 132 p.

(Portrait de Crillon, gravé par Beuf.)
4 ex., dont un provenant des Dominicains d'Avignon, [8°, **11.859**, **26.005**, **28.617** et **31.861**, n° 3.

— Autre édition. — *Bruxelles et Paris, Desprez*, 1759, in-12, 1 ff. n. ch. et paginé 197-324.

[8°, **26.010**.

BENOIST (Le P.). — Histoire des Albigeois et des Vaudois ou Barbets.., par le R. P. Benoist... — *Paris, J. Le Febure*, 1691, 2 vol. in-12, t. I : pièces liminaires - 372 p. et table ; t. II : 332 p. et table.
[8°, **25.971**.

BENOIT XI, pape. — Le Registre de Benoît XI. Recueil des bulles de ce pape publiées ou analysées... par Ch. Grandjean,... — *Paris, E. Thorin* [puis *A. Fontemoing*], 1883-1905, in-4°.
(Bibliothèque des Ecoles françaises d'Athènes et de Rome.)
Dépôt de l'Etat.
[Fol. **5.294**.

BENOIT XII, pape. — Benoît XII (1334-1342). Lettres communes analysées... par J.-M. Vidal... — *Paris, A. Fontemoing*, 1902-1911, 6 fasc., in-4°.
(Bibliothèque des Ecoles françaises d'Athènes et de Rome.)
Dépôt de l'État.
[Fol. **5.297**.

— Benoît XII (1334-1342). Lettres closes, patentes et curiales se rapportant à la France, publiées ou analysées... par Georges Daumet... — *Paris, A. Fontemoing*, 1899-1902, 2 fasc. in-4°.
(Bibliothèque des Ecoles françaises d'Athènes et de Rome.)
Dépôt de l'Etat.
[Fol. **5.298**.

BENOIT (Emile), président du tribunal d'Avignon. — Usages et règlements locaux des deux cantons d'Avignon recueillis et commentés par Emile Benoît... Nouvelle édition revue et corrigée. — *Avignon, Seguin aîné*, 1876, in-12, 158 p.
2 ex. [8°, **1.268** et **30.150**.

— Quatrième édition remaniée... *Avignon, H. Chassing*, s. d., in-12, 168 p.
[8°, **30.149**.

— Du bail à loyer... Extrait des usages et règlements locaux de la ville et du territoire d'Avignon, par V.-E. Benoît... — *Avignon, F. Seguin*, 1905, in-8°, pièce (16 p.).
Don de M. F. Seguin.
[8°, **35.069**.

BENOIT (Louis-Gabriel de). — Factum pour la ville d'Avignon au sujet du commerce, servant de réponse aux deux Mémoires presentez de la part des marchands de Lyon, par noble Loüis-Gabriel Debenoit, acteur de la ville... — *Avignon, F.-S. ffray*, 1712, in-fol., 1 ff. n. ch., 55 p.
Fonds Massilian-Moutte et Requien.
2 ex. [Ms. **2.453**, n° 14, et **2.941**, n° 61.

— 3ᵉ exemplaire incomplet du titre.
[4°, **6.336**.

— Prevve en droit, et en fait, de l'exemption de Messieurs les Docteurs aggregés de l'Université d'Avignon, pour les Gabelles, Droits d'Entrée et autres charges publiques, appvyée, sur les transactions passées entre la Ville et l'Université, sur les loix du Digeste et du Code, et sur les Bulles des Souverains Pontifes. Par noble Louis-Gabriel de Benoit,... — *Avignon, F. Mallard*, 1705, in-4°, pièce (24 p.).
Fonds Massilian-Moutte et Requien.
3 ex. [Ms. **2.448**, n° 4, **2.451**, n° 42, et **2.927**, n° 15.

BENOIT DE LA PAILHONNE (Joseph-François). — Benoît-

Paillonne à l'administration municipale d'Orange. — S. l. n. d., in-4°, pièce (4 p.).
Fonds Cottier.

[4°, **7.272**.

— Benoit de la Pailhonne à Sabin Tournal et consors. [7 avril 1791]. — |*Carpentras*, *D.-G. Quenin*], s. d., in-4°, pièce (11 ff. n. ch.).

A *la fin* : « Déclaration de l'imprimeur d'un manuscrit ayant pour titre : Benoit de la Pailhonne à Sabin Tournal, etc. »
Fonds Chambaud et Requien.

3 ex. [4°, **2.848**, n° 120. — Ms. **2.523**, n° 39, et **2.960**, n° 37.

— Calculs arithmétiques sur la conduite à tenir relativement au dernier bref, discours lu à la Commission intermédiaire, par le député de la communauté de Sérignan [Benoît de la Pailhonne]. — S. l. n. d., in-8°, pièce (16 p.).
Fonds Chambaud et Requien.

2 ex. [**Ms. 2.535**, n° 33, et **2.987**, n° 13.

— Doutes sur la nécessité et l'utilité d'Etats généraux dans le Comtat. — S. l. n. d., 1790, in-8°, pièce (32 p.).

[**Ms. 2.985**, n° 34.

— Observations politiques sur les affaires présentes d'Avignon et du Comtat. [*Avertissement signé* : Benoît de la Pailhonne]. — S. l. n. d. [1791], in-8°, pièce (8 p.).

[8°, **26.573**, n° 13.

— Réflexions sur le bref de Rome [du 24 février 1790, par Benoît de la Pailhonne, 30 avril 1790]. — S. l. n. d., in-8°, pièce (12 p.).
Fonds Chambaud et Requien.

2 ex. [**Ms. 2.535**, n° 35, et **2.987**, n° 14.

— Relation de la prise de Vaison, par le Commissaire envoyé dans cette ville après l'expédition. [21 avril 1791. *Signé*: Benoît de la Pailhonne, commiss.]. — |*Carpentras*, *D.-G. Quenin*, 1791], in-12, pièce (8 p.).
Fonds Chambaud et Requien.

2 ex. |**Ms. 2.538**, n° 30, et **2.989**, n° 27.

— Réponse de Benoît-Paillonne, à Jean-Baptiste Mauric, commissaire du Pouvoir exécutif près l'administration municipale de Sérignan... — S. l. n. d., in-4°, pièce (16 p.).
Fonds Requien et Cottier.

2 ex. [4°, **7.273**. — Ms. **2.956**, n° 41.

BENOTI (Abbé Philippe). — Pridie Kal. octobris anno Domini 1721. — S. l. n. d., in-32, pièce (31 p.).

[Relation de la peste].
Fonds Massilian-Moutte et Requien.

3 ex. [8°, **26.588**, n° 4, **28.066**, n° 8, et **33.631**.

—Autre ex. portant au v° du dernier feuillet la note manuscrite suivante : « Typographi, amice lector, errores, queso, corrigat discretio tua. Philippus abbas Benoti, Florentinus, author presentis opuscull. Avenione, 1721 ».

[8°, **27.230**, t. V. n° 10.

BÉRARD (Gens-Louis). — Justification publique du sieur Bérard Gens-Louis de Monteux (Vaucluse) — (avec relation de plusieurs pièces authentiques) — contre l'accusation inouïe dont il est l'objet de la part de sa femme, de deux de ses filles, de leurs maris, etc., etc. — *Avignon*, *impr. Jacquet*, 1862, in-4°, pièce (32 p.).

[8°, **32.785**.

BÉRAUD (Jean-Jacques). — Mémoire sur la manière de resserrer le lit des torrens et des rivières, par M. Béraud, de l'Oratoire,... — *Aix, impr. Gibelin-David*, 1791, in-8°, 106 p., pl.
[8°, **24.870**, n° 12.

BÉRENGER (Laurent - Pierre). — Les soirées provençales, ou lettres de M. Bérenger écrites à ses amis pendant ses voyages dans sa patrie. — *Paris, Nyon* 1787, 3 vol. in-12, pl.

T. I°r. Vaucluse. Carpentras. Pernes. Fléchier. Vernet. Pétrarque. Avignon. Droits du Pape sur le Comtat.
[8°, **26.368**.

— [3° édit.]. — *Paris, Durey*, et *Marseille, Masvert*, 1819, 2 vol. in-8°, pl.

T. II. Lettre d'Hyac. Morel. Avignon, Vaucluse, Carpentras, Pétrarque.
[8°, **26.369**.

BÉRENGIER (Dom Théophile). — Vie de Dom Malachie d'Inguimbert, de l'ordre de Citeaux, archevêque-évêque de Carpentras (1683-1757), par le R. P. Dom Théophile Bérengier, O. S. B. — *Avignon, Aubanel*, 1888, in-8°, 87 p.

Anc. archevêché d'Avignon.
[4°, **8.122**.

BERGER (Elie). — *Edit.* Innocent IV... Les registres d'Innocent IV... *Paris*, 1884-1911, in-4°.
[Fol. **5.287**.

BERGERON (J.). — Eloge de M. Chauffard prononcé dans la séance annuelle de l'Académie de médecine le 16 décembre 1890... — *Paris, G. Masson*, 1890, in-4°, pièce (28 p.).

2 ex. [4°, **3.588** et **7.085**.

BERGIER (Alfred). — Alfred Bergier. Communication sur l'art décoratif à l'Exposition universelle de 1900 faite à l'école municipale des Beaux-arts d'Avignon. — *Avignon, P. Bernaud et Cie*, 1901, in-8°, pièce (36 p.).

Double ex. donné par l'auteur et par la municipalité d'Avignon.
[8°, **32.831** et **32.832**.

BERLUC-PÉRUSSIS (Léon de). — Le Centenaire de Pétrarque au point de vue bibliographique, par L. de Berluc-Pérussis,... — *Apt, J.-S. Jean*, 1877, in-8°, pièce (15 p.).

Don de l'auteur.
[4°, **6.571**.

— ... Le dernier troubaire (Eugène Seymard). — *Avignon, J. Roumanille*, 1892, gr. in-8°, pièce (16 p.).

(Extrait de la *Revue félibréenne*.)
Don de M. de Terris.
[4°, **7.387**.

— François Ier à Avignon, par M. L. de Berluc-Pérussis. — *Apt, J.-S. Jean*, 1869, in-8°, pièce (16 p.).

(Extrait du 5° volume de la Société littéraire, scientifique et artistique d'Apt.)
[8°, **26.566**.

— Un document inédit sur Laure de Sade, par L. de Berluc-Pérussis. — *Aix-en-Provence, Marius Illy*, 1876, in-8°, pièce (16 p.).

(Extrait des *Mémoires de l'Académie d'Aix*.)
[8°, **13.332**.

— Du sonnet et des sonnettistes aptésiens, par L. de Berluc-Pérussis. Lu en séance de la Société littéraire d'Apt, le 29 juin 1872. — *Apt, typ. J.-S. Jean*, 1872, in-8°, pièce (22 p.).
[8°, **10.661**.

BERNARD. — Mémoires pour servir à l'histoire naturelle de la Provence, par M. Bernard... — *Paris, Didot*, 1787-88, 3 vol. in-12, 362, 559 et 395 p., pl.
H. N. [8°, **1.604**.

BERNARD (Abbé). — Chant national. — [*Avignon*, s. n., 1830], in-8°, pièce (2 p.).
[Ms. **3.002**, n° 66.

— Lettre à Monseigneur l'Archevêque d'Avignon au sujet de l'œuvre du Colportage catholique, par l'abbé Bernard. — [*Paris, impr. Simon Raçon et Cie*, 1852], gr. in-8°, pièce (20 p.).
[8°, **29.478**.

— Statuts de la confrérie des colporteurs. — *Avignon, Seguin aîné*, 1852, in-4°, pièce (31 p.).
[4°, **3.577**.

BERNARD, officier municipal d'Avignon. — *Voir :* RICHARD, BERNARD et DESCOURS. Compte rendu... de leurs opérations pendant leur séjour à Paris... [*Paris*, 1791]. in-8°.
2 ex. [Ms. **2.540**, n° 6, et **2.991**, n° 11.

BERNARD (Abbé C.-B.). — Inondation de Lapalud en novembre 1840. [*Signé* : C. B. B., vicaire]. — [*Avignon, Aubanel*, 1840], in-8°, pièce (15 p.).
[Ms. **3.007**, n° 42.

BERNARD (Abbé EMMANUEL), supérieur du Petit Séminaire de Sainte-Garde. Fèsto de Nouvè. Uno Messo de Mièjo-Niue au Castèu de Saumano, pastouralo en tres ate, amé lis èr di nouvé, par M. l'abbé Bernard... Nouvelle édition. — *Carpentras, J. Seguin*, s. d., in-12, 131 p.
[8°, **32.624**.

— E. Bernard. François Guigue. — *Avignon, Aubanel frères*, 1903, in-16, 79 p.
Don de l'auteur.
[8°, **15.039**.

— Martyre de saint Just et saint Pasteur, drame en trois actes et en vers par M. l'abbé E. Bernard... Deuxième édition. — *Au Petit-Séminaire de Notre-Dame de Sainte-Garde... et Lyon, Vitte et Pérrussel*, s. d., in-12, 130 p.
[8°, **32.617**.

— Canounge E. Bernard... Vihado. Nouvè nouvèu, illustracioun, musico e paraulo. — [*Avignon, Aubanel frères*], s. d., in-8°, 67 p.
[8°, **32.625**.

— *Voir :* PROMPSAULT (J.-L.) et BERNARD (EMMANUEL). Grand recueil de cantiques à Saint Gens. *Avignon*, 1875, in-8°.
[8°, **9.285**.

— *Voir :* RAYMOND (Abbé H.) et BERNARD (Abbé Em.). Les Madones du diocèse d'Avignon... [*Avignon*, 1881], in-8°.
[8°, **11.314**.

BERNARD (J.-M.). — Notice sur le département de Vaucluse, par J.-M. Bernard... Géographie physique. — [*Paris, Noizette*], s. d., in-4°, pièce (8 p.), cart.
[4°, **4.890**.

BERNARD (JOSEPH-SIFFREIN). — La mission de Carpentras en 1819, par J.-S. Bernard. — *Carpentras, Devillario-Quenin*, 1820, in-8°, 52 p.
3 ex. [8°, **25.805**, n° 6, **25.815**, n° 9, et **25.817**, n° 1.

— *Voir :* ANNUAIRE [officiel] du département de Vaucluse pour l'an IX. *Carpentras*, s. d., in-12.

[8°, **31.390**.

BERNARD (JOSEPH-VÉRAN). — Copie de la lettre de Joseph-Véran Bernard, de la commune de Valréas. Au citoyen Truc. En date du 23 Messidor.— *S. l. n. d.*, in-4°, pièce (11 fl. n. ch.).

Fonds Cottier.

[4°, **7.269**.

— Joseph-Véran Bernard, propriétaire, de la commune et canton de Valréas... A ses concitoyens. — *S. l. n. d.*, in-4°, pièce (11 fl. n. ch.).

[Au sujet de l'attentat commis contre sa personne par Joseph-Marie Truc, président du tribunal correctionnel et directeur du jury à Carpentras.]

Fonds Cottier.

[4°, **7.271**.

BERNARDI, conseiller municipal d'Avignon. — *Voir :* MÉMOIRE pour les religieuses hospitalières de St-Joseph d'Avignon. *Avignon*, 1844, in-4°.

[4°, **4.436**.

BERNARDI (JOSEPH-ELZÉAR-DOMINIQUE). — Discours prononcé par le citoyen Bernardi, dans l'Assemblée électorale du département de Vaucluse, après sa nomination à la place de Représentant du peuple [22 germinal an V]. — *S. l. n. d.*, in-8°, pièce (6 p.).

Fonds Chambaud et Requien.

2 ex. [**Ms. 2.545**, n° 9, et **2.995**, n° 25.

— Oraison funèbre de Chrystophe Cortasse Sablonet, ancien lieutenant-général des armées françaises, mort à Lyon, des suites d'une blessure reçue dans la journée du 29 mai. Prononcée le 30 juin 1793, en présence des sections réunies de la ville d'Apt, par le citoyen Joseph-Elzéar-Dominique Bernardi, de l'Académie de Marseille.—*Apt, impr. J.-J. Niel*, 1793, in-8°, pièce (16 p.).

[**Ms. 2.993**, n° 46.

BERNARDINS Agriculteurs. Abbaye de Notre-Dame de Sénanque, diocèse d'Avignon. — *Avignon, lithogr. Clément Saint-Just*, s. d., in-4°, 1 photo. et 6 gr. signées T. Laval.

[Fol. **5.111**.

BERNOUILLI (RUDOLF). — Die romanische Portalarchitektur in der Provence von Rudolf Bernouilli. — *Strassbourg, J.-H.-E. Heitz*, 1906, gr. in-4°, VIII-87 p., fig.

[Zur Kunstgeschichte des Auslandes, heft XXXVIII.]

[4°, **7.506**.

BERRIAT SAINT-PRIX (CHARLES). — La justice révolutionnaire à Paris et dans les départements... par M. Ch. Berriat Saint-Prix... N° XI. P. 9 : Tribunal criminel de Vaucluse, établi alors à Avignon, et s'étant transporté à Bedoin. N° XII. La Commission populaire d'Orange. — [*Paris, A. Pillet*, 1866], in-8°, 2 pièces, 24 et 35 p.

[8°, **28.712 et 28.713**.

BERTAS (PÈIRE). — La naciounalita prouvençalo e lou felibrùji. Conferènci legido au « Dahlia bleu » lou 4 de juliet 1890, per Pèire Bertas. — *Marsiho, P. Ruat*, 1892, in-8°, pièce (28 p.).

Legs Arnaud de Fabre.

[8°, **35.930**.

BERTET, conseiller municipal d'Avignon. — *Voir* : Mémoire pour les Religieuses hospitalières de St-Joseph d'Avignon. *Avignon*, 1844, in-4°.
[4°, **4.436**.

BERTHET (Jean) et **CHARRONIER** (le P.). — Historia chronologica rectorum collegii S. Martialis Avenionensis. Anno M.DC.LXXXVIII.— *S. l. n. n.*, 1688, in-fol., 84 p.

— Histoire des recteurs du Collège de S. Martial d'Avignon. — *S. l. n. d.*, in-fol., 84 p.

[D'après une note manuscrite en tête du 1ᵉʳ ex. de cet ouvrage, les auteurs seraient l'abbé Berthet, ex-jésuite, et le P. Charronier, jésuite, « tous deux dévoués à M. le cardinal de Bouillon, abbé de Cluni ».]

2 ex. [Fol. **4.221**. — Ms. **2.948**, n° 10.

BERTIN (Romuald). — *Voir* : Rebecqui (F. Trophime) et Bertin (Romuald). Comptes rendus à l'Assemblée nationale... — *Paris*, 1792, in-8°.

2 ex. [Ms. **2.542**, n° 12 bis, et **2.992**, n° 40.

BERTON (Thomas de). — La voye de laict, ou le chemin des héros au palais de la gloire, ouvert à l'entrée triomphante de Louis XIII, roy de France et de Navarre en la cité d'Avignon le 16 de novembre 1622 [par Thomas de Berton]... — *Avignon, J. Bramereau*, 1623, in-4°.

L'exemplaire complet comprend : Titre, avec encadrement gravé, signé : L. P. F.; titre imprimé, sans encadrement ; gravure du portrait de Louis XIII, signée : Lodovicvs Palma Lvsitanvs fecit ; iv ff. n. ch., 277 pages, 8 planches gravées hors texte, signées, excepté les 6ᵉ et 8ᵉ, de Ludovicus Palma.
Collection Moutte : ex. provenant de J. Ruffy, chanoine de Saint-Agricol et d'Henri-Joseph de Favier.
[8°, **34.763**.

2ᵉ ex. (sans le portrait du Roi).
[8°, **27.273**.

3ᵉ ex. en mauvais état (le titre manque).
[8°, **28.080**.

BERTRAND, notaire et greffier d'Avignon. — Projet de l'exercice des greffes contenant une méthode tres briefue pour l'expedition des procès aux cours d'Avignon... [*Dédicace signée* : Bertrand, notaire et greffier]. — *Avignon, P. Offray*, 1696, in-4°, III ff. n. ch., 52 p., incomplet de la fin et manquent les pages 1 et 2.

Fonds Massilian-Moutte.
[Ms. **2.457**, n° 36.

BERTRAND. — A Messieurs les intéressés dans les masses des Juifs faillis de la ville de l'Isle. (*Signé* : Bertrand). — *Carpentras, D.-G. Quenin*, 1781, in-4°, pièce (11 p.).

Fonds Cottier.
[4°, **7.077**.

BERTRAND, commandant du 4ᵉ bataillon de Vaucluse. — Copie de la lettre écrite par le citoyen Bertrand, commandant du 4ᵐᵉ bataillon de Vaucluse, à la municipalité de Sault [17 nivose an II]. [*Suit, p. 2* : Conseil général de la commune de Sault... 22ᵉ jour 2ᵉ année de la République.— *P.6* : Extrait des registres de la Société populaire de Sault, séance du 22 nivose an 2]. — *S. l. n. d.*, in-4°, pièce (6 p.).
[Ms. **2.964**, n° 39.

BERTRAND (Abbé). — Discours prononcé par M. le curé-archiprêtre Bertrand à la grand'-

messe, à l'occasion du concours agricole d'Apt, le dimanche 13 septembre 1868. — *Apt, J.-S. Jean*, 1868, in-8°, pièce (9 p.).

[8°, **31.506**.

BERTRAND (Etienne). — Consiliorum sive responsorum D. Stephani Bertrandi... volumen I (-VIII)... Opus nullibi quam Lugduni olim editum..., nunc autem... in Germania primum editum... — *Francofurti, impensis Rulandiorum*, 1603, 8 tomes en 6 vol. in-fol.

[Fol. **1.129**.

— Quod Curia Cameræ Apostolicæ Thesaurariæ Comitatus Venaissini sit ordinaria et proragabilis. Quod in eâ utrâque censurâ proceditur spirituali videlicet et temporali. Quod in eâ conveniantur submissi per submissionem etiam generalem, Demonstrat Consilium Clarissimi I. V. Doctoris... Stephani Bertrandi super jurisdictione curiæ Cameræ Comitatus Venaissini, quod est affixum in albo prætoris in Auditorio Curiæ Cameræ, injuriâ temporum Laceratum et Corrosum ; hâc de Causâ hic Registratum et insertum. — *S. l. n. d.*, in-4°, pièce (3 p.).

2 ex. [Ms. **2.929**, n° 30, et **2.954**, n° 23.

BERTRAND (Félix). — Silhouettes du félibrige. Félix Gras et son œuvre (1844-1901). Notice biographique par Félix Bertrand. — *Menton, impr. coopérative mentonnaise*, 1908, in-12 pièce (32 p.).

Don de l'auteur.

[8°, **35.619**.

BERTRAND-PIEDMORE (I.).— I. Bertrand-Piedmore. J. Bertrand-Piedmore, notes et souvenirs. — *S. l. n. n.*, 1910, in-8°, 108 p., port. et pl.

[J. Bertrand-Piedmore, gouverneur de Sault, pendant les guerres de religion].

Don de l'auteur.

[4°, **7.883**.

BERTRANDY (M.). — Recherches historiques sur l'origine, l'élection et le couronnement du Pape Jean XXII, par M. Bertrandy... — *Paris, Treuttel et Würtz*, 1854, in-8°, 71 p.

[8°, **25.828**.

BESSE (Auguste). — Rapport [et 2° rapport] présenté à la Chambre de Commerce d'Avignon et à la Société d'agriculture de Vaucluse au nom de la Commission des essais pour l'amélioration de la culture de la garance, par M. Aug. Besse... — *Avignon, A. Chaillot*, 1873, 2 pièces (15 et 19 p.), tabl.

[8°, **5.076**.

BESSE (Auguste) et RIEU (Alfred). — Essais d'amélioration de la culture de la garance. Mémoire présenté à la Chambre de Commerce d'Avignon et à la Société d'Agriculture de Vaucluse le 20 janvier 1875, par MM. Aug^{te} Besse... et Alfred Rieu... — *Avignon, Amédée Chaillot*, 1875, in-8°, 128 p.

[8°, **5.078**.

BESSE (Dom J.-M.). — *Voir :* Beaunier (Dom). Abbayes et prieurés de l'ancienne France... Tome II. *Chevetogne et Paris*, 1909, in-8°.

[4°, **7.755**.

BESSON (Louis), évêque de Nîmes. — Instruction pastorale et

mandement de Mgr l'Evêque de Nimes, Uzès et Alais sur les trois centenaires de Villeneuve et sur la découverte des reliques de saint Pons. — *Nîmes, typ. Dubois*, 1887, in-4°, front., pièce (16 p.).

[8°, **12.551**, n° 3.

— Oraison funèbre de Monseigneur Louis-Anne Dubreil, archevêque d'Avignon, prononcée le 9 mars 1880 dans l'église métropolitaine de N.-D. des Doms, par Monseigneur Besson, ...— *Avignon, Aubanel frères*, 1880, in-8°, pièce (48 p.).

Don de M. F. Mistral.

[4°, **6.555**.

— Panégyrique du B. Pierre de Luxembourg, prononcé le 5 juillet 1887 dans l'église de St-Didier à Avignon, par Mgr Besson, ...— *Lille, impr. de Saint-Augustin, Desclée, de Brouwer et Cie*, 1887, gr. in-8°, pièce (45 p.).

Don de l'auteur.

[8°, **28.340**.

BEUCHET. — Stances au Roi des Français, dédiées à la Garde nationale et à la Garnison de la ville d'Avignon [par Beuchet]. — [*Avignon*, s. n., 1831], in-8°, pièce (n ff. n. ch.).

|Ms. **3.003**, n° 11.

BIBLIOTHÈQUES (Catalogues de). — Catalogue général des manuscrits des Bibliothèques publiques de France. Département. Tome IV... Apt... — *Paris, E. Plon, Nourrit et Cie*, 1886, in-8°, p. 115-116.

[8°, **33.664**.

— Association amicale des *Anciens élèves de l'école de la rue Tête-Noire*. Avignon... Catalogue des livres de la bibliothèque. — *S. l.*, avril 1903, in-8°, pièce (10 p.).

Ligue française de l'enseignement.

[8°, **33.845**.

— Bibliothèque de la *Chambre syndicale des typographes* d'Avignon. Catalogue, 1880-1892. — *Avignon, impr. J. Chapelle*, 1893, in-8°, pièce (16 p.).

[8°, **28.155**.

— Livres à vendre. Les personnes qui voudront en faire l'acquisition s'adresseront à MM. les Recteurs de l'*Hôpital général de Ste-Marthe* [à Avignon]. — *S. l. n. d.*, in-8°, pièce (35 p.).

[8°, **25.881**, n° 2.

— Bibliothèque de l'*OEuvre de Jésus, Marie, Joseph et Saint Pierre de Luxembourg*, aux anciens Cordeliers [à Avignon].— [*Avignon, impr. Seguin*, 1839], in-4°, pièce (3 p.)

|Ms. **2.976**, n° 44.

— Catalogue de la bibliothèque de l'*OEuvre de St Pierre de Luxembourg*, aux anciens Cordeliers [à Avignon]. — *Avignon, impr. Seguin aîné*, 1839, in-8°, pièce (27 p.).

[Ms. **8.888**, n° 1].

— Catalogue de la bibliothèque paroissiale de *Saint Pierre* d'Avignon. 1890. — *Avignon, Aubanel*, 1890, in-12, pièce (38 p.).

Anc. archevêché d'Avignon.

[8°, **37.271**.

— Bibliotheca D. D. Ant. Calvet J. U. D. necnon judicis Villænovæ secus Avenionem. — *Avenione, C. Giroud*, 1709, in-12, 11 ff. n. ch. - 109 p.

[8°, **26.876**.

— Catalogue de la bibliothèque de feu M***[de Calvières, d'Avignon] consistant en livres anciens et rares, qui ont été recueillis avec le plus grand soin depuis avant le règne de François Ier jusques et y compris le règne de Louis XV... — *Avignon, Merande, Dubie*, 1778, in-8, II ff. n. ch. - 166 p.

[8°, **26.881**, n° 1.

— Catalogue des livres de la bibliothèque de feu M. le Marquis de Cambis-Velleron [dont la vente se fait actuellement en détail, au prix modéré et marqué à chaque article, chez J.-J. Niel et A. Aubanel, imprimeurs-libraires, près le Palais, derrière l'Hôtel de la Monnoie, à Avignon, 1774]. — *Avignon, J.-J. Niel et A. Aubanel*, 1774, in-12, II ff. n. ch. - 224 p.

[8°, **26.880**.

— Catalogue de livres rares et recherchés, tous bien conditionnés et bien conservés, collection d'elzévirs. — *S. l. n. d.* [an IX], in-4°, pièce (16 p.).

[A M. Comin, provenant de la bibl. des Jésuites de Lyon.]

[Ms. **2.982**, n° 18.

— Vente du 1er au 5 mai 1900 (Salles Silvestre). Catalogue de la bibliothèque formée par M. Charles Cottier, membre de la Légion d'honneur, Premier Consul de la ville de Carpentras en 1787... Livres anciens, rares et curieux dans tous les genres, histoire du Languedoc, de la Provence, du Comtat-Venaissin, etc... — *Paris, Em. Paul et fils et Guillemin*, 1900, in-8°, 98 p.

[8°, **31.852**.

— Avis [de la vente des livres de la bibliothèque de M. Deleutre, ancien négociant à Avignon, avec catalogue sommaire]. — *S. l. n. d.* [1832], in-12, pièce (4 p.).

[8°, **26.904**, n° 5.

— Catalogue de la bibliothèque de feu M. le marquis de Fortia d'Urban, membre de l'Institut royal de France... — *Paris, Féval et Silvestre*, 1844, in-8°, IV-260 p.

2 ex. [8°, **26.882** et **26.883**.

— Catalogue des livres de la bibliothèque de M. D. L. D. L. V. à vendre en totalité ou par partie et à l'amiable. S'adresser à M. Godinière, lib. à Fougères. — *Amsterdam, chez les frères Williams (Avignon)*, 1785, in-12, VIII-257 p.

[Indication de nombreux ouvrages imprimés à Avignon. - Au début, note manuscrite de l'abbé Correnson sur l'imprimerie à Avignon.]

Ex. de l'abbé Correnson.

[8°, **28.334**.

— Catalogue de livres rares et curieux, ouvrages sur les beaux-arts, livres à gravures..., histoire de France, histoire des diverses provinces, ouvrages et documents sur la Provence et le Comtat-Venaissin... provenant de la bibliothèque de feu M. Valère Martin, inspecteur des monuments historiques. Vente aux enchères publiques, du mardi 3 avril au samedi 7 avril 1888 [et du jeudi 5 juillet au mercredi 11 juillet 1888]. Première [et seconde] partie[s]. — *Paris, A. Claudin*, 1888, 2 vol. in-12, II ff. n. ch. - 176 p. et II ff. n. ch. - 184 p.

[8°, **16.612**.

— Catalogue de la bibliothèque de feu M. X. Moutte, d'Avignon, composée... d'ouvrages importants sur le midi de la France dont la vente aura lieu à Avignon... le jeudi 5 septembre 1872, et jours suivants... — *Avignon, typ. A. Roux*, 1872, in-8°, 64 p.

|8°, **16.665**.

— Catalogue général des manuscrits des bibliothèques publiques de France. Départements. Tome XXXI... Orange... — *Paris, E. Plon, Nourrit et Cie*, 1898, in-8°, p. 643-644.

|8°, **33.664**.

— [Catalogue des livres composant la bibliothèque de feu M. F.-V. Raspail. (Le titre manque)]. — *S. l. n. d.*, in-8°, xl-259 p.

(Précédé d'une notice sur F.-V. Raspail.)
Legs Arnaud de Fabre.

|8°, **36.426**.

— Catalogue des livres manuscrits et imprimés, anciens et modernes composant la collection de feu M. E. Rouard, bibliothécaire de la ville d'Aix-en-Provence... — *Paris, Dam. Morgand et Charles Fatout*, 1879, in-8°, xvi-716 p., port.

[Nombreux ouvrages et documents sur le Comté Venaissin.]
Janvier 1879. Supplément au Bulletin mensuel de la librairie Morgand et Fatout.

|8°, **16.630**.

— Catalogue des livres et manuscrits composant la bibliothèque héraldique et généalogique de M. Ernest de Rozière... — *Paris, Champion*, [1878], in-8°, v-321 p.

[Indication de nombreux ouvrages et documents sur le Comté Venaissin.]

|8°, **16.623**.

— Catalogue des ouvrages provenant de la bibliothèque des anciens *Chartreux* de Villeneuve-lès-Avignon, en vente aux prix marqués [à la librairie Félix Seguin, à Montpellier.] — *Montpellier, Ricard frères*, 1854, in-8°, 2 parties en 1 vol., 104 et 76 p.

|8°, **17.100**.

BIGONET jeune. — L'homme rouge, ou Agricol Moureau, jugé sur ses actions et ses écrits [par Bigonet jeune]. — *S. l. n. d.* [1818], in-12, pièce (24 p.).

|Ms. **2.999**, n° 10.

— Toute vérité n'est pas bonne à dire. [Critique de l'administration municipale d'Avignon par Bigonet jeune. 4 décembre 1837]. — [*Avignon, impr. Bonnet*], s. d., in-4°, pièce (3 p.).

|Ms. **2.975**, n° 64.

BILFELDT (Mathias). — Éloge poétique des missionnaires de France... et effets produits par leur Mission dans la ville d'Avignon, par Mathias Bilfeldt fils. — *Avignon, Hypolite Offray*, 1820, in-8°, pièce (8 p.).

|8°, **25.815**, n° 6.

BILIOTTI (Raoul de). — *Voir* : Cassagnac (Paul de) et Biliotti (R. de). Élection d'Orange... *Avignon*, [1878], in-12.

|8°, **28.794**.

BILIOTTI (Victor de). — Discours prononcé par M. Victor de Biliotti, sous-préfet d'Avignon, lors de l'installation de la municipalité d'Avignon, le 13 mai 1815. — *S. l. n. d.*, in-8°, pièce (1 ff. n. ch.).

Fonds Chambaud et Requien.
3 ex. |8°, **27.230**, t. IV, n° 4. — Ms. **2.547**, n° 40, et **2.998**, n° 14.

— [Recueil des lettres écrites ou reçues par M. Victor de Biliotti, sous-préfet d'Avignon, pendant les Cent-jours, précédé d'une lettre du même au Maire d'Avignon, du 16 juillet 1815]. — [*Avignon, impr. Bonnet fils*, 1815], in-12, pièce (12 p.).

Fonds Chambaud et Requien.

2 ex. [**Ms. 2.547**, n° 43, et **2.998**, n° 26.

BILLARD (Etienne-Gaspard). — Projet et soumission pour l'encaissement de la Durance depuis le détroit de Mirabeau jusqu'au Rhône, suivi d'un mémoire explicatif des moyens d'encaissement et de ceux d'indemnité ; par le sieur Etienne-Gaspard Billard... — *Aix, imp. F. Guigue*, 1825, in-8°, 68 p.

2 ex. [8°, **24.868**, n° 5, et **33.318**.

— Développement de mon projet d'encaissement de la Durance et réponse à diverses questions auxquelles il a donné lieu :... par le sieur Etienne-Gaspard Billard... — *Aix, impr. F. Guigue*, 1825, in-8°, 97 p.

[8°, **24.868**, n° 6.

BIONDI (M.). — Omaggio di un Aretino alla tomba di Francesco Petrarca in Arquà, il giorno del quinto centenario della di lui morte. [*Signé :* Prof. M. Biondi]. — *Arezzo, Cagliani*, 1874, in-8°, pièce (11 fl. n. ch.).

[8°, **34.602**.

BIRÉ (Edmond). — Edmond Biré. Armand de Pontmartin. Sa vie et ses œuvres. 1811-1890... — *Paris, Garnier frères*, 1904, in-8°, II-538 p.

Don de M. H. de Pontmartin.

[8°, **34.674**.

BIRET (Noel). — Aperçu historique sur les serrures par Biret... — *Avignon, F. Seguin*, 1902, in-8°, pièce (30 p.).

(Extrait des *Mémoires de l'Académie de Vaucluse.* 1902, 4° livraison.)

Don de M. F. Seguin.

[8°, **33.626**.

BL. — Adieux des Avignonais à Messieurs les Missionnaires. [*Signé :* Bl.]. — *S. l. n. d.*, in-12, pièce (3 p.).

[8°, **31.832**, n° 5.

BLANC (Charles). — Une famille d'artistes. Les trois Vernet, Joseph-Carle-Horace, par Charles Blanc... Introduction de M. Henry Jouin. — *Paris, Henri Laurens*, s. d., in-4°, 167 p., pl.

[4°, **4.429**.

BLANCARD (Eugène). — Discours prononcé le 15 janvier 1835 sur la tombe de M. L. Arnavon, curé d'Apt... par M. Blancard, maire d'Apt. — [*Apt, E. Cartier*], s. d., in-4°, pièce (3 p.).

Supplément au n° 25 de la *Revue aptésienne*, du dimanche 25 janvier 1835.

2 ex. [4°, **6.305**. — Ms. **2.974**, n° 66.

BLANCARD (Louis). — Iconographie des sceaux et bulles conservés dans la partie antérieure à 1790 des Archives départementales des Bouches-du-Rhône, par Louis Blancard.. — *Marseille, Camoin frères et Boy, Paris, J.-B. Dumoulin*, 1860, 2 vol. gr. in-4°, dont un de texte (11 ff. n. ch. - 322 p.) et un d'atlas (LX p. - 114 pl.)

[Fol. **4.245**.

— *Voir :* ALBANÈS (Abbé J.-H.). Inventaire analytique des ti-

tres de la maison de Forbin...
— *Marseille, imp. Marseillaise*, 1900, in-4°.
[Fol. **4.243**.

— *Voir* : Congrès archéologique de France. XLIX° session. Séances générales tenues à Avignon en 1882... *Paris - Tours*, 1883, in-8°.
[8°, **37.750**.

BLANCHARD (Joseph - Henri - François). — Lettre du Cit. Blanchard, docteur en médecine, à un de ses amis, au sujet de l'inoculation de la vaccine. — [*Carpentras, impr. D.-G. Quenin*, an IX], in-8°, pièce (14 p.).
[Ms. **3.017**, n° 54.

— Avis aux habitants de Pernes, par M' J.-H.-F. Blanchard père, docteur en médecine. — *S. l. n d.* [1815], in-4°, pièce (4 p.).
[Ms. **2.969**, n° 198.

BLANCHARD (D' Raphael). — D' Raphaël Blanchard... Notice sur quatre diplômes de l'Université d'Avignon. — *Extrait du Bulletin de la Société française d'histoire de la médecine*, 1904, in-8°, pièce (paginé 165-176).
Don du D' Pansier.
[8°, **34.771**.

BLAZE (François-Henri-Joseph, dit Castil). — Chants populaires de la Provence ; reveies deis magnaneiris, vendumieiris, oouliveiris, acampas, espelis, adoubas, ame accoumpagnament de clavecin per Castil-Blaze. — *Paris, chez l'auteur, Cavaillon, Plantevin*, s. d., in-4°, 39 p. - ix fl. n. ch., musique.
[Fol. **4.264**.

— L'Echo d'Avignon, ou chants des Troubadours de Vaucluse, recueillis et mis au jour par Castil-Blaze. — *Avignon, Castil-Blaze, Pierre Chaillot*, 1815, in-8°, pièce (16 p.).
[Ms. **3.015**, n° 34.

— Vive le Roi ! Chant national. Paroles et musique de M. H.-F. Blaze. [*Suit* : Il n'y a qu'un pas du mal au bien]. — *Avignon, P. Chaillot*, s. d. [1815], in-8°, pièce (4 p.).
[Chant royaliste avignonais, 1815.]
Fonds Chambaud.
[8°, **27.230**, t. IV, n° 40.

BLAZE (François-Henri-Joseph, dit Castil), DUMAS (Adolphe), REBOUL (Jean) et POUSSEL (T.). — Un liame de rasin countenent lis obro de Castil-Blaze, Adòufe Dumas, Jean Reboul e T. Poussel, reculido e publicado pèr J. Roumanille et F. Mistral. — *Avignon, J. Roumanille*, 1865, in-12, 264 p.
[8°, **25.298**.

BLAZE (Henri - Sébastien). — *Voir* : Lefebure (J.-Louis), Blaze (Henri-Sébastien) et Thomas (J.-J.-I.-L.). Discours... *Avignon*, [an V], in-8°.
[8°, **33.339**.

— *Voir* : Tissot et Blaze (Henri-Sébastien). Au nom du département de Vaucluse et du district d'Avignon... [*Paris*, an III], in-4°.
2 ex. [Ms. **2.530**, n° 73, et **2.965**, n° 170.

BLÉGIER DE LA SALLE (Antoine de). — L'intrata dell'illustris. Cardinal Farnese fatta in Carpentrasso, principal Citta del Contado di Venissa, nella sua Legatione d'Avignone, con la dichiaratione delle figure, statue versi, et detti Latini, posti su gli archi triomphali, et altri luoghi della Citta, composée aussi en rime Françoyse, par M. Antoine Blegier de Carpentras. — *In Avignone, per Mathia Bonhomme nel Cambio*, 1553, pet. in-8°, xix ff. n. ch., grav. sur bois.

— La magnificque et triumphante entrée de Carpentras, faicte à tresillustre et trespuissant prince Alexandre Farnes, Cardinal, Legat d'Avignon, Vichancelier du S. Siege Apostolique, nouvellement mise en rithme Françoise par M. Antoine Blégier.— *En Avignon, par Macé Bonhomme, aux Changes*, 1553, in-8°, xxxii ff. n. ch., grav. sur bois.

A la fin on lit : *Imprimé à Lyon, par Macé Bonhomme*.

[8°, **26.586**.

BLÉGIER DE PIERREGROSSE (Cte Marie-Charles-Jean-Louis-Casimir de), conservateur du Musée Calvet d'Avignon. — Notice biographique et bibliographique sur Louis de Pérussis [par le Cte de Blégier-Pierregrosse]. — *Avignon, Jacquet et J.-B. Joudou*, 1839, in-8°, pièce (16 p.).

(Extrait du *Messager de Vaucluse*, nos 249, 254 et 258.)

2 ex. [8°, **28.860**, n° 11. — Ms. **3.006**, n° 39.

— Autre édit. — *Voir* : Annuaire [officiel du département] de Vaucluse pour les années 1841 et 1842. *Avignon*, s. d., in-12.

2 ex. [8°, **14.984** et **31.398**.

— Notice sur l'origine de l'imprimerie à Avignon. [*Signé* : Cte de Blégier-Pierregrosse...]. — [*Avignon, P. Chaillot jeune*,

1840], s. d., in-8°, pièce (8 p.).

3 ex. [8°, **16.503**, **26.822**, **28.860**, n° 16. — Ms. **3.005**, n° 38.

— Recherches historiques sur les Vicomtes d'Avignon, à l'occasion de quatre chartes inédites relatives à ces vicomtes ; par M. le comte de Blégier-Pierregrosse...—*Toulouse, impr. Lavergne*, 1839, in-4°, pièce (35 p.).

[4°, **3.856**.

BOISARD (A.). — Nos Musées de France. Le Musée d'Avignon... [*Signé* : A. Boisard].— *Le Monde illustré*, 4 novembre 1905, p. 712-714.

[Fol. **5.196**.

BOISPRÉAUX (M. de). — Histoire de Nicolas Rienzy, chevalier, tribun et sénateur de Rome, par M. de Boispréaux.— *Paris, Durand*, 1743, in-8°, 352 p.

[8°, **26.703**.

BOISSIER. — Poème en vers patois sur les saintes paroles « Dieu soit béni » ; où l'on fait voir les motifs et les avantages qui vous engagent à les prononcer souvent... — *Avignon, Joseph Bléry*, 1780, in-12, pièce (48 p.).

[« Par Mr Boissier », d'après une note manuscrite].

2 ex. [8°, **25.218**, n° 5, et **28.209**, n° 1.

BOISSIEU (R. P. Antoine), S. J. — La vie de la vénérable Mère Jeanne-Marie Chezard de Matel, fondatrice des religieuses de l'ordre du Verbe Incarné, par le Rd Père Antoine Boissieu... — *Lyon, Molin et Barbier*, 1692, in-8°, 399 p., pièces liminaires et table.

Verbe-Incarné d'Avignon.

[8°, **12.964**.

BOISSON-DE-LA-SALLE. — — Essai sur l'histoire des comtes souverains de Provence, précédé d'un précis historique des différentes dominations auxquelles la Provence a été soumise dans les temps antérieurs à l'époque du règne de ses comtes ou souverains particuliers, par M. Boisson-de-la-Salle... — *Aix, Mouret*, 1820, 11 ff. n. ch. - iv-358 p.

[8°, **26.436**.

BOISSY D'ANGLAS (François-Antoine, Cte de). — Discours prononcé, le 13 mars 1809, aux funérailles de M. de Sainte-Croix, membre de l'Institut de France, par M. le comte Boissy d'Anglas...— *Paris, impr. Baudouin*, 1809, in-8°, pièce (14 p.).

[8°, **16.902**.

BOMY (Jean de). — Recueil de quelques coustumes du pays de Provence, avec un petit traicté de meslanges contenant plusieurs choses notables... par M° Jean de Bomy... — *Aix, Ch. David*, 1665, in-4°, 67 p.

[8°, **27.189**, n° 2.

BONAFOUS (Abbé). — Discours prononcé par M. l'abbé Bonafous, inspecteur d'Académie, à la distribution des prix au Lycée impérial d'Avignon, 11 août 1862. — *Avignon, Aubanel frères*, [1862], in-8°, pièce (8 p.).

2 ex. [8°, **31.119** et **31.120**

BONAFOUS (Norbert). — *Edit.* Arena (Antoine). Meygra entreprisa catoliqui imperatoris... per Provensam... *Aix*, 1860, in-8°,

[8°, **10.375**.

BONAMAISON (L.). — Annales cliniques de l'Institut hydrothérapique de Saint-Didier (Vaucluse), par le docteur L. Bonamaison, directeur. 1er fascicule (Hystérie. — Neurasthénie). — *Paris, Octave Doin*, 1891, in-8°, 92 p.

[8°, **29.291**.

BONAMAISON-MASSON (Dr). Notice sur l'établissement hydrothérapique de Saint-Didier-les-Bains (Vaucluse), [par le Dr Bonamaison-Masson].— *Paris, typ. Firmin-Didot et Cie*, 1887, in-18, 49 p. - 11 ff. n. ch., pl.

[8°, **30.126**.

BONAPARTE (Napoléon). — Souper de Beaucaire ou dialogue entre un militaire de l'armée de Carteaux, un Marseillais, un Nimois et un fabricant de Montpellier, sur les événemens qui sont arrivés dans le ci-devant Comtat à l'arrivée des Marseillois [par Napoléon Bonaparte]. — *S. l. n. d.*, in-12, pièce (16 p.).

[Ms. **3.014**, n° 23.

— Autre édition. — *S. l. n. d.*, in-12, pièce (20 p.).

Fonds Chambaud.

[Ms. **2.543**, n° 26.

BONAPARTE-WYSE (William-C.). — A Monsegne Dubreil, archevesque d'Avignoun, eme un tableu pinta de la Vierge dicho « Jardiniero » (après Rafaëu), en souveni dou bautisme benastra de moun enfantoun, Napoléon-Estello] par W.-C. Bonaparte-Wyse]. — *Plymouth, impr. Keys*, s. d., in-4°, pièce (6 p.).

Ancien archevêché d'Avignon.

2 ex [4°, **8.112** et **8.160**.

BONARD (Xavier-Louis). — Avis. Xr-Ls Bonard, artiste peintre, membre de l'Académie de Vaucluse, élève de MM^{rs} P. Raspay et Horace Vernet, a l'honneur de prévenir le public, qu'à la sollicitation de quelques amis des arts, il est venu se fixer à Avignon pour y professer la peinture et l'enseignement du dessin... — *S. l. n. d.*, in-4°, placard.

[Ms. **2.971**, n° 102.

BONAVENTURE DE SISTERON (Le P.). — Histoire de la Ville et Principauté d'Orange divisée en cinq dissertations historiques, chronologiques et critiques sur leur état ancien et moderne [par le P. Bonaventure de Sisteron]. — *Avignon, impr. Marc Chave*, 1741, in-4°, IV ou VI ff. préliminaires - 542 p. - table et errata, front. grav. et tabl. généalog.

Le frontispice représente la vue du château et de la ville d'Orange ainsi que le plan de ses fortifications.

Fonds Moutte et Requien.

3 ex. [8°, **28.092**. — 4°, **2.921** et **3.721**.

BOND (Francis). — *Voir :* CONGRÈS archéologique de France. LXXVI° session tenue à Avignon en 1909... *Paris-Caen*, 1910, in-8°.

[8°, **37.750**.

BONDELON (Louis de). — Vaucluse et ses souvenirs expliqués aux visiteurs. Découverte sur Laure, par Louis de Bondelon... — *Vaucluse, D. Coursant et V. Imbert*, 1869, in-8°, pièce (39 p.).

[8°, **28.809**.

BONDON (Pierre). — Rapport justificatif du sieur Pierre Bondon, architecte, au sujet de la pallière de la Cachade. [31 décembre 1760]. — *S. l. n. d.*, in-fol., pièce (11 ff. n. ch.).

Fonds Massilian-Moutte.

[Ms. **2.459**, n° 20.

BONDURAND (Edouard). — L'arc de triomphe d'Orange et son inscription, par Edouard Bondurand, archiviste du Gard. —*Nîmes, impr. Clavel et Chastanier*, 1898, in-8°, pièce (19 p.).

(Extrait des *Mémoires de l'Académie de Nîmes* de 1897.)

[8°, **30.602**.

BONET (Bernard). — Comptesfaits des douze différentes réductions des monnoyes qui sont en usage dans la ville d'Avignon et dans le Comtat Venaissin, selon les différentes valeurs des écus blancs, depuis trois livres monnoye de France, jusqu'a cinq livres. Composé et calculé par le R. P. B. Bonet... — *Avignon, J.-Ch. Chastanier*, 1716, in-8°, 619-16 p.

6 ex. [8°, **2.169**, **14.998**, **24.607**, **24.854**, **26.611** et **31.816**.

BONET DE SAINT-BONET (Joseph - François). — Josephi Francisci Boneti de Sanbonetis, nob. jurisconsulti Carpentoractensis, ex antiquis magistratibus comitatus Vindassini judicis iterum atque iterum majoris ordinarii Carpentoracti totiusque ressortus,... tractatus de animalibus curribus et plaustris... cum sac. Rotæ Romanæ novissimis decisionibus... — *Avignon, Ant. Fez*, 1761, 2 vol. in-fol., t. I : XII-319 p. ; t. II : III-392 p.

3 ex. [Fol. **105**, **1.125** et **4.295**.

BONHOMME (Jean-Louis) aîné. — Discours prononcé à la séance des Amis de la Liberté et de l'Egalité de Toulon, le 29 octobre, l'an premier... par Jean-Louis Bonhomme aîné, un de ses membres. — *Avignon, S. Tournal*, 1792, in-fol., placard.

[Publié et affiché par ordre du Conseil municipal d'Avignon, sur la demande de la Société des Amis de la République de cette ville].

[Atl. **314**, n° 134.

BONIFACE VIII, pape. — Les registres de Boniface VIII, recueil des bulles de ce pape publiées ou analyséees... par Georges Digard, Maurice Faucon et Antoine Thomas... — *Paris, Fontemoing et Cie*, 1884-1909, 11 fasc. in-4°.

(Bibliothèque des Ecoles françaises d'Athènes et de Rome.)

Dépôt de l'Etat.

[Fol. **5.293**.

BONIFACE (Hyacinthe de). — Arrests notables de la cour de parlement de Provence, cour des comptes, aydes et finances du même pays recueillis par noble Hyacinthe de Boniface... — *Paris, J. Guignard*, etc., 1670, in-fol., 2 vol.

Provenant des Chartreux de Bonpas.

[Fol. **1.250**.

— Autre édition. — *Lyon, Vve d'H. Molin*, 1708, in-fol., 2 vol.

[Fol. **4.297**.

— Suite d'arrests notables de la cour de Parlement de Provence. ... — *Lyon, P. Bailly*, 1689, in-fol., 3 vol.

[Fol. **4.297**.

BONJOUR (Jacques). — Jacobi Boniour Carpen. lucubrationum primitiae. Orationum lib. III. Commentarius in L. *Observandum*. ff. De Offi. Paesidis. De peregrinatione omnium aetatum.

De bello in Caprerienses commentaria. Dialogi sex. — *Paris, L. Begatius*. 1549, in-8°, 90 ff.

[Voici le détail des œuvres contenues dans cet opuscule. « Orationes : lib. I, de laudibus... Gallorum regis Henrici Valesii, ejus nominis secundi... Oratio 1 : Funebris pro... Francorum rege Francisco 1°, laudatoriaque pro... rege Henrico Valesio ; Oratio 2, ad Aquitanos, qui ob salinarum vectigalia a... rege Henrico Valesio defecerant. — Lib. II. Orat. 1, pro reverendo cardinali et episcopo Carpen. Jacobo Sadoleto ; orat. 2, pro reo P. ad prætorem Paulum Sadoletum ; [orat. 3, invectiva in pasquillos et actores, authoresque nugarum] — Lib. III, pro his qui doctoratus laureâm desiderant ; [le 3° discours est intitulé : De jurisprudentiæ laudibus].

Commentarius in L. Observandum. ff. De offi. praesidis. [Sur les qualités du juge.]

De peregrinatione omnium aetatum. [Sur les différents âges de l'homme.]

De bello in Caprerienses commentaria. [Sur le siège de Cabrières.]

Dialogi sex : De laudibus philosophiae, — de immortalitate rerum praeclare gestarum, — de amore domissellarum, — de amicitia, — de prospera et adversa fortuna, — de morte.]

[8°, **26.588**, n° 8.

BONNARD. — Lettre écrite par M. Bonnard, major de la Garde nationale d'Avignon et lieutenant-général de l'armée du département de Vaucluse, au soi-disant Comité militaire d'Avignon. A Monteux ce 15 juin 1791. — *S. l. n. d.*, in-4°, placard.

[Ms. **2.523**, n° 93.

BONNARD et THOMAS (Alphonse-Charles). — Adresse aux Comtadins [par Bonnard, commandant de Cavaillon, et Thomas, citoyen de Cavaillon]. *S. l. n. d.*, in-8°, pièce (14 p.).

Fonds Chambaud et Requien.

3 ex. [Ms. **2.536**, n° 42, **2.539**, n° 18, et **2.987**, n° 22.

BONNECASE (Alcide de). — [Description de la principauté d'Orange, par Alcide de Bonnecase, s' de Saint-Maurice]. — Extrait du *Tableau des Provinces de France*, p. 179-192, in-12.

[8°, **17.121**, n° 8.

— [Notice sur Avignon et le Comté Venaissin, par Alcide de Bonnecase]. — Extrait du *Tableau des provinces de France*, p. 152 à 178, in-12.

Fonds Massilian-Moutte.

[8°, **28.066**, n° 4.

BONNEFILLE (Abbé Athanase-Marie - Roch), professeur de rhétorique au Petit Séminaire d'Avignon. — L'abbé A. Bonnefille... Panégyrique de saint Agricol, évêque et patron d'Avignon, prononcé en l'église paroissiale Saint-Agricol, le dimanche 2 septembre 1894. — *Avignon, Aubanel frères*, 1894, in-8°, pièce (20 p.).

[8°, **29.389**.

— Sainte Anne, sa vie, son culte en Provence. [*Signé* : A. B.]. — *Avignon, Aubanel frères*, 1881, in-8°, pièce (24 p.).

[8°, **32.422**.

Autre ex. (Anc. archevêché d'Avignon).

[8°, **37.338**.

BONNEFOY (Marius). — La Provence ; essais poétiques sur ses villes, ses grands hommes, ses monuments, ses sites, sa vie rustique... par Marius Bonnefoy. — *Aix, impr. Nicot*, 1878, in-12, 271 p.

[8°, **10.048**.

BONNEL (Chanoine Jules). — A la douce mémoire de Thérèse-Julie-Adèle-Eudoxie Rieux, décédée à Robion, le 5 mai 1901. [Allocution de M. le chanoine J. Bonnel]. — *Avignon, Aubanel*, 1901, in-8°, pièce (12 p.).

Don de M. H. Bouvet.

[8°, **32.772**.

— Eloge funèbre de M. Siméon Bonnel, prêtre de la Congrégation des missionnaires de Notre-Dame de Sainte-Garde, vicaire à Notre-Dame, prononcé en l'église de Notre-Dame d'Orange, le 25 janvier 1897, par M. l'abbé Jules Bonnel... — *Avignon, Aubanel*, 1897, in-12, pièce (24 p.).

Anc. archevêché d'Avignon.

[8°, **37.243**.

— Panegiri de sant Veran, evesque de Cavaioun, prounouncia lou 13 de novembre 1888, per M. l'abat Juli Bonnel... — *Avignon, Aubanel frères*, 1888, in-8°, pièce (12 p.).

(2 ex., l'un donné par l'auteur, l'autre provenant de l'ancien archevêché d'Avignon.)

[8°, **28.800** et **37.352**.

— Panégyrique de saint Agricol, évêque et principal patron d'Avignon prononcé le 3 septembre 1883... par M. l'abbé J. Bonnel. — *Avignon, Aubanel*, 1882, in-8°, pièce (16 p.).

(Extrait de la *Semaine religieuse du diocèse d'Avignon.)*

[8°, **13.503**.

— L'abbé Jules Bonnel... Panégyrique de Saint Siffrein, évêque de Carpentras, prononcé dans l'ancienne cathédrale de Saint-Siffrein, le dimanche 2 décembre 1894. — *Avignon, Aubanel*, 1895, in-12, pièce (16 p.).

Ancien archevêché d'Avignon.

2 ex. [8°, **37.242** et **37.251**.

— Panégyrique de Sainte Anne prononcé dans la basilique aptésienne, par M. le chanoine J. Bonnel ; pèlerinage régional du 9 avril 1894. — *Apt, impr. Vve A. Jean*, 1894, in-12, pièce (15 p.).

Anc. archevêché d'Avignon.

[8°, **37.412**.

— Jules Bonnel... Panégyrique du B. Pierre de Luxembourg, prêché le 5 juillet 1898 en la chapelle du Petit Séminaire d'Avignon. — *Avignon, Aubanel*, 1898, in-12, pièce (20 p.).

Anc. archevêché d'Avignon.

[8°, **37.244**.

— Un saint Pénitent-Gris d'Avignon, M. Gabriel de Vidaud, 1776-1834 [par l'abbé J. Bonnel]. — *Avignon, Aubanel frères*, 1881, in-8°, pièce (24 p.).

3 ex. [8°, **25.935**, **28.301** et **37.388**.

BONNEL (Abbé Siméon). — M. Rodolphe d'Aymard, maire, et la garde nationale d'Orange à Avignon les 11, 12 et 13 juin 1790, par l'abbé S. Bonnel. — *Avignon, Seguin frères*, 1883, in-12, 92 p. port.

[8°, **15.072**.

Autre ex. (Anc. archevêché d'Avignon).

[8°, **37.407**.

— Notice biographique sur Guillaume-Louis Du Tillet, dernier évêque d'Orange, par l'abbé S. Bonnel. — *Meaux, impr. C. Cochet*, 1880, in-8°, 113 p., pl.

[8°, **13.821**.

2 autres ex. (Ancien archevêché d'Avignon).

[8°, **37.227** et **37.312**.

— Les 332 victimes de la Commission populaire d'Orange en 1794, d'après les documents officiels,

...par l'abbé S. Bonnel... — *Carpentras, Paul Tourrette, Avignon, Roumanille*, 1888, 2 vol. gr. in-8°, xv-532 et xv-530 p., pl. et port.

[4°, **4.788**.

BONNET. — *Voir :* Boudin (Augustin) et Bonnet. A Moussu Requien... [*Avignon*, 1845], in-8°.

2 ex. [8°, **25.322** et **27.361**, n° 1.

BONNET (A.) fils. — Compte-rendu général du Concours régional agricole d'Avignon et des fêtes qui ont eu lieu à cette occasion du 2 au 9 mai 1858 [par A. Bonnet fils]. — *Avignon, typ. Bonnet fils*, [1858], in-4°, pièce (39 p.).

(Extrait du *Mémorial de Vaucluse*.)

2 ex. [8°, **31.775** et **33.819**.

BONNET (Emile). — Emile Bonnet... Notes historiques. La Noël. — *Avignon, Fr. Seguin*, 1900, in-8°, pièce (8 p.).

[8°, **31.680**.

BONNET (Eugène). — *Voir :* Bassaget (Abbé Albert), Duhamel (Léopold) et Bonnet (Eugène). Diocèse d'Avignon. Le château des Papes... *Marseille*, 1902, in-fol.

[Fol. **5.076**.

BONNET (Jean-Joseph-François), de l'Isle. — *Voir :* Mémoires sur la Révolution d'Avignon et du Comté Venaissin... 1793, 2 vol. in-4°.

2 ex. [4°, **3.700** et **4.249**.

BONNET (Joseph), avocat au parlement de Provence. — Recueil d'arrêts de la cour de parlement de Provence, concernant la compétence des juges et consuls des marchands, par M° Joseph

Bonnet... — *Aix, Cl. Paquet,* 1733, in-4°, pièces liminaires - 74 p.

[4°, **3.899**, n° 3.

— Recueil d'arrêts de la cour de parlement de Provence, concernant la compétence des juges en général, par Mᵉ Joseph Bonnet... — *Aix, Cl. Paquet,* 1734, in-4°, pièces liminaires - 112 p.

[4°, **3.899**, n° 2.

— Recueil d'arrêts notables du parlement de Provence rendus sur diverses matières et questions de droit... par Mᵉ Joseph Bonnet... — *Aix, Cl. Paquet,* 1737, in-4°, x-416 p., port.

[4°, **3.899**, n° 1.

BONNYERS (R. P. Claude de), S. J. — L'advocat des Ames du Purgatoire. Composé par le R. P. Claude de Bonnyers... Dédié à Messieurs les Docteurs et Advocats de la ville d'Avignon. — *Avignon, impr. J. Bramereau,* 1644, in-18, iv ff. n. ch. - 176 p.

[8°, **24.356**.

BONTOUS (Le P. J.-J.). — L'auguste piété de la royale maison de Bourbon, sujet de l'appareil fait à Avignon pour la réception de Monseigneur le duc de Bourgogne et de Monseigneur le duc de Berry... par le P. J.-J. Bontous... — *Avignon, F.-S. Offray,* 1701, in-fol., pièces liminaires, 138 p. et table.

Planches gravées par Louis David d'après J. Cotel et P. Péru ; chevalier et officier de l'arc gravés par P. D. B. Daugard.

5 ex. [Fol. **623**, **3.441**, n° 1 et **4.230**. — Ms. **2.438**, n° 13, et **3.882**, n° 1.

BORDAS (Pardoux). Corps législatif. Conseil des Anciens.

Discours prononcé par P. Bordas, sur la résolution du 9 brumaire, relative aux émigrés des ci-devant Comtats Venaissin et d'Avignon. Séance du 21 nivôse an 6. — [*Avignon, impr. de la Municipalité,* an VI], in-8°, pièce (18 p.).

Fonds Chambaud et Requien.

3 ex. [8°, **33.469**. — Ms. **2.545**, n° 22, et **2.995**, n° 7.

BORELLI (Jean-Marie), chanoine de St-Didier, d'Avignon. — A Son Excellence Monseigneur Durini, président, pro-légat d'Avignon et du Comtat en lui présentant une épître à N. T. S. P. le pape Pie VI. Par M. l'abbé Borelli... — *S. l. n. d.* [*Avignon,* 1774], in-4°, pièce (ii ff. n. ch.).

Fonds Massilian-Moutte et Requien.

2 ex. [4°, **3.632**, n° 21. — Ms. **2.450**, n° 52.

— A Son Eminence Monseigneur Durini, pro-président, pro-légat d'Avignon, sur sa promotion au cardinalat [par l'abbé Borelli]. — *S. l. n. d.* [1776], in-8°, pièce (ii ff. n. ch.).

[4°, **3.632**, n° 28.

— Chanson d'un grenadier du régiment de Bretagne, sur la prise du fort Saint-Philippe [par l'abbé Borelli]. — *S. l. n. d.* [1782], in-4°, placard.

[Ms. **2.956**, n° 10.

— Epître à Monsieur le duc de Crillon, sur la prise de Minorque. [*Signé* : L'abbé Borelli]. — *S. l. n. d.*, in-4°, pièce (i ff. n. ch.).

Fonds Massilian-Moutte

[Ms. **2.450**, n° 53.

— Pio VI. pontifici optimo maxi-

BORELLI (Jean-Marie). — BOUCHE (C.-F.).

mo epistola. — *Voir :* Durini (Ange-Marie). Sub Effigiem Sanctissimi... Pii sexti... [*Avignon*, 1775], in-4°.
[4°, **6.954**.

— Stances à Mademoiselle de Brancas sur son mariage avec le marquis de Pallas-d'Ormea. M.DCC.LXI [par l'abbé Borelli]. — *S. l. n. d.*, in-4°, pièce (7 p.).
Fonds Massilian-Moutte.
[**Ms. 2.450**, nᵒˢ 17 et 47.

BORÉLY (Le P. Elzéar). — Les Miracles de la grâce victorieuse de la nature, en la vie de Ste Dauphine vierge, et mariée à Sainct Elzéar, comte d'Arian... par le R. P. Fr. Elzéar Borély. — *Lyon, J. Radisson*, 1654, in-4°, front. grav., xii ff. n. ch. - grav. - 586 p. - grav. et 1 ff. n. ch.
(2 ex. dont un provient des Dominicains d'Avignon.)
[8°, **27.249** et **28.877**.

— Autre édition. — *Lyon, J.-B. Deville*, 1690, in-8°, front.. viii ff. n. ch. - 632 p. - 1 ff. n. ch.
[8°, **25.929**.
Autre ex. sans frontispice.
[8°, **28.473**.

— Les miracles de la grâce, victorieuse de la nature, ou Vie de sainte Delphine, vierge et épouse de saint Elzéar, comte d'Arian, par le R. Père Borély... Troisième édition, revue, corrigée et augmentée de notes, de deux cantiques et d'un précis historique sur la canonisation et le culte de saint Elzéar, par M. l'abbé Gay. — *Carpentras, impr. Vve Proyet*, 1844, in-8°, xxiv-658 p., pl. et musique.
[8°, **25.917**.

— Autre ex. (1ʳᵉ partie seulement). Ancien archevêché d'Avignon.
[4°, **37.334**.

BOSQ (Paul). — *Voir :* Réal fils (Antony). Le théâtre antique d'Orange... *Paris*, 1894, in-12.
[8°, **29.364**.

BOSQUET (François). — Pontificum Romanorum qui e Gallia oriundi, in ea sederunt, historia ab anno Christi M.CCCV. ad annum M.CCC.XCIV..., opera et studio Francisci Bosqueti Narbonensis I. C. — *Parisiis, S. Cramoisy*, 1632, in-8°, pièces liminaires - 375 p. et l'index.
3 ex. (Séminaire St-Charles d'Avignon, Chartreux de Bonpas et Dominicains de Carpentras).
[8°, **8.653**, n° 2, **13.738** et **25.830**.

BOSSE, conseiller municipal d'Avignon. — *Voir :* Mémoire pour les religieuses hospitalières de St-Joseph d'Avignon. *Avignon*, 1844, in-4°.
[4°, **4.436**.

BOUCHE (Charles-François). — A bonne interpellation, mauvaise réponse de Stanislas Clermont-Tonnerre, membre de l'Assemblée Nationale. Par Charles-François Bouche [10 mai 1791]. — *Paris, impr. Nationale*, 1791, in-12, pièce (12 p.).
Fonds Chambaud et Requien.
2 ex. [**Ms. 2.550**, n° 11, et **2.990**, n° 7.

— Droit public du Comté-Etat de la Provence, sur la contribution aux impositions ; ouvrage utile à toutes les provinces de France. Seconde édition...., par Charles-François Bouche. — *Aix, P.-J. Calmen*, 1788, in-8°, 432 p. - iv ff. n. ch.
[8°, **27.037**.

— Essai sur l'histoire de Provence, suivi d'une notice des Provençaux célèbres. [*Préface signée :* Bouche]. — *Marseille, J. Mossy*, 1785, 2 vol. in-4°, t. I. : xxix-452 p. ; t. II : 566 p.

3 ex. [4°, **2.837**, **3.810** et **4.264**.

— Opinion de Charles-François Bouche, député de la Sénéchaussée d'Aix et membre de l'Assemblée nationale, sur la Pétition de la Nation Avignonoise. Séance du soir, 27 août 1790. — *Paris, impr. Nationale*, 1790, in-12, pièce (22 p.).

Fonds Chambaud et Requien.

2 ex. [**Ms. 2.537**, n° 24, et **2.988**, n° 15.

— De la pétition du peuple Avignonois. Opinion de Charles-François Bouche... Séance du soir, 20 novembre 1790. — *Paris, impr. Nationale*, 1790, in-8°, pièce (24 p.).

Fonds Chambaud et Requien.

2 ex. [**Ms. 2.537**, n° 48, et **3.012**, n° 36.

— De la restitution du Comté Venaissin, des ville et état d'Avignon ; motion... par Charles-François Bouche... — *Paris, Baudoin*, 1789, in-8°, pièce (46 p.).

Fonds Chambaud et Requien.

4 ex. [8°, **26.572**, n° 5, et **33.357**. — Ms. **2.536**, n° 5, et **2.986**, n° 10.

— *Voir* : ACHARD (C.-F.). Description... des villes... de la Provence, du Comté-Venaissin, de la principauté d'Orange, du Comté de Nice, etc. *Nice*, 1787-1788, 2 vol. in-4°.

2 ex. [4°, **2.836** et **3.806**.

BOUCHE (HONORÉ). — La chorographie ou description de Provence, et l'histoire chronologique du même pays, par le sieur Honoré Bouche... — *Aix, Ch. David*, 1664, 2 vol. in-fol., t. I, pièces liminaires - 938 p. - table ; t. II, pièces liminaires - 1073 p. - table ; front. et cart. grav.

2 ex. [Fol. **4.232** et **4.233**.

— La défense de la foy et de la piété de Provence pour ses saints tutélaires Lazare et Maximin, Marthe et Magdalene... par Mre Honnoré Bouche... — *Aix, J.-B. et E. Roize*, 1663, in-4°, 257 p. et pl.

[8°, **25.771**.

— Autre ex. sans frontispice.

[8°, **25.770**.

— Vindiciæ fidei et pietatis Provinciæ pro cælitibus illius tutelaribus restituendis adversus quosdam libellos, quibus titulus est : « Dissertatio de commentitio Magdalenæ in Provinciam appulsu » et « Disquisitio disquisitionis de Magdalena Massiliensi advena ». Auctore Honorato Bouche... — *Aquis Sextiis, J. Roize*, 1644, in-8°, 174 p.

Ex. des Doctrinaires d'Avignon.

[8°, **25.767**.

BOUCHET (PIERRE-SIMON). — — Avis impartial sur le mode de paiement des réparations à faire sur les bords de la Rivière de Durance, prononcé au Conseil municipal de la ville d'Avignon, le 30 novembre 1807 [par P.-S. Bouchet]. — *S. l. n. d.*, in-8°, pièce (11 p.).

2 ex. [8°, **24.870**, n° 2. — Ms. **3.018**, n° 17.

— *Voir* : Tabarés de Ulloa (Dom François de). Observations pratiques sur la pistache de terre... *Avignon*, 1803, in-8°.

<blockquote>2 ex. [**Ms. 3.017**, n° 58. — H. N., 8°, **1.796**, n° 11.</blockquote>

BOUCHINOT (E.). — E. Bouchinot. Excursion à la fontaine de Vaucluse, au Thor, à la grotte à stalactites et aux ruines de Thouzon. — *Marseille, Flammarion et J. Carbonel*, 1906, in-8°, 16 p. pl.

(Extr. du *Bulletin des Excursionnistes Marseillais*, 1904.)
Don de l'auteur.
<blockquote>[8°, **35.231**.</blockquote>

BOUCHONY (Joseph). — *Edit.* Almanach de l'arrondissement d'Orange pour 1810... *Orange*, s. d., in-12.

<blockquote>2 ex. [8°, **26.615** et **31.866**.</blockquote>

BOUDIN (Amédée). — Silhouettes et portraits par Amédée Boudin ...[Elzéar Pin]. — *Paris, 8, rue Cauchois*, in-16, pièce (4 p.).

(Etudes contemporaines.)
<blockquote>[8°, **16.843**.</blockquote>

BOUDIN (Augustin). — A Clérian. [*Signé* : Aug. B(oudin)]. — [*Avignon, impr. Vve Fischer-Joly*, 1842], in-8°, pièce (4 p.).

<blockquote>[Ms. 0.000, n° 30.</blockquote>

— A Joousé Lacroix.[*Signé* : Aug. B(oudin)]. — [*Avignon, impr. Bonnet fils*, 1843], in-8°, pièce (4 p.).

<blockquote>2 ex. [8°, **25.336**. — Ms. 3.009, n° 1.</blockquote>

— A moun ami Laplanche, proufessour de dessin ou seminari de Santo Gardo... [*Suivi de* : A moun ami Bigand de Versaillo... *Signé* : Aug^{tin} Boudin]. — [*Avi-gnon, typ. Seguin aîné*], s. d., in-8°, pièce (4 p.).

<blockquote>2 ex. [8°, **25.341**, n° 2, et **27.361**, n° 13.</blockquote>

— Administration de la crèche de la Ste-Enfance d'Avignon. Rapport de M. Aug. Boudin à la séance du 29 février 1856... — *Avignon, typ. Bonnet fils*, [1856], in-8°, pièce (15 p.).

<blockquote>[8°, **31.731**.</blockquote>

— Angélo, poème provençal précédé d'une notice sur l'ouvroir de la Bienfaisance d'Avignon, par Augustin Boudin... — *Avignon, Bonnet fils*, s. d., in-8°, pièce (16 p.).

<blockquote>[8°, **35.344**.</blockquote>

— La Crècho de la Santo-Enfanço ou lou soubè d'uno bono maire. Poème provençal, par Augustin Boudin, avec une traduction littérale en regard... — *Avignon, Fr. Seguin aîné*, 1852, in-8°, pièce (29 p.), lithogr. par Alf. Lemoine.

<blockquote>2 ex. [8°, **10.932** et **25.342**.</blockquote>

— Garbeto de fablo par Augustin Boudin avec une préface de M. Patrice Rollet. — *Avignon, impr. Bonnet fils*, 1853, in-8°, n p.

Don de l'auteur.
<blockquote>[8°, **25.343**.</blockquote>

— Lou grand Sant-Genaire, poème provençal précédé d'une notice sur Saint Gens et sur sa fête votive, par Augustin Boudin, avec traduction littérale en regard.— *Avignon, Aubanel*, [1866], in-8°, pièce (39 p.).

<blockquote>[8°, **28.520**.</blockquote>

— Lou Magnan et la Cacalauso. Fablo [par A. Boudin]. — [*Avignon, Seguin aîné, 1850], in-8°, pièce (3 p.).

[8°, **25.341**, n° 4.

— Preièro d'uno mairo à Nosto-Dama di Douno. Prière d'une mère à Notre-Dame des Doms. [*Signé* : Augustin Boudin]. — *Avignon, Aubanel*, [1871], in-fol., placard.

[4°, **4.503**, n° 9.

— La proucessioun de l'Immaculado en Avignoun, lou 24 ouctobre 1859. Nouvè, er et paraulo d'Aug. Boudin. (Accoumpagnamen de G.-F. Imbert). — [*Avignon, typ. de Fr. Seguin aîné*], 1859, in-fol., pièce (11 ff. n. ch.).

[Fol. **4.263**.

— Augustin Boudin. Li set Garbetto, poésies provençales avec traduction française publiées et annotées par A. Deloye..., précédées d'une notice sur la vie et les poésies d'Augustin Boudin, par Patrice Rollet. — *Avignon, Aubanel frères*, 1879, in-8°, LXII-565 p., portr.

2 ex. [8°, **10.554** et **28.504**.

— Lou soupa dé Saboly, poëme provençal historique précédé d'une notice sur Saboly... par Augustin Boudin. — *Avignon, Seguin aîné*, 1848, in-8°, pièce (51 p.).

Don de l'auteur.

[8°, **25.341**, n° 1.

— Suplico à Mounsignour Debelay, archevesque d'Avignoun. [*Signé* : Aug^{tin} Boudin]. — [*Avignon, Seguin*, 1849], s. d., in-8°, pièce (4 p.).

[A propos de la grotte de Saint Gens.]

[8°, **25.341**, n° 3.

— Testament de Nicolas Saboly, prêtre, bénéficier et maître de musique de l'église paroissiale et collégiale de St-Pierre d'Avignon publié pour la première fois avec une notice sur ce célèbre auteur de Noëls provençaux et le fac-simile d'un de ses Noëls autographe et inédit, par Augustin Boudin. — *Avignon, Aubanel frères, Paris, J. Tardieu*, 1867, in-8°, pièce (24 p.), facs.

2 ex. [8°, **17.005** et **26.933**.

— *Vôir* : CHAILLOT (Jean-Pierre-Amédée) et BOUDIN (Augustin). Crèche de Saint-Pierre de Luxembourg... Avignon, 1860, in-8°.

[8°, **31.607**.

— *Voir* : DESANAT (J.), ROUMANILLE (J.), CARPENTRAS (L.-A.) et BOUDIN (A.). A Moussu Requien... [Avignon], s. d., in-8°.

[8°, **27.361**, n° 12.

BOUDIN (AUGUSTIN) et BONNET. — A Moussu Requien su soun retour en santa. [*Signé* : Augustin Boudin. — *Suit* : A Moussu Requien su sa counvalescençou. *Signé* : Bonnet]. — [*Avignon, impr. Seguin*, 1845], in-8°, pièce (10 p.).

2 ex. [8°, **25.322** et **27.361**, n° 11.

BOUDIN (JEAN-FRANÇOIS), *en religion* le P. JUSTIN, capucin. — Histoire des guerres excitées dans le comté Venaissin et dans les environs, par les Calvinistes du seizième siècle. [*Dédicace signé* : P. Justin...]. — *Carpentras, D.-G. Quenin*, 1782, 2 vol. in-12, XLVIII-288 et 311 p.

[8°, **26.568**.

BOUILLAT (J.). — Les Contemporains. L'abbé Romain Prompsault (1798-1858). [*Signé* : J. Bouillat]. — [*Paris, impr. Petithenry*, 1898], in-8°, pièce (17 p.), port.

(*Les Contemporains*, n° du 24 juillet 1898.)
[4°, **4.929**.

BOUIS (Jean-Baptiste). — La royalle couronne des roys d'Arles, enrichie de l'histoire des Empereurs Romains, des roys des Gots, et des roys de France qui ont résidé dans son enclos, de l'estat de sa Republique, de sa subjection aux comtes de Provence, et du bon-heur que ses citoyens ont d'estre retournez soubs l'obeyssance des roys très chrestiens... par M. J. Bovis... — *Avignon, impr. J. Bramereau*, 1641, in-4°, pièces liminaires - 565 p. et tabl., front. et grav.

2 ex. [8°, **16.300** et **27.265**.

BOULLE (Eugène). — *Voir* : Marchand (Félix), Boulle (Eugène) et Amic (Joseph). Rrra !... Rrra pas !... *Avignon*, 1900, in-8°.
[8°, **32.418**.

BOULOUMOY (Abbé Aristide). — Panégyrique de Saint Agricol, évêque et patron d'Avignon, prononcé le 7 septembre 1890 par M. l'abbé A. Bouloumoy... — *Avignon, Aubanel frères*, 1890, in-8°, pièce (15 p.).
Don de l'auteur.
[8°, **28.105**.

Autre ex. (Ancien archevêché d'Avignon.)
[8°, **37.364**.

BOUQUET offert à Monsieur le Maire, et chanté par la Troupe des Comédiens des sieurs Deletre et Seguenot, le dimanche 2 mai 1790, en présence de la Garde nationale d'Orange. — *Avignon, T. Domergue*, 1790, in-4°, placard.
[**Ms. 2.958**, n° 43.

BOURDILLON (Marquis de). — Rapport sur les œuvres de M. le chevalier Joseph de Girard [par le M¹⁸ de Bourdillon]. — *Bordeaux, impr. Gounouilhou*, s. d., in-8°, pièce (6 p.).

Académie impériale des sciences, belles-lettres et arts de Bordeaux, 1854.
Don de M™ᵉ C. de Corneillan.

2 ex. [8°, **9.020**, n° 2, et **33.539**.

BOUREL DE LA RONCIÈRE (C.). — *Voir :* La Roncière (C. Bourel de).

BOUREY (Le P. Martin de). — La Vie, exercices, mort et miracles du bien-heureux S. Pierre de Luxembourg... mise en lumière par F. Martin de Bourey. — *Paris, R. Foüet*, 1623, in-12, pièces liminaires - 241 p.

Frontispice gravé par M. Pelays. — On a ajouté à la fin une épreuve de la planche du B. Pierre de Luxembourg, par Sarret.
[8°, **25.840**.

BOURGES (Gabriel). — Gabriel Bourges. Le monument triomphal de Cavaillon. — *Avignon, François Seguin*, 1897, in-8°, pièce (25 p.), pl.

(Extrait des *Mémoires de l'Académie de Vaucluse*, année 1897.)
[4°, **4.629**.

BOURGET (J.-A.). — Rapport de J.-A. Bourget, commissaire de l'administration du département [des Bouches-du-Rhône], sur les troubles de Pertuis. — [*Aix*, *impr. P.-J. Calmen*, 1792], in-4°, pièce (12 p.).

[Ms. **2.980**, n° 103.

BOURGET (NICOLAS-FLEURY). — Mémoire contre le chemin de fer de Marseille à Lyon, et contre l'exportation des soies grèges, par N.-F. Bourget, de Lyon. — *Paris, Mme Charles Béchet ; Lyon, Roubier*, 1833, in-8°, pièce (18 p.).

[Ms. **3.004**, n° 5.

BOURGIN (GEORGES). — La France et Rome de 1788 à 1797. Regeste des dépêches du cardinal secrétaire d'Etat tirées des fonds des « Vescovi » des Archives secrètes du Vatican, par Georges Bourgin... — *Paris, Fontemoing*, 1909, in-8°, xiv-251 p.

(Bibliothèque des Ecoles françaises d'Athènes et de Rome.)

[8°, **35.761**.

BOURGOIN (L.). — Esquisse historique sur le maréchal Brune, publiée, d'après sa correspondance et les manuscrits originaux conservés dans sa famille, par le lieutenant-colonel L. B***, l'un de ses anciens aides de camp... (L. Bourgoin). — *Paris, Rousseau*, 1840, 2 vol. in-8°, VIII-400 et 410 p.

[8°, **14.609**.

BOURGUIGNON (CLAUDE). — La vie du Père Romillion [de l'Isle], prestre de l'Oratoire de Jésus, et fondateur de la congrégation des Ursulines en France, par Mr. Bourguignon... — *Marseille, C. Garcin*, 1669, in-4°, pièces liminaires - 392 p.

Séminaire de Saint-Charles d'Avignon.

[8°, **15.771**.

BOURNAT. — Adresse aux assemblées primaires et électorales, par le citoyen Bournat, conservateur des bois et forêts du département de Vaucluse [6 ventôse an V]. — *Avignon, imp. J.-A. Joly*, [an V], in-8°, pièce (35 p.).

Fonds Chambaud et Requien.

2 ex. [Ms. **2.545**, n° 6, et **2.995**, n° 23

BOURRELY (MARIUS). — L'inondation du Rhône à Lyon le 31 mai 1856, dédiée à Sa Majesté Eugénie, impératrice des Français, par Marius Bourrely, lue pour la première fois à Lyon, par M. Adrien Lamy, sur le théâtre des Célestins, le 14 juin 1856... — *Marseille, typ. Arnaud et Cie*, 1856, in-8°, pièce (15 p.).

[8°, **28.887**.

BOURSAULT-MALHERBE (JEAN-FRANÇOIS). — Notice sur la vie publique et privée de J.-F. Boursault-Malherbe, en réponse à quelques pamphlets. — *Paris, impr. Lebègue*, 1819, in-8°, 40 p.

Fonds Chambaud et Requien.

2 ex. [Ms. **2.548**, n° 14, et **3.000**, n° 8.

BOUSQUET (J.-FRANÇOIS). — *Voir :* MONBRION (Jacques) et BOUSQUET (J.-François). Rapport fait à la Société des Amis de la Constitution... de Marseille... [au sujet des affaires du district d'Apt]. — S. l. n. d., in-8°.

[Ms. **2.992**, n° 18.

BOUSSOT (PIERRE-LAURENT). — Adresse de Pierre-Laurent Boussot, de Lauris, aux Magistrats et aux bons Citoyens de la République. — *S. l. n. d.* [an VI], in-8°, pièce (8 p.).

Fonds Chambaud et Requien.

2 ex. [**Ms. 2.546**, n° 4, et **3.014**, n° 51.

— Apologie de la conduite des Gardes nationales et en particulier des Citoyens poursuivis pour les événemens arrivés à Pertuis et Lourmarin les 17, 18 et 19 ventôse de la 5me année républicaine [par P.-L. Boussot]. — *S. l. n. d.* [an V], in-8°, pièce (42 p.).

Fonds Chambaud et Requien.

2 ex. [**Ms. 2.546**, n° 3, et **2.995**, n° 26.

— Vœux pour l'organisation provinciale et communale de la Provence... par Pierre-Laurent Boussot. — *Marseille, impr. Hippolyte Bousquet*, 1833, in-8°, 1 ff. n. ch. - 56 p.

[**Ms. 3.004**, n° 1.

BOUT DE CHARLEMONT (Hippolyte). — H^te Bout de Charlemont. La cigale, monographie, avec une préface de Félix Gras... 2e édition. — *Avignon, Roumanille*, 1900, in-12, 181 p., port.

[8°, **32.757**.

— H. Bout de Charlemont. Notice historique sur Barbentane, précédée d'une introduction de M. E. Augier. — *Paris, L. Duc*, 1899, in-8°, pièce (23 p.).

[Barbentane, dépendance de l'ancien archevêché d'Avignon.]

Don de l'auteur.

[8°, **31.250**.

BOUTARD (François). — Pontifici maximo Clementi XI. Ode. [*Signé*: Franciscus Boutard...]. — *S. l. n. d.*, in-4°, pièce (4 p.).

Ex. de l'abbé de Véras.

[8°, **32.636**, n° 32.

BOUTARIC (Edgard). — Saint Louis et Alfonse de Poitiers, étude sur la réunion des provinces du Midi et de l'Ouest à la couronne et sur les origines de la centralisation administrative... par Edgard Boutaric... — *Paris, H. Plon*, 1870, in-8°, 551 p.

[8°, **14.811**.

BOUVET (Henri). — Enri Bouvet. Moun vièi Avignoun, tablèu d'estùdi loucau, em'uno prefaci pèr Jan de la Roco-di-Dom. — *Avignon, J. Roumanille*, 1907, in-8°, 556 p., port., fig. et pl.

[8°, **35.620**.

BOUVIER (Godefroy). — Discours prononcé par Godefroi Bouvier, président du tribunal du district d'Orange lors de son installation... — *S. l. n. d.*, in-8°, pièce (7 p.).

[8°, **27.231**, n° 30.

— Lettre à Messieurs les Officiers municipaux d'Orange, par Godefroi Bouvier, député à l'Assemblée nationale [11 août 1790]. — [*Paris, s. n.*, 1790], in-12, pièce (16 p.).

Fonds Chambaud et Requien.

2 ex. [**Ms. 2.537**, n° 19, et **2.988**, n° 5.

— Corps législatif. Conseil des Cinq-Cents. Motion d'ordre faite par Bouvier sur le brigandage exercé dans le département de Vaucluse. Séance du 26 fructidor an 7. — [*Avignon, impr. du département de Vaucluse*], s. d., in-8°, pièce (12 p.).

Fonds Chambaud.

[**Ms. 2.546**, n° 8.

— Corps législatif. Conseil des Cinq-Cents. Rapport fait par

Bouvier, sur l'établissement d'un quatrième tribunal de police correctionnelle dans le département de Vaucluse. Séance du 4 vendémiaire an 8. —[*Paris, impr. Nationale*, an VIII],in-8°, pièce (4 p.).
[Au sujet de la création du tribunal d'Orange.]
Fonds Chambaud.
[Ms. **2.546**, n° 10.

BOUVIER (Marius), ingénieur en chef des ponts et chaussées, à Avignon. — M. Bouvier... La fontaine de Vaucluse. — *Paris, au Secrétariat de l'Association*, 1879, in-8°, pièce (21 p.), fig. et cart.
(Extrait de l'*Association française pour l'avancement des Sciences. Congrès de Montpellier, 1879*.)
[8°, **15.108**.

— Mémoire sur l'avant-projet d'une conduite d'eau pour la ville d'Avignon, dressé par M. Bouvier... — *Avignon, Bonnet fils*, [1857], in-4°, pièce (23 p.), 2 plans.
Succession P. Grivolas.
[4°, **7.238**.
Autre ex. [Fol. **4.267**.

— Mémoire sur le régime du Rhône et sur ses chaussées, par M. Bouvier... — *Avignon, impr. Jacquet*, 1856, in-4°, 56 p., pl.
3 ex. [4°, **3.606** et **6.188**.
— 8°, **7.093**.

— Notes sur l'origine des sources. [*Signé* : Bouvier]. — [*Avignon, Jacquet*], s. d., in-12, pièce (12 p.).
[Sur les sources du Mont-Ventoux, de la Fontaine de Vaucluse, etc.]
5 ex. [8°, **3.017, 26.428, 28.908, 33.388** et **33.415**.

— M. Bouvier... Observatoire du Mont-Ventoux. Travaux, instruments, paratonnerre. — [*Paris, impr. Chaix*, 1885], in-8°, pièce (7 p.).
(*Association française pour l'avancement des sciences. Congrès de Grenoble*. 1885).
[8°, **3.264**.

— L'Observatoire du Mont-Ventoux [par M. Bouvier]. — *Avignon-Carpentras, impr. Jullian et Barrier*, 1889, in-fol., 77 p., grav. (lithographié).
(Commission météorologique de Vaucluse.)
[Fol. **1.688**.

BOUVIER (Marius), GIRAUD et PAMARD (Dr Alfred). — Le Mont-Ventoux. Notice par MM. Bouvier..., Giraud..., Pamard... Description orographique et géologique. Vue panoramique. Détails historiques. Observations météorologiques. But et utilité de l'observatoire. Voies et moyens d'exécution. Extrait de la délibération de la Commission météorologique de Vaucluse. 1879. — *Avignon, Seguin frères*, 1879, in-4°, 51 p., grav. et pl.
2 ex. [4°, **1.144** et **3.584**.

BOUVIER (Marius) et PAMARD (Dr Alfred). — Notice sommaire sur l'Observatoire du Mont-Ventoux, par MM. Bouvier et Pamard. — *Avignon, Seguin frères*, 1883 in 8°, pièce (4 p.).
[8°, **27.718**.

— L'Observatoire du Mont-Ventoux. Conférence par MM. Bouvier et Pamard. Pose de la première pierre, par M. de Mahy, ministre de l'Agriculture. 16 mai 1882. — *Avignon, Seguin frères*, 1882, in-8°, pièce (47 p.).
(Concours régional agricole d'Avignon.)
[8°, **3.265**.

BOUVIER (Marius) et SURELL (Alexandre). — Mémoire sur l'état actuel de la navigation du Rhône et sur les moyens de l'améliorer (à l'appui de l'avant-projet général des travaux à faire pour améliorer la navigation du Rhône entre Lyon et Arles) [par Marius Bouvier et Alexandre Surell]. — *Avignon, impr. Bonnet*, [1843], in-4°, xii-112 p.

2 ex. [4°, **1.435**. - **Ms. 2.978**. n° 6.

— Notice sur l'amélioration du Rhône. Extrait du mémoire présenté à l'appui de l'avant-projet général des travaux à faire pour améliorer la navigation du Rhône entre Lyon et Arles [par M. Bouvier et A. Surell]. — *Avignon, impr Bonnet fils* [1845], in-8°, pièce (45 p.).

[8°, **7.458**, n° 4.

BOUYAC (Abbé L.). — La révérende Mère de la Fare, supérieure du Saint-Sacrement de Bollène et fondatrice des maisons d'Avignon et de Carpentras (1750-1828), par l'abbé L. Bouyac... Troisième édition. — *Lille, Desclée, de Brouwer et Cie*, 1889, in-8°, xli-364 p.

Don de l'auteur.

[8°, **34.445**.

BOUYAC (Abbé L.) et REDON (Abbé). — Le vénérable Père Antoine Lequieu. Les religieuses du T. S. Sacrement et les Confréries qui leur sont affiliées. Rapports présentés au Congrès eucharistique d'Avignon [par l'abbé L. Bouyac et l'abbé Redon]. — *Avignon, Aubanel frères*, 1883, in-8°, pièce (32 p.).

[8°, **28.802**.

Autre ex. (Anc. archevêché d'Avignon).

[8°, **37.347**.

BOY (Charles). — Note sur le cinquième centenaire de Pétrarhue. [*Signé* : Charles Boy]. — [*Lyon, A. Vingtrinier*, 1874], in-8°, pièce (7 p.).

[8°, **34.603**.

BOYER, avocat. — Récit abrégé, mais exact, des troubles arrivés à Avignon [par Boyer, avocat, 30 juin 1790]. — *S. l. n. d.*, 1790, pièce (27 p.).

Fonds Chambaud et Requien.

2 ex. [**Ms. 2.537**, n° 6, et **2.987**, n° 35.

— Réponse sur la notice relative à Avignon et au Comtat [par Boyer]. — *S. l. n. d.* [1814], in-8°, pièce (4 p.).

[Factum ultramontain en réponse à la « Notice sur Avignon... » *S.l.n.d.* [1814], in-8°].

Fonds Chambaud et Requien.

3 ex. [8°, **27.230**, t. IV, n° 2. — Ms. **2.547**, n° 28, et **2.998**, n° 8.

BOYER, prêtre. — Opinion d'un Prêtre catholique, apostolique et romain, sur la Promesse de fidélité prescrite par les lois ; adressée à Messieurs les Vicaires généraux, les Curés et les Prêtres du Diocèse de Carpentras. [*Signé* : Boyer aîné, prêtre. Mourmoiron, 29 janvier 1801 de J. C.]. — [*Carpentras, impr. J.-A. Proyet*, an IX], in-8°, pièce (7 p.).

Fonds Chambaud et Requien.

3 ex. [8°, **24.396**. — Ms. **2.546**, n° 23, et **3.015**, n° 2.

BOYER (Louis). — Galerie française. Vaucluse par Louis Boyer, inspecteur primaire. — *Paris,*

Curel, Gougis et Cie, s. d., in-18, 90 p., fig.
[8°, **29.392**.

Autre ex (Anc. archevêché d'Avignon).
[8°, **37.425**.

BOYER (Le P. Louis-Anselme).
— *Voir :* Boyer de Sainte-Marthe (Louis-Anselme).

BOYER D'AGEN (Auguste-Jean-Boyé, *dit*). — Les fresques du palais des papes d'Avignon [par Boyer d'Agen]. — *L'Illustration*, n° du 19 janvier 1907, p. 42-43.
[Fol. **5.215**.

— Paul Vayson. Reproduction des principales toiles du maître, portrait d'après Aimé Morot [par Boyer d'Agen]. — *Revue Illustrée*, n° du 1er août 1900, pièce (12 p.), grav.
[Fol. **4.998**.

— Les restaurations du Palais des Papes [par Boyer d'Agen]. — *L'Illustration*, 21 août 1909, p. 128-129, grav.
[Fol. **5.244**.

— Stabat Mater, poésie [à propos des peintures du Palais des Papes] (croquis de Ch. Vionnet).
— Une découverte de peintures primitives au Palais des Papes à Avignon [par Boyer d'Agen].
— *Revue illustrée*, n° du 20 novembre 1908, p. 328-338, grav.
Don de M. Frédéric Mistral.
[Fol. **5.233**.

— Villeneuve-lez-Avignon et son trésor. [*Signé :* Boyer d'Agen].
— *Le Tour de France*, octobre 1904, p. 166-169 (22 illustrations).
[Fol. **4.539**.

BOYER DE SAINTE-MARTHE (Louis-Anselme). — A Monsieur, Monsieur Jean-François de Suarez, chevalier, marquis d'Aulan, du Poüet, de la Rochete. [*Signé :* F.-Louis-Anselme Boyer, prieur du couvent des FF. Prêcheurs du Thor]. — S. l. n. d. [1729], in-4°, pièce (12 p.).
(Eloge de la famille Suarez d'Aulan.)
[**Ms. 2.942**, n° 81.

— Histoire de l'église cathédrale de Saint-Paul-Trois-Châteaux avec une chronologie de tous les évêques qui l'ont gouvernée... recueillie par les soins du R. P. Louis-Anselme Boyer de Sainte-Marthe... — *Avignon, F.-S Offray*, 1710, in-4°, pièces liminaires - 412 p., blas.
2 ex. [8°, **25.775** et **31.800**.

— Additions à l'histoire de l'église cathédrale de Saint-Paul-Trois-Châteaux, avec une chronologie réformée de tous les évêques qui l'ont gouvernée, par le R. P. Louis-Anselme Boyer... — *Avignon, Marc Chave*, 1731, in-4°, pièces liminaires - 40 p.
[8°, **25.776**.

— Histoire de l'église cathédrale de Vaison avec une chronologie de tous les évêques qui l'ont gouvernée et une chorographie ou description en vers latin et françois des villes, bourgs, villages, parroisses et chapelles qui composent ce diocèse, par le R. P. Louis-Anselme Boyer... — *Avignon, M. Chave*, 1731, 2 tomes en 1 vol. in-4°, xx-260-109 p. et viii ff. n. ch.
Ex. des Collèges pontificaux d'Avignon.
[4°, **3.665**.
Ex. de Pluvinal-Bouvier.
[4°, **2.130**.
Ex. jadis à Henri-Joseph Favier, puis coll. Moutte.
[4°, **4.768**.

BOZE (Abbé JEAN-JACQUES). — Histoire d'Apt par Mr l'abbé Boze. — *Apt, J. Trémollière*, 1813, in-8°, VIII-384 p.

(Reproduction d'une gravure d'Apt, par Sarret.)

[8°, **26.546**.

— Histoire de l'église d'Apt, par Mr l'abbé Boze... — *Apt, J. Trémollière*, 1820, in-8°, VIII-440 p.

3 ex. [8°, **12.570, 25.796** et **28.406**.

— Histoire de Saint Elzéar et de Sainte Delphine, suivie de leur éloge, par M. l'abbé Boze... — *Avignon, Seguin aîné*, 1821, in-12, XVIII-262 p.

[8°, **25.921**.

BRACHET (JOSEPH-FRANÇOIS). — Mon dernier voyage à Vaucluse, mêlé de prose et de vers, suivi d'une notice historique sur Pétrarque et la belle Laure. Par M. B***. — *Avignon, Seguin aîné*, 1823, in-24, 85 p.

(Portraits gravés de Pétrarque et de Laure.)

2 ex. [8°, **15.397**, n° 1, et **17.162**.

— Opinion de Mr Bonafise sur le bouclier de Scipion et l'itinéraire que suivit Annibal, depuis son passage du Rhône jusqu'aux Alpes et aux remparts de Turin, etc., pour faire suite au Voyage d'un Anglais dans le département de Vaucluse ; publié par Jʰ-Fˢ Brachet... — *Avignon, Offray fils aîné*, 1828, in-12, 72 p.

[8°, **26.744**.

— Tableau historique de la Provence, poème descriptif en quatre chants, par Jᵇ.-F. Brachet... Seconde édition... — *Avignon, Laurent Aubanel*, 1817, in-12, IV-71 p., pl.

[8°, **26.598**.

— Voyage d'un Anglais dans le département de Vaucluse, contenant la description des monuments construits par les Romains... et une petite dissertation sur la marche et le passage du Rhône par Annibal. Publié par Jʰ.-F. Brachet... — *Avignon, Bonnet fils*, 1821, in-12, 100 p.

2 ex. [8°, **15.107**, n° 2, et **17.161**.

— Voyage d'un Hollandais dans le département de Vaucluse... publié par J.-F. Brachet.— *Avignon, H. Offray*, 1820, in-12, pièce (24 p.).

(Ne possède que la première feuille.)

[8°, **15.107**, n° 1.

BRACK. — Lettre à M. Millin, membre de l'Institut national, et conservateur du cabinet des médailles de la Bibliothèque impériale, sur un ouvrage relatif à la fontaine de Vaucluse [rédigé par J. Guérin,... en 1804]. [*Signé* : Brack]. — Pages 15 à 19 d'un ouvrage in-8°.

Avec une planche : « Vue de la fontaine de Vaucluse. — Storelli del ».

[8°, **34.714**.

BRAINNE (CHARLES). — Les Illustrations de Vaucluse. Discours prononcé par M. Charles Brainne,... à la distribution des prix du lycée d'Avignon, le 12 août 1851. — *Avignon, Bonnet fils*, s. d., in-8°, pièce (15 p.).

[8°, **33.793**.

BRANCOUR (RENÉ). — Félicien David, par René Brancour... Biographie critique... — *Paris, H. Laurens*, s. d., in-4°, 128 p., pl.

(Les musiciens célèbres.)

[8°, **36.327**.

BRÉARD (Jean-Jacques). — Rapport fait à l'Assemblée nationale, par M. Bréard, au nom du Comité des Pétitions, le vendredi 4 novembre 1791... — [Paris, impr. Nationale, 1791], in-8°, pièce (19 p.).

[Sur les plaintes portées par l'Assemblée électorale des États d'Avignon et du Comtat contre l'abbé Mulot.]
Fonds Chambaud et Requien.

2 ex. [Ms. **2.540**, n° 15, et **3.016**, n° 21.

— Rapport sur les troubles d'Avignon, fait à l'Assemblée Nationale, les 9 et 11 février 1792, au nom des Comités des Pétitions et de Surveillance, par Jean-Jacques Bréard, député du département de la Charente-Inférieure... — [Paris, impr. Nationale, 1792], in-8°, 86 p.

Fonds Chambaud et Requien.

2 ex. [Ms. **2.541**, n° 8, et **2.992**, n° 10.

BREITTMAYER (Albert). — Le Rhône. Sa navigation depuis les temps anciens jusqu'à nos jours, par Albert Breittmayer. — *Lyon, Bâle, Genève, H. Georg*, 1904, in-8°, 105 p.

Don de l'auteur.
[4°, **6.624**.

BRÉMOND (Henri). — Henri Brémond. La Provence mystique au XVII° siècle : Antoine Yvan et Madeleine Martin. — *Paris, Plon, Nourrit et Cie*, 1908, in-8°, xvi-394 p., pl. et cart.
[8°, **35.491**.

BRÉMOND DE SAINT-CHRISTOL (Jacques-François de). — Voir : Saint-Christol (Jacques-François de Brémond, baron de).

BRESC (Louis de). — Armorial des communes de Provence ou dictionnaire géographique et héraldique des villes et villages des Bouches-du-Rhône, du Var, des Basses-Alpes, de Vaucluse et des Alpes-Maritimes, par Louis de Bresc... — *Paris, Bachelin-Deflorenne ; Marseille, A. Gueidon ; Draguignan, Fr. Luo*, 1866, in-8°, LVI-370 p., pl.
[8°, **26.723**, n° 1.

BRESSET (Bernard). — Chanson nouvelle sur la prise du fort Saint-Philippe [par le duc de Crillon-Mahon]. — *S. l. n. d.*, in-4°, placard.

[Par « Bernard Bresset, banastier », d'après une note manuscrite.]
[Ms. **2.956**, n° 6.

BRETON (Ernest). — Mémoire sur les antiquités de la ville de Vaison (Vaucluse), par Ernest Breton... — *Paris, E. Duverger*, 1842, in-8°.

(Extrait du XV° vol. des Mémoires de la Société des antiquaires de France. — Exempl. interfolié avec addition de notes manuscrites.)
Académie de Vaucluse.
[8°, **29.532**.

BREVE Auraicense juxta ritum ecclesie Parisiensis pro anno Domini M.DCC.LXXXIX... — *Carpentras, D.-G. Quenin*, s. d., in-12, pièce (36 p.).
[8°, **24.362**.

BRÉVIAIRE royal de Villeneuve-lez-Avignon. — *S. l. n. d.* [1815], in-16, pièce (8 p.).

[Recueil de chansons royalistes.]

2 ex. [8°, **26.356**, n° 11. — Ms. **3.018**, n° 28.

BREVIARIUM Aptense, illustrissimi et reverendissimi in Christo Patris DD. Laurentii-Michaelis Eon de Cely, episcopi Aptensis et Principis, auctoritate... editum. — *Parisiis, Bibliopolæ usuum Parisiensium et Aptensium [impr. J.-Ch. Desaint]*, 1785, 4 vol. in-12.

Pars hyemalis : vii p. - x ff. n. ch. - 484 p. - cciii p. - ii ff. n. ch. - xvi p. - 5 p. - 1 ff. n. ch. - 12 p., pl., grav. et musique.
Pars verna : vii p. - xi ff. n. ch. - xlviii p. - 492 p. (manquent les p. 3-22), - clxi p. - ii ff. n. ch. - xvi p. - 11 p. - 12 p., pl., grav., musique.
Pars aestiva : vii p. - xi ff. n. ch. - 538 p. - ccv p. - ii ff. n. ch. - xvi p. - 52 p. - 12 p., pl., grav., musique.
Pars autumnalis : vii p. - xi ff. n. ch. - 518 p. - ccxiii p. - ii ff. n. ch. - xvi p. - 23 p. - 12 p., pl. grav., musique.

[8°, **24.459**].

— Autre édition. — *Ibid.*, 1785, 4 vol. in-8°.

Pars hyemalis : xiv ff. n. ch. - 572 p. - cclii p. - 8 p. - 4 p., musique.
Pars verna : xiv ff. n. ch. - 596 p. - cc p. - 8 p. - 11 p., musique.
Pars aestiva : xiv ff. n. ch. - 606 p. - cclii p. - 8 p. - 52 p.
Pars autumnalis : xiv ff. n. ch. - 584 p. - cclxii p. - 8 p. - 23 p.

[8°, **24.458**].

BREVIARIUM Cavallicense. — *Fol. CCCCXXV v°* : Explicit Breviarium secundum usum sacratissime Cavallicensis ecclesie accuratissime correctum et emendatum in eadem urbe impensis Capituli : Impressum Avinione, in domo duorum Falconum per Johannem de Channey Impressorem. hoc anno domini M.ccccxiij. et die. xxv. mensis augusti. — *Avignon, Jean de Channey*, 1513, in-8°, xii ff. n. ch. - 525 ff. ch.

Cahiers A (8 ff.) et B (3 ff.) non foliotés; les autres cahiers sont foliotés de 1 à ccccxxv. — A cet exemplaire, il manque le fol. A dont le recto est orné d'une gravure sur bois représentant l'Annonciation. (Pellechet. *Notes sur des imprimeurs du Comtat-Venaissin*, p. 25). — Au fol. [B(iiii)] v°, gravure sur bois représentant David et Bethsabée. — Sous le colophon, deux vignettes sur bois, les armes d'Avignon et la marque de J. de Channey.
Caractères gothiques. Imprimé sur 2 col. de 26 lignes. Titres courants en rouge.

[8°, **24.494**].

BRIANÇON (Abbé Robert de). — L'Etat de la Provence, contenant ce qu'il y a de plus remarquable, dans la police, dans la justice, dans l'église et dans la noblesse de cette province, avec les armes de chaque famille. Par M. l'abbé R. D. B. [Robert de Briançon]. — *Paris, P. Aubouin, P. Emery et Ch. Clousier*, 1693, 3 vol.in-12, t. I : viii ff. n. ch.-598 p.- vi ff. n.ch.; t. II : 647 p.; t. III : 322-82 p.- vi ff. n. ch., pl.

[8°, **26.721**].

— L'Etat et le Nobiliaire de la Provence, où l'on voit ce qu'il y a de plus remarquable dans la police, dans la justice, dans l'église et dans la noblesse de cette province, avec les armes de chaque famille. Par M. l'abbé R. D. B. Seconde édition. — *Paris, P. Aubouin, P. Emeri et Ch. Clousier*, 1693, 3 vol. in-12, t. I : viii ff. n. ch. - 598 p. - vi ff. n. ch. ; t. II : 647 p. ; t. III : 322-78 p. - v ff. n. ch., pl.

[8°, **30.714**].

BRIANES (D^r). — *Voir* : Laffont (D^r) et Brianes (D^r). A Messieurs les Médecins de Vaucluse... *S. l. n. d.*, in-4°.

2 ex. [4°, **6.219**. — 8°, **37.037**].

BRICQUEVILLE (Eugène de). — L'abbé Arnaud et la réforme de l'opéra au XVIIIe siècle, par Eugène de Bricqueville. — *Avi-*

gnon, *Seguin frères*, 1881, in-8°, pièce (29 p.).

(Extrait du *Bulletin historique et archéologique de Vaucluse*.)

[8°, **16.836**.

— Catalogue des instruments de musique anciens qui composent la collection formée par M. Eugène de Bricqueville... — *Avignon, impr. Seguin*, [1889], in-8°, pièce (22 p.).

[8°, **4.586**.

— Eugène de Bricqueville. Deux abbés d'opéra au siècle dernier. Joseph Pellegrin (1663-1745). François Arnaud (1721-1787). — *Amiens, Delattre-Lenoël*, 1889, in-8°, pièce (41 p.).

(Extrait de la *Revue de la Société des Etudes historiques*.)

[8°, **16.840**.

— Un critique musical au siècle dernier [l'abbé Arnaud], par Eugène de Bricqueville. — *Paris, Heugel et fils*, 1883, in-8°, pièce (24 p.).

[8°, **16.839**.

BRIDIER (Abbé). — *Edit.* SALAMON (Mgr Louis de). Mémoires inédits de l'internonce à Paris... 2° édit. *Paris*, 1892, in-8°.

[8°, **31.116**.

BRISSON (Henri) et JOLY (Albert). — Rapport fait au nom de la Commission chargée de faire une enquête sur l'élection de M. le comte du Demaine, dans l'arrondissement d'Avignon (Vaucluse), par MM. Henri Brisson et Albert Joly, députés. — *Versailles, Cerf et fils*, 1876, in-4° cxxvii-480 p.

Chambre des Députés, session 1876. Annexe au procès-verbal de la séance du 12 août 1876, n° 510.

[4°, **1.106**.

BRIVAL (Jacques). — Discours sur l'affaire d'Avignon, qui devoit être prononcé à l'Assemblée nationale, le premiers mars dernier [1792]. Par M. Brival, député... — *S. l. n. d.*, in-8°, pièce (31 p.).

Fonds Chambaud et Requien.

2 ex. [**Ms. 2.541**, n° 14, et **3.016**, n° 32.

BROCHE (Gaston-E.). — Gaston E. Broche. Du Rocher d'Avignon aux rives du Rhin et aux côtes du Devonshire (août-septembre 1909). — *Avignon, imp. J. Roche et Rullière frères*, [1910], in-8°, pièce (35 p.).

Don de M. J. Girard.

[8°, **36.876**.

[BROCHURE factice sur le brave Crillon, à l'occasion de l'inauguration de son monument à Avignon]. — [*Avignon, s. n.*, 1858], in-4°, 14 p., grav.

[8°, **29.430**, n° 1.

BRODUNO (Le P. Marc de). — Cérémonial ecclésiastique à l'usage des Religieuses de Saincte Claire. — *Avignon, impr. Jacques Bramereau*, 1645, in-12, iv ff. n. ch. - 360 p. - iii ff. n. ch.

[*Préface signée* : Fr. Marc de Broduno, provincial. De nostre Couuent des PP. Recolez d'Avignon le 17 septembre 1645.]

[8°, **17.596**.

BROSSES (Charles de). — Lettres historiques et critiques sur l'Italie de Charles de Brosses... — *Paris, Ponthieu*, an VII, 3 vol. in-8°.

[Tome 1er, p. 13 : Mémoire sur Avignon].

[8°, **12.020**.

BROUTET (Guillaume). — Lettre curieuse écrite par Guillaume Broutet aîné, à M. Martin, ingénieur de la ville d'Avignon [chargé des affaires du canal Puy]; accompagnée d'une paraphrase, et suivie de la Réponse de M. Martin. — *S. l. n. d.* [1808], in-4°, pièce (5 p.).

2 ex. [4°, **3.878**, t. II, n° 41, et **6.783**.

— Notice rapide d'un vieillard catholique au sujet des enterremens dans Avignon. [*Signé* : B***]. — [*Tarascon, impr. Aubanel*, 1817], in-4°, pièce (4 p.).

Fonds Chambaud et Requien.

2 ex. |Ms. **2.535**, n° 19, et **2.970**, n° 22.

BRUGIDOU (A.). — Congrès des œuvres eucharistiques tenu dans la ville d'Avignon du 13 au 17 septembre 1882. Œuvre de l'adoration réparatrice des nations catholiques représentées à Rome. Rapport lu dans l'Assemblée générale du 15 septembre [par A. Brugidou]. — *Lyon, Vitte et Perrussel*, s. d., in-12, pièce (31 p.).

Anc. archevêché d'Avignon.

[8°, **37.247**.

BRUGUIER-ROURE (Louis). — Les constructeurs de ponts au moyen-âge ; récits légendaires ou historiques suivis de la description des ponts remarquables bâtis aux XII° et XIII° siècles, par M. Bruguier-Roure... — *Paris, Dumoulin*, [1875], in-8°, 65 p., fig. et pl.

[Ponts de Bonpas, d'Avignon, Pont-Saint-Esprit.]

[8°, **12.678**.

— Rapport sur le concours pour le prix des anciens élèves du Collège Saint-Joseph d'Avignon, lu à la distribution solennelle des prix le 7 juillet 1901 par M. L. Bruguier-Roure. — *Avignon, F. Seguin*, 1901, in-8°, pièce (10 p.).

Don de M. F. Seguin.

[8°, **32.941**.

— Saint Bénézet, patron des ingénieurs, et les frères du pont. [*Signé* : L. B. R. (Bruguier-Roure)]. — *S. l. n. d.* [1889], in-8°, pièce (19 p.).

Don de l'auteur.

[8°, **16.419**.

BRUN (Esprit-Joseph). — Mémoire sur le projet d'un canal de dérivation des eaux de la Durance, et délibérations de l'assemblée des Etats du Comté-Venaissin, à ce sujet. — *Carpentras, D.-G. Quenin*, 1772, in-4°, pièce (1 carte du cours du canal projeté, 18 p., 9 p. chiffrées 3-11).

3 ex. [4°, **4 913**. — Ms. **2.459**, n° 25, et **2.932**, n° 41.

— Autre édition. — [*Ibid.*], s. d., in-4°, pièce (16 p.), cart.

2 ex. [4°, **1.451**. — Ms. **2.955**, n° 45.

BRUN (Jacques). — Ma fruche pouétique, pouème én vers patois carpéntrassiein, par Jacques Brun. Cant premier. — *Carpentras, impr. L. Devillario*, 1845, in-8°, pièce (44 p.).

[8°, **25.236**.

BRUNEAU (Bénézet). — Lou Cercle dóu Ventour, paroles de Bruneau, air de Santa Lucia, arrangé par Aug. Alary. — *S. l. n. d.*, in-4°, pièce (11 ff. n. ch.)

[8°, **29.351**.

BRUNET (Jean). — J. Brunet. Bachiquello e prouvèrbi sus la luno. — *Avignon, Aubanel*

frères, [1875], in-8°, pièce (14 p.).
Don de l'auteur.
[8°, **8.735**.

— Etude de mœurs provençales par les proverbes et les dictons, par Jean Brunet. — *Montpellier, impr. centrale du Midi*, 1882, in-8°, pièce (15 p.).
(Extrait de la *Revue des langues romanes*, 1882.)
Don de l'auteur.
[8°, **8.739**.

—Etude de mœurs provençales par les proverbes et les dictons : L'Average. Lis Avé en viage. Lou Bestiàri menu. Li Chin de Pargue. Lou Pèd-descaus. La Póutraio. Par Jean Brunet... — *Montpellier, impr. centrale du Midi*, 1884, in-8° 48 p.
(Extrait de la *Revue des langues romanes*, 1884.)
Don de l'auteur.
[8°, **8.740**.

BRUNETIÈRE (Ferdinand). — Ferdinand Brunetière, de l'Académie Française. Le génie latin; conférence faite à Avignon le 3 août 1899 à l'occasion des Fêtes musicales et religieuses de la Schola Cantorum. — *Avignon, François Seguin*, 1899, in-8°, pièce (27 p.).
[8°, **31.568**.

BRUNY (Pierre-Joseph-Alexis). — Mémoire justificatif de Bruny, agent national du District d'Avignon, Département de Vaucluse, à ses Concitoyens. [30 germinal an II]. — *S. l. n. d.*, in-8°, pièce (16 p.).
Fonds Chambaud et Requien.
2 ex. [Ms. **2.544**, n° 19, et **2.994**, n° 27.

— Mémoire pour Pierre-Joseph-Alexis Bruny, Ex-Administrateur du District d'Avignon, accompagné de pièces justificatives. — *S. l. n. d.*, in-8°, pièce (32 p.).
Fonds Chambaud et Requien.
2 ex. [Ms. **2.544**, n° 37, et **2.994**, n° 33.

BRUTINEL (Dominique-Xavier). — La Pate enlevade, pouëme coumique, coumpousa per un troubadou qu'ei revengu exprè de l'autre mounde, per celebra l'histoire que fai lou sujé d'aques Poüme [par Brutinel]. — *Carpentras, à l'enseigne de la Fon de la Pate, l'an climatérique* 1740, in-12, IV ff. n. ch. - 39 p.
[Sur les fontaines de Carpentras].
3 ex. [8°, **17.120**, n° 2, **17.154** et **25.235**, n° 1.

BRUYÈRE (Abbé François-Marc). — Congrégation des pauvres femmes à Avignon, par l'abbé F. Bruyère...— *Avignon, typ. Aubanel frères*, 1875, in-8°, pièce (14 p.).
[8°, **12.945**.
Autre ex. (Anc. archevêché d'Avignon).
[8°, **37.368**.

— Le culte de Sainte Anne à Vedènes (Vaucluse), par M. l'abbé Bruyère...— *Avignon, Aubanel*, 1885, in-12, pièce (14 p.).
Anc. archevêché d'Avignon.
[8°, **37.453**.

— Notes sur le vénérable Chapitre de Saint-Agricol [d'Avignon] par M. l'abbé F. Bruyère... — *Avignon, typ. Aubanel frères*, 1874, in-8°, pièce (14 p.).
2 ex. [8°, **12.562** et **25.795**.
Autre ex. (Anc. archevêché d'Avignon).
[8°, **37.342**.

— Notice historique sur Prébayon,

BRUYÈRE (Abbé F.-M.). — BULLARIUM...

dans le territoire de Séguret, et St-André-des-Ramières près de Sablet (Vaucluse), par l'abbé F. Bruyère. — *Avignon, typ. Fr. Seguin aîné*, 1869, in-8°, pièce (14 p.).

[8°, **12.674**.

Autre ex. (Anc. archevêché d'Avignon).

[8°, **37.343**.

— Notre-Dame-des-Plans près de Montdragon (Vaucluse) par M. l'abbé Bruyère. — *Avignon, Aubanel frères*, 1882, in-18, pièce (31 p.).

[8°, **12.583**.

Autre ex. (Anc. archevêché d'Avignon).

[8°, **37.453**.

— Recherches historiques sur Sarrians par l'abbé F. Bruyère, ... — *Avignon, Fr. Seguin aîné*, 1869, in-8°, 148 p.

Don de l'auteur.

[8°, **15.061**.

Autre ex. (Anc. archevêché d'Avignon).

[8°, **37.376**.

— Autre ex. auquel on a joint une lettre de M. Paul Achard à l'auteur, du 21 janvier 1869.

Don de l'auteur.

[8°, **28.815**.

BRY (M.-J.). — Les vigueries de Provence ; aperçu de leur histoire jusqu'à la fin du XVI° siècle ; leur organisation et leur rôle aux XVII° et XVIII° siècles... par M.-J. Bry... — *Paris, Picard*, 1910, in-8°, xiii-464 p., cart. et pl.

[4°, **8.040**.

BUGADO (la) prouençalo vontè cadun l'y a panouchon enliassado de prouerbis, sentencis, similitudos et mouts per riré en prouençau enfumado é coulado en un tineou de dès soüs per la lauar, sabounar é eyssugar coumo sé deou. — *Aix, Makaire*, 1859, in-12, 101 p.

[8°, **8.738**.

BULLARIUM civitatis Avenionensis, seu bullæ ac constitutiones apostolicæ summorum pontificum, et diplomata regum, continentia libertates, immunitates, privilegia et jura inclytæ civitatis, ac civium Avenionensium... — *Lugduni, J.-A. Candy*, 1657, in-fol., 11 ff. n. ch. - 178 p. - xi ff. n. ch., front. grav.

« Ex libris Favier. 1729. — Le marquis de Favier. 1788. — Henricus Josephus Favier, J. U. D. ... » — Coll. Moutte.

[Fol. **598**.

2° ex. provenant de « Pertuys ».

[Fol. **1.130**.

3° ex. (Bibl. Requien).

Fol. **4.312**.

BULLARIUM privilegiorum Civitatis Carpentoractensis, totius Comitatus Venaissini Primariæ et Capitis Editum. — *Carpentras, Claude Touzet*, 1698, in-4°, pièce (45 p.).

5 ex. [8°, **110**, n° 3, **155**, n° 2, et **27.200**, n° 3. — Ms. **2.423**, n° 11, et **2.926**, n° 40.

— Autre édition. — *Carpentras, D.-G. Quenin* 1780, in-4°, pièce (48 p.).

[4°, **3.913**, n° 2.

BULLARIUM privilegiorum Comitatus Venaissini. — *Carpentras, Claude Touzet*, 1703, in-4°, 8-6-10-51-8-22-21-21 p.

[8°, **155**, n° 1.

— Autre ex. avec pagination différente (8-6-10-51-19 p. - 111 ff. paginés 17 à 22-21-21-8 p.)

Ex. de *Henricus Josephus de Favier*, au-

ditor et locumtenens generalis Legationis, ac Rotæ Sacri Palatii Avenionensis præses, 1751.)
[8°, **27.200**, n° 1.

— Autre édition. — *Carpentras, D.-G. Quenin*, 1780, in-4°, 160 p.
2 ex. [4°, **3.719**, n° 3, et **3.913**, n° 1.

BUSQUET (Ad.). — Notice historique du corps de Sapeurs-Pompiers de la Ville d'Avignon, par le Capitaine Ad. Busquet. — *Avignon, impr. Paul Bernaud et Cie*, 1899, in-8°, pièce (48 p.).
Don de l'auteur.
2 ex. [8°, **28.897** et **35.484**.

— Ville d'Avignon. Compagnie des sapeurs-pompiers. Défense contre l'incendie du théâtre municipal, du casino et de l'hôtel-de-ville. Conférence accompagnée de démonstrations et de manœuvres, faite le 3 septembre 1899..., par le capitaine Ad. Busquet. — *Avignon, impr. Bernaud*, 1900, in-8°, pièce (32 p.).
Don de l'auteur.
[8°, **35.485**.

C

CADE (Dr André). — Titres et travaux scientifiques du Dr A. Cade, médecin des hôpitaux de Lyon. — *Paris, librairies-imprimeries réunies*, 1910, in-8°, 91 p., fig.
(Concours d'agrégation, section de médecine générale, 1910.)
Don de M. le Dr Pamard.
[4°, **7.950**.

CADE (Dr E.). — Le R. P. Paul Besson, de la Compagnie de Jésus. Esquisse biographique. [Signé : E. Cade]. — *Avignon, F. Seguin*, 1894, in-8°, pièce (41 p.), port.
(Extrait du *Bulletin de l'Association amicale des anciens élèves de l'Ecole libre de St-Joseph d'Avignon.)*
Anc. archevêché d'Avignon.
[8°, **37.341**.

CADE (Dr Jean-Antoine-Augustin). — Eaux minérales de Velleron dites de Notre-Dame de Santé [par le Dr J.-A.-A. Cade]. — *Avignon, impr. Jacquet*, 1856, in-8°, pièce (7 p.).
(Extrait du *Bulletin d'Agriculture de Vaucluse*.)
[8°, **31.605**.

— Eloge du docteur Roche prononcé au Conseil d'hygiène et de salubrité publique du département de Vaucluse,... par le Docteur Cade... — *Avignon, typ. Bonnet fils*, 1859, in-8°, pièce (15 p.).
[8°, **26.964**.

CADECOMBE (Paul de), juge et commissaire général des gabelles d'Avignon. — Nova Disquisitio legalis de fructibus in hypothecaria aut Salviano restituendis... Adjectis quæstionibus de statu ecclesiastico extra partes Italiæ, de tribunalibus Excellentissimi D. vicelegati Avenionen., Illustrissimi D. primicerij, Reverendi D. vicegerentis, cum speculo illustriorum juris interpretum, qui per quatuor sæcula professi, vel interpretati sunt in celebri ac famosâ Universitate Avenionensi. Et denique cum tractatu de jure publico ... in libros Justinianei Codicis IX. X. XI. XII, authore... Paulo de Cadecombe,... — *Avenione, P. Offray*, 1702, in-fol. (Portrait de l'auteur gravé par Jean Eymenier, vi ff. n. ch., 172 et 171 p.).

(Le *Tractatus de jure publico* qui forme comme la seconde partie, avec titre spécial et pagination distincte, a comme date d'impression : 1701.)

[**Fol. 779**, n° 1.

— Autre ex. auquel on a ajouté le prospectus, dont voici le titre : *Le livre de Monsieur Paul de Cadecombe imprimé à Avignon, chez Philippe Offray cette année 1702 renferme, entre autres, les matières suivantes.* — La feuille O de la 1ʳᵉ partie (p. 105-112) a été modifiée dans cet exemplaire où les pages 109 et 110 manquent.

[**Fol. 4.309**.

— [Découpures des chap. XIV et XXIII prises dans un ex. semblable à l'in-fol. 779].

[**Ms. 2.451**, nᵒˢ 6 et 12.

— [Découpure du chap. XV].

[**Ms. 2.457**, n° 27.

— Speculum illustriorum juris interpretum qui publicè per quatuor sæcula professi, vel interpretati sunt in celebri, ac famosa Universitate Avenionensi. — [*Avenione, J.-C. Chastanier*], 1712, in-4°, pièce (20 p.).

[C'est une réimpression du ch. XXIII de la *Nova Disquisitio legalis...* de Paul de Cadecombe].

Fonds Massilian-Moutte et Requien.

4 ex. [4°, **4.175**, n° 2. — **Ms. 2.451**, n° 46, **2.927**, n° 28, et **2.941**, n° 60.

— De Tribunali Ill. domini vice-legati Avenionen.—Pages 55-58 de la *Nova disquisitio legalis* de Paul de Cadecombe.

Fonds Massilian-Moutte.

[**Ms. 2.431**, n° 37.

CADROY. — *Voir :* Fréron (L.-M.-St.). Mémoire historique sur la réaction royale et sur les massacres du Midi... *Paris*, an IV, in-12.

[8°, **26.030**.

CAILET (J.-François). — Oraison funèbre pour les Volontaires Nationaux, qui ont malheureusement péri en volant à la défense de la Constitution, dans le Comtat Venaissin. Prononcée devant la Société des Amis de la Constitution de Montagnac, le 19 avril 1792... Par J.-François Cailet fils... — *S. l. n. d.*, in-8°, pièce (8 p.).

[**Ms. 2.992**, n° 24.

CAILLET, conseiller municipal d'Avignon. — *Voir :* Mémoire pour les religieuses hospitalières de St-Joseph d'Avignon. *Avignon*, 1844, in-4°.

[4°, **4.436**.

CAILLET (Louis). — Documents d'histoire avignonaise conservés aux archives municipales de de Lyon et à la bibliothèque municipale de Lyon (coll. Morin-Pons). [*Signé :* Louis Caillet].

— Extrait des *Mémoires de l'Académie de Vaucluse*, 1911, p. 405-415.

[Contient : I. Une lettre de la commune d'Avignon aux Lyonnais, au début du XVᵐᵉ siècle. — II. La traite des blés sur la Saône et sur le Rhône en 1436. Lyon, Théode de Valpergue et le cardinal de Foix, légat du pape, à Avignon. — III. Lettre des consuls d'Avignon aux conseillers de la ville de

Lyon (5 juin 1501), relative à l'approvisionnement en blé de cette cité, par le Comtat Venaissin. — IV. Acte délivré par le chancelier d'Avignon, le 8 mars 1566, à la prière de Charles de Patris, de Carpentras (au sujet d'une cause portée devant le juge de l'Isle)].

Don de M. F. Seguin.

[4°, **8.410**.

— Note sur la réconciliation de Charles VII avec Louis de Chalon, prince d'Orange (1435-1437), par Louis Caillet... — *Paris, H. Champion*, s. d., in-8°, pièce (7 p.).

(Extrait du *Moyen-Age*, 1910.)
Don de l'auteur.

[4°, **7.930**.

CAILLET (Robert). — L'Université d'Avignon et sa Faculté des droits au Moyen-Age (1303-1503), par Robert Caillet... — *Paris, Bonvalot-Jouve*, 1907, in-8°, 210 p.

Don de l'auteur.

[4°, **7.492**.

CAIRANNE. — Dissensiones quibus premuntur Galli, etiam apud Avenionem, Comitatumque pervenerunt... [*Suivi d'un* Supplementum]. — S. l. n. d., in-8°, pièce (11-2 p.).

[Factum contre-révolutionnaire attribué à Cairanne, 1790].
Fonds Chambaud et Requien.

2 ex. [**Ms. 2.536**, n° 38, et **2.987**, n° 20.

— Le Doigt de Dieu, ou le retour des Bourbons. Par M. Cairanne. — *Avignon, Bonnet fils*, septembre 1814, in-8°, pièce (31 p.)

[8°, **25.068**, n° 21.

— Examen des erreurs contenues dans les considérans des Arrêtés du 19 septembre 1807, et du 20 mai 1808, sur la répartition de la cotisation relative aux travaux exécutés sur les bords de la Durance en l'an 12. [*Signé :* Cairanne.] — S. l. n. d. [1808], in-8°, pièce (40 p.).

Fonds Chambaud et Requien.

3 ex. [8°, **24.870**, n° 4, et **27.230**, t. III, n° 4. — **Ms. 3.018**, n° 16.

— Observations présentées à M. le préfet du département de Vaucluse, sur le mode à rétablir pour la contribution aux réparations à faire sur les bords de la Durance et sur ceux du Rhône [par Cairanne]. — S. l. n. d. [1806], in-8°, pièce (20 p.).

Fonds Chambaud et Requien.

4 ex. [8°, **24.870**, n° 1, **27.230**, t. III, n° 2, et **33.514**. — **Ms. 3.015**, n° 14.

— Réponse à l'auteur très-partial de l'Avis impartial sur le mode de payement des Réparations à faire sur les bords de la rivière de la Durance, prononcé au Conseil municipal de la ville d'Avignon, le 30 novembre 1807 [*Signé :* Cairanne].— S. l. n. d., in-8°, 91 p.

5 ex. [8°, **7.466**, **24.870**, n° 3, **27.230**, t. III, n° 5, et **28.881**. — **Ms. 3.018**, n° 18.

CALENDRIER catholique à l'usage des prêtres, des religieuses et des fidèles qui récitent l'office divin, du diocèse de Carpentras. L'on trouvera à la fin une Liste des Fêtes où il est permis de travailler dans ce même Diocèse ; avec les offices particuliers pour les Diocèses de Cavaillon, de Vaison et d'Orange. Pour l'année sainte et séculaire 1800... — S. l. n. d., in-8°, pièce (22 p.).

[8°, **24.423**, n° 2.

CALENDRIER (Le) de la Provence et du Comtat Venaissin, pour l'an de grâce 1733. — *Avignon, F. Girard*, s. d., in-24, XLIII ff. n. ch.

Fonds Massilian-Moutte.

[8°, **28.066**, n° 1.

CALENDRIER et notice de la ville d'Avignon et du Comtat Venaissin pour l'année 1761. — *Avignon, A. Giroud*, 1761, in-18, XLVII fl. n. ch., cart.

Contient la liste des légats et vice-légats d'Avignon, ainsi que le tableau de l'organisation ecclésiastique, judiciaire et administrative d'Avignon et du Comtat Venaissin.

3 ex. [8°, **28.505**, **28.963** et **31.388**.

CALLOT (J.). — Edit. CICÉRONE de la ville d'Avignon. Années 1904-1905-1906. — *Avignon*, s. d., in-8°.

[8°, **29.604**.

CALVET. — Avenionensis assessorum. [*Signé* : Calvet. Ad^{tus} Fiscal. Arch. Aven.]. — *S. l. n. d.*, in-4°, pièce (7 p.).

[Sur les assesseurs laïques dans les causes ecclésiastiques].

[**Ms. 2.941**, n° 9.

CALVET (ESPRIT-CLAUDE-FRANÇOIS). — [Circulaire par laquelle Calvet invite à assister à l'acte de son doctorat, le 28 juillet 1749]. — *S. l. n. d.*, in-12, placard.

[8°, **27.230**, t. V, n° 35.

— Dissertation sur un monument singulier des utriculaires de Cavaillon. Où l'on éclaircit un point intéressant de la navigation des Anciens. Par M. Calvet, premier professeur en médecine dans l'Université d'Avignon, correspondant de l'Académie royale des Inscriptions et Belles-Lettres. — *Avignon. J. Niel ; Paris, Desaint*, 1766, in-8°, 60 p,, pl.

2 ex. [8°, **16.488**, n° 4, **26.769** et **28.202**.

— Examen d'une agate antique grecque, considérée surtout du côté de la simplicité naïve de son inscription, par Esp.-Cl.-Fr. Calvet,... — P. 154 à 171 du tome Ier de *Mémoires*, sans titre, in-8°.

[8°, **13.957**, n° 5.

— Ode à Son Excellence Monseigneur Durini, archevêque d'Ancyre, président d'Avignon [par E.-C.-F. Calvet, suivie de la réponse de Durini]. — *S. l. n. d.*, in-4°, pièce (IV fl. n. ch.).

Fonds Massilian-Moutte et Requien.

2 ex. [**Ms. 2.345**, fol. 416, et **2.951**, n° 39.

— Dernier testament olographe de M. Esprit-Claude-François Calvet, d'Avignon, du 10 janvier 1810. — *Avignon, impr. Laurent Aubanel*, 1817, in-8°, pièce (33 p.).

5 ex. [8°, **25.578**, **28.271**, n° 1, et **28.791**. — Ms. **2.547**, n° 9, et **2.998**, n° 43.

— Testament de M. Esprit-Claude-François Calvet, d'Avignon, suivi de l'extrait du testament de M. Artaud, etc. — [*Avignon, F. Seguin*, 1846], in-8°, pièce (44 p.).

Contient en outre les listes des exécuteurs testamentaires de M. Calvet, des administrateurs du Musée Calvet nommés par le Conseil municipal, des conservateurs du Musée Calvet, des habitants d'Avignon qui ont obtenu la pension des plus âgés de la ville, des cultivateurs d'Avignon qui ont obtenu la pension Calvet, des lauréats du prix de dessin au Musée Calvet.

4 ex. [8°, **28.271**, n° 2, **34.475**, n° 1, **34.494** et **34.810**.

— *Voir* : Henri IV, roi de France. Lettres inédites... *Paris*, 1802, in-8°.

2 ex. [8°, **9.145** et **25.703**.

CALVET DE ROLLAND. — La prise du fort Saint-Philippe, ou le Triomphe de l'honneur et de la vertu, comédie héroïque en trois actes et en vers libres. Par Calvet de Rolland.. — *Avignon, impr. François Guibert et Antoine Dubié*, 1782, in-8°, pièce (36 p.).

3 ex. [8°, **25.539**, n° 1, **28 610** et **34.837**, n° 3.

CAMARET (R. P. Louis de). — Ptochotrophiorum in Avenionensi urbe totoque Venascino comitatu... D. Abbatis Niccolini Avenionensis prolegati curâ, et indefesso labore institutorum, brevis et accurata narratio. Authore P. L. D. C. [Louis de Camaret] S. J. — *Avignon, L. Lemolt*, 1684, in-4°, vi ff. n. ch.,-51 p.

Fonds Massilian-Moutte et Requien.

2 ex. [Ms. **2.452**, n° 22, et **2.939**, n° 29.

CAMAU (Emile). — Emile Camau. La Provence à travers les siècles : Géographie ancienne. Premiers peuples. Domination romaine. Civilisation chrétienne. — *Paris, Emile Lechevalier*, 1908, in-8°, xi-481 p.

[8°, **35.459**.

CAMBIS (Michel de). — Relation de la solennité faite dans Avignon, par les RR. PP. Prescheurs à l'occasion de huit Saints Canonisez, ou Beatifiez du mesme ordre. Avec le Panegirique prononcé le jour de l'octave par Monsieur Michel de Cambis, doyen du chapitre de Saint-Pierre dudit Avignon. — *Avignon, M. Mallard*, [1672], in-16, v ff. n. ch. - 107 p.

[8°, **25.858**.

CAMBIS (Richard-Joseph de). — La vie et les miracles de saint Benezet, fondateur du pont d'Avignon, et des Religieux du pont... par R.-J. Disambec. [Richard-Joseph de Cambis]. — *Avignon, Michel Mallard*, [1670] in-16, v ff. n. ch. - 104 p. - III ff. n. ch., grav. sur bois.

Ex. d'Augustin Canron.

[8°, **27.763**.

CAMBIS-LEZAN (Cte de). — Discours prononcé par M. le comte de Cambis-Lezan, président du collège électoral du département de Vaucluse, à l'ouverture dudit collège, le 24 avril 1820. — [*Avignon, impr. Bonnet*], s. d., in-4°, pièce (3 p.).

Fonds Chambaud et Requien.

2 ex. [Ms. **2.535**, n° 34, et **2.970**, n° 60.

— Discours prononcé par M. le comte de Cambis, président du collège départemental de Vaucluse, à l'ouverture de la session, le 13 novembre 1820. — [*Avignon, impr. Seguin*], s. d., in-4°, pièce (2 p.).

Fonds Chambaud et Requien.

2 ex. [Ms. **2.535**, n° 41, et **2.970**, n° 74.

CAMBIS D'ORSAN (Auguste Marie-Jacques-François-Luc, Marquis de). — Opinion de M. de Cambis, député de Vaucluse,

sur la proposition de M. de Bricqueville. — [*Paris, Renouard*, 1832], in-8°. pièce (4 p.)
Fonds Chambaud et Requien.

2 ex. [**Ms. 2.551**, n° 22, et **3.003**, n° 52.

— Chambre des Députés. Session de 1836. Discours prononcé par M. de Cambis... dans la discussion du 1" projet de loi sur les douanes. (Séance du 18 avril 1836). — [*Paris, impr. Vve Agasse*, 1836], in-8°, pièce (15 p.).

(Extrait du *Moniteur* du 19 avril 1836.)

[**Ms. 3.005**, n° 6.

— Chambre des Députés. Session de 1836. Discours prononcé par M. de Cambis... dans la discussion du projet de loi sur les douanes. (Séance du 27 avril 1836). — [*Paris, impr. Vve Agasse*, 1836], in-8°, pièce (14 p.).

(Extrait du *Moniteur* du 28 avril 1836.)

[**Ms. 3.005**, n° 9.

— Réplique prononcée par M. de Cambis..., à l'appui de son amendement sur le tarif des soies à la sortie, dans la discussion de la loi sur les douanes. (Séance du 28 avril 1836). — [*Paris, impr. Vve Agasse*, 1836], in-8°, pièce (4 p.).

(Extrait du *Moniteur* du 29 avril 1836.)

2 ex. |8°, **33.308**. — **Ms. 3.005**, n° 10.

— Chambre des Pairs. Session de 1841-1842. Discours de M. le marquis de Cambis..., dans la discussion du projet de loi relatif à l'établissement des grandes lignes de chemins de fer. Séance du 1" juin 1842 —[*Paris,*

impr. Panckoucke, 1842], in-8°, pièce (20 p.).

(Extrait du *Moniteur universel* du 2 juin 1842.)

[8°, **24.862**, n° 15.

CAMBIS - VELLERON (Joseph-Louis-Dominique, Marquis de). — Additions au mémoire historique et critique de la vie de Roger de St Lary de Bellegarde, maréchal de France, par M. le marquis de C*** [Cambis-Velleron]. — *Paris, s. n.*, 1767, in-12, vi-268 p.

[Sur la conjuration tendant à livrer Avignon au maréchal de Bellegarde, en 1578.]

[8°, **11.794**.

— Catalogue raisonné des principaux manuscrits du cabinet de M. Joseph-Louis-Dominique de Cambis, Marquis de Velleron, Seigneur de Cayrane et de Fargues,... et Colonel Général de l'Infanterie de la ville d'Avignon, et du Comté Venaissin. — *Avignon, Louis Chambeau*, 1770, in-4°, 11 ff. n. ch. - viii-766 p. - 11 ff. n. ch.

Ex. précédé d'une lettre de l'auteur à M. de Massilian, 4 novembre 1770.

|4°, **3.701**.

Ex. précédé de la liste des personnes auxquelles l'auteur a adressé son catalogue.

|4°, **4.619**.

— Réflexions critiques et historiques sur le Panégyrique de S. Agricol, évêque de la ville d'Avignon [par le M¹ˢ de Cambis-Velleron]. — *S. l. n. d.*, in-4°, pièce (16 p.).

[Critique de l'ouvrage du P. Eusèbe Didier.]

2 ex. |8°, **27.752**, n° 2. — **Ms. 2.930**, n° 29.

— Réponse de Monsieur le Marquis de Cambis-Velleron, au R. P. Eusèbe Didier, recolet. — [*Avignon, s. n.*, 1756], in-4°, placard.

  2 ex. [8°, **27.752**, n° 7. — Ms. **2.930**, n° 34.

— Supplément aux Réflexions critiques et historiques servant de réplique à la Réponse apologétique du P. Eusèbe Didier, recolet [par le Mis de Cambis-Velleron]. — [*Avignon, Louis Chambeau*, 1755], in-4°, pièce (29 p.).

  2 ex. [8°, **27.752**, n° 4. — Ms. **2.930**, n° 31.

— Véritable réponse de Monsieur le Marquis de Cambis-Velleron, au P. Eusèbe Didier, recolet. — [*Avignon, s. n.*, 1756], in-4°, placard.

  [8°, **27.752**, n° 8.

CAMICAS (Abbé L.). — Abbé L. Camicas. Notice sur le sanctuaire de N.-D. de Santé à Carpentras... — *Carpentras, chez l'auteur*, s. d., in-18, 61 p., pl.

Anc. archevêché d'Avignon.

  [8°, **37.284**.

CAMILLO (Giulio). — Annotationi di M. Giulio Camillo sopro le rime del Petrarca... — *Vinegia, G. Giolito de' Ferrari*, 1557, in-12, 132 p.

  [8°, **25.493**, n° 2.

— Voir : Pétrarque (François). Il Petrarca novissimamente revisto... *Vinegia*, 1553, in-12.

  [8°, **25.493**, n° 1.

CAMP des Alpines. La République en baraques. Carnet d'un officier. — *Marseille, Crespin et Cie*, 1873, in-8°, pièce (44 p.).

  [8°, **30.882**.

CAMPAN. — [Circulaire de Campan, agent de la Société nationale pour l'émancipation intellectuelle dans le département de Vaucluse. Avignon, février 1836]. — *S. l. n. d.*, in-4°, pièce (1 fl. n. ch.).

  [Ms. **2.974**, n° 109.

CAMPAN (Antoine - Privat). — Barême décimal, ou Tables de comparaison entre les mesures anciennes usitées dans la ville d'Avignon, et celles qui les remplacent dans le nouveau système métrique, accompagnées d'une courte instruction sur leur usage... Par le citoyen Campan, chef au Secrétariat de la Préfecture de Vaucluse. — *Avignon, Alphonse Bérenguier*, an X, in-16, 184 p.

  [8°, **17.174**.

— Observations sur la contribution foncière. [Avignon, 6 germinal an II. *Signé* : Campan le jeune, administrateur du district d'Avignon]. — *S. l. n. d.*, in-4°, pièce (7 p.).

Fonds Chambaud.

  [Ms. **2.527**, n° 7.

CANAL d'irrigation de Pierrelatte. Notice descriptive. — *Avignon, impr. Gros*, 1889, in-8°, 29 p., cart.

(Exposition universelle de 1889.)

  [8°, **4.875**.

CANAL de l'association de Carpentras. [*Titre intérieur :* Projet du canal d'irrigation dit de l'association de Carpentras, à ouvrir dans le département de Vaucluse, pour compléter le système d'arrosage de la plaine qui s'étend entre Lagnes et Bédarrides, par la dérivation d'une portion des eaux de la Durance].

— *Carpentras, impr. Proyet,* s .d., in-8°, pièce (20 p.).
|H. N. [8°, **1.653**.

CANAL de l'association de L'Isle. Projet d'un canal d'arrosage destiné à porter les eaux de la Durance sur les territoires des communes de Robions, Lagnes, L'Isle, le Thor, Châteauneuf-de-Gadagne et Caumont. — *Avignon, impr. Bonnet,* [1843], in-4°, pièce (10 p.), cart.
|Ms. **2.978**, n° 10.

CANAL (Le) de Saint-Julien. (Historique et documents). 1171-1818. — *Cavaillon, Mistral,* 1901, 2 vol. in-8°, t. Ier : xvi-449-xiii p. ; t. II : p. 451-1006 et xi p.
[*Préface signée :* L. D(uhamel).]
Don du Syndicat du canal de Saint-Julien.
[8°, **34.123**.

CANAL et Santé. — S. l. n. d. [1780], in-4°, pièce (4 p.).
[Projet de repurgement d'une robine du canal Crillon, pour faire disparaître l'épidémie de fièvre qui sévit à Morières.]
3 ex. [4°, **4.176**, n° 47. — Ms. **2.459**, n° 39, et **2.947**, n° 55.

CANDOLLE (Cte de). — *Edit.* NOSTREDAME (César de). Armorial... *Arles,* 1899, in-8°.
[8°, **32.542**.

CANRON (Augustin). — Aperçu historique sur les bâtiments de l'ancienne succursale de l'hôtel des militaires invalides à Avignon [par A. Canron]. — *Avignon, Jacquet,* 1854, in-8°, 68 p.
[8°, **26.560**.

— Le Bienheureux Pierre de Luxembourg, sa vie, ses œuvres, ses miracles et son culte, par Augustin Canron. 2° édition... — *Avignon, impr. Bonnet et fils,* 1866, in-18, xii-204 p.
|8°, **25.842**.

— Le Christ en buis de Jean Guillermin, par Augustin Canron... — *Avignon, Roumanille,* 1884, gr. in-8°, pièce (30 p.).
(Notes manuscrites à la fin.)
|8°, **12.936**.

— La Confrérie des Pénitents gris de la ville d'Avignon. Notice historique composée à l'occasion de la procession jubilaire de 1876, par Augustin Canron... — *Avignon, F. Seguin aîné,* 1876, in-12, 108 p.
|8°, **12.588**, n° 1.

— Construction d'une église en l'honneur de Saint Joseph dans l'île de la Barthelasse (Vaucluse) [par A. Canron]. [*Nîmes, typ. Soustelle,* 1864], in-8°, pièce (4 p.).
2 ex. [8°, **II 313** et **32.706**.

— Éloge historique du brave Crillon composé à l'occasion de l'inauguration de sa statue dans la ville d'Avignon. [*Signé :* Augustin Canron]. — *Avignon, Aubanel frères,* 1858, in-16, pièce (31 p.).
3 ex. [8°, **26.430**, n° 5, **26.888** et **33.818**.

— Guide de l'étranger dans la ville d'Avignon et ses environs par Augustin Canron... — *Avignon, typ. Fischer aîné,* 1858, in-12, viii-232 p., pl.
|8°, **30.843**.

— Le guide du pèlerin catholique dans Avignon ou indication des monuments que cette ville offre à la piété des fidèles : église miraculeuse des Pénitents gris, basilique métropolitaine de N.-

D. des Doms, etc., par Augustin Canron. — *Avignon, Seguin aîné*, 1874, in-32, 127 p.

[8°, **11.310**.

— Histoire de saint Bénézet, berger, et des frères de l'œuvre du pont d'Avignon..., par Augustin Canron.—*Carpentras, Devillario*, [1854], in-12, 148 p., pl.

(Galerie des Saints publiée sous la direction de M. l'abbé Bernard, chanoine d'Avignon.)

Don de l'auteur.

[8°, **25.883**.

— Histoire des sanctuaires anciens et modernes de la Mère de Dieu à Avignon, précédée d'une Notice historique sur son culte dans la même ville, par Augustin Canron. — *Avignon, F. Seguin aîné*, 1866, in-8°, XXIX-71 p.

[8°, **11.313**.

— Histoire du bienheureux Pierre de Luxembourg, cardinal-diacre,... suivie d'une notice sur les œuvres du bienheureux et sur la vie de la vénérable Jeanne de Luxembourg, sa sœur, par Augustin Canron. — *Carpentras, Devillario*, [1854], in-12, 192 p. et pl.

(Galerie des saints publiée sous la direction de M. l'abbé Bernard...)

Don de l'auteur.

[8°, **25.841**.

— Les Jésuites à Avignon, esquisse historique par Augustin Canron,... — *Avignon, Fr. Seguin*, 1875, in-8°, 167 p., pl. et fig.

2 ex. [8°, **12.331** et **25.865**.

— Mémoire sur la consécration miraculeuse de la basilique métropolitaine de Notre-Dame des Doms à Avignon, 5ᵉ édition [par Augustin Canron].—*Marseille, typ. Vve Marius Olive*, 1862, gr. in-8°, pièce (28 p.).

[8°, **12.568**.

— Notes et observations critiques sur le rapport adressé au Ministère de l'Instruction publique, par M. l'abbé Albanès (de Marseille), au sujet de l'inscription de sainte Casarie. [*Signé* : Augustin Canron.]— *Alais, impr. J. Martin*, s. d., in-8°, pièce (8 p.).

[8°, **25.884**, n° 2.

— Notice sur la statue de Notre-Dame des Sept-Douleurs vénérée dans l'église paroissiale de Saint-Pierre à Avignon, par Augustin Canron...— *Avignon, Aubanel frères*, 1876, in-18, pièce (32 p.).

[8°, **12.567**.

Autre ex. (Anc. archevêché d'Avignon).

[8°, **37.233**.

— Notice sur saint Bénézet et le bienheureux Pierre de Luxembourg [par A. Canron]...—*Avignon, Aubanel frères*, 1854, in-18, pièce (36 p.).

[8°, **25.882**.

— Le Palais des Papes à Avignon, notice historique et archéologique, par Augustin Canron,... — *Avignon, Aubanel frères*, 1860, in-16, pièce (31 p.)

Don de l'auteur.

[8°, **17.305**.

— 2ᵉ édition. — *Ibid.*, 1875, in-8°, pièce (36 p.).

2 ex. [8°, **17.304** et **28.810**.

— 3ᵉédition. — *Ibid.*, 1884, in-18, pièce (56 p.).

[8°, **17.306**.

— Pro Domo mea et meis, réponse à M. l'abbé H. Albanès, de Marseille. [*Signé* : Augustin

Canron]. — *Alais, impr. J. Martin*, [1880], in-8°, pièce (20 p.).

[Sur St Bénézet et Pierre d'Aigrefeuille, évêque d'Avignon.]

[8°, **25.834**, n° 1.

— La Procession jubilaire des Pénitents gris d'Avignon [1851. Compte-rendu par A. Canron]. — Deux découpures de journaux, in-8°.

[8°, **29.472**, n° 7.

— Relation du Concile provincial tenu à Avignon au mois de décembre 1849 [par A. Canron]. — *Avignon, Seguin aîné*, 1850, in-12, pièce (44 p.).

[8°, **25.823** et **32.437**.

— Les trois centenaires avignonais en 1887. Sainte Casarie, Saint Pons, le bienheureux Pierre de Luxembourg, par Augustin Canron... — *Avignon, Aubanel frères*, 1887, in-18, pièce (44 p.).

[8°, **12.552**.

— Valbonne, Aiguebelle, Sénanques, Bonpas, la Vallée de Bénédiction, Notre-Dame-de-l'Ermitage ou Notice sur ces monastères... par Augustin C*** [Canron]. — *Avignon, Seguin aîné*, 1850, in-12, 118 p.

Don de l'auteur et legs Geoffroy-Perret.

3 ex. [8°, **12.672**, **25.879** et **34.046**.

— Vie de saint Agricol, citoyen, évêque et premier patron de la ville d'Avignon... par Augustin Canron. — *Avignon, Aubanel frères*, [1861], in-18, 104 p.

Don de l'auteur.

[8°, **25.913**.

Autre ex. (Anc. archevêché d'Avignon).

[8°, **37.290**.

— Vie de Saint Didier, évêque et martyr, l'un des protecteurs de la ville d'Avignon, suivie de l'histoire de son église et de son office liturgique, par Augustin Canron. — *Avignon, Aubanel frères*, [1862], in-18, 108 p.

Don de l'auteur.

[8°, **25.914**.

Autre ex. (Anc. archevêché d'Avignon).

[8°, **37.286**.

— Vie de S. Vérédème d'abord Ermite à Sanilhac, dans le diocèse d'Uzès, puis évêque d'Avignon, suivie de son office liturgique et de prières en son honneur, par Augustin Canron. Deuxième édition. — *Avignon, Aubanel frères*, [1869], in-18, 72 p.

[8°, **12.663**.

— Vie du bienheureux Urbain V, originaire du diocèse de Mende, l'un des sept papes qui ont siégé à Avignon et précédemment vicaire général du diocèse d'Uzès et abbé de St-Victor à Marseille, suivie de prières en son honneur, par Augustin Canron. — *Avignon, F Seguin*, 1870, in-18, 71 p.

[8°, **13.749**.

CANRON (Augustin) et AUDANEL (Charles). — Appel en faveur des Chrétiens de Syrie adressé aux Supérieurs et Supérieures des Maisons religieuses d'éducation des Diocèses d'Avignon, d'Aix et Arles, de Marseille, de Digne, de Fréjus et Toulon, de Nice. [Signé : Augustin Canron et Charles Aubanel. Avignon, 25 janvier 1861]. — [*Avignon, s.n.*, 1861], in-8°, pièce (11 ff. n. ch.).

[8°, **11.313**, n° 3.

CANSON Provençalo [à l'occasion de l'entrée à Avignon de l'archevêque Mgr de Guyon de Crochans]. — *S. l. n. d.*, in-4°, placard.
Fonds Massilian-Moutte.
  2 ex. [**Ms. 2.069**, fol. 20, et **2.440**, n° 26.

CANSOUN (La) dey magnans.— [*Avignon, impr. Chaillot*], s. d., in-12, pièce (4 p.).
  [8°, **25.255**.

CANSOUN nouvelle, a l'occasioun de l'intrade de Monsegnour l'archevesque d'Avignon [Joseph de Guyon de Crochans].— *S. l. n. d.*, in-fol., placard.
Fonds Massilian-Moutte.
  2 ex. [**Ms. 2.069**, fol. 19, et **2.440**, n° 27.

CANSOUN patoisou su l'éclairagé oou gaz, dé la villou d'Avignoun. — [*Avignon, impr. Jacquet*, 1844], in-12, pièce (4 p.).
Fonds Chambaud et Requien..
  2 ex. [8°, **37.751**, n° 79. — **Ms. 3.010**, n° 2.

CANTATE et chansons pour servir d'intermèdes au drame pastoral, sur la naissance de Monseigneur le duc de Bourgogne. — *Avignon, J. Garrigan*, 1751, in-8°, pièce (12 p.).
  [8°, **25.068**, n° 1.

CANTICOU nouveou à l'ounour de Nostrou-Damou-la-Brunou, patrounou dou Barroux.— [*Carpentras, impr. P. Priére*], s. d., in-8°, pièce (4 p.).
  [8°, **28.833**.

CANTIQUE à l'honneur de la Croix. — *S. l. n. d.*, in-8°, pièce (3 p.).
[Chanté à Avignon à l'occasion de la Mission de 1819].
  [8°, **27.230**, t. IV, n° 43.

CANTIQUE à l'honneur de Notre-Dame de Bon Voyage dont on célèbre la fête dans l'église du pont Saint-Bénézet le dimanche dans l'octave de la Visitation. — *S. l. n. d.*, in-4°, placard.
Fonds Massilian-Moutte.
  [**Ms. 2.452**, n° 6.

CANTIQUE à l'occasion de l'attaque de Carpentras, par les Avignonais, le 20 janvier 1791... — *S. l. n. d.*, in-4°, placard.
  [**Ms. 2.984**, n° 11.

CANTIQUE à N.-D. des Doms (*suivi de :*) Cantique à N.-D. de Tout Pouvoir.— [*Avignon, Aubanel*, (1859)], in-8°, pièce (4 p.)
  [4°, **4.503**, n° 2.

CANTIQUE en dialogue à l'usage des personnes qui travaillent au tirage de la Soye : sur un air nouveau [en patois d'Avignon]. — [*Avignon*], s. d., in-4°, pièce (1 ft. n. ch.).
  [4°, **3.637**.

CANTIQUE pour la retraite de la Congrégation des pauvres [à Avignon]. — *S. l. n. d.*, pet. in-8°, placard.
  [8°, **25.185**.

CANTIQUE provençal pour la retraite de N.-Dame de Bonne Aventure dans la chapelle des Pénitens bleus [d'Avignon]. — *S. l. n. d.*, in-4°, placard.
  [8°, **25.218**, n° 7.

CANTIQUE qu'on chante à l'honneur de la Très Sainte Vierge au sortir de la retraite qui se donne dans la chapelle de Mrs les Pénitents rouges [d'Avignon]. — *S. l. n. d.*, in-fol., placard.
Fonds Massilian-Moutte et Requien.
  2 ex. [**Ms. 2.452**, n° 68, et **2.946**, n° 22.

CANTIQUE spirituel à l'honneur de S. Antoine de Padoue, patron de la congrégation du lieu d'Aubignan. — S. l. n. d., in-fol., placard.
(Gravure par L. David.)
Fonds Massilian-Moutte.
[Ms. **2.427**, n° 1.

CANTIQUE spirituel à l'honneur de Saint Gens. — *Avignon, F.-J. Domergue*, 1754, in-fol., placard.
Fonds Massilian-Moutte.
[Ms. **2.423**, n° 42.

CANTIQUE spirituel à l'honneur des miracles de S. Bénézet... — *Avignon, G. Bramereau*, 1677, in-fol., placard.
Fonds Massilian-Moutte.
[Ms. **2.452**, n° 4.

CANTIQUE sur le respect humain composé pour la retraite solennelle de la Mission, donnée à Avignon, en décembre 1819. — [*Avignon, impr. L. Aubanel*, 1819], in-12, pièce (4 p.).
[8°, **31.832**, n° 6.

CANTIQUES et prières en l'honneur du Saint Clou de Carpentras. — [*Carpentras, impr. Prière*], 1875, in-8°, pièce (iv fl. n. ch.).
Anc. archevêché d'Avignon.
[8°, **37.337**.

CANTIQUES provençaux à l'usage des catéchismes et des mission des prestres de la Congrégation de la Doctrine Chrétienne. — *Avignon, Offray*, 1712, in-12, 86 p.
[8°, **25.165**.

CANTIQUES provençaux pour la mission. — *Avignon, J.-Ch. Chastagnier*, [1819], in-12, pièce (49 p.), grav.
[8°, **25.169**.

CANTIQUES provençaux renfermans les Principales Actions de la vie du Bien heureux Pierre de Luxembourg. A l'usage des Enfans de la Société érigée sous son nom. — *Avignon, F.-J. Domergue*, 1758, in-8°, pièce (32 p.).
2 ex. [8°, **24.254**, n° 14, et **25.173**.

— Autre édition. — S. l. n. d., pet. in-8°, 16 p.
3 ex. [8°, **25.174**, **25.218**, n° 2, et **29.812**.

CANTIQUES spirituels à l'usage des catéchismes et des missions, par M. de ***. 3ᵉ édit. — *Avignon, F.-J. Domergue*, 1728, in-12, 187 p. et tabl.
[En français et en provençal].
[8°, **25.165**.

CANTIQUES spirituels, à l'usage des missions, en langue vulgaire. Nouvelle édition... — *Avignon, Fortunat Labaye*, 1735, in-12, 412 p. et tabl.
[8°, **25.168**.

CANTIQUES spirituels à l'usage des missions par des prêtres missionnaires de Sainte-Garde. — *Avignon, impr. Marc Chave*, 1749, pet. in-4°, 148 p.
[8°, **25.172**.

CANTIQUES spirituels en provençal, et quelques-uns en français ; pour les missions, congrégations et catéchismes, par un curé du diocèse d'Avignon... Seconde édition. Se vendent à la maison de l'hôpital du Thor... — *Avignon, A. Bérenguier*, 1818, in-12, 172 p.
[8°, **28.452**.

CANTIQUES spirituels sur différents sujets, avec la Prière du matin et du soir, et une Amende honorable à l'usage des Missions des FF. Prêcheurs. — *Carpentras, Gaspard Quenin,* 1735, in-4°, pièce (36 p.).

[8°, **23.813**.

CANTIQUOU, a l'hounour de Nostrou Damou de Counversioun... — *S. l. n. d.* [*Avignon, Roberty ?*], in-4°, placard.

[Ms. **2.444**, n° 62.

CANTIQUOU per lou catechime dei garçoun, que se fai din la gleizou de Sant Agricol [d'Avignon]. — *S. l. n. d.* [1765], in-fol., placard.

Fonds Massilian-Moutte et Requien.

2 ex. [8°, **25.218**, n° 6. — Ms. **2.444**, n° 8.

CAPEAU (ADOLPHE). — *Edit.* ANNUAIRE d'Avignon... 1901 à 1912. *Avignon, Villedieu-Vaison et Cavaillon,* s. d., 10 vol. in-8°.

[8°, **34.673**.

— *Edit.* GUIDE de Provence illustré... *Villedieu-Vaison,* 1904, in-8°.

[4°, **6.248**.

— *Edit.* GUIDE-rose d'Avignon.— [*Avignon,* 1899], in-16.

[8°, **31.468**.

CAPPEAU (J.-P.). — Ode sur la prise de l'isle de Minorque, par Mgr le duc de Crillon. [*Signé :* J.-P. Cappeau]. — *S. l. n. d.*, in-8°, pièce (5 p.).

[8°, **25.074**, n° 2.

CAPPEAU (PLACIDE). — Réponse aux adversaires du Pont de Villeneuve et de la route royale de Mornas à Avignon, par Cadarousse et Roquemaure [par Placide Cappeau]. — *Avignon,*

impr. *Bonnet fils,* [1839], in-4°, pièce (13 p.), cart.

3 ex. [4°, **1.431**, n° 1, **5.125**. — Ms. **2.976**, n° 50.

— *Edit.* FABRE (Abbé J.-B.). — Le siège de Caderousse... *Roquemaure,* 1876, in-12.

[8°, **36.726**.

CARCASIUS (JOSEPHUS). — Oratio gratulatoria in adventu illustrissimi, ac reverendissimi DD. Laurentii Cursii, prolegati Aven., habita à D. Josepho Carcasio, Saonensi, juris canonici, et civilis alumno, in collegio de Ruere... nomine omnium in dicto collegio studentium. — *Avenione, J. Piot,* 1645, in-4°, pièce (8 p.).

Fonds Massilian-Moutte.

[Ms. **2.431**, n° 32.

CARISTIE (AUGUSTE-NICOLAS). — Arc de triomphe dit de Marius à Orange. [Prospectus pour la publication de l'ouvrage suivant de A.-N. Caristie]. — *S. l. n. d.*, in-4°, placard.

[Ms. **2.974**, n° 141.

— Monuments antiques à Orange. Arc de triomphe et Théâtre, publiés... par Auguste Caristie, Architecte. — *Paris, typ. Firmin Didot frères, fils et Cie,* 1856, gr. in-fol. VI-93 p., 51 pl.

Atl. **41**.

Autre ex. en feuilles.

Atl. **304**.

— Notice sur l'état actuel de l'arc d'Orange et des théâtres antiques d'Orange et d'Arles [par A.-N. Caristie]. — *Paris, typ. Firmin Didot frères,* 1839, in-4°, pièce (28 p.), pl.

2 ex. [4°, **3.179** et **3.743**.

CARLES. — Discours prononcé par Carles, l'un des Commissaires Marseillois à Avignon, pour la levée d'un second Bataillon de Volontaires Nationaux dans le District de Vaucluse ; à la Société patriotique d'Avignon, le 1ᵉʳ octobre 1792... — *S. l. n. d.*, in-8°, pièce (3 p.).

Fonds Chambaud et Requien.

2 ex. [**Ms. 2.542**, n° 28, et **2.993**, n° 11.

CARNAGE affreux arrivé à Vaison, ville du Comtat. Meurtres du respectable M. La Villasse, maire de Vaison, et de plusieurs autres Patriotes, commis par les Aristocrates des environs de Carpentras. [16 avril 1791]. — [*Marseille, impr. J. Mossy*], s. d., in-12, pièce (4 p.).

[**Ms. 2.989**, n° 26.

CARPENTIN (Ad.). — Bulle et monnaies ecclésiastiques de Provence, par Ad. Carpentin.— [*Paris, E. Thunot et Cie*], s. d., in-8°, pièce (19 p.), pl.

(Avignon, Jean XXII, Innocent VI, etc. — Extrait de la *Revue Numismatique*, nouvelle série, t. X, 1865.)

Ex. de l'abbé Corenson.

[4°, **6.181.**

CARPENTRAS préservé de la peste, à Monseigneur Octave Gasparini, recteur du Comtat Venaissin. [30 avril 1722]. — *S. l. n. d.*, in-4°, pièce (12 p.).

Fonds Massilian-Moutte et Requien.

4 ex [**Ms. 2.421**, n° 8, **2.423**, n° 20, **2.928**, n° 20, et **2.942**, n° 43.

— Autre édition. — *S. l. n. d.*, in-4°, pièce (9 p.).

Fonds Massilian-Moutte.

[**Ms. 2.423**, n° 21.

CARPENTRAS (Louis-Ange). — Chanson Bacho-Royaliste. — *S. l. n. d.*, in-16, pièce (1 ff. n. ch.).

[Attribué à L.-A. Carpentras].

[8°, **25.068**, n° 22.

— Chant héroïque, sur l'heureux avènement de Louis XVIII, au trône de France. [*Signé* : L.-A. Carpentras]. — [*Avignon, P. Chaillot*], s. d., in-12, pièce (2 p.).

[Chanson royaliste avignonaise].

[8°, **25.068**, n° 24.

— Ode au Roi sur la conspiration de 1815, par Louis-Ange Carpentras. — *Avignon, L. Aubanel*, juillet 1815, in-8°, pièce (14 p.).

[8°, **25.068**, n° 25.

— Les Proverbes. Chanson. [*Signé* : L.-A. Carpentras]. — *S. l. n. d.*, in-12, pièce (1 ff. n. ch.).

[8°, **25.068**, n° 23.

— *Voir* : Desanat (J.), Roumanille (J.), Carpentras (L.-A.) et Boudin (A.). A Moussu Requien... [*Avignon*], s. d., in-8°.

[8°, **27.361**, n° 12.

CARRET (Charles). — Excellentissimo... Avenion. archiepiscopo, Francisco Mauritio de Gonteriis. [Carmen] C. C. C... [Carolus Carret, canonicus]. — *S. l. n. d.*, in-4°, pièce (12 p.).

Fonds Massilian-Moutte.

[**Ms. 2.440**, n° 13.

CARRIÈRE (Abbé J.). — Notes sur le fort Saint-André, par l'abbé J. Carrière...— *Avignon, Seguin frères*, 1892, in-8°, pièce (11 p.).

[8°, **27.489.**

CARRON (Abbé Guy-Toussaint-Julien). — Le modèle des prê-

CARRON (Abbé G.-T.-J.). — CARTEAUX (J.-F.).

tres, ou Vie de J. Bridayne, par l'abbé Carron. 4ᵉ édition... — *Lyon, Rusand ; Paris, Beaucé-Rusand*, 1820, in-12, xx-400 p., pl.
[8°, **25.893**.

CARTE (Thomas). — Mémoires de la vie de mylord duc d'Ormond, ci-devant capitaine-général et commandant en chef des troupes de la Grande Bretagne... traduit de l'Anglois.— *La Haye, Cie des libraires*, 1737, 2 t. en 1 vol. in-12, 216-204 p.
[Attribué à Thomas Carte par Barbier.]
[8°, **26.709**.

CARTIER (Edouard). — *Voir :* Annuaire du département de Vaucluse... *Apt*, 1835, in-18.
2 ex. [8°, **14.974** et **31.393**.

CARTIER (Etienne - Jean - Baptiste). — Dissertation sur une monnoie frappée pour le Comtat d'Avignon, de 1398 à 1404, au nom du pape Boniface IX, par M. E. Cartier. — [*Blois, impr. E. Dézairs*, 1836], in-8°, pièce (8 p.).
(Extrait de la *Revue de la Numismatique françoise*, t. Iᵉʳ.)
2 ex. [8°, **27.361**, n° 8, et **29.421**, n° 2.

— Notice sur des monnoies de Carloman et de Charles-le-Gros, trouvées à Avignon, par M. E. Cartier,... — [*Blois, impr. E. Dézairs*, 1837], in-4°, pièce (12 p.)., pl.
(Extrait de la *Revue de la Numismatique françoise*.)
2 ex. [8°, **27.361**, n° 7, et **29.421**, n° 4.

— Numismatique de l'ancien Comtat Venaissin et de la principauté d'Orange, publiée sur les notes de M. Requien, par M. Cartier.

— *Blois, imp. E. Dézairs*, [1839], in-8°, 52 p. et pl.
(Extrait de la *Revue numismatique*, 1839.)
3 ex. [8°, **26.787**, **27.361**, n° 4, et **29.421**, n° 1.

— Restitution d'une monnoie avignonoise à Boniface VIII. [*Signé :* E. Cartier]. — [*Blois, impr. E. Dézairs*], s. d., in-8°, pièce (4 p.).
(Extrait de la *Revue de la Numismatique françoise*.)
2 ex. [8°, **27.361**, n° 9, et **29.421**, n° 3.

CARTEAUX (Jean-François), général. — Copie de la sommation du général de brigade Carteaux, à la ville d'Avignon, et de la réponse des autorités de laditte ville.[24 juillet 1793]. — *S. l., Marc Aurel, imprimeur suivant l'armée*, s. d., in-fol., placard.
[Atl. **315**, n° 149.

— Jean-François Carteaux, Général des Brigades des Armées de la République Françoise, Employé à celle des Alpes, et Commandant l'Armée destinée à repousser les Rebelles de Marseille, à ses Frères d'armes. [3 juillet 1793]. — *S. l. n. d.*, in-4°, placard.
[Ms. **2.525**, n° 64.

— [Lettre du général Carteaux aux Administrateurs du département de Vaucluse au sujet des fournitures de l'armée. 3 avril 1793, an II]. — *S. l. n. d.*, in-4°, placard.
[Signature autographe.]
Fonds Chambaud.
[Ms. **2.525**, n° 30.

— Mémoire justificatif du général Carteaux, son interrogatoire, ses réponses et observations,

CARTEAUX (J.-F.).

avec les pièces justificatives... — [Aix, impr. *Prosper Mouret*, an II], in-4°, pièce (15 p.).

[**Ms. 2.827**, n° 31.

CARTOUX (JEAN-ANDRÉ). — Discours prononcé par Jean-André Cartoux, ci-devant officier municipal, élu Maire d'Avignon, lors de l'installation de la Municipalité, le 6 janvier 1793,... — *S. l. n. d.*, in-8°, pièce (3 p.).

Fonds Chambaud et Requien.

2 ex. [**Ms. 2.543**, n° 1, et **2.993**, n° 25.

CASSAGNAC (PAUL DE) et BILIOTTI (RAOUL DE). — Election d'Orange. Discours prononcés par MM. Paul de Cassagnac et R. de Biliotti à la séance de la Chambre des Députés du 1ᵉʳ mars 1878. — *Avignon, impr. Seguin frères*, [1878], in-12, 122-VIII p.

(Extrait du compte-rendu du *Journal Officiel*.)

[8°, **28.794**.

CASSAN (DENIS-CASIMIR). — A notre patron, Achille Bonnet, le jour de son mariage. [Avignon, 22 juin 1853. Signé : D.-C. Cassan]. — *S. l. n. d.*, in-18, placard.

[8°, **32.720**.

— D.-C. Cassan. Lei Cassaneto, jouini sœur dei Parpèlo d'Agasso, e am éli fourmen leis obro coumpleto de Denis-Casimir Cassan. — *Avignon, C. Maillet*, 1880, in-16, XVI-352 p. et port.

(Avec une notice sur la vie et les ouvrages de D.-C. Cassan, par Charles de l'Auzon.)

Don de l'auteur.

2 ex. [8°, **25.316** et **35.166**.

— Lou darnié Pla, amé quaouqui picho conte, per Denis-Casimir Cassan,... — *Avignon, Bonnet fils*, 1849, in-8°, pièce (32 p.).

Don de l'auteur et legs Geoffroy-Perret.

2 ex. [8°, **33.977** et **10.599**.

— Lei Nouè de Denis-Casimir Cassan. — *Avignon, impr. Bonnet fils*, [1852], in-8°, pièce (8 p.).

[L'auteur a joint la musique, 11 ff. mss.]

Don de l'auteur.

[8°, **32.721**.

— Lei Parpèlo d'agasso, obro coumpléto de Denis-Casimir Cassan. — *Avignon, impr. Bonnet fils*, 1862, in-12, 302 p. et port.

(A la fin, additions manuscrites de l'auteur, XIV ff.).

Don de l'auteur.

[8°, **26.315**.

— La Saouçou d'espinar, ou suitou funestou dé l'errour d'un cousinié capouchin,... per D.-C. Cassan... — *Avignon, Bonnet fils*, 1836, in-8°, pièce (31 p.), musique.

Don de l'auteur et legs Geoffroy-Perret.

2 ex. [8°, **25.313** et **33.978**.

— *Voir :* PEYROL (Antoine) et CASSAN (Denis). Li nouvè de Antoni Peyrol... Avignon, s. d., in-12.

[8°, **25.212**.

CASSAN (JACQUES DE). — La Recherche des droicts du roy et de la couronne de France, sur les royaumes, duchez, comtez, villes et pays occupez par les princes estrangers... par M. Jacques de Cassan... — *Paris, F. Pomeray*, 1632, in-4°, pièces liminaires - 262 p. (Le titre manque).

[8°, **27.251**.

— Autre édition. — *Paris, N.*

Trabouillet, 1634, 2 tomes en 1 vol. in-4°.

2 ex. [8°, **4.795** et **15.431**.

— La Recherche de droicts et pretentions du Roy et de la couronne de France. Sur la ville d'Avignon [et sur la ville d'Orange]. — Pages 727 à 789 de l'ouvrage de J. de Cassan intitulé : « La recherche des droicts du Roy et de la couronne de France sur les royaumes, duchez, comtez, villes et pays occupez par les princes étrangers », édit. in-8°.

Don de V. Chambaud.

[8°, **26.572**, n° 1.

— La recherche des droicts et pretentions du Roy, et de la couronne de France sur la ville d'Orange.—Pages 241 à 260 de « La Recherche des droicts du Roy et de la couronne de France... ». Edition F. Pomeray, Paris, 1632, in-4°.

[8°, **27.212**, n° 3.

CASSIN (Dr PAUL). — Association des arrosants du canal de l'Hôpital. Rapport du comité directeur de l'Association des arrosants sur le projet présenté à l'approbation de M. le Préfet de Vaucluse par la Commission administrative des Hospices et Hôpitaux d'Avignon [par le Dr Paul Cassin]. — *Avignon, Aubanel*, 1908, in-8°, pièce (16 p.).

Don de l'auteur.

8°, **35.597**.

CASSINI (JULES). — L'oracle d'amour, paroles et musique de Jules Cassini.— *Avignon, impr. Seguin frères*, s. d., gr. in-8°, pièce (11 ff. n. ch.).

[4°, **4.442**, n° 2.

— Juli Cassini. Li Varai de l'amour, dramó en 4 actes, representa en Arle... e en Avignoun, au Tiatre di Varieta, lou 13 d'avoust 1894. I'a la traducioun franceso. — *Avignoun, F. Seguin*, 1896, in-8°, 1 ff. n. ch. - 171 p.

[8°, **29.911**.

CASTANIER (PROSPER). — Histoire de la Provence dans l'antiquité... I. La Provence préhistorique et protohistorique jusqu'au VIe siècle avant l'ère chrétienne, par Prosper Castanier. — *Paris-Marseille, Marpon et Flammarion*, 1893, in-8°, IX-295 p. et cart.

Don de l'auteur.

[8°, **29.370**.

CASTEAU (CÉSAIRE). — Cours public d'éloquence fait par M. Césaire Casteau, avocat, dans le local de St-Martial, à Avignon. Discours d'ouverture prononcé le 28 décembre 1845. — [*Avignon, typ. Th. Fischer aîné*, 1845], in-12, pièce (8 p.).

2 ex. [8°, **33.274**. — Ms. **3.011**, n° 24.

CASTELNAU (JUNIUS). — Lettre à M. T... [Tamisier], à Avignon, suivie de nouveaux documents sur la vie de Jean Althen, par Junius Castelnau,... — *Avignon, Jacquet*, 1853, in-8°, pièce (32 p.).

[8°, **28.717**.

CASTELVETRO (LODOVICO). — Edit. PÉTRARQUE (François). Le rime. *Venise*, 1756, 2 vol. in-4°.

[4°, **4.282**.

CASTIL-BLAZE. — Voir : BLAZE (François - Henri - Joseph, dit Castil).

CASTOR (JEAN-JOSEPH). — L'interprête provençal, contenant un choix de 15.000 termes provençaux, les plus utiles, expliqués en français... par J.-J. Castor,... — *Apt, E. Cartier,* 1842, in-12, pièce (12 p.).

[8°, **24.983**.

CATALOGUE des insignes et fameux scélérats qui, depuis un an, désolent Avignon, et ravagent le Comtat depuis six mois. Les Avignonais et Comtadins les dénoncent à tous les départemens, Districts et Municipalités de France. [1ᵉʳ juin 1791]. — [*Lapalud, impr. du Département de Vaucluse chez Loubet, Lubin et Cie,* 1791], in-4°, pièce (11 ff. n. ch.).

[**Ms. 2.960**, n° 68.

CATALOGUES DE BIBLIOTHÈQUES. — *Voir :* Bibliothèques (Catalogues de).

CATALOGUES DE COLLECTIONS. — *Voir :* Collections (Catalogues de).

CATANUSI (Placide). — Trad. Pétrarque (François). Les Œuvres amoureuses... *Paris,* 1709, in-8°.

[8°, **25.511**.

CATÉCHISME. Abrégé du catéchisme qui a été imprimé par l'ordre du dernier concile provincial d'Avignon. Douzième édition... — *Avignon, J. Jouve et J. Challiot,* 1768, in-18, 72 p.
Fonds Massilian-Moutte.

[**Ms. 2.441**, n° 12.

— Autre édition. — *Avignon, J. Chaillot,* s. d., in-12, 72 p.

[8°, **33.193**.

CATÉCHISME de toutes les églises catholiques de l'empire français, imprimé par ordre de Monseigneur Jean-François Périer, évêque d'Avignon, à l'usage de son diocèse. — *Avignon, J.-M. Garrigan,* 1809, in-12, xxx-94 p.

[8°, **24.422**, n° 1.

CATÉCHISME du diocèse de Saint-Paul-Trois-Châteaux. — *Avignon, Fr. Girard,* 1748, in-12, xxii-364 p.

[8°, **28.495**.

CATÉCHISME imprimé par l'ordre du dernier concile provincial d'Avignon pour être seul enseigné dans les Diocèses de la Province. — *Avignon, Charles Giroud,* 1727, in-8°, xii ff. n. ch. - 236 p. - 11 ff. n. ch.

[8°, **24.500**.

— Autre édition. — *Avignon, Alexandre Giroud,* 1761, in-12, 11 ff. n. ch. - xxiv - 312 p. et 11 fl. n. ch.

[8°, **24.417**.

— Autre édition. — *Avignon, Alexandre Giroud,* 1763, in-12, 336 p.

2 ex. [8°, **20.795** et **24.503**.

— Autre édition. — *Avignon, Antoine Offray,* 1788, in-12, xxiv-216 p.

[8°, **28.522**.

— Autre édition. — *Avignon, J.-A. Fischer,* 1826, in-12, xxiv-216 p.

[8°, **23.359**.

— Autre édition. — *Avignon, Aubanel,* 1853, in-18, xxii-212 p., fig.

[8°, **24.506**.

CATEL (Guillaume de). — Histoire des comtes de Tolose, par M. Guillaume Catel,... avec quelques traitez et chroniques anciennes concernant la même histoire. — *Tolose, P. Bosc,* 1623, 2 parties en 1 vol. in-fol., fig.

[Fol. **4.218**.

— Mémoires de l'histoire du Languedoc curieusement et fidèlement recueillis de divers auteurs ...et de plusieurs titres et chartes... par M⁺ Guillaume de Catel,... — *Tolose, A. Colomiez,* 1633, in-fol., pièces liminaires - 1038 p. et la table.

2 ex. [Fol. **3.442** et **4.219**.

CAUMONT (JOSEPH - FRANÇOIS - XAVIER DE SEYTRES, marquis de).
— Griefs des habitants du Comté Venaissin, et de la ville d'Avignon, contre la ferme générale de France. [*Signé* : Le Marquis de Seytres-Caumont...]. — *Avignon, F. Guibert,* 1786, in-4°, pièce (41 p.).

Fonds Massilian-Moutte et Requien.

3 ex. [4°, **3.855**, n° 3. — Ms. **2.456**, n° 45, et **2.937**, n° 33.

— [Instance faite au Conseil de la ville d'Avignon, le 21 août 1778, relativement à la sentence Sabatini et aux réparations aux bords de la Durance. *Signé* : Seytres-Caumont]. — *S. l. n. d.*, in-4°, pièce (4 p.).

Fonds Massilian-Moutte et Requien.

3 ex. [4°, **4.176**, n° 43. — Ms. **2.459**, n° 32, et **2.947**, n° 30.

— Lettre de Mr. le marquis de Seytres, seigneur de Caumont et de Cabanes, à Mr. Bouchet, inspecteur-général des ponts et chaussées de France, sur son projet de construire un pont sur la Durance entre les rochers de Noves. — *S. l. n. d.*, in-4°, pièce (26 p.).

Fonds Massilian-Moutte.

[Ms. **2.442**, n° 23.

— Mémoire lu par Mr. le Marquis de Seytres-Caumont au Conseil général de la ville d'Avignon, tenu le 14 janv. 1779 [au sujet des réparations aux bords de la Durance]. — *S. l. n. d.*, in-4°, pièce (19 p.).

Fonds Massilian-Moutte et Requien.

4 ex. [4°, **6.339**. — Ms. **2.429**, n° 34, **2.459**, n° 33, et **2.947**, n° 40.

— Mémoire pour les habitants de la ville d'Avignon et du Comté Venaissin, au sujet du sel. [*Signé* : Le Marquis de Seytres-Caumont,...]. — *Avignon, F. Guibert,* 1786, in-4°, 98 p.

Fonds Massilian-Moutte et Requien.

3 ex. [4°, **3.855**, n° 2. — Ms. **2.456**, n° 44, et **2.937**, n° 35.

— Réflexions de Monsieur le marquis de Caumont, touchant les privilèges accordés par les rois très-chrétiens à la ville d'Avignon et au Comtat-Venaissin. — *Avignon, A. Offray,* 1786, in-4°, 63 p.

Fonds Massilian-Moutte et Requien.

5 ex. [4°, **3.855**, n° 1, et **4.176**, n° 29. — Ms. **2.429**, n° 43, **2.430**, n° 45, et **2.937**, n° 34.

— Réponse aux propositions de M. de l'Epinay, fermier général, remises le 8 septembre à son Excellence Monseigneur le vice-légat, et communiquées au Conseil de la ville d'Avignon, tenu le 19 octobre 1786. [*Signé* : Le marquis de Seytres-Caumont,...]. — *S. l. n. d.*, in-4°, pièce (39 p.).

[Au sujet de la ferme du tabac et des toiles peintes et de celle des droits sur le sel.]

Fonds Massilian-Moutte et Requien.

3 ex. [4°, **3.855**, n° 4, et **7.266**. — Ms. **2.456**, n° 43.

— Réponse de M. le marquis de Seytres-Caumont, à M. Bouchet, inspecteur-général des ponts et chaussées [au sujet de son projet de pont sur la Durance]. — *S. l. n d.* [vers 1770], in-4°, pièce (8 p.).
Fonds Massilian-Moutte et Requien.
   2 ex. [**Ms. 2.442**, n° 24, et **2.953**, n° 56.

CAUSANS (Vicomte de). — Réponse au rapport de M. de Tourreau, ancien maire de Sarrians, du 20 avril 1824, [par le vicomte de Causans]. — [*Avignon, impr. Seguin*, 1826], in-4°, pièce (8 p.).
   [**Ms. 2.970**, n° 117.

CAUVIN (C.) et BARTHÉLÉMY (A.). — Les volontaires et les réquisitionnaires des Basses-Alpes, de la levée de l'amalgame (1791-1796), par C. Cauvin... A. Barthélémy... Avec une préface de M.. Arthur Chuquet... — *Paris, Chapelot*, 1910, in-8°, xix-563 p. et cart.
[Le canton de Sault faisait à l'origine partie du département des Basses-Alpes.]
   [4°, **8.384**.

CAVAILLON (D^r).—Rapports sur l'épidémie de grippe-influenza qui a régné dans l'arrondissement de Carpentras, années 1889-1890, 1890-1891, présentés à l'Académie de Médecine de Paris par le Dr Cavaillon,... — *Carpentras, impr. Tourrette*, 1893, in-8°, pièce (27 p.).
   [8°, **29.013**.

CAVALLIER (Charles). — Les contes provençaux de J. Roumanille, par Charles Cavallier... — *Montpellier, impr. Grollier*, 1885, in-12, 19 p.
Anc. archevêché d'Avignon.
   [8°, **37.378**.

CAVARA (Cesare). — Pel V° Centenario di Petrarca celebrato li 18 luglio 1874. [*Signé* : Cesare Cavara,...]. — [*Vicenza, G. Longo*, 1874], in-fol., plac.
   [8°. **34.605**.

CAVEIRAC (Abbé J. Novi de).— Réponse aux Recherches historiques concernant les droits du pape sur la ville, et l'Etat d'Avignon [par l'abbé J. Novi de Caveirac]. — *S. l. n. n.*, 1768, in-16, 172 p.
Voir : Garampi (Giuseppe). « Réponse aux recherches historiques... » et Pfeffel (C.-F.). « Recherches historiques... » et « Défense des recherches historiques... »
   2 ex. [8°, **26,565**, t. III, n° 2, et **26.570**.

CAVENE (Léon). — Le Poète et conteur avignonais Roumanille et la renaissance provençale. Discours prononcé par M. Léon Cavene,... — *Avignon, F. Seguin*, 1902, in-8°, pièce (38 p.).
Don de M. F. Seguin.
   [8°, **33.544**.

CAZIOT (Eugène). — Catalogue des mollusques vivants des environs d'Avignon par le Commandant Caziot. — *Avignon, François Seguin*, 1894, in-8°, 95 p.
(Extrait des *Mémoires de l'Académie de Vaucluse*, 1893-1894.)
Don de l'auteur.
   3 ex. [8°, **28.994**, **28.995** et **30.928**.

— Historique du 1er régiment de pontonniers [en garnison à Avignon], par le capitaine Caziot... 2e édit.— *Paris et Limoges, H. Charles-Lavauzelle*, 1894, in-8°, 306 p.
   [8°, **28.974**.

— Indication des mémoires parus

et des fossiles décrits appartenant au terrain lacustre d'âge crétacé du Midi de la France. [Signé : Caziot]. — [Rennes-Paris, typ. Oberthür], s. d., in-8°, pièce (5 p.).
(Extrait de la *Feuille des jeunes naturalistes*.)
[8°, **29.362**.

CE sont les statuts et réglemens municipaux... du lieu de la Palud. — *Voir :* Statuts. La Palud.

CELIER (Léonce). — Les Dataires du XV° siècle et les origines de la daterie apostolique, par Léonce Célier... — *Paris, Fontemoing et Cie*, 1910, in-8°, 175 p.
(Bibliothèque des Ecoles françaises d'Athènes et de Rome, fasc. 103.)
[8°, **37.011**.

CENTENAIRE de l'Académie de Vaucluse (1801-1901). Mémoires et comptes rendus. — *Avignon, F. Seguin*, 1901, in-8°, vii-123 p., port. et pl.
[4°, **8.277**.

CENTENAIRE de PÉTRARQUE (Cinquième). — Bibliographie. Publications françaises, provençales et italiennes. — [*Aix, Vve Remondet-Aubin*], s. d., in-8°, pièce (8 p.).
[8°, **34.570**.

— [Bibliographie. Circulaire de M°° Vve Remondet-Aubin, imprimeur-libraire à Aix, au sujet de la publication d'ouvrages relatifs au Centenaire de Pétrarque]. — *S. l. n. d.*, in-12, placard.
[8°, **34.578**.

— [Carte d'invitation pour les fêtes littéraires du cinquième centenaire de Pétrarque, 18, 19 et 20 juillet 1874, avec, au dos, le programme]. — [*Aix, Vve Remondet-Aubin*], s. d., in-32, placard.
[8°, **34.586**.

— Centenaire de Pétrarque. Fêtes de Vaucluse. [Programme]. — [*Aix, Vve Remondet-Aubin*]. s. d. [1874], in-8°, pièce (4 p.).
[8°, **34.574**.

— Cinquième centenaire de Pétrarque. Fêtes d'Avignon-Vaucluse, les 18, 19 et 20 juillet 1874. Prorogation des concours poétiques. — [*Aix, Vve Remondet-Aubin*], s. d. [1874], in-8°, pièce (3 p.).
[8°, **34.571**.

— 18 juillet 1874. Cinquième centenaire de Pétrarque. Fête poétique à Vaucluse... Programme de la séance. — [*Avignon, Gros frères*], s. d. [1874], in-4°, placard.
[4°, **6.556**.

— [Circulaire du Comité des fêtes littéraires du cinquième centenaire de Pétrarque à Vaucluse et Avignon. 5 juillet, 31 juillet et... 1874].—[*Aix, Vve Remondet-Aubin*], s. d. [1874], 3 placards, in-4°.
[4°, **6.560, 6.561** et **6.562**.

— Cinquième centenaire de Pétrarque. Fêtes de Vaucluse-Avignon, les 18, 19 et 20 juillet 1874. (Recueil d'articles de journaux).
[Fol. **3.182**.

— Recueil de journaux contenant des articles sur le 5° centenaire de Pétrarque.
[Atl. **251**.

— Cinquième centenaire de la mort de Pétrarque célébré à Vaucluse et à Avignon les 18,

19 et 20 juillet 1874. — *Avignon, impr. Gros*, 1874, in-8°, 294 p.

[8°, **26.600**.

CENTENAIRE (Sixième) de la naissance de Pétrarque célébré à Vaucluse et Avignon les 16, 17 et 18 juillet 1904. — *Avignon, F. Seguin*, 1904, in-8°, 146 p. et pl.

Académie de Vaucluse.

[4°, **8.276**.

CENTENARIO (Quinto) di Francesco Petrarca celebrato in Provenza. Memorie della R. Accademia della Crusca. — *Firenze, tip. della Gazzetta d'Italia*, 1874, in-8°, pièce (36 p.).

Don de la R. Accademia della Crusca.

[8°, **34.593**.

CERQUAND (J.-F.). — Copia, étude de mythologie romaine, par J.-F. Cerquand,... — *Avignon, Seguin frères*, 1884, in-8°, pièce (15 p.).

(Extrait des *Mémoires de l'Académie de Vaucluse*.)

[8°, **7.753**.

— L'imagerie et la littérature populaire dans le Comtat Venaissin (1600-1830), essai d'un catalogue, par J.-F. Cerquand. — *Avignon, Seguin frères*, 1883, in-8°, pièce (51 p.).

(Extrait des *Mémoires de l'Académie de Vaucluse*.)

[8°, **15.050**.

— Taranis et Thor. 1re partie : Taranis et Thor adversaires du serpent, étude de mythologie celtique, par J.-F. Cerquand... — *Paris*, 1885, in-8°, paginé 417-456.

(Extrait de la *Revue celtique*, t. VI, n° 4.)

[8°, **13.947**.

— Taranis lithobole. Etude de mythologie celtique, par J.-F. Cerquand... — *Avignon, Seguin frères*, 1881, in-8°, 59 p., pl.

(Extrait des *Mémoires de l'Académie de Vaucluse*.)

[8°, **13.945**.

— Taranus ? ou Taranis ? par J.-F. Cerquand... — *Nogent-le-Rotrou, impr. Daupeley-Gouverneur*, 1882, in-8°, paginé 381 à 388.

(Extrait de la *Revue celtique*, t. V.)
Don de l'auteur.

[8°, **13.946**.

— Trois inscriptions vauclusiennes recueillies et publiées par J.-F. Cerquand... — *Avignon, Seguin frères*, 1879, in-8°, pièce (8 p.), pl.

(Extrait du *Bulletin historique et archéologique de Vaucluse*, 1879.)
Don de l'auteur.

[8°, **16.752**.

CERTIFICATS pour les Juifs [délivrés par des citoyens d'Avignon, de Carpentras et de Cavaillon, en faveur du commerce exercé par les Juifs, 1724]. — *S. l. n. d.*, in-fol., pièce (8 p.).

Fonds Massilian-Moutte et Requien.

3 ex. [**Ms. 2.441**, n° 20, **2.453**, n° 44, et **2.948**, n° 46.

CH. (H.). — Projet de démolition d'une partie des remparts de la ville d'Avignon précédé de quelques observations sur les plans d'alignement. [Signé : H. Ch.]. — *Avignon, impr. Bonnet fils*, s. d. [1833], in-4°, pièce (7 p.).

2 ex. [4°, **6.177**. — **Ms. 2.973**, n° 75.

CHABANEAU (Camille). — Traduction des psaumes de la Pénitence en vers provençaux publiée pour la première fois d'après le manuscrit d'Avignon, par Camille Chabaneau. — *Paris, Maisonneuve et Cie*, 1881, in-8°, pièce (40 p.).

(Extrait de la Revue des Langues romanes, 1881.).
Don de l'auteur.
[8°, **7.973**.

CHABAS (Honoré) et CHABAS (Véran). — A leurs Excellences Mgr le Ministre de la Police générale, et Mgr le Grand-juge, Ministre de la Justice. — *S. l. n. d.*, in-8°, pièce (4 p.).

[Supplique d'Honoré et Véran Chabas père et fils au sujet de l'attentat dont ils avaient été victimes à Cavaillon en brumaire an VI].
Fonds Chambaud.
[**Ms. 2.546**, n° 19.

CHABAS (Véran). — *Voir :* CHABAS (Honoré) et CHABAS (Véran). A leurs Excellences Mgr le Ministre de la Police générale, et Mgr le Grand-Juge, Ministre de la Justice. — *S. l. n. d.*, in-8°.
[**Ms. 2.546**, n° 19.

CHABERT (Théo). — Poésies françaises de Théo Chabert. Fête de Pétrarque. La bienvenue des poètes aux chevaliers de Laure. — *Chambéry, Foudraz*, s. d., in-4°, pièce (11 ff. n. ch.), musique.
[Fol. **5.147**.

CHABRAN (Joseph). — Discours du Général de Division Chabran, membre de la Légion d'honneur, employé à l'armée d'Angleterre, et Président du Collège électoral du département de Vaucluse, contenant la proposition d'une adresse au premier Consul et au Sénat, sur les circonstance présentes. — [*Avignon, impr. Garrigan frères*, an XII], in-8°, pièce (11 ff. n. ch.).
[**Ms. 3.018**, n° 8.

— Discours prononcé par le Général de Division Chabran... Président du Collège électoral du département de Vaucluse, assemblé à Avignon le 21 floréal an 12. — [*Avignon, impr. Garrigan frères*], s. d., in-8°, pièce (11 ff. n. ch.).
Fonds Chambaud.
[**Ms. 2.546**, n° 47.

CHABRAN (Thomas). — Thomas Chabran, aux Républicains justes et vertueux du Midi.[10 fructidor an II.] — [*Avignon, impr. Vincent Raphel*], s. d., in-12, pièce (7 p.).

[Contre Maignet].
Fonds Chambaud et Requien.
3 ex. [8°, **33.424**. — **Ms. 2.544**, n° 39, et **2.994**, n° 35.

CHABREL (M.-Charles). — Inauguration du musée municipal de Villeneuve-lez-Avignon et discours prononcés en cette circonstance... suivis du règlement et du catalogue du Musée et du guide de l'étranger dans Villeneuve. [*Préface signée :* M.-C. C(habrel)]. — *Nîmes, impr. Lafare et Vve Attenoux*, 1869, in-8°, 113 p.
[8°, **26.326**.

— Catalogue du Musée municipal de Villeneuve-lez-Avignon, suivi du règlement du Musée et du guide de l'étranger à Villeneuve. [*Préface signée :* M.-C. C(habrel)]. — *Avignon, F. Seguin*, 1878, in-8°, 51 p.
[8°, **26.327**.

— Autre édition. — *Avignon, F. Seguin*, 1896, in-8°, 40 p.
[8°, **29.990**.

Autre ex. (Anc. archevêché d'Avignon).
[8°, **37.409**.

CHAILLAN (Abbé M.). — Notice et documents sur la maison des Repenties à Avignon au XIV° siècle, par l'abbé Chaillan,... — *Aix, Dragon ; Avignon, Aubanel*, 1904, in-8°, 60 p.
[4°, **6.543**.

— Recherches et documents inédits sur l'*Orphanotrophium* du pape Grégoire XI à Avignon, par l'abbé Chaillan,... — *Aix, A. Dragon ; Avignon, Aubanel*, 1904, in-8°, XXXII-96 p.
Don de l'auteur.
[8°, **34.521**.

CHAILLOT (Amédée). — Les œuvres d'art dans les églises et chapelles d'Avignon [par Amédée Chaillot]. — *Avignon, Fr. Seguin*, 1894, in-12, IV-80 p.
Préface par A. S[agnier].
[8°, **29.601**.

CHAILLOT (Jean-Pierre-Amédée). — Précis de l'histoire d'Avignon au point de vue religieux et dans ses rapports avec les principaux événements de l'histoire générale... [par A. Chaillot]. — *Avignon, Seguin aîné*, 1852, 2 tomes en 1 vol. in-12, 243 et 255 p.
[8°, **30.831**.

CHAILLOT (Jean-Pierre-Amédée) et BOUDIN (Augustin). — Crèche de St-Pierre de Luxembourg. Séance d'inauguration. Rapport sur les crèches d'Avignon, par M. Amédée Chaillot. — Lou soulas de la crècho, poème provençal par M. Augustin Boudin. — *Avignon, A. Chaillot*, 1860, in-8°, pièce (16 p.).
Don de M. A. Boudin.
[8°, **31.607**.

CHAILLOT (Pierre). — Le franc libéral ou le censeur du Midi. La Mascarade révolutionnaire [par Chaillot jeune ; terminé par le prospectus et le bulletin de souscription d'une Histoire d'Avignon et du Comtat Venaissin en 3 volumes]. — *S. l. n. d.* [1818], in-8°, pièce (25 p.).
[Ms. **2.999**, n° 15.

— Histoire d'Avignon et du Comtat Vénaissin, depuis les Cavares jusqu'à nos jours, par Pierre Chaillot, auteur de l'Histoire des opérations de l'armée royale, etc... 1re livraison (seule parue). — *Avignon, impr. Pierre Chaillot*, 1818, in-8°, pièce (48 p.).
2 ex. [8°, **26.558** et **26.589**, n° 14.

— Histoire des opérations de l'Armée Royale, sous les ordres de Monseigneur Duc d'Angoulême, et du règne de la Fédération dans le Midi, depuis le 2 mars jusqu'au 15 juillet 1815. Par P. C[haillot]. — *Paris, Michaud, Delaunay, J.-G. Dentu ; Avignon, P. Chaillot jeune*, 1816, in-8°, 70 p.
Fonds Chambaud et Requien.
3 ex. [8°, **28.579**. — Ms. **2.547**, n° 46, et **2.998**, n° 31.

— Notice sur l'inondation d'Avignon en novembre 1840, suivie de quelques détails sur les principales inondations qui ont désolé cette ville, depuis le treizième siècle jusqu'à ce jour [par P. Chaillot]. — [*Avignon, Pierre Chaillot jeune*, 1840], in-8°, pièce (8 p.).
Fonds Chambaud et Requien.
3 ex. [8°, **37.751**, n° 19. — Ms. **2.551**, n° 57, et **3.007**, n°s 37 et 38.

CHAIX (Joseph-Marie-A.). — Essai sur les monumens antiques et du moyen-âge du département de Vaucluse, avec gravure, par M. J.-M.-A. Chaix. 1ᵉʳ article. — *Avignon, impr. Bonnet fils*, 1840, in-8°, 44 p., pl.
[« Fonts baptismaux de Cadenet »].

4 ex. [8°, **14.020**, **26.743** et **28.355**. — **Ms. 3.007**, n° 49.

CHALANQUI fils, propriétaire de l'Hôtel du Luxembourg à Avignon. — [Lettre au rédacteur de l'*Indicateur d'Avignon* pour le prier d'annoncer qu'il a fait appel d'un jugement de condamnation porté contre lui par le Tribunal correctionnel d'Avignon, le 28 juin 1843]. — *S. l. n. d.*, in-8°, placard.

[**Ms. 3.009**, n° 18.

CHAMBAUD (Dominique-Victor-Hyacinthe). — De l'instruction publique dans le département de Vaucluse, [par V. Chambaud]. — *Avignon, impr. Jacquet*, s. d., in-12, pièce (12 p.).
(Extrait du *Messager de Vaucluse*, nᵒˢ 272 et 273.)
Don de l'auteur.

3 ex. [8°, **26.597** et **28.860**, n° 10. — **Ms. 3.006**, n° 41.

— Jean Althen. | *Signé :* V. C(hambaud)]. — *Gazette agricole*, n° du 28 septembre 1839.

[**Ms. 2.976**, n° 64.

— Notice sur l'organisation judiciaire [à Avignon], dans l'ancien Comtat Venaissin, [la viguerie d'Apt et la principauté d'Orange], depuis le milieu du XII° siècle jusqu'à l'année 1790.., par M. Chambaud... — *Documents historiques inédits... publiés par M. Champollion-Figeac*, tome III, p. 152-229.
(Collection de documents inédits sur l'histoire de France.)

[**Doc. in.**, n° 75.

— Notice sur les bibliothèques anciennes et modernes du département de Vaucluse, [par V. Chámbaud]. — [*Avignon, impr. Jacquet et Joudou*, 1839], in-12, pièce (16 p.).
(Extrait du *Messager de Vaucluse*, nᵒˢ 235 et 239 [mars 1839].)

4 ex. [8°, **28.747**, **28.860**, n° 9, et **30.027**. — **Ms 3.006**, n° 40.

— Notice sur les diverses sortes de Confréries, Associations ou Congrégations qui ont été établies dans le midi de la France et principalement à Avignon, [par V. Chambaud]. — [*Avignon, impr. Offray aîné*, 1843], in-8°, pièce (8 p.).

2 ex. [8°, **28.860**, n° 17. — **Ms. 3.008**, n° 70.

— Rapports faits sur les archives des communes du département de Vaucluse, par M. Victor-Hipp. Chambaud... — *Documents historiques inédits... publiés par M. Champollion-Figeac*, tome II. Rapports et notices, p. 112-154.
(Collection de documents inédits sur l'histoire de France.)

[**Doc. in.**, n° 75.

CHAMBEAU (H.). — Le drapeau tricolore. [Poésie patriotique par H. Chambeau]. — [*Avignon, s. n.*, 1830], in-8°, pièce (11 ff. n. ch.).

[**Ms. 3.002**, n° 53.

CHAMBELLE (Louis de) [Abbé Allègre]. — Louis de Chambelle. Aeria retrouvée. — *Avi-*

gnon J. Roumanille, 1891, in-8°, 53 p.

[8°, **17.291.**

Autre ex. (Anc. archevêché d'Avignon).

[8°, **37.339.**

CHAMBRUN (Jacques Pineton de). — Les larmes de Jacques Pineton de Chambrun, pasteur de la maison de Son Altesse sérénissime d'Orange..., qui contiennent les Persécutions arrivées aux Eglises de la principauté d'Orange depuis l'an 1660 ; la chute et le relèvement de l'Auteur... Réimpression d'après l'édition originale annotée par Ad. Schœffer... — *Paris, Charpentier, Londres, W. Jeffs*, 1854, in-12, xx-338 p.

[8°, **11.664.**

CHAMOUX (Abbé Joseph-Joachim). — Vie du vénérable César de Bus, fondateur de la Congrégation des prêtres séculiers de la Doctrine chrétienne et de l'Institut des Ursulines de France, par M. l'abbé Chamoux... — *Paris, V. Palmé, Avignon, Roumanille*, etc. 1864, in-12, xi-474 p.

2 ex. [8°, **25.866** et **28.284.**

CHAMPION (Edouard et Pierre). — La prostitution du XIII° au XVII° siècle [par Edouard et Pierre Champion] d'après un livre récent. — *Paris, s. n.*, 1910, in-8°, pièce (3 p.).

[Compte-rendu de l'ouvrage du D' Le Pileur : « La prostitution du XIII° au XVII° siècle ». — Extrait de la *Chronique médicale*.]

Don des auteurs. [4°, **7.830.**

CHAMPION (Pierre). — *Voir* : Champion (Edouard et Pierre).

CHAMPION (Maurice). — Recherches historiques sur les inondations du Rhône et de la Loire par M. Maurice Champion. —*Paris, Panckoucke*, 1856, in-8°, pièce (19 p.).

(Extrait du *Moniteur universel* du 20 juillet 1856.)

Ex. de Paul Achard.

[8°, **28.750.**

CHAMPIONNET (Général Jean-Etienne). — Championnet, général en chef de l'armée des Alpes, aux citoyens du département de Vaucluse. [2 thermidor an VII]. — [*Avignon, impr. du département*], s. d., in-4°, pièce (3 p.).

[Ms. **2.967**, n° 127.

CHANSON (La) de la Croisade contre les Albigeois commencée par Guillaume de Tulède et continuée par un poète anonyme, éditée et traduite... par Paul Meyer. — *Paris, Renouard*, 1875-79, 2 vol. in-8°.

(Société de l'histoire de France.)

[8°, **8.444.**

CHANSON du régiment de Provence, sur son départ d'Avignon, pour aller en l'isle de Corse. — — *S. l. n. d.*, in-4°, pièce (2 p.)

[Ms. **2.437**, n° 22.

CHANSON En remerciment des villes et villages, nos alliés, qui (malgré la grosse pluie qui tomboit) sont venus à notre secours, pour l'affaire qui s'est passée dans Avignon le 10 juin 1790 ; composée par un citoyen d'Avignon. — *S. l. n. d.*, in-4°, placard.

Fonds Chambaud.

[Ms. **2.522**, n° 55.

CHANSON nouvelle contre Musca fils cadet, Juif... — *S. l. n. d.*, in-4°, pièce (1 ff. n. ch.).

(Chanson provençale contre un juif de Carpentras.)
Fonds Cottier.
[4°, **6.852**.

CHANSON provençale [sur l'entrée à Avignon de l'archevêque Joseph de Guyon de Crochans]. — S. l. n. d., in-fol., placard.
Fonds Massilian-Moutte.
[**Ms. 2.440**, n° 25.

CHANSON. Rapport d'un haut fonctionnaire à son Roi citoyen, sur l'arrivée de Berryer, à Avignon, le 19 mars 1844. — S. l. n. d. [1844], in-8°, pièce (4 p.).
Fonds Chambaud et Requien.
2 ex. [8°, **37.751**, n° 76. — **Ms. 3.010**, n° 6.

CHANSON sur l'Evénement arrivé à Avignon le 14 février [1797]. — S. l. n. d., in-8°, placard.
[**Ms. 3.017**, n° 25.

CHANSON sur la reddition d'Avignon [1774]. — S. l. n. d., in-4°, placard.
Fonds Massilian-Moutte et Requien.
2 ex. [**Ms. 2.437**, n° 98, et **2.953**, n° 76.

CHANSON [sur la réunion d'Avignon à la France. 27 octobre 1791]. — S. l. n. d., in-4°, pièce (1 ff. n. ch.).
Fonds Chambaud.
[**Ms. 2.523**, n° 138.

CHANSONNIER (Le) de Vaucluse, étrenne au beau sexe pour la présente année. — Orange, J. Bouchony, [1811], in-12, pièce (36 p.), grav.
[8°, **32.433**.

CHANSONS anonymes sur les événements de 1814-1815 à Avignon et dans le département de Vaucluse. — L'Avignonaise.— S. l. n. d., in-8°, pièce (2 p.).
[Chanson royaliste avignonaise, 1815.]
[8°, **9.293**, n° 25.

— Lei Bonapartiste troumpa oou l'arribado deis Autrichien, cansoun nouvello. — S. l. n. d., in-8°, pièce (2 p.).
[Chanson royaliste avignonaise en provençal.]
2 ex. [8°, **9.293**, n°s 3 et 9.

— Cansoun controu lei fédéras de Carpentras, ou récit dei circounstançou remarquablou despiei l'intradou dou Tyran. — S. l. n. d., pet. in-8°, pièce (4 p.).
[Chanson royaliste avignonaise en provençal.]
2 ex. [8°, **9.293**, n° 7, et **27.231**, n° 14.

— Cansoun nouvello adreissado ei bravé Avignounais, par J. H. L. — S. l. n. d. [1814], in-8°, pièce (1 ff. n. ch.).
[8°, **25.294**.

— Cansoun nouvelle sur la mort de Nicola. — S. l. n. d. [1815], in-12, pièce (2 p.).
[Chanson royaliste avignonaise en provençal.]
2 ex. [8°, **25.295**. — **Ms. 3.015**, n° 41.

— La Carpentrassienne, hymne. [Suit : Le retour du Corse. — Chanson]. — S. l. n. d. [1815], pet. in-8°, pièce (4 p.).
[8°, **27.231**, n° 15.

— Chanson à l'honneur des Bourbons et de la réunion par un Orangeois.— S. l. n. d. [1815], in-8°, placard.
[8°, **27.231**, n° 34.

— Chanson nouvelle en l'honneur de Monsieur le Chevalier Dupuy, Maire de la ville d'Avignon. — *S. l. n. d.* [1814], in-12, pièce (2 p.).

2 ex. [8°, **9.293**, n° 27. — **Ms. 3.018**, n° 25.

— Chanson, ou pot pourri dédié à Mr Lambot, com^re du Roi [dans le département de Vaucluse] sur le dernier retour des Bourbons. — [*Avignon, impr. Offray fils*, 1815], in-8°, pièce (4 p.).

2 ex. [8°, **9.293**, n° 28. — **Ms. 3.015**, n° 37.

— Chanson pour la délivrance des prisonniers français, composée par MM. P*** d'Avignon. — *S. l. n. d.* [1815], in-8°, pièce (2 p.).

2 ex. [8°, **9.293**, n° 1. — **Ms. 2.998**, n° 3.

— La confession de Nicolas. — *S. l. n. d.*, in-8°, pièce (4 p.). [Chanson royaliste avignonaise, 1815.]

[8°, **9.293**, n° 13.

— Le Cordonnier de Vaucluse [à propos du retour des Bourbons]. — [*Avignon, impr. Chaillot* (1814)], pet. in-8°, pièce (4 p.).

2 ex. [8°, **9.293**, n° 12, et **25.068**, n° 26.

— Dialoguou patouas de douas fumou de la Fustayé, [*suivi de* : Chanson des amis du Roi. — *Signé* : S... G... de Cavaillon]. — *S. l. n. d.* [1815], in-12, pièce (4 p.).

2 ex. [**Ms. 3.015**, n° 38, et **3.018**, n° 26.

— Les Fédérés. — *S. l. n. d.* [1815], in-8°, pièce (2 p.). [Chanson royaliste avignonaise.]

[**Ms. 3.015**, n° 40.

— La France délivrée. Stances par M^r F***. — [*Avignon, impr. Bonnet fils*, 1814], in-8°, pièce (3 p.).

[**Ms. 3.018**, n° 29.

— La Fuitou déi Fédéra d'Avignoun. — *S. l. n. d.*, in-8°, pièce (3 p.).

4 ex. [8°, **9.293**, n° 6, **25.267**, n° 2, et **27.230**, n° 40. — **Ms. 2.998**, n° 21.

— Les Girouettes d'Avignon. Dialogue sans rime, ni raison. — *S. l. n. d.* [1815], in-12, pièce (4 p.). [Chanson royaliste avignonaise.]

[**Ms. 3.015**, n° 44.

— Liste des fédérés. — *S. l. n. d.* [1815], in-8°, pièce (8 p.). [Chanson royaliste avignonaise.] Fonds Chambaud et Requien.

2 ex. [8°, **25.267**, n° 1. — **Ms 3.015**, n° 39.

— Lou Méridien. — *S. l. n. d.* [1815], in-8°, pièce (3 p.). [Chanson royaliste avignonaise.]

2 ex. [8°, **9.293**, n° 8. — **Ms. 2.998**, n° 22.

— Le Nouveau : Vive le Roi ! [*Suit* : L'Avignonaise. — Le Méridien. — A Charleroi]. — *S. l. n. d.* [1815], in-8°, pièce (iv ff. n. ch.).

[**Ms. 2.998**, n° 23.

— La Pescou dei fédéra. — *S. l. n. d.* [1815], in-8°, pièce (6 p.). [Chanson royaliste en provençal.]

2 ex. [8°, **9.293**, n° 5. — **Ms. 2.998**, n° 34.

— Royal Sibo. — *S. l. n. d.* [1815], in-8°, pièce (2 p.). [A l'occasion du retour des Bourbons. — *Signé* : Rountaou, pastré de Sant Hilaire.]

[**Ms. 2.998**, n° 4.

— Le Tafletatier d'Avignon, couplets pour célébrer le retour de l'Auguste Famille de Bourbon sur le trône de France. — [*Avignon, impr. Chaillot*], s. d., in-12, pièce (4 p.).

[8°, **9 293**, n° 14.

— Les Vauclusiens à leurs compagnons d'armes des Départemens méridionaux. — *S. l. n. d.* [1815], in-8°, pièce (2 p.).

4 ex. [8°, **9.293**, n° 21. — **Ms. 3.015**, n°s 35 et 42, et **3.018**, n° 27.

— Vœu de la France à la sainte Vierge pour le Roi et sa Famille. — *S. l. n. d.* [1815], in-8°, pièce (2 p.).

[Chant royaliste avignonais.]

[**Ms. 3.015**, n° 36.

CHANTRE (Ernest). — L'âge du bronze dans le bassin du Rhône, par E. Chantre. — *Bologne, impr. Fava et Garagnani*, 1873, in-8°, pièce (15 p.), pl.

(Extrait des *Comptes rendus du Congrès international d'anthropologie et d'archéologie préhistoriques. 5ᵉ session, Bologne* 1871.)

[8°, **13.949**, n° 2.

CHAPPUIS, député de Vaucluse. — *Voir* : CHAPUY (Hyacinthe-Adrien-Joseph).

CHAPSAL (C.). — Philippe de Girard, inventeur de la filature mécanique du lin. [*Signé* : C. Chapsal].— [*Paris, impr. Guiraudet et Jouaust*, 1853], in-8°, pièce (8 p.).

(Extrait du *Musée Universel*, année 1853.)

[4°, **3.352**, n° 12.

CHAPUY (Hyacinthe - Adrien- Joseph). — Réflexions sur le ci-devant Comtat Venaissin et d'Avignon, et sur la loi du 22 nivôse an VI. [*Signé* : Chappuis, de Vaucluse]. — [*Paris, Baudouin*], s. d., in-8°, pièce (8 p.)

Fonds Chambaud et Requien.

2 ex. [**Ms. 2.546**, n° 16, et **3.017**, n° 29.

CHARDON (Henri). — Nouveaux documents sur la vie de Molière. M. de Modène, ses deux femmes et Madeleine Béjart, par Henri Chardon... — *Paris, Picard*, 1886, in-8°, 509 p.

Don de l'auteur.

[4°, **3.326**.

CHARLES (R. P.). — Entrée solennelle de Monseigneur Joseph de Guyon de Crochans, archevêque d'Avignon, faite le 17 décembre 1742. [*Dédicace signée* : Charles,...].— *Avignon, F. Girard et D. Seguin*, 1743, in-4°, 50 p.

Fonds Massilian-Moutte et Requien.

4 ex. [**Ms. 2.438**, n° 22, **2.439**, n° 35, **2.440**, n° 21, et **2.929**, n° 33.

CHARLES - ROUX (Jules). — Souvenirs du passé. Légendes de Provence par Jules Charles-Roux. — *Paris, Lemerre*, etc., 1909, gr. in-4°, 372 p., fig. et pl.

Contient : Les Saintes-Maries-de-la-Mer. — Ste Marthe et la Tarasque. — Ste Roseline. — Crillon et la légende des quatre Henri. — Flamenca et le pont St-Bénézet, etc.

Don de Mᵐᵉ J. de Flandreysy.

[Fol. **5.311**.

CHARLET. — A Messieurs les consuls d'Avignon, ode par Monsieur Charlet.—*Rotterdam, P. Le Bon*, s. d., in-fol., placard.

(A propos de la peste de 1722. — Sous le titre, on a inscrit à la main dans le second exemplaire : *Parodie de l'ode de M. Charlet*.)

Fonds Massilian-Moutte et Requien.

2 ex. [**Ms. 2.428**, n° 46, et **2.951**, n° 53.

— Autre édition, précédée d'une préface. — *S. l. n. d.*, in-4°, pièce (11 ff. n. ch.).

2 ex. [**Ms. 2.928**, n° 25, et **2.942**, n° 34.

CHARNES (Antoine de). — *Trad.* Goudin (R. P. Antoine). Oraison funèbre de Monseigneur... F. Dominique de Marini... *Lyon*, 1669, in-4°.

4 ex. [4°, **2.124**, n° 4. — **Ms. 2.451**, n° 21, **2.458**, n° 11, et **2.925**, n° 38.

CHARPENNE (Pierre). — Les grands Episodes de la Révolution dans Avignon et le Comtat, par P. Charpenne. — *Avignon, H. Guigou*, 1901, 4 vol. in-16 ; t. I : xxix-378 p. ; t. II : 528 p. ; t. III : 439 p. ; t. IV : 450 p.

[*Préface signée* : Dr Victorin Laval].

[8°, **33.226**.

— Histoire de la Révolution dans Avignon et le Comtat et de leur réunion définitive à la France, par P. Charpenne. Tome I [seul publié]. — *Avignon, impr. H. Guigou*, 1892, in-8°, lxix-502 p.

[4°, **4.037**.

— Histoire des réunions temporaires d'Avignon et du Comtat Venaissin à la France, par P. Charpenne. — *Paris, Calmann Lévy*, 1886, 2 vol. in-8°, t. I : x-554 p. ; t. II : 574 p.

[8°, **16.967**.

— *Edit.* Martin. Voyage à Paris en 1789... *Avignon*, 1890, in-8°.

[8°, **14.159**.

— *Edit. et Trad.* Sadolet (Cardinal Jacques). Traité d'éducation... *Paris*, 1855, in-8°.

[8°, **2.442**.

— *Trad.* Sadolet (Cardinal Jacques). L'Attaque et la défense de la philosophie... *Paris*, 1864, in-12

2 ex. [8°, **1.813** et **35.154**.

CHARPIN (F.). — *Trad.* Welter (Nicolas). Théodore Aubanel... *Marseille*, s. d., in-12.

[8°, **34.903**.

CHARRASSE (Louis). — *Edit.* Armana dou Ventour... *Vaison*, 1899-1907, 9 vol. in-12.

[8°, **37.682**.

CHARRIN. — *Edit.* Cicerone de la ville d'Avignon. Années 1896, 1897, 1898, 1899. *Avignon*, s. d., in-8°.

[8°, **29.604**.

CHARRONIER (Le P.). — *Voir* : Berthet (Jean) et Charronier (Le P.). Historia chronologica rectorum collegii S. Martialis Avenionensis... *S. l.*, 1688, in-fol.

[Fol. **4.221**.

CHARVET (Etienne-Léon-Gabriel). — Les de Royers de la Valfenière, par Léon Charvet... — *Lyon, Glairon-Mondet*, 1870, in-8°, 192 p., pl.

(Biographies d'architectes.)
Don de l'auteur.

2 ex. [4°, **3.149** et **4.267**.

— Etienne Martellange (1569-1641), par E.-L.-G. Charvet. — *Lyon, Glairon-Mondet*, 1874, 239 p., fig. et pl.

[A consulter pour la construction du collège de Carpentras.]
(Biographies d'architectes)
Don de l'auteur.

2 ex. [4°, **3.150** et **4.313**.

CHARVET (Léon). — *Voir :* CHARVET (Étienne-Léon-Gabriel).

CHAS (Pierre). — Pétrarque, poème suivi de poésies diverses, par Pierre Chas. — *Montpellier, impr. J.-G. Tournel,* 1819, in-12, 78 p.

2 ex. [8°, **27.013** et **34.717**.

CHASSENET (François). — Le Fléau aquatique, poëme [ou les calamités publiques occasionnées dans Avignon par le grand débordement du Rhône, arrivé du 29 au 30 novembre jusques au 4 décembre 1755. *Epître dédicatoire signée:* François Chassenet]. — *Avignon, F. Guibert et H.-J. Joli,* 1756, in-8°, VII-67 p.

4 ex. [8°, **26.589**, n° 3, **28.203**, n° 1, **28.614** et **31.821**, n° 1.

CHASSÉRIAU (Frédéric). — Notice nécrologique sur le vice-amiral Comte d'Augier [par Frédéric Chassériau]. — *[Paris, impr. Royale,* 1834], in-8°, pièce (8 p.).

[8°, **31.611**.

CHASTAN (Auguste). — 5me floraison Valréassienne anti-félibre, négligeant les coupables courbettes, par Auguste Chastan, d'aucun concours. — *Valréas, impr. Dupuy,* [1882], in-12, 120 p.

2 ex. [8°, **9.041** et **25.113**.

CHATEAU (T.). — *Voir :* ALTÉRATIONS frauduleuses de la garance... *Avignon,* 1860, in-8°.

3 ex. [8°, **5.077**, **28.736** et **28.737**.

CHATEAUBRUN (Jean Baptiste Vivien de). — *Voir :* ARNAUD (Abbé François) et CHATEAUBRUN (Jean-Baptiste Vivien de). — Discours prononcés dans l'Académie française... *Carpentras,* 1771, in-4°.

7 ex. [4°, **6.892** et **7.072**. — **Ms. 2.422**, n° 2, **2.937**, n° 9, **2.946**, n° 14, et **2.955**, n°^{os} 41 et 42.

CHATEAUBRUN (Jean-Charles Fabry de). — *Voir :* FABRY DE CHATEAUBRUN (Jean-Charles de).

CHATELAIN (Louis). — Les monuments romains d'Orange par Louis Châtelain... — *Paris, H. Champion,* 1908, in-8°, VIII-324 p.; fig. et pl.

(Bibliothèque de l'Ecole des Hautes-Etudes, fasc. 70).

[4°, **7.726**.

CHAUDON (J.), conseiller municipal d'Avignon. — *Voir :* MÉMOIRE pour les religieuses hospitalières de St-Joseph d'Avignon. *Avignon,* 1844, in-4°.

[4°, **4.435**.

CHAUFFARD (Dr A.). — Titres et travaux scientifiques du Dr A. Chauffard... — *Paris, Masson et Cie,* 1901, in-4°, 128 p.

[4°, **6.014**.

CHAUFFARD (Dr Marie-Etienne-Denis-Hyacinthe). — Rapport sur l'établissement à Avignon, de douches et bains de vapeurs, par M. Chauffard..., commissaire-rapporteur de la Commission nommée par M. le Maire, à l'effet d'en constater les avantages. — *[Avignon, impr. Pierre Chaillot jeune,* 1827], in-8°, pièce (8 p.).

[Ms. **3.001**, n° 60.

— De la loi actuelle sur les enfants trouvés et de la nécessité de rétablir les tours, par le docteur Chauffard. — *Avignon, impr. Aubanel*, 1861, in-8°, pièce (19 p.).

Don de l'auteur.

[8°, **24.582**.

CHAUGY (François - Madeleine de). — Statuts, office et litanies pour la Confrérie de saint François de Sales, érigée... en l'Eglise des Religieuses de la Visitation Sainte Marie de Carpentras..., avec l'abrégé de la vie du Saint... Composé par une Supérieure de la Visitation Sainte Marie [Françoise - Madeleine de Chaugy]. — *Avignon, Michel Mallard*, 1675, in-18, VIII ff. n. ch. - 347 p.

[8°, **27.167**.

CHAUMELIN (Marius). — Les trésors d'art de la Provence exposés à Marseille en 1861... Marius Chaumelin. — *Paris, Vve Renouard, et Marseille, Camoin*, 1862, in-8°, 287 p.

[En tête, on a joint le prospectus.]

[8°, **4.479**.

CHAUSSY (Dominique). — Dominique Chaussy, lieutenant de gendarmerie nationale, de résidence à Avignon ; à toutes les Sociétés populaires et aux Sans-Culottes de la [République [10 fructidor, an II]. — *S. l. n. d.*, in-4°, pièce (7 p.).

Fonds Massilian-Moutte et Requien.

2 ex. [**Ms. 2.528**, n° 86, et **2.964**, n° 189.

— *Voir:* Moulin, Chaussy et Peyre. Adresse... à tous les Républicains françois... *S. l. n. d.*, in-4°.

[**Ms. 2.962**, n° 19.

CHAUSSY (Dominique), MOULIN et PEYRE. — Chaussy, Moulin et Peyre, à tous les sans-culottes ennemis de la prévention et de la tyrannie [14 mai 1793]. — [*Avignon, impr. Joseph Mouriés*, 1793] in-12, pièce (8 p.).

Fonds Chambaud et Requien.

2 ex. [**Ms. 2.543**, n° 15, et **2.993**, n° 38.

CHAVAGNAC. — Conduite de Chavagnac, ci-devant Administrateur du District d'Avignon, Département de Vaucluse, justifiée d'après ses principes. — *S. l. n. d.* [1794], in-8°, pièce (15 p.).

[**Ms. 2. 94**, n° 28.

CHEMIN (Le) au temple de l'Immortalité. Représenté en Avignon à l'Entrée Triomphante de Monseigneur... Dominique de Marinis, archevesque de la mesme ville. Le 11 juillet 1649 ... — *Avignon, J. Bramereau*, 1649, in-4°, pièce (32 p.).

Fonds Massilian-Moutte.

2 ex. [**Ms. 2.438**, n° 5, et **2.439**, n° 5.

— 2 autres ex. avec, en-tête, 1 ff. n. ch. portant au v° des armoiries.

Fonds Massilian-Moutte et Requien.

2 ex. [**Ms. 2.440**, n° 2, et **2.925**, n° 6.

CHEMIN DE FER d'Avignon à Marseille. — *Le Constitutionnel*, n° du 21 juin 1843, p. 1.

[**Ms. 2.978**, n° 28.

CHEMIN DE FER d'Avignon à Marseille. Note pour les Compagnies des bâteaux à vapeur du Rhône, soumissionnaires de ce chemin. — [*Paris, impr. Lange, Lévy et Cie*, 1843], in-8°, pièce (11 p.).

[8°, **24.862**, n° 17.

CHEMIN DE FER de Marseille au Rhône. Comparaison du tracé par la Vallée de la Durance, et du tracé par la Vallée du Rhône. — *Arles, typ. D. Garcin*, 1842, in-8°, 77 p., tab.

2 ex. [8°, **24.862**, n° 10, et **28.904**.

CHÉNARD (Ludovic). — Restauration du Palais des Papes. Conférence faite au grand-théâtre d'Avignon, le 25 avril 1896, par Ludovic Chénard. — *Avignon, impr. Eug. Millo et Cie*, [1896], in-12, 56 p.

[8°, **29.902**.

Autre ex. (Anc. archevêché d'Avignon).

[8°, **37.427**.

CHEVALIER (Abbé Jules). — Notes et documents pour servir à l'histoire des évêques d'Avignon et de Valence dans la seconde moitié du XIII° siècle, par Jules Chevalier... — *Valence, impr. J. Céas et fils*, 1886, in-8°, pièce (31 p.).

2 ex. dont un donné par l'auteur.

[8°, **15.184** et **27.600**.

CHEVALIER (Chanoine Ulysse). — Cartulaire municipal de la ville de Montélimar (Drôme), publié... par l'abbé C.-U.-J. Chevalier... — *Montélimar, impr. Bourron*, 1871, in-8°, 352 p.

(Documents inédits sur l'histoire du Tiers-Etat.)

[8°, **14.906**.

— Cartulaires des hospitaliers et des templiers en Dauphiné publié (*sic*) par l'abbé C.-U.-J. Chevalier. [Chartularium domus templi Hierosolymitani de Roais, diœcesis Vasionensis]. — *Vienne, Savigné*, 1875, in-8°, p. 59-136, incomplet.

(Collection des cartulaires dauphinois, t. III.)

[8°, **14.905**.

— François Pétrarque. Bio-bibliographie, par l'abbé Ulysse Chevalier. — *Montbéliard, impr. Paul Hoffmann*, 1880, in-12, pièce (15 p.).

(Extrait du *Répertoire des sources historiques du moyen âge*, 4° fascicule.)

[8°, **27.691**.

— Notice historique sur l'ordre de St-Ruf de Valence et dissertation sur l'origine des seigneurs de Poitiers souverains dans le Valentinois et le Diois..., par l'abbé C.-U.-J. Chevalier... — *Grenoble, Prudhomme*, 1867, in-8°, pièce (14 p.).

[8°, **11.569**.

— Notice littéraire et bibliographique sur Letbert, abbé de Saint-Ruf (1100-1110), suivie du texte inédit d'une hymne à la sainte Vierge..., par C.-U.-J. Chevalier,... 1re édition. — *Versailles, impr. Beau jeune*, 1867, in-8°, pièce (24 p.).

(Extrait des *Annales de philosophie chrétienne*, n° de septembre 1867.)

[8°, **11.567**.

— 2° édit. — *Paris, E. Thorin*, 1868, in-8°, pièce (20 p.).

(Extrait du *Bulletin de la Société d'archéologie et de statistique de la Drôme*, 1868.)

[8°, **11.568**.

— *Edit*. Actes anciens et documents concernant le bienheureux Urbain V, pape... *Paris, Picard, etc.*, 1897, in-8°.

[4°, **4.796**.

— *Edit*. Albanès (Abbé J.-H.). Gallia christiana novissima... *Montbéliard - Valence*, 1895-1909, 5 vol. in-fol.

[4°, **4.884**.

CHEVANDIER (Dʳ). — Précis sur la nature et les propriétés des eaux minérales de Montmirail, plus connues sous le nom d'eaux de Vacqueiras, analisées par M. Chevandier,... — *Avignon, J.-J. Guichard*, 1790, in-12, pièce (45 p.).

2 ex. [8°, **24.636** et **34.386**, n° 4.

CHIOUSSE (Le P.). — Analyse des principes qui dirigent les Associations pieuses, connues sous la dénomination de Pénitens, et considérées sous les rapports de la Religion, de la Politique et de la Morale, [par le P. Chiousse]. — *Aix, Gᵈ Mouret*, 1818, in-8°, pièce (48 p.).

[Ms. **2.999**, n° 1.

CHOBAUT (Dʳ Alfred). — Capture d'un aigle dans les environs d'Avignon. [*Signé* : Dʳ A. Chobaut]. — S. l. n. d. [*Avignon, F. Seguin*, 1900], in-8°, pièce (3 p.).

(Extrait des *Mémoires de l'Académie de Vaucluse*, 1900.)
Don de l'auteur.

[4°, **6.054**.

— Découverte d'une fibule gallo-romaine au Mont-Ventoux... par le Dʳ A. Chobaut... — *Avignon, François Seguin*, 1906, in-8°, pièce (9 p.), fig. et pl.

(Extr. des *Mémoires de l'Académie de Vaucluse*, 1906.)
Don de M. François Seguin et de l'auteur.

2 ex. [8°, **35.304** et **35.332**.

— Description d'un carabique cavernicole nouveau du midi de la France. Description d'un rhipiphoride nouveau du nord de l'Afrique, par le Dʳ A. Chobaut. — *Paris, au siège de la Société*, 1902, in-8°, pièce (11 ff. n. ch.).

(Extrait du *Bulletin de la Société entomologique de France*. Année 1902, n° 4.)
Don de l'auteur.

2 ex. [8°, **34.848** et **33.530**.

— Description d'un *Ernobius* nouveau de la France méridionale, par le Dʳ A. Chobaut. — *Paris, au siège de la Société*, 1899, in-8°, pièce, (p. 117-119).

(Extrait du *Bulletin de la Société entomologique de France*, 1899.)
Don de l'auteur.

[8°, **32.969**.

— Description d'un *Ernobius* nouveau de la France méridionale. Note sur *Sefrania Bleusei* Pic, par le Dʳ A. Chobaut. — *Paris, au siège de la Société*, 1899, in-8°, pièce (11 ff. n. ch.).

(Extrait du *Bulletin de la Société entomologique* de France, 1899, n° 5.)
Don de l'auteur.

[8°, **32.971**.

— Description d'un ptinide nouveau du midi de la France, par le Dʳ A. Chobaut. — *Paris, au siège de la Société*, 1901, in-8°, pièce (1 ff. n. ch.).

(Extrait du *Bulletin de la Société entomologique de France*. Année 1901, n° 17.)
Don de l'auteur.

[8°, **34.847**.

— Description d'un *Rhipidius* nouveau de la France méridionale, avec tableau dichotomique des *Rhipidiini*, par le Dʳ A. Chobaut. — *Paris, au siège de la Société*, 1904, in-8°, pièce (III ff. n. ch.).

(Extrait du *Bulletin de la Société entomologique de France*. Année 1904, n° 15.)
Don de l'auteur.

[8°, **34.855**.

— Description d'une *Bathyscia* nouvelle du midi de la France, par le Dʳ A. Chobaut. — *Paris,* au siège de la Société, 1903, in-8°, pièce (p. 221-222).

(Extrait du Bulletin de la Société entomologique de France. Année 1903, n° 13.)
Don de l'auteur.   [8°, **34.852**.

— Description de deux coléoptères cavernicoles nouveaux du midi de la France, par le Dr A. Chobaut. — Paris, au siège de la Société, 1903, in-8°, pièce (p. 263-265).

(Extrait du Bulletin de la Société entomologique de France. Année 1903, n° 16.)
Don de l'auteur.   [8°, **34.853**.

— Discours prononcé aux obsèques de M. Hector Nicolas, membre titulaire et deux fois Vice-Président de l'Académie de Vaucluse, le 27 octobre 1899, suivi d'une Bibliographie de ses travaux, par Alfred Chobaut... — Avignon, impr. F. Seguin, 1899, in-8°, pièce (8 p.).

(Extrait des Mémoires de l'Académie de Vaucluse, 1899, p. 347-354.)

2 ex. [4°, **6.048**. — 8°, **31.593**.

— Espèces nouvelles d'insectes coléoptères trouvées en ces dernières années dans le département de Vaucluse et dans les départements limitrophes, par le Dr A. Chobaut... — Avignon, François Seguin, 1900, in-8°, pièce (8 p.).

2 ex. [4°, **6.051**. — 8°, **32.444**.

— La Grotte de Thouzon..., par Alfred Chobaut. — Avignon, Fr. Seguin, 1902, in-8°, pièce (11 p.), pl.

(Extrait des Mémoires de l'Académie de Vaucluse, 1902.)
3 ex. dont un donné par l'auteur.

[4°, **6.253**, **6.616** et **6.702**.

— Le Merle bleu. [Signé : Dr A. Chobaut]. — S. l. n. d., [Avignon, F. Seguin, 1902], in-8°, pièce (3 p.).
Don de M. F. Seguin.
[4°, **6.139**.

— Mœurs et métamorphoses du « Platypsyllus castoris » Ritsema, insecte coléoptère, hôte du castor, par M. le Docteur Alfred Chobaut,... — Nîmes, imp. « La Laborieuse », 1900, in-8°, pièce (11 p.).

(Extrait du Bulletin de la Société d'études des sciences naturelles de Nîmes, 1899.)
Don de l'auteur.
[4°, **6.056**.

— Les mordellides des environs d'Avignon, nouvelles notes par le Dr A. Chobaut. — L'Echange, revue Linéenne, n° du 15 février 1891, p. 13.
[8°, **32.389**.

— Un Hôtel climatérique au Mont-Ventoux, par le Dr A. Chobaut, ... — Avignon, F. Seguin, 1900, in-8°, pièce (7 p).

(Extrait des Mémoires de l'Académie de Vaucluse, 1900.)
Don de l'auteur.   [4°, **6.052**.

— Un nouveau Rhipidius du Mont-Ventoux, avec une planche gravée, par le docteur Alf. Chobaut,... — Avignon, Seguin frères, 1892, in-8°, pièce (11 p.), pl.

(Extrait des Mémoires de l'Académie de Vaucluse, 1892, p. 213-221.)
Don de l'auteur.
[8°, **32.376**.

— Une chasse aux coléoptères, en hiver, sous les écorces de platane dans les environs d'Avignon, par le Dr A. Chobaut,... — [Lyon, A. Rey], s. d., in-8°, pièce (11 ff. n. ch.).

(Extrait de L'Echange, revue linéenne.)
Don de l'auteur.   [4°, **6.050**.

— Une mordellide nouvelle pour la faune française par le D⁷ A. Chobaut. — *Paris, Société entomologique de France*, 1906, in-8°, pièce (2 p.).

(Extrait du *Bulletin de la Société entomologique de France*, 1906.)
Don de l'auteur.
[8°, **35.325**.

CHOSSAT (R. P. Marcel). — Le R. P. Marcel Chossat... Les Jésuites et leurs œuvres à Avignon, 1553-1768. — *Avignon, F. Seguin*, 1896, in-8°, XIII-522 p., port. et pl.
[4°, **4.513**.

CHOUVET (Abbé). — Recueil de cantiques... sur les airs les plus populaires, par M. l'abbé Chouvet... 2ᵉ édit. — *Avignon, F. Seguin*, 1909, in-12, 136 p.
Don de M. F. Seguin.
[8°, **36.710**.

CHRESTIAN (Henri). — Note sur une inscription votive aux déesses mères faisant connaître le nom d'une ancienne peuplade habitant le plateau de Sault, par Henri Chrestian. — *Apt, typ. J.-S. Jean*, 1869, in-8°, pièce (14 p.), pl.

(Extrait du 4ᵉ vol. de la *Société littéraire, scientifique et artistique d'Apt*.)
Don de l'auteur.
[8°, **16.753**.

CHRISTOPHE (Abbé Jean-Baptiste). — Histoire de la papauté pendant le XIVᵉ siècle avec des notes et des pièces justificatives par l'abbé J.-B. Christophe... — *Paris, L. Maison*, 1853, 3 vol. in-8°.
2 ex. [8°, **13.742** et **25.827**.

— Histoire de la papauté pendant le XVᵉ siècle, avec des pièces justificatives, par l'abbé J.-B. Christophe... — *Lyon, Bauchu*, 1863, 2 vol., in-8°, t. I : XXXVII-506 p. : t. II : 603 p.
[8°, **13.746**.

CHUQUET (Arthur). — *Voir* : Cauvin (C.) et Barthélémy (A.), Les volontaires et les réquisitionnaires des Basses-Alpes... *Paris*, 1910, in-8°.
[4°, **8.384**.

CICERI (Abbé Paul-César de). — Oraison funèbre de... Louis, dauphin de France, prononcée dans l'église cathédrale d'Apt le 19 août 1711, par M. l'abbé de Ciceri. — *Marseille, Vve H. Brebion*, s. d., in-4°, pièce (11 fl. n. ch., 42 p.).
Fonds Chambaud et Requien.
2 ex. [4°, **5.690**. — Ms. **2.450**, n° 25.

Autre ex. (Don de M. Gustave Ode).
[8°, **33.190**.

CICERONE de la ville d'Avignon ... [Années 1896 à 1899 publiées par J. Dol et Charrin, 1900 à 1903 par J. Dol, 1904 à 1906 par J. Callot]. — [*Avignon, F. Seguin*], s. d., in-8°, 11 vol.
[8°, **29.604**.

CINQUIÈME centenaire de Pétrarque. — *Voir* : Centenaire (Cinquième) de Pétrarque.

CITOYENS (Les) d'Avignon à toute la France. — [*Avignon*], F. Seguin, 17 novembre 1791, in-4°, pièce (19-XVI p.).

[*Contient* : Délibération et adresses des citoyens composant la commune d'Avignon, 16 et 17 novembre 1791 (19 p.). — Procès-verbal de l'extraction de soixante cadavres dans le Château d'Avignon, par les commissaires civils députés par le Roi, des 14, 15 et 16 novembre 1791 (16 p.).]
Fonds Chambaud et Requien.
4 ex. [4°, **6.199** et **6.357**. — Ms. **2.523**, n° 145, et **2.968**, n°ˢ 112 et 113.

CITOYENS (Les) d'Avignon soussignés, Amis de la Constitution, à M. Chassaignac, Député à l'Assemblée Nationale législative, en réponse au Rapport infidèle et calomnieux, qu'il a fait dans la séance du jeudi matin 10 mai 1792, des prétendus troubles d'Avignon. [29 mai 1792]. — S. l. n. d., in-8°, pièce (20 p.).

Fonds Chambaud et Requien.

3 ex. [8°, **33.515**. — Ms. **2.542**, n° 9, et **2.992**, n° 35.

CITOYENS (Les) de Carpentras aux Français. [24 mai 1791]. — [*Carpentras, J.-A. Proyet*, 1791], in-12, pièce (7 p.).

[Ms. **2.990**, n° 15.

CITOYENS (Des) de la Commune d'Avignon, au Directoire exécutif de la République française. [3 germinal an IV]. — S. l. n. d., in-8°, pièce (7 p.).

Fonds Chambaud et Requien.

2 ex. [Ms. **2.544**, n° 67, et **2.995**, n° 9.

CITOYENS (Les) de Marseille soussignés, amis de la Constitution, aux Juges composant le Tribunal extraordinaire établi à Avignon, pour connoître des crimes commis dans cette Ville et dans le Comtat depuis le 23 septembre 1791. — [*Marseille, impr. A.-H. Jouve et Cie*, 1792], in-8°, pièce (8 p.).

Fonds Chambaud et Requien.

2 ex. [Ms. **2.541**, n° 1, et **2.992**, n° 4.

CLAPIERS (De). — Devis des ouvrages à faire pour la continuation de l'aqueduc de la ville de Carpentras, jusques au regard de la Lanterne, et la nouvelle conduite de poterie depuis ce regard jusqu'à la ville. Par Mr. de Clapiés, … — *Carpentras, Vve D. Eysséric et G. Quenin*, 1729, in-4°, pièce (20 p.).

Fonds Massilian-Moutte et Requien.

3 ex. [Ms. **2.423**, n° 22, **2.942**, n° 74, et **2.952**, n° 43.

— Mémoire touchant la réparation de la conduite des Eaux des Fontaines de la ville de Carpentras. Par Mr. de Clapiés, … — *Carpentras, D. Eysséric*, s. d. [1718], in-4°, pièce (26 p.).

Fonds Massilian-Moutte et Requien.

2 ex. [Ms. **2.423**, n° 17, et **2.941**, n° 87.

CLAUDIN (ANATOLE). — Les origines de l'imprimerie en France. Premiers essais à Avignon en 1444, par A. Claudin… — *Paris, A. Claudin*, 1898, in-8°, pièce (14 p.).

(Extrait du *Bulletin du Bibliophile*.)
Don de l'auteur.

[8°, **31.350**.

CLAVEL (E.). — A Monsieur le Gérant du *Progrès*. Avignon, 19 juin 1834. [*Signé :* E. Clavel]. — S. l. n. d., in-4°, pièce (1 ff. n. ch.).

[A propos des élections].
Fonds Chambaud et Requien.

2 ex. [Ms. **2.535**, n° 136, et **2.974**, n° 35.

CLÉMENT IV, pape. — Les registres de Clément IV (1265-1268) ; recueil des bulles de ce pape publiées ou analysées… par M. Edouard Jordan… — *Paris, Fontemoing*, 1893-1904, 4 fasc. in-4°.

(Bibliothèque des Ecoles françaises d'Athènes et de Rome.)

[Fol. **5.290**.

CLÉMENT VI, pape. — Clément VI (1342-1352). Lettres closes, patentes et curiales se rapportant à la France publiées ou analysées... par Eugène Déprez... — *Paris, Fontemoing*, 1901, 1 fasc. in-4°.
(Bibliothèque des Ecoles françaises d'Athènes et de Rome.)
Dépôt de l'État. [Fol. **5.299**.

CLÉMENT (Abbé), de la paroisse St-Agricol d'Avignon. — La vie de Saint Agricol, évêque et patron de la ville d'Avignon,... par M. l'abbé Clément. — *Avignon, J. Roberty*, 1771, in-8°, xv-133 p., front. et pl.
3 ex. [8°, **13.496, 25.911** et **32.204**.

CLÉMENT, conseiller municipal d'Avignon. — *Voir* : MÉMOIRE pour les religieuses hospitalières de St-Joseph d'Avignon. *Avignon*, 1844, in-4°.
[4°, **4.436**.

CLÉMENT (Abbé EUSÈBE). — Hagiographie avignonaise. I. Saint Agricol, son œuvre et son siècle.— II et III. Le pâtre saint Benezet et le cardinal B. Pierre de Luxembourg.[Par l'abbé E. Clément]. — *Avignon, Aubanel frères, 1882, in-4°, 2 pièces (66 et 48 p.).
[8°, **13.502**.

— Le Monastère-collège de Saint Martial d'Avignon. Les moines et les étudiants d'autrefois, par M. l'abbé E. Clément.:. — *Avignon, Seguin frères*, 1893, in-8°, x-354 p., pl.
[8°, **30.837**.

— Monographie du tapis de St-Didier, 3ᵉ paroisse d'Avignon. [*Signé* : E. Clément]. — *Avignon, Aubanel*, 1877, in-18, pièce (40 p.).
2 ex. [8°, **4.510** et **29.856**.
Autre ex. (Anc. archevêché d'Avignon).
[8°, **37.288**.

CLÉMENT (Abbé JOSEPH). — La Renaissance méridionale au XIXᵉ siècle d'après un ouvrage récent. [*Histoire critique de la Renaissance méridionale au XIXᵉ siècle*, par M. l'abbé J. Aurouze. — *Signé :* J. Clément]. — *Lyon, impr. Em. Vitte*, 1907, in-8°, pièce (19 p.).
(Extrait de l'*Université catholique*, 1907.)
Don de M. Frédéric Mistral.
2 ex. [8°, **35.405**. — 4°, **8.088**.

CLÉMENT (JUST-NORBERT-NAPOLÉON). — *Voir :* CLÉMENT-SAINT-JUST (Just-Norbert-Napoléon Clément *dit*).

CLÉMENT-SAINT-JUST (JUST-NORBERT - NAPOLÉON CLÉMENT, *dit*). — Les centenaires de Vaucluse... Esquisse historique de la Révolution d'Avignon et du Comté Venaissin et de leur réunion à la France,... par Clément Saint-Just. — *Paris, Garnier frères*, 1890, in-16, 157 p.
[8°, **15.053**.
Ex. d'Arnaud de Fabre.
[8°, **35.929**.

— Coup d'œil sur l'assistance par un ancien administrateur du Bureau de Bienfaisance [Clément - Saint - Just]. — *Paris, Guillaumin*, 1889, in-18, 119 p.
[8°, **29.010**.

— Le Memento d'Avignon par Clément Saint-Just.— *Avignon, impr. J. Guigou*, 1907, in-12, 154 p., fig.
Don de M. Jh Guigou.
[8°, **35.361**.

CLERC (Auguste). — Essai sur l'amélioration du Rhône, au point de vue de sa navigation jusqu'à la mer. — *Lyon, F. Dumoulin*, 1856, in-4°, pièce (31 p.).

[Envoi autographe au Maire d'Avignon signé : Auguste Clerc, propriétaire à la Mulatière, près Lyon].

[4°, **1.449**.

CLERC (Charles). — Les Alpes françaises. Etudes de géologie militaire, par Ch. Clerc... — *Paris, Berger-Levrault et Cie*, 1882, in-8°. 224 p., fig. et cart.

[8°, **27.578**.

CLERC (Michel). — Note sur l'inscription phénicienne d'Avignon, par Michel Clerc... — *Marseille, typ. Barlatier*, 1898, in-8°, pièce (8 p.).

(Extrait des *Comptes-rendus de l'Académie des Inscriptions et Belles-Lettres, bulletin de mai-juin 1898.*)
Don de l'auteur.

[8°, **31.011**.

CLERGÉ (Le) contemporain, esquisses biographiques. N°s 3 et 4. Monseigneur Fuzet, évêque de Beauvais. — *Paris, Société des revues indépendantes*, 1895, in-12, 90 p.

[8°, **29.612**.

CLERGÉ (Le) de France, ou tableau historique et chronologique des archevêques, évêques, abbés, abbesses et chefs des chapitres principaux du royaume, depuis la fondation des Eglises jusqu'à nos jours. — *S. l. n. d.*, in-8°, 48 p. et p.-639-643.

(Extraits du tome II concernant : Avignon, Carpentras, Vaison et Cavaillon, avec additions pour Saint-Paul-Trois-Châteaux, Avignon et Vaison.)
Fonds Chambaud.

[8°, **28.860**, n° 1.

CLERMONT-TONNERRE (Cte Stanislas-Marie-Adélaïde de). — Dernière opinion de Stanislas Clermont-Tonnerre, sur l'affaire d'Avignon, du 14 septembre 1791. — *S. l. n. d.*, in-8°, pièce (19 p.).

Fonds Chambaud et Requien.

2 ex. [**Ms. 2.539**, n° 43, et **2.991**, n° 5.

— Opinion de Stanislas de Clermont-Tonnerre, dans l'Affaire d'Avignon. Le 27 août 1790. — *S. l. n. d.* [1790], in-8°, pièce (8 p.).

[**Ms. 2.988**, n° 14.

— Autre ex. (6 p.).

[8°, **26.573**, n° 6.

— Autre ex. (4 p.).

2 ex. [4°, **2.848**, n° 73. — **Ms. 2.984**, n° 6.

— Opinion de M. Stanislas de Clermont-Tonnerre, sur l'affaire d'Avignon. Du 20 novembre 1790. — *S. l. n. d.*, in-12, pièce (20 p.).

[**Ms. 2.988**, n° 42.

— Pièce très-importante dans l'affaire d'Avignon, dénoncée à l'indignation publique et à la justice de l'Assemblée nationale, par Stanislas Clermont-Tonnerre, le 19 mai 1791. — *S. l. n. d.*, in-12, pièce (22 p.).

[**Ms. 2.990**, n° 11.

CLOT, secrétaire de la mairie de St-Saturnin d'Apt. — Au Rédacteur du *Progrès*.[Saint-Saturnin, le 5 avril 1834]. — *S. l. n. d.*, in-8°, pièce (1 ff. n. ch.).

[**Ms. 3.004**, n° 20.

COCHIN (Claude). — *Voir :* Congrès archéologique de France. LXXVIe session tenue à Avignon en 1909... *Paris-Caen*, 1910, in-8°.

[8°, **37.750**.

COHELLI (Giacomo). — Jacobi Cohellii J.V.D. Urbevetani, universitatum ditionis ecclesiast. agentis gen., commentaria in bullam x Clementis papae VIII de bono regimine rerum ad dictas universitates spectantium..., Caroli Cartharii... studio ab interitu vindicata, necnon summorum pontificum bullæ, ut et resolutiones et decreta dictarum universitatum interesse spectantia... — *Lyon, J.-A. Cramer et P. Perachon*, 1699, in-fol. en 2 parties : I, pièces liminaires - 372 p. ; II. 127 p.

La deuxième partie porte le titre suivant : Bolle di sommi pontefici e risoluzioni e decreti concernenti l'interesse delle Communità dello Stato Ecclesiastico fatto volgare, e raccolte da Giacomo Cohelli.. — *Lyon, J.-A. Cramer et P. Perachon*, 1699, in-fol.

[Fol. **1.089**.

COINDRE. — Rapport de M. Coindre, jardinier en chef de la ville et du jardin des plantes d'Avignon, à la Chambre de Commerce et à l'administration du Musée-Calvet et du jardin des plantes, sur sa visite à l'Exposition universelle et aux jardins des alentours de Paris en 1867. — *Avignon, A. Chaillot*, 1868, in-8°, pièce (14 p.).

[8°, **31.790**.

COLLECTIONS (Catalogues de). — Catalogue d'une belle collection de tableaux anciens et modernes. [Octobre 1839]. — [*Avignon, impr. Jacquet-Joudou*], s. d., in-8°, pièce (8 p.)

[Ms. **3.006**, n° 30.

— Catalogue des anciennes faïences de Moustiers et Marseille, Palissy, Nevers, Strasbourg, Sinceny, Aprey, Niederwiller, Urbino, Goult, Delft, etc... Anciennes porcelaines françaises et étrangères, Sèvres, Saxe, Vienne, Tournay, Chine, Japon, etc., tapisseries de Bruxelles, meubles, bibelots, tableaux, marbres, vitrines, etc., etc., composant la collection *L. Arnavon*... — [*Marseille, Samat et Cie*], s. d. [1902], in-8°, 62 p., pl.

Don de M. Ch. Dalbon.

[4°, **6.161**.

— Le Cabinet portatif ou Catalogue historique d'une petite collection composée de vieilles médailles en tous métaux, et de plusieurs sortes de pierres gravées, etc., etc., etc. [Collection Louis *Chapat*, d'Orange, puis Nogent-St-Laurens]. — *Avignon, Joseph Guichard*, 1775, in-8°, 198 p. - 1 fl. n. ch.

3 ex. [8°, **16.078**, **26.774** et **26.881**, n° 4.

— Catalogue d'une collection de tableaux de diverses écoles, monuments antiques, médailles antiques, objets d'art, de curiosité, et instruments de physique. [Vente *Deleutre*, à Avignon]... — *Avignon, Lunel, Reynard-Lespinasse et Niel*, [1832], in-8°, pièce (15 p.).

[Ms. **3.093**, n° 56.

— Catalogue raisonné d'une petite collection de tableaux, d'estampes montées, d'estampes en feuilles, de gravures à l'eau-forte, de croquis et de dessins de très-bons maîtres, appartenant à M. *Pamard*... — *Avignon, impr. François Chambeau*, s. d., in-8°, pièce (32 p.).

2 ex. [8°, **4.466** et **26.881**, n° 4.

— [Cabinet de l'abbé de *Pérussis*, mis en vente en 1784]. — Dans le *Courrier d'Avignon*, du 20 août 1784, in-4°, pièce (p. 272).

Collection De Véras.

[8°, **32.533**.

— Vente d'un beau cabinet d'amateur [provenant de la succession de M. de *Raphélis-Soissan*, 25 juin 1811]. — [*Avignon, impr. Seguin*, 1811], in-4°, pièce (3 p.).

[Ms. **2.969**, n° 72.

— Catalogue des objets d'art, curiosités, statues et tableaux composant la galerie de feu M. Hipp^{te} *Seguin*... à Villeneuve-lès-Avignon. — [*Avignon, imp. Seguin*, 1866 ?], in-8°, pièce (12 p.).

[Notes manuscrites au commencement].

2 ex. [8°, **4.464** et **31.615**.

COLLOMP (Ferdinand). — Poésie du Palais des Papes. [*Signé :* Ferdinand Collomp. Avignon, le 15 avril 1896]. — S. l. n. d., in-8°, pièce (11 ff. n. ch.).

Don de l'auteur.

[8°, **29.912**.

— Ferdinand Collomp. Silhouettes vauclusiennes. — *Avignon, impr. de la Semaine mondaine*, 1890, in-12, pièce (4 p.).

Don de l'auteur.

[8°, **9.040**.

— *Voir :* Manivet (Paul) et Collomp (Ferdinand). Vaucluse au Tonkin... Avignon, s. d. in-16.

[8°, **9.649**.

COLLOT d'HERBOIS (J.-M.). — Armana dou pere Gerard per l'annadou 1792... per J.-M. Collot-d'Herbois... emprima per ordre de Messieus lei coumissari civil, députa per lou Rei din lei ci-davan Etat d'Avignoun et dou Coumta Venessin. — *Carpentra, J. Allié*, 1792, in-12, 68 p.

[8°, **25.025**, n° 1.

— Edition française. — *Ibid.*, 1792, in-12, 68 p.

[8°, **25.025**, n° 2.

COLOMB. — Acrostiche En l'honneur de la Ville de Carpentras. [Présenté par Colomb, aux Pères de la Patrie, en 1785]. — S. l. n. d., in-4°, placard.

[Ms. **2.937**, n° 26.

COLOMB (Mme). — Les Béatitudes d'après l'Evangile. Poëme de Madame Colomb, musique de César Franck. [Donné à Avignon lors des Fêtes musicales des 3, 4 et 5 août 1899]. — [*Avignon, impr. Fr. Seguin*, 1899], in-4°, pièce (8 p.).

[4°, **4.938**, n° 2.

COLOMBE (Dr Gabriel). — Docteur Colombe. Au Palais des Papes. A propos de l'entrée de la chapelle de Clément VI. — *Nîmes, impr. générale*, 1910, in-8°, pièce (5 p.).

(Extrait de la *Revue du Midi*.)

Don de l'auteur.

[4°, **8.280**.

— Dr Colombe. Au Palais des Papes. Recherches critiques et archéologiques. I. La fenêtre de l'Indulgence. — *Paris, H. Champion*, 1910, in-8°, pièce (8 p.).

(Extrait des *Mémoires de l'Académie de Vaucluse*, 1910.)

Don de l'auteur. [8°, **36.871**.

— Dr Colombe. Au Palais des Papes... II. Les prisons à l'époque des massacres de la Glacière. — *Paris, H. Champion*, 1910, in-8°, pièce (32 p.), pl.

(Extrait des *Mémoires de l'Académie de Vaucluse*, 1910.)
Don de l'auteur.　　　[4°, **7.917**.

— D' Colombe. Au Palais des Papes... III. La tour des latrines ou tour de la Glacière. — *Paris, H. Champion*, 1911, in-8°, pièce (13 p.), pl.

(Extrait des *Mémoires de l'Académie de Vaucluse*, 1911.)
Don de l'auteur.　　　[4°, **8.045**.

— D' Colombe. Au Palais des Papes... IV. Nicolas Rienzi. Le lieu de sa détention. — *Paris, H. Champion*, 1911, in-8°, pièce (22 p.), pl.

(Extrait des *Mémoires de l'Académie de Vaucluse*, 1911.)
Don de l'auteur.　　　[4°, **8.281**.

— *Voir* : CONGRÈS archéologique de France. LXXVI° session tenue à Avignon en 1909... *Paris-Caen*, 1910, in-8°.
　　　　　　　　　　　[8°, **37.750**.

COLUMBI (JEAN). — De rebus gestis episcoporum Vasionensium libri quatuor. Autore R. P. Joanne Columbi... — *Lyon, typ. J. Canier*, 1656, in-4°, pièces liminaires - 195 p.
　　　　　2 ex. [8°, **25.774**.

COMBET (JOSEPH). — Louis XI et le Saint-Siège (1461-1483), par Joseph Combet... — *Paris, Hachette et Cie*, 1903, in-8°, 18-XXVIII-320 p.
　　　　　　　　　　　[4°, **6.700**.

COMMENTAIRE sur les tarifs du contrôle des actes et de l'insinuation, du 29 septembre 1722, et sur les droits du centième denier avec des observations critiques sur un Ouvrage qui a paru en 1737, sous le titre d'Instructions générales aux Commis préposés pour la perception des droits de contrôle, insinuation, etc., supprimé par Arrêt du Conseil du 17 mars 1738. — *Avignon*, s. n., 1757, in-12, VIII-528 p. - IV ff. n. ch.
　　　　　　　　　　　[8°, **32.250**.

COMMISSION de l'Instruction publique. Précis historique sur Agricol Viala. [13 messidor an III]. — [*Avignon, Alphonse Bérenguier et Cie*], s. d., in-8°, pièce (7 p.).
　　　2 ex. [Ms. **2.544**, n° 34, et **2.994**, n° 31.

COMMISSION de secours pour les départements inondés. Rapport général. — [*Paris, impr. Schneider et Langrand*, 1840], in-8°, 21 p.
　　　　　　　　　[Ms. **3.007**, n° 43.

COMMISSION instituée pour l'amélioration de la navigation du Rhône. Procès-verbaux des séances. — [*Lyon, impr. Vve Ayné*, 1843], in-4°, 20 p.
　　　　　　　　　[Ms. **2.978**, n° 51.

COMPLAINTE du Maréchal Brune. — S. l. n. d., in-8°, pièce (4 p.).
Fonds Chambaud et Requien.
　　　2 ex. [8°, **27.230**, t. IV, n° 9, Ms. **2.998**, n° 53.

COMPLAINTE sur la mort du Père de Nolhac, curé de St-Symphorien. [1791]. — S. l. n. d., in-4°, placard.
　　　　　　　　　[Ms. **2.980**, n° 79.

COMPLIMENT à Monseigneur l'archevêque après sa visite aux écoles gratuites, par un Frère de cet Institut. — S. l. n. d., in-8°, pièce (1 ff. n. ch.).
Fonds Massilian-Moutte.
　　　　　　　　　[Ms. **2.429**, n° 23.

COMPLIMENT adressé au Préfet du département de Vaucluse. — *S. l. n. d.* [vers 1807], in-8°, pièce (1 ff. n. ch.).
Fonds Chambaud.

[8°, **27.230**, t. III, n° 8.

COMPTE-RENDU du Concours régional agricole d'Avignon et de la distribution des prix. — *Avignon, impr. Jacquet*, 1858, in-8°, p. 161-212.
(Extrait du *Bulletin de la Société d'Agriculture*, 6ᵉ liv., juin 1858.)

[8°, **31.779**.

COMPTES FAITS des douze différentes réductions des monnoyes qui sont en usage dans la ville d'Avignon et dans le Comtat Venaissin selon la valeur des écus blancs valants 7 liv. 10 s. de France, 7 liv. 12 s. grosse monnoye et 8 liv. 15 s. patas. — *Avignon, Claude Delorme*, 1723, in-12, pièce (16 p.).
[Cf. Bonet (Bernard). Comptes-faits des douze réductions des monnoyes qui sont en usage dans la ville d'Avignon et dans le Comtat Venaissin... Avignon, 1716, in-8°].

2 ex. [8°, **24.608** et **33.360**.

COMPTES FAITS en forme de tarif, dans lequel on trouve les réductions des aunes en cannes, des cannes en aunes,... — *Avignon, F. Seguin*, 1786, in-12, pièce (48 p.).

[8°, **24.875**.

COMTÉ (Le) Venaissin accusé, défendu, justifié... — *Voir* : Sobirats (François de Paule de). Le Comté Venaissin accusé, défendu, justifié... *Paris*, 1791, in-8°.

2 ex. [Ms. **2.538**, n° 31, et **3.813**, n° 1.

CONCILES ET SYNODES D'AVIGNON (Ordre chronologique). — Concilium Avenionense anni M. CCC. XXVI. ex ms. codice statutorum ecclesiæ Diniensis. — *S. l. n. d.*, in-4°, pièce (48 p.).
Fonds Massilian-Moutte.

[Ms. **2.441**, n° 1.

— Sequuntur statuta edita per Reverendos PP. DD. Arelaten. Ebredunen. et Aquen. archiepiscopos, cum suffraganeis eorumdem in monasterio Sancti Ruffi, anno Domini M. CCC. XXXVII. et xxv. die mensis aprilis. — Découpure de l'ouvrage de Nouguier, « Histoire chronologique de l'église... d'Avignon ». — [*Avignon, G. Bramereau*, 1659, in-4°], p. 108-130.
Fonds Massilian-Moutte.

[Ms. **2.441**, n° 2.

— Constitutiones et decreta provincialis concilii Avenionensis, quod Franciscus Maria Taurusius archiepiscopus Avenionensis habuit anno salutis M. D. XCIV. — *Romæ, A. Zannetti*, 1597, in-4°, 91 p. - 11 ff. n. ch.
Fonds Massilian-Moutte et Requien.

3 ex. [8°, **24.020**. — Ms. **2.441**, n° 4, et **2.924**, n° 6.

Autre ex. (Oratoriens d'Avignon).

[8°, **17.748**, n° 1.

Autre ex. donné par Horace Capponi, évêque de Carpentras, à Philippe P...

[8°, **22.805**.

— Synodus Avenionensis anni millesimi sexcentesimi. — *Avenione, J. Bramereau*, 1601, in-8°, 11 ff. n. ch. - 50 p.
Fonds Massilian-Moutte et Requien.

2 ex. [8°, **24.427**. — Ms. **2.441**, n° 5.

— Autre édition. — *Lugduni, C.*

Morillon, [1601], in-8°, 50 p. - 11 ff. n. ch.

(Sur le titre, armoiries de J.-F. Bordini, archevêque d'Avignon.)

Fonds Massilian-Moutte.

[**Ms. 2.441**, n° 7.

— Autre ex. de cette édition. (Les deux derniers ff. manquent).

[8°, **17.395**.

— Synodus Avenionensis anni millesimi sexcentesimi decimi tertii. — *Avenione, J. Bramereau*, 1613, in-4°, pièce (11 ff. n. ch. - 27 p.).

(Sur le titre, grandes armoiries de l'archevêque Etienne Dulci, gravées par Sarret.)

[8°, **17.748**, n° 2

— Synodus Avenionensis diocœsana sub... Domino Fr. Stephano Dulci archiepiscopo Avenionensi. [16 avril 1613]. — Découpure de l'ouvrage de Nouguier « Histoire chronologique de l'église... d'Avignon ». [*Avignon, G. Bramereau*, 1659, in-4°], p. 217-241.

Fonds Massilian-Moutte.

[**Ms. 2.441**, n° 8.

— Decreta diocesanæ synodi Avenionensis ab illustrissimo et reverendissimo D.D. Dominico de Marinis Archiepiscopo Avenionensi... Celebratæ sexto idus junii anno M.D.C.LX. — *Avignon, G. Bramereau*, 1660, in-4°, pièce (24 p.).

[4°, **2.124**, n° 2.

— Decreta diœcesanæ synodi Avenionensis, ab... Dominico de Marinis, archiepiscopo Avenionensi,... celebratæ sexto Idus Junii anno M. D. C. LX. Quæ quidem iterum sancita promulgataque sunt cum nonnullis additionibus in alterâ Synodo..

celebrata xvi. Kal. Junii Anno M. DC. LXVIII. — *Avignon, Michel Chastel*, 1668, in-4°, pièce (32 p.).

4 ex. [4°, **2.124**, n° 3, et **4.175**, n° 6. — 8°, **17.746**. — Ms. **2.925**, n° 37.

— Decreta diœcesanæ synodi Avenionensis, ab... D. Francisco Mauritio de Gonteriis, archiepiscopo Avenionensi,... celebratæ xv. cal. jun. M.DCC.XII. — *Avenione, F. Mallard, J. Delorme, J.-C. Chastanier*, 1713, in-4°, 11 ff. n. ch. - 148 p. - 11 ff. n. ch.

Fonds Massilian-Moutte et Requien.

2 ex. [4°, **2.124**, n° 5. — Ms. **2.441**, n° 9.

Ex. donné par l'archevêque au chapitre de St-Pierre d'Avignon. 1713. Rel. aux armes de l'archevêque.

[4°, **4.020**.

Ex. du Séminaire de Cavaillon. Même reliure que le précédent.

[4°, **3.506**.

Ex. de l'abbé Moyne.

[8°, **28.194**.

— [Convocation aux Congrégations présynodales. 18 octobre 1725]. — S. l. n. d., in-8°, placard.

Fonds Massilian-Moutte.

[**Ms. 2.441**, n° 11.

— Concilium provinciale Avenionense a Francisco Mauritio de Gonteriis archiepiscopo metropolitano habitum anno M. DCC. XXV. [*Suivi de*: Appendix ad concilium provinciale Aven.] — *Avenione, C. Giroud*, s. d., in-4°, 11 ff. n. ch.- xii p.- 1 ff. n. ch.- 244 et 72 p. - 11 ff. n. ch.

Ex. d'Henri-Joseph de Favier (collection Moutte).

[4°, **4.762**.

Ex. des Célestins d'Avignon.
[4°, **4.750**
Ex. de Requien.
[4°, **4.752**.

— Actes du Synode diocésain, tenu à Avignon, le 3 août, jusqu'au 6 inclusivement, l'an de Grâce 1800 : 15 Thermidor, an 8 de la République française. — *Avignon, Alphonse Bérenguier*, an VIII, in-8°, 60 p.
Fonds Chambaud et Requien.
2 ex. [**Ms. 2.546**, n° 18, et **2.997**, n° 7.

— Concilium provinciæ Avenionensis, Avenione habitum anno Domini MDCCCXLIX mense decembri... [avec l'Appendix...] — *Avenione, L. Aubanel*, 1851, in-4°, 11 ff. n. ch., x-116-94 p. - 1 ff. n. ch.
[4°, **4.289**.
Autre ex. (Ancien archevêché d'Avignon.)
[4°, **8.108**.

— Decreta synodi diœcesanæ Avenionensis ab... DD. Joanne Maria Mathia Debelay, archiepiscopo Avenionensi, celebratæ annis 1850 et 1851. — *Avenione, L. Aubanel*, 1852, in-8°, 11 ff. n. ch. - xvii p. - 1 ff. n. ch. - 300 p. - 1 ff. n. ch.
[8°, **23.762**.
Autre ex. (Ancien archevêché d'Avignon.)
[8°, **37.232**.

CONCILES ET SYNODES DE CARPENTRAS (Ordre chronologique). — Decreta diœcesanæ synodi Carpentoractensis, ab... Laurentio Butio..., episcopo Carpentoractensi, in Cathedrali Ecclesiâ Celebratæ, die tertiâ septembris anno 1697. - — *Carpentoracti, C. Touzet*, 1698, in-4°, viii ff. n. ch. - 126 p. - 1 ff. n. ch.
3 ex. [8°, **17.747**, **22.726**. — Ms. **2.940**, n° 34.

— Constitutiones et decreta synodi Carpentoractensis. [24 juillet 1756]. — *S. l.*, [*la veuve Girard*, 1757], in-4°, pièce (xvii p.)
[Ms. **2.930**, n° 22.

— Decreta synodi diœcesanæ Carpentoractensis, ab... Malachia d'Inguimbert, archiepiscopo, episcopo, in Ecclesia Cathedrali celebratæ, anno M.DCC.LVI. — *Carpentras, Fr. Vincent*, s. d., in-4°, xvii-345 p. - 11 ff. n. ch.
[4°, **4.295**.

— Autre ex. du précédent avec l' « Appendix ad synodum diœcesanam Carpen. ». — *Ibid.*, s. d., in-4°, 248 p. - iv ff. n. ch.
[4°, **4.761**.
Autre ex. de l'Appendix.
[Ms. **2.033**, n° 1.

CONCILES ET SYNODES DE CAVAILLON. — Decreta diœcesanæ synodi Cavallicensis, ab ...Ioanne-Baptista de Sade de Mazan, episcopo et condomino Cavallicensi, celebratæ quarto Idus Decembris M.DC.LXXX. — *Avenione, A. Dupérier*, 1681, in-4°, pièce (27 p.).
Fonds Massilian-Moutte et Requien.
2 ex. [Ms. **2.425**, n° 4, et **2.939**, n° 21.

CONCILES ET SYNODES DE S‍ᵗ-PAUL-TROIS-CHATEAUX. — Ordonnances synodales du diocèse de S. Paul-Trois-Châteaux, avec des instructions aux Ecclésiastiques sur leurs obligations. — *Avignon, Fr. Girard*, 1751, in-8°, viii-402-viii p. - 1 ff. n. ch.
2 ex. [8°, **23.764** et **24.490**.

CONCILES ET SYNODES DE VAISON. — Decreta diœcesanæ

synodi Vasionensis ab... Lvdovico Alphonso de Svares, episcopo et domino Vasionensi, celebratæ Anno M.DC.LXXVI. — *Avenione, M. Chastel*, 1676, in-4°, 56 p.

[Ms. **2.939**, n° 2.

CONFÉRENCES des Chambres de Commerce du Sud-Est tenues à Lyon, du 31 mai au 3 juin 1899. Compte-rendu. — *Lyon, impr. A. Rey*, 1899, in-4°, x-276 p.

(Chambre de Commerce de Lyon.)

[4°, **7.553**.

CONGRÉGATION de Notre-Dame de Sénanque, ordre de Citeaux, sous le nom de Bernardins de l'Immaculée Conception... — *Avignon, Seguin aîné*, 1858, in-8°, pièce (8 p.).

[8°, **31.752**.

CONGRÈS ARCHÉOLOGIQUE DE FRANCE. Séances générales tenues, en 1855, à Châlons-sur-Marne, à Aix et à Avignon par la Société française d'archéologie... — *Paris, Derache, Caen, Hardel*, 1856, in-8°, LVI-553 p., pl.

[Contient, p. 414 : Procès-verbaux des séances tenues à Avignon. — P. 496 : Notes sur quelques monuments existant à Avignon, par M. T...].

[8°, **37.750**.

— XLIX° session. Séances générales tenues à Avignon en 1882... — *Paris, Champion, Tours, Bousrez*, 1883, in-8°, L-626 p., fig. et pl.

[Contient, p. 11 : Procès-verbaux des séances. — P. 41 : Silex quaternaire de Caromb, par M. Nicolas. — P. 45 : Sépulture néolithique et abri sous roche, id. — P. 57 : Monuments mégalithiques, menhirs, dolmens, cromlechs, id. — P. 62 : Constructions romaines par M. A. Saurel. — P. 126 : Epoque paléolithique, silex taillés trouvés dans les alluvions quaternaires et ateliers à la surface du sol, par M. Morel. — P. 136 : Découverte d'une épée de bronze aux environs d'Orange, et d'une épée gauloise à la Rochette (Drôme), id. — P. 138 : Découverte de sépultures de l'époque néolithique, id. — P. 144 : Sur les notations pondérales des patères d'Avignon et de Bernay, et la livre romaine, par M. L. Blancard. — P. 173 : Les marcs de la ville et de la cour romaine d'Avignon, de la ville de Marseille et du comté de Provence, id. — P. 181 : Sur les armoiries d'Avignon, id. — P. 185 : Les origines du Palais des Papes, par M. L. Duhamel. — P. 258 : Le pont Saint-Bénézet, par M. Sagnier. — P. 282 : L'arc-de-triomphe d'Orange. — P. 298 : Observations sur l'arc-de-triomphe d'Orange par M. J. de Laurière. — P. 311 : Monnaies inédites ou peu connues de papes et légats d'Avignon appartenant au Cabinet des Médailles de Marseille, par M. J. Laugier. — P. 337 : Petit supplément à la numismatique papale d'Avignon, par M. G. Vallier. — P. 355 : Conférence sur le théâtre antique d'Orange, par M. H. Revoil. — P. 365 : Deux inscriptions chrétiennes, par M. Deloye. — P. 595 : Le château et la ville d'Orange.

[8°, **37.750**.

— LXXVI° session tenue à Avignon en 1909... *Paris, Picard, Caen, Delesques*, 1910, 2 vol. in-8°, LXXII-314 et 413 p.

Tome I°. Guide du Congrès [à Avignon, Orange, Vaison, Villeneuve-lez-Avignon, Cavaillon, Vénasque, Carpentras, Pernes, le Thor, etc., par M. L.-H. Labande.

Tome II. P. 23 : Procès-verbaux des séances. — P. 49 : Les fonds de cabane de Malaucène et les foyers de Sorgues, par M. E. Duprat. — P. 56 : Les Arcs de la Narbonnaise, par M. Jules Formigé. — P. 98 : Découvertes gallo-romaines à Apt, par V. Sauve. — P. 111 : Antiquités découvertes à Vaison et à Orange, par M. R. Vallentin du Cheylard. — P. 146 : Deux enfants de Vaison : Sex. Afranius Burrus et L. Duvius Avitus, par M. A. Héron de Villefosse. — P. 162 : Les Thermes de Vaison, par M. l'abbé Joseph Sautel. — P. 204 : L'architecture lombarde, ses origines, son extension dans le centre, l'est et le midi de l'Europe par M. le Vte Pierre de Trucchis. - *P. 275* : L'église Notre-Dame du Thor (Vaucluse), par M. E. Lefèvre-Pontalis. — *P. 299* : L'ancien couvent des Dominicains d'Avignon, par MM. Joseph Girard et le chanoine Requin. — *P. 332* : Les grandes cuisines du Palais des Papes, par M. le Dr Colombe. — *P. 344* : La construction des remparts d'Avignon au xiv° s., par M. Robert Michel. — *P. 361* : La tour Anglica de Barbentane, par M. R. Michel. — *P. 370* : Carpentras en 1694, par M. Claude Cochin. — *P. 390* : Le tombeau du pape Jean XXII, par M. Francis Bond. — *P 393* : Les fontaines du Comtat, par M. Jules Formigé.

[8°, **37.750**.

CONGRÈS des Sociétés savantes de Provence. Marseille, 31 juillet-2 août 1906. Comptes-rendus et mémoires. — *Aix-en-Provence, A. Dragon, et Marseille, P. Ruat*, 1907, in-8°, 967 p.

Contient : La Provence avant l'histoire (Ch. Cotte). — Curiosités notariales (Abbé Requin). — Oppède au moyen-âge et ses institutions (L. Gap). — Union des syndicats agricoles des Alpes et de Provence et son œuvre (H. de Montricher). — L'industrie de la cordonnerie à Pertuis (E. Curet). — Une vieille cité provençale : Les rues et les quartiers d'Apt ; essai de restitution topographique et toponymique (F. Sauve).

[4°, **7.488**.

— Arles, mai-juin 1909. — *Bergerac, impr. Castanet*, 1910, in-8°, xxxi-579 p.

Contient : Un soulèvement populaire à Cadenet à l'occasion des obsèques d'un ermite (Arnaud d'Agnel). — Nos traditions à propos de « La Provence du 1er au xiie siècle » de M. de Manteyer (Fernand Cortez). — L'affaire de Bédouin (Paul Gaffarel). — Origine et étymologie du nom de ville *Arennionem* (E. Duprat et F.-N. Nicollet). — Géraud Boissié, professeur au collège et notaire à Orange (1669-1687), d'après son journal inédit (A. Yrondelle). — Lettres de J. Roumanille à J. Canonge (1853-1865) (P.-H. Bigot). — Li Soubreto de Teodor Aubanel (P.-H. Bigot).

[4°, **8.064**.

CONSEILS aux habitans de Vaucluse sur les moyens à mettre en usage pour se garantir des maladies épidémiques. — [*Avignon, impr. Bonnet*, 1835], in-4°, pièce (4 p.).

[Ms. **2.974**, n° 82.

CONSEILS d'un agonisant à ses concitoyens malades. [27 mai 1790]. — *S. l. n. d.*, in-12, pièce (7 p.).

[Aux Comtadins, en faveur du pape. 27 mai 1790].
Fonds Chambaud.

[Ms. **2.536**, n° 41.

CONSIDÉRATIONS patriotiques [sur les réformes à réaliser à Avignon et dans le Comtat. 1789]. — *S. l. n. d.* [1789], in-8°, pièce (8 p.).

[Ms. **3.012**, n° 9.

CONSIDÉRATIONS sur la nécessité d'abolir dans la ville d'Avignon l'uniformité de l'octroi sur le vin. [10 brumaire an IX]. — *S. l. n. d.*, in-4°, pièce (16 p.).

Fonds Chambaud et Requien.
3 ex. [Ms. **2.533**, n° 5, **2.968**, n° 16, et **2.969**, n° 126.

CONSOLATION à Messieurs du séminaire de S. Sulpice et à Messieurs du bureau des infirmeries d'Avignon, sur la mort de Mr l'abbé de Guilhem, docteur de Sorbonne, et supérieur en cette ville de la Communauté Ecclésiastique de saint Charles de la Croix, dans le tems de la Contagion dont il a été atteint luy mesme pour y avoir donné charitablement ses soins en qualité de recteur des infirmeries et de commissaire d'un des quartiers les plus infectez. [*Page 7* : Vers adressés à l'auteur de la Consolation sur la mort de Mr l'abbé de Guilhem, par un ecclésiastique de la Communauté de Saint Charles de la Croix]. — *Avignon, C. Giroud*, 1722, in-4°, pièce (1 ff. n. ch. - 8 p.).

Fonds Massilian-Moutte et Requien.

4 ex. |**Ms. 2.428**, n° 48, **2.445**, n° 35, **2.928**, n° 22, et **2.942**, n° 35.

CONSPIRATION des aristocrates de Carpentras, et massacre des patriotes du Comtat Venaissin. Extrait d'une lettre de la municipalité d'Avignon à MM. les Députés de cette ville auprès de l'Assemblée nationale, contenant le détail d'une horrible conspiration contre les amis de la Constitution françoise. [13 juillet 1790]. — *S. l. n. d.*, in-8°, pièce (8 p. - 1 ff. n. ch.).

Fonds Chambaud et Requien.

3 ex. |8°, **33.468**. — **Ms. 2.537**, n° 7, et **2.987**, n° 39.

CONSTANS (POLYCARPE). — Aux Sociétés républicaines du district de Louvèze. [Romans, le 2 juin 1793. Signé : P. Constans]. — *S. l. n. d.*, in-4°, pièce (11 ff. n. ch.).

|**Ms. 2.962**, n° 38.

— Policarpe Constans, commissaire du Directoire exécutif près l'Administration centrale du département des Bouches-du-Rhône, à Rabaut (le jeune), membre du Conseil des Anciens, en réponse à un écrit intitulé : « Rabaut le jeune, membre du Conseil des Anciens, à ses Commettans, au Corps législatif, au Directoire exécutif ». — *Aix, Calmen*, an VI, in-8°, pièce (15 p.).

|**Ms. 3.014**, n° 49.

— *Voir* : EMERIC, CONSTANS (Polycarpe) et RIPERT. Rapport...

de leur mission dans le Comté-Venaissin... [*Aix*, 1791], in-4°.

|**Ms. 2.930**, n° 65.

CONSTANTIN, avocat, à Paris. — Biographie de M. le Marquis de Fortia-d'Urban. [Signé : Constantin...]. — *Paris, impr. de Béthune*, 1828, in-8°, pièce (15 p.).

|8°, **25.651**.

CONSTANTIN (Abbé JEAN-MARIE-JOSEPH). Etude sur le mistral, par l'abbé J.-M.-J. Constantin. — *Carpentras, impr. Tourrette*, 1885, in-12, pièce (7 p.).

Anc. archevêché d'Avignon.

|8°, **37.405**.

— Histoire de La Roque-sur-Pernes, par l'abbé J.-M.-J. Constantin,... — *Carpentras, impr. Tourrette*, 1882, in-8°, 69 p.

4 ex. |8°, **29.337**, **30.175**, **30.549** et **37.403**.

— Histoire de la ville de Pernes par l'abbé J.-J. Constantin... — *Carpentras, imp. Léon Barrier*, 1896, in-8°, 214 p.

|4°, **4.440**.

— Histoire de St-Pierre-de-Vassols..., par l'abbé J.-M.-J. Constantin. — *Carpentras, impr. Tourrette*, 1884, in-8°, 45 p.

2 ex. |8°, **15.035** et **37.385**.

— Monographie du village de Gignac (canton d'Apt)..., par l'abbé J.-M.-J. Constantin... — [*Carpentras, impr. Tourrette*, 1889], in-8°, pièce (40 p.).

Don de l'auteur.

|8°, **30.548**.

— Lou Ventous pinta per l'abat J.-M.-J. Constantin. — *Carpentras, impr. Tourrette*, s. d., in-8°, pièce (4 p.).

Anc. archevêché d'Avignon.

|8°, **37.377**.

— Vie de Monsieur l'abbé Antoine-Anthime Frizet, ancien directeur du Grand Séminaire de Saint-Charles à Avignon, par l'abbé J.-M.-J. Constantin… — Carpentras, impr. Tourrette, s. d., in-8°, pièce (30 p.).

Anc. archevêché d'Avignon.

[4°, **8.167**.

CONSTITUTIONES ET DECRETA (des conciles et synodes provinciaux). — Voir : CONCILES ET SYNODES.

CONTE, ingénieur des Ponts et Chaussées. — Notice sur les irrigations dans l'arrondissement d'Avignon, par M. Conte… — Annales des Ponts et Chaussées, 2° série, 10° année, tome XX, p. 337-382, carte.

Don de l'auteur.

[8°, **24.938**.

CONTEURS (Les) provençaux. Roumanille, Mistral, Félix Gras. — Paris, H. Gauthier, s. d. [1889], in-8°, pièce (p. 289-320).

(Nouvelle bibliothèque populaire. N° 150.)
Don de M. P. Mariéton.

[8°, **33.842**.

CONTI (Auguste). — Discours prononcé par M. Auguste Conti, … à la séance solennelle des Jeux floraux du 5me centenaire de Pétrarque, à Avignon, le 20 juillet 1874. — [Avignon, Gros frères], s. d. [1874], in-4°, pièce (11 ff. n. ch.).

[4°, **6.559**.

CONTRÉE (De la) d'Avignon et terre papale. — Chap. IX d'un ouvrage in-8°, paginé 877 à 888.

On a collé en tête une carte du Comtat et à la fin les armoiries de la ville d'Avignon.
Fonds Massilian-Moutte.

[8°, **28.066**, n° 3.

CONVENTIO civitatis [Avinionensis. 7 mai 1251]. — Pages 382 à 412 d'un ouvrage in-8°.

Fonds Massilian-Moutte.

[Ms. **2.430**, n° 1.

CONVENTION sive transaction de la ville [d'Avignon avec Alfonse de Poitiers en 1251]. — Pages 339-359 d'un ouvrage in-4°.

[4°, **4.175**, n° 1.

COPIE d'une lettre de fû M^r [Nicolas-Dominique] Pamard, maître chirurgien de la ville d'Avignon, datée des Champs-Elysées le [1er may] 1730 à Mr Manne, aussi Maître chirurgien de la même ville. — S. l. n. d., in-4°, pièce (4 p.).

Don de M. le Dr A. Pamard.

[Ms. **4.236**, fol. 167-168.

COPIE de la lettre écrite à Monsieur l'abbé de Verclos…, recteur de la… Compagnie des Penitens Gris d'Avignon, par Messieurs les échevins de la ville de Marseille [demandant la continuation des prières contre la peste. 14 décembre 1721]. — Fol. 11 : Copie de la lettre écrite à Son Excellence Monseigneur l'archevêque d'Avignon par Messieurs les échevins de la ville de Marseille, pour le remercier des prières qu'il fait faire devant le Saint Sacrement [en la chapelle des Pénitents gris] pour le soulagement de la dite ville. [14 janvier 1721]. — S. l. n. d., in-4°, pièce (11 ff. n. ch.).

Fonds Massilian-Moutte.

[Ms. **2.452**, n° 50.

COPIE de la réponse faite par Mrs. les recteurs de nos affiliez le Penitens gris de Toulouse, à

Mr. de Verclos..., recteur de la... confrerie des Penitens gris d'Avignon, leur ayant demandé des prières [contre la peste. 3 novembre 1721]. — S. l. n. d., in-4°, pièce (3 p.).

Fonds Massilian-Moutte.

[Ms. **2.452**, n° 51.

COPIE des lettres écrites à Monsieur de Chenerille, ancien recteur de la devote et vénérable Compagnie des Penitens Gris d'Avignon par Messieurs les échevins de la ville de Marseille [qui ont demandé des prières pour la cessation de la peste en leur cité. 1720]. — S. l. n. d., in-4°, pièce (4 p.).

Fonds Massilian-Moutte.

[Ms. **2.452**, n° 47.

COPIE du Rapport de la Faculté de Médecine de Paris, sur l'Eau minérale de Montmirail (Vaucluse), en date du 16 juillet 1818. — [Paris, impr. J.-B. Sajou, 1818], in-8°, pièce (13 p.)

[Ms. **3.018**, n° 39.

CORBEAU (P.-L.). — *Voir* : CORBEAU DE SAINT-ALBIN (P.-L.-A.).

CORBEAU DE SAINT-ALBIN (P.-L.-A.). Réponse à une observation de M. Verninac avec les pièces justificatives. [18 février 1792. *Signé* : P.-L. Corbeau, ancien capitaine d'artillerie]. — S. l. n. d. [1792], in-8°, pièce (8 p.).

Fonds Massilian-Moutte et Requien.

2 ex. [Ms. **2.556**, n° 18, et **3.014**, n° 5.

CORBEAU DE SAINT-ALBIN (P.-L.-A.) et TRIE. — Rapport fait à la Société des Amis de la constitution de Valence, par MM. Corbeau et Trie de leur mission dans le ci-devant Comtat Venaissin. [4 mars 1791]. — S. l. n. d. [1791], in-12, 66 p.

[Ms. **2.989**, n° 17.

— Seconde édition revue... par M. Trie... — *Avignon, Guichard*, [1791], in-12, 78 p.

Fonds Chambaud et Requien.

3 ex. [8°, **27.230**, t. I, n° 6, et **33.457**. — Ms. **2.989**, n° 19.

CORDEY (JEAN). Inventaire des archives des ducs de Crillon conservées chez M. le Marquis de Grammont publié par Jean Cordey... — *Paris, Champion*, 1908, in-8°, IX-309 p., fac-sim.

[4°, **7.687**.

CORDOUE (LOUIS-ANDRÉ-JEAN-RAPHAEL, Mis DE). — Chambre des Pairs. Séance du 22 juillet 1839. Rapport fait à la Chambre par M. le Marquis de Cordoue, au nom d'une commission spéciale chargée de l'examen des projets de loi relatifs à des impositions extraordinaires votées par quinze départemens [parmi lesquels celui de Vaucluse]... [*Paris, s. n.*, 1839], in-8°, pièce (37 p.).

[Ms. **3.006**, n° 20.

COREN (Le P. JACQUES). — Brevis descriptio civitatis Avenionensis pestilentia laborantis per R. P. F. Jacobum Corenum, Minoritam regularis Observantiae, et in eadem Civitate confessarium monasterii Sanctæ Claræ. — *Avignon, Jean Bramereau*, 1630, in-12, pièce (27 p.).

[8°, **31.836**, n° 1.

CORIOLIS (Abbé HONORÉ-GAS-

PARD DE). — Dissertation sur les Etats de Provence, par l'abbé de Coriolis...— *Aix, Remondet-Aubin*, 1867, in-4°, vii-324-cxxviii p.
[4°, **2.838**.

— Traité sur l'administration du Comté de Provence, par Mʳ l'abbé de Coriolis... — *Aix, impr. de Vve A. Adibert et de P.-J. Calmen*, 1786-1788, 3 vol. in-4° : t.I, xvi-548 p. ; t.II, xxii-717 p. ; t. III, viii-610 p.
[4°, **3.811**.

CORNILLON (HENRI). — Chanson patoise.— *Voir* : ROBINAUX. Discours prononcé... lors de la plantation de l'arbre de la Liberté [à Avignon rue Bonneterie]... — *S. l. n. d.* [1792], in-12.

2 ex. [Ms. **2.542**, n° 34, et **2.993**, n° 17.

CORRADI (BARTOLOMEO).— Nella quinta Festa secolare di Francesco Petrarca, versi dell'ab. Bartolomeo Dʳ Corradi,... — *Padova, tip. del seminario*, 1874, in-8ᵉ, pièce (13 p.).
[8°, **34.588**.

CORTEZ (FERNAND). — *Voir* : CONGRÈS des Sociétés savantes de Provence... 1909. *Bergerac*, 1910, in-8°.
[4°, **8.064**.

COSSONNET (FRANÇOIS-FRÉDÉRIC). — Deux héros de 1793. Barra et Viala, par F. Cossonnet. — [*Boulogne-sur-Mer, Simonnaire et Cie*, 1886], in-16, pièce (30 p.), port.
[8°, **15.851**.

COSTAING DE PUSIGNAN (JEAN-JOSEPH-FRANÇOIS). — La Muse de Pétrarque dans les collines de Vaucluse, ou Laure des Baux, sa solitude et son tombeau dans le Vallon de Galas, par Mr. l'abbé Costaing de Pusignan, Conservateur des Musées de la ville d'Avignon... — *Paris, Rapet, Avignon, Bonnet fils*, 1819, in-12, xxiv-282 p., pl.

3 ex. [8°, **27.011**, **31 827** et **34.047**.

COSTE (CADET). — Cansoun su la destructioun et la restauratioun de la campane de Nostre-Dame-dé-Doun d'Avignoun. [*Signé* : Cadet Coste]. — [*Avignon, s. n.*, 1824], in-8°, pièce (4 p.).

Fonds Chambaud et Requien.

2 ex. [8°, **27.230**, t. IV, n° 41. — Ms. **3.001**, n° 20.

— Le chant des Avignonais dédié à Monsieur le Maire de la bonne ville d'Avignon, par Cadet Coste. — *S. l. n. d.*, in-8°, pièce (4 p.).

Fonds Chambaud.

[8°, **27.230**, t. IV, n° 42.

— Lou testamen d'Usébou Jacquoumar, per Cadet Coste d'Avignoun. — [*Avignon, impr. Jacquet et Joudou*, 1838], in-8°, 8 p.

Fonds Chambaud et Requien.

3 ex. [8°, **25.331**. — Ms. **2.551**, n° 46, et **3.005**, n° 58.

COSTEBELLE (JOSEPH IGNACE DE RIBÈRE DE). — [Mémoire de M. de Costebelle, ex-consul d'Avignon, contre les sieurs Jérôme Crivel et Jean Boudoy, consuls en 1698-1699, qui ont inutilement fait emprunter 500.000 livres à la ville d'Avignon pour achat de blés, bien qu'on n'en manquât pas. Mémoire précédé d'une lettre manuscrite de l'auteur aux consuls et conseillers de la ville d'Avignon et annoté encore par l'auteur]. — *S. l. n. d.* [1700], in-4°, pièce (35 pages imprimées).

Fonds Massilian-Moutte.

[Ms. **2.447**, n° 31.

2ᵉ ex. non annoté.

[Ms. **2.940**, n° 14.

COTTE (Charles). — Découverte d'une œnochoé dans un tumulus de Provence [à Pertuis], par Ch. Cotte. — *Paris, Schleicher*, 1909, in-8°, pièce (18 p.), fig.

(Extrait de *L'homme préhistorique*, 1909.) Don de l'auteur.

[8°, **36.757**.

— Les tumulus Hallstattiens Provençaux à vases grecs archaïques, par Charles Cotte. — *L'homme préhistorique*, n° du 1ᵉʳ décembre 1910, p. 353-358.

Don de l'auteur.

[8°, **9.224**.

— *Voir* : Congrès des Sociétés savantes de Provence... 1906. *Aix*, 1907, in-8°.

[4°, **7.438**.

COTTIER (François-Régis-Charles-Joseph). — Adresse à Messieurs les Médiateurs nommés par le Roi.[Par Charles Cottier, septembre 1791]. — *S. l. n. d.* [1791], in-8°, 4 p.

[Ms. **3.013**, n° 19.

— Deux mots à mes Concitoyens. [Par Charles Cottier]. — *S. l. n. d.* [1791], in-8°, placard.

[Ms. **3.013**, n° 15.

— Dialogue [entre Mʳ D***, citoyen de Carpentras, et Isaac Foresta, Juif domicilié en la même ville, par Ch. Cottier].— *S. l. n. d.* [1789], in-8°, pièce (15 p.).

[Sur les Juifs de Carpentras].

[Ms. **2.986**, n° 4.

— Épitaphe d'un certain Avorton avignonais auquel, d'avance, on avait emphatiquement donné la dénomination de Département de Vaucluse. [Par Ch. Cottier]. *S. l. n. d.* [1791], in-8°, placard.

[Ms. **3.013**, n° 22.

— Des hauts faits et valeureux exploits des Avignonais, durant leur guerre contre Carpentras, en 1791. [Par Ch. Cottier]. — [*Carpentras*],*impr. de la Vérité*, 1791, in-8°, 80 p.

Fonds Chambaud et Requien.

3 ex. [8°, **28.186**. Ms. **2.539**, n° 29, et **2.990**, n° 33.

— Méthode pour réduire en Numéraire métallique, la valeur nominale des obligations contractées durant la circulation des Papiers-Monnaies, eu égard à la valeur d'opinion qu'avaient ces Papiers dans le Département de Vaucluse. Par Charles Cottier..., actuellement Juge au Tribunal civil séant à Carpentras.— *Carpentras, Jean-Alexis Proyet*, an VI, in-8°, 15 p.

Fonds Requien et Cottier.

2 ex. 8°, **35.118**. — Ms. **3.017**, n° 28.

— Notes historiques concernant les recteurs du ci devant Comté-Venaissin, recueillies par Char[les] Cottier. *Carpentras, J.-A. Proyet*, 1806, in-8°, viii-440 p.

3 ex. [8°, **14.933**, **26.606** et **31.824**.

— Notice historique sur la ville de Carpentras, par M. Charles Cottier, augmentée de plusieurs notes et d'un supplément. *Carpentras, Devillario-Quenin*, 1827, in-4°, 172 p.

2 ex. [8°, **15.064** et **26.607**.

— Nouveau mélange d'idées patriotiques mises au jour, le 21 avril 1790. Par le R. P. Ae... iou, Religieux Profès dans le Comté Venaissin [Charles Cottier]. — S. l. n. d., in-8°, pièce (7 p.).

[Ms. **3.012**, n° 16.

— Recueil de divers titres sur lesquels sont fondés plusieurs Droits et Privilèges dont jouit la ville de Carpentras... [par Charles Cottier]. - *Carpentras, D.-G. Quenin*, 1782, in-4°, LXIX p., p. 3-104, 11 ff. n. ch.

Fonds Massilian-Moutte et Requien.

5 ex. [8°, **23 188**. — 4°, **3.719**, n° 1, et **3.914**. — Ms. **2.424**, n° 5, et **2.933**, n° 27.

— Vocabulaire des mesures républicaines, contenant l'indication de leurs valeurs, et de leurs principaux usages ; imprimé par les soins de Charles Cottier, de Carpentras, correspondant du Conseil des Poids et Mesures, établi près le Ministre de l'Intérieur. — [*Carpentras, J.-A. Proyet*, an II], in-8°, pièce (8 p.).

[Ms. **3.017**, n° 12.

— *Voir* : ANDRÉ (Abbé J.-F.). — Histoire du gouvernement des recteurs pontificaux, dans le Comtat Venaissin... — *Carpentras*, 1847, in-12.

2 ex. [8°, **13.740** et **25.825**.

— *Voir* : ANNUAIRE [officiel] du département de Vaucluse pour l'an VIII. *Carpentras*, s. d., in-12.

[8°, **31.389**.

— *Voir* : GILLET (J.-C.-M.). Discours qui a remporté le prix, au jugement du jury central d'instruction du département de Vaucluse... *Carpentras*, an VII, in-8°.

[Ms. **2.996**, n° 18.

COTTIER-JULIAN. — L'Enfant du patriotisme [par Cottier-Julian]. — S. l. n. d., in-8°, pièce (13 p.).

[Sur les Juifs de Carpentras, 1788].

[8°, **27.231**, n° 12.

— Instruction relative à l'épurement des membres composant la Société Populaire et Montagnarde d'Avignon, prononcée par Cottier-Julian, secrétaire général du département de Vaucluse, dans la séance du 24 germinal [an II]... — [*Avignon, Alphonse Bérenguier*, an II], s. d., in-4°, pièce (4 p.).

Fonds Chambaud.

[Ms. **2.527**, n° 32.

COULON (AUGUSTE). — *Edit.* ALEXANDRE IV, pape. Les registres d'Alexandre IV... *Paris*, 1895-1902, in-4°.

[Fol. **5.288**,

— *Edit.* JEAN XXII. Lettres secrètes et curiales... *Paris*, 1900-1906, in-4°.

[Fol. **5.296**.

COULONDRES (A.). — Armand de Bourbon, prince de Conti, comte d'Alais et de Pézenas (1629-1666), par A. Coulondres... — *Alais, impr. A. Martin*, 1884, in-8°, pièce (37 p.).

[Sur Villeneuve-lez-Avignon].
(Extrait du journal *Les Tablettes d'Alais*.)
Don de l'auteur.

[8°, **16.971**.

— La Chartreuse de Villeneuve-lez-Avignon. — Dessèchement des étangs de Rochefort et Pujaut. Notices historiques et documents publiés par M. A. Coulondres... — *Alais, impr. A. Martin*, 1877, in-8°, 107 p., pl.

[L'auteur y a joint une « vue générale de Villeneuve vers la fin du XVII° siècle, calquée sur un dessin existant dans un dépôt public de Paris »].

Don de l'auteur.

[8°, **14.945**.

— Louis VIII à Saint-André (Villeneuve-lez-Avignon) et Bermond de Clausonne, XIII° abbé du monastère de Saint-André d'Avignon (1226), par M. A. Coulondres... — *Nîmes, typ. Clavel Ballivet*, 1877, in-8°, pièce (40 p.).

(Extrait des *Mémoires de l'Académie du Gard*, année 1876.)

Don de l'auteur.

[8°, **15.109**.

— *Voir* : SOUMILLE (B.-L.). Journal... *Alais*, 1880, in-8°.

[8°, **15.119**.

COUPLETS à l'occasion de la Pose de la Première Pierre du Pont d'Avignon [le 21 septembre 1806]. — [*Avignon, impr. Bourges fils*, 1806], in-4°, pièce (1 ff. n. ch.).

Fonds Chambaud et Requien.

3 ex. [**Ms. 2.534**, n° 4, **2.969**, n° 3, et **2.985**, n° 3.

COUPLETS en l'honneur de M' de Stassart, Préfet du Département de Vaucluse, chantés le le jour de la Fête donnée à ce Magistrat par la ville d'Orange. — *Orange, Joseph Bouchony*, 1810, in-8°, pièce (8 p.).

[**Ms. 2.997**, n° 36.

COUPLETS sur la paix. [*Suit, p. 4* : Couplet improvisé à des époux dotés par la ville d'Avignon à l'occasion de la paix. 26 germinal an IX].— *S. l.*, [*impr. des écoles primaires*, an IX], in-8°, pièce (4 p.).

Fonds Chambaud et Requien.

2 ex. [**Ms. 2.546**, n° 25, et **2.997**, n° 12.

COURAJOD (Louis). — Un fragment du retable de Saint-Didier d'Avignon sculpté par Francesco Laurana, au Musée du Louvre, par Louis Courajod. Dessins par Ludovic Letrône. — *Paris, Henri Menu*, 1884, in-4°, pièce (8 p.), fig.

(Extrait de la *Gazette des Beaux-Arts*, février 1884.)

[4°, **4.958**.

COURSON (Comtesse ROGER DE). — Ctesse Roger de Courson. Un groupe de victimes de la Terreur. Les Sacramentines de Bollène et leurs compagnes. — *La Chapelle-Montligeon, imp.-lib. de Montligeon*, 1904, in-8°, pièce (1 ff. n. ch., 26 p.).

(Extrait de la *Quinzaine*, du 16 septembre 1904.)

Don de M. P. de Faucher.

[4°, **6.626**.

COURTET (JULES). — Cantate avec récits, strophes, chœurs et orchestre, paroles de M. Jules Courtet... ; musique de M. J. Imbert ; exécutée devant LL. MM. l'Empereur et l'Impératrice, au bal donné à l'Hôtel de Ville d'Avignon, le 7 septembre 1860. — *Avignon, Bonnet fils*, in-4°, pièce (11 ff. n. ch.).

Don de l'auteur.

[4°, **5.006**.

— Dictionnaire géographique, historique, archéologique et biographique des communes du département de Vaucluse, par M. Jules Courtet,...— *Avignon, typ. Bonnet fils*, 1857, in-8°, xxxv-385 p.

COURTET (Jules).

Voir : ANNUAIRE officiel du département de Vaucluse. 1855. — 8°, 31.404].
Don de l'auteur.
[8°, **30.716**.

— Nouvelle édition. *Avignon, Seguin*, 1876, in-8°, XXXVI-400 p., cart.
Don de l'auteur.
[8°, **37.815**.

— Notice historique et archéologique sur Avignon, accompagnée d'un plan inédit du Palais des papes, par M. Jules Courtet, ... — *Paris, A. Leleux*, 1855, in-8°, pièce (32-2 p.), pl.
(Extrait de la *Revue archéologique*, XI° année.)
Legs Geoffroy-Perret.
2 ex. [8°, **15.043** et **34.030**.

— Notice sur le V. P. Guillaume Courtet, Religieux dominicain, premier martyr français au Japon, par M. Jules Courtet,... — *Avignon, impr. Gros frères*, 1868, in-8°, 53 p.
Don de l'auteur.
[8°, **25.860**.

— La Valmasque, épisode des guerres religieuses du Comtat, par Jules Courtet,... Nouvelle édition. — *Paris, Jules Tardieu*, 1862, in-12, 288 p.
[8°, **25.603**.

COURTET (Jules) et MALTE-BRUN (V.-A.). — Vaucluse historique, pittoresque et monumental. Avignon ; notices historiques et archéologiques par M. Jules Courtet...; notices géographiques, historiques et statistiques par V.-A. Maltebrun. — *Avignon, Clément St-Just*, 1853, in-fol., pièce (17 p.), pl. et cart.
(Extrait de la *France illustrée* publiée par G. Barba.)
[Fol. **4.260**.

COURTET (Victor). — Canal d'irrigation de l'Association de L'Isle, [par Victor Courtet]. — *Avignon, impr. Vve Guichard*, 1843, in-8°, pièce (14 p.).
[Ms. **3.009**, n° 67.

— Chemin de fer d'Avignon à Gap. Embranchement d'Apt. Observations dans l'enquête ouverte sur l'utilité publique de de cet embranchement, approuvées par délibération du Conseil municipal de L'Isle du 22 juillet 1866. [Signé : V. Courtet]. — *Avignon, impr. Bonnet fils*, s. d., in-8°, pièce (16 p.).
[8°, **29.864**.

— Notice sur Pétrarque, avec une pièce inédite de Mirabeau sur la fontaine de Vaucluse, par Victor Courtet, de L'Isle. — *Paris, Ch. Gosselin*, 1835, in-8°, 74 p., fig.
[8°, **28.362**.

— Deuxième édition. — *Paris, C. Gosselin*, 1835, in-12, 74 p.
Planche : « Fontaine de Vaucluse. Dagnan del. Lith. de Thierry frères ».
[8°, **34.721**.

COURTOIS (Abbé AUGUSTE DE). — La mission d'Orange (février et mars 1886) ; impressions et souvenirs [par l'abbé de Courtois]. *Carpentras, impr. Tourrette*, s. d., in-8°, 76.
Anc. archevêché d'Avignon.
2 ex. [8°, **37.361** et **37.394**.

— Le reliquaire et les reliques de Saint Eutrope, évêque d'Orange, [Signé : A. de Courtois]. — *Avignon, Aubanel*, [1897], in-8°, pièce (24 p.).
Anc. archevêché d'Avignon.
[4°, **8.161**.

— Souvenir de l'érection et de la dédicace de l'église paroissiale de Montdragon, par M. l'abbé de Courtois,... — *Avignon,*

Aubanel, 1879, in-8°, pièce (40 p.).
Anc. archevêché d'Avignon.
[4°, **8.166**.

COURTOIS (EDME-BONAVENTURE). — [Extrait du rapport de Courtois sur Robespierre, renfermant des documents sur la Commission populaire d'Orange. 16 nivôse an III]. — S. l. n. d., in-8°, pages 365-406.
Fonds Chambaud.
[Ms. **2.544**, n° 49.

COUSIN (J.). — La retraite spirituelle de Monsieur le Marquis de Simiane La Coste, Président au mortier au Parlement de Provence, [par J. Cousin]. — Aix, Guillaume Le Grand, 1688, in-12, XI ff. n. ch. - 150 p. port.
[8°, **26.952**.

CRÉANCES sur les anciennes communautés juives des villes d'Avignon et de L'Isle. Relevé des principales pièces établissant les droits des créanciers ; décrets et ordonnances royales qui en prescrivent les mode et termes de paiement. Fin décembre 1827. — [Avignon, impr. Seguin aîné, 1827], in-8°, pièce (38 p.).
Fonds Chambaud et Requien.
2 ex. [Ms. **2.550**, n° 35, et **3.001**, n° 78.

CRÉMIEU (JUDA-DAVID). — Discours composé en hébreu et traduit en français, par le rabin Juda-David Crémieu l'aîné, de Carpentras, prononcé dans l'assemblée générale des Juifs, convoqués dans la Synagogue de la même ville, [à l'occasion de l'avènement de Louis XV au trône de France.] — S. l. n. d., in-8°, pièce (7 p.).
Fonds Massilian-Moutte.
[Ms. **2.453**, n° 51.

— Voir : PRIÈRE pour la guérison de Monseigneur le Dauphin... S. l. n. d., in-8°.
[Ms. **2.453**, n° 50.

CRESPIN (JEAN). — Le livre des martyrs, qui est un recueil de plusieurs martyrs qui ont enduré la mort pour le nom de nostre Seigneur Iesus Christ, depuis Jean Hus iusques à ceste année présente M. D. LIIII... [par Jean Crespin]. — S. l. n. d., 1554, in-12.
[P. 656 : « Touchant les martyrs de Iesus Christ, appellez les Vauldois, executéz en grand nombre à la iournée de la destruction et saccagement de Cabriere et Mérindol, et autres lieux au païs de Provence »].
Provient de l'Oratoire d'Avignon.
[8°, **11.361**.

CRI de joie des honnêtes Citoyens du ci-devant Comtat. (11 novembre 1791). — S. l. n. d., in-8°, placard.
[Ms. **3.013**, n° 40.

CRI (Le) de la raison et de la politique en faveur des Avignonais; ou Réflexions d'un Patriote clairvoyant, adressées à la Nation Française. [14 octobre 1790]. — [Paris, impr. Chalon, 1790], in-12, pièce (28 p.).
Fonds Chambaud et Requien.
2 ex. [Ms. **2.537**, n° 31, et **2.988**, n° 27.

CRI (Le) public sur la succursale des Invalides d'Avignon. — [Avignon, s. n., 1830], in-8°, pièce (8 p.).
Fonds Chambaud et Requien.
2 ex. [Ms. **2.551**, n° 19, et **3.002**, n° 60.

CRILLON (LOUIS DE BERTON DES BALBES DE). — Mémoires militaires de Louis de Berton des

CRILLON (L. DE BERTON DE). — CRIVELLI (J.-L.).

Balbes de Quiers, duc de Crillon, duc de Mahon,... — *Paris, impr. Du Pont*, 1791, 11 ff. n. ch. - 392 p., pl.

2 ex. [8°, **14.211** et **26.016**.

CRIMES (Les) dévoilés, ou lettre d'un avignonois sur les troubles de sa patrie.[16 novembre 1790]. — *S. l. n. d.*, in-8°, pièce (16 p.)

Fonds Chambaud et Requien.

2 ex. [**Ms. 2.537**, n° 41, et **2.987**, n° 36.

CRIS des Avignonois à l'Assemblée Nationale. — *S. l. n. d.* [novembre 1791], in-12, pièce (3 p.).

[Contre Duprat, Minvielle, Sabin Tournal, Mendès, et les auteurs du massacre de la Glacière].

Fonds Chambaud et Requien.

3 ex. [8°, **27.230**, t. II, n° 1. — Ms. **2.540**, n° 27, et **3.013**, n° 44.

CRIVELLI (JÉROME). — Recitatio solemnis ad titulum de Justitia et Jure, et definitionem Justitiæ Institutionum imperialium, in publico Universitatis Legum Auditorio Avenionis, et in Studiorum renovatione, habita anno 1651 per Hieronymum Crivelli, J. U. D. Aggregatum et Professorem publicum. — *Avignon, typ. Jacques Bramereau*, 1653, in-12, pièce (29 p.).

[8°, **36.919**, n° 6.

— Recitatio solemnis de paupertate et eleemosyna in publico Universitatis legum Auditorio et in studiorum renovatione habita anno 1655 per Hieronymum Crivelli... — *Avignon, J. Piot*, 1655, in-12, pièce (40 p.).

[8°, **27.230**, t. V, n° 4.

CRIVELLI (JOSEPH-LOUIS). — Cantate à S. A. R. Monsieur, frère du roi. [*Signé* : Joseph-Louis Crivelli, avocat, membre de l'Académie de Vaucluse]. — *S.l.n.d.*, in-4°, pièce (11 ff.n.ch.).

[**Ms. 2.969**, n° 134.

— Eloge funèbre de Mr Collet, Président du Tribunal de première instance de l'Arrondissement d'Avignon ; prononcé sur sa tombe, par M. Crivelli,... — *S.l.n.d.*[1807], in-8°, pièce(4 p.).

[**Ms. 3.015**, n° 16.

— Epitre A M. le Chevalier de Stassart... Préfet de Vaucluse, par J.-L. Crivelli,... — *S. l. n. d.*, in-8°, pièce (4 p.).

[8°, **25.068**, n° 20.

— Les Français heureux par le retour des Bourbons. Cantate à S. A. R. Monsieur, Frère du Roi. [*Signé* : Par Joseph-Louis Crivelli, avocat, membre de l'Académie de Vaucluse]. — *S. l. n. d.*, in-8°, pièce (11 ff. n. ch.).

[**Ms. 3.015**, n° 33.

— Observations sur le danger d'interpréter les lois, par J.-L. Crivelli, avocat, avoué près le Tribunal de première instance de l'arrondissement d'Avignon, Membre de l'Athénée de Vaucluse. — *S. l. n. d.*, in-8°, pièce (16 p.).

[Athénée de Vaucluse].

[8°, **26.804**, t. I, n° 4.

— Stances à S. A. R. Madame Louise-Marie-Adelaïde de Bourbon-Penthièvre, duchesse d'Orléans. [*Signé* : Joseph-Louis Crivelli, avocat, membre de l'Académie de Vaucluse]. — *S. l. n. d.*, in-4°, pièce (1 ff. n. ch.)

2 ex. [**Ms. 2.969**, n° 127, et **3.015**, n° 30.

CRIVELLI (Pierre-Vincent-Gleyse). — *Voir* : Gleyse-Crivelli (Pierre-Vincent).

CROCHANS (M. de). — [Vers de M. de Crochans mis au-dessous du portrait du roi Louis XV placé à l'hôtel de ville d'Avignon]. — S. l. n. d., in-fol., placard.

Fonds Massilian-Moutte.

[**Ms. 2.437**, n° 21.

CROZET (Gabriel-Marie). — Clementi decimo, ter opt. terque max., vita triplex tripliciter coronata. Oratio, a Gabriele Maria Croseto,... habita 15. kal. junii, anno M.DC.LXX... — *Avenione, G. Bramereau*, s. d., in-4°, pièce (IV ff. n. ch. - 13 p.).

Fonds Massilian-Moutte et Requien.

3 ex. [**Ms. 2.439**, n° 14, **2.451**, n° 22, et **2.954**, n° 43.

— Gabrielis Mariæ Croseti in Academia Avenionensi J. U. D. Aggregati, Isaias doctor, Hercules in Bivio, Hoplomachus... — *Avignon, Jacques Bramereau*, 1641, in-12, pièce (IV ff. n. ch. - 35 p.).

2 ex. [8°, **27.230**, t. V, n° 3, et **36.919**, n° 3.

CROZET (Jean). — Clemens nonus pontifex Optimus maximus. Oratio habita ab Illustri D. Ioanne Crozeto,... XIV. Kal Augusti M.DC.LXVII... — *Avenione, G. Bramereau*, 1667, in-4°, pièce (24 p.).

Fonds Massilian-Moutte et Requien.

5 ex. [8°, **24.258**, n° 25, et **33.796**. — **Ms. 2.439**, n° 11, **2.451**, n° 29, et **2.925**, n° 36.

CROZET (Laurent de). — *Nunc est bibendum*. Etudes et recherches scientifiques et archéologiques sur le culte de Bacchus en Provence au XVIII° siècle par le chevalier Apicius a Vindemiis [Laurent de Crozet]... — *Toulon, impr. Aurel*, 1860, in-8°, 67 p.

— Supplément ou critique de l'ouvrage intitulé « Recherches sur le culte de Bacchus en Provence ». Variis incertisque autoribus. [Par Laurent de Crozet]. — 1861-1862, in-8°.

1re lettre. (*Signé* : Le chevalier Elzéard ds la Rabasse). — *Aix, impr. Makaire*, 29 p.
2e lettre. (*Signé* : Trophime Amadou). — *Arles, impr. Vve Cerf et A. Magnan*, 29 p.
3e lettre. *(Signé* : Agricol, baron d'Aioli). — *Ibid.*, 32 p.
4e lettre. (*Signé* : Lazare Arleri). — *Toulon, impr. Aurel*, 30 p.
5e lettre. (*Signé* : Bernardus von Krakendorf. *Suivi de* : Apicius à son lecteur). — *Arles, impr. Vve Cerf et A. Magnan*, 32 p. *(Signature autographe de l'auteur).*
Errata. (*Signé* : Georges Alearius). — *Marseille, impr. Vve M. Olive*, 8 p.
Post-scriptum. (*Signé* : Apicius a Vindemiis. Décembre 1862). — *Ibid.*, 1 ff. n. ch., fac-simile.

Don de l'auteur.

[8°, **26.363**.

CROZET (Louis). — Aquila ad solem sive oratio a Ludovico Croseto, in Academia Avenionensi ordinario juris canonici professore, habita VIII. Id. Jul. M.DC.XXXIV, dū Illustrissimo Domino Marcello Philonardo, Romano, conferret doctoralem lauream... — *Avenione, J. Piot*, 1634, in-4°, pièce (17 p.).

Fonds Massilian-Moutte.

[**Ms. 2.451**, n° 10.

— Sacrum justitiæ a Ludovico Croseto in Academia Avenionensi antecessore factum, kal. decemb. dum filio Gabrieli Mariæ conferret doctoralem lau-

CROZET (Louis). — CURNIER (A.-J.-C.).

ream... — *Avignon, typ. Jacques Bramereau*, 1639, in-12, pièce (20 p.).
Fonds Massilian-Moutte.
[8°, **36.919**, n° 1.

CROZET (P.). — Le château de Saumanes (Vaucluse). [Signé : P. C(rozet)]. — *Marseille, Société anonyme de l'imprimerie marseillaise*, 1883, in-4°, pièce (15 p.), fig.
(Extrait de la *Provence artistique et pittoresque*.)
Ancien archevêché d'Avignon.
[4°, **8.096**.

CROZET-BUISSON (Jean). — Oratio pro deponenda judicatura Aven. Habita à... Joa. Crozet Buisson,... in publico Civitatis consilio, Kal. Augusti, M.DC.LXXVIII. — *S. l. n. d.*, in-4°, pièce (1 ff. n. ch. - 6 p.).
Fonds Massilian-Moutte et Requien.
2 ex. [**Ms. 2.457**, n° 35, et **2.939**, n° 15.

CROZET-BUISSON (Joseph). — Beati Petri de Luxemburgo elogium habitum à Nob. Adolescente Iosepho Crozet Buisson, Avenionensi rhetore, in Æde Sacra RR. PP. Cœlestinorum, Die 5. mensis julii, anno M.DC.LXXI. — *Avenione, A. Duperrier*, 1671, in-4°, pièce (v ff. n. ch. - 23 p.).
Fonds Massilian-Moutte et Requien.
3 ex. [8°, **24.258**, n° 27. — Ms. **2.445**, n° 11, et **2.954**, n° 49.

— Diluvium Avenionense anno 1674. [Signé : Josephus Crozet Buysson]. — *S. l. n. d.*, in-12, pièce (4 p.).
[8°, **27.230**, t. V, n° 6.

— Innocentivs XI, pontifex optimvs maximvs. Oratio habita ab Illustri D. Iosepho Crozeto Buisson,... In Æde D. Francisco sacrà xiv. Kal. Novemb. M.DC.LXXVI... — *Avenione, M. Chastel*, 1677, in-4°, pièce (30 p.).
Fonds Massilian-Moutte et Requien.
3 ex. [**Ms. 2.439**, n° 15, **2.451**, n° 25, et **2.939**, n° 8.

— Ex. incomplet (6 premières pages seulement).
[**Ms. 2.451**, n° 27.

CULTE (Le) de Saint Jean-François-Régis à Avignon. — *Avignon, Aubanel*, 1877, in-18, pièce (45 p.).
Anc. archevêché d'Avignon.
[8°, **37.292**.

CURET (E.). — *Voir :* Congrès des Sociétés savantes de Provence... 1906... *Aix*, 1907, in-8°.
[4°, **7.488**.

CURLEY (Frédéric de). — Les Congrégations de la très-sainte Vierge à Avignon, de 1752 [sic, pour 1572] à 1880, par Frédéric de Curley. — *Avignon, typ. Seguin frères*, 1880, in-8°, 53 p., pl.
[8°, **12.561**.

— Discours de première messe prononcé par le R. P. F. de Curley, S. J., en la chapelle du collège St-Joseph d'Avignon, le 18 décembre 1898... — [*Avignon, F. Seguin*, 1899], in-8°, pièce (9 p.).
[8°, **31.087**.

CURNIER (Antoine-Jean-Charles). — Antoine-Jean-Charles Curnier, aux trente-deux Sections de Marseille. — *S. l. n. d.* [1793], in-8°, pièce (4 p.).
[En réponse au mémoire intitulé : *Aux généreuses sections de Marseille...*]
[**Ms. 2.993**, n° 43.

— Discours prononcé par Curnier, l'un des commissaires réunis pour l'organisation du district de Vaucluse et de Louvèze, à la Société patriotique d'Avignon, le 28 septembre 1792..., à l'occasion de l'inauguration de la nouvelle salle, choisie pour les séances de la Société. — *S. l. n. d.*, in-4°, pièce (1 ff. n. ch.).

[**Ms. 2.980**, n° 113.

— Autre édit. — *S. l. n d.*, in-12, pièce (4 p.).

Fonds Chambaud et Requien.

2 ex. [**Ms. 2.542**, n° 27, et **2.993**, n° 9.

D

D. — Lettre d'un ami au très révérend Père prieur des FF. Prêcheurs de Lyon, au sujet de la solennité célébrée à Avignon dans l'église des religieux du même ordre à l'honneur du S. pape Pie V, nouvellement canonisé. [*Signé* : D*****]. — *S. l. n. d.*, in-4°, pièce (8 p.).

Fonds Chambaud et Requien.

2 ex. [**Ms. 2.445**, n° 16, et **2.941**, n° 69.

D. — Vers sur l'assassinat commis à Avignon, le 13 juin 1843, par D..., témoin de cet assassinat. [*Suit* : Complainte sur la mort de la belle Marguerite, assassinée par son amant]. — [*Avignon, impr. Vve Guichard*, 1843], in-8°, pièce (4 p.).

Fonds Chambaud.

[8°, **37.751**, n° 75.

D. (T.-F.). — La Passion de Notre Seigneur Jésus-Christ mise en vers et en dialogues. [Dédicace à J.-L. de Bonneau, prévôt de la métropole d'Avignon, *signée* : T. F. D.]. — *S. l. n. d.*, in-18 pièce (28 p.).

(Théâtre d'Avignon.)
Fonds Massilian-Moutte et Chambaud.

[8°, **25.537**, n° 2. — **Ms. 2.443**, n° 37.

DA VENAPHRO (Sylvano). — *Édit*. Pétrarque (François). Il Petrarco col commento... *Naples*, 1533, in-4°.

[8°, **25.717**.

DABILLON (André). — *Voir* : Abillon (André d').

DABRY (Pierre). — Pierre Dabry... Mon expérience religieuse. 1er mille. — *Paris, librairie de la France Républicaine*, 1912, in-12, 303 p.

Don de l'auteur.

[8°, **37.589**.

— Pierre Dabry. Vie de D.-C. Cassan, poète provençal avignonais. — *Avignon, A. Gros*, 1884, in-16, 193 p.

[8°, **16.910**.

DACIER (Bon-Joseph). — Notice historique sur la vie et les ouvrages de M. de Sainte-Croix, par M. Dacier, secrétaire perpétuel de la classe d'histoire et de littérature ancienne de l'Institut impérial. — *S. l. n. d.*, in-12, 22 p.

(Extrait du *Moniteur*, n° 188, année 1811.)

[8°, **32.776**.

DALARIC (Abbé de). — Lettres de Monsieur l'abbé de Dalaric, associé des Académies de Pau et de La Rochelle, sur le Pané-

gyrique de S. Agricol, par le Père Eusèbe Didier récolet, adressées à Monsieur le Marquis du Telonet de la Turnese. — *Marseille, Vve Brebion*, 1756, in-4°, pièce (14 p.).
La dernière page porte par erreur le n° 9.
2 ex. [8°, **27.752**, n° 9. — Ms. **2.930**, n° 32.

DALISSAC. — La nouvelle Bastille. Petit traité dédié aux grands hommes du 14 juillet, suivi d'un précis historique sur la Commission Populaire d'Orange. [Par Dalissac. 25 brumaire an III]. — *S. l. n. d.*, in-8°, pièce (18 p.).
Fonds Chambaud et Requien.
3 ex. [Ms. **2.544**, n° 45, et **2.994**, n° 44.

DALLIER-FLEURIZELLE (Charles). — Mémoire sur l'inscription de la cathédrale de Vaison... [Signé : Ch. Dallier-Fleurizelle,...] — *Avignon, Bonnet fils*, 1834, in-12, pièce (12 p.).
Don de l'auteur.
2 ex. [8°, **27.233**, fol. 110, et **33.267**.

DAMASE (Le P.). — Compliment A Son Excellence Monseigneur Louis de Balbes de Berton, duc de Crillon et de Mahon..., à l'occasion de son passage à Avignon. [Signé : Par le Révérend Père Damase, gardien des Capucins du grand Couvent d'Avignon.] — *S. l. n. d.*, in-4°, pièce (1 ff. n. ch.).
2 ex. [Ms. **2.936**, n° 41, et **2.956**, n° 34.

DAMASE (F.). — Apollini purpurato seu eminentissimo principi S.R.E. cardinali Ang. Durini ode congratulatoria. [Signé : F. Damasus C.C. L.] — *S. l. n. d.*, pet. in-8°, pièce (8 p.).
[8°, **25.088**, n° 5.

DAMIAN, GUYON et DEVILLARIO. — Discours prononcé par M. Damian, premier Officier municipal, avant l'installation de la nouvelle municipalité de Carpentras. [*Suit* : Discours prononcé par M. Guyon. Maire de la commune de Carpentras lors de son installation. — Discours prononcé par M. Devillario, Procureur de la commune, le jour de son installation (juin 1792)]. — [*Carpentras, D.-G. Quenin*], s. d., in-4°, pièce (10 p.)
[Ms. **2.524**, n° 47.

DANDRÉE. — *Voir* : ANNUAIRE du département de Vaucluse pour l'an IX. *Carpentras*, s. d., in-12.
[8°, **31.390**.

DANIEL (Abbé A.). — Notice sur Séguret, Prébayon, St-Just, etc., par M. l'abbé A. Daniel,... — *Villedieu-Vaison, grande impr. provençale*, 1905, in-8°, 97 p. et 1 feuille d'errata.
Don de l'auteur.
[8°, **34.915**.

— Sœur Germaine, des sœurs de la Providence de Gap, supérieure de l'hospice de Séguret (1842-1906) [par l'abbé A. Daniel]. — [*Avignon, F. Seguin*, 1906], in-8°, pièce (7 p.).
Don de M. Lucien Gap.
[8°, **36.299**.

DANIELLO DA LUCCA (BERNARDINO). — *Edit.* PÉTRARQUE (François). Sonetti, canzoni, e triomphi... *Venise*, 1541, in-4°.
[8°, **25.714**.

— Autre édition. — *Ibid.*, 1549, in-4°.
[8°, **25.715**.

DANY. — Sermon à l'église de

St-Didier, dimanche prochain 21 août 1842, après vêpres. [*Signé :* Dany.] — [*Avignon, Aubanel*, 1842], in-8°, pièce (3 p.)
[Pour les ouvriers des mines de Decizes].
Fonds Chambaud.
[8°, **37.751**, n° 26.

DARLUC (Michel). — Histoire naturelle de la Provence, contenant ce qu'il y a de plus remarquable dans les règnes végétal, minéral, animal et la partie géoponique, par M. Darluc... — *Avignon, J.-J. Niel*, 1782-1786, 3 vol. in-8° : t. I, XVI-523 p. ; II, XX-315 p. ; III, 373 p.
Tome Ier : Pertuis, Cadenet et leurs environs. La Tour-d'Aigues. Diocèse d'Apt. Mines de Viens. Comté de Sault. Voyage au Mont-Ventoux. Carpentras et ses environs. La Fontaine de Vaucluse. Cavaillon. L'Isle. Avignon. Poissons du Rhône. Oiseaux de Provence.
H. N. [8°, **2.223**.

DARMANGEAT (Louis). — L. Darmangeat. Histoire de la royale et dévote compagnie des Pénitents gris d'Avignon. — *Avignon, J. Roumanille*, 1903, in-8°, 253 p. et pl.
Don de l'auteur.
[8°, **33.758**.

DARU (Napoléon, Cte). — Chambre des Pairs. Séance du 23 février 1842. Discours prononcé par M. le comte Daru, à l'occasion du décès de M. le comte de Cessac. — *S. l. n. d.*, [1842], in-8°, 22 p.
[Ms. **3.008**, n° 6.

— Chambre des Pairs. Séance du 15 juillet 1843. Rapport fait à la Chambre par M. le comte Daru, au nom d'une Commission spéciale chargée de l'examen du Projet de loi relatif à l'établissement d'un chemin de fer de Marseille à Avignon. — [*Paris, s. n.*, 1843], in-8°, 84 p.
[8°, **24.862**, n° 18.

DARUTY (Claude Vincent-). — *Voir :* Vincent-Daruty (Claude).

DAUDÉ DE LAVALETTE. — Recherches sur l'histoire du passage d'Annibal d'Espagne en Italie à travers les Gaules, par M. Daudé de Lavalette... — *Montpellier, Jean Martel*, 1838, in-8°, 143 p., pl.
[8°, **28.251**.

DAUDET (Ernest). — Ernest Daudet. Jourdan Coupe-tête. — *Paris, C. Marpon et E. Flammarion*, s. d., in-16, 245 p.
(Auteurs célèbres.)
Legs Geoffroy-Perret.
[8°, **33.916**.

— Les 61 victimes de la Glacière. — *Le Petit Moniteur universel du soir*, n^{os} du 31 janvier au 20 avril 1869.
[On a joint un n° de la *Presse illustrée*, du 27 février 1869 annonçant la publication de ce feuilleton et reproduisant l'estampe : « Tableau des massacres commis dans le palais d'Avignon sous les ordres des principaux chefs de l'armée de Monteux »].
[Journal, n° 61.

— *Voir :* Belot (Adolphe) et Daudet (Ernest). La Vénus de Gordes. *Paris*, s. d., in-16.
[8°, **33.917**.

DAUMET (Georges). — *Édit.* Benoit XII, pape... Lettres closes, patentes et curiales... *Paris*, 1899-1902, in-4°.
[Fol. **5.298**.

DAUPHINÉ (Oswald). — Les arts dans le Midi (Vallée du Rhône). Discours prononcé à la distribution des prix du Lycée d'Avignon par M. O. Dauphiné, professeur... — *Avignon, impr. Gros frères*, 1872, in-18, pièce (24 p.).
[8°, **7.652**.

DAURYAC (Le P.). — Oraison funèbre de... Henry duc de Montmorency, pair, et connestable de France, gouverneur et lieutenant general pour le Roy en Languedoc, récitée en la chapelle des Penitens Blancs d'Avignon, le 2. de may 1614, par un religieux de la compagnie de Iesus. [*Dédicace signée :* Dauryac,...] — Avignon, *J. Bramereau*, 1614, in-4°, pièce (11 ff. n. ch. contenant 2 gravures, 40 p.).

Fonds Massilian-Moutte.

[Ms. **2.458**, n° 2.

DAUVERGNE. — Discours prononcé à la Société populaire d'Avignon, le 3 messidor [an II], par Dauvergne, adjudant général, chef de brigade, commandant des troupes hors de Marseille dans les départements des Bouches-du-Rhône et de Vaucluse... — [*Avignon, impr. Vincent Raphel*, 1794], in-8°, pièce (6 p.).

Fonds Chambaud et Requien.

2 ex. [Ms. **2 544**, n° 30, et **2.994**, n° 30.

DAVID (Abbé J.). — Cantico poupulàri a la Santo Vièrge per un jour de roumavage. Paraulo e musico de l'Abat J. Dàvi, curat decan de L'Ilo-sùs-Sorgo... — [*Avignon, impr. François Seguin*, 1897], in-18, pièce (11 ff. n. ch.).

[8°, **4.442**, n° 10.

— Cantique populaire à saint Joseph à l'occasion de l'érection d'un autel en l'honneur de ce glorieux époux de la très sainte Vierge dans l'église paroissiale de Roussillon. Paroles et musique de l'abbé J. David... — [*Avignon, impr. F. Seguin*, 1896], in-18, pièce (11 ff. n. ch.).

[4°, **4.442**, n° 8.

— Cantique populaire en l'honneur de la Sainte Vierge. Paroles et musique de l'abbé J. David,... — [*Avignon, impr. François Seguin*, 1897], in-18, pièce (11 ff. n. ch.).

[4°, **4.442**, n° 9.

— Cantique populaire en l'honneur de St Antoine de Padoue. Paroles et musique de l'abbé J. David,... — *Avignon, impr. François Seguin*, 1895, in-18, pièce (11 ff. n. ch.).

[4°, **4.442**, n° 3.

— Cantique populaire pour le Congrès du Tiers-Ordre Franciscain à Nîmes, 23-27 août 1897. Paroles et musique de l'abbé J. David... — [*Avignon, impr. F. Seguin*, 1897], in-18, pièce (11 ff. n. ch.).

[4°, **4.442**, n° 14.

— L'abbé David... Panégyrique de Saint Agricol prononcé en église de Saint-Agricol... le 6 septembre 1897. — *Avignon, Aubanel*, s.d., in-8°, pièce (16 p.)

Ancien archevêché d'Avignon.

[8°, **37.366**.

DAVID (JEAN-BAPTISTE). — Oraison funèbre de M. l'abbé de Roquard, fondateur du monastère de l'Adoration perpétuelle du Très-S. Sacrement dans la ville de Bollène, prononcée dans l'église dudit monastère, le 12 décembre 1778, par M. David,... — *Avignon, frères Bonnet*, 1781, in-12, VII-66 p.

[8°, **17.121**, n° 7.

DAVID (SYLVIUS). — La charité et l'école de Spencer. Rapport sur le concours pour les prix des anciens élèves du collège St-Joseph (année 1898), par M. Sylvius David,... — *Avignon, Fr. Seguin*, 1898, in-8°, pièce (11 p.).

[8°, **30.997**.

DAYOT (Armand). — Armand Dayot,... Les Vernet, Joseph, Carle, Horace. — *Paris, Armand Magnier*, 1898, in-fol., III-239 p., pl.

Fol. **4.756**.

DEBAUGE (A.). — Les premières années de Philippe de Girard. Discours de réception de M. A. Debauge. — *Amiens, impr. H. Yvert*, 1880, in-8°, pièce (30 p.).

Académie des sciences, des lettres et des arts d'Amiens. Séance du 27 juin 1879.

[4°, **3.352**, n° 9.

DEBENOIT (Louis-Gabriel). — Voir : Benoit (Louis-Gabriel de).

DEBÉZIEUX (Balthasar). — Arrets notables de la cour du Parlement de Provence recueillis par feu Messire Balthasar Debézieux..., sur diverses matières ecclésiastiques, civiles et criminelles..., avec une table..., le tout par les soins de Maître Sauveur Eiriès... — *Paris, Le Mercier*, etc., 1750, in-fol., XLI-671 p.

[Fol. **1.251** et **4.299**.

DEBRY (Jean). — Jean Debry, à la Société populaire d'Avignon. [3 floréal an III]. — [*Avignon, impr. Vincent Raphel*], s. d., in-8°, pièce (6 p.).

Fonds Chambaud et Requien.

2 ex. [Ms. **2.544**, n° 53, et **2.994**, n° 51.

— Discours prononcé à Carpentras par le représentant du peuple Jean Debry, dans le Temple de la Raison, le 2 pluviôse an 3°... — [*Carpentras, V. Raphel*], s. d., in-4°, pièce (6 p.).

[Ms. **2.965**, n° 87.

— Discours prononcé par le représentant du peuple Jean Debry... à la Société populaire de Carpentras, le 5 pluviôse, l'an 3°... — [*Carpentras, V. Raphel*], s. d., in-4°, pièce (7 p.).

[Ms. **2.965**, n° 91.

— Opinion de Jean Debry, député de l'Aisne, sur la nécessité de deux lois organiques de la Constitution de 1793... imprimée à Avignon, le 2 floréal, an 3. — [*Avignon, V. Raphel*], s. d., in-12, pièce (6 p.).

[8°, **27.230**, t. II, n° 14.

DÉBUT (Le) des comédiens à Carpentras. Petite pièce en un acte en prose, donnée au public par le moucheur de chandelles de la Comédie d'Avignon. — *Lyon*, 1755, in-4°, pièce (16 p.).

2 ex. [8°, **17.120**, n° 3, et **25.537**, n° 6.

DÉCLARATION des patriotes fugitifs de Beaucaire, sur les meurtres et emprisonnemens qui eurent lieu dans cette ville, le 2 avril 1793... — S. l. n. d., in-4°, 1 ff. n. ch.

[Sur le rôle d'Agricol Moureau à Beaucaire].

Ms. **2.980**, n° 123.

DECRETA diœcesanæ synodi...
— Voir : Conciles et Synodes.

DECRETA synodi diœcesanæ...
— Voir : Conciles et Synodes.

DECUGIS. — Epitre à Son Excellence Monseigneur d'Elcy, vice-légat d'Avignon. [*Signé* :

DECUGIS.

Decugis, avocat du Roy de Marseille]. — *S. l. n. d.*, in-4°, pièce (4 p.).

Fonds Massilian-Moutte et Requien.

2 ex. [**Ms. 2.431**, n° 50, et **2.942**, n° 40.

DEFENSE apologetique des Avignonnois contre leurs Politiques Censeurs. [A l'occasion de l'annexion de 1663]. — *S. l. n. d.* [1663 ?], in-4°, pièce (10 p.).

[**Ms. 2.954**, n° 24.

DEJEAN (P.). — Principes d'arithmétique décimale et de géométrie pratique, appliqués aux usages de la société et principalement au système décimal des poids et mesures... ; suivi de xx tables de réduction des mesures et poids anciens du département de Vaucluse et lieux circonvoisins en mesures et poids nouveaux, et des mesures et poids nouveaux en mesures et poids anciens du même département. Par le citoyen P. Dejean. — *Avignon, Alphonse Bérenguier*, an neuvième, in-8°, VIII-132 p. - XVI ff. n. ch., 1 pl.

2 ex. [8°, **6.869** et **24.848**.

DELACROIX (Abbé A.). — Histoire de Fléchier, évêque de Nîmes d'après des documents originaux, par M. l'abbé A. Delacroix... Deuxième édition. — *Paris, Louis Giraud, Nîmes, même maison*, 1865, 2 vol. in-12, IV-327 et 323 p., port. et facsim.

[8°, **16.856**.

— Autre ex. sans le portrait et le fac-simile.

[8°, **28.367**.

— Monsieur de Boulogne, archevêque-évêque de Troyes, pair de France, par l'abbé A. Delacroix... — *Paris, Retaux-Bray*, 1886, in-12, 420 p.

Ancien archevêché d'Avignon.

[8°, **37.265**.

DELAROCHE - VERNET (HORACE). — Acte de mariage de Joseph Vernet et de Virginie-Cécile Parker, 22 novembre 1745.[Publié par H. Delaroche-Vernet]. — *Archives de l'Art français*, nouv. pér., t. Ier, 1907, p. 244-245.

[8°, **36.939**.

— Recherches généalogiques sur Horace Vernet, Paul Delaroche et leur famille, par Horace Delaroche-Vernet. — *Paris, impr. nationale*, 1907. gr. in-4°, pièce (32 p.).

Don de l'auteur.

[Fol. **5.219**.

DELATTRE. — Discours prononcé par Monsieur Delattre,... Préfet du département de Vaucluse lors de la distribution du Drapeau et Etendard de la Garde d'honneur Vauclusienne, sur la principale Place publique d'Avignon, le 4 décembre 1808. — *S. l. n. d.* [1808], in-8°, 11 ff. n. ch.

Fonds Chambaud et Requien.

2 ex. [**Ms. 2.547**, n° 5, et **2.997**, n° 32.

DELAVAU. — Mémoire sur un projet de chemin de fer de Marseille à Lyon, et considérations générales sur ce nouveau mode de transport, par M. Delavau... — *Paris, Carilian Gœury*, 1835, in-8°, 71 p., tabl.

[8°, **7.456**.

DELBÈNE (FRANÇOIS). — Relation de l'appareil dressé dans le second monastère de la Visitation, dit S. George d'Avignon, a occasion de la solemnité faite pour la canonization de S. François de Sales..., depuis le 30. may 1666, jusques au 6. du mois suivant. [*Dédicace signée*: F. D(elbène)]. — *Avignon, M. Chastel*, 1666, in-4°, III ff. n. ch. - 60 p. - 1 ff. n. ch.

Fonds Massilian-Moutte et Requien.

2 ex. [**Ms. 2.446**, n° 4, et **2.954**, n° 31.

— Le Temple de la Clémence dédié à N.-S. Père le pape Clément IX, par... [les] Consuls et Assesseur de la ville d'Avignon, avec une sommaire description de l'Appareil du feu d'Artifice dressé le sixième septembre 1667 et une briève explication de son suiet; le tout composé par le Sr. F. D. Adu. de lad. Ville. — *Avignon, M. Chastel*, 1667, in-4°, pièce (II ff. n. ch., 44 p.).

Grande planche du « Feu d'artifice faict a Avignon pour la création de N. S. P. le pape Clément IX », signée : « F. Delbene inue. et deline. », « I. B. Lauze pinxit », « Ph. Mellan fecit 1667 demeurant devant nostre dame desperance a Avignon ».

Fonds Massilian-Moutte et Requien.

2 ex. [**Ms. 2.439**, n° 12, et **2.925**, n° 35.

DELÉCLUZE (J.). — [Extrait d'un article signé J. Delécluze sur le passage à Avignon de Bertrand Du Guesclin et des Grandes Compagnies, en 1366]. — *S. l. n. d.*, [vers 1846], in-4°, p. 5-8.

[**Ms. 2.985**, n° 74.

DELÉCLUZE (Etienne-Jean). — Pétrarque au Mont-Ventoux, par M. E.-J. Delécluze. — [*Paris, H. Fournier et Cie*], s. d. [1839], in-8°, pièce (11 p.).

(Extrait de la *Revue de Paris* du 13 janvier 1839.)

[8°,**34.712**.

DELEUTRE (Jean-Antoine). — Adresse de Jean-Antoine Deleutre, Député extraordinaire de la commune d'Avignon, à ses concitoyens. [Au sujet des prochaines élections, 31 mai 1792]. — [*Avignon, Domergue*, 1792], in-4° pièce (3 p.).

Fonds Chambaud et Requien.

3 ex. [**Ms. 2.524**, n° 37, **2.961**, n° 30, et **2.980**, n° 100.

— Les Avignonnois aux François. [Protestation contre les bruits qui accusent les Avignonais de sentiments favorables à la contre-révolution et du désir de rentrer sous la domination du pape. 1792. *Signé* : J.-A. Deleutre]. — *S. l. n. d.*, in-8°, pièce (3 p.).

[**Ms. 3.014**, n° 8.

— Discours prononcé à la barre de l'Assemblée Nationale, par M. Deleutre, l'aîné, Député extraordinaire de la commune d'Avignon, [en faveur de la municipalité de cette ville. — *Suit* : Délibération du Conseil général de la commune d'Avignon, en date du 19 février 1792, etc.]. — *S. l. n. d.*, in-4°, pièce (8 p.).

Fonds Chambaud et Requien.

2 ex. [**Ms. 2.524**, n° 3, et **3.061**, n° 3.

— Justification des Avignonois, présentée à l'Assemblée Nationale, par J.-A. Deleutre,... suivie de pièces justificatives. [Plaintes contre les commissaires civils. 28 février 1792]. — *S. l. n. d.*, [1792], in-8°, pièce (20-26 p.).

Fonds Chambaud et Requien.

3 ex. [8°, **33.426**. — **Ms. 2.541**, n° 12, et **2.992**, n° 14.

— Addition à la justification des

Avignonois. [Réponse aux observations de M. Verninac St Maur sur le projet de décret touchant les affaires d'Avignon. 6 mars 1792. *Signé :* Deleutre]. — *S. l. n. d.*, [1792], in-8°, pièce (9 p.).

Fonds Chambaud et Requien.

2 ex. [**Ms. 2.541**, n° 15, et **2.992**, n° 15.

— Liberté et justice. Les Avignonnois à l'Assemblée nationale. [Requête contre l'amnistie proposée en faveur de Jourdan et de ses complices. *Signé :* Deleutre]. — *S. l. n. d.* [1792], in-8°, pièce (8 p.).

Fonds Chambaud et Requien.

2 ex. [8°, **27.230**, t. II, n° 7. — **Ms. 3.014**, n° 7.

— Pétition à l'Assemblée nationale, par J.-A. Deleutre... [contre les décrets des 19 et 26 mars 1792, ainsi que contre la nouvelle municipalité d'Avignon présidée par Duprat le jeune. Juin 1792]. — *S. l. n. d.*, in-8°, pièce (8 p.).

Fonds Chambaud et Requien.

2 ex. [8°, **27.230**, t. II, n° 10. — **Ms. 3.014**, n° 13.

— Pétition individuelle des Avignonois actuellement à Paris, à l'Assemblée nationale [demandant l'envoi à Avignon de troupes de ligne pour y rétablir l'ordre et la destitution des commissaires Bertin et Rebecqui. Mai 1792. — *Signé :* *** (Deleutre), député extraordinaire de la commune, pour tous les pétitionnaires]. — *S. l. n. d.*, in-8°, pièce (13 p.).

Fonds Chambaud et Requien.

2 ex. [8°, **27.230**, t. II, n° 8. — **Ms. 3.014**, n° 12.

DELEUZE (François). — [Adresse de François Deleuze à « Messieurs les Electeurs » sur la conduite qu'ils devront tenir à l'occasion des dépouilles de Sarrians introduites à Avignon et contre les principaux chefs de la Révolution avignonaise. 8 mai 1791]. — [*Sorgues, de l'impr. électorale, chez Lubin*], s. d., in-4°, pièce (11 ff. n. ch.).

Fonds Chambaud et Requien.

2 ex. [**Ms. 2.523**, n° 64, et **2.960**, n° 47.

DÉLIBÉRATION des Citoyens actifs de la ville de Nyons... [portant que l'Assemblée nationale et le Roi seront suppliés de prendre en sauvegarde la nation Comtadine jusqu'au moment où son sort sera décidé. 9 et 10 février 1791.] — *S. l. n. d.*, in-4°, pièce (6 p.).

Fonds Chambaud.

[**Ms. 2.523**, n° 16.

DELILLE (François). — *Edit.* JARENTE-CABANES (Abbé Joseph-François de). Lettre... sur le siège de Caderousse...*Aix*, 1882, in-12.

[8°, **15.073**.

DÉLIVRANCE (La) des chevaliers de la Gloire par le grand Alcandre Gaulois, ballet pour l'heureuse naissance de Monseigneur le Daufin, fait par Monseigneur ...Frédéric Sforce, vice-légat..., dancé dans la Grand Salle du Palais, par des principaux gentil-hommes de ladite ville [d'Avignon]. — *Avignon, J. Bramereau*, 1638, in-4°, pièce (29 p.)

2 ex. [**Ms. 2.948**, n° 2, et **2.952**, n° 22.

DELMAS (Jacques). — Pétrarque et les Colonna, par Jacques Del-

DELMAS (Jacques). mas... — *Marseille, impr. Marseillaise*, 1905, in-8°, 43 p.

(6ᵉ centenaire de la naissance de Pétrarque. Concours historique.)
Don de M. Frédéric Mistral.

[8°, **36.999**.

DELOCHE. — Saint-Rémy-de-Provence au moyen âge, par M. Deloche. — *Paris, impr. nationale*, 1892, in-4°, 95 p.

(Extrait des *Mémoires de l'Académie des Inscriptions et Belles-Lettres*, tome XXXIV, 1ʳᵉ partie.)

[4°, **4.744**.

DELON. — Les Vies de Pétrarque et de Laure, et description de la fontaine de Vaucluse ; et Laure et Pétrarque, poème... Par Mr. Delon. — *Nismes, Buchet*, 1788, in-8°, pièce (48 p.).

(1 planche : « Vue de la fontaine de Vaucluse du coté du château de Pétrarque ».)

[8°, **34.713**.

DELORD (Taxile). — Le Conseil municipal d'Avignon. [Signé : Taxile Delord.] — [*Paris, G. Towne*], s.d.,in-12, pièce (6 p.).

(Extrait du journal *L'Avenir national*, du 27 octobre 1866.)

3 ex. [8°, **31.791**, **33.498** et **35.169**.

DELORME (Adolphe). — Réflexions sur le projet d'établissement d'une banque à Avignon et Notice sur quelques banques de province. Juillet 1845. [Signé : Adolphe Delorme].— *Avignon, impr. Bonnet fils.* [1845], in-8°, pièce (15 p.).

[Ms. **3.011**, n° 13.

DELOYE (Augustin), conservateur de la Bibliothèque et du Musée Calvet d'Avignon. —Des cornua des livres dans l'antiquité, à propos de deux petites cornes en bronze du Musée Calvet, par M. A. Deloye,... — *Paris, impr. Nationale*, 1872, in-8°, pièce (13 p.).

(Extrait de la *Revue des Sociétés savantes*, 5ᵉ série, tome III, année 1872.)
Don de l'auteur.

3 ex. [8°, **26.770** et **28.816**. — 4°, **3.306**.

— Examen d'une bulle de Bertrand de Baux, prince d'Orange, précédé de quelques observations sur l'usage des sceaux de plomb, par Augustin Deloye. — *Paris, A. Leleux*, 1849, in-8°, pièce (11 p.).

(Extrait de la *Revue archéologique* du 15 février 1849.)
Don de l'auteur.

[4°, **3.307**.

— A. Deloye. Examen de deux inscriptions chrétiennes [conservées au musée Calvet d'Avignon] dont une relate le martyre de la Légion thébéenne. — *Tours, impr. Paul Bousrez*, [1883], in-8°, pièce (15 p.).

(Extrait du *Bulletin monumental*, 1883.)
Don de l'auteur.

[8°, **16.194**.

— Inscriptions grecques et latines découvertes à Vaison ou dans les environs.[Signé : A. Deloye]. — [*Paris, typ. Firmin Didot frères*, 1848], in-8°, pièce (36 p.)

(Extrait de la *Bibliothèque de l'École des Chartes*, 2ᵉ série, tome IV, p. 305.)
Don de l'auteur.

[8°, **16.763**.

— Note sur une inscription gallo-grecque découverte près d'Apt. [Signé : Aug. Deloye]. — [*Vienne, impr. Savigné*, 1886], in-8°, pièce (6 p.).
Don de l'auteur.

[8°, **16.195**.

— Notice des tableaux et des portraits exposés dans les galeries du Muséum-Calvet de la ville d'Avignon. [Par Augustin Deloye]. — |*Avignon, F. Seguin aîné*, vers 1857], in-8', 172 p.

[8°, **23.882**.

Ex. corrigé et annoté par l'auteur.

[8°, **34.496**.

— Autre édition. — *Avignon, Seguin frères*, 1880, in-16, 317 p.

|8°, **27.411**.

— Notice des statues, bustes, bas-reliefs et autres ouvrages de sculpture de la Renaissance et des temps modernes exposés dans les galeries du Museum-Calvet à Avignon, publiée... par Aug. Deloye,... — *Avignon, Seguin frères*, 1881, in-16, vii-103 p.

[8°, **4.538**.

— Notice sur deux vases antiques en argent massif trouvés dans le lit du Rhône en 1862 et acquis par le Musée Calvet, par Aug. Deloye .. — *Paris, impr. Paul Dupont*, 1863, in-8°, pièce (16 p.), pl.

Don de l'auteur.

2 ex. [8°, **14.386** et **26.768**.

— Pétrarque et le monastère des Dames de Saint-Laurent, à Avignon, par A. Deloye. — *Toulouse, Ed. Privat*, 1890, in-8°, pièce (15 p.).

(Extrait des *Annales du Midi*, tome II)
Don de l'auteur.

2 ex. [4°, **4.845**. — [8°, **16.867**.

— *Edit.* Boudin (Augustin). Li set garbetto... *Avignon*, 1879, in-8°.

2 ex. [8°, **10.554** et **28.504**.

— *Voir :* Congrès archéologique de France. xlix° session. Séances générales tenues à Avignon en 1882... *Paris-Tours*, 1883, in-8°.

DEMANDES auxquelles Messieurs les chanoines, curez, bénéficiers, prieurs, et administrateurs des confréries, et lieux pies, auront à donner des réponses congrües, dans l'ordre des titres, et des matières suivantes, qui pourront respectivement les concerner... [pour le diocèse de Carpentras. 1712.] — Pages 19-117 d'un ouvrage in-4°, imprimé à *Carpentras*, chez *D. Eysséric*, en 1712.

Fonds Massilian-Moutte.

[**Ms. 2.423**, n° 13.

DEMAREZ (André). — Mémoires des voyages du sieur André Demarez d'Avignon,.. — *Orange, Estienne Voisin*, 1639, in-8°, feuillets liminaires - 188 p.

[Corrections manuscrites à la fin].

[8°, **17.179**.

DEMENTI formel des assertions du Ministre de l'Intérieur à l'Assemblée nationale. [Certificat délivré par les Maire et officiers municipaux de la ville de Marseille en faveur de Duprat aîné et des réfugiés de l'armée Vauclusienne. 3 février 1792]. — *S. l. n. d.* [1792], in-8°, pièce (3 p.).

Fonds Chambaud et Requien.

2 ex. [**Ms. 2.550**, n° 16, et **2.992**, n° 11.

DEMONTZEY (Prosper). — Les retenues d'eau et le reboisement dans le bassin de la Durance, par P. Demontzey,... — *Aix, impr. J. Remondet-Aubin*, 1896, in-8°, pièce (iv-38 p.).

[8°, **30.110**.

DENIFLE (Le P. Henri). — La

315 DENIFLE (Le P. Henri). — DÉSANAT (Joseph). 316

désolation des églises, monastères et hôpitaux en France pendant la guerre de Cent Ans, par le P. Henri Denifle... — *Paris, A. Picard*, 1897-1899, 2 tomes en 3 vol. in-8°, xxv-608 et xiv-864 p.

Tome Ier : Documents relatifs au xve siècle.
Tome II : La guerre de Cent ans jusqu'à la mort de Charles V.

[4°, **5.011**.

DÉNONCIATION d'un complot de l'abbé Mulot, l'un des médiateurs de la France, contre les patriotes des Etats-réunis d'Avignon et du Comtat Venaissin. [26 septembre ou 1er octobre 1791]. — *S. l. n. d.*, in-4°, pièce (12 p.).

[Ms. **2.980**, n° 74.

— Autre édition, in-8°, pièce (24 p.)
Fonds Chambaud et Requien.

2 ex. [Ms. **2.540**, n° 4, et **2.991**, n° 10.

DÉPREZ (Eugène). — *Edit.* Clément VI, pape... Lettres closes, patentes et curiales... *Paris*, 1909, in-4°.

[Fol. **5.299**.

— *Edit.* Innocent VI, pape... Lettres closes, patentes et curiales... *Paris*, 1909. in-4°.

[Fol. **5.300**.

DERAT (Emile). — Explication pour Emile Derat [d'Avignon]. — *S. l. n. d.* [1832], in-4°, 11 ff. n. ch.

[Ms. **2.983**, n° 90.

— *Voir* : Mémoire pour les religieuses hospitalières de St-Joseph d'Avignon. *Avignon*, 1844, in-4°.

[4°, **4.436**.

DÉRETZ (A.-J.-S.). — Le propriétaire-collaborateur du Journal *La Mouche* aux Avignonais.

[*Signé* : A.-J.-S. Déretz]. — [*Tarascon, impr. Goudard*], s. d., in-4°, pièce (11 ff. n. ch.).
Fonds Chambaud et Requien.

2 ex. [4°, **3.707**, n° 3. — Ms. **2.976**, n° 40.

DÉSANAT (Joseph). — A Moussu Réquien su soun retour en santa [par J. Désanat]. — *Avignon, Seguin aîné*, 1845], in-8°, pièce (1 ff. n. ch. - 8 p.).

(Extrait du Journal *Lou Bouil-Abaïsso*, n° du 13 octobre 1845.)

[8°, **25.322**, n° 1.

— Autre ex. incomplet (1 ff. n. ch. seulement).

[8°, **25.305**, n° 14.

— Lou camin de ferri de Marsio à Avignoun, pouémo à la vapour, per Jh Desanat... — *Marseille, typ. hoirs Feissat aîné et Demonchy*, 1843, in-8°, pièce (22 p.)

[8°, **25.305**, n° 13.

— Réfutacien dirigeado contro la Gazetto d'oou Miéjou. Epitro dediado oou duc d'Orléans, per Desanat fils. — *Marseille, impr. Senès*, 1839, in-8°, pièce (14 p.)

[8°, **25.305**, n° 5.

— La san Bartélémi deis courtiés marrouno ; per Desanat filo. *Marseille, impr. Senès*, 1840, in-8°, pièce (16 p.).

[8°, **25.305**, n° 12.

DESANAT (Joseph), ROUMANILLE (J.), CARPENTRAS (L.-A.) et BOUDIN (A.). — A Moussu Requien, su soun vouyage a Paris, en 1846, par J. Desanat. — L'ange di flour, sonnet, par J. Roumanille. — Epitrou a moun ami Requien, par L.-A. Carpentras. — A

Moussu Paul Delaroche, sonnet, par A. Boudin. — [*Avignon, impr. Seguin*], s. d., in-8°, pièce (22 p.).

4 ex. [8°, **25.246**, **25.305**, n° 15, **25.322**, n° 2, et **27.361**, n° 12.

DÉSANDRÉ (Amédée). — Essai historique sur le Christ d'ivoire de Jean Guillermin et sur la Confrérie des Pénitents noirs, dits de la Miséricorde, fondée à Avignon en 1586, par Amédée Désandré,... — *Avignon, J. Roumanille*, 1865, in-12, viii-168 p.

[Pièces manuscrites à la fin, iii ff. n. ch.]

[8°, **25.890**.

DESBANS. — Anecdotes sur Nismes et sur Montpellier, extraites d'un voyage nouveau en Languedoc. [Par Desbans]. — *S. l. n. d.*, in-12.

Contient p. 7 : Les trois fontaines [de Montpellier, de Nimes et de Vaucluse], dialogue.

[8°, **15.102**.

DESCHAMPS (Emile). — Notice biographique sur le chevalier Philippe de Girard, inventeur de la filature mécanique du lin et des appareils pour le sucre de betteraves, [par Emile Deschamps]. — [*Paris, impr. Guiraudet et Jouaust*, 1853], in-8°, pièce (8 p.).

4 ex. [4°, **3.352**, n°s 4 et 5, et **5.034**, n° 3. — 8°, **33.640**.

— Philippe de Girard, inventeur de la filature mécanique du lin. [*Signé*: Emile Deschamps. 25 janvier 1850]. — [*Versailles, impr. Montalant-Bougleux*, 1850], in-8°, pièce (8 p.).

[4°, **3.352**, n° 2.

DESCLOSIÈRES (Gabriel). — Vie et inventions de Philippe de Girard, inventeur de la filature mécanique du lin, par Gabriel Desclosières, avec un portrait et des vignettes dessinés par G. Fath. — *Paris, L. Hachette et Cie*, 1858, in-12, ii-136 p., port. et pl.

[8°, **17.006**.

— Deuxième édition illustrée. — *Paris, A. Pigoreau*, [1881], in-12, vi p. - 1 ff. n. ch. - 200 p., port. et pl.

[8°, **17.007**.

DES COMMIERS. — Récit véritable du foudre du ciel tombé dans la ville d'Avignon, qui a enlevé l'Eglise S. Martin avec un Fort et autres Eglises et plusieurs bastimens appartenans aux plus grands de ladite ville... A Paris, M.D.C.XXXXX. [*Signé*: Des Commiers. D'Avignon, le 31 aoust 1650]. — [Réimpression, *Avignon, impr. Ph. Prévot*, 1900], in-12, pièce (7 p.)

Don de M. le Dr Victorin Laval.

[8°, **37.798**.

DESCOURS (Étienne). — Le Sans-Culotte Descours, à ses concitoyens d'Avignon. [1er germinal an II]. — [*Avignon, Joseph Mouriès*], s. d., in-8°, pièce (6 p.).

Fonds Chambaud et Requien.

2 ex. [**Ms. 2.544**, n° 16, et **2.994**, n° 18.

— Le Sans-Culotte Descours, à ses frères les patriotes de la Société populaire d'Avignon. [Germinal ou floréal an II]. — [*Avignon, Joseph Mouriès*], s.d., in-8°, pièce (7 p.).

Fonds Chambaud et Requien.

2 ex. [**Ms. 2.544**, n° 21, et **2.994**, n° 19.

— Etienne Descours, citoyen d'Avignon, aux Délateurs du département de Vaucluse. [8 floréal an VI]. — S. l. n. d., in-8°, pièce (4 p.).

Fonds Chambaud et Requien.

2 ex. [**Ms. 2.545**, n° 29, et **2.996**, n° 12.

— Discours prononcé à la première séance du Cercle Constitutionnel à Avignon, le 20 vendémiaire, an 6,... par le citoyen Etienne Descours. — [*Avignon, Carias*], s. d., in-4°, pièce (6 p.)

Fonds Chambaud et Requien.

2 ex. [**Ms. 2.532**, n° 10, et **2.967**, n° 47.

— *Voir* : AUBERT et DESCOURS. Discours prononcés le 26 messidor, an VII,... à l'occasion de la commémoration du 14 juillet... *Avignon*, [an VII], in-8°.

2 ex. [**Ms. 2.546**, n° 6, et **2.996**, n° 24.

— *Voir* : RICHARD, BERNARD et DESCOURS. Compte-rendu... de leurs opérations pendant leur séjour à Paris et de ce qui s'y est passé relativement à l'affaire d'Avignon. [*Paris*, 1791], in-8°.

2 ex. [**Ms. 2.540**, n° 6, et **2.991**, n° 11.

DESCRIPTION de l'entrée solennelle dans la ville d'Avignon de Monseigneur... F. Alexandre des comtes de Montecatini archevesque de cette ville, le dix-septième novembre 1686... — *Avignon, L. Lemolt*, s. d., in-4°, pièce (22 p.).

Fonds Massilian-Moutte et Requien.

3 ex. [**Ms. 2.438**, n° 10, **2.439**, n° 18, et **2.926**, n° 11.

DESCRIPTION de l'Etat Ecclésiastique, ou des Etats du Pape en Italie, de la ville d'Avignon et du Comtat Venaissin, avec Chronologie des Papes depuis S. Pierre jusqu'à Clément XIV heureusement régnant. — *S. l. n. d.*, in-4°, pièce (12 p.).

[8°, **24.423**, n° 1.

DESCRIPTION de la cérémonie du sacre de Mgr Bonnel, évêque de Viviers, célébrée à Avignon, le 19 février 1826, par Mgr Morel de Mons, archevêque d'Avignon... — [*Avignon, impr. Seguin*], s. d., in-4°, pièce (4 p.).

Fonds Chambaud et Requien.

2 ex. [**Ms. 2.535**, n° 62, et **2.971**, n° 18.

DESCRIPTION de toutes les histoires et fables chinoises et autres qui sont contenues dans toutes les tapisseries de cuir doré qui se fabriquent chez le sieur Raymond Boissier, marchand de cuir doré, proche les Célestins d'Avignon. — *Avignon, Joseph-Charles Chastanier*, 1712, in-12, pièce (11 p.).

Fonds Massilian-Moutte.

[8°, **36.919**, n° 11.

DES ESSARTS (EMMANUEL). — Du sentiment de l'admiration. Discours prononcé à la distribution des prix du Lycée impérial d'Avignon, par Emmanuel des Essarts, professeur de rhétorique... — *Avignon, Aubanel frères*, 1865, in-4°, pièce (11 p.)

[8°, **28.618**.

DES GENEYS (F.). — Constitutions tirées des anciens usages de l'abbaye de Saint-Benoît de Cavaillon. [*Dédicace signée* : M. F. Des-Geneys, jésuite]. — *Cavaillon, Esprit-Joseph Rous-*

set, 1743, in-8°, IV ff. n. ch. - 68 p. - III ff. n. ch.
[8°, **27.142**.

DES HÉBRIDES (PAUL). — *Pseud.* de TERRIS (Abbé Paul de). Pétrarque. Ode... *Carpentras*, 1874, in-16.
[8°, **34.584**.

DÉSIRS des Avignonais, dans l'attente de S. A. R. Madame, Duchesse d'Angoulême, le 10 mai 1823. — *S. l. n. d.*, [1823], in-8°, pièce (II ff. n. ch.).
[Ms. **3.001**, n° 10.

DES ISSARTS (Marquis FORBIN DES). — *Voir :* FORBIN DES ISSARTS (Marquis de).

DES LAURENTS (JÉRÔME). — Decisiones Rotae Sacri Palatii Apostolici Avenionis, nunc primum in lucem emissæ... et completæ..., auctore... D. Hieron. A Laurentiis, Avenionensi, Utriusque Iuris comite, et ejusdem Rotæ decano... — *Lyon, H. Cardon*, 1600, in-fol., pièces liminaires - 293 p. et index.
2 ex. [Fol. **4.307** et **4.971**.

— Decisionum diversorum I. U. Doctorum, tertius tomus continens, decisiones Rotæ Avenionis, a D. Hieronymo Laurentio, euisdem Rotæ auditore, collectas... — *Lyon, Et. Michel*, 1688, in-fol., p. 3-151.
[Fol. **1.122**.

DES PRÉAUX (ETIENNE-SEYSTRES), célestin. — La vie de S. Benoist, fondateur du Pont d'Avignon, vulgairement dit S. Benezet,... par le sieur E.-S. Des Préaux D.B.A. — *Avignon, Antoine Dupérier*, 1675, in-16, pièces liminaires, 217 p., front. grav.
2 ex. [8°, **25.881** et **31.863**.

DES ROLANDS (JEAN-JOSEPH-FÉLIX-XAVIER-HENRI, marquis). — Mémoire présenté par M' le marquis Des Rolands au Conseil, tenu le 24 août 1780, et que M' le viguier a permis d'inscrire dans les registres. [Exposé des réparations faites par la ville d'Avignon aux bords de la Durance.] — *S. l. n. d.*, in-4°, pièce (6 p.).
Fonds Massilian-Moutte et Requien.
3 ex. [Ms. **2.429**, n° 35, **2.459**, n° 43, et **2.947**, n° 53.

DÉTAIL circonstancié des particularités que l'on doit observer à l'occasion de l'entrée triomphante que Sa Grandeur Monseigneur Joseph de Guyon de Crochans, nommé à l'archevêché d'Avignon, doit faire, le 17 Décembre 1742. — *S. l. n. d.*, in-4°, pièce (II ff. n. ch.).
Fonds Massilian-Moutte et Requien.
4 ex. [Ms. **2.438**, n° 19, **2.439**, n° 34, **2.440**, n° 19, et **2.929**, n° 32.

DÉTAIL de ce qui s'est passé à Avignon entre les Gardes-Nationales de Marseille et les Hussards, trois desquels ont été tués par les Marseillais, en se battant au sabre, avec la manière dont les Gardes-Nationales ont sauvé la vie aux officiers municipaux ; suivi de l'Arrestation de quatre de ceux qui avaient assassinés les bons Patriotes. [2 août 1791]. — [*Marseille, impr. P.-A. Favet*, 1791], in-8°, pièce (4 p.).
Fonds Chambaud et Requien.
2 ex. [Ms. **2.539**, n° 34, et **2.990**, n° 38.

DÉTAIL de ce qui s'est passé à Orange, ville capitale de la Principauté de ce nom. Du 29 juillet [1789]. — *S. l. n. d.* [1789], in-8°, pièce (4 p.).

Fonds Chambaud et Requien.

2 ex. [8°, **33.370**. — **Ms. 3.012**, n° 4.

DÉTAIL de ce qui s'est passé entre l'Armée Avignonaise et la ville de Carpentras, depuis le 17 avril jusques au 15 mai 1791. — *S. l. n. d.*, in-4° pièce (1 ff. n. ch. - 24 p.).

Fonds Chambaud et Requien.

2 ex. [**Ms. 2 523**, n° 70, et **2.960**, n° 54.

DÉTAIL des événements arrivés à Avignon le 13 juin 1790. — *S. l.* [*impr. Brebion*], s. d., in-8°, pièce (8 p.).

[**Ms. 2.987**, n° 30.

DÉTAIL des événemens malheureux arrivés à diverses époques chez le Sr Marchand, Aubergiste et Maître de Poste à Lapalud,... et qui ont pris fin le 22 juillet 1821, par l'exécution de vingt-six scélérats et de leur chef. — [*Genève, impr. J. J. Luc Sestié*, 1821], in-8°, pièce (8 p.).

[« Apocryphe », note d'E. Requien].

[**Ms. 3.015**, n° 56.

DÉTAIL général des batailles livrées et remportées par l'Armée du département de Vaucluse, y compris le nombre des morts et des blessés, de part et d'autre, avec l'Avis intéressant de l'Observateur des Français. Extrait des Gazettes d'Avignon et de Paris. [21 avril 1791]. — [*Marseille, impr. Jean Moussy*], s. d., in-12, 4 p.

Fonds Chambaud.

[**Ms. 2.538**, n° 29.

DÉTAILS historiques sur la religieuse qui a été trouvée enchaînée, depuis plusieurs années, dans la prison du couvent des religieuses de l'hôpital d'Avignon. — *Avignon, Clément, Mme Canonge, Godefroi*, 1844, in-12, pièce (12 p.).

(Extrait de l'*Eclaireur du Midi.*)

2 ex. [8°, **33.311**. — **Ms. 3.010**, n° 33.

— Autre édition. — *Paris, Administration de librairie*, [1845], in-4°, pièce (8 p.).

[**Ms. 2.979**, n° 36.

DÉTENUS (Les) par jugement du Tribunal d'Orange dans la Maison d'Arrêt de ladite commune, aux Citoyens composant le Comité de Sûreté Générale. [23 brumaire an III].—*S.l.n.d.*, in-4°, 1 ff. n. ch.

Fonds Chambaud.

[**Ms. 2.529**, n° 43.

DEVAUX (Louis). — Les échos de la fontaine de Vaucluse. Recueil de 32 sonnets par l'auteur de Cueillies dans le cœur humain [Louis Devaux]. — [*Avignon, impr. François Seguin*], s. d., in-8°, xxxii fl. n. ch.

2 ex. [8°, **31.802** et **37.404**.

DEVIDAL (Victor). — *Trad.* PÉTRARQUE (François). L'Ascension du Mont Ventoux,... — *Paris*, 1880, in-24.

[8°, **33.410**.

— *Trad.* PÉTRARQUE (François). Lettres de Vaucluse... *Paris*, s. d., in-12.

2 ex. [8°, **31.494** et **35.781**.

DEVÈS (Louis). — Les Brigands, épisodes inédits de la réaction thermidorienne (1794 à 1804) dans le canton de Valréas et dans la ville de Bollène, par

Louis Devès. — *Avignon, impr. Gros*, 1885, in-8°, 76 p.
Don de l'auteur.
[8°, **15.066**.

DEVILLARIO, procureur de la commune de Carpentras. — *Voir :* DAMIAN, GUYON et DEVILLARIO. Discours prononcé... avant l'installation de la nouvelle municipalité de Carpentras... [*Carpentras*], s. d., in-4°.
[Ms. **2.524**, n° 47.

DEVILLE (MARIE). — *Voir :* DEVILLE-FERRIER (A.) et DEVILLE (Marie). M. le Maire et Messieurs les conseillers municipaux de la ville d'Avignon. [*Avignon*], s.d., in-4°.
[4°, **6.351**.

DEVILLE-FERRIER (A.) et DEVILLE (MARIE). — M. le Maire et MM. les conseillers municipaux de la ville d'Avignon. [Projet d'échange de terrains entre la ville d'Avignon et A. Deville-Ferrier. *Signé :* A. Deville-Ferrier Marie Deville, née Ferrier]. — [*Avignon, Bonnet fils*, 1856], in-4°, pièce (4 p.).
[4°, **6.351**.

DEVIS et projet... *Voir :* DUVERNAY. Devis et projet pour une Société de plusieurs personnes d'Avignon, pour aller voir l'arrivée du Roy, à Lyon.[1759]. — *S. l. n. d.*, in-4°.
[Ms. **2.953**, n° 16.

DEVISES pour la solennité de la béatification du bien-heureux François de Sales, évesque et prince de Genève, présentées aux Dames de la Visitation des deux monastères d'Avignon le jour de l'octave de la solennité, par L. P. I. — *S. l. n. d.*, 1642, in-4°, pièce (12 p.), grav.
2 ex. [8°, **28.099**, n° 4.—
Ms. **2.954**, n° 22.

DEVOLUY (PÉIRE). — *Voir :* MISTRAL (Frédéric), MOUZIN (Alexis) et DEVOLUY (Péire). I nòvi M. Mouzin e P. Fabry... *Avignon, Béraud*, 1907, in-12.
[8°, **37.529**.

DEYDIER (MARC). — M. Deydier ... Atelier préhistorique d'Ansouis (Vaucluse). — *Paris, Secrétariat de l'Association*, 1904, in-8°, 5 p., fig.
(Extrait des *Comptes rendus de l'Association française pour l'Avancement des sciences*. Congrès de Grenoble, 1904.)
Don de l'auteur.
[8°, **36.825**.

— M. Deydier. Contribution à l'étude des maillets et haches préhistoriques : variétés nouvelles de haches polies.— *Paris, Vigot*, 1907, in-8°, 11 p., fig.
(Extrait de la *Revue préhistorique*, 1907.)
Don de l'auteur.
[8°, **36.831**.

— Cuvettes et mortiers creusés dans le roc, par Marc Deydier. — *Le Mans, impr. Monnoyer*, 1909, in-8°, pièce (8 p.), fig.
(*Quatrième congrès préhistorique de France*. Session de Chambéry, 1908, p. 524 à 530).
Don de l'auteur.
[4°, **8.472**.

— Etudes géologiques. Notice géologique et agronomique de la région de Cucuron..., par M. Marc Deydier. — *Avignon, F. Seguin*, 1902, in-8°, 48 p., 1 pl. de coupes et 1 carte géologique coloriée.
(Extrait des *Mémoires de l'Académie de Vaucluse*, 1902.)
Don de l'auteur.
[4°, **8.473**.

— Les maillets de Malaucène (Vaucluse) ; puits d'extraction et tailleries de silex néolithiques, par le Dr Paul Raymond, avec note de M. Deydier. — [*Le Mans, impr. de l'Institut de bibliographie*], s. d., in-8°, pièce (10 p.), pl.
(Extrait du *Bulletin de la Société préhistorique de France*. Séance du 12 janvier 1905.)
Don de l'auteur. [4°, **8.471**.

— Suite aux maillets de Malaucène. La vallée du Largue néolithique, par M. Deydier. — [*Le Mans, impr. Monnoyer*, 1905], in-8°, pièce (3 p.).
(Extrait du *Bulletin de la Société préhistorique de France*, 1905.)
Don de l'auteur. [8°, **36.828**.

— Les Maillets de Murs, par M. Deydier. — *Paris, Institut international de Bibliographie scientifique*, 1904, in-8°, 11 p., pl.
(Extrait du *Bulletin de la Société préhistorique de France*, 1904.)
Don de l'auteur. [8°, **36.825**.

— M. Marc Deydier... Les maillets de Murs. — *Paris, Secrétariat de l'Association*, 1904, in-8°, 2 p.
(Extrait des *Comptes-rendus de l'Association française pour l'avancement des sciences*. Congrès de Grenoble, 1904.)
Don de l'auteur. [8°, **36.824**.

— Marc Deydier... Note sur une monstruosité ovine. — *Avignon, impr. Seguin*, 1903, in-8°, 4 p., pl.
(Extrait des *Mémoires de l'Académie de Vaucluse*.)
Don de l'auteur. [8°, **36.823**.

— Les œuvres d'art de l'Église de Cucuron..., par Marc Deydier... — *Paris, Plon-Nourrit et Cie*, 1909, in-8°, pièce (14 p.), pl.
(Extrait du *Compte-rendu de la réunion des Sociétés des Beaux-Arts des départements*, 1909.)
Don de l'auteur. [4°, **7.833**.

— Le préhistorique aux environs du Mont-Ventoux. I. Région Sud-Ouest. 1re partie : Quaternaire ancien, moyen et supérieur. Néolithique... 2e partie : Paléolithique-Néolithique. Par M. Deydier... — *Le Mans, impr. Monnoyer*, 1908, in-8°, 40 et 31 p., fig. et pl.
(Troisième et sixième congrès préhistorique de France, 1907 et 1910.)
Don de l'auteur. [8°, **36.832**.

— Table d'autel chrétien à Vauguines, par M. Marc Deydier... — *Paris, impr. Nationale*, 1911, in-8°, pièce (11 p.), pl.
(P. 7. Extrait du procès-verbal de la séance de la section d'archéologie [du Comité des travaux historiques et scientifiques] du 10 avril 1911. Rapport de M. M. Prou sur le mémoire de M. Deydier]. — Extrait du *Bulletin archéologique*, 1911.)
Don de l'auteur et de M. Frédéric Mistral.
2 ex. [4°, **7.981** et **8.417**.

DEYDIER (Marc) et LAZARD (Frédéric). — Marc Deydier et Frédéric Lazard. La Baume des Peyrards (Vaucluse), atelier paléolithique. *Le Mans, impr. Monnoyer*, 1910, in-8°, 32 p., fig. et pl.
(Cinquième Congrès préhistorique de France, session de Beauvais, 1909, p. 158-187.)
Don de M. Marc Deydier. [4°, **7.892**.

DEYGLUN (Abbé Henri). — Pour jeunes filles. L'Holocauste, drame historique. Orange 1794, par l'abbé Henri Deyglun. — *Paris et Poitiers, H. Oudin*, 1896, in-12, vi-140 p.
8°, **29.930**.

DIALOGUES familiers sur le monopole universitaire, recueillis dans le café d'une petite ville de Provence où la pétition contre le monopole avait été déposée. Par un Marseillais. Premier dialogue... — *Avignon, Seguin aîné; Paris, impr. Seguin aîné,* 1845, in-8°, 16 p.

[Ms. **3.011**, n° 2.

DICTIONNAIRE biographique de Vaucluse. — *Paris, E. Flammarion,* [1904], in-8°, vii-730 p., port.
(Les Dictionnaires départementaux.)

[8°, **34.683**.

DICTIONNAIRE des communes de Vaucluse pour les postes, télégraphes, chemins de fer, foires, marchés et fêtes votives. — *Avignon, F. Seguin,* s. d., in-8°, pièce (13 p.).

[8°, **29.499**.

DIDIER (Le P. Eusèbe). — Lettre du P. Eusèbe [Didier] au respectable auteur du Supplément qui sert de réplique à l'apologie de ce panégyriste de saint Agricol. — [*Avignon, Joseph-Simon Tournel,* 1756], in-4°, pièce (16 p.).
[Réponse au Mis de Cambis-Velleron.]

[8°, **27.752**, n° 5.

— Lettre du R. P. Eusèbe Didier, récolet, à Monsieur le Marquis de Cambis-Velleron. — *S. l. n. d.,* [1756], in-4°, pièce (1 fl. n. ch.).

2 ex. [8°, **27.752**, n° 6. — Ms. **2.930**, n° 33.

— Panégyrique de saint Agricol, citoyen, évêque et patron de la ville d'Avignon, avec des Notes sur les Actes et le Culte de ce Saint, et sur l'histoire tant sacrée que prophane de la même ville. Par le P. Eusèbe Didier, récolet, qui avait prononcé ce Discours dans l'Eglise du saint, le 8 septembre 1754... — *Avignon, J.-S. Tournel,* 1755, in-4°, vi-80 p.

4 ex. [8°, **27.752**, n° 1, **28.087** et **28.844**. — Ms. **2.930**, n° 28.

— Réponse apologétique à l'auteur des « Réflexions critiques et historiques sur le Panégyrique de saint Agricol, évêque de la ville d'Avignon. » [Par le P. Eusèbe Didier]. — *S. l. n. d.* [1755], in-4°, pièce (23 p.).
[Réponse au Mis de Cambis-Velleron.]

2 ex. [8°, **27.752**, n° 3. — Ms. **2.930**, n° 30.

DIDION (C.). — *Voir :* Talabot (Paulin) et Didion (C.). Chemin de fer de Marseille au Rhône... — *Paris,* 1842, in-8°.

[8°, **24.862**, n° 13.

DIDIOT (Charles-Nicolas-Pierre), évêque de Bayeux. — Panégyrique du bienheureux Pierre de Luxembourg, prononcé dans l'église de Ligny, à l'occasion de la translation de ses reliques, le 9 juillet 1854, par M. l'abbé Didiot... — *Verdun, typ. Laurent,* 1854, in-8°, 24 p.
Don de l'auteur.

[8°, **11.294**.

DIGARD (Georges). — *Edit.* Boniface VIII... Les registres de Boniface VIII... *Paris,* 1884-1909, in-4°.

[Fol. **5.293**.

DIGONNET (Félix). — Conférence en faveur du pèlerinage ouvrier à Rome, donnée à Avignon, le samedi, 20 juin, par M. F. Digonnet, avocat. Les institutions pontificales à Avi-

gnon. — *Avignon, Seguin frères*, 1891, in-12, pièce (54 p.).
Don de l'auteur.
[8°, **27.537**.
Autre ex. (Anc. archevêché d'Avignon).
[8°, **37.450**.

— Félix Digonnet,... L'Invention de l'aérostation à Avignon en 1782 et les premières ascensions dans cette ville... — *Avignon, F. Seguin*, 1906, in-8°, pièce (48 p.), VI pl.
Don de l'auteur.
[8°, **35.072**.

— F. Digonnet,... Notice historique sur le Musée-Calvet d'Avignon. Deuxième édition. — *Avignon, F. Seguin*, 1901, in-8°, 157 p., port. et pl.
Don de l'auteur.
[8°, **32.773**.

— Félix Digonnet,.. Le Palais des Papes d'Avignon. — *Avignon, Fr. Seguin*, 1907, in-8°, 423 p., fig. et pl.
Don de M. F. Seguin.
[8°, **35.493**.

DIGONNET (Félix) et GOUDAREAU (Jules). — Le théâtre antique d'Orange. Les spectacles à l'époque romaine, les représentations modernes, les « Erynnies » et « Antigone » les 2 et 3 août 1897, par F. Digonnet. La musique au théâtre antique d'Orange, par J. Goudareau. — *Avignon, François Seguin*, 1897, in-8°, pièce (48 p.), pl.
[8°, **30.259**.

DIPLOMATA [Diplômes délivrés par l'empereur François Ier et les princes allemands en faveur de Charles Hyacinthe-Antoine de Galéans des Issarts]. — *S. l. n. d.*, in-fol. pièce (6 p.).
[Ms. **2.950**, n° 41.

DISAMBEC (R.-J.). — *Pseud. de* Cambis (Richard-Joseph de).

DISCOUR su lou paysan qué vieou que de la journadou. — [*Suit :* Parlen d'ou paysan qué travayou din soun champ]. — [*Avignon*], s. d., in-12, pièce (4 p.).
[8°, **25.256**.

DISCOURS de distribution des prix [sur le véritable bonheur ou sur la vertu, prononcé au collège royal d'Avignon], par un professeur. — *Avignon, impr. Bonnet fils*, [1843], in-8°, 35 p.
[Ms. **3.009**, n° 28.

DISCOURS pour la Fête de saint Louis, Roi de France, célébrée à Lisle, le 25 août 1815, par un ancien Membre du conseil municipal. — *S. l. n. d.*, [1815], in-8°, pièce (4 p.).
[Ms. **2.998**, n° 35.

DISCOURS prononcé à l'Hôtel-de-Ville à L'Isle le 6 juin 1814, pour célébrer l'avénement au trône de notre bon roi Louis XVIII le Désiré, par un membre du Conseil municipal. — [*Avignon, impr. Bonnet fils*], s. d., in-4°, pièce (4 p.).
[Ms. **2.969**, n° 128.

DISCOURS prononcés [par un officier au 3me bataillon des Volontaires du département de la Drôme, par Duprat jeune et par Petit, gendarme] à la suite d'un service funèbre, célébré par les soins des 2e et 3e Bataillons des Volontaires du département de la Drôme, en garnison à Avignon, dans l'église de Notre Dame, le 22 juin 1792,... à l'occasion de la mort de M. Gouvion, maréchal de Camp, employé dans l'armée du Nord, tué le 11 du même mois. — *S. l. n. d.*, in-8°, pièce (10 p.).

Fonds Chambaud et Requien.

2 ex. [**Ms. 2.542**, n° 16, et **2.992**, n° 44.

DITHYRAMBE à la mémoire de Jean Althen, introducteur et premier cultivateur de la garance dans le Comtat-Venaissin. — *S. l. n. d.*, pet. in-8°, pièce (8 p.)

2 ex. [8°, **25.074**, n° 29, et **28.762**.

DIVERS (Les) Entretiens de la Fontaine de Vaucluse. Balet. Dansé à la grande sale du Roure l'année 1649...[*Dédicace signée :* L. N. C. A. D. L. S. D. B.]. — *Avignon, J. Bramereau*, 1649, in-4°, pièce (III ff. n. ch., 31 p.).

Fonds Massilian-Moutte.

[**Ms. 2.439**, n° 6.

DOCTEUR (Le) Prosper Dauvergne. — *Avignon, F. Seguin*, [1901], in-fol., placard.

[8°, **32.609**.

DOCUMENTS divers sur le Musée Calvet d'Avignon. — [*Avignon, Seguin frères*, 1893], in-8°, 184 p.

[8°, **34.476**.

DOCUMENTS sur les 32 Religieuses guillotinées à Orange en 1794. — *Avignon, Aubanel frères*, 1904, in-4°, pièce (38 p.)

Don de M. l'abbé Redon.

[4°, **6.630**.

Autre ex. (Anc. archevêché d'Avignon).

[4°, **8.095**.

DOGNON (Paul). — Les institutions politiques et administratives du pays de Languedoc du XIII° siècle aux guerres de religion. Thèse... par Paul Dognon ... — *Toulouse, impr. Ed. Pri-*

vat, 1895, in-8°, XVIII-653 p. (p. 337-380 comptées en *bis*).

[4°, **4.517**.

DOL (J.). — *Edit. :* Cicérone de la ville d'Avignon. Années 1900 à 1903.— *Avignon*, s. d., 4 vol. in-8°.

[8°, **29.604**.

DOL (J.) et CHARRIN. — *Edit.* Cicérone de la ville d'Avignon... Années 1896 à 1899. *Avignon*, s. d., 4 vol. in-8°.

[8°, **29.604**.

DOLCE (Ludovico). — *Edit.* Pétrarque (François). Il Petrarca novissimamente revisto... *Vinegia*, 1553, in-12.

[8°, **25.493**, n° 1.

— *Edit.* Pétrarque (François). Le rime... *Venise*, 1557, in-8°.

[8°, **25.494**.

DOLLFUS (Edmond). — *Voir :* Gerber (Jean) et Dollfus (Edmond). Mémoire sur la garance ... *Paris*, 1853, in-8°.

[8°, **4.888**.

DOMÈRE (Joseph). — Discours prononcé dans l'Eglise paroissiale de la ville de Carpentras, le Dimanche 29 juillet 1792... à l'issue de la messe. Par Mr. Domère, curé de cette ville, prêtant le Serment Civique.— *S. l. n. d.*, in-4°, pièce (4 p.).

Fonds Chambaud et Requien.

2 ex. [**Ms. 2.524**, n° 50, et **2.961**, n° 41.

DOMERGUE (François-Joseph). — Aux illustres et magnifiques seigneurs Messieurs les consuls de la ville d'Avignon. [Supplique de Domergue, imprimeur d'Avignon, demandant à être conservé comme seul imprimeur de la ville.] — *S. l. n. d.*, [1758], in-fol., placard.

Fonds Massilian-Moutte.

[Ms. **2.449**, n° 10.

— Placet à illustre seigneur messire Joseph de Thomas de St. Laurent, primicier, recteur, juge, conservateur des privilèges de l'Université d'Avignon. [Requête de F.-J. Domergue, imprimeur de l'Université, demandant à jouir du privilège exclusif que lui donne son titre. Août 1761.] — *S. l. n. d.*, in-fol., placard.

Fonds Massilian-Moutte.

[Ms. **2.451**, n° 59.

— [Suppliques adressées par F.-J. Domergue, imprimeur-libraire d'Avignon, au roi, au pape et aux cardinaux, contre un nommé Daniel Obrian, valet de chambre du prince Edouard, qui a séduit sa fille et refuse de l'épouser. 3 et 13 mai 1752]. — *S. l. n. d.*, in-fol., 3 placards.

[Atl. **313**, n°s 16-18.

DOMERGUE (J.-F.), doyen d'Aramon. — Noël des Rois. — *Voir :* SABOLY (Nicolas). Recueil de noëls provençaux,... *Avignon*, 1763, in-12.

Voir à l'article Saboly (Nicolas) *les réimpressions de cet ouvrage.*

[8°, **25.190**.

DOMERGUE (JOSEPH-FRANÇOIS). — Lectio theologica In Solemni studiorum instauratione Universitatis Aven. habita à R. D. Jos. Fran. Domergue,... die 19ª 8ᵇʳⁱˢ 1719. — *S. l. n. d.*, in-4°, pièce (8 p.).

[Ms. **2.941**, n° 95.

DONÉVAL (R. DE). — *1 pseud. de* LABANDE (Léon-Honoré).

DOREZ (LÉON). — *Edit.* URBAIN IV. Les registres d'Urbain IV... *Paris*, 1899-1906, in-4°.

[Fol. **5.289**.

DOUAIS (CÉLESTIN), évêque de Beauvais. — C. Douais. Acta capitulorum provincialium ordinis fratrum prædicatorum. Première province de Provence. Province romaine. Province d'Espagne (1239-1302). — *Toulouse, Privat*, 1895, in-8°, cxix-910 p.

[4°, **7.811**.

DOUEL (MARTIAL). — Martial Douël. Au temps de Pétrarque, roman. Avignon, 1348. 2ᵉ édit. — *Paris, Fontemoing*, s. d , in-12, 355 p.

Don de M. le Dʳ Pamard.

[8°, **36.873**.

DOULIOT (Veuve). — Copie de la Lettre adressée à Messieurs les Conseillers municipaux de la ville d'Avignon, par Mᵐᵉ Vve Douliot. [Demande d'un secours annuel par la veuve et les enfants de l'architecte et physicien Paul Douliot. 1ᵉʳ juin 1846]. — [*Paris, impr. Ducessois*, 1846], in-4°, 11 ff. n. ch.

[Ms. **2.985**, n° 55.

DOUTRELEAU (PIERRE). — Le progrès et la tradition. Rapport sur le concours pour le prix d'honneur fondé par les anciens élèves du Collège St-Joseph d'Avignon, par M. Pierre Doutreleau,... — *Avignon, F. Seguin*, 1905, in-8°, pièce (16 p.).

Don de M. F. Seguin.

[8°, **35.000**.

DROITS (Les) de la Charité vengés, ou Réfutation d'un Sermon, sur l'amour de Dieu, prêché par le Père Chapelain, Jésuite et Prédicateur du Roi, dans l'Eglise du Collège des PP. Jésuites d'Avignon, le onzième septembre 1759. Par J.M.J.L.B.B...— S. l. n. d., 1759, in-8°, 65 p.

[8°, **24.392**.

DUBIÉ. — Vers sur l'assassinat commis à Avignon, le 13 juin 1843. Par D... [Dubié], témoin de cet assassinat. — [*Avignon, impr. Vve Guichard*, 1843], in-8°, pièce (4 p.).

[Ms. **3.009**, n° 15.

DUBOST. — Société en commandite et par actions pour l'exploitation générale de la navigation du Rhône par l'emploi de la machine à feu combiné avec les chevaux de hâlage. Prospectus. [*Signé :* Dubost]. — *Lyon, impr. Perrin*, 1826, in-12, pièce (38 p.), pl.

]8°, **24.868**, n° 2.

DU BREIL DE MARZAN. — Souvenir de la dernière confirmation faite en Bretagne par Monseigneur Dubreil, aujourd'hui archevêque d'Avignon. [Par Dubreil de Marzan]. — *Avignon, impr. Aubanel*, 1864, in-8°, pièce (14 p.).

Anc. archevêché d'Avignon.

[4°, **8.158**.

DUBREUIL (Joseph). — Analyse raisonnée de la législation sur les eaux, par M. Joseph Dubreüil,... procureur du pays de Provence... — *Aix, A. Pontier*, 1817, in-4°, xv-247-28 p.

[4°, **270**.

DUCCI (Pietro). — Nel quinto Centenario di messer Francesco Petrarca celebrato da Italia e Francia in Arquà, Valchiusa e Avignone il 18, 19 e 20 luglio 1874. Sonetto. [*Signé :* Dottor Pietro Ducci,...] — [*Arezzo, Sgricci*, 1874], in-fol., placard.

[8°, **34.600**.

DU CERCEAU (Le P.). — Conjuration de Nicolas Gabrini, dit de Rienzi, tyran de Rome en 1347, ouvrage posthume du R. Père Du Cerceau... — *Paris, Vve Etienne*, 1733, in-8°, xxiii-600 p.

[8°, **35.508**.

— Histoire de Rienzi, par Du Cerceau. — *Paris, Bibliothèque du Foyer*, 1866, in-12, 191 p.

[8°, **16.926**.

DU CHALAIS (Adolphe). — Observations sur quelques monnaies frappées à Orange pendant le moyen-âge, par M. Du Chalais. — [*Blois, impr. Dézairs*, 1844], in-8°, pièce (39 p.), pl.

(Extrait de la *Revue numismatique*, 1844.)

[8°, **29.421**, n° 6.

DU CHATELET. — Opinion de M. Du Chatelet, député du Bailliage de Bar-le-Duc, sur l'affaire d'Avignon. [18 novembre 1790]. — [*Paris, impr. C. Perlet*, 1790], in-12, pièce (11 p.).

Fonds Chambaud et Requien.

2 ex. [Ms. **2.537**, n° 47, **2.988**, n° 41.

DUCHESNE (François). — Histoire de tous les cardinaux françois de naissance,... comprenant sommairement leurs legations, ambassades et voyages..., enrichie de leurs armes et de leurs portraits... par François Duchesne... — *Paris, Ch. Osmont*, 1690, 2 vol. in-fol.

[Fol. **2.923**.

DUCHESNE (Abbé Louis). —

DUCHESNE (Abbé Louis). Fastes épiscopaux de l'ancienne Gaule, par l'abbé L. Duchesne... — *Paris, Thorin et fils et A. Fontemoing*, 1894-1899, 2 vol. in-8°.

T. Ier. Provinces du Sud-Est.

[4°, **4.521**.

DUCOS (Joseph). — La garantie d'intérêt et la compagnie concessionnaire du canal de Pierrelatte. Discours prononcé à la Chambre des Députés, dans la séance du 4 février 1895, par M. J. Ducos, député de Vaucluse. — [*Avignon, impr. Fr. Seguin*, 1895], in-8°, pièce (39 p.)

2 ex. [8°, **29.433** et **29.576**.

DUCROS, agent du Comté Venaissin à Paris. — Adresse à l'Assemblée nationale, présentée par l'agent et député du Comtat-Venaissin. [*Signé* : Ducros. 25 avril 1791.] — S. l. n. d., in-4°, pièce (3 p.).

[**Ms. 2.523**, n° 50.

— Note sur le projet de réunir Avignon et le Comtat à la France. [Par Ducros, 1791]. — [*Paris, impr. Froullé*], s. d., in-8°, pièce (4 p.).

Fonds Chambaud et Requien.

[8°, **26.573**, n° 5. — **Ms. 2.991**, n° 1.

— Note sur le projet de réunir Avignon et le Comtat Venaissin. [Par Ducros, 1791. Même texte que le précédent]. — [*Paris, impr. Froullé*], s. d., in-8°, pièce (4 p.).

[**Ms. 3.013**, n° 16.

— Situation politique d'Avignon et du Comtat, dans le moment actuel. [Septembre 1791. *Signé* :

Ducros]. — *Paris, impr. Froullé*, 1791, in-8°, 84 p.

Fonds Chambaud et Requien.

2 ex. [**Ms. 2.539**, n° 39. et **2.991**, n° 1.

DUCROS, greffier au tribunal criminel du département de Vaucluse. — Tableau de la situation politique de la commune de Bédouin... dévorée par les flammes le 14 prairial, par Ducros... — [*Avignon, A. Bérenguier*], s. d., in-4°, pièce (8 p.).

Fonds Chambaud et Requien.

2 ex. [**Ms. 2.527**, n° 111, et **2.964**, n° 148.

DU DEMAINE (Comte Roger). — Discours prononcé par M. le Maire d'Avignon à la réception des délégués aux fêtes littéraires de Pétrarque. [*Signé* : R. du Demaine]. — [*Avignon, F. Seguin aîné*], s. d., [1874], in-4°, pièce (11 ff. n. ch.)

[4°, **6.558**.

— M. R. Du Demaine, maire d'Avignon, député invalidé. [Discours prononcé par le Cte Roger Du Demaine à la Chambre des Députés, le 16 novembre 1876]. — *Avignon, F. Seguin aîné*, 1877, in-12, 63 p.

[8°, **29.470**.

— Le Maire d'Avignon à ses concitoyens. [23 novembre 187 . *Signé* : Roger Du Demaine]. — *Avignon, impr. Gros*, s. d., in-fol., placard.

[Fol. **4.985**.

— Réponse de M. le Maire d'Avignon au discours prononcé par M. le Préfet de Vaucluse, le 29 novembre 1874, à l'installation du Conseil municipal. [*Signé* : Roger Du Demaine]. — [*Avi-*

gnon, *Gros frères*], s. d., in-4°, place (2 p.).

[4°, **5.077.**

DUFORT. — Instruction et ordre de M. Dufort, fermier général, aux Receveurs des Bureaux des Fermes établi à Avignon et sur la Frontière du Comtat, tant du côté de la Provence et Languedoc, que du Dauphiné, et autres Employés desdites Fermes, sur l'exécution de l'Arrêt du Conseil d'Etat du Roy du 16. du présent mois de mars 1734, pour faire joüir les Habitans de la ville d'Avignon et du Comtat des avantages que Sa Majesté a bien voulu leur accorder. [30 mars 1734.] — *S. l. n. d.*, in-4°, pièce (11 ff. n. ch.).

[**Ms. 2.929**, n° 11.

DUFOURNY (Louis-Pierre). — *Voir* : Dufourny de Villiers (Louis-Pierre).

DUFOURNY DE VILLIERS (Louis-Pierre). — Des droits des Avignonois à la plus entière liberté, et déclaration des droits des Nations.[Par L.-P. Dufourny. 17 juillet 1790]. — [*Paris, impr. de Chalon*, 1790], in-8°, pièce (16 p.).

Fonds Chambaud et Requien.

3 ex. [8°, **33.474.** — **Ms. 2.537**, n° 12, et **2.987**, n° 46.

— Les droits des peuples défendus contre la politique et contre les titres odieux de leurs antiques oppresseurs ou la liberté réclamée pour les Avignonois et les Comtadins pardevant l'Assemblée nationale, et s'il y a lieu, pardevant le Tribunal éternel de l'immuable Raison, et avec le seul titre de l'inaliénable liberté des individus et des peuples. Par L.-P. Dufourny. Le 26 avril 1791. — *Paris, impr. Momoro*, 1791, in-8°, pièce (18 p.).

Fonds Chambaud et Requien.

2 ex. [**Ms. 2.538**, n° 35, et **3.013**, n° 3.

— Supplément à la défense des droits des Avignonais, des Comtadins et autres peuples à la plus entière liberté, pour répondre à diverses objections et particulièrement aux députés, au rapporteur et à M. de Robespierre. Par L.-P. Dufourny. — [*Paris, Chalon*, 1790], in-8°, pièce (19 p.).

Fonds Chambaud et Requien.

3 ex. [8°, **33.462.** — **Ms. 2.537**, n° 14, et **2.987**, n° 48.

DUHAMEL (Léopold), archiviste du département de Vaucluse. — Les architectes du Palais des Papes par L. Duhamel... — *Avignon, Seguin frères*, 1882, in-8°, pièce (39 p.).

Don de l'auteur.

[8°, **15.038.**

— L. Duhamel,... Les Archives notariales d'Avignon et du Comtat-Venaissin. — *Paris, A. Picard*, 1895, in-8°, 68 p.

(Extrait de l'*Annuaire de Vaucluse*, 1895.)
Don de l'auteur.

[8°, **29.500.**

— L. Duhamel... Bibliographie des Annuaires de Vaucluse (1761-1892).— *Paris, A. Picard*, 1892, in-12, pièce (12 p.).

(Extrait de l'*Annuaire de Vaucluse*, 1892.)
Don de l'auteur.

[8°, **37.536.**

— Bords de la Durance. Tour de Barbentane, ruines de Châteaurenard, église et lion de Noves, chartreuse de Bonpas, chapelle

Saint-Symphorien. [*Signé* : L. Duhamel].— *Le Monde illustré*, 22 août 1903, p. 180 à 183.

[Fol. **5.130**.

— Le canal de Saint-Julien. (Historique et documents). 1171-1818. [*Préface signée* : L. D(uhamel)]. — *Cavaillon, Mistral*, 1901, 2 vol. in-8° : t. I, xvi-449-xiii p. ; t. II, p. 451-1006 et xi p.

Don du Syndicat du canal de Saint-Julien.

[8°, **34.123**.

— Le Canal de Vaucluse. Historique et Documents [par L. Duhamel]. Tome Ier (976-1582).— *Avignon, F. Seguin*, 1905, in-8°, viii-358 p.

(Syndicat du Canal de Vaucluse.)
Don du Syndicat.

[4°, **6.793**.

— Le Cardinal de Brogny. Son origine ; sa famille ; ses alliances. [*Signé* : L. Duhamel]. — [*Annecy, Abry*, 1901], in-8°, pièce (18 p.).

(Extrait de la *Revue savoisienne*, 1900 et 1901.)
Don de l'auteur.   [8°, **32.760**.

— Catalogue général des manuscrits des Bibliothèques publiques de France. Départements. Tome XXXIV. Carpentras, par M. Duhamel. Tome I. — Tome XXXV. Carpentras, par MM. Duhamel et Liabastres. Tome II. — *Paris, E. Plon, Nourrit et Cie*, 1901-1899, 2 vol. in-8°.
Dépôt de l'État.

[8°, **33.664**.

— La charte de Courthézon, par L. Duhamel... — *Paris, H. Champion*, 1880, in-8°, 112 p.

(Extrait de l'*Annuaire de Vaucluse*, 1880.)
Don de l'auteur.

2 ex. [8°, **I.266** et **28.620**.

— Charte et statuts de Châteauneuf-de-Gadagne, publiés par L. Duhamel... — *Avignon, Seguin frères*, 1879, in-8°, pièce (23 p.).

(Extrait de l'*Annuaire de Vaucluse*, 1879.)
Don de l'auteur.

[8°, **28.621**.

— Département de Vaucluse. Table des délibérations du Conseil général, an VIII-1893, dressée par L. Duhamel,...— *Avignon, F. Seguin*, 1894, in-8°, 115 p.
Don de l'auteur.

[4°, **6.121**.

— L. Duhamel... Documents sur la réunion d'Avignon et du Comtat-Venaissin à la France. [I] (1790-1791) ; II (1792-1793). — *Paris, A. Picard*, 1891-1893, 2 vol. in-8°, 129 et 79 p.

(Extrait de l'*Annuaire de Vaucluse*, 1891 et 1893.)
Don de l'auteur.   [8°, **15.035**.

— L. Duhamel... Documents sur la Révolution dans Vaucluse (1793-1800). I [14 septembre-15 octobre 1793]. [II]. Extrait des délibérations du Directoire du département [5 septembre 1793-15 pluviôse an III].— *Paris, A. Picard*, 1894-1896, 2 vol. in-8°, 60 et 72 p.

(Extrait de l'*Annuaire de Vaucluse*, 1894 et 1896.)
Don de l'auteur.   [8°, **28.985**.

— Inventaire du trésor de l'église métropolitaine d'Avignon au XVIe siècle (1511-1546), par L. Duhamel,... — *Paris, impr. nationale*, 1880, in-8°, pièce (32 p.).

(Extrait de la *Revue des sociétés savantes*, 7e série, tome I, 1879.)
Don de l'auteur.   [8°, **34.497**.

— Inventaire sommaire des Archives communales antérieures à 1790 de la ville d'Avignon, par M. L. Duhamel... Série AA.

— *Avignon, impr. P. Bernaud*, 1906, gr. in-4°, xvi-382 p.

(Collection des inventaires sommaires des archives communales antérieures à 1790.)

[Fol. **5.256**.

— L. Duhamel,... Les Masses des Universités d'Avignon et d'Orange. — *Paris, A. Picard*, 1896, in-8°, pièce (18 p.).

(Extrait de l'*Annuaire de Vaucluse*, 1896.) Don de l'auteur.

[8°, **29.909**.

— L. Duhamel,... Monographie des communes de Vaucluse. I. Althen-les-Paluds. — *Avignon, Bernaud et Cie, Assaleix, Dailhe, Roumanille, Prévot*, [1902], in-8°, pièce (8 p.).

(Extrait de l'*Annuaire de Vaucluse*, 1902.) Don de l'auteur.

[8°, **33.168**.

— L. Duhamel,... Monographie des communes de Vaucluse. II. Ansouis. — *Avignon, Bernaud et Cie, Assaleix, Dailhe, Roumanille, Prévot*, [1902], in-8°, pièce (7 p.).

(Extrait de l'*Annuaire de Vaucluse*, 1902.) Don de l'auteur.

[8°, **33.169**.

— L. Duhamel,... Les Montgolfier à Avignon. — *Paris, A. Picard*, 1894, in-12, pièce (30 p.), pl.

Don de l'auteur.

[8°, **30.118**.

— Note sur Viala. [*Signé* : L. D(uhamel)].— *Avignon, Seguin frères*, 1883, in-8°, pièce (8 p.).

(Extrait de l'*Annuaire de Vaucluse*, 1883.) Don de l'auteur.

2 ex. [8°, **16.850** et **28.593**.

— L. Duhamel,... L'œuvre de Louis David, graveur à Avignon (1667-1718). — *Paris, A. Picard*, 1891, in-8°, pièce (21 p.).

(Extrait de l'*Annuaire de Vaucluse*, 1891.) Don de l'auteur.

[8°, **15.036**.

— De l'origine du mot Doms. [*Signé* : L. D(uhamel)]. — *Avignon, Seguin frères*, 1883, in-12, pièce (27 p.).

(Extrait de l'*Annuaire de Vaucluse*, 1883.) Don de l'auteur.

2 ex. [8°, **12.566** et **28.797**.

— Origines du musée d'Avignon, par L. Duhamel,... — *Paris, E. Plon, Nourrit et Cie*, 1889, in-8°, pièce (28 p.).

(Mémoire lu à la réunion des Sociétés des beaux-arts des départements, à l'Ecole des Beaux-Arts, dans la séance du 12 juin 1889.)

Don de l'auteur.

2 ex. [8°, **33.166** et **33.134**.

— L. Duhamel. Les origines du Palais des Papes. — *Tours, impr. P. Bousrez*, [1883], in-8°, 78 p., pl.

(Extrait du *Congrès archéologique de France*, 1882.)

Don de l'auteur.

[8°, **15.037**.

— L. Duhamel. Le Palais des papes à Avignon.— *Paris, extrait de la Revue Le Monde moderne*, s. d., in-8°, pièce (16 p.), fig.

Don de l'auteur.

[8°, **33.217**.

— L. Duhamel... Les Primiciers de l'Université d'Avignon. — *Paris, A. Picard*, 1895, in-8°, pièce (22 p.).

(Extrait de l'*Annuaire de Vaucluse*, 1895.) Don de l'auteur.

2 ex. [8°, **29.497** et **30.121**.

— L. Duhamel,... Les Représentants de Vaucluse, 1789-1891.—

Avignon Seguin frères, 1893, in-8°, 56 p.

(Extrait de l'*Annuaire de Vaucluse*, 1893.)
Don de l'auteur.

2 ex. [8°, **27.490** et **33.152**.

— L. Duhamel,... Statuts des drapiers d'Avignon au XV° siècle. — *Paris, A. Picard*, 1892, in-8°, pièce (48 p.).

(Extrait de l'*Annuaire de Vaucluse*, 1892.)
Don de l'auteur.

[8°, **27.489**.

— L. Duhamel,... Statuts des Marchands d'Avignon.— *Paris, A. Picard*, 1895, in-8°, pièce (28 p.).

(Extrait de l'*Annuaire de Vaucluse*, 1895.)
Don de l'auteur.

2 ex. [8°, **29.498** et **30.119**.

— Table générale des minutes des notaires de l'arrondissement d'Avignon [par L. Duhamel].— *Avignon, Seguin frères*, 1889, in-8°, 110 p.

(Extrait de l'*Annuaire de Vaucluse*, 1889.)
Don de l'auteur.

[8°, **17.110**.

— L. Duhamel. Le tombeau de Jean XXII à Avignon. — *Avignon, Seguin frères*, 1887, in-8°, pièce (23 p.).

(Extrait des *Mémoires de l'Académie de Vaucluse*, année 1887.)
Don de l'auteur.

[8°, **13.965**.

— Le tombeau de Raymond de Beaufort, par L. Duhamel,...— *Paris, H. Champion*, 1883, in-8°, pièce (16 p.), pl.

(Extrait des *Mémoires de l'Académie de Vaucluse*, année 1883.)
Don de l'auteur.

[8°, **13.964**.

— Un Coin de Comtat. Le Thor, son église, ses remparts ; les chapelles de Thouzon. [*Signé* :

L. Duhamel]. — *Le Monde illustré*, n° du 14 février 1903, p. 158-160, fig.

[Fol. **5.096**.

— Un historien du Comté Venaissin et d'Avignon. Joseph Fornéry. 1675-1756. [Par L. Duhamel]. — *Carpentras, Joseph Seguin*, 1896, in-12, pièce (24 p.)

Don de l'auteur.

[8°, **29.910**.

— L. Duhamel. Un neveu de Jean XXII. Le cardinal Arnaud de Via. — *Tours, impr. Bousrez*, [1884], in-8°, pièce (39 p.), pl.

(Extrait du *Bulletin monumental*, 1883.)
Don de l'auteur.

[8°, **11.279**.

— Une Ambassade à la Cour Pontificale. Episode de l'histoire du Palais des Papes. [*Signé* : L. D(uhamel)]. — *Avignon, Seguin frères*, 1883, in-12, pièce (15 p.)

(Extrait de l'*Annuaire de Vaucluse*, 1883.)
Don de l'auteur.

2 ex. [8°, **15.042** et **28.812**.

— L. Duhamel. Une église romane et deux inscriptions tumulaires à Orange. — *Paris, H. Champion*, 1884, in-8°, pièce (12 p.).

(Extrait des *Mémoires de l'Académie de Vaucluse*, 1884.)
Don de l'auteur. [4°, **2.015**.

— Une ligue au XIV° siècle. Episode du passage des Grandes Compagnies en Provence, par L. Duhamel,... — *Paris, H. Champion*, 1880, in-8°, pièce (16 p.).

(Extrait du *Bulletin historique et archéologique de Vaucluse*, 1880.)
Don de l'auteur.

[8°, **15.227**.

— Une redevance féodale. La vache de Châteauneuf [par L. Du-

hamel]. — *Avignon, Seguin frères*, 1883, in-12, pièce (21 p.)
(Extrait de l'*Annuaire de Vaucluse*, 1883.)
Don de l'auteur.
[8°, **15.074**.

— *Edit.* : Perrat (Jean). La chronique d'un notaire d'Orange... *Paris*, 1881, in-12.
[8°, **15.071**.

— *Voir* : Achard (Paul) et Duhamel (Léopold). Inventaire sommaire des Archives départementales antérieures à *1790*... Vaucluse... Série B... *Paris-Avignon*, 1884, 2 vol. in-4°.
[Fol. **4.945**.

— *Voir* : Annuaire [officiel du département] de Vaucluse, etc., 1877 à 1912. — *Avignon*, s. d., 36 vol. in-12.
[8°, **14.977**.

— *Voir* : Bassaget (Abbé Albert), Duhamel (Léopold) et Bonnet (Eugène)... Diocèse d'Avignon. Le château des papes... *Marseille*, 1902, in-fol.
[Fol. **5.076**.

— *Voir* : Roussel (Ernest). Une ancienne capitale, Orange... *Paris-Orange*, [1900], in-12.
[8°, **33.273**.

DUHAMEL (Paul). — P. Duhamel. La colline de Montdevergues. Son nom, ses seigneurs. — *Avignon, P. Bernaud et Cie*, 1904, in-8°, pièce (12 p.).
(Extrait de l'*Annuaire de Vaucluse*, 1904.)
Don de l'auteur.
[4°, **6.592**.

— De la situation des aliénés dans le Comtat-Venaissin et dans Vaucluse, 1680-1901, par P. Duhamel,... — *Montpellier,*

Serre et Roumégous, 1903, in-8°, xiii-96 p.
Don de l'auteur.
[4°, **6.591**.

DU JARRY (Abbé). — *Edit.* Fléchier (Esprit). Œuvres posthumes... [Mandemens, lettres pastorales et œuvres mêlées]... *Lyon*, 1712-20, 2 vol., in-12.
[8°, **10.362**.

DU LAURENS (Achille). — Essai sur la vie de Pétrarque, par M. Achille Du Laurens. — *Avignon, impr. Jacquet et J.-B. Joudou*, 1839, in-8°, viii-262 p.
Don de l'auteur.
2 ex. [8°, **16.927** et **27.001**.

— Lettre à M. le Rédacteur de l'Indicateur d'Avignon, au sujet de la brochure intitulée : « Notre dernier mot à l'occasion d'une abjuration », publiée par M. Frossard, pasteur protestant, par M. Achille Du Laurens. — [*Avignon, impr. Vve Guichard*, 1843], in-12, 54 p.
2 ex. [8°, **31.542**. — Ms. **3.009**, n° 9.

DU LAURENS (Amédée). — *Voir* : Annuaire Fanot... 1847. — *Avignon*, s. d., in-12.
[8°, **31.399**.

DU LAURENS (Hector). — Avis salutaires contre le choléra indien, extraits des meilleurs auteurs, par Hector Du Laurens. — [*Avignon, impr. Jacquet*, 1835], in-8°, pièce (8 p.).
[Ms. **3.004**, n° 57.

DU LAURENS D'OISELAY (Baron Guillaume). — *Edit.* Du Laurens d'Oiselay (Baron Hector). Correspondance... *Saint-Amand*, 1902, in-8°.
[4°, **6.234**.

DU LAURENS D'OISELAY (Baron Hector). — Correspondance d'un garde du corps [Hector, baron Du Laurens d'Oiselay], compagnie écossaise de S. M. le roi Louis XVIII, à sa famille. [Publié par le Baron Guillaume Du Laurens d'Oiselay]. — *Saint-Amand, Bussière*, 1902, in-8°.

Don du baron G. Du Laurens d'Oiselay.

[4°, **6.234**.

DUMAS (Adolphe). — Provence, par M. Adolphe Dumas. — *Paris, Hetzel et Paulin*, 1840, in-8°, iv-367 p.

[8°, **25.140**.

— *Voir* : Blaze (F.-H.-J., dit Castil), Dumas (Adolphe), Reboul (Jean) et Poussel (T.). Un liame de rasin... *Avignon*, 1865, in-12.

[8°, **25.298**.

DUMAS (Jean-Baptiste). — Eloge historique de Antoine-François-Marie Artaud, prononcé en séance publique de l'Académie ... de Lyon le 15 mai 1839, par J.-B. Dumas,... — *Lyon, impr. Barret*, 1840, in-8°, pièce (44 p.)

[8°, **26.943**.

DU MAS (Le P. Pierre), doctrinaire. — La vie du vénérable César de Bus, fondateur de la Congrégation de la doctrine chrétienne, par le R. Père Pierre Du Mas... — *Paris, Louis Guérin*, 1703 in-4°, pièces liminaires, table et 434 p.

2 ex. [4°, **2.392** et **3.692**.

DUMONT (Aristide-François-Marcellin). — Essai sur l'encaissement et la canalisation du Rhône, considérés sous le double rapport de la défense des propriétés riveraines et des besoins de l'industrie, par A. Dumont,... — *Paris, Carilian-Gœury et V Dalmont*, 1842, in-8°, viii-127 p. et pl.

[8°, **33.588**, n° 3.

— Mémoire sur le projet du canal d'irrigation du midi pour l'irrigation des plaines de la Provence et du Languedoc, et l'approvisionnement en eau potable des villes de Nîmes, Montpellier Avignon, Beaucaire, Tarascon, Roquemaure, Lunel, Montélimart, Orange, Carpentras, par Aristide Dumont,... 2ᵉ édition. — *Paris, Guillaumin et Cie ; Lyon, Savy*, 1857, in-4°, pièce (31 p.)

Don du Dʳ A. Pamard.

[4°, **350**.

DUMONTHIER (Ernest). — Les Gobelins au Palais des Papes d'Avignon. [*Signé* : E. Dumonthier]. — *Paris, impressions photomécaniques Berthaud frères*, [1911], in-fol. pièce (II ff. n. ch. - 15 planches).

Don de la ville d'Avignon.

[Fol. **5.267**.

DU NOYER (Anne-Marguerite Petit, dame). — Lettres historiques et galantes par Madame Du Noyer. Nouvelle édition... — *Amsterdam, par la Compagnie*, 1760, 6 vol. in-8°.

Tome Iᵉʳ : Lettres sur Avignon et divers personnages avignonais.

[8°, **10.207**.

— Nouvelle édition corrigée et augmentée de plusieurs lettres très-intéressantes. [Avec table alphabétique des matières à la fin du tome XII]. — *Paris et Avignon, F. Seguin*, 1790, 12 vol. in-12.

[8°, **25.704**.

DU PARC (Vicomte). — Observations sur les avantages que l'existence de la succursale de l'hôtel royal des Invalides, établie à Avignon, procure au gouvernement, à la dotation, au chef-lieu du département de Vaucluse, et sur les inconvénients et les pertes considérables qui résulteraient de sa suppression. [*Signé :* Le vicomte du Parc]. — [*Avignon, impr. Offray*], s. d., in-4°, pièce (8 p. et 2 tabl.).

Fonds Chambaud et Requien.

2 ex. [**Ms. 2.535**, n° 17, **2.970**, n° 66.

DUPERRET. — Réponse aux calomnies nouvellement dirigées contre les Administrations du Midi, par le citoyen Duperret, inspecteur des contributions directes du Département de Vaucluse. [30 germinal an VI]. — *S. l. n. d.* [an VI], in-8°, 4 p.

Fonds Chambaud et Requien.

3 ex. [8°, **35.194**. — Ms. **2.545**, n° 28, et **2.996**, n° 11.

DUPEUTY (Charles-Désiré) et FONTAN. — Le Maréchal Brune ou la Terreur de 1815, événement historique en quatre tableaux, par MM. Dupeuty et Fontan, musique de M. Alex. Piccini,... — *Paris, J.-N. Barba, Bezou*, 1831, in-8°, 48 p.

[**Ms. 3.018**, n° 46.

DU PILHON. [Généalogie]. — *S. l. n. d.*, in-4°, pièce (17 p.), armoiries gravées.

[**Ms. 2.925**, n° 17.

DUPIN (Charles). — Discours sur les progrès des connaissances de géométrie et de méchanique, dans la classe industrieuse ; prononcé pour l'ouverture du cours de géométrie et de méchanique appliquées aux arts, à l'amphithéâtre du Conservatoire des arts et métiers, le dimanche 25 janvier 1829 ; par le baron Ch. Dupin... — *Paris, Bachelier*, 1829, in-18, 50 p.

[Sur les écoles de dessin et de tissage d'Avignon, p. 47-49].

[**Ms. 3.002**, n° 26.

— Forces productives et commerciales de la France par le baron Charles Dupin. Hommage aux habitants de la France méridionale. — [*Paris, impr. Fain*], s. d., in-4°, pièce (8 p.).

[**Ms. 2.983**, n° 66.

— Sénat. Rapport fait au nom de la Commission chargée d'examiner le projet de loi qui confère, à titre de récompense nationale, des pensions aux héritiers de feu Philippe de Girard, par M. le baron Charles Dupin.— [*Paris, impr. H. et Ch. Noblet*, 1853], in-8°, pièce (14 p.).

3 ex. [4°, **3.352**, n°s 7 et 21, et **5.034**, n° 2.

DUPLESSIS. — Discours prononcé par Mr Duplessis, président du collège électoral du 2e arrondissement du département de Vaucluse, le 12 juillet 1830.— [*Carpentras, Devillario-Quenin*], s.d., in-4°, pièce (1 fl.n.ch.).

[**Ms. 2.972**, n° 58.

DUPONT (Jean). — Oratio solemnis in renovatione aggregationis facultatis Magistrorum Liberalium Artium ; habita à D. Ioanne Dupont,... Anno M.DC. LXXV. Die xiv. mensis Februarij... — *Avenione, G. Bramereau*, 1675, in-4°, pièce (24 p.).

Fonds Massilian-Moutte et Requien.

2 ex [**Ms. 2.451**, n° 24, et **2.954**, n° 52.

DUPONT (Jean).

— La vie de la Révérende Mère Esprite de Jésus de Jossaud, du tiers ordre de Saint Dominique et de S. François de Paule, par Mr Jean Du Pont... trésorier et pénitencier de la Ste Eglise Métropolitaine d'Avignon. — *Avignon, J.-C. Chastanier*, 1705, in-12, pièces liminaires - 389 p.

[8°, **12.120**.

— 2° ex. avec portrait.

[8°, **25.863**.

— Nouvelle édition par le R. P. Fr. Ambroise Potton. — *Paris, Vve Poussielgue-Rusand*, 1862, in-12, 307 p.

(Bibliothèque dominicaine.)

[8°, **12.121**.

DUPONT (Léonce). — Fêtes d'Avignon. [Concours agricole. Inauguration de la statue du brave Crillon. 1858. *Signé* : Léonce Dupont]. — *Le Monde illustré*, n° du 15 mai 1858, p. 308-310.

[Fol. **4.983**.

DUPRAT (Eugène). — Cinga ou Sulga ? Orga ou Sorgia ? (Lettre à M. Camille Jullian). [*Signé* : Eug. Duprat]. — Extrait de la *Revue des Etudes anciennes*, octobre-décembre 1911, p. 459-464.

Don de l'auteur.

[4°, **8.380**.

— Les confluents de la Durance aux temps historiques, par Eugène Duprat... — *Avignon, Seguin*, 1908, in-8°, pièce (20 p.).

(Extrait des *Mémoires de l'Académie de Vaucluse*, 1907.)

Don de l'auteur.

[4°, **7.502**.

— Le Congrès archéologique d'Avignon. [*Signé* : E. Duprat].

DUPRAT (Eugène).

— Extrait des *Annales de Provence*, 1909, p. 349-354.

[4°, **8.443**.

— Eugène Duprat,... Essai sur l'histoire politique d'Avignon pendant le haut moyen-âge (406-879). — *Avignon, F. Seguin*, 1908, in-8°, pièce (32 p.).

(Extrait des *Mémoires de l'Académie de Vaucluse*, 1908.)

Don de l'auteur.

[8°, **35.582**.

— E. Duprat. Les fonds de cabane de Malaucène et les foyers de Sorgues. — *Caen, impr. Delesques*, 1911, in-8°, pièce (7 p.).

(Extrait du *Compte-rendu du LXXVIe Congrès archéologique de France*, tenu en 1909, à Avignon.)

Don de l'auteur.

[8°, **37.129**.

— Eugène Duprat... L'inscription de Casaric et Polycarpe de la Rivière. — *Aix, impr. B. Niel*, 1908, in-8°, pièce (20 p.).

(Extr. des *Annales de la Société d'Etudes provençales*, 1908.)

Don de l'auteur.

[4°, **7.706**.

— Eug. Duprat. Les monnaies d'Avennio. — *Paris, Rollin et Feuardent*, 1910, in-8°, pièce (25 p.), pl.

(Extrait de la *Revue numismatique*, 1910, p. 160.)

Don de l'auteur.

[8°, **36.972**.

— E. Duprat. Note sur le mot Thor ou Tor. — *Aix-en-Provence, impr. Ouvrière*, 1911, in-8°, pièce (14 p.).

(Extrait des *Annales de Provence*.)

Don de l'auteur.

[4°, **8.264**.

— Eug. Duprat... Notes d'archéologie avignonaise. I. Les mosaïques antiques. — *Avignon, impr. F. Seguin*, 1910, in-8°, pièce (24 p.).

(Extrait des *Mémoires de l'Académie de Vaucluse*, 1910.)
Don de l'auteur. [4°, **7.898**.

— Eug. Duprat... Notes d'archéologie avignonaise. II. Calvet et les monuments antiques d'Avignon. — *Avignon, F. Seguin*, 1911, in-8°, 69 p.

(Extrait des *Mémoires de l'Académie de Vaucluse*, 1911, p. 211-279.)
Don de l'auteur. [4°, **8.263**.

— Eugène Duprat. Notes de topographie avignonaise.(Le Rocher des Doms. — Le Rhône). — *Nîmes, impr. générale*, 1909, in-8°, pièce (19 p.).

(Extrait de la *Revue du Midi*, 1909.)
Don de l'auteur. [4°, **7.758**.

— Eugène Duprat. Notes de topographie avignonaise. II. Saint-Trophime de Blauvac et Saint-Victor de Bouquet. — *Nîmes, impr. générale*, 1911, in-8°, pièce (11 p.).

(Extrait de la *Revue du Midi*, 1911.)
Don de l'auteur. [4°, **8.270**.

— Eugène Duprat... Notes de topographie avignonaise. III. Villa Nova, près de Bédarrides, et Villa Nova, près d'Avignon. — *Paris, H. Champion, Avignon, J. Roumanille*, 1912, in-8°, pièce (11 p.).

(Extrait des *Annales d'Avignon et du Comtat Venaissin*, 1912.)
Don de l'auteur. [4°, **8.420**.

— Eugène Duprat. Les origines de l'église d'Avignon (des origines à 879). — *Paris, G. Ficker*, 1909, in-8°, 148 p.

(Extrait des *Mémoires de l'Académie de Vaucluse*, 1908-1909.)
Don de l'auteur. [8°, **36.712**.

— E. Duprat. Propos de congressiste. (Le Congrès archéologique d'Avignon de 1909). — *Nîmes, impr. de la Revue du Midi*, 1909, in-8°, 18 p.

(Extrait de la *Revue du Midi*.)
Don de l'auteur. [8°, **36.713**.

— La route d'Agrippa à Avignon. [*Signé* : E. Duprat]. — Extrait de la *Revue des Etudes anciennes*, tome XII, 1910, p. 186-188.

Don de l'auteur. [8°, **37.759**.

DUPRAT (Eugène) et NICOLLET (F.-N.). — *Voir* : Congrès des sociétés savantes de Provence... 1909. *Bergerac*, 1910, in-8°.
[4°, **8.064**.

DUPRAT (Jean), dit Duprat *le jeune*. — Copie de la lettre écrite par M. Duprat, à M. Palun. [21 juin 1791, *avec* « Copie d'un arrêté de l'Assemblée électorale du département de Vaucluse, séante à Cavaillon », du 16 juin, révoquant les pouvoirs donnés audit Palun et lui défendant de se qualifier à l'avenir de député de l'Assemblée électorale auprès de l'Assemblée nationale]. — *S. l. n. d.*, in-4°, pièce (1 ff. n. ch.).

Fonds Chambaud et Requien.
2 ex. [**Ms. 2.523**, n° 99, et **2.960**, n° 79.

— Discours adressé par M. Duprat le jeune, à la Société patriotique d'Avignon ; séance du 5 juillet 1791. — *S. l. n. d.*, in-4°, placard.

Fonds Chambaud et Requien.
2 ex. [**Ms. 2.523**, n° 105, et **2.960**, n° 77.

— Discours adressé par M. Du-

DUPRAT (Jean).

prat le jeune, Président de l'Assemblée électorale du département de Vaucluse à MM. les Médiateurs de la France, lors de leur entrée à Cavaillon. [25 juin 1791]. — *S. l. n. d.*, in-4°, pièce (1 ff. n. ch.).

Fonds Chambaud.

[**Ms. 2.523**, n° 100.

— Discours de M. Duprat le jeune, à la Société des Amis de la Constitution d'Orange, le 30 octobre 1791... [Sur les affaires d'Avignon].— *S. l. n. d.*, [1791], in-8°, pièce (7 p.).

[**Ms. 2.991**, n° 20.

— Discours de M. Duprat le jeune, Président de l'Assemblée électorale, au Général et à l'Armée du département de Vaucluse. [19 juin 1791]. — *S. l. n. d.*, in-4°, pièce (1 ff. n. ch.).

Fonds Chambaud et Requien.

2 ex. [**Ms. 2.523**, n° 95, **2.960**, n° 71.

— Discours de M. Duprat, le jeune, prononcé dans la première séance de l'assemblée électorale [de Vaucluse], le 19 mars 1791, au moment où il a occupé le fauteuil de la présidence. — [*Avignon, Sabin Tournal*, 1791], in-4°, pièce (7 p.).

Fonds Chambaud et Requien.

2 ex. [**Ms. 2.523**, n° 21, et **2.960**, n° 20.

— Discours prononcé par M. Duprat le jeune, à l'Assemblée électorale des Bouches-du-Rhône, après avoir été nommé Député à la Convention Nationale.— *S. l. n. d.* [1792], in-8°, pièce (3 p.).

[**Ms. 3.016**, n° 42.

— Discours prononcé par Mr Duprat le jeune, Maire d'Avignon, à la cérémonie fédérative du 14 juillet 1792,... — *S. l. n. d.* [1792], in-8°, pièce (4 p.).

Fonds Chambaud et Requien.

2 ex. [**Ms. 2.542**, n° 18, et **2.993**, n° 2.

— Discours prononcé par M. Duprat le jeune, membre de la Société des Amis de la Constitution d'Avignon, à la séance de la Société des Amis de la Constitution d'Orange, le 30 octobre 1791... — *S. l. n. d.* [1791], in-8°, pièce (6 p.).

Fonds Chambaud et Requien.

2 ex. [**Ms. 2.540**, n° 14, et **3.016**, n° 20.

— Discours prononcé par M. Duprat le jeune nouveau Maire, lors de l'installation de la Municipalité [d'Avignon], le 17 juin 1792,... — *S. l. n. d.* [1792], in-8°, pièce (3 p.).

Fonds Chambaud et Requien.

3 ex. [8°, **33.341**. — Ms. **2.542**, n° 14, et **2.992**, n° 42.

— Discours prononcé par M. Duprat le jeune, président de l'Assemblée électorale du département de Vaucluse dans la séance tenue à Bedarides, le 25 juillet 1791. [*Suit* : Discours de M. de Verninac-St-Maur... Discours prononcé par M. Pons, procureur de la commune de Bedarides... Discours prononcé par M. Barjavel le jeune... Discours en vers prononcé par M. Allié...] — *S. l. n. d.*, in-4°, pièce (8 p.)

Fonds Chambaud et Requien.

3 ex. [8°, **33.829**. — Ms. **2.523**, n° 116, et **2.960**, n° 88.

DUPRAT (Jean).

— Lettre du Citoyen Duprat, Maire d'Avignon, et Député à la Convention Nationale, à la municipalité d'Avignon. Paris, 4 décembre 1792... — [*Avignon, S. Tournal*, 1792], in-4°, pièce (3 p.)
Fonds Chambaud et Requien.
2 ex. [**Ms. 2.524**, n° 111, et **2.961**, n° 95.

— Autre édition. — *Ibidem*, 1792, in-fol., placard.
[Atl. **314**, n° 139.

— Mémoire contre les Commissaires civils d'Avignon, en réponse à tous leurs rapports insidieux, et à toutes les calomnies atrocement répandues, pour couvrir leurs attentats et leur barbarie ; par M. Duprat le jeune. — *Paris, impr. Nationale*, 1792, in-8°, pièce (29 p.).
Fonds Chambaud et Requien.
3 ex. [8°, **31.547**. — Ms. **2.541**, n° 2, et **2.992**, n° 3.

— Opinion de M. Duprat le jeune, sur la solde contestée du détachement Avignonais qui a fait partie de l'Armée du département de Vaucluse, lue dans la séance de la Société des Amis de la Constitution d'Avignon, du dimanche 31 juillet 1791. — *S.l.n.d.* [1791], in-8°, pièce (8 p.).
Fonds Chambaud et Requien.
2 ex. [**Ms. 2.539**, n° 33, et **2.990**, n° 37.

— Pétition de M. Duprat le jeune, citoyen d'Avignon, à l'Assemblée nationale. [25 décembre 1791]. — *S. l. n. d.* [1792], in-8°, pièce (31 p.).
Fonds Chambaud et Requien.
3 ex. [8°, **27.239**, t. II, n° 2. — Ms. **2.540**, n° 29, et **2.991**, n° 31.

— *Voir* : Discours prononcés... à la suite d'un service funèbre, célébré... à Avignon...*S. l. n. d.*, in-8°.
[**Ms. 2.542**, n° 16.

— *Voir* : Rovère (J.-S.) et Duprat (J.). Discours... pour être prononcé à l'Assemblée Nationale. [26 septembre 1791]. [*Paris*], s. d., in-8°.
[8°, **33.435**.

DUPRAT (Jean), dit Duprat *le jeune*, et MINVIELLE (Joseph).
— Lettres de Jean Duprat, député à la Convention Nationale, à Jean-Etienne-Benoît Duprat, son dénonciateur et son frère, et de Minvieille aîné, à Duprat aîné [25 avril 1793]. — *S.l.n.n.*, 1793, in-8°, pièce (19 p.).
Fonds Chambaud et Requien.
4 ex. [8°, **32.392** et **33.458**. — Ms. **2.543**, n° 10, et **2.993**, n° 36.

— Lettres des citoyens Duprat le jeune, et Minvielle aîné, à la Société des Amis de la République d'Avignon ; Arrêté de cette Société et sa lettre en réponse. [Mars 1793]. — *S. l. n. d.*, in-fol., placard.
[Atl. **314**, n° 153.

DUPRAT (Jean), dit Duprat *le jeune*, et ROVERE (J.-S.). — Discours de M. Duprat le jeune, et de M. Rovère, Députés de l'Assemblée électorale des Etats-Unis d'Avignon et du Comtat Venaissin, auprès de l'Assemblée nationale, prononcés dans la séance du 9 septembre 1791. Réponse de M. Vernier, président de l'Assemblée Nationale. Rapport de M. Verninac Saint-Maur, Médiateur de la France entre les Peuples d'Avignon et du Comtat Venaissin, fait à l'Assemblée Nationale dans la séance du 10 septembre. Décret de l'Assemblée Nationale du 14 septembre, qui déclare les Etats-Réunis d'Avignon et du Comtat, partie intégrante de l'Empire Français. — *Avignon, Sabin Tournal*, 1791, in-8°, pièce (34 p.).

Fonds Chambaud et Requien.

> 3 ex. [8°, **33.447**. — Ms. **2.539**, n° 44, et **2.991**, n° 7.

DUPRAT (Jean-Etienne-Benoit), dit Duprat *l'aîné*. — Discours du Citoyen Duprat, président du Tribunal du District [de Vaucluse], prononcé le 21 décembre [1792], lors de l'installation dudit Tribunal. — *S. l.n.d.*[1792], in-8°, pièce (3 p.).

Fonds Chambaud et Requien.

> 2 ex. [Ms. **2.542**, n° 38, et **2.993**, n° 20.

— Discours sur la Révolution et la position actuelle d'Avignon et du Comtat. Prononcé au cercle Patriotique de Marseille,... le 19 décembre 1791... Par E. J. B. Duprat, colonel de la Garde Nationale, et président de la Société emprisonnée ou dispersée des Amis de la Constitution d'Avignon... — *Marseille, impr. Antoine-H^{re} Jouve et Cie*, 1792, in-8°, 83 p.

Fonds Chambaud et Requien.

> 2 ex. [Ms. **2.540**, n° 28, et **2.991**, n° 30.

— Lettre de J.E.B. Duprat, colonel de la Garde Nationale d'Avignon, réfugié à Marseille, à M. le Président de l'Assemblée Nationale, au sujet de la fausse nouvelle de son expulsion de Marseille, et de sa fuite en Espagne, donnée dans la séance du 22 janvier, par le Ministre de l'Intérieur. [3 février 1792]. — [*Marseille, impr. Antoine-H^{re} Jouve et Cie*, 1792], in-8°, pièce (12 p.).

Fonds Chambaud et Requien.

> 2 ex. [Ms. **2.541**, n° 5, et **2.992**, n° 7.

— Lettre de J.-E.-B. Duprat, président du tribunal du district de Vaucluse, aux administrateurs du département des Bouches-du-Rhône, en réponse à ce qui le concerne dans leur arrêté du 27 de ce mois, justificatif de la conduite de Capon. [24 février 1793]. — [*Avignon, impr. S. Tournal*, 1793], in-4°, pièce (3 p.).

> [Ms. **2.962**, n° 12.

— Autre édition. — *Ibidem*, 1793, in-fol., placard.

> [Atl. **314**, n° 151.

— Mémoire présenté à la Convention nationale, sur la nécessité de créer un 87me Département, composé des Districts de Vaucluse, Louvèze Orange et Apt. [*Signé* : Duprat l'aîné]. — [*Avignon, impr. Joseph Mouriés*, 1793], in-8°, pièce (15 p.).

Fonds Chambaud et Requien.

> 2 ex. [Ms. **2.543**, n° 22, et **2.993**, n° 44.

— Quelques éclaircissemens sur l'établissement du Robespierrisme dans le Midi ; pour servir d'introduction à l'histoire de cette conspiration ; par J.-E.-B. Duprat,... — [*Avignon, impr. Vincent Raphel*, an III], in-8°, pièce (12 p.).

Fonds Chambaud et Requien.

> 3 ex. [8°, **33.431**. — Ms. **2.544**, n° 46, et **2.994**, n° 45.

— Rapport des Commissaires envoyés par l'Assemblée électorale du Département des Bouches-du-Rhône dans la ville d'Arles, à l'occasion des troubles survenus dans le 4ᵐᵉ Bataillon des volontaires du même département, fait dans la séance du matin le 9 septembre 1792... par M. Duprat aîné, l'un des Commissaires. — *S. l. n. d.* [1792], in-8°, pièce (8 p.).

[Ms. **2.993**, n° 6.

— Société des Amis de la Liberté et de l'Egalité séante aux ci-devant Jacobins Saint-Honoré, à Paris. Jean-Etienne-Benoit Duprat, Président du District de Vaucluse, à Jean Duprat, son frère, Député à la Convention nationale. Précédée d'une Lettre dudit Jean-Etienne Duprat à la Société des Jacobins. [24 avril 1793]. — [*Paris, impr. patriotique et républicaine*, 1793], in-8°, pièce (8 p.).

Fonds Chambaud et Requien.

2 ex. [Ms. **2.543**, n° 9, et **2.993**, n° 35.

DUPUY. — *Voir* : Teste (J.-B.) et Dupuy. Eclaircissemens sur les droits respectifs des co-propriétaires de l'eau découlant dans le canal de la Durançole. *Avignon*, 1811, in-8°.

[Ms. **3.015**, n° 21.

DUPUY (Charles). — La Vérité sur les affaires de Cavaillon. [Désordres à Cavaillon, le 30 juillet 1848, à l'occasion des élections municipales. *Signé* : C. Dupuy aîné,...] — [*Avignon, Offray aîné*], s. d., in-fol., pièce (4 p.).

[Fol. **5.127**.

DUPUY (François). — Elégie sur la mort de M. Calvet neveu,... [*Signé* : Par M. Dupuy]. — [*Avignon*], février 1806, in-12, pièce (11 p.).

2 ex. [8°, **25.068**, n° 13, et **26.927**, n° 5.

— Epître à Barthole lue à la Société académique des sciences de Paris, par le C. Dupuy..., de l'Athénée de Vaucluse,... — *Paris, Rigault*, 1804, in-12, pièce (22 p.).

[8°, **26.804**, t. I, n° 6.

— Autre édition. — *Ibid.*, s. d., in-8°, pièce (16 p.).

[8°, **25.804**, t. I, n° 7.

— Epître à Mʳ Gosswin de Stassart, auditeur au Conseil d'Etat, nommé préfet du département de Vaucluse. [*Signé* : Dupuy, avocat]. — *S. l. n. d.*, in-8°, pièce (4 p.).

Fonds Chambaud.

[8°, **27.230**, t. III, n° 9.

— Epître d'un provincial à son ami. Par le C. D*** [Dupuy], d'Avignon. — [*Paris, an V*], in-8°, pièce (24 p.).

[8°, **25.068**, n° 10.

— Epître sur la mode à Agathis. [Par F. Dupuy, d'Avignon]. — *S. l. n. d.*, in-8°, pièce (22 p.).

[Athénée de Vaucluse].

[8°, **26.804**, t. I, n° 5.

— La galerie de Vaucluse, discours lu à l'Académie de Vaucluse, à l'occasion du prix décerné au meilleur éloge de Vernet ; par M. Dupuy,... — *Paris, chez les marchands de nouveautés*, 1827, in-8°, pièce (24 p.).

2 ex. [8°, **26.804**, t. II, n° 11. — Ms. **3.001**, n° 50.

— Le triomphe des lis. Ode... Par

M. Dupuy, Avocat d'Avignon, Membre de l'Athénée de Vaucluse... — *Avignon, Pierre Chaillot*, 1814, in-8°, pièce (15 p.)
[Athénée de Vaucluse].
[8°, **26.804**, t. II, n° 5.

DURAFFOUR (Antonin). — Documents du Musée Calvet d'Avignon [Collection Requien] : une lettre de J.-H. Voss à Pfeffel ; une lettre de Savigny à Wachsmuth ; deux lettres de A.-W. de Schlegel. [Publié par A. Duraffour]. — *Paris, Alcan*, 1906, in-8°, pièce (p. 657-663).
(Extrait de la *Revue germanique*.)
Don de l'auteur.
[8°, **35.303**.

DURAND (Abbé Albert). — Etudes historiques sur St-Laurent-des-Arbres en Languedoc. [I] La seigneurie temporelle des Evêques d'Avignon. II. La guerre autour de ce village. III. La paroisse. IV. La communauté. Par l'abbé Albert Durand. — *Avignon, Seguin frères*, 1892-1897, 4 fasc. in-8°, 64, 51, 72 et 55 p.
(Extrait des *Mémoires de l'Académie de Vaucluse*. 1892, 1893, 1896 et 1897.)
2 ex. des fasc. I et IV.
[8°, **27.656**.

— Les monuments de Saint-Laurent-des-Arbres. Mémoire présenté au Congrès archéologique de France (Session de Nîmes), par l'abbé Albert Durand,... — *Caen, Henri Delesques*, 1899, in-8°, pièce (12 p.), pl.
Don de l'auteur.
[8°, **31.811**.

— Un Prélat constitutionnel. Jean-François Périer (1740-1824), oratorien, évêque assermenté du Puy-de-Dôme, évêque concordataire d'Avignon, par l'abbé Albert Durand,... — *Paris, Bloud et Cie*, 1902, in-8°, xix-677 p.
[4°, **6.636**.

— *Edit.* Périer (Jean-François)... Correspondance... *Avignon*, 1906, in-8°.
[8°, **35.248**.

DURAND (Charles), ancien procureur du roi. — Les événements d'Avignon, par un témoin oculaire ; pour faire suite à l'ouvrage intitulé : « Les Crimes d'Avignon depuis les Cent Jours » [par Victor Augier], précédé d'une Notice biographique sur le Maréchal Brune. — *Paris, Plancher*, 1818, in-8°, 63 p.
Fonds Chambaud et Requien.
2 ex. [**Ms. 2.548**, n° 12, et **2.999**, n° 14.

— Marseille, Nîmes et ses environs en 1815 par un témoin oculaire [Durand]. — *Paris, s. n.*, 1818, 2 vol. in-8°, 72 et 71 p.
(Le titre de la 2ᵉ partie porte le nom de l'auteur.)
[8°, **26.503**.

DURAND (Pierre-Toussaint). — *Voir* : Durand de Maillane (Pierre-Toussaint).

DURAND-GRÉVILLE (Emile-Alix). — Joseph Bonaventure Laurens, étude par E. Durand-Gréville. — *Paris, bureaux de l'Artiste*, 1891, gr. in-8°, pièce (23 p.).
[4°, **3.145**.

DURAND DE MAILLANE (Pierre-Toussaint). — Discours prononcé à l'Assemblée électorale par M. Pierre-Toussaint Durand, ex-député constituant, après avoir été nommé député du département des Bouches-du-Rhône, à la Convention nationale, le 7 septembre 1792...

— *S. l. n. d.* [1792], in-8°, pièce (3 p.).
[**Ms. 3.016**, n° 41.

— Réponse de Durand-Maillane, au mémoire de Fréron sur le Midi. — *Paris*, [*impr. Lottin*], 7 thermidor an IV, in-12, pièce (48 p.).
[**Ms. 2.995**, n° 15.

— *Voir :* Fréron (L.-M.-St). Mémoire historique sur la réaction royale et sur les massacres du Midi... *Paris*, an IV, in-12.
[8°, **26.030**.

DURINI (Ange-Marie), président et pro-légat d'Avignon et du Comté Venaissin. — Eminentissimo Principi Bernardino, S.R.E. cardinali Giraud,... Angeli Durini, archiepiscopi Ancyrani, Præsidis Avenionensis, ode panegyrica. — *S. l. n. d.*, in-4°, pièce (IV ff. n. ch.).
[**Ms. 2.951**, n° 34.

— Traduzione dell'ode panegirica di S.E. Monsignor Durini, Presidente d'Avignone, all'Eminentissimo Sgʳ cardinale Giraud, di Alessandro de Sanctis. — *S. l. n. d.*, in-4°, pièce (v ff. n. ch.).
[**Ms. 2.951**, n° 36.

— In diem Passionis, Angeli Durini, archiepiscopi Ancyrani, præsidis et prolegati Avenionensis, ode... — *S. l. n. d.*, in-4°, pièce (IV ff. n. ch.).
[**Ms. 2.951**, n° 33.

— In Obitum Joannis - Ludovici Rogerii Marchionis de Rochechouart,... Provinciæ Provinciæ Præfecti... Angeli Durini, Archiepiscopi Ancyrani, Præsidis et Prolegati Aven. Ode. — *S. l. n. d.*, in-4°, pièce (IV ff. n. ch.).
3 ex. [4°, **3.632**, n° 14. — Ms. **2.934**, n° 24, et **2.951**, n° 37.

— In solemnem inaugurationem Ludovici XVI, Francorum et Navarræ regis..., Angeli-Mariæ Durini..., Ode... — *S. l. n. d.*, in-4°, pièce (II et III ff. n. ch.).
2 ex. [4°, **3.632**, n°ˢ 11 et 12. — **Ms. 2.951**, n° 36.

— Sub Effigiem Sanctissimi Domini nostri Pii sexti, pontificis optimi maximi. [*Signé :* Plaudebat Angelus-Maria Durini,...] — *Suit :* (ff. n. ch. signé b) Pio VI, pontifici optimo maximo, Angeli-Mariæ Durini,... carmen gratulatorium ; — (ff. n. ch. signé c) Ad Pium VI. P.O.M. ; — (ff. n. ch. signé *) Pio VI. pontifici optimo maximo epistola. [*Signé :* Ioannes-Maria Borelli,...] — [*Avenione, J.-J. Niel*, 1775], in-4°, pièce (VIII ff. n. ch.)
[La première pièce concerne le portrait de Pie VI exposé en l'hôtel de ville d'Avignon].
Fonds Massilian-Moutte et Requien.
3 ex. [4°, **6.954**. — **Ms. 2.439**, n° 57, et **2.951**, n° 30.

— Traduction de l'ode de Son Excellence Monseigneur Durini, président et pro-légat d'Avignon et du Comtat, par son très-humble serviteur Beauregard, docteur en médecine de l'Université de Montpellier. — *S. l. n. d.*, in-4°, pièce (6 p.).
2 ex. [4°, **3.632**, n° 24. — **Ms. 2.951**, n° 32.

— Traduction d'une ode de son Excellence Monseigneur Durini à la louange de Pie VI [par P. Sacazand, R. B. de l'ordre de Cluny].— [*Avignon, A. Offray*, 1775], in-4°, pièce (II ff. n. ch.).
[**Ms. 2.951**, n° 31.

— *Voir :* Artaud.[Poésie en l'honneur de Mgr Durini... avec la réponse de celui-ci]. — *S. l. n. d.*, in-4°.

[4°, **3.632**, n° 17.

— *Voir :* Balze (J.). Ode... *S. l. n. d.*, in-4°.

[4°, **3.632**, n° 18.

— *Voir :* Calvet (E.-C.-F.). Ode... *S. l. n. d.*, in-4°.

[Ms. **2.345**, fol. 416.

DU ROURE (Grimoard de Beauvoir, baron). — Les anciennes familles de Provence. Généalogie de la maison de Forbin, marquis des Issarts, de Janson, de la Marthe, de Pont-à-Mousson, barons de Lagoy, d'Oppède, de Villelaure, etc., par le baron du Roure. — *Paris, Champion*, 1906, gr. in-4°, III p., tabl. et blas.

[Fol. **5.230**.

— Notice historique sur une branche de la famille de Sabran, d'après les documents originaux, accompagnée de pièces justificatives et tableaux généalogiques, avec trois planches en photogravure et quatre planches de blasons, par le baron du Roure. — *Marseille, impr. Moullot*, 1888, gr. in-4°, 85 p., pl. et blas.

[Fol. **5.229**.

DU SUDRE (Jean-Baptiste-Joseph). — Beati Petri de Luxemburgo panegyricum elogium, habitum Avenione, à nobili Joanne Bap. Josepho du Sudre,... in sacris œdibus RR. PP. Cælestinorum die 5. mensis julii anno Domini M.D.C.L.IX. — *Avenione, G. Bramereau*, 1659, in-4°, pièce (III ff. n. ch. - 19 p.).

Sur le titre, gravure représentant l'extase de Pierre de Luxembourg ; au ff. III n. ch., gravure d'armoiries, signée : « Christian Sas - fecit ».

Fonds Massilian-Moutte et Requien.

2 ex. [Ms. **2.445**, n° 7, et **2.954**, n° 16.

DUVERNAY. — Devis et projet pour une Société de plusieurs personnes d'Avignon, pour aller voir l'arrivée du Roy, à Lyon. [1759]. — *S. l. n. d.*, in-4°, pièce (4 p.).

[Attribué par X. Moutte et Barjavel, à Duvernay, marchand sellier, d'Avignon].

[Ms. **2.953**, n° 16.

DYRION (Léon). — Sources et goules du néocomien. Mécanisme de la fontaine de Vaucluse et moyen d'en régulariser le débit. Applications par Léon Dyrion, ingénieur en chef des Ponts et Chaussées ; président de la Commission Météorologique de Vaucluse. — *Avignon, impr. Eug. Millo et Cie*, 1893, in-4°, 63 p., tabl. et pl.

2 ex. [4°, **4.311** et **4.398**.

E

E. (J. d'). — Itinéraire de Châlons-sur-Saône à la Méditerranée, extrait de divers guides, et mis en ordre, par J. d'E. — *Avignon, typ. Th. Fischer*, s. d., in-32, VIII-368 p., cart.

2 ex. [8°, **12.760** et **28.585**.

ÉCHANTILLON de l'histoire des Flibustiers d'Avignon et du Comtat, présentés au peuple Marseillois. Le 20 juin, l'an second de la Rép. Fr. [Dilapidations commises dans les ventes et arrentements de biens nationaux]. — *S. l. n. d.* [1793], in-8°, pièce (16 p.).

Fonds Chambaud et Requien.

2 ex. [**Ms. 2.543**, n° 19, et **2.993**, n° 42.

ÉCRIT par lequel on montre évidemment que dans peu de temps le commerce sera entièrement détruit dans Avignon et dans le Comtat, si on n'a recours à des remèdes prompts et efficaces. [Mémoire contre les Juifs]. — *S. l.*, M.C.C.D.XXXVI. (*sic*), in-12, 128 p.

2 ex. [8°, **36.919**, n° 10, et **28.173**.

— Même ouvrage avec supplément paginé 128 à 131.

2 ex. [8°, **26.588**, n° 5, et **31.836**, n° 2.

ÉCUS (Les) blancs valants 6 liv. roy, 6 liv. 2 s. grosse monnoye et 7 liv. patas. [Réduction des monnaies]. — *S. l. n. d.*, in-12, pièce (VIII ff. n. ch.).

[8°, **24.609**.

EHRLE (Le P. François). — Historia Bibliothecæ romanorum Pontificum tum Bonifatianæ tum Avenionensis enarrata et antiquis earum indicibus aliisque documentis illustrata a Francisco Ehrle, S.I... Tomus I. — *Romæ, typis Vaticanis*, 1890, in-4°, XVI-786 p., pl.

[4°, **4.717**.

— De historia palatii romanorum pontificum Avenionensis commentatio Francisci Ehrle, S. J... — *Romæ, typis Vaticanis*, 1890, in-4°, 153 p.

(E tomo I Historiæ bibliothecæ Romanorum pontificum... ab eodem auctore.)

[4°, **4.718**.

— Un catalogo fin qui sconosciuto della biblioteca papale d'Avignone (1407) : Il codice S. 3 della Biblioteca Nazionale de Madrid. [*Signé :* Francesco Ehrle, S. J.]. — *S. l. n. d.*, in-4°, pièce (18 p.).

(Extrait du *Fasciculus Joanni Willis Clark dicatus*, p. 97-114.)

Don de l'auteur.

[4°, **7.849**.

— *Edit.* Alpartils (Martin de). Chronica actitorum temporibus d. Benedicti XIII... — *Paderborn*, 1906, gr. in-8°.

[4°, **7.573**.

EIRIÈS (Sauveur). — *Edit.* Debézieux (Balthasar). Arrests notables de la cour du Parlement de Provence... *Paris*, 1750, in-fol.

[Fol. **4.299**.

ELENCHUS omnium sacerdotum tum secularium, quam regularium, qui grassante peste in hâc civitate ac diœcesi [Avenionensi] infirmis tali morbo laborantibus inservientes occubuere. [25 janvier 1723]. — *Avenione, C. Giroud*, 1723, in-fol., placard.

Fonds Massilian-Moutte.

[**Ms. 2.428**, n° 51.

ÉLÈVES (Les) de l'Ecole publique de Dessin, à Messieurs les Membres du Conseil municipal de la ville d'Avignon. [Pétition contre le directeur de l'Ecole, 6 mai 1833]. — *S. l. n. d.*, in-4°, placard.

Fonds Chambaud et Requien.

2 ex. [**Ms. 2.535**, n° 115, et **2.973**, n° 65.

EMERIC, CONSTANS (Polycarpe) et RIPERT. — Rapport fait à la Société des Amis de la

Constitution, séante à Aix,... par M. Emeric, Policarpe Constans et Ripert, de leur mission dans le Comté-Venaissin... [2 avril 1791]. — [Aix, impr. Vve André Adibert, 1791], in-4°, 17 p.

[**Ms. 2.980**, n° 65.

EMERIC (Jean-Joseph). — Déclaration [de l'auteur de l'« Ermite de Vaucluse », Jean-Joseph Emeric, au sujet de l'arrestation du sieur Reynard dans la maison de campagne de la M^{ise} de Pont-Charra]. — *Affiches, annonces et avis divers de la ville d'Avignon*, n° du 14 janvier 1819, p. 7.

[**Ms. 2.998**, n° 29.

— Discours prononcé par M. Emeric,... doyen du barreau de Nîmes et d'Avignon, à l'audience du Tribunal dudit Avignon, le dix-neuf mai 1823. — [*Avignon, Guichard aîné*, 1823], in-8°, pièce (12 p.).

Fonds Chambaud et Requien.

2 ex. [**Ms. 2.550**, n° 38, et **3.001**, n° 7.

— L'Ermite de Vaucluse, ou Essais historiques et prophétiques sur la cause et les progrès de la Révolution en France, et la conduite tenue par les différentes Communes du Département de Vaucluse, depuis l'évasion de Buonaparte de l'île d'Elbe, jusqu'au moment où la ville d'Avignon, secouant enfin le joug des Fédérés qui s'étoient réunis dans ses murs, arbora le Drapeau blanc. Par Mr J.-J. Emeric,... — *Carpentras, Devillario-Quenin*, [1815], in-8°, 52 p.

Fonds Chambaud et Requien.

3 ex. [4°, **3.770**, n° 16. — **Ms. 2.547**, n° 45, et **2.998**, n° 28.

— L'homme rouge ou Agricol-Moureau, jugé sur ses actions et ses écrits, par J. C. A. V. Ramuel, [J.-J. Emeric], habitant de Bédouin (Vaucluse). — *A Paris, chez les marchands de nouveautés*, 1818, in-12, pièce (24 p.).

[A propos des « Réflexions sur les protestations de Pie VII », par Agricol Moureau].

2 ex. [8°, **31.540**. — **Ms. 2.548**, n° 18.

3e ex. sans le titre.

[8°, **28.280**, n° 1.

— Prospectus pour une souscription en faveur des Grecs, dans le département de Vaucluse, proposée par M. Emeric... — [*Avignon, impr. Guichard aîné*, 1826], in-8°, pièce (8 p.).

Fonds Chambaud et Requien.

2 ex. [8°, **27.230**, t. IV, n° 34. — **Ms. 3.001**, n° 33.

— Réponse aux réflexions, faites par M. Agricol Moureau, avocat de la ville d'Avignon, sur les protestations faites par N. S. Père le Pape, dans le Concordat avec le Roi Louis XVIII..; servant d'Introduction à l'histoire de la Révolution d'Avignon et du Comtat, et de suite à l'Ermite de Vaucluse, n° 3. Par Me Jean-Joseph Emeric... — *Avignon, Laurent Aubanel, Hypolite Offray*, 1818, in-8°, 83 p.

Fonds Chambaud et Requien.

3 ex. [8°, **28.280**, n° 3. — **Ms. 2.548**, n° 7, et **2.999**, n° 9.

— La Sainte Alliance, ou le Tombeau des Jacobins. Servant de suite à l'Hermite de Vaucluse, n° 4. Par M. Emeric,... — *Avi-*

gnon, Luxembourg Bonnet, 1818, in-8°, pièce (16 p.).

Fonds Chambaud et Requien.

2 ex. [**Ms. 2.548**, n° 1, et **2.999**, n° 5.

— La vérité et la justice, ou le cri des Royalistes français, adresse à Messieurs les Députés des départements. Par M' J.-J. Emeric...— *Avignon, Pierre Chaillot jeune*, 1815, in-8°, pièce (23 p.).

Fonds Chambaud et Requien.

3 ex. [8°, **27.230**, t. IV, n° 6. — **Ms. 2.547**, n° 47, et **2.998**, n° 30.

ÉNIGME. [Sur les dames avignonaises. *Signé* : Un être singulier que vous pourrez voir tous les jours au bout de la rue Calade [à Avignon]. — *S. l. n. d.* [1812], in-4°, pièce (3 p.).

(Par M' Ofrere Anglade ? note manuscrite de Requien.)

[**Ms. 3.015**, n° 25.

ENTRÉE solennelle de Monseigneur Joseph de Guyon de Crochans, archevêque d'Avignon, faite le 17ᵐᵉ Décembre 1742... — *Avignon, J.-F. Offray*, 1743, in-4°, pièce (28 p.).

Fonds Massilian-Moutte et Requien.

5 ex. [4°, **3.857**. — **Ms. 2.069**, fol 1, **2.438**, n° 21, **2.440**, n° 20, et **2.929**, n° 34.

ENTRÉE triomphante de l'armée du département de Vaucluse dans la ville d'Avignon. [29 juin 1791]. — [*Marseille, impr. P.-A. Favet*, juin 1791], in-12, pièce (8 p.)

Fonds Chambaud et Requien.

2 ex. [**Ms. 2.539**, n° 27, et **2.990**, n° 29.

[ÉPITAPHE de Jean-Baptiste Roux, administrateur de l'archevêché d'Avignon. 30 août 1800]. — *S. l. n. d.*, in-4°, placard.

[**Ms. 2.968**, n° 12.

[ÉPITAPHE de Thomas de Teyssier, auditeur de la rote d'Avignon, historien de cette ville, etc., décédé le 26 octobre 1788]. — *S. l. n. d.*, in-fol., placard.

[Atl. **313**, n° 334.

EPITOME privilegiorum graduatorum Universitatis Avenionensis. — *Voir* : Ribiers (Pierre-François de). Epitome privilegiorum graduatorum Universitatis Avenionensis. *Avignon*, 1710, in-12.

[8°, **27.072**.

ÉPITRE à M. G. [Satire de la société avignonaise vers 1725]. — *S. l. n. d.*, in-4°, pièce (7 p.)

2 ex. [**Ms. 2.927**, n° 32, et **2.942**, n° 78.

ÉPITRE à M. le Chevalier de C*** [Crillon], colonel à Pondichery. M.DCC.LX. — *S. l. n. d.*, in-4°, pièce (8 p.).

Fonds Massilian-Moutte et Requien.

3 ex. [4°, **3.634**, n° 22. — **Ms. 2.450**, n° 45, et **2.953**, n° 18.

ÉPITRE à MM. d'Aimard, maire d'Orange ; Chasal, avocat au Parlement de Toulouse ; Devaud, major-général des gardes nationales, en garnison à Avignon ; Belgarid, président des gardes nationales ; Clapière, sergent des gardes de Château-Renard. [22 août 1790]. — *S. l. n. d.*, pet. in-8°, pièce (11 ff. n. ch.).

[8°, **27.231**, n° 28.

EROLI DE NARNI (Marquis Jean). — Notice biographique sur Monseigneur Félicien Capitone, archevêque d'Avignon (1566-1576), par le M^{quis} Jean Eroli de Narni. Traduit de l'italien [par H. Reynard-Lespinasse].— *Marseille, E. Camoin*, 1875, in-8°, pièce (31 p.), blas.

[8°, **26.936**.

2° ex. sur Hollande.

[8°, **28.359**.

ESCALE (Abbé). — Notice historique sur la confrérie et la procession jubilaire des Pénitents Gris d'Avignon, par un confrère [l'abbé Escale]. Nouvelle édition augmentée de la Relation de la Procession jubilaire du 6 juillet 1851...— *Avignon, L. Aubanel*, 1851, in-12, 95 p.

Don de l'auteur.

[8°, **25.814**, n° 1.

ESCH (Jean-Baptiste d'). — Laurea apollinaris... à nobili Domino Ioanne Baptista ab Esch Helveto... in Archiepiscopali Palatio, atqué coram Amplissimo medicorum Aggregatorum cætu adepta... die 2. mensis Iunij anni... M.DC.LXXXIII. [Thèse et cérémonial de réception.] — *Avenione, L. Lemolt*, 1683, in-4°, pièce (1 ff. n. ch. - 22 p.).

[Ms. **2.939**, n° 26.

ESCOFFIER fils. — Mémoire de M. Escoffier fils, capitaine de la Compagnie St-Agricol des Gardes Avignonoises. [Sur sa conduite depuis sa nomination jusqu'au 14 avril 1790, date de sa sortie de la ville]. — *S. l. n. d.*, in-8°, pièce (14 p.).

Fonds Chambaud et Requien.

2 ex. [**Ms. 2.536**, n° 29, et **2.987**, n° 7.

ESCOFFIER (Antoine). — Réflexions sur l'utilité et la nécessité urgente des Etats-Généraux du Comté Venaissin. [Par Antoine Escoffier]. — *S. l. n. d.*, in-8°, pièce (7 p.).

Fonds Chambaud et Requien.

2 ex. [**Ms. 2.536**, n° 34, et **2.987**, n° 15.

— Réflexions sur les Etats-Généraux du Comté-Venaissin, qui peuvent être utiles aux Comtadins, et qui pourroient n'être pas inutiles aux François, par M. l'abbé E[scoff]ier, citoyen de Carpentras.— *S. l. n. d.*, in-8°, pièce (15 p.).

[**Ms. 2.987**, n° 16.

ESCOFFIER (Charles), prêtre, chanoine de la cathédrale d'Orange. — Description des antiquitez de la ville et cité d'Orange. Par M. C. E. [Charles Escoffier] P. C. en l'église cathédrale. — *Orange, C. Marchy*, 1700, in-16, pièce (iv ff. n. ch. - 35 p.)

[8°, **17.121**, n° 11.

— Deuxième édition. — *Carpentras, Claude Touzet*, 1702, pet. in-4°, pièce (26 p.).

[8°, **26.620**.

ESCOFFIER (François). — Commentaire interprêtatif des déclarations et protestations faites par les officiers, bas-officiers et fusilliers de la Milice citoyenne de Carpentras, le 30 janvier 1790, et présentée à Messieurs de l'Etat-Major, le 31 dudit mois. [Par François Escoffier]. — *S. l. n. d.*, in-8°, 20 p.

[Ms. **2.986**, n° 20.

ESMEIN (Adhémar) et ROZIÈRE (Eugène de). — Charles Giraud. Notice sur sa vie et ses écrits juridiques, par Adhémar Esmein, ...suivie de la bibliographie de ses œuvres, par Eugène de Rozière,... — *Paris, L. Larose et Forcel*, 1883, in-8°, pièce (48 p.).

(Extrait de la *Nouvelle revue historique de droit français et étranger*.)

[8°, **16.844**.

ESPARIAT (Jean). — Opinion de Jean Espariat, député du département des Bouches-du-Rhône à l'Assemblée Nationale, sur l'affaire d'Avignon. [Juin 1792]. — [*Paris, impr. Nationale*, 1792], in-8°, pièce (6 p.).

Fonds Chambaud et Requien.

2 ex. [**Ms. 2.550**, n° 19, et **3.016**, n° 36.

ESPÉRANDIEU (Emile). — Inscriptions antiques du Musée Calvet d'Avignon, par le capitaine Emille Espérandieu... — *Avignon, F. Seguin*, 1899, in-4°, 266 p., fig.

(Extrait des *Mémoires de l'Académie de Vaucluse*.)

[4°, **5.079**.

— Recueil général des bas-reliefs de la Gaule Romaine, par Emile Espérandieu... — *Paris, impr. Nationale*, 1907-1910, 3 vol. in-4°.

(T. I et III : Avignon, Cavaillon, Apt, Carpentras, Caumont, Orange, Méthamis, Courthézon, Mondragou, Caderousse, Vaison.)

(Documents inédits sur l'histoire de France.)

Dépôt de l'Etat. [Doc. in., n° 99.

ESSAI historique sur la congrégation des religieuses de l'Immaculée-Conception d'Avignon d'après des documents inédits (1750-1888). — *Avignon, F. Seguin*, 1897, in-12, 371 p.

2 ex. [8°, **30.023** et **37.414**.

ESSAI sur l'apostolat de saint Lazare et des autres saints tutélaires de Provence. — *Paris, Adrien Le Clerc et Cie*, 1835, in-8°, 72 p.

[8°, **25.792**.

ESSAI sur l'organisation des tribunaux de justice dans le Comté Venaissin. — [*Carpentras, D.-G. Quenin*], s. d., [1790], in-4°, pièce (7 p.).

2 ex. [4°, **2.848**, n° 52. — **Ms. 2.959**, n° 50.

ESSAI sur la réformation des tribunaux et l'administration de la justice dans la ville d'Avignon, et la province du Comtat. — *S. l.*, 1783, in-4°, pièce (41 p.).

[**Ms. 2.936**, n° 51.

ESTACHY (D' Emile). — La maternité de Vaucluse : historique, statistiques, par Emile Estachy... — *Montpellier, impr. G. Firmin, Montane et Sicardi*, 1905, in-8°, 48 p.

Don de M. le D' A. Pamard.

[4°, **8.465**.

ESTRÉE (Paul d'). — Les tribulations d'un Académicien (d'après des documents inédits). Les procès de Nicolas Mahudel par Paul d'Estrée. [Aventure de Nicolas Mahudel avec Olympe Perrot, d'Avignon]. — *Paris, H. Champion*, 1897, in-8°, pièce (22 p.).

(Extrait de la *Correspondance historique et archéologique*, année 1898.)

[4°, **4.863**.

ÉTAT de la Restitution des frais occasionnés par les Hussards, venus à Vedenes, par ordre de l'abbé Mulot, à la réquisition de divers particuliers dud. Vedenes, sous prétexte qu'il y avoit du train, tandis que tout étoit tranquille. [20 septembre 1792]. — *Avignon, S. Tournal*, 1792, in-fol., placard.

[**Atl. 315**, n° 112.

ÉTAT des biens de Monsieur le Marquis de Malijac.— *S. l. n. d.* [1756], in-fol. pièce (II ff. n. ch.)

[**Ms. 2.950**, n° 27.

ÉTAT général par fonds des Archives départementales. Ancien régime et période révolutionnaire. [Col. 745-754 : Département de Vaucluse]. — *Paris, Picard et fils*, 1903, in-fol.

Ministère de l'Instruction publique et des Beaux-Arts. Direction des Archives.
Dépôt de l'Etat.

[**Fol. 5.139**.

ÉTAT sommaire des papiers de la période révolutionnaire conservés dans les Archives départementales. Série L. Tome II. [Col. 1095-1156 : Département de Vaucluse]. — *Paris, impr. Nationale*, 1908, in-fol.

Ministère de l'Instruction publique et des Beaux-Arts. Direction des Archives.
Dépôt de l'Etat.

[**Fol. 5.224**.

ETIENNE (François). — L'évêque Etienne,... à Messieurs les Curés, desservans et vicaires de l'arrondissement. [Circulaire concernant l'emploi de la vaccine. Orange, 28 juin 1809]. — *S. l. n. d.*, in-4°, pièce (I ff. n. ch.)

Fonds Chambaud.

[**Ms. 2.534**, n° 30.

— L'Evêque Etienne,... à Messieurs les Curés, Recteurs et Vicaires de son arrondissement. [Orange, 1er octobre 1809]. — *S. l. n. d.*, in-12, placard.

[Fragment, la partie principale de la pièce a été coupée].

[**Ms. 2.997**, n° 34 *bis*.

— Discours en actions de grâces de la délivrance de N. T. S. Père le Pape, prononcé dans l'Eglise d'Orange,... par M. Etienne, ancien évêque, Doyen et Curé d'Orange, Vicaire général d'Avignon. [5 juin 1814]. — [*Orange, Joseph Bouchony*], s. d., in-4°, pièce (I ff. n. ch.).

Fonds Chambaud.

[**Ms. 2.534**, n° 98.

— Discours prononcé par Mr. Fr. Etienne,... en action de grâces avant le Te Deum, du Sacre et Couronnement de l'Empereur Napoléon Ier. [3 prairial an XIII]. — [*Orange, impr. Jh Bouchony*], s. d., in-8°, pièce (4 p.).

Fonds Chambaud.

[**Ms. 2.546**, n° 53.

— Discours prononcé par Mr l'Evêque Etienne,... le premier dimanche de décembre 1806..., sur l'Anniversaire du Couronnement de Sa Majesté impériale et royale, et de la bataille d'Austerlitz. — [*Orange, impr. Jh Bouchony*], s. d., in-4°, pièce (II ff. n. ch.).

Fonds Chambaud.

[**Ms. 2.534**, n° 7.

— Oraison funèbre de M. Du Tillet, dernier évêque d'Orange, par M. l'Evêque Etienne,... — *Orange, Joseph Bouchony*, 1810, in-8°, pièce (II ff. n. ch. - 16 p.), pl.

[**Ms. 3.015**, n° 19.

EUBEL (Conrad). — Hierarchia catholica medii aevi sive summorum pontificum, S. R. E. cardinalium, ecclesiarum antistitum series ab anno 1198 ad annum 1600 perducta, e documentis tabularii præsertim Vaticani collecta, digesta, edita per Conradum Eubel... — *Monasterii, sumptibus et typis libraræ Regensbergianæ*, 1898-1910, 3 vol. gr. in-4°.

[Fol. **5.217.**

EXCELLENTISSIMO ac reverendissimo Avenion. archiepiscopo Francisco Mauritio de Gonteriis. [Epître en vers latins]. — *S. l. n. d.*, in-4°, pièce (12 p.).

[Ms. **2.942**, n° 54.

— [Autre épitre sous le même titre]. — *S. l. n. d.*, in-8°, pièce (8 p.).

[8°, **27.230**, t. V, n° 13.

EXERCICES de piété et de dévotion ou prières à l'usage de la Congrégation de Mazan, érigée sous le titre de l'Assomption de la Sainte Vierge.— *Carpentras, impr. Devillario*, s. d., in-12, pièce (24 p.).

Anc. archevêché d'Avignon.

[8°, **37.280.**

EXPILLY (Abbé JEAN-JOSEPH). — [Extrait du tome Ier du *Dictionnaire géographique... des Gaules et de la France*, article *Avignon*, 1762], in-fol., pages 337 à 348.

Fonds Massilian-Moutte.

[Ms. **2.430**, n° 36.

EXPLICATION de la machine dont on s'est servi à Avignon pour désinfecter les tombeaux. [Pendant la peste de 1722]. — *Avignon, C. Giroud*, 1722, in-4°, pièce (titre, 1 planche gravée, 6 p.).

Fonds Massilian-Moutte et Requien.

4 ex. [4°, **6.337**. — Ms. **2.428**, n° 47, **2.448**, n° 17, et **2.928**. n° 33.

EXPOSÉ d'un projet de canal d'irrigation sur le territoire de la commune de Robion, présenté par les membres de la commission, à Monsieur le Préfet de Vaucluse. — *Apt, impr. Ed. Cartier*, 1840, in-4°, pièce (15 p.)

[Ms. **2.976**, n° 59.

EXPOSÉ des faits relatifs aux Elections municipales à Avignon. [A propos de la division de la ville en sections électorales. 8 septembre 1837]. — *S.l. n.d.*, in-8°, pièce (1 fl. n. ch.).

Fonds Chambaud et Requien.

2 ex. [Ms. **2.551**, n° 40, et **3.005**, n° 31.

EXPOSÉ fidèle des malheurs qui ont affligé la ville de Caromb, dans les mois de mai juin, juillet et août 1791. — *S. l. n. d.*, in-8°, pièce (32 p.).

[Ms. **3.013**, n° 13.

EXPOSITION abrégée du nouveau système des poids et mesures, d'après le mètre définitif; suivie d'un précis des calculs qui leur sont relatifs. — *Avignon, Vve Seguin*, an X, in-8°, 32 p. et tabl.

H. N. [8°, **2.120**, n° 3.

EXPOSITION des primitifs français au Palais du Louvre (Pavillon de Marsan) et à la Bibliothèque Nationale. Catalogue... — *Paris, Palais du Louvre et Bibliothèque nationale*, 1904, in-4°, XXII-128-75-VI p.

Don de M. le Dr Pamard.

[4°, **7.951**

EX-PRÉFET (L') Poujade et nos démocrates vauclusiens jugés par leurs dépêches.— *Avignon, typ. F. Seguin aîné*, 1873, in-12, 123 p.

   3 ex. [8°, **15.077**, **28.615** et **30.543**.

EXPULSION des Religieuses hospitalières de l'Hôpital d'Avignon. — [*Avignon, typ. Th. Fischer aîné*, 1844], in-4°, pièce (4 p.).

(Extrait de la *Gazette du Midi*, du 11 septembre 1844.)

   3 ex. [4°, **4.339**, n° 5. — **Ms. 2.978**, n° 78, et **2.979**, n° 3.

EXTRAIT abrégé, en stile du tems, tiré des archives de la devote compagnie des Penitens Gris d'Avignon, sous le titre de la Sainte Croix, au sujet du miracle du Saint Sacrement de l'autel arrivé dans la chapelle le 30 novembre 1433. — *S. l. n. d.*, in-8°, découpure (1 p.).

Fonds Massilian-Moutte.

   [**Ms. 2.452**, n° 46.

EXTRAIT analytique des Brevets d'invention de M' Ph. de Girard, relatifs à la Filature mécanique du lin. — *S. l. n. d.*, lithographié, in-4°, pièce (12 p.)

   [4°, **3.352**, n° 27.

[EXTRAIT d'un dictionnaire donnant au mot *Avignon* l'exposé des débats et des décrets de l'Assemblée constituante sur la propriété des droits de souveraineté sur Avignon et le Comtat ainsi que sur la réunion de ces états à la France]. — *S. l. n. d.*, in-4°, pages 724 à 794.

   [**Ms. 2.960**, n° 105.

EXTRAIT d'une lettre d'Avignon du 10 décembre 1791. [Sur les massacres de la Glacière]. — *S. l. n. d.* [1791], in-8°, pièce (4 p.).

   [**Ms. 2.991**, n° 26.

EXTRAIT d'une lettre du Commis de la poste d'Aix, en date du 1er mars [1790], à M. Bally, contrôleur des postes à Avignon, et par lui dénoncé au Comité municipal.— *S. l. n. d.*, in-8°, placard.

   [**Ms. 2.958**, n° 19.

EXTRAIT d'une lettre du 30 août 1790. [Sur la réunion d'Avignon et du Comtat à la France]. — *S. l. n. d.* [1790], in-12, placard.

Fonds Chambaud et Requien.

   2 ex. [**Ms. 2.537**, n° 26, et **2.988**, n° 19.

EXTRAIT des Courriers d'Avignon, des 18 et 19 octobre 1791. [Récit de l'insurrection d'Avignon du 16 octobre 1791]. — [*Avignon, impr. des Patriotes*, 1791], in-8°, pièce (4 p.).

   [**Ms. 2.991**, n° 14.

EXTRAIT des registres des délibérations de la Société des Amis de la Constitution, séante à Aix … Séance du 12 octobre 1790. [Sur le projet d'armée patriotique destinée à repousser les entreprises des Comtadins.] — [*Aix, Vve A. Adibert*, 1790], in-4°, pièce (4 p.).

Fonds Chambaud.

   [**Ms. 2.522**, n° 101.

EXTRAIT des registres des délibérations de la Société des Amis de la Constitution, séante à Aix … [Séances des 20, 21, 22 octobre 1790. Sur les troubles du Comté Venaissin, notamment au Thor et à Cavaillon]. — [*Aix, Vve A. Adibert*, 1790], in-4°, pièce (8 p.).

Fonds Chambaud.
[**Ms. 2.522**, n° 103.

EXTRAIT du Courrier d'Avignon du 12 juin 1790. [Sur la journée du 10 juin]. — *S. l. n. d.*, in-8°, pièce (13 p.).
[**Ms. 2.987**, n° 26.

EXTRAIT du *Courrier d'Avignon* du 12 janvier [1791]. Siège de Cavaillon, fait par les Avignonois. — [*Avignon, s. n.*, 1791], in-12, pièce (4 p.).
[**Ms. 2.989**, n° 4.

EXTRAIT du Registre des Délibérations de la Section n° 2, Commune de Marseille. Présidence du citoyen J.-F. Aubert. [Contre les frères Duprat, Min-vielle, Tiran, Redon, etc. 31 mai 1793]. — [*Marseille, impr. Jean Mossy*, 1793], in-8°, pièce (14 p.).
[**Ms. 2.993**, n° 39.

EYMENIER (JEAN). — Ad Adventum... D. Francisci Nicolini patritii Florentini, Avenion. vice-legati, etc. [*Signé* : Ioan. Eymenier,...] — *Avenione, A. Dupérier*, s. d. [1677], in-fol., placard.

Fonds Massilian-Moutte.
[**Ms. 2.431**, n° 36.

— Regi christianissimo Batavos debellanti anagramma...|*Signé*: Joannes Eymenier. I. V. D. exjudex Avenionensis. M. DC. LXXII]. — *S. l. n. d.*, in-4°, placard.

Ex. de De Véras.
[4°, **5.584**.

F

FABRE (A.). — De latinis Flecherii carminibus theses proponebat Facultati litterarum Paririensi A. Fabre... — *Paris, Didier et Cie*, 1870, in-8°, III-105 p.
[8°, **31.675**.

FABRE (AUGUSTIN). — Histoire de Provence par Augustin Fabre. — *Marseille, Feissat ainé et Demonchy, Marius Lejourdan*, 1833-1835, 4 vol. in-12.
[8°, **15.226**.

FABRE (D.) jeune. — *Voir* : ALTÉRATIONS frauduleuses de la garance... Avignon, 1860, in-8°.

3 ex. [8°, **5.077, 28.736 et 28.737**.

FABRE (Abbé J.-B.). — *Voir :* FAVRE (Abbé J.-B.).

FABRE (JEAN-HENRI). — Insectes coléoptères observés aux environs d'Avignon, par J.-H. Fabre... — *Avignon, F. Seguin ainé*, 1870, in-8°, 160 p.
(Faune avignonaise, 1er fascicule [seul paru].)
[8°, **37.610**.

— Oubreto prouvençalo dou felibre di tavan rambaiado pèr J.-H. Fabre. Traduction française en regard. — *Avignon, J. Roumanille*, 1909, in-12, 175 p.
[8°, **36.981**.

— J.-H. Fabre. Souvenirs entomologiques. Études sur l'instinct et les mœurs des insectes.

FABRE (Jean-Henri).

— *Paris, Delagrave*, s. d., 10 vol. in-8°, fig.

T. IX. Autobiographie de J.-H. Fabre.
[8°, **34.839**.

— *Voir* : Altérations frauduleuses de la garance... *Avignon*, 1860, in-8°.

3 ex. [8°, **5.077**, **28.736** et **28.737**.

FABRE (Joseph). — Discours adressé aux glorieux Marseillois, de retour de Paris, par Joseph Fabre, officier municipal d'Avignon, le 17 octobre 1792... — *S. l. n. d.* [1792], in-8°, pièce (3 p.).

Fonds Chambaud et Requien.

2 ex. [**Ms. 2.542**, n° 31, et **2.993**, n° 14.

— Discours du citoyen Fabre, officier municipal, lors de l'installation du Tribunal du District de Vaucluse, le 21 décembre 1792, ... — *S. l. n. d.* [1792], in-8°, pièce (3 p.).

Fonds Chambaud et Requien.

2 ex. [**Ms. 2.542**, n° 39, et **2.993**, n° 21.

— Discours prononcé par Joseph Fabre, ci-devant officier municipal, élu substitut du Procureur de la Commune d'Avignon, lors de l'installation de la Municipalité, le 6 janvier 1793,... — *S. l. n. d.* [1793], in-8°, pièce (4 p.).

Fonds Chambaud et Requien.

3 ex. [8°, **33.438**. — Ms. **2.543**, n° 3, et **2.993**, n° 27.

— Discours prononcé par Joseph Fabre, officier municipal de la Commune d'Avignon, lors de la proclamation solennelle du Décret de la Convention Nationale du 21 septembre [1792], qui déclare que la Royauté est abolie et que la France est République. Le dimanche 7 octobre 1792,... — *S. l. n. d.* [1792], in-8°, pièce (4 p.).

Fonds Chambaud et Requien.

2 ex. [**Ms. 2.542**, n° 20, et **2.993**, n° 12.

— Discours prononcé par Joseph Fabre, procureur de la commune d'Avignon, à l'honneur funèbre de Marat, l'Ami du Peuple, le deuxième jour de la seconde décade du second mois de l'an second de la République Française,... — [*Avignon, Joseph Mouriés*, 1793], in-8°, pièce (8 p.).

[**Ms. 2.994**, n° 6.

— Discours prononcé par Joseph Fabre, substitut du Procureur de la commune, le 10 août 1793, l'an second de la République Française... — [*Avignon, impr. Joseph Mouriés*, 1793], in-8°, pièce (7 p.).

Fonds Chambaud et Requien.

2 ex. [**Ms. 2.543**, n° 29, et **2.993**, n° 52.

— Quelques vérités prononcées aux honneurs funèbre (*sic*) de Dumas, notable de la municipalité de cette commune, par Joseph Fabre, agent national près la même commune d'Avignon. Le 15 germinal, an second... — [*Avignon, Alphonse Bérenguier*], s. d., in-4°, pièce (3 p.).

Fonds Chambaud et Requien.

2 ex. [**Ms. 2.527**, n° 16, et **2.964**, n° 96.

FABRE (Louis). — Compte-rendu

de la distribution des prix et des opérations des chepteliers dans le département de Vaucluse lu à l'assemblée des directeurs du Midi. [Signé : L. Fabre].—[Avignon, impr. Jacquet, 1855], in-4°, pièce (16 p.).

[4°, **5.038**.

— Manuel du magnanier pour le midi de la France... par Louis Fabre, directeur de la ferme-école de Vaucluse.— Avignon, impr. Bonnet fils, 1852, in-8°, 72 p., fig.

4 ex. [8°, **5.115, 24.661, 28.732** et **28.841**.

— Principes d'agriculture appliqués aux contrées méridionales de la France... par Louis Fabre, directeur de la ferme-école de Vaucluse... 3ᵉ édit. — Montpellier, Gras, 1867, in-12, 256 p., fig.

Ancien archevêché d'Avignon.

[8°, **37.274**.

FABRE (Paul). — La morale indépendante. Rapport sur le concours des élèves de la classe de philosophie du collège St-Joseph pour le prix des anciens élèves, présenté à la distribution des prix le 1ᵉʳ août 1891, par M. Paul Fabre... — Avignon, Seguin, 1891, in-8°, pièce (18 p.).

Ancien archevêché d'Avignon.

[8°, **37.345**.

FABRE (Pierre), chirurgien juré d'Avignon. — Avis aux femmes en couche pour éviter les ravages du lait, et pour recouvrer une prompte santé. On joint à cet ouvrage une méthode de pratiquer l'inoculation de la petite vérole. Par Monsieur Fabre... — Avignon, J.-S. Tournel, 1773, in-12, 53 p.

[8°, **24.739**.

— Observation sur un accouchement naturel, dans lequel, imprudemment, et contre toutes les indications, l'on a employé le forceps et le crochet, par Mr. Pierre Fabre... — Avignon, J.-S. Tournel, 1770, in-12, pièce (8 p.).

[8°, **24.737**.

— Réplique du Sr. Fabre, maître en chirurgie, élu, juré, examinateur et démonstrateur, à une réponse du sieur Brunel, maître en chirurgie, intitulée : « Observation sur un accouchement qu'on a cru naturel ». — Avignon, T. Domergue, 1770, in-12, pièce (23 p.).

[8°, **24.738**.

FABRE (Pierre-Jean). — Remèdes curatifs et préservatifs de la peste, donnez au public en 1652 par M. Pierre-Jean Fabre... — Avignon, Ch. Giroud, 1720, in-8°, pièce (20 p.).

2 ex. [8°, **32.779** et **32.780**.

FABRE DE SAINT - VÉRAN (Abbé Joseph - Dominique). — Mémoire historique sur la vie et les écrits de dom M. D'Inguimbert, évêque de Carpentras, par l'abbé J.-D. Fabre de Saint-Véran,... publié avec des réflexions et des détails préliminaires, par C.-F.-H. Barjavel, D. M. — Carpentras, impr. L. Devillario, 1860, in-12, 104 p.

[8°, **28.438**.

— Autre édition. — Ibid., 1860, in-8°, 290 p.

2 ex. [8°, **16.911** et **26.991**.

FABRY DE CHATEAUBRUN (Jean-Charles de). — Lettre écrite par Mr. J. C. F. D. C. [Jean-Charles Fabry de Châteaubrun] au R. Père Augustin,

gardien du couvent des Pères du Tiers-Ordre de S. François d'Avignon, en 1715 [sur la noblesse d'Avignon et du Comtat].
— *S. l. n. n.*, 1720, in-12, pièce (30 p.).

Fonds Massilian-Moutte et Requien.

4 ex. [8°, **36.919**, n° 12, **26.589**, n° 2, et **28.861**, n° 4. — Ms. **2.450**, n° 7.

— Autre édition avec notes. — Voir : ANNUAIRE [officiel] du département de Vaucluse, 1861.

[8°, **31.410**.

— Lettre de M. Fabry de Châteaubrun sur la noblesse avignonaise et comtadine en 1715. Réimpression avec suites pour les familles qui y sont nommées. — *Avignon, impr. Bonnet fils*, 1862, in-8°, v-88 p.

[C'est un tirage à part de l'*Annuaire* de 1861 augmenté d'un avant-propos, d'un « État en 1715 des fiefs du Comté Venaissin et de leurs détenteurs… », ainsi que de rectifications et d'additions. — Dans cet exemplaire, on a joint (entre les p. 76 et 77) un état manuscrit (3 ff.) des fiefs du Comtat en 1772].

[8°, **25.778**.

FACCIOLI (DARIO-NAPOLEONE). — All' Italia, patria diletta la quale nel sesto centenario di Francesco Petrarca… consacra l'idea che a Dio unicamente si vola… Sonetto. [*Signé* : Dario Napoleone Faccioli]. — [*Brescia, Codignola*, 1874], in-4°, placard.

[4°, **6.566**.

FAILLON (Abbé). — Monuments inédits sur l'apostolat de sainte Marie-Madeleine en Provence et sur les autres apôtres de cette contrée, saint Lazare, saint Maximin, sainte Marthe et les saintes Maries Jacobé et Salomé, par l'auteur de la dernière « Vie de M. Olier » [l'abbé Faillon].
— *Paris, éditions Migne*, 1848. 2 vol. in-4°, pl. et grav.

2 ex. [4°, **3.816** et **4.263**.

Autre ex.(Ancien archevêché d'Avignon.)

[4°, **8.102**.

FALLOT DE BEAUMONT DE BEAUPRÉ (ETIENNE-ANDRÉ-FRANÇOIS DE PAUL). — Avis patriotique d'un soi-disant Aristocrate, Habitant de la ville de Valréas, à ses Concitoyens soi-disant Démagogues, sur l'émission de leurs vœux de réunion à l'Empire François. [Par l'évêque de Vaison, Fallot de Beaumont de Beaupré ?]. — *S. l. n. d.*, [1791], in-8°, pièce (14 p.).

Fonds Chambaud et Requien.

2 ex. [Ms. **2.539**, n° 25, et **3.013**, n° 7.

FALQUE (MAURICE). — Le procès du Rhône et les contestations sur la propriété d'Avignon (1302-1818), par Maurice Falque,… — *Paris, H. Champion, Avignon, J. Roumanille*, 1908, in-8°, 171 p., pl.

(Recherches historiques et documents sur Avignon, le Comtat-Venaissin et la principauté d'Orange. II.)

[4°, **8.477**.

FALQUE DE LAMOUROUX (ANTOINE). — Mémoire en forme de Discours de M° Antoine Falque de Lamouroux, D. D., avocat au Parlement de Dauphiné, l'un des Députés de l'ordre du Tiers-Etat du Bourg de Jonquières, en la Principauté d'Orange, lû dans la première séance des Etats de cette Principauté, assemblés le 2 mars 1789, convoqués par ordre du Roi, pour former un plan de nouvelle administration de ces Etats, et nommer des Députés aux Etats-Généraux. — *S. l. n. d.* [1789], in-8°, pièce (16 p.).

Fonds Chambaud et Requien.

2 ex. [Ms. **2.550**, n° 1, et **3.012**, n° 1.

FANOT (Clément). — *Voir :* Annuaire Fanot.

FANTONI (Gabriele). — In Occasione del V. centenario di Francesco Petrarca, memoria [sulla originalità delle rime Petrarchesche] e sonetto del dottor Gabriele Cav. Fantoni. — *S. l.* [*Grimaldo e C.*], s. d. [1874], in-4°, pièce (iv ff. n. ch.).

[4°, **6.568**.

FANTONI CASTRUCCI (Sébastien). — Istoria della città d'Avignone e del Contado Venesino, stati della sede apostolica nella Gallia... scritta dal P. M. Sebastiano Fantoni Castrucci,... — *Venise, Jacques Hertz,* 1678, 2 tomes en 1 vol. in-8°, pièces liminaires - 494 et 410 p., table.

2 ex. [8°, **15.876** et **27.268**.

Ex. en 2 vol. [8°, **27.267**.

FAUCHER (Paul de). — Allocution prononcée le dimanche 23 septembre 1894 à la réception de M. l'abbé Emmanuel Ferrer, précédemment curé de Montfavet, nommé curé-doyen de Bollène, par M. Paul de Faucher... — *Bollène, impr. Brunedor.* 1894, in-12, pièce (3 p.).

[8°, **29.644**.

— Paul de Faucher Calvier (Joseph-Marie), peintre de Bollène. 1749-1819. — *Avignon, F. Seguin,* 1903, in-8°, pièce (7 p.).

(Extrait des *Mémoires de l'Académie de Vaucluse,* 1903.)
Don de M. F. Seguin.

[8°, **34.535**.

— Discours prononcé le dimanche 21 septembre 1890 par M. Paul de Faucher... à la réception de M. l'abbé Octave de Camaret... nommé curé-doyen de Bollène. — [*Carpentras, impr. Tourrette*], s. d., in-8°, pièce (5 p.).

[8°, **29.643**.

— Discours prononcé le 30 avril 1899 au banquet des vétérans du canton de Bollène, par M. Paul de Faucher. — [*Bollène, impr. Paul Cuchet,* 1899], in-8°, pièce (11 p.).

2 ex. [8°, **31.363** et **33.634**.

— Paul de Faucher. Documents pour l'histoire de Bollène et du Comté Venaissin. Le pont de Bollène et sa chapelle de Notre-Dame de Bonne-Aventure, *vulgo:* Notre-Dame-du-Pont. 1312-1905. — *Avignon, F. Seguin,* 1905, in-8°, viii-62 p.

(Extrait des *Mémoires de l'Académie de Vaucluse.*)
Don de M. F. Seguin.

[4°, **6.801**.

— Paul de Faucher. Ex-libris du colonel marquis de Jacops d'Aigremont. — *Mâcon, Protat frères,* 1905, in-4°, pièce (4 p.), pl.

(Extrait des *Archives de la Société française des collectionneurs d'ex-libris.*)
Don de l'auteur.

[Fol. **5.193**.

— Paul de Faucher. L'Ex-libris du commandeur d'Alleman de Châteauneuf, comtadin. — *Mâcon, Protat frères,* 1904, in-4°, pièce (6 p.), 1 pl.

(Extrait des *Archives de la Société française des collectionneurs d'ex-libris.*)
Don de l'auteur.

[Fol. **5.158**.

— Ex-libris du marquis Jean-Joseph de Ripert d'Alauzier (1684-1755). [*Signé :* P. de Faucher].

— *Mâcon, Protat*, 1900, in-4°, pièce (4 p.), pl.

(Extrait des *Archives de la Société française des collectionneurs d'ex-libris.*)
Don de l'auteur.

[4°, **5.088**.

— L'Ex-libris du marquis d'Aquéria de Rochegude. [*Signé* : Paul de Faucher.] — *Mâcon, Protat frères*, 1902, in-4°, pièce (7 p.), 1 pl.

(Extrait des *Archives de la Société française des collectionneurs d'ex-libris.*)
Don de l'auteur.

2 ex. [Fol. **5.157** et **1.597**.

— L'Ex-libris du marquis de Seguins-Vassieux. [*Signé* : Paul de Faucher]. — *Mâcon, Protat frères*, 1903, in-4°, pièce (5 p.), 1 pl.

(Extrait des *Archives de la Société française des collectionneurs d'ex-libris.*)
Don de l'auteur.

[Fol. **5.159**.

— P. de Faucher. Liste des anciens syndics et consuls, des officiers municipaux, maires et adjoints de Carpentras, du XIIIe siècle jusqu'à nos jours, précédée de quelques notes historiques sur l'ancienne administration municipale de cette ville. — *Avignon, Seguin frères*, 1893, in-8°, pièce (48 p.).

Don de l'auteur.

[8°, **27.498**.

— Mémoire présenté par un citoyen de Bollène [Paul de Faucher], au sujet des réparations et embellissements projetés à l'Église paroissiale de cette ville. — [*Aix, impr. J. Nicot*, 1897], in-4°, pièce (16 p.).

Don de l'auteur.

[4°, **4.706**.

— Paul de Faucher. Mobiles et mobilisés de Vaucluse en campagne (1870-1871)... — *Avignon, F. Seguin*, 1903, in-16, xxxvi-303 p., port. et pl.

Don de l'auteur.

[8°, **34.461**.

— Paul de Faucher. Un des juges de Fouquet. Roquesante (1619-1707), sa famille, ses descendants... — *Aix, Makaire*, 1895, in-8°, 286 p., port et pl.

Don de l'auteur.

[8°, **34.543**.

FAUCON (Louis). — Réponse de Louis Faucon, appareilleur à gaz, à Avignon, rue des Fourbisseurs, 24, aux abonnés du gaz ayant signé la pétition pour la diminution du gaz. Notice sur l'éclairage électrique. — *Avignon, Seguin frères*, 1882, in-8°, pièce (8 p.).

Don de M. le Dr A. Pamard.

[8°, **29.305**, n° 2.

— Deuxième réponse de Louis Faucon,... aux abonnés du gaz ayant signé la deuxième pétition pour la diminution du gaz. — *Avignon, Seguin frères*, 1883, in-8°, pièce (12 p. - 1 f. n. ch.).

Don de M. le Dr A. Pamard.

]8°, **29.305**, n° 3.

FAUCON (Maurice). — La Librairie des Papes d'Avignon, sa formation, sa composition, ses catalogues (1316-1420), d'après les registres de comptes et d'inventaires des Archives Vaticanes, par Maurice Faucon,... — *Paris, Ernest Thorin*, 1886-1887, 2 vol. in-8°, xxi-263 p. et 183 p.

(Bibliothèque des Écoles françaises d'Athènes et de Rome, fasc. 43 et 50.)

[8°, **13.748**.

— *Édit.* Boniface VIII... Les re-

gistres de Boniface VIII...*Paris*, 1884-1909, in-4°.
[Fol. **5.293**.

— *Voir* : Müntz (Eugène) et Faucon (Maurice). Inventaire des objets précieux vendus à Avignon en 1358 par le pape Innocent VI... *Paris*, 1882, in-8°.
[4°, **6.093**.

FAUCONNET (Chanoine). — Etrennes à Monsieur Vernet, peintre du roi, par son admirateur et son ami *** [le chanoine Fauconnet]. — S. l. n. n., 1764, pet. in-8°, pièce (8 p.).
[8°, **25.068**, n° 2.

FAUDON (Victor). — Essai sur les institutions judiciaires, politiques et municipales d'Avignon et du Comté Venaissin sous les papes, par M. Victor Faudon... Discours prononcé le 4 novembre 1867 à l'audience de rentrée de la Cour impériale de Nîmes.— *Nîmes, impr. Clavel-Ballivet et Cie*, 1867, in-8°, 68 p.

Don de l'auteur.

2 ex. [8°, **26.561** et **28.591**.

FAUQUE (Joseph-Basile-Antoine). — Discours prononcé par le citoyen Joseph-Basile-Antoine Fauque, premier officier municipal, dans la séance publique du Conseil général de la commune et canton de Pernes, le 24 février 1793,... en présence des citoyens Joseph Traverse et Joseph-Xavier Boyer, membres de l'Administration du District de l'Ouvèze. — [*Carpentras, impr. J.-A. Proyet*], s. d., in-4°, pièce (8 p.).

Fonds Chambaud.

[Ms. **2.525**, n° 11.

FAUQUES (H.). — A Mr de G... P..., H. Fauques, advôcat. — [*Avignon, C. Giroud*, 1722], in-4°, pièce (4 p.).

[Epître en vers sur la peste commençant par : *La traîtresse Sydon par un présent funeste...*]

Fonds Massilian-Moutte et Requien.

2 ex. [Ms. **2.428**, n° 43, et **2.942**, n° 41.

— A Monsieur de G..., H. Fauques, advôcat. — [*Avignon, C. Giroud*, 1722], in-4°, pièce (4 p.)

[Epître en vers sur la peste commençant par : *Cette triste Sion que le Dragon désole...*]

[Ms. **2.942**, n° 42.

— Poeme sur la peste en vers burlesques. A Monsieur de G***. [Par H. Fauques].— [*Avignon, C. Giroud*, 1722], in-4°, pièce (12 p.).

[Ms. **2.942**, n° 39.

— 2° ex. incomplet (4 p.).

[Ms. **2.928**, n° 29.

FAURE. — Faure, ex-maire de Cavaillon aux habitants de cette ville. — S. l. n. d., in-4°, pièce (13 p.).

2.ex. [4°, **4.261**, n° 9, et **7.341**.

— Mémoire justificatif. [Signé : Faure, ex-Maire de la ville de Cavaillon...] — S. l. n. d. [an XII], in-4°, pièce (1 ff. n. ch. - 25 p.).

2 ex. [4°, **4.261**, n° 4. — Ms. **2.968**, n° 115.

— Réplique Du sieur Faure, ex-Maire de la ville de Cavaillon, à la réponse du sieur Lieutard, médecin, son adjoint. A Messieurs les habitans de la ville de Cavaillon... — S. l. n. d., in-4°, pièce (11 p.- IV ff. n. ch.).

[4°, **4.261**, n° 5.

FAURE (Claude). — Etude sur l'administration et l'histoire du Comtat-Venaissin du XIII° au XV° siècle (1229-1417), par Claude Faure... — *Paris, Champion, et Avignon, J. Roumanille*, 1909, in-8°, 230 p.

(Recherches historiques et documents sur Avignon, le Comtat-Venaissin et la principauté d'Orange. III.)

[4°, **8.478**.

FAURE (Maurice). — Le mouvement félibréen (1896-1897). [Signé : Maurice Faure]. — *Revue encyclopédique Larousse*, n° du 31 juillet 1897, p. 658-661, photos.

Fol. **4.833**.

— *Préf.* Roussel (Ernest). Une ancienne capitale. Orange... *Paris-Orange*, [1900], in-12.

[8°, **33.273**.

FAURIEL (Claude). — Histoire de la Gaule méridionale sous la domination des conquérants germains, par M. Fauriel... — *Paris, Paulin*, 1836, 4 vol. in-8°.

[8°, **12.422**.

— Histoire de la poésie provençale... par C. Fauriel... — *Paris, B. Duprat*, 1846, 3 vol. in-8°, xv-550, 454 et 518 p.

[8°, **24.977**.

FAURIS DE SAINT-VINCENS (Alexandre-Jules-Antoine). — *Edit.* Fauris de Saint-Vincens (J.-F.-P.). Monnoies des comtes de Provence. *Aix*, an IX, in-4°.

[4°, **4.310**.

FAURIS DE SAINT-VINCENS (Jules-François-Paul). — Monnoies des comtes de Provence. [Par J.-F.-P. Fauris de St-Vincens]. — *S. l. n. n.*, 1770, in-fol., 21 pl., 24 p.

Contient : les monnaies des princes d'Orange et des papes qui ont siégé à Avignon.

Bibliothèque d'Esprit Calvet.

[Fol. **3.342**.

— [Autre édition publiée par Alexandre-Jules-Antoine Fauris de St-Vincens]. — *Aix, impr. A. Henricy*, an IX, in-4°, pièces liminaires - 32 ff. - 30 pl.

Contient : les monnaies des princes d'Orange et des papes qui ont siégé à Avignon, les médailles frappées dans cette ville à l'occasion du passage de la reine Catherine de Médicis et du roi Charles IX en 1564, ainsi que de celui des ducs de Bourgogne et de Berry en 1701, la médaille frappée en l'honneur du cardinal Chigi, légat d'Avignon, en 1664, les jetons du chapitre Notre-Dame des Doms, etc.

[4°, **4.310**.

FAURY (Abbé J.-P.). — Allocution prononcée à la cérémonie de la bénédiction de la chapelle du St-Sacrement à l'Ecole libre de Courthézon le 17 juillet 1890, par M. l'abbé Faury. — *Avignon, Seguin*, 1890, in-12, 14 p.

Anc. archevêché d'Avignon.

[8°, **37.448**.

— Allocution prononcée dans la chapelle de la Petite-Providence par M. l'abbé Faury.... à l'occasion du mariage de Mademoiselle Madeleine Seguin avec M. Aimé Patras, le 31 août 1910. — [*Avignon, impr. F. Seguin*, 1910], in-12, pièce (15 p.).

Don de M. F. Seguin.

[8°, **36.974**.

— L'abbé Faury,... Allocution prononcée le 2 août 1905 dans la chapelle de Saint-Jaume à la célébration du mariage de Monsieur Joseph Le Gras avec Mademoiselle Marguerite de Terris. — *Avignon, F. Seguin*, 1905, in-8°, pièce (15 p.).

[8°, **34.958**.

— Homélie prononcée dans l'église de St-Maximin le 12 juillet 1883 à l'occasion du pèlerinage avignonais à la Sainte-Baume et au tombeau de Sainte-Madeleine, par M. le chanoine Faury,... — *Brignoles, impr. Viau*, 1883, in-8°, pièce (15 p.).

Ancien archevêché d'Avignon.

[4°, **8.142**.

— Saboly. Etude littéraire et historique, avec un examen du manuscrit conservé à la Bibliothèque d'Inguimbert, par l'abbé J.-P. Faury... — *Avignon, Aubanel frères ; Carpentras, F. Pinet et chez l'auteur*, 1876, in-16, v-308 p.

3 ex. [8°, **16.835, 28.358 et 37.466.**

— Chanoine Faury,... Sermon de vêture prêché à Montpellier le 12 octobre 1896 au couvent des Carmélites pour la prise d'habit de Mlle Marie-Thérèse de Baroncelli-Javon (sœur Thérèse de Jésus) et de Mlle Elisabeth Bougnès (sœur Marie de St Elie). — *Avignon, impr. François Seguin*, 1896, in-8°, pièce (21 p.).

2 ex. [8°, **29.991.** — 4°, **8.162.**

FAVIER. — A Son Altesse Royale, Monsieur, comte d'Artois, passant à Orange. [*Signé :* Favier, ecclésiastique]. — *S. l. n. d.*, pet. in-8°, placard.

[8°, **27.231**, n° 35.

FAVIER (H.-I. DE). — A Messieurs de l'Accademie des Arcadiens de Rome. Stances. [*Signé :* H.-I. de Favier, reçû Arcadien sous le nom de Ramesti Larisseuse]. — *Rome, A. de Rossi*, 1746, in-fol., placard.

[Atl. **312**, n° 311.

FAVRE (Abbé J.-B.). — Lou siéjé dé Cadaroussa, par M. Favre, suivi de la Muse méridionale ; choix de chansons et de romances provençales et languedociennes. — *Avignon, Pierre Chaillot jeune*, 1839, in-18, 108 p.

[8°, **25.406**.

— Lou siège de Cadaroussa, pouèmo eroui-coumique de J.-B. Favre, prièu de Cello-Novo, em'un avans-prepaus de J. Roumanille... — *Avignon, J. Roumanille*, 1866, in-18, 106 p.

[8°, **25.407**.

— Autre édition. — *Ibid.*, 1868, in-8°, 106 p.

[8°, **25.409**.

— Autre édition. — *Ibid.*, 1896, in-12, 103 p.

[8°, **29.936**.

— Le siège de Caderousse, poème languedocien de l'abbé Fabre, traduit en français, vers pour vers, et poésies languedociennes-françaises, textes et traductions, par Placide Cappeau. — *Roquemaure, chez l'auteur*, 1876, in-12, XL-401 p.

Don de Mme Garidel-Allègre.

[8°, **36.726**.

FÉLIX. — Discours adressé par M. Félix, procureur de la commune, à MM. les Médiateurs de la France, à leur arrivée à l'Isle, le 25 juin 1791. — *S. l. n. d.*, in-8°, pièce (3 p.).

Fonds Chambaud.

[Ms. **2.539**, n° 26.

FENOGLIO (EDOARDO). — Festeggiandosi il V centenario di Francesco Petrarca, studio imitativo di Edoardo Fenoglio. — *S. l. n. d.* [1874], in-8°, pièce (13 p.).

[4°, **6.569**.

FER (Abbé L.-C.). — Notice historique sur l'ancienne abbaye de Notre-Dame-des-Ilans, près Mondragon,... par l'abbé L.-C. Fer. — *Pont-Saint-Esprit, Gros frères*, 1858, in-12, 118 p.

2 ex. [8°, **25.808** et **28.786**.

— Notice historique sur Notre-Dame-de-Lumières, par l'abbé L.-C. Fer,... — *Pont-Saint-Esprit, Gros frères*, 1861, in-16, 144 p.

2 ex. [8°, **11.312** et **28.506**, n° 2.

FÉRAUD (Jean). — Bref recveil et sommaire discovrs dv trivmphe faict en la ville d'Avignon, à l'entrée et réception de Monseigneur... Cardinal de Aqua-Viva, créé Légat en la Légation d'Avignon... recveilli, ordonné et discouru par... Monsieur Iean Feraud,... — *Lyon, J. Pillehotte*, 1594, in-4°, iv ff. n. ch. - 76 p.

Fonds Massilian-Moutte et Requien.

3 ex. [8°, **28.256**. — Ms. **2.438**, n° 1, et **2.924**, n° 4.

FERMIN (Joseph-Thomas). — Harangue faite à Monseigneur le duc de Bourgogne, par Monsieur le procureur Des Trois Ordres du Comtat Venaissin, [J.-T. Fermin], le 22 Mars 1701. — *S. l. n. d.*, in-4°, pièce (3 p.)

2 ex. [Ms. **2.927**, n° 5, et **2.952**, n° 36.

— Réponse d'un avocat de Carpentras [J.-T. Fermin], à un de ses amis, qui luy demandoit conseil au sujet de la signature d'un certificat, dont les Juifs prétendent se servir pour demander la révocation de la bulle de Nôtre Saint Père Innocent XIII..., portant défense ausdits Juifs de vendre des marchandises neuves. [2 mai 1724.] — *S. l. n. d.*, in-4°, pièce (11 p.).

Fonds Massilian-Moutte et Requien.

3 ex. [4°, **4.175**, n° 18. — Ms. **2.453**, n° 45, et **2.928**, n° 37.

FERRAI (Luigi-Alberto). — Pel V. Centenario di Francesco Petrarca. L'epistola ad Orazio... e l'epistola ad Omero... tradotte da Vittorio Polacco e Luigi Alberto Ferrai,... — *Padova, tip. del seminario*, 1874, in-8°, pièce (24 p.).

[8°, **34.591**.

FERRAND. — [Requête présentée au Conseil municipal d'Avignon par le Sr Ferrand aîné, ex-préposé aux viandes. 25 octobre 1841]. — *S. l. n. d.*, in-4°, pièce (1 ff. n. ch.), lithographié.

[Ms. **2.977**, n° 28.

FERRAND (J.). — *Voir* : Joanne (Ad.) et Ferrand (J.). De Lyon à la Méditerranée... *Paris*, 1862, in-12.

[8°, **12.576**.

FERRIER (Pierre-Joseph). — A Monsieur le rédacteur de la *Gazette Nationale* ou le *Moniteur universel*. [Signé : Pierre-Joseph Ferrier, maréchal de camp ... 1er novembre 1791]. — [*Valence, impr. P. Aurel*], s. d., in-4°, pièce (4 p.).

[Exposé du rôle qu'il a joué lors de l'entrée des médiateurs à Avignon].

[Ms. **2.980**, n° 82.

FERRY (Abbé C.). — Panégyrique de Saint Pons, abbé de Saint-André de Villeneuve prononcé... dans l'église paroissiale de Villeneuve-lez-Avignon, le 3 juillet 1887, par l'abbé C. Ferry... — *Nîmes, impr. Gervais-Bedot*, 1887, in-8°, pièce (20 p.).

[8°, **12.551**, n° 2.

FERRY DE LA BELLONE (D'
Camille de). — Concours de
1881. Discours prononcé par
M. le docteur C. de Ferry de la
Bellone... à la distribution des
récompenses. — [Apt, impr.
J.-S. Jean, 1881], in-8°, pièce
(18 p.).
(Extrait du *Bulletin du Comice Agricole
de l'Arrondissement d'Apt.*)
Don de M. le D' Pamard.
[8°, **29.310**.

— La Truffe, étude sur les truffes
et les truffières, par le D' C. de
Ferry de la Bellone... Avec un
dessin de M. Paul Vayson... —
Paris, J.-B. Baillière, 1888, in-
12, viii-312 p., fig. et pl.
(Bibliothèque scientifique contemporaine.)
Legs Arnaud de Fabre.
2 ex. [8°, **35.862** et **36.098**.

FERTON (J.). — L'Avignonaise
[par J. Ferton]. — *S. l. n. d.*,
in-12, pièce (2 p.).
[8°, **9.293**, n° 25.

— L'arbre de la Liberté (6 juin
1831). [*Signé* : J. Ferton, auteur de l'Avignonaise]. — *S. l.
n. d.*, in-8°, lithographié, pièce
(11 ff. n. ch.).
[Ms. **3.003**, n° 27.

— 2° ex. sans frontispice.
[Ms. **3.003**, n° 28.

FESTE (Louis). — Un bon souvenir ! dédié à Monsieur et Madame Audiguier, négociant à
Avignon, en réponse à leur
lettre datée de Marseille le 7 mai
1895... [*Signé* : Louis Feste].—
S. l. n. d. [1895], in-8°, pièce
(11 ff. n. ch.).
[8°, **29.548**.

FÊTES Agricol Perdiguier [à Avignon]. Les discours. — *La
Fraternité*, n° du 23 janvier 1904.
[8°, **34.533**.

FÊTES (Les) d'Avignon. Le centenaire du Musée Calvet. L'Exposition des Beaux-Arts. —
L'Illustré du Sud-Est, n° du 29
avril 1911.
[4°, **8.046**.

FÊTES (Les) d'Orange. Programme-Souvenir illustré. Le théâtre
romain. — *Montélimar, Bourron graveur*, 1897, in-12 obl.,
pièce
[8°, **30.193**.

FÊTES du triduum en l'honneur
du bienheureux Jean-Gabriel
l'erboyre célébrées en l'église
Saint-Florent d'Orange les 10,
11 et 12 octobre 1890. — *Avignon, Aubanel frères*, 1890,
in-8°, pièce (36 p.).
(Extrait de la *Semaine religieuse d'Avignon.*)
[8°, **17.002**.

Autre ex. (Anc. archevêché d'Avignon).
[8°, **37.370**.

FÊTES littéraires en l'honneur du
cinquième centenaire de Pétrarque. Séance des jeux floraux
du 20 juillet 1874... Programme
de la séance.— [*Avignon, Gros
frères*, 1874], in-4°, placard.
[4°, **6.557**.

FÊTES littéraires et internationales. Cinquième centenaire de la
mort de Pétrarque célébré à
Vaucluse et à Avignon les 18,
19 et 20 juillet 1874. — *Avignon, impr. Gros frères*, 1874,
in-8°, 294 p.
[8°, **28.204**.

FÊTES (Les) musicales d'Avignon
(3, 4 et 5 août 1899). — *Marseille, Revue du chant grégorien*,
1899, in-8°, pièce (18 p.).
(Numéro spécial de la *Revue du Chant
grégorien...* septembre 1899.)
Anc. archevêché d'Avignon.
[4°, **8.242**.

FÊTES pétrarquesques d'Italie. Arqua, Padoue, Arezzo, Rome, etc., 1874. Extrait du compte-rendu de la Fête séculaire et internationale de Pétrarque. — *Aix-en-Provence, Vve Remondet-Aubin*, 1875, in-8°, pièce (8 p.).

[8°, **34.577**.

FIELZ aîné, père, boutonnier, à Carpentras. — Eglogue en vers patois au sujet de la révolte qui arriva à Carpentras le vendredi 27 mars 1789. Par M*** [Fielz aîné, père]. — [*Carpentras, impr. J.-A. Proyet*, 1789], in-8°, pièce (1 ff. n. ch. - 5 p.).

[Ms. **3.012**, n° 2.

FILON (Augustin). — Augustin Filon. Mérimée et ses amis, avec une bibliographie des œuvres complètes de Mérimée, par le v^{te} de Spœlberch de Lovenjoul. — *Paris, Hachette et Cie*, 1894, in-12, XVIII-390 p.

[8°, **34.948**.

FISCHER (P.). — *Voir* : GAUDRY (Albert), FISCHER (P.) et TOURNOUER (B.). Animaux fossiles du Mont Léberon... *Paris*, 1873, in-4°.

H. N. [Fol. **31**.

FLANDREYSY (Mme JEANNE DE). — Jeanne de Flandreysy. La légende des quatre Henri. — *Paris. A. Lemerre*, 1909, in-4°, pièce (23 p.), pl. et fig.
Don de l'auteur.

[4°, **7.822**.

FLÉCHIER (ESPRIT). — Œuvres postumes de Mr Fléchier, évêque de Nismes, divisées en deux volumes, le premier contient ses mandemens et lettres pastorales, avec son oraison funèbre [par l'abbé du Jarry], le second, ses discours, complimens, harangues, poësies latines, poësies françoises. — [*Lyon, Boudet Declaustre, Deville et Delaroche*, 1712-1720, 2 vol. in-12, 386 p. - III ff. n. ch. et VI ff. n. ch. - 408 p.

[8°, **10.362**.

FLEURS (Les) de S. Pierre de Luxembourg, poème provençal. — *Avignon, impr. Aubanel*, 1856, in-8°, pièce (29 p.).

[8°, **25.158**.

FLEURY (G. ROHAULT DE). — *Edit*. LAUDUN (le P. Vincent). Sanctuaires de la S. Vierge en France... *Bourges*, 1900, in-32.

[8°, **32.323**.

FLORANS (DE). — Réflexions présentées à l'Assemblée générale des Représentans de la Province du Comté Venaissin, le 26 mai 1790, par M. de Florans, député de la commune de Bedoin. — *S. l. n. d.*, in-4°, pièce (II ff. n. ch.).
Fonds Chambaud et Requien.

3 ex. [4°, **2.848**, n° 32. — Ms. **2.522**, n° 50, et **2.959**, n° 9.

FLOREBELLI (ANTOINE). — *Voir* : SADOLET (Cardinal Jacques). Traité d'éducation... *Paris,* 1855, in 8°.

[8°, **2.442**.

FLORENT (F.). — Epître à mes neveux. Par F. Florent,... — *Avignon, Guichard aîné*, 1818, in-8°, pièce (14 p.).

[8°, **25.074**, n° 15.

FOGASSES (ANDRÉ DE), comte de la Bâtie. — Cantiques nouveaux sur différens sujets [par André de Fogasses]. — *Avignon, Vve Girard*, 1758, in-8°, 51 p.

[8°, **25.141**.

FOLARD (Jérôme). — La conservation ou Tribunal pour le jugement des causes mercantiles estably de l'autorité de N. S. P. le Pape Innocent XI, par les soings de Monseigneur l'illustrissime... abbé Niccolini, vice-légat et gouverneur général en la cité et légation d'Avignon, etc... [Par Jérôme Folard.] — *Avignon, Lemolt*, 1679, in-4°, 1-39, 27-38, 49-60 p.

3 ex. [8°, **1.087**, **3.922** et **29.841**.

— 2 autres ex. auxquels manquent les pages 39-48.

Fonds Massilian-Moutte et Requien.

[Ms. **2.453**, n° 12, et **2.926**, n° 3.

— Autre édition. — *Avignon, C. Giroud*, 1718, in-4°, 52 p.

Fonds Massilian-Moutte et Requien.

2 ex. [Ms. **2.453**, n° 16, et **2.941**, n° 90.

— Autre édition. — *Avignon, J. Mouriès*, 1758, in-4°, 52 p.

5 ex. [4°, **4.175**, n° 9. — **Ms. 2.429**, n° 33, **2.433**, n° 24, **2.453**, n° 25, et **2.945**, n° 47.

— Discours sur l'establissement d'un tribunal pour le jugement des causes mercantiles... [A la fin : Fait par M' M'° Jerosme Folard...] — *S. l. n. d.* [manque le frontispice], in-4°, pièce (26 p.).

Fonds Massilian-Moutte.

[Ms. **2.447**, n° 18.

FONDATION du Monastère des religieuses Carmélites de Cavaillon en l'année 1668... — *Avignon, Fr. Seguin aîné*, 1862, in-12, pièce (48 p.).

[8°, **12.140**.

FONTAINE (André). — Documents sur Pierre Mignard, Paul Mignard et Charles Le Brun [publiés par André Fontaine]. — *Archives de l'Art français*, nouv. pér., t. Ier, 1907, p. 310-318.

[8°, **36.939**.

FONTAINE (Sébastien). — Histoire pittoresque de la ville de Barbentane et de ses environs... par Fontaine Sébastien, inst. — *Tarascon, impr. A. Aubanel*, 1854, in-8°, feuillets liminaires - 256 p., pl.

[8°, **26.279**.

FONTAINES (Les) d'enfer. [Poème sur les eaux sales d'Avignon.] — *S. l. n. d.*, [XVIIIe siècle], in-8°, pièce (5 p.).

[8°, **25.074**, n° 3.

FONTAN. — *Voir* : Dupeuty et Fontan. Le Maréchal Brune ou la Terreur de 1815... *Paris*, 1831, in-8°.

[Ms. **3.018**, n° 46.

FONZES. — Plan géométrique et topographique de la ville d'Avignon et de ses environs...Par M. Fonzes, géomètre en chef du Cadastre. [Prospectus et Bulletin de souscription]. — [*Avignon, impr. Rastoul*, 1836], in-8°, pièce (11 ff. n. ch.).

[Ms. **3.005**, n°^{s} 11 et 14.

FORBIN (Jean-Baptiste-Isidore-Ignace de), seigneur des Issarts. — Mémoire lu au conseil municipal par M. de Forbin, pour servir de réponse à l'Ecrit, remis par MM. les Députés des Corporations, le samedi 20 février [1790], à Messieurs les Consuls. — *S. l. n. d.*, in-4°, pièce (4 p.).

Fonds Chambaud et Requien.

2 ex. [Ms. **2.522**, n° 12, et **2.958**, n° 11.

FORBIN DES ISSARTS (Georges - Henry - Marie - Palamède, comte de). — Les débuts d'une mission en Pologne au dix-septième siècle. Toussaint de Forbin et l'élection de Jean Sobieski, par le comte de Forbin. — *Paris, Plon-Nourrit et Cie*, in-8°, pièce (21 p.).

(Extrait de la *Revue d'histoire diplomatique*.)
Don de l'auteur.

[4°, **7.815**.

— Comte de Forbin. Inventaire des documents concernant la maison de Forbin conservés chez M. le Marquis de Forbin des Issarts. — *Paris, Société anonyme de publications périodiques*, 1902, in-4°, 135 p.

Don de l'auteur.

[Fol. **5.084**.

— Un gentilhomme avignonais au XVIe siècle. François Dragonet de Fogasses, seigneur de la Bastie (1536-1599), par le comte de Forbin. — *Avignon, F. Seguin*, 1910, in-8°, 100 p.

(Extrait des *Mémoires de l'Académie de Vaucluse*, 1909.)
Don de l'auteur.

[4°, **7.954**.

— Un gentilhomme avignonais au XVIIe siècle. Balthazar de Fogasses, seigneur de la Bastie et d'Entrechaux (1588-1671), par le comte de Forbin. — *Avignon, F. Seguin*, 1911, in-8°, pièce (36 p.).

(Extrait des *Mémoires de l'Académie de Vaucluse*, 1911.)
Don de l'auteur.

[4°, **8.382**.

FORBIN DES ISSARTS (Joseph-Henri-Charles-Louis, Marquis de). — Discours prononcé à l'ouverture de la session du collège électoral du département de Vaucluse, le 6 mars 1824, par M. le Marquis de Forbin des Issarts, président. — [*Avignon, impr. Seguin*], s. d., in-4°, pièce (3 p.).

Fonds Chambaud et Requien.

2 ex. [**Ms. 2.535**, n° 53, et **2.970**, n° 114.

— Discours prononcé, à la clôture de la session du Collège électoral du département de Vaucluse, le 24 août 1815, par Monsieur de Forbin, président. — S. l. n. d., in-4°, pièce (3 p.).

Fonds Chambaud et Requien.

2 ex. [**Ms. 2.534**, n° 138, et **2.969**, n° 185.

— Discours prononcé, le 22 août 1815, par Monsieur de Forbin, président du collège électoral du département de Vaucluse, à l'Assemblée des Électeurs. — S. l. n. d., in-4°, pièce (4 p.).

[**Ms. 2.969**, n° 183.

— Discours prononcé le 24 novembre 1827 par M^r le Mis de Forbin des Issarts, pair de France, président du collège départemental de Vaucluse. — [*Avignon, impr. Seguin*], s. d., in-4°, pièce (3 p.).

Fonds Chambaud et Requien.

2 ex. [**Ms. 2.505**, n° 50, et **2.971**, n° 72.

— Discours prononcé le 19 juillet 1830, par M^r le Mis de Forbin des Issarts, pair de France, président du collège départemental de Vaucluse ; après la lecture de la Proclamation du Roi.— [*Avignon, impr. Seguin aîné*, 1830], in-8°, pièce (2 p.).

Fonds Chambaud et Requien.

2 ex. [**Ms. 2.551**, n° 14, et **3.002**, n° 52.

— Discours prononcés au Roi et aux Princes de la Maison Royale par M. de Forbin, président de la Députation du collège électoral du département de Vaucluse... — *S. l. n. d.* [1816], in-8°, pièce (11 ff. n. ch.).

Fonds Chambaud et Requien.

3 ex. [8°, **27.230**, t. IV, n° 8. — **Ms. 2.547**, n° 49, et **2.998**, n° 37.

— Mon opinion sur le recensement-Humann. [*Signé* : Mis de Forbin-des-Issarts...]. — [*Nîmes, impr. Vve Gaude*, 1841], in-4°, pièce (11 ff. n. ch.).

[L'auteur a été poursuivi devant la cour d'assises de Vaucluse pour la publication de cette brochure].

[**Ms. 2.977**, n°s 27 et 63.

— Opinion improvisée de M. Forbin des Issarts, député de Vaucluse, sur le projet de loi relatif aux canaux. — [*Paris, impr. Hacquart*], s. d., in-8°, pièce (22 p.).

(Chambre des députés. Session de 1822 : séance du 5 juillet 1822.)

[8°, **24.618**.

FORBIN-JANSON (CHARLES-THÉODORE-PALAMÈDE-ANTOINE-FÉLIX, Comte DE). — Lettre de M. le comte de Forbin-Janson à M. le comte Decazes. — *Paris, Brissot-Thivars*, etc., 1819, in-8°, 79 p.

Fonds Chambaud.

[8°, **27.230**, t. IV, n° 21.

FORMIGÉ (JULES). — Les arcs de la Narbonaise, par Jules Formigé. — *Caen, H. Delesques*, 1911, in-8°, 44 p., pl.

(Extrait du *Compte-rendu du Congrès archéologique de France*, 1909.)
Don de l'auteur.

[8°, **37.136**.

— Jules Formigé. Deux hypothèses sur l'arc d'Orange. — *Paris, E. Leroux*, 1910, in-8°, pièce (3 p.), fig.

(Extrait de la *Revue archéologique*, 1910.)
Don de l'auteur.

[4°, **8.066**.

— Les fontaines du Comtat, par Jules Formigé. — *Caen, H. Delesques*, 1911, in-8°, pièce (11 p.), fig. et pl.

(Extrait du *Compte-rendu du LXXVIe Congrès archéologique de France*, tenu en 1909, à Avignon.)
Don de l'auteur.

[8°, **37.135**.

— Rapport sur la chartreuse de Villeneuve-lès-Avignon (Gard) Jules Formigé... — *Paris,* [*G. Kadar*], 1909, gr. in-4°, pièce (38 p.), fig. et pl.
Don de l'auteur.

[4°, **7.766**.

— Autre ex. avec de nombreuses notes manuscrites de l'auteur.
Don de l'auteur.

[4°, **7.786**.

FORMULAIRE pour faire le prône et pour dresser les actes des Baptêmes, des Mariages et des Mortuaires. Avec diverses Bénédictions qui ne se trouvent point dans le Rituel Romain. Le tout à l'usage des quatre Diocèses de la Province Ecclésiastique d'Avignon. — *Avignon, impr. Charles Giroud*, 1729, in-8°, 111 ff. n. ch. - 73 p.

[8°, **18.938**.

— Autre édition. — *Avignon, A. Giroud*, 1748, in 12, pièces liminaires - 72 p.

Fonds Massilian-Moutte.

[8°, **28.073**, n° 2.

— Autre édition. — *Avignon, Antoine Aubanel*, 1789, in-12, 84 p.

[8°, **24.348**.

FORNÉRY (Joseph). — Joseph Fornéry. Histoire du Comté Venaissin et de la ville d'Avignon. — *Avignon, F. Seguin et J. Roumanille*, 1909, in-8°, 3 vol. de LX-543 p., 501 p. et 724 p., port. et cart.

(Précédé d'une biographie de Joseph Fornéry.)
Don des héritiers de M. Paul Florent.

[8°, **37.588**.

FORNERY (Joseph de). — Deux mots sur le brave Crillon. [*Dédicace signée* : De Fornéry (Joseph).]— [*Avignon, Offray fils*, 1826], in-8°, pièce (1 fl. n. ch. - 14 p.).

2 ex. [8°, **25.099**, n° 1, et **26.927**, n° 7.

FORTIA D'URBAN (Agricol-Joseph-François-Xavier-Pierre-Esprit-Simon-Paul-Antoine, Marquis de). — Antiquités et monuments du département de Vaucluse. Première partie, contenant l'histoire des Cavares et du passage d'Annibal par le département de Vaucluse... Seconde partie, contenant l'histoire de la conquête de la Gaule méridionale par les Romains, l'explication de médailles celtiques nouvellement découvertes et l'histoire de l'ancienne Atlantide, par M. de Fortia d'Urban... — *Paris, Xhrouet, Avignon, Seguin frères*, 1808, 2 tomes en 1 vol. in-12, XII-VIII-483 p.

3 ex. [8°, **14.978**, **25.554** et **28.281**.

— Bibliographie des ouvrages composés ou traduits, publiés ou édités par le marquis de Fortia d'Urban...— *Paris, Edouard Garnot*, 1840 in-8°, pièce (30 p.).

[Dédicace manuscrite à Requien signée : Le M. de Fortia].

[8°, **16.666**.

— Catalogue de la Bibliothèque de la ville d'Avignon. In-folio. [Par M. de Fortia d'Urban]. — *S. l. n. d.* [an XII], in-8°, 137 p.

3 ex. [8°, **17.011**, **26.857** et **29.531**.

— Consultation en faveur des rentes foncières, pour la commune de Pernes, département de Vaucluse. [Par M. de Fortia d'Urban]. — *S. l. n. d.* [an XII], in-8°, pièce (11 p.).

[Ms. **3.018**, n° 6.

— Dissertation sur la femme de Molière. [*Signé* : le marquis de Fortia]. — *Paris, impr. Lebègue*, 1824, in-8°, pièce (16 p.).

2 ex. [8°, **11.404**, n° 2, et **26.000**, n° 2.

— Dissertation sur le passage des rivières et des montagnes, et particulièrement sur le passage du Rhône et des Alpes par Annibal... Seconde édition. [*Préface signée* : Le Cte de F(ortia) d'U(rban)]. — *Paris, Treuttel et Wurtz*, 1819, in-8°, pièce (23 p.), pl.

Suit : Extrait du Dictionnaire chronologique et raisonné des découvertes en France,... de 1789 à la fin de 1820. [Notice sur Annibal contenant un compte-rendu de l'ouvrage de Fortia d'Urban]. — [*Paris, impr. Fain*]. s. d., in-8°, pièce (4 p.).

[8°, **25.645**, t. 1er, n°s 3 et 4.

— Dissertation sur le passage du Rhône et des Alpes par Annibal, l'an 218 avant notre ère. Troisième édition... suivie... d'une dissertation sur le mariage du célèbre Molière. [*Préface signée*: Le comte de F(ortia) d'U(rban)]. — *Paris, Lebègue, Treuttel et Wurtz*, 1821, in-8°, XXXII-177 p., cart.

[P. 131 : « Sur le mariage de Molière, et

sur Esprit de Raimond de Mormoiron, comte de Modène].

3 ex. [8°, **11.404**, n° 1, **26.000**, n° 1, et **26.393**.

— Généalogie de la Maison de Fortia, extraite du tome second des *Archives généalogiques et historiques de la Noblesse de France*, publiées par M. Laîné. [Par le Mis de Fortia d'Urban]. — *Paris, impr. de Béthune*, 1829, in-8°, 52 p.

[On y a joint : 1°) la préface du volume VII des *Annales du Hainaut* par Jacques de Guyse, publiées et traduites par le Mis de Fortia ; 2°) 12 pages de notes autographes du Mis de Fortia intitulées « Tableau généalogique de M. et Mme la marquise de Fortia d'Urban »].

[8°, **26.728**.

— Histoire ancienne des Saliens, nation ligurienne ou celtique,... par M. de Fortia d'Urban... — *Paris, Xhrouet*, 1805, in-12, LXXXVI-193 p., pl.

[8°, **26.392**.

— Autre ex. contenant l'ex-libris du Mis de Fortia, 2 cartes et 16 pages de notes manuscrites de l'auteur.

[8°, **26.727**.

— Histoire de la Maison de Fortia, originaire de Catalogne, établie en France dans le quatorzième siècle : où l'on trouvera quelques détails historiques sur le royaume d'Aragon et les anciens Comtes de Provence. [Par M. de Fortia d'Urban]. — *Paris, Xhrouet, Avignon, Seguin frères*, 1808, in-12, 262 p.

[8°, **26.726**.

— Histoire de la Marquise de Ganges, par M. de Fortia d'Urban... — *Paris, impr. Levrault*, 1810, in-12, II-319 p.

[8°, **26.595**.

— Histoire du pont sur le Rhône à Avignon ; extraite d'une note sur les œuvres de M. le Vicomte de Châteaubriand. Par M. le Marquis de Fortia.— *Paris, H. Fournier jeune, Fayolle*, 1830, in-8°, 47 p.

3 ex. [8°, **25.645**, t. Ier, n° 7, et **28,860**, n° 6. — **Ms. 3.002**, n° 42.

— Importance de la stabilité des tribunaux actuels de première instance ou observations présentées aux deux Chambres du royaume, par MM. les délégués de la ville d'Orange, pour la conservation du tribunal de première instance établi dans cette ville. [Par le Cte de Fortia d'Urban].— [*Paris, impr. Michaud*], s. d., in-8°, pièce (16 p.).

[8°, **26.000**, n° 4.

— Introduction à l'histoire de la ville d'Avignon. Tome premier contenant des Mémoires sur les Celtes, les Cavares et les Saliens ; et le commencement de l'histoire du Dieu Mars : précédé par quelques observations sur notre Ortographe par M. de Fortia d'Urban,... — *Paris, Courcier et Truchy*, an XIV (1805), in-8°, LVI-478 p.

[8°, **26.577**.

— Législation des rentes foncières et application de ses principes à une rente du département de Vaucluse. [Par M. de Fortia d'Urban]. — *Paris, Truchy, et Avignon, Vve Seguin et fils*, 1805-1806, 2 parties en 1 vol., in-8°, 274 et 263 p.

La seconde partie est intitulée : Législation des rentes foncières, et application de ses principes à diverses rentes du département de Vaucluse et d'autres parties de la France.

2 ex. [8°, **233** et **27.101**.

— Lettres du marquis de Fortia sur ses premières années. [Publiées par Thomas de Reiffenberg]. — [*Bruxelles, s. n.*, 1847], in-8°, pièce (39 p.)

(Extrait du *Bulletin du Bibliophile belge*, tome III, n° 3.)

[8°, **26.954**.

— Mémoires pour servir à l'histoire des propriétés territoriales dans le département de Vaucluse et principalement dans la ville et le territoire d'Avignon, suivis de l'examen de quatre questions sur les rentes foncières, par M. de Fortia d'Urban... — *Paris, Xhrouet, et Avignon, Sequin frères*, 1808, in-12, VIII-243 p.

2 ex. [8°, **14.976** et **14.979**.

— Autre ex. s'arrêtant à la p. 120.

[8°, **31.441**, n° 2.

— Notice historique sur la Société charitable et royale des Pénitens de la Miséricorde à Avignon, suivie d'un Exposé de leurs droits sur l'Hospice des Insensés à Avignon, et d'une Consultation de deux avocats qui en détaille les preuves. [Par M. de Fortia d'Urban]. — [*Avignon, impr. Fr. Sequin aîné*, 1816], in-8°, pièce (18 p.).

2 ex. [8°, **29.588** et **29.020**.

— Ouvrages de M. de Fortia d'Urban, chevalier de la Légion d'Honneur, membre de l'Académie Celtique, de l'Athénée de Vaucluse,... — [*Paris, impr. Lebègue*, 1810], in-12, pièce (12 p.)

[8°, **26.727**, n° 2.

— Pétition adressée aux Deux Chambres par la commune de Châteauneuf-Calcernier, département de Vaucluse, précédée d'une notice historique et d'un titre qui constatent les droits qu'elle réclame. [Par Fortia d'Urban]. — *Paris, impr. Lebègue*, 1819, in-8°, 58 p.

3 ex. [8°, **26.610** et **31.671**. — Ms. **3.000**, n° 1.

— Second rapport fait à l'Athénée de Vaucluse, sur la célébration du jour séculaire de la naissance de Pétrarque, le 20 juillet 1804 — 1ᵉʳ thermidor an XII. [Par Fortia d'Urban]. — [*Avignon, impr. Vᵛᵉ Sequin*, 1804], in-8°, pièce (16 p.).

5 ex. [8°, **16.941**, t. I, n° 6. **16.942**, n° 3, **24.902**, n° 6, **26.804**, t. I, n° 14. — Ms. **3.018**, n° 10.

— Supplément au Tite-Live, inséré dans la collection des auteurs classiques de M. Lemaire. [Signé : Le Cᵗᵉ de Fortia d'Urban]. — [*Paris, impr. Lebègue*, 1823], in-8°, pièce (11 p.).

(Réponse à la *Dissertatio de Alpibus ab Annibale superatis* de Phlippe de la Renaudière.)

[8°, **26.000**, n° 3.

— Supplément aux diverses éditions des œuvres de Molière ou lettres sur la femme de Molière, et poésies du comte de Modène, son beau-père. [*Signé* : Le marquis de Fortia]. — *Paris, Dupont et Roret, Firmin Didot*, 1825, in-8°, 172 p.

[P. 91 : « La peinture du pays d'Adioussias, c'est-à-dire de l'État d'Avignon, alors soumis au pape » et autres poésies du comte de Modène. — P. 109 : Lettre à M. le marquis de Fortia d'Urban par l'auteur de l'article *Modène*, dans la *Biographie Universelle*.(*Signé* : De la Porte), etc.].

[8°, **26.000**, n° 3.

— Vie de Louis de Berton de Crillon des Balbes, surnommé

le brave Crillon, suivie de notes historiques et critiques. [Par le M¹ˢ de Fortia d'Urban]. — *Paris, A. Dupont et Roret, Firmin Didot père et fils*, 1825-1826, 3 vol. in-8°, xvi-420 p., iv-432 p., vii-427 p., port., pl. et cart.

[8°, **26.011**.

— *Voir* : Mémoire publié par le Licée de Vaucluse... sur les inondations de la ville d'Avignon... *Avignon*, an 10, in-8°.

2 ex. [8°, **16.941**, t. I, n° 2, et **26.804**, t. I, n° 2.

FOSCOLO (Ugo). — Saggi sopra il Petrarca [par Ugo Foscolo, traduction italienne par Cam. Ugoni]. — *S. l. n. d.* [le titre manque], in-8°, 257-xx p.

[8°, **27.002**.

FOURCHEUX DE MONTROND (Maxime). — *Voir* : Montrond (Maxime Fourcheux de).

FOURFOUILLE. — *Edit.* Issachar (Jérémie). Sermon... *A l'Isle des fous*, 1773, in-16.

[8°, **35.103**.

FOURIER DE BACOURT. — Vie du bienheureux Pierre de Luxembourg, étudiant de l'Université de Paris, évêque de Metz et cardinal (1369-1387), avec portrait, lettres et pièces justificatives, par Fourier de Bacourt,... — *Paris, Berche et Tralin*, 1882, in-8°, 352 p.

Don du D' A. Painard.

[8°, **34.444**.

— *Voir* : Raymond (Abbé H.) et Fourier de Bacourt. Cinquième centenaire du bienheureux Pierre de Luxembourg... *Avignon*, 1887, in-8°.

2 ex. [8°, **28.341** et **37.396**.

— *Voir* : Raymond (Abbé H.) et Fourier de Bacourt. Souvenir du centenaire du 5 juillet 1887.. *Avignon*, 1887, in-12.

[8°, **37.319**.

FOURNIER (Paul). — Le royaume d'Arles et de Vienne (1138-1378) : étude sur la formation territoriale de la France dans l'Est et le Sud-Est, par Paul Fournier,... — *Paris, A. Picard*, 1891, in-8°, xxii-554 p.

2 ex. [4°, **2.911** et **7.406**.

FOURVIÈRES (Le P. Xavier de) — *Voir* : Rieux (Albert), *en religion* le P. Xavier de Fourvières.

FRACASSETI (Joseph). — *Edit.* Pétrarque (François)... Epistolæ... *Florence*, 1859-63, 3 vol. in-8°.

[8°, **9.815**.

FRANÇAIS DE NANTES (Antoine). — Opinion de M. Français (de Nantes), sur l'affaire d'Avignon ; prononcée le 10 mai 1792... — [*Paris, impr. Nationale*, 1792], in-8°, pièce (7 p.).

Fonds Chambaud et Requien.

2 ex. [8°, **27.230**, t. II, n° 11. — Ms. **3.016**, n° 35.

FRANCE (La) illustrée... Département de Vaucluse. — *Paris, Rouff et Cie*, [1908], in-4°, 43 p., fig., pl. et cart.

[4°, **7.372**.

FRANCHIS (Lauret de). — *Voir* : Franco (Loreto di).

FRANCO (Loreto di). — Historia Avenionensis contagionis, rerum memorabilium, quæ in eadem Civitate annis 1629 et 1630, peste grassante, gestæ sunt, seriem complectens, ad posteritatis exemplum, et institutionem, a D. Laureto de Franchis, Neapolitano, sacræ theologiæ, et V. J. D. Protonotario apostolico, Vicario generali Aven., descripta... — *Avignon, typ. J. Bramereau*, 1633, in-8°, 11 ff. n. ch. - 233 p.

[8°, **26.198**.

— Memoriale alla città d'Avignone, di Loreto di Franco... Vicario generale dell'istessa Città. — *Avignone, Giov. Bramereau*, 1631, in-4°, 11 ff. n. ch. - 48 p.

[Sur la peste d'Avignon].

[Ms. **2.924**, n° 17.

— Vita del glorioso S. Agricola vescovo, et protettore della citta d'Avignone, descritta dal Dottor P. Loreto de Franco... — *Avignon, Jean Bramereau*, 1626, in-4°, pièce (28 p.).

Fonds Massilian-Moutte et Requien.

2 ex. [Ms. **2.440**, n° 1, et **2.952**, n° 15.

FRANCO (Nicolo) et GIOVANNINI (Ercole). — Li due Petrarchisti dialoghi di Nicolo Franco e di Ercole Giovannini : ne'quali con vaga dispositione si scuo prono bellissime fantasie, nuovi, e ingegnosi secretti sopra il Petrarca... — *Venise, impr. Barezzo Barezzi*, 1623, in-12, VIII ff. n. ch. - 198 p.

2 ex. [8°, **27.003** et **27.006**.

FRANÇON (F.). — F. Françon... Le Palais des Papes « en Avignon ». — *Lyon, A. Rey et Cie*, 1909, gr. in-4°, pièce (46 p.), fig. et pl.

[4°, **7.767**.

FRANSOY (Ch.-Ag.). — Discours historique sur la Mission d'Avignon en 1819. Par M. Ch. Ag. Fransoy,... — [*Avignon, Alphonse Bérenguier*, 1819], in-8°, pièce (24 p.), grav.

Fonds Chambaud et Requien.

3 ex. [8°, **25.815**, n° 4. — Ms. **2.548**, n° 16, et **3.018**, n° 45.

— Fragment historique sur l'église métropolitaine d'Avignon, par Ch.-Ag. Fransoy. — *Avignon, Alphonse Bérenguier*, 1819, in-8°, pièce (37 p.), fig.

5 ex. [8°, **12.564**, **28.785**, **28.860**, n° 3, et **33.814**. — Ms. **3.000**, n° 2.

— Histoire de la ville d'Avignon, par Ch.-Ag. Fransoy... Prospectus. — [*Avignon, F. Seguin*, 1818], in-4°, pièce (4 p.).

(Suit un bulletin de souscription.)

[Ms. **2.970**, n°s 30 et 31.

— Pétition à Monsieur le Préfet du département du Gard [au sujet de la chapelle des Pénitents gris de Villeneuve-lès-Avignon. Signé : Fransoy, avocat. 21 mai 1819]. — [*Avignon, impr. H. Offray*, 1819], in-4°, pièce (8 p.).

2 ex. [8°, **29.473**. — Ms. **2.970**, n° 37.

FRARY (A.), architecte du département de Vaucluse. — Monumens de sculpture, peinture, architecture, etc., de l'ancien Comtat Venaissin et des villes circonvoisines dessinées sur les lieux, par A. Frary,... — *Paris, l'auteur*, s. d., in-4°, 97 p., pl.

2 ex. [4°, **2.847** et **3.852**.

FRÉCON (Pierre). — Pierre Frécon. La navigation du Rhône. — *Lyon, A. Rey*, 1907, in-8°, 282 p.

Don de l'auteur.

[4°, **7.529**.

FRÉDÉRIC II, roi de Prusse. — Esprit du chevalier de Folard, tiré de ses commentaires sur l'Histoire de Polybe, par Main de Maître [Frédéric II, roi de Prusse]... Nouvelle édition. — *Berlin, C.-F. Woss, et Lyon, J.-M. Bruyset*, 1761, in-8°, viii-378 p. - iii ff. n. ch., 24 pl.

[8°, **17.222**.

FRÉRON (Louis-Marie-Stanislas). — Mémoire historique sur la réaction royale et sur les massacres du Midi, avec des notes et des pièces justificatives, par le citoyen Fréron, ex-député à la Convention nationale, et commissaire du Gouvernement dans les départemens méridionaux. — *Paris, Louvent et Marchant*, etc., an IV, in-12, 299-viii p.

[8°, **14.449**.

— Autre ex. suivi de : 1°) Isnard à Fréron. *Paris, impr. Du Pont*, an IV, in-12, 28 p. — 2°) Cadroy, membre du Conseil des Cinq-Cents, à ses collègues, sur le Mémoire de Fréron. [*Paris, impr. nationale*, an IV], in-12, 24 p. — 3°) Réponse de Durand-Maillane au mémoire de Fréron sur le Midi. *Paris, s. n.*, an IV, in-12. 48 p.

[8°, **26.030**.

— Autre édition. [Précédée d'une « notice sur la vie de Fréron »]. — *Paris, Baudouin frères*, 1824, xiv-390 p.

[8°, **26.031**.

— Edmond Poupé. Lettres de Barras et de Fréron en mission dans le Midi. — *Draguignan, impr. Latil*, 1910, in-8°, ix-222 p. Dépôt de l'Etat.

[4°, **8.507**.

FRESSENET (C.-A.). — Opinion de C.-A. Fressenet, député du département de l'Ardèche, sur plusieurs questions relatives aux crimes commis à Avignon, et aux détenus pour ces crimes ; prononcée à L'Assemblée Nationale le 16 mars 1792. — *S. l. n. d.* [1792], in-8°, pièce (19 p.)

[Ms. **3.014**, n° 6.

FREYCINET et REGARD. — Approvisionnement des départemens de la Drôme, l'Ardèche et Vaucluse. Compte rendu au ministre de l'Intérieur par Freycinet et Regard. — [*Paris, impr. H.-J. Jansen et Cie*], an IV, in-4°, 83 p.

[Ms. **2.966**, n° 18.

FRONTIN (Dominique-André). — Epithalame, le dix-sept de janvier dix-huit-cent-neuf, lancé par l'instituteur Frontin (Dominique-André) [à l'occasion du mariage de Mlle de Puy avec M. de Cambis d'Orsan]. — *S. l. n. d.*, in-8°, placard.

[4°, **3.634**, n° 10.

FROSSARD (E.-B.-D.). — Tableau pittoresque, scientifique et moral, de Nismes et de ses environs, à vingt lieues à la ronde ... par E.-B.-D. Frossard... — *Nîmes, Bianquis-Gignoux*, 1834-1835, 2 vol. in-8°, viii-160 p. et viii-232 p., pl.

Villeneuve-lez-Avignon. Orange. Ile de la Barthelasse, Mme de Ganges. Glanum. Innocent VI. St-Laurent-des-Arbres, etc.

[8°, **26.190**.

FROSSARD (Louis). — L'Impartial ou réfutation de l'écrit intitulé : « Marseille. Nismes et ses environs en 1815 [par Durand] ». [Par Louis Frossard]. — *Paris,* chez les marchands de nouveautés, 1818, in-8°, 75 p.

[8°, **26.317**, n° 13.

— L'Impartial ou Réfutation de la troisième partie de l'Ecrit intitulé : « Marseille, Nismes et ses environs en 1815 (2ᵐᵉ partie), [par Durand] » ; suivie de quelques Observations sur l'écrit intitulé : « Les crimes d'Avignon [par Victor Augier] ». Par Mʳ F... [Frossard]. — *Tarascon, impr. Elisée Aubanel*, 1818, in-8°, 52 p.

2 ex. [8°, **26.317**, n° 12. — **Ms. 3.015**, n° 50.

— Notre dernier mot à l'occasion d'une abjuration publique [à Avignon. *Signé :* Louis Frossard]. — [*Avignon, impr. Bonnet fils*, 1843], in-8°, pièce (19 p.)

Fonds Chambaud et Requien.

2 ex. [**Ms. 2.551**, n° 72, et **3.009**, n° 7.

— Quelques mots à l'occasion de l'article de l'Indicateur : Abjuration de deux protestans [à Avignon. *Signé :* Louis Frossard]. — [*Avignon, typ. Bonnet fils*, 1843], in-8°, pièce (4 p.)

Fonds Chambaud et Requien.

2 ex. [**Ms. 2.551**, n° 71, et **3.009**, n° 5.

— Vues prises à Avignon, Villeneuve, Orange, Arles et autres lieux circonvoisins ; accompagnées d'un texte descriptif, de souvenirs historiques et de divers itinéraires, par Louis Frossart. — *Paris, L.-R. Delay*, 1841, in-4°, 88 p., 12 pl.

[4°, **3.853**.

FRUTIÈRE (Chanoine). — Allocution prononcée au mariage de M. Achille Masse, avec Mˡˡᵉ Fernande Seren dans l'église Saint-Agricol à Avignon le 9 mai 1896. Histoire d'une Confrérie de femmes peu commode par M. le chanoine Frutière,... — *Avignon, François Seguin*, 1896, in-8°, pièce (8 et 12 p.).

[8°, **29.995**.

FUNDATIO magni collegii Sabaudiæ de Annessiaco nuncupati in Civitate Avenionen., pro laicis studentibus in Studio legali, facta per bon. mem. Eminentissimum Joannem Alarmet de Broniaco in Sabaudia. S. R. E. Card. episcop. Hostien. et vicecancellar., ad perpetuam posteritatem D.D.D. Sabaudia. — *S. l. n. d.*, in-4°, pièce (v ff. n. ch.).

[**Ms. 2.942**, n° 79.

FUZET (Mgr F.). — Inventaire du terrier de l'évêché d'Avignon. [*Signé :* F. Fuzet]. — *S. l. n. d.*, in-4°, pièce (2 p.), pl.

(Extrait de la *Revue de l'art chrétien*, tome III, 2ᵐᵉ livraison, avril 1885).

[4°, **2.475**.

— Mémoire sur le culte de sainte Casarie à Villeneuve-lez-Avignon, par l'abbé F. Fuzet,... — *Nîmes, impr. Gervais-Bedot*, 1887, gr. in-8°, pièce (42 p.), pl.

[8°, **12.550**.

— Panégyrique de saint Agricol, évêque et principal patron d'Avignon, prononcé le 7 septembre 1884, en l'église paroissiale de Saint-Agricol par M. F. Fuzet, ... — *Avignon, Aubanel frères*, 1884, in-12, pièce (16 p.).

[8°, **13.504**.

— Panégyrique de sainte Casarie prononcé en la fête de son 13ᵉ centenaire dans l'église parois-

siale de Villeneuve-lez-Avignon, le 3 juillet 1887, par l'abbé F. Fuzet,...—*Nîmes, impr. Lafare frères*, 1887, in-8°, pièce (20 p.).
[8°, **12.551**, n° 1.

— Mgr Fuzet. Pétrarque à Vaucluse. — *Rouen, G. Cacheux*, 1904, in-18, 173 p.
[8°, **34.731**.

G

G. — [Relation par M. G., de Carpentras, d'une fête champêtre célébrée près de Carpentras en l'honneur de M. Alexis Singier, directeur du 4° arrondissement théâtral]. — *S. l. n. d.*, in-4°, pièce (1 ff. n. ch.).

(Extrait du *Journal d'Avignon*, du jeudi 27 juillet 1809, n° 48.)
[8°, **27.775**.

G. (C.). — Discours contre l'impiété, ou Essai sur l'égarement de l'esprit humain par M. C. G. — *Avignon, Fr. Seguin aîné*, 1819, in-8°, pièce (50 p.).

[A propos de la Mission d'Avignon].
[8°, **25.815**, n° 11.

GABRIELLI (CHARLES-FORT-JEAN-BAPTISTE, comte DE). — Manuel du provençal ou les provençalismes corrigés, à l'usage des habitants des départements des Bouches-du-Rhône, du Var, des Basses-Alpes, de Vaucluse et du Gard, par C. D G. [De Gabrielli]. — *Aix, Aubin, Marseille, Camoin et Masvin*, 1836, in 12, 276 p.
3 ex. [8°, **25.004, 25.005 et 25.006**.

— Autre édition avec le nom de l'auteur. — *Ibid.*, 1838, in-12, 276 p.
[8°, **8.508**.

GACHOT (ÉDOUARD). — La Question d'Avignon. [La question des remparts d'Avignon.] — N° 97 de l'*Armée illustrée*, 20 juillet 1901, in-fol., p. 453.

Don de M. F. Mistral.
[Fol. **5.075**.

GAFFAREL (PAUL). — Voir : CONGRÈS des Sociétés savantes de Provence... 1909. *Bergerac*, 1910, in-8°.
[4°, **8.064**.

GAGNAUD (A. DE). — Voir : GUILLIBERT (Hippolyte). Vaucluse... *Aix*, 1874, in-32.
[8°, **34.585**.

GAILHARD (NOËL). — Remontrances de la noblesse de Provence au Roy, pour la révocation des arrests de son Conseil portans réunion à son domaine des terres aliénées et inféodées par les Comtes de Provence... Par le sieur Noël Gailhard...— *Aix, J.-B. et Et. Roize*, 1669, in-4°, 246 p. et table.
2 ex. [4°, **1.094**. — Fol. **4.308**.

GAILLARD (GILLES). — Le Tableau du très-haut. très-illustre, et très-victorieux Frédéric-Henry,... prince d'Orange, comte de Nassau... par Gilles Gaillard, escuyer, d'Aix-en-Provence, habitant à Orange. — *Genève, P. Chouët*, 1641, in-4°, 156 p.

Ex. de De Véras.
[8°, **28.088**, n° 2.

GAILLARD (Léopold de). — Deux enclaves de l'ancienne France. Orange et sa principauté. Avignon et le Comtat Venaissin, par Léopold de Gaillard. — *Paris, de Soye et fils*, 1892, in-8°, 86 p.

Don de l'auteur.

[8°, **27.610**.

Autre ex. (Anc. archevêché d'Avignon).

[4°, **8.168**.

— Élections d'Avignon et de Carpentras (Vaucluse). Protestation de M. Léopold de Gaillard. — *Paris, impr. Ch. Jouaust*, 1862, in-8°, pièce (32 p.).

[8°, **26.591**.

GALIEN (Le P. Joseph). — Mémoire touchant la nature et la formation de la grêle et des autres météores qui y ont rapport, avec une conséquence ultérieure de la possibilité de naviger dans l'air à la hauteur de la région de la grêle, amusement physique et géométrique, par un ancien professeur de philosophie de l'Université d'Avignon [Le P. Joseph Galien]. — *Avignon, Antoine-Ignace Fez*, 1755, in-12, 1 ff. n. ch. - 87 p.

[8°, **24.621**.

GALLEANO (Martino). — Quinto Centenario del Petrarca celebrato in Francia nel 1874. Carme... [par Martino Galleano]. — [*S. Pier d'Arena, Vernengo*], s. d., in-fol., placard.

[8°, **34.608**.

GALLET (Jean-Charles). — Abrégé des observations et des réflexions sur l'éclipse solaire arrivée le 27 du mois de Janvier 1683... Par Mr Gallet. — *Avignon, A. Dupérier*, 1683, in-fol. pièce (11 ff. n. ch. - 24 p.).

[Ms. **2.939**, n° 27.

— Mercurius sub sole visus Avenione die septima novembris 1677. Observante me Ioanne Carolo Gallet I. V. D. præposito ecclesiæ Sancti Symphoriani Avenionensis. — [*Avenione, A Dupérier*], s.d., in-4°, pièce (3 p.).

Fonds Massilian-Moutte.

[Ms. **2.456**, n° 8.

GALLIA CHRISTIANA [vetus], qua series omnium archiepiscoporum et abbatum Franciæ vicinarumque ditionum, ab origine ecclesiarum... deducitur et probatur... Opus fratrum gemellorum Scævolæ et Ludovici Sammarthanorum, auctum et primò in lucem editum a Petro Abelio et Nicolao Sammarthanis... — *Paris, E. Pepingué*, 1656, 4 vol. in-fol.

T. 1er. P. 73 : Avenionenses episcopi et archiepiscopi. — T. II, fol. 173 : Aptenses episcopi. Fol. 197 : Arausicani episcopi. Fol. 437 v° : Cabilonenses episcopi et comites. Fol. 496 : Carpentoractenses episcopi. T. III, p. 1133 : Vasionenses episcopi. — T. IV : Abbatiæ.

[Fol. **2.775**.

GALLIA CHRISTIANA [nova], in provincias ecclesiasticas distributa, qua series et historia archiepiscoporum et abbatum Franciæ vicinarumque ditionum, ab origine ecclesiarum ad nostra tempora deducitur et probatur ex authenticis instrumentis ad calcem positis, opera et studio domni Dionysii Sammarthini..., [monachorum congregationis S. Mauri, Ordinis S. Benedicti, et Bartholomæi Hauréau]. — *Paris, J.-B. Coignard, impr. Royale et typ. Firmin-Didot*, 1715-1865, 16 vol. in-fol.

T. 1er, fol. 349 : Ecclesia Aptensis Col. 703 : Ecclesia Tricastinensis. Col. 763 :

Ecclesia Arausicana. Col. 793 : Ecclesia Avenionensis, Col. 893 : Ecclesia Carpentoractensis. Col. 919 : Ecclesia Vasionensis. Col. 939 : Ecclesia Cabellicensis.
[Fol. **2.776**.

GALLIA CHRISTIANA novissima. — *Voir* : ALBANÈS (Abbé J.-H.). Gallia Christiania novissima... *Montbéliard et Valence*, 1895-1911, 5 vol. in-fol.
[4°, **4.884**.

GAMBER (Chanoine STANISLAS). — Le comte Armand de Pontmartin, par M. le chanoine Stanislas Gamber... — *Marseille, impr. Barlatier*, 1912, in-8°, pièce (11 p.).
(Académie des Sciences, Lettres et Beaux-Arts de Marseille.)
Don de M. Frédéric Mistral.
[8°, **37.840**.

GAMS (Le P. PIE BONIFACE). — Series episcoporum Ecclesiæ catholicæ, quotquot innotuerunt a beato Petro apostolo ; a multis adjutis edidit P. Pius Bonifacius Gams... — *Ratisbonne, G.-J. Manz*, 1873, in-4°. (Avec le premier supplément paru en 1879).
[4°, **8.527**.

GAP (LUCIEN), instituteur en retraite, sous-bibliothécaire au Musée Calvet d'Avignon. — Acte d'habitation de la terre de Vitrolles-lez-Luberon (Vaucluse), du 20 mars 1504. Traduction française du XVIIe siècle publiée... par Lucien Gap,... — *Avignon, Seguin frères*, 1893, in-8°, pièce (43 p.).
Don de l'auteur.
[8°, **28.973**.

— Bibliographie. Actes anciens et documents concernant le bienheureux Urbain V... par feu M. le chanoine J.-H. Albanès... [*Signé :* Lucien Gap]. — Découpure des *Mémoires de l'Académie de Vaucluse*, 1899, p. 417-418.
Don de l'auteur.
[4°, **8.433**.

— Le château du Baucet (Vaucluse) au début du XVIIe siècle... par Lucien Gap... — *Paris, H. Champion*, 1910, in-8°, pièce (18 p.).
(Extrait de la *Revue du Midi*, 1910.)
Don de l'auteur.
[8°, **36.918**.

— Deux actes d'habitation trouvés dans les Archives de la commune de Mérindol communiqués par M. Lucien Gap. [*Suit* : Rapport de M. de Rozière sur une communication de M. Lucien Gap]. — [*Paris, impr. nationale*, 1896], in-8°, pièce (48 p.).
(Extrait du *Bulletin historique et philologique*, 1896.)
Don de l'auteur.
[4°, **8.432**.

— Essai sur l'Administration municipale, judiciaire et militaire de la commune de Séguret avant 1790, par Lucien Gap,... — *Paris, Alphonse Picard*, 1884, in-8°, 72 p., grav.
(Extrait du *Bulletin historique, archéologique et artistique de Vaucluse et des départements limitrophes*.)
Don de l'auteur.
[8°, **15.069**.

— Oppède au moyen-âge et ses institutions, par Lucien Gap,... — *Valence, impr. Valentinoise*, 1907, in-8°, pièce (51 p.).
(Congrès des Sociétés savantes de Provence, 1906.)
Don de l'auteur.
[4°, **7.456**.

— Lucien Gap,... Reforciat d'Agoult et Rodrigue de Luna, capitaines généraux du Venaissin pour le pape Benoît XIII ; leur role à Oppède et dans le Comtat. — *Paris, Champion*, 1908, in-8°, pièce (20 p.).

(Extrait des *Mémoires de l'Académie de Vaucluse*, 1908.)
Don de l'auteur. [4°, **7.525**.

— Rôle original des hommages rendus en mai 1251 à Alfonse de Poitiers, comte de Toulouse, pour des fiefs du Venaissin, publié... par Lucien Gap... — *Paris, H. Champion, Avignon, J. Roumanille*, 1912, in-8°, pièce (9 p.).

(Extrait des *Annales d'Avignon et du Comtat Venaissin*, 1912.)
Don de l'auteur. [8°, **38.005**.

— Tentative des protestants sur Séguret en 1578, par Lucien Gap... — *Valence, impr. Chenevier*, 1875, in-8°, pièce (18 p.).

(Extrait du *Bulletin de la Société départementale d'archéologie et de statistique de la Drôme*, année 1875.)
Don de l'auteur. [8°, **15.668**.

— Une Equipée de Rican Corvi, co-seigneur d'Aubignan contre l'abbaye de Silvacane, en 1358, par Lucien Gap,... — *Avignon, Fr. Seguin*, 1896, in-8°, pièce (12 p.).

(Extrait des *Mémoires de l'Académie de Vaucluse*.)
Don de l'auteur. [8°, **29.925**.

GARAMPI (Guiseppe). — Réponse aux recherches historiques concernant les droits du pape sur la ville et l'état d'Avignon ; avec les pièces justificatives. [Attribué à G. Garampi]. — S. l., 1769, in-8°, 75-94 p.

Voir : Caveirac (Abbé J. Novi de). Réponse aux recherches historiques... (Ci-dessus, col. 216).

2 ex. [8°, **26.569**, n° 2, et **31.823**, n° 1.

GARCIN (André-Marius). — Examen du prétendu droit qu'auraient eu les évêques d'Apt de frapper monnaie dans leur diocèse, par M. A.-M. Garcin. — *Apt, impr. J.-S. Jean*, 1865, in-8°, pièce (16 p.).

(Extrait des *Annales de la Société littéraire, scientifique et artistique d'Apt*, 1864.)
Don de l'auteur. [8°, **16.052**.

— Notice sur la vie et les travaux d'Esprit-Joseph Brun, architecte et ingénieur, par M. A.-M. Garcin... — *Avignon, François Seguin*, 1897, in-8°, pièce (24 p.).

(Extrait des *Mémoires de l'Académie de Vaucluse*, année 1897.)
Don de l'auteur. [8°, **30.468**.

GARCIN (Etienne). — Dictionnaire historique et topographique de la Provence ancienne et moderne, par E. Garcin... 2ᵉ édit. — *Draguignan, chez l'auteur*, 1835, in-8°, 2 vol., 611 et 612 p.

2 ex. [8°, **14.767** et **26.361**.

— Lettres à Zoé sur la Provence par E. Garcin... — *Draguignan, Fabre*, 1841, 2 vol. in-8°, 284 et 318 p.

[8°, **26.362**.

— Le nouveau dictionnaire provençal-français... précédé d'un abrégé de grammaire provençale-française, et suivie de la collection la plus complète des proverbes provençaux, par M. G. [Garcin]. — *Marseille, impr. Ve Roché*, 1823, in-8°, 385 p.

[8°, **24.989**.

— Autre édition avec le nom de l'auteur. — *Draguignan, Fabre*, 1841, 2 vol. in-8°, 560 et 539 p.

[8°, **24.991**.

GARCIN (François de). — Oratio ad... Clementem X. Pont. Opt.

Max., illustrissimis viris DD. Iosepho Francisco de Fougasses domino de Grugieres, et Francisco de Garcin I. V. D. Aggregato professore publico, ac lecture, seu regente ordinario, oratoribus civitatis Avenionensis, ejusdem nomine sanctissimo Domino Nostro obedientiam præstantibus, habita ab eodem Domino Francisco de Garcin anno 1671. et die 8. mensis Februarij. — *Romæ, ex typ. Dragondellianis*, 1671, in-fol., pièce (16 p.).

Fonds Massilian-Moutte et Requien.

4 ex [**Ms. 2.430**, n° 10, **2.451**, n° 23, **2.925**, n° 43, et **2.954**, n° 47.

GARCIN (Jean-Joseph-François de). — Adresse du citoyen Garcin, juge de paix du canton de Séguret, département de la Drôme, district de l'Ouvèze, à tous ses concitoyens. — *S. l. n. d.*, in-4°, pièce (16 p.).

[4°, **3.878**, t. I, n° 5.

— Discours prononcé par M. de Garcin, colonel de la Garde citoyenne de Séguret, le dimanche 8 août 1790, fête du pays. [En faveur de l'Assemblée représentative du Comtat. Suivent quatre suppliques et une adresse présentées à l'Assemblée représentative par la garde citoyenne et divers habitants de Séguret contre Just-Gabriel-Antoine Lagarde, prêtre, accusé de ne point remplir les devoirs à lui imposés par les bénéfices qu'il possède]. — *S. l. n. d.*, in-4°, pièce (13 p.).

[4°, **2.848**, n° 68.

GARCIN (Joseph-Malchior). — Motivi per impedire il Canale che si pretende fare nel Contado Venaissino. [*Signé :* Giuseppe Melchior Garcin...] — *S. l. n. d.* [1718].in-fol., pièce (xi ff. n. ch.).

Fonds Massilian-Moutte et Requien.

2 ex. [**Ms. 2.459**, n° 6, et **2.941**, n° 98.

GARDEL. — Mirsa, ballet en action, de la composition de M. Gardel l'ainé,... et remis sur le théâtre d'Avignon, par le Sr. Brulo fils ainé, dans le mois de juin 1787. — *Avignon, T. Domergue*, s. d., in-8°, pièce (8 p.).

[8°, **8.730**, n° 3.

GARNIER (Etienne-Barthélémy). — Funérailles de M. Carle Vernet. Discours de M. Garnier, membre de l'Académie, prononcé aux funérailles de M. Carle Vernet, le 29 novembre 1836. — [*Paris, impr. Firmin-Didot*], s. d., in-4°, pièce (6 p.).

(Institut royal de France. Académie des Beaux-Arts.)

[**Ms. 2.974**, n° 135.

GARRIGAN (Jacques). — Requête présentée par le Sr. Garrigan, imprimeur-libraire de cette ville, le 13 mars 1781, a... Messieurs les consuls et assesseur de cette ville [d'Avignon, pour faire contraindre le S' Giroud fils à construire un pont sur le fossé qu'il a creusé pour l'arrosage de sa métairie de Michel-Rouge.] — *S. l. n. d.*, in-4°, pièce (3 p.).

Fonds Massilian-Moutte.

[**Ms. 2.459**, n° 47.

GASPARIN (Adrien-Etienne-Pierre de). — Histoire de la ville d'Orange et de ses antiquités ; ornée de 6 gravures en taille-douce. Par M' de Gasparin, ainé. — *Orange, Joseph*

GASPARIN (A.-E.-P. de). Bouchony, 1815, in-8°, xii-152 p., 6 pl.

3 ex. [8°, **15.070**, **17.316** et **26.616**.

GASSIER (Alfred), poète vauclusien. — Alfred Gassier. Théâtre romantique : Artevelde. Nicolas Flamel. Œuvres posthumes avec une préface de M. Paul Ginisty, une notice biographique [par M. Michel Jouve] et le portrait de l'auteur. — *Paris, B. Grasset*, 1912, in-12, xxvi-307 p., port.

Don de M. Michel Jouve.

[8°, **37.677**.

GASTOUÉ (Amédée). — Amédée Gastoué. Les anciens Chants liturgiques des églises d'Apt et du Comtat. — *Grenoble, Botrel*, 1902, in-8°, pièce (30 p.), musique.

Don de l'auteur.

[8°, **33.720**.

— Amédée Gastoué. Inventaire des anciens manuscrits liturgiques conservés dans l'église d'Apt. — *Avignon, Aubanel frères*, 1900, in-8°, pièce (14 p.).

[8°, **32.420**.

— Amédée Gastoué. La musique à Avignon. Conférence faite à Avignon... le 24 janvier 1900, au concert de la « Schola Cantorum ». — *Avignon, F. Seguin*, 1900, in-12, pièce (14 p.).

Don de l'auteur.

[8°, **31.738**.

— La musique à Avignon et dans le Comtat du XIV° au XVIII° siècle (avec transcriptions de pièces anciennes). [*Signé* : A. Gastoué]. — *Estratto dalla Rivista musicale italiana, Torino, fratelli Rocca*, s. d., in-8°, 62 p., musique.

Don de l'auteur.

[8°, **35.070**.

GAUFRIDI (J.-F. de)

— Les principaux chants liturgiques du chœur et des fidèles avec l'ordre des funérailles, de la confirmation et du chemin de la Croix. Plain-chant grégorien traditionnel d'après les manuscrits. Notation musicale, avec indication du rythme et de la tonalité, par Amédée Gastoué. — *Paris, C. Poussielgue*, 1903, in-12, xxxi-201 p., musique.

(L'auteur a utilisé les manuscrits liturgiques de la bibliothèque d'Avignon et ceux de l'église d'Apt.)

Don de l'auteur.

[8°, **33.719**.

GATTEY (F.). — Eléments du nouveau système métrique suivis des tables de rapports des anciennes mesures agraires avec les nouvelles, par F. Gattey... — *Paris, Bailly et Rondonneau*, an x-1801, in-8°, 219 p.

P. 210-211 : Vaucluse.

H. N. [8°, **2.120**, n° 5.

GAUDEMARIS (Cte Victor de). — Cte V. de Gaudemaris. Notre-Dame des Vignes et Visan ; documents et souvenirs. — *S. l. n. n.*, 1910, gr. in-8°, pièce (iv-15 p. - 1 fl. n. ch.), pl.

Don de l'auteur.

[4°, **8.043**.

GAUDRY (Albert), FISCHER (P.) et TOURNOUËR (R.). — Animaux fossiles du Mont Léberon (Vaucluse). Etude sur les vertébrés par Albert Gaudry. Etude sur les invertébrés par P. Fischer et R. Tournouër. — *Paris, Savy*, 1873, gr. in-4°, 179 p., 16 pl.

H. N. [Fol. **31**.

GAUFRIDI (Jean-François de). — Histoire de Provence, par Messire Jean-François de Gaufridi... — *Aix, impr. Ch. David*, 1694,

2 vol. in-fol., feuillets liminaires - 862 p. et table, port.
[Fol. **3.445**.

GAUT (J.-B.). — Le cinquième Centenaire de Pétrarque. Extrait du *Mémorial d'Aix*, du 19 avril 1874. Almanach du sonnet. Vint sounet prouvençau. Académie du sonnet. Fête littéraire à la Fontaine de Vaucluse. |*Signé* : J.-B. Gaut.] — |*Aix, Vve Remondet-Aubin*], s. d. [1874], in-12, pièce (7 p.).
[8°, **34.572**.

— Essai historique sur la confiture ; mémoire lu aux assises scientifiques d'Apt, le 15 septembre 1862, par M. J.-B. Gaut. — *Marseille, Roux*, 1863, in-8°, pièce (38 p.).
Don de l'auteur.
[8°, **5.001**.

— Etude sur la littérature et la poésie provençales, par M. J.-B. Gaut. — *Aix, impr. Illy*, 1867, in-8°, 98 p.
Don de l'auteur.
[8°, **16.480**.

— *Voir* : GUILLIBERT (Hippolyte). Vaucluse... *Aix*, 1874, in-32.
[8°, **34.585**.

GAUTHIER. — Rapport fait au nom de la Commission des finances, chargée d'examiner le projet de loi, adopté par la Chambre des députés, tendant à approuver la convention passée entre l'Etat et la ville d'Avignon, au sujet de la cession de l'usufruit du Château des Papes, par M. Gauthier (Aude), sénateur. — [*Paris, impr. du Sénat*], s. d. [1902], in-4°, pièce (4 p.).
N° 234. Sénat. Année 1902. Session ordinaire. Annexe au procès-verbal de la séance du 28 mars 1902.
[4°, **6.174**.

GAUTIER (Le P.), de l'Oratoire. — Recueil de cantiques spirituels à l'usage des missions de Provence en langue vulgaire ; avec les airs notés à la fin.[Par le R. P. Gauthier]. — *Avignon, Domergue*, 1734, in-12, 276-44 p., musique.
2 ex. [8°, **25.167** et **28.469**.

GAVOTY (LAURENT DE). — Un savant historien de Provence. Alfred Saurel, étude biographique par Laurent de Gavoty. 2ᵐᵉ tirage. — *Marseille, bibliothèque des petits jeux floraux de Marseille*, 1889, in-8°, 65 p.
Anc. archevêché d'Avignon.
[8°, **37.356**.

GAY (Abbé ANDRÉ). — Elogé de santo Anno d'Apt ou lei gloiro de santo Anno... patrouno de la Prouvenço, 17 juillet 1862, par l'abbé A. Gay,... — *Avignon, impr. Fr. Seguin aîné*, 1863, in-8°, pièce (15 p.).
[8°, **28.689**.

— Histoire du village, du château et du fort de Buoux sous le rapport religieux, archéologique, géographique et descriptif par l'abbé A. Gay,... — *Forcalquier, impr. Aug. Masson*, 1866, in-8°, 111 p.
[8°, **14.961**.

Autre ex. (Anc. archevêché d'Avignon).
[8°, **37.212**.

— Notice historique sur saint Martian, patron des Eglises d'Apt et de Saignon. [Par l'abbé A. Gay]. — [*Avignon, Fr. Seguin aîné*], s. d., in-8°, pièce (4 p.).
[8°, **28.244**, n° 3.

— Le pèlerinage de Sainte Anne d'Apt ou histoire de la dévotion des peuples aux saintes reliques

GAY (Abbé André). — de la glorieuse mère de Marie depuis leur translation de Jérusalem en Provence jusqu'à ce jour. [Par l'abbé A. Gay]. — *Avignon, Seguin aîné*, 1851, in-12, 124 p.

[8°, **25.964**.

Autre ex.(Anc. archevêché d'Avignon.)
[8°, **37.422**.

— *Edit.* Borély (Le P. Elzéar). Les miracles de la grâce... en la vie de Ste Delphine... 3ᵉ édit. *Carpentras*, 1844, in-8°.

[8°, **25.917**.

GAY (Jules). — *Edit.* Nicolas III... Les registres de Nicolas III... *Paris*, 1898-1904, in-4°.

[Fol. **5.291**.

GAY (Thomas de). — Thomæ de Gay Juris C. oratio, habita Avenione 15 Cal. Aug. 1638 dum D. Franciscum de Laurens ex sorore nepotem promoveret. — *Avignon, J. Piot*, 1638, in-4°, pièce (8 p.).

Fonds Massilian-Moutte et Requien.
2 ex. [Ms. **2.451**, n° 11, et **2.952**, n° 23.

GAYET (Abbé Louis). — Le Grand Schisme d'Occident... par l'abbé Louis Gayet... — *Florence, Lœscher et Seebert, Berlin, S. Calvary*, 1889, 2 vol. in-8°.

[4°, **2.810**.

GÉNÉALOGIE de la famille Saurel de Malaucène. — *Marseille, librairie de la Provence poétique*, 1883, in-8°, pièce (16 p.).

Anc. archevêché d'Avignon.
[4°, **8.145**.

GÉNÉALOGIE de la maison de Carmejane, seigneurs de Pierredon, barons au Comté-Venaissin et en Provence, extraite du *Chartrier français* (tome II)...

— *Orléans, impr. Paul Masson*, 1868, gr. in-8°, pièce (32 p.), tabl.

[4°, **3.136**, n° 1.

[GÉNÉALOGIE de la Maison de Fortia. Extrait du *Mercure galant*, janvier 1696].— *S. l. n. n.*, 1696, in-12, p. 174-204.

[8°, **36.919**, n° 13.

GÉNÉALOGIE de la maison de Gérente, Jarento ou Jarente. — [*Avignon, Philippe Offray*, 1722], in-4°, pièce (27 p. - 1 fl. n. ch.).

[Ms. **2.942**, n° 30.

GÉNÉALOGIE historique de la Maison de Sabran-Pontevès. — *Paris, Firmin-Didot et Cie*, 1897, gr. in-4°, 205 p., sc., blas., tab. gén.

(Extrait de l'*Armorial général de France, registre supplémentaire*.) [Fol. **5.081**.

GÉNÉRAT (Pierre-Théophile). — Etude géographique et ethnographique sur les peuples qui avoisinaient le cours inférieur du Rhone et de la Durance avant la conquête de la Gaule par les Romains, et recherches sur les villes de Vindalium et Acria et sur le passage du Rhône par Annibal, par Th. Générat... — *Avignon, Clément St-Just*, 1860, in-8°, 44 p., cart.

Don de l'auteur.
[8°, **26.555**.

— *Voir* : Annuaire [officiel] du département de Vaucluse. 1860.
[8°, **31.409**.

GENSOLLEN (Joseph-Laurent). — Franc-Aleu de Provence. [Par Joseph-Laurent Gensollen, avocat au parlement d'Aix]. — *Aix, Joseph David*, 1732, in-4°, 295 p.

[4°, **3.873**.

GEOFFROY (Dominique-Jean-Baptiste-Ignace). — Lettre du Maire de la ville d'Avignon à M. le Préfet de Vaucluse, sur l'emploi des fonds destinés aux ateliers de charité, établis à la suite des inondations de 1840. [20 novembre 1841. *Signé* : Geoffroy]. — *Avignon, Bonnet fils*, [1841], in-8°, pièce (15 p.).

5 ex. |8°, **33.285**, **33.501** et **37.751**, n° 22. — **Ms. 2.551**, n° 62, et **3.007**, n° 69.

GEOFFROY (J.-B.). — Aperçu sur le choléra-morbus asiatique, ou pestilentiel [à propos de l'épidémie d'Avignon] ; par J.-B. Geoffroy, docteur en médecine de la Faculté de Paris. — *Avignon, Chaillot*, 1832, in-8°, pièce (24 p.).

2 ex. |8°, **24.748**. — **Ms. 3.003**, n° 61 *bis*.

GÉOGRAPHIE pittoresque et monumentale de la France. Littoral méditerranéen : Provence, Nice, Avignon. — *Paris, E. Flammarion*, [1903], gr. in-8°, paginé 449-608, fig., pl. et cart.

P. 449-479 : Département de Vaucluse.

|4°, **6.279**.

GÉOGRAPHIE pittoresque et monumentale de la France... Vaucluse. — *Paris, E. Flammarion*, s. d., gr. in-8°, pièce (p. 449-480), fig., pl. et cart.

(Extrait de l'ouvrage précédent.)

[4°, **6.596**.

GEORGE (Le P. Jacques). — La célébrité des devoirs honorables rendus dans la ville d'Avignon dès le 23 jusques au 31 de juillet 1622. A l'immortelle mémoire de S. Ignace de Loyola et S. François Xavier de la Compagnie de Jésus, canonisez à Rome par N. S. P. le pape Grégoire XV, le 12 de mars 1622... [Par le P. Jacques George]. — *Avignon, J. Bramereau*, 1622, in-4°, 84 p.

Fonds Massilian-Moutte et Requien.

2 ex. [**Ms. 2.445**, n° 2, et **2.924**, n° 12.

Ex. de l'abbé de Véras, incomplet (manquent le titre et les p. 81-82).

[**Ms. 2.439**, n° 2.

GÉRARD (François). — François Gérard, officier de santé, ex-premier interne de l'Hôpital [d'Avignon], à ses concitoyens, [18 décembre 1835]. — [*Avignon, impr. Peyri*], s. d., in-8°, pièce (3 p.).

[Réponse au mémoire de J. Béchet].

2 ex. |**Ms. 2.974**, n° 100, et **3.004**, n° 67.

— Du Choléra-Morbus de 1837 à Avignon, suivi d'un mémoire et d'une notice sur la même maladie ; par François Gérard,... — *Avignon, impr. Peyri*, 1837, in-8°, pièce (42 p.).

2 ex. |8°, **24.753**. — **Ms. 3.005**, n° 30.

— Notice sur le Choléra-Morbus observé à Avignon pendant les mois de juillet, août et septembre 1835, par François Gérard, médecin, ex-premier chirurgien interne de l'hôpital civil et militaire d'Avignon. — *Avignon, impr. Rastoul*, 1835, in-8°, pièce (31 p.).

3 ex. |8°, **24.750** et **29.887**. — **Ms. 3.004**, n° 65.

GÉRARDIN (J.-F.-L.). — Compte fait pour l'achat des cocons, le prix fixé à sols et liards, dans lequel on trouve le montant de chaque quantité, à francs, sols et liards, par Gerardin. — *Avignon, Toussaint Domergue*, 1778, in-8°, pièce (xvi ff. n. ch.).

[8°, **24.873**.

— Comptes faits en forme de tarif, dans lequel on trouve le montant des parties de soie vendues à florin, poids de douze onces, réduit en monnoie de France, dédié à la ville d'Avignon. [*Préface signée* : J.-F.-L. Gerardin]. — *Avignon, T. Domergue*, 1778, in-8°, 144 ff. n. ch.

[8°, **24.874**.

GERBER (Jean) et DOLLFUS (Edmond). — Mémoire sur la garance par MM. Jean Gerber et Edmond Dollfus... — *Paris, Bachelier*, 1853, in-8°, pièce (24 p.).

[8°, **4.888**.

GÉRIN-RICARD (Henry de). — Henry de Gérin-Ricard. Les stèles énigmatiques d'Orgon et de Trets. — *Avignon, impr. F. Seguin*, 1910, in-8°, pièce (7 p.), fig.

(Extrait des *Mémoires de l'Académie de Vaucluse*, 1910.)
Don de M. F. Seguin.

[4°, **7.884**.

GERMAIN (A.). — Léon Ménard, sa vie et ses ouvrages d'après les documents originaux les plus authentiques, manuscrits autographes, papiers de famille, etc., par A. Germain. — *Montpellier, impr. Jean Martel aîné*, 1857, in-4°, 137 p., port. et tabl.

[4°, **2.334**.

GERTENS. — *Voir* : Vie de François Pétrarque... *Aix*, 1874, in-8°.

[8°, **34.587**.

GESVALDO (Giovanni-Andrea). — *Voir* : Pétrarque (François). Il Petrarcha... *Venise*, 1541, in-4°.

[8°, **25.713**.

GÉVAUDAN (Mis de). — Une Nouvelle de Vaucluse, 1835. [*Signé* : Mis de Gévaudan]. — S. l. n. d., in-8°, pièce (vi ff. n. ch.), lithographié.

[8°, **37.816**.

GIANNINI (Crescentino). — *Edit.* Pétrarque (François). I Trionfi... *Ferrare*, 1874, in-8°.

[8°, **25.50?**.

GIBERT (Honoré). — Honoré Gibert. J.-P. Chastel, sculpteur provençal. — *Aix, Makaire*, 1873, in-12, 142 p.

Don de M. Paul Achard.

[8°, **17.136**.

GIÉRA (Jules). — Confrérie des Pénitents blancs d'Avignon associée à l'ordre des FF. Prêcheurs. Statuts et ordonnances avec un traité sur l'établissement de la même confrérie. [Par Jules Giéra]. — *Avignon, Aubanel frères*, 1858, in-8°, vi ff. n. ch. - 124 p. - v ff. n. ch. - 82 p.

(Contient une réimpression du Traité de l'établissement de la Compagnie de Messieurs les Pénitens blancs d'Avignon, fait par un religieux du Couvent des FF. Preschcurs d'Avignon [le P. Jean Mahuet]. *Avignon, P. Offray*, 1675, in-8°.)

2 ex [8°, **28.686** et **29.461**.

— La Vigne à l'école du phylloxera ; théorie rationnelle de viticulture. [*Préface signée* : Jules Giéra]. — *Avignon, J. Roumanille*, 1875, 50 p. in-8°, et 8 p. in-4°.

[8°, **7.098**.

GIFFON (J.). — Relation de tout ce qui s'est passé de plus mémorable, en la sollennelle octave de la canonisation de sainct François de Sales, evesque, et prince de Geneve, célébrée dans l'église du premier monastère des religieuses de la Visitation Ste-Marie, de la ville et cité d'Avignon, depuis le 29 may 1666 jusques au 6 juin inclusivement. Avec une sommaire description, de tout le superbe appareil que ces dignes religieuses ont dressé... Par le sieur J. Giffon,... — *Arles, F. Mesnier*, 1667, in-fol., pièce (9-28 p.)

Fonds Massilian-Moutte et Requien.

[Ms. **2.445**, n° 3.

Autre ex. (Visitation d'Avignon).

[8°, **15.783**.

GIGOY (RAYMOND), procureur de l'hôpital de Carpentras. — Recours des gens d'affaires pour la réduction des Monnoyes qui ont cours en ce pays du Comtat Venaissin... Par M* Raymond Gigoy,... — *Carpentras, Claude Touzet*, 1697, pet. in-4°, v fl. n. ch. - 102 p. - 1 fl. n. ch.

3 ex. [8°, **24.606** et **33.344**. — Ms. **2.926**, n° 35.

GILLES (ISIDORE). — Annibal et Cornelius Scipion (Passage du Rhône), par I. Gilles. — *Paris, Thorin, Marseille, Camoin*, 1872, in 8°, 73 p., pl.

Don de l'auteur.

[8°, **11.405**.

— Campagne de Marius dans la Gaule suivie de Marius, Marthe, Julie devant la légende des Saintes-Maries, par I. Gilles. — *Paris, Thorin*, 1870, in-8°, XIV-220 p., pl. et grav.

[8°, **29.600**.

— I. Gilles. La légende des Saintes-Maries. Réponse à la Tradition des Saintes Maries, essai critique, documents inédits de M. F. Reynaud... archiviste adjoint du département des Bouches-du-Rhône. — *Paris. Thorin, Marseille, Camoin*, 1874, in-8°, pièce (20 p.).

[8°, **12.098**.

— I. Gilles. Les voies romaines et massiliennes dans le département des Bouches-du-Rhône. — *Avignon, Seguin, Paris, Thorin*, 1884, in-8°, 60-270 p., cart.

[4°, **2.822**.

— I. Gilles. Saint Gens, ermite, et Boèce, évêque de Venasque. Venasque Aeria, voie directe de Marseille à Carpentras et en Italie par le Mont Genèvre. — *Avignon, Seguin frères*, 1885, in-8°, pièce (38 p.).

[1er supplément aux Voies romaines].

[4°, **4.557**.

— I. Gilles. Deuxième supplément aux Voies romaines et réponse aux critiques de M. Jullian. — *Avignon, Seguin frères*, 1886, in-8°, p. 39-52, pl.

[4°, **4.558**.

GILLET (JEAN-CLAUDE-MICHEL). — Discours qui a remporté le prix, au jugement du jury central d'instruction du département de Vaucluse, sur cette question : Quels sont les moyens de prévenir les Délits dans la Société ? Par Jean-Claude-Michel Gillet, accusateur public près le Tribunal criminel du département de Vaucluse. — *Carpentras, impr. J.-A. Proyet*, an VII, in-8°, XVI-28 p.

[Contient un rapport de Charles COTTIER].

[Ms. **2.996**, n° 18.

GILLOT DES FROIDS. — Magnificæ Civitati Avenioni... quòd lætitiam, ob exaltatum recèns summum Pontificem Pium Sextum, festis publicis explicet. Ode. [*Signé* : Gillot des Froids]. — *S. l. n. d.* [1775], in-4°, pièce (4 p.).

Fonds Massilian-Moutte et Requien.
2 ex. [**Ms. 2.439**, n° 56. et **2.953**, n° 80.

GINISTY (PAUL). — *Préf.* GASSIER (Alfred). Théâtre romantique... *Paris*, 1912, in-12.
[8°, **37.677**.

GINOUX (CH.). — Les sculpteurs Levray, Langueneux, Turreau, Veyrier, Turreau dit Toro, Maucord, prédécesseurs ou successeurs immédiats de Pierre Puget à l'atelier du port de Toulon (1639-1761), par Ch. Ginoux,... — *Paris, typ. E. Plon, Nourrit et Cie*, 1890, in-8°, pièce (41 p.).
[8°, **27.681**.

GIORGI. — *Voir* : MÉMOIRES sur la Révolution d'Avignon et du Comté Venaissin. . *S. l.*, 1793, 2 vol. in-4°.
2 ex. [4°, **3.700** et **4.249**.

GIOVANNINI (ERCOLE). — *Voir* : FRANCO (Nicolo) et GIOVANNINI (Ercole). Li due Petrarchisti dialoghi... *Venise*, 1623, in-12.
2 ex. [8°, **27.003** et **27.006**.

GIRARD, de Lourmarin. — Discours prononcé au Comité général des trente-deux Sections de Marseille, par un membre de la députation de Lourmarin [Girard], à la séance du 26 mai 1793. — [*Marseille, Brebion*, 1793], pet. in-8°, pièce (7 p.).
[8°, **27.231**, n° 22.

GIRARD (JOSEPH DE) et VERNÈDE DE CORNEILLAN (N. DE). — Invention de la filature mécanique du lin. Notes et observations adressées à MM. les Membres du Conseil d'Etat, du Corps Législatif et du Sénat. [*Signé* : Le chevalier Joseph de Girard et N. de Vernède de Corneillan]. — [*Paris, impr. Guiraudet et Jouaust*, 1853], in-4°, pièce (8 p.)
[4°, **5.034**, n° 5.

GIRARD (JOSEPH-FRÉDÉRIC), archiviste-paléographe, conservateur de la Bibliothèque et du Musée Calvet d'Avignon. — Catalogue des tableaux exposés dans les galeries du Musée Calvet d'Avignon, par Joseph Girard... — *Avignon, F. Seguin*, 1909, in-8°, 179 p.
[8°, **37.948**.

— Catalogue général des manuscrits des bibliothèques publiques de France. Departements, tome XLIV... Avignon, 2° supplément [par L.-H. Labande et J. Girard. Table par J. Girard]. — *Paris, Plon-Nourrit et Cie*, 1911, in-8°, p. 311-733.

(Ministère de l'Instruction publique et des Beaux-Arts.)
Dépôt de l'Etat.
[8°, **33.664**.

— Les Etats du Comté Venaissin depuis leurs origines jusqu'à la fin du XVIe siècle, par J. Girard. — *Mâcon, Protat frères*, 1902, in-8°, pièce (7 p.).

(Ecole Nationale des Chartes. Positions des thèses soutenues par les élèves de la promotion de 1903... Extrait.)
Don de l'auteur.
[4°, **6.242**.

— Les Etats du Comté Venaissin depuis leurs origines jusqu'à la fin du XVIe siècle, par Joseph

Girard,... — *Paris, H. Champion*, 1908, in-8°, xv-264 p.

(Extrait des *Mémoires de l'Académie de Vaucluse*, années 1906 et 1907.)
Don de l'auteur.
[4°, **7.493**.

— Joseph Girard. L'œuvre d'Esprit Calvet. — *Avignon, F. Seguin*, 1911, in-8°, paginé 161-209.

(Extrait des *Mémoires de l'Académie de Vaucluse*, 1911.)
Don de l'auteur.
[4°, **8.412**.

— Le Palais des Papes d'Avignon. [Par J. Girard]. — *Avignon, impr. Bernaud*, 1911, in-12, pièce (16 p.).

Don de la Mairie d'Avignon.
[8°, **37.486**.

— Joseph Girard... Un marchand avignonais au XIV° siècle. — *Paris, H. Champion*, 1910, in-8°, pièce (32 p.).

(Extrait des *Mémoires de l'Académie de Vaucluse*, 1910.)
Don de l'auteur. [4°, **7.853**.

— *Voir :* CONGRÈS archéologique de France. LXXVI° session tenue à Avignon en 1909... *Paris-Caen*, 1910, in-8°.
[8°, **37.750**.

GIRARD (JOSEPH-FRÉDÉRIC) et PANSIER (D' P.). — La cour temporelle d'Avignon aux XIV° et XV° siècles ; contribution à l'étude des institutions judiciaires, administratives et économiques de la ville d'Avignon au moyen-âge, par Joseph Girard... P. Pansier... — *Paris, H. Champion, et Avignon, J. Roumanille*, 1909, in-8°, 222 p.

(Recherches historiques et documents sur Avignon, le Comtat-Venaissin et la principauté d'Orange. I.)
[4°, **7.890**.

GIRARD (PAUL). — Paul Girard. L'abbé J.-B. Jalat, curé-doyen de l'Isle-sur-Sorgue, chanoine honoraire ; sa vie, ses œuvres. 1802-1891. — *Avignon, Seguin frères*, 1893, in-12, 118 p.

Don de l'auteur.
2 ex. [8°, **28.103** et **28.141**.

Autre ex. (Anc. archevêché d'Avignon).
[8°, **37.408**.

— Paul Girard. La guerre de 1870-71. La République du 4 septembre. Considérations, impressions, souvenirs. — *Avignon, F. Seguin*, 1911, in-12, vi-157 p.

Don de l'auteur.
[8°, **37.538**.

— Paul Girard. Une gerbe de souvenirs (1866-1909) : Souvenirs de L'Isle. Souvenirs religieux. Souvenirs politiques. Éloges funèbres. Souvenirs de voyages. — *Avignon, F. Seguin*, 1911, in-12, vi-383 p.

Don de l'auteur.
[8°, **37.607**.

— Paul Girard. Une visite au comte de Chambord à Frohsdorf le 14 septembre 1880. [Conférences au Cercle des Amis de l'Ordre d'Avignon, novembre 1880]. — *Avignon, F. Seguin*, 1908, in-8°, 180 p., port. et pl.

Don de l'auteur.
[8°, **36.854**.

GIRARD (PHILIPPE-HENRI DE). — Mémoire au Roi, aux Ministres et aux Chambres, sur la priorité de la France dans l'invention des machines à filer le lin, et sur les droits exclusifs de M. Philippe de Girard à la création de cette grande industrie. — [*Paris, impr. L. Bouchard-Huzard*], 1844, in-4°, pièce (30 p.).

2 ex. [4°, **3.352**, n°° 16 et 17.

GIRAUD, directeur de l'École normale et de l'Observatoire météorologique d'Avignon. — Résumé des observations météorologiques faites à l'École normale d'Avignon pendant l'année agricole 1878-79, par M. Giraud,... — *Avignon, impr. Seguin frères*, 1879, in-8°, pièce (31 p.).
(Société d'agriculture et d'horticulture de Vaucluse.)
[8°, **31.803**.

— Voir: BOUVIER (Marius), GIRAUD et PAMARD. Le Mont-Ventoux... *Avignon*, 1879, in-4°.
2 ex. [4°, **1.144** et **3.584**.

GIRAUD, ex-oratorien. — Vers prononcés par M. Giraud, de l'Oratoire... sous le titre de commandemens du parfait clubiste. — Voir: RICHARD. Discours de M. Richard, maire d'Avignon, un des députés du club de cette ville... *S. l. n. d.*, in-4°.
[Ms. **2.523**, n° 34.

GIRAUD (Abbé LOUIS-BERNARD), MARBOT (Abbé) et TERRIS (Abbé PAUL DE). — Souvenir du triduum célébré à l'Eglise métropolitaine d'Avignon en l'honneur du bienheureux J.-B. de la Salle les 15, 16, 17 juin 1888. Panégyriques par MM. l'abbé Giraud,... l'abbé Paul de Terris, ... l'abbé Marbot... — *Avignon, Aubanel*, 1888. in-8°, 56 p.
Anc. archevêché d'Avignon.
2 ex. [8°, **37.357** et **37.380**.

GIRAUD DE LA BOULIE (HIPPOLYTE). — H. Giraud de la Boulie. Généalogie de la famille de La Boulie (Quercy-Provence-Picardie). — *Avignon, F. Seguin*, 1909, in-8°, pièce (23 p.).
Don de l'auteur.
[8°, **36.739**.

— Seconde édition... — *Avignon, F. Seguin*, 1911, in-8°, pièce (26 p.), tabl.
Don de l'auteur.
2 ex. [4°, **8.381** et **8.383**.

— H. Giraud de la Boulie. Notices sur la famille Giraud (de la Cadière du Var) et sur les familles de la Boulie, Portalis et Gairoard (du Quercy et de la Provence). — *Avignon, impr. Fr. Seguin*, 1907, in-8°, pièce (17 p.).
Don de l'auteur.
[8°, **35.410**.

GIRAUD-MANGIN (MARCEL). — *Edit*. GOUPILLEAU (Ph.-Ch.-A.). Carnet de route... *Nîmes*, 1905, in-8°.
[4°, **6.734**.

— *Edit*. GOUPILLEAU (Ph.-Ch.-A.). Lettres intimes... *Nîmes*, 1906, in-8°.
[4°, **7.384**.

— *Edit*. ROVÈRE (J.-S.-F.-X.-A.) et GOUPILLEAU (Ph.-Ch.-A.). Correspondance intime... *Nîmes*, 1908, in-8°.
[4°, **7.588**.

GIRAUDY (R.). — Chant de reconnaissance, composé pour la fête donnée à M' Goswin de Stassart, préfet de Vaucluse, par MM. les Fonctionnaires publics, les Légionnaires, les Membres du Cercle du Commerce, la Garde-d'Honneur et les Citoyens notables de la ville d'Orange. Paroles de M' R. Giraudy, musique d'un amateur d'Orange. — *Orange, Joseph Bouchony*, 1810, in-8°, pièce (III ff. n. ch.).
[Ms. **2.997**, n° 35.

GIRE (ADRIEN). — Notice sur Paul Demangelle, élève de l'Ecole apostolique d'Avignon, décédé à Sainte-Garde, le 30 octobre 1884. [Par Adrien Gire]. — [St-Etienne, impr. Forestier], 1895, in-12, 63 p., port.

Anc. archevêché d'Avignon.

[8°, **37.372.**

GIRI (Giacomo). — In Occasione del centenario di Francesco Petrarca. Versi di Giacomo Giri. — Rome, Mugnoz, 1874, in-8°, pièce (14 p.).

[8°, **34.573.**

GIROD. — Description des pèse-monnoies ou balances à contrepoids [par le cit. Girod]. — [Avignon, impr. Mouriés, 1803], in-8°, pièce (1 ff. n. ch.).

[Ms. **3.017**, n° 56.

GISCLARD. — Allocution prononcée à la distribution des prix du Collège Royal d'Avignon, par M. Gisclard, proviseur. — [Avignon, L. Aubanel, 1845], in-8°, pièce (8 p.).

[Ms. **3.011**, n° 16.

GIVET (S. de). — La Restauration du Palais des Papes à Avignon. [Par S. de Givet]. — Le Monde illustré, n° du 14 nov. 1908.

[Fol. **5.228.**

GLEYSE - CRIVELLI (Pierre-Vincent) et VAISSIERES (François-Silvestre). — [Lettres et déclarations des sieurs Gleyse-Crivelli et Vaissières fils, demeurant à Avignon, sur l'attentat dont ils ont été victimes dans cette ville le 17 janvier 1819 et « sur les horreurs qui ont été commises dans le département de Vaucluse, depuis 1815 »]. — Bibliothèque historique, t. V, 1819, p. 345-354.

[Sur la Terreur blanche à Avignon].

[Ms. **3.015**, n° 53.

GNOLI (Umberto). — L'Arte Italiana in alcune gallerie Francesi di provincia (Digione, Avignone). [Signé : Umberto Gnoli]. — Rassegna d'arte, novembre 1908, p. 186-193.

[Fol. **5.255.**

GODEFROY (Eugène). — Voir : Taudière (Henry). Les libertés et les moyens de les restaurer... Avignon, 1903, in-16.

[8°, **33.826.**

GODLEWSKI (Charles). — Compte-rendu statistique de la maternité de Vaucluse pendant l'année 1902-1903, par Ch. Godlewski... — [Montpellier, impr. Delord-Bœhm et Martial], s.d., in-8°, pièce (24 p.).

(Extrait du Montpellier médical, 1904.)
Don de M. le Dr Pamard.

[4°, **8.463.**

GOIFFON (Abbé). — Villeneuve-lez-Avignon, son abbaye, sa Chartreuse, ses établissements religieux, sa paroisse, par M. l'abbé Goiffon,... — Nîmes, Grimaud, Gervais-Bédot, A. Catélan, 1884, in-8°, 124 p.

[4°, **6.229.**

GONDARD, maire de Pertuis. — Observations sur le projet de construire un pont de pierre sur la rivière de Durance. [Signé : Gondard, maire de Pertuis]. — [Aix, impr. Antoine Henricy, 1808], in-4°, pièce (6 p.).

[Ms. **2.534**, n° 14.

GONNET (Abbé Gilles-Chérubin-Eugène). — A Sainte Anne d'Apt. Paroles de M. l'abbé Gonnet ; musique de M. Dumont. — [Avignon, impr. Fr.

Seguin], s. d., in-4°, pièce (III ff. n. ch.).

(Supplément au N° 20 de Ste-Anne d'Apt.)

[4°, **4.442**, n° 7.

— M. l'abbé Arsène Odidier, notice biographique et nécrologique, par M. l'abbé E. Gonnet... Nouv. édit. — [Avignon, impr. F. Seguin], s. d., in-12, pièce (26 p.).

[8°, **31.584**.

— Les noces de vermeil de M. l'abbé A. Chouvet, 1874-19 décembre-1904, par M. l'abbé E. Gonnet... — Avignon, F. Seguin, 1904, in-8°, pièce (11 p.).

[8°, **34.801**.

— Petite monographie de l'Hospice Saint-Louis d'Avignon (sous forme de correspondance) par son aumônier actuel [l'abbé E. Gonnet]. Nouvelle édition revue et augmentée. — Avignon, François Seguin, 1900, in-8°, pièce (25 p.).

[8°, **31.715**.

— Souvenirs biographiques et funéraires. A la mémoire de G.-F. Imbert, par M. l'abbé E. Gonnet... — Avignon, chez l'auteur, s. d., in-12, 48 p., port.

[0°, **29.918**.

Autre ex. (Anc. archevêché d'Avignon).

[8°, **37.267**.

— Un ange de plus au ciel [A la mémoire de Mlle Marthe S(ervier), décédée le 30 mars 1860, au pensionnat du Sacré-Cœur d'Avignon], par M. l'abbé E. Gonnet... — Avignon, Seguin, 1860, in-18, 90 p.

Anc. archevêché d'Avignon.

[8°, **37.289**.

— Un voyage à travers ma vie sous forme de correspondance à un prêtre poète, ami de M. l'aumônier actuel de l'hospice St-Louis d'Avignon [E. Gonnet]. — Avignon, F. Seguin, 1900, in-8°, 28 p. et p. 27-33.

[8°, **32.308**.

— Une vierge de plus au ciel. A la douce mémoire de Mlle Joséphine Gonfond de Saint-Rémy décédée le 18 décembre 1894 au pensionnat du Saint-Sacrement d'Avignon. [Dédicace signée : E. Gonnet]. — Paris-Auteuil, impr. Fontaine, 1895, in-12, 44 p.

Anc. archevêché d'Avignon.

[8°, **37.278**.

GONTARD (PAUL), avocat à la Cour d'appel de Paris. — De l'organisation de la justice dans le Comté Venaissin sous la domination papale (1228-1791). Discours prononcé à l'ouverture de la conférence le jeudi 30 novembre 1882 par M. Paul Gontard,... — Paris, impr. Besnard jeune, 1883, in-8°, pièce (32 p.).

[Conférence Paillet, 29° année].

2 ex. [8°, **1.263**. — 4°, **4.317**.

GONTIER (JEAN-FRANÇOIS). — Excellentissimo principi Francisco abbati Niccolini... Prolegato Avenionensi...[Thèse, précédée d'un compliment au prolégat, présentée par Jean-François Gontier, à l'Université d'Avignon, sur ce sujet : « Qvæstio medica physiologica. Qua dyastole sanguine cor depletur, eadem ipsissima dyastole sanguine implentur arteriæ. »] — Avignon, M. Chastel, 1681, in-4°, pièce (7 p.).

Page 2 : Armoiries de François Niccolini, gravées par L. David.

[Ms. **2.939**, n° 22.

GOSSE. — Gasparin ou le héros provençal, roman éroti-comique, par le C. Gosse... — *Paris, André*, an 8, 2 vol. in-18, 103 et 100 p., grav.
[8°, **25.594**.

GOSSEC fils. — L'Élan sentimental de la reconnaissance au citoyen Dandrée, professeur de belles-lettres à l'École centrale du département de Vaucluse, séante à Carpentras. [6 germinal an VII. *Signé*: Gossec fils]. — [*Carpentras, J.-A. Proyet*], s. d., in-8°, pièce (3 p.).

Fonds Cottier.
2 ex. [8°, **25.074**, n° 9, et **35.192**.

GOUBET (Henri). — Rapport sur le prix d'honneur fondé par les anciens élèves du Collège St-Joseph d'Avignon, par M. Henri Goubet... — *Avignon, impr. F. Seguin*, 1909, in-8°, pièce (15 p.).

Don de M. F. Seguin.
[8°, **36.724**.

GOUDAREAU (Albin). — *Edit.* Goudareau (Olympe). Lettres... *Avignon*, 1873, in-12.
[8°, **27.927**.

GOUDAREAU (Jules). — Vieil intérieur de province, par M. Jules Goudareau... — *Marseille, impr. Barlatier*, 1909, in-8°, pièce (11 p.).

(Académie des sciences, lettres et beaux-arts de Marseille. Séance du 10 juin 1909.)
Don de l'auteur.
[8°, **36.821**.

— *Voir*: Digonnet (Félix) et Goudareau (J.). Le théâtre antique d'Orange... *Avignon*, 1897, in-8°.
[8°, **30.259**.

GOUDAREAU (Olympe). — Lettres de Madame Olympe Goudareau, souvenirs et témoignages d'amitié chrétienne suivis d'une notice [par Albin Goudareau]. — *Avignon, Aubanel*, 1873, in-12, xxvii-511 p., port. et pl.

(A la fin : copie manuscrite d'une notice nécrologique sur Albin Goudareau par A. de Pontmartin.)
[8°, **27.927**.

GOUDIN (Le P. Antoine). — Ill^{mus} Dominus D. Dominicus de Marinis archiepiscopus Avenionensis ex ordine Prædicatorum assumptus post funera superstes et immortalis virtute, doctrina, perpetuis utriusque monimentis, exhibente R. P. F. Antonio Goudin,... — *Lugduni, A. Jullieron*, 1669, in-4°, pièce (11 ff. n. ch. - 28 p.).

Fonds Massilian-Moutte.
[Ms. **2.458**, n° 8.

— Oraison funèbre de Monseignevr... F. Dominique de Marini, archevesqve d'Avignon : mise en françois sur la latine, qui fut prononcée à Avignon le 3. Iuillet 1669, dans l'Eglise Métropolitaine de Nôtre-Dame de Doms... par le R. P. Antoine Goudin,... [*Dédicace signée par le traducteur*: Antoine de Charnes]. — *Lyon, A. Jullieron*, 1669, in-4°, pièce (46 p.).

Fonds Massilian-Moutte et Requien.
4 ex. [4°, **2.124**, n° 4. — Ms. **2.451**, n° 21, **2.458**, n° 11, et **2.925**, n° 38.

GOUDOUR (Jacques). — Viri Dei Cæsaris de-Bus, congregationis Doctrinæ Christianæ institutoris vita, authore R.P. Iacobo Goudour... — *Toulouse, R. Bosc*, 1671, in-12, pièces liminaires - 383 p.

Doctrinaires d'Avignon.
[8°, **25.874**.

GOUGET (Agricol). — Une vesito a Betelèn dei Reialiste Avignounen nouvè... Paraulo de Gricò Gouget. — [*Avignon, impr. F. Seguin*, 1897], in-8°, pièce (11 ff. n. ch.).
[8°, **30.607**.

GOUIRAND (Paul). — Paul Gouirand. L'eau potable ; notions indispensables à l'hygiéniste, leur application à l'étude des eaux d'Avignon. Rapport présenté à la Société de médecine de Vaucluse... — *Avignon, impr. Aubanel*, 1911, in-12, 68 p.

(Extrait du *Bulletin et Mémoires de la Société de médecine de Vaucluse*, juillet 1911.)
Don de l'auteur. [8°, **37.150**.
Autre ex. (Don de M. le Dr Pamard).
[8°, **37.589**.

GOUJON-BRUNO. — Antiquités modernes. Carpentras dans le temps de Calaillon, 1789 (Vaucluse). [*Suit* : Compliment à Mgr l'archevêque d'Avignon. *Signé*: Goujon-Bruno].—[*Carpentras, impr. Proyet*, 1851], in-12, pièce (4 p.).
[8°, **37.533**.

GOUPILLEAU (Philippe-Charles Aimé). Carnet de route du conventionnel Philippe-Charles-Aimé Goupilleau en mission dans le Midi (1793), publié... par Michel Jouve,... et Marcel Giraud-Maugin. — *Nîmes, Debroas*, 1905, in-8°, 104 p.

(Documents sur la Révolution à Avignon et en Provence.)
Don de M. Michel Jouve.
[4°, **6.734**.

— Lettres intimes du conventionnel Ph.-Ch.-Ai. Goupilleau (de Montaigu) en mission dans le Midi après la Terreur (1794-1795), publiées d'après les manuscrits de la bibliothèque de Nantes avec une introduction et des notes par Michel Jouve,... et Marcel Giraud-Mangin... — *Nîmes, Debroas*, 1906, in-8°, 80 p.

(Documents sur la Révolution à Avignon et dans le Languedoc.)
Don de M. Michel Jouve.
[4°, **7.384**.

— *Voir* : Rovère (J.-S.-F.-X.-A.) et Goupilleau (Ph.-Ch.-Ai.). Correspondance intime du conventionnel Rovère avec Goupilleau (de Montaigu)... *Nîmes*, 1908, in-8°.
[4°, **7.588**.

GOURDAN (Pierre de). — Oraison funèbre de Monsieur Louis Marie de Suarez, protonotaire du Saint Siège, consulteur du S. Office de l'Inquisition et prevost de l'église métropolitaine de N. Dame de Dons d'Avignon... [*Dédicace signée* : P. de Gourdan,...] — *Avignon, P. Offray*, 1674, in-12, vi ff. n. ch. - 131 p.

Collection Moutte et Requien.
3 ex. [8°, **17.165, 25.940**, n° 2, et **31.508**.
Autre ex. (Tolosoriens d'Avignon).
[8°, **26.951**.

GOURDAN (Simon). — Hymni sancto Rufo viro apostolico, primo Avenionensium episcopo, canonici ordinis ejus nomine insigniti patrono : nec non sancto Ollegario canonico regulari S. Rufi, deinde abbati, tum Barcinonensium episcopo, demum Tarraconensium archiepiscopo, ac apostolicæ sedis legato. [*A la fin* : Hos hymnos... offert, dicat, vovet F. Simon Gourdan, ... Die 6 octobris 1704.] — *Va lentiæ, J. Gilibert,* s. d., in-4°, pièce (12 p.).

[Ms. **2.440**, n° 8.

GRAFF, directeur des forges de Rustrel (Vaucluse). — Notice sur le gisement et le traitement des minerais de fer hydraté résinite des environs d'Apt... par M. Graff... — *S. l. n. d.*, in-8°, pièce (21 p.), 1 pl.

H. N. [4°, **171**.

GRAILLY (F. DE). — F. de Grailly. Révolte des Avignonais et des Comtadins contre le pape Eugène IV et leur soumission par le Légat Pierre de Foix (1433). — *Avignon, Fr. Seguin,* 1898, in-8°, pièce (27 p.).

(Extrait des *Mémoires de l'Académie de Vaucluse,* année 1897.)

[4°, **4.721**.

GRAND Annuaire-almanach. — *Voir :* ANNUAIRE - ALMANACH (Grand).

GRANDE ambassade du peuple libre d'Avignon, à l'assemblée nationale, pour se réunir à la France. Elle a été reçue hier au soir dans la salle même et a prononcé le discours suivant... [26 juin 1790]. — [*Paris, impr. Devaux*], s. d., in-8°, pièce (8 p.).

[Ms. **2.987**, n° 34.

GRANDE (La) lanterne magique de 1815 (n° 2). [Sur les événements de 1815 à Avignon et dans la région]. — *S. l. n. d.* [1815], in-8°, pièce (4 p.).

[Ms. **3.015**, n° 43.

GRANDJEAN (CHARLES). — *Edit.* BENOIT XI... Le registre de Benoît XI... *Paris,* 1883-1905, in-4°.

[Fol. **5.294**.

GRANEL (HENRI). — Henri Granel,... Histoire de la pharmacie à Avignon du XII° siècle à la Révolution ; notes et documents inédits. — *Paris, L. Pochy,* 1905, in-8°, x-88 p., pl.

Don de l'auteur.

[8°, **34.861**.

GRANGE (HENRI). — Henri Grange... Sommaires des lettres pontificales concernant le Gard (anciens diocèses de Nîmes, d'Uzès et parties d'Avignon et d'Arles) émanant des papes d'Avignon. XIV° siècle. 1re partie. — *Nîmes, Chastanier,* 1911, in-8°, 288 p.

[4°, **8.390**.

GRANGET (Abbé ETIENNE-ANTOINE). — Dissertation historique sur Bédarrides par l'abbé Granget. — *Avignon, typ. Bonnet fils,* [1854], in-8°, 54 p.

2 ex. [8°, **28.714** et **23.814**.

— Histoire du diocèse d'Avignon et des anciens diocèses dont il est formé, par l'abbé Granget... — *Avignon, Seguin aîné,* 1862, 2 vol. in-8°, XXIII-616 et 676 p.

2 ex. [8°, **12.559** et **25.793**.

Autre ex. (Anc. archevêché d'Avignon).

[8°, **37.311**.

GRANIER. — Détail historique des événemens qui sont arrivés à Mornas, en tout ce qui est relatif à Mondragon. [24 décembre 1792. *Signé :* Granier, président (de la Société Mondragonaise)]. — *S. l. n. d.*, in-8°, pièce (8 p.).

Fonds Chambaud.

[Ms. **2.542**, n° 40.

GRANIER (F.). — Notes sur l'établissement à Avignon des pauvres sœurs de Saint-François d'Assise, dites sœurs de la Corde. [Par F. Granier]. — *Avignon, Aubanel*, 1888, in-12, 80 p.

Anc. archevêché d'Avignon.

[8°, **37.369**.

GRAS (FÉLIX). — Félis Gras. Li Carbounié ; traduction française en regard. — *Avignon, J. Roumanille*, 1876, in-8°, 335 p.

[8°, **10.558**.

— Félix Gras. Li papalino ; nouvelles provençales avec la traduction française. — *Avignon, J. Roumanille*, 1891, in-12, 267 p.

[Catherine de Sienne à Avignon. Les cardinaux Avignonais. La barbe de Clément VI. La Tour des Anges, etc.].

[8°, **27.561**.

— Félix Gras. Le Romancero provençal, avec la traduction française littérale. — *Paris, Savine, Avignon, Roumanille*, 1887, in-12, 261 p., musique.

[8°, **10.573**.

— Félix Gras. Li rouge dóu Miejour. Rouman istouri emé la Traducioun francesco. — *Avignon, Vve J. Roumanille*, 1896, in-12, 461 p.

[8°, **30.600**.

— La Roumanço de Madaleno, per Félix Gras. — [Avignon, impr. Amédée Gros], s. d., in-32, pièce (XII ff. n. ch.).

[8°, **10.585**.

— Félix Gras. Toloza, geste provençale, avec la traduction française littérale. — *Paris, G. Fischbacher*, 1882, in-12, 501 p.

[8°, **10.572**.

— *Voir* : AUBANEL (Théodore) et GRAS (Félix). Discours... *Avignon*, [1874], in-8°.

[8°, **8.486**.

— *Préf.* BOUT DE CHARLEMONT (Hippolyte). La Cigale... 2° édit. *Avignon*, 1900, in-12.

[8°, **32.757**.

GRAS (SCIPION), ingénieur en chef des mines. — Description géologique du département de Vaucluse suivie d'une notice sur ses mines et ses carrières avec deux planches de coupes géologiques, par M. Scipion Gras,... — *Paris, F. Savy ; Avignon, Clément-St-Just*, 1862, in-8°, XIV-440 p., 2 pl.

[8°, **30.847**.

GRASSE (JEAN GASPAR DE). — Journal d'un chanoine au diocèse de Cavaillon (1664 à 1684). Fragments du livre de raison de Gaspar de Grasse, publiés... par Michel Jouve,... — *Nîmes, Debroas-Duplan*, 1904, in-8°, 80 p.

Don de l'auteur.

[4°, **6.597**.

GRASSON (JOSEPH). — Histoire burlesque et politique du régiment de Royal-Merluche, relative à la Révolution présente du Comté Venaissin, par Ran-tan-plan [Joseph Grasson], tambour de la milice citoyenne de C....tras [Carpentras]. — *En France, impr. de la Liberté*, 1790, in-8°, pièce (24 p.).

Fonds Chambaud et Requien.

3 ex. [8°, **33.423**. — Ms. **2.536**, n° 12, et **2.986**, n° 17.

— Ran-tan-plan [Joseph Grasson] ou les loisirs d'un tambour de la milice citoyenne de C...tras [Carpentras], étant de garde. — *En France, impr. de la Liberté*, 1790, in-12, pièce (27 p.).

Fonds Chambaud et Requien.

2 ex. [Ms. **2.536**, n° 13, et **2.986**, n° 18.

GRATIEN (Le P.), O. M. C. — Les statuts du chapitre général d'Assise (1340) [publiés d'après le ms. 719 de la Bibliothèque d'Avignon par le P. Gratien]. — *Etudes franciscaines*, n° de mars 1912, p. 308-313.

Don de l'auteur.

[4°, **8.431**.

GRÉGOIRE IX, pape. — Les registres de Grégoire IX, recueil des bulles de ce pape publiées ou analysées... par Lucien Auvray... — *Paris, Fontemoing*, 1896-1907, 2 vol. in-4°.

(Bibliothèque des Ecoles françaises d'Athènes et de Rome.)

[Fol. **5.286**.

GRÉGOIRE (J.-M.). — Chanson provençale du pèlerin de saint Roch, dans le temps que la ville d'Avignon s'est trouvée affligée de peste en l'année 1721 et 1722... [*Epitre dédicatoire signée* : J.-M. Grégoire,...] — *Avignon, C. Giroud*, 1722, in-4°, pièce (xviii-16 p.).

[En face du titre, armoiries de Charles Noël de Galéans de Castelanne, marquis de Salerne, seigneur des Issards. — *Signé* : P^us Sauvan scul.].

Fonds Massilian-Moutte et Requien.

4 ex. [8°, **28.479**. — Ms. **2.428**, n° 40, **2.928**, n° 30, et **2.942**, n° 33.

GRÉSY (Prosper-Joseph). — Exposition de peinture à Avignon. [*Signé* : P. Grésy]. — *La Tribune artistique et littéraire du Midi*, mai 1858, p. 90-97.

[8°, **31.773**.

GRIMAUD. — Aux Membres du clergé de Carpentras et aux révérends Pères Dominicains. [*Signé* : Grimaud. Carpentras, le 12 mars 1864]. — *Carpentras*, lith. *Athenosy*, s. d., in-4°, pièce (II ff. n. ch.).

Au sujet de l'œuvre de la Miséricorde. — Cet exemplaire est joint à la brochure de M. de Bélisy : M. Grimaud condamné par l'Eglise, etc. — Voir ci-dessus : col. 101.

[8°, **11.675**.

GRIMAUD (Abbé Auguste). — Panegiri prouvençau de Sant Gèns prounouncia lou dimenche, 16 de mai... pèr M. l'abat Aguste Grimaud... — *Avignon, Aubanel*, 1886, in-8°, pièce (39 p.).

Ancien archevêché d'Avignon.

2 ex. [8°, **37.348** et **37.400**.

— Panegiri prouvençau de Santo Ano prounouncia dins la basilico d'At, lou 27 de Juliet 1885... pèr M. l'abat Aguste Grimaud .. — *Apt, impr. J.-S. Jean*, 1885, in-12, pièce (33 p.).

Don de l'auteur.

[8°, **28.964**.

Autre ex. (Anc. archevêché d'Avignon).

[8°, **37.397**.

— Li quaranto-dos mounjo d'Aurenjo. Poésie historique lue dans la séance commémorative du congrès eucharistique... par M. l'abbé Auguste Grimaud,... — *Avignon, Aubanel*, 1884, in-12, pièce (30 p.).

Ancien archevêché d'Avignon.

[8°, **37.374**.

— L'abat Grimaud,... La santo Crous de Mount-Ventour, discours prounouncia lou 28 Je juliet 1891 au pèlerinage beni pèr Mounsegne l'archevesque d'Avignoun. — *Avignon, Aubanel*, 1891, in-8°, pièce (16 p.).

Anc. archevêché d'Avignon.

[4°, **8.164**.

GRIVOLAS (C.) fils, premier commis aux archives du département de Vaucluse. — Dictionnaire général des adresses du département de Vaucluse... par C. Grivolas fils,... Années 1878-1879. — *Avignon, Seguin frères*, s. d., in-8°, 598 p.

2 ex. [8°, **27.447** et **31.431**.

GROS frères. — *Voir:* ANNUAIRE officiel... de Vaucluse,... *Avignon*, 1875 et 1876, 2 vol. in 8°.

[8°, **31.429** et **31.430**.

GROS (AMÉDÉE). — *Voir:* GUIDE-ANNUAIRE d'Avignon, etc... *Avignon*, 1895, in-8°.

[8°, **31.436**.

GROSJEAN (C.). — Précis historique sur la ville d'Avignon et le palais apostolique avec la chronologie des papes qui y ont siégé, et des légats et vice-légats qui y ont résidé... [Par C. Grosjean]. — *Avignon, impr. Chaillot*, 1841, in-12, 24 p., pl.

[**Ms. 3.007**, n° 79.

GROSSI (J.). — Stances sur la nouvelle chapelle que Monseigneur... Hyacinthe Libelli, archevêque d'Avignon, a fait bâtir dans son église métropolitaine. [*Signé* : J. Grossi,...] — *S. l. n. d.*, in-4°, pièce (4 p.).

Fonds Massilian-Moutte et Requien.

2 ex. [**Ms. 2.440**, n° 5, et **2.952**, n° 32.

GROSSY (PAUL-ANTOINE). — Beati Petri de Lvxembvrgo elogivm Habitum à nob. Adolescente Paulo. Antonio Grossy,... In Basilica sacra RR. PP. Cælestinorum Avenionis Die 5. Mensis Julij eidem Divo sacra. M.D.C.LX. — *Avignon, G. Bramereau*, 1660, in-4°, pièce (18 p.).

[Sur le titre, gravure représentant Pierre de Luxembourg en extase, 1620].

[**Ms. 2.925**, n° 20.

Autre ex. sans la gravure du titre.
Fonds Massilian-Moutte.

[**Ms. 2.445**, n° 8.

GROTHE (D' HERMANN). — Philippe de Girard l'inventeur de la filature mécanique du lin, par D' Hermann Grothe. — *Berlin, Julius Springer*, 1873, in-8°, pièce (24 p.).

[Avec un exemplaire des traductions russe et allemande de cette brochure].

[4°, **3.352**, n°s 8, 10 et 11.

GROUCHY (EMMANUEL DE), maréchal de France. — Discours prononcé par Son Excellence M. le comte de Grouchy, président à vie du collège électoral du département de Vaucluse, à l'ouverture de la session de ce collège. [Février 1811]. — [*Avignon, impr. Seguin*, 1811], in-4°, pièce (4 p.).

Fonds Chambaud et Requien.

2 ex. [**Ms. 2.534**, n° 58, et **2.969**, n° 66.

— Discours prononcé par Son Excellence M. le comte de Grouchy, président à vie du collège électoral du département de Vaucluse, immédiatement après la formation du bureau définitif du collège. [Février 1811]. — [*Avignon, impr. Seguin*, 1811], in-4°, pièce (2 p.).

Fonds Chambaud et Requien.

2 ex. [**Ms. 2.534**, n° 60, et **2.969**, n° 67.

— Discours prononcé par Son Excellence M. le comte de Grouchy, colonel-général des chasseurs à cheval, président à vie du collège électoral du département de Vaucluse, en annonçant la clôture de la session. [Février 1811]. — [*Avignon*,

impr. Seguin, 1811], in-4°, pièce (3 p.).
Fonds Chambaud et Requien.
2 ex. [**Ms. 2.534**, n° 62, et **2.963**, n° 68.

GRU-BETTI (ANTONIO). — A Francesco Petrarca, il quinto centenario della di lui morte Francia e Italia celebranti in Avignone, Valchiusa ed Arquà nel diciottesimo giorno di luglio MDCCCLXXIV l'ingegnere Antonio Gru-Betti,... questi sensi d'onore consacra... — *Arezzo, T. Sgricci*, 1874, in-8°, pièce (11 ff. n. ch.).
[8°, **34.604**.

— Fiori nella tomba di Francesco Petrarca. [Par Antonio Gru-Betti]. — [*Arezzo, T. Sgricci*, 1874], in-8°, pièce (11 p.).
[8°, **34.595**.

GUENDE (BLANCHE) et RÉGUIS (J.-F.-M.). — Esquisse d'un prodrome d'histoire naturelle du département de Vaucluse, par Mlle Guende et le docteur Réguis. 1er fascicule. Vertébrés. — *Paris, J.-B. Baillière et fils*, 1894, in-4°, pièce (47 p.).
Don des auteurs.
[4°, **5.200**.

GUERGUIL (Abbé). — Oraison funèbre de Monseigneur Jean-Louis de Balbis de Bertons de Crillon, archevêque et primat de Narbonne, président-né des Etats de Languedoc... ; prononcée à Montpellier le premier Décembre 1752...par M. l'abbé Guerguil... — *Paris, impr. Vincent*, 1753, in-4°, pièce (47 p.), blas. et port.
[**Ms. 2.953**, n° 8.

GUÉRIN, directeur de la pépinière départementale de Vaucluse. — Notice sur le pastel et la culture de cette plante [dans le département de Vaucluse. *Signé* : Guérin, directeur de la pépinière départementale]. — *S. l. n. d.* [commencement du XIXe siècle], in-12, pièce (4 p.).
[**Ms. 2.997**, n° 41.
Autre ex. H. N. [8°, **I.796**, n° 20.

GUÉRIN (EUGÈNE). — Note sur les réclamations de divers souscripteurs du canal de Pierrelatte contre leur inscription au rôle des redevances pour l'exercice 1890. [*Signé* : E. Guérin, avocat, sénateur de Vaucluse]. — *Avignon, impr. Seguin*, s. d., in-4°, pièce (26 p.).
(Conseil de Préfecture de Vaucluse.)
[4°, **6.331**.

GUÉRIN (JOSEPH-RAYMOND). — Motif de démission de M. Guérin, fils. [*Signé* : Guérin, fils.] — *S. l. n. d.*, in-4°, placard.
[Démission d'officier municipal d'Avignon. 21 décembre 1791.]
Fonds Chambaud et Requien.
2 ex. [**Ms. 2.523**, n° 147, et **2.960**, n° 117.

GUÉRIN (JOSEPH-RAYMOND et JOSEPH-XAVIER-BÉNÉZET). — *Voir* : MÉMOIRE publié par le Licée de Vaucluse... sur les inondations de la ville d'Avignon...*Avignon*, an 10, in-8°.
2 ex. [8°, **16.941**, t. I, n° 2, et **25.804**, t. I, n° 2.

GUÉRIN (JOSEPH-XAVIER-BÉNÉZET), médecin des hôpitaux d'Avignon, conservateur du musée Calvet. — Abrégé de l'histoire d'Avignon à l'usage des voyageurs et des personnes qui désirent trouver réunis dans un petit nombre de pages les événemens les plus mémorables de cette histoire, par J. Guérin... — *Avignon, impr. Jacquet,* 1841, in-32, 120 p.

3 ex. [8°, **15.054**, **26.602** et **26.603**.

— Cours d'histoire naturelle, par J. Guérin, médecin, professeur à l'École Centrale du département de Vaucluse. — [*Carpentras, impr. Vincent Raphel,* an V], in-8°, pièce (8 p.).

[Plan du cours professé par J. Guérin].
Fonds Chambaud et Requien.

2 ex. [**Ms. 2.545**, n° 1, et **3.014**, n° 38.

— Description de la fontaine de Vaucluse, suivie d'un essai sur l'Histoire naturelle de cette source, auquel on a joint une Notice de la vie et des écrits de Pétrarque,... par J. Guérin,... — *Avignon, Chambeau,* (an 12) 1804, in-12, 1 vol. en 2 parties, xii-139 et 156 p., pl.

(La seconde partie est intitulée : Pétrarque considéré comme amant, poète et philosophe.)
Ex. donné par l'auteur à Guillaume Puy, maire d'Avignon.

[8°, **15.396**.

— Seconde édition. — *Avignon, Fr. Seguin aîné,* 1813, in-18, xii-312 p., pl.

[8°, **15.398**.

— Discours sur l'histoire d'Avignon, suivi d'un aperçu sur l'état ancien et moderne de cette ville, et sur les monumens et les objets qui peuvent fixer l'attention des voyageurs, par J. Guérin,... — *Avignon, Vve Guichard,* 1807, in-12, 142 p.

2 ex. [8°, **14.993** et **31.441**, n° 1

— Fragmens d'une Topographie physique et médicale du département de Vaucluse ; présentés à l'École de médecine de Montpellier, le 3 juillet 1807, par J. Guérin,... pour obtenir le grade de docteur en médecine. — *Montpellier, impr. Auguste Ricard,* [1807], in-4°, 56 p.

2 ex. [4°, **3.609**, n° 3, et **3.851**, n° 2.

— Mesures barométriques, suivies de quelques observations d'histoire naturelle et de physique faites dans les Alpes françaises, et d'un précis de la météorologie d'Avignon ; par J. Guérin,... — *Avignon, Guichard aîné,* 1829, in-18, 213 p.

2 ex. [8°, **15.402** et **26.676**.

— Notice du Muséum Calvet. — [*Avignon, Guichard aîné,* 1829], in-18, paginé 219-317.

(Extrait de l'ouvrage de J. GUÉRIN, intitulé : Panorama d'Avignon, de Vaucluse... Avignon, Guichard aîné, 1829, in-18.

[8°, **26.996**.

— Observations faites à Visan, département de Vaucluse, relatives à l'éclipse totale de soleil du 8 juillet 1842, par J. Guérin,... — *Orange, Raphel aîné,* 1842, in-18, pièce (32 p.).

2 ex. [8°, **24.883**. — Ms. **3.008**, n° 37.

— Observations météorologiques faites à Avignon depuis 1802 jusqu'en 1812 inclusivement ; suivies de la hauteur de quelques points remarquables au-dessus du niveau de la mer. Par J. Guérin,... — *Avignon, Fr. Seguin aîné,* 1813, in-18, pièce (36 p.).

2 ex. [8°, **14.226** et **28.742**.

— Observations météorologiques, faites à Avignon ; suivies d'un tableau monographique des taches du soleil... par J. Guérin,

... — *Avignon, impr. Jacquet et Joudou*, 1839, in-18, 108 p.

[8°, **25.675**.

— Observations sur le plus ou moins d'exactitude des mesures barométriques, prises à de grandes distances du baromètre sédentaire, suivies de quelques recherches sur la pente du Rhône d'Avignon à la mer, et sur la pression moyenne de l'atmosphère au niveau de la Méditerranée. Par J. Guérin,... — *S. l. n. d.* [1839], in-18, pièce (36 p.).

[8°, **24.624**.

— Panorama d'Avignon, de Vaucluse, du Mont-Ventoux et du Col-Longet, suivi de quelques vues des Alpes françaises ; par J. Guérin,... — *Avignon, Guichard aîné*, 1829, in-18, 317 p., 8 pl.

[8°, **15.395**.

— Rapport sur la vaccination générale de l'arrondissement d'Orange, faite à la fin de 1809 et au commencement de 1810,... par J. Guérin,... — *Avignon, Bonnet fils*, 1810, in-8°, 92 p.

3 ex. [8°, **5.809** et **24.715**. — Ms. **2.997**, n° 39.

— Réflexions sur l'inoculation moderne, suivies de l'instruction de Jenner. Par J. Guérin, médecin, professeur d'histoire naturelle de l'Ecole Centrale de Vaucluse,... — *Avignon, François Chambeau*, an XI.-1803, in-8°, 40 p.

2 ex. [8°, **32.075**. — Ms. **3.017**, n° 55.

— Réflexions sur la vaccine, par M. le Docteur Guérin,... — [*Orange, Joseph Bouchony*, 1802], in-8°, pièce (3 p.).

3 ex. [8°, **24.716** et **33.216**. — Ms. **2.997**, n° 38.

— Le tombeau de Laure, fragment d'un ouvrage inédit sur les tombeaux d'Avignon, lu dans la séance publique de l'Athénée de Vaucluse, le 2 brumaire an XI, par J. Guérin,... — *Paris, chez les Marchands de nouveautés ; Avignon, Alphonse Bérenguier*, an XII.- 1804, in-8°, pièce (12 p.)

2 ex. [8°, **34.715**. — Ms. **3.018**, n° 1.

— Vers adressés à M. le baron de Stassart, dans la séance où il fut nommé président de l'Athénée de Vaucluse. [Par J. Guérin]. — *S. l. n. d.*, in-8°, pièce (4 p.).

2 ex. [8°, **26.804**, t. II, n° 3. — Ms. **2.997**, n° 37.

— Vie d'Esprit Calvet, suivie d'une notice sur ses ouvrages et sur les objets les plus curieux que renferme le Muséum dont il est le fondateur. [Par J. Guérin]. — *Avignon, Seguin aîné*, 1825, in-18, 194 p.

Fonds Moutte et Requien.

2 ex. [8°, **15.399** et **34.492**.

— Voyage à la Grande-Chartreuse et à la Trappe d'Aiguebelle ; suivi d'une notice sur les pétrifications des environs de Saint-Paul-Trois-Châteaux. Par le D' Guérin,... — *Avignon, Seguin aîné*, 1826, in-18, 108 p.

[8°, **28.491**, n° 2.

— *Voir* : MÉMOIRE publié par le Licée de Vaucluse... sur les inondations de la ville d'Avignon... Avignon, an 10, in-8°.

2 ex. [8°, **16.941**, t. I, n° 2, et **26.804**, t. I, n° 2.

— *Voir* : Pamard (J.-B.-A.-B.) et Guérin (J.). |Circulaire… pour demander des échantillons de minéraux recueillis dans toutes les communes du département de Vaucluse. An XI]. — *S. l. n. d.*, in-4°.

2 ex. [Ms. **2.533**, n° 78, et **2.968**, n° 89.

GUÉRIN (Louis), ancien chef du bureau des élections à la mairie d'Avignon et ancien conseiller municipal. — 1870-1878. Les Fraudes électorales dans Vaucluse dévoilées. Une confession par M. Louis Guérin,… — *Avignon, C. Maillet*, 1878, in-8°, 179 p.

Succession P. Grivolas.

[8°, **35.164**.

GUERRE (La) aux religieuses. [A propos des religieuses hospitalières d'Avignon]. — [*Marseille, M. Olive*], s. d., in-8°, pièce (3 p.).

(Extrait de la *Gazette du Midi*, 1ᵉʳ octobre 1844.)

4 ex. |8°, **33.312** et **37.751**, n° 48. — Ms. **2.979**, n° 7, et **3.010**, n° 28.

GUERRE (La) aux religieuses et autres pièces du moyen-âge en vers provençaux. [A propos des religieuses hospitalières d'Avignon]. — *Paris, Poussielgue*, 1844, in-12, pièce (47 p.).

Fonds Chambaud et Requien.

3 ex. [8°, **37.751**, n° 51. — Ms. **2.979**, n° 29, et **3.010**, n° 39.

GUIBAL (Georges), doyen honoraire de la Faculté des lettres d'Aix. — Le mouvement fédéraliste en Provence en 1793, par Georges Guibal,… — *Paris, Plon-Nourrit et Cie*, 1908, in-8°, II-315 p.

[4°, **7.498**.

GUIBERT (Joseph), du cabinet des estampes de la Bibliothèque nationale. — Les dessins du cabinet Peiresc au Cabinet des estampes de la Bibliothèque nationale, par Joseph Guibert…Antiquité. Moyen-Age. Renaissance. — *Paris, H. Champion*, 1910, in-fol., 103 p., port. et 24 pl.

[Fol. **5.254**.

GUICHARD (Jean-Joseph), imprimeur. — Adresse à Messieurs les Electeurs du département de Vaucluse. |*Signé* : Guichard, imprimeur]. — *S. l. n. d.* |1791], in-4°, pièce (1 fl. n. ch.).

|Ms. **2.968**, n° 84.

GUICHARD (P.). — P. Guichard. La chanson du Rhône. - *Lons-le-Saulnier, impr. L. Declume*, 1909, in-12, pièce (6 p.).

Don de M. Frédéric Mistral.

[8°, **36.749**.

GUICHEN (Vicomte de). — Vicomte de Guichen… Le duc d'Angoulême (1775-1844). 3ᵉ édit. — *Paris, Emile-Paul*, 1909, in-8°, VII-418 p., port.

|8 , **37.130**.

GUIDE-Annuaire d'Avignon, de la banlieue, du Pontet et de Montfavet… par Amédée Gros… 1895. — *Avignon, F. Seguin*, 1895, in-8°, 348 p.

|8°, **31.436**.

GUIDE commercial, administratif et statistique de la ville d'Avignon… 1860. *Voir* : Annuaire Fanot.

GUIDE (Le) de Provence illustré

[publié par A. Capeau]. — [Villedieu-Vaison, Macabet], 1904, in-8°, 75 p.

[4°, **6.248**.

GUIDE Fanot pour la ville d'Avignon... 1864, 1868 et 1871. — *Voir* : ANNUAIRE FANOT.

GUIDE (Le) fidèle du Tiers-ordre de la pénitence de notre séraphique père saint François, par un prêtre profès visiteur du Tiers-ordre pour le diocèse d'Avignon... — *Avignon, Seguin aîné*, 1858, in-18, 192 p.

[8°, **23.367**.

GUIDE pittoresque du voyageur en France... Département de Vaucluse. — *Paris, Didot*, s. d., in-8°, pièce (18 p.).

[8°, **27.233**, fol. 133.

GUIDE-rose d'Avignon et du département [publié par A. Capeau]. — [*Avignon, impr. Fr. Seguin*, 1899], in-16, 49 p., fig.

[8°, **31.468**.

GUIFFREY (JEAN) et MARCEL (PIERRE). — La peinture française. Les primitifs, par Jean Guiffrey et Pierre Marcel. — *Paris, Eggimann*, s. d., in-fol., 21 p. - LX planches.

[Tableaux des Musées d'Avignon, de Villeneuve-lès-Avignon, de Carpentras, des collections Biret, d'Avignon, et Martin, du Thor, de la cathédrale de Carpentras, etc.].
Don de M. Eggimann.

[Fol. **5.313**.

GUILHEM DE Ste-CROIX (GUILLAUME-EMMANUEL-JOSEPH, baron). — *Voir* : SAINTE-CROIX (Guillaume-Emmanuel-Joseph Guilhem de).

GUILHERMIER (JEAN-JULIEN-EUGÈNE DE). — Les vers à soie, poëme en deux chants, par M. E. de Guilhermier. Nouv. édit. — *Toulouse, Delsol*, 1842, in-8°, 59 p.

[8°, **25.124**.

GUILHERMIER (JEAN-PIERRE DE). — Discours en vers, sur l'inauguration du portrait de sa Sainteté dans la salle d'assemblée des Etats de la province du Comtat à Carpentras, lu dans l'assemblée générale du 26 avril 1780, par Mr de Guilhermier,... — S. l. n. d., in-8°, pièce (4 p.).
Fonds Massilian-Moutte.

2 ex. [8°, **27.233**. — Ms. **2.422**, n° 12.

— Illustrissimo... DD. Passionei prolegato Avenionensi carmen. [*Signé* : Joannes Petrus de Guilhermier Bollenensis.] — S. l. n. d., in-4°, pièce (11 fl. n. ch.).

[Ms. **2.930**, n° 27.

— In Exaltationem Pii VI. P. O. M. ab Avenione celebratam carmen. [Par J.-P. de Guilhermier]. — S. l. n. d., in-4°, pièce (3 p.).
Fonds Massilian-Moutte.

[Ms. **2.439**, n° 58.

GUILLAUMONT (Le P.). — L'enseignement à Orange. Discours prononcé à la cathédrale Notre-Dame d'Orange par le R. P. Guillaumont,... durant le triduum solennel célébré en l'honneur du bienheureux J.-B. de la Salle, fondateur des frères des Ecoles Chrétiennes. — *Avignon, Seguin*, 1889, in-8°, pièce (18 p.).

Anc. archevêché d'Avignon.

[4°, **8.159**.

GUILLELMIS (PIERRE-LOUIS DE). — Auguratæ Fælicitati, panegyricus. Illmo. D^{no}. Julio Mazarino, Auenionensis legationis vicelegato, et superintendenti generali militiæ, ad christianissimum regem nuntio. [*Signé :* De Guillelmis.] — *Avignon, J. Bramereau*, 1634, in-4°, pièces liminaires - 23 p.

Fonds Massilian-Moutte.

[**Ms. 2.431**, n° 29.

— Eminentissimo Cardinali Antonio Barberino Avenionensium legato, fæliciter maximo, principi nostro augurium. [*Signé :* De Guillelmis.] — *Avignon, J. Bramereau*, 1633, in-4°, pièce (15 p.).

Fonds Massilian-Moutte.

[**Ms. 2.431**, n° 28.

— Excellentissimo e (*sic*) reverendissimo domino D. Alexandro Columna e principibus Carbonianæ... prolegato Avenionensi et gubernatori generali status sanctissimi. [*Signé :* De Guillelmis, advocatus Avenionensis]. — *S. l. n. d.* [1664], in-8°, pièce (5 p.).

Fonds Massilian-Moutte.

[8°, **28.065**, n° 13.

— Lachrimæ, in obitum... Joannis Baptistæ de Tonduti, domini de Blauvac, almæ universitatis et urbis defensoris clarissimi... [Posuit Petrus Ludovicus de Guillelmis,... anno 1655. et 28. Augusti.] — *S. l. n. d.*, in-fol., placard.

Fonds Massilian-Moutte et Requien.

2 ex. [**Atl. 312**, n° 15. — **Ms. 2.450**, n° 5.

— Le Triumphe de la paix. A Monseigneur l'eminentissime cardinal Chisis (*sic*), legat d'Avignon. [*Signé :* De Guillelmis, advocat.] — *S. l. n. d.* [1664], in-8°, pièce (7 p.).

Fonds Massilian-Moutte.

[8°, **28.066**, n° 14.

— Triumphus injustitiæ in necem Christi. [*Dédicace signée :* De Guillelmis,...] — *Avignon, J. Bramereau*, 1646, in-4°, pièce (11 ff. n. ch. - 14 p.).

[**Ms. 2.451**, n° 15.

GUILLEMIN (Le P. JEAN-BAPTISTE-ODON). — Oraison funèbre de... Monseigneur Louis, dauphin, prononcée dans l'église du collège de la Compagnie de Jesus [d'Avignon], le 18 avril 1766. Par le P. Jean-Baptiste-Odon Guillemin,... — *Avignon, J. Garrigan*, 1766, in-4°, pièce (1 ff. n. ch. - 42 p.).

Fonds Massilian-Moutte et Requien.

3 ex. [**Ms. 2.445**, n° 59, **2.458**, n° 25, et **2.931**, n° 38.

GUILLIBERT (ERNEST). — *Trad.* VIE de François Pétrarque d'après Muratori... *Aix*, 1874, in-8°.

[8°, **34.537**.

GUILLIBERT (HENRI). — Elzéar Gaulridy [d'Apt], par Henri Guillibert,... — *Marseille, Bérard*, 1870, in-8°, pièce (31 p.).

[Lu à la Société littéraire, scientifique et artistique d'Apt, 1870].

Don de M. F. Mistral.

[8°, **33.650**.

GUILLIBERT (Baron HIPPOLYTE). — Brinde pourta pèr lou Baroun Guillibert, i noço dòu comte de Saqui-Sannes e de na Tereso de Gantèume d'Ille. — *Ais-de-Prouvenco,* [*Tacussel*], 1902, in-16, pièce (11 ff. n. ch.).

Don du Comte de Sannes.

[8°, **33.415**.

— La première ambassade française en Indo-Chine au XVII° siècle. Le chevalier de Forbin,

GUILLIBERT (Baron H.). — GUIMET (Jean).

amiral de Siam (1684-1688), par M. le baron Guillibert... — *Paris, A. Challamel*, 1908, in-8°, pièce (7 p.), fig.

(Extrait du Compte-rendu du Congrès colonial de Marseille.)
Don de M. Frédéric Mistral.
[4°, **7.719**.

— G. Hipp [H. Guillibert]. Ubaldino Peruzzi. Souvenirs du centenaire de Pétrarque. — *Avignon, J. Roumanille*, 1891, in-8°, pièce (15 p.).

(Extrait de la *Revue félibréenne*, t. VII.)
[4°, **6.572**.

— Vaucluse. Sonnets inédits de A. de Gagnaud, J.-B. Gaut, G. Hipp, A. Laforêt... recueillis à l'occasion de la fête de Pétrarque, par G. Hipp [H. Guillibert]. — *Aix, Vve Remondet-Aubin*, 1874, in-32, pièce (26 p.).
Don de l'auteur.
[8°, **34.585**.

GUILLIBERT (Pierre-Paul-Fidèle-Hippolyte). — Instruction sur les nouveaux poids et mesure comparés avec les anciens poids et mesures de l'arrondissement d'Apt (Vaucluse), par M. Hippolyte Guillibert. Nouvelle édition... — *Aix, impr. Nicot et Aubin*, 1840, petit in-4°, pièce (44 p.).
[8°, **24.952**.

GUILLOMONT (H. de). — Lettre adressée aux journaux de la Capitale. [Par H. de Guillomont]. Sérignan (Vaucluse), le 23 décembre 1836. [Au sujet de M. d'Hugues, maire de Sérignan.] — [*Orange, J. Escoffier*, 1836], in-8°, pièce (4 p.).
[Ms. **3.005**, n° 21.

— Quelques mots à propos du discours d'installation récité et publié par M. Jean-Henri d'Hugues, maire de Sérignan. [Par H. de Guillomont]. — [*Orange, J. Escoffier*, 1836], in-8°, pièce (6 p.).
[Ms. **3.005**, n° 22.

GUILLON (Abbé), recteur, coadjuteur à Notre-Dame la Principale d'Avignon. — Chanson sur la prise du fort Saint-Philippe, par M. le duc de Crillon. [Par l'abbé Guillon]. — *S. l. n. d.* [1782], in-4°, placard.
[Ms. **2.956**, n° 8.

GUILLON (Ch.). — Du cadastre suivant le nouveau mode, ou Examen des motifs qui doivent actuellement faire reprendre, dans Vaucluse, la suite de cette opération, laquelle est en pleine activité dans 80 départements depuis la session de 1823, par Ch. Guillon, géomètre en chef. — *Avignon, Bonnet fils*, 1824, in-8°, II ff. n. ch. - 42 p.
[Ms. **3.001**, n° 24.

GUIMET (Jean). — Opinion de Jean Guimet, député de la ville de l'Isle, à l'Assemblée représentative [du Comté Venaissin], au sujet de l'organisation de l'administration et de l'ordre judiciaire. Séance du soir du 7 octobre 1790. — [*Carpentras, D. G. Quenin*], s. d., in-4°, pièce (12 p.).
[*Suit* : « Tableau de la division du Comté Venaissin en districts et en cantons, pour l'organisation du pouvoir judiciaire, conformément à la Constitution française ». IV ff. n. ch.].
Fonds Chambaud et Requien.
3 ex. [4°, **2.848**, n° 80. —
Ms. **2.522**, n° 99, et
2.959, n° 52.

— Opinion de M. Guimet, au sujet de la Motion faite [dans l'assembléereprésentative du Comté Venaissin], par M. de Ste-Croix, portant « de supprimer toute imposition sur les grains et farines, perçue sous différents taux... et que les diverses communes ayent à pourvoir au plutôt au mode de remplacement. » — *S. l. n. d.* [1790], in-8°, pièce (12 p.).

[Ms. **3.012**, n° 33.

GUINAND (F.). — Découverte d'un Christ en buis de Jean Guillermin. [*Signé* : F. Guinand]. — Découpure de la *Revue lyonnaise*, n° du 15 septembre 1884, p. 294-312.

[8°, **12.937**.

GUINTRANDI. — Ode à Messeigneurs les princes Monseigneur le duc de Bourgogne et Monseigneur le duc de Berry. [*Signé* : G*** (Guintrandi)]. — *Avignon, F. Mallard*, 1701, in-4°, pièce (3 p.).

4 ex. [Ms. **2.439**, n° 25, **2.450**, n° 9, **2.941**, n° 23, et **3.882**, n° 2.

— Autre ex. [*Signé* : Guintrandi].

[Ms. **2.927**, n° 4.

GUION ou GUYON, commissaire des guerres près l'armée d'Italie. — Extrait, parte in quâ, d'une lettre écrite par le citoyen Guion fils, commissaire des guerres près l'armée d'Italie, au citoyen son père, administrateur du département de Vaucluse, imprimée par arrêté de l'administration centrale du même département, pour être envoyée à toutes les Administrations municipales de son ressort. Nice, 13 floréal, an 4°... — *S. l. n. d.*, in-4°, pièce (1 ff. n. ch.).

Fonds Chambaud et Requien.

2 ex. [Ms. **2.531**, n° 69, et **2.981**, n° 168.

GUIRAND (PIERRE). Les pleurs et soupirs de Pierre Guirand allosien sur le trépas très-regretté d'Anne Bouzonne, avignonnoise. — *Avignon, impr. L. Barrier*, 1586, pet. in-4°, 57 p.

[8°, **25.081**.

GUIRAUD (JEAN). — *Edit. URBAIN IV... Les registres d'Urbain IV... Paris*, 1899-1906, in-4°.

[Fol. **5.289**.

GUIRAUD (PIERRE-IGNACE). — Pierre-Ignace Guiraud, au gouvernement, à ses concitoyens. [Sur la Révolution à Avignon et à Villeneuve]. — *S. l. n. d.*, in-8°, pièce (24 p.).

[8°, **32.398**.

GUYARD (Le P. BERNARD). — La vie de S. Vincent Ferrier, religieux de l'ordre des Frères Prescheurs, divisée en deux parties... par le R. P. Bernard Guyard... — *Paris, D. Moreau*, 1634, in-12, pièces liminaires - 396 p.

Dominicains d'Avignon

[8°, **11.917**.

GUYON, chirurgien-major. — Rapport à Monsieur de Pusy, préfet de Vaucluse, sur un voyage à Arles, en Provence, à l'effet de constater la nature de la maladie de cette ville en octobre 1832 ; par M. Guyon, chirurgien-major, etc... — *Avignon, impr. Vve Guichard*, novembre 1832, in-8°, pièce (24 p.).

[Ms. **3.003**, n° 82.

GUYON, commissaire des guerres près l'armée d'Italie. — *Voir* : GUION ou GUYON. Extrait, parte in quâ, d'une lettre écrite par le citoyen Guion fils... *S. l. n. d.*, in-4°.

2 ex. [Ms. **2.531**, n° 69, et **2.981**, n° 168.

GUYON, maire de Carpentras. — *Voir* : DAMIAN, GUYON et DEVILLARIO. Discours prononcé... avant l'installation de la nouvelle municipalité de Carpentras... [*Carpentras*], s. d., in-4°.

[Ms. **2.524**, n° 47.

GUYON (LOUIS-HENRI DE). — Legatio inclitæ civitatis Avenionis ad Clementem IX. pont. max., illustrissimis DD. Joanne Josepho de Fogasses, domino et barone de la Bastie, etc., ac Ludovico Henrico de Guyon J. U. D. equite, et comite palatino oratoribus Avenionen. ejusdem civitatis nomine obedientiam præstantibus S. D. N., pronunciante eodem domino de Guyon Romæ in palatio Quirinali v. nonis februarii 1668. — *Rome, J. de Lazaris*, 1668, in-4°, pièce (12 p.).

Fonds Massilian-Moutte.

[Ms. **2.430**, n° 9.

H

H. (Marquis DE). — Description du festin donné par l'illustre François de M*** [Manne], chevalier de l'Eperon d'or, premier maître juré, chirurgien et seul pensionné de la ville D [Avignon]. [*Signé* : Le Marquis de H***]. — *S. l. n. d.*, in-4°, pièce (5 p.).

2 ex. [Ms. **2.928**, n° 35, et **2.942**, n° 50.

HAFFRINGUES (CHARLES D'). — Oratio Caroli d'Haffringues, I. V. D. et vicarii Reverendissimi Jacobi Sacrati, episcopi Carpentoractensis, habita Carpentoracti in funere Gregorii XIII Pont. Opt. Max. — *Avenione, typ. Ludovici Barverii*, 1585, pet. in-4°, pièce (xvi ff. n. ch.).

[Ms. **2.952**, n° 8.

HAITZE (PIERRE-JOSEPH DE). — Apologétique de la religion des Provençaux, au sujet de Ste Madelene, par Pierre-Joseph [de Haitze. *Suivi de* : Dissertation sur le symbole de Ste Marthe]. — *Aix, Vve Charles David et Joseph David*, 1711, in-12, 83-22 p.

[8°, **25.780**.

— Histoire de S. Benezet, entrepreneur du pont d'Avignon, contenant celle de l'Ordre des Religieux Pontifes, par Magne Agricol [P.-J. de Haitze]. — *Aix, Vve de Ch. David et J. David*, [1708], in-12, 168 p.

3 ex. [8°, **12.681**, **25.886** et **30.849**.

— Histoire de Sainte Rossoline de Villeneuve, de l'ordre des Chartreux, contenant celle de son culte par Pierre-Joseph [de Haitze].— *Aix, J. David*, 1720, in-12, 179 p.

[8°, **25.848**.

HALLAYS (ANDRÉ). — Avignon et le Comtat-Venaissin, par André Hallays. — *Paris, Laurens*, 1909, in-4°, 184 p., fig.

(Les villes d'art célèbres.)

[4°, **7.774**.

2° ex. (Dépôt de l'Etat).

[4°, **8.015**.

HAMON (Abbé A.-J.-M.). — Notre-Dame de France ou Histoire du culte de la Sainte Vierge en France,...Septième volume comprenant l'histoire du culte de la sainte Vierge dans les provinces ecclésiastiques d'Avignon, d'Aix et de Chambéry, par M. le Curé de Saint-Sulpice [l'abbé A.-J.-M. Hamon]. — *Paris, Henri Plon*, 1866, in-8°, III-559 p.

[8°, **28.190**.

HANOTAUX (Gabriel). — Histoire du cardinal de Richelieu, par Gabriel Hanotaux... — *Paris, Firmin-Didot*, s. d., 2 tomes en 3 vol. in-8°.

[Tome II, 2ᵉ partie, p. 255-265 : Richelieu à Avignon].

[4°, **6.176**.

HARANGUES pour toute la maison royale, dédiées au roi de France. [*Page 3* : Harangue au roy d'Espagne. — *Page 7* : Harangue pour Monseigneur. — *Page 9* : Harangue pour Monseigneur le duc de Bourgogne étant à Avignon. — *Page 11* : Harangue pour Monseigneur le duc de Berry]. — S. l. n. d., in-4°, pièce (13 p.).

[Ms. **2.927**, n° 2.

HASLEY (Mgr), archevêque d'Avignon. — Discours d'ouverture [du Congrès des œuvres eucharistiques tenu à Avignon, en 1882]. — *Voir* : RAYMOND (Chanoine H.). Le Congrès des œuvres eucharistiques tenu à Avignon les 13, 14, 15, 16 et 17 septembre 1882. *Avignon*, 1882, in-8°.

[8°, **28.920**.

HASSOUX. — Notice historique du Palais des Papes. [*Signé* : Hassoux]. — [*Avignon, impr. Bonnet fils*, 1839], in-8°, pièce (4 p.).

[Ms. **3.006**, n° 37.

HAURÉAU (Barthélémy). — *Edit*. Gallia Christiana [nova], in provincias ecclesiasticas distributa... *Paris*, 1715-1865, 16 vol. in-fol.

[Fol. **2.776**.

HAUTPOUL (Comtesse d'). — Mᵐᵉ la Mⁱˢˢ de Gévaudan (Antoinette-Marie-Henriette), née à Avignon, fille du marquis de Nogaret... [*Signé* : Mᵐᵉ la Comtesse d'Hautpoul]. — *Biographie des femmes auteurs contemporaines*, 3ᵐᵉ livraison, 1837, in-8°, pièce (p. 1-11).

[8°, **26.994**.

HEARN (J. Newton). — From Plymouth to Sunny Provence by J. Newton Hearn. [Sur Avignon et le Comté Venaissin]. — *Plymouth, W.-J. Jacobs*, s. d., in-12, pièce (34 p.), pl.

Don de M. G.-E. Broche.

[8°, **37.036**.

HELSEY (Edouard). — Le voyage de l'Université des Annales en Provence chez Frédéric Mistral et J.-H. Fabre. [Avignon, Villeneuve-lès-Avignon, Vaucluse, Orange, etc. *Signé* : Edouard Helsey]. — *Journal de l'Université des Annales*, tome II, n° 24, 25 novembre 1911, p. 618-692, photos et port.

Don de M. Alexis Mouzin.

[4°, **8.379**.

HENRI IV, roi de France. — Lettres inédites d'Henri IV, et de plusieurs personnages célèbres... imprimées... par A. Sérieys... — *Paris, Tardieu*, an X-1802, in-8°, XX-404 p.

[Contient quelques lettres d'Esprit Calvet au Cte de Caylus].

[8°, **9.145**.

Ex. d'Esprit Calvet.

[8°, **25.703**.

HENRY (Honoré), secrétaire de la ville d'Avignon. — Commentaires des guerres civiles de nostre temps, d'Honoré Henry, secretaire de la ville et cité d'Avignon : dediez a tresillustre Seigneur, Monseigneur François Fabrice de Serbellon, lieutenant, et surintendant pour nostre S. Pere le Pape, aux affaires de la Guerre, en Avignon, et au Comtat. — *Imprimé en Avignon, par Pierre Roux, M.D.LXV*, in-4°, iv ff. n. ch. - 48 ff.

La dédicace est datée d'Avignon, 24 décembre 1563. — Au v° du dernier feuillet, se trouve une courte poésie intitulée : *A la cité et peuple d'Avignon, Loys de Perussiis*, faisant l'éloge de la chronique en vers d'Honoré Henry.
Ex. donné par V. Chambaud à Requien.

[8°, **26.197**, n° 3.

— La magnifique entrée du reverendissime et tresillustre Seigneur, Monseigneur Alexandre, cardinal de Farnez, Vichancellier du Sainct siege Apostolique, et Legat de la Ville et Cité d'Avignon, faicte en icelle, le xvj. mars 1553. [Par Honoré Henry]. — *Et se vend en la boutique de Macé Bonhomme, aux Changes d'Avignon*, s. d., pet. in-4°, pièce (xviii ff. n. ch.)

Sur le titre, armoiries de la ville d'Avignon. — Au fol. signé Aij. : la préface ainsi dédiée: *Aux magnifiques seigneurs, Gilles Breton, Benedetto Beltran, Micheau Crozet, et Jehan Marie, consulz et assesseurs de la ville et cité d'Avignon : Honnoré Henry leur secretaire, dict humble Salut* — Au v° du dernier feuillet, on lit : *Imprimé en Avignon par Barthelemi Bonhomme. 1553.*
Ex. en mauvais état.

[**Ms. 2.952**, n° 4.

HÉRAUD. — Lettre à M. Bouche, membre de l'Assemblée nationale, en réponse à sa motion, du 17 juillet 1790, sur l'affaire d'Avignon. [Défense de Villeneuve-lez-Avignon. *Signature manuscrite :* Héraud]. — S. l. n. d., in-4°, pièce (4 p.).

Fonds Chambaud et Requien.

2 ex. [**Ms. 2.522**, n° 74, et **2.959**, n° 48.

HERBERT (P.). — L'inscription de l'arc d'Orange, par P. Herbert,... — *Paris, Desobry, F. Tandon et Cie*, 1862, in-8°, 103 p.

2 ex. [8°, **14.021** et **28.355**.

— Inscription de l'arc de triomphe d'Orange. Alphabets de crampons. Examen critique des crampons de l'arc d'Orange. Remarques diverses. [*Signé* : Herbert]. — [*Le Puy, B. Champanhac*, 1862], gr. in-fol., plac.

[4°, **3.181**.

HERMITE (L') du Luberon au solitaire du Mont-Ventoux. [Sur les réformes à introduire dans l'administration du Comtat]. — S. l. n. d [1790], in-8°, pièce (7 p.).

[**Ms. 2.986**, n° 28 *bis*.

HÉRON DE VILLEFOSSE (Antoine), membre de l'Institut. — A propos d'une inscription du Musée Calvet, par A. Héron de Villefosse,... *Paris, s. n.*, 1907, in-8°, pièce (37 p.).

(Extrait des *Mémoires de la Société nationale des Antiquaires de France*, t. LXVI.)
Don de l'auteur.

[8°, **35.391**.

— *Voir :* Congrès archéologique de France. LXXVI° session tenue à Avignon en 1909... *Paris-Caen*, 1910, in-8°.

HÉRON DE VILLEFOSSE (Antoine) et LABANDE (Léon-Honoré). — Les Mosaïques romaines de Villelaure (Vaucluse), par M. Héron de Villefosse,... et M. L.-H. Labande,... — *Paris, impr. Nat.*, 1903, in-8°, pièce (32 p.), pl.

(Extrait du *Bulletin archéologique*, 1903.)
Don de M. Labande.

[8°, **33.243**.

HERVET (Gentian). — Deux epistres aux ministres, predicans, et supposlz de la congregation et nouvelle église de ceulx, qui s'appellent fidèles, et croyans à la parolle. Gentian Hervet d'Orleans, la grace et paix de Jesuschrist. — *Avignon, Pierre Roux*, 1562, in-8°, pièce (xii ff. n. ch.).

Au dos du titre, on lit : « *V. P. Auenioni S.* — *Euge præstans Auenio,* — *Deo iam laudes concine :* — *Quæ duce Guidissonio* — *Christi sic cultum retines,* — *Læta sint tibi ut omnia* ».
Ex. donné par V. Chambaud à E. Requien.

[8°, **26.197**, n° 5.

HIPP (G.). — Pseud. de Guillibert (Hippolyte).

HISTOIRE de la vie, des miracles, et du culte du bienheureux Pierre de Luxembourg ; eveque de Metz et cardinal,... tirée des pieces originales conservées dans les archives du monastère royal des Célestins d'Avignon... enrichie de son portrait au naturel dans l'habillement en usage de son tems ; de la fondation du monastère par le roi Charles VI, sous le titre du Bien-heureux Pierre de Luxembourg ; d'un catalogue raisonné des principaux manuscrits dont la plûpart ont appartenu à Jean Gerson... et d'un abrégé de la généalogie de la maison de Luxembourg, le tout avec des notes historiques. Par souscriptions. — *Avignon, J. Garrigan*, 1765, in-4°. Titre seul.

[Ms. **2.445**, n° 55.

HISTOIRE véritable et prodigieuse d'un Ferrarois defrocqué qui mourut en l'Hospital S. Bernard d'Avignon, après le décéz duquel sortirent un nombre infini de fourmis de toutes les parties de son corps, et des papillons voletant autour de luy, sans qu'on les puisse dechasser, le tout se voit enregistré dans le susdict Hospital. — *Lyon, Pierre Roussin*, 1620, in-8°, pièce (16 p.).

[8°, **11.782**, fol. 84.

HOMBRES-FIRMAS (Le Baron L.-A. d'). — Notice biographique sur Joseph-Prosper Renaux, d'Alais, architecte [du département de Vaucluse] et géologue, par le Bon d'Hombres-Firmas. — [*Alais, impr. Vve Veirun*], s. d., in-8°, pièce (8 p.).

Don de l'auteur.

[8°, **26.953**.

HOMMAGE à mes concitoyens. — *S. l. n. d.* [1790], (manque le fontispice), in-8°, pièce (50 p.).

[Contient la traduction de la Convention du 9 mai 1251 et le texte de l'hommage prêté par les ambassadeurs de la ville d'Avignon en 1465, avec la confirmation des conventions].

Fonds Chambaud et Requien.

4 ex. [8°, **27.239**, t. II, n° 52, **27.077**, Ms. **2.536**, **16**, **2.984**, II **25**.

HOMMAGE bien mérité, par A.-P. Antonelle, maire d'Arles. [Poésie]. — *S. l. n. d.* [1790], in-8°, placard.

[Ms. **3.612**, n° 37.

HONNORAT (Simon-Jude). — Projet d'un dictionnaire français-provençal, ou dictionnaire de la langue d'oc ancienne et moderne... par S.-J. Honnorat... — *Digne, Repos*, 1840, in-8°, 80 p.

[8°, **24.988**.

— Dictionnaire provençal-français... par S.-J. Honnorat... [Prospectus et bulletin de souscription]. — [Marseille, impr. Olive, 1842], in-4°, pièce (7 p.).
[Ms. **2.977**, n° 134.

— Dictionnaire provençal-français ou dictionnaire de la langue d'oc, ancienne et moderne, suivi d'un vocabulaire français-provençal... par S.-J. Honnorat... — *Digne, Repos*, 1846-1848, 4 vol. in-4°.
[4°, **4.034**.

— Autre ex. auquel on a joint divers journaux contenant des comptes-rendus de l'ouvrage d'Honnorat.
Don de l'auteur à E. Requien.
[4°, **3.622**.

— Vocabulaire français-provençal par S.-J. Honnorat... — *Digne, Repos*, 1848, in-12, xvi-1158 p.
[8°, **8.389**.

HONORIUS IV, pape. — Les registres d'Honorius IV, recueil des bulles de ce pape publiées ou analysées d'après le manuscrit original des Archives du Vatican, par M. Maurice Prou... — *Paris, E. Thorin*, 1888, gr. in-4°, cxv-942 p.
(Bibliothèque des Ecoles françaises d'Athènes et de Rome.)
[Fol. **5.315**.

HUBNER (Julius). — Sul quinto Centenario della morte di Francesco Petrarca addi 18 del mese di luglio 1874. [Par J. Hubner]. — *S. l. n. d.*, in-fol., placard.
[8°, **34.606**.

HUGUES (Jean-Henri d'). — Exposé de l'esprit public de la ville d'Orange,... Par Jean-Henri d'Hugues, ex-capitaine d'une compagnie franche dans l'armée de Mgr le duc d'Angoulême... *Avignon, impr. Offray fils*, 1816, in-8°, pièce (22 p.).
[Ms. **2.998**, n° 38.

— Réponse à la lettre de F. Dumas. [Noble Jean-Henri d'Hugues, royaliste de 1789 ;... capitaine d'une compagnie franche de l'armée de Monseigneur le Duc d'Angoulême en mars 1815 ; maire provisoire d'Orange en juillet, août, septembre et octobre, même année ; actuellement capitaine de la garde nationale de la même ville : Au sieur Dumas, soldat volontairement parti sous les ordres du sieur Laurent, boulanger d'Orange, en 1792 ; officier dans l'armée d'Italie...; député au couronnement de l'usurpateur en 1804 ; capitaine de la garde d'honneur à pied, dite impériale, en 1808 ; adjudant-major de la cohorte de la même ville en 1813 ; enfin capitaine à l'armée de M^{gneur} le duc d'Angoulême en mars 1815 ; actuellement chef de la cohorte d'Orange. (1er mai 1816)]. — [*Avignon, impr. H. Offray fils*, 1816], in-8°, pièce (17 p. - III ff. n. ch.).
Fonds Chambaud et Requien.
2 ex. [Ms. **2.550**, n° 28, et **2.998**, n° 41.

HUILLARD-BRÉHOLLES (Jean-Louis-Alphonse). — Historia diplomatica Friderici secundi sive constitutiones, privilegia, mandata, instrumenta quæ supersunt istius imperatoris et filiorum ejus : accedunt epistolæ paparum et documenta varia. Collegit... J.-L.-A. Huillard-Bréholles... — *Paris, H. Plon*, 1852-61, 6 tomes en 12 vol., plus 1 vol. de préface et introduction, in-4°.

[4°, **2.227**.

HUILLIER, chanoine de Troyes. — Exposé et justification de la conduite du chapitre de Troyes, depuis la démission de M. de Boulogne, évêque de ce diocèse, par M. Huillier... — *Troyes, impr. Samton*, août 1814, in-8°, 170 p.

[8°, **28.460**.

HULIN. — Compte rendu à l'Assemblée Nationale, par M. Hulin, ci-devant commissaire du roi près le tribunal criminel d'Avignon, le 28 août 1792... — [*Paris, impr. nationale*, 1792], in-8°, pièce (6 p.).

[Ms. **3.016**, n° 37.

HUTTEAU. — Analyse de la vente du Comté d'Avignon, par la Reine Jeanne, au Pape Clément VI, pour répondre aux protestations du Pape Pie VII, dans le Concordat de 1817, au sujet de ce Comté ; par M. Hutteau, avocat au Parlement de Paris... — *Paris, Plancher*, 1818, in-8°, VIII-72 p.
Fonds Chambaud et Requien.

2 ex. [Ms. **2.548**, n° 9, et **2.999**, n° 11.

HYMNE (L') des Marseillais, analogue à la fête de la Victoire. Par un Avignonais. [10 prairial an IV]. — [*Avignon, impr. Vve Tournal*], s. d., in-8°, pièce (3 p.)
Fonds Chambaud.

[Ms. **2.544**, n° 71.

I

ICHER DE VILLEFORT (Baron D'). — Voyage à la fontaine de Vaucluse ; suivi d'un essai sur Pétrarque, par M. d'Icher de Villefort. — *Paris, s. n.*, 1809, in-8°, 54-273 p.

[8°, **27.010**.

ILLUSTRISSIMO et excellentissimo domino prolegato Rainerio Elcio, liberatori suo, Avenionensis civitas. Elegia. — *S. l. n. d.* [1722], in-fol., pièce (5 p.).
Ex. de l'abbé de Véras.

[4°, **5.656**.

ILLY (Abbé HUBERT). — Eloge funèbre de Monseigneur Terris prononcé par M. l'archiprêtre Illy, le samedi 18 avril 1885, dans la cathédrale de Saint-Silfrein. — *Carpentras, Tourrette*, s. d., in-12, pièce (24 p.).
Anc. archevêché d'Avignon.

[8°, **37.261**.

— Monographie de Saint-Siffrein et autres édifices religieux de Carpentras, par l'abbé I*** [Illy]. — *Carpentras, impr. Barbier*, s. d., in-8°, pièce (20 p.).
Anc. archevêché d'Avignon.

[8°, **37.336**.

IMBERT. — Examen de la brochure ayant pour titre « Observation sur un accouchement qu'on a cru naturel, par Mr Brunel fils », après lequel on expose un moyen qui eût été favorable à la mère et à l'enfant, par Mr Imbert... privilégié en chirurgie, à Château-Renard en Provence. — *La Haye, s. n.*, 1770, in-12, pièce (32 p.).

[8°, **6.789**, n° 11.

IMBERT et PLUVINAL. — Discours prononcé à l'ouverture du collège électoral du département de Vaucluse, présidé par M. Pluvinal, chancelier de la 8ᵉ cohorte de la Légion d'honneur, le 8 floréal an XIII. Par M. Imbert, avocat, membre dudit collège ; suivi de la réponse de M. le Président. — S. l. n. d. [an XIII], in-8°, pièce (7 p.).

Fonds Chambaud et Requien.

2 ex. [**Ms. 2.546**, n° 52, et **2.997**, n° 28.

IMBERT (Abbé E.). — E. I. [Imbert], felibre de Nosto-Damo. Carpentras, si deco e si merveio em'un liame de conte galoi e un bouquet de traducioun francesco. — *Carpentras, J. Seguin*, 1895, in-12, 183 p.

[**8°, 29.599**.

— Le centenaire des Ursulines, victimes d'Orange. [Par l'abbé E. Imbert]. — [*Avignon, Aubanel frères*, 1896], in-12, pièce (4 p.).

[8°, **29.489**.

IMITATION du livre de Job. A son Excellence Monseigneur le vice-légat d'Avignon. [Au vice-légat Rainier d'Elci, à propos de la peste d'Avignon de 1722]. — S. l. n. d. [1722], in-4°, pièce (19 p.).

Fonds Massilian-Moutte et Requien.

2 ex. [**Ms. 2.428**, n° 45, et **2.928**, n° 26.

IMITATION du livre de Job a Son Excellence Monseigneur le vice-légat d'Avignon. [*En regard :* Versio latina imitationis libri Job... Autore D***]. — S. l. n. d. [1724], in-4°, pièce (23-23 p.).

2 ex. [**Ms. 2.928**, n° 27, et **2.942**, n° 49.

IMMUTANDA anno M.DCC.LXX. in ordine generali in cathedrali et diœces. Araus. jussu illustrissimi et reverendissimi episcopi. — *Carpentras, J.-J. Penne*, s. d., in-16, pièce (16 p.)

[8°, **17.121**, n° 14.

INDICATEUR administratif, statistique et commercial de la ville d'Avignon... 1854. — *Voir :* ANNUAIRE FANOT.

INDICATEUR (L') avignonais. Service d'hiver 1901-1903. — *Avignon, E. Millo*, 1901 et 1902, 2 vol. in-16.

[8°, **15.910** et **33.667**.

INFLUENCE (De l') des romans sur les mœurs. — *Paris, Grabit*, (*Avignon, impr. Seguin aîné*), 1818, in-8°, pièce (36 p.).

[Athénée de Vaucluse].

[8° **26.804**, t. I, n° 11.

INNOCENT IV, pape. — Les registres d'Innocent IV publiés ou analysés... par Elie Berger... — *Paris, Fontemoing*, 1884-1897, 3 vol., 1911, 1ᵉʳ fasc. de l'index, in-4°.

(Bibliothèque des Ecoles françaises d'Athènes et de Rome.)

Dépôt de l'État. [Fol. **5.287**.

INNOCENT VI, pape. — Innocent VI (1352-1362). Lettres closes, patentes et curiales se rapportant à la France, publiées ou analysées... par Eugène Déprez... — *Paris, Fontemoing*, 1909, 1 fasc. in-4°.

(Bibliothèque des Ecoles françaises d'Athènes et de Rome.)

Dépôt de l'État. [Fol. **5.300**.

INSTITUTION de la Compagnie des Pénitens Gris d'Avignon, fondée par Louis VIII en 1226. Relation du miracle du très-saint

Sacrement, arrivé dans leur chapelle, et de la procession solennelle faite le 20 juin 1751, qui se renouvelle tous les 25 ans.— *Avignon, Etienne Chaillot aîné*, 1826, in-12, pièce (21 p. - 1 fl. n. ch.).

4 ex. [8°, **29.472**, n° 2, et **32.073**. - Ms. **2.549**, n° 22, et **3.801**, n° 37.

INSTRUCTION nouvelle pour un trésorier des Penitens. [Instructions, réflexions, morales, noëls ... en vers provençaux]. — S. l. n. d. (manque le titre), in-12, 112 p.

[8°, **25.218**, n° 3.

INSTRUCTION sur la culture et les usages des pommes de terre. — [*Carpentras, J.-A. Proyet*, an II], in-8°, pièce (15 p.).

Fonds Cottier.

[8°, **35.119**.

INSTRUCTIONS et regles des aumônes gene. pour les pauvres que l'on doit fonder dans l'Estat ecclésiastique par ordre de Nôtre Saint Père le Pape Innocent XII, traduit de l'italien en françois par ordre de Monseigneur l'excellentissime, abbé Delfin, vice légat d'Avignon — *Avignon, P.-R. Offray*, 1695, in-18, 196 p. et table.

[8°, **24.576**.

— [Autre ex. auquel on a joint une ordonnance de Mgr Delfino, vice-légat d'Avignon, du 24 novembre 1695, ordonnant l'impression de l'ouvrage, ladite ordonnance imprimée *s. l. n. d.*, in-4°, placard.]

[8°, **17.166**.

INSTRUCTIONS républicaines et morales, mises à la portée des enfans qui commencent à lire.— *Carpentras, impr. Vincent Raphel*, an II, in-12, pièce (36 p.).

Don de M. Giov. Anziano.

[8°, **2.614**.

INSTRUCTIONS sur les règles et constitutions des Religieuses Ursulines de la Présentation N. D... — *Carpentras D.-G. Quenin*, 1775, in-12, 168 p. et table.

[8°, **28.208**, n° 2.

INVENTION de la filature mécanique du lin. Titres et droits de M. Philippe de Girard à la création de cette grande industrie. —[*Paris, impr. Crapelet*, 1850], in-4°, pièce (4 p.).

[4°, **3.352**, n° 18.

INVENTION de la filature mécanique du lin. [Pétition des filateurs de lin et autres au Ministre de l'agriculture en faveur des héritiers de Philippe de Girard]. — [*Paris, impr. Guiraudet et Jouaust*, 1851], in-4°, pièce (12 p.).

[4°, **3.352**, n° 20.

INVENTION de la filature mécanique du lin [par Philippe de Girard]. Notice chronologique. — [*Paris, impr. Guiraudet et Jouaust*, 1851], in-4°, pièce (14 p.)

[4°, **3.352**, n° 26.

[INVITATION à une réunion gastronomique à Avignon le 12 décembre 1809]. — S. l. n. d. [1809], in-8°, placard.

Formule imprimée avec parties manuscrites.

[Ms. **3.015**, n° 18.

IRRÉVOCABLE (L') détermination du Peuple Avignonais, les Héromes de la Caréterie portant la parole, sous des Arcs Triomphaux, devant le seuil de leurs humbles demeures, en présence des commissaires-civils. [Sur la réunion d'Avignon à la France. 19 juin 1791]. — *S. l. n. d.* [1791], in-12, pièce (8 p.).

Fonds Chambaud et Requien.

2 ex. [**Ms. 2.539**, n° 20, et **2.990**, n° 23.

ISAMBERT. — Lettre sur la Mission d'Avignon et sur les Missionnaires. [*Signé :* Isambert]. — [*Lyon, impr. C. Coque*, 1827], in-8°, pièce (19 p.).

Fonds Chambaud et Requien.

2 ex. [**Ms. 2.549**, n° 36, et **3.091**, n° 72.

ISNARD (Hoirs de Joseph). — Les hoirs de Joseph Isnard à Messieurs le membres du Conseil municipal d'Avignon. [Au sujet de la succession de Sixte Isnard, 1846]. — *S. l. n. d.* [1846], in-4°, lithographié, pièce (11 ff. n. ch.).

[**Ms. 2.985**, n° 54.

ISNARD (Maximin). — Discours sur la situation du Midi, prononcé au Conseil des Cinq Cents, dans la séance du 30 ventôse, an 4, par Maximin Isnard,... — [*Paris, impr. Nationale*, germinal an IV], in-8°, pièce (8 p.).

[**Ms. 2.995**, n° 8.

— *Voir :* FRÉRON (Louis-Marie-Stanislas). Mémoire historique sur la réaction royale et sur les massacres du Midi... *Paris*, an IV, in-12.

[8°, **26.030**.

ISNARD (Sixte). — Testament de Sixte Isnard, fils de Claude. — *Avignon, impr. Jacquet*, 15 septembre 1845, in-8°, pièce (8 p.).

3 ex. [8°, **33.301** et **33.302**.
— **Ms. 3.011**, n° 21.

ISOARD (Joseph). — Oratio ad... Alexandrum VIII. pontificem maximum, illustriss. viris dominis Joanne de Tulles marchione de Villefranche et Josepho Isoard,... oratoribus civitatis Avenionis eiusdem nomine SS. Domino nostro obedientiam præstantibus, habita ab eodem D. Isoard anno 1690, die 19 maij. — *S. l. n. d.*, in-fol., pièce (11 ff. n. ch.).

Fonds Massilian-Moutte et Requien.

2 ex. [**Ms. 2.430**, n° 11, et **2.949**, n° 11.

ISSACHAR (Jérémie). — Sermon prononcé par le rabin Jérémie Issachar, le 12 de la lune de Nisan. Publié et mis en lumière par son neveu Fourfouille. — *A l'Isle des Fous, chez Scapin*, 1773, in-16, pièce (14 p.).

Fonds Cottier.

[8°, **35.103**.

ISSANCHOU (Henri). — De Berluc-Pérussis par Henri Issanchou. — *Paris, Galerie des Contemporains*, 1886, in-8°, pièce (7 p.).

[On a joint à cette brochure une note manuscrite sur Léon de Berluc-Pérussis].

[8°, **7.797**.

J

JACQUEMART (Abbé C.). — Discours sur la réunion de la ville d'Avignon à la France, prononcé à l'Assemblée Nationale, le 18 novembre, par M. Jacquemart, député d'Anjou. — [*Paris, impr. Nationale*, 1790], in-12, pièce (8 p.).

Fonds Chambaud et Requien.

2 ex. [**Ms. 2.537**, n° 45, et **2.988**, n° 39.

JACQUETY, directeur de la maîtrise de Notre-Dame-des-Doms d'Avignon. — L'œuvre de la Sainte-Enfance. [*Signé* : Jacquety]. — [*Avignon, typ. Fr. Seguin aîné*, 1856], in-8°, pièce (7 p.).

[8°, **31.729**.

JALAT (Abbé JEAN-BAPTISTE-RAYMOND). — Guide du voyageur dans sa visite à l'église paroissiale de L'Isle-sur-Sorgue (Vaucluse). [Par l'abbé Jalat]. — *Avignon, Seguin aîné*, 1872, in-18, pièce (48 p.).

[8°, **12.589**.

— Monographie de l'église paroissiale de L'Isle-sur-Sorgues, ou explication théologique, artistique et historique des sujets religieux qu'elle renferme, par l'abbé Jalat... — *Avignon, imp. F. Seguin*, 1877, in-8°, xxxvi-254 p. - 1 fl. n. ch.

Anc. archevêché d'Avignon.

[8°, **37.328**.

— Quelques mots d'un curé [l'abbé Jalat] à ses paroissiens [de L'Isle-sur-Sorgue]. — *Avignon, Aubanel frères*, 1885, in-32, 67 p.

Don de M. l'abbé Raymond.

[8°, **34.625**.

— Notice sur Mlle Adelaïde Reboul par M. l'abbé Jalat... — *Avignon, Aubanel frères*, 1885, in-32, 77 p.

Don de M. l'abbé H. Raymond.

[8°, **34.626**.

Autre ex. (Anc. archevêché d'Avignon).

[8°, **37.451**.

JANSELME (F.). — In Festo Sacratissimi Cordis Jesu, hymnus. [*Signé* : F. Janselme, ecclesiæ S. Petri Avenionens. decanus]. — *Avignon, J. Aubert*, s. d., in-4°, pièce (1 fl. n. ch.).

Fonds Massilian-Moutte.

[**Ms. 2.450**, n° 41.

JARENTE-CABANES (Abbé JOSEPH-FRANÇOIS DE). — Lettre de l'abbé de Jarente-Cabanes sur le siège de Caderousse qui eut lieu en 1708... rééditée par François Delille... — *Aix, imprimerie provençale*, 1882, in-12, pièce (22 p.).

(Extrait du *Midi littéraire*, 25 mai, 1er et 8 juin 1882.)

Don de M. Delille. [8°, **15.073**.

JARENTE-CABANES (LOUIS-GABRIEL DE). Harangue du venerable chapitre de la Ste Eglise métropolitaine d'Avignon, a Son Excellence Monseigneur Laurens de Fiesque, archevesque de la mesme ville, nommé à l'archevêché de Gênes, dans son passage revenant d'estre nonce extraordinaire de Nôtre St. Pere le pape Clément XI. en cour de France, pour les négociations de la paix, faite et prononcée par Messire Louis Gabriel de Jarente Cabanes prevost... le [24] du mois de juin

1705. — [*Avignon, M. Chastel,* 1705], in-4°, pièce (3 p.).

Fonds Massilian-Moutte et Requien.
3 ex. [**Ms. 2.439**, n° 26, **2.440**, n° 9, et **2.941**, n° 35.

— Autre édition. — *Ibidem*, in-4°, pièce (4 p.).

Fonds Massilian-Moutte.
[**Ms. 2.941**, n° 40.

— Harangue du vénérable chapitre de la sainte église métropolitaine d'Avignon. a Monseigneur François-Maurice de Gonterii, des marquis de Cavaillac, archevesque de la mesme ville, a son arrivée, faite et prononcée, par Messire Louis-Gabriel de Jarente Cabanes,... le [8] du mois d[e mai] 1706. — [*Avignon, M. Chastel*, 1706], in-4°, pièce (4 p.).

Fonds Massilian-Moutte et Requien.
4 ex. [**Ms. 2.440**, n° 10, **2.443**, n°s 16 et 17, et **2.941**, n° 40.

— Harangue prononcée à Messeigneurs les Ducs de Bourgogne et de Berry, Princes de France, à l'entrée de l'Eglise métropolitaine Nôtre Dame de Doms d'Avignon. Par Messire Lovis Gabriel de Jarente Cabanes, Prevost de la même Eglise à la téte du Chapitre : le 23 Mars 1701... — *S. l. n. d.*, in-4°, pièce (2 p.).

Fonds Massilian-Moutte et Requien.
4 ex. [**Ms. 2.438**, n° 15, **2.439**, n° 24, **2.443**, n° 10, et **2.941**, n° 24.

— Memoire de Messire Louys-Gabriel de Jarente Cabanes,... prevost... de... Nôtre-Dame de Dons d'Avignon, opposant depuis le 9 décembre 1701 pour l'intérêt de tout le Clergé tant séculier que régulier..., et généralement de toutes les personnes, maisons et biens qui sont compris soûs l'immunité ecclésiastique dans la presente ville, tandante, cette troisième et derniere pièce imprimée au rétablissement de la discipline Canonique à l'égard de l'administration et de la deflense de cette immunité,... contenant aussi la proposition d'un accommodement sur ce différent entre le Clergé et la Maison Commune de la même Ville. Achevé à Avignon ce 14 novembre 1705... — *Avignon, J.-C. Chastanier,* s. d., in-4°, pièce (41 p.).

Fonds Massilian-Moutte et Requien.
4 ex. [**Ms. 2.443**, n° 14, **2.448**, n°s 1 et 5, et **2.927**, n° 16.

JAUBERT (J.-B.) et BARTHÉLEMY-LAPOMMERAYE. — Richesses ornithologiques du midi de la France ou description méthodique de tous les oiseaux observés en Provence et dans les départements circonvoisins par MM. J.-B. Jaubert... et Barthélemy - Lapommeraye... — *Marseille, impr. Barlatier-Feissat et Demonchy,* 1859, in-4°, 547 p., pl. coloriées.

[4°, **8.562**.

JAUFFRET (WULFRAN). — Rapport sur le concours pour le prix d'honneur fondé par les anciens élèves du collège St-Joseph (année 1902), par M. Wulfran Jauffret. — *Avignon, F. Seguin,* 1902, in-8°, pièce (12 p.).

Don de M. F. Seguin.
[8°, **33.547**.

JAUSSERAND (MICHEL-ANDRÉ). — Discours prononcé par Michel-André Jausserand, dans la Société populaire d'Avignon, le 15 fructidor, l'an second... —

S. l. n. d. [1794], in-8°, pièce (7 p.).
Fonds Chambaud et Requien.
2 ex. [**Ms. 2.544**, n° 40, et **2.994**, n° 36.

JAY. — *Voir* : Jouy et Jay. Salon d'Horace Vernet... *Paris*, 1822, in-8°.
[8°, **28.373**.

JEAN XXII, pape. — Jean XXII (1316-1334). Lettres communes analysées... par G. Mollat et G. de Lesquen... — *Paris, A. Fontemoing*, 1904-1911, 14 fasc. in-4°.
(Bibliothèque des Ecoles françaises d'Athènes et de Rome).
Dépôt de l'Etat.
[Fol. **5.295**.

— Lettres secrètes et curiales du pape Jean XXII (1316-1334) relatives à la France extraites... par Auguste Coulon... — *Paris, Fontemoing*, 1900-1906, 4 fasc. in-4°.
(Bibliothèque des Ecoles françaises d'Athènes et de Rome.)
Dépôt de l'Etat.
[Fol. **5.296**.

JEAN (Ignace), secrétaire général de la Préfecture de Vaucluse. — Discours prononcé par M. Jean, secrétaire du collège électoral du département de Vaucluse, immédiatement après la proposition faite à l'Assemblée par son Excellence M. le comte de Grouchy, président à vie, de rédiger une adresse à l'Empereur, et de nommer une députation pour la porter au pied du trône. — [*Avignon, impr. Seguin*, 1811], in-4°, pièce (4 p.).
Fonds Chambaud et Requien.
3 ex. [**Ms. 2.534**, n°˚ 59 et 61, et **2.969**, n° 69.

JESSÉ (Henri). — Lettre de Henri Jessé à quelques journalistes sur l'affaire d'Avignon. — *S. l. n. d.* [1790], in-12, pièce (8 p.).
[Ms. **2.988**, n° 44.

JOANNE (Adolphe). — Géographie du département de Vaucluse... par Adolphe Joanne,... Deuxième édition. — *Paris, Hachette et Cie*, 1881, in-16, 62 p., fig. et cart.
Legs Geoffroy-Perret.
[8°, **34.066**.

JOANNE (Adolphe) et FERRAND (J.). — De Lyon à la Méditerranée, par Ad. Joanne et J. Ferrand ; itinéraire descriptif et historique accompagné de cartes et plans et illustré de 82 vignettes dessinées d'après nature par Lancelot. — *Paris, L. Hachette et Cie*, 1862, in-12, xiv-490 p., cart., pl. et grav.
Collection des Guides Joanne.
[8°, **12.576**.

JOANNE (Guides-). — *Voir* : Avignon et ses environs : Villeneuve, L'Isle-sur-Sorgue, Fontaine de Vaucluse. *Paris*, 1898 et 1909, 2 vol. in-12.
[8°, **31.467** et **36.329**.

JOANNIS (Abbé). — Chronologie de tous les évêques qui ont gouverné l'Eglise de Vaison (Vaucluse). [Par l'abbé Joannis]. — *Carpentras, typ. Dornan*, [1852], in-12, pièce (11 p.).
3 ex. [8°, **12.581**, **25.806** et **28.187**, n° 5.

JOANNIS (Gabriel de). — Oratio pompæ Avenionensis in fœlici Urbani VIII. ad pontificatum adventu. pronunciata per D. Gabrielem de Joannis,... — [*Avenione, J. Bramereau*], 1623, in-4°, pièce (22 p.).
[Ms. **2.439**, n° 1.

JOANNIS (Gabriel de).

— Quinum palmare Cenotaphium ...principis Francisci Burghesii vniuersæ Pontificiæ militiæ Generalis Præfecti, Quino circunfluentium planctu : de mandato ... Ioannis Francisci ex comitibus Guidiis a Balneo,... Prolegati Auenionis constructum. Avenioni, filbis Gabrielis de Joannis, Domini de Russans, Judicis Curiæ temporalis Sancti Petri, eo die quo ab eodem... Prolegato Iudex fuit designatus erectum, scilicet 3o mensis Iulij anno 1620. — *Avenione, I. Bramereau*, 1620, in-4°, pièce (14 p.)

Fonds Massilian-Moutte.

[Ms. **2.457**, n° 32.

JOANNIS (Joseph de).

— Le Fédéralisme et la Terreur à l'Isle (Vaucluse) : siège et pillage de cette ville par les Allobroges ; les victimes des échafauds révolutionnaires (1793-1794), par M. J. de Joannis. — *Avignon, Seguin frères*, 1884, in-8°, xiv-476 p., cart.

[8°, **15.006**.

— Le Machao de Grégoire de Tours retrouvé. Origine et fondation de la ville de L'Isle (Vaucluse), par J. de J. [Joannis]. — *Carpentras, impr. Paul Tourrette*, 1882, in-8°, pièce (38 p.).

[8°, **28.350**.

JOLEAUD (Léonce).

— Découverte de l'Aquitanien marin dans la partie moyenne de la vallée du Rhône [à Vacqueyras (Vaucluse)], par M. L. Joleaud. — [*Paris, impr. Gauthier-Villars*, 1907], in-4°, pièce (2 p.).

(Extr. des *Comptes-rendus des séances de l'Académie des sciences*, 1907.)

Don de l'auteur.

[4°, **7.419**.

— Esquisse comparative des séries miocènes de l'Algérie et du Sud-Est de la France, par L. Joleaud. — *Paris, Société géologique de France*, 1908, in-8°, pièce (11 p.).

Don de l'auteur.

[4°, **7.593**.

— L. Joleaud. Géologie et paléontologie de la plaine du Comtat et de ses abords. I. Description des terrains quaternaires. II. Description des terrains néogènes. — *Marseille, impr. Barlatier ; Montpellier, impr. Montane, Sicardi et Valentin*, 1910-1912, 2 fasc. in-8°, I : 3o p. ; II, paginé 255-285, pl.

Don de l'auteur.

[4°, **7.858**.

— Sur la présence du Trias dans les montagnes de Gigondas (Vaucluse) et sur les phénomènes de charriage qui s'observent dans ce massif, par M. L. Joleaud. — [*Paris, Gauthier-Villars*, 1907], in-4°, pièce (3 p.)

(Extrait des *Comptes-rendus de l'Académie des Sciences*, t. CXLIV.)

Don de l'auteur.

[4°, **7.501**.

— M. L. Joleaud... Vue générale de la stratigraphie des terrains néogènes de la plaine du Comtat et de ses abords. Vue générale de la paléontologie des vertébrés des terrains néogènes de la plaine du Comtat et de ses abords. — *Paris, Association française pour l'avancement des sciences*, s. d., in-8°, pag. 463-475.

(Extrait des *Comptes Rendus de l'Association française pour l'Avancement des Sciences*. Congrès de Lille, 1909.)

Don de l'auteur.

[8°, **37.715**.

JOLY (Albert).

— *Voir* : Brisson (Henri) et Joly (Albert). Rapport... sur l'élection de M. le comte du Demaine, dans l'arrondissement d'Avignon... *Versailles*, 1876, in-4°.

[4°, **1.106**.

JORDAN (Édouard). — *Edit. Clément IV*... Les registres de Clément IV... *Paris*, 1893-1904, in-4°.

[Fol. **5.290**.

JORET-DESCLOSIÈRES (Gabriel). — *Voir :* Desclosières (Gabriel).

JOUBERT (Abbé), curé et chanoine de St-Didier d'Avignon. — Prône fait dans la paroisse de St-Didier [d'Avignon], le douzième dimanche après la Pentecôte. Par Mr. l'abbé Joubert,... — *S. l. n. d.*, in-4°, pièce (16 p.)

Fonds Massilian-Moutte et Requien.

2 ex. [**Ms. 2.450**, n° 29, et **2.944**, n° 19.

JOUBERT (Antoine). — Solemnité faite dans la ville d'Avignon, par les Pères de la Compagnie de Jésus, à l'occasion de la canonization de S. François de Borgia... [Par Antoine Joubert]. — *Avignon, P. Offray*, 1672, in-4°, pièce (42 p.).

Fonds Massilian-Moutte.

[**Ms. 2.445**, n° 13.

JOUDOU (Jean-Baptiste-Marie). — Avignon, son histoire, ses papes, ses monumens et ses environs, publié par J.-B.-M. Joudou,... — *Avignon, impr. L. Aubanel*, 1842, in-8°, 502 p., pl.

[8°, **30.854**.

— Histoire des souverains Pontifes qui ont siégé à Avignon, par J.-B. Joudou. — *Avignon, typ. Théodore Fischer aîné*, 1855, 2 vol. in-12, xviii-351 et 407 p.

[8°, **13.747**.

— *Voir :* Annuaire [officiel] du département de Vaucluse. Années 1836 à 1839... *Avignon*, s. d., 3 vol. in-12.

[8°, **31.394** à **31.396**.

JOUIN (Henry). — *Voir :* Blanc (Charles). Une famille d'artistes. Les trois Vernet... *Paris*, s. d., in-4°.

[4°, **4.429**.

JOURDAN (Marc-Antoine). — Excellentissimo Ecclesiæ principi D.D. Francisco Mauritio de Gonteriis,... Avenionensi archiepiscopo, etc., theses theologicas D.D.D. Marcus-Antonius Jourdan,... — *Avignon, J. Delorme*, 1719, in-4° (titre seul).

Fonds Massilian-Moutte.

[**Ms. 2.440**, n° 12.

JOURDAN (Mathieu Jouve-). — *Voir :* Jouve-Jourdan (Mathieu).

JOURNAL spirituel où sont annoncées les fêtes solemnelles et particulières qui se célèbrent dans toutes les églises d'Avignon ; le temps de l'entrée des pardons et des exercices spirituels ; les jours d'indulgences, des prédications, des processions et d'adorations du Très-Saint Sacrement ; l'heure des offices divins, et une amande honorable. — *Avignon, A.-J. Fez*, [1762], in-18, iv ff. n. ch. - 116 p.

2 ex. [8°, **28.540**. — Ms. **2.443**, n° 36.

— Nouvelle édition...— *Avignon, Joseph Bléry*, 1781, in-8°, 96 p.

3 ex. [8°, **23.801**, **24.484** et **28.571**.

JOURNAL spirituel pour la ville d'Avignon, indiquant les fêtes solennelles et particulières, les jours de retraites, d'indulgences... — *Avignon, L. Aubanel*, [1850], in-18, 72 p.

2 ex. |8°, **23.785** et **29.790**.

Autre ex. (Anc. archevêché d'Avignon).
|8°, **37.286**.

JOURNÉE (La) du chrétien, sanctifiée par la prière et la méditation. — *Avignon, J. Chaillot*, s. d., in-18, 356 p. - 11 ff. n. ch.

Don de M. G. Bourges.
|8°, **34.746**.

JOURNÉE du chrétien, à l'usage du diocèse d'Avignon... — *Avignon, L. Aubanel*, 1837, in-18, XXII-428 p.

Legs Geoffroy-Perret.

2 ex. |8°, **24.507** et **34.109**.

JOUVE (Auguste). — Révision du périmètre et contribution 1902 du Syndicat de la Durance à Cavaillon, par Auguste Jouve,... — *Cavaillon, Mistral*, 1903, in-8°, pièce (48 p.).

Don de l'auteur.
|8°, **33.757**.

JOUVE (Michel).— Pierre Lauris [Michel Jouve]. Avignon révolutionnaire. Comment le Palais des Papes et le pays de Vaucluse sont devenus français. — *Cavaillon, Mistral*, 1907, in-12, 67 p.

Don de l'auteur.
|8°, **35.625**.

— Eloge funèbre de Gaston Maruéjol par M. Michel Jouve... — *Nîmes, A. Chastanier*, 1912, in-8°, pièce (7 p.), photo.

[Maruéjol, auteur d'une étude sur l'inscription rupestre de Cavaillon].
Don de l'auteur.
[4°, **8.437**.

— Le fils du patriote Lescuyer. Extraits des Archives du Ministère de la guerre, par M. J. [Michel Jouve]. — *Avignon, H. Guigou*, 1904, in-12, pièce (24 p.)

(Notes et documents sur la Révolution d'Avignon.)
Don de l'auteur.
|8°, **34.703**.

— Michel Jouve. Notes sur la réunion temporaire d'Avignon à la France en 1688 d'après des lettres et un journal intimes. — *Nîmes, impr. générale*, 1910, in-8°, pièce (21 p.).

(Extrait de la *Revue du Midi*.)
Don de l'auteur.
|4°, **7.938**.

— Notice biographique sur le docteur Boussot, docteur en médecine, maire et conseiller général de Cavaillon, par Michel Jouve, ... — *Cavaillon, Mistral*, 1904, in-8°, pièce (15 p.).

Don de l'auteur.
|8°, **34.704**.

— La pharmacie de l'ancien hôpital de Cavaillon, par Michel Jouve,... — *Nîmes, impr. générale*, 1908, in-8°, pièce (22 p.), pl.

(Extrait de la *Revue du Midi*.)
Don de l'auteur.
|8°, **35.623**.

— *Voir* : GASSIER (Alfred). Théâtre romantique... *Paris*, 1912, in-12.
|8°, **37.677**.

— *Edit.* GOUPILLEAU (Ch.-A.). Carnet de route... *Nîmes*, 1905, in-8°.
|4°, **6.734**.

— *Edit.* GOUPILLEAU (Ch.-A.). Lettres intimes... *Nîmes*, 1906, in-8°.
|4°, **7.384**.

— *Edit.* Grasse (Gaspard de). Journal... Nîmes, 1904, in-8°.
[4°, **6.597**.

— *Edit.* Rovère (J.-S.-F.-X.-A.) et Goupilleau (Ch.-A.). Correspondance intime... Nîmes, 1908, in-8°.
[4°, **7.588**.

JOUVE-JOURDAN (Mathieu).— Mathieu Jouve-Jourdan, ci-devant général de l'armée Vauclusienne. A Messieurs les Electeurs du département des Bouches-du-Rhône. [Réponse aux calomnies répandues contre lui. 9 septembre 1792]. — *S. l. n. d.* [1792], in-8°, pièce (27 p.).

Fonds Chambaud et Requien.

3 ex. [**Ms. 2.542**, n° 25, **2.993**, n° 7, et **3.016**, n° 43.

— Aux Frères et Amis des Sociétés Patriotiques de Marseille, d'Avignon, d'Orange, de Nîmes, de Montpellier et autres lieux. Marseille, le 26 octobre 1792, l'an 1er... [Plaintes au sujet de l'inconduite du second bataillon de Vaucluse. *Signé* : Jourdan, commandant du second Bataillon de Vaucluse]. — *S. l. n. d.* [1792], in-8°, pièce (8 p.).

Fonds Chambaud et Requien.

2 ex. [**Ms. 2.542**, n° 33, et **2.993**, n° 16.

— Copie de la Lettre écrite par le Général de l'armée du Département de Vaucluse [Jourdan], adressée à M. le Président de l'Assemblée électorale du département de Vaucluse à Avignon. [30 avril 1791. — *Suit* : Lettre du Comité Militaire à M. Jourdan, général, concernant la lettre ci-contre. Avignon, le 4 mai 1791...] — *S. l. n. d.*, in-4°, pièce (1 fl. n. ch.).

Fonds Chambaud.

[**Ms. 2.523**, n° 53.

— Discours prononcé, le 11 nivose [an II], à la barre de la Convention nationale, par le citoyen Jourdan, chef d'escadron de la gendarmerie nationale, des départemens des Bouches-du-Rhône, du Var, de la Drôme et de Vaucluse. — [*Paris, impr. J.-B. Brasseur,* 1793], in-8°, pièce (4 p.).

Fonds Chambaud et Requien.

2 ex. [**Ms. 2.544**, n° 8, et **2.994**, n° 10.

— Frères et amis. [Adresse de Mathieu Jouve-Jourdan, ci-devant général de l'armée de Vaucluse aux clubs de France. Apologie de sa conduite ; détails sur les vexations qu'il a éprouvées, etc. [3] octobre 1792]. — *S. l. n. d.*, in-4°, pièce (1 fl. n. ch.).

(Signature autographe.)
Fonds Chambaud et Requien.

2 ex. [**Ms. 2.524**, n° 84, et **2.961**, n° 72.

— Suite de l'exposé du citoyen Jourdan, aux Sociétés de Marseille, d'Avignon, d'Orange, de Nîmes, de Montpellier et autres lieux. — *Extrait du Journal des Départemens méridionaux, et des débats des Amis de la Liberté et de l'Egalité de Marseille,* année 1792, n° 104.

[4°, **3.821**, n° 11.

JOUVET (Antoine-Félix). — Chambre des Députés. 2e session 1839. Rapport fait au nom de la Commission chargée d'examiner le projet de loi tendant à autoriser le département de Vaucluse à s'imposer extraordinai-

rement, par M. Jouvet, député du Puy-de-L'ôme. Séance du 13 juin 1839. — [*Paris, A. Henry*, 1839], in-8°, pièce (5 p.)
[Ms. **3.006**, n° 18.

JOUY et JAY. — Salon d'Horace Vernet. Analyse historique et pittoresque des quarante-cinq tableaux exposés chez lui en 1822, par Mrs Jouy et Jay. — *Paris, Ponthieu*, 1822, in-8°, 182 p.
[8°, **28.373**.

JOUY (V.-J. Etienne, dit de). — L'hermite en province ou observations sur les mœurs et les usages français au commencement du XIXe siècle, par M. de Jouy... 3e édit. Tome III. — *Paris, Pillet aîné*, 1822, in-12, 340 p., pl. et cart.
[Avignon. La mort du maréchal Brune. La Fontaine de Vaucluse. Carpentras].
[8°, **26.044**.

JUGEMENT porté par l'Académie Françoise sur la calomnie qui a été imputée à Mr. Manne, chirurgien major des Hôpitaux, etc. au sujet de son observation de chirurgie sur un polipe extraordinaire, etc. — *S. l. n. d.* [1748], in-4°, pièce (3 p.).
Fonds Massilian-Moutte et Requien.
2 ex. [Ms. **2.450**, n° 11, et **2.944**, n° 62.

J[ULES] Goudareau. Suite pittoresque en 3 tableaux exécutée aux « Concerts classiques de Marseille », le 17 février 1901... Extraits de journaux. — [*Avignon, F. Seguin*], s. d. [1901], in-8°, pièce (7 p.).
Don de M. F. Seguin.
[8°, **32.748**.

JULIAN. — Rapport sur la plantation d'anil, ou indigo franc (deuxième année) exécutée en plein vent et en pleine terre, sur le domaine dit le Pluvinal, commune de Lisle,... appartenant à M. Icard de Battaglini..., fait par M. Julian, docteur en médecine,... nommé commissaire *ad hoc* par arrêté de M. le Préfet de Vaucluse... — *Bordeaux, impr. Beaume*, [1807], in-12, pièce (12 p.).
H. N. [8°, **1.796**, n° 19.

JULIEN (Jean-Joseph). — Nouveau commentaire sur les statuts de Provence par M. Jean-Joseph Julien... — *Aix, E. David*, 1778, 2 vol. in-4°, XXXII-652, VIII-673 p.
[4°, **3.907**.

JULLIAN et MOUREAU (Agricol). — Compte rendu, par les Commissaires du District de Vaucluse envoyés à Mornas pour y rétablir l'ordre et la tranquilité publique. [24 décembre 1792. *Signé*: Jullian, Agricol Moreau, commissaires]. — [*Avignon, impr. Marie Capon*, 1792], in-8°, pièce (20 p.).
Fonds Chambaud et Requien.
2 ex. [Ms. **2.542**, n° 41, et **2.993**, n° 22.

JULLIAN (Mlle Alix). — Le vol d'une âme. Journal, lettres, notes, souvenirs, poésies d'une Tertiaire [Mlle Alix Jullian]. Avec une notice biographique par l'abbé Raymond et une préface par l'auteur des *Paillettes d'or* [le chanoine Sylvain]... Douzième édition... — *Avignon, Aubanel frères*, s. d. [1886?], in-32.
Don de M. l'abbé Raymond.
2 ex. [8°, **34.627** et **29.006**.

JULLIAN (F.). — Discours prononcé par M. F. Jullian, maire,

président de la première section des électeurs communaux d'Avignon, le 28 septembre 1831. — *S. l. n. d.*, in-4°, pièce (3 p.).

[**Ms. 2.972**, n° 145.

— Discours prononcé par M. F. Jullian, maire d'Avignon, à l'occasion de l'installation du Conseil municipal, le samedi 19 novembre 1831. — *S. l. n. d.*, in-4°, pièce (4 p.).

Fonds Chambaud et Requien.

2 ex. [**Ms. 2.535**, n° 104, et **2.972**, n° 150.

JUSTAMOND. — *Voir :* SOUMILLE, LUNEAU, MAUGUER, MATHIEU, LAUGIER père et JUSTAMOND. Les maladies épizootiques dans Vaucluse... *Avignon*, 1877, in-8°.

[8°, **5.213**.

JUSTAMOND (Abbé MARC). — Relation de la Mission d'Avignon, en 1819, par un Philosophe Chrétien [abbé Marc Justamond]... — *Avignon, Laurent Aubanel*, 1819, in-8°, 84 p.

4 ex. [8°, **25.816**, n° 1, **28.475**, n° 1, **28.547**, n° 1, et **31.832**, n° 2.

JUSTIN (Le Père). — *Voir :* BOUDIN (Jean-François). Histoire des guerres excitées dans le Comté Venaissin... par les Calvinistes du 16ᵉ siècle. *Carpentras*, 1872, 2 vol. in-12.

[8°, **26.568**.

K

KARL (A.). — Vaucluse. Arrondissement d'Avignon. 32 dessins originaux [et texte], par A. Karl. — *France-album, publication mensuelle*, 1893, n° 8, in-12 obl., pièce (16 p.).

Est. [8°, **7**.

KIENER (FRITZ). — Verfassungsgeschichte der Provence seit der Ostgothenherrschaft bis zu Errichtung der Konsulate (510-1200) von Fritz Kiener... — *Leipzig, Dyksche Buchhandlung*, 1900, in-8°, XII-295 p., cart.

[Communes d'Avignon, d'Apt, de Sorgues. Vicomtes d'Avignon, etc.]

[8°, **32.292**.

KONINCK (L. DE) et CHANDELON (J.-T.-P.). — Examen comparatif des garances de Belgique et des garances étrangères, par M. L. de Koninck... et M. J.-T.-P. Chandelon... *Liège, impr. F. Oudart*, 1842, in-8°, pièce (30 p.).

(Extrait des *Mémoires de la Société royale des Sciences de Liège*, tome I, p. 49-74.)

H. N. [8°, **1.155**.

L

L. (J.-L.). — Un touriste à Orange. Notice sur les monuments anciens et modernes d'Orange. [Signé : J.-L. L.]. — *Orange, Rousseau frères*, [1870], in-12, pièce (47 p.).

[8°, **28.817**.

L. (P.). — Eminentissimo cardinali et principi Eccl. Julio Mazarino, Futura post pacem. [*Suivi de :* Arausio Capta elogium. *Signé :* P. L.] — [*Avignon, G. Bramereau*, 1660], in-4°, pièce (4 p.).

[Ms. **2.952**, n° 28.

— Eminentissimo Cardinali et Principi Eccl. Julio Mazarino, mysterium pacis. [*Suivi de :* Votum pro Delphino futuro. *Signé :* P. L.]. — [*Avignon, G. Brame reau*], s. d., in-4°, pièce (4 p.).

Fonds Massilian-Moutte et Requien.

2 ex. [Ms. **2.450**, n° 21, et **2.952**, n° 29.

— Eminentissimo cardinali et principi Eccl. Julio Mazarino, valetudinem corporis ex remissione ingenii. [*Signé :* P. L.]. — [*Avignon, G. Bramereau*, 1661], in-4°, pièce (4 p.).

Fonds Massilian-Moutte et Requien.

2 ex. [Ms. **2.450**, n° 20, et **2.952**, n° 29 *bis*.

— Ludovico XIIII, regi christianissimo. Avenio. [Compliment à l'entrée de Louis XIV à Avignon. *Signé :* Aven. Anno Dom. 1660. P. L.]. — [*Avignon, G. Bramereau*], s. d. [1660], in-4°, pièce (3 p.).

Fonds Massilian-Moutte.

[Ms. **2.438**, n° 7.

LABANDE (Léon-Honoré), ancien conservateur de la bibliothèque et du Musée Calvet d'Avignon, conservateur des Archives du Palais de Monaco. — L.-H. Labande. Antoine de la Salle. Nouveaux documents sur sa vie et ses relations avec la maison d'Anjou. — *Paris, A. Picard et fils*, 1904, in-8°, 80 p.

(Extrait de la *Bibliothèque de l'École de Chartes*, année 1904, t. LXV.)
Don de l'auteur.

[8°, **34.701**.

— L.-H. Labande... Autour du mariage : mœurs et coutumes avignonaises des XIVᵉ et XVᵉ siècles. — *Avignon, F. Seguin*, 1894, in-8°, pièce (19 p.).

(Extrait des *Mémoires de l'Académie de Vaucluse*, 1894.)
Don de l'auteur.

[8°, **33.231**.

— Den berömte Elfenbens-Kristus i Avignon-museet i Sydfrankrig. Af L.-H. Labande. — *Frem* (revue danoise), 22 mars 1903, pièce (3 p.).

Don de l'auteur.

[Fol. **5.102**.

— L.-H. Labande. Bertrand du Guesclin et les États pontificaux de France. Passage des routiers en Languedoc (1365-1367), guerre de Provence (1368). — *Avignon, F. Seguin ; Paris, A. Picard et fils*, 1904, in-8°, pièce (40 p.).

(Extrait des *Mémoires de l'Académie de Vaucluse*, 1904.)
Don de l'auteur.

[8°, **33.244**.

— Bibliographie Vauclusienne (1894-1905) publiée pour l'Académie de Vaucluse, par M. L.-H. Labande. — *Avignon, F. Seguin*, 1906, in-8°, 99 p.

Don de l'auteur.

[4°, **8.551**.

— Catalogue général des manuscrits des Bibliothèques publiques de France. Départements. T. XXVII, XXVIII, XXIX en deux parties. Avignon, t. I, II, III (1ʳᵉ et 2ᵉ parties), par M. L.-H. Labande. — *Paris, E. Plon, Nourrit et Cie*, 1894-1901, 3 tomes en 4 vol. in-8°.

(Ministère de l'Instruction publique et des Beaux-Arts.)

2 ex. [8°, **33.664**. — 4°, **4.509**.

— Catalogue général des manuscrits des bibliothèques publiques de France. Tome XL. Supplément ; tome I. Abbeville-Brest. [P. 450-472 : Avignon (1ᵉʳ supplément), par L.-H. Labande]. — *Paris, Plon et Nourrit*, 1902, in-8°.

(Ministère de l'Instruction publique et des Beaux-Arts.)
Dépôt de l'Etat. [8°, **33.664**.

— Catalogue général des manuscrits des bibliothèques publiques de France. Départements. Tome XLIV... Avignon (2ᵉ supplément) [par L.-H. Labande et J. Girard]. — *Paris, Plon Nourrit et Cie*, 1911, in-8°, p. 311-733.

(Ministère de l'Instruction publique et des Beaux-Arts.)
Dépôt de l'Etat. [8°, **33.664**.

— Catalogue général des manuscrits des bibliothèques publiques de France. Départements. Tome XXXVI. Carpentras, par M. L.-H. Labande. [Tome III], deuxième partie. — *Paris, Plon-Nourrit et Cie*, 1903, in-8°.

(Ministère de l'Instruction publique et des Beaux-Arts.)
Dépôt de l'Etat. [8°, **33.664**.

— Catalogue sommaire des manuscrits de la bibliothèque d'Avignon (Musée-Calvet), par L.-H. Labande,... — *Avignon, Seguin frères*, 1892, in-8°, vi-433 p.

3 ex. [4°, **3.975**, **3.976** et **5.089**.

— Le cérémonial romain de Jacques Cajétan ; les données historiques qu'il renferme, par L.-H. Labande. — *Paris, s. n.*, 1893, in-8°, pièce (30 p.).

(Extrait de la *Bibliothèque de l'Ecole des Chartes*, 1893.)
Don de l'auteur. 8°, **33.230**.

— Le Cloître des Célestins d'Avignon. [*Signé* : R. de D. (L.-H. Labande)]. — *Le Monde illustré*, 3 janvier 1903, p. 14.

[Fol. **5.090**.

— Description d'un pied de croix du XIVᵉ siècle ayant appartenu à l'ancien monastère de Saint-Véran, près Avignon, par M. L.-H. Labande,... — *Paris, impr. nat.*, 1901, in-8°, pièce (12 p.), pl.

(Extrait du *Bulletin archéologique*, 1900.)
Don de l'auteur.
[8°, **33.239**.

— L.-H. Labande... Les Doria de France (Provence, Avignon et Comté Venaissin, Bretagne, Ile-de-France et Picardie). Etudes historiques et généalogiques. — *Paris, A. Picard et fils*, 1899, in-8°, xvi-360 p., blas., tab. gén.

Don de l'auteur.
[4°, **4.862**.

— H. Labande... Esprit Calvet et le XVIIIᵉ siècle à Avignon ; mémoire lu à la séance publique de l'Académie de Vaucluse, le 19 décembre 1891. — *Avignon, Seguin frères*, 1892, in-8°, pièce (29 p.).

(Extrait des *Mémoires de l'Académie de Vaucluse*, 1891.)
Don de l'auteur. [8°, **33.228**.

— L.-H. Labande. Etudes d'histoire et d'archéologie romane. Saint-Symphorien de Caumont. — *Avignon, F. Seguin*, 1900, in-8°, pièce (23 p.), pl.

(Extrait des *Mémoires de l'Académie de Vaucluse*, 1900.)
Don de l'auteur. [8°, **32.219**.

— L.-H. Labande. Fêtes et réjouissances d'autrefois. Entrée de Marie de Médicis à Avignon (19 novembre 1600). — *Avignon,*

Seguin, 1893, in-8°, pièce (22 p.)
(Extrait des *Mémoires de l'Académie de Vaucluse*, 1893.)
Don de l'auteur. [8°, **33.229**.

— Inventaire des livres de l'Université d'Avignon (11 juillet 1544), publié par M. L.-H. Labande. — *Paris, impr. nationale*, 1900, in-8°, pièce (12 p.).
(Extrait du *Bulletin historique et philologique*, 1899.)
Don de l'auteur. [8°, **33.234**.

— L.-H. Labande. Jules Laurens, ouvrage illustré d'après les œuvres de l'artiste.— *Paris, H. Champion*, 1910, in-4°, 365 p., pl.
Don de Mme Jules Laurens. [8°, **36.913**.

— L.-H. Labande. M. Gabriel Bourges, ancien président de l'Académie de Vaucluse, décédé le 14 juillet 1908. Pro memoria. — *Avignon, F. Seguin*, 1909, in-8°, pièce (8 p.), port.
Don de la famille Bourges. [4°, **7.721**.

— Les manuscrits de la Bibliothèque d'Avignon provenant de la librairie des papes du XIVe siècle, par M. Labande,... — [*Paris, impr. nationale*, 1895], in-8°, pièce (16 p.).
(Extrait du *Bulletin historique et philologique*, 1894.)
Don de l'auteur. [8°, **33.236**.

— Nécrologie. Mlle Marie Pellechet, membre honoraire de l'Académie de Vaucluse. Allocution prononcée par M. L.-H. Labande,... dans la séance [de l'Académie de Vaucluse] du 10 janvier 1901. — [*Avignon, F. Seguin*], s. d., in-8°, pièce (3 p.)
(Extrait des *Mémoires de l'Académie de Vaucluse*, 1901.)
Don de l'auteur. [8°, **33.238**.

— Notes sur deux médailles du bienheureux Pierre de Luxembourg et sur son portrait conservé au Musée Calvet. [*Signé* : L.-H. Labande]. — [*Avignon, François Seguin*, 1899], in-8°, pièce (5 p.), pl.
(Extrait des *Mémoires de l'Académie de Vaucluse*, 1899.)
Don de l'auteur. [4°, **5.017**.

— L.-H. Labande... Notice sur les dessins des antiquités de la France Méridionale exécutés par Pierre Mignard et sur leur publication projetée par le comte de Caylus. — *Nîmes, impr. générale (maison Gervais-Bedot)*, 1900, in-8°, pièce (32 p.).
(Extrait de la *Revue du Midi*.)
Don de l'auteur. [8°, **33.241**.

— Pierre Blau, cardinal de Saint-Ange, son testament et son inventaire (1407-1410), par M. L.-H. Labande. — *Toulouse, E. Privat*, 1895, in-8°, 61 p.
(Extrait des *Annales du Midi*, 1895.)
Don de l'auteur. [8°, **33.237**.

— Plan-Guide de Avignon. (*Titre intérieur* : Avignon et ses environs par R. de Donéval [L.-H. Labande]). — *Lyon, G. Toursier*, s. d., in-18, pièce (24 p.), pl. et grav.
(Guides Pol) [8°, **32.217**.

— Plan-Guide de Avignon et Orange. (*Titre intérieur* : Avignon, Orange par R. de Donéval [L.-H. Labande]). — *Valence, G. Toursier*, s. d. [1903], in-18, pièce (39 p.), pl. et grav.
(Guides Pol). [8°, **33.843**.

— L.-H. Labande. Projet de translation du concile de Bâle en Avignon pour la réunion des Églises grecque et latine. Documents

LABANDE (Léon-Honoré). — LABASTIE (Baron DE).

inédits sur la subvention payée au concile par les Avignonais. — *Aix, B. Niel*, 1904, in-8°, 53 p.

(Extrait des *Annales de la Société d'études provençales*.)
Don de l'auteur. [4°, **6.598**.

— Société française d'archéologie. Guide du Congrès d'Avignon en 1909, par M. L.-H. Labande. — *Caen, impr. Delesques*, 1909, in-8°, 212 p., pl.

Don de la Société française d'Archéologie.
[8°, **36.665**.

— Le tombeau de Clément VII (Robert de Genève). [*Signé* : L.-H. Labande]. — [*Annecy, impr. Abry*], s. d., in-8°, pièce (8 p.).

(Extrait de la *Revue Savoisienne*.)
Don de l'auteur. [8°, **33.235**.

— Un Diplomate français à la cour de Catherine II. 1775-1780. Journal intime du chevalier de Corberon, chargé d'affaires de France en Russie, publié d'après le manuscrit original [de la Bibliothèque d'Avignon]... par L.-H. Labande. — [*Paris, Plon-Nourrit et Cie*, 1901, 2 vol. in-8°, port.

Dépôt de l'État [8°, **22.700**

— Un légiste du XIV° siècle. Jean Allarmet, cardinal de Brogny, par M. L.-H. Labande. — *Paris, Ernest Leroux*, 1895, in-8°, pièce (paginé 487-497).

(Extrait des *Mélanges Julien Havet*.)
Don de l'auteur.
[8°, **33.240**.

— Une ancienne ville du Comtat-Venaissin. Vaison. [*Signé* : R. de Donéval. (L.-H. Labande)]. — *Le Monde illustré*, 15 juillet 1905, p. 448-449.
[Fol. **5.188**.

— Vénasque, ancien évêché et première capitale du Comtat-Venaissin. [*Signé* : R. de Donéval (L.-H. Labande)]. — *Le Monde illustré*, n° du 23 juillet 1904, p. 76 et 77.
[Fol. **5.154**.

— *Voir* : CONGRÈS archéologique de France. LXXVI° session tenue à Avignon en 1909... *Paris-Caen*, 1910, in-8°.
[8°, **37.750**.

— *Voir* : HÉRON DE VILLEFOSSE (A.) et LABANDE (L.-H.). Les Mosaïques romaines de Villelaure... *Paris*, 1903, in-8°.
[8°, **33.243**.

LABANDE (Léon-Honoré) et MAZEROLLE (F.). — Ville d'Avignon. Exposition des Arts rétrospectifs. Mai 1891. Catalogue rédigé par H. Labande, conservateur du Musée d'Avignon, et F. Mazerolle, ancien élève diplômé de l'École des Chartes. — *Avignon, impr. A. Garaynon*, [1891], in-8°, 119 p.

2 ex. [8°, **31.761** et **33.242**.

LABANDE (Léon-Honoré) et REQUIN (Chanoine HENRI). — Testament du cardinal Pierre de Foix (3 août 1464), publié par MM. Labande et Requin. — *Paris, impr. nationale*, 1900. in-8°, pièce (28 p.)

(Extrait du *Bulletin historique et philologique*, 1899.)
Don de l'auteur. [8°, **33.233**.

LA BASTIE (Baron DE). — Vie de Pétrarque, tirée de ses écrits et de ceux des auteurs contemporains, par M. le baron de la Bastie. — Extrait des *Mémoires de littérature*, p. 746-794, in-4°.
[4°, **3.768**.

LA BASTIE (Comte de). — Compliment de M. le comte de La Bastie, premier consul de la ville d'Avignon, à Son Eminence Mgr le cardinal Acciaioli, à son passage par cette Ville en Décembre 1760. — *S. l. n. d.*, in-4°, pièce (3 p.).

Fonds Massilian-Moutte et Requien.

2 ex. [**Ms. 2.449**, n° 14, et **2.931**, n° 15.

LA BATIE (Marquis de). — A Son Excellence Monseigneur Grégoire des ducs de Salviati, vice-légat d'Avignon, bouquet, pour le jour de sa fête. [Par le M¹ˢ de La Bâtie. 1762]. — *S. l. n. d.*, in-8°, pièce (3 p.).

[**Ms. 2.953**, n° 34.

— Lamentation attendrissante du général Murray, sur la prise du fort Saint-Philippe [par le duc de Crillon. Par le M¹ˢ de La Bâtie]. — *S. l. n. d.*, in-4°, placard.

[**Ms. 2.956**, n° 7.

LABAUME (G. de), président à la Cour impériale de Nimes. — Concours pour la prime d'honneur dans le département de Vaucluse. Rapport présenté au jury du Concours régional agricole d'Avignon au nom de la Commission spéciale chargée de visiter les exploitations concourant à la prime d'honneur, par M. G. de Labaume,... — *Avignon, Bonnet fils*, 1858, in-8°, pièce (32 p.).

Don de l'auteur.

3 ex. [8°, **28.215**, **31.775** et **32.417**.

LABBÉ (Le P. Pierre), S. J. — Dissertatio de itinere Annibalis. An pervenerit ad insulam Araris et Rhodani, an verò ad insulam Isaræ. [*Dédicace signée* : Petrus Labbé]. — [*Grenoble, A. Galle*], s. d., in-4°, pièce (32 p.).

(Manque le titre.)
Ex. de l'abbé de Véras. [4°, **5.802**.

— Vita et elogia Beatæ Virginis. Authore P. Petro L'Abbé, Soc. Jesu. — *Avignon, G. Bramereau*, 1661, in-4°, pièce (36 p.).

[Dedié à Dominique de Marinis, archevêque d'Avignon, et aux chanoines de la cathédrale].

Fonds Massilian-Moutte et Requien

2 ex. [**Ms. 2.443**, n° 6, et **2.954**, n° 19.

LABEAU (Pierre de). — Animæ jubilantis affectus ; oratorium armonicis exornatum concentibus excellentissimo et reverendissimo D.D. Marco Abb. Delphino, prolegato Aven. dignissimo, a domino Petro de Labeau, marchione de Maclas, rectore meritissimo, dicatum, in sacello venerabilis confraternitatis Pænitentium cinerei coloris sub titulo Sᵗᵉ Crucis, habitum die 29 et 30 novembris 1695. — *S. l. n. d.*, in-12, pièce (vi ff. n. ch.)

[8°, **27.230**, t. V, n° 8.

LA BÉDOYÈRE (M. de). — Voyage en Savoie et dans le midi de la France, en 1084 (*sic* pour 1804) et 1805. [Par M. de La Bédoyère]. — *Paris, Giguet et Michaud*, 1807, in-8°.

Legs Geoffroy-Perret.

[8°, **33.961**.

LA BROUSSE (De). — Mémoire et journal d'observations d'expériences, sur la meilleure manière de cultiver l'Olivier, et de le préserver des Insectes qui s'attachent à l'Arbre et au Fruit. Par M. de La Brousse,... Et délibération de l'assemblée des Trois-Etats du Comté Venaissin qui en a ordonné la réimpression. — *Carpentras, D.-G.*

Quenin, 1775, in-4°, pièce (11 ff. n. ch. - 31 p.).

Fonds Massilian-Moutte et Requien.

3 ex. [4°, **6.891**. — Ms. **2.422**, n° 5, et **2.933**, n° 33.

LABRUZZI DI NEXIMA (Francesco). — Francesco Labruzzi di Nexima. Il Petrarca in Campidoglio. — *S. l. n. d.*, in-8°, pièce (26 p.).

[8°, **34.589**.

LACAZE-TOUSSAINT. — A Cadenet [vers]. [*Signé* : Lacaze-Toussaint]. — [*Le Hâvre, L. Mure*], s. d., in-8°, pièce (3 p.).

Don de M. F. Mistral.

[8°, **33.655**.

— Le Tambour d'Arcole, par M. Toussaint Lacaze. — *Pertuis, J. Martin*, 1892, in-8°, pièce (16 p.).

[Avec une lettre de l'auteur à M. F. Mistral].

Don de M. F. Mistral.

[8°, **33.654**.

LACHABEAUSSIÈRE (Auguste-Etienne-Xavier Poisson de). — Azémia, ou les sauvages, comédie en trois actes, et en prose, mêlée d'ariettes ; paroles de M*** [Aug.-Et.-Xav. Poisson de Lachabeaussière]. Musique de M. d'Alayrac. — *Nyons, J. Canougan, an III, in 8°*, pièce (36 p.).

(Avec réclame à la fin pour J. Garrigan, imprimeur-libraire à Avignon.)

[8°, **8.720**, n° 3.

LACOMBE (André), avocat, à Avignon. — A l'Evêque d'Avignon. [Par Lacombe]. — *S. l. n. d.* [1815], in-8°, pièce (1 ff. n. ch.).

[Ms. **2.998**, n° 25.

— Le Bonheur de la République. Stances pour la fête de la Paix, et du 18 Brumaire. [*Signé* : André Lacombe,...] — *S. l. n. d.*, [*Avignon*], in-8°, pièce (11 ff. n. ch.).

[8°, **25.068**, n° 15.

— Chanson [au sujet du retour des Bourbons et contre l'Evêque d'Avignon. *Signé* : Par M. Lacombe, avocat d'Avignon]. — *S. l. n. d.* [1815], in-8°, pièce (3 p.).

[Ms. **2.998**, n° 24.

— Le Triomphe de la religion et des lis, ode... Par M. A. Lacombe,... — *Avignon, chez les marchands de nouveautés*, 1814, in-8°, pièce (22 p.).

[8°, **25.068**, n° 16.

LACROIX (Pierre Théaut). — Instruction qu'on donne au public sur une affaire dont on a parlé jusqu'ici fort diversement et sans connoissance de cause. [Démêlés entre les Chartreux de Bonpas et Pierre Théaut Lacroix, religieux dudit ordre, auteur de ce factum]. — [*Aix, impr. Ve Joseph Senez*, 1731], in-fol., pièce (9 p.).

[Ms. **2.948**, n° 44.

LAFAYE (Georges), professeur-adjoint à la Faculté des lettres de l'Université de Paris. — Inventaire des mosaïques de la Gaule publié sous les auspices de l'Académie des Inscriptions et Belles-Lettres. I. Narbonnaise et Aquitaine, par M. Georges Lafaye,... — *Paris, Leroux*, 1909, gr. in-8°, IX-159 p.

[Avignon, Caumont, Apt, Villelaure, Carpentras, Orange, Vaison, etc.].

[4°, **7.826**.

LAFFONT (Dr) et BRIANES (Dr). — A Messieurs les Médecins de Vaucluse. [Sur les revendications du Corps médical au sujet de l'Assistance médicale gra-

LAFFONT (Dr). — tuite. *Signé:* Docteur Laffont,... Docteur Brianes,...]— S. l. n. d. [1903], in-4°, pièce (11 ff. n. ch.).

[8°, **37.037**.

LAFONT (Jérôme). — Sacrum Palearium seu divini humanique juris conclusiones sub potentissimis auspiciis... Balthazaris Cenci, prolegati Avenionen.,Hieronimus Lafont Narbonen,.. I.V.C. Almæque Aven. Universitatis scholasticorum abbas exponebat, consecrabat, propugnabat pro tentat. doctoratus. — *Avignon, M. Chastel*, 1686, in-4°, pièce (18 p.).

Fonds Massilian-Moutte.

[**Ms. 2.431**, n° 41.

— Autre ex. (les pages 3 et 4 placées après la 18ᵉ ; gravure : « Systema universæ medicinæ theoricæ », signée : « Parroucel in. Mellan Fe. »).

[**Ms. 2.940**, n° 1.

LAFORESTIE, auteur dramatique. — Ode sur la Fête relative à la Cérémonie de la Construction du Pont de la Durance. [Par Laforestie]. — [*Avignon, impr. de la Préfecture de Vaucluse*, an XII], in-8°, pièce (3 p.).

Fonds Chambaud et Requien.

2 ex. [**Ms. 2.546**, n° 44, et **2.997**, n° 24.

LAFORET (A.). — *Voir* : Guillibert (Hippolyte). Vaucluse... *Aix*, 1874, in-32.

[8°, **34.585**.

LA GARDE (De). — Copie de Lettre de M. de La Garde, fermier-général, à M. Peilhon. [Paris, 15 juillet 1758, au sujet des droits réclamés par le receveur du bureau d'Avignon sur les taffetas et draps de soie destinés aux trois provinces de Languedoc, Provence et Dauphiné.] — S. l. n. d., in-4°, placard.

[**Ms. 2.930**, n° 54.

LAGRANGE (Léon). — Les Vernet. Joseph Vernet et la peinture au XVIIIᵉ siècle, par Léon Lagrange, avec le texte des livres de raison et un grand nombre de documents inédits. — *Paris, Didier et Cie*, 1864, in-8°, VII-504 p.

Don de l'auteur.

[8°, **27.014**.

LAIGUEMORTAIS. — Loubet le massacreur. [Sur Étienne Loubet, juge de paix du 3ᵉ arrondissement de Vaucluse, sous la Révolution]. — Suite de 7 articles parus du 1ᵉʳ au 8 septembre 1902 dans le journal *La Tribune française*, et signés Laiguemortais.

[8°, **31.551**.

LAINCEL (Louis de). — Avignon, le Comtat et la principauté d'Orange, par Louis de Laincel. Histoire, légendes, archéologie, biographie, excursions, etc. — *Paris, Hachette*, 1872, in-12, X-423-IV p. - II ff. n. ch.

Don de l'auteur.

[8°, **30.853**.

— Terreur rouge et terreur blanche, par Louis de Laincel. — *Paris, Giraud et Dentu*, 1864, in-12, 365 p.

[Avignon et le Comtat Venaissin].
Don de l'auteur.

[8°, **14.46ᵉ**.

— Des Troubadours aux félibres ; études sur la poésie provençale, par Louis de Laincel. — *Aix, Makaire*, 1862, in-12, 414 p., port.

Don de l'auteur.

[8°, **24.978**.

LAINCEL (Louis de).

— Louis de Laincel. Voyage humouristique dans le Midi, études historiques et littéraires. (Suze-la-Rousse. Bollène. Saint-Paul. Grignan. Aiguebelle. Le Mont-Ventoux. Sault. Vaucluse, etc. Carpentras. Apt. Cavaillon. La Valmasque. Valréas. Vaison. Le Rhône. Orange. Avignon, etc. — *Paris, Lemerre, Valence, Combier*, 1869, in-12, 502 p., front.

[8°, **25.743**.

LAINÉ. — Généalogie de la maison de Monteynard... par M. Lainé... — *Paris, impr. Moquet et Cie*, 1840, in-12, 102 p., pl. et blas.

Don de M. de Monteynard.

[8°, **26.730**.

LALAUZE (S. de). — Des élections communales de Sorgues (Vaucluse). [Signé : S. de Lalauze]. — *Avignon, impr. Peyri*, 1831, in-8°, pièce (12 p.).

[Ms. **3.003**, n° 44.

LAMBEL (J.-B.). — A Messieurs les conseillers municipaux de la ville d'Avignon [au sujet de la ferme du poids public. 18 décembre 1838. *Signé* : J.-B. Lambel]. — S. l. n. d., in-4°, pièce (3 p.).

[Ms. **3.078**, n° 11].

LAMBERT (B.-S.). — Voir : ANDRÉOLI (E.) et LAMBERT (B.-S.). Monographie de l'église cathédrale de St-Siffrein de Carpentras... *Paris*, s. d., in-8°.

[8°, **16.523**.

LAMBERT (CHARLES-GODEFROY-ALPHONSE). — Catalogue descriptif et raisonné des manuscrits de la Bibliothèque de Carpentras, par C.-G.-A. Lambert, bibliothécaire. — *Carpentras,*

LAMBERTIN (Antoine).

impr. E. Rolland, 1862, 3 vol. in-8° ; t. I : xix-463 p. ; t. II : xv-473 p. ; t. III : 439 p. - 1 fl. n. ch.

2 ex. [8°, **26.628** et **30.713**.

LAMBERT (Abbé Siméon). — Voir : SABOLY (Nicolas), MISTRAL (Frédéric) et LAMBERT (Abbé Siméon)... Li Nouvè... *Avignon*, 1865, in-12.

[8°, **25.206**.

— *Voir* : SABOLY (Nicolas), PEYROL (Antoine), ROUMANILLE (J.), LAMBERT (Abbé Siméon) et REBOUL (J.). Li Nouvé... *Avignon*, 1857, in-12.

[8°, **25.207**.

LAMBERTIN (Antoine), supérieur du Séminaire d'Avignon et grand vicaire. — Abrégé de la vie de M' Laurent Dominique Bertet, fondateur et premier supérieur de la Congrégation des Prêtres missionnaires de N. D. de Ste-Garde, sa conduite spirituelle et le recueil de ses lettres, par un prêtre de la même Congrégation [L'abbé Antoine Lambertin]. — *Avignon, L. Chambeau*, 1758, in-12, vi fl. n. ch.- 458 p.

[8°, **31.817**.

— La vie de Messire Joseph-François de Salvador, second supérieur de la Congrégation des Prêtres de Notre-Dame de Sainte-Garde, fondateur du Séminaire d'Avignon, avec les pieux sentimens et principaux traits de la vie de Messire Alexandre Martin, curé du lieu de Saint-Didier, fondateur de la chapelle de Notre-Dame de Sainte Garde. [Par A. Lambertin]. — *Avignon, L. Chambeau*, 1761, in-12, xii-347 p.

[8°, **12.940**.

— Autre ex. (Reliure aux armes de Ch.-V. Giovio, archevêque d'Avignon).
[8°, **27.892**.

LAMBOT (Général). — Le Maréchal Brune à Avignon en 1815, par le général Lambot. — *Paris, A. Pougins*, 1840, in-8°, 60 p.
[8°, **26.593**.

LAMENTATIENS carlo-jésuitico-henrico-legitimisto oou sujet de de la visito dé M. Berryer. Coumplainto tirado d'oou journaou lou Bouil-Abaisso. — *Marseille, impr. Mossy*, 1844, in-18, pièce (24 p.).
[8°, **25.305**, n° 8.

LAMOTTE (Comte L. DE). — Comte L. de Lamotte. L'Ordre hospitalier de Saint-Jean-de-Jérusalem. Langue de Provence. — *Marseille, impr. Marius Olive*, 1883, in-4°, pièce (31 p.).
(Extrait de La Provence artistique et pittoresque.)
[4°, **2.458**.

LAMOUREUX (Chanoine J.-M.). — Les Saintes Maries de Provence, leur vie et leur culte par le chanoine Lamoureux. — *Avignon, Aubanel*, 1898, in-8°, 240 p., fig.
Anc. archevêché d'Avignon.
[8°, **37.326**.

LANCI (MICHELANGELO). — Osservazioni sul bassorilievo fenico-egizio che si conserva in Carpentrasso fatte da Michelangelo Lanci... — *Rome, impr. Fr. Bourlié*, 1825, in-fol., 52 p., pl.
Don de X. Moutte.
[Fol. **529**.

LANÇON. — Chemin de fer de Marseille au Rhône. Tracé direct de Marseille à Avignon étudié par M. de Kermaingat, inspecteur général au corps des Ponts et Chaussées, et modifié par M. de Montricher, ingénieur au même corps. Considérations en faveur de ce tracé, par M. Lançon, de Marseille. — *Paris, Guillaumin*, 1841, in-4°, pièce (32 p.).
[Ms. **2.977**, n° 39.

LANÇON et MONTRICHER (DE). — Chemin de fer de Marseille au Rhône. Nouvelles considérations en faveur du tracé direct de Marseille à Avignon, par M. Lançon, de Marseille ; et Réfutation des objections faites à ce tracé, par M. de Montricher, ingénieur des Ponts et Chaussées, auteur du Projet. — [*Paris*], *impr. Hennuyer et Turpin*, 1842, in-8°, 55 p.
(Note manuscrite à la fin.)
[8°, **24.862**, n° 14.

LANÇON (C.-A.). — Lettre d'un citoyen de Provence à un citoyen de Languedoc [sur le canal de Boisgelin en Provence et le projet de pont sur la Durance à Bonpas. Signé : C... A. Lançon, le premier novembre 1778.] — *S. l. n. d.*, in-16, pièce (8 p.).
Fonds Massilian-Moutte.
[Ms. **2.442**, n° 25.

LANÇON (R.), membre du Conseil général de Vaucluse, avocat à la Cour impériale de Paris. — L'agriculture et l'industrie du département de Vaucluse à l'Exposition universelle de 1855, par R. Lançon,... — *Paris, impr. Paul Dupont*, 1855, in-8°, 208 p.
3 ex. [8°, **4.871**, **24.658** et **28.378**.

LANGLOIS (ERNEST). — *Édit.*

547 LANGLOIS (Ernest). — LA RONCIÈRE (C. B. de). 548

Nicolas IV, pape. Les registres de Nicolas IV... Paris, 1905, 2 vol. gr. in-4°.
[Fol. **5.317**.

LANTOIS, *en religion* le P. Bonaventure de Sisteron.— *Voir :* Bonaventure de Sisteron (le P.).

LANZA (Marco). — Celebrandosi il quinto Centenario di Francesco Petrarca, versi di Marco Lanza. — S. l., [L. Tondelli], s. d. [1874], in-4°. pièce (11 ff. n. ch.).
[4°, **6.570**.

LA PISE (Joseph de), seigneur de Maucoil. — Tableau de l'histoire des princes et principauté d'Orange divisé en quatre parties selon les quatre races qui y ont regné souverainement depuis l'an 793, commençant à Guillaume au Cornet, premier prince d'Orange, jusques a Frederich Henry de Nassau, à present regnant. Illustré de ses généalogies et enrichi de plusieurs belles antiquités avec leurs tailles douces. [*Titre du frontispice :* Tableau de l'histoire des princes et principauté d'Orange... par Joseph de La Pise, seigr de Maucoil, etc.]. — *La Haye, impr. Théodore Maire*, 1640, pièces liminaires - 903 p. et table, tabl. généalog., grav., pl. et cart.
2 ex. [Fol. **3.422**.— Réserve, n° 14.

LA PIZE (Gaspard de). — Préeminences, prérogatives et dignités des Sérénissimes princes d'Orange.[*Préface signée :* Gaspard de La Pize]. — *La Haye, Adrian Vlacq*, 1661, in-18, 69 p. - 1 ff. n. ch.
[8°, **26.617**.

LA PORTE (De). — *Voir :* For-tia d'Urban (Marquis de). Supplément aux diverses éditions des œuvres de Molière... Paris, 1825, in-8°.
[8°, **26.000**, n° 3.

LARDERAT (J.-A.), docteur ès-droits, à Avignon. — Purpura ad Federicum. eucharisticon. [A l'occasion de l'élévation du vice-légat Frédéric Sforza au cardinalat. *Signé :* J.-A. Larderat,...] — S. l. n. d., in-4°, pièce (7 p.)
Fonds Massilian-Moutte.
[Ms. **2.431**, n° 31.

LARDIER (A.). — Histoire populaire de la Révolution en Provence depuis le Consulat jusqu'en 1834 par A. Lardier. Tome Ier. [Assassinat du maréchal Brune]. — *Marseille, Masvert, Chaix et Camoin*, 1838, in-8°, xv-470 p.
[8°, **26.382**.

— Souvenirs du Midi : paysages, marines, portraits, monumens, costumes, etc..., texte par A. Lardier. — *Marseille, Arbieu et Cie*, 1839, in-4°, pl.
[P. 131-152 : Avignon. Pétrarque et Laure. La Fontaine de Vaucluse].
[Fol. **4.319**.

LARDIER (J.-S.).— Essai sur les moyens de régénérer l'agriculture en France, et plus particulièrement dans les départements du Midi, par J.-S. Lardier... — *Marseille, A. Ricard*, 1820-1821, 4 vol. in-4°.
H. N. [8°, **1.587**.

LA RONCIÈRE (Charles Bourel de). — *Édit.* Alexandre IV... Les registres d'Alexandre IV... Paris, 1895-1902, in-4°.
[Fol. **5.288**.

LA SAUSSAYE (L. de), correspondant de l'Académie des Inscriptions et Belles-Lettres. — Numismatique de la Gaule Narbonnaise, par L. de La Saussaye,... — *Blois, bureau de la Revue numismatique, Paris, M. Rolin*, 1842, in-4°, 204 p., 23 pl.

[4°, **4.309**.

LASCOUR (Joseph). — Theses physicæ... [Has theses... tueri conabitur Josephus Lascour, physicus, in aulâ collegii Avenionensis Societatis Jesu,...] — *Avignon, Vve Girard*, 1763, in-4°, pièce (10 p.).

[8°, **33.486**.

LA SERRE (Puget de). — Le Martyre de sainte Caterine, tragédie en prose... Par Monsieur de la Serre. — *Paris, A. de Sommaville et A. Courbé*, 1643, in-4°, vi ff. n. ch.-86 p., 6 grav.

A la fin, ms. : « Imprimatur Aven. die 27 octob. 1645. ⁘ J. Ferrandus Inqr gnalis. »

[8°, **3.859**, n° 1.

LA TOULOUBRE (Louis Ventre de). — Jurisprudence observée en Provence sur les matières féodales et les droits seigneuriaux, divisée en deux parties. [Par La Touloubre]. — *Avignon, Vve Girard*, 1756, 2 tomes en 1 vol. in-8°, viii-160 et 202-xxxi p.

[8°, **27.096**.

LAUDUN (Le P. Vincent). — Père Vincent Laudun, des Frères Prêcheurs. Sanctuaires de la S. Vierge en France au XVIIᵉ siècle d'après un manuscrit d'Avignon [publié par G. Rohault de Fleury]. — *Bourges, impr. Tardy-Pigelet*, 1900, in-32, 29 p. et pl.

[Églises consacrées à la Vierge à Avignon, L'Isle, Mormoiron, Cavaillon, Prébayon, Mazan, Le Barroux, Montfavet, Carpentras, Sarrians, Vaucluse, Montdevergues, Lumières, Sablet, Le Thor, Montdragon, Sault, Vénasque (Notre-Dame-de-Vie).

Don de G. Rohault de Fleury.

[4°, **32.323**.

LAUGIER. — *Voir* : Soumille, Luneau, Maucuer, Mathieu, Laugier et Justamond. Les Maladies épizootiques dans Vaucluse... *Avignon*, 1877, in-8°.

[8°, **5.213**.

LAUGIER (J.). — *Voir* : Congrès archéologique de France. XLIXᵉ session. Séances générales tenues à Avignon en 1882. *Paris-Tours*, 1883, in-8°.

LAUGIER (J.-B.). — Diverses stances sur la libéralité De... Paul de Joannis de Verclos... chanoine capiscol de l'Église Cathédrale Saint Siffrein... [Dédicace signée : I. B. Laugier,..] — *Carpentras, C. Touzet*, 1699, in-4°, pièce (19 p. et 1 grand ff. n. ch.).

[Cette libéralité s'est exercée en faveur de la cathédrale de Carpentras. — A la fin, poésies diverses sur Paul de Joannis de Verclos.]

Fonds Massilian-Moutte et Requien.

2 ex. [**Ms. 2.423**, n° 12, et **2.940**, n° 45.

— Épître à M. L* P*** [le primicier (Guintrandy)], par M. l'abbé L*** [Laugier]. [A propos de la peste d'Avignon de 1722]. — [*Avignon, C. Giroud*, 1722], in-4°, pièce (4 p.).

Fonds Massilian-Moutte et Requien.

4 ex. [**Ms. 2.428**, n° 41, **2.450**, n° 28, **2.928**, n° 24, et **2.942**, n° 38.

— Poème héroïque sur la peste qui a régné en divers endroits en l'année 1720, 21 et 22, par l'auteur de l'Épître à M. L* P*** [J.-B. Laugier]. — *Avignon, C. Giroud*, 1722, in-4°, 1 ff. n. ch., armoiries de Rainier d'Elci, vice-légats, gravées par David, 111-49 p.

Fonds Massilian-Moutte et Requien.

3 ex. [**Ms. 2.428**, n° 42, **2.928**, n° 28, et **2.942**, n° 37.

LAURE (Henri). — Manuel du cultivateur provençal, ou cours d'agriculture simplifiée pour le midi de l'Europe... par Laure... — *Toulon, Belluc*, 1837, 2 vol. in-8°.

H. N. [**8°, 1.591**.

LAURENS (Jean-Bonaventure). Concours régional d'Avignon. Le champ de courses. [*Signé*: J.-B. Laurens]. — *L'Illustration*, n° du 22 mai 1858, p. 333-334, fig.

[Fol. **4.983**.

LAURENS (Jules). — Catalogue du Musée de la ville de Carpentras, avec notice historique, par J. L*** [Laurens]. — *Carpentras, J. Brun et Cie*, 1900, in-16, 80 p.

[**8°, 33.404**.

— Jules Laurens. La Légende des ateliers. Fragments et notes d'un artiste peintre (de 1842 à 1900). — *Carpentras, J. Brun et Cie*, 1901, in-8°, 710 p.

Don de Mme J. Laurens.

[**8°, 32.827**.

— Une vie artistique. Laurens Jean-Joseph-Bonaventure (14 juillet 1801-29 juin 1890). Sa vie et ses œuvres... par XXX [Jules Laurens]. — *Carpentras, J. Brun et Cie*, 1899, in-12, 607 p., pl.

Don de l'auteur.

[**8°, 31.459**.

— *Préf*. Moulinas (D.). Le Mont-Ventoux,... *Carpentras*, s. d., in-18.

[**8°, 34.906**.

LAURENS DE ROUVROY (Comte). — Avignon [Sonnet. *Signé*: Comte Laurens de Rouvroy]. — [*Avignon, impr. Aubanel*, 1910], in-8°, pièce (iv ff. n. ch.).

Don de M. Frédéric Mistral.

[**8°, 36.902**.

LAURENT. — Extrait d'une Lettre écrite par un Officier municipal d'Orange [Laurent] : au Patriote Soulet, à Paris, le 8 janvier l'an 4me de la liberté. — S. l. n. d. [1792], in-8°, pièce (4 p.).

Fonds Massilian-Moutte et Requien.

2 ex. [Ms **2.550**, n° 15, et **2.992**, n° 2.

LAURENT. — Journal historique de la ville d'Avignon Depuis l'An 1177. jusqu'à l'an 1740. par un Citoyen de ladite Ville [Laurent]. Proposé par souscription. — *Avignon, A.-J. Fez*, 1759, in-4°, pièce (iii ff. n. ch.).

[Prospectus].

Fonds Massilian-Moutte et Requien.

3 ex. [**4°, 6.843**. — **Ms. 2.430**, n° 35, et **2.953**, n° 14.

LAURENT. — [Mémoire « sur les constitutions à prendre pour la régénération du Comtat d'Avignon et Venaissin ». 1790. *Signé*: Laurent]. — S. l. n. d., in-4°, pièce (ii ff. n. ch.).

[**Ms. 2.958**, n° 17.

LAURENT, du Bourg-Saint-Andéol. — Sur les Élections de Vaucluse. [Par Laurent, septembre 1819]. — [*Bourg-St-Andéol, P.-R. Guillet*, 1819], in-8°, pièce (8 p.).

[**Ms. 3.000**, n° 4.

LAURIÈRE (Jules de). — *Voir :* Congrès archéologique de France. XLIXe session. Séances générales tenues à Avignon en 1882. *Paris-Tours*, 1883, in-8°.

[8°, **37.750**.

LAURIÈRE (Jules de) et MUNTZ (Eugène). — Le tombeau du pape Clément V à Uzeste, par MM. J. de Laurière et E. Muntz... — *Paris, s. n.*, 1888, in-8°, pièce (22 p.), fig.

(Extrait des *Mémoires de la Société nationale des Antiquaires de France*, t. XLVIII.)
Don de M. E. Müntz.

[8°, **33.600**.

LAURIS (Pierre). — *Pseud.* de Jouve (Michel).

L'AUZON (Charles de). — *Voir :* Cassan (Denis-Casimir). Lei Cassaneto... *Avignon*, 1880, in-12.

2 ex. [8°, **25.316** et **35.166**.

LAVAL (Le P. Antoine-J.). — Voyage du Mont-Ventoux, pour déterminer la hauteur et la latitude de cette montagne. Par le P. Laval. — Extrait des *Mémoires pour l'histoire des sciences et des beaux-arts*, mai 1714, p. 895-918, in-24.

2 ex. [8°, **17.121**, n° 3, et **24.628**.

LAVAL (Dr Victorin). — Cartulaire de l'Université d'Avignon (1303-1791) publié avec une introduction et des notes par le Docteur Victorin Laval,... — *Avignon, Seguin frères*, 1884, in-8°, cx-476 p.

[4°, **3.103**.

— Centenaire de l'Académie de Vaucluse. Discours prononcé le 4 août 1901 à la séance publique... par le Docteur Victorin Laval,... — *Avignon, F. Seguin*, 1901, in-8°, pièce (8 p.).
Don de M. F. Seguin.

[4°, **6.044**.

Autre ex. (Don de l'auteur).

[4°, **6.047**.

— Discours prononcé à la Sorbonne, le 18 décembre 1904, à la cérémonie du couronnement du buste de Pétrarque, par le Docteur Victorin Laval,... — *Avignon, F. Seguin*, 1905, in-8°, pièce (8 p.).
Don de l'auteur.

[8°, **34.799**.

— Dr Victorin Laval... Le général Joseph-François Dours ; sa vie politique et militaire, sa mort tragique. — *Paris-Nancy, Berger-Levrault*, 1912, in-8°, XVI-740 p.
Don de l'auteur.

[8°, **38.021**.

— Histoire de la Faculté de Médecine d'Avignon, ses origines, son organisation et son enseignement (1303-1791), par le Docteur Victorin Laval,... Tome premier. Les origines et l'organisation. — *Avignon, Seguin frères, Paris, E. Lechevalier*, 1889, in-8°, v-485 p., pl.
[Tome Ier seul paru].

[8°, **14.943**.

— Inscriptions inédites de l'Université d'Avignon, par le Docteur V. Laval,... — *Avignon, Seguin frères*, 1886, in-8°, pièce (32 p.).

(Extrait des *Mémoires de l'Académie de Vaucluse*, 1886.)
Don de l'auteur.

[4°, **2.032**.

— Dr Victorin Laval. L'insurrection fédéraliste dans la vallée du Rhône : Bonaparte et l'affaire d'Avignon (Juillet 1793). — Nîmes, *impr. de la Revue du Midi*, 1909, in-8°, 69 p.

(Extrait de la *Revue du Midi*, 1909.)
Don de l'auteur.

[8°, **36.715**.

— D' Victorin Laval,... Joseph-Agricol Viala. Sa naissance, sa mort, sa glorification d'après des documents contemporains. — *Avignon, F. Seguin*, 1903, in-8°, 61 p., port.

Don de l'auteur.

[4°, **6.383**.

— Mon vieux L'Isle. [Articles sur l'histoire de l'Isle-sur-Sorgue publiés par le D' Victorin Laval dans le journal *L'Echo de Vaucluse*, puis *de L'Isle*, 6 mai-2 décembre 1911, 27 n°° in-fol.].

|Atl. **342**.

— *Edit*. ROVÈRE (J.-S.-F.-X.-A.). Lettres inédites... *Paris*, 1908, in-8°.

[4°, **7.688**.

— *Préf.* CHARPENNE (Pierre). Les Grands Épisodes de la Révolution dans Avignon et le Comtat ... *Avignon*, 1901, 4 vol. in-16.

[8°, **33.226**.

LAVALLÉE (JOSEPH), marquis de BOIS-ROBERT. — Voyage dans les départemens de la France, enrichi de tableaux géographiques et d'estampes, par... J. Lavallée. [Département de Vaucluse]. — *Paris, Brion, Buisson et Debray*, 1800, in-8°, pièce (40 p.), cart.

[8°, **26.556**.

LAVAUDEN (BRUNO). — Bruno Lavauden. Une visite à Orange. — *Grenoble, Baratier et Dardelet*, 1900, in-8°, 91 p., pl.

[4°, **5.082**.

LAVENICUS criticus seu antiqua indicationum morborum causa rediuiua. Et longissimis obseruationibus Avenione, huc usque factis, confirmata. Per N.E.D. E.D.P.M.D. — *Avignon, J. Piot*, 1645, in-4°, pièce (XIII ff. n. ch.).

[Ms. **2.954**, n° 5.

LAVERNE (ESPRIT-BÉNÉZET-JEAN-BAPTISTE LEVIEUX DE), maire d'Avignon. — *Voir :* LEVIEUX DE LAVERNE (Esprit-Bénézet-Jean-Baptiste).

LAZARD (FRÉDÉRIC). — *Voir :* DEYDIER (Marc) et LAZARD (Frédéric). La Baume des Peyrards ... *Le Mans*, 1910, in-8°.

[4°, **7.892**.

LE BANSAIS (SIMÉON). — Neuvaine à l'honneur des Sts Anges [célébrée dans l'Eglise St-Didier d'Avignon]. Nouvelle édition... Par Siméon Le Bansais, docteur en théologie, ancien curé de Quebec en Canada, et de St Didier d'Avignon : actuellement chanoine de Saint-Didier. — *Avignon, A. Offray*, 1782, in-12, 72 p.

[8°, **24.254**, n° 9.

— Nouvelle édition... — *Avignon, D. Seguin*, s. d., in-12, pièce (48 p.).

[8°, **24.440**.

— Nouvelle édition... — *Avignon, Seguin aîné*, 1824, in-12, pièce (48 p.).

[8°, **24.484**, n° 7.

LEBLANC (MARIE-FRANÇOIS-XAVIER-AUGUSTE). — Défense de MM. les Officiers et Sous-officiers de la Garde à cheval de Carpentras, cités devant le Conseil de discipline par M. le comte de Seguins-Vassieux, plaignant,

et Président de ce Conseil. [*Signé :* Aug^te Leblanc]. — *Carpentras, Proyet*, s. d., in-8°, pièce (15 p.).
Fonds Chambaud et Cottier.
2 ex. [8°, **35.112**. — Ms. **2.550**, n° 31.

— Discours adressé aux électeurs du Midi pour les élections de 1831 par A. L. B. U. S. [Auguste Leblanc, vieux soldat], chef de b^on de Garde nationale. — [*Carpentras, impr. Proyet fils*], s. d., in-4°, pièce (8 p.).
Fonds Chambaud et Requien.
2 ex. [**Ms. 2.535**, n° 100, et **2.972**, n° 119.

— Première lettre au docteur de Brysis, sur la Mission de Carpentras, par A. L. V. S. [Auguste Leblanc, vieux soldat]. — *Carpentras, Proyet père*, 1819, in-8°, pièce (XIV-31 p.).
2 ex. [8°, **25.815**, n° 10, et **33.277**.

— Quelques observations sur la Garde Nationale [de Carpentras]. Par X... [*Signé :* L'éditeur légalement responsable, Aug^te Leblanc]. — *Carpentras, impr. Proyet, et chez les Marchands de nouveautés*, 1818, in-8°, pièce (VIII-18 p.).
Fonds Massilian-Moutte et Requien.
2 ex. [**Ms. 2.550**, n° 32, et **3.018**, n° 40.

LE BLANT (EDMOND). — Nouveau recueil des inscriptions chrétiennes de la Gaule antérieures au VIIIe siècle, par Edmond Le Blant,... — *Paris, impr. nationale*, 1892, in-4°, pl.
[Orange, Urban, Musée d'Avignon, Gigondas, Notre-Dame de Beauregard, Villeneuve-les-Avignon, etc.]
(Documents inédits de l'histoire de France.)
Dépôt de l'Etat. [Doc. In., n° 82.

— Les sarcophages chrétiens de la Gaule, par M. Edmond Le Blant. — *Paris, imp. nationale*, 1886, in-fol., pl.
[Vaison, Orange, Carpentras, Avignon, Abbaye de St-Ruf, Vénasque, Apt.]
(Documents inédits de l'histoire de France.)
Dépôt de l'Etat. [Doc. In., n° 81.

LE BOURDELLÈS (RAYMOND). Dante Alighieri, Pétrarque, Le Tasse, Machiavel. Introduction à la lecture de leurs œuvres, par Raymond Le Bourdellès,... — *Paris, A. Pedone, A. Fontemoing,*, 1899, in-18, 195 p.
(Etudes littéraires sur les grands classiques italiens).
Dépôt de l'Etat. [8°, **34.669**.

LE BOURGEOIS (Abbé LUDOVIC). — Allocution prononcée en l'église Saint-Agricol au mariage de Mademoiselle Germaine de Saqui-Sannes avec Monsieur Robert Le Bourgeois, par M. l'abbé Ludovic Le Bourgeois,... Avignon, le 19 juillet 1898. — *Aix-en-Provence, impr. J. Nicot*, 1898, in-8°, pièce (7 p.).
[8°, **30.901**.

— Allocution prononcée en l'église St-Agricol au mariage de Mademoiselle Jeanne Du Domaine avec M. le Comte Ludovic de Bimard, par M. l'abbé Ludovic Le Bourgeois. Avignon, le 28 août 1894. — *Avignon, François Seguin*, 1894, in-8°, pièce (7 p.).
[8°, **29.366**.

LE BRUN. — La Joueuse, drame en trois actes et en vers... par M. Le Brun. — *Avignon, J. Garrigan*, 1791, in-8°, pièce (48 p.).
[Théâtre avignonais].
[8°, **8.726**, n° 1.

LE BRUN fils. — Lettre de Monsieur Le Brun le fils, aggrégé à l'Université d'Avignon, Docteur Regent en Anatomie, écrite à un Médecin de ses amis de la Faculté de Paris, au sujet d'un enfant monstrueux né à Avignon le 18 octobre 1713. — Découpure des *Mémoires pour l'histoire des sciences et des beaux-arts*, 1714, p. 1282-1288, in-12.

|8°, **36.919**, n° 7.

LE BRUN-DALBANNE, conservateur du Musée de peinture de Troyes. — Etude sur Pierre Mignard, sa vie, sa famille et son œuvre, par Le Brun-Dalbanne, … — *Paris, Rapilly*, 1878, in-8°, 248 p., port.

|8°, **16.786**.

LECACHEUX (Paul). — *Edit*. Urbain V, pape. Lettres secrètes et curiales… *Paris*, 1902-1906, 2 fasc. in-4°.

[Fol. **5.301**.

LECOINTRE (Laurent). — Les Crimes de sept membres des anciens Comités de salut public et de sûreté générale, ou dénonciation formelle à la Convention nationale, contre Billaud-Varenne, Barère, Collot d'Herbois, Vadier, Vouland, Amar et David… par Laurent Lecointre…. Seconde édition. — *S. l.* [*Paris*], *Maret*, s. d. [an III], in-8°, VIII-250 p.

[Sur la commission populaire d'Orange]. Fonds Chambaud.

|8°, **14.193**, n° 2.

LECOY DE LA MARCHE (Albert). — Extraits des comptes et mémoriaux du roi René pour servir à l'histoire des arts au XVe siècle publiés d'après les originaux des Archives Nationales, par A. Lecoy de la Marche. — *Paris, A. Picard*, 1873, in-8°, XVI-368 p.

(Documents historiques publiés par la Société de l'Ecole des Chartes.)

|8°, **31.555**.

— Le roi René, sa vie, son administration, ses travaux artistiques et littéraires, d'après les documents inédits des Archives de France et d'Italie, par A. Lecoy de la Marche. — *Paris, Firmin Didot*, 1875, 2 vol. in-8°, XVI-559 et 548 p.

|8°, **15 002**.

LEENHARDT (F.). — Etude géologique de la région du Mont Ventoux, par F. Leenhardt… — *Montpellier, C. Coulet ; Paris, G. Masson*, 1883, in-4°, 273 p., pl.

Don de M. le Dr Arnaud de Fabre.

[4°, **6.217**.

LEFÉBURE, dit Pot de fer. — Justice contre Maignet, Député à la Convention, destructeur de Bedoin. [12 germinal an III. *Signé* : Lefebure, dit Pot-de-Fer]. — *S. l. n. d.*, in-8°, pièce (18 p.)

|Ms. **2.544**, n° 52.

LEFEBURE (J.-Louis). — Discours du Citoyen Lefebvre, nommé Administrateur au Département de Vaucluse par l'Assemblée électorale, le Germinal de l'an cinquième. — *S. l. n. d.* [an V], in-8°, pièce (2 p.).

|Ms. **3.014**, n° 42.

— Mémoire en forme de rapport sur un canal de navigation, adressé au ministre de l'Intérieur, par le citoyen L. Lefebure, commissaire du pouvoir exécutif, imprimé en exécution d'un arrêté de l'administration du

district de Carpentras, d'après une pétition de la Société populaire de cette ville. [Sur le projet de canal de Saint-Chamas à Donzère]. — *Carpentras, J.-A. Proyet*, 1793, in-4°, pièce (13 p.).
Fonds Chambaud et Requien.

2 ex. [8°, **33.830**. — Ms. **2.964**, n° 7.

LEFEBURE (J.-Louis), BLAZE (Henri-Sébastien) et THOMAS (Jean-Joseph-Ignace-Louis). — Discours prononcés à Avignon, à la fête du 9 thermidor, an 5 de la République Française, par les citoyens Lefébure et Blaze, administrateurs du Département de Vaucluse, et par le citoyen Thomas, administrateur municipal de cette commune — *Avignon, impr. du Département de Vaucluse*, [an V], in-8°, pièce (30 p.).
Fonds Massilian-Moutte et Requien.

4 ex. [8°, **33.339** et **33.436**. — Ms. **2.545**, n° 13, et **2.995**, n° 29.

LEFEUVE. — La fille de Mme de Ganges et Téréza de Béarn, particularités historiques, par M. Lefeuve. — *Paris, A. Ghio*, 1880, in-12, 55 p.
Don de l'auteur.

[8°, **16.372**.

LEFÈVRE (Edmond). — Bibliographie mistralienne. Frédéric Mistral. Bibliographie sommaire de ses œuvres... Notes et documents sur le félibrige et la langue d'oc. Rédigé par Edmond Lefèvre,... — *Marseille, éd. de l'Idèio prouvençalo*, 1903, in-8°, 154 p.
Don de l'auteur.

[4°, **6.370**.

— 1re année, 1900. Catalogue félibréen et du Midi de la France.

Notes et documents sur le félibrige, avec la bibliographie des majoraux des origines à nos jours (1876-1901). Bibliographie sommaire des œuvres publiées en 1900 concernant le Midi de la France et plus particulièrement la langue d'oc. Rédigé par Edmond Lefèvre. — *Marseille, Paul Ruat*, 1901, in-8°, 122 p.
Don de l'auteur.

[4°, **7.477**.

— 1re (et 2e) année, 1903 (et 1904). L'année félibréenne, premier (et deuxième) supplément du catalogue félibréen et de la Bibliographie mistralienne, par Edmond Lefèvre, de l'Escolo de Lar. — *Marseille, Paul Ruat*, 1904 et 1905, 2 fasc. in-8°, 50 et 54 p.
Don de l'auteur.

[4°, **7.478**.

— Les majoraux du félibrige, des origines à nos jours (21 mai 1876-21 avril 1901). Notes et documents... Rédigé par Edmond Lefèvre. — *Marseille, Paul Ruat*, 1901, in-8°, pièce (48 p.).
(Extrait du *Catalogue félibréen*, 1900.)
Don de l'auteur.

[4°, **7.479**.

LEFÈVRE-PONTALIS (Eugène). — *Voir :* Congrès archéologique de France. LXXVIe session tenue à Avignon en 1909... *Paris-Caen*, 1910, in-8°.

[8°, **37.750**.

LEFORT (F.), inspecteur général des ponts et chaussées. — La légende de saint Benezet, constructeur du pont d'Avignon au XIIe siècle. Examen historique et critique, par F. Lefort,... —

Le Mans, Edmond Monnoyer, 1878, in-4°, pièce (44 p.), pl.

(Précédé d'une lettre autographe de l'auteur.)
Don de l'auteur.   [4°, **2.400**.

— Sur un manuscrit du XIII° siècle relatif à la construction des premiers ponts sur le Rhône à Avignon et à Lyon. Etude historique et critique, par F. Lefort,... — *Reims, imprimerie coopérative*, 1885, in-8°, pièce (22 p.).

[8°, **27.633**.

LEFRANC DE POMPIGNAN (JEAN-JACQUES). — Voyage de Languedoc et de Provence, par Lefranc de Pompignan. — *Avignon, Vve Seguin*, an XI, in-8°, 56 p.

[Avignon, Vaucluse, Cavaillon, La Tour-d'Aigues, Apt, etc.]
[8°, **26.589**, n° 16.

LE GHOEN DE PENARVAN (Vicomte). — La légende du Palais du Roure [à Avignon], par le vicomte Le Ghoën de Penarvan.— *Versailles, s. n.*, 1896, in-12, pièce (44 p.).

[8°, **30.533**.

LE GO. — Discours prononcé lors de l'installation de la Municipalité de Pernes, par le citoyen Le Go, entrant en fonction de Procureur de la Commune, le 30 décembre 1792,... — [*Carpentras, impr. J.-A. Proyet*, 1792], in-8°, pièce (15 p.).

[**Ms. 3.014**, n° 19.

LEJAY. — Rapport fait au nom du Comité des arts et d'instruction publique de la Société populaire de Montpellier, par Lejay, sur la fête des jeunes Barra et Viala, fixée au 30 Messidor, par un décret de la Convention nationale. — *S. l. n. d.*, in-8°, pièce (4 p.).

[**Ms. 3.014**, n° 29.

LE NOIR (Général vicomte), commandant la succursale des Invalides d'Avignon.— Allocution du général Le Noir, à MM. les officiers et fonctionnaires de la succursale des Invalides, réunis chez lui le 1er janvier 1834, en présence de MM. les officiers supérieurs de la garnison d'Avignon, et de M. le général St Amand, commandant le département de Vaucluse. — *S. l. n. d.*, in-4°, pièce (3 p.).

Fonds Chambaud et Requien.
2 ex. [**Ms. 2.535**, n° 120, et **2.974**, n° 1.

— Discours prononcé sur la tombe du général Fugières, ancien commandant de la succursale des militaires invalides et du département de Vaucluse, à la translation de ses cendres dans le parc de sa succursale, le 26 mai 1833, par le général vicomte Le Noir,... — [*Avignon, impr. Guichard*], s. d., in-4°, pièce (8 p.).

Fonds Chambaud et Requien.
2 ex. [**Ms. 2.535**, n° 116, et **2.973**, n° 66.

— Distique latin sur la mort si déplorable, de l'amiral Dumont-d'Urville, brûlé dans l'incendie d'un convoi à vapeur, sur la route de Versailles à Paris, le 8 mai 1842. [*Signé* : Le général vicomte Le Noir, commandant la succursale des Invalides, et président de l'Académie de Vaucluse]. — *Avignon, s. n.*, 1842, in-fol., placard.

[**Ms. 2.977**, n° 116.

— Notice sur la succursale de l'Hôtel royal des Invalides à Avignon ; suivie du Journal de l'inondation de novembre 1840, par un militaire invalide [Le général Le Noir]. — *Avignon, impr. Bonnet fils*, 1841, in-8°, 104 p.

> 4 ex. [8°, **15.059**, **26.604** et **30.942**, n° 1. — Ms. **3.007**, n° 50.

LENTHÉRIC (Charles-Pierre-Marie), ingénieur en chef des Ponts et Chaussées.— La Grèce et l'Orient en Provence (Arles. Le Bas-Rhône. Marseille), par Charles Lenthéric... — *Paris, E. Plon et Cie*, 1878, in-12, 494 p., cart. et plan.
Legs Arnaud de Fabre.
> [8°, **36.447**.

— La région du Bas-Rhône, par Charles Lenthéric,... — *Paris, Hachette et Cie*, 1881, in-12, 304 p.
> [8°, **12.757**.

Autre ex. (Legs Arnaud de Fabre).
> [8°, **36.047**.

— Du Saint-Gothard à la mer. Le Rhône ; histoire d'un fleuve par Charles Lenthéric,... — *Paris, E. Plon, Nourrit et Cie*, 1892, 2 vol. gr. in-8°, 559 et 585 p., cart. et pl.
> [4°, **4.514**.

LÉON Bourges, [né à Avignon en 1832], juge au tribunal civil de Sidi-Bel-Abbès (Algérie), † le 13 janvier 1886. — [*Fontainebleau, E. Bourges*, 1886], in-8°, pièce (11 p.).
> [8°, **16.848**.

LÉONARD (Jean), chanoine de St-Pierre d'Avignon. — A Son Altesse Roya[le]...Madame Louise Elizabeth de Bour[bon] fille de France, serenissime infante d'Espag[ne]. [*Signé :* Leonard,...]. — *S. l. n. d.*, in-4°, placard.
Fonds Massilian-Moutte.
> [Ms. **2.450**, n° 30.

— A Son Altesse Royale... Monseigneur Dom Philippe de Bourbon, infant d'Espagne, etc. [*Signé :* Léonard,...]. — *S. l. n. d.*, in-4°, placard.
Fonds Massilian-Moutte et Requien.
> 2 ex. [Ms. **2.450**, n° 31, et **2.944**, n° 54.

— Oraisons funebres de... Monseigneur Louis dauphin, fils unique de Louis le Grand, de... Monseigneur Louis dauphin, et de... Marie-Adelaide de Savoye, son épouse, et de... Louis le Grand, roy de France et de Navarre. [*Dédicace signée :* Leonard,...]. — *Avignon, C. Giroud*, 1738, in-4°, vi ff. n. ch.- 43 et 43 p.
(Manque l'Oraison funèbre de Louis XIV.)
Fonds Massilian-Moutte.
> [Ms. **2.450**, n° 26.

— Sur l'élection de l'empereur [Charles VII de Bavière]. [*Signé :* Leonard,...]. — *S. l. n. d.* [1742], in-4°, placard.
> [Ms. **2.944**, n° 25.

LE PILEUR (Dr), médecin de la prison de Saint-Lazare, à Paris. — Dr Le Pileur,... La prostitution du XIIIe au XVIIe siècle ; documents tirés des archives d'Avignon, du Comtat Venaissin, de la principauté d'Orange de la ville libre impériale de Besançon.— *Paris, H. Champion*, 1908, in-12, xv-164 p., pl.
> [8°, **35.301**.

LE SCÈNE-DES-MAISONS (Jacques).—Compte rendu à l'Assemblée Nationale, par M. Le Scène-des-Maisons, Commissaire civil dans les ci-devant Etats d'Avignon et du Comtat Venaissin, au nom des Commissaires du Roi et des Départements du

Midi, les lundi 16 et mercredi 18 avril 1792,... — *Paris, impr. Nationale,* 1792, in-8°, 71 p.

Fonds Chambaud et Requien.

2 ex. [**Ms. 2.542**, n° 1, et **2.992**, n° 21.

— Autre édition. — *Ibidem,* 1792, in-8°, 94 p.

[8°, **27.230**, t. II, n° 5.

— Compte-rendu à l'Assemblée Nationale, par M. Le Scène-Des-maisons, Commissaire-médiateur entre les peuples d'Avignon et du Comtat Venaissin, le 10 septembre 1791... — *Paris, impr. Nationale,* 1791, in-8°, pièce (23 p.).

Fonds Chambaud.

[**Ms. 2.539**, n° 40.

— Autre ex. avec annotations manuscrites.

[8°, **27.230**, t. I, n° 10.

— Autre ex. incomplet (manquent les p. 7-18).

[**Ms. 2.991**, n° 3.

LESQUEN (G. DE). — *Edit.* JEAN XXII... Lettres communes... *Paris,* 1904-1911, in-4°.

[Fol. **5.295**.

LE TOURNEUX (NICOLAS). — La vie du bienheureux Pierre de Luxembourg, Évêque de Metz et Cardinal. [Par Nicolas Le Tourneux]. — *Paris, Hélie Josset,* 1681, in-16, v ff. n. ch. - 324 p.

[8°, **28.320**.

— Autre édition. — *Paris, Hélie Josset,* 1710, in-16, xiv ff. n. ch. - 324 p.

[8°, **25.833**.

LETTRE à D. Gusman d'Alfarache. [*Suivie de* : Lettre de Monsieur Manne, chevalier de l'Eperon d'Or, à Monsieur Teste, avocat]. — S. l. n. d., in-8°, pièce (12 p.).

(Satire contre Louis-François Manne.)

Fonds Moutte.

[8°, **17.150**.

LETTRE a M.L.C.D.C. Maréchal des Camps et Armées du Roy, sur l'Entrée de S.A.R. l'Infant Don Philippe à Avignon le 27. Février 1744. — [*Avignon, F. Girard et F. Seguin*], s. d., in-4°, pièce (4 p.).

Fonds Massilian-Moutte et Requien.

3 ex. [**Ms. 2.438**, n° 26, **2.439**, n° 36, et **2.929**, n° 38.

LETTRE adressée au conseil municipal de la ville de L'Isle (Vaucluse) au sujet du nouvel établissement construit pour les écoles communales des Frères des Ecoles Chrétiennes, par un ami dévoué. — [*Avignon, Seguin,* 1860], in-12, pièce (8 p.).

Anc. archevêché d'Avignon.

[8°, **37.240**.

[LETTRE contre M. Henri de Châtillon, un des acquéreurs des bâtiments des Fonderies de Vaucluse. 12 janvier 1842. *Signé* : Un Actionnaire des Fonderies de Vaucluse]. — S. l. n. d., in-4°, pièce (8 p.).

[**Ms. 2.985**, n° 25.

[LETTRE d'Avignon au sujet des ateliers de charité créés pour venir en aide aux victimes des inondations]. — *Le National,* n° du 1er décembre 1841, p. 2.

[**Ms. 2.977**, n° 36.

[LETTRE d'Avignon, 24 mars 1790], sur les événements de cette ville, adressée au rédacteur des *Révolutions de France et de Brabant,* découpure de ce journal, p. 315-316], in-8°, pièce.

[**Ms. 2.986**, n° 33.

LETTRE d'un françois aux citoyens d'Avignon [21 mars 1790. Sur le règlement du vice-légat du 18 mars]. — S. l. n. d., in-8°, pièce (6 p.).

Fonds Chambaud et Requien.

2 ex. [8°, **33.455**. — Ms. **2.986**, n° 31.

LETTRE d'un Jesuite de Paris à un prélat, au sujet d'une calomnie atroce, publiée par le Gazetier janséniste contre le P. Marion jesuite de la province de Lyon [au sujet de l'évasion d'une sœur converse du couvent des Augustines d'Avignon. 1732]. — [Paris, Vve Mazieres et J.-B. Garnier], s. d., in-4°, pièce (8 p.).

Fonds Massilian-Moutte.

[**Ms. 2.446**, n° 5.

— [Autre édition, avec addition de deux lettres]. — S. l. n. d. [Lyon, Vve A. Molin, 1732 ?], in-4°, pièce (11 p.).

Fonds Massilian-Moutte.

[**Ms. 2.446**, n° 6.

LETTRE d'un négociant sur la réunion du Comtat et d'Avignon. — S. l., 1769, in-16, pièce (16 p.)

[8°, **26.575**, n° 4.

LETTRE d'un patriote à ses concitoyens d'Avignon. [20 août 1789. Signé : L'Ami des Citoyens et surtout des pauvres]. — S. l. n. d., in-4°, pièce (4 p.).

Fonds Chambaud et Requien.

3 ex. [8°, **32.397**. — **Ms. 2.522**, n° 4, et **2.958**, n° 6.

LETTRE d'un Royaliste au Rédacteur du Journal politique d'Avignon. [17 octobre 1790]. — S. l. n. d., in-8°, pièce (4 p.).

Fonds Chambaud.

[**Ms. 2.537**, n° 33.

LETTRE de MM. les Administrateurs du Département de la Drôme, à MM. les Officiers municipaux de Carpentras. Valence, le 20 janvier 1791. [Suit : « Extrait du Registre des Délibérations du Directoire du Département de la Drôme » du 19 janvier, relatif aux menaces de la ville d'Avignon contre Carpentras ; « Lettre de MM. les Administrateurs du Département de la Drôme, à MM. les Officiers municipaux d'Avignon. Valence, 20 janvier 1791. »] — [Carpentras, D.-G. Quenin], s. d., in-4°, pièce (11 p.).

Fonds Chambaud et Requien.

2 ex. [**Ms. 2.523**, n° 9, et **2.984**, n° 12.

LETTRE des Patriotes de 89, de la commune de Carpentras, département de Vaucluse, au citoyen Benesech, Ministre de l'Intérieur. Carpentras, ce 4 pluviose, an 4°... — S. l. n. d., in 4°, pièce (8 p.).

[**Ms. 2.931**, n° 40.

LETTRE du Directoire du Département du Gard à l'Assemblée Nationale, lue dans la séance du Lundi 16 avril 1792. [Suivi de : Adresse de la Société populaire des Amis de la Constitution de Nîmes, à l'Assemblée Nationale, en réponse à la Lettre ci-dessus. 27 avril 1792]. — S. l. n. d. [1792], in-8°, pièce (14 p.).

Fonds Chambaud et Requien.

2 ex. [**Ms. 2.541**, n° 23, et **2.992**, n° 22.

LETTRE du maître d'école de Cucuron au sonneur de cloches dudit lieu ; sur les affaires de l'Etat, et principalement du clergé... [A propos des Etats-Généraux de 1789]. — S. l. n. d., in-8°, pièce (20 p.).

[8°, **33.378**.

LETTRE écrite par les Freres de la Surveillance et les Membres de la Société patriotique de Valence, à la Société patriotique d'Avignon. [26 mars 1791. — *Suit* : « Copie de la lettre écrite par les Membres de la Société des Amis de la Constitution et les Freres de la Surveillance de Valence, au Club de Carpentras. » Même date]. — *S. l. n. d.*, in-4°, pièce (11 ff. n. ch.).

Fonds Chambaud et Requien.

2 ex. [**Ms. 2.523**, n° 27, et **2.960**, n° 25.

LETTRE et avis De Messieurs les Président, Syndics et Directeurs de la Chambre de Commerce de Lyon, aux Députés de celle d'Avignon, sur les prétentions des Mouliniers de ladite Ville d'Avignon. [11 et 14 juin 1785.] — [*Avignon, T.-F. Domergue*], s. d., in-4°, pièce (4 p.).

[**Ms. 2.937**, n° 18.

LETTRE historique, critique et politique, envoyée à Messieurs Guibert et Joly, imprimeurs-libraires d'Avignon. [Sur les constructions et travaux d'amélioration ou d'embellissement à effectuer par la ville d'Avignon 27 décembre 1755]. — *S. l. n. d.*, in-8°, pièce (paginé 57-66).

2 ex. [8°, **31.821** n° 1. — **Ms. 2.449**, n° 4.

[LETTRE sur les causes de la dépopulation de la ville d'Avignon. Vers 1780]. — *S. l. n. d.*, in-4°, pièce (11 ff. n. ch.).

Fonds Massilian-Moutte.

[**Ms. 2.449**, n° 57.

[LETTRES au sujet des difficultés existant entre le comte de Dona, gouverneur d'Orange, et le parlement de cette ville. 1658]. — *S. l. n. d.*, in-4°, 2 pièces (4 et 10 p.).

[8°, **32.458**, n°s 22 et 23.

LETTRES d'un bénificier du chapitre St. Sauveur de la ville d'Aix, à un bénificier du chapitre Saint-Agricol de la ville d'Avignon. [Au sujet des attestations des médecins]. — *Aix, impr. J. David*, 1785, in-12, 84 p.

[8°, **24.484**, n° 3.

LETTRES de M*** a M. de*** sur l'arrivée dans Avignon de Son Altesse Royale Don Philippe, Infant d'Espagne, Gendre du Roy Très-Chrêtien, le 27. Février 1744. — *S. l. n. d.*, in-4°, pièce (4 p.).

Fonds Massilian-Moutte et Requien.

2 ex. [**Ms. 2.438**, n° 25, et **2.929**, n° 37.

LETTRES écrites au sujet de la dissertation de Monsieur Manne fils, sur un polype qu'il a extirpé. — *Avignon, J. Delorme*, 1717, in-8°, pièce (23 p.).

[8°, **24.833**, n° 2.

LETTRES extraites du *Mercure de France*. Du Samedi 17 juillet 1790. [Sur les troubles d'Avignon et Sabin Tournal]. — *S. l. n. d.*, in-8°, pièce (8 p.).

Fonds Chambaud et Requien.

3 ex. [8°, **32.394**. — **Ms. 2.537**, n° 11, et **2.987**, n° 45.

LEVESQUE (P. C.). — *Trad*. PÉTRARQUE (François). Choix des poésies... *Venise*, 1774, in-18.

[8°, **26.677**.

— Autre édition. — *Ibid.*, 1787, 2 vol. in-18.

[8°, **28.383**.

LEVIEUX DE LAVERNE (Esprit-Bénézet-Jean-Baptiste), maire d'Avignon. — Discours de M. Levieux Laverne, prononcé le jour de son installation à la Mairie.[26 décembre 1791]. — [Avignon. Domergue, 1791], in-4°, pièce (3 p.).

Fonds Chambaud et Requien.

2 ex. [Ms. **2.523**, n° 148. et **2.960**, n° 118.

— Discours prononcé par M. Laverne, ancien Maire, lors de l'installation de la Municipalité [d'Avignon], le 17 juin 1792... — S. l. n. d. [1792], in-8°, pièce (4 p.).

Fonds Massilian-Moutte et Requien.

3 ex. [8°. **33.443**. — Ms. **2.542**. n° 13, et **2.992**. n° 41.

LEVY (Emil). — Petit dictionnaire provençal-français, par Emil Lévy. — *Heidelberg. Carl Winter*. 1909, in-12, VIII-388 p.
[8°. **36.819**.

LHERMITE (Joseph). — Les Cabanes en pierres sèches. Celles de Vaucluse. Habitations primitives ? [*Signé* : Joseph Lhermite]. — [*Avignon, impr. F. Seguin*, 1912], in-8°, paginé 71-86

(Extrait des *Mémoires de l'Académie de Vaucluse.* 1912.)
Don de M. F. Seguin. [4°. **8.559**.

— J. Lhermite. Quelques aperçus grammaticaux sur les langues romanes, le provençal et le français. — *Avignon, impr. F. Seguin*, 1911, in-8°, pièce (11 p.).

(Extrait des *Mémoires de l'Académie de Vaucluse.*)
Don de M. F. Seguin.
[4°. **8.385**.

LHORENTE (Teodor). — Notas sueltas de viaje. Avinon, la pa-pal. [*Signé* : Valentino, pseudonyme de Teodor Lhorente]. — *Las Provincias*. n° 13.539 (21 septembre 1903).

Don de M. F. Mistral.
[8°, **34.472**.

LIABASTRES (Joseph), bibliothécaire de la ville et conservateur du Musée de Carpentras. — Catalogue général des manuscrits des Bibliothèques publiques de France. Départements. Tome XXXV. Carpentras, par MM. Duhamel et Liabastres.Tome II.-Tome XXXVI. Carpentras, par M. Liabastres. Tome III, 1re partie. — *Paris. E. Plon, Nourrit et Cie*. 1899-1902. 2 vol. in-8°.

(Ministère de l'Instruction publique et des Beaux-Arts.)
Dépôt de l'Etat. [8°. **33.664**.

— Histoire de Carpentras, ancienne Capitale du Comté Venaissin, par J. Liabastres,... — *Carpentras, impr. Léon Barrier*, 1891, in-fol., 284 p., pl.

Don de l'auteur.
[Fol. **4.633**.

LIBERTÉ (De la) des Associations religieuses ou atteintes portées à leur sujet, aux droits de l'homme et du citoyen dans les départements du Rhône et de Vaucluse, par un ami sincère de la liberté pour tous. — *Avignon. Seguin*, 1848, in-8°, 80 p.
[8°. **29.860**.

LIÉGEARD (Stephen). — Discours prononcé à la distribution des prix du collège de Carpentras, par M. Stephen Liégeard, ... — *Carpentras. E. Rolland*, 1865, in-8°, pièce (15 p.).

Don de M. le Dr A. Pamard.
[4°. **6.475**.

LIEUTARD, médecin, premier adjoint de la mairie de Cavaillon, à ses concitoyens, et aux amateurs de la vérité, de tous les pays. [Contre Faure, maire destitué de Cavaillon]. — *S. l. n. d.* [1806], in-4°, pièce (12 p.).

Fonds Chambaud, Requien et Cottier.

3 ex. [4°, **3.878**, t. II, n° 37, et **7.340**. — Ms. **2.959**, n° 4.

LIEUTAUD (Victor). — Marius, pouëmo prouvençau assounant qu'a gagna la cigalo d'or i festo latino de Mount-Pelié, per V. Liéutaud, felibre majourau, emé 'n reviramen en latin, francès, italian, catalan et valencian. — *Marseille, Bérard*, 1882, in-8°, pièce (16 p.).

(Extrait de : *Lou fougau de l'aubo prouvençalo*, n° 3.)
Don de l'auteur.

[8°, **28.889**.

— Notes pour servir à l'histoire de Provence, par V. Lieutaud,... N° 8. Discours prodigieux de ce qui est arrivé en la comté d'Avignon. — *Marseille, Boy fils, M. Lebon ; Aix, Makaire*, 1873, in-8°, pièce (16 p.).

[Réédition du « Discours prodigieux de ce qui est arrivé en la comté d'Avignon contenant tant le Deluge, degast des feux et feu tombé du Ciel, que les ruynes du pont de Sorgues, Bederide et Aubainien. Et autres prodiges estranges arrivez ausdits lieux ; le Dimanche 21. jour d'Aoust 1616. »].
Don de l'auteur.

2 ex. [8°, **15.200** et **28.807**.

— Notes pour servir à l'histoire de Provence, par V. Lieutaud,... N° 13. La Saint-Antoine à Mornas (Vaucluse). — *Marseille, Boy fils, M. Lebon ; Aix, Makaire*, 1874, in-8°, pièce (11 p.).
Don de l'auteur.

2 ex. [8°, **15.202** et **28.344**.

— Notes pour servir à l'histoire de Provence, par V. Lieutaud,... N° 15. Un troubadour aptésien de l'Ordre de Saint-François, XIV° siècle. — *Marseille, Boy fils, M. Lebon ; Aix, Makaire*, 1874, in-8°, pièce (16 p.).

Don de l'auteur.

2 ex. [8°, **15.204** et **15.141**.

— Notes pour servir à l'histoire de Provence, par V. Lieutaud,... N° 16. Prise de Tarascon par Bertrand du Guesclin, 8 avril 1368. — *Marseille, Boy fils ; Aix, Makaire*, 1874, in-8°, pièce (7 p.).
Don de l'auteur.

[8°, **15.205**.

— Voir : MARROT (Alexis). Les Origines de la fontaine de Vaucluse... *Digne*, 1886, in-8°.

[8°, **28.517**.

LIEUTIER DE LACHAU. — Rapport sur le concours pour le prix d'honneur fondé par les anciens élèves du Collège St-Joseph d'Avignon, présenté par M. Lieutier de Lachau. — *Avignon, impr. F. Seguin*, 1910, in-12, pièce (11 p.).

(Extrait du *Bulletin de l'Association des Anciens Élèves du Collège St-Joseph d'Avignon*, 1910.)
Don de M. F. Seguin.

[8°, **37.002**.

LIMOJON. — Le Fovdre tombé dans le fort S. Martin d'Avignon. Le Lundy 29 Aoust 1650. [Signé : Limojon]. — *Avignon, J. Bramereau*, 1650, in-4°, pièce (11 ff. n. ch. - 11 p.).

Fonds Massilian-Moutte.

2 ex. [**Ms. 2.428**, n° 4, et **2.925**, n° 7.

LIMOJON DE SAINT-DIDIER (Ignace-François). — Ode a

Messeignevrs les princes Monseignevr le dvc de Bovrgogne et Monseignevr le dvc de Berry. [*Signé* : St. Disdier Limoion]. — *Avignon, F. Mallard*, 1701, in-4°, pièce (8 p.).

|Ms. **2.927**, n° 3.

— Autre ex. [*Signé* : S. D. L. (Saint-Didier Limojon)]. — *Ibidem*, 1701, in-4°, pièce (8 p.).

|Ms. **2.941**, n° 22.

LIOTARD (Charles-Laurent-Joseph). — Discours sur le Maximum, dont la Société-Populaire de l'Isle a ordonné l'impression. [29 pluviôse an II. *Signé* : Liotard fils]. — *S. l. n. d.*, in-4°, pièce (14 p.).

Ms. **2.526**, n° 96.

LIQUIER (Roger). — Géographie du département de Vaucluse... par R. Liquier,... — *Paris, G. Guérin et Cie*, s. d., in-4°, pièce (4 p.), cart.

Don de M. le Dr A. Panard.

|8°, **34.429**.

L'ISLE. Une page d'histoire du 21 juillet au 9 octobre 1904. — *Villedieu-Vaison, grande impr. provençale*, 1904, in-8°, 58 p.

Don de M. L.-H. Labande.

|8°, **34.860**.

LISTE de Messieurs les Chevaliers de la venerable Langue de Provence faite par des Commissaires nommés à cet effet par la vénérable Langue en MCCLVIII. — *Malte, impr. D. Nicolas Capaci*, 1768, in-16, pièce (34 p.).

[Ordre de Malte].

|8°, **26.724**.

LISTE de Messieurs les chevaliers, chapelains conventuels, et servants d'armes des trois vénérables Langues de Provence, Auvergne et France faitte par les Commissaires nommés par les trois vénérables Langues l'an MCCLXXI. — *Malte, impr. de S.A.S.*, 1772, in-8°, 148 p.

[Ordre de Malte].

|8°, **13.328**.

— Autre édition. — *Malte, impr. magistrale*, 1778, in-18, 219 p.

|8°, **34.542**.

— Autre édition. — *Malte, Mallia*, 1787, in-8°, 481 p.

Ex. du chevalier de Forbin des Issarts.

|8°, **13.327**.

[LISTE des Docteurs-ez-droits de l'Université d'Avignon, 1761]. — Découpure du *Calendrier et Notice de la ville d'Avignon et du Comtat Venaissin pour l'année 1761*, in-12, pièce (4 p.).

|8°, **36.919**, n° 8.

LISTE des trois cens treize esclaves françois, rachetés à Alger, en 1785, par les Ordres de la Sainte Trinité et de la Mercy ; et arrivés à Marseille le 9 juillet de la même année. — *Marseille, impr. Vve Sibié*, 1785, in-fol., placard.

[Atl. **313**, n° 322.

LISTE des Ultramontains, ou noms de tous ceux qui ont voté pour le Pape contre la France, dans l'affaire d'Avignon. — [*Paris, impr. des Observateurs*, 1791], in-8°, pièce (8 p.).

|Ms. **2.991**, n° 8.

LISTE ordinale contenant les numeros gagnans distinguez par mille, pour le mois de fevrier 1739, de la loterie accordée en faveur des réparations de la plate-forme et degrez de l'eglise metropolitaine d'Avignon. —

[Avignon, C. Delorme], s. d., in-4°, pièce (1 ff. n. ch.).
Fonds Massilian-Moutte.
[Ms. **2.443**, n° 27.

LIVACHE DU PLAN (C.). — Canal d'irrigation dit de Mérindol, à ouvrir dans le département de Vaucluse, pour compléter le système d'arrosage de la plaine entre Mérindol et Caderousse, par la dérivation d'une portion des eaux de la Durance. Notice extraite du projet rédigé par M' C. Livache du Plan, ingénieur ordinaire... — *Avignon, Seguin aîné*, 1827, in-4°, pièce (39 p.), cart.
H. N. [4°, **541**.

LIVRE (Le) d'or du Musée Calvet d'Avignon. Recueil de cent planches en phototypie, publié sous les auspices de l'Académie de Vaucluse, par M. Jⁿ-B^{te} Michel. — *Avignon, chez l'auteur*, 1895-1897, in-4°, 105 ff. n. ch., 100 pl.
[Fol. **4.859**.

LIVRE (Le) de Monsieur Paul de Cadecombe imprimé à Avignon chez Philippe Offray cette année 1702, renferme, entre autres, les matières suivantes... — *S. l. n. d.*, in-fol., pièce (1 ff. n. ch.).
Fonds Massilian-Moutte
[Ms. **2.450**, n° 24.

— Autre ex. collé entre les ff. n. ch. I et II de la *Nova disquisitio legalis* de Paul de Cadecombe (cf. ci-dessus col. 179).
[Fol. **4.309**.

LIVRE (Le) des frères et des sœurs du Tiers-ordre de la Pénitence publié par les PP. Récollets d'Avignon. — *Avignon, Aubanel*, 1853, in-12, IV ff. n. ch. - 464 p.
2 ex. [8°, **1.073** et **28.910**.

LIZERAND (Georges), agrégé d'histoire, docteur ès-lettres. — Clément V et Philippe IV le Bel, par Georges Lizerand,... — *Paris, Hachette et Cie*, 1910, in-8°, XLVIII-508 p.
[8°, **37.064**.

LOMBARD (Claude). — Clarissimis ac venerabilibus DD. Ecclesiæ Cathedralis Carpentoractensis canonicis, se suamque philosophiam D.D.D. Claudius Lombard, clericus Insulanus. — *Carpentras, typogr. Vve Dominique Eysseric et Gaspard Quenin*, [1730], in-4°, pièce (16 p.).
[Ms. **2.942**, n° 82.

LOMBARD-DUMAS (A.). — Mémoire sur la céramique antique dans la vallée du Rhône, d'après les notes et la collection d'Émilien Dumas, de Sommière... par M. A. Lombard-Dumas. — *Nimes, impr. Clavel-Ballivet et Cie*, 1879, in-8°, 98 p., pl.
Don de l'auteur.
[8°, **14.388**.

LOMELLINI (Laurent). — Oratio habita in publicatione Bullæ Legationis Eminentissimi... Cardinalis Alterii Legati Aven. Ab... D. Josepho Bassinet,... die IX. Iunii. M.DC.LXX... [*Page 3 : Prohabelam oratium Ecocollantis*]simus... Laurentius Lomellinus, Cancellariæ Apostolicæ Regens et Prolegatus Avenionensis Meritissimus ex tempore respondit vt sequitur]. — [*Avenione, G. Bramereau*, 1670], in-4°, pièce (8 p.).
Fonds Massilian-Moutte et Requien.
3 ex. [Ms. **2.431**, n° 35, **2.447**, n° 8, et **2.925**, n° 39.

LONG (François-Paul). — Lou siégé de Carpentra, poésiou patoisoie de François Long. —

Carpentras, impr. Vve *Proyet*, 1843, in-8°, pièce (9 p.).

2 ex. [8°, **25.339** et **27.231**, n° 18.

LORÉDAN (Jean). — Jean Lorédan. Un grand procès de sorcellerie au XVIIe siècle. L'abbé Gaufridy et Madeleine de Demandolx (1600-1670)...— *Paris, Perrin et Cie*, 1912, in-8°, xiv-436 p., port., pl. et fac. sim.

[Le P. Romillon, les Ursulines d'Aix et Madeleine de Demandolx].

[8°, **38.023**.

LORIOL (P. de). — *Voir*: Pellat (Edmond) et Loriol (P. de). Études stratigraphiques et paléontologiques sur les terrains tertiaires de quelques localités de Vaucluse... *Paris*, 1887, in-8°.

[4°, **4.625**.

LORTET (P.). — Documents pour servir à la géographie physique du bassin du Rhône, par M. P. Lortet... — *Lyon, impr. Barret*, 1843, in-8°, pièce (44 p.), 5 pl.

H. N. [8°, **1.398**.

LOUBET (Marie-Alexandre-Louis). — Carpentras et le Comtat-Venaissin avant et après l'annexion. Étude historique par L. Loubet,... — *Carpentras, Tourrette*, 1891, in-2°, 139 p.

[8°, **17.292**.

Autre ex. (Anc. archevêché d'Avignon).

[8°, **37.428**.

— Rapport sur les truffières artificielles de M. Rousseau, par M. Loubet... — *Carpentras, L. Devillario*, 1857, in-8°, pièce (23 p.).

(Comice agricole de Carpentras. Séance du 11 juillet 1857.)

[8°, **32.837**.

— *Voir*: André (Abbé Jean-François) et Loubet (L.). Correspondance... *S. l. n. d.*, in-4°.

[Ms. **2.976**, n°s 15 et 16.

LOURDE (C.), de Mazamet. — Histoire de la Révolution à Marseille et en Provence depuis 1789 jusqu'au Consulat, par C. Lourde... — *Marseille, Senés*, 1838-1839, 3 vol. in-8°, xxii-479, 448 et 487 p.

[8°, **26.387**.

— Voyage topographique, historique et pittoresque dans le département de Vaucluse et ses environs, par C. Lourde,... — *Avignon, Bonnet fils*, 1840, in-8°, pièce (48 p.), pl. (Vue d'Avignon lithogr. par Magny, à Avignon, d'après Chantron).

2 ex. [8°, **26.557** et **28.860**, n° 15.

— Autre ex. suivi de « Avignon au quatorzième siècle », 64 p.

[Ms. **3.007**, n° 32.

— [Prospectus de l'ouvrage précédent]. — [*Avignon, Jacquet et Joudou*, 1839], in-8°, pièce (11 ff. n. ch.).

2 ex. [Ms. **3.005**, n° 3, et **3.007**, n° 30.

— [Bulletin de souscription de l'ouvrage précédent]. — [*Avignon, Jacquet et Joudou*, 1840], in-8°, pièce (1 ff. n. ch.).

[Ms. **3.007**, n° 31.

LOYE (Joseph de). — Les Archives de la Chambre Apostolique au XIVe siècle, par Joseph de Loye... 1re partie: Inventaire. — *Paris, Fontemoing*, 1899, in-8°, xi-274 p.

(Bibliothèque des Écoles françaises d'Athènes et de Rome. Fasc. 80.)

[8°, **32.713**.

LOYE (Joseph de). — *Edit.* Alexandre IV... Les registres d'Alexandre IV... *Paris*, 1895-1902, in-4°.

|Fol. **5.288**.

LOYS (J.-B.). — *Voir :* Barbaroux (Charles) et Loys. Observations de la commune de Marseille... *Paris*, 1792, in-8°.

|Ms. **3.014**, n° 20.

LUNEAU. — *Voir :* Soumille, Luneau, Maucuer, etc. Les Maladies épizootiques dans Vaucluse... *Avignon*, 1877, in-8°.

|8°, **5.213**.

LUSSAN (Marguerite de). — Vie de Louis Balbe-Berton de Crillon, surnommé le Brave ; et Mémoires des Règnes de Henri II, François II, Charles IX, Henri III, et Henri IV : pour servir à l'histoire de son temps. |Par Mlle Marguerite de Lussan]. — *Paris, Pissot*, 1757, 2 vol. in-12, 345 et 307 p.

2 ex. |8°, **11.856** et **26.008**.

LUXEMBOURG (Pierre de). — Le Voyage spirituel du B. Pierre de Luxembourg, cardinal evesque de Mets et protecteur de la ville d'Avignon, ensemble la vie excellente du mesme bienheureux, par le R. P. Henry Albi,... Seconde édition. — *Lyon, F. La Botière*, 1632, in-12, feuillets liminaires - 240 p.

2 ex. |8°, **21.411** et **25.835**.

M

M. Dupont, archevêque d'Avignon. — |*Paris, A. Appert*], s. d. [1841], in-16, p. 361-396.

[Avec portrait gravé par Taillane].
(Biographie du clergé contemporain.)

|8°, **33.327**.

M. Méritan, curé de Saint-Sulpice. Notice extraite de la Semaine religieuse de Paris. (Numéros des 16 et 23 décembre 1899). — |*Paris, impr. Mouillot*], s. d., in-12, pièce (16 p.).

Anc. archevêché d'Avignon.

|8°, **37.277**.

MADIER (B^{on}). — Discours prononcé par M^r le Bon Madier... maréchal-de-camp, commandant le département de Vaucluse, président du collège électoral d'Avignon, à l'ouverture de ce collège, le 12 juillet 1830.

— |*Avignon, impr. Bonnet*], s. d., in-4°, pièce (2 p.).

[Ms. **2.972**, n° 57.

MADIER DE MONTJAU (Paulin). — Madier de Montjau, ancien député, Conseiller à la Cour de Cassation, à Messieurs les Electeurs des arrondissemens de Montélimar et de Nyons |*Montélimar, impr. de A. Bouron*, 1837], in-8°, pièce (12 p.).

[Contient une lettre de Madier de Montjau à M. de Gasparin, député d'Orange].

|Ms. **3.005**, n° 46.

— Du Gouvernement occulte, de ses Agens et de ses actes, par Madier de Montjau. Suivi de Pièces officielles sur les troubles de Vaucluse, observations sur l'administration de la justice dans le Gard et Vaucluse en 1815, observations sur le prétendu acquittement de Trois-taillons,...faisant suite aux pièces et documens publiés le 18 novembre... — *Paris, Dalibon*, 27 novembre 1820, in-8°, VIII-62 p.

Fonds Chambaud et Requien.

2 ex. [**Ms. 2.549**, n° 3, et **3.000**, n° 14.

— Pièces et documens relatifs au procès de Monsieur Madier de Montjau, contenant sa correspondance avec leurs Excellences Messieurs de Serre et Siméon ; ses rapports sur les Assises du Gard et de Vaucluse ;... — *Paris, Dalibon*, novembre 1820, in-8°, 106 p.

Fonds Chambaud et Requien.

2 ex. [**Ms. 2.549**, n° 4, et **3.000**, n° 15.

MAGNAN (Abbé). — Histoire d'Urbain V et de son siècle, d'après les manuscrits du Vatican, par l'abbé Magnan,... Deuxième édition. — *Paris, Ambroise Bray*, 1863, in-12, 489 p.

2 ex. [8°, **13.424** et **28.276**.

MAGNE AGRICOL. — *Pseud.* HAITZE (Pierre-Joseph de). Histoire de S. Bénezet...*Aix*,[1708], in-12.

3 ex. [8°, **12.681**, **25.886** et **30.840**.

MAGY (BARTHÉLÉMY - AUGUSTIN). — Oraison funèbre de Messire Dom Malachie d'Inguimbert, archevêque et évêque de Carpentras. Prononcée à Carpentras dans l'église cathédrale de Saint-Siphren le 6 septembre 1764... par le Reverend Pere Barthelemi Augustin Magy,... — *Avignon, Vve Girard*, s. d. [1764], in-12, 96 p. - 1 ff. n. ch.

2 ex. [8°, **17.120**, n° 6, et **10.391**.

MAHUET (Le P. JEAN). — Prædicatorium Avenionense seu historia conventus Avenionensis FF. Prædicatorum. Authore R. P. Joanne Mahuet, ejusdem ordinis et conventus Professo. — *Avignon, Antoine Duperier*, 1678, in-12, pièces liminaires - 284 p.

3 ex. [8°, **11.914**, **31.852** et **25.857**.

— Traité de l'établissement de la compagnie de Messieurs les Penitens blancs d'Avignon, fait par un Religieux du Convent des FF. Prescheurs d'Avignon [Le P. Jean Mahuet]. — *Avignon, P. Offray*, 1675, in-12, IV ff. n. ch. - 158 p.

3 ex. [8°, **12.587**, **25.809** et **31.864**.

— Réimpression, 1858. — *Voir :* GIERA (Jules). Confrérie des Pénitents blancs d'Avignon... Statuts et ordonnances avec un traité sur l'établissement de la même confrérie. *Avignon*, 1858, in-8°.

2 ex. [8°, **28.686** et **29.451**.

MAHUL (S. EMMA). — *Trad.* PÉTRARQUE (François). Choix de sonnets. 2ᵉ édit. *Florence*, 1867, in-8°.

[4°, **1.988**.

— 3ᵉ édit. *Paris*, 1869, in-8°.

[4°, **1.989**.

MAIEROTTI (GIOVANNI). — A Francesco Petrarca, ricorrendo il vº centenario della sua morte la Società educativa Trevigiana consacra. [*Signé :* Giovanni Maierotti]. — [*Treviso, L. Zoppelli*, 1874], in-fol., placard.

[8°, **34.601**.

MAIGNET (Etienne-Cristophe).
— Discours prononcé à la Société populaire d'Avignon, dans la séance du 10 floréal, an 2, par le Représentant du Peuple, Maignet... — [Avignon, impr. Vincent Raphel], s. d., in-8°, pièce (8 p.).
Fonds Chambaud et Requien.
    3 ex. [8°, **27.230**, t. II, n° 23, et **32.935**. — Ms. **2.544**, n° 22.

— Discours prononcé à la Société populaire d'Avignon, dans la séance du 10 Floréal, par le représentant du Peuple, Maignet. Enrichi de Notes par un Amateur. — S. l. n. d. [1793], in-8°, pièce (11 p.).
    [Ms. **3.014**, n° 30.

— Discours prononcé à la Société populaire d'Avignon, dans la séance du 20 floréal [an II], par le Représentant du Peuple, Maignet. — [Avignon, impr. Vincent Raphel, 1794] in-8°, pièce (8 p.).
    2 ex. [8°, **33.441**. — Ms. **2.994**, n° 23.

MAILHES. — Lettre écrite à Mr. Calvet, conseiller médecin du roi,... avec des observations sur la maladie de Marseille, par Mr. Mailhes... — *Marseille, J.-B. Boy*, 1721, in-8°, 54 p.
    [8°, **5.734**.

MAILLE (Alfred). — Alfred Maille. Aperçu historique sur Pertuis. 2ᵉ édition. — *Pertuis, A. Aubergier*, 1907, in-8°, 153 p.
    [8°, **35.593**.

MAILLON (C.). — Notes sur la famille Parrocel, par M. C. Maillon. — *Bulletin de la Diana*, tome IV, p. 241-245, tabl.
    [8°, **27.493**.

MAIRE (Albert). — Albert Maire. Essai d'un Dictionnaire philologique des noms de lieux du département de Vaucluse. — *Tours, impr. Paul Bousrez*, [1881], in-8°, pièce (19 p.).
(Extrait des *Comptes rendus du Congrès tenu à Arras par la Société française d'Archéologie*, en septembre 1880.)
Don de l'auteur.
    [8°, **28.806**.

MAIRE (Albert et Auguste). — Les signes de tâcherons des remparts d'Avignon, par MM. Albert et Auguste Maire. — *Tours, impr. Paul Bousrez*, s. d., in-8°, pièce (24 p.).
(Extrait du *Bulletin monumental*, 1883.)
Don des auteurs.
    [8°, **12.7 2**.

MAIRE (Alphonse). — Autour du centenaire de la fondation du Lycée national d'Avignon, par Alphonse Maire... — [Avignon, impr. H. Offray], 1910, in-8°, pièce (42 p.).
Don de M. le Dʳ Pamard.
    [8°, **37.616**.

— Alphonse Maire. Les canaux de la Durance... — *Avignon, impr. E. Millo*, 1906, in-8°, pièce (36 p.).
Don de M. le Dʳ A. Pamard.
    [8°, **35.418**.

— Éloge funèbre de M. Léonce de Seynes, par Alphonse Maire.— *Avignon, impr. E. Millo*, 1904, in-8°, pièce (8 p.).
Don de M. le Dʳ A. Pamard.
    [8°, **35.432**.

— Alphonse Maire. Félix Alquier [professeur au Lycée d'Avignon] par un de ses anciens élèves. — *Avignon, E. Millo*, 1897, in-12, pièce (11 p.).
    [8°, **30.409**.

MAIRE (Auguste). — *Voir :* MAIRE (Albert et Auguste). Les signes de tâcherons des remparts d'Avignon... *Tours*, s. d., in-8°.
[8°, **12.762**.

MALBOS (Jules de). — A M. E. Requien. Couplets. [Par Jules de Malbos]. — [*Avignon, impr. Seguin*, 1850], in-8°, pièce (4 p.).
2 ex. [8°, **27.351**, n° 18, et **29.421**, n° 10.

MALDEGHEM (Philippe de). — *Trad.* PÉTRARQUE (François). Le Pétrarque en rime françoise... *Bruxelles*, 1600, in-12.
[8°, **25.507**.

MALLET (Dr A.). — Éducation commune des sourds-muets et des entendants parlants. Institution dirigée à Villeneuve-lès-Avignon par l'abbé C. Grimaud ... Rapport au Conseil général du Gard, séance du 20 septembre 1872, par M. le Docteur A. Mallet, de Bagnols. — *Avignon, impr. A. Chaillot*, 1873, in-18, pièce (21 p.).
Legs Arnaud de Fabre.
[8°, **36.034**.

MALLET (Eugène). — Mort du poète [Guy-] Valvor [Georges Vayssière. *Signé :* Eugène Mallet.] — *L'A., revue mensuelle de l'Association des anciens élèves du Lycée de Marseille*, juin 1904, p. 2.
[4°, **6.618**.

MALOUET (Pierre-Victor). — Motifs d'après lesquels M. Malouet a demandé l'élargissement des Avignonois détenus à Orange. 27 août 1890. [*Signé :* Malouet]. — *S. l. n. d.* [1790], in-8°, pièce (4 p.).
Fonds Chambaud et Requien.
2 ex. [8°, **32.395**. — Ms. **3.016**, n° 8.

— Autre édition. — [*Paris, impr. P. Fr. Didot jeune*, 1790], in-8°, pièce (7 p.).
Fonds Chambaud et Requien.
3 ex. [Ms. **2.537**, n° 23, et **2.988**, n°s 11 et 12 *bis*.

— Opinion de M. Malouet, sur l'affaire d'Avignon. — *S. l. n. d.* [août 1790], in-12, pièce (7 p.).
Fonds Chambaud et Requien.
2 ex. [Ms. **2.537**, n° 17, et **2.988**, n° 12.

— Deuxième opinion de Monsieur Malouet, sur l'affaire d'Avignon. — *Paris, impr. Crapart*, [1790], in-12, pièce (23 p.).
[Ms. **2.988**, n° 13.

— Opinion de M. Malouet, sur la réunion proposée du Comtat d'Avignon à la France. — *S. l. n. d.* [1791], in-8°, pièce (22 p.).
[Ms. **3.013**, n° 6.

MALTE-BRUN (Victor-Adolphe). — La France illustrée ; géographie, histoire, administration et statistique, par V.-A. Malte-Brun. Vaucluse. — [*Paris, H. Plon*], s. d., in-4°, pièce (16 p.).
[Fol., **4.280**, n° 9.

MANCINI (Abele). — Il V Centenario del Petrarca. Ode. [*Signé :* Abele Mancini]. — *Venezia, Grimaldo e C.*, 1874, in-fol., placard.
[8°, **34.598**.

MANIVET (Paul). — Paul Manivet. En Avignon, poèmes modernes, illustrés par Pierre Jouve, portrait de l'auteur par Paul Maurou. — *Paris, A. Lemerre*, 1900, in-4°, 178 p., port., fig.
[4°, **5.130**.

Autre ex. (Legs Arnaud de Fabre).

[4°, **7.593**.

— La Petite Juive, récit dramatique dit par la petite Célima sur le théâtre d'Avignon. [*Signé* : Paul Manivet]. — *Avignon, Seguin frères*, 1882, in-8°, pièce (11 ff. n. ch.).

Don de l'auteur.

[8°, **29.322**.

— Solidarité. Stances à Agricol Perdiguier. [*Signé* : Paul Manivet]. — [*Avignon, A. David*], s. d. [1904], in-8°, pièce (11 ff. n. ch.).

(Inauguration du Monument Agricol-Perdiguier... [à Avignon]. Dimanche 17 janvier 1904.)

[4°, **6.544**.

— Les Sonnets de Paul Manivet (1889-1891)... — *Paris, Lemerre*, s. d., in-12, VII-114 p.

(P. 65 : En Province : Théophile Gautier avignonnais...)

Don de l'auteur. [8°, **17.017**.

MANIVET (Paul) et **COLLOMP** (Ferdinand). — Vaucluse au Tonkin, poésie de Paul Manivet. La France en Orient, poésie de Ferdinand Collomp. — [*Avignon, impr. Gros*], s. d., in-16, pièce (6 p.), phototypie d'après un dessin de J.-B. Brunel.

[8°, **9.649**.

MANNE (Louis-François), chirurgien des hôpitaux d'Avignon. — Dissertation curieuse au sujet d'un polipe extraordinaire qui occupoit la narine droite, et qui descendoit dans la gorge par une grosse masse, extirpé à un pastre du Dauphiné, par Mr. Manne fils... — *Avignon, Ch. Giroud*, 1717, in-8°, 23 p., pl. dessinée et gravée par Louis David.

[8°, **24.833**, n° 1.

— Mémoire en réponse au mémorial présenté à N.-S. P. le pape Benoît XIV, par les Pénitens Blancs d'Avignon, au sujet de la suppression des Pénitens Bleus, Violets et Rouges. M. DCC.XLV. [*Signé* : Manne, recteur de la Miséricorde.] — [*Avignon, C. et A. Giroud*], s. d., in-4°, pièce (1 ff. n. ch. - 28 p.).

Fonds Massilian-Moutte et Requien.

2 ex. [Ms. **2.452**, n° 64, et **2.929**, n° 40.

— Observation apologétique de chirurgie au sujet d'une maladie des os du crâne avec carie, etc., par M. Manne... — *Avignon, A. Giroud*, 1747, in-8°, 79 p., pl. dessinée et gravée par Michel à Avignon, 1746.

3 ex. [8°, **6.224**, **6.789**, n° 5, et **24.833**, n° 6.

— Observation de chirurgie, au sujet d'un polipe extraordinaire qui occupoit la narrine gauche, la fente nazale, qui descendoit dans la gorge par une grosse masse, etc., par M. Manne... — *Avignon, A. Giroud*, 1747, in-8°, IV ff. n. ch. - 95 p., pl. dessinées et gravées par Louis David et Michel

2 ex. [8°, **24.833**, n° 4, et **24.827**.

— Observation de chirurgie au sujet d'une masse skirreuse qui occupoit la principale partie de la fesse gauche, le sphincter de l'anus... par M. Manne... — *Avignon, Alexandre Giroud*, 1746, in-8°, pièce (34 p.).

[8°, **24.833**, n° 5.

— Observation de chirurgie, au sujet d'une playe à la tête avec fracas, et une pièce d'os implantée dans le cerveau, pendant un mois sans aucun symptome, accompagnée d'une dissertation au sujet des playes à la tête avec fracture... par Louis-François Manne... — *Avignon, F. Girard*, 1729, in-12, pièces liminaires - 238-31 p.

Front. donnant les armoiries des consuls et assesseur d'Avignon.

2 ex. [8°, **6.747** et **24.825**.

— Réponse du sieur Manne fils... aux lettres écrites au sujet de sa dissertation sur un polipe extraordinaire qu'il a extirpé. — *Avignon, Charles Giroud*, 1717, in-8°, pièce (32 p.).

[8°, **24.833**, n° 3.

— Voir : LETTRE à D. Gusman d'Alfarache...— *S. l. n. d.*, in-8°.

[8°, **17.150**.

MANTEYER (GEORGES DE). — Ecole nationale des Chartes. Positions des thèses de la promotion de 1897. La Marche de Provence jusqu'aux partages et l'Evêché d'Avignon jusqu'à la Commune, par Georges de Manteyer. — *Noyon, H. Copillet*, 1897, in-8°, pièce (18 p.).

Don de l'auteur.

[8°, **30.151**.

— La Provence du premier au douzième siècle. Études d'histoire et de géographie politique, par Georges de Manteyer... — *Paris, A. Picard*, 1908, in-8°, 531 p.

(Mémoires et documents publiés par la Société de l'Ecole des Chartes, VIII.)

[4°, **7.728**.

— Georges de Manteyer. La Sépulture de Silvanus à Vachères. — *Avignon, F. Seguin*, 1904, in-8°, pièce (8 p.).

(Extrait des *Mémoires de l'Académie de Vaucluse*.)
Don de M. F. Seguin.

[4°, **6.573**.

MANUEL de l'agriculteur du Midi ou la petite maison rustique méridionale ; nouveau traité d'agriculture pratique et d'économie rurale, particulier au midi de la France. — *Avignon, P. Chaillot*, 1828, in-18, xii-308 p. - 11 ff. n. ch.

[8°, **24.656**.

— Autre édition.— *Ibidem*, 1831, in-18, xii-308 p. - 11 ff. n. ch.

H. N. [8°, **1.590**.

Autre ex. [8°, **3.628**.

MANUEL de piété à l'usage de la Société du bienheureux Pierre de Luxembourg... — *Avignon, J. Bléry*, 1772, in-8°, 360 p.

[8°, **19.627**.

MANUEL de piété à l'usage des jeunes gens qui fréquentent l'œuvre de Saint Pierre de Luxembourg. — *Avignon, Seguin aîné*, 1847, in-32, 87 p.

Don de A. Canron.

[8°, **18.963**.

MANUEL des associés de la foi à l'usage de tous ceux qui désirent pratiquer les bonnes œuvres. — *Avignon, L. Aubanel*, 1839, in-8°, 96 p.

[8°, **37.387**.

MANUEL des pélerins du diocèse d'Avignon. 7° Pèlerinage à Notre-Dame de Lourdes du 26 au 29 août 1879. — 11° Pèlerinage à Notre-Dame de Lourdes sous la présidence de Monseigneur Vigne, Archevêque d'Avignon, du 31 août au 4 septembre 1885. — 12° Pèlerinage à Notre-Dame de Lourdes sous la présidence de Monseigneur Vigne, Archevêque d'Avignon, du 23 au 27 août 1886. — *Avignon, Seguin frères*, [1879, 1885, 1886], 3 broch. in-18, pièces (42, 48 et 47-8 p.).

[8°, **28.941**.

— ...22ᵉ pèlerinage à Notre-Dame de Lourdes sous la présidence de S. G. Monseigneur Sueur, archevêque d'Avignon, du 14 au 19 septembre 1896. — *Avignon, F. Seguin*, 1895, in-12, pièce (48 p.).

Anc. archevêché d'Avignon.

[8°, **37.285**.

— ... 26ᵉ pèlerinage à Notre-Dame de Lourdes... du 7 au 12 août 1899. — *Avignon, F. Seguin*, 1899, in-12, 48-10 p.

[8°, **33.171**.

Autre ex. (Anc. archevêché d'Avignon).

[8°, **37.285**.

MANUEL (Le P. H.), syndic du couvent d'Avignon des FF. Prêcheurs. — Comptes faits des capitaux à deux et deux et demi pour cent jusqu'à sept : et six tables pour les droits des lods... par le F. H. Manuel,... — *Avignon, Hirschner*, 1751, in-8°, 160 p.

2 ex. [8°, **6.886** et **24.601**.

MAQUAN (H.). — Vaucluse. Mélodie pour voix de basse. Paroles de Mʳ H. Maquan. Musique de A. Dau. — *Paris, Mᵐᵉ Vᵛᵉ Launer*, s. d., in-fol., pièce (v ff. n. ch.).

Don de l'auteur.

[Fol. **4.717**, n° 2.

MARAGHINI (Francesco). — Pel Centenario di Francesco Petrarca. Canzone. [Omaggio dell'-Accademia Petrarca di scienze, lettere ed arti di Arezzo al municipio di Arquà... *Signé* : Cav. Prof. Francesco Maraghini,...]

— *Arezzo, Cagliani*, 1874, in-8°, pièce (10 p.).

[8°, **34.575**.

MARAT (Jean-Paul). — Conduite alarmante de l'assemblée nationale à l'égard des Avignonois. Abominable projet du comité de rapports d'attribuer au roi la prérogative d'acheter et de vendre les hommes, comme des esclaves. [*Signé* : Marat]. — *L'Ami du Peuple* ou le *Publiciste parisien*, journal de Marat, n° 207, 31 août 1790, p. 1-8.

[Ms. **2.988**, n° 20.

— Esquisse des fourberies du rapporteur de l'affaire d'Avignon. [*Signé* : Marat]. — *L'Ami du peuple ou le publiciste parisien*, journal de Marat, n° 267, 31 octobre 1790, p. 1-8.

[Ms. **2.988**, n° 34.

— Observation sur l'affaire d'Avignon. [*Signé* : Marat]. — *L'Ami du peuple ou le publiciste parisien*, journal de Marat, n° 266, 30 octobre 1790, p. 4-8.

[Ms. **2.988**, n° 33.

— Observations capitales sur l'affaire des Avignonois. Infâmes menées du ministère pour empêcher leur réunion à la France. Raisons urgentes qui pressent la Nation de la décréter. Invitation à tous les bons citoyens de Varenne, de se rendre aujourd'hui aux Tuileries, pour solliciter ce décret salutaire. [*Signé* : Marat]. — *L'Ami du peuple ou le publiciste parisien*, journal de Marat, n° 282, 16 novembre 1790, p. 1-8.

Fonds Chambaud et Requien.

2 ex. [Ms. **2.537**, n° 42, et **2.988**, n° 35.

MARBOT (Abbé). — Allocution prononcée en l'église Saint-Esprit Saint-Jérôme d'Aix par M. l'abbé Marbot,... au mariage de Monsieur le comte de Saqui-Sannes avec Mademoiselle de Gantelmi d'Ille, le 22 avril 1902. — *Aix, Makaire*, 1902, in-8°, pièce (11 p.).
Don de M. le comte de Sannes.
[8°, **33.413**.

— *Voir* : GIRAUD (Abbé), MARBOT (Abbé) et TERRIS (Abbé Paul de). Souvenir du triduum... en l'honneur du bienheureux J.-B. de la Salle... *Avignon*, 1888, in-8°.
2 ex. [8°, **37.357** et **37.380**.

MARBRES grecs et romains provenant du Musée Nani de Venise, acquis en 1841 par l'administration du Musée-Calvet d'Avignon. [Catalogue]. — [*Avignon, Jacquet*], s. d., in-16, pièce (16 p.).
3 ex. [8°, **13.990** et **34.495**. — Ms. **3.008**, n° 10.

MARCEL (ADRIEN). — Adrien Marcel. Eugène Deveria et ses peintures de Notre-Dame des Doms à Avignon. — *Avignon, F. Seguin*, 1911, in-8°, pièce (40 p.).
(Extrait des *Mémoires de l'Académie de Vaucluse*, 1911.)
Don de M. F. Seguin. [4°, **8.079**.

— Adrien Marcel... La Vierge de Pradier à la Cathédrale d'Avignon. — *Avignon, F. Seguin*, 1912, in-8°, pièce (38 p.).
(Extrait des *Mémoires de l'Académie de de Vaucluse*, 1912.)
Don de M. F. Seguin. [4°, **8.430**.

MARCEL (JACQUES). — Abregé de la vie et mort du bien-heureux Cesar de Bus, fondateur de la Congrégation de la Doctrine Chrestienne divisées en deux parties... par le R. P. Iacques Marcel... — *Avignon, I. Bramereau*, 1633, in-12, pièces liminaires - 108 et 141 p., port.
[P. 133 : « Lettre du R. P. Dom Polycarpe de la Riviere, prieur de la Chartreuse de Bon-Pas, et celebre escrivain à l'autheur de cet abrégé... »].
2 ex. [8°, **12.650**, n° 1, et **25.871**, n° 1.

— L'Histoire originelle entière et véritable de la vie, mort et merveilles du vénérable César de Bus, fondateur de la Congregation de la Doctrine Chrestienne en France... Troisième édition... par le R. Père Iaques Marcel... — *Lyon, J.-A. Candy*, 1646, in-8°, pièces liminaires - 430 p.
Frères des Ecoles Chrétiennes d'Avignon.
[8°, **25.872**.

— Le testament du bien-heureux Cesar de Bus... contenant plusieurs de ses enseignemens generaux en sa vie devote, recueillis... par le R. P. Jacques Marcel...— *Avignon, J. Bramereau*, 1633, in-12, pièces liminaires - 112 et 157 p.
2 ex. [8°, **12.650**, n° 2, et **25.871**, n° 2.

— La vie du R. Pere Cesar de Bus, fondateur de la Congregation de la Doctrine chrestienne, erigée en Avignon... par le P. I. Marcel... — *Lyon, Cl. Morillon*, 1619, in-8°, pièces liminaires - 433 p. et table, port.
[8°, **25.870**.

MARCEL (PIERRE).— *Voir* : GUIFFREY (Jean) et MARCEL (Pierre). La peinture française. Les primitifs... *Paris*, s. d., in-fol.
[Fol. **5.313**.

MARCEL-BRIOL. — Chroniques avignonaises. N° 1. La Tour Langlade ou l'assassin de la rue de la Masse, par Marcel-Briol. — *Avignon, Bureau du Mémorial de Vaucluse, Roumanille et Clément St-Just*, [1861], in-8°, 75 p.
Don de l'auteur.
[8°, **10.425**.

Autres ex.
2 ex. [8°, **25.602** et **28.331**.

MARCHAL (EDMOND). — François Pétrarque à Gand et à Liège, en 1333, par le chevalier Edmond Marchal,... — [*Bruxelles, imp. Hayez*], s. d. [1904], in-8°, pièce (12 p.).
Académie royale de Belgique. (Extrait des Bulletins, n° 8 ; [août] 1904). Classe des lettres et des sciences morales et politiques.
Don de l'auteur.
[8°, **34.729**.

MARCHAND (FÉLIX), BOULLE (EUGÈNE) et AMIC (JOSEPH). — Rrra!... Rrra pas!... Interwiew, lettres et mémoires sur la démolition des remparts d'Avignon, par Brindosier [Félix Marchand], J. Bol [Eugène Boulle] et Zeph [Joseph Amic]. Préface de M. Edmond Capeau, directeur du « Mistral ». — *Avignon, F. Seguin*, 1900, in-8°, pièce (44 p.), fig.
Don de M. F. Seguin.
[8°, **32.418**.

MARCHAND (JOSEPH), inspecteur d'Académie à Avignon. — L'enseignement primaire dans le département de Vaucluse de 1791 à 1900, par J. Marchand... — *Avignon, Fr. Seguin*, 1900, in-8°, 91 p.
Don de l'auteur.
[4°, **5.081**.

— La Faculté des Arts de l'Université d'Avignon. Notice historique accompagnée des statuts inédits de cette faculté par J. Marchand,... — *Paris, Alphonse Picard et fils*, 1897, in-8°, 60 p.
(Extrait des *Mémoires de l'Académie de Vaucluse*, 1897.)
Don de l'auteur.
[4°, **4.616**.

— Les Stuarts à Avignon, par J. Marchand... — *Avignon, impr. Fr. Seguin*, 1895, in-8°, pièce (18 p.).
(Extrait des *Mémoires de l'Académie de Vaucluse*, 1895.)
Don de M. le Dr A. Pamard.
[4°, **4.580**.

— Un intendant sous Louis XIV : étude sur l'administration de Lebret en Provence (1687-1704) par J. Marchand... — *Paris, Hachette*, 1889, in-8°, x-380 p.
[8°, **28.667**.

— L'Université d'Avignon aux XVIIe et XVIIIe siècles, par J. Marchand,... — *Paris, Alphonse Picard et fils*, 1900, in-8°, XIII-326 p.
[4°, **6.172**.

MARIAGE de Mademoiselle Cyprienne Yvaren avec le comte Pierre de Laistre, dans l'église paroissiale de St-Agricol à Avignon, le 6 janvier 1903. — [*Avignon, F. Seguin*, 1903], in-12, pièce (22 p.).
Don de M. Seguin.
[8°, **33.636**.

MARIE-JOSEPH (Le P.). — R. P. Marie-Joseph, de l'ordre des Frères Mineurs. Allocution prononcée dans la cérémonie de la bénédiction de deux cloches données par Mme veuve Aimé Clauseau à la paroisse de Montfavet le 4 septembre 1898. —

Avignon, Fr. Seguin, 1898, in-8°, pièce (15 p.).

[8°, **30.917**.

Autre ex. (Anc. archevêché d'Avignon).

[8°, **37.232**.

MARIÉTON (Paul). — Paul Mariéton. La terre provençale, journal de route. Nouvelle édition... *Paris, P. Ollendorff*, 1903, in-12, v-566 p.

Don de l'auteur.

[8°, **33.839**.

— Paul Mariéton. Le Théâtre antique d'Orange et ses représentations. — *Paris, édit. de la Revue félibréenne*, 1903, in-8°, pièce (15 p.).

Don de l'auteur.

[4°, **6.371**.

MARIGNY (De). — *Voir* : Balechou (Jean-Joseph) et Marigny (de). [Correspondance...]. *Archives de l'Art français*, 1907, in-8°.

[8°, **36.939**.

MARIN (Le P. Michel-Ange). — Leis desastres de Barbakan, chin errant dins Avignoun. [Par le P. Marin, minime]. — *Aix, J. David*, 1744, in-12, pièce (28 p.).

[8°, **25.235**, n° 8.

— Autre édition. — *Avignon, J. Garrigan*, 1759, in-12, pièce (24 p.), grav.

[8°, **25.235**, n° 7.

— Leis désastres de Barbakan, chin errant dins Avignoun, pèr lou R. P. Michel-Ange Marin, minime marsihés (1744), reedita pèr En Francés Delille, felibre majourau. — *Ais, empr. felibrenco*, 1882, in-8°, pièce (36 p.).

Don de François Delille.

[8°, **10.542**.

MARMET DE VALCROISSANT (Abbé Pierre), chanoine de la métropole d'Aix. — La mission de Saint Auspice, martyr, premier evesque d'Apt, avec un abbregé chronologique d'une grande partie des evesques qui luy ont succedé. [Par l'abbé Marmet de Valcroissant].— *Paris, H. Le Gentil*, 1685, in-12, pièces liminaires - 208 p.

[8°, **25.922**.

MARMOITON (Pierre), procureur de la République à Riom.— Pierre Marmoiton,... Le Maréchal Brune et la maréchale Brune. — *Paris, P. Lethielleux*, s. d. [1900], in-8°, xiv-344 p., port.

[8°, **33.272**.

MARREL (Abbé), curé de St-Agricol d'Avignon. — Oraison funèbre de M. l'abbé Fourmon, chanoine honoraire, curé de St-Symphorien, prononcé par M. l'abbé Marrel,... le 21 juillet 1890, dans l'église de Saint-Symphorien. — *Avignon, Seguin frères*, 1890, in-8°, pièce (12 p.).

Anc. archevêché d'Avignon.

[8°, **37.362**.

— Oraison funèbre du R^{me} Père Dom Marie-Bernard, abbé de Notre-Dame de Lérins, fondateur et vicaire général de la Congrégation Cistercienne de Sénanque, prononcée le mercredi 22 août 1888 dans l'Église abbatiale Notre-Dame de Lérins, par M. l'abbé Marrel,... — *N.-D. de Lérins*, 1888, in-8°, pièce (34 p.).

Anc. archevêché d'Avignon.

[4°, **8.101**.

— Panégyrique de Saint Agricol

prononcé par M. l'abbé Marrel, ...le dimanche 8 septembre 1889. — *Avignon, Aubanel frères*, 1889, in-12, pièce (16 p.).
Anc. archevêché d'Avignon.
[8°, **37.367**.

MARROT (Alexis), ancien chef de division aux Préfectures de Digne et d'Annecy. — Les origines de la Fontaine de Vaucluse, par Alexis Marrot,... suivies d'une notice biographique par V. Lieutaud. — *Marseille, V. Boy*, 1886, in-8°, pièce (31 p.).
[8°, **28.517**.

MARSAND (Abbé Antonio). — *Edit*. Pétrarque (François). Le rime... *Florence*, 1822, 4 vol. in-18.
[8°, **25.502**.

— 2ᵉ édition. — *Paris*, 1877, 2 vol. in-8°.
2 ex. [8°, **25.504** et **27.556**.

MARTEL (Abbé), curé-doyen de Mormoiron.— Vie du Père Jean de Dieu, religieux de la Trappe d'Aiguebelle (Drôme), dans le monde Jean-Joseph Martel, par son fils l'abbé Martel,...— *Avignon, Aubanel, Paris, Vaton*, 1873, in-12, 214 p.
Anc. archevêché d'Avignon.
[8°, **37.448**.

MARTEL (Le P. A.). — Rapport sur le concours pour le prix d'honneur donné par les anciens élèves de l'école libre Saint-Joseph d'Avignon, par le R. P. A. Martel. — *Avignon, impr. Seguin frères*, 1893, in-8°, pièce (19 p.).
(Extrait du *Bulletin de l'Association amicale des Anciens Élèves de l'École libre St-Joseph d'Avignon*, septembre 1893.)
Don de M. F. Seguin.
[8°, **28.140**.

MARTEL (E.-A.). — E.-A. Martel et Gaupillat. Sous terre (cinquième campagne [Avens de Vaucluse]). 1893 (*sic pour* 1892). — *Paris, Chamerot et Renouard*, 1893, in-8°, pièce (39 p.), cart.
(Extrait de l'*Annuaire du Club Alpin Français*, 1892.)
[8°, **30.037**.

MARTEL (Jean-Mathieu), ouvrier imprimeur d'Avignon. — Couplets sur la fête, donnée à Avignon, en l'honneur de la naissance de S. A. R. Monseigneur le Duc de Bordeaux. |*Signé* : Par J.-M. Martel. 22 octobre 1820].— *S. l. n. d.* [1820], in-8°, pièce (4 p.).
[Ms. **3.000**, n° 11.

— La Fuitou déi Fédéra d'Avignoun. [Par Martel]. — *S. l. n. d.*, in-12, pièce (3 p.).
[Ms. **2.998**, n° 21.

— Lou Méridien. [Chanson royaliste contre « leis anarchistou d'Avignoun » par Martel]. — *S. l. n. d.*, in-12, pièce (3 p.).
[Le Méridien était le café où se réunissaient les fédérés].
[Ms. **2.998**, n° 22.

— Lou pastre de Cancabeou. [Chanson royaliste en provençal sur l'arrivée de la duchesse d'Angoulême à Avignon. Signé : Martel.] — *S. l. n. d.*, in-8°, placard.
[Ms. **3.001**, n° 9.

— Lou Pounthé. [Chanson en provençal par Martel]. — *S. l. n. d.* [1815], in-8°, pièce (2 p.).
[Ms. **2.998**, n° 19.

— Suitou d'oou Pounté, ou leis escambarla. [*Signé* : Par l'auteur du Ponté (J.-M. Martel)]. — *S. l. n. d.* [1815], in-8°, pièce (4 p.).
[Ms. **2.998**, n° 20.

MARTEL (Tancrède). — Tancrède Martel. Blancaflour, histoire du temps des Papes d'Avignon. — *Paris, Ollendorff*, 1908, in-12, 386 p.
[8°, **35.622**.

MARTELLY (Fortuné). — Aurenjo e sci monumen rouman. Orange et ses monuments romains. Pièce couronnée aux Fêtes Félibréennes d'Orange, 11 et 12 août 1888,... par... Fortuné Martelly.— *Avignon, Roumanille*, s. d., in-12, pièce (vi ff. n. ch.).

Anc. archevêché d'Avignon.
[8°, **37.254**.

MARTIN IV, pape. — Les registres de Martin IV (1281-1285), recueil des bulles de ce pape publiées ou analysées... par les membres de l'École française de Rome.— *Paris, Fontemoing*, 1901, 1 fasc. in-4°.

(Bibliothèque des Écoles françaises d'Athènes et de Rome.)
Dépôt de l'Etat. [Fol. **5.292**.

MARTIN, ingénieur d'Avignon. — Lettre curieuse écrite par Guillaume Broutet aîné, à M. Martin, Ingénieur de la ville d'Avignon, [chargé des affaires du canal Puy] ; accompagnée d'une Paraphrase, et suivie de la Réponse de M. Martin. — *S. l. n. d.* [1808], in-4°, pièce (5 p.).

2 ex. [8°, **3.878**, t. II, n° 41.— 4°, **6.783**.

MARTIN, faiseur de bas d'Avignon. — Voyage à Paris en 1789 de Martin, faiseur de bas d'Avignon, avec introduction et notes explicatives, par P. Charpenne. — *Avignon, J. Roumanille*, 1890, in-8°, 94 p.
[8°, **14.159**.

MARTIN, ex-consul d'Avignon. — *Voir* : Révolte (La) des Juifs à Avignon ou le noir complot contre le vice-légat. *S. l. n. d.*, in-8°.
[Ms. **2.986**, n° 6.

MARTIN (Alexandre). — Egon redditus votis civium Avenionensium, ecloga, authore Alexandro Martin. [Sur l'arrivée à Avignon de Mgr Passionei, vice-légat]. — *S. l. n. n.*, 1755, in-4°, pièce (14 p.).

Fonds Massilian-Moutte et Requien
2 ex. [Ms. **2.431**, n° 58, et **2.945**, n° 28.

MARTIN (Anfos). — Anfos Martin. Agricol Perdiguier dit Avignonnais-la-Vertu. Sa vie, son œuvre et ses écrits. — *Cavaillon, Mistral*, 1904, in-8°, 297 p.
[4°, **6.738**.

MARTIN (Charles). — Ch. Martin. De la trasmigracien dei moutoun en Prouvènço, estudi istouri (en parladuro larènco).— *Marseille, Paul Ruat*, etc., 1910, in-12, pièce (24 p.).

Don de l'auteur.
[8°, **36.911**.

MARTIN (Gaspard). — La conversion de Gaspar Martin cy-devant nommé Pere Sylvestre de Carpentras, predicateur de l'ordre des Capucins, et premier superieur de leur Convent, suivant la déclaration faicte en l'Eglise Reformée de la ville d'Orange, le Dimanche 21 jour du mois de Decembre MDCXIV. — *Montpellier, J. Gillet*, 1615, in 12, pièce (47 p.).
[8°, **25.849**.

MARTIN (Jean-Claude). — Antiquités et inscriptions des Villes de Die, d'Orange, de Vaison, d'Apt et de Carpentras ; recueillies par Jean-Claude Martin,... Nouvelle édition. — *Orange, Joseph Bouchony*, 1818, in-8°, 122 p.

2 ex. |8°, **14.023** et **26.738**.

— Histoire militaire et politique de François de Beaumont, baron des Adrets ; avec notes, par J.-C. Martin.— *Grenoble, impr. Peyronard*, 1803, in-8°, 199 p.

|8°, **26.099**.

MARTIN (Ponce). — Vaucluse. Guide historique et renseignements sur la fontaine de Vaucluse pour les visiteurs et excursionnistes par Ponce Martin. — [*L'Isle-sur-Sorgue, Demontoy*], s. d., in-8°, pièce (11 fl. n. ch.).

|8°, **34.678**.

MARTIN (Valère-Joseph-Elzéar-Hyacinthe). — Notice biographique sur le R. P. Véran, capucin, par M. Valère Martin,... — *Avignon, Seguin aîné*, 1855, in-8°, pièce (36 p.).

2 ex. |8°, **28.799** et **31.640**.

MARTIN-ROLLIN. — Discours en actions de grâce des victoires d'Enzersdorf et de Wagram. Prononcé dans le Temple de l'Église réformée d'Orange, le 15 Août 1809, par M. Martin-Rollin, pasteur. — *Orange, Joseph Bouchony*, 1809, in-8°, pièce (12 p.).

Fonds Chambaud.

|**Ms. 2.547**, n° 7.

— Sermon pour le jour de la dédicace du Temple de l'Église réformée d'Orange, département de Vaucluse, prononcé le 12 mai 1811, par M. Martin-Rollin, pasteur. — *Orange, impr. Joseph Bouchony*, 1811, in-8°, pièce (25 p.).

Fonds Chambaud.

|**Ms. 2.547**, n° 13.

MARTINEL (Jean-François). — Qvæstio medica physiologica, In Palatio Archiepiscopali discutienda pro laurea Doctoratus. (An physiologis sit cognita sedes sensorij communis). [Hanc Thesim propugnabit... D. Ioannes Franciscus Martinel Valreacensis... anni ab aera Christi 1681]. — *S. l. n. d.* (manque le frontispice), in-4°, pièce (paginé 3-8).

|**Ms. 2.939**, n° 23.

MARTINEL (Joseph-Marie-Philippe).— Corps Législatif. Conseil des Cinq Cents. Discours prononcé par Martinel dans la discussion sur les émigrés du Comtat d'Avignon. Séance du 9 brumaire an 6.—[*Paris, impr. Nationale*, brumaire an 6], in-8°, pièce (14 p.).

|**Ms. 2.996**, n° 4.

— Corps Législatif. Conseil des Cinq-Cents. Motion d'ordre faite par Martinel, sur les émigrés du ci-devant Comtat d'Avignon. Du 11 Vendémiaire an 6. — [*Paris, impr. Nationale*, an VI], in-8°, pièce (4 p.).

Fonds Chambaud et Requien.

2 ex. |8°, **27.230**, t. II, n° 20. — **Ms. 3.014**, n° 44.

— Corps Législatif. Conseil des Cinq-Cents. Opinion de Martinel sur l'affaire des prisonniers avignonais, détenus à Valence. Séance du 19 vendémiaire, an 6. — [*Paris, impr. Nationale*, an VI], in-8°, pièce (8 p.).

Fonds Chambaud.

|**Ms. 2.545**, n° 17.

MARTINEL (J.-M.-P.).

— Corps Législatif. Conseil des Cinq-Cents. Rapport fait par Martinel, au nom d'une Commission spéciale, composée des représentans Villetard, Audouin, Jacomin, Pomme et Martinel ; sur les émigrés des ci-devant comté Venaissin et comtat d'Avignon. Séance du 2 brumaire, an 6. — [*Paris, impr. Nationale,* brumaire an 6], in-8°, pièce (6 p.).
Fonds Chambaud et Requien.
 2 ex. [**Ms. 2.545**, n° 19, et **2.996**, n° 3.

MARTINORI (E.). — E. Martinori. A proposito di un obolo inedito di Giovanni XXII. — *Milan, impr. C. Crespi,* 1908, in-8°, pièce (3 p.).
(Extrait du *Bolletino Italiano de Numismatica e di Arte della Medaglia,* n° 9, 1908.)
Don de l'auteur. [8°, **35.627**.

— E. Martinori. La zecca papale di Ponte della Sorga (Contado Venesino). — *Milano, tipogr. Cogliati,* 1907, in-8°, pièce (44 p.), fig. et pl.
(Extrait de la *Rivista Italiana di Numismatica,* XX.)
Don de l'auteur. [4°, **7.442**.

MARTINS (D' Charles-Frédéric). — Essai sur la topographie botanique du Mont Ventoux en Provence,... par C.-F. Martins,... — *Paris, P. Renouard,* 1838, in-8°, 44 p., 1 pl.
(Extrait des *Annales des Sciences naturelles,* 1838.)
H. N. [8°, **141**, n° 1.

— Le Mont-Ventoux en Provence par M. Charles Martins... — *Paris, impr. J. Claye,* 1863, in-8°, pièce (28 p.).
(Extrait de la *Revue des Deux-Mondes,* 1863.)
Don de l'auteur.
 H. N. [8°, **1.059**.

MARY-LAFON. — (Jean-Bernard Lafon, *dit*). — Tableau historique et comparatif de la langue parlée dans le midi de la France et connue sous le nom de langue romano-provençale, par M. Mary-Lafon... — *Paris, René,* 1841, in-8°, 55 p.
 [8°, **24.981**.

— Tableau historique et littéraire de la langue parlée dans le midi de la France et connue sous le nom de langue romano-provençale, par M. Mary-Lafon... — *Paris, Maffre-Capin,* 1842, in-12, 335 p.
 [8°, **24.982**.

MAS (L.). — Notice sur l'église métropolitaine d'Avignon, Notre-Dame des Doms, par L. Mas... — *Avignon, Vve Fischer-Joly et Cie,* 1840, in-12, pièce (52 p.).
 3 ex. [8°, **25.790** et **28.860**, n° 14. — **Ms. 3.007**, n° 48.

MASCARADE en forme de ballet, dansé à Avignon le deuxième du mois de Mars de l'Année mil six-cens cinquante-huit.. — *S. l.,* 1658, in-4°, pièce (14 p.).
 [**Ms. 2.925**, n° 14.

MASELLI (Antonio), chanoine de St-Agricol d'Avignon. — Copia della lettera all' Em^{mo} e R^{mo} il sig^{re} cardinal Francesco Barberino, scritta di Parigi dal R. sig^r Ant. Maselli,... sopra l'interruttione della historia delle antichità della chiesa e citta d'Avignone, et di tutto il contado Venaissino, e prouincie circumuicine : composta da uno R^{do} Padre Certosino [D. Polycarpe de la Rivière]. — *S. l.,* 1639, in-4°, pièce (14 p.).
Fonds Massilian-Moutte et Requien.
 2 ex. [**Ms. 2.428**, n° 2, et **2.952**, n° 25.

Autre ex. annoté.
[Ms. 1.510.

MASELLI (Marie-Claire de). — Vive Jésus ! Discours sur les vies de plusieurs vénérables Mères et S^{rs} de l'ordre de la Visitation Ste Marie, decedées au Premier Monastere de cet ordre de la ville d'Avignon, et autres de sa fondation, avec l'histoire de leurs établissemens... [Préface signée : Marie-Claire de Maselli]. — *Avignon, P. Offray*, 1684, in-8°, pièces liminaires - 789 p.
[8°, 25.877.

MASERI (Peregrinus). — Elogivm Peregrini Maseri Foroliviensis pontificiæ legationis Avenionensis Auditoris Generalis. In lavdem... D. Hyacinthi Libelli archiepiscopi Avenionensis. — *S. l. n. d.* [1680], in-fol. pièce (8 p.).
[Ms. 2.939, n° 17.

— Peregrini Maseri... in Avenionensi legatione auditoris generalis...De Avenionis, ac Æmiliæ moribus, et legibus legatique de latere Authoritate, libri septem... — *Papiæ, sumptibus C.-F. Magrii*, 1688, in-fol., pièces liminaires - 497 p.
[Tome 1er seulement]
[Fol. 4.310.

— Peregrini Maseri... De legatis et nunciis apostolicis judiciis Ecclesiasticis civilibus et criminalibus, oneribusque civitatum cameralibus et communitativis liber primus et secundus... — *Romæ, typ. Georgii Plachi*, 1709, 2 vol. in-fol., I. pièces liminaires - 484 p. et index ; II. pièces liminaires - 363 p.
[Légation, Rote et cours de justice d'Avignon].
[Fol. 3.532.

MAS-LATRIE (Louis de). — [Extrait d'un rapport de M. Louis de Mas-Latrie au Ministre de l'Instruction publique, sur les Archives du département de Vaucluse et de la ville d'Orange, ainsi que sur les manuscrits de la collection Requien]. — *Bulletin de la Société de l'histoire de France*, 10 mars 1840, p. 26-31.
[Ms. 3.007, n° 1.

MASSABIE (Abbé B.). — Les Pénitents ; origines, histoire, statuts des pénitents du midi de la France et plus particulièrement de pénitents bleus de Toulouse dits de Saint Jérome, par l'abbé B. Massabie... — *Toulouse, Marqueste, et Figeac, chez l'auteur*, 1879, in-12, 309 p.
[Pénitents blancs d'Avignon].
[8°, 12.938.

MASSACRE causé par les Aristocrates du Comtat, ligués contre la France. — [*Paris, impr. L. L. Girard*, 1791], in-8°, pièce (8 p.).
2 ex. [Ms. 3.013, n° 8, et 3.015, n° 29.

MASSE. — « Manuel élémentaire d'agriculture [à l'usage des [illisible] départements du midi] », par M. Quenin... Analyse raisonnée par M. Masse... — [*Montpellier, Vve Picot*, 1839], in-8°, pièce (14 p.).
H. N. [8°, 1.594.

MASSILIAN (Henri-Joseph-Léon, Abbé de), prévôt coadjuteur de la collégiale de St-Didier d'Avignon. — Sermon sur le renouvellement de l'année et l'emploi du temps. Par M. l'abbé de Massilian,... — *Avignon, F.-B.*

Mérande, 1760, in-4°, 11 ff. n. ch. - 46 p. - 1 ff. n. ch.
[Ce sermon devait être prononcé dans l'Église St-Symphorien d'Avignon].
Fonds Massilian-Moutte.
[Ms. **2.450**, n° 46.

Autre ex. [Réserve, n° **102**.

— Autre ex. incomplet (manque le titre).
Ex. de l'abbé de Véras.
[4°, **5.52**.

MASSILLON ROUVET. — *Voir* : Rouvet (Massillon).

MASSON (Papirius). — Vita Fr. Petrarchæ. Vita Joan. Boccacii. [Par Papirius Masson]. — *Paris*, 1587, in-8°, ff. 8-116. (Manquent le titre et les 8 premiers ff.)
[8°, **26.997**.

MATABON (Hippolyte). — Un Poète provençal. Fortuné Pin. [*Signé* : Hippolyte Matabon]. — *Marseille, M. Olive*, 1872, in-8°, pièce (14 p.).
(Extrait de la *Revue de Marseille et de Provence*, avril 1872.)
[8°, **26.931**.

MATHEY (Félix). — Le Guide Mignon d'Avignon et de Vaucluse littéraire, historique, usuel, pittoresque et commercial, par Félix Mathey,... — *Avignon, s. n*, 1890, in-16, pièce (45 p.).
(Guides Mignons de France.)
[8°, **16.417**.

MATHIEU. — *Voir* : Soumille, Luneau, Maucuer, Mathieu, etc. Les maladies épizootiques dans Vaucluse... *Avignon*, 1877, in-8°.
[8°, **5.213**.

MATHIEU (Abbé François), chanoine pénitencier de l'Église Cathédrale de Cavaillon. — La vie admirable du bien-heureux Saint Véran, evesque de Cavaillon, et patron de la ville, et du diocèse. Par Monsieur François Mathieu, ... — *Avignon, Michel Chastel*, 1665, in-12, 102 p. - 1 ff. n. ch.
[8°, **13.505**.

MATHIEU (J.-T.). — Nouveau recueil de noëls composés par le Sr Mathieu, choriste dans la Confrérie des Pénitens blancs, rétablis à Avignon, le 24 décembre 1815, dans la ci-devant Eglise de N. D. la Principale. — *Avignon, chez l'auteur, débitant de tabac, rue Balance*, s. d., in-12, pièce (24 p.).
[8°, **25.218**, n° 10.

— Noëls nouveaux. [*Signé* : J.-T. M(athieu)]. — [*Avignon, impr. Seguin aîné*], s. d., pièce (8 p.).
[8°, **25.218**, n° 11.

— Recueil de Noëls français et provençaux, par J.-T. Mathieu. Troisième édition. — *Avignon,* [*L. Aubanel*], 1837, in-12, 60 p.
[8°, **25.224**.

MATHIEU (X.). — De la dévotion à sainte Anne, mère de la vierge Marie, ou du culte que l'on rend à ses reliques dans l'ancienne Cathédrale d'Apt en Provence, par X. Mathieu. — *Apt, impr. J.-S. Jean*, 1861, in-8°, viii-208 p., pl.
[8°, **28.244**, n° 1.

Autre ex. (Anc. archevêché d'Avignon).
[8°, **37.333**.

MATHIEZ (Albert). — Albert Mathiez. Rome et le clergé français sous la Constituante. La constitution civile du clergé. L'Affaire d'Avignon. — *Paris, A. Colin*, 1911, in-12, 533 p.
[8°, **37.525**.

MAUCUER. — *Voir :* Soumille, Luneau, Maucuer, etc. Les Maladies épizzotiques dans Vaucluse... *Avignon*, 1877, in-8°.
[8°, **5.213**.

MAULDE (Alphonse-René de). — Coutumes et règlements de la République d'Avignon au treizième siècle, par M. A.-R. de Maulde,... — *Paris, L. Larose*, 1879, in-8°, 335 p.
(Anciens textes de droits français inédits ou rarissimes.)
[8°, **31.362**.

— Les Juifs dans les Etats français du Saint-Siège au moyen-âge, documents pour servir à l'histoire des israélites et de la papauté par M. de Maulde,... — *Paris, H. Champion*, 1886, in-8°, 194 p.
[4°, **7.686**.

— Le même ouvrage, n°ˢ 14, 15, 19-20 de la *Revue des Etudes Juives*. (Incomplet, manquent les chapitres XLI-LXVII).
[8°, **12.290**.

MAUMET fils, d'Avignon. — Quelques mots à l'occasion du projet de loi de recrutement présenté par le Ministre de la Guerre à la Chambre des Députés, le 11 décembre 1830, par un père de famille [Maumet fils]. — *Avignon, Vve Guichard aîné*, 1831, in-8°, pièce (20 p.).
[8°, **24.857**.

MAUREL (Abbé), curé de Bédarrides (Vaucluse). — Oraison funèbre de Madame la comtesse Marie-Jeanne de Vincens de Causans, chanoine du chapitre royal de Saint Louis de Metz, prononcée dans l'église de Causans le 10 mai 1843, par M. l'abbé M*** [Maurel], curé de Bed... diocèse d'Avignon. — S. l. n. d., in-4°, pièce (10 p.).
[Ms. **2.978**, n° 14.

MAUREL DE MONS (Mgr Etienne-Martin), archevêque d'Avignon. — Discours prononcé par Sa Grandeur Monseigneur Etienne-Martin Maurel de Mons, Archevêque d'Avignon, à la distribution des Prix du Collège Royal, le 27 août 1822. — [*Avignon, impr. L. Aubanel*, 1822], in-8°, pièce (4 p.).
Fonds Chambaud et Requien.
2 ex. [Ms. **2.549**, n° 12, et **3.001**, n° 2.

— Discours prononcé par Sa Grandeur Monseigneur Etienne-Martin Maurel de Mons,... à la distribution des prix du Collège Royal, le 30 août 1825. — [*Avignon, impr. L. Aubanel*, 1825], in-8°, pièce (6 p.).
Fonds Chambaud et Requien.
3 ex. [8°, **33.798**. — Ms. **2.549**, n° 20, et **3.001**, n° 32.

— Discours prononcé par S. G. Monseigneur Etienne-Martin Maurel de Mons,... à la distribution des prix du Collège Royal, le mardi 29 août 1826. — [*Avignon, impr. Guichard aîné*, 1826], in-8°, pièce (4 p.).
Fonds Chambaud et Requien.
2 ex. [Ms. **2.550**, n° 44, et **3.001**, n° 41.

— Discours prononcé par S. G. Monseigneur Etienne-Martin Maurel de Mons,... à la distribution des prix du Collège Royal, le 1ᵉʳ septembre 1827]. — [*Avignon, impr. Guichard aîné*, 1827], in-8°, pièce (3 p.).
Fonds Chambaud et Requien.
2 ex. [Ms. **2.549**, n° 32, et **3.001**, n° 68.

— Discours prononcé par S. G. Monseigneur le comte Maurel de Mons.... à la distribution des prix du Collège Royal, le 31 août 1829. — [*Avignon, Ve Guichard aîné*], s. d., in-8°, pièce (3 p.).

Fonds Chambaud et Requien.

2 ex. [8°, **33.319**. — **Ms. 2.551**, n° 5.

MAURIC (Jean-Baptiste). — Jean-Baptiste Mauric, Commissaire du Gouvernement près le canton de Cécile, département de Vaucluse, au Directoire exécutif. [Réponse à la dénonciation adressée contre lui par les habitants de Ste-Cécile]. — S. l. n. d., in-4°, pièce (8 p.).

Fonds Cottier.

[4°, **7.274**.

MAURICE (Le P.), de Toulon. — Reglements de police et remedes contre la peste dont on s'est servi avec succez dans plusieurs villes affligées de ce mal. Extraits de l'ouvrage du R. P. Maurice de Toulon, capucin... *Avignon, frères Delorme*, 1720, in-12, 72 p.

Ex. de l'abbé De Véras.

[8°, **28.069**, n° 3.

MAURIER (Le P. François), S. J. — Discours fait par le P. François Maurier,... pour la ceremonie du voile que Monseigneur le cardinal de Grimaldi a donné à la sœur Anne-Marie de Jesus, de Gordes, religieuse Carmelite, le dixième decembre de l'année mil six cens soixantequinze. — S. l. n. d., in-4°, pièce (21 p.).

Ex. de l'abbé De Véras.

[4°, **5.689**.

MAURRAS (Charles). Le poème du Rhône [par Frédéric Mistral. *Signé* : Charles Maurras]. — *Revue encyclopédique Larousse*, n° du 31 juillet 1897, p. 661-665, photos.

[Fol. **4.833**.

MAURY, avocat. — Notice sur la Maison de Forbin. [*Signé* : Maury, avocat]. — [*Paris, impr. Adrien Egron*], s. d., in-12, pièce (7 p.).

[8°, **28.392**, n° 8.

MAURY (Jean-Siffrein). — Copie d'une lettre écrite par M. l'abbé Maury, aux Consuls de Valréas, sa patrie, dans le Comtat Venaissin [au sujet de la réunion du Comtat à la France, 30 décembre 1789]. — [*Paris, impr. Lejay fils*], s. d., in-8°, pièce (4 p.).

Fonds Chambaud et Requien.

2 ex. [Ms. **2.536**, n° 11, et **2.985**, n° 16.

— Des Droits du pape sur le comté Venaissin et l'Etat d'Avignon ; et refutation de l'écrit de M. Bouche,... concernant la restitution de ces pays à la France. [Attribué à l'abbé Maury]. — *Genève* [*Carpentras*], 1790, in-8°, viii-53 p.

2 ex. [8°, **14.185**, n° 25, et **25.572**, n° 6.

— Opinion de M. l'abbé Maury, député de Picardie ; sur la souveraineté d'Avignon : prononcée dans l'Assemblée Nationale. Le 20 novembre 1790. — [*Paris, impr. de l'Ami du Roi, 1791*], in-12, 96 p.

[Ms. **2.988**, n° 43.

— Seconde opinion de M. l'abbé Maury, député de Picardie ; sur la réunion de la ville d'Avignon à la France, prononcée dans l'Assemblée nationale, le mardi

24 mai 1791. — *Paris, au bureau de l'Ami du Roi*, 1791, in-12, 94 p.

Fonds Chambaud et Requien.

2 ex. [**Ms. 2.539**, n° 5, et **3.013**, n° 5.

MAURY (JEAN-SIFFREIN) et NIVERNAIS (Duc DE). — Discours prononcés [par l'abbé J.-S. Maury et le duc de Nivernais] dans l'Académie françoise, Le Jeudi XXVII. Janvier M.DCC.LXXXV. à la réception de M. l'Abbé Maury... imprimés par ordre de l'Assemblée des Trois-Etats du Comté Venaissin. — *Carpentras, D.-G. Quenin*, 1785, in-4°, pièce (39 p.).

[Contient la délibération des États du Comtat].

Fonds Massilian-Moutte et Requien.

3 ex. [**4°, 6.892**. — **Ms. 2.422**, n° 14, et **2.937**, n° 9.

MAURY (LOUIS-SIFREIN). — Vie du Cardinal Jean-Sifrein Maury, avec des notes et des pièces justificatives ; par Louis-Sifrein Maury, son neveu. — *Paris, P.-J. Gayet*, 1828, in-8°, port. et fac-s.

(A la fin, lettre manuscrite de l'abbé Pelaty curé de Malimas, à l'abbé André, du 18 mars 1842, au sujet du père du Cardinal Maury).

[8°, **25.843**.

MAUVANS (Abbé). — Discours prononcé, le 19 mars 1791, à l'Assemblée Electorale dans l'Eglise des Carmes [d'Avignon], par M. M[auvans], prêtre de l'Oratoire, officier Municipal. — *S. l. n. d.* [1791], in-12, pièce (16 p.).

Fonds Chambaud et Requien.

2 ex. [**Ms. 2.537**, n° 15, et **2.989**, n° 15.

MAXE-WERLY (L.). — L. Maxe-Werly. Médaille du bienheureux Pierre de Luxembourg du XV° siècle. — *Bar-le-Duc, impr. Contant-Laguerre*, 1889, in-8°, pièce (12 p.), pl.

(Extrait des *Mémoires de la Société des Lettres, Sciences et Arts de Bar-le-Duc*, III° série, t. VII, 1898.)

Don de l'auteur.

[8°, **31.590**.

MAYNIER (B. DE). — Histoire de la principale noblesse de Provence. Avec les observations des erreurs qui y ont été faites par les precedens Historiens... Et un traité général de la différence de chaque espèce de noblesse... Et une explication des monoyes anciennes qui ont eu cours en Provence sous la domination des Grecs, des Romains, des Gots, Sarrasins, sous nos Comtes de Provence et sous nos Rois. [*Préface signée* : B. de Maynier]. — *Aix, Joseph David, et Avignon, David Chastel*, 1719, 2 parties en 1 vol. in-4°, IV ff. n. ch. - 298 p. - III ff. n. ch., et III ff. n. ch. - 122 p. - III ff. n. ch.

[*La seconde partie est intitulée* : Nouveau état de Provence, de son gouvernement, ses compagnies de justice, sa noblesse, son authorité, de l'assemblée de ses Etats, de sa maréchaussée, de ses hôpitaux et autres corps. Seconde partie].

[4°, **3.732**.

MAZAURIC (FÉLIX), conservateur des Musées archéologiques de Nîmes. — Note sur une importante découverte d'inscriptions celtiques [à Cavaillon (Vaucluse)], par Félix Mazauric,... — *Nîmes, impr. de la Revue du Midi*, 1910, in-8°, pièce (7 p.), pl.

(Extrait de la *Revue du Midi*, 1910).

Don de l'auteur.

[8°, **36.856**.

MAZELLI (Antoine). — *Voir :* Maselli (Antoine).

MAZEROLLE (Fernand). — *Voir :* Labande (Honoré) et Mazerolle (F.). Ville d'Avignon. Exposition des Arts rétrospectifs. Mai 1891. Catalogue... *Avignon* [1891], in-8°.

2 ex. [8°, **31.761** et **33.242**.

MÉDAILLES frappées à Avignon et dans le Comtat Venaissin à l'arrivée de Monseigneur le duc de Bourgogne et de Monseigneur le duc de Berry. — Pages 157 à 160 des *Mémoires de Trévoux*.

Fonds Massilian-Moutte.

[Ms. **2.438**, n° 17.

MEFFRE (Mgr J.). — Mgr J. Meffre. Avignon et la Vierge, discours prononcé dans la basilique de N.-D. des Doms... le 8 décembre 1901. — *Avignon, Aubanel*, 1902, in-8°, pièce (20 p.).

Anc. archevêché d'Avignon.

2 ex. [4°, **8.115** et **8.255**.

— La Croix de St Martin [à L'Isle-sur-Sorgue. Par J. Meffre]. — [*Avignon, F. Seguin*], s. d., in-8°, pièce (15 p.).

[8°, **30.567**.

MEISSONNIER (Casimir). — Considérations sur le choléra d'Arles... par Casimir Meissonnier... — *Avignon, impr. Rastoul*, 1835, in-8°, pièce (23 p.).

2 ex. [8°, **28.914**. — Ms. **3.004**, n° 60.

MEISSONNIER (Paul). — Notice sur l'institution Grimaud-Meissonnier pour l'éducation des infirmes de la parole sourds-muets, bègues et principalement des enfants anormaux des deux sexes, à Avignon. [Par Paul Meissonnier]. — *Avignon, impr. Eugène Millo*, 1899, in-8°, pièce (47 p.).

Don de l'auteur.

[8°, **31.361**.

MELLE (Gaspard). — Compliment à l'honneur et à la gloire de l'illustre... dame, marquise de Rochechouart, pour sa bonne arrivée dans Avignon. [Signé : Gaspard Melle,...] — *S. l. n. d.*, in-fol., placard.

Fonds Massilian-Moutte.

[Ms. **2.437**, n° 23.

— Compliment à l'honneur et à la gloire de Mgr. le marquis de Rochechouart... gouverneur de la ville d'Avignon et du Comtat Venaissin. [Signé : Gaspard Melle]. — *S. l. n. d.*, in-4°, placard.

Fonds Massilian-Moutte et Requien.

2 ex. [Ms. **2.437**, n° 25, et **2.953**, n° 60.

— Compliment à la gloire et à l'honneur de Monsieur le marquis de Rochechouard, pour sa bonne arrivée dans Avignon. [Par Gaspard Melle]. — *S. l. n. d.*, in fol., placard.

[Ms. **2.946**, n° 21.

— Compliment fait à la gloire et l'honneur de la belle Pendule que la Ville a fait à notre Illustre Gouverneur [le marquis de Rochechouart], pour tous les bienfaits qu'il nous a faits et qu'il nous fera. [Par Gaspard Melle]. — [*Avignon*], s. n., in-4°, placard.

[Ms. **2.955**, n° 48.

— Compliment fait à la gloire et l'honneur de Monseigneur le marquis de Rochechouart, grand général des Armées du Roi, pour sa bien arrivée de Paris. [Par Gaspard Melle]. — *S. l. n. d.*, in-4°, pièce (1 ff. n. ch.).

[**Ms. 2.955**, n° 49.

— Compliment fait par Gaspard Melle à la gloire de Monseigneur le marquis de Rochechouart. — *S. l. n. d.*, in-4°, placard.

Fonds Massilian-Moutte.

[**Ms. 2.437**, n° 24.

— Éloge triomphant et glorieux de la part de nos nobles, illustres magistrats, et de tous les citoyens de la ville d'Avignon, à l'honneur et à la gloire de Notre St Père le pape, Clément XIV... que (*sic*)... nous avons été rendu à notre premier maître. [*Signé :* Gaspard Melle,...] — *S. l. n. d.* [1774], in-fol., placard.

Fonds Massilian-Moutte.

[**Ms. 2.437**, n° 99.

MELLE (MELCHIOR). — Relation en vers des réjouissances de la ville d'Avignon au sujet de la reddition, par Melchior Melle, cousin de Gaspard.— *Avignon, Joseph Bléry* [1774] in-8° pièce (4 p.).

Fonds Massilian-Moutte et Requien.

4 ex. [4°, **3.629** *in fine*. — **Ms. 2.437**, n° 97, **2.946**, n° 23, et **2.953**, n° 83.

MÉMOIRE à consulter [sur le projet de sécularisation de l'ordre de St Ruf, 10 février 1762]. — *Grenoble, André Giroud*, s. d., in-4°, pièce (23 p.).

[**Ms. 2.953**, n° 30.

[MÉMOIRE adressé à Joseph de Beni, évêque de Carpentras, contre son administration et surtout contre son vicaire général Bournareau]. — *S. l. n. d.*, in-4°, pièce (11 p.).

Fonds Cottier. [4°, **7.076**.

MÉMOIRE adressé a MM. les consuls, et à tous les bons patriotes de la ville de Cavaillon. [Sur la construction d'un pont sur le Coulon]. — *S. l. n. d.*, in-4°, pièce (4 p.).

Fonds Massilian-Moutte.

[**Ms. 2.425**, n° 46.

MÉMOIRE de la Communauté et Viguerie de Forcalquier, sur le Pont de Janson. — *Aix, E. David*, 1768, in-fol., pièce (11 p.).

[4°, **6.716**, n° 9.

MÉMOIRE en faveur de l'arrosage des garrigues du terroir d'Avignon, 7 septembre 1779. — *S. l. n. d.*, in-4°, pièce (4 p.).

Fonds Massilian-Moutte et Requien.

2 ex. [**Ms. 2.459**, n° 36, et **2.947**, n° 44.

MÉMOIRE historique et apologétique, relatif aux événemens arrivés à Avignon, pendant le séjour qu'y a fait le Régiment de Soissonnois. [12 janvier 1791].— *S. l. n. d.*, in-4°, pièce (32-9 p.).

Fonds Chambaud. [**Ms. 2.538**, n° 3.

MÉMOIRE justificatif pour Pointu d'Avignon, dédié à son honorable ami Trestaillon de Nîmes. Pour faire suite aux Mémoires justificatifs de MM. C***, D***, M***, M****, etc., etc.— *Paris, Plancher*, 1819, in-8°, pièce (22 p.).

Fonds Chambaud et Requien.

3 ex. [8°, **27.230**, t. IV, n° 22. — Ms. **2.548**, n° 21, et **3.000**, n° 7.

MÉMOIRE pour les communautés réunies de Lambesc, de Saint-Cannat, etc., etc., etc. [contre le projet soutenu par la communauté d'Apt d'établir un pont sur la Durance aux rochers de Bergeret.] — S. l. n. d., in-4°, pièce (37 p.).
Fonds Massilian-Moutte.
[Ms. **2.442**, n° 26.

MÉMOIRE pour les habitans d'Avignon [contre ceux de Lyon au sujet de l'importation des soies]. — [Paris, Sevestre], s. d., in-fol., pièce (24 p.).
Fonds Massilian-Moutte et Requien.
2 ex. [Ms. **2.453**, n° 13, et **2.949**, n° 41.

MÉMOIRE pour les Religieuses hospitalières de St-Joseph d'Avignon. [Signé par MM. d'Olivier, Bosse, Montagnat, Requien, Bernardi, Bertet, H. Soullier, Ayme, Dérat, Caillet, Morel, Ourson, Clément, E. Vitalis, Casimir Verger, A. Teste, M. de Ribiers, J. Chaudon, Athénosy, membres du Conseil municipal d'Avignon]. — Avignon, typ. Théodore Fischer aîné, 1844, in-4°, pièce (27 p.).
5 ex. [4°, **4.339**, n° 1, et **4.436**. — Ms. **2.978**, n° 83, **2.979**, n° 19, et **2.985**, n° 38.

MÉMOIRE publié par le Licée de Vaucluse et rédigé par ses commissaires [Fortia, Pamard Guérin père et fils] sur les inondations de la ville d'Avignon, antérieures à celle de 1755. Avignon, A. Bérenguier, an 10, in-8°, pièce (19 p.).
4 ex. [8°, **16.941**, t. I, n° 2, **26.804**, t. I, n° 2, et **28.370**. — Ms. **2.546**, n° 30.

MÉMOIRE sur l'obligation et la manière de payer les dîmes ecclésiastiques. — [Avignon, J. Bléry], s. d., in-4°, pièce (8 p.).
[Ms. **2.935**, n° 8.

MÉMOIRE sur le cours present des eaux de la Durance entre le terroir de la ville d'Avignon et la Province de Provence. — [Avignon, C. Delorme, 1752], in-fol., pièce (7 p.).
Fonds Massilian-Moutte et Requien.
4 ex. [Ms. **2.459**, n°° 16 et 17. **2.930**, n° 41, **2.950**, n° 18, et **2.951**, n° 7.

MÉMOIRE [sur le Mannequin pendu aux Corps-Saints et sur les événements d'Avignon jusqu'au 13 juin 1790. 20 juin 1790]. S. l. n. d., in-8°, pièce (24 p.).
Fonds Chambaud et Requien.
3 ex. [8°, **32.402**. — Ms. **2.537**, n° 5, et **2.987**, n° 31.

Autre ex. avec 1 feuille d'errata et des notes manuscrites de Chambaud.
Fonds Chambaud.
[8°, **27.230**, t. I, n° 3.

MÉMOIRE sur le projet d'un canal, qui doit traverser le Comtat. [1718]. — S. l. n. d., in-4°, pièce (7 p.).
Fonds Massilian-Moutte et Requien.
4 ex. [Ms. **2.459**, n° 3, **2.927**, n° 36, **2.930**, n° 4, et **2.941**, n° 101.

MÉMOIRE sur le traité projeté entre la ville d'Avignon et MM. Fournier et Cie, pour l'établissement de fontaines publiques. — Avignon, impr. Bonnet, 1840, in-4°, pièce (40 p.).
[Ms. **2.976**, n° 100.

MÉMOIRE sur les inondations qui affligent la ville d'Avignon, Présenté au Conseil le 4me Decembre 1765... — *Avignon, F.-J. Domergue*, 1765, in-4°, pièce (30 p.).

Fonds Massilian-Moutte et Requien.

    5 ex. [8°, **33.480**. — 4°, **4.176**, n° 2. — **Ms. 2.429**, n° 11, **2.449**, n° 25, et **2.931**, n° 31.

MÉMOIRE sur les moyens de remédier aux maux occasionnés par le nouveau Canal. — *S. l. n. d.* [1780], in-8°, pièce (16 p.).

[A propos du canal Crillon].
Fonds Massilian-Moutte et Requien.

    2 ex. [8°, **24.870**, n° 8. — **Ms. 2.459**, n° 41.

MÉMOIRES pour servir à l'histoire de Monsieur le chevalier de Folard. — *Ratisbonne*, 1753, in-12, pièces liminaires - 148 p.

    [8°, **26.976**.

— Autre ex. avec l'ex-libris de Camille-Henri Henrion, grav. par Cl. Roy.

    [8°, **26.977**.

MÉMOIRES sur la Révolution d'Avignon et du Comtat Venaissin. Memorie sulla Rivoluzione d'Avignone e del Contado Venaissino. — *S. l. n. n.*, 1793, 2 vol. in-4, XIII-519 p., 256-240 p.

Texte français et traduction italienne en regard. — La 2ᵉ partie du tome II est intitulée : « Réponse au manifeste publié par les prétendus députés de la ville d'Avignon et éclaircissemens relatifs aux objections proposées à l'Assemblée Nationale de France contre les droits du Saint-Siège tant sur Avignon que sur le Comté Venaissin » (Suit le titre en italien). — Ces mémoires sont attribués par Barjavel à la collaboration de Giorgi, dernier dataire de la vice-légation, Passéry, ancien avocat général de la vice-légation, Aubéry, de Malaucène, Bonnet, de l'Isle, et Thomas (de Bédoin), notaire à Cavaillou. — D'après Requien (note manuscrite), Thomas serait le seul auteur de ces mémoires.

    [4°, **4.249**.

— Autre ex. avec additions manuscrites par E. Requien.

    [4°, **3.700**.

MÉNARD (THÉOPHILE). — Le baron des Adrets, épisode du commencement des guerres de religion du XVIᵉ siècle, par Théophile Ménard. — *Tours, A. Mame et Cie*, 1863, gr. in-8°, 346 p., pl.

    [4°, **4.286**.

MENOU (JACQUES-FRANÇOIS). — Premier rapport sur Avignon et le Comtat Venaissin ; fait au nom des comités diplomatique et d'Avignon, dans la séance du samedi matin 30 avril 1791, par Jacques Menou, député du département d'Indre-et-Loire... — [*Paris, impr. Nationale*, 1791], in-12, 59 p.

Fonds Chambaud et Requien.

    2 ex. [**Ms. 2.538**, n° 39, et **2.989**, n° 32.

— Second rapport sur l'affaire d'Avignon, fait à l'Assemblée Nationale, à la séance du 24 mai 1791, au nom des Comités Diplomatique, de Constitution et d'Avignon, par M. J. Menou. — [*Paris, impr. Nationale*, 1791], in-12, pièce (12 p.).

Fonds Chambaud et Requien.

    2 ex. [**Ms. 2.539**, n° 4, et **2.990**, n° 14.

— Troisième rapport sur Avignon et le Comtat Venaissin, fait à l'Assemblée Nationale, dans la séance du lundi 12 septembre 1791, par M. Jacques Menou, au nom des Comités de constitution, diplomatique et d'Avignon,... — *Paris, impr. Nationale*, 1791, in-8°, pièce (22 p.).

[Ms. **2.991.** n° 4.

MÉRIGNARGUES (Abbé JEAN DE). — Allocution prononcée le 4 août 1904 à la prise d'habit de sa sœur Mademoiselle Amélie de Mérignargues par M. l'abbé Jean de Mérignargues. — *Avignon, impr. Aubanel frères*, [1904], in-8°, pièce (13 p.).

Don de M. le D⁰ A. Pamard.

[8°, **35.430.**

MÉRIGNARGUES (Abbé JOSEPH DE), aumônier des Pénitents noirs d'Avignon. — Allocution prononcée à la première messe de M. l'abbé Louis Ruy en la chapelle de l'Ecole libre Saint-Joseph d'Avignon, le 30 juin 1905, par M. l'abbé Joseph de Mérignargues,... — *Avignon, Aubanel*, s.d., in-8°, pièce (20 p.).

Don de M. le Dr Pamard.

[8°, **35.555.**

— Allocution prononcée en l'église paroissiale de Saint-Didier le 30 décembre 1911 au mariage de Monsieur Denys Eydoux... et de Mademoiselle Mathilde Démians, par M. l'abbé Joseph de Mérignargues... — *Avignon, F. Seguin*, 1911, in-12, pièce (13 p.).

Don de M. F. Seguin.

[8°, **37.678.**

— Le sens de la vie. Rapport sur le concours pour le prix d'honneur fondé par les anciens élèves du collège St-Joseph présenté à la distribution des prix le 20 juillet 1911, par M. l'abbé Joseph de Mérignargues... — *Avignon, F. Seguin*, 1911, in-12, pièce (23 p.).

Don de M. F. Seguin.

[8°, **37.526.**

MÉRIMÉE (PROSPER). — Prosper Mérimée. Lettres à Requien. — *Extrait de la « Revue de Paris »*, 15 mai 1898, p. 225-256.

[8°, **30.857.**

— Notes d'un voyage dans le Midi de la France, par Prosper Mérimée... — *Paris, Fournier*, 1835, in-8°, 484 p., pl.

[Avignon. Villeneuve-lez-Avignon. Orange. Vaison. Le Thor. Pernes. Carpentras. Venasque. Cavaillon. Apt. Buoux. Cadenet].

2 ex. [8°, **11.825** et **25.739**.

MÉRITAN (Abbé JULES). — Abbé J. Méritan. Discours prononcé à la distribution des prix du petit séminaire d'Avignon le 21 juillet 1903, à l'occasion du concours annuel pour le prix des anciens élèves. — *Avignon, Aubanel frères*, 1903, in-8°, pièce (12 p.).

Don de l'auteur.

[8°, **33.836.**

— L'abbé J. Méritan,... Panégyrique de saint Agricol prononcé dans l'église paroissiale de Saint-Agricol en présence de S. G. Monseigneur l'Archevêque, le 6 septembre 1896. — *Avignon, Aubanel frères*, 1896, in-8°, pièce (24 p.).

[8°, **29.996.**

Autre ex. (Anc. archevêché d'Avignon).

[8°, **37.365.**

— Abbé J. Méritan. Les troubles et émeutes d'Avignon. Pévoulins et Pessugaux (1652-1659). — *Avignon, F. Seguin*, 1901, in-8°, 83 p.

Don de l'auteur.

[4°, **6.009.**

MÉRITAN (Abbé M.). — Etude sur les abbés et le monastère de

MÉRITAN (Abbé M.). Saint-André de Villeneuve-lèz-Avignon, par l'abbé M. Méritan. — *Avignon, F. Seguin*, 1898, in-8°, pièce (40 p.).
(Extrait des *Mémoires de l'Académie de Vaucluse*, t. XVII.)
Don de l'auteur. [8°, **31.004**.

— Abbé M. Méritan. Les moines de Saint-Maur à Saint-André de Villeneuve. — *Nîmes, impr. Gervais-Bedot*, 1899, in-8°, pièce (30 p.).
(Extrait de la *Revue du Midi*.)
Don de l'auteur. [8°, **31.330**.

MERLE (Alphonse de). — La chasse au chien d'arrêt et au chien courant dans le Midi de la France, suivie du Chasseur au Groseau (poésie), par Alphonse de Merle. — *Carpentras, L. Grivot-Proyet*, 1859, in-12, 216 p. [8°, **4.652**.

— Pèlerinage à Notre-Dame du Grozeau (paroisse de Malaucène), 31 août 1873, poésie, par Alphonse de Merle,... — *Avignon, Seguin*, s. d., in-12, pièce (28 p.), pl.
Ancien archevêché d'Avignon. [8°, **37.432**.

MERLIN. — Chambre des Députés. Session de 1836. Rapport fait au nom de la Commission chargée d'examiner divers projets de loi, relatifs à des impositions extraordinaires de localités, tendant à autoriser le département de Vaucluse, à percevoir cumulativement en 1837, l'impôt extraordinaire qui avait été voté pour 1835, et qui n'a pu être perçu, par M. Merlin, député de l'Aveyron. Séance du 22 mars 1836. — [*Paris, A. Henry*, 1836], in-8°, pièce (1 p.). [**Ms. 3.005**, n° 7.

MERVESIN (Abbé Joseph). — Lettre de M. l'abbé Mervesin, a M^{rs} les consuls de la ville de Carpentras... Avec la maniere dont on doit se comporter dans une ville, lorsqu'elle est affligée de la Contagion. — *Carpentras, D. Eysséric*, 1721, in-4°, pièce (11 p.).
Fonds Massilian-Moutte et Requien.
2 ex. [**Ms. 2.423**, n° 19, et **2.928**, n° 13.

MÉRY DE LA CANORGUE (Antoine-François). — Mémoires curieux et edifians du chevalier de ***, à présent religieux ; ou triomphe de la vertu dans l'infortune, par Mr. Ant. François Mery de la Canorgue, chanoine d'Apt. — *Avignon, Claude Delorme*, 1745, in-12, 118 p. [8°, **28.209**, n° 2.

MESTRAL (C.). — Le nove Muse di Valchiusa... da C. Mestral. — *Aix, G. Tholosano*, 1623, in-16, pièce (14 p.).
Chartreux de Bonpas. [8°, **34.720**.

MÉTIGNY. — A la Nation, sur le choix de ses représentans. [Signé : Métigny,...]. — *Avignon, frères Bonnet*, an V, in-8°, pièce (30 p.).
3 ex. [8°, **26.032** et **32.401**. — **Ms. 2.995**, n° 20.

— [Lettre du citoyen Métigny, d'Avignon, sur l'envoi de son ouvrage concernant les prochaines élections. 20 (30) pluviose an V]. — S. l. n. d., in-4°, placard.
[Corrections manuscrites].
[**Ms. 2.981**, n° 190.

MEYER (Louis). — Adresse a Tournal et a ses lecteurs. [21

mai 1791. *Signé:* Louis Meyer,...] — *S. l. n. d.*, in-4°, pièce (1 ff. n. ch.).

Fonds Chambaud et Requien.

2 ex. [**Ms. 2.523**, n° 81, et **2.960**, n° 62.

MEYER (PAUL). — Cours d'histoire de la littérature provençale, leçon d'ouverture, par Paul Meyer. — *Paris, Franck*, 1865, in-8°, pièce (24 p.).

(Ecole impériale des Chartes. — Extrait de la *Revue des Cours littéraires.*)

[8°, **8.517**.

— *Edit.* CHANSON (la) de la Croisade contre les Albigeois... *Paris*, 1875-79, 2 vol. in-8°.

[8°, **8.444**.

MEYERE. — Discours prononcé à la Société des Jacobins [de Paris], par le citoyen Meyere [en faveur d'Agricol Moureau]. [*Suit p. 5:* Extrait des registres de délibération de la Société populaire et Montagnarde d'Avignon. Séance du 28 pluviôse, l'an 2°...]. — [*Avignon, A. Bérenguier*], s. d., in-4°, pièce (6 p.)

Fonds Chambaud et Requien.

2 ex. [**Ms. 2.526**, n° 94, et **2.964**, n° 57.

MEYNARD, médecin. — Un mot à mes concitoyens sur le choléra. [Par Meynard, médecin]. — *Orange, impr. Raphel*, [1835], in-8°, pièce (11 p.).

[**Ms. 3.004**, n° 58.

MEYNET (ANDRÉ-JOSEPH-VINCENT-MARIE). — Journal spirituel où sont annoncées les fêtes solemnelles et particulières qui se célèbrent dans toutes les églises d'Avignon, le temps de l'entrée des pardons et des exercices spirituels, les jours d'indulgences, des prédications, des processions et d'adorations du Très-Saint Sacrement. Nouvelle édition... [Par Meynet]. — *Avignon, J. Bléry*, 1781, in-8°, 96 p.

[8°, **24.484**.

— Notice historique des tableaux qui se trouvent au Musée d'Avignon... par le citoyen Meynet,... — *Avignon, J.-J. Niel*, an X, in-12, 181 p.

Fonds Moutte et Requien.

4 ex. [8°, **26.582, 26.583, 34.490** et **34.491**.

MEYNIER (JACQUES). — Nouveaux comptes-faits ou rapports de prix entre les mesures et poids anciens de la ville d'Avignon, et les mesures et poids décimaux, par le citoyen Jacques Meynier. — *Avignon, Mouriès*, an 9, in-8°, xxx ff. n. ch.

Don de M. G. Bourges.

[8°, **34.751**.

Autre ex. H. N. [8°, **2.120**, n° 2.

MÉZIÈRES (DE). — Réponse apologétique de M. de Mézières, secrétaire de la ville d'Avignon, aux imputations dont il a été chargé dans un projet de réforme lu au Conseil municipal, le 9 février 1790. — *S. l. n. d.*, in-4°, pièce (19 p.).

(Suivant une note manuscrite, l'auteur de cette Réponse serait E.-C.-F. Calvet.)

Fonds Massilian-Moutte et Requien.

5 ex. [**Ms. 2.429**, n° 45, **2.449**, n° 67, **2.522**, n° 10, **2.956**, n° 48, et **2.958**, n° 9.

MÉZIÈRES (ALFRED). — Pétrarque ; étude d'après de nouveaux documents, par A. Mézières... — *Paris, Didier et Cie*, 1868, in-8°, xxxix-435 p.

[8°, **16.925**.

MICHEL. — Eloge funèbre de Mꝛ Claude Derin, sous-officier du 4ᵉ régiment d'infanterie de ligne …prononcé dans l'église paroissiale de Caderousse par Mꝛ le Curé de la paroisse [Michel].— *Orange, Bouchony*, 1809, in-12, pièce (16 p.).

[8°, **29.735**.

MICHEL. — Mémoire instructif concernant la maladie contagieuse, avec les remèdes dont s'est servi avec succès M. Michel... médecin des infirmeries à Marseille, donné au public, par M. J.-B. Rambaud, docteur en médecine de la Faculté d'Avignon. Du 1ᵉʳ janvier 1721. — *Avignon, L. Domergue*, 1721, in-12, pièce (12 p.).

2 ex. |8°, **24.703** et **24.704**.

MICHEL (Dʳ A.). — Etude sur la truffe par le Dʳ A. Michel. — *Annales de la Société littéraire, scientifique et artistique d'Apt*, 5ᵉ année, 1867-1868, p. 1-45.

[Etude sur la culture et le commerce de la truffe à Apt et dans le département de Vaucluse.]

Don de l'auteur.

[8°, **4.899**.

MICHEL (Fernand). — *Voir* : Mir (Antony).

MICHEL (Joseph-Etienne). — Histoire de l'armée départementale des Bouches-du-Rhône, de l'entrée des Escadres des Puissances coalisées dans Toulon, et de leur sortie de cette place ; précédé d'une introduction sur l'origine des troubles du Midi, sur leur durée, et les moyens de les faire cesser. Par Joseph-Etienne Michel, commissaire civil de l'armée départementale. — *Paris, Du Pont*, an V-1797, in-8°, 182 p.

[Détails sur l'occupation d'Avignon par les Marseillais.]

Fonds Chambaud et Requien.

3 ex. [8°, **28.423**. — Ms. **2.543**, n° 31, et **2.994**, n° 11.

MICHEL (Robert). — *Voir* : Congrès archéologique de France. LXXVIᵉ session tenue à Avignon en 1909... *Paris-Caen*, 1910, in-8°.

[8°, **37.750**.

MICHEL (Sextius). — Sextius-Michel. Long dóu Rose e de la mar. Pouèsio prouvençalo em'uno charradeto de Frederi Mistral. — Le long du Rhône et de la mer. Poésies provençales précédées d'une causerie de Frédéric Mistral. — *Paris, Flammarion, Avignon, Vᵛᵉ Roumanille*, 1892, in-12, xv-187 p.

[8°, **27.520**.

Autre ex. (Legs Geoffroy-Perret).

[8°, **33.995**.

Autre ex. (Legs Arnaud de Fabre).

[8°, **36.048**.

— Sextius Michel. La petite patrie, notes et documents pour servir à l'histoire du mouvement félibréen à Paris. [1ʳᵉ série]. Avec un à-propos de M. Maurice Faure... — *Paris, Flammarion, Avignon, Vᵛᵉ Roumanille*, 1894, in-12, xvii-283 p.

Legs Arnaud de Fabre.

[8°, **36.024**.

— ...Deuxième série (1894-1902)... — *Paris, E. Flammarion, Avignon, Vᵛᵉ Roumanille*, 1903, in-12, 319 p.

Legs Arnaud de Fabre.

[8°, **36.446**.

MICHEL-BÉCHET (Dʳ L.). — Les Epidémies de peste à Avignon. Etude historique et médicale par le docteur L. Michel-Béchet... — *Avignon, F. Seguin*, 1902, in-8°, pièce (14 p.).

(Mémoire lu à l'Académie de Vaucluse. Séance du 5 juin 1902.)
Don de M. Seguin.
[8°, **33.402**.

MICHEL DE BEAULIEU (Abbé Esprit-Denis-Joseph). — *Voir:* Beaulieu (Abbé D.-Michel de).

MICOULIN (P.). — Rapport fait à l'Assemblée électorale [des Bouches-du-Rhône], le 26 novembre 1792,... par P. Micoulin, au nom du Comité nommé pour examiner l'affaire d'Aiguieres. — [*Marseille, impr. Rochebrun et Mazet*], s. d., in-4°, pièce (29 p.).

[Parmi les commissaires : Martin, d'Orange, Fouque, maire d'Apt, Chabrand, curé de Ménerbes, Minvielle ainé, d'Avignon].
[Ms. **2.980**, n° 115.

MIELLY (Marc). — Marc Mielly. Un village de Provence. Noves. — *Avignon, F. Seguin*, 1912, in-12, pièce (26 p.).

[Noves, ancienne possession des évêques et archevêques d'Avignon].
Don de M. F. Seguin.
[8°, **37.679**.

MIGLIORE (Gioanni). — Sonetto pel quinto centenario del vate Francesco Petrarca celebrato internazionalmente li 18 e 19 luglio 1874 in Valchiusa presso Avignone... [*Signé :* Gioanni Migliore.] — *Cuneo, Riba padre*, 1874, in-4°, pièce (11 ff. n. ch.).

[4°, **6.565**.

MIGNARD (Nicolas). — Testament de Nicolas Mignard (25 octobre 1660). Document communiqué par M. l'abbé Requin.

— Extrait de la *Revue de l'Art français*, 1892, p. 263-265.
[8°, **31.673**.

MILHAUD. — *Voir :* Ravel (Aaron), Vidal (Aaron) et Milhaud. Observations pour les Juifs d'Avignon... [*Paris*, 1794], in-8°.
[Ms. **2.994**, n° 40.

MILHAUD (Michael). — Rituel des prières en hébreu à l'usage des Israélites de l'ancien Comtat... publié par Michaël Milhaud. — *Aix, chez l'auteur*, 1855, 2 vol. in-8°.

Don de MM. Edouard Aude et le D' Victorin Laval.
[8°, **37.148**.

MILLET (Gonzague). — Réponse à l'exposé financier de M. de Gasparin. [Par Gonzague Millet]. — *Avignon, impr. Seguin frères*, [1878], in-8°, pièce (25 p.)
[8°, **29.209**.

— Un dernier mot à M. Paul de Gasparin à propos de son exposé financier. [Par Gonzague Millet]. — *Avignon, impr. Seguin frères*, [1878], in-8°, pièce (19 p.).
[8°, **29.208**.

MILLET (Martial). — Notice sur les imprimeurs d'Orange et les livres sortis de leurs presses avec un appendice sur les écrits relatifs à l'histoire de cette ville, par Martial Millet,... — *Valence, impr. Chenevier*, 1877, in-8°, 77 p.
Don de l'auteur.
[8°, **16.501**.

— Notice sur l'Université d'Orange, par le D' Martial Millet. — *Avignon, impr. Seguin*, 1878, in-8°, pièce (44 p.).
Don de l'auteur.
[8°, **16.940**.

MILLET (V.). — Notice historique sur le château de Lers, par M. V. Millet. — *Avignon, typ. Bonnet fils*, 1864, in-12, pièce (36 p.).
Don de l'auteur.
2 ex. [8°, **26.330** et **28.803**.

MILLIN (Aubin-Louis). — Dissertation sur un disque d'argent du Cabinet des antiques, connu sous le nom de Bouclier de Scipion, par A.-L. Millin,... — *S. l. n. d.*, in-8°, pièce (36 p.), 2 pl.
[Disque trouvé dans le Rhône, près d'Avignon, en 1656].
[8°, **13.957**, n° 3.

— Essai sur la langue et la littérature provençale, par A.-L. Millin... — *Paris, impr. J.-B. Sajou*, [1808], in-8°, 51 p.
[8°, **24.975**.

— Voyage dans les départemens du Midi de la France, par Aubin-Louis Millin... — *Paris, impr. Nationale*, 1807-1811, 5 vol. in-8°, fig.
[Tome II. St-Bénezet. Orange. Avignon. La Durance. — Tome IV. Malaucène. Villeneuve-lez-Avignon.]
[8°, **25.737**.
— Atlas, in-fol.
[Fol. **4.322**.

MILLO (Eugène). — Disparition d'un dossier. Étude de mœurs électorales. [Élections municipales d'Avignon, 1892-1894. Par Eugène Millo].— *Avignon, impr. Eug. Millo*, 1898, in-8°, pièce (34 p.).
[8°, **30.892**.

MILLS (Edmund-James). — The secret of Petrarch by Edmund James Mills. — *Londres, T. Fisher Unwin*, 1904, in-8°, XII-219 p., pl.
Don de M. Gustave Ode.
[8°, **35.579**.

MINERVE (La) française, .. XLVII° livraison. Tome IV. [L'Ermite en province. Avignon. Mort du maréchal Brune]. — *Paris, Bureau de la Minerve française et A. Eymery*, 1818, in-8°, p. 357-366, 558-564.
[Ms. **3.015**, n° 52.

MINGAUD (Galien), conservateur du Muséum d'histoire naturelle de Nîmes. — La protection du castor du Rhône, par Galien Mingaud... — *Nîmes, impr. Vve Laporte*, 1896, in-8°, pièce (4 p.).
(Extrait du *Bulletin de la Société d'Etude des Sciences naturelles de Nîmes*, 1896.)
Don de l'auteur.
[8°, **29.918**.

— Autre édition. — *Nîmes, impr. « La Laborieuse »*, 1910, in-8°, pièce (2 p.), pl.
(Extr. du *Bulletin de la Société d'Etudes des Sciences naturelles de Nîmes*, 1909.)
Don de l'auteur.
[8°, **36.908**.

MINVIELLE (Joseph). — [Circulaire de Joseph Minvielle, receveur provisoire du district de Vaucluse, adressée aux municipalités pour les inviter à porter leur numéraire et leurs effets d'or et d'argent dans les caisses publiques en échange d'assignats, afin de satisfaire à la demande d'un million en numéraire formulée par le général Anselme pour une expédition importante. Avignon, 8 octobre 1792.] — *S. l. n. d.*, in-4°, placard.
[Signature autographe; adresse ms. à la municipalité du Baucet].
Fonds Chambaud.
[Ms. **2.524**, n° 86.

— Compte final que rend Joseph Minvielle, de la gestion qu'il a eue de la caisse du district de Vaucluse, jusqu'au jour de sa démission de sa place de receveur de ce District ; auquel compte est joint l'extrait du procès-verbal de remission faite au citoyen Rolland, son successeur, de tous les livres et pièces comptables dudit Minvielle, relatifs à son trésoriat, et ce en conformité de la loi du 16 juillet 1793. — *Avignon, impr. S. Tournal,* an II, in-fol. 116 p.

[Ms. **2.957**, n° 7.

— Compte rendu par Joseph Minvielle, receveur du district de Vaucluse, département des Bouches-du-Rhône, 19 décembre 1792... — *Avignon, impr. S. Tournal,* 1793, in-fol., 60 p., 1 tabl. et 1 ff. n. ch.

[Ms. **2.957**, n° 6.

— Démission du citoyen Joseph Minvielle de la place de receveur du district de Vaucluse ; avec un état sommaire de la situation de la caisse du district de Vaucluse, au moment de la démission dudit Minvielle... Extrait des délibérations de l'Administration du district de Vaucluse, en permanence. [14 juin 1793]. — *Avignon, S. Tournal,* 1793, in-fol., placard.

[Atl. **314**, n° 171.

— *Voir* : DUPRAT (Jean), dit Duprat le jeune, et MINVIELLE (Joseph). Lettres de Jean Duprat... à Jean-Etienne-Benoît Duprat,.. et de Minvielle aîné, à Duprat aîné. S. l., 1793, in-8°.

[8°, **32.392**.

— *Voir* : DUPRAT (Jean), dit Duprat le jeune, et MINVIELLE (Joseph). Lettres... à la Société des Amis de la République d'Avignon... S. l. n. d., in-fol.

[Atl. **314**, n° 153.

MINVIELLE frères. TOURNAL (SABIN) et autres. — Lettres des Srs Minvielle frères, Sabin Tournal, et autres ci-devant détenus dans les prisons d'Avignon au Ministre de la justice, au sujet des calomnies articulées contr'eux à l'Assemblée Nationale. [Mai 1792]. — S. l. n. d. [1792], in-8°, pièce (16 p.).

Fonds Chambaud et Requien.

3 ex. 8°, **33.456**. — Ms. **2.542**, n° 4, et **2.992**, n° 32.

MIOTTI (ALFONSO). — XVIII luglio MDCCCLXXIV. A Francesco Petrarca nel V centenario dopo la sua morte. Sonetto. [*Signé* : Alfonso Miotti]. — [*Modena, V. Moneti*], s. d. [1874], in-fol., placard.

[8°, **34.607**.

MIRABEAU (H.-G. Riquetti, Comte DE). — Réponse aux protestations faites au nom des prélats et des possédans-fiefs de l'assemblée des Etats actuels de Provence, contre le discours du comte de Mirabeau sur la représentation de la nation provençale dans les Etats actuels, et sur la nécessité de convoquer une assemblée générale des trois ordres. Et contre-protestation par le comte de Mirabeau. — S. l., 1789, in-8°, 80 p.

[8°, **33.355**.

— *Voir* : COURTET (Victor). Notice sur Pétrarque... Paris, 1835, in-8°.

[8°, **28.362**.

MIRECOURT (EUGÈNE DE). — Horace Vernet, par Eugène de

Mirecourt. — *Paris, J.-P. Roret et Cie*, 1855, in-16, 95 p., port. et fac. sim.

(Les Contemporains.)

[8°, **29.507**.

— Nogent Saint-Laurens, par Eugène de Mirecourt. — *Paris, chez l'auteur*, 1858, in-16, 90 p., port. et fac-sim.

(Les Contemporains.)

[8°, **29.385**.

MIROT (Léon). — La politique pontificale et le retour du Saint-Siège à Rome en 1376, par Léon Mirot. — *Paris, E. Bouillon*, 1899, in-8°, xi-200 p.

[4°, **5.010**.

MISSÆ festôrum solemnium, in quibus omnia suo loco, et ordine ita disposita et collocâta sunt : ut nihil aliunde requirendum sit ; sed ea sacerdos uno tenôre, attente, devote, ac religiose legere, et animadversis notis accentuum, quæ singulis verbis adhibitæ sunt recte pronunciâre possit. Ad illustrissimum Georgium Armagnacum S. R. E. presbyterum cardinâlem, illustrissimi cardinâlis Caroli Borbonii in legatiône Avenion. collêgam. — *Avenione, apud Petrum Ruffum*, 1570, in-fol., iv ff. n. ch. - 245 ff., lettres ornées et historiées, grav. sur bois, texte rouge et noir à col.

[Publié par Guillaume Le Blanc, chancelier de l'Eglise et de l'Université de Toulouse, plus tard évêque de Toulon et vice-légat à Avignon, qui l'a dédié au cardinal d'Armagnac].

Chapitre N.-D. des Doms d'Avignon.

[Fol. **310**.

MISSÆ propriæ diœcesis Avenionensis a S. R. Congregatione approbatæ... — *Avignon, Aubanel frères*, 1856, in-fol., pièce (36 p.).

[Fol. **4.248**.

— Autre édition.— *Ibidem*, 1846, in-4°, pièce (40 p.).

[4°, **3.563**.

MISSION (De la) d'Avignon en 1819 et des Missionnaires. — *Avignon, impr. Hypolite Offray*, s. d., in-8°, pièce (26 p.).

Fonds Chambaud et Requien.

2 ex. [8°, **25.815**, n° 5.—
Ms. **3.018**, n° 44.

MISTARLET (Abbé Mathieu). — Essai généalogique sur la Noblesse du Comté Venaissin et de la ville d'Avignon dédié aux Etats de cette province. [*Dédicace signée :* Mistarlet P^{tre}]. — *Carpentras, Dominique-Gaspard Quenin*, 1782, in-4°, viii-288 p.

Tome Ier (seul paru).

[4°, **8.558**.

— ... Prospectus [de l'ouvrage précédent]. — *S. l. n. d.*, in-8°, pièce (3 p.).

[8°, **27.333**, fol. 1.

— Armorial général de la noblesse du Comtat et d'Avignon. [Par Mistarlet]. — *S. l. n. d.*, in-fol. obl., 2 placards.

[Tabl. I et II (seuls parus) : Achard-Bernus. — Frontispice signé : J,-B. Guibert delin. et sculp. Aven. 1782].

[Atl. **313**, n°^{s} 336 et 337.

— ...Prospectus [de l'ouvrage précédent].— *S. l. n. d.*, in-8°, pièce (3 p.).

(C'est la reproduction du prospectus de l'*Essai généalogique*.)

[8°, **27.233**, fol. 4.

MISTRAL (Frédéric). — Lou Cinquantenàri dóu Felibrige. Musico de Gilles Durand (1603).

[*Signé* : F. Mistral]. — [*Avignoun, F. Seguin*, 1904], in-8°, pièce (II ff. n. ch.).

Don de M. F. Seguin.

[8°, **34.623**.

— Nerto. Nouvelle provençale, par Frédéric Mistral, avec la traduction française en regard. — *Paris, Hachette et Cie*, 1884, in-8°, 383 p.

Legs Geoffroy-Perret.

[8°, **33.980**.

— Nerto, poema escrit en versos provensals per Frederich Mistral y traduhit al Català per Mossen Jacinto Verdaguer. — *Barcelone, Alvar Verdaguer*, s. d., in-12, 139 p.

[8°, **10.586**.

— Le poème du Rhône en XII chants, texte provençal et traduction française, par Frédéric Mistral. 4ᵉ édition. — *Paris, Lemerre*, 1897, in-12, 351 p.

Don de l'auteur.

[8°, **30.525**.

— Lou Tresor dóu felibrige ou dictionnaire provençal-français embrassant les divers dialectes de la langue d'oc moderne... par Frédéric Mistral. — *Aix-en-Provence, Vve Remondet Aubin ; Avignon, Roumanille ; Paris, H. Champion*, s. d., 2 vol. in-4°, 1196-1165 p.

Salle de lecture. [Fol. n° 1.

2ᵉ ex. (Don de l'auteur).

[Fol. **5.046**.

— *Préf.* MICHEL (Sextius). Long dóu Rose e de la mar... *Paris-Avignon*, 1892, in-12.

[8°, **27.520**.

— *Préf.* WELTER (Nicolas). Théodore Aubanel... *Marseille*, s. d., in-12.

[8°, **34.903**.

— *Voir :* SABOLY (Nicolas), MISTRAL (Frédéric) et LAMBERT (Abbé)... Li Nouvè... *Avignon*, 1865, in-12.

[8°, **25.206**.

MISTRAL (FRÉDÉRIC), MOUZIN (ALEXIS) et DEVOLUY (PÈIRE). — I nòvi Margarido Mouzin e Pèire Fabry, 3 de desèmbre 1907. [Frédéric Mistral, Alexis Mouzin et Pèire Devoluy]. — *Avignon, Béraud*, 1907, in-12, pièce (8 p.).

Don de M. Alexis Mouzin.

[8°, **37.529**.

MIZERIN (BARTHÉLEMY). — Exposé des faits concernant l'affaire entre MM. Révoil et Mizerin. [Par Mizerin]. — *S. l. n. d.* [1832], in-8°, pièce (26 p.).

Fonds Chambaud et Requien.

2 ex. [8°, **37.751**, n° 8. — Ms. **2.551**, n° 27.

MODÈNE (Comte DE). — *Voir :* RAIMOND DE MORMOIRON DE MODÈNE (François de).

MOIRENC (CAMILLE). — La combe de Lourmarin (Vaucluse). Etude de stratégie ancienne et de fortification, par C. Moirenc. — *Marseille, typ. Marius Olive*, 1875, in-8°, pièce (35 p.), cart.

2 ex. [8°, **13.940** et **28.349**.

— Essai historique sur le blason de la ville d'Apt, par Camille Moirenc.... — *Marseille, typ. Vve Marius Olive*, 1867, in-8°, pièce (18 p.), pl.

[8°, **26.788**.

— Projet impérial d'une carte topographique de la Gaule... Renseignements sur le département de Vaucluse fournis par Moirenc (Camille)... — *Apt, impr.*

J.-S. Jean, 1860, in-8°, pièce (50 p.), cart.
[8°, **15.383**.

— Promenades aux environs d'Apt. I. Le pont Julien. [Par Camille Moirenc]. — *Apt, typ. J.-S. Jean,* [1864], in-8°, pièce (21 p.).

2 ex. |8°, **14.017** et **28.352**.

— Promenades aux environs d'Apt. II. Tourrettes et Clermont, par C. Moirenc. — *Apt, typ. J.-S. Jean,* 1868, in-8°, pl.

2 ex. |8°, **14.017** et **28.353**.

MOLIN. — *Voir :* MOULIN.

MOLINES (JACQUES). — Discours relatif à la Conscription de 1807, prononcé le 1ᵉʳ janvier de cette année, dans le Temple des Protestans d'Orange, par Mʳ Jacqᵉˢ Molines, Pasteur et Président de l'Eglise consistoriale de Vaucluse, séante à Lourmarin. — [*Orange, impr. J. Bouchony,* 1807], in-8°, pièce (15 p.).

Fonds Chambaud et Requien.

2 ex. [**Ms. 2.547**, nᵒˢ 2, et **2.997**, n° 31.

MOLINIER (AUGUSTE). — *Edit.* ALFONSE DE POITIERS. Correspondance administrative... *Paris,* 1894-1900, 2 vol. in-4°.

[**Doc. in.** n° 32.

MOLLAT (G.). — Les papes d'Avignon (1305-1378), par G. Mollat. — *Paris, J. Gabalda et Cie,* 1912, in-12, xv-423 p.

(Bibliothèque de l'enseignement de l'histoire ecclésiastique).

[8°, **38.022**.

— *Edit.* JEAN XXII... Lettres communes... *Paris,* 1904-1911, in-4°.

[Fol. **5.295**.

— *Voir :* SAMARAN (Charles) et MOLLAT (G.). La fiscalité pontificale en France au XIVᵉ siècle... *Paris,* 1905, in-8°.

[8°, **35.370**.

MOLLIER (Abbé P.-H.). — La patrie de Saint Bénézet, berger, fondateur du pont d'Avignon au XIIᵉ siècle, instituteur des Frères Pontifes ou Faiseurs de Ponts, patron des Ingénieurs, patron d'Avignon et de Burzet, par l'abbé P.-H. Mollier,... — *Avignon, Seguin,* 1887, in-12, pièce (41 p.).

Anc. archevêché d'Avignon.

[8°, **37.430**.

MONARD DE VAUTRET (JEAN). — Avenio ad pedes summi pontificis Innocentii X feliciter sedentis, maximóque amarigmate Petri claves tenentis, a Joanni Monard de Vautret, J. U. Doct. Aven. — *Avignon, Jacques Bramereau,* [1650], in-12, pièce (11 ff. n. ch. - 22 p.).

Fonds Massilian-Moutte.

[8°, **36.919**, n° 5.

— Le Chemin du ciel ou maison de l'Aumosne generale d'Avignon... par le Sieur I. Monard de Vautret,... Avec une petite Apologie par un Pere de la Doctrine Chrestienne servant les Pauvres dans ladite Maison. — *Avignon, C. Berthier,* 1641, in-4°, 68 p.

Fonds Massilian-Moutte et Requien.

4 ex. [**Ms. 2.450**, n° 18, **2.452**, n° 20, **2.924**, n° 16, et **2.954**, n° 4.

— Joannis Monard de Vautret juris utriusque Doctoris Orationes. De inclita civitate Avenionensi. — *Avignon, I. Piot,* 1636, in-12, VII ff. n. ch. - 55 p.

Dédié à Mazarin, vice-légat, et au cardinal Antoine Barberini, légat d'Avignon. — En face de la p. 1, pl. donnant le portrait et les armoiries du cardinal Barberini.

5 ex. [8°, **26.588**, n° 1, **28.066**, n° 5, **28.861**, n° 1, **31.868**, et **31.861**, n° 2.

— Relation veritable du foudre qui tomba dans l'église de Saint Martin d'Avignon, le 29 aoust 1650... par le sieur Jean Monard de Vautret,.... — *Avignon, J. Bramereau*, 1650, in-12, pièce (11 ff. n. ch. - 23 p.).

3 ex. [8°, **26.588**, n° 2, **28.066**, n° 6, et **33.359**.

MONBRION (Jacques) et BOUSQUET (J.-François). — Rapport fait à la Société des Amis de la Constitution, défenseurs des Droits de l'Homme, de Marseille, par leurs Commissaires Jacques Monbrion et J.-François Bousquet [au sujet des affaires du district d'Apt]. — *S. l. n. d.* [1792], in-8°, pièce (32 p.).

[**Ms. 2.992**, n° 18.

MONCLAR (Jean-Pierre-François de Ripert, marquis de). — *Voir :* Ripert-Monclar (Jean-Pierre-François de).

MONÉRY. — [9] Mars 1790. Assemblée des Paroissiens [d'Avignon. Proposition relative à la tenue de cette assemblée. *Signé :* Monéry, chevalier de l'Ordre de St. Louis]. — *S. l. n. d.*, in-4°, pièce 3 p.).

Fonds Chambaud et Requien.

2 ex. [**Ms. 2.522**, n° 16, et **2.958**, n° 21.

MONGE (Gustave). — C'est à la 606 Quat'Deux, revue en 3 actes et 5 tableaux de G. Monge. — [*Avignon, impr. du Quotidien*], s. d. [1911], in-8°, pièce (23 p.), port. et fig.

Don de l'auteur. [4°, **8.279**.

— C'est tapissé de rire, revue satirique d'actualités locales et générales en 3 actes et 8 tableaux de M. G. Monge,... représentée pour la première fois le 16 septembre 1910 à l'Alcazar d'été [d'Avignon]. — [*Avignon, impr. Martin frères*, 1910], in-8°, pièce (20 p.), port. et fig.

Don de l'auteur. [8°, **37.530**.

MONGE (O.). — O. Monge. La capitulation de Lapalud. Campagne du Duc d'Angoulême dans Vaucluse. (Mars - avril 1815). — *Avignon, Seguin frères*, 1894, in-8°, pièce (55 p.).

(Extrait de l'*Annuaire administratif, historique et statistique de Vaucluse*, 1894.)

[8°, **28.984**.

MONIER (Dr L.). — Rapport sur l'épidémie de choléra de 1884 dans la commune d'Avignon... par M. le Docteur L. Monier. — *Avignon, Aubanel*, 1885, in-8°, pièce (26 p.).

(Société de médecine du département de Vaucluse.)

Legs Arnaud de Fabre. [8°, **36.836**.

MONIER-VINARD (Eugène), avocat, conseiller général. — Les Écoles chrétiennes. Discours prononcé à la distribution solennelle des prix de l'École chrétienne des Frères d'Orange par M. Eugène Monier-Vinard,... le 3 août 1893. — *Avignon, Seguin frères*, 1893, in-12, pièce (11 p.). [8°, **28.024**.

MONNIER (Abbé), professeur de rhétorique au Petit Séminaire d'Avignon. — A Notre-Dame

MONNIER (Abbé). — des Doms, cantique pour l'inauguration de la statue de Marie Immaculée sur la tour de la Métropole le 23 octobre 1859. [Paroles de M' l'abbé *** [Monnier]. Musique de M' G. F. Imbert]. — *Avignon, lith. A. Chauvin*, [1859], in-fol., pièce (3 p.), musique.

[4°, **4.503**, n° 3.

MONNIER. — Les Débordemens du Rhône et de la Saône, élégie... par M. Monnier (du Jura), ... — [*Lyon*], Vve Corne, 1840, in-12, pièce (12 p.).

[8°, **32.852**.

MONNIER. — Elégie sur la mort de M. Emile Chabran ; dédiée à son père, M. le lieutenant-général comte Chabran, par M. Monnier, bachelier ès-lettres,... correspondant de l'Académie de Vaucluse. — [*Avignon, L. Aubanel*, 1820], pet. in-8°, pièce (8 p.).

[8°, **25.074**, n° 20.

— Ode à Pétrarque, suivie de l'épitaphe de Laure... par Monsieur Monnier,... — *Béziers, H. Bousquet ; Castelnaudary, Labadie ; Montpellier, Sevalle*, 1819, in-8°, pièce (14 p.).

[8°, **34.719**.

MONNIER (Charles). — Quelques autographes extraits de la collection Requien. Comm. de M. Charles Monnier. — *Revue rétrospective*, n° du 1er février 1892, p. 88-141.

[8°, **27.487**.

MONNIER DE PRILLY (Marie-Joseph-François-Victor). — Voir : Prilly (Marie-Joseph-François-Victor Monnier de).

MONNIER DES TAILLADES. — Le Début des Comédiens à Carpentras. Petite pièce en un acte en prose, donnée au public par le moucheur de chandelles de la Comédie d'Avignon. [Par Monnier des Taillades ?]. — *Lyon, s. n.*, 1755, in-4°, pièce (16 p.).

2 ex. [8°, **17.120**, n° 3, et **25.537**, n° 6.

— L'École des faux-nobles, comédie en un acte, par M' M*** [Monnier des Taillades], représentée à Avignon pour la première fois, le 16 août 1755. — *Au Monomotapa, J. Chikinkars*, 1755, in-12, pièce (40 p.).

[Note manuscrite : « Par M' Monnier, cy-devant peintre, actuellement baron des Taillades »].

[8°, **25.537**, n° 3.

— Les Opera bouffons. Allegorie. M.DCC.LXIX. [Par Monnier des Taillades.] — *S. l. n. d.*, in-16, pièce (13 p.).

[Théâtre avignonais.]

[8°, **25.537**, n° 4.

— Procès de la merde, jugé à Avignon le 15 mars 1744. [Par Monnier des Taillades]. — *S. l. n. d.*, in-16, pièce (4 p.).

[8°, **25.537**, n° 5.

MONOD (Le P. Pierre). — Amedeus pacificus seu de Amedeo IV et Amedæi Sabaudiæ ducis in sua obedientia Felicis papæ V nuncupati, controversiis commentarius... [Par le P. Pierre Monod, S. J.]. — *Taurini, J. D. Tarini*, 1624, in-4°, feuillets liminaires - 206 p.

Chartreux de Bonpas.

[4°, **3.007**.

MONSELET (Charles). — La fête de Pétrarque à Vaucluse ; causerie littéraire. [Par Charles Monselet]. — [*Forcalquier*,

impr. Masson], s. d., in-8°, pièce (4 p.).
(Extrait de l'*Événement.)*
[8°, **31.625**.

MONSSERVIN (Abbé ANTOINE-RAYMOND). — Oraisons funèbres des souverains pontifes Clément XIII et Clément XIV [prononcées dans l'Eglise cathédrale de Carpentras], par M⁼ l'abbé Raymond Monsservin. — *Carpentras, J.-J. Penne*, 1774, pet. in-4°, 76 p.
[8°, **24.379**.

MONTAGNAT (Louis). — Observations sur le projet d'un chemin de fer de Marseille à Lyon lues à la Chambre de commerce d'Avignon, dans la séance du 6 mars 1833, par M. Montagnat, un de ses membres. — [*Avignon, impr. Seguin*], s. d., in-4°, pièce (12 p.).
Fonds Chambaud et Requien.
2 ex. [**Ms. 2.535**, n° 114, et **2.973**, n° 58.

— Opinion sur les projets de divers travaux d'utilité publique, à exécuter par la ville d'Avignon, au moyen d'un emprunt, prononcée au Conseil municipal, dans sa séance du 5 mars 1836, par M. L. Montagnat…— [*Avignon, impr. Seguin*], s. d., in-4°, pièce (24 p.).
3 ex. [4°, **5.067** et **6.187**. — **Ms. 2.974**, fol. 435.

— Rapport sur la situation financière des hospices d'Avignon, lu au Conseil municipal, dans sa séance du 15 septembre 1838, par M. Montagnat, rapporteur. — [*Avignon, impr. Chaillot*], s. d., in-4°, pièce (11 p. et 11 ff. n. ch.).
3 ex. [4°, **4.414** et **5.058**. — **Ms. 2.975**, n° 109.

— Réfutation de la réponse de l'Administration des Hospices d'Avignon, au rapport de la Commission du Conseil municipal, du 15 septembre 1838, par M. L. Montagnat,…— *Avignon, impr. Seguin aîné*,[1838], in-4°, pièce (44 p.).
4 ex. [4°, **4.414**, **5.021** et **5.057**. — **Ms. 2.976**, n° 48.

— Réplique de M. Louis Montagnat, conseiller municipal et membre du conseil d'arrondissement d'Avignon, aux observations de M. le Maire d'Avignon, lues dans la séance du conseil municipal du 23 octobre 1844. — *Avignon, T. Fischer aîné*, 1844, in-8°, pièce (14 p.).
3 ex. [8°, **33.293**. — **Ms. 2.979**, n° 22, et **3.010**, n° 36.

— Réponse à l'article du *National* du 22 novembre, sur le Mémoire pour les religieuses de St-Joseph. Par M. Louis Montagnat,…— [*Avignon, T. Fischer aîné*], s. d. [1844], in-8°, pièce (4 p.).
Fonds Chambaud et Requien.
4 ex. [8°, **33.314** et **37.751**, n° 49. — **Ms. 2.979**, n° 24, et **3.010**, n° 37.

— [Réponse de L. Montagnat au journal le *Progrès* qui l'avait attaqué, ainsi que ses collègues du conseil d'arrondissement d'Avignon. 2 décembre 1833]. — *S. l. n. d.*, in-4°, pièce (11 ff. n. ch.)
Fonds Chambaud et Requien.
2 ex. [**Ms. 2.535**, n° 119, et **2.973**, n° 82.

— Réponse de M. Louis Montagnat, conseiller municipal et membre du conseil d'arrondissement d'Avignon, au rapport de M. le Maire d'Avignon, lu dans la séance du 18 septembre 1844. — *Avignon, impr. T. Fischer ainé*, 1844, in-8°, pièce (20 p.).

6 ex [8°, **33.292** et **37.751**, n° 56. — Ms. **2.979**, nᵒˢ 10-11, et **3.010**, nᵒˢ 31-32.

— *Voir :* Mémoire pour les religieuses hospitalières de St-Joseph d'Avignon. *Avignon*, 1844, in-4°.

[4°, **4.436**.

MONTCLAR (De). — A Son Excellence Monseigneur Durini, archevêque d'Ancyre, pro-légat et gouverneur d'Avignon et du Comtat Venaissin. Ode. [*Signé :* M*** [De Montclar], chevalier de l'ordre royal et militaire de St Louis]. — *S. l. n. d.*, in-4°, pièce (11 ff. n. ch.).

[Sur la fête donnée à Avignon par Durini en l'honneur de Pie VI.]
Fonds Massilian-Moutte et Requien.

2 ex. [4°, **3.632**, n° 26. — Ms. **2.439**, n° 59.

MONTESQUIOU (Anatole de). — *Trad.* Pétrarque (François). Pétrarque... *Paris*, 1843, 3 vol. in-8°.

[8°, **10.552**.

MONTEUX (Moyse). — Discours prononcé à la Synagogue de Carpentras par M' Moyse Monteux, au nom de MM. les Commissaires Israëlites de cette ville, le 23 décembre 1809, jour de l'installation du Chantre de la Synagogue. — [*Carpentras, impr. J.-A. Proyet*], s. d., in-8°, pièce (15 p.).
Fonds Chambaud.

[Ms. **2.547**, n° 8.

MONTFAUCON (L. - Eugène.-Gabriel de Pertuis, baron de). — Discours d'installation prononcé le 25 février 1826, par M' le baron de Montfaucon,... nommé par Sa Majesté, maire de la bonne ville d'Avignon. — [*Avignon, impr. Bonnet*], s. d., in-4°, pièce (4 p.).
Fonds Chambaud et Requien.

2 ex. [Ms. **2.535**, n° 64, et **2.971**, n° 20.

— Notes d'un avignonais adressées à MM. les membres du Conseil municipal. [Sur les projets de travaux d'utilité publique de la ville d'Avignon, en 1835. *Signé :* Le Baron de Montfaucon]. — [*Avignon, Seguin ainé*], s. d., in-4°, pièce (8 p.).

2 ex. [4°, **5.065**. — Ms. **2.974**, n° 114.

MONTFORT (Abbé de). — Discours prononcé par M. l'abbé de Montfort, ancien vic. gén. de Senez, et chanoine du chapitre royal de St-Quentin, dans l'Eglise de la ville du Buis, sa patrie, et à Sarrians [à l'occasion de la naissance du duc de Bordeaux]. — [*Avignon, L. Aubanel*], s. d., in-12, pièce (23 p.).

2 ex. [8°, **10.460** et **24.561**.

MONTFORT (Le P. de). — Instruction pour bien profiter de l'indulgence plénière, que nous accorde notre Saint Père le Pape Clément XI, à l'occasion de la peste, et à la demande de Monseigneur nôtre archevêque d'Avignon. 1720. le 20 octobre. Par le Père de Montfort,... — *Avignon, frères Delorme*, 1720, in-12, pièce (38 p.).
Fonds Massilian-Moutte.

[8°, **28.073**, n° 3.

MONTRICHER (De). — *Voir :* Lançon et Montricher (de).

Chemin de fer de Marseille au Rhône... [Paris], 1842, in-8°.
[8°, **24.862**, n° 14.

MONTRICHER (Henri de). — Voir : Congrès des Sociétés savantes de Provence... 1906... Aix, 1907, in-8°.
[4°, **7.488**.

MONTRICHER (Henri de) et VALABRÈGUE (André). — Henri de Montricher et André Valabrègue, ingénieurs civils. L'assainissement d'Avignon ; étude d'hygiène urbaine. — Avignon, impr. E. Millo et Cie, 1897, in-4°, pièce (40 p.), tabl.
[4°, **5.109**.

MONT-ROND (E. de), ingénieur ordinaire des Ponts et chaussées. — Du Rhône et de ses affluents des Alpes, par E. de Mont-Rond,... — Paris, Carillan-Gœury et Vve Dalmont ; Grenoble, Ch^{les} Vellot et Comp^e, 1847, in-8°, 252 p.
[8°, **24.869**.

MONT-ROND (Maxime Fourcheux de). — Histoire du brave Crillon, par Maxime de Mont-Rond. — Lille, L. Lefort, 1845, in-12, 261 p., pl.
(Lettre de l'auteur à M. Paul Achard et notes manuscrites.)
Don de l'auteur.
[8°, **17.229**.

— Souvenirs d'un voyage dans le Bas-Languedoc, le Comtat et la Provence (automne 1834), par Maxime *** [Fourcheux de Montrond]. — Paris, Gaume, Debécourt et de Lossy, 1835, in-12, ix-286 p.
[8°, **25.742**.

MONTVERT (P.-E. Sambuc de). — Opinion de M. de Montvert, maréchal de camp, sur la situation des Habitans d'Avignon et du Comtat, relativement à leurs propres intérêts et à ceux de la France. — [Paris, impr. J.-B. Hérault,1791], in-8°, pièce (4 p.)
[Ms. **3.016**, n° 17.

MONTY (Abbé de). — La vie du vénérable serviteur de Dieu, messire Paul d'Andrée, chanoine de l'Eglise Cathédrale de Carpentras, et Fondateur du Monastère de la Visitation de la même Ville. Par M. l'Abbé de Monty,... — Avignon, impr. J. Guichard, 1783, in-12, 308 p.
2 ex. [8°, **16.965** et **28.490**.

MONUMENT (Le) de Paul Saïn à Avignon, 1910. — Paris, impr. de l'Ecole municipale Estienne, 1910, in-8°, 40 p., port. et pl.
Don de M. J. Belleudy, préfet de Vaucluse.
[8°, **35.929**.

MONUMENT (Le) de Paul Saïn à Saint-Cénery. — Paris, impr. de l'Ecole municipale Estienne, [1908], in-8°, pièce (23 p.), port. et fig.
Don de M. J. Belleudy, préfet de Vaucluse.
[8°, **36.755**.

MONVILLE (Abbé Mazière de). — La vie de Pierre Mignard, premier peintre du roy, par M. l'abbé de Monville,... — Amsterdam, aux dépens de la Compagnie, 1731, in-12, lxviii-195 p.
[8°, **27.017**.

MORAND. — Lettre de M. Morand, démonstrateur royal, et chirurgien juré de Paris, de l'Académie royale des sciences, ... a M. Gastaldy le fils, docteur agrégé et ancien professeur de la Faculté de medecine dans l'Université d'Avignon. [1er novembre 1744]. — S. l. n. d., in-4°, pièce (11 fl. n. ch.).

[« Au sujet du parallèle qu'on a voulu faire de M. Curade, aspirant à la maîtrise de chirurgie dans Avignon, et de M. Manne... chirurgien de Son Excellence Monseigneur le Vice-légat, de Monseigneur l'archevêque, major du grand Hôtel-Dieu et de l'hôpital des Incurables... »].

Fonds Massilian-Moutte et Requien.

2 ex. [**Ms. 2.450**, n° 10, et **2.944**, n° 51.

MORARD (L.-H.). — A Monseigneur Laurent de Fiesque, archevêque d'Avignon. Ode. [*Signé* : L.-H. Morard C. D. S. A.] — *Avignon, F.-S. Offray*, 1695, in-4°. pièce (11 p.).

[**Ms. 2.940**, n° 28.

MOREAU (Jacob-Nicolas), conseiller à la Cour des aides de Provence, historiographe de France. — Lettres historiques sur le Comtat Venaissin et sur la seigneurie d'Avignon. [Par Jacob-Nicolas Moreau]. — *Amsterdam, s. n.*, 1768, in-12, 182 p.

3 ex. [8°, **14.991**, **26.574** et **30.656**.

— Autre édition. — *Ibidem*, 1769, in-12, 128 p.

2 ex. [8°, **14.992**, n° 2, et **26.571**, n° 2.

MOREL, administrateur du département des Bouches-du-Rhône. — Aux citoyens administrateurs du département des Bouches-du-Rhône. [Pétition du citoyen Morel, administrateur du département, contre la société des Amis Républicains d'Avignon, février 1793]. — S. l. n. d., in-4°, pièce (10 p.).

[**Ms. 2.962**, n° 7.

MOREL. — *Voir* : Congrès archéologique de France. XLIX° session. Séances générales tenues à Avignon en 1882... *Paris-Tours*, 1883, in-8°.

[8°, **37.750**.

MOREL, conseiller municipal d'Avignon. — *Voir* : Mémoire pour les Religieuses hospitalières de St-Joseph d'Avignon. *Avignon*, 1844, in-4°.

[4°, **4.436**.

MOREL (Le P. Andoche). — Discours prononcé au premier jour des devoirs funèbres rendus à la venerable Mere de Chantal, par les religieuses de la Visitation de saincte Marie, dans leur église d'Auignon, les 13. 14. 15. de fevr. l'an 1642. [*Dédicace signée* : Andoche Morel,...]. — *Avignon, C. Berthier*, 1642, in-8°, 94 p.

Fonds Massilian-Moutte.

[**Ms. 2.458**, n° 4.

— Lettre d'vn ecclésiastique d'Avignon [le P. Andoche Morel] envoyée a Rome a vn de ses amis, sur le suiet des deuotions que Messieurs de la Grande Congregation ont faictes pour la centième année de l'establissement de l'Ordre des RR. PP. Iesuites. — *Avignon, I. Piot*, 1640, in-4°, pièce (III ff. n. ch. - 26 p.).

Fonds Massilian-Moutte et Requien.

2 ex. [**Ms. 2.445**, n° 4, et **2.994**, n° 25.

MOREL (H.). — *Voir* : Roussel (Ernest). Une ancienne Capitale. Orange,... *Paris-Orange*, [1900], in-12.

[8°, **33.273**.

MOREL (Hyacinthe). — Annettou, cansoun. [*Signé* : M... (Hyacinthe Morel)]. — S. l. n. d., in-8°, pièce (2 p.).

[8°, **25.297**, n° 5.

— Bouqué à Louis XVIII, lou jour de sa festou. [Par H. M. (Hyacinthe Morel)]. — [*Avignon, Pierre Chaillot*], s. d., pièce (3 p.).

2 ex. [8°, **25.297**, n° 4, et **25.299**, n° 2.

— Cansoun prouvençale per lei MM. Carle et Horace Vernet, arribas dins Avignon. [*Signé* : H. M. (Hyacinthe Morel)]. — [*Avignon, impr. Bonnet fils*, 1826], in-8°, pièce (3 p.).

4 ex. [8°, **25.297**, n° 6, et **26.804**, t. 2, n° 10. — Ms. **2.549**, n° 27, et **3.001**, n° 48.

— Lei counsoulatioun d'un royalistou, vers la fin d'abréou 1815. [*Signé* : H. M. (Hyacinthe Morel)]. — S. l. n. d., in-8°, pièce (4 p.).

2 ex. [8°, **25.297**, n° 3, et **25.299**, n° 4.

— Discours prononcé à l'ouverture de l'Ecole centrale du Département de Vaucluse, par Hyacinthe Morel, professeur de Belles-Lettres. — [*Avignon, impr. Ve Tournal*], s. d., in-8°, pièce (8 p.).

2 ex. [8°, **25.090**, n° 25. — Ms. **2.995**, n° 17.

— Epître à M' l'abbé Bonnevie, chanoine de Lyon, prédicateur du Carême dans l'Eglise de St-Pierre d'Avignon ; sur la nécessité des ornemens, même dans l'éloquence de la chaire. [Par H. Morel]. — [*Avignon, impr. Seguin*], s. d., in-8°, pièce (4 p.).

[8°, **25.090**, n° 16.

— Epître à M. le baron de Stassart,... préfet de Vaucluse, nommé à la préfecture des Bouches de la Meuse. [*Signé* : Hyacinthe Morel]. — S. l. n. d., in-8°, pièce (4 p.).

[8°, **25.090**, n° 12.

— Epître à M. le chevalier de Stassart, auditeur au Conseil d'Etat, préfet de Vaucluse, président de l'Athénée du même département ; sur l'obligation imposée à l'homme d'être utile à la société. [Par Hyacinthe Morel]. — S. l. n. d., in-8°, pièce (4 p.).

[8°, **25.090**, n° 11.

— Epître à mon ami Requien. [*Signé* : Hyacinthe Morel]. — [*Avignon*], s. n. [1829], in-8°, pièce (7 p.).

4 ex. [8°, **25.090**, n° 17, **25.299**, n° 7, **25.300**, n° 3, et **27.361**, n° 9.

— Lou Galoubé dé Jacintou Morel, ou Pouésious prouvençalous d'aquel outour, escrichous din lou dialectou avignounès,... Prospectus des Editeurs. — [*Avignon, impr. Bonnet fils*], s. d., in-18, pièce (4 p.).

[8°, **25.300**, n°ˢ 1 et 2.

— Lou Galoubé dé Jacintou Morel, ou pouésious prouvençalous d'aquel outour, réculidous per seis amis. — *Avignon, impr. Bonnet fils*, 1828, in-8°, xxxii-248 p., pl.

3 ex. [8°, **10.563**, n° 1, **25.297**, n° 1, et **25.299**, n° 1.

— Autre ex. sur papier vert auquel on a joint : « Stançous d'unou lébré à Madamou Requien lou 1ᵉʳ de l'an [1829] », par Hyacinthe Morel, ms., 1 p.

[8°, **25.300**, n° 5.

— Houmagé dei répétièrou d'Avignoun, à S. A. R. Madamou, Duchesso d'Angoulemou. [Par Hyacinthe Morel]. — S. l. n. d., in-8°, pièce (2 p.).

[A *la suite* : « Cansoun d'une poissardou,

à Mᵉ la duchessou de Berri à soun passagé à Avignoun » par Hyacinthe Morel, ms., 1 ff. n. ch.].

[8°, **25.299**, n° 5.

— Houmagé dei Répétierou de la Fustayé d'Avignoun, à Moussu, frère d'ou Rei, en yé présenten un bouqué. [Par Hyacinthe Morel]. — *Avignon, impr. Bonnet fils,* s. d.], in-8°, pièce (3 p.).

3 ex. [8°, **9.293**, n° 2, et **25.299**, n° 3. — **Ms. 2.998**, n° 11.

— Ode à l'occasion de la Cérémonie qui doit avoir lieu sur les bords de la Durance, le premier Vendémiaire de l'an 12, lorsque le citoyen Bourdon, préfet de Vaucluse, posera la première pierre du Pont ordonné par le premier Consul. [Par Hyacinthe Morel]. — [*Avignon, impr. de la Préfecture,* [an XII], in-8°, pièce (4 p.).

Fonds Chambaud et Requien.

2 ex. [**Ms. 2.546**, n° 45, et **2.997**, n° 23.

— Ode sur la réhabilitation de la commune de Bédoin, décrétée par la Convention Nationale, et exécutée par le Représentant du Peuple Jean Debry, le 15 floréal, an III. [Par Hyacinthe Morel]. — [*Avignon, impr. Vincent Raphel*], s. d., in-8°, pièce (4 p.).

Fonds Chambaud et Requien.

3 ex. [8°, **25.088**, n° 4. — **Ms. 2.544**, n° 54, et **2.994**, n° 52.

— Réponse à l'épître, en vers provençaux, de M. Astier de Saint-Remy, avocat au Parlement. [*Signé :* Morel, D.] — *S. l. n. d.,* in-8°, pièce (4 p.).

[8°, **25.262**, n° 2.

— Le Républicain du Midi, par Hyacinthe Morel. Prospectus. — [*Aix, impr. Balthazar et Prosper Mouret,* 1792], pet. in-8°, pièce (4 p.).

[8°, **25.090**, n° 24.

— Stanso irreguliero en langage avignounes, à Mˡˡᵉ *** su noste brouiamini. [Par Hyacinthe Morel]. — *S. l. n. d.,* in-18, pièce (paginé 45-46).

[8°, **25.297**, n° 2.

MOREL (Léon). — *Voir :* Annuaire [officiel] du département de Vaucluse... 1835... *Avignon,* 1835, in-12.

2 ex. [8°, **14.972** et **31.392**.

MOREL-GUINTRANDY (C.-J.-M.). — Vaucluse et le Comtat, Pétrarque et Laure, court poème, par C.-J.-M. Guintrandy. — *Avignon, Bonnet fils,* s. d. [1846], in-8°, pièce (48 p.).

2 ex. [8°, **25.130** et **34.710**.

MORELL (Julienne). — Intemeratæ ac sanctissimæ Deiparæ Virgini, divinæ proli suprema sustinenti supplicia doloribus acerbissimis compatienti, eorumque verè consortibus consolationis uberrimæ ac deliciarum exuberantium fonti perenni ; in sacello sacratissimis ejus mœroribus, Avenione dicato ; Soror Juliana Morell,... appendit. — *Avignone, J. Bramereau,* 1652, in-fol., placard.

Fonds Massilian-Moutte.

[**Ms. 2.444**, n° 30.

— Œuvres spirituelles de la vénérable Mère Julienne Morell, Dominicaine, revues avec soin et publiées par le R.P. Matthieu-Joseph Rousset,... — *Lyon et*

Paris, Delhomme et Briguet, 1894, in-12, 424 p.
(Bibliothèque ascétique dominicaine.)
[8°, **33.421.**

— Prose à l'honneur de S. Agricol, eveque et patron d'Avignon, composée par la vénérable Mere Julienne Morell,... — *S. l. n. d.* [xviiie s.], in-plano, placard.
Fonds Massilian-Moutte et Requien.
2 ex. [8°, **33.766.** — **Ms. 2.440**, n° 4.

— La regle de S. Augustin traduite en françois,... par la R. M. Julienne Morel, religieuse de S. Dominique du convent de Ste-Praxede de la ville d'Avignon. — *Avignon, L. Lemolt,* 1680, in-32, iv-249 p.
[8°, **27.153.**

MORÉNAS. — Notice des ouvrages imprimés et manuscrits de l'abbé Rive. [Par Morénas, son neveu].—[*Paris, impr. P. Gueffier,* 1817], in-8°, pièce (23 p.).
2 ex. [8°, **16.887** et **27.233**, fol. 78.

MORÉNAS (François), historiographe de la ville d'Avignon. — A la ville d'Avignon. [Prospectus d'une histoire de la ville d'Avignon, par François Morénas, qui devait comprendre 3 vol. in-4°]. — *S. l. n. d.*, in-4°, pièce (3 p.).
Fonds Massilian-Moutte et Requien.
2 ex. [**Ms. 2.430**, n° 25, et **2.930**, n° 2.

— Abrégé de l'histoire généalogique de la maison d'Acquaviva royale d'Aragon. [A l'occasion de la nomination du vice-légat Pascal Acquaviva. *Dédicace signée :* Morénas]. — *Avignon,*

P. Offray, 1744, in-8°, v ff. n. ch. - 56 p., front. gravé par Michel, « Aven., 1744 ».
Augustins réformés d'Avignon, « ex dono P. Pompei ».
[8°, **13.187.**

— Dissertation historique sur la fondation de la ville d'Avignon et sur ce qui s'y est passé de plus remarquable jusqu'à l'établissement du christianisme. [Par François Morénas]. — *S. l. n. d.*, in-4°, pièce (16 p.).
[Pages 1 à 16 de ce qui devait être le commencement de l'Histoire d'Avignon.]
Fonds Massilian-Moutte.
[**Ms. 2.430**, n° 28.

— Exécution du jugement rendu contre Jean-Dominique Langlade, se faisant nommer Dubourg, natif de Langheac en Auvergne, rompu vif dans Avignon le 13 avril 1768,... [*Suivi de :* Complainte sur la mort de Jean-Dominique Langlade... (Par Morénas)]. — *S. l. n. d.*, in-4°, pièce (6 p.).
Fonds Massilian-Moutte et Requien.
3 ex. [**Ms. 2.429**, n° 19, **2.932**, n° 10, et **2.955**, n° 8.

— Lettres historiques sur la réunion de la ville d'Avignon et du Comté Venaissin au domaine de la couronne et comté de Provence en 1663, 1688 et 1768. [Par François Morénas]. — *S. l.,* [*Avignon, impr. Jouve et Chaillot*], 1768-1769, 24 lettres en 1 vol. in-16 à pagination continue, 395 p.
Fonds Moutte, Chambaud et Requien.
4 ex. [8°, **14.992**, n° 1, **26.576**, **28.070** et **31.858.**

— Autre ex. incomplet (6 lettres seulement).
[8°, **30.656**, n° 2.

— Projet de souscription pour l'histoire de la ville d'Avignon, par Mr. Morénas,... A la ville d'Avignon...—*S. l. n. d.* [1751], in-4°, pièce (3 p.).

Fonds Massilian-Moutte et Requien.

2 ex. [**Ms. 2.430**, n° 27, et **2.930,** n° 3.

— Relation de ce qui s'est passé dans la ville d'Avignon à l'arrivée et pendant le séjour du serenissime Infant Don Philippe de Bourbon, gendre du Roy de France, au mois de février 1744 ... [Par François Morénas]. — *Avignon, François Girard*, 1745, in-fol., pièce (20 p.), pl. et fig.

2 ex. [**Fol. 3.441**, n° 2, et **3.443**.

— Relation de ce qui s'est passé dans la ville d'Avignon lors de l'inondation survenue le 30 novembre 1755, par le Sr Morenas, historiographe de la ville. — *Avignon, Louis Chambeau*, 1756, in-8°, pièce (28 p.).

Fonds Moutte, Chambaud et Requien.

4 ex. [4°, **4.175**, n° 36. — 8°, **27.270**. — Ms. **2.429**, n° 4, et **2.945**, n° 36.

— Relation de l'horrible meurtre de trois personnes égorgées dans Avignon, par Jean-Dominique Langlade, se faisant nommer Dubourg, n'ayant pas encore atteint sa 22me année. [Par François Morénas].— *Avignon, s. n.*, 1768, in-4°, pièce (12 p.).

Fonds Massilian-Moutte et Requien.

2 ex. [**Ms. 2.457**, n° 47, et **2.955**, n° 7.

— Autre ex. avec portrait gravé.

Fonds Massilian-Moutte et Requien.

2 ex. [**Ms. 2.429**, n° 18, et **2.932**, n° 9.

— Rélation des fêtes données par la ville d'Avignon pour l'exaltation de N. S. Pere le pape Clement XIII. les 27, 28 et 29 août 1758... par le Sr. Morenas, ... — *Avignon, J. Mouriès*, 1758, in-4°, pièce (11 ff. n. ch. - 20 p.).

Planche du « Feu d'artifice fait pour l'exaltation de N. S. P. le pape Clement XIII », signée : « Franque inue. », « Sibut sculp. ».

Fonds Moutte, Chambaud et Requien.

5 ex. [4°, **4.256**. — Fol. **4.287**. — Ms. **2.439**, n° 47, **2.930**, n° 57, et **2.951**, n° 13.

— Relation des rejouissances faites par la ville d'Avignon, pour célébrer la Naissance de Monseigneur le Duc de Bourgogne, Petit Fils de Louis XV, dit le Bien Aimé, Roi de France et de Navarre les 24, 25 et 26 octobre 1751,... par François Morenas,... — *Avignon, F.-J. Domergue*, 1751, in-4°, pièce (42 p.).

La seconde partie de cette relation commençant à la page 25 est intitulée : Relation particuliere des fêtes qui se sont données dans Avignon après celles de la ville, ausquelles Son Excellence Mgr le Vice-Légat et MM. les viguier, consuls et assesseur ont assisté.

Fonds Massilian-Moutte et Requien.

3 ex. [**Ms. 2.439**, n° 41, **2.448**, n° 56, et **2.945** n° 12.

— Autre ex. de la deuxième partie.

[**Ms. 2.439**, n° 43.

— Relation des rejouissances faites par la ville d'Avignon le dimanche 23 janvier 1757. pour le retablissement de la santé de Notre S. P. le pape Benoit XIV, ... par le Sr. François Morenas, ... — *Avignon, J.-F. Domergue*, 1757, in-4°, pièce (10 p.).

Fonds Massilian-Moutte et Requien.

2 ex. [**Ms. 2.439**, n° 46, et **2.945**, n° 39.

MORÉNAS (François-Ignace), ex-doctrinaire. — Ode sur l'inauguration du portrait de Louis XVI, donné par Sa Majesté à la ville d'Avignon. [*Dédicace signée :* François-Ignace Morenas.] — *Avignon, J. Garrigan,* 1783, in-8°, pièce (11 fl. n. ch. - 10 p.).

Fonds Massilian-Moutte et Requien.

> 3 ex. [8°, **26.589**, n° 8, et **29.819**. — Ms. **2.439**, n° 65.

— Stances à S. E. Mgr le duc de Crillon et de Mahon... [*Signé :* Morenas]. — *S. l. n. d.*, in-8°, pièce (8 p.).

> [8°, **14.215**, n° 4.

— Vers sur la prise de Mahon et du fort Saint-Philippe, par Mr le Duc de Crillon. [Par Morénas]. — *S. l. n. d.* [1782], in-4°, pièce (1 ff. n. ch.).

> [Ms. **2.956**, n° 9.

MORIÈS. — Theme celeste de l'eclypse arrivée aujourd'uy 12 may 1706, à 9 h. 34 m. du matin. [*Signé :* Mories. A Avignon, ce 12 may 1706]. — [*Avignon, J.-C. Chastanier*], s. d., in-4°, pièce (11 ff. n. ch.).

Fonds Massilian-Moutte et Requien.

> 2 ex. [Ms. **2.450**, n° 6, et **2.941**, n° 39.

MORIN (Louis). — Une fonderie typographique à Avignon au XVIIIe siècle. [Fonderie de Perrenot et fils. *Signé :* Louis Morin]. — *La Fonderie typographique*, n°s 10 et 11 (octobre et novembre 1899).

> [4°, **5.001**.

MOSSÉ (Benjamin). — Isᵉ Moricelly aîné de Carpentras,... grand industriel, grand philanthrope, offert en exemple aux élèves des écoles primaires des deux sexes par un Ami de la jeunesse. [Benjamin Mossé]. — *Avignon, Seguin frères*, 1888, in-16, 91 p.

(Galerie des enfants du département de Vaucluse.)

> [8°, **30.873**.

Autre ex. (Don du Dr Arnaud de Fabre).

> [8°, **34.964**.

MOT (Raymond de). — Nobilitas Universitatis Avenionensis, perorata a D. Raymundo de Mot Carpentoractensi in æde sacrâ RR. PP. Sandominicanorum 12 kal. febr. 1622... — *Avignon, J. Bramereau*, 1624, in-4°, pièce (11 ff. n. ch. - 8 p.).

Armoiries au titre du primicier Gabriel de Seguins, et au fol. II de l'auteur, gravées par Sarret.

Fonds Massilian-Moutte.

> [Ms. **2.451**, n° 9.

MOTCHEZ (Henri de). — Notice biographique sur M. d'Olivier, ancien Maire d'Avignon, ancien membre de l'Assemblée législative... [*Signé :* Henri de Motchez]. — *Paris, bureau du Musée biographique*, 1856, in-8°, pièce (7 p.).

(Extrait du *Musée biographique, panthéon universel*.)

> 2 ex. [8°, **16.852** et **26.962**.

MOTIFS et avantages de la construction du canal projetté, pour ce qui regarde la ville d'Avignon, celle de Carpentras, et de tout le pays du Comtat. [Sur le canal de Saint-Chamas à Donzère]. — *S. l. n. d.*, in-4°, pièce (23 p.).

Fonds Moutte et Requien.

> 3 ex. [4°, **4.175**, n° 27. — Ms. **2.927**, n° 40, et **2.941**, n° 102.

— Autre édition. — *S. l. n. d.*, in-4°, pièce (16 p. - 1 ff. n. ch.).
Fonds Moutte et Requien.
   4 ex. [**4°**, **4.175**, n° 27. — **Ms. 2.459**, n° 5, **2.927**, n° 40, et **2.941**, n° 104.

MOTTET (Esprit-Joseph-François), accusateur public près le tribunal criminel du département de la Drôme. — Acte d'accusation [contre les auteurs et complices des séditions survenues à Avignon en pluviôse an V, par Esprit-Joseph-François Mottet]. —*S. l. n. d.* [an VI], in-8°, 77 p.
   [**8°**, **27.230**, t. II, n° 21.

MOUCHOTTE (M.). — Epître dédiée à tous les membres de districts, pour la nomination de leurs députés. [Mars 1790. Par M. Mouchotte]. — *S. l. n. d.*, in-4°, pièce (3 p.).
   [**Ms. 2.980**, n° 9.

MOUGEOT (Jean-François). — [Circulaire sur la mort du R. P. Jacques Morens, profès au couvent des Dominicains d'Avignon. 2 février 1735. *Signé :* F. Jean François Mougeot, prieur des FF. Prêcheurs d'Avignon]. — *S. l. n. d.*, in-4°, pièce (11 ff. n. ch.)
Fonds Massilian-Moutte.
   [**Ms. 2.445**, n° 40.

MOULIN. — *Voir :* Chaussy (Dominique), Moulin et Peyre... A tous les sans-culottes ennemis de la prévention et de la tyrannie. [*Avignon*, 1793], in-32.
   [**Ms. 2.543**, n° 15.

MOULIN, CHAUSSY (Dominique) et PEYRE. — Adresse des citoyens Molin, Chaussi et Peyre d'Avignon, à tous les Républicains François... — *S. l. n. d.* [1793], in-4°, pièce (11 p.).
   [**Ms. 2.962**, n° 19.

MOULIN (A.-E.). — A.-E. Moulin. Vaucluse et Avignon. Pétrarque et Laure. Avignon sous les papes. — *Béziers, J. Sapte*, 1894, in-8°, 56 p.
(Société d'étude des sciences naturelles de Béziers, Compte-rendu de l'excursion des 13 et 14 mai 1894.)
Don de M. Frédéric Mistral.
   [**4°**, **6.247**.

MOULIN (Mathieu). — Citoyen Frère. [Circulaire du citoyen Mathieu Moulin, chargé de fournir de souliers les armées de la République, à tous les membres des Sociétés populaire du département de Vaucluse. 29 frimaire an II]. — *S. l. n. d.*, in-4°, placard.
   [**Ms. 2.964**, n° 32.

— Citoyens maire et officiers municipaux d'Avignon... [Circulaire du citoyen Mathieu Moulin, chargé de pourvoir d'objets de sellerie, bourellerie, cordonnerie, etc., l'armée révolutionnaire du Midi (Avignon, 17 frimaire an II), suivi de la délibération du Conseil général de la commune d'Avignon sur cet objet (même date)]. *Avignon*, *impr. Mouriès*, s. d., in-fol., placard.
   [**Atl. 315**, n° 173.

MOULINAS (D.), professeur d'histoire au Collège de Carpentras. — Catalogue de la collection musicale J.-B. Laurens, donnée à la ville de Carpentras pour la bibliothèque d'Inguimbert. [*Préface signée :* Moulinas]. — *Carpentras, J. Seguin*, 1901, in-8°, 155 p.
   [**4°**, **6.607**.

— Le Mont-Ventoux, par D. Moulinas,... Préface et dessins de Jules Laurens. — *Carpentras, J. Brun et Cie*, s. d., in-18, 72 p.
Guides J. Brun et Cie.
[8°, **34.906**.

— *Voir* : Patin (Martial) et Moulinas (D.). — Notes sur le collège de Carpentras... *Avignon*, 1894, in-8°.
[8°, **28.978**.

MOUREAU (Agricol). — Agricol Moureau, à ses calomniateurs. [Avignon, 3 fructidor an II]. — *S. l. n. d.* [1794], in-8°, pièce (16 p.).
Fonds Chambaud et Requien.
2 ex. [**Ms. 2.544**, n° 36, et **2.994**, n° 32.

— Adresse aux marins de Beaucaire. [Par Agricol Moureau]. — *S. l. n. d.* [1793], in-8°, pièce (8 p.).
Fonds Chambaud et Requien.
3 ex. [8°, **26.355**, n° 14, et **33.496**. — **Ms. 3 017**, n° 2.

— Discours du citoyen Agricol Moureau membre du Directoire du département de Vaucluse, prononcé sur l'autel de la Patrie à l'époque de la naissance et présentation de l'enfant du Capitaine Charlet. [30 prairial an II]. — [*Avignon, impr. Vincent Raphel*], s. d., in-8°, pièce (4 p.).
Fonds Chambaud et Requien.
2 ex. [**Ms. 2.544**, n° 29, et **2.994**, n° 26.

— Discours prononcé à la bénédiction du Drapeau, donné par la Garde nationale Avignonaise, à la Légion citoyenne d'Orange, imprimé par ordre de la Municipalité. Par M. Agricol Moureau, doctrinaire... — *Avignon*,

Jean-Joseph Guichard, 1790, in-12, pièce (22 p.).
2 ex. [**Ms. 2.937**, n° 53, et **2.988**, n° 50.

— Discours prononcé à la cérémonie de la bénédiction du Drapeau du Bataillon du Cantal, en garnison à Avignon, qui eut lieu dans l'Eglise de la paroisse Saint-Symphorien, le mardi 2 avril 1793... par Agricol Moureau, Procureur de la Commune d'Avignon. — *S. l. n. d.* [1793], in-8°, pièce (4 p.).
Fonds Chambaud et Requien.
2 ex. [**Ms. 2.543**, n° 7, et **2.993**, n° 32.

— Discours prononcé le dimanche 28 avril 1793,... à la Bénédiction des Drapeaux du troisième bataillon de Vaucluse, et de celui du bataillon de Marseille, en garnison à Avignon, par Agricol Moureau, commandant en chef du bataillon de Vaucluse. — *S. l. n. d.* [1793], in-8°, pièce (4 p.).
Fonds Chambaud et Requien.
2 ex. [**Ms. 2.543**, n° 11, et **2.993**, n° 37.

— Discours prononcé le 20 prairial [an II], à la fête de l'Être Suprême, sur l'autel de la Patrie, par Agricol Moureau, membre du Directoire du Département de Vaucluse, et imprimé par délibération de la Société populaire d'Avignon,... — [*Avignon, impr. Vincent Raphel*], s. d., in-8°, pièce (4 p.).
Fonds Chambaud et Requien.
2 ex. [**Ms. 2.544**, n° 26, et **2.994**, n° 25.

— Discours prononcé par Agricol Moureau, dans la Société des Amis de la Liberté et de l'Egalité, séance du 23 septembre

MOUREAU (Agricol). — MOURRAL (A.).

[1792]... — [*Avignon, impr. Sabin Tournal*, 1792], in-8°, pièce (4 p.).
Fonds Chambaud et Requien.
2 ex. [**Ms. 2.542**, n° 26, et **2.993**, n° 8.

— Discours prononcé par Agricol Moreau, procureur de la Commune d'Avignon, lors de l'installation de la Municipalité, le 6 janvier 1793,... — *S. l. n. d.* [1793], in-8°, pièce (7 p.).
Fonds Chambaud et Requien.
3 ex. [8°, **33.437**. — Ms. **2.543**, n° 2, et **2.993**, n° 26.

— Pétition à la Convention nationale, présentée au nom des Avignonais ; par Agricol Moureau, Jantier, Benoit et Duprat aîné. [Par Agricol Moureau. 26 juin 1793].— [*Paris, G. F. Galletti*], s. d., in-8°, pièce (4 p.).
Fonds Chambaud.
Ms. 2.543, n° 21.

— Quelques réflexions sur la circonstance actuelle, rendues publiques à la demande de plusieurs amis de l'égalité. [Par Agricol Moureau]. — *S. l. n. d.* [1792], in-8°, pièce (4 p.).
Fonds Chambaud et Requien.
2 ex. [**Ms. 2.542**, n° 22, et **2.993**, n° 4.

— Réflexions sur les protestations du Pape Pie VII, relatives à Avignon et au Comtat Venaissin ; par M. Moureau (de Vaucluse), avocat. — *Paris, L'Huilier*, 1818, in-8°, 72 p.
Fonds Chambaud et Requien.
4 ex. [8°, **27.230**, t. IV, n° 17, et **28.280**, n° 2. — Ms. **2.543**, n° 6, et **2.999**, n° 8.

— *Voir* : Jullian et Moureau (Agricol). Compte-rendu par les Commissaires du district de Vaucluse... [*Avignon*, 1792], in-8°.
2 ex. [**Ms. 2.542**, n° 41, et **2.993**, n° 22.

MOURIÈS (Antoine-Joseph). — Nouveau tarif ou les comptes-faits des douze différentes reductions des monoyes qui sont en usage en cette ville d'Avignon et dans le Comté Venaissin, selon la valeur des nouvelles espèces ; l'escu blanc valant 5 liv. monoye de Roy, en grosse mon. 5 liv. 2 sous et en patas 5 liv. 16 sous 8 d. Composés et calculés par Mr Antoine-Joseph Mouriès, ancien greffier du Palais et de la Vice-Gerence de cette dite Ville d'Avignon, l'an 1712.—*Avignon, Michel Chastel*, 1712, in-12, pièce (16 ff. n. ch.).
[8°, **24.605**.

— Reduction des monoyes, pour l'utilité du Public de cette ville d'Avignon, et du Comté Venaissin, faite et calculée par la regle de trois appellée la regle d'or, tant sur le Reglement de Monseigneur l'Eminentissime Cardinal Sforza que sur celuy de Monseigneur Illustrissime et Excellentissime Vice-Legat Delphini, du neufvieme Aoust 1692... [fait par A. J. M. [Antoine-Joseph Mouriès] Arithmeticien d'Avignon, geometre et greffier du Palais. — *Avignon, Michel Chastel*, 1695, in-12, pièce (14 p.).
[8°, **24.604**.

MOURRAL (A.). — A. Mourral. Pages d'album. [En Avignon. En plein Midi]. — *Avignon, F. Seguin*, 1902, in-8°, pièce (13 p.)
(Extrait des *Mémoires de l'Académie de Vaucluse*.)
Don de M. F. Seguin.   [4°, **6.212**.

MOURRAL (Daniel), inspecteur des eaux et forêts. — Daniel Mourral... Glossaire des noms topographiques les plus usités dans le Sud-Est de la France et les Alpes Occidentales. — Grenoble, X. Drevet, [1908], in-8°, 124 p. et appendice (8 p.).
(Bibliothèque scientifique du Dauphiné.)
[8°, **36.331**.

MOUTONNET (Abbé J.). - De l'abolition du Monopole universitaire. [Par l'abbé J. Moutonnet]. — [Avignon, Seguin aîné, 1844], in-8°, pièce (23 p.).
[L'auteur de cette brochure a été poursuivi devant la Cour d'Assises de Vaucluse].
[Ms. **3.010**, n° 8.

— Chronique de Montfavet, par l'abbé Moutonnet,...—Avignon, Seguin aîné, 1850, in-12, 63 p.
[8°, **25.807**.

— Le miracle du pont d'Avignon. Panégyrique de saint Bénézet prêché le 5 juillet 1863 dans l'église paroissiale de St-Didier, par M. l'abbé Moutonnet,... — Avignon, Seguin aîné, 1863, in-8°, pièce (12 p.).
[8°, **28.694**.
Autre ex. (Anc. archevêché d'Avignon).
[8°, **37.248**.

— Notice historique et artistique sur l'église paroissiale de Saint-Agricol dans Avignon, par l'abbé J. Moutonnet. — Avignon, L. Aubanel, 1842, in-12, 192 p.
2 ex. [8°, **12.560** et **25.794**.

— Réfutation des erreurs dogmatiques contenues dans le Dernier mot de M. Frossard. [Par l'abbé J.Moutonnet].—[Avignon,L.Aubanel, 1843], in-8°, pièce (40 p).
2 ex. [8°, **23.819** et **23.851**. — Ms. **3.009**, n° 8.

MOUY (Comte Charles de). — Louis XIV et le Saint-Siège. L'ambassade du duc de Créqui, 1662-1665, par le comte Charles de Moüy,... — Paris, Hachette et Cie, 1893, 2 vol. in-8°, port.
[8°, **34.831**.

MOUZIN (Alexis). — A la Mémoire de Paul Pamard. Hymne chanté par les élèves du Conservatoire de Musique de la ville d'Avignon le 12 août 1894. Paroles de A. Mouzin, musique de P. Coiffard. — Avignon, lith. Delmas, 1894, in-fol., pièce (vi ff. n. ch.).
2 ex. [Fol. **4.717** et **4.731**.

— A ma belle-sœur Marie. 23 avril 1889. [Signé : Alexis Mouzin].—[Avignon,impr.spéciale, 1889], in-8°, pièce (iv ff. n. ch.).
Don de l'auteur.
[8°, **29.426**, n° 3.

— A ma fille Thérèse le jour de ses noces. [Signé : A. Mouzin]. — [Avignon, impr. Millo, 1893], in-12, pièce (iii ff. n. ch.).
Don de l'auteur.
[8°, **29.426**, n° 1.

— A Madame Jules Olivier... 31 décembre 1883. A. Mouzin. — Avignon, R. Delmas, 1883, in-4°, placard.
Don de M. le Dr A. Pamard.
[8°, **38.010**.

— A Monsieur Pierre Calmels dans la réunion de famille du 28 juin 1885. Sonnet. [Signé : A. Mouzin]. — [Mazamet, impr. Gatimel], s. d., in-8°, pièce (ii ff. n. ch.).
Don de l'auteur.
[8°, **33.195**.

— Au bas d'un Tableau du maître paysagiste Paul Sain. [Signé : A. Mouzin]. — [Mazamet, E.

Gatimel], s. d. [1901], in-8°, pièce (II ff. n. ch.).
Don de l'auteur.
[8°, **33.198**.

— Au Revoir ! [Signé : A. Mouzin]. — [Mazamet, E. Gatimel], s. d. [1901], in-8°, pièce (II ff. n. ch.).
Don de l'auteur.
[8°, **33.199**.

— Boniment d'un élève-maître ; à-propos en vers pour la représentation du 18 mars 1894 à l'École normale d'Avignon. [Signé : A. Mouzin]. — [Avignon, impr. Millo], s. d., in-8°, pièce (IV ff. n. ch.).
[8°, **29.321**.

— Eloge d'En Bonaparte-Wyse. Discours de recepcioun d'En A. Mouzin au consistòri felibren tengu a Carcassouno lou 11 de mai 1893... — Avignon, Roumanille, 1893, in-8°, pièce (14 p.).
Don de l'auteur.
[8°, **29.426**, n° 2.

— Alexis Mouzin. L'Empereur d'Arles, drame en trois actes, en vers, [représenté les 28 et 29 août 1886 sur le théâtre antique d'Orange]. Musique d'Eugène de Bricqueville. — Avignon, J. Roumanille, 1889, in-8°, 101 p., pl.
4°, **1.840**.

— Alexis Mouzin. Louis Brian ; étude biographique lue dans la séance publique de l'Académie de Vaucluse, le 9 décembre 1888. — Avignon, Seguin frères, 1889, in-8°, pièce (16 p.).
(Extrait des *Mémoires de l'Académie de Vaucluse*, 1889.)
Don de l'auteur.
2 ex. [8°, **16.841** et **26.938**.

— Le Miasque. [Signé : A. Mouzin]. — [Mazamet, E. Gatimel], s. d. [1901], in-8°, pièce (5 p.).
Don de l'auteur.
[8°, **33.200**.

— Offrande de Noël enfantine. A mon petit-fils Marcel Guérin. [Signé : A. Mouzin]. — [Mazamet, E. Gatimel], s. d. [1901], in-8°, pièce (II ff. n. ch.).
Don de l'auteur.
[8°, **33.197**.

— Poésies. L'invasion des flots [par Alexis Mouzin. Ode déclamée au Théâtre d'Avignon et dans la salle de la Société musicale et littéraire de cette ville (17 et 22 juillet 1875)]... — Avignon, impr. Gros, 1875, in-8°, pièce (8 p.).
Don de l'auteur.
[8°, **29.426**, n° 4.

— Représentation de Gala au profit des pauvres. Avignon, 10 février 1897. [Poésies par Alexis Mouzin]. — S. l. n. d., in-fol., pièce (II ff. n. ch.).
[Fol. **4.745**.

— Sonnet Nuptial. Mousquety près L'Isle en Vaucluse, 28 octobre 1899. [A ma cousine Jeanne Dumas. Signé : A. Mouzin]. — [Avignon, impr. C. Clément], s. d., in-12, pièce (II ff. n. ch.).
Don de l'auteur.
[8°, **31.700**.

— Sur le Livre d'heures de ma belle-sœur Marthe Mouzin. [Signé : A. Mouzin]. — [Mazamet, E. Gatimel], s. d. [1901], in-8°, pièce (II ff. n. ch.).
Don de l'auteur.
[8°, **33.196**.

— *Préf.* AVIAS (J. Irénée). Nouvelles avignonaises... Avignon, 1886, in-8°.
[8°, **27.565**.

— *Voir* : BELLEUDY (Jules), VIONNET (Charles) et MOUZIN (Alexis). — Paul Sain... [Avignon, 1908], in-12.
[8°, **37.529**.

— *Voir* : MISTRAL (Frédéric), MOUZIN (Alexis) et DEVOLUY (Pèire). 1 nòvi M. Mouzin e P. Fabry... Avignon, 1907, in-12.
[8°, **37.529**.

MOYNE (Abbé). — L'abbaye de Sénanque (diocèse d'Avignon), notice historique et archéologique, par l'abbé Moyne, aumônier du lycée impérial d'Avignon... — *Avignon, Aubanel frères*, [1857], in-12, VI-301 p., pl.
2 ex. [8°, **12.675** et **32.166**.

— La Nieu de Nouvè, pastouralo en tres acte, e en vers coumtadin amé de can de l'abbé Moyne, de Sarrians, musiquo de l'abbé Bonnaud, de Cavayoun. — *Avignon, Seguin aîné*, 1854, in-12, 106 p.
Don de l'auteur. [8°, **25.354**.
Autre ex. (Anc. archevêché d'Avignon).
[8°, **37.423**.

— Notice biographique sur M. Richard, ancien Curé de St-Pierre [d'Avignon], vicaire général honoraire, par l'abbé Moyne. — *Avignon, typ. Bonnet fils*, [1854], in-8°, pièce (16 p.).
(Extrait du *Mémorial de Vaucluse*).
[8°, **25.942**.

MULOT (Abbé FRANÇOIS-VALENTIN). — Compte-rendu par M. l'abbé Mulot, à l'Assemblée Nationale, comme Commissaire du Roi à Avignon, le 19 novembre 1791. — [*Paris, Baudouin*, 1791], in-12, 151 p.
Fonds Chambaud et Requien.
3 ex. [8°, **27.230**, t. I, n° 17. — **Ms. 2.540**, n° 18, et **3.013**, n° 30.

— Copie de la Lettre de M. Mulot, l'un de Messieurs les Médiateurs de la France, à l'Assemblée Electorale séante à Bédarrides au Comtat. L'Isle, le 30 août 1791. — *S. l. n. d.* [1791], in-4°, pièce (11 fl. n. ch.).
[**Ms. 2.960**, n° 96.

— Extrait de la Correspondance de F. V. Mulot avec les Ministres, pendant le cours de sa mission à Avignon et dans le Comtat. — *S. l. n. d.* [1791], in-8°, 54 p.
Fonds Chambaud et Requien.
2 ex. [**Ms. 2.540**, n° 21, et **3.013**, n° 37.

— Lettre de M. l'abbé Mulot à M. l'abbé Pochi à Sorgues. [8 octobre 1791]. — P. 25 d'un ouvrage (*S. l.* [*Paris*], *impr. Baudouin*), in-8°, placard.
Fonds Chambaud et Requien.
2 ex. [8°, **33.473**. — **Ms. 2.540**, n° 11.

— Réponse de M. l'abbé Mulot, l'un des Médiateurs de la France dans les Etats d'Avignon et du Comtat Venaissin, députés par le Roi, à un écrit intitulé : « Dénonciation d'un complot de l'abbé Mulot, l'un des Médiateurs de la France, contre les Patriotes des Etats réunis d'Avignon et du Comtat Venaissin ». — *S. l. n. d.* [1791], in-8°, 50 p.
Fonds Chambaud et Requien.
2 ex. [**Ms. 2.540**, n° 5, et **3.013**, n° 28.

— Supplément nécessaire au compte rendu par M. Mulot, comme Commissaire du Roi à Avignon. [30 novembre 1791]. — *Paris, impr. Nationale*, 1791, in-8°, pièce (9 p.).
Fonds Chambaud et Requien.
2 ex. [**Ms. 2.540**, n° 24, et **3.016**, n° 23.

MUNTZ (Eugène). — Eugène Müntz. L'antipape Clément VII; essai sur l'histoire des arts à Avignon à la fin du XIV° siècle. — *Paris, E. Leroux*, 1888, in-8°, pièce (26 p.), pl.

(Extrait de la *Revue archéologique*.)
Don de l'auteur. [4°, **6.092**.

— Les architectes d'Avignon au XIV° siècle. Documents nouveaux publiés par M. E. Müntz, ... — *Paris* [*Nogent-le-Rotrou, impr. Daupeley-Gouverneur*], 1891, in-8°, pièce (11 p.).

(Extrait du *Bulletin de la Société nationale des Antiquaires de France*, année 1890.)
Don de l'auteur. [8°, **33.601**.

— Les Arts à la cour des papes du XIV° siècle. [I.] Les Fondations de Grégoire XI à Avignon et dans le Comtat Venaissin. [II.] Innocent VI (1352-1362). [Signé : Eug. Müntz]. — *Revue de l'Art chrétien*, mai 1891, juillet 1892, in-4°, pièce (paginé 183-224.)
[4°, **6.283**.

— Les constructions du pape Urbain V à Montpellier (1364-1370), d'après les archives secrètes du Vatican, par Eugène Müntz... — *Paris, E. Leroux*, 1890, in-8°, pièce (19 p.).

(Extrait du *Bulletin de l'Université de Montpellier*.)
Don de l'auteur. [8°, **33.593**.

— Eugène Müntz. Fresques inédites du XIV° siècle à la chartreuse de Villeneuve (Gard). — *Paris, A. Lévy*, 1888, in-4°, pièce (11 p.), pl.

(Extrait de la *Gazette archéologique* de 1887-1888.)
Don de l'auteur. [Fol. **4.257**.

— Giovanni di Bartolo da Siena, orafo della corte di Avignone nel XIV secolo. [*Signé* : Eugenio Müntz].— *S. l. n. d.*, in-8°, pièce (20 p.).

(Extrait de l'*Archivio storico italiano*, 1888.)
Don de l'auteur.
[8°, **33.599**.

— L'histoire des arts dans la ville d'Avignon pendant le XIV° siècle. Essai bibliographique suivi de documents inédits, par Eugène Müntz,... — *Paris, Ernest Leroux*, 1888, in-8°, pièce (51 p.), pl.

(Extrait du *Bulletin archéologique du Comité des travaux historiques et scientifiques*, année 1887.)
Don de l'auteur.
[8°, **33.602**.

— Le mausolée du Cardinal de Lagrange à Avignon (fin du XIV°, commencement du XV° siècle), par Eugène Müntz,... — *Paris, aux bureaux de la Revue de l'Ami des Monuments et des Arts*,, 1890, gr. in-8°, pièce (13 p.), pl.

(Extrait de la Revue *L'Ami des Monuments et des Arts*.)
Don de l'auteur.
[8°, **33.594**.

— Nuovi Documenti. Lavori d'arte fatti eseguire a Roma dai papi d'Avignone (1365-1378). [Signé : E. Müntz]. Pages 127 à 130 d'un vol. in-4°, pièce (4 p.)
[Fol. **5.107**.

— Le Palais des papes à Avignon. [*Signé* : Eugène Müntz,...] — *La France artistique et monumentale* (*Paris, libr. illustrée*), livr. 21, 22 et 23, s. d., gr. in-8°, pièce.
[Fol. **5.105**.

— E. Müntz. Le Pape Urbain V. Essai sur l'histoire des Arts à Avignon au XIV° siècle. — *Pa-*

ris, *Ernest Leroux*, 1889, in-8°, pièce (10 p.), pl.
(Extrait de la *Revue archéologique*.)
Don de l'auteur.
2 ex. [8°, **27.500** et **33.595**.

— Les peintres d'Avignon pendant le règne de Clément VI (1342-1352), par M. Eugène Müntz,... — *Tours, impr. Paul Bousrez*, 1885, in-8°, pièce (24 p.), pl.
(Extrait du *Bulletin monumental*, 1884.)
Don de l'auteur.
[8°, **33.598**.

— Les peintures de Simone Martini à Avignon, par M. Eugène Müntz,... — *Paris [Nogent-le-Rotrou, impr. Daupeley-Gouverneur]*, 1885, in-8°, pièce (28 p.), pl.
(Extrait des *Mémoires de la Société nationale des Antiquaires de France*, t. xlv.)
Don de l'auteur. [8°, **33.597**.

— Le sculpteur Laurana et les monuments de la Renaissance à Tarascon. [Signé : Eugène Müntz]. — Pages 123-135, du t. I des *Monuments et mémoires de la fondation Piot*, in-4°, pièce (13 p.).
Don de l'auteur. [Fol. **5.106**.

— Le Vandalisme à Avignon et Salon. [Par Eugène Müntz]. — *L'Ami des Monuments et des Arts*, 1892, n° 33, p. 289-291.
[8°, **27.641**.

— *Voir :* LAURIÈRE (J. de) et MUNTZ (E.). Le tombeau du pape Clément V à Uzeste... *Paris*, 1888, in-8°.
[8°, **33.600**.

MUNTZ (Eugène) et FAUCON (Maurice). — Inventaire des objets précieux vendus à Avignon en 1358 par le pape Innocent VI, par MM. Eug. Müntz et Maurice Faucon. — *Paris, Didier et Cie*, 1882, in-8°, pièce (11 p.).
(Extrait de la *Revue archéologique*, avril 1882.)
Don de M. E. Müntz.
[4°, **6.093**.

MURATORI. — *Voir :* VIE de François Pétrarque... *Aix*, 1874, in-8°.
[8°, **34.587**.

MURATORI (P.). — Du lavage des blés, par P. M. [Muratori]. — *Avignon, impr. Seguin aîné*, 1828, in-8°, pièce (15 p.).
H. N. [8°, **1.876**, n° 3.
Autre ex. [Ms. **3.002**, n° 19.

MUSE (La) méridionale, choix de chansons et de romances [avignonaises], provençales et languedociennes. — *Avignon, P. Chaillot*, 1835, in-24, 108 p., front. grav.
[8°, **25.348**.

N

NAQUET (D.). — [Lettre de D. Naquet au Sous-Préfet de Carpentras au sujet des Israélites de cette ville]. — [*Avignon, impr. Ve Guichard*, 1843], in-4°, pièce (3 p.).
[Ms. **2.978**, n° 45.

NARBONNE (Louis-Marie-Jacques-Amalric, Cte de). — Discours du Ministre de la Guerre [Narbonne], sur les troubles du Midi, prononcé à la séance du 13 avril 1792,... — [*Paris, impr. Nationale*, 1792], in-8°, pièce (6 p.).
[Ms. **3.016**, n° 34.

NARDI (P.). — Illustrissimo D.D. Josepho de Guyon de Crochans, archiepiscopo Avenionensi, Pæan festivus. [Signé : P. Nardi, subd. Aven. Suit : Traduction. A Sa Grandeur Monseigneur de Guyon de Crochans, archevêque d'Avignon, ode]. — S. l. n. d., in-4°, pièce (11 ff. n. ch.)

Fonds Massilian-Moutte et Requien.

3 ex. [**Ms. 2.440**, n° 24, **2.450**, n° 40, et **2.944**, n° 43.

NARNI (Marquis JEAN EROLI DE). — *Voir* : EROLI DE NARNI (Marquis Jean).

NAT (Abbé P.). — L'abat P. Nat: Sant Auzias e santo Dóufino. — *Avignon, Aubanel*, 1904, in-12, pièce (32 p.).

Anc. archevêché d'Avignon.

[8°, **37.402**.

NATUCCI (GIUSEPPE). — Avignone inondato dal Rodano la notte de' XVI novemb. M.DC.LXXIV... Oda di Giuseppe Natucci di Lucca,... — *Avignon, G. Bramereau*, 1675, in-4°, pièce (13 p.).

Ex. de l'abbé De Véras. Fonds Massilian-Moutte et Requien.

3 ex. [**Ms. 2.109**, n° 10, **2.925**, n° 48, et **2.953**, n° 3.

— Claustrum Rhodano additum novum Avenioni decus et præsidium. Carmen. Auctore Josepho Natucci Lucensi,... — *Avignon, G. Bramereau*, 1676, in-4°, pièce (11 ff. n. ch. - 5 p.).

Fonds Massilian-Moutte.

[**Ms. 2.447**, n° 10.

NAVYRE (PROSPER). — L'Electeur municipal. [Signé : Prosper Navyre, boutiquier. Avignon, le 27 avril 1846]. — [*Avignon, impr. Seguin aîné*], s. d., in-8°, pièce (2 p.).

[8°, **31.659**.

NÉCESSITÉ (De la) d'une route en fer de Lyon à Avignon et de l'utilité de prolonger le canal de Bouc jusqu'à cette dernière ville. — *Avignon, impr. A. Chambeau fils*, 1826, in-8°, pièce (38 p.)

2 ex. [8°, **24.868**, n° 3, et **33.282**.

NÉCROLOGIE. [Le colonel Chantron, 1842]. — S. l. n. d., in-8°, placard (épreuves d'imprimerie corrigées).

Fonds Chambaud.

[8°, **37.751**, fol. 160.

NÉCROLOGIE. [Le général de Fournier d'Aultanne, né et mort à Valréas, 1759-1828]. — [*Uzès, impr. George*], s. d., in-4°, pièce (1 ff. n. ch.).

[**Ms. 2.971**, n° 76.

NÉCROLOGIE. Léon de Berluc-Pérussis (1835-1902). — *Aix-en-Provence, impr. Pourcel*, 1902, in-12, pièce (24 p.).

Don de M. le Dr Victorin Laval.

[8°, **37.799**.

NÉCROLOGIE. M. le chanoine Aubanel. — [*Avignon, Aubanel frères*], s. d., in-8°, pièce (6 p.).

(Extrait des *Annales du Tiers-Ordre de St-François d'Assise*, n° de mars 1870.)

Don de M. F. Mistral.

[8°, **33.642**.

NEIRAC (F. DE). — Salades rosses-avignonaises, pot-pourri local, assaisonné par F. de Neirac. — S. l. n. d. [1902], in-fol., placard.

(Alcazar d'Eté d'Avignon.)

[8°, **33.442**.

NÉMÉSIS romaine. [Pièce de vers concernant l'affaire des religieuses de l'hôpital d'Avignon en 1844. Signé : Un soldat français]. — [Carpentras, L. Devillario], s. d., in-8°, pièce (2 p.).

3 ex. [8°, **33.300**. — Ms. **2.979**, n° 33, et **3.010**, n° 44.

NEUKOMM (Edmond). — Notre patrie. Le Vaucluse. [Signé : Edmond Neukomm]. — Découpure du Journal des Voyages, avril 1899.

[4°, **4.885**.

NEUVAINE à l'honneur de N. S. Jesus-Christ, pour préparer les fidèles à la fête de sa naissance ... — Avignon, Bonnet frères, 1779, in-12, pièce (34 p.).

Fonds Massilian-Moutte.

[8°, **28.074**, n° 12.

— [Avis relatif à cette neuvaine qui se célèbre dans l'Eglise de l'Hôpital St-Bénézet d'Avignon. Vers 1779]. — S. l. n. d., in-8°, placard.

[8°, **28.074**, n° 11.

— Nouvelle édition de la Neuvaine. — Avignon, Laurent Aubanel, 1810, in-12, pièce (34 p.), grav.

[8°, **25.816**, n° 4.

NEUVAINE à l'honneur des Sts Anges pour servir depuis la veille de la Fête des Sts Anges Gardiens, jusqu'au dernier jour de l'Octave qu'on célèbre dans l'Eglise Insigne Collégiale et Paroissiale de St Didier de la ville d'Avignon... — Avignon, A. Offray, 1764, in-12, pièce (48 p.).

[8°, **24.254**, n° 7.

— Nouvelle édition... — Avignon, Vve Girard et Franç. Seguin, 1769, in-8°, pièce (48 p.).

2 ex. [8°, **24.254**, n° 8, et **24.422**, n° 4.

Pour les autres éditions de cette neuvaine, voir : Le Bansais (Siméon).

NEUVAINE en l'honneur de Saint Joseph, Patron des Agonisants et de la bonne mort, approuvée par le Révérendissime Evêque d'Avignon, et dont la fondation a été autorisée par décret impérial. Cette Neuvaine aura lieu, chaque année, le 3e dimanche après Pâques, dans l'Eglise paroissiale de Saint Pierre, avec les Indulgences accordées. — Avignon, s. n., [1806], in-12, pièce (36 p.).

[8°, **24.423**, n° 8.

NEUVILLE. — Histoire des princes d'Orange de la maison de Nassau. [Par Neuville]. — Amsterdam, P. Marret, 1692, in-12, pièces liminaires - 499 p.

[8°, **15.157**.

NEUVILLE (Auguste). — Entre onze heures et minuit ou la Justice à la Turque. A Propos historique en deux parties et en vers. Par Mr Augte Neuville. — Avignon, impr. Veuve Guichard aîné, 1834, in-8°, pièce (23 p.).

Fonds Chambaud et Requien.

2 ex. [Ms. **2.551**, n° 33, et **3.004**, n° 16.

NICOLA (Giacomo de). — L'affresco di Simone Martini ad Avignone. [Signé : Giacomo de Nicola.] — L'Arte, an. IX, fasc. V, p. 336-344.

[Fol. **5.268**.

NICOLAS III, pape. — Les registres de Nicolas III (1277-1280) ;

recueil des bulles de ce pape publiées ou analysées d'après les manuscrits originaux des archives du Vatican, par M. Jules Gay... — *Paris, Fontemoing*, 1898-1904, 2 fasc. in-4°.

(Bibliothèque des Écoles françaises d'Athènes et de Rome.)
Dépôt de l'Etat. [Fol. **5.291**.

NICOLAS IV, pape. — Les registres de Nicolas IV, recueil des bulles de ce pape, publiées ou analysées d'après le manuscrit original des Archives du Vatican, par Ernest Langlois... — *Paris, Fontemoing*, novembre 1905, 2 vol. gr. in-4°, 1.301 p.

(Bibliothèque des Écoles françaites d'Athènes et de Rome.)
[Fol. **5.317**.

NICOLAS (Hector). — Etude sur les terrains tertiaires des environs d'Avignon. Le miocène, par M. H. Nicolas. — *Avignon, François Seguin*, 1897, in-8°, 94 p. - 1 fl. n. ch.

(Extrait des *Mémoires de l'Académie de Vaucluse*, année 1897.)
[4°, **4.649**.

— *Voir* : Congrès archéologique de France. XLIX° session. Séances générales tenues à Avignon en 1882... *Paris-Tours*, 1883, in-8°.

NICOLAUS (Joannes). — Enchiridion facultatum legati in quo multa non contemnenda de officio ejusdem aliaqz circa ea laboriose excerpta queque speciali lure Illustrissimo ac Reverentissimo Avenicen. Legato concedentur congesta occurrunt. Extrahebat Ioannes Nicolaus Auenionen. Canonicus I. V. doctor ac causarum sacri palacii apostolici auditor.— *Impressum Auenionen. per Bartholo-*

meum Bonhomme, 1554, in-12, XXIII fl. n. ch.

(Additions manuscrites à la fin, XI ff.)

Ex. de Bayol, auditeur de Rote, à Avignon.
[8°, **27.140**.

NICOLLET (F.-N.). — Les derniers Membres de la famille d'Orange-Montpellier et leurs possessions dans le Gapençais, par F.-N. Nicollet,... — *Gap, L. Jean et Peyrot*, 1903, in-8°, 58 p.

Don de l'auteur.
[4°, **6.549**.

— *Voir* : Congrès des Sociétés savantes de Provence... 1909. *Bergerac*, 1910, in-8°.
[4°, **8.064**.

NICOU (P. de). — Harangve faite dans le palais episcopal de Carpentras par Mr. le procvrevr general des Trois Etats du Comtat Venaissin, à l'heureuse arrivée de Monseignevr... Gaspar Lascaris, des Comtes de Vintemille, abbé de St. Pons, euesque dud. Carpentras. Le 11 Ianvier. 1666. [*Signé* : P. de Nicou,...] — *Avignon, M. Chastel*, 1666, in-4°, pièce (4 p.).
[Ms. **0.005**, n° 2].

NIEL (B.). — Tables de conversions des poids et mesures anciens en poids et mesures métriques et réciproquement, à l'usage du département de Vaucluse, précédées de l'explication du système métrique... par B. Niel. — *Avignon, L. Aubanel*, 1842, in-8°, 63 p.

2 ex. [8°, **7.188** et **32.165**.

NIEREMBERG (Le P. Jean Eusèbe de).— *Voir* : Traité de l'octave des morts et de la confraternité de Nostre Dame du Suffrage... *Avignon*, 1642, in-8°.

[8°, **19.029**.

NIGRA. — Discours prononcé par M. Nigra, à Avignon, à l'occasion du 5° centenaire de la mort de Pétrarque, le 20 juillet 1874. —[*Avignon, Gros frères*, 1874], in-4°, pièce (11 ff. n. ch.).

[4°, **6.563**.

— Discours prononcé par M. Nigra, à Vaucluse, à l'occasion du 5° centenaire de la mort de Pétrarque, le 18 juillet 1874. — [*Avignon, Gros frères*, 1874], in-4°, pièce (11 ff. n. ch.).

[4°, **6.564**.

NINO (Antonio de). — Il suicidio nel « Canzoniere » del Petrarca. [*Signé* : Antonio de Nino]. — *Sulmona, P. Colaprete*, 1904, in-4°, pièce (11 ff. n. ch.).

(Nel VI centenario della nascita di Francesco Petrarca. MCCCIV-MCMIV.)
Don de M. F. Mistral.

[4°, **6.730**.

NIVELLEMENT général du Rhône, entre la Méditerranée et Genève, exécuté en 1856 et 1857, par Bourdaloue, sous la direction de M. Kleitz... — *Bourges, impr. Jollet-Souchois*, 1858, in-8°, 19 p. - 196 ff. n. ch.

[8°, **28.880**.

NIVERNAIS (Duc de). - *Voir* : MAURY (Jean-Siffrein) et NIVERNAIS (Duc de). Discours prononcés dans l'Académie française... *Carpentras*, 1785, in-4°.

3 ex. [4°, **6.892**. — Ms. **2.422**, n° 14, et **2.937**, n° 9.

NOBLENS (De). — Chemin de fer de Paris à Marseille, par le département de l'Ain. [Rapport par M. de Noblens]. — *Bourg, impr. P.-F. Bottier*, 1838, in-8°, pièce (13 p.).

[Ms. **3.005**, n° 45.

NOEL composé sur la fin de l'an 1771... — *S. l. n. d.* [1771], in-12, pièce (4 p.).

[8°, **25.218**, n° 4.

NOEL qui se chante dans la chapelle des ci-devant Penitens Gris d'Avignon. — *S. l. n. d.*, in-12, pièce (4 p.).

2 ex. [8°, **24.484**, n° 5, et **29.472**, n° 8.

NOEL qui se chante dans la dévote Compagnie des Pénitens Gris d'Avignon. — *S. l. n. d.*, in-4°, placard.

[Ms. **2.938**, n° 36.

NOELS nouveaux chantez en l'année Mille sept cent vingt et trois. — *Avignon, Ph. Offray*, s. d., in-12, pièce (23 p.).

[8°, **17.151**, n° 1.

NOELS nouveaux et choisis sur les plus beaux airs du tems. *A peste, fame et bello, libera nos Domine*. Pour l'année 1720. — *Avignon, Ch. Giroud*, 1720, pet. in-8°, pièce (VIII ff. n. ch.).

[8°, **17.151**, n° 2.

NOELS nouveaux et choisis sur les plus beaux airs pour l'année 1716... — *Montpellier, Riyaud*, 1716, pet. in-8°, pièce (16 p.).

[8°, **17.151**, n° 4.

— ... Pour l'année 1717. — *Avignon, Charles Giroud*, 1717, in-12, pièce (24 p.).

[8°, **25.218**, n° 1.

NOELS nouveaux sur la naissance de Jesus-Christ composés sur les beaux airs du tems. — *Avignon, F. Labaye et F. Girard*, 1725, pet. in-8°, pièce (16 p.), grav.

|8°, **17.151**, n° 3.

NOELS provençaux et français, ou cantiques sur la naissance du Sauveur. — *Carpentras, Devillario-Quenin*, s. d., in-12, 144 p. - 11 ff. n. ch., grav.

|8°, **25.222**.

— Nouvelle édition, comprenant les Noëls de Saboly, ceux des maîtres les plus renommés dans ce genre, et plusieurs Noëls nouveaux... — *Carpentras, Dornan*, 1837, in-18, 160 p. - 1 ff. n. ch.

|8°, **25.223**.

NOELS provençeaux et françois, sur les plus beaux airs du tems, à la louange de la naissance du fils de Dieu. Qui ont été chantez en musique, dans l'Eglise... de Saint Agricol d'Avignon, en l'année 1705. — *Avignon, Michel Chastel*, 1705, in-18, pièce (24 p.).

|8°, **25.216**.

— 1706. — *Avignon, Michel Chastel*, 1706, in-18, pièce (20 p.)

|8°, **25.215**.

— 1708. — *Orange, Claude Marchy*, 1708, in-18, pièce (24 p.).

|8°, **25.217**.

NOGENT (Joseph-Antoine). — Eloge funèbre du général Hoche, prononcé au nom de l'Administration Centrale du Département de Vaucluse, par le Citoyen Nogent fils son président, à la fête qui a été célébrée à Avignon le 30 vendémiaire l'an 6...

— *S. l. n. d.* [an VI], in-8°, pièce (12 p.).

Fonds Chambaud et Requien.

2 ex. [**Ms. 2.545**, n° 18, et **2.996**, n° 1.

NOLHAC (Pierre de). — Pierre de Nolhac. Pétrarque et l'humanisme. Nouvelle édition, remaniée et augmentée, avec un portrait inédit de Pétrarque et de fac-similés de ses manuscrits. — *Paris, H. Champion*, 1907, 2 vol. in-8°, x-272 et 328 p., port. et pl.

(Bibliothèque littéraire de la Renaissance.) Dépôt de l'État.

|4°, **7.697**.

NOMS de ceux qui ont présenté une adresse à l'Assemblée Nationale, pour désavouer le vœu des Avignonais de se réunir à la France, et qui ont signé cette adresse au nom de douze mille Émigrans, et se disant autorisés par eux. [Affiché à Avignon le 4 novembre 1790]. — *S. l. n. d.*, in-fol., placard.

Fonds Chambaud et Requien.

2 ex. [**Atl. 314**, n° 46, et **315**, n° 23.

NOSTREDAME (César de). — Armorial de César de Nostredame, gentilhomme provençal tiré de son Histoire et Chronique de Provence relevé et mis en ordre par le Comte de Candolle. — *Arles, impr. N. Jouve*, 1899, in-8°, 70 p., pl.

|8°, **32.542**.

— L'histoire et chronique de Provence de Cæsar de Nostradamus, gentilhomme provençal, où passent de temps en temps en bel ordre les anciens poetes, personnages et familles illustres qui ont fleuri depuis VC ans, oultre plusieurs races de France, d'Italie, Hespagne, Languedoc, Dauphiné et Piémont y rencontrées..., comme aussi les plus signallés combats et remarquables faicts d'armes qui s'y sont passez de temps en temps jusques à la paix de Vervins. — *Lyon, Simon Rigaud*, 1614, in-fol., 1092-63 p.

2 ex. [Fol. **4231** et **3.457**.

— Autre ex. incomplet (manque le titre).
Legs Arnaud de Fabre.
[Fol. **5.238**.

NOTE et documents sur le droit de M. le Docteur Pamard au titre de membre correspondant de l'Académie impériale de médecine. — [*Paris, Chaix et Cie*, 1862], in-4°, pièce (20 p.).
[4°, **6.301**.

NOTES concernant des familles d'Avignon et du Comtat-Venaissin pouvant servir de complément à l'ouvrage de Pithon-Curt. — *Avignon, impr. Ch. Maillet*, 1879, in-8°, 120 p.
Don de M. Ph. Prévot.
[8°, **35.338**.

NOTES historiques sur Avignon. — Voir : Thomas (J.). Epitre à un magistrat avec des notes historiques sur Avignon... *Avignon*, 1807, in-8°.
[8°, **27.233**, fol. 87.

NOTICE briève sur défunt M. Omont. [1816]. — [*Avignon, impr. Seguin*], s. d., in-4°, pièce (4 p.).
Fonds Chambaud et Requien.

2 ex. [4°, **3.878**, t. III, n° 56. — Ms. **2.969**, n° 186.

NOTICE des fêtes données à Avignon à l'occasion de la naissance de Mgr. le Dauphin.[1er-6 décembre 1791]. — Découpure du *Courrier d'Avignon*, 11 décembre 1781, in-4°, pièce.
De Véras et Massilian-Moutte.

2 ex. [4°, **5.386**. — Ms. **2.439**, n° 63.

NOTICE des tableaux exposés au profit des Pauvres, dans la Galerie Vernet, au Muséum Calvet. — *Avignon, Guichard ainé*, octobre 1826, in-8°, pièce (15 p.)
Fonds Chambaud et Requien.

4 ex. [8°, **28.776** et **33.266**. — Ms. **2.549**, n° 34, et **3.001**, n° 53.

NOTICE généalogique sur la famille de Carmejane-Pierredon. — *Paris, Firmin Didot frères, fils et Cie*, 1869, in-fol., pièce (8 p.), tabl.
(Armorial général de France de d'Hozier, extrait du viie registre complémentaire.)
[Fol. **3.245**.

NOTICE généalogique sur la maison de Carmejane, seigneurs de Pierredon, barons au Comté Venaissin et en Provence. — *Paris,* [typ. Hennuyer et fils], 1869, in-8°, pièce (10 p.).
(Extrait des *Archives générales de la Noblesse*.)
[4°, **3.136**, n° 2.

NOTICE historique de la ville d'Avignon, précédée d'une introduction sur les Celtes, et suivie d'une notice sur les hommes illustres de cette ville. Un vol. in-8°. Prix : 5 f. 50. Prospectus. — [*Avignon, impr. Bonnet fils*, 1826], in-8°, pièce (4 p.).
[Contient une notice sur Joseph Vernet].
Fonds Chambaud et Requien.

3 ex. [8°, **26.589**, n° 13, et **27.230**, t. IV, n° 30. — Ms. **3.001**, n° 49.

NOTICE historique et généalogique de la maison de Biliotti. — [*Plassan*], s. d., in-8°, pièce (17 p.).

(Extrait du *Nobiliaire universel*.)

[8°, **26.589**, n° 12.

NOTICE historique sur la Confrérie et la procession jubilaire des Pénitents Gris d'Avignon, par un confrère. — *Avignon, L. Aubanel*, 1851, in-12.

[8°, **29.472**, n° 10.

NOTICE historique sur la Société charitable et royale des Pénitens de la Miséricorde d'Avignon, suivie d'un Exposé de leurs droits sur l'Hospice des Insensés, à Avignon, et d'une Consultation de deux Avocats qui en détaille les preuves. [9 mars 1816]. — [*Avignon, impr. Fr. Seguin aîné*], s. d., in-8°, pièce (18 p.).

Fonds Chambaud et Requien.

2 ex. [**Ms. 2.547**, n° 52, et **2.998**, n° 40.

NOTICE littéraire sur Hyacinthe Morel. — [*Avignon, impr. Jacquet*, 1842], in-12, pièce (40 p.).

(Extrait de l'*Annuaire de Vaucluse pour les années 1841 et 1842*.)

[8°, **26.190**.

NOTICE sur Avignon. Avis de l'éditeur. — S. *l. n. d.* [1814], in-8°, pièce (7 p.).

[P. 3 : « Collection complette des Œuvres de Voltaire, tom. 21, Genève 1774. Questions sur l'Encyclopédie, par des amateurs, tom. I. Avignon ». — Factum libéral].

Fonds Chambaud et Requien.

4 ex. [8°, **27.230**, t. III, n° 1, et **31.823**, n° 4. — **Ms. 2.547**, n° 26, et **2.998**, n° 7.

NOTICE sur l'hôpital des insensés de la ville d'Avignon. — S. *l. n. d.* [après 1741], in-4°, pièce (3 p.).

2 ex. [8°, **29.305** et **33.812**.

NOTICE sur l'hospice et pensionnat des insensés de la ville d'Avignon... [1813]. — S. *l. n. d.*, in-4°, pièce (3 p.).

[**Ms. 2.969**, n° 117.

NOTICE sur la Maison de Raimond de Venasque de Modène. — [*Paris*, 1885], gr. in-4°, pièce (12 p.).

(Extrait des *Annales historiques, nobiliaires, biographiques et nécrologiques*, 41ᵉ année, 52ᵉ volume.)

[Fol. **3.401**.

NOTICE sur le comice agricole fondé dans l'arrondissement d'Apt, sur la proposition de M. Mauret de Pourville, sous-préfet de cet arrondissement. — *Avignon, impr. Rastoul*, 1835, in-4°, pièce (24 p.).

[**Ms. 2.974**, n° 68.

NOTICE sur le pèlerinage de Notre-Dame-de-Santé à Carpentras par la paroisse du Thor (Vaucluse), le samedi 2 mai 1868, dans le but d'obtenir la pluie sur la campagne... — *Avignon, impr. Gros frères*, 1868, in-16, pièce (15 p.).

[8°, **11.311**.

NOTICE sur les moyens de rendre navigable la branche du Rhône d'Avignon. — *Avignon, impr. Bonnet fils*, [1845], in-8°, pièce (14 p.).

[**Ms. 3.011**, n° 1.

NOTICE sur les peintures du palais des Papes, à Avignon, (faite en novembre 1816). [Signé : M. R. P.] — *La Ruche provençale*, t. II, p. 86-98.

[8°, **26.589**, n° 11.

NOTICE sur Notre-Dame des Doms [d'Avignon]. — *Avignon, bureau du Messager de Vaucluse*, 1837, in-8°, pièce (30 p.).

3 ex. [8°, **28.860**, n° 8, et **33.265**. — Ms. **3.005**, n° 27.

— Autre édition. — *Avignon, impr. Jacquet et Joudou*, 1838, in-8°, pièce (30 p.).

[Ms. **3.005**, n° 70.

NOUGUIER (DE). — La Délivrance des Chevaliers de la Gloire, par le grand Alcandre gaulois. Ballet pour l'heureuse naissance de Monseigneur le daufin fait par Monseigneur... Federic Sforce, vicelegat,...dancé dans la grande salle du Palais [d'Avignon], par des principaux gentilhommes de ladite Ville. [*Signé* : De Nouguier]. — *Avignon, J. Bramereau*, 1638, in-fol., pièce (29 p.).

Fonds Massilian-Moutte et Requien.

3 ex. [Ms. **2.439**, n° 3, **2.948**, n° 2, et **2.952**, n° 22.

— Les divers Entretiens de la fontaine de Vaucluse. Balet. dansé à la grande sale du Roure l'année 1649... [*Signé* : De Nouguier]. — *Avignon, J. Bramereau*, 1649, in-4°, pièce (1 ff. n. ch. - 31 p.).

Fonds Massilian-Moutte et Requien.

3 ex.[8°, **25.711**, n° 1. — Ms. **2.439**, n° 6, et **2.954**, n° 7.

— L'Hercule burlesque de M' de Nouguier... poëme desabusif. [*Suit p. 333* : Le Rodomont burlesquement metampsicosé...] — *Orange, Edouard Raban*, 1653, pet. in-8°, 382 p. - 1 ff. n. ch.

[Contient des poésies de Marmet Valcroissant d'Apt, d'Ortigue Vaumoriere d'Apt, Mervesin d'Apt, Ollier d'Apt, A. de Pertuis d'Avignon, Thevenet d'Avignon, P. Honorati, G. de Ponte, P. A. Carrat, Fr. Marie de Joannis, etc.].

[8°, **25.154**, n° 2.

— Les œuvres burlesques de Monsieur de Nouguier dediées à Monsieur le Marquis de la Coque. — *Orange, Edouard Raban*, 1650, pet. in-8°, 349 p., front. grav.

[8°, **25.154**, n° 1.

NOUGUIER (FRANÇOIS). — Histoire chronologique de l'église, evesques et archevesques d'Avignon, par François Nouguier, Pr. — *Avignon, impr. Georges Bramereau*, 1659, in-4°, IV ff. n. ch. - 245 p. et table.

(En tête : Epitre à la Vierge et dédicace à Dominique de Marinis, archevêque d'Avignon.)

Collection Moutte.

[8°, **28.095**.

— Autre ex. contenant les deux épîtres dédicatoires et une continuation imprimée jusqu'à Fr. Maurice de Gonterüs (p. 246-249).

Ex-libris du Mis de Suarez d'Aulan gravé par J. Michel. Avignon, 1730.

[4°, **2.123**.

— Autre ex. daté de 1660, sans la deuxième dédicace et sans la continuation imprimée.

(Additions manuscrites à la fin.)
Ex. de Tissot.

[4°, **2.124**, n° 1.

Autre ex.(Don de M. Cappeau Sain-Marc).

[8°, **27.243**.

— Autre ex. daté de 1660, sans la deuxième dédicace et avec la continuation imprimée.

(Notes manuscrites à la fin.)
Ex. de V. Chambaud.

[4°, **2.122**.

NOUS jugerez-vous sans nous avoir entendus ? Les Avignonais à l'Assemblée Nationale. [24 mars 1792].— S. l. n. d. [1792], in-8°, pièce (8 p.).
Fonds Chambaud et Requien.

 3 ex. [8°, **27.230**, t. II, n° 9. — **Ms. 2.541**, n° 4, et **2.992**, n° 6.

— Seconde partie du « Nous jugerez-vous sans nous avoir entendus. Les Avignonois à l'Assemblée Nationale. » [30 mars 1792]. — S. l. n. d. [1792], in-8°, pièce (4 p.).
Fonds Chambaud et Requien.

 2 ex. [**Ms. 2.541**, n° 7, et **2.992**. n° 9.

NOUVEAU Calendrier pour la deuxième année de la République française, commencée le 22 septembre 1793, de l'ère vulgaire, et finissant le 21 septembre 1794. — *Avignon, Vincent Raphel*, an II (de 1793 à 1794), in-8°, pièce (xii ff. n. ch.).

 [**Ms. 3.017**, n° 10.

— Autre édition. — *Avignon, Sabin Tournal*, an II (de 1793 à 1794), in-12, pièce (xii ff. n. ch.).

 [**Ms. 3.017**, n° 9.

NOUVEAU Calendrier ou Annuaire pour la troisième année de la République Française, commençant le 22 septembre 1794, de l'Ere vulgaire, et finissant le 21 septembre 1795. — *Avignon, Vincent Raphel*, an III, in-8°, pièce (xii ff. n. ch.).

 [**Ms. 3.017**, n° 18.

NOUVEAU recueil de noëls sur des airs connus et faciles. — *Avignon, Ant. Aubanel*, 1803, in-12, pièce (42 p.).

 2 ex. [8°, **25.218**, n° 8, et **25.219**.

NOUVEAU recueil de noëls tiré des plus célébres poetes provençaux et français... — *Carpentras, Gaudibert-Penne*, s. d., pet. in-8°, 112 p.

 [8°, **25.221**.

NOUVEAU recueil des édits, déclarations du Roi, titres, arrêts et réglemens, concernant les isles du Rhône. — *Montpellier, impr. Jean-François Picot*, 1780, in-4°, 236 p.

 2 ex. [4°, **3.877**. — 8°, **27.754**, n°s 1 et 2.

NOUVEAUX cantiques spirituels provençeaux et quelques-uns françois pour les missions, congrégations et catéchismes avec l'air noté au premier couplet de chaque cantique, par un curé du diocèse d'Avignon en la partie de Provence, missionaire et ancien chanoine de St-Genies. — *Avignon, F.-S. Domergue*, 1750, iv ff. n. ch. - 204 p.-iv ff. n. ch., grav. et musique.

 2 ex. [8°, **25.170** et **25.171**.

NOUVEAUX motifs qui regardent particulièrement Avignon et doivent persuader les habitans a maintenir par leurs aûmones l'Hôpital general qu'ils ont retabli l'An 1695. — S. l. n. d., in-4°, pièce (8 p.)
Fonds Massilian-Moutte et Requien.

 4 ex. [**Ms. 2.428**, n° 21, **2.452**, n° 24, **2.940**, n° 30, et **2.954**, n° 8.

NOUVELLE chanson patoise [avignonaise, sur la révolution de 1830]. — S. l. n. d., in-8°, pièce (4 p.).

 [8°, **25.296**.

NOUVELLES Observations sur le renvoi des Hospitalières de Saint-Joseph d'Avignon. [9 décembre 1844]. — [*Marseille, M. Olive*], s. d., in-8°, 4 p.

(Extrait de la *Gazette du Midi* du 14 décembre 1844.)

    4 ex. [8°, **33.313** et **37.751**, n° 50. — **Ms. 2.979**, n° 25, et **3.010**, n° 38.

NOUVELLES observations sur les maladies de Morieres. — *S. l. n. d.*, in-8°, pièce (7 p.).

[A propos du canal Crillon].

    3 ex. [8°, **24.870**, n° 7, et **33.799**. — **Ms. 2.459**, n° 38.

NOUVELLET (Philibert-Antoine). — Selectiores ex universa theologia conclusiones, illustrissimo et reverendissimo D.D. Michaeli Gabrieli de Rossillon de Bernex, episcopo et principi Genevensi, D. D. D. Philibertus Antonius Nouvellet, presbiter Anneciensis, magni et Pontificii Sancti Nicolai alumnus, pro doctoratu. — *Avignon, J.-F. Offray*, 1729, in-4°, pièce (III ff. n. ch.).

    [**Ms. 2.942**, n° 71.

NOVELLI (Ettore). — Nel quinto Centenario del Petrarca, versi di Ettore Novelli. — *Roma, Barbèra*, 1874, in-32, pièce (7 p.).

    [8°, **34.583**.

O

OBSÈQUES de Horace Cayrol, professeur de mathématiques au Lycée d'Avignon... 7 août 1855-30 janvier 1907. — *Paris, Firmin-Didot et Cie*, 1907, in-8°, pièce (11 p.), port.

Don de M. le Dr Pamard.

    [**4°**, **7.953**.

OBSÈQUES de M. Henry Yvaren, le lundi 3 janvier 1898. — [*Avignon, impr. François Seguin*, 1898], in-8°, pièce (11 p.).

(Extrait du *Courrier du Midi*, 9 janvier 1898.)

    [8°, **30.537**.

OBSÈQUES du Dr Masson, maire de Saint-Didier. 13 octobre 1882. — [*Carpentras, imp. Tourrette*], s. d., in-8°, pièce (28 p.), port.

Anc. archevêché d'Avignon.

    [**4°**, **8.148**.

OBSERVATEUR (L') Avignonnais : place de l'Horloge et champ de foire. [A propos du projet de construction de l'Hôtel-de-Ville]. — *Avignon, impr. Rastoul*, 1836, in-8°, pièce (8 p.).

    [**Ms. 3.005**, n° 3.

OBSERVATIONS contre la réduction du personnel du tribunal de Carpentras, adoptée par la Chambre des Députés. — [*Carpentras, impr. Devillario*, 1838], in-4°, pièce (8 p.).

    [**Ms. 2.975**, n° 80.

OBSERVATIONS d'un ami de la constitution sur le rapport du Comité de législation touchant les brigands détenus dans Avignon. — *S. l. n. d.* [1792], in-8°, pièce (4 p.).

Fonds Chambaud et Requien.

    2 ex. [**Ms. 2.541**, n° 9, et **2.992**, n° 12.

OBSERVATIONS d'un Patriote sur la situation politique de la

ville d'Avignon.[Février ou mai 1791]. — *S. l. n. d.* [1791], in-12, pièce (8 p.).

Fonds Chambaud et Requien.

2 ex. [**Ms. 2.539**, n° 2, et **2.990**, n° 12.

OBSERVATIONS d'un solitaire, sur les maladies du bourg de Morieres. [Au sujet du nouveau canal fait par le duc de Crillon dans le territoire d'Avignon]. — *S. l. n. d.* [1780], in-8°, pièce (1 ff. n. ch. - 21 p.).

Fonds Massilian-Moutte et Requien.

3 ex. |8°, **24.741** et **24.870**, n° 6. — **Ms. 2.459**, n° 37.

OBSERVATIONS de MM. les Syndics des créanciers des anciennes carrières ou communautés juives, d'Avignon, de Carpentras, et de l'Isle..., avec les pièces justificatives de leur pétition à la Chambre de MM. les Députés, pour obtenir la révocation du rejet de l'amendement prononcé dans la séance du 6 juillet 1820. — *S. l. n. d.*, in-4°, 61 p.

[**Ms. 2.970**, n° 67.

OBSERVATIONS des communautés de Lambesc, Orgon, Noves, St-Canat, Senas, St-Andiol, Barbentane, Chateaurenard, Eyragues, Eygalieres, Rognonas, Verquieres et autres de la viguerie de Tarascon, sur les deux memoires qui ont paru au nom de la communauté d'Apt, pour la construction d'un pont sur la Durance. — *S. l. n. d.*, in-4°, pièce (21 p.).

[La communauté d'Apt propose l'établissement du pont aux rochers de Janson ; les autres communautés demandent qu'on le construise en face de Noves.]
Fonds Massilian-Moutte.

[**Ms. 2.442**, n° 17.

OBSERVATIONS historiques et critiques sur la Vie du brave Crillon [par Mlle Marguerite de Lussan].— *Londres, s. n.*,1758, in-12, 96 p.

2 ex. [8°, **11.861** et **26.009**.

OBSERVATIONS politiques sur les affaires présentes d'Avignon et du Comtat.[Février 1791]. — *S. l. n. d.* [1790], in-12, pièce (8 p.).

[**Ms. 2.989**, n° 10.

OBSERVATIONS présentées par vingt-trois Citoyens de la Ville d'Avignon, actuellement détenus dans les prisons d'Orange, à MM. les Commissaires nommés par l'Assemblée Nationale pour l'examen de l'affaire de la Ville d'Avignon. [7 août 1790]. — |*Paris, impr. P. Fr. Didot jeune*, 1790], in-12, pièce (8 p.).

Fonds Chambaud et Requien.

2 ex. [**Ms. 2.537**, n° 16, et **2.988**, n° 3.

OBSERVATIONS relatives à la traversée du Rhône par le chemin de fer de Marseille à Avignon, présentées le 3 mars 1843 à Messieurs les Membres de la Commission d'Enquête du Gard, et soumises le 15 avril à Monsieur le Ministre des Travaux Publics. — *Tarascon, impr. Elisée Aubanel*, [1843], in-8°, pièce (22 p.).

|8°, **24.862**, n° 16.

OBSERVATIONS sur le corps franc commandé par le comte de Forbin-Janson. — |*Paris, impr. A. Egron*, s. d. (1815)], in-8°, pièce (4 p.).

Fonds Chambaud.

[8°, **27.230**, t. IV, n° 20.

OBSERVATIONS sur le dernier massacre d'Avignon. [13 prairial an V]. — *S. l. n. d.*, in-8°, pièce (32 p.).

Fonds Chambaud.
[**Ms. 2.545**, n° 11.

OBSERVATIONS sur le mémoire intitulé : Réponse aux questions proposées par l'Assemblée générale de Provence. [Sur le projet d'établissement d'un pont à Bonpas]. — *S. l. n. d.*, in-4°, pièce (27 p.), 1 carte.

Fonds Massilian-Moutte et Requien.
2 ex. [**Ms. 2.442**, n° 19, et **2.931**, n° 6.

OBSERVATIONS sur le projet d'un canal de navigation de Tarascon à Avignon ; sur l'urgence de l'encaissement de la Durance, et sur les moyens les plus convenables de fournir aux dépenses de ce genre de travaux. — *Avignon, Amédée Chambeau fils*, 1827, in-8°, pièce (36 p.).

Fonds Chambaud et Requien.
2 ex. [8°, **27.230**, t. IV, n° 33. — **Ms. 2.550**, n° 45.

OBSERVATIONS sur le projet du pont de Durance au rocher de Noves. — *Aix, E. David*, 1768, in-fol., pièce (6 p.).

Fonds Massilian-Moutte.
[**Ms. 2.442**, n° 20.

OBSERVATIONS sur les questions actuelles. [En faveur de la réunion des Etats généraux du Comtat. Avril 1790]. — *S. l. n. d.*, in-8°, pièce (16 p.).

Fonds Chambaud et Requien.
2 ex. [8°, **26.573**, n° 14. — **Ms. 2.987**, n° 2.

OBSERVATIONS sur un écrit signé par des soi-disans députés d'Avignon. [25 octobre 1790]. —
S. l., [*impr. Guillaume Junior*], s. d., in-8°, pièce (41 p.).

Fonds Chambaud.
[**Ms. 2.537**, n° 37.

OCCELLI (D' F.-G.). — In morte del celebre Antonio Pamard, dottore in chirurgia, cavaliere del l'ordine reale della Legion d'onore, membro di varie Accademie nazionali e straniere, etc., etc. Arciacrostico. [*Signé* : Il dottore F.-G. Occelli[. — *S. l. n. d.*, in-4°, pièce (11 ff. n. ch.).
[**Ms. 2.971**, n° 12.

ODE à la raison [affichée à Avignon en l'an II]. — *Marseille, impr. Mossy*, an II, in-fol., placard.
[**Atl. 315**, n° 246.

ODE adressée à M. d'Armand, Maire d'Avignon. [18 avril 1790]. — *S. l. n. d.*, in-8°, pièce (4 p.).

Fonds Chambaud.
[**Ms. 2.536**, n° 30.

ODE au pacha Ripert, l'idole du peuple avignonais. — *S. l. n. d.*, in-4°, placard.

[Note manuscrite de Requien : « 15 août 1839, fête de la place Pie » (à Avignon)].
[**Ms. 2.976**, n° 51.

ODE sur les événemens tragiques arrivés dans Avignon, le 16 octobre 1791. — *S. l. n. d.* [1791], in-8°, pièce (8 p.).

Fonds Chambaud et Requien.
2 ex. [**Ms. 2.540**, n° 19, et **3.013**, n° 34.

ODE. — Notice sur la régie des droits réunis, suivie d'un encouragement à la culture du Tabac dans le département de Vaucluse. [Par Ode]. — *Avignon, Vve Seguin et fils*, 1806, in-8°, pièce (45 p.).

Fonds Chambaud et Requien.
2 ex. [8°, **27.129**. — **Ms. 2.997**, n° 30.

ODE et AUBANEL. — Notice sur l'église paroissiale de Saint-Agricol, et sur les monumens qu'elle renferme. [Par Ode et Aubanel]. — *Avignon, impr. Laurent Aubanel*, 1839, in-18, pièce (12 p.).

3 ex. [8°, **28.860**, n° 12, et **37.291**. — Ms. **3.006**, n° 36.

ŒUVRE des écoles apostoliques. Ecole d'Avignon et de Dôle transférée à Notre-Dame de Montciel, Lons-le-Saulnier. Année 1893-1894. — *Lyon, Vitte*, 1895, in-12, 73 p.

Anc. archevêché d'Avignon.

[8°, **37.270**.

OFFICE de la glorieuse Vierge Marie. Avec l'Office des Morts, Psalmes, Graduels, Penitentiaux. Litanies de tous les SS. et Commemoraisons tant de l'Advent, Veilles, Quatre-temps et Carême : que pour les Dimanches et Fêtes de toute l'année, selon la reformation de N. S. P. le Pape Pie V, Grégoire XIII et Clément VIII. Augmenté de trois Offices pour la Semaine Sainte, Office de la Passion... Le tout pour le commun usage, et grande facilité des devotes Compagnies des Penitens seculiers. — *Carpentras, François Tissot*, 1690, in-4°, ix ff. n. ch. - 375 p. - viii ff. n. ch.

[4°, **4.294**.

OFFICE (L'), les prières et la regle des frères et sœurs du tiers ordre de Saint Dominique. Dernière édition... — *Paris, Jean Mariette, et Avignon, Marc Chave*, 1730, in-8°, xxxvi-378 p. - iii ff. n. ch. - 72 p.

[8°, **27.146**.

— Nouvelle édition... — *Avignon, A. Offray*, 1754, in-12, xxiv-413 p. et tabl.

[8°, **27.147**.

OFFICES. — Officia propria Sanctæ Ecclesiæ ac diœcesis Aptensis... — *Aix, Ch. Nesmoz*, 1664, in-12, 11 ff. n. ch. - 177 p., front. grav. par J. Cundier.

[8°, **24.383**.

— Officia propria Sanctæ Cathedralis Ecclesiæ et diœcesis Aptensis... — *Avignon, J.-S. Tournel*, 1769, in-8°, 265 p. - 11 ff. n. ch.

[8°, **24.493**.

— Officia propria *diœcesis* Avenionensis a S. R. Congregatione Approbata. [Pars hiemalis. Pars verna. Pars æstiva. Pars autumnalis]. — *Avignon, Aubanel frères*, 1856, in-12, xxvii-70-4-xxvii-66-1 ff. n. ch. - xxvii-112-11 ff. n. ch. - xxvii-89-1 ff. n. ch.

2 ex. [8°, **23.376** et **24.493**.

— Autre exemplaire. — *Avignon, Aubanel frères*, 1856, in-8°, xxiv-42-1 ff. n. ch. - 3 p. - xxiv-39-xxiv-66-11 ff. n. ch. - xxiv-54-1 ff. n. ch. - 2 p.

[8°, **24.493**.

— Officium *Sancti Agricoli* confessoris et pontificis Avenionensium patroni. — *Avignon, J. Bramereau* [1608], in-8°, 105 p. - 1 ff. n. ch., impr. sur parch. Titre gravé par Sarret.

[Réserve, n° **231**.

— Autre ex. accompagné d'un supplément manuscrit.

[8°, **24.384**.

— Autre ex. (Le titre manque).

[8°, **23.696**.

— Editio novissima et correcta. — *Avignon, A. Dupérier*, 1671, in-12, 91 p.

Fonds Massilian-Moutte.
[8°, **17.142**, n° 3.

— [Officium *S. Agricolæ* AVENIONENSIS]. — *S.l.n.d.*, in-8°, pièce (manque le titre, p. 3-30).

Fonds Massilian-Moutte.
[8°, **17.142**, n° 2.

— Officium *S^{ti} Agricolæ*, AVENIONENSIS civitatis episcopi et patroni, partim ex antiquiori ejus officio, partim ex octavario Romano desumptum... — *Avignon, M. Chastel*, 1699, in-12, pièce (31 p.).

Fonds Massilian-Moutte.
[8°, **17.142**, n° 4.

— Officium *Sancti Agricoli*, confessoris et pontificis, AVENIONENSIUM patroni, celebrandum die secundâ septembris. — *Avignon, F. Girard et D. Seguin*, 1741, in-4°, 11 ff. n. ch. - 106 p. - 1 ff. n. ch.

Sur le titre, armoiries du chapitre de St-Agricol gravées par Michel.
Fonds Massilian-Moutte et Requien.
2 ex. [8°, **17.142**, n° 5, et **24.388**.

— Autre ex. avec grav. par J. Michel, 1741. « *St Agricolus Aven. Episcopus et Patronus* ».
[8°, **24.491**.

— Officium *sancti Desiderii*, episcopi Lingonensis et martyris, ecclesiæ nostræ parochialis et insignis collegiatæ patroni. — *Avignon, D. Seguin*, 1749, in-4°, pièce (48 p.).

[Pour l'église St-Didier d'AVIGNON].
[Réserve, n° **206**.
Autre ex. [8°, **24.407**, n° 1.

— Officia propria insignis Ecclesiæ collegiatæ et parrochialis *Sancti Desiderii* civitatis AVENIONENSIS. — *Avignon, F. Girard*, 1737, in-12, 96 p.

Fonds Massilian-Moutte et Requien.
3 ex. [4°, **17.142**, n° 7. — 8°, **24.404** et **24.407**, n° 2.

— Officium B. Martyris Sancti Desiderii, episcopi Lingonensis... a reverendis dominis præposito et canonicis Ecclesiæ collegiatæ et parochialis *Sancti Desiderii* AVENIONENSIS... restitutum, et... digestum... — *Avignon, J. Bramereau*, 1699, in-12, pièce (32 p.).

Fonds Massilian-Moutte.
[8°, **17.142**, n° 6.

— Officium S. Benedicti, et S. Theodori. [pro monialibus *Sancti Laurentii* AVENIONIS]... — *Avignon, J. Bramereau*, 1647, in-8°, pièce (40 p.).

Fonds Massilian-Moutte.
[Ms. **2.445**, n° 2.

— Officia ad usum *Seminarii Sancti Caroli* AVENIONENSIS. — *S.l.n.d.*, in-12, 120 p., musique.
[8°, **24.410**.

— Officia... quæ proprio, solemnive ritu celebrantur in veneranda ecclesia *Sancti Martini* urbis BOLLENÆ, diœcesis Triscastrinensis... — *Avignon, P. Offray*, 1687, in-12, 147 p.

Fonds Massilian-Moutte.
[8°, **17.142**, n° 11.

— Officium *Sancti Verani*, confessoris pontificis, cathedralis Ecclesiæ CABELLIONENSIS episcopi et patroni... — *Avignon, J. Bramereau*, 1620, in-4°, v ff. n. ch. - 37 p.

2 ex. [8°, **24.361** et **24.390**.

715 OFFICES. — OLIVIER (François). 716

Autre ex. (Fonds Massilian-Moutte).
[8°, **17.142**, n° 9.

— Officia propria antiquæ ecclesiæ cathedralis CABELLIONENSIS. — *Avignon, Aubanel*, 1823, in-12, pièce (35 p.).
[8°, **18.967**.

— Officium S. *Siffredi*, pontificis et confessoris Ecclesiæ et Civitatis CARPENTORACTENSIS patroni et tutelaris... Editio secunda... — *Carpentras, B. Ravasy*, 1675, in-12, 71 p.
Fonds Massilian-Moutte.
[8°, **17.142**, n° 8.

— Editio nova. — *Carpentras, Vve Dom. Eysséric et G. Quenin*, 1732, in-4°, 72 p.
[8°, **24.409**.

— Autre édition. — *Carpentras, D.-G. Quenin*, 1762, in-8°, 48 p.
[8°, **23.814**.
Autre ex. (Anc. archevêché d'Avignon).
[8°, **37.424**.

— Officia propria sanctorum Ecclesiæ TRICASTINENSIS. Editio postrema .. — *Avignon, Vve François Girard*, 1758, in-4°, 148 p.
[8°, **00.700**.

— Officium S. *Quinidii* VASIONENSIUM episcopi, et patroni... — *Avignon, P. Offray*, 1669, in-8°, pièce (29 p. - III ff. n. ch.).
A la fin, liste des évêques de Vaison. — Au v° du titre, armoiries de l'évêque J.-M. de Suarez, gravées par Sarret.
Fonds Massilian-Moutte et Requien.
2 ex. [8°, **17.121**, n° 1, et **17.142**, n° 10.

— Autre édition. — *Avignon, Marc Chave*, 1744, in-4°, 46 p., arm.
[8°, **28.864**.

OFFICIA PROPRIA. — *Voir* : OFFICES.

OFFICIUM. — *Voir* : OFFICES.

OFFRANDE d'une couronne d'or à Sainte Anne, patrone d'Apt. — *Apt, impr. Cartier*, 1835, in-4°, pièce (3 p.).
[Ms. **2.974**, n° 102.

OFFRANDE des bras des Cultivateurs Patriotes, à la Société des Amis de la Constitution [d'Avignon dans sa séance du 7 juin 1792]. — *S. l. n. d.*, in-8°, pièce (3 p.).
Fonds Chambaud et Requien.
2 ex. [Ms. **2.542**, n° 12, et **2.992**, n° 38.

OKEY (THOMAS). — The story of Avignon by Thomas Okey. Illustrated by Percy Wadham. — *London, J.-M. Dent, etc.*, 1911, in-12, XIV-408 p., fig. et pl.
Don de MM. J. Girard et L. Gap.
[8°, **37.587**.

OLIVIER, professeur en droit civil à l'Université d'Avignon. — [Circulaire annonçant la leçon publique que M. Olivier, professeur en droit civil, fera le 24 courant dans la grande salle de l'Université d'Avignon. — *S. l. n. d.* [XVIII° s.], in-8°, placard.
Fonds Chambaud.
[8°, **27.230**, t. V, n° 38.

OLIVIER (ALBERT-JOSEPH-AUGUSTIN D'), capitaine du génie, conseiller municipal d'Avignon. — *Voir* : OLIVIER DE PEZET (Albert-Joseph-Augustin d').

OLIVIER (GABRIEL-RAYMOND-JEAN-DE-DIEU-FRANÇOIS). — Discours prononcé le 16 juillet 1811, par M. Olivier, Conseiller délégué de la Cour Impériale, pour l'ins-

tallation du Tribunal d'arrondissement de Carpentras. — [*Carpentras, impr. Proyet et fils aîné*, 1811], in-8°, pièce (15 p.).
[Ms. **2.997**, n° 40.

— Discours prononcé le 18 juillet 1811, par M. Olivier,... pour l'installation du Tribunal civil d'arrondissement d'Orange,... — *S. l. n. d.*, in-8°, pièce (12 p.)
Fonds Chambaud.
[Ms. **2.547**, n° 14.

OLIVIER (Abbé J.-H.) et PROMPSAULT (Abbé J.-L.). — Grande vie de Saint Gens laboureur et solitaire, par M. l'abbé J.-H. Olivier... Nouvelle édition, revue, corrigée, annotée et augmentée d'une Notice sur Baucet-St-Gens, etc., par M. l'abbé J.-L. Prompsault... — *N.-D. de Lérins, impr. Marie-Bernard*, 1877, in-12, 98 p.
[8°, **13.501**.

Autre ex. (Anc. archevêché d'Avignon).
[8°, **37.279**.

OLIVIER (Th.). — Rapport fait à la Société d'encouragement pour l'industrie nationale, par M. Th. Olivier sur le système de filature du lin par machines de M. Philippe de Girard. — [*Paris, impr. Vve Bouchard-Huzard*, 1842], in-4°, pièce (11 ff. n. ch.).
[4°, **3.352**, n° 19.

OLIVIER DE PEZET (Albert-Joseph-Augustin d'), conseiller municipal d'Avignon. — Discours prononcé par M. d'Olivier, au Conseil municipal, dans sa séance du 2 octobre 1844, en réponse au rapport de M. le Maire du 28 (*sic* pour 18) septembre 1844, suivi de nouvelles observations de M. d'Olivier. [Sur la Maison royale de santé].

— *Avignon, impr. Fischer*, 1844, in-8°, pièce (16 p.).
4 ex. [8°, **33.291** et **37.751**, n° 55. — Ms. **2.979**, n° 9, et **3.010**, n° 30.

— Mémoire relatif à la construction des voûtes en briques posées de plat suivi de recherches expérimentales sur la poussée de ces sortes de voûtes, par A. d'Olivier... — *Avignon, impr. Bonnet fils*, 1837, in-4°, pièce (16 p.), 2 pl.
[4°, **3.611**.

— Mémoire sur la chaux, les mortiers et les plâtres en usage dans les villes d'Avignon et de Tarascon, par A. d'Olivier,... — [*Avignon, impr. Bonnet fils*], s. d., in-4°, pièce (36 p.).
2 ex. [4°, **3.612** et **6.182**.

— *Voir* : Mémoire pour les Religieuses hospitalières de St-Joseph d'Avignon. *Avignon*, 1844, in-8°.
[4°, **4.435**.

OLIVIER - GÉRENTE. — Avis aux citoyens qui formoient cidevant les Peuples Avignonais et Venaissin. [Par Olivier-Gérente]. — *S. l. n. d.* [1791], in-8°, pièce (23 p.).
[Ms. **3.013**, n° 20.

— Discours prononcé par M. Olivier-Gérente, nouveau Procureur de la Commune de Pernes, lors de l'installation de la Municipalité, le 14 juin 1792,... — [*Carpentras, impr. J.-A. Proyet*, 1792], in-8°, pièce (8 p.).
[Ms. **2.992**, n° 39.

— *Voir* : Proal et Olivier-Gérente. Discours prononcés lors de la Cérémonie fédérative à Pernes... [*Carpentras*, 1792], in-8°.
[Ms. **2.993**, n° 3.

OLIVIER-VITALIS (Ignace-Hyacinthe-Joseph-Martin), bibliothécaire de la ville de Carpentras. — A M. C.-F.-H. Barjavel, Doct.-Méd., auteur du « Dictionnaire historique, biographique et bibliographique du département de Vaucluse », le Bibliothécaire de Carpentras, soussigné. [Lettre au sujet de l'article J.-S. Duplessis. *Signé* : D'Olivier - Vitalis, bibliothécaire]. — [*Carpentras, impr. L. Devillario*, 1843], in-8°, pièce (8 p.).

2 ex. [**Ms. 3.008**, n° 71, et **3.009**, n° 68.

— A Monsieur le comte de Grimaldi, sous-préfet de Carpentras. [Sur l'établissement de la chapelle de N.-D. de Santé, sur la fête qu'on y célèbre le 10 juillet, et sur la corporation de la compagnie dite des Dragons de N.-D. de Santé. *Signé* : L'abbé Olivier, bibl^{re}...]. — [*Carpentras, Devillario-Quenin*], s. d. [1829], in-8°, pièce (15 p.).

[8°, **27.231**.

— Essai de dissertation sur l'arc de triomphe romain de Carpentras, [capitale des Méminiens ; précédé de l'examen critique des opinions de divers auteurs au sujet de cet ancien monument], par H. Olivier - Vitalis,... — [*Carpentras, typ. Devillario-Quenin*, 1832], in-4°, pièce (35 p.), pl.

2 ex. [4°, **3.719**, n° 2, et **3.744**.

— L'illustre Chatelaine des environs de Vaucluse, la Laure de Pétrarque, dissertation et examen critique des diverses opinions des écrivains qui se sont occupés de cette belle Laure... par Hyac. d'Olivier-Vitalis,...— *Paris, J. Teschener*, 1842, in-8°, 284 p., pl.

2 ex. [8°, **26.998** et **26.999**.

— Notice historique sur la vie de Malachie d'Inguimbert, Evêque de Carpentras. [Par Hyacinthe Olivier-Vitalis]. — *Carpentras, Devillario-Quenin*, 1812, in-4°, pièce (25 p.).
[Port. grav. par Chaponnier fils].

2 ex. [4°, **3.769**. — Ms. **2.953**, n° 77.

— Rapport de la découverte d'une Mosaïque antique, près les murs de la ville de Carpentras,... suivi de quelques conjectures à ce sujet, adressé à M. le Ch^{er} Pouzols, ingénieur en chef du département, président de la Commission chargée de diriger les recherches des Antiquités de ce Département. [Par H. d'Olivier-Vitalis]. — [*Carpentras, impr. Devillario-Quenin*, 1824], in-4°, pièce (16 p.).

[Ms. **2.983**, n° 41.

OPINION d'un citoyen, sur la situation politique du Comtat Venaissin, en janvier 1791. — S. l.n.d. [1791], in-12, pièce (15 p.)

[Ms. **2.989**, n° 7.

OPINION sur le rapport contre le projet de construction d'un pont suspendu vis-à-vis d'une des portes de la ville. — *Avignon, impr. Bonnet fils*, [1839], in-8°, pièce (12 p.).

[Ms. **3.006**, n° 4.

OPINIONS sur l'affaire d'Avignon. [Compte-rendu des délibérations de l'Assemblée Nationale sur le projet de réunion d'Avignon et du Comté Venaissin à la France, 1790 et 1791]. — P. 153-290 d'un ouvrage in-8°.

[Ms. **2.538**, n° 46.

ORAISON à Sainte Barbe [honorée dans l'église collégiale de St-Agricol d'Avignon] pour obtenir une bonne mort. — *S. l. n. d.*, in-12, pièce (4 p.).

[8°, **24.254**, n° 5.

ORAISON funèbre de Louis le Grand, XIV du nom, roy de France et de Navarre, prononcée dans l'église royale des RR. PP. Célestins d'Avignon le 12 décembre 1715. — *S. l. n. d.*, in-4°, 76 p. (signées N.-Y.).

[Ms. **2.458**, n° 17.

ORAISON funèbre de Monseigneur Paul Naudo, archevêque d'Avignon, prononcée le 7 juin 1848 dans la Métropole en présence du Clergé et des Autorités. — *Avignon, Seguin aîné*, 1848, in-12, pièce (36 p.).

3 ex. [8°, **25.010**, **28.392**, n° 1, et **29.821**.

ORATIO sancti Petri de Luxemburgo pro tempore pestis. — *S. l. [Avignon], F.-S. Offray*, 1722, in-8°, placard.

Fonds Massilian-Moutte et Requien.

2 ex. [Ms. **2.445**, n° 36, et **2.928**, n° 18.

ORDO. — Ordo divini officii recitandi missæque celebrandæ juxta rubricas Breviarii et Missalis Parisiensis, ad usum diœcesis AURAICENSIS pro anno Domini M.DCC.XC..... — *Orange, Esprit Nicolau*, [1790], pet. in-4°, 55 p.

[8°, **13.926**.

— Annualis ordo pro divinis officiis et sacris persolvendis juxtà ritum S. R. E. et Rubric. in Sancta Metropolitan. totáque AVEN. Diœcesi, servandus. De mandato... D. Josephi de Guyon de Crochans Arch. Aven... Pro anno... M.DCC.XLIII... — *Avignon, Paul Offray*, 1743, in-4°, 58 p. - 1 fl. n. ch.

[8°, **18.901**.

— Ordo divini officii recitandi ac missæ celebrandæ (*ou* et sacrum faciendi, *ou* sacrique peragendi)... ad usum diœcesis AVENIONENSIS... [Années 1775, 1776, 1782, 1784, 1787, 1789, 1792, 1799, 1800-1912]. — *Avignon, Alexandre Giroud*, 1775, *Antoine Offray*, 1776-1789, *Rome, s. n.*, 1792-1801, *Avignon, Aubanel*, 1802, *Garrigan frères*, 1803-1815, *Hyppolite Offray*, 1816-1821, *Aubanel*, 1822-1912, in-8° et in-12, 121 tomes.

[8°, **18.901**.

— Autres ex. formant une collection incomplète : années 1803-1805, 1808-1813, 1818, 1819, 1821, 1822, 1824-1833, 1835-1840, 1843-1847, 1850-51.

[8°, **19.030** à **19.064**.

Année 1830.

[8°, **17.537**.

Année 1864.

[8°, **23.740**.

Année 1870.

2 ex. [8°, **23.873** et **23.865**.

Année 1872.

[8°, **23.874**.

— Ordo divini officii recitandi missæque celebrandæ... in eccl. cath. et diœc. CARPENTORACTENSI. pro anno Domini M.DCC.LXI... Huic addita sunt officia propria ecclesiarum Cavall. Vasion. et Araus... — *Carpen.ras, D.-G. Quenin*, s. d., in-8°, pièce (38 p.)

[8°, **17.120**, n° 5.

— Autre ex., pet. in-8°, 78-32 p.

[8°, **29.857**.

— Ordo divini officii recitandi missæque celebrandæ,... in totâ diœcesi partitionis OSTIORUM RHODANI, pro anno Domini M. DCC.XCIII... jussu civis Caroli Benedicti Roux, hujus partitionis episcopi... — *Avignon, S. Tournal*, 1793, in-8°, VIII p. (incomplet).

[8°, **18.934**.

ORDONNANCES, statuts et reglemens, concernans l'administration de la Iustice, abbreviation des procez, taux, moderation, et des despans, vacations, et escritures tant judiciaire, que extraiudiciaire aux pays du Comté de Venaissin. — *S. l. n. d.* [1642], in-12, 11 ff. n. ch. - 92 p. (Le front. manque).
(Additions et notes manuscrites.)

[8°, **27.064**.

ORDONNANCES, statuts et reglements, du Comté Venaissin. — *Avignon, Jean Piot*, 1638, in-8°, 11 ff. n. ch. - 67 p.

5 ex. [8°, **27.059**, **27.060**, n°s 1-2. **27.061**, n° 2. — Ms. **2.421**, n° 3.

ORDONNANCES Synodales du diocèse de St-Paul-Trois-Châteaux... — *Voir* : CONCILES ET SYNODES DE ST-PAUL-TROIS-CHATEAUX.

ORDRE des offices qui se disent chaque jour de la semaine au monastere des dames religieuses de l'abbaye de St-Laurent d'Avignon... — *Avignon, D. Seguin*, 1751, in-4°, pièce (30 p. - 1 ff. n. ch.).
Fonds Massilian-Moutte.

[Ms. **2.446**, n° 7.

ORDRES, statuts et reglemens, faits et dressez contre le bétail gros et menu et leurs gardiens, avec augmentation des peines, pour conservation des vignes, vergers et fruits des possessions assises dans les Terroirs de Carpentras et de Serres... — *Carpentras, Claude Touzet*, 1698, in-4°, pièce (20 p.).

2 ex. [8°, **110**, n° 1, et **27.200**, n° 6.

ORMOND (JAMES BUTLER, duc D'). — *Voir* : CARTE (Thomas). Mémoires de la vie de mylord duc d'Ormond... *La Haye*, 1737, in-12.

[8°, **26.709**.

OURSON, conseiller municipal d'Avignon. — *Voir* : MÉMOIRE pour les religieuses hospitalières de St-Joseph d'Avignon. *Avignon*, 1644, in-4°.

[4°, **4.436**.

P

PABERAN (Abbé G.), chanoine de l'église collégiale St-Geniès d'Avignon. — Tragédie ou martyre de S. Geniez d'Arles en Provence. Par G. Paberan,... — *Avignon, impr. Jacques Bramereau*, 1635, in-12, 55 p.
[Théâtre d'Avignon].

[8°, **25.537**, n° 1.

PAILLET (A.-J.). — Catalogue des tableaux précieux, dessins, gouaches, estampes, portraits en émail,... collection d'histoire naturelle,... et autres objets curieux qui composoient le cabinet de feu M. Aubert [né à Avignon], jouaillier de la couronne. Par

A.-J. Paillet... — *Paris, Paillet et Hugues*, 1786, in-8°, 76 p.

[8°, **24.908**.

PALASSE (JEAN - FRANÇOIS). — Methode ou instruction pour faire le denombrement de la ville d'Avignon. pouvant servir au denombrement de toute autre ville. Par... Jean François Palasse,... — *Avignon, C. Giroud*, 1720, in-4°, pièce (1 ff. n. ch., ij pages, 1 tableau, 1 ff. blanc et 14 pages).

[Pour servir en temps de peste].
Fonds Massilian-Moutte et Requien.

4 ex. [**4°, 4.175**, n° 16. — **Ms. 2.428**, n° 30, **2.448**, n° 12, et **2.928**, n° 6.

— Motifs d'un livre de raison ou d'un livre des divers états de recette, de payemens et de depenses, concernant cette ville d'Avignon, pour servir à la bonne administration de ses deniers. [*Préface signée* : Jean-François Palasse.] — *Avignon, C. Giroud*, 1739, in-4°, pièce (11 ff. n. ch. - 12 p.).

Fonds Massilian-Moutte et Requien.

2 ex. [**Ms. 2.448**, n° 31, et **2.929**, n° 19.

PALUN, député d'Avignon près de l'Assemblée constituante. — Copie d'une lettre écrite par M. Palun, à MM. le Président et Membres de l'Assemblée électorale du Département de Vaucluse, séante à Cavaillon. Paris, 5 juillet 1791. — *S. l. n. d*., in-4°, pièce (14 p.).

Fonds Chambaud et Requien.

2 ex. [**Ms. 2.523**, n° 106, et **2.960**, n° 78.

— Extrait d'une Lettre de M. Palun, Député de la Ville d'Avignon, auprès de l'Assemblée nationale. [8 juillet 1791. *Suit* : Adresse de la Municipalité [d'Avignon] à l'Assemblée Nationale, lue dans la séance du 7 juillet.] — *S. l. n. d.*, in-4°, pièce (11 ff. n. ch).

Fonds Chambaud et Requien.

2 ex. [**Ms. 2.523**, n° 107, et **2.960**, n° 80.

— *Voir* : TISSOT et PALUN. Tableau servant à prouver le vœu de la grande majorité du Comtat Venaissin... [*Paris*, 1791], in-8°.

2 ex. [**Ms. 2.550**, n° 9, et **3.013**, n° 17.

PALUN et TISSOT. — Lettre de MM. Palun et Tissot, adressée à la Municipalité d'Avignon. Paris, 1er mai 1791... [Sur la discussion de l'affaire d'Avignon à l'Assemblée Nationale]. — *S. l. n. d.*, in-4°, pièce (1 ff. n. ch.).

[**Ms. 2.980**, n° 70.

— Lettre de MM. Palun et Tissot, adressée à la Municipalité d'Avignon. Paris, 4 mai 1791... [Sur le projet de réunion d'Avignon et du Comtat à la France]. — *S. l. n. d.*, in-4°, pièce (1 ff. n. ch.).

Fonds Chambaud.

[**Ms. 2.523**, n° 55.

PALUN, secrétaire général de la Miséricorde d'Avignon. — Précis de l'affaire du Corps de la Miséricorde d'Avignon, dont la décision a été ajournée par S. Exc. Mgr le Ministre de l'Intérieur. [*Signé* : Palun, secrétaire général]. — *S. l. n. d.* [1815], in-4°, pièce (4 p.).

Fonds Chambaud.

[**Ms. 2.534**, n° 143.

PALUN (Maurice), conservateur du Muséum d'histoire naturelle d'Avignon. — Catalogue des plantes phanérogames qui croissent spontanément dans le territoire d'Avignon et dans les lieux circonvoisins, rédigé par Maurice Palun,... — *Avignon, impr. F. Seguin aîné*, 1867, in-8°, 1 fl. n. ch. - 189 p.

2 ex. [8°, **5.090** et **24.670**.

PAMARD (Dr Alfred). — Académie de Vaucluse. Discours prononcé par le président, M. le Docteur Pamard, à la séance publique annuelle le 21 décembre 1884. — *Avignon, Seguin frères*, 1885, in-8°, pièce (8 p.).

[8°, **10.443**.

— Eloge de MM. Gonnet, Waton et Camille Bernard prononcé dans l'Assemblée générale du 23 novembre 1875 par M. Pamard, secrétaire. — *Avignon, Seguin frères*, 1880, in-8°, pièce (23 p.).

(Association générale des médecins de France. Société de Vaucluse.)
Anc. archevêché d'Avignon.

[8°, **37.349**.

— Eloge de Théodore Aubanel prononcé dans la séance publique de l'Académie de Vaucluse le 26 décembre 1886, par le Dr Pamard... — *Avignon, Seguin frères*, 1887, in-8°, pièce (21 p.).
Don de l'auteur.

[8°, **10.444**.

— Eloge du docteur de Ferry de la Bellone prononcé dans la réunion annuelle de la Société des Médecins de Vaucluse, par le Docteur Pamard. — *Avignon, Aubanel frères*, 1897, in-8°, pièce (16 p.).
Don de l'auteur.

[8°, **30.004**.

— Eloge du Docteur Yvaren, prononcé par le Dr Pamard... [le] 6 novembre 1886. — *Avignon, Aubanel frères*, 1886, in-8°, pièce (16 p.).
Don de l'auteur.

[8°, **15.849**.

— La mortalité dans ses rapports avec les phénomènes météorologiques dans l'arrondissement d'Avignon (1873-1877), par le Dr Alfred Pamard,... — *Paris, J.-B. Baillière et fils*, 1880, in-4°, 52 p., pl.
Don de l'auteur.

[4°, **1.278**.

— Observations chirurgicales communiquées à la Société de médecine de Vaucluse par le Dr Pamard,... — *Avignon, J. Chapelle*, 1891, in-8°, pièce (22 p.).
Don de l'auteur.

[4°, **6.462**.

— M. le Dr Pamard,... Observatoire du Mont-Ventoux. — [*Paris, A. Chaix et Cie*, 1879], in-8°, pièce (12 p.).

(Association française pour l'avancement des sciences. Congrès de Montpellier, 1879.)
Don de l'auteur.

2 ex. [8°, **31.528** et **32.634**.

— M. le Docteur Pamard,... Observatoire du Mont-Ventoux. — [*Paris, impr. Chaix*, 1883], in-8°, pièce (5 p.).

(Association française pour l'avancement des sciences. Congrès de Rouen, 1883.)
Don de l'auteur.

[8°, **32.633**.

— Sur le fonctionnement de la loi Roussel par M. Pamard (d'Avignon,... — [*Paris, L. Maretheux*, 1907], in-8°, pièce (7 p.).
(Extrait du *Bulletin de l'Académie de médecine*, 1907.)
Don de l'auteur.

[8°, **35.416**.

— M. le Dr Pamard... Un sanatorium d'altitude pour les enfants du premier âge.— *Paris, Secrétariat de l'Association*, 1896, in-8°, pièce (6 p.).

(*Association française pour l'avancement des sciences. Congrès de Bordeaux*, 1895.)
Don de l'auteur. [8°, **29.934**.

— *Edit.* PAMARD (Pierre-François-Bénezet). Les œuvres... *Paris*, 1900, in-8°.
[4°, **6.088**.

— *Voir :* BOUVIER (Marius), GIRAUD et PAMARD (Dr Alfred). Le Mont-Ventoux...*Avignon*, 1879, in-4°.
[4°, **1.144**.

— *Voir :* BOUVIER (Marius) et PAMARD (Dr Alfred)... Observatoire du Mont-Ventoux... *Avignon*, 1882, in-8°.
[8°, **3.265**.

— *Voir :* BOUVIER (Marius) et PAMARD (Dr Alfred). Notice sommaire sur l'observatoire du Mont-Ventoux...*Avignon*, 1883, in-8°.
[8°, **27.718**.

PAMARD (JEAN-BAPTISTE-ANTOINE-BÉNÉZET). — Eloge de M. [Pierre François Bénézet] Pamard, lu à la séance publique de l'Athénée de Vaucluse le 5 vendémiaire an XI, par Jean-Baptiste-Antoine-Bénézet Pamard,... — *Avignon, J.-J. Niel*, 1803, in-8°, pièce (21 p.).
2 ex. [8°, **26.804**, t. I, n° 8, et **26.927**, n° 3.

— Lettre du citoyen Pamard, officier de santé, aux maire et adjoints de cette ville d'Avignon [au sujet de l'inoculation de la vaccine, 20 nivôse an IX]. — *S. l. n. d.*, in-4°, pièce (11 ff. n. ch.).
Fonds Chambaud et Requien.
2 ex. [**Ms. 2.533**, n° 12, et **2.968**, n° 20.

— Topographie physique et médicale d'Avignon et de son territoire, par le citoyen Pamard,... — *Avignon, J.-J. Niel*, an X, in-8°, 80 p.
5 ex. [8°, **16.942**, n° 1, **26.589**, n° 1, **26.590** et **33.800**. — **Ms. 3.015**, n° 9.

— *Voir :* MÉMOIRE publié par le Licée de Vaucluse... sur les inondations de la ville d'Avignon... *Avignon*, an 10, in-8°.
2 ex. [8°, **16.941**, I, n° 2, et **26.804**, I, n° 2.

PAMARD (JEAN-BAPTISTE-ANTOINE-BÉNÉZET) et GUÉRIN (JOSEPH-XAVIER-BÉNÉZET). — [Circulaire de J.-B. Pamard et J. Guérin, conservateurs de l'Athénée, demandant des échantillons de minéraux recueillis dans toutes les communes du département de Vaucluse.] — *S. l. n. d.*[an XI], in-4°, pièce (1 ff. n.ch.).
Fonds Chambaud et Requien.
2 ex. [**Ms. 2.533**, n° 78, et **2.968**, n° 89.

PAMARD (PIERRE-FRANÇOIS-BÉNÉZET).— Dissertation sur quelques effets de l'air dans nos corps, description d'une seringue pneumatique... par Pierre-François-Bénézet Pamard,... — *Avignon, J. Aubert*, 1791, in-8°, pièce (36 p.), fig.
[8°, **26.927**, n° 4.

— Exercice public de physique expérimentale. Suivi d'une dé-

monstration anatomique que fera M. Pamard.... Dans la grand'salle des exercices du séminaire de Saint-Charles de la Croix d'Avignon, le [6] et le [7] juillet 1780, à 4 heures ; et le [10] du même mois à 3 heures après midi. — *Avignon, J. Bléry*, 1780, in-4°, pièce (12 p.).
Fonds Massilian-Moutte et Requien.

2 ex. [**Ms. 2.450**, n° 61, et **2.935**, n° 13.

— Observation sur une opération de la pierre. qui fut précédée et suivie par des accidens singuliers ; par M. Pamard fils,... — *Journal de médecine, chirurgie, pharmacie, etc*., juin 1767, p. 547-552.
Don de M. G. Ode.

[8°, **32.703**.

— Un contemporain de Daviel. Les œuvres de Pierre-François-Bénézet Pamard, chirurgien et oculiste (1728-1793), éditées pour la première fois d'après ses manuscrits par son arrière-petit-fils le Dr Alfred Pamard,... et le Dr P. Pansier. — *Paris, Masson et Cie*, 1900, in-8°, 415 p., port., fig. et pl.
Don de M. le Dr Pamard.

[4°, **6.088**.

Autre ex. (Legs Arnaud de Fabre).

[4°, **7.601**.

PAMPHLET du Diable. Chapitre omis dans le Diable boiteux de Le Sage, traduit de l'espagnol par Jacob-le-Muscophile. Publié en six livraisons. 1ʳᵉ livraison. [Tableau satirique de la vie avignonaise sous le gouvernement de Juillet]. — *Lyon, impr. Boursy fils*, 1839, in-8°, pièce (20 p.).

2 ex. [4°, **3.707**, n° 6. — **Ms. 3.006**, n° 13.

[PAMPHLET en faveur du Pape et contre le parti français à Avignon. 1790. *Signé* : Tous les bons citoyens]. — *S. l. n. d*., in-fol., placard.

[Atl. **314**, n° 18.

PAMPHLET pour pamphlet. Avignon, 25 juin 1830. [Questions de politique avignonaise]. — *Marseille, typ. Feissat aîné*, 1830, in-8°, pièce (16 p.).

2 ex. [8°, **17.147**. — **Ms. 2.551**, n° 9.

PANDREAU DE COLIN (Henri). — Sanctissimo Principi Clementi IX. pontifici maximo Avenio gratias referens. [*Signé* : Henricus Pandreau de Colin Avenionen.]. — *Romæ, successor Mascardi*, 1668], in-fol., pièce (3 p.).
Fonds Massilian-Moutte.

[**Ms. 2.439**, n° 13.

PANSIER (Dr P.). — Dr P. Pansier. Etude sur un manuscrit médical du XIᵉ siècle [provenant de l'abbaye des Bénédictins de Saint-André de Villeneuve]. — *Avignon, F. Seguin*, 1907, in-8°, pièce (8 p.).
(Extrait des *Mémoires de l'Académie de Vaucluse, 1907*).
Don de M. F. Séguin.

[4°, **7.444**.

— Guilelmus de Fonte, maître en médecine [d'Avignon], bienfaiteur des étudiants pauvres de l'école de Montpellier en 1361 par le Dr P. Pansier. — *Paris, H. Champion*, 1912, in-12, pièce (paginé 25-32).
(Extrait du *Bulletin de la Société française d'histoire de la médecine*, 1912.)
Don de l'auteur.

[8°, **37.680**.

— Dr P. Pansier. Histoire des prétendus statuts de la reine Jeanne et de la réglementation de la prostitution à Avignon au moyen âge. — *Amsterdam, s.n.*, 1902, in-8°, pièce (29 p.), pl.

(Extrait du *Janus*, 1902.)

Don de l'auteur. [8°, **33.412**.

— Dr P. Pansier. Les hôpitaux d'Avignon au moyen-âge. — *Avignon, F. Seguin*, 1907, in-12, pièce (33 p.).

Don de l'auteur. [8°, **35.365**.

— L'idée de Patrie et les raisons du patriotisme. Rapport sur le concours pour les prix des anciens élèves du Collège St-Joseph [d'Avignon] (année 1899), par le Docteur Pansier. — *Avignon, François Seguin*, 1899, in-8°, pièce (16 p.).

Don de l'auteur. [8°, **31.477**.

— Dr Pansier. Jean de Tournemire (Johannes de Tornamira), 1329-1396. Etude bio-bibliographique. — *Avignon, F. Seguin*, 1904, in-8°, pièce (16 p.).

(Extrait des *Mémoires de l'Académie de Vaucluse*, 2e trimestre 1904.)

Don de M. F. Seguin. [8°, **34.685**.

— 2e ex. corrigé par l'auteur. [8°, **34.764**.

— Les Médecins d'Avignon à l'Académie de Vaucluse en 1801. J.-C. Pancin (1743-1808), J.-B.-Antoine Pamard (1763-1837), par M. le Dr P. Pansier,... *Avignon, F. Seguin*, 1901, in-8°, pièce (44 p.), port.

Don de M. F. Seguin. [4°, **2.738**.

— Dr P. Pansier. Les médecins des papes d'Avignon. — *Harlem, De Erven F. Bohn*, 1909, in-8°, pièce (30 p.).

(Extrait du *Janus*, 1909.)

Don de l'auteur. [8°, **36.687**.

— L'Œuvre des Repenties à Avignon du XIIIe au XVIIIe siècle, par le Dr P. Pansier. — *Paris, H. Champion, Avignon, Roumanille*, 1910, in-8°, 297 p.

(Recherches historiques et documents sur Avignon, le Comtat Venaissin et la principauté d'Orange, V.) [4°, **8.476**.

— Les rues d'Avignon au moyen-âge, par le Dr P. Pansier. — *Avignon, F. Seguin*, 1911, in-4°, 226 p.

(Extrait des *Mémoires de l'Académie de Vaucluse*, 1910 et 1911.)

Don de l'auteur. [4°, **8.389**.

— *Édit.* PAMARD (Pierre-François-Bénézet)... Œuvres. *Paris, Masson et Cie*, 1900, in-8°. [4°, **6.088**.

— *Voir :* GIRARD (Joseph) et PANSIER (Dr P.). La cour temporelle d'Avignon aux XIVe et XVe siècles. *Paris-Avignon*, 1909, in-8°. [4°, **7.890**.

PAOLETTI (CHARLES). — 58e régiment d'Infanterie [en garnison à Avignon]. Fête du régiment. Anniversaire de la bataille de Friedland (14 juin 1807). [*Signé* : Charles Paoletti]. — [*Avignon, impr. Guigou*, 1910], in-12, pièce (6 p.).

Don de l'auteur. [8°, **37.531**.

PAPON (Abbé JEAN-PIERRE). — Histoire générale de Provence...

[Par l'abbé Papon]. — *Paris, Moutard*, 1777-1786, 4 vol. in-4°.

[4°, **3.832**.

PARIS (Aimé). — [Circulaire de M. Aimé Paris, professeur de mnémotechnie qui donnera à Avignon une séance publique et gratuite. 25 janvier 1833]. — [*Avignon, impr. Bonnet*], s. d., in 4°, pièce (11 ff. n. ch.).

[Ms. **2.973**, n° 50.

— Souvenirs du cours de mnémotechnie, de M. Aimé Paris. — *Paris, chez l'auteur*, 1830, in-8°, 191-16 p.

Legs Arnaud de Fabre.

[8°, **36.618**.

PARISIEN (Le) et l'Avignonois. Dialogue patriotique. [Contre les commissaires du roi à Avignon et dans le Comté Venaissin]. — *S. l. n. d.* [1792], in-8°, pièce (4 p.).

[Ms. **3.014**, n° 9.

PARNASSE (Le), poeme a Son Excellence Monseigneur Gregoire des ducs de Salviati, vice-legat, sur son entrée dans cette ville. — *Avignon, J. Garrigan*, 1760, in-8°, pièce (16 p.).

Fonds Massilian-Moutte et Requien.

2 ex. [Ms. **2.431**, n° 61, et **2.953**, n° 21.

PARRAUD (Abbé A.). — A la cloche paroissiale. [*Signé*: Abbé A. Parraud]. — [*Robécourt, Farnier frères*], s. d., in-18, pièce (11 ff. n. ch.).

[4°, **4.442**, n° 1.

— Hymne à la cloche. [*Signé*: Abbé A. Parraud]. — [*Vitry-le-François, Paintandre*], s. d., in-8°, pièce (1 ff. n. ch.).

[4°, **4.442**, n° 15.

PARROCEL (Etienne). — Annales de la peinture, par Etienne Parrocel ; ouvrage contenant l'Histoire des Ecoles d'Avignon, d'Aix et de Marseille, précédée de l'Historique des Peintres de l'Antiquité, du moyen-âge, et des diverses écoles du midi de la France, avec des Notices sur les Peintres, Graveurs et Sculpteurs provençaux, anciens et modernes, et suivi de la Nomenclature de leurs œuvres ayant figuré à l'Exposition de 1861 et du nom des exposants. — *Paris, Ch. Albessard et Bérard ; Marseille, même Maison*, 1862, in-8°, xix-614 p.

[8°, **24.906**.

— Etienne Parrocel. L'Art dans le Midi. Célébrités marseillaises. Marseille et ses édifices. Architectes et ingénieurs du XIX° siècle.— *Marseille, impr. E. Chatagnier aîné*, 1881-1884, 4 vol. in-12, 374, 351, 355 et 351 p.

[8°, **7.665**.

— Etienne Parrocel. L'Art dans le Midi. Des origines et du mouvement artistique et littéraire jusqu'au XIX° siècle. Deuxième édition. — *Marseille, impr. E. Chatagnier aîné*, 1881, in-12, XV-542 p.

[8°, **7.665**.

— Les Beaux-Arts en Provence. Revue générale au point de vue documentaire des incidents et des faits se rattachant à l'instruction publique, au mouvement littéraire, scientifique et aux Beaux-Arts, pendant l'époque révolutionnaire, pour faire suite à l'histoire documentaire de l'Académie de peinture et sculpture de Marseille, par Etienne Parrocel,... — *Paris, typ. E.*

Plon, Nourrit et Cie, 1889, in-4°, 102 p.
[4°, **1.132**.

PASSAGE de Berryer à Avignon. — *Gazette du Bas-Languedoc*, n° du 21 mars 1844, supplément.
[Ms. **2.978**, n° 64.

PASSAGE de Buonaparte à Avignon et à Orgon. Extrait de la Gazette de France et du Journal des Débats. — [*Avignon, impr. Chaillot aîné*, 1814], in-8°, pièce (4 p.).
Fonds Chambaud et Requien.
2 ex. [Ms. **2.547**, n° 25, et **2.998**, n° 6.

PASSÉRY. — *Voir* : MÉMOIRES sur la Révolution d'Avignon et du Comté Venaissin... *S. l.*, 1793, 2 vol. in-4°.
2 ex. [4°, **3.700** et **4.249**.

PASTUREL (TOUSSAINT), religieux minime. — In Provincia et Comitatu Venaissino pestiferis inservientes demortui annis 1720, 1721 et 1722,... proprio unicuique præstito elogio, in quo singula nomina et cognomina recensentur, ortus; conditiones, merita et obitus designantur... authore Fr. Tussano Pasturel,... — *Aix, impr. Jean Adibert*, 1722, in-4°, VIII-100 p.
2 ex. [8°, **13.568**. — Ms. **2.942**, n° 32.

PATIN (MARTIAL) et MOULINAS (D.). — Notes sur le Collège de Carpentras et l'enseignement secondaire en province depuis le XV° siècle par Martial Patin,... D. Moulinas,... — *Avignon, Seguin frères*, 1894, in-8°, 52 p.
[8°, **28.978**.

PATRIOTE (Le) marseillais aux avignonais. [7 vendémiaire an III]. — *S. l. n. d.*, in-4°, pièce (4 p.).
Fonds Chambaud et Requien.
2 ex. [Ms. **2.529**, n° 7, et **2.965**, n° 9.

PATRIOTES (Les) de quatre-vingt-neuf, Canton d'Orange,... Au Conseil des Cinq-Cents. [22 germinal an IV]. — *S. l. n. d.*, in-8°, pièce (7 p.).
Fonds Chambaud et Requien.
2 ex. [Ms. **2.544**, n° 70, et **2.995**, n° 11.

PATRIOTES (Les) du département de Vaucluse, à tous les Patriotes Français. [19 juin 1791]. — *S. l. n. d.* [1791], in-12, pièce (11 p.).
Fonds Chambaud et Requien.
2 ex. [8°, **33.463**. — Ms. **2.539**, n° 19, et **2.990**, n° 22.

PATRIOTISME des Avignonois et de leurs alliés, suivi du siège de Carpentras. — *Carpentras, s. n.*, 1791, in-8°, pièce (38 p.).
[Ms. **3.016**, n° 16.

PAUL. — Mémoires pour servir à l'histoire de la chirurgie du XVIII° siècle, et de supplément aux institutions chirurgicales de M. Heister... par M. Paul,... Première partie. — *Avignon, J.-J. Niel*, 1773, in-4°, pièce (11 ff. n. ch.).
[On n'a que le titre et la dédicace à Gastaldy, professeur à la Faculté de médecine d'Avignon.]
Fonds Massilian-Moutte.
[Ms. **2.451**, n° 60.

PAUL (Le P.). — Oraison funèbre de... Messire Gaspard de Simiane La Coste : abé d'Auchy, prieur de Bonnieux, et recteur perpétuel du college Saint-

PAUL (Le P.). Martial d'Avignon, prononcée à Avignon le 24 septembre 1686 dans l'eglise collégiale S. Didier. Par le R. P. Paul,... — Lyon, T. Amaulry, 1687, in-4°, pièce (42 p. - 1 fl. n. ch.).

Fonds Massilian-Moutte et Requien.

3 ex. [**Ms. 2.445**, n° 24, **2.458**, n° 15, et **2.940**, n° 4.

PAUL (GEORGES). — Georges Paul. Le Père Antoine Nolhac (1715-1791). Les Massacres de la Glacière. Jourdan Coupe-Tête. — *Le Puy, Badiou-Amant*, 1912, in-12, 114 p.

Don de l'auteur. [8°, **38.086**.

PAUL (HENRI). — Hospices et hôpitaux d'Avignon. Canal de l'Hôpital. Projet de rattachement à la prise commune de Bonpas (rive droite de la Durance). Rapport de M. Henri Paul,... Délibération de la Commission administrative. — *Avignon, E. Millo*, 1901, in-8°, pièce (24 p.).

Don de l'auteur. [8°, **32.632**.

— Mémoire relatif au projet de destruction de la partie sud des remparts. [*Signé*: Henri Paul,..] — *Avignon, E. Millo*, 1902, in-8°, pièce (xx p.).

(Comité pour la conservation des monuments d'Avignon.)
Don de l'auteur. [8°, **33.406**.

PAUL (VICTOR), inspecteur du service des enfans trouvés et des établissements de bienfaisance du département de Vaucluse. — Réflexions sur les enfans trouvés, par Victor Paul,... — *Avignon, impr. Bonnet fils*, 1844, in-8°, pièce (32 p.).

[**Ms. 3.010**, n° 22.

PAUL D'UBAYE (Le P.). — Oraison funèbre de Marie Therese d'Autriche, reine de France et de Navarre, prononcée dans l'eglise royale des R. P. Peres Celestins d'Avignon, par le R. Pere Paul d'Ubaye,... le 4 septembre 1683. — *Avignon, L. Lemoll*, 1683, in-16, 64 p.

(A la suite, gravure du catafalque élevé aux Célestins pour les obsèques de la reine, d'après les dessins de Mignard.)
[Ms. **2.458**, n°ˢ 13 et 14.

PAULET (Abbé L.). — L'Abbé L. Paulet. Saint-Rémy-de-Provence ; son histoire nationale, communale, religieuse. — *Avignon, Roumanille*, 1907, in-8°, xv-551 p., pl.

[8°, **35.371**.

PAYEN (Dʳ). — Héroïde à la mémoire de Louis de Balbe de Berton, duc de Crillon, composée pour l'inauguration de sa statue sur la place d'Armes d'Avignon, le 3 Mai 1858, par le Dʳ Payen, médecin homœopathe. — *Avignon, Bonnet fils*, 1858, in-12, pièce (12 p.).

[8°, **25.068**, n° 45.

PAYEN (Abbé). — Recueil de quelques discours de circonstances, par M. l'abbé Payen,... — *Avignon, Aubanel*, 1866, in-8°, 305 p.

[Discours de réception à l'Académie d'Apt].
[8°, **28.536**.

PAYEN (ANTOINE-FRANÇOIS). — Voir : PAYEN (Pierre) et PAYEN (Antoine-François). Singulares et selectæ orationes panegyricæ... *Avignon*, 1696, in-12.

[8°, **26.953**.

PAYEN (PIERRE). — Olivifera Columba, fœderis divini nuncia.

PAYEN (Pierre).

Oratio in festivâ Universitatis Auen. solemnitate. Habita à... Petro Payen,... in æde San-franciscanorum PP. vii. Kalend. Avril... M.DC.XLV.... — *Avignon, J. Bramereau*, 1645, in-4°, pièce (iv ff. n. ch. - 7. p.).
Fonds Massilian-Moutte et Requien.

2 ex. [8°, **33.482**. — Ms. **2.451**, n° 14.

PAYEN (Pierre et Antoine-François). — Sol oriens. eucharistica et inauguratoria orationes. in solemni doctoralis laureæ gratulatione. habitæ à Nobilib. D.D. Petro, et Antonio Francisco Payen fratribus... in Academia Aven. Kal. Oct. M.DC. XLIV...— *Avignon, J. Bramereau*, 1644, in-4°, pièce (iv ff. n. ch. - 20 p.).
Fonds Massilian-Moutte et Requien.

2 ex. [Ms. **2.451**, n° 13, et **2.953**, n° 3.

— Singulares et selectæ orationes panegyricæ. [*P. 1* : Panægyrica oratio B^{ti} Petri a Luxemburgo, habita ab ingenuo adolescente Petro Payeno... in basilica RR. PP. Cælestinorum civitatis Aven. 5 julii... — *P. 27* : Panegyrica oratio Bartholi habita ab illus. D. Ant. Fran. Payeno, in Academia Aven. antecessore, die 21 novemb. — *P. 53* : Prælectio lucalis ad laudes Æmylii Ferretti, antecessoris universitatis Avenionensis, habita ab illustri D. Petro Payeno in Academia Aven. antecessore die vigesima quarta octobris...]. — *Avignon, Philippe Offray*, 1696, in-12, feuillets liminaires - 116 p.

[8°, **26.953**.

PAZZIS (Maximin-Roch Seguins de Pazzis, *dit* Maximin de). —

PELAT (Abbé).

Eloge en forme de Notice historique de Malachie d'Inguimbert, par Maxime Pazzis. — *Carpentras, impr. J.-A. Proyet*, an XIII, in-8°, pièce (1 f. n. ch. - 34 p.).

3 ex. [8°, **26.927**, n° 9, et **26.945**. — Ms. **3.018**, n° 15.

— Mémoire statistique sur le département de Vaucluse, par Maxime Pazzis.— *Carpentras, D.-G. Quenin*, 1808, in-4°, 347 p. - iii ff. n. ch.

2 ex. [4°, **2.845** et **4.259**.

— Autre ex. suivi des numéros des 29 septembre, 13, 20 et 27 octobre et 3 novembre 1808 du *Courrier d'Avignon*, contenant une critique de l'ouvrage de Maxime Pazzis.

[4°, **3.851**.

— *Voir*: Annuaire [officiel] statistique du département de Vaucluse pour l'an XII. *Carpentras*, s. d., in-12.

[8°, **31.391**.

PEDRO II (S. M. dom) d'Alcantara, empereur du Brésil. — *Trad*. Poésies hébraïco-provençales... *Avignon*, 1891, in-12.

[8°, **35.387**.

PEIROL (Antoine).— *Voir*: Peyrol (Antoine).

PEL V. Centenario di Francesco Petrarca. L'epistola ad Orazio... e l'epistola ad Omero... tradotte da Vittorio Polacco e Luigi Alberto Ferrai,... — *Padova, tip. del seminario*, 1874, in-8°, pièce (24 p.).

[8°, **34.591**.

PELAT (Abbé), curé de Valréas. — [Lettre au sujet du père du cardinal Maury].— *Voir*: Maury (Louis-Siffrein). Vie du cardinal Jean-Sifrein Maury... *Paris*, 1828, in-8°.

[8°, **25.843**.

— Sermon sur une vêture et une profession de Dames Ursulines, par l'abbé Pelat,... — *Avignon, impr. Jacquet et Joudou,* [1839], in-8°, pièce (24 p.).

Fonds Chambaud et Requien.

2 ex. [8°, **11.572**. — Ms. **3.006**, n° 25.

PÉLERIN (DE). — La dévote et royale confrérie des Pénitents Gris à Avignon. Rapport présenté au Congrès Eucharistique de Lille, le 28 juin 1881, par M. de Pélerin,... — [*Avignon, Aubanel frères*, 1881], in-8°, pièce (4 p.).

(Extrait de la *Semaine Religieuse d'Avignon*, novembre 1881.)

[8°, **29.472**, n° 17.

PELLAS (SAUVEUR-ANDRÉ). — Dictionnaire provençal et françois dans lequel on trouvera les mots provençaux et quelques phrases et proverbes en François, avec les termes des arts libéraux et mécaniques, le tout pour l'instruction des provençaux qui n'ont pas une entière intelligence ni l'usage parfait de la langue françoise, par le Père Sauveur-André Pellas... — *Avignon, F.-S. Offray*, 1723, in-4°, 326 p.

(Avec le privilège par Rainier d'Elci, vice-légat d'Avignon.)

2 ex. [4°, **1.734** et **3.618**.

PELLAT (EDMOND). — Etudes stratigraphiques et paléontologiques sur les terrains tertiaires de quelques localités de Vaucluse, du Gard et des Bouches-du-Rhône, par M. Edm. Pellat. — *Paris, au siège de la Société géologique de France*, 1896, in-8°, pièce (paginé 501-515).

(Extrait du *Bulletin de la Société géologique de France*, 3ᵉ série, tome XXIV, page 501, année 1896.)

[4°, **4.624**.

PELLAT (EDMOND) et LORIOL (P. DE). — Etudes stratigraphiques et paléontologiques sur les terrains tertiaires de quelques localités de Vaucluse, du Gard et des Bouches-du-Rhône (suite). Note n° 3. Les couches supérieures du Burdigalien supérieur aux Angles (Gard) et à Saint-Etienne-du-Grès (Bouches-du-Rhône), par M. Edm. Pellat, et Description de quelques fossiles de ces localités, par M. P. de Loriol. — *Paris, au Siège de la Société*, 1897, in-8°, pièce (paginé 111-129), pl.

(Extrait du *Bulletin de la Société géologique de France*, 3ᵉ série, tome XXV, page 111, année 1897.)

[4°, **4.625**.

PELLECHET (MARIE). — Notes sur des imprimeurs du Comtat Venaissin et de la principauté d'Orange et Catalogue des livres imprimés par eux qui se trouvent à la bibliothèque de Carpentras, par M. Pellechet. — *Paris, Alph. Picard*, 1887, in-4°, 111 p., pl.

[4°, **3.778**.

PELLOUX (L.). — La voie Domitienne entre Sisteron et Apt... par L. Pelloux. — *Draguignan, impr. Guibert*, 1883, in-8°, 44 p.

Don de l'auteur.   [8°, **11.530**.

PENJON (A.). — Avignon, la ville et le palais des Papes, par A. Penjon. — *Avignon, Chassing*, 1878, in-8°, 134 p., pl.

[8°, **30.844**.

— Nouvelle édition…— *Avignon, J. Roumanille*, s. d., in-12, 142 p., pl.
(Legs Geoffroy-Perret.)
[8°, **34.069**.

PENSÉES qu'un Étranger se proposoit d'offrir dans une des Assemblées des Chefs de familles, tenue à Avignon le 14 mars 1790. — *S. l. n. d.*, in-4°, pièce (11 p.).
Fonds Chambaud et Requien.
2 ex. [Ms. **2.522**, n° 21, et **2.958**, n° 24.

PER la promozione alla sacra porpora di Sua Eccelenza Reverendissima Monsignore Angelo Maria Durini arcivescovo di Ancira e presidente della legazione di Avignone. — *Bologna, stamp. del Sassi*, 1776, in-fol., placard, grav.
[4°, **3.632**, n° 27.

PERDIGUIER (AGRICOL). — Histoire d'une scission dans le compagnonage, suivie de la biographie de l'auteur du livre du compagnonage et de réflexions diverses, par Agricol Perdiguier, dit Avignonais la Vertu, compagnon menuisier. — *Paris, chez l'auteur*, 1846, in-16, en 2 parties, 156 et 178 p.
(La seconde partie est intitulée : Biographie de l'auteur du livre du compagnonage et réflexions diverses, ou complément de l'histoire d'une scission dans le compagnonage par Agricol Perdiguier…)
[8°, **31.507**.

— Le livre du compagnonnage, par Agricol Perdiguier,… Troisième édition. — *Paris, Perdiguier*, 1857, 2 vol. in-18, 284 et 302 p., port. et pl.
[8°, **11.716**.
Autre ex. (Succession P. Grivolas).
[8°, **35.146**.

— Question vitale sur le compagnonnage et la classe ouvrière, par Agricol Perdiguier… 2ᵉ édit. — *Paris, chez l'auteur*, 1863, in-18, 136 p.
[8°, **11.939**.

PEREGRINUS MASERUS. — *Voir :* MASERI (Peregrinus).

PÉRIER (JEAN-FRANÇOIS). — L'abbé Albert Durand,… Correspondance de J.-F. Périer, évêque constitutionnel du Puy-de-Dôme [puis évêque concordataire d'Avignon]. — *Avignon, F. Seguin*, 1906, in-8°, pièce (38 p.).
(Extrait des *Mémoires de l'Académie de Vaucluse*, 1906.)
Don de M. F. Seguin.
[8°, **35.248**.

PÉRORAISON d'un discours en l'honneur de Marie, prêché la veille de l'Annonciation dans l'Église de S. Pierre [d'Avignon]. — *S. l. n. d.*, in-8°, pièce (3 p.).
Fonds Chambaud.
[8°, **27.230**, t. IV, n° 38.

PÉROUSE (GABRIEL). — Le Cardinal Louis Aleman et la fin du grand Schisme. Thèse… par Gabriel Pérouse,… — *Lyon, P. Legendre et Cie*, 1904, in-8°, XLI-513 p.
[4°, **6.788**.

PERRAT (JEAN). — La Chronique d'un Notaire d'Orange [Jean Perrat] publiée et annotée par L. Duhamel,… — *Paris, Champion*, 1881, in-12, 168 p., pl.
(Extrait de l'*Annuaire du département de Vaucluse*, 1881.)
Don de M. Duhamel.
[8°, **15.071**.

PERRIER (GABRIEL). — Rapport sur l'utilité d'employer la langue provençale et les idiomes populaires dans les réunions royalistes, présenté par M. Gabriel Perrier. — *Avignon, F. Seguin*, 1899, in-12, pièce (11 p.).

(6ᵉ Congrès national de la jeunesse royaliste de France à Montpellier. 3ᵐᵉ commission.)
Don de M. H. Bouvet.
[8°, **33.409**.

PERRIN (Charles), professeur agrégé d'histoire. — De Jacobo Sadoleto, cardinali, episcopo Carpentoractensi, disquisitio historica. Auctore Perrin. — *Paris, Joubert*, 1847, in-8°, 58 p.
2 ex. [8°, **26.567**, n° 2, et **28.272**.

— Etats pontificaux de France au seizième siècle, par Charles Perrin (de l'Isère),... — *Paris, Joubert*, 1847, in-8°, 123 p. carte.
[8°, **2?.567**, n° 1.

— Le réseau Alpique ou chemins de fer français d'Italie, par la Franche-Comté, la Bourgogne et la Suisse, le Dauphiné, la Provence et les Etats Sardes ; études par M. Charles Perrin... — *Lyon, A. Brun*, 1858, in-8°, viii-32 p.
[8°, **28.784**.

PERRIN (J. H.), ex directeur de l'école laïque du Thor. — Petite géographie du département de Vaucluse, par J.-H. Perrin,... Géographie physique. — [*Avignon, typ. A. Roux*], 1873, in-12, 115 p., cart.
[8°, **14.970**.

PERRIN (Jean-Paul). — Histoire des chrestiens albigeois contenant les longues guerres, persécutions qu'ils ont souffert à cause de la doctrine de l'Evangile,... par Jean-Paul Perrin...

— *Genève, M. Berjon*, 1618, in-12, iv ff. n. ch. - 333 p.
[8°, **25.975**, n° 2.

— Histoire des Vaudois divisée en trois parties... par Jean-Paul Perrin... — *Genève, Pierre et Jacques Chouët*, 1619, in-12, xvi ff. n. ch. - 248 p.
[8°, **25.975**, n° 1.

PERRIN (M.), colonel d'artillerie en retraite... — Etude sur Annibal. Marche d'Annibal des Pyrénées au Pô et description des vallées qui se rendent de la vallée du Rhône en Italie, par M. Perrin... — *Paris, E. Dubois*, 1887, in-8°, 227-iv p., cart.
[8°, **12.288**.

PERROSSIER (Abbé Cyprien). — Notice littéraire sur Monseigneur Vigne, archevêque d'Avignon, par M. l'abbé Cyprien Perrossier... — *Valence, impr. J. Céas*, 1896, in-8°, pièce (28 p.).
Anc. archevêché d'Avignon.
[8°, **37.351**.

PERTUIS et l'embranchement d'Aix, par un conseiller municipal [de Pertuis]. — *Aix, Remondet-Aubin*, 1861, in-4°, pièce (14 p.).
[4°, **6.909**

PERTUIS. — Pertuis, juge de paix, officier judiciaire et de police du 1ᵉʳ arrondissement d'Avignon, à un de ses Collègues [sur les fonctions de juge de paix]. — S. l. n. d., an IV, in-12, pièce (27 p.).
Fonds Chambaud et Requien.
2 ex. [8°, **26.599**. - Ms. **3.017**, n° 22.

— Discours en idiome provençal, prononcé le 8 floréal, an troisième, à Morières, chef-lieu de canton, dans la Maison-commune, par le citoyen Pertuis, juge de paix, en présence du corps municipal et d'un grand nombre de citoyens... — *Avignon, V. Raphel*, s. d., in-4°, pièce (19 p.).

Fonds Chambaud et Requien.

4 ex. [4°, **3.627** et **4.894**. — Ms. **2.530**, n° 25, et **2.965**, n° 131.

PERTUIS (BARTHÉLEMY). — Lugubres næniæ in tumulum... Dominici de Grimaldis Vicelegati et Archiepiscopi Avenionensis, qui mortuus est Kalendis Augusti M.D.LXXXXII. Authore Bartholomæo Pertusio,... — *Avignon, J. Bramereau*, 1592, in-4°, pièce (16 p.).

[Ms. **2.952**, n° 9.

PERTUIS DE MONTFAUCON (L.-EUGÈNE-GABRIEL DE). — *Voir :* MONTFAUCON (L.-Eugène-Gabriel de Pertuis, baron de).

PÉRUSSIS (LOUIS DE). — Discours des guerres de la comté de Venayscin et de la Prouvence, ensemble quelques incidentz... par le seigneur Loys de Pérussiis, escuyer de Coumons, ... — *Avignon, impr. Pierre Roux*, 1563, pet. in-4°, 112 p. et IV ff. n. ch.

Ce discours ou journal s'étend du 27 décembre 1561 au 15 septembre 1562. Il est précédé de deux épîtres dédicatoires, l'une en italien adressée à Fabrice Serbelloni, général des armes à Avignon et dans le Comtat, l'autre en français : *A très illustres, genereuses, vertueuses, scavantes, et bien disantes dames, mes dames, et damoiselles d'Avignon, de la Comté de Venaiscin, et generallement a toutes autres.* Ces deux dédicaces sont datées du 20 septembre 1562. — P. 6 : armoiries de Fabrice Serbelloni. — Fol. n. ch. IV : armoiries de Louis de Pérussis, suivies d'un court poème par Vasquin Philieul ; au v° de ce fol., on lit : *Fin du premier volume. Par Pierre Roux, 1563.*

Ex. donné par V. Chambaud à E. Requien.

[8°, **26.197**, n° 1.

Autre ex. [8°, **27.271**.

— Autre ex. incomplet (manque la première épître dédicatoire).

[8°, **15.878**.

— Réimpression de l'ouvrage précédent. — *Archives curieuses de l'histoire de France* publiées par Cimber et Danjou, 1re série, tome IV, p. 401-507.

[8°, **14.080**.

— Le second discours des guerres de la comté de Venayscin, et quelques observations de nostre saincte mere Eglise, avec autres incidents, par le seigneur Loys de Perussiis, escuyer de Coumons... — *Avignon, Pierre Roux*, 1564, pet. in-4°, IV ff. n. ch. - 176 p. - IV ff. n. ch.

Ce second discours concerne les évenements arrivés depuis le 27 septembre 1562 jusqu'au 7 février 1564. L'épître dédicatoire à Fabrice Serbelloni est datée du 14 février 1564.

Ex. donné par V. Chambaud à E. Requien.

[8°, **26.197**, n° 2.

— Histoire des guerres du comté Venaissin, de Provence, de Languedoc, etc., par Louis de Pérussis. — Extrait du tome Ier des *Pièces fugitives pour servir à l'histoire de France* publiées par le Mis d'Aubais, 1759, in-4°, 384 p.

C'est un abrégé du premier, du second et du troisième discours de Louis de Pérussis. Ce dernier encore inédit va du 22 février 1564 à 1580. — L'abrégé publié par le Mis d'Aubais est accompagné de notes et d'une table chronologique.

[4°, **3.854**.

— *Voir :* Henry (Honoré). Commentaires des guerres civiles de nostre temps... *Avignon*, 1565, in-4°.

[8°, **26.197**, n° 3.

PERUZZI (V.). — Notizie sopra due piccoli ritratti in bassorilievo rappresentanti il Petrarca e Madonna Laura che esistono in casa Peruzzi di Firenze, con delle iscrizioni del xiv secolo. [Signé : V. Peruzzi]. — *Paris, Dondrey-Dupré*, 1821, in-8°, pièce (29 p.), pl.

Fonds Chambaud et Requien.

2 ex. [8°, **14.930** et **28.860**, n° 4.

PESTRE (Dr Fernand). — Les œuvres d'assistance et de protection à la mère, au nouveau-né et aux enfants du premier âge [à Avignon], par Fernand Pestre,... — *Montpellier, impr. Firmin, Montane et Sicardi*, 1907, in-8°, 63 p.

Don de M. le Dr Pamard.

[8°, **37.804**.

PÉTHION de Villeneuve. — Rapport sur l'Affaire d'Avignon, prononcé à l'Assemblée nationale, par M. Péthion de Villeneuve, dans la séance de mardi soir, 16 novembre 1790. — *S. l. n. d.* [1790], in-8°, pièce (14 p.).

[Ms. **3.012**, n° 35.

PETION (J.). — Discours sur la réunion d'Avignon à la France, par J. Petion. [16 novembre 1790]. — [*Paris, impr. Nationale*, 1790], in-12, pièce (30 p.).

Fonds Chambaud et Requien.

3 ex. [8°, **33.446**. — Ms. **2.537**, n° 40, et **2.988**, n° 37.

PETIT abregé de l'Association de Saint Joseph canoniquement érigée dans les Eglises des Revérends Peres Carmes déchaussez d'Avignon, d'Aix, de Marseille, et autres lieux. — *Avignon, P. Offray*, 1687, in-12, pièce (47 p.).

[8°, **27.172**.

— Autre édition. — *Avignon, F.-S. Offray*, 1695, in-12, pièce (46 p.).

[8°, **27.173**.

PETIT recueil de cantiques à l'usage des pèlerins du diocèse d'Avignon. — *Avignon, Aubanel*, 1884, in-12, pièce (29 p.).

[8°, **28.951**.

PETIT, gendarme. — *Voir :* Discours prononcés [par un officier au 3e bataillon des volontaires du département de la Drôme...]. — *S. l. n. d.*, in-8°.

[Ms. **2.542**, n° 16.

PÉTITION à l'Assemblée Nationale, relative au Décret du 10 Mai, sur Avignon.[19 mai 1792]. — *S. l. n. d.* [1792], in-8°, pièce (3 p.).

Fonds Chambaud et Requien.

2 ex. [Ms. **2.542**, n° 7, et **2.992**, n° 33.

PÉTITION à la Convention nationale, des citoyens d'Avignon, échappés aux massacres des bourreaux de Robespierre. [25 nivôse an III]. — [*Avignon, V. Raphel*], s. d., in-8°, pièce (8 p.).

[Contre Maignet].
Fonds Chambaud et Requien.

3 ex. [8°, **33.430**. — Ms. **2.544**, n° 50, et **2.994**, n° 48.

— Autre édit. — *S. l. n. d.*, in-fol., pièce (6 p.).

[Ms. **2.957**, n° 8 *bis*.

PÉTITION à la Convention Nationale, des Citoyens de la

Commune d'Avignon, victimes de la faction Robespierre, sur les atrocités commises dans cette Commune et dans le Département de Vaucluse, par les agens et les complices de cette faction. [19 brumaire an III].— [*Avignon, Vincent Raphel,* 1794], in-8°, pièce (20 p.).

Fonds Chambaud et Requien.

3 ex. [8°, **33.452**. — Ms. **2.544**, n° 44, et **2.994**, n° 42.

PETRACCI (Pietro). — *Edit.* PÉTRARQUE (François). Il Petrarca... *Venise*, [1609], in-32.

[8°, **10.470**.

PÉTRARQUE (François). — Librorum Francisci Petrarchæ Basileæ impressorum annotatio.— *Fol.* [368]: Explicit Liber Augustalis Beneventi de Rambaldis cum pluribus aliis opusculis Francisci Petrarchæ : Impressis Basilæ per Magistrum Ioannem de Amerbach : Anno salutiferi virginalis partus : Nonagesimo sexto supra millesimum quaterqz centesimum. — *Bâle, impr. Jean de Amerbach,* 1496, in-4°, 388 ff. n. ch.

(Voir sur cet ouvrage : L. Hain, *Repertorium bibliographicum,* tome II, p. II, p. 76-77, n° 12.749.)

Ex. de Joseph de Latourguyon, Rome, 1718.

[Inc. **225**.

— Autre ex. (Manque le titre, lettres initiales en rouge, bleu et jaune).

Ex. des Célestins d'Avignon.

[Inc. **224**.

— Le volgari opere del Petrarcha, con la espositione di Alessandro Vellutello da Lucca.— [*Vinegia, Giovanni-Antonio e fratelli da Sabbio*], 1525, in-4°, XI ff. n. ch. - 201 ff. - LX ff. n. ch.

[Précédé d'une vie de Pétrarque et d'une étude sur Laure].

[8°, **25.718**.

— Il Petrarca col commento di M. Sylvano da Venaphro, dove son da quattrocento luochi dichiarati diversamente degli altri spositori, nello libro col vero segno notati. — [A la fin : *Nella città de Napole, per Antonio Jovino e Matthio Canzer,* 1533], in-4°, II ff. n. ch. - CCCIII ff.

[8°, **25.717**.

— Il Petrarca.— [A la fin : *Impresso in Vinegia, nelle case delli eredi d'Aldo Romano, i d'Andrea Asolano, nell' anno* MDXXXIII...], petit in-8°, 183 ff. ch. - XLIV ff. n. ch. (Le titre manque).

[8°, **25.492**.

— Il Petrarcha colla spositione di misser Giovanni Andrea Gesvaldo... — [*Venise, Jean Antoine de Nicolini, etc.*], 1541, in-4°, CCCLXXXIIII ff. - 80 ff. n. ch.

[8°, **25.713**.

— Il Petrarca. — [*Venise, Figlivoli di Aldo,* 1546], in-12, 176 ff. - XVI ff. n. ch. (Le titre et les 8 premiers feuillets manquent)

[8°, **10.487**.

— [Il Petrarca, con l'espositione, la vita del poeta e l'origine di M. Laura, con descrittioni di Valclusa, da Aless. Vellutello]. — *Venise, Giolito de Ferrari,* 1552, in-4°, 215 ff. (Manque le titre).

[8°, **25.712**.

— Il Petrarca novissimamente revisto, e corretto da M. Ludovico Dolce, con alcuni dottiss. avertimenti di M. Giulio Camillo...

— *Vinegia, G. Giolito de Ferrari e fratelli*, 1553, in-12, 396 p.

[8°, **25.493**, n 1.

— Francisci Petrarcæ... Opera quæ extant omnia... — *Basileæ excudebat Henrichus Petri,* [1554], 4 part. en 1 vol. in-fol., xiv ff. n. ch. - 1375 p. - xliii ff. n. ch.

Capucins d'Avignon.

[Fol. **2.410**.

— Il Petrarca con l'espositione di M. Alessandro Velutello... — *Venise, s. n.*, 1579, in-4°, pièces liminaires - 213 ff. et table.

[8°, **25.716**.

— Francisci Petrarchæ Florentini, philosophi, oratoris, et poetæ clarissimi,... opera quæ extant omnia... — *Basileæ, per Sebastianum Henricpetri,* [1581], in-fol.

Ex. de l'abbé de Sade.

[Fol. **4.273**.

Autre ex. [Fol. **2.411**.

— Il Petrarca di nuovo ristampato et di bellissime figure intagliate in Rame adornate e diligentemente corretto con argomenti di Pietro Petracci. — *Venise, Jean-Marie Misserini,* [1609], in-32, 346 p. - vi ff. n. ch.

[8°, **10.470**.

— Toutes les œuvres vulgaires de François Petrarque. Contenans quatre livres de M. D. Laure d'Avignon, sa maistresse : jadis par luy composez en langage Thuscan, et mis en Françoys par Vasquin Philieul de Carpentras Docteur es Droitz...— *Avignon, impr. Barthélemy Bonhomme,* 1555, in-12, 408 p.

2 ex. [8°, **25.506** et **31.861**.

— Le Pétrarque en rime françoise avecq ses commentaires, traduict par Philippe de Maldeghem, seigneur de Leyschot.— *Bruxelles, Rutger Velpius,* 1600, in-12, x ff. n. ch. - 547 p. - vii ff. n. ch., grav.

(Ex-libris du M. de Suarez d'Aulan gravé par J. Michel. Avignon, 1730.)

[8°, **25.507**.

— Francisci Petrarchæ Florentini poetæ eruditissimi bucolica, Africa, epistolae. — *Bâle, s. n.*, 1558, in-12, 583 p.

[8°, **25.045**.

— Pétrarque. Tome I et II. Sonnets, canzones, ballades et sextines. Tome III. Epîtres, églogues, triomphes, traduits en vers par le comte Anatole de Montesquiou... 2° édit. — *Paris, Amyot,* 1843, 3 vol. in-8°, t. I : iii ff. n. ch. - 280 p. ; t. II : 295 p. ; t. III : 268 p.

Don du traducteur.

[8°, **10.552**.

— Pétrarque. L'Ascension du Mont Ventoux, traduite pour la première fois par Victor Develay. — *Paris, libr. des bibliophiles,* 1880, in-24, pièce (39 p.).

[8°, **33.410**.

— Choix de sonnets de Pétrarque traduits par Madame S. Emma Mahul, des comtes Dejean... 2° édit. — *Florence, Botta,* 1867, in-8°, 253 p.

[4°, **1.988**.

— 3° édit. — *Paris, Didot,* 1869, in-8°, 349 p.

[4°, **1.989**.

— Choix des poésies de Pétrarque, traduites de l'italien par M. P. C. Levesque,... — *Venise ; Paris, Valade et Hardouin,* 1774, in-18, 216 p.

[8°, **26.677**.

PÉTRARQUE (François).

— Choix des poésies de Pétrarque, traduites de l'italien par M. Levesque. Nouvelle édition corrigée et augmentée. — *Venise ; Paris, Hardouin et Gattey*, 1787, 2 vol. in-18, 204 et 204 p.
[8°, **28.383**.

— Franc. Petrarchæ... epistolarum familiarium libri XIV, variarum lib. I, sine titulo lib. I, ad quosdam ex veteribus illustriores li. I... — *Lugduni, apud Samuelem Crispinum*, 1601, XVI ff. n. ch.-683 p.
[8°, **25.702**.

— Autre édition. — [*Lugduni*], *apud Petrum Roverianum*, 1601, in-12, XVI ff. n. ch. - 683 p.
[8°, **9.522**.

— Francisci Petrarcæ epistolæ de rebus familiaribus et variæ,... editæ... studio et cura Josephi Fracasseti. — *Florence, F. Le Monnier*, 1859-1863, 3 vol. in-8°, t. I : CLVI-457 p. ; t. II : 575 p. ; t. III : 547 p.
[8°, **9.815**.

— Pétrarque. Lettres de Vaucluse, traduites du latin pour la première fois par Victor Develay. — *Paris, Ernest Flammarion*, s. d., in-12, 256 p.
[8°, **31.494**.

Autre ex. (Legs Arnaud de Fabre).
[8°, **35.781**.

— Les œuvres amoureuses de Pétrarque, traduites en françois avec l'Italien à côté. Par le sieur Placide Catanusi,... — *Paris, Veuve F. Mauger*, 1709, XII ff. n. ch. - 373 p., pl.
[8°, **25.511**.

— Le rime di M. Francesco Petrarca, nuovamente revisti e corretti da M. Lodovico Dolce, con nuove spositioni. — *Venise, Gabriel Giolito de Ferrare*, 1557, in-18, 488 p. - 131 ff.
[8°, **25.494**.

— Le rime del Petrarca brevemente esposte per Lodovico Castelvetro, edizione corretta, illustrata, ed accresciuta... — *Venise, Antoine Zatta*, 1756, 2 vol. in-4°, XVI-LXXX-557 p. et XVI-615 p., pl., grav.
[4°, **4.282**.

— Rime di Mess. Francesco Petrarca. — *Pignerol, Hyacinthe Scotto*, 1797, in-12, 420 p., port.
[8°, **10.488**.

— Le rime di Francesco Petrarca tratte da' migliori esemplari. Nuova edizione... — *Avignon, F. Seguin*, 1812, 2 vol. in-12, X-209 p. et 220 p.
Don de M. F. Seguin.
[8°, **10.491**.

— Le rime del Petrarca con tavole in rame ed illustrazioni. [Edizione publicata per opera e studio dell'abate Antonio Marsand]. — *Florence, typ. Louis Ciardetti et Cie*, 1822, 4 tomes en 2 vol. in-18 de 217 p., 223 p., 280 p., 177 p., pl., f.-s.
[8°, **25.502**.

— Le rime de Messer Francesco Petrarca. — *Milan, Nicolas Bettoni*, 1824, 2 vol. in-8°, VII-343 et 283 p.
(Classica biblioteca italiana antica e moderna.)
[8°, **10.553**.

— Rimes de Pétrarque traduites en vers, texte en regard, par Joseph Poulenc.— *Paris, Librairie internationale ; Bruxelles, Leipzig et Livourne, A. Lacroix, Verboeckhoven et Cie*, 1865, 4 vol. in-12, 359, 306, 270 et 304 p.
Don du traducteur.
[8°, **25.503**.

PÉTRARQUE (François).

— Rimes de Pétrarque, traduction complète en vers des sonnets, canzones, sextines, ballades, madrigaux et triomphes, par Joseph Poulenc,... Deuxième édition,... — *Paris, librairie des bibliophiles*, 1877, 2 vol. in-12 de x-317 p. et 284 p.-11 ff. n. ch.

Don du traducteur.

2 ex. [8°, **25.504** et **27.556**.

— Sonetti, canzoni, e triomphi di messer Francesco Petrarcha con la spositione di Bernardino Daniello da Lucca... — *Venise, Jean Antoine de Nicolini da Sabio*, 1541, in-4°, 262 ff.

[8°, **25.714**.

— Sonetti, canzoni e triomphi di M. Francesco Petrarca, con la spositione di Bernardino Daniello da Lucca. — *Venise*, [Pierre et Jean-Marie de Nicolini da Sabio frères], 1549, in-4°, xi ff. n. ch. - 237 ff. - 111 ff. n. ch., front.

[8°, **25.715**.

— I Trionfi di messer Francesco Petrarca riscontrati con alcuni codici e stampe del secolo XV publicati per cura di Crescentino Giannini... — *Ferrare, imp. Bresciani*, 1874, in-8°, xviii-88 p.

2 ex. [8°, **25.509** et **25.510**.

— Les triumphes de messire Françoys Petraque tres illustre poethe Translate de ytalien en françoys, ausquelles triumphes ont esté adjoutez jouxte les premiers imprimez plusieurs cotations et additions pour plus facilement entendre les dictes triumphes. — *Paris, Philippe Le Noir*, s. d. (le bas du frontispice manque), in-4°, CLXI ff. - 1 ff. n. ch., grav. sur bois.

[4°, **3.653**.

PFEFFEL (C.-F.).

PEYRE. — *Voir* : MOULIN, CHAUSSY (D.) et PEYRE. Adresse... à tous les Républicains français... S. l. n. d., in-4°.

[Ms. **2.962**, n° 19.

PEYRE (ROGER). — Les Villes d'art célèbres. Nimes, Arles, Orange, Saint-Rémy, par Roger Peyre,... — *Paris, H. Laurens*, 1903, in-4°, vi-152 p.

[4°, **6.238**.

Autre ex. (Dépôt de l'Etat).

[4°, **6.537**.

PEYROL (ANTOINE), menuisier d'Avignon. — Recueil de noëls provençaux, composé par M. Peirol, menuisier d'Avignon.— *Avignon, Antoine-Ignace Fez*, [1789], in-12, 154 p.

[8°, **25.210**.

— Nouvelle édition, revue... par le fils de l'auteur. — *Avignon, Jean Chaillot*, 1791, in-12, 142 p.

2 ex. [8°, **25.209** et **28.952**.

— Autre édition. — *Avignon, Jean Chaillot*, 1818, in-12, 132 p.

2 ex. [8°, **25.199**, n° 2, et **25.211**.

— *Voir* : SABOLY (Nicolas), PEYROL (A.), ROUMANILLE (J.), etc. Li Nouè.... *Avignon*, 1852, in-12.

[8°, **25.204**.

Pour les autres éditions, voir l'article SABOLY (Nicolas).

PEYROL (ANTOINE) et CASSAN (DENIS). — Li nouvè de Antoni Peyrol e de Danis Cassan em'uno noutiço biougrafico sus Peyrol, pèr Teodor Aubanel. — *Avignon, Aubanel frères*, s. d., in-12, 11 ff. n. ch. - 108 p.

[8°, **25.212**.

PFEFFEL (CHRISTIAN-FRÉDÉRIC). — Recherches historiques concernant les droits du pape sur la ville et l'Etat d'Avignon ; avec les pièces justificatives. [Par C.-F. Pfeffell]. — S. l., 1768, in-8°, 230 p., tabl.

6 ex. [8°, **14.988**, n° 1, **26.565**, t. III, n° 1, **26.569**, n° 1, **26.571**, n° 1, **26.572**, n° 2, et **31.823**, n° 1.

— Défense des recherches historiques concernant les droits du pape, sur l'Etat et la ville d'Avignon. [Par C.-F. Pfeffel]. — S. l. n. d., in-8°, 208-102 p.

2 ex. [8°, **26.569**, n° 3, et **31.823**, n° 3.

PHILIEUL (Romain). — Voir : STATUTS (Comté Venaissin). Statuta comitatus Venaissini...*Avignon*, 1511, in-8°.

[8°, **152**.

PHILIEUL (Vasquin). — Trad. PÉTRARQUE (François). Toutes les œuvres vulgaires... *Avignon*, 1552, in-12.

[8°, **31.861**, n° 1.

— Trad. STATUTS (Comté Venaissin). Les statuts de la Comté de Venaissin...*Avignon*, 1558, in-8°.

[8°, **151**, n° 2.

— Voir : PÉRUSSIS (Louis de). Discours des guerres de la Comté de Venayscin et de la Prouvence... *Avignon*, 1563, pet. in-4°.

[8°, **25.506**.

PHILIP (Ignace). — Excellentissimo Ecclesiæ principi D D. Francisco-Mauritio de Gonteriis..., Avenionensi archiepiscopo... Theses ex universa theologia D.D.D. Ignatius Philip, Avenionensis subdiaconus. — *Avignon*, Ch. Giroud, 1738, in-4°, pièce (30 p.), front. gravé par Louis David.

[Ms. **2.944**, n° 13.

PHILIP (Pierre). — Reverendo admodum patri superiori generali Cælestinorum Franciæ, theses philosophicæ. [D.D.D. Petrus Philip]. — *Avignon, Marc Chave*, 1742, in-4°, pièce (8 p.).

[Ms. **2.944**, n° 36.

PIALLA. — Memoire que Monsieur Pialla, marchand de soye de la ville d'Avignon, a présenté au Conseil de ladite ville, tenu le 15 juin 1730. [Au sujet des impositions et de l'emploi des revenus de la ville]. — S. l. n. d., in-4°, pièce (4 p.).

Fonds Massilian-Moutte.

Ms. **2.448**, n° 24.

PICARD (Auguste). — A M. P..., électeur municipal de la 4ᵉ section [Avignon, 12 octobre 1837. Signé : Auguste Picard]. — S. l. n. d., in-4°, pièce (11 ff. n. ch.).

[Ms. **2.975**, n° 38.

— Conseil municipal d'Avignon. | Propositions de modification au tarif de l'octroi, 1837. *Signé* : Auguste Picard.] — *Avignon, impr. Jacquet*, s. d., in-fol., placard.

[Ms. **2.975**, n° 20.

— Lettre à M. le Marquis de Cambis, ex-député du Département de Vaucluse. [Par Auguste Picard. 15 juin 1831]. — [*Avignon, impr. A. Chambeau*, 1831], in-8°, pièce (16 p.).

Fonds Chambaud et Requien.

3 ex. [8°, **37.751**, n° 3. — Ms. **2.551**, n° 25, et **3.003**, n° 25.

— Observations sur le projet d'un canal de navigation de Tarascon à Avignon ; sur l'urgence de l'encaissement de la Durance, et sur les moyens les plus convenables de fournir aux dépenses de ce genre de travaux. [Par A. Picard]. — *Avignon, Amédée Chambeau fils*, 1827, in-8°, 36 p.

Fonds Chambaud et Requien.

2 ex. [8°, **24.868**, n° 4. — Ms. **3.001**, n° 62.

— Rapport sur la situation générale de l'Agriculture dans le département de Vaucluse, et de la culture de la garance en particulier, par M. Aug. Picard,... — *Avignon, impr. Jacquet*, 1857, in-8°, pièce (40 p.).

(Société d'Agriculture et d'Horticulture de Vaucluse. Séance du 6 avril 1857.) Don de M. Carillat-Belhomme.

[8°, **31.602**.

— [Réponse à M. de Saint-Prégnan, maire d'Avignon, 11 juillet 1837. Signé : Auguste Picard]. — *Avignon, impr. Jacquet*, s. d., in-4°, placard.

[Ms. **2.975**, n° 24.

— Résumé de la discussion sur l'admission des garances étrangères à l'entrepôt réel d'Avignon. Mars 1851. [Par A. Picard]. — *Avignon, Seguin*, 1851, in-8°, pièce (40 p.).

H. N. [4°, **1.153**, n° 3.

PICARD (Augustin). — Lettres intéressantes sur les Révolutions survenues à Avignon depuis juillet 1789. [Par Augustin Picard]. — *Au temple de la Vérité*, 1790, in-8°, 84 p.

[Ms. **2.987**, n° 41.

— Autre ex. (82 p.).

[8°, **15.060**.

PICHARD (P.). — Station agronomique de Vaucluse. Culture de betteraves à sucre entreprise au champ d'expériences de la Station en 1881. [Par P. Pichard]. — *Avignon, Seguin frères*, 1882, in-8°, pièce (16 p.), 2 tabl.

(Extrait du *Bulletin de la Société d'Agriculture de Vaucluse*.)

[8°, **29.315**.

— Département de Vaucluse. Station agronomique. Culture du tabac à fumer ; agents chimiques du développement et de la combustibilité ; terrains et engrais favorables ; expériences faites en 1881, 1882, 1883, 1884. [Par P. Pichard]. — *Avignon, Seguin frères*, 1885, in-8°, pièce (64 p.).

[8°, **5.075**.

PICHON (Augustin). — *Voir :* Annuaire Fanot, 1847. *Avignon*, s. d., in-12.

2 ex. [8°, **28.437**, t. I, et **31.399**.

PICOT (M.-J.-P.). — Notice sur M. de Sainte-Croix, membre de l'Institut. [Par M.-J.-P. Picot]. — *S. l. n. d.* [1809], in-8°, pièce (22 p.).

[8°, **26.927**, n° 10.

PIÈCES concernant la nomination du citoyen Jouve-Jourdan à l'emploi de capitaine de la gendarmerie nationale des districts de Vaucluse, Orange, Arles et Tarascon. [Février et mars 1793]. — [*Avignon, S. Tournal*, 1793], in-4°, pièce (3 p.).

[Ms. **2.962**, n° 16.

— Autre édition. — *Ibidem*, 1793, in-fol., placard.

[Atl. **315**, n° 130.

PIÈCES diverses concernant la médiation de la France entre les Peuples d'Avignon et du Comtat-Venaissin. [19 août 1791]. — [*Carpentras, J.-A. Proyet*],

s. d., in-4°, pièce (35 p., plus 4 intercalées entre la 4e et la 5e).

Fonds Chambaud.

[Ms. **2.523**, n° 124.

PIÈCES historiques sur la peste de Marseille et d'une partie de la Provence, en 1720, 1721 et 1722... — *Marseille*, [*impr. Corentin Carnaud*], 1820, 2 vol. in-8°, port., fac-sim.

(Legs Arnaud de Fabre.)

[8°, **36.415**.

PIÈCES instructives sur les affaires du Comtat. [Janvier-mars 1791]. — *Carpentras, D.-G. Quenin*, 1791, in-4°, pièce (44 p.).

Fonds Chambaud et Requien.

3 ex. [4°, **2.848**, n° 117. — Ms. **2.523**, n° 35, et **2.960**, n° 34.

PIÈCES justificatives [concernant le Sr Delaplane, procureur du roi près le tribunal de 1re instance de Sisteron, nommé juge au siège d'Avignon. 1815-1827]. — [*Avignon, impr. Bonnet*], s. d., in-4°, pièce (iv ff. n. ch.).

[Ms. **2.983**, n° 61.

PIÈCES pour faire suite aux marques de désintéressement de M. Faure, ex-maire de Cavaillon. — S. l. n. d., in-4°, pièce (11 ff. n. ch.).

Fonds Cottier.

[4°, **7.338**.

PIÈCES relatives à la détention au fort Jean de Marseille du citoyen Eymenier, chef du premier bataillon de la 34e demi-brigade de ligne, contre la dénonciation infamante et fausse faite contre lui par l'ex-Général Tisson, anti-Républicain, protecteur des soi-disans honnêtes gens, et persécuteur des Patriotes, arrêté par ce chef de Bataillon, le 30 fructidor dernier, entre Carpentras et Camaret,... par lesquelles on verra le triomphe de l'innocence et du pur patriotisme contre la perfidie et le royalisme terrassé. — S. l. n. d., in-fol., pièce (1 ff.).

]Ms. **2.957**, n° 10

PIÈCES relatives aux nommés Chaussy, Moulin et Peyre, imprimées par ordre de la Société Républicaine d'Avignon. — *Avignon*, s. n., 1793, in-8°, pièce (111 ff. n. ch. - 44 p.).

Fonds Chambaud et Requien.

2 ex. [Ms. **2.543**, n° 6, et **2.993**, n° 31.

PIECHE (Le P. Pierre). — Orairaison funèbre de... Paul de Fortias, seigneur de Pilles, baron de Baumes... Prononcée dans l'Eglise Cathédrale de ladite ville [de Marseille], le 16 du mois de juin 1682. Par le P. Pierre Pieche,... — *Marseille, C. Garcin*, s. d., in-4°, pièce (37 p. - 1 ff. n. ch.), grav.

Fonds Cottier.

[4°, **6.957**.

Autre ex.

[4°, **3.820**, n° 4.

PIERRO (Carmine di). — Teodoro Aubanel, il poeta della gioia, della bellezza e dell'amore. [*Signé:* Carmine di Pierro]. — *Nuova rassegna di letterature moderne*, an VI, n° 7-8, p. 966-974.

Don de M. F. Mistral.

[4°, **7.717**.

PIERRON (N.). — L'épiscopat, ode à l'occasion du concile d'Avignon. [*Dédicace signée*: N. Pierron]. — *Avignon, Seguin*, 1850, in-8°, pièce (16 p.).

2 ex. [8°, **25.070** et **37.535**.

PIERRUGUES (Ant.-Dom.). — Ant.-Dom. Pierrugues. Giornali del Principe d'Orange [Filiberte di Chalon] nelle guerre d'Italia dal 1526 al 1530 (Sacco di Roma. Guerra di Napoli. Assedio di Firenze) coll'elenco dei gentiluomini della casa militare del principe e dei capitani, agenti ed uffiziali dell'imperatore e del papa nella guerra di Firenze. — *Florence, Joseph Pellas*, 1897, in-8°, 79 p., port.

[8°, **30.886**.

PIGAULT-LEBRUN et AUGIER (Victor). — Voyage dans le Midi de la France, par M. Pigault-Lebrun, et M. Victor Augier... — *Paris, Barba*, 1827, in-8°, viii-262 p.

[Vallée du Rhône. Orange. Carpentras. L'Isle. Vaucluse. Avignon. Caderousse. etc.]

2 ex. [8°, **25.738** et **28.753**.

PIGRAY (Le P. Louis DE). — Oraison funèbre de Messire Louis de la Baume, comte de Suze, prononcée dans la chapelle des Penitens blancs de la Ville d'Avignon, par le R. P. Louis de Pigray,... — *Avignon, C. Giroud*, 1714, in-4°, pièce (III ff. n. ch. [sur le 1ᵉʳ : armoiries gravées], 27 p.).

Fonds Massilian-Moutte et Requien.

3 ex. [8°, **21.075**. — Ms. **2.458**, nᵒˢ 16, 17 **0.007**, nᵒ 9.

PILHAM (DE). — Histoire du maréchal de Boucicaut,... contenant les événemens les plus singuliers du règne de Charles VI, l'abregé de l'histoire du Grand Schisme d'Occident... [Par de Pilham]. — *Paris, Vve Charles Coignard*, 1697, in-12, pièces liminaires - 294 p.

[8°, **12.057**.

PIMONT (Abbé). — Notice sur M. l'abbé Morel, prêtre de St-Sulpice, Directeur du Séminaire St-Charles d'Avignon. [Par l'abbé Pimont]. — [*Avignon, typ. Fr. Seguin aîné*], s. d., in-8°, pièce (12 p.)

[8°, **31.641**.

— L'œuvre des prisons. [*Signé* : Pimont, aumônier des prisons d'Avignon]. — [*Avignon, typ. F. Seguin aîné*], s. d., in-8°, pièce (8 p.).

[8°, **31.718**.

PIN (Elzéar), représentant du peuple. — Projet de ferme régionale et essai d'endiguement de la Durance à Villelaure, par Elzéar Pin... — *Paris, impr. A. René et Cie*, 1848, in-8°, pièce (48 p.).

2 ex. [8°, **7.467** et **28.597**.

PIN (Fortuné). — Vallis clausæ fons... Vertebat de Delille Fortunatus Pin,... — *Aix, Vve Remondet-Aubin*, s. d. [1874], in-8°, placard.

[8°, **34.599**.

[PIN (Fortuné, Adrien et Elzéar), d'Apt. Notices biographiques]. — *Dictionnaire universel illustré de la Vie française contemporaine*, p. 1161-1162.

[8°, **7.795**.

PIN (Abbé Joseph-François-Adrien). Réclamations respectueuses à MM. les membres du Conseil Municipal d'Apt, touchant l'établissement des Frères de la Doctrine chrétienne de cette ville, à l'occasion de la proposition émise par M. le Maire de lui substituer l'enseignement des Ecoles dites à la Lancastre : par M. l'abbé Pin. — *Marseille, Marius Olive*, 1831, in-8°, 83 p. - 1 ff. n. ch.

Fonds Chambaud et Requien.

2 ex. [8°, **28.898**. — Ms. **3.003**, n° 15.

PINETON DE CHAMBRUN (JACQUES). — *Voir :* CHAMBRUN (Jacques Pineton de).

PINGAUD (LÉONCE). — Léonce Pingaud. Jean de Bry (1760-1835). Le congrès de Rastatt. Une préfecture sous le premier Empire.— *Paris, Plon-Nourrit et Cie*, 1909, in-8°, vii-401 p.; port.

[8°, **36.764**.

PIOT. — Discours prononcé par le citoyen Piot, procureur de la commune d'Avignon, aux habitants de Morières, lors de la réunion de cette commune, à celle d'Avignon, en vertu de l'arrêté du Représentant du Peuple Boursault, le 13 fructidor, an 3... — *S. l. n. d.*, in-4°, pièce (1 fl. n. ch.).

Fonds Chambaud et Requien.

2 ex. [**Ms. 2.530**, n° 83, et **2.965**, n° 185.

— Pétrarque présent à Vaucluse, le jour auquel l'Athénée lui consacre le monument qu'il a décerné à sa gloire, dans sa séance publique du 2 brumaire an 12. Romance chantée par lui-même. [Par Piot]. — *S. l. n. d.*, in-8°, pièce (3 p.).

3 ex. [8°, **16.941**, t. I, n° 7, **24.902**, n° 8, et **26.804**, t. I, n° 15.

— Proposition d'élever à Vaucluse un monument public à la gloire de Pétrarque, le 10 juillet 1804 [premier thermidor an 12] jour séculaire de sa naissance, faite dans la séance publique de l'Athénée de Vaucluse, du 2 brumaire an XII, par le citoyen Piot. — *Paris, chez les marchands de nouveautés; Avignon,* *Alphonse Bérenguier*, an XII-1804, in-8°, pièce (15 p.).

4 ex. [8°, **16.941**, t. I, n° 4, **24.902**, n° 7, et **26.804**, t. I, n° 9. — **Ms. 3.018**, n° 4.

PITHON-CURT (Abbé JEAN-ANTOINE). — Histoire de la noblesse du Comté - Venaissin, d'Avignon et de la principauté d'Orange dressée sur les preuves. [Par l'abbé Jean-Antoine Pithon-Curt]. — *Paris, David jeune, Delormel*, 1743-1750, 4 vol. in-4°, t. I : II ff. n. ch.- xii-570 p.; t. II : vi-532 p.; t. III : II ff. n. ch. - 660 p.; t. IV : II ff. n. ch. - 672 p., tabl., blas.

Salle de lecture [4°, **54**.

Autre ex. [4°, **4.021**.

— Prospectus de l'histoire du Comté-Venaissin et de la ville d'Avignon. [Par l'abbé Pithon-Curt]. — [*Paris, Didot*, 1757], in-4°, pièce (8 p.).

Fonds Massilian-Moutte et Requien.

2 ex. [**Ms. 2.430**, n° 32, et **2.930**, n° 47.

PIZZORNO (FRANCESCO). — A F. Petrarca compiendosi il v secolo dalla sua morte. Canto del prof. Francesco Pizzorno,... — *Genova, tip. del r. istituto sordo-muti*, 1874, in-8°, pièce (32 p.).

[8°, **34.596**.

PLACE (Mgr). — Lettre pastorale et mandement de Monseigneur l'évêque de Marseille [Mgr Place] à l'occasion de la confirmation du culte du bienheureux pape Urbain V... — [*Marseille, Vve P. Chauffard*, 1870], in-8°, pièce (paginé 65-80).

(Supplément au n° 473 de la *Semaine liturgique de Marseille*. — Avec une lettre de H. Reynard-Lespinasse.)

[8°, **31.482**.

PLAN d'établissement d'un Tribunal provisoire [à Carpentras]. — *S. l. n. d.* [1790], in-8°, pièce (4 p.).

[**Ms. 3.012**, n° 30.

PLUVINAL. — Discours prononcé par M. Pluvinal, chancelier de la 8ᵉ cohorte de la Légion d'honneur, Président du Collège électoral du Département de Vaucluse, assemblé à Avignon, le 8 floréal an 13. — [*Avignon, s. n.*, an XIII], in-8°, pièce (3 p.).

Fonds Chambaud et Requien.

3 ex. [**Ms. 2.546**, n° 51, **3.015**, n° 12, et **3.018**, n° 12.

— *Voir* : IMBERT et PLUVINAL. Discours... à l'ouverture du collège électoral du département de Vaucluse... *S. l. n. d.* [an XIII], in-8°.

2 ex. [**Ms. 2.546**, n° 52, et **2.997**, n° 28.

POCHY cadet. — Evénemens arrivés à Sorgues, discrict d'Avignon,... le 19 septembre et jours suivans 1791. [*Signé* : Pochy cadet, auteur et acteur]. — *Avignon, Joseph Mouriès*, [1791], in-8°, pièce (24 p.).

Fonds Chambaud et Requien.

3 ex. [8°, **33.473**. — Ms. **2.846**, n° 11, ou **2.861**, n° 17.

Autre ex. suivi d'une note manuscrite sur les frères Pochy.

[8°, **29.863**.

POCHY (JEAN-BAPTISTE). — Réponse de moi Jean-Baptiste Pochy le jeune, notaire public et Secrétaire de la mairie de Bédarrides, a un libelle lu contre moi le 3 thermidor an 10, à la Préfecture de Vaucluse, dans la séance de l'assemblée des Notables communaux. [20 thermidor an X]. — [*Avignon, impr. Mouriès*], s. d., in-4°, pièce (8 p.).

Fonds Chambaud.

[**Ms. 2.533**, n° 57.

POÉSIES hébraïco-provençales du rituel israélite comtadin traduites et annotées par S. M. dom Pedro II d'Alcantara, empereur du Brésil. — *Avignon, Seguin frères*, 1891, in-12, XIII-59 p.

Don de M. le Dʳ Arnaud de Fabre.

[8°, **35.387**.

POGATSCHER (HEINRICH). — Deutsche in Avignon im XIV. Jahrhunderte von Heinrich Pogatscher. — *Rom, Buchdruckerei der Gesellschaft des Göttl. Heilandes*, 1899, in-8°, pièce (8 p.).

(Extrait de *Römische Quartalschrift für christliche Alterthumskunde und für Kirchengeschichte*, 1899.)

Don de l'auteur.

[8°, **31.245**.

POLACCO (VITTORIO). — Pel V. Centenario di Francesco Petrarca. L'epistola ad Orazio... e l'epistola ad Omero... tradotte da Vittorio Polacco e Luigi Alberto Ferrai,... — *Padova, tip. del seminario*, 1874, in-8°, pièce (24 p.).

[8°, **34.591**.

POLIGNAC (Vicomte DE). — Le duc de Mahon-Crillon en Espagne au temps de Napoléon, communication de M. le vicomte de Polignac (Société d'histoire contemporaine). Dix-septième assemblée générale). — *Paris, au siège de la Société*, 1907, in-8°, pièce (pag. 13-29).

Don de l'auteur.

[8°, **35.392**.

POLONCEAU, inspecteur divisionnaire des Ponts et Chaussées. — Compagnie anonyme du canal d'irrigation de Pierrelatte et rapport de M. Polonceau sur cette entreprise. — *S. l. n. d.* [1838], in-fol., pièce (27 p.), carte.

[Fol. **2.200**.

POMPIGNY. — Hortense de Vaucluse, mélodrame en trois actes à grand spectacle ; par M. Pompigny ; musique de M. Quaisain, ballet de M. Richard...; représenté pour la première fois, à Paris, sur le théâtre de l'Ambigu Comique, le 16 juillet 1806. — *Paris, Fages*, 1806, in-8°, pièce (48 p.).

[8°, **25.548**.

PONCET (Eugène). — A Messieurs les intéressés du canal de Vaucluse. [*Signé :* Eug. Poncet]. — [*Avignon, Bonnet fils*], s. d. [1846], in-8°, pièce (16 p.).

2 ex. [8°, **33.307** et **34.991**.

— Note relative au rapport sur la situation financière de la Ville d'Avignon au 30 avril 1848. [*Signé :* Eug. Poncet]. — [*Avignon, typ. Jacquet*, 1848], in-4°, pièce (4 p.).

[4°, **4.724**.

— *Voir :* Thomas frères et Poncet. [Circulaire...]. *S. l. n. d.*, in-4°.

[Ms. **2.977**, n° 69.

PONS, procureur de la commune de Bédarrides. — Discours... — *Voir :* Duprat (Jean). Discours prononcé par M. Duprat le jeune, président de l'Assemblée électorale du département de Vaucluse dans la séance tenue à Bedarides, le 25 juillet 1791. *S. l. n. d.*, in-4°.

[8°, **33.829**.

PONS, maire d'Apt. — Discours prononcé par M. Pons, maire d'Apt, président du collège électoral de l'arrondissement, à l'ouverture de la séance du 6 juillet 1831. — *S. l. n. d.*, in-4°, pièce (1 ff. n. ch.).

Fonds Chambaud et Requien.

2 ex. [Ms. **2.535**, n° 101, et **2.972**, n° 126.

PONS, régisseur des octrois d'Avignon. — Lettre de Monsieur Pons, régisseur des octrois municipaux de cette ville [d'Avignon] à Messieurs Maurin et Benoit. [11 mai 1818]. — *S. l. n. d.*, in-4°, pièce (1 ff. n. ch.).

[Ms. **2.970**, n° 29.

PONS (Abbé), curé de Sauveterre (Gard). — Légende de Ste Cazarie, solitaire de Villeneuve-lez-Avignon (vi° siècle). Légende de St Pons, abbé du monastère des Bénédictins de St-André de Villeneuve-lez-Avignon (xi° siècle). Vie abrégée du bienheureux Pierre de Luxembourg, évêque de Metz et cardinal de la Sainte Eglise (xiv° siècle). Par l'abbé Pons,... — *Avignon, typ. Vve A. Bonnet fils*, 1869, gr. in-8°, 90 p.

[8°, **28.900**.

— Origine et esquisse topographique de la Chartreuse de Villeneuve-lez-Avignon,... avec un très beau plan de ce monument. [Par l'abbé Pons]. — *Avignon, typ. Vve Bonnet*, 1868, in-12, 71 p.

[Note manuscrite d'A. Deloye : « Par l'abbé Pons, d'après le ms. de M. l'abbé Pouchon].

[8°, **15.118**.

PONS-HÉRAUD. — Opuscule d'un habitant de la Bartalasse, île sur le fleuve Rhône, au Gard, confins de Vaucluse. Qui je veux ? Le bon sens et le biais.

Décembre 1841. [*Signé* : Pons-Héraud]. — [*Avignon, impr. Peyri*], s. d., in-4°, pièce (8 p.).

[**Ms. 2.977**, n° 41.

PONSORT (Baron DE). — Justification des Sœurs hospitalières de Saint-Joseph d'Avignon, par le baron de Ponsort,... — *Paris, impr. Guiraudet et Jouaust*, 1846, in-8°, 107 p.

Don de H. Bouvet.

2 ex. [8°, **30.876**. — **Ms. 2.979**, n° 42.

— Expulsion des sœurs hospitalières de St-Joseph d'Avignon, épisode extrait de l'ouvrage de M^r le baron de Ponsort. — *S. l. n. d.* [1846], in-4°, pièce (1 ff. n. ch.), lithographié.

[**Ms. 2.979**, n° 41.

PONTBRIANT (Comte A. DE). — Discours prononcé le 22 août 1815 à l'Assemblée électorale du département de Vaucluse, par M^r le comte A. de Pontbriand, électeur... — [*Avignon, impr. Offray*], s. d., in-4°, pièce (11 p.).

Fonds Chambaud et Requien.

2 ex. [**Ms. 2.534**, n° 137, et **2.969**, n° 184.

PONTBRIANT (Comte A. DE). — Comte A. de Pontbriant. Histoire de la principauté d'Orange suivie de lettres inédites des princes d'Orange, des rois de France, du comte de Grignan, etc., etc. — *Avignon, Seguin frères, Paris, A. Picard, La Haye, Martinus Nijhoff*, 1891, in-8°, 466 p., pl. et cart.

[8°, **17.314**.

PONTMARTIN (ARMAND DE). — A MM. les électeurs départementaux des cantons réunis de Villeneuve et de Remoulins. [*Signé* : Armand de Pontmartin. 1842]. — [*Nîmes, impr. Vve Gaude*], s. d., in-4°, pièce (1 ff. n. ch.).

[Candidature au Conseil général du Gard].

[**Ms. 2.977**, n° 130.

— Berryer. [A propos de la candidature de Berryer à Avignon. *Signé* : A. P. (A. de Pontmartin)]. — [*Avignon, impr. Jacquet et Joudou*, 1837], in-8°, pièce (15 p.).

Fonds Chambaud et Requien.

2 ex. [**Ms. 2.551**, n° 42, et **3.005**, n° 40.

— Fêtes du Concours régional agricole à Avignon [1858. *Signé* : Armand de Pontmartin]. — *L'Union Quotidienne*, n^{os} des 5 et 11 mai 1858.

[8°, **31.774**.

— A. de Pontmartin. Les Jeudis de Madame Charbonneau. — *Paris, M. Lévy frères*, 1862, in-18, xxi-288 p.

Bibliothèque contemporaine.

[8°, **34.796**.

— Mémoires d'un notaire, par le comte Armand de Pontmartin. — *Paris, G. Roux et Cassanet*, 1849, 3 vol. in-8°, iii-363, 318 et 311 p.

[8°, **28.728**.

— Procession des Pénitents Gris, célébrée à Avignon le 6 juillet 1851. [Par A. de Pontmartin]. — *La Commune*, n° du 12 juillet 1851.

[8°, **29.472**, n° 6.

— Un mois d'inondation [à Avignon. *Signé* : A. P. (Armand de Pontmartin)]. — *Gazette du Midi*, n° des 29 et 30 novembre 1840.

[**Ms. 2.976**, n° 105.

— *Voir :* AVERTON (Cte F. d'), SALVADOR (J. de), PONTMARTIN (A. de), etc. Déclaration... *S. l. n. d.*, in-4°.

[Ms. **2.976**, n° 27.

PORTA (ANNIBALE). — Lettera diretta All' Illma Sign^{ra}, la Sign^{ra} Camilla Libelli, sul soggetto d'una Carrozza che Monsignore... Libelli Arcivescovo d'Avignone suo fratello ha fatto fare, scritta Da Annibale Porta da Rimini,... — *Avignone, A. Duperier*, 1677, in-fol., pièce (26 p.).

Fonds Massilian-Moutte et Requien.
2 ex. [Ms. **2.428**, n° 20, et **2.926**, n° 2.

PORTAL (E.). — Omaggio a Roumanille (lettere e versi). [*Signé :* E. Portal]. — *S. l.* [*tip. Zappula*], s. d., in-16, pièce (15 p.).

[8°, **30.552**.

POTTHAST (AUGUSTUS). — Regesta pontificum Romanorum inde ab a. post Christum natum MCXCVIII ad a. MCCCIV edidit Augustus Potthast... — *Berlin, Decker*, 1874-75, 2 vol. in-4°.

[4°, **6.693**.

POTTON (Le P. AMBROISE). — *Edit.* DUPONT (Jean). Vie de la bienheureuse Esprite de Jésus [de Jossaud]... *Paris*, 1862, in-12.

[8°, **12.121**.

POUGET (Le P.). — Modèle des chrétiens dans le monde ou Vie de M. Gabriel de Vidaud, par le P. Pouget, de la Cie de J. — *Toulouse, Édouard Privat*, 1854, in-12, 396 p.

[8°, **25.936**.

POUGNET (Abbé). — Etude analytique sur l'architecture religieuse de la Provence au moyen âge, par M. l'abbé Pougnet. — *Aix, typ. Remondet-Aubin*, 1867, in-8°, pièce (20 p.).

(Extrait du *Compte rendu des travaux du Congrès scientifique de France tenu à Aix-en-Provence, en dé.embre 1866.*)

[8°, **28.905**.

Autre ex. (Anc. archevêché d'Avignon).

[4°, **8.135**.

POUJOULAT (M.). — Le Cardinal Maury, sa vie et ses œuvres, par M. Poujoulat. — *Paris, J. Vermot*, 1855, in-8°, 456 p.

[8°, **11.295**.

POULENC (JOSEPH). — *Trad.* PÉTRARQUE (François). Rimes... *Paris*, etc., 1865, 4 vol. in-12.

[8°, **25.503**.

— 2° édit. — *Paris*, 1877, 2 vol. in-12.

[8°, **25.504**.

POULET (PIERRE). — A illustres et magnifiques Seigneurs, Messieurs les consuls, assesseur et conseillers de cette ville. [Requête du Sr Pierre Poulet fils, demandant un emplacement devant le port, pour son commerce de grains]. — *S. l. n. d.*, in-4°, pièce (3 p.).

Fonds Massilian-Moutte.
[Ms. **2.453**, n° 31.

POULIN (MARIE). — Copie de la lettre écrite de Rome par Mlle Poulin [à ses sœurs de l'Association du Rosaire vivant, à Avignon. 11 avril 1833]. — [*Avignon, Seguin aîné*], s. d., in-16, pièce (4 p.).

2 ex. [8°, **31.535**. — Ms. **3.004**, n° 8.

POULLE, juge. — [Lettre adressée au Maire de Carpentras par le juge Poulle affirmant qu'il n'a jamais été au nombre des fédérés et protestant de son dévouement au roi. 30 juillet 1815]. — *S. l. n. d.*, in-4°, pièce (11 ff. n. ch.).

Fonds Chambaud.

[**Ms. 2.534**, n° 129.

POULLE (Abbé de). — Lettre de M. l'abbé de Poulle, docteur agregé de l'Université d'Avignon, à M.*** auprés de S. E. Monseigneur le cardinal de Fleury, ministre d'Etat, sur la fête que M. Léonard, chanoine de St Pierre d'Avignon, a donnée. [A l'occasion de l'élévation de Mgr Fleury au cardinalat. 28 octobre 1726]. — *S. l. n. d* [1726], in-4°, pièce (4 p.).

5 ex. [**Ms. 2.428**, n° 52, **2.439**, n° 30, **2.444**, n° 27, **2.928**, n° 46, et **2.942**, n° 61.

POULLE (Joseph de). — Mémoire présenté à Son Excellence Monseigneur Filomarino, vice-légat d'Avignon, par Messire Joseph de Poulle, doyen de la Rote. [Contre le projet de réglement dressé par M. d'Astier, tendant à établir des tribunaux collégiaux dans la ville d'Avignon et le Comtat]. — *S. l. n. d.* [1783], in-4°, pièce (8 p.).

[**Ms. 2.936**, n° 34.

POULLE (Abbé Louis de). — Exorde general sur la religion chrétienne, par M. l'abbé Poulle, Prédicateur du Roi, G^d Vicaire de Laon, et abbé commendataire de N. D. de Nogent, sous Couci ; suivi de l'Eloge de cet illustre orateur, par M. le Mis de Ste-Croix, de l'Académie des Inscriptions et Belles-Lettres, etc. — *Avignon, Aubanel*, 1823, in-12, 72 p.

2 ex. [8°, **26.947** et **28.392**, n° 4.

POULLE (Abbé Louis de). — Réclamation de l'abbé de Poulle, député à l'Assemblée Nationale. [Sur Orange]. — [*Paris, impr. Prault*, 1790], in-8°, pièce (15 p.).

[**Ms. 2.987**, n° 37.

POULTIER (François). — Au brave Jourdan, chef d'escadron de la gendarmerie nationale à Avignon, département de Vaucluse. Poultier, représentant du peuple, à Jourdan, à Avignon. [26 ventose an II]. — *Avignon, Mouriès*, s. d., in-fol., placard.

[Atl. **315**, n° 189.

— Discours de F. Poultier, représentant du Peuple, Délégué dans les Départemens Méridionaux, prononcé le 6 octobre, en présence du 14me Régiment des Chasseurs à cheval, dans l'église des ci devant Grands Carmes d'Avignon, à l'occasion de la double Cérémonie de la consécration de l'Evêque du département de Vaucluse et de la Bénédiction des Drapeaux du 14me Régiment. — [*Avignon, impr. Sabin Tournal*, 1793], in-8°, pièce (8 p.).

Fonds Chambaud et Requien.

3 ex. [8°, **27.230**, t. II, n° 22 *bis*. — **Ms. 2.544**, n° 2, et **2.994**, n° 3.

— Discours de François Poultier, représentant du peuple ; aux citoyens d'Avignon, prononcé le 10 août l'an 2 de la République française, sur le Rocher de la Liberté, près de l'Autel de la Patrie. — *S. l. n. d.* [1793], in-8°, pièce (8 p.).

Fonds Chambaud et Requien.

2 ex. [**Ms. 2.543**, n° 28, et **2.993**, n° 51.

POUPARDIN (Réné). — Le royaume de Bourgogne (888-

1038), étude sur les origines du royaume d'Arles, par René Poupardin,... — *Paris, H. Champion*, 1907, in-8°, XL-511 p., fac-sim. et tabl. | l.

(Bibliothèque de l'Ecole des Hautes Etudes, 163° fascicule.)

[4°, **7.431.**

— Le Royaume de Provence sous les Carolingiens (855-933 ?), par René Pourpardin,... — *Paris, E. Bouillon*, 1901, in-8°, XXXIV-472 p.

(Bibliothèque de l'Ecole des Hautes Etudes, 131° fascicule.)

[4°, **6.124.**

POUPÉ (EDMOND). — Edmond Poupé. Lettres de Barras et de Fréron en mission dans le Midi. — *Draguignan, impr. Latil*, 1910, in-8°, IX-222 p.

Dépôt de l'Etat. 4°, **8.507.**

POUR la fête du 18 Brumaire [an IX]. Stances. — [*Avignon, impr. Bérenguier*, an IX], in-8°, pièce (11 ff. n. ch.).

[Ms. **3.017**, n° 41.

POURQUERY DE BOISSERIN (GASTON). — Rapport fait au nom de la Commission chargée d'examiner : 1° le projet de loi relatif à la règlementation des prises d'eau de la Durance, a l'aval du pont de Mirabeau (n° 1574) ; 2° la proposition de loi de M. Pourquery de Boisserin et plusieurs de ses collègues, portant réglementation des eaux de la Durance (n°ˢ 1458-1638), par M. Pourquery de Boisserin, député. — [*Paris, Motteroz*, 1896], in-4°, 59 p.

N° *1880. Chambre des Députés, sixième législature, session de 1896. Annexe au procès-verbal de la séance du 30 mars 1896.*

4°, **4.527.**

— Rapport fait au nom de la Commission de l'Agriculture chargée d'examiner la proposition de loi sur la réglementation des eaux de la Durance, par M. Pourquery de Boisserin, député. — *Paris, impr. de la Chambre des Députés Motteroz*, 1899, in-4°, 96 p.

N° *746. Chambre des Députés, septième législature, session de 1899. Annexe au procès-verbal de la séance du 16 février 1899.*

[4°, **4.934.**

POUSSEL. — TEISSONNIER, TEISSIER et POUSSEL. Rapport sur le choléra-morbus... *Avignon*, 1832, in-8°.

[Ms. **3.003**, n° 61.

POUSSEL (HENRI), secrétaire du Syndicat de la Presse du Midi pour les Canaux du Rhône. — Les canaux du Rhône, le passé, le présent, par Henri Poussel... — *Paris, impr. Chaix*, 1890, in-8°, pièce (40 p.).

[8°, **27.851.**

POUSSEL (T.). — Nostro-Damo-de-Dom. [*Signé* : T. Poussel]. — [*Avignon, Aubanel*, s. d.], in-8°, pièce (1 ff. n. ch.).

[A l'occasion de l'inauguration de la statue de Notre-Dame des Doms, à Avignon].

(Extrait de l'*Armana Prouvençau*.)

[4°, **4.503**, n° 6.

— *Voir :* BLAZE (F. A.-J., *dit* Castil), DUMAS (A.), REBOUL (J.) et POUSSEL (T.). Un liame de raisin... *Avignon*, 1865, in-12.

[8°, **25.298.**

POUZOL (OCTAVIEN), secrétaire à la mairie de Malaucène (Vaucluse). — Département de Vaucluse. Commune de Malaucène. Livret cadastral par Octavien Pouzol,... 2° édit. — *Orange, impr. Martin et Peyre*, s. d.

[1902], in-8°, pièce (9 p. - III ff. n. ch.).

Don de M. Eugène Duprat.

[4°, **8.271**.

PRADEL (Eugène de). — Comédie-vaudeville en un acte, composée, apprise et représentée en vingt-quatre heures. Programme. [*Signé* : « Eugène Pradel, improvisateur français ». Cette pièce sera représentée le 3 juin 1829 dans une salle de l'Hôtel-de-Ville d'Avignon]. — *Avignon, impr. Bonnet*, s. d., in-4°, placard.

[**Ms. 2.972**, n° 12.

— Jeudi, 10 août 1843. Hémicycle poétique et récréatif, [à Avignon, salle de la Mairie], par M. Eugène de Pradel, seul improvisateur en vers français. — [*Avignon, s. n.*, 1843], in-8°, pièce (1 ff. n. ch.).

[**Ms. 3.009**, n° 26.

— Molière et Mignard à Avignon. Comédie-vaudeville en un acte composé en cinq heures dix minutes, dans la grande salle de l'Hôtel-de-Ville d'Avignon,... représenté sur le théâtre d'Avignon le 4 juin 1829 ; quatrième vaudeville improvisé par Eugène de Pradel. — *Avignon, Offray aîné*, 1829, in-8°, pièce (31 p.)

[8°, **25.553**.

— Salle de l'Hôtel de Ville [d'Avignon]. Samedi 29 juin 1844, une seule soirée d'improvisation, par M. Eugène de Pradel, improvisateur en vers français. — [*Avignon, typ. Bonnet fils*, 1844], in-8°, pièce (1 ff. n. ch.).

[**Ms. 3.010**, n° 14.

— Salle de l'Hôtel de Ville [d'Avignon]. Jeudi 4 juillet 1844, une seule soirée d'improvisation, par M. Eug. de Pradel,... — [*Avignon, typ. Bonnet fils*, 1844], in-8°, pièce (1 ff. n. ch.).

[**Ms. 3.010**, n° 17.

PRATIQUE du mois à l'usage des fidèles. — *Carpentras, Vve Proyet*, 1840, in-18, pièce (14 p.).

Anc. archevêché d'Avignon.

[8°, **37.293**.

PRAYET (J.). — Mémoire justificatif de l'abbé J. Prayet, ex-recteur de Cheval-Blanc (Vaucluse), au sujet des accusations accréditées contre lui par Mgr Paul Naudo, archevêque d'Avignon, et des mesures qu'elles ont motivées.— *Marseille, imp. Mossy*, 1845, in-4°, 79 p.

[**Ms. 2.978**, n° 100.

PRÉCIS des moyens de réunion de la Ville et État d'Avignon à la France, contenant les réponses aux principales objections présentées par M. Tronchet dans son rapport à l'Assemblée Nationale sur cette affaire. [15 octobre 1790]. — *Paris, Lejay fils*, 1790, in-12, pièce (51 p.).

Fonds Chambaud et Requien.

3 ex. [8°, **33.427**. — Ms. **2.537**, n° 32, et **2.988**, n° 10.

PRÉCIS historique de la vie de Monsieur Jean-Baptiste Roux, membre de la Congrégation de Saint-Sulpice, Supérieur du Séminaire, vicaire-général d'Aix, mort à Avignon le 13 mars 1805, à l'âge de 68 ans. — *Avignon, Vve Aubanel*, 1805, in-12, pièce (46 p.).

3 ex. [8°, **25.945**, **27.230**, t. II, n° 1, et **28.392**, n° 5.

PRÉCIS historique et descriptif de ce qui a été observé de plus remarquable dans la fête donnée à Avignon, à l'occasion de l'arrivée de S. A. R. Madame la princesse douairière, duchesse d'Orléans. [15 juillet 1814]. — *S. l. n. d.*, in-4°, pièce (8 p.).

Fonds Chambaud et Requien.
2 ex. [**Ms. 2.547**, n° 30, et **2.969**, n° 130.

PRÉCIS sur la culture du tabac pour le département de Vaucluse. — *S. l. n. d.* [1806], in-4°, pièce (3 p.).
[**Ms. 2.985**, n° 4.

PRÉSAGES (Les) de la grandeur de Monseigneur... Flavio Chisi, neveu de Sa Sainteté, son légat a laterè en France, et ordinaire de la ville d'Avignon et Comtat Venaissin ; dessein de l'appareil dressé à l'entrée de Son Eminence dans la ville d'Avignon. — *Avignon, G. Bramereau*, 1664, in-fol., 61 p. - IV ff. n. ch.

Ex. de H.-J. Favier.
[Fol. **4.283**.

Ex. de Provensal, consul, 1665, puis de l'abbé de Véras. (Fonds Moutte).
[Fol. **5.042**.

Autres ex. (Fonds Massilian-Moutte et Requien).
2 ex. [**Ms. 2.438**, n° 8, et **2.949**, n° 1.

Autre ex. incomplet. (Fonds Massilian-Moutte).
[**Ms. 2.431**, n° 34.

PRIÈRE faite par les Juifs avignonois de Bordeaux, le 13 janvier 1757, à l'occasion de l'attentat affreux commis sur la personne sacrée de Sa Majesté Louis XV, le Bien-Aimé, et pour demander à Dieu de le garantir de toute mauvaise entreprise, composée en hébreu par le rabin Jacob Sarhy, et traduite en françois. — *S. l. n. d.*, in-4°, pièce (11 ff. n. ch.).

Fonds Massilian-Moutte.
[**Ms. 2.453**, n° 48.

PRIÈRE pour demander à Dieu la grace de nous préserver de la peste et de toutes les maladies contagieuses... — *Avignon, Delorme frères*, 1720, in-12, pièce (26 p.).
[8°, **28.066**, n° 7.

— Autre ex. incomplet (22 p.).
[8°, **24.431**.

PRIÈRE pour la guérison de Monseigneur le Dauphin. [*Page 1* : Prière faite par les Juifs du Comté-Venaissin, pour demander à Dieu, la guérison de Monseigneur le Dauphin ; composée par les rabbins Juda David Cremieu, l'aîné, et Moïse de Roque - Martine, de Carpentras...]. — *S. l. n. d.*, in-8°, pièce (1 ff. n. ch. - 11 p.).

Fonds Massilian-Moutte.
[**Ms. 2.453**, n° 50.

PRIERE que faisoit tous les matins la Rde Mere Esprite de Jesus de Joussaud,... tirée des Memoires de sa vie. — *Carpentras, C. Touzet*, s. d., in-16, pièce (16 p.).
[8°, **17.120**, n° 4.

PRIERES et cérémonies pour l'adoration de la croix, fondée dans l'église de St. Agricol aux six premiers vendredis du carême, par un chanoine de la même église, le 5 avril 1775. — *Avignon, J. Bléry*, 1775, in 4°, pièce (8 p.).

Fonds Massilian-Moutte.
[**Ms. 2.444**, n° 24.

PRIÈRES que l'on doit réciter pendant la neuvaine en l'honneur de Saint Joseph, patron des Agonisans et de la bonne mort, dans l'église paroissiale et collégiale de Saint Geniès de la Ville d'Avignon... — *Avignon, F. Guibert*, s. d., in-12, pièce (36 p.).

[8°, **18.919**].

— Autre édition. — *Avignon, impr. Marc Chave*, 1742, in-12, xv-26 p. - iv ff. n. ch.

[8°, **24.254**, n° 12.

— Nouvelle édition. — *Avignon, Pierre Delaire*, s. d., in-8°, pièce (46 p.).

2 ex. [8°, **24.254**, n° 13, et **24.422**, n° 3.

PRILLY (Marie-Joseph-François-Victor Monnier de). — Vie et lettres de Mgr de Prilly, évêque de Chalons, par M. l'abbé Puiseux. — *Chalons-sur-Marne, Martin frères*, 1887, 2 vol. in-8°.

[8°, **16.382**.

Autre ex. (Anc. archevêché d'Avignon).

[8°, **37.231**.

PRITCHARDISTES (Les). [Appréciation portée sur les députés de divers départements, parmi lesquels ceux de Vaucluse]. — *Le National*, n° du 21 juillet 1846, p. 1.

[Ms. **2.985**, n° 66.

PRIVILEGES des habitants d'Avignon, dans le royaume de France. Qui leur ont été accordés par Lettres Patentes des Rois, Charles IX. Henry III. Henry IV. Loüis XIII. Loüis XIV et Loüis XV... Observations sur les privileges de L'aubaine... [*Suit* : Observations sur les ordonnances, ou lettres patentes de Charles IX. Qui déclarent les habitans d'Avignon, exempts du Droit d'Aubaine]. — *S. l. n. d.*, 1741, in-4°, 50-8 p.

Fonds Massilian-Moutte et Requien.

3 ex. [Ms. **2.428**, n°s 55 et 56, **2.430**, n°s 18, 19 et 20, et **2.9??**, n° 22.

PROAL. — Discours prononcé lors de l'installation de la Municipalité de Pernes, par le citoyen Proal, entrant en fonction de Maire, le 30 décembre 1792,... — [*Carpentras, impr. J.-A. Proyet*, 1792], in-8°, pièce (7 p.).

[Ms. **2.993**, n° 23.

— Discours prononcé par M. Proal, nouveau Maire de Pernes, lors de l'installation de la Municipalité, le 4 juin 1792,... — [*Carpentras, impr. J.-A. Proyet*, 1792], in-8°, pièce (8 p.).

[Ms. **3.014**, n° 14.

PROAL et OLIVIER-GÉRENTE. — Discours prononcés lors de la Cérémonie fédérative, à Pernes, le 14 juillet 1792,... [Par Proal et Olivier-Gérente]. — [*Carpentras, impr. J.-A. Proyet*, 1792], in-8°, pièce (12 p.).

[Ms. **2.993**, n° 3.

PROCÈS-VERBAL de ce qui s'est passé dans les journées du 17 et 18 Thermidor, contre les Patriotes opprimés et incarcérés à Avignon. [20 thermidor an II]. — *S. l. n. d.*, an II, in-4°, pièce (4 p.).

Fonds Chambaud.

[Ms. **2.528**, n° 58.

PROCÈS-VERBAL de l'extraction de soixante cadavres dans le Château d'Avignon, par les Commissaires-Civils députés par le Roi, des 14, 15 et 16 Novembre 1791. — *S. l. n. d.* [1791], in-8°, pièce (8 p.).

[**Ms. 3.013**, n° 31.

PROCÈS-VERBAL de la cérémonie faite à Carpentras, dans laquelle le comte de Grignan, exécutant les ordres du Roi, délie les représentants et habitants du Comté Venaissin des serments de fidélité prêtés au Roi. 30 octobre 1689]. — *S. l. n. d.*, in-4°, pièce (4 p.).
Fonds Massilian-Moutte.

[**Ms. 2.437**, n° 15.

PROCÈS-VERBAL de la Cérémonie qui a eu lieu le premier Vendémiaire an 12, jour fixé par Arrêté du Préfet, en date du 30 fructidor an II, pour poser la première Pierre des culées du Pont sur la Durance. — [*Avignon, impr. de la Préfecture*], s. d., in-4°, pièce (15 p.).
Fonds Chambaud et Requien.

2 ex. [**Ms. 2.533**, n° 93, et **2.968**, n° 93.

PROCÈS-VERBAL de la fête célébrée dans la ville d'Orange, à l'occasion de la délivrance du roi Ferdinand VII et de son auguste famille. — [*Avignon, imp. Seguin*, 1823], in-4°, pièce (8 p.).

[**Ms. 2.970**, n° 102.

PROCÈS-VERBAL de la procession des Pénitents Gris faite à Avignon le 11 juin 1826 (publié à l'occasion de l'année jubilaire 1851). — *Avignon, Seguin aîné*, 1851, in-12, pièce (13 p.).

[8°, **29.472**, n° 11.

PROCÈS-VERBAL de tout ce qui s'est passé depuis que la Municipalité apprit que la maison du Citoyen Polier, membre du Conseil-Général de cette Commune [d'Avignon], distante de la ville d'environ une lieue, était assaillie par des brigands qui faisoient courir les plus grands dangers à cette famille, jusqu'au moment de l'enterrement de l'infortuné Polier, qui a tombé sous leur fer assassin. [23 pluviose an III]. — [*Avignon, Mouriès*], s. d., in-4°, pièce (8 p.).
Fonds Chambaud.

[**Ms. 2.529**, n° 102.

PROCÈS-VERBAL des commissaires-pacificateurs, envoyés par les départements et gardes nationales de la Drôme, de l'Isère et de l'Ardèche, auprès des armées du Gard et des Bouches-du-Rhône... — [*Montélimar, impr. Mistral*, 1793], in-4°, pièce (11 p.).

[**Ms. 2.962**, n° 51.

PROCÈS-VERBAL dressé à l'occasion de la pierre sépulcrale que Son Eminence Mgr le Cardinal Maury, archevêque de Paris, a fait poser sur le tombeau de ses Père et Mère dont les dépouilles reposent dans cette église paroissiale [de Valréas. — *Suit* : p. 9 : Procès-verbal du service funèbre, fait pour M. Pierre Maury, frère de Mgr. le Cardinal Maury, archevêque de Paris, ce trente-un janvier mil huit cent onze. — *P. 13* : Fragmens du discours prononcé par M. Placide Bruno Valayer, curé de Vauréas, le trente janvier mil huit cent onze]. — [*Avignon, impr. Pierre Chaillot jeune*, 1811], in-12, pièce (15 p.).

2 ex. [8°, **27.231**, n° 43, et **28.392**, n° 6.

PROCÈS-VERBAL du recensement général des délibérations des sections de citoyens actifs de la commune d'Avignon, du 19 octobre 1791. Concernant M. Lescene-des-Maisons, commissaire civil ; M. Verninac, ci-devant Médiateur ; la Veuve [et le Fils du Patriote Lescuier ; l'Eglise des Cordeliers, où a été commis le massacre, et les Employés de la Poste aux Lettres d'Avignon. — S. l. n. d. [1791], in-8°, pièce (7 p.).

[**Ms. 2.991**, n° 15.

PROCÈS-VERBAUX et rapports des Autorités civiles et militaires, sur les événemens arrivés dans la Commune d'Avignon, dans les journées des 24, 25, 26, 27, 28, 29 et 30 pluviose dernier. [An V]. — [*Avignon, impr. du Département*], s. d., in-8°, 57 p.

Fonds Chambaud.

[**Ms. 2.545**, n° 5.

PROCESSION de la dévote et royale Compagnie des Pénitens Gris d'Avignon, en 1826. — [*Avignon, impr. Offray fils aîné*], s. d., in-4°, pièce (3 p.).

2 ex. [**Ms. 2.535**, n° 66, et **2.971**, n° 32.

— Autre ex. dans lequel on a inséré une bande volante manuscrite donnant le total s'élevant à 1140 liv. 15 s. 1 d., des revenus de la Compagnie des Pénitents Gris.

[8°, **29.472**, n° 1.

[PROCESSION du St Sacrement sur la place du Palais à Avignon, en 1760]. — *Courrier d'Avignon*, n° du 13 juin 1760, p. 196, pièce.

[**Ms. 2.953**, n° 20.

PROCESSION solemnelle à l'honneur de la très sainte Vierge. Pour garantir la ville d'Avignon du Fleau de la Peste. — S. l. n. d., in-4°, pièce (4 p.).

[**Ms. 2.928**, n° 12.

[PROCESSIONS de la Fête-Dieu à Avignon, 1760]. — *Courrier d'Avignon*, n° du 13 juin 1760.

[**Ms. 2.953**, n° 27.

PROJET d'érection d'un monument à la mémoire de Philippe de Girard. — [*Avignon, Gros frères*, 1875], in-4°, pièce (11 ff. n. ch.).

[4°, **5.034**, n° 1.

PROJET d'établissement d'un Tribunal de Conservation [à Carpentras : juillet 1790]. — S. l. n. d., in-4°, pièce (11 ff. n. ch.).

[4°, **2.848**, n° 64.

PROJET d'organisation de l'ordre judiciaire, calqué sur les décrets de l'Assemblée Nationale de France. — [*Carpentras, D.-G. Quenin*, 1790], in-4°, pièce (23 p.)

[**Ms. 2.959**, n° 51.

PROJET d'un programme, ou Règlement pour la Procession générale de la Fête-Dieu, dans Avignon. — [*Avignon, impr. Bonnet fils*, 1816], in-8°, pièce (4 p.).

Fonds Chambaud et Requien.

3 ex. [8°, **27.230**, n° 16. — **Ms. 2.550**, n° 25, et **2.998**, n° 9.

PROJET de fontaines publiques [à Avignon]. Réplique à l'écrit intitulé : Quelques observations en réponse à l'opinion publiée par la minorité. — [*Avignon, impr. Seguin*, 1840], in-4°, pièce (26 p.).

2 ex. [**Ms. 2.976**, n° 76, et **2.985**, n° 21.

PROJET de la loterie d'Avignon Combinée par ses Principaux avantages. [1756.] — S. l. n. d., in-4°, pièce (4 p.).

Fonds Massilian-Moutte et Requien.

3 ex. [Ms. **2.449**, n° 6, **2.938**, n° 25, et **2.944**, n° 24.

PROJET (Du) de la réunion d'Avignon avec le Comtat. [Avril 1790]. — S. l. n. d., in-8°, pièce (11 p.).

[Ms. **2.987**, n° 10.

PROJET de reduire les arrosages a un taux moins inégal, et d'en faire une Ferme générale, à laquelle on joindra l'obligation de construire un Aqueduc à travers le Coulon, pour y faire passer les Eaux du Fuyant du Moulin de Cabedan et les conduire au Plan. — *Avignon, J. Garrigan*, 1780, in-4°, pièce (12 p.).

[Ms. **2.935**, n° 14.

PROJET de règlement pour l'établissement d'un Tribunal supérieur provisoire [à Carpentras]. — S. l. n. d. [1790], in-8°, pièce (6 p.).

[Ms. **3.012**, n° 31.

PROMPSAULT (Abbé J.-L.). — Baucet-Saint-Gens (Vaucluse) par l'abbé J.-L. Pompsault,... — *Avignon, J. Roumanille, Marseille, Marius Lebon*, 1873, in-8°, pièce (15 p.).

[8°, **11.319**, n° 1.

— Choix de notes sur l'histoire de Bollène précédé de la monographie des anciens fiefs de cette ville Barry, Bauzon, Chabrières, par J.-L. Prompsault.. —*Avignon, Seguin frères*, 1887, in-8°, 57 p.

Don de M. Philippe Prévot.

[4°, **8.572**.

— Culte de Saint Sébastien à Modène (Vaucluse). [Par l'abbé J.-L. Prompsault]. — *Nancy, impr. Saint-Epure-Fringnel et Guyot*, 1885, in-8°, pièce (11 ff. n. ch.).

[8°, **11 319**, n° 2.

— Ephémérides de l'Ermitage de Saint-Gens. [Par l'abbé J.-L. Pompsault]. — *Avignon, impr. Chaillot*, 1873, in-8°, placard.

[8°, **11.319**.

— Histoire de Baucet Saint-Gens, par J.-L. Prompsault,... — *Nancy, impr. Saint-Epure-Fringnel et Guyot*, 1885, in-8°, pièce (24 p.).

[8°, **15.075**.

— Histoire de Modène (Comtat-Venaissin) avec dessins héraldiques et gravures, par J.-L. Prompsault... — *Carpentras, impr. Tourrette*, 1883, in-8°, 95 p. - 1 ff. n. ch., pl. et port.

(Notes manuscrites.)

[8°, **15.076**.

Autre ex. (Anc. archevêché d'Avignon).

[4°, **8.155**.

— Légendes du bien-aimé sanctuaire de N.-D. de Sainte-Garde suivies du vénéré sanctuaire de N.-D. de Vie, par M. l'abbé J.-L. Prompsault...— *Paris-Lille, Lefort*, 1870, in-12, x-108 p.

[8°, **11.315**.

— Maison de Poli. [*Signé* : Tisseron (J.-L. Prompsault)]. — *Annales historiques, nobiliaires et biographiques fondées par M. Baour Lormian*, 25° année, janvier 1867, 2° série, tome I*", p. 13-16, blas.

Don de l'auteur.

[Fol. **4.628**.

PROMPSAULT (Abbé J.-L.). — PROTESTATIONS...

— Le pieux sanctuaire de Notre-Dame-des-Lumières, par M. l'abbé J.-L. Pompsault,... — Saint-Omer, impr. Ch. Germonprez, 1868, in-18, pièce (12 p.).
(Extrait du *Rosier de Marie* et du *Magasin catholique*.)
[8°, **25.968**.

— Saint Gens et son pèlerinage. Diocèse d'Avignon (Vaucluse). [Par l'abbé J.-L. Prompsault]. — [*Lérins, s. n.*, 1878], in-8°, pièce (4 p.).
(Extrait de *Sept Etoiles*, revue mensuelle publiée à Lérins.)
[8°, **11.318**.

— Le vénéré sanctuaire de Notre-Dame-de-Vie, par M. l'abbé J.-L. Pompsault,...— *Saint-Omer, impr. Ch. Germonprez*, 1869, in-18, pièce (25 p.).
[8°, **25.967**.

— Autre édition. — *Villedieu-Vaison, grande impr. provençale*, 1905, in-16, pièce (32 p.).
Don de l'auteur.
[8°, **35.073**.

— *Voir :* OLIVIER (Abbé J.-H.) et PROMPSAULT (Abbé J.-L.). Grande vie de Saint Gens... *N.-D. de Lérins*, 1877, in-12.
2 ex. [8°, **13.501** et **31.219**.

PROMPSAULT (Abbé J.-L.) et BERNARD (Abbé EMMANUEL).
— Grand recueil de cantiques à Saint Gens édité par MM. J.-L. P. [Prompsault] et Emm. B. [Bernard]. — *Avignon, Aubanel*, 1875, in-8°, pièce (16 p.).
[8°, **9.285**.

PROSPECTUS d'un Essai sur la réformation des Tribunaux, et l'administration de la Justice dans la ville d'Avignon et la Province du Comtat. — *S. l. n. d.*, in-4°, pièce (5 p.).
[Ms. **2.936**, n° 50.

PROSPECTUS d'un nouveau recueil des édits, déclarations du Roi, arrêts et réglemens concernant les isles du Rhône. — [*Montpellier, J.-F. Picot*, 1780], in-4°, pièce (4 p).
Fonds Massilian-Moutte.
[Ms. **2.459**, n° 44.

PROSPECTUS Tendant aux moyens de pourvoir au soulagement des Ouvriers en soie et en soierie de la Ville d'Avignon, privés actuellement de travail. — *S. l. n. d.* [1789], in-4°, pièce (1 fl. n. ch.).
[Ms. **2.938**, n° 31.

PROST. — *Voir :* RANCHIER (Raphaël) et PROST. Carte agronomique de la commune de Beaumes de Venise... *Paris, Gentil*, 1903.
[4°, **7.382**. — 8°, **34.122**.

PROST (A.-J.). — Annibal chez Prusias, tragédie en trois actes et en vers. Par A.-J. Prost. Représentée pour la première fois, sur le théâtre d'Avignon... sous la direction de Mr Modeste le... novembre 1822. *Avignon, Amand Guichard*, 1822, in-8°, pièce (31 p.).
[8°, **25.539**, n° 6.

PROTESTATION des maire et conseil municipal de la ville d'Arles contre la prise à la Durance du canal projeté par la ville de Marseille. — [*Arles, D. Garcin*, 1837], in-8°, pièce (16 p.) .
[8°, **33.553**.

PROTESTATIONS de la majeure partie des Citoyens-propriétai-

res d'Avignon, contre toute émission de vœu qui tendroit à soustraire le pays a'la domination du Saint Siège. [12 juillet 1791]. — *S. l. n. d.* [1791], in-8°, pièce (4 p.).
Fonds Chambaud et Requien.
2 ex. [**Ms. 2.539**, n° 30, et **2.990**, n° 34.

PROTTON. — Une élection ; scène contemporaine. [*Signé* : Protton, menuisier d'Avignon]. — [*Avignon, impr. Jacquet* (1839)], in-12, pièce (12 p.).
(Contre le M¹ˢ de Cimbis d'Orsan).
Fonds Chambaud et Requien.
2 ex. [8°, **37.751**, n° 74. — Ms. **3.006**, n° 5.

PROU (Maurice). — Étude sur les relations politiques du pape Urbain V avec les rois de France Jean II et Charles V (1362-1370), par Maurice Prou. — *Paris, E. Bouillon et E. Vieweg*, 1888, in-8°, 194 p.
(Bibliothèque de l'Ecole des Hautes-Etudes... 76ᵉ fascicule.)
[8°, **32.711**.

— *Edit.* Honorius IV, pape. Les registres d'Honorius IV... *Paris*, 1888, gr. in-4°.
[Fol. **5.315**.

PROUCEZ (Lou) de Carmentran, comédie en quatre actes, représentade à Bouniéu, per une troupe Couquieu. — *S. l. n. d.* [xviiiᵉ siècle], in-12, pièce (22 p.)
2 ex. [8°, **25.235**, n° 2, et **25.237**.

PROVENCE (La) : Marseille et les Bouches-du-Rhône, Var, Vaucluse, Basses-Alpes. Livret-guide illustré publié par le Syndicat d'initiative de Provence. — *Marseille, Moullot fils aîné*, 1903, in-8°, 128 p.
[8°, **34.514**.

— 1904-1905. — *Marseille, Moullot fils aîné*, 1904, in-16, 139 p.
[8°, **34.702**.

PUGET-BARBENTANE (Chevalier de). — Avis présenté a la venerable langue de Provence contre les usurpateurs de noblesse du Comtat-Venaissin. [*Signé* : Le Chevalier de B. P. (Puget-Barbentane)]. — *S. l. n. d.*, in-4°, pièce (35 p.).
Fonds Massilian-Moutte et Requien.
2 ex. [**Ms. 2.445**, n° 34, et **2.927**, n° 20.

PUGET-BARBENTANE (Général Hilarion). — Puget-Barbantane, maréchal de camp des Armées françaises, Commandant la huitième Division Militaire, et les Troupes du Var, dans l'Armée du Midi. A tous les Gardes Nationales en garnison dans le ci-devant Comtat. [4 juin 1792]. — *S. l. n. d.* [1792], in-8°, pièce (4 p.).
Fonds Chambaud et Requien.
2 ex. [**Ms. 2.542**, n° 10, et **2.992**, n° 36.

— Hilarion Puget, citoyen françois, aux Républicains. — *S. l. n. d.* [an IV]. in-8°, 51 p.
[Ms. **2.995**, n° 19.

— Copie du discours du général Puget-Barbantane, le jour de la Fédération du 14 juillet [1792] à Avignon. — *S. l. n. d.* [1792], in-8°, pièce (4 p.).
Fonds Chambaud et Requien.
2 ex. [**Ms. 2.542**, n° 17, et **2.993**, n° 1.

— Discours prononcé à l'occasion de la fête funèbre, célébrée à Avignon, le dimanche 17 février 1793,... en l'honneur de la mémoire de Michel Lepelletier, Député du Département de l'Yonne à la Convention Nationale. Par Hylarion Puget, dit Barbantane, Général divisionnaire des armées de la République Française. — S. l. n. d. [1793], in-8°, pièce (6 p.).

[**Ms. 3.017**, n° 3.

— Exposé de la conduite du citoyen Hilarion Puget, dit Barbantane, avec ses concitoyens de Barbantane, au milieu des événemens qui ont agité cette Ville. — *Avignon, impr. Sabin Tournal*, 1793, in-8°, pièce (23 p.).

[**Ms. 2.993**, n° 28.

— Lettre d'Hilarion Puget-Barbantane, Lieutenant-Général des Armées de la République, à la Société des Amis de la Liberté et de l'Egalité d'Avignon. [Barbentane, 8 décembre 1792]. — *S.l.n.d.*[1792], in-8°, pièce (3 p.).

Fonds Chambaud et Requien.

2 ex. [**Ms. 2.542**, n° 37, et **2.993**, n° 19.

— Réponse du général divisionnaire Puget, aux calomnies insérées dans divers journaux. [Avignon, 1ᵉʳ thermidor an IV]. — [*Avignon, impr. veuve Tournal*, s. d.], in-8°, pièce (8 p.).

Fonds Chambaud et Requien.

2 ex. [**Ms. 2.544**, n° 73, et **2.995**, n° 14.

PUISEUX (Abbé). — L'épée et la crosse. Vie de Victor de Prilly, aide de camp du général Lacoste, puis évêque de Châlons, par Puiseux. — *Lille, Maison Saint-Joseph*, s. d., in-4°, 204 p., port.

Anc. archevêché d'Avignon.

[4°, **8.113**.

— Vie et lettres de Mgr de Prilly, évêque de Chalons, par M. l'abbé Puiseux. — *Chalons-sur-Marne, Martin frères*, 1887, 2 vol. in-8°, XVI-533 et 517 p.

[8°, **16.382**.

Autre ex. (Anc. archevêché d'Avignon).

[8°, **37.231**.

Q

QUÆ in aperto Excellentissimi Archipræsulis corpore obseruata fuere, ita rara visa sunt, tamque infrequenter experiuntur cultrum anatomicum, ut quam D. Guisony doctor medicus aggregatus mihi communicauit huius extispicij relationem, publici iuris facere conueniens duxerim. — *S. l. n. d.* [*Lyon, A. Jullieron*, 1669 ?], in-4°, pièce (4 p.).

Fonds Massilian-Moutte.

[**Ms. 2.458**, n° 9.

QUÆ sit optima juventutis institutio ? Oratio in solemni collegii Avenionensis restauratione, faustoque Musarum reditu. Habendâ die 22 mensis Aprilis, anni millesimi septingentesimi sexagesimi noni... — *Avignon, A. Offray*, s. d., in-4°, placard.

[**Ms. 2.932**, n° 27.

QUARANTAINE pour l'Eglise et pour le Clergé de France en particulier. — [*Avignon, impr.*

QUARANTAINE. — QUEYTAN (Abbé F.).

L. Aubanel, 1828]„ in-8°, pièce (2 p.).
[Ms. **3.002**, n° 7.

QUATREBARBES (Comte DE). — Œuvres complètes du roi René, avec une biographie et des notices, par M. le comte de Quatrebarbes... — *Angers, imp. Cosnier et Lachèse*, 1844-45, 4 vol. in-fol., port. et pl.
2 ex. [Fol. **4.313** et **5.000**.

QUELQUES éclaircissemens sur les événemens actuels du Comtat Venaissin. [18 janvier 1791]. — *S. l. n. d.* [1791], in-12, pièce (16 p.).
[Ms. **2.989**, n° 6.

QUELQUES mots sur le rapport de notre Conseil général [de Vaucluse] au sujet du recensement. [*Signé :* Un contribuable]. — [*Marseille, impr. M. Olive*, 1841], in-8°, pièce (8 p.).
Fonds Chambaud et Requien.
2 ex. [8°, **37.751**, n° 24. — Ms. **3.007**, n° 63.

QUELQUES réflexions sur une proclamation de l'administration centrale du département de Vaucluse, du 11 thermidor, par ceux des Républicains avignonais qui ont été traduits devant le tribunal criminel de la Drôme. [2 fructidor an V]. — [*Valence, J.-M Bénistant*, an V], in-8°, pièce (7 p.).
Fonds Chambaud et Requien.
2 ex. [Ms. **2.545**, n° 15, et **2.995**, n° 31.

— Autre édition. — *S. l. n. d.*, in-fol., placard.
[Atl. **314**, n° 36.

QUELS sont les droits du pape sur la ville et l'Etat d'Avignon ?

— *Paris, Garnéry, l'an I*er *de la Liberté*, in-8°, pièce (32 p.).
Fonds Chambaud et Requien.
2 ex. [Ms. **2.536**, n° 10, et **2.986**, n° 14.

QUENIN (D.-J.). — Manuel élémentaire d'agriculture à l'usage des élèves des écoles primaires des départements du Midi... par D.-J. Quenin... — *Avignon, Jacquet et Jondou*, 1839, in-12, 164 p.
H. N. [8°, **1.593**.

QUENIN (DOMINIQUE-GASPARD). — Déclaration d'un manuscrit ayant pour titre : Benoît de la Pailhonne à Sabin Tournal, etc. [*Signé :* Quenin, imprimeur]. — [*Carpentras, impr. D.-G. Quenin*, 8 avril 1791], in-4°, placard.
[Ms. **2.980**, n° 66.

QUESTION à résoudre, pour savoir si la réunion [d'Avignon et du Comtat à la France] peut être légalement décrétée. [27 novembre 1791]. — *S. l. n. d.* [1791], in-12, pièce (4 p.).
Fonds Chambaud et Requien.
2 ex. [Ms. **2.537**, n° 49, et **2.988**, n° 45.

QUESTION de droit public concernant la monarchie [précédée d'une réponse à l'imprimé de Monsieur Bouche contre les droits du Saint-Siège sur le Comtat Venaissin et sur la Ville d'Avignon]. — *S. l. n. d.*, in-8°, 53 p.
Fonds Chambaud et Requien.
2 ex. [Ms. **2.536**, n° 39, et **2.987**, n° 21.

QUEYTAN (Abbé F.). — Allocution prononcée dans l'église Saint-Pierre, en Avignon, à

l'occasion de l'inauguration de l'orgue d'accompagnement, le dimanche 22 décembre 1901. [*Dédicace signée:* F.Queytan,...] — [Avignon, *F. Seguin*], s. d. [1902], in-8°, pièce (15 p).
Don de M. F. Seguin.
[8°, **33.066**.

QUICHERAT (JULES), directeur de l'Ecole des Chartes. — Rodrigue de Villandrando, l'un des combattants pour l'indépendance française au quinzième siècle, par J. Quicherat... — *Paris, Hachette et Cie*, 1879, in-8°, v-356 p.
Dépôt de l'Etat. [8°, **30.588**.

QUINTO Centenario di Francesco Petrarca... *Voir* : CENTENARIO (Quinto) di Francesco Petrarca... *Firenze*, 1874, in-8°.
[8°, **34.593**.

R

RABAN (EDOUARD). — Les antiquitez de la ville et cité d'Orange, reveu, et augmenté. [*Préface signée :* E. Raban]. — *Nimes, E. Raban*, 1660, in-8°, pièce (24 p.).
[8°, **17.121**, n° 10.

RABANIS. — Consécration à la Sainte Vierge. Cantique des élèves du Collège Royal d'Avignon... [Par Rabanis]. — [*Avignon, impr. Guichard ainé*, 1826], in-8°, pièce (3 p.).
[**Ms. 3.001**, n° 38.

RABAUT le jeune. — *Voir* : RABAUT-DUPUIS ou RABAUT le jeune.

RABAUT-DUPUIS ou RABAUT le jeune (PIERRE-ANTOINE RABAUT, *dit*). — Rabaut (le Jeune), membre du Conseil des Anciens, à ses commettans, au Corps Législatif, au Directoire exécutif, en réponse à tout ce qui a été imprimé contre son opinion sur les Emigrés Comtadins. [11 pluviôse an VI].— [*Paris, Baudouin,* an VI], in-8°, pièce (30 p.)
[**Ms. 2.996**, n° 8.

— Autre édition. — [*Paris, Baudouin,* an VI], in-8°, pièce (24 p.)
Fonds Chambaud et Requien.
2 ex. [**Ms. 2.545**, n° 25, et **3.017**, n° 30.

— Corps Législatif. Conseil des Anciens. Opinion de Rabaut le jeune, Député du Gard, sur la résolution du 9 brumaire dernier, relative aux habitans des ci-devant Comtats d'Avignon et Venaissin, rayés de la liste des émigrés. Séance du 4 nivose, an 6. — *S. l. n. d.* [an VI], in-8°, pièce (25 p.).
[**Ms. 2.996**, n° 5.

RACHET. — Observations sur le dernier massacre d'Avignon. [*Signé* : Rachet, etc.]. — *S. l. n. d.* [an V], in-8°, pièce (32 p.).
[**Ms. 2.995**, n° 22.

RAFFAELLI (Mis PHILIPPE). — Illustrazione di un codice dei trionfi di Francesco Petrarca existente nella comunale biblioteca di Fermo e saggio di varianti per il bibliotecario marchese Filipo Raffaelli. — [*Fermo, typ. delli eredi Paccasassi*, 1874], in-8°, xxxxvi p.
[8°, **17.058**.

RAFFÉLIS (Chevalier DE). — Aux Citoyens du Comtat, et principalement à ceux de la ville d'Avignon. [Manifeste contre-révolutionnaire. 28 février 1790. Signé à la main : Le Ch' de Rafellis]. — S. l. n. d., in-4°, pièce (8 p.).
Fonds Chambaud.
[Ms. **2.522**, n° 14.
Autres ex. (Fonds Chambaud et Requien).
2 ex. [4°, **2.848**, n° 16. — Ms. **2.958**, n° 15.

RAIMOND DE MORMOIRON DE MODÈNE (FRANÇOIS DE). — Ode à la Vierge sur l'institution de la Feste du Saint Rosaire, et sur la Prise de Candie. [Signé : Le Comte de Modène]. — Avignon, G. Bramereau, 1670, in-4°, pièce (19 p.).
[8°, **25.711**, n° 3.

— Supplément aux diverses éditions des œuvres de Molière ou lettres sur la femme de Molière, et poésies du comte de Modène son beau-père. [Publié par le M¹ˢ de Fortia d'Urban]. — Paris, Dupont et Roret, Firmin-Didot, 1825, in-8°, 172 p.
[P. 91 : « La peinture du pays d'Adioussias, c'est-à-dire de l'Etat d'Avignon, alors soumis au pape » et autres poésies du comte de Modène].
[8°, **25.000**, n° 3.

RAIMONDI (PONS). — Edit. STATUTS (Comté Venaissin). Statuta comitatus Venayssini... Avignon, 1511, in-8°.
[8°, **152**.

RAMBAUD (D' J.-B.). — Mémoire instructif concernant la maladie contagieuse, avec les remèdes dont s'est servi avec succès M. Michel... médecin des infirmeries à Marseille, donné au public, par M. J.-B. Rambaud, docteur en médecine de la Faculté d'Avignon. Du 1ᵉʳ janvier 1721. — Avignon, L. Domergue, 1721, in-12, pièce (12 p.).
2 ex. [8°, **24.703** et **24.704**.

RAMPAL (AUGUSTE), membre de la Société de Géographie de Marseille. — Une relation inédite du voyage en Barbarie du médecin naturaliste marseillais Peyssonnel [ms. 1373 de la Bibliothèque d'Avignon], par M. Auguste Rampal,... — Paris, impr. nationale, 1908, in-8°, pièce (28 p.).
(Extrait du Bull. de géogr. historique et descriptive, 1907.)
Don de l'auteur. [8°, **35.577**.

RAMPAL (BENJAMIN). — Notice sur Philippe de Girard, inventeur de la filature mécanique du lin, adressée à MM. les membres de l'Assemblée Nationale. [Par Benjamin Rampal]. — Paris, impr. Schiller aîné, 1851, in-8°, pièce (16 p.).
[4°, **3.352**, n° 3.
Autre ex. (Anc. archevêché d'Avignon).
[8°, **37.359**.

— Philippe de Girard, par Benjamin Rampal. — Paris, Pillet fils aîné, 1857, in-8°, pièce (24 p.).
(Extrait de la Revue de Paris, 15 décembre 1857.)
Don de M. F. Mistral.
[4°, **6.244**.

— 5ᵉ édition. — Paris, impr. Jouaust et fils, 1863, in-8°, pièce (40 p.).
(Extrait de la Revue de Paris du 15 décembre 1857.)
[4°, **3.352**, n° 15.

RAMUEL (J.-C.-A.-V.). — Pseud. de EMÉRIC (Jean-Joseph). L'homme rouge ou Agricol Moureau... *Paris*, 1818, in-12.

[8°, **28.280**, n° 1.

RANCHIER (Raphael). — R. Ranchier. Chaux, plâtres et ciments. — *Carpentras, J. Seguin*, 1903, in-8°, pièce (19 p.).

(Extrait de l'*Etude de la région du Ventoux*).
Don de l'auteur. [8°, **33.716**.

— Raphaël Ranchier. Histoire d'une goutte d'eau ; étude d'hygiène médicale des eaux de Carpentras. — *Carpentras, impr. L. Barrier*, 1896, in-8°, pièce (32 p.).

Don de l'auteur. [8°, **30.971**.

— R. Ranchier. Hydrologie de la commune de Beaumes-de-Venise. — *Carpentras, J. Seguin*, 1902, in-12, pièce (21 p.).

(Extrait de l'*Etude de la région du Ventoux*.)
Don de l'auteur. 8°, **34.124**.

RANCHIER (Raphael) et PROST. — Carte agronomique de la commune de Beaumes-de-Venise dressée sous les auspices du comice agricole de Carpentras, par MM. Ranchier,... Prost,... — *Paris, A. Gentil*, 1903, in-plano.

[4°, **T.302**.

— Notice explicative. — *Carpentras, impr. Moderne*, 1903, in-8°, pièce (39 p.).

Don de M Ranchier.
[8°, **34.122**.

RANDON. — Rapport et conclusions de l'Accusateur Public [Randon], près le Tribunal criminel provisoire d'Avignon, sur l'application de l'Amnistie, aux crimes et délits commis dans cette ville, le 16 et 17 octobre 1791. — *Paris, chez les Libraires associés*, 1792, in-8°, 109 p.

[Ms. **2.993**, n° 4.

RAOUSSET-BOULBON (Cte de). — Le comte de Raousset-Boulbon à Monsieur le rédacteur du journal intitulé : La Mouche, journal des théâtres et des salons. [4 février 1839]. — *S. l. n. d.*, in-4°, pièce (11 ff. n. ch.), lithographié.

[Ms. **2.976**, n° 5.

RAOUX (X.). — Mémoire adressé à Monsieur le Préfet et au Conseil général de Vaucluse au sujet du concours qui vient d'avoir lieu pour l'emploi d'agent-voyer en chef de ce département. [Par X. Raoux]. — *Avignon, autogr. Prévot*, s. d. [1873], in-4°, pièce (11 p.).

[4°, **5.040**.

RAPHEL (Jean-Joseph Claude-Vincent), *dit* Raphel aîné. — Discours prononcé, le 17 juin 1790, dans l'assemblée représentative du Comté Venaissin, par M. Raphel, président de la même assemblée, lorsqu'elle a reçu la visite de Mgr le vice-légat. — [*Carpentras, D.-G. Quenin*], s. d., in-4°, pièce (11 ff. n. ch.)

[Ms. **2.953**, n° 19.

— Considérations sur la directe universelle dans le Comté Venaissin, et Particulièrement sur celle qui existe dans le Territoire de Sarrians. [Par Vincent Raphel]. — [*Carpentras, D.-G. Quenin*, 1787], in-4°, 199 p.

2 ex. [4°, **3.719**, n° 5. — Ms. **2.938**, n° 8.

— L'enfant du patriotisme. [Factum sur les Juifs de Carpentras, attribué à Vincent Raphel]. —

S. l. n. d. [1789], in-8°, pièce (13 p.).
[**Ms. 2.986**, n° 3.

— De la Législation. Programme. [Par Vincent Raphel, professeur à l'Ecole centrale du département de Vaucluse. 28 brumaire an VI]. — S. l. n. d., in-8°, pièce (10 p.).
[**Ms. 2.545**, n° 2.

— Précis pour Mgr l'Evêque de Conserans, prieur et seigneur de la ville de Sarrians, contre les Srs consuls et communauté de ladite ville... [Par Vincent Raphel]. — *Carpentras, D.-G. Quenin*, 1788, in-4°, 56 p.
Fonds Massilian-Moutte et Requien.
2 ex. [**Ms. 2.422**, n° 15, et **2.938**, n° 9.

— Première lettre de Vincent Raphel à Xavier Ayme, prêtre. — S. l. n. d., in-4°, pièce (4 p.).
[**Ms. 2.962**, n° 42.

— Deuxième lettre de Vincent Raphel à Xavier Ayme, prêtre. [7 juin 1793]. — S. l. n. d., in-4°, pièce (12 p.).
[**Ms. 2.962**, n° 43.

— Recherches sur le franc-aleu général du Comtat Venaissin, sur le franc-aleu particulier de Sarrians et d'Oppede, sur la réfutation des vœux Caméraux, et sur le droit des habitants du Comtat de donner leurs biens francs de cens à nouveau Bail. [Par Vincent Raphel]. — S. l. n. d., in-4° (1 ff. n. ch. - 71 p.).
Fonds Massilian-Moutte et Requien.
3 ex. [4°, **3.719**, n° 6. — **Ms. 2.422**, n° 7, et **2.938**, n° 7.

— Réflexions sur les Etats du Comté Venaissin. [Par Vincent Raphel]. — S. l. n. d., in-8°, pièce (8 p.).
Fonds Chambaud et Requien.
2 ex. [**Ms. 2.536**, n° 31, et **2.987**, n° 12.

— Réponse pour Mrs. les officiers de la cour supreme de la rectorie du Comté Venaissin contre Mrs. les officiers de la jurisdiction de Pernes, et M. l'avocat et procureur général de N. S. P. en la légation d'Avignon. [Par Vincent Raphel]. — *Carpentras, D.-G. Quenin*, 1778, in-4°, 58 p.
Fonds Massilian-Moutte.
[**Ms. 2.422**, n° 8.

RAPHEL (Louis-Alexis), le jeune. — *Voir* : Robinaux. Discours..., à l'installation du Tribunal du District de Vaucluse, le 7 octobre 1792... [*Suit* : Discours du citoyen Raphel, le jeune, premier juge du tribunal...]. S. l. n. d., in-8°.
[**Ms. 2.542**, n° 30.

RAPPORT des Poids nouveaux avec les anciens. [1er vendémiaire an XIV]. — *Carpentras, J.-A. Proyet*, s. d., in-fol., placard.
(Mairie de Carpentras...)
Fonds Cottier. |4°, **6.848**.

RAPPORT du chirurgien sur l'ouverture du cors de Monseigneur l'archevesque [Dominique Marini]. — S. l. n. d., in-4°, pièce (15 p.).
Fonds Massilian-Moutte.
[**Ms. 2.458**, n° 10.

RAPPORT sur les Troubles du second Bataillon du District de Vaucluse, cantonné au fort St-Nicolas, dans la journée du 24 octobre dernier ; et Jugement rendu sur cette affaire par le

Comité Militaire, formé par les trois Corps Administratifs et les Commissaires des Sections réunis à Marseille ; auquel Comité ont été adjoints des Commissaires des Amis de la Liberté et de l'Egalité de Marseille. [11 novembre 1792]. — [Marseille, impr. Auguste Mossy, 1792], in-8°, pièce (11 p.).

Fonds Chambaud.

[**Ms. 2.542**, n° 35.

RAPPRESENTAZIONE fatta da Monsignore... vicelegato Marco abbate Delfino nel palazzo apostolico, la domenica prima di luglio alli signori consoli, assessore, nobiltà, e cittadini della città d'Avignone, del dono che la Santità di N. S. Innocentio XII... hà nuovamente voluto fare à sollievo de' poveri della medesima città... — *Avignone, G.-L. Lemolt e F. Mallard*, 1694. in-4°, pièce (8 p.).

Fonds Massilian-Moutte et Requien.

3 ex. [**Ms. 2.431**, n° 43, **2.447**, n° 22, et **2.926**, n° 29

RAPRESENTAZIONE fatta da Monsignore... vicelegato Marco abbate Delfino nel palazzo apostolico la domenica 14 marzo 1694. alli signori consoli, assessore, nobiltà, e cittadini della città d'Avignone nel farli sapere l'elemosina, che la santità di Nostro Signore Innocenzio XII.. hà voluto avere la benignità di fare ai poveri abitanti della medesima città... — *Avignone, J.-L. Lemolt e F. Mallard*, 1694, in-4°, pièce (8 p.).

Fonds Massilian-Moutte et Requien.

3 ex. [**Ms. 2.431**, n° 44, **2.439**, n° 21, et **2.926**, n° 28.

RASPAIL (Eugène). — Conseil Général de Vaucluse. Création d'une station agronomique à Avignon. Rapport présenté par M. Eugène Raspail, président de la Commission départementale. — *Avignon, impr. Gros frères*, 1875, in-8°, pièce (20 p.).

[8°, **3.697**.

— Observations sur un nouveau genre de saurien fossile, le *Neustosaurus Gigondarum*, N. avec quelques notes géologiques sur la commune de Gigondas. Par Eugène Raspail (neveu), Avocat. — *Paris, Meilhac ; Avignon, Clément St-Just*, 1842, in-8°, 56 p., 1 pl.

2 ex. [8°, **3.020** et **24.630**.

— Autre ex. avec carte manuscrite coloriée.

H. N. [8°, **353**.

RASPAIL (François-Vincent). — Histoire naturelle des ammonites suivie de la description des espèces fossiles des Basses-Alpes de Provence, de Vaucluse et des Cévennes, par F.-V. Raspail. — *Paris, Meilhac*, juin 1842, in-8°, viii-56 p., 4 pl.

H. N. [8°, **342**.

RASTOUL (Alphonse-Simon). — Cantate chantée au grand théâtre d'Avignon, en présence de S. A. R. Madame, Duchesse de Berri, le 19 novembre 1829. [Par Alphonse Rastoul]. [*Avignon, s. n.*, 1829], in-8°, pièce (1 ff. n. ch.).

[**Ms. 3.002**, n° 39.

— Chroniques de Vaucluse. Pétrarque, par Alphonse Rastoul. — *Avignon, bureau de l'Echo de Vaucluse ; Paris, Charles Gosselin*, 1836, in-8°, xiv-483 p.

2 ex. [8°, **16.928** et **27.012**, n° 1.

Autre ex. (Legs Lajard).
[8°, **35.532**.

— Chroniques de Vaucluse. Pétrarque, par Alphonse Rastoul... Prospectus. — [*Avignon, impr. Rastoul*], s. d., in-8°, pièce (4-16 p.).
[Prospectus de l'ouvrage précédent].
[8°, **27.012**, n° 3.

— Choniques de Vaucluse. Pétrarque et la Belle Laure, par Alphonse Rastoul. Prospectus. — [*Avignon, impr. Vve Guichard aîné*], s. d., in-8°, pièce (4 p.).
[8°, **27.012**, n° 2.

— Chroniques de Vaucluse. Le Tombeau de Laure... [*Signé :* Alphonse Rastoul]. — Pages 116 à 132 du t. 1 de la *France provinciale*, in-8°.
[8°, **34.716**.

— Couplets chantés sur le théâtre d'Avignon, à l'occasion de la fête du Roi, le 4 novembre 1828. [Par Alphonse Rastoul]. — [*Avignon, s. n.*, 1828], in-8°, placard.
Fonds Chambaud et Requien.
2 ex. [**Ms. 2.551**, n° 4, et **3.002**, n° 20.

— Museum-Calvet, à Avignon. [Par Alphonse Rastoul]. — *Gazette du Midi*, n° du 8 juillet 1837.
[**Ms. 2.975**, n° 22.

— Tableau d'Avignon, par Alphonse Rastoul. — *Avignon, Rastoul*, 1836, in-8°, XIV-318 p., carte et pl.
[8°, **30.852**.

— *Voir :* ANNUAIRE [officiel] du département de Vaucluse pour l'année 1835... *Avignon*, 1835, in-12.
2 ex. [8°, **14.972** et **31.392**.

RAVEL (AARON), VIDAL (AARON) et MILHAUD. — Observations pour les Juifs d'Avignon, à la Convention Nationale. [Par Aaron Ravel, Aaron Vidal et Milhaud]. — [*Paris, impr. Prault*, 1794], in-8°, pièce (19 p.)
[**Ms. 2.994**, n° 40.

— Nouvelles observations pour les Juifs d'Avignon. [Par Aaron Ravel, Aaron Vidal et Milhaud]. — *S. l. n d.* [1794], in-8°, pièce (14 p.).
[**Ms. 2.994**, n° 43.

RAYMOND (DOMINIQUE). — Illustrissimo Ecclesiæ principi Domino D. Josepho de Guion episcopo, et condomino Cabellionensi... sedem pontificiam ineunti. Oratio gratulatoria, habita a nobili D.D. Dominico Raymond,... magistratum consularem obeuntibus nobilibus D.D. Josepho-Simone Moret, et Spiritu Michel. — *Avignon, J.-C. Chastanier*, s. d., in-4°, pièce (14 p.).
Fonds Massilian-Moutte et Requien.
2 ex. [**Ms. 2.425**, n° 3, et **2.941**, n° 56.

— Autre édition (fautive et sans doute supprimée) avec même titre, même composition, etc., texte un peu différent.
Fonds Massilian-Moutte.
[**Ms. 2.425**, n° 10.

RAYMOND (Chanoine HENRI). — Le congrès des œuvres eucharistiques tenu à Avignon les 13. 14, 15, 16 et 17 septembre 1882 : Bref de S. S. Léon XIII ; discours d'ouverture de Mgr Hasley, archevêque d'Avignon ; compte-rendu des fêtes et séances, par M. l'abbé H. Raymond... ; allocution du R. P. Verbeke,

RAYMOND (Henri). jésuite belge, et amende honorable ; un souvenir du congrès. — *Avignon, Aubanel frères*, 1882, in-8°, pièce (68 p.).

Ex. de l'abbé Correnson.

[8°, **28.920**.

Autre ex. (Anc. archevêché d'Avignon).

[8°, **37.375**.

— L'Abbé H. Raymond. Esquisse biographique : Monseigneur Terris, évêque de Fréjus et Toulon. — *Avignon, Aubanel*, 1885, in-8°, pièce (48 p.).

Anc. archevêché d'Avignon.

2 ex. [4°, **8.131** et **8.157**.

— H. Raymond,... Les Origines du Grand Séminaire de Saint-Charles-de-la-Croix d'Avignon, d'après des documents inédits. 1684-1720. — *Avignon, Aubanel frères*, 1902, in-8°, pièce (42 p.).

Don de l'auteur.

[8°, **33.403**.

— L'abbé Henri Raymond. Panégyrique de Saint Agricol, évêque et patron d'Avignon, prononcé en l'église paroissiale de Saint-Agricol le 4 septembre 1898. — *Avignon, Aubanel frères*, 1898, in-8°, pièce (20 p.).

Don de l'auteur.

[8°, **33.619**.

2 autres ex. (Anc. archevêché d'Avignon).

[8°, **37.318** et **37.363**.

— Le triduum en l'honneur de Saint Jean-Baptiste de la Salle, fondateur de l'Institut des Frères des Écoles chrétiennes célébré en la basilique de N.-D. des Doms les 18, 19 et 20 juin 1900... [Signé : H. Raymond]. — *Avignon, François Seguin*, 1900, in-12, pièce (21 p.).

[8°, **32.222**.

RAYMOND (Abbé J.-A.).

Autre ex. (Anc. archevêché d'Avignon).

[8°, **37.395**.

— *Édit.* JULLIAN (Mlle Alix). Le vol d'une âme... *Avignon*, s. d., in-32.

[8°, **34.627**.

RAYMOND (Chanoine HENRI) et BERNARD (Abbé EMMANUEL). — Les Madones du diocèse d'Avignon. 1. Notre-Dame de Liesse à Modène... [Par le chanoine H. Raymond et l'abbé Em. Bernard]. — [*Avignon, Aubanel frères*, 1881], in-8°, pièce (8 p.).

[8°, **11.314**.

RAYMOND (Chanoine HENRI) et FOURIER DE BACOURT. — Cinquième centenaire du bienheureux Pierre de Luxembourg célébré dans l'église Saint-Didier du 1er au 5 juillet 1887. [Par l'abbé H. Raymond et Fourier de Bacourt]. — *Avignon, Aubanel frères*, 1887, in-8°, pièce (32 p.).

[8°, **28.341**.

Autre ex. (Anc. archevêché d'Avignon).

[8°, **37.396**.

— Souvenir du centenaire du 5 juillet 1887. Le bienheureux Pierre de Luxembourg (1369-1387), par l'abbé H. Raymond. Jeanne de Luxembourg (1363-1430), par Fourier de Bacourt. — *Avignon, Aubanel*, 1887, in-12, pièce (16 p.).

Ancien archevêché d'Avignon.

[8°, **37.319**.

RAYMOND (Abbé JOSEPH-ANGE). — Poésies diverses du Solitaire du Mont-Ventoux, par M. l'abbé Raymond, prêtre du diocèse d'Avignon... — *Avignon, Rastoul*, 1836, in-8°, VI-286 p. - 1 ff. n. ch.

2 ex. [8°, **9.231** et **25.107**.

RAYMOND (D' Paul). — Les maillets de Malaucène (Vaucluse) ; puits d'extraction et tailleries de silex néolithiques, par le D' Paul Raymond, avec note de M. Deydier. — [Le Mans, impr. de l'Institut de bibliographie], s.d., in-8°, pièce (10 p.), pl.

(Extrait du *Bulletin de la Société préhistorique de France*. Séance du 12 janvier 1905.)
Don de l'auteur.
[4°, **8.471**.

RAYNAUD (Le P. Théophile). — S. Joannes Benedictus pastor et pontifex Avenione, descriptus a R. P. Theophilo Raynaudo,... — *Avenione, J. Bramereau*, 1643, in-8°, ix ff. n. ch. - 160 p.

3 ex. [8°, **25.880**, **28.919** et **28.861**, n° 2.

Autre ex. (Chartreux de Bonpas, 1643).
[8°, **17.168**.

RAYNOUARD (François-Juste-Marie). — Lexique roman ou dictionnaire de la langue des Troubadours... Par M. Raynouard... — *Paris, Silvestre*, 1838-1844, 6 vol. in-8°.
[8°, **28.671**.

RÉAL (Fernand-Michel, dit Antony). — Antony Réal (Fernand-Michel). Causeries sur tous les tons. Histoire d'une représentation unique dans les fastes du théâtre moderne. — *Paris, Casimir Pont*, 1875, in-12, iii-288 p.

[Représentation du 21 août 1869 au théâtre antique d'Orange. — Castil-Blaze. — Fêtes du 5e centenaire de Pétrarque, à Vaucluse - Avignon, en 1874, etc.]
Legs Arnaud de Fabre.
[8°, **35.914**.

— Antony Réal. Les crimes de Trestaillons. Première partie : Les Réfractaires du Luberon. Deuxième partie : Les Assassins de Napoléon. Troisième partie : Le Secret de la Dame noire... — *Paris, Sauvaitre*, 1890, in-12, xvi-376 p.

Don de l'auteur.
[8°, **14.681**.

— Le Salut à la Provence. — *Voir* : Réal fils (Antony). Le Théâtre antique d'Orange... *Paris*, 1894, in-12.
[8°, **29.364**.

— Antony Réal. Théâtre antique d'Orange. Histoire de la première représentation le 21 août 1869... — *Paris, A. Lemerre*, 1888, in-12, pièce (31 p.).

Don de l'auteur.
[8°, **14.682**.

RÉAL fils (Fernand-Michel, dit Antony). — Antony Réal fils. Le Théâtre antique d'Orange et ses représentations modernes. Préface de M. Paul Bosq, avec le Salut à la Provence, paroles et musique de M. Antony Réal... — *Paris, A. Lemerre*, 1894, in-12, 56 p. - 11 ff. n. ch., musique.
[8°, **29.364**.

Autre ex. (Legs Arnaud de Fabre).
[8°, **36.101**.

REBECQUI (F.-Trophime) et BERTIN (Romuald). — Comptes rendus à l'Assemblée Nationale, par F.-Trophime Rebecqui et Romuald Bertin, commissaires nommés par l'Administration du département des Bouches-du-Rhône, pour l'organisation des districts de Vaucluse et de Louveze ; les 8 et 15 juin 1792... — *Paris, impr. Nationale*, 1792, in-8°, pièce (42 p.).

Fonds Chambaud et Requien.
2 ex. [**Ms. 2.542**, n° 12 *bis*, et **2.992**, n° 40.

REBOUL (Auguste). — Discours prononcé par M. Auguste Reboul, président du Collège du deuxième arrondissement électoral du Département de Vaucluse, à l'ouverture de la Session, le 25 février 1824. — S. l. n. d., in-4°, pièce (11 ff. n. ch.). Fonds Chambaud.
[Ms. **2.535**, n° 52.

REBOUL (F.), conseiller municipal d'Avignon. — Rapport fait au nom de la Commission des fontaines [du Conseil municipal d'Avignon], par M. F. Reboul, sur diverses propositions d'approvisionnement et de distribution d'eau pour la ville d'Avignon. — Avignon, Bonnet fils, 1856, in-8°, pièce (48 p.).
3 ex. [8°, **7.036**, **24.881** et **33.513**.

— Rapport fait au nom de la Commission chargée de l'examen du projet du chemin de fer des Alpes dans la traversée du territoire d'Avignon, par F. Reboul. — Avignon, Bonnet fils, 1865, in-8°, pièce (30 p.).
[8°, **24.861**.

— Rapport fait au syndicat de la Durance d'Avignon sur la nécessité de conforter et de rehausser les grandes chaussées de la ville par F. Reboul. — Avignon, A. Chaillot, 1872, in-8°, pièce (43 p.).
2 ex. [8°, **15.058** et **26.605**.

— Rapport fait au syndicat du canal de Vaucluse sur l'abaissement extraordinaire de la fontaine en 1869 par F. Reboul. — Avignon, A. Roux, 1870, in-8°, pièce (40 p.).
Don de l'auteur. [8°, **26.601**.
2 autres ex. [8°, **15.057** et **32.416**.

REBOUL (Jean). — Voir : Blaze (François-Henri-Joseph, dit Castil), Dumas (Adolphe) et Reboul (Jean). Un liame de rasin... Avignon, Roumanille, 1865, in-12.
[8°, **25.298**.

— Voir : Saboly (Nicolas), Peyrol (A.), Roumanille (J.), Reboul (J.), etc. Li Noué... Avignon, 1852, in-12.
[8°, **25.204**.

— Voir : Saboly (Nicolas), Peyrol (A.), Roumanille (J.), Lambert (Abbé) et Reboul (J.). Li Noué... Avignon, 1857, in-12.
[8°, **25.207**.

REBOULET (A.). — A. Reboulet... Le général d'Anselme (1740-1814), sa vie, ses maximes militaires. — Apt, impr. Mistral, 1912, in-12, 224 p., port. et cart.
[8°, **38.100**.

REBOULET (Ignace-Gabriel-Marie). — Ad legem primam de infirmandis pœnis cœlibatûs. Cod. lib. 8. tit. 58. Utrum prosint, an noceant reipublicæ viri cœlibes dicet Ignatius-Gabriel-Maria Reboulet,... Die Martis 9 Mensis Decembris 1783. In Scholâ Universitatis [Avenionensis]... — S. l. n. d., in-4°, placard.
[Ms. **2.936**, n° 49.

REBOULET (Simon). — Histoire de la Congrégation des Filles de l'Enfance de Notre Seigneur J. C.... [Par Simon Reboulet]. — Amsterdam [Avignon], François Girard, 2 vol. in-12, vi-372 et 360 p.
[8°, **12.946**.

RÉCAPITULATION des titres concernant la propriété du Rhône, depuis la Durance jusqu'à la Mer. Pour les Etats de Provence. Contre ceux de Languedoc. — *S. l.* [*Paris*], [*C.-E. Chenault*, 1767], in-4°, 1 carte, 91 p.

[**Ms. 2.460**, n° 24.

RÉCIT des faits relatifs à l'attroupement des brigands qui vouloient former une nouvelle Vendée dans le Midi. Extrait des registres de l'Administration Municipale du Canton d'Orange. [Fructidor an V]. — [*Avignon, impr. du Département*, an V], in-8°, pièce (16 p.).

Fonds Chambaud et Requien.

2 ex. [**Ms. 2.545**, n° 16, et **2.995**, n° 32.

RECIT véritable des cérémonies de l'entrée de M^r le duc de Créquy, ambassadeur extraordinaire de Sa Majesté très-Chrestienne à N. S. Père Urbain VIII. — [*Avignon, J. Bramereau*, 1633], in-8°, pièce (16 p.).

[8°, **11.782**, n° 91.

RÉCIT véritable du cruel enlèvement du sieur Clavel, curé de Grilhon, tiré de la Réponse qu'il fait à la Lettre d'un de ses Amis, sur ce sujet. — *S. l. n. d.*, in-fol., pièce (3 p.).

[**Ms. 2.949**, n° 7.

RECUEIL d'observations, instructions et avis aux peuples du royaume de France, sur la maladie épidémique des bêtes à cornes ; les moyens de la reconnoître ; et la manière de désinfecter les villages et les étables ; Et délibération de l'assemblée des Trois-Etats du Comté Venaissin, qui en a ordonné la réimpression. — *Carpentras, D.-*

G. Quenin, 1775, in-4°, pièce (48 p.).

Fonds Massilian-Moutte et Requien.

2 ex. [**Ms. 2.422**, n° et **2.933**, n° 32.

RECUEIL de bules, titres et documents concernants les Privileges de la Ville de Pernes, de ses Viguiers, et de ses Consuls... — *Carpentras, G. Quenin*, 1737, in-4° 1 ff. n. ch. - 53 p.

[**Ms. 2.929**, n° 15.

RECUEIL de cantiques à l'usage de la paroisse Saint-Didier d'Avignon. — *Avignon, F. Seguin*, 1897, in-16, 72 p.

[8°, **30.143**.

RECUEIL de cantiques à Saint Gens... 3e édition. — *Avignon, Seguin*, 1883, in-12, 55 p.

Anc. archevêché d'Avignon.

[8°, **37.281**.

— 15e édition. — *Villedieu-Vaison, Grande imprimerie provençale*, 1905, in-12, 50 p.

[8°, **36.973**.

RECUEIL de différentes lettres concernant l'armée du département de Vaucluse et ses opérations, et les manœuvres qui se pratiquent contr'elle. — *S. l. n. d.* [avril 1791], in-8°, pièce (23 p.)

Fonds Chambaud et Requien.

3 ex. [8°, **33.433**. — **Ms. 2.538**, n° 40, et **2.989**, n° 35.

RECUEIL de pièces concernant Avignon et le Comtat. — *Marseille, impr. Rochebrun et Muzet*, 1791, in-8°, pièce (30 p.).

[Publié par la Société des Amis de la Constitution de Marseille].

[**Ms. 3.016**, n° 26.

RECUEIL de pièces concernant la réunion des Etats d'Avignon et du Comtat Venaissin à l'Empire français et leur nouvelle organisation, précédé de l'acte constitutionnel présenté au Roi par l'Assemblée nationale le 3 septembre 1791 et de la constitution des municipalités. — *Avignon, F. Seguin*, 1791, in-8°, 49 p.

[8°, **14.582**, n° 2.

RECUEIL de pièces relatives à l'ouverture d'un Canal à ouvrir à la suite du Canal dit le Long Vallat, dans le terroir de Sarrians. — *S. l. n. d.* [an XII], in-8°, pièce (48 p.).

2 ex. [8°, **24.870**, n° 10. — Ms. **3.018**, n° 7.

RECUEIL de poésies sur la prise du fort St-Philippe le 4 février 1782 [par le duc de Crillon-Mahon]. — *Avignon, J. Garrigan*, s. d., in-8°, 64 p.

2 ex. [8°, **14.215**, n° 3, et **25.072**, n° 1.

RECUEIL de prières et de cantiques à l'usage des congrégations et des paroisses. — *Avignon, L. Aubanel*, 1822, in-8°, 361 p.

[8°, **28.864**

RECUEIL de proverbes ou sentences populaires en langue provençale. Nouvelle édition… — *Brignoles, Dufort*, 1821, in-16, pièce (32 p.).

[8°, **25.028**.

RECUEIL des édits du roi, concernant la ville d'Avignon et le Comté Venaissin. — *S. l. n. d.*, 1769, in-8°, 56 p.

[8°, **27.230**, t. V, n° 19.

RECUEIL des édits, ordonnances, déclarations, lettres-patentes, arrêts du Conseil de Sa Majesté, arrêts du Parlement de Provence, par ordre chronologique, ou nouveau code concernant l'administration de la justice dans l'Etat d'Avignon et le Comté Venaissin,… — *Avignon, chez les frères Bonnet*, 1772, in-8°, VI p. - 552 p. et 1 tabl. plié.

2 ex. [8°, **1.267** et **27.066**, n° 1.

RECUEIL des lettres-patentes, arrêts du Parlement, ordonnances, etc., concernant la réunion de la ville d'Avignon et Comté Venaissin au domaine de la couronne. — *S. l.*, 1769, in-8°, 337 p. et suppléments, avec table (7 p.).

Fonds Moutte et Requien.

3 ex. [8°, **28.295, 31.822** et **33.363**.

RECUEIL des principaux Reglemens faits par les éminentissimes Cardinaux Legats ou illustrissimes et excellentissimes Vice-Legats, concernans la Cité d'Avignon, et le Païs du Comté Venaissin, ensemble la Bulle « Super bono Regimine », traduite en françois. — *Avignon, Michel Chastel*, 1670, in-4°, VIII ff. n. ch. - 310 p. - XII ff. n. ch.

6 ex. [4°, **775** et **776**, n° 1. — 8°, **156, 27.196, 27.197**, n° 1, et **31.997**.

RECUEIL des principaux reglemens faits par les illustrissimes et excellentissimes seigneurs Vice-Legats, et notamment par Monseigneur François Niccolini, Archevêque de Rhodes et Nonce en Portugal. — *Avignon, Laurens Lemolt*, 1685, in-4°, VIII ff. n. ch. - 148 p.

5 ex. [4°, **828**. — 8°, **27.198, 28.556, 32.001** et **32.002**.

— Autre ex. (avec additions manuscrites).
[8°, **27.199**.

RECUEIL des reglemens concernant la ville de Vaulreas et communautez de l'enclave, au sujet de l'abonnement et sur la forme dans laquelle les billets et certificats des consuls et secretaires des communautez doivent être expédiez pour le transit du Bas au Haut-Comtat, et les formalitez à observer. — *Avignon, C. et A. Giroud*, 1744, in-4°, pièce (1 fl. n. ch. - 15 p.).

Fonds Massilian-Moute et Requien.

3 ex. [**Ms. 2.426**, n° 3, **2.929**, n° 20, et **2.944**, n° 44.

REDON (Abbé). — Allocution prononcée par Monsieur l'abbé Redon, Curé de Pressy-sous-Dondin, en bénissant le 30 septembre 1890 en l'église de Pressy-sous-Dondin (Saône-et-Loire) le mariage de Mademoiselle Jeanne d'Antil de Ligonès avec le comte Gaétan de Digoine du Palais. — *Mâcon, Protat frères*, 1890, in-18, pièce (10 p.).
[8°, **16.869**.

REDON (Chanoine FRANÇOIS-XAVIER). — Amitié sacerdotale. Le Rév. Père Françon, oblat de Marie, et M. l'abbé Vève, curé de Pernes, par M. l'abbé Redon,... — *Avignon, Aubanel frères*, 1902, in-12, XVI-220 p.
[8°, **31.534**.

Autre ex. (Anc. archevêché d'Avignon).
[8°, **37.442**.

— Dominique-Louis Martel, chanoine honoraire, curé doyen de Valréas, né à Cadenet, le 17 avril 1815, décédé à Valréas, le 18 janvier 1899. [Par l'abbé Redon].— [*Avignon, Aubanel*], s. d., in-8°, pièce (12 p.), port.
[8°, **31.155**.

Autre ex. (Anc. archevêché d'Avignon).
[8°, **37.230**.

— Elzéar-Louis Méritan, prêtre de la Compagnie de St-Sulpice, curé de Saint-Sulpice, chanoine honoraire de Paris, né à Saint-Martin-de-Castillon, diocèse d'Avignon, le 9 avril 1828, décédé à Paris le 2 novembre 1899. [Par l'abbé Redon].— *Avignon, Aubanel frères*, [1899], in-8°, pièce (8 p.).
[8°, **31.668**.

Autre ex. (Anc. archevêché d'Avignon).
[8°, **37.353**.

— L'abbé Redon,... Les fondateurs de Sainte-Garde : M. Martin, curé de Saint-Didier, MM. Bertet et de Salvador, premiers Supérieurs de la Congrégation des Missionnaires de Notre-Dame de Sainte-Garde. — *Avignon, Aubanel frères*, s. d., in-8°, 69 p., fig. et pl.
[8°, **31.669**.

Autre ex. (Anc. archevêché d'Avignon).
[8°, **37.252**.

— Notes biographiques sur les 32 religieuses de Bollène, guillotinées à Orange du 6 au 26 juillet 1794. [*Signé :* Redon,...] — *Avignon, Aubanel frères*, 1903, in-8°, pièce (43 p.).

Don de l'auteur.
[8°, **34.137**.

— L'abbé Redon,... Notice sur la vie et les œuvres de l'abbé Pougnet, architecte religieux. — *Avignon, Aubanel frères*, 1901, in-8°, IV-147 p., port.

Don de l'auteur.
[8°, **32.769**.

— Le Révérend Père Dom Charles Marie Saisson, prieur de la Grande Chartreuse, général de l'ordre des Chartreux ; étude biographique, par M. l'abbé Redon,... — *Carpentras, Seguin*, 1895, in-8°, 84 p., port.

[4°, **8.137**.

— L'abbé Redon... Le Révérend Père Marie-Benoit Barnouin, supérieur du monastère de la Cavalerie. Aperçu historique sur la Cavalerie. — *Avignon, Aubanel frères*, 1900, in-8°, 96 p.

2 ex. [4°, **5.131** et **5.305**.

Autre ex. (Anc. archevêché d'Avignon).

[8°, **8.139**.

— L'abbé Redon... Sainte-Garde pendant la Révolution (1789-1816).— *Carpentras, J. Seguin*, 1901. in-8°, 50 p., port.

Don de l'auteur.

[8°, **28.225**.

— Vie de l'abbé Sadrin, R. P. Joseph de Jésus-Marie, de l'Ordre des Carmes, par l'abbé Redon, ... — *Avignon, Aubanel frères*, 1897, in-8°, VIII-172 p., pl.

[8°, **31.101**.

— Vie du Père Françon, oblat de Marie immaculée, missionnaire provençal, par l'abbé Redon,... — *Avignon, Aubanel frères*, 1902, in-12, XVI-280 p.

[8°, **31.533**.

Autre ex. (Anc. archevêché d'Avignon).

[8°, **37.443**.

— Vie séculière de l'abbé Léon Barnouin, abbé de Sénanque et de Lérins, par M. l'abbé Redon, ... — *Carpentras, Joseph Seguin*, 1898, in-8°, 72 p.

[4°, **4.936**.

Autre ex. (Anc. archevêché d'Avignon).

[4°, **8.138**.

— La Vierge Noire de Notre-Dame de Lumière. [Par le chanoine Redon]. — *Avignon, Aubanel frères*, [1910], in-12, 31 p., fig. et pl.

Don de M. Frédéric Mistral.

[8°, **36.963**.

— Les 32 Religieuses guillotinées à Orange au mois de juillet 1794, par l'abbé Redon,... — *Avignon, Aubanel frères*, 1904, in-8°, XVI-288 p.

Don de l'auteur.

[8°, **34.687**.

— *Voir*: Bouyac (Abbé) et Redon (Abbé). Le vénérable père Antoine Lequieu... *Avignon*, 1883, in-8°.

2 ex [8°, **28.802** et **37.347**.

REDON (I.). — Avignon, le 15 décembre 1846. A Monsieur le Ministre des Travaux Publics [Lettre par laquelle M. I. Redon dénonce au Ministre les menées du Syndicat du canal de Vaucluse à son égard]. — [*Avignon, typ. Th. Fischer aîné*, 1846], in-fol., pièce (4 p.).

[**Ms. 2.985**, n° 75.

— Copie de lettres jointes au Mémoire fourni par M. Redon, au soutien de sa demande en main-tien des usines de Long-Champs ... — *Avignon, impr. Théodore Fischer aîné*, 1846, in-4°, pièce (8 p.).

[**Ms. 2.985**, n° 70.

— Observations à Monsieur le Préfet et à Messieurs les Ingénieurs, à l'appui de la demande en autorisation d'établissement d'usines [au Thor] formée par M. Redon en 1834.—[*Avignon, typ. Jacquet*, 1846], in-4°, pièce (16 p.).

[**Ms. 2.985**, n° 69.

RÉÉDIFICATION de la chapelle des Pénitens Gris, à Avignon, et relation du miracle qui s'y est opéré le 30 novembre 1433. — [Avignon, s. n., 1818], in-12, pièce (22 p.).

[**Ms. 3.015**, n° 51.

REFLECTIONS sur le Reglement fait par Monseigneur le Vice-legat d'Avignon le cinquiesme octobre 1664. — S. l. n. d., in-4°, pièce (19 p.).

Fonds Massilian-Moutte et Requien.

4 ex. [4°, **4.175**, n° 5. — **Ms. 2.428**, n° 11, **2.447**, n° 7, **2.925**, n° 28.

REFLEXIONS d'un patriote sur la solde due aux Citoyens Avignonais, qui ont fait partie de l'Armée du Département de Vaucluse, sortie des murs d'Avignon le 18 avril 1791, et rentrée le 29 juin suivant. [26 juillet 1791]. — S. l. n. d., in-4°, pièce (6 p.).

Fonds Chambaud et Requien.

2 ex. [**Ms. 2.523**, n° 117, et **2.960**, n° 89.

RÉFLEXIONS d'un vrai Républicain à ses Concitoyens des Districts d'Avignon et de Carpentras. [30 décembre 1792?]. — S. l. n. d., in-4°, pièce (6 p.).

Fonds Chambaud et Requien.

2 ex. [**Ms. 2.524**, n° 123, et **2.962**, n° 9.

REFLEXIONS de l'hermite de St-Gens, sur la conduite des Avignonais, et avis aux Comtadins. [5 mai 1790]. — S. l. n. d., in-4°, pièce (5 p.).

Fonds Massilian-Moutte et Requien.

3 ex. [4°, **2.848**, n° 31. — **Ms. 2.522**, n° 44, et **2.959**, n° 2.

REFLEXIONS sur l'objet du conseil de ville [d'Avignon], tenu les 14 et 19 janvier 1779 [au sujet des réparations aux digues et chaussées de la Durance]. — S. l. n. d., in-4°, pièce (24 p.).

[**Ms. 2.935**, n° 1.

RÉFLEXIONS sur la nécessité qu'il y aurait à réunir le département de Vaucluse au ressort de la cour royale d'Aix… — Aix, impr. Pontier, s. d. [1836], in-4°, pièce (11 p.).

[**Ms. 2.974**, n° 105.

RÉFLEXIONS sur la question de savoir si la proposition d'augmenter le prix du sel, faite aux habitans d'Avignon et du Comtat, leur présente, ou non, des avantages. — S. l. n. d., in-4°, pièce (12 p.).

Fonds Massilian-Moutte.

[**Ms. 2.422**, n° 11.

REFLEXIONS sur la Secte des Petits-Colets, autrement des devots d'Avignon. — S. l. n. d. [1760?], in-8° pièce (4 p.).

[**Ms. 2.953**, n° 25.

REFLEXIONS sur le bref de Rome [du 23 avril 1791]. — S. l. n. d., in-12, pièce (12 p.).

[Sur l'annexion d'Avignon et du Comté Venaissin à la France].

[8°, **26.573**, n° 10.

RÉFLEXIONS sur le monument que l'Athénée de Vaucluse se propose d'ériger à Pétrarque et sur l'inscription qu'on y doit graver. — Pages 145 à 156 d'un ouvrage dont le commencement manque, in-12.

[8°, **26.804**, t. I, n° 10.

RÉFLEXIONS sur le projet de construire un pont sur la Du-

rance entre les rochers de Noves. — *S. l. n. d.*, in-4°, pièce (19 p.).
Fonds Massilian-Moutte.
[**Ms. 2.442**, n° 22.

RÉFLEXIONS sur les affaires de la ville de Carpentras. — *S. l. n. d.* [1789], in-8°, pièce (16 p.).
[**Ms. 3.012**, n° 11.

RÉFLEXIONS sur les raisons que l'Auteur des observations sur le bref de notre saint pere le Pape, du 5 juillet 1796, donne pour en prouver l'authenticité. [15 novembre 1796]. — *S. l. n. d.*, in-8°, pièce (15 p.).
[8°, **34.908**, n° 19.

RÉFLEXIONS sur un écrit intitulé : Motifs qui ont déterminé les délibérations des districts de la ville d'Avignon, soit relativement à la Constitution françoise, soit relativement à la réunion de cette ville au Comtat. — *S. l. n. d.*, in-8°, pièce (12 p.).
Fonds Chambaud et Requien.
2 ex. [**Ms. 2.550**, n° 5, et **2.987**, n° 11.

RÉFLEXIONS touchant l'union proposée entre le Comté Venaissin et la ville d'Avignon. — *S. l. n. d.* [1789], in-8°, pièce (7 p.).
[Lu à l'Assemblée générale du Comtat le 24 mars 1790].
Fonds Chambaud et Requien.
3 ex. [8°, **27.230**, t. II, n° 29. — **Ms. 2.536**, n° 25, et **3.012**, n° 12.

REGARD. — *Voir* : FREYCINET et REGARD. Approvisionnement des départemens de la Drôme, l'Ardèche et Vaucluse... [*Paris*], an IV, in-4°.
[**Ms. 2.966**, n° 18.

REGELSPERGER (GUSTAVE). — Notre patrie. Le Vaucluse. [Par Gustave Regelsperger]. — Découpures du *Journal des Voyages*, avril 1899.
[4°, **4.885**.

RÉGÉNÉRATION de la navigation du Rhône par la ligne littorale de Cette à Marseille. — *Marseille, J. Barile*, 1862, in-12, pièce (8 p.).
Comité central des Bouches-du-Rhône.
[8°, **29.868**.

REGLE du bienheureux patriarche Saint Benoit, avec des déclarations pour servir de constitutions aux religieuses de l'Abbaye de l'Assomption, à Caderousse. — *Avignon, s. n.*, 1757, in-8°, 176 p.
[En tête, l'approbation de ces statuts par François de Tilly, évêque d'Orange, 12 août 1756].
[8°, **1.030**.

RÈGLEMENS des hospitaux generaux, établis pour la conduite et pour le secours des pauvres enfermés. — *Avignon, L. Lemolt*, 1683, in-12, 122-12 p.
(Ex. ayant appartenu à Mr Normandeau, recteur à l'Aumône générale d'Avignon.)
[8°, **24.575**.

RÈGLEMENS du Comté Venaissin. — *Avignon, Jacques Bramereau*, 1642, in-12, III ff. n. ch. - 115 p.
4 ex. [8°, **1.265**, **27.063**, et **27.140**, n° 2. — **Ms. 2.421**, n° 4.

— Autre édition. — *Avignon, Georges Bramereau*, 1661, in-8°, 11 ff. n. ch. - 93 p.
2 ex. [8°, **27.061**, n° 3. — **Ms. 2.421**, n° 5.

RÈGLEMENT portant homologation des statuts du lieu de

Monteux... *Voir :* STATUTS. Monteux.

RÈGLEMENT sur la police de la ville de L'Isle. — *Avignon, Jean-Joseph Niel*, 1775, in-4°, pièce (12 p.).
[4°, 3.912, n° 4.

RÉGNAULT (Chevalier). — Laure des Baux ou la Vierge de Galas, poème élégiaque... par le chevalier Régnault,... — *Avignon, Bonnet fils*, 1827, in-12, pièce (23 p.).
[8°, 34.718.

RÉGUIS (D' J.-F.-Marius). — Essai sur l'histoire naturelle de la Provence et des départements circonvoisins, par J.-F.-M. Réguis... 1re partie : Poissons ; 1er fascicule : Plagiostomes et ganoïdes. — *Paris, J.-B. Baillière*, 1877, in-fol., 84 p. Don de l'auteur.
[Fol. 1.625.

— Essai sur l'histoire naturelle des vertébrés de la Provence et des départements circonvoisins par J.-M.-F. Réguis. Vertébrés Anallantoïdiens (Poissons et Batraciens). — *Marseille, M. Belon*, 1882, in-8°, 429 p. Don de l'auteur.
[8°, 1.784.

— Note sur les animaux venimeux de la Provence, par J.-M.-F. Réguis,... — *Paris, J.-B. Baillière et fils*, 1886, in-8°, 84 p.
[8°, 5.099.

— Note sur les mammifères de la Provence lue à la séance anniversaire de la Société d'Étude des sciences naturelles de Marseille le 1er décembre 1878, par J.-F.-M. Réguis,... — *Marseille, Marius Lebon*, 1880, in-8°, 70 p.
[8°, 5.105.

— Note sur les rongeurs de la Provence, par le Docteur J.-M.-F. Réguis,... — *Paris, J.-B. Baillière et fils*, 1888, in-8°, 89 p., grav.
[8°, 5.100.

— Synonymie provençale des champignons de Vaucluse, par J.-M.-F. Réguis... — *Marseille, Bérard*, 1886, in-8°, 143 p, fig.
[8°, 5.010.

Autre ex. (Legs Lajard).
[8°, 35.528.

— *Voir :* GUENDE (Blanche) et RÉGUIS (J.-F.-M.). Esquisse d'un prodrome d'histoire naturelle du département de Vaucluse... *Paris*, 1894, in-4°.
[4°, 5.200.

REIFFENBERG (Thomas de). — *Édit.* FORTIA D'URBAN (M' de). Lettres du marquis de Fortia sur ses premières années...[*Bruxelles*, 1847], in-8°.
[8°, 26.954.

REINACH (Théodore). — Pierres qui roulent. I. Un décret de Démosthène au Musée d'Avignon. [*Signé :* Théodore Reinach]. *Paris, Ernest Leroux*, 1900, in-8°, pièce (paginé 158-169), pl.
(Extrait de la *Revue des Études grecques*, 1900.)
[4°, 5.132.

REINAUD. — Invasions des Sarrazins en France et de France en Savoie, en Piémont et dans la Suisse, pendant les 8e, 9e et 10e siècles de notre ère, d'après les auteurs chrétiens et mahométans, par M. Reinaud... — *Paris, Vve Dondey-Dupré*, 1836, in-8°, XLII-324 p.
[8°, 12.478.

RÉINTÉGRATION des cœurs de MM. Bertet et de Salvador dans

la chapelle du Petit Séminaire de Sainte-Garde le 14 décembre 1893. — *Marseille, impr. de l'œuvre de Don Bosco*, 1894, in-12, pièce (22 p.).

Anc. archevêché d'Avignon.

[8°, **37.410**.

RELATION au sujet des froids excessifs de cet hyver, et un detail des maux qu'il a occasionné (*sic*) en divers pays... — *S. l. n. d.* [*Lyon*, 1766], in-4°, placard.

Ex. de l'abbé De Véras.

[4°, **5.349**.

RELATION d'une fête qui s'est donnée dans Avignon le 8 octobre 1744 à l'occasion du rétablissement de la santé du Roy Louis XV. — *S. l. n. d.*, in-4°, placard.

Fonds Massilian-Moutte.

[**Ms. 2.439**, n° 38.

RELATION de ce qui s'est fait et passé a l'arrivée et durant le sejour de Louys XIV, roy de France et de Navarre, dans la ville d'Avignon, depuis le 19 mars jusqu'au 1 avril 1660... — *Avignon, J. Bramereau*, 1660, in-4°, pièce (40 p.).

Fonds Massilian-Moutte et Requien.

3 ex. [**Ms. 2.438**, n° 6, **2.439**, n° 8, et **2.954**, n° 18.

[RELATION de ce qui s'est passé à Avignon et à Carpentras, lors de la réunion à la France, au mois de juin 1768. — Découpures du *Courrier d'Avignon*], in-4°, pièce (vi ff.).

Fonds Massilian-Moutte.

[**Ms. 2.437**, n° 18.

RELATION de ce qui s'est passé à l'occasion du passage de la reine de Pologne dans l'Etat d'Avignon, le 10 aoust 1714. — *S. l. n. d.*, in-4°, pièce (8 p.).

Fonds Massilian-Moutte et Requien.

2 ex. [**Ms. 2.438**, n° 18, et **2.927**, n° 29.

RELATION de ce qui s'est passé dans la ville d'Avignon a l'arrivée et pendant le sejour du serenissime infant Don Philippe de Bourbon, gendre du roy de France, au mois de fevrier 1744... — *Avignon, F. Girard*, 1745, in-fol., pièce (11 ff. n. ch. - 20 p. - 1 ff. n. ch.).

Gravures par Georget d'après « Pérus » ; nouveau tirage de la planche du « chevalier et officier de l'arc de la compagnie de Monsieur le marquis d'Orsan », signée : « P. D. B. Daugard. in. et sculp. Avenioné. 1744 » ; sur le dernier ff. n. ch., gravure de la ville d'Avignon, avec armoiries, signée : « Michel inv. et sculp. Aven. 1744 ».

Fonds Massilian-Moutte et Requien.

2 ex. [**Ms. 2.438**, n° 24, et **2.951**, n° 4.

[RELATION de l'entrée et du séjour des ducs de Bourgogne et de Berry en la ville d'Avignon. Mars 1701]. — Pages 49 à 114 du *Mercure galant*.

Fonds Massilian-Moutte.

[**Ms. 2.438**, n° 16.

RELATION de l'innoundation arrivadou dins Avignoun lou 30 de nouvembre 1755. — *S.l.n.d.*, in-fol., placard.

[**Atl. 313**, n° 52.

RELATION de l'inondation arrivée a Avignon le 29 novembre 1755... — *Avignon, F. Guibert et H.-J. Joly*, 1755, in-4°, pièce (8 p.).

Fonds Massilian-Moutte et Requien.

2 ex. [**Ms. 2.429**, n° 3, et **2.945**, n° 35.

RELATION de la fête donnée par M. Leonard, chanoine de St. Pierre, et recteur de la Compagnie des Pénitens blancs d'Avignon, pour la Naissance de Monseigneur le Dauphin. [23 octobre 1729]. — S. l. n. d., in-4°, pièce (11 ff. n. ch.).
Fonds Massilian-Moutte et Requien.

  3 ex. [Ms. 2.439, n° 32, 2.452, n° 60. et 2.928, n° 52.

RELATION de la fête donnée par Messire Jacques de Jullyanys, prêtre et chanoine hebdomadier de l'Eglise de Saint-Pierre d'Avignon, à l'occasion de la naissance de Monseigneur le Duc de Bourgogne, les 24, 25 et 26 octobre [1751]. — Avignon.s.n., 1752, in-8°, pièce (12 p.).
Fonds Massilian-Moutte et Requien.

  2 ex. [Ms. 2.439, n° 42, et 2.945, n° 19.

RELATION de la fête donnée par ...Messire Jacques de Jullyanys, prêtre et chanoine hebdomadier de l'Eglise de Saint-Pierre d'Avignon, à l'occasion de la naissance de Monseigneur le Comte de Provence, le 11 janvier 1756. — Avignon, L. Chambeau, [1756], in-4°, pièce (14 p.).
Fonds Massilian-Moutte et Requien.

  2 ex. [Ms. 2.439, n° 44, et 2.945, n° 37.

RELATION de la Mission d'Avignon, en mars et avril 1819. — [Avignon, impr. L. Aubanel, 1819], in-8°, pièce (45 p.), front.
Fonds Chambaud et Requien.

  6 ex. [8°. 25.815, n° 2 et 3, 28.235, 28.347, n° 2, et 31.832, n° 1. — Ms. 2.548, n° 13. et 2.550, n° 34.

RELATION de la Mission donnée à Avignon, par Messieurs les Missionnaires de France. — [Avignon, impr. L. Aubanel, 1819], in-8°, pièce (24 p.), pl.
Fonds Chambaud et Requien.

  3 ex. [8°, 25.815, n° 1. — Ms. 2.548, n° 15, et 3.018, n° 43.

RELATION de la Mission donnée à Orange en novembre et décembre 1819 par MM. les Missionnaires de France. — Orange, J^h Bouchony, 1819, in-8°, pièce (31 p.).

  2 ex. [8°, 25.815, n° 8, et 29.869.

RELATION de la mort, de l'enterrement et des obseques de Monseigneur François Maurice de Gonteri de Cavaglia, archevêque d'Avignon... — Avignon, Lemolt et Brameau, 1742, in-4°, pièce (23 p.).
Fonds Massilian-Moutte et Requien.

  3 ex. [Ms. 2.458, n° 5 et 21, et 2.929, n° 28.

RELATION de la mort héroïque du jeune Agricol Viala. [30 messidor an II]. — [Paris, impr. Domergue], s. d., in-8°, pièce (7 p.).
Fonds Chambaud.

  [Ms. 2.544, n° 35.

RELATION de la solemnité faite dans Avignon, par les RR. PP. Prescheurs à l'occasion de huit Saints Canonizez, ou Beatifiez du mesme ordre. Avec le Panégirique prononcé le jour de l'octave par Monsieur Michel de Cambis, Doyen du Chapitre de Saint Pierre dud't Avignon. — Avignon, Michel Mallard [1672], in-16, v ff. n. ch. - 107 p.
Ex. d'Ariey, curé de Gigondas

  [8°, 25.838

RELATION de tout ce qui s'est passé à Avignon depuis l'entrée du Général Choisy, jusqu'à la prise de Jourdan, le chef des Brigands du Comtat, et qui s'est dit le coupe-tête de 1789. — S. l. n. d. [1791], in-8°, pièce (8 p.).

[**Ms. 3.013**, n° 35.

RELATION des événemens terribles arrivés dans la ville d'Avignon. Extrait du Courrier de Villeneneuve-lez-Avignon du 13 juin 1790. — [*Marseille, impr. P. Ant. Favet*], s. d., in-12, pièce (8 p.).

Fonds Chambaud et Requien.

2 ex. [**Ms. 2.537**, n° 3, et **3.016**, n° 6.

RÉLATION des fêtes données par la ville d'Avignon, les 7, 8, 9 et 10 mai 1775 pour l'exaltation de Notre S. Père le Pape Pie VI,... — *Avignon, Joseph Bléry*, 1775, in-4°, pièce (33 p.).

Fonds Massilian-Moutte et Requien.

5 ex. [4°, **3.860** et **4.424**. — **Ms. 2.439**, n° 54, **2.449**, n° 54, et **2.933**, n° 29.

RELATION des principaux Faits qui se sont passés entre les Avignonais et les Comtadins. Par un Soldat-citoyen — S. l. n. d. [1791], in-8°, pièce (15 p.).

[**Ms. 3.013**, n° 12.

RELATION des rejouissances publiques faites dans la ville d'Avignon pour le rétablissement de la santé du Roy Tres-chretien, les 11 et 12 octobre 1744... — *Avignon, F. Girard et D. Seguin*, s. d., in-4°, pièce (12 p.).

Fonds Massiliau-Moutte et Requien.

3 ex. [**Ms. 2.439**, n° 40, **2.448**, n° 44, et **2.929**, n° 39.

[RELATION des services funèbres faits à Paris pour Dom Philippe de Bourbon, duc de Parme, et à Avignon, pour le Dauphin]. — *Courrier d'Avignon*, du 28 mars 1766, in-4°, pièce.

Ex. de l'abbé De Véras.

[4°, **5.353**.

RELATION du concile provincial tenu à Avignon au mois de décembre 1849. — *Avignon, Seguin aîné*, 1850, in-16, pièce (44 p.).

[8°, **32.437**.

[RELATION du passage à Avignon du duc de Crillon et de Mahon. 9 juin 1783]. — Extrait du *Courrier d'Avignon*, n° du 17 juin 1783.

Fonds Massilian-Moutte et Requien.

2 ex. [**Ms. 2.438**, n° 32, et **2.936**, n° 42.

RELATION du passage de S. A. R. Madame, duchesse d'Angoulême, dans la ville d'Avignon. — [*Avignon, impr. Bonnet*, 1823], in-4°, pièce (10 p.).

Fonds Chambaud et Requien.

3 ex. [4°, **4.633**. — **Ms. 2.535**, n° 45, et **2.970**, n° 97.

[RELATION du passage et du séjour de Monsieur, à Avignon, le 11 juillet 1777]. — Extrait du *Courrier d'Avignon*, n° du... juillet 1777.

Fonds Massilian-Moutte et Requien.

2 ex. [4°, **5.391**. — **Ms. 2.438**, n° 31.

RELATION du service solennel qu'a fait célébrer, le 2 décembre 1791, dans l'église de St-Trophime, la Société de la Chifone de la ville d'Arles, pour le repos de l'âme des malheureuses victimes Avignonoises. — [Arles, *Gaspard Mesnier fils*, 1791], in-8°, pièce (12 p.).

Fonds Chambaud et Requien.

2 ex. [**Ms. 2.540**, n° 25, et **2.991**, n° 25.

RELATION nouvelle et intéressante sur ce qui est arrivé à Avignon le 10 juin 1790. — *S. l. n. d.*, in-4°, pièce (4 p.).

[**Ms. 2.959**, n° 14.

RELATION (La) véritable des derniers troubles qui sont arriuez dans Avignon. [1655]. — *S. l. n. d.*, in-4°, pièce (28 p.).

[**Ms. 2.925**, n° 11.

RELATIOUN dei Siégé soustengu per la ville de Carpentra, contre l'Armade dei Brigan avignounès, despici lou 20 de janvié 1791, jusqu'à l'arrivade de MM. lei Médiatours Francés din lou Coumta. — *S. l. n. d.* [1791], in-8°, pièce (19 p.).

Fonds Chambaud et Requien.

2 ex. [**Ms. 2.550**, n° 12, et **3.013**, n° 11.

RÉLATIOUN en vers patois de l'inoundatioun d'Avignoun en novembré 1840. — [*Avignon, P. Chaillot*, 1840], in-8°, pièce (8 p. à 2 col.)

Fonds Chambaud et Requien.

3 ex. [8°, **37.751**, n° 20. — **Ms. 2.551**, n° 58, et **3.007**, n° 39.

REMÈDE contre la maladie du bétail, tant chevaux, jumens, bœufs, vaches, mulets, mules qu'autres, servans à l'usage de l'homme, à laquelle, si on n'y remédic, ils meurent dans vingt-quatre heures — *Avignon, J. Delorme*, 1714, in-fol., placard.

[Atl. **312**, n° 167.

REMEDES experimentés et recognus les plus utiles en ce temps de contagion, afin que les personnes saines en soient preservées, les malades soulagés et gueris, et leurs maisons delivrées de cette infection. — *Avignon., impr. J. Bramereau*, 1629, in-8°, pièce (16 p.).

[8°, **28.743**.

REMONSTRANCE faite par M. S. I. D. C. à Monseigneur Loys, comte de Nassau..., sur les meurtres, massacres et saccagementz faictz depuis la paix publiée, tant par ceux de la ville d'Aurenge, que par ceux d'Avignon, du Comtat et autres terres de la Majesté du Roy en ladicte ville d'Aurenge, depuis le second jour de Fevrier jusques au dixeseptiéme dudit mois 1571. — *S. l. n. n.*, 1571, pet. in-4°, pièce (29 p. - 1 ff. n. ch.).

[8°, **26.614**.

REMONTRANCE. Le public est prié de faire attention : I. que les Juifs sont les ennemis de Jésus-Christ et des chrétiens ; II. qu'ils sont nos esclaves... — *S. l. n. d!*, in-4°, pièce (incomplet, 4 p.).

[**Ms. 2.942**, n° 47.

RENAULT (Jean). — J.-H. Fabre. [*Signé :* Jean Renault]. — *La Nouvelle Revue*, n° du 15 octobre 1911, p. 555-560.

Don de M. Frédéric Mistral.

[4°, **1.201**.

— Un grand naturaliste : Paul-Henri Fabre. [*Signé :* Jean Renault]. — *La Famille*, n° du 5 novembre 1911, p. 714-715.

Don de M. Frédéric Mistral.

[8°, **37.540**.

RENAUX (Prosper), architecte. — A Monsieur de Bréville, préfet de Vaucluse. [Lettre de P. Renaux, architecte du département, au sujet de la grille de l'Eglise St-Siffrein de Carpentras. 31 janvier 1837]. — [*Carpentras, impr. Devillario,* s.d.], in-8°, pièce (11 fl. n. ch.).

[8°, **38.101**].

RENÉ (Le roi). — Œuvres complètes du roi René, avec une biographie et des notices par M. le comte de Quatrebarbes... — *Angers, impr. Cosnier et Lachèse,* 1844-1845, 4 vol. in-fol., port. et pl.

2 ex. [Fol. **4.313** et **5.000**].

RENOMMÉE (La) ; biographie générale des Députés : départements du Gard et de Vaucluse. — *Paris, impr. A.-T. Breton et Cie,* mai 1842, in-8°, pièce (7 p.).

[MM. de Montfaucon, Meynard, de Gérente et Mottet].

Fonds Chambaud et Requien.

2 ex. [8°, **37.751**, n° 25. — **Ms. 3.008**, n° 25.

REPAS à Bouche-que-veux-tu proposé par les Comtadins. [Pamphlet contre le député Bouche]. — *S. l. n. d.* [1789], in-8°, pièce (4 p.).

Fonds Chambaud et Requien.

2 ex. [**Ms. 2.535**, n° 7, et **2.986**, n° 12.

REPONCE ironique à l'autheur de l'épigramme par l'autheur des bourimés. [Au sujet de L.-F. Manne]. — *S. l. n. d.,* in-4°, placard.

[**Ms. 2.942**, n° 77.

RÉPONSE à l'adresse présentée à l'Assemblée Nationale par les prisonniers avignonois détenus à Orange. [13 juillet 1790]. — *S. l. n. d.,* in-8°, pièce (8 p.).

Fonds Chambaud et Requien.

3 ex [**Ms. 2.537**, n° 8, **2.987**, n° 40, et **3.016**, n° 9.

RÉPONSE à l'auteur ultramontain concernant les droits du pape sur la ville, et l'Etat d'Avignon. — *Amsterdam,* 1769, in-12, 100 p.

3 ex. [8°, **26.571**, n° 3, **26.572**, n° 3, et **26.575**, n° 3.

RÉPONSE à la motion de M. Charles-François Bouche, député de Provence, avant pour titre : « De la restitution du Comtat Venaissin, des ville et Etat d'Avignon », par un Avignonois. [8 janvier 1790]. — [*Paris, impr. Jorry,* 1790], in-8°, pièce (6 p.).

[**Ms. 2.986**, n° 19.

RÉPONSE à un imprimé, signé Villelongue, prêtre, et intitulé « Rapport fidèle sur les deux événements scandaleux arrivés récemment dans l'Eglise succursale de Vedènes, le 9 juin et le 3 juillet 1814 ». — [*Avignon, impr. Carias*], s. d., in-4°, pièce (9 p.).

[**Ms. 2.969**, n° 131.

RÉPONSE à une Brochure intitulée : « Observations sur le projet de Décret des Comités de Pétition et de Surveillance réunis, sur les affaires d'Avignon, par M. Verninac ». [18 février 1792]. — [*Paris, impr. J.-J. Rainville,* 1792], in-8°, pièce (7 p.).

Fonds Chambaud et Requien.

3 ex. [8°, **27.230**, t. II, n° 4. — Ms. **2.550**, n° 17, et **3.014**, n° 4.

RÉPONSE au fatras fait contre Monseigneur l'Archevêque d'A-

vignon. [Par un officier du 8ᵉ Régᵗ d'Infⁿⁱᵉ legère]. — *S. l. n. d.* [1822], in-8°, pièce (1 fl. n. ch.)
Fonds Chambaud et Requien.

2 ex. [**Ms. 2.551**, n° 10, et **3.081**, n° 4.

RÉPONSE au troisieme mémoire de la communauté d'Apt, sur le pont de la Durance. — *S. l. n. d.*, in-4°, pièce (9 p.).
Fonds Massilian-Moutte et Requien.

2 ex. [**Ms. 2.442**, n° 21, et **2.931**, n° 7.

RÉPONSE aux quelques mots de M. Frossard, Pasteur du Consistoire d'Avignon, au sujet de l'abjuration de deux protestants. [*Signé* : Un associé de la Foi]. — [*Avignon, L. Aubanel,* 1843], in-8°, pièce (15 p.).

2 ex. [8°, **23.852**. — **Ms. 3.009**, n° 6.

RÉPONSE aux questions proposées par l'assemblée générale de Provence sur le projet de faire un pont sur la Durance. [Défense du projet d'établissement de ce pont à Bonpas]. — *S. l. n. d.*, in-4°, pièce (10 p.).
Fonds Massilian-Moutte.

[**Ms. 2.442**, n° 18.

RÉPONSE d'un Comtadin à la brochure intitulée : « Restitution du Comté Venaissin, des Villes et État d'Avignon, par M. Bouche, Député à l'Assemblée nationale ». — *S. l. n. d.*, in-8°, pièce (15 p.).
Fonds Chambaud et Requien.

5 ex. [8°, **26.572**, n° 7, **32.393** et **33.345**. — Ms. **2.536**, n° 6, et **2.986**, n° 11.

RÉPUBLICAINS (Les) Avignonais, traduits devant le Tribunal criminel de la Drôme, au Peuple Français. [24 floréal an V].

— [*Valence, J.-M. Bénistant,* an V], in-8°, pièce (24 p.).
Fonds Chambaud et Requien.

2 ex. [**Ms. 2.545**, n° 10, et **2.995**, n° 27.

RÉPUBLICAINS (Les) Avignonais, traduits devant le tribunal criminel du département de la Drôme, au Peuple Français, pour la 2ᵉ fois. [3 thermidor an V]. — [*Valence, J.-M. Bénistant,* an V], in-8°, pièce (24 p.).
Fonds Chambaud et Requien.

2 ex. [**Ms. 2.545**, n° 12, et **2.995**, n° 28.

RÉPUBLICAINS (Les) de Noves à toute la République et notamment aux Sociétés populaires du Département des Bouches-du-Rhône. [Contre Henri Gueymard, ancien juge de paix du canton de Noves, dénoncé par l'Assemblée électorale de Vaucluse. Prairial an II]. — *S. l. n. d.*, in-4°, pièce (1 fl. n. ch.).

[**Ms. 2.981**, n° 60.

RÉPUBLICAINS (Des) de Vaucluse et des Bouches-du-Rhône, au Directoire exécutif, aux Armées de la République Française, au Général divisionnaire, Commandant dans ces Départemens. Du 15 thermidor an 5ᵉ... [Au sujet de la sûreté publique]. — *S. l. n. d.*, in-4°, pièce (4 p.).
Fonds Chambaud et Requien.

2 ex. [**Ms. 2.531**, n° 146, et **2.967**, n° 32.

RÉPUBLICAINS (Des) du département de Vaucluse, réfugiés à Orange, au général de division Sahuguet, commandant les Troupes du Midi. [12 thermidor an V]. — *S. l. n. d.*, in-4°, pièce (11 ff. n. ch.).
Fonds Chambaud et Requien.

2 ex. [**Ms. 2.531**, n° 145, et **2.967**, n° 31.

REQUÊTE pour M. Sabran, ancien officier de Marine, enchaîné dans les prisons de Carpentras. — S. l. n. d. [5 janvier 1791], in-12, placard.

[Ms. 2.989, n° 2.

REQUIEN (ESPRIT). — Bibliographie des journaux publiés à Avignon et dans le département de Vaucluse. [*Préface signée* : E. R. (Esprit Requien)]. — *Avignon, impr. Seguin aîné*, 1837, in-4°, pièce (40 p.).

Don de l'auteur.

4 ex. [8°, **15.546**, **17.114**, **23.831** et **27.361**, n° 2.

— Catalogue des médailles romaines de la collection du Musée Calvet d'Avignon. [*Préface signée* : E. Requien]. — *Avignon, impr. Seguin*, 1840, in-8°, pièce (33 p.).

3 ex. [8°, **15.030**, **27.361**, n° 5, et **29.421**, n° 8. — Ms. **3.036**, n° 42.

— Note sur un essai d'éducation de vers-à-soie de Bengale, fait à Avignon en 1838, par M. Requien,... — [*Montpellier, veuve Picot*, 1839], in-4°, pièce (7 p.).

(Extrait du *Bulletin de la Société d'Agriculture du département de l'Hérault*.)

[0°, **17.001**, n° 0.

— Notice sur quelques monnaies du Musée Calvet à Avignon, par M. Requien. — [*Blois, impr. Dézairs*, 1844], in-8°, pièce (8 p.), pl.

(Extrait de la *Revue numismatique*, 1844.)

2 ex. [8°, **27.361**, n° 6, et **29.421**, n° 5.

— *Voir* : MÉMOIRE pour les Religieuses hospitalières de St-Joseph d'Avignon. *Avignon*, 1844, in-4°.

[4°, **4.436**.

REQUIN (Chanoine HENRI), correspondant de l'Institut. Les artistes d'autrefois en Avignon. Lecture faite à la séance publique de l'Académie de Vaucluse du 26 mai 1895, par l'abbé Requin,... — *Avignon, impr. François Seguin*. 1895, in-8°, pièce (15 p.).

[8°, **29.578**.

— L'abbé Requin.... Chez les Notaires. Discours prononcé à la séance publique de l'Académie de Vaucluse le 7 mai 1893. — *Avignon, Seguin frères*, 1893, in-8°, pièce (14 p.).

(Extrait des *Mémoires de l'Académie de Vaucluse*, 1893.)

Don de l'auteur.

2 ex. [8°, **25.039** et **34.503**.

— Documents inédits sur le sculpteur François Laurana, par H. Requin,... — *Paris, Plon-Nourrit et Cie*, 1901, in-8°, pièce (12 p.).

(Extrait du *Compte-rendu de la réunion des Sociétés des Beaux-Arts des départements*, 1901.)

Don de l'auteur.

[4°, **6.533**.

— M. l'abbé Requin Documents inédits sur les origines de la typographie. — *Paris, E. Leroux*, 1890, in-8°, pièce (14 p.)

(Extrait du *Bulletin historique et philologique du Comité des travaux historiques et scientifiques*.)

Don de l'auteur.

[8°, **34.506**.

— Documents inédits sur les peintres, peintres-verriers et enlumineurs d'Avignon au quinzième siècle, par l'abbé Requin, ... — *Paris, typ. Plon, Nourrit et Cie*, 1889, in-8°, 99 p.

(Extrait du Compte rendu de la *Réunion des Sociétés des eaux-Arts des départements*, année 1889.)

8°, **27.814**.

REQUIN (Chanoine Henri).

— L'Abbé H. Requin,... La Façade et les portes de l'église de St-Pierre d'Avignon. — *Avignon, Seguin frères*, 1888, in-8°, pièce (23 p.).
(Extrait des *Mémoires de l'Académie de Vaucluse*, 1887.)
Don de l'auteur. [8°, **34.500**.

— Ferrier Bernard à Avignon, par l'abbé Requin,... — *Paris, E. Plon, Nourrit et Cie*, 1891, in-8°, pièce (22 p.), pl.
(Extrait du Compte-rendu de la *Réunion des Sociétés des Beaux-Arts des départements*, 1891.)
Don de l'auteur. [8°, **34.498**.

— Les Guillaume Grève, par M. l'Abbé Requin,... — *Paris, E. Plon, Nourrit et Cie*, 1896, in-8°, pièce (15 p.), pl.
(Extrait du compte-rendu de la *Réunion des Sociétés des Beaux-Arts des départements*, 1896.)
Don de l'auteur. [8°, **34.501**.

— L'abbé Requin,... L'imprimerie à Avignon en 1444. — *Paris, A. Picard*, 1890, in-8°, pièce (20 p.), pl.
Don de l'auteur. [8°, **34.507**.

— L'abbé H. Requin. Jacques Bernus, sa vie, son œuvre. 1650-1728... — *Avignon, Seguin frères*, 1885, in-8°, 71 p.
(Extrait des *Mémoires de l'Académie de Vaucluse*, 1885.)
Don de l'auteur. [8°, **34.504**.

— Origines de l'imprimerie en France (Avignon, 1444), par l'abbé Requin,... — *Paris, Cercle de la librairie*, 1891, in-8°, pièce (15 p. - x ff. n. ch.).
(Extrait du *Journal général de l'imprimerie et de la librairie* du 28 février 1891.)
Don de l'auteur. [4°, **6.535**.

— L'abbé Requin,... Philippe Mellan, graveur d'Avignon. 1657-1674. — *Caen, H. Delesques*, 1896, in-8°, pièce (14 p.).
(Extrait du *Congrès archéologique de France*, année 1893.)
Don de l'auteur. [8°, **34.499**.

— La Question de l'imprimerie à Avignon en 1444 et en 1446, par M. l'abbé Requin,... Réponse à M. Bayle. — *Marseille, édition de la Revue historique de Provence*, 1902, in-8°, pièce (45 p.).
(Extrait de la *Revue historique de Provence*, 1901 et 1902.)
Don de l'auteur. [4°, **6.156**.

— Rectifications aux Notes historiques sur l'église Saint-Pierre [d'Avignon], par l'abbé H. Requin,... — *Avignon, F. Seguin*, 1898, in-8°, pièce (31 p.).
Don de l'auteur. [8°, **34.502**.

— L'abbé Requin,... Le Tableau du roi René au Musée de Villeneuve-lès-Avignon. — *Paris, A. Picard*, 1890, in-8°, pièce (16 p.), pl.
[Par Enguerrand Charonton].
Don de l'auteur. [4°, **6.534**.

— Une Œuvre de Nicolas Froment. [*Signé* : H. Requin]. — [*Paris, Plon-Nourrit et Cie*], s. d., in-8°, pièce (7 p.).
(Extrait du compte-rendu de la *Réunion des Sociétés des Beaux-Arts des départements*, 1902.)
Don de l'auteur. [8°, **34.505**.

— *Edit.* MIGNARD (Nicolas). Testament. — Extrait de la *Revue de l'Art Français*, 1892.
[8°, **31.673**.

— *Voir* : BAYLE (Gustave). Notes historiques sur l'église St-Pierre d'Avignon... *Avignon*, 1897, in-8°.
[8°, **30.523**.

REQUIN (Chanoine Henri).

— *Voir* : Congrès archéologique de France. lxxvi° session tenue à Avignon en 1909... *Paris-Caen*, 1910, in-8°.
[8°, **37.750**.

— *Voir* : Congrès des Sociétés savantes de Provence... 1906... *Aix*, 1907, in-8°.
[4°, **7.488**.

— *Voir* : Labande (Léon-Honoré) et Requin (Chanoine Henri). Testament du cardinal Pierre de Foix... *Paris*, 1900, in-8°.
[8°, **33.233**.

RÉVEIL (Le) du Peuple. [*Suit* : Couplet sur le même air, adressé par les bons Citoyens d'Avignon, au Représentant du Peuple Jean Debry. (22 pluviôse an III)]. — *S. l. n. d.*, in-4°, placard.
Fonds Chambaud.
[Ms. **2.529**, n° 99.

— Autre édition. — *S. l. n. d.*, in-8°, pièce (11 ff. n. ch.).
[Ms. **2.994**, n° 50.

RÉVÉRENDE (La) mère Marie Stanislas, fondatrice et supérieure des sœurs Garde-Malades d'Avignon. — *Avignon, Aubanel frères*, 1880, in-18, pièce (16 p.).
[8°, **27.494**.

RÉVOIL (Henry). — Architecture romane du Midi de la France dessinée, mesurée et décrite par Henry Revoil... — *Paris, Vve A. Morel et Cie*, 1873, 3 vol. in-fol., t. I", 52 p., 66 pl. ; II, 68 p., 67 pl. ; III, 43 p., 79 pl., et appendice, xxvi p. - vii pl.
[Fol. **2.941**.

— Conférence sur le théâtre antique d'Orange faite devant le Congrès de la Société française

— RÉVOLTE (La)...

d'archéologie, par H. Révoil,... — *Tours, impr. Bousrez*, s. d., in-12, pièce (23 p.).
(Extrait du *Congrès archéologique de France*, 1882.)
Anc. archevêché d'Avignon.
[8°, **37.390**.

REVOL (B.-H.). — Couplets chantés chez Mme de..., le 13 janvier 1820, par B.-H. R. [Revol], à l'occasion du Banquet donné par le Roi de la fève. — *S. l. n. d.*, in-8°, pièce (6 p.).
[8°, **25.068**, n° 30.

— Couplets chantés par B.-H. R. [Revol] au milieu d'une réunion d'amis, chez Martel, le 6 février 1820. — *S. l. n. d.*, in-8°, pièce (8 p.).
[8°, **25.068**, n° 31.

— Couplets pour faire suite à d'autres chantés, chez Martel, au milieu d'une réunion d'amis, par B.-H. R. [Revol], le 6 février 1820. — *S. l. n. d.*, in-8°, pièce (3 p.).
[8°, **25.068**, n° 32.

— Epitrou a Moussu Morel, secrétari perpétuel dé l'Académiou de Vouclusou, en yé manden unou coupiou deis obrou prouvençalou manuscritou dé O*** qué faricou proumessou din lou més dé mai. [*Signé* : B.-R. (Revol)]. — [*Lyon, impr. J.-M. Barret*, 1828], in-8°, pièce (7 p.).
2 ex. [8°, **10.563**, n° 2, et **25.299**, n° 8.

RÉVOLTE (La) des Juifs à Avignon ou le noir complot contre le vice-légat ; suivi de ce qui s'est passé dans cette ville le 15 de septembre, écrit par un notable bourgeois de la ville. [*Signé* : Martin, ex-consul de la ville d'Avignon]. — *S. n.* [*Pa-*

ris, impr. Momoro, 1789], in-8°, pièce (8 p.).

[Note manuscrite de Requien : « Pièce fausse : spéculation d'imprimeur »].

[Ms. **2.986**, n° 6.

RÉVOLUTION (La) à Orange. 28 août 1912 au... L'Affaire Marchand. 1ʳᵉ série. Pour la justice, par la vérité. Dessins de Damas. — [*Avignon, impr. F. Seguin*, 1912], in-8°, pièce (vi ff. n. ch.).

Don de M. F. Seguin.

[4°, **8.608**.

RÉVOLUTION de Nîmes et d'Uzès, et Proclamation du Département du Gard : qui invite tous les bons Patriotes à prouver leur zèle pour le soutien de la Constitution ; avec le patriotisme des Avignonais. [20 février 1791]. — [*Marseille, Jean Mossy père et fils*, 1791], in-12, pièce (8 p.).

[Ms. **2.989**, n° 12.

REY (Achille) — Achille Rey. A-propos en vers, sur Agricol Perdiguier, pacificateur du compagnonnage, représentant du peuple (1805-1875)...représenté au Grand-Théâtre d'Avignon le 17 janvier 1904... — [*Avignon, Roche et Rullière frères*, 1904], in-8°, pièce (8 p.).

Don de l'auteur.

[4°, **6.545**.

— Achille Rey. Agricol Perdiguier, pacificateur du Compagnonnage, représentant du peuple à la Constituante de 1848 et à l'Assemblée législative de 1849, sa vie, son œuvre... — *Avignon, J. Chapelle*, 1904, in-8°, pièce (22 p.), pl.

Don de l'auteur. [8°, **34.519**.

— Groupe de la Jeunesse républicaine [d'Avignon]. Conférence sur la femme et le féminisme au point de vue social, par Achille Rey. — *Avignon, Assaleix*, 1899, in-8°, pièce (12 p.).

[8°, **31.570**.

REY (Claude). — Lettre pastorale de Monseigneur l'évêque de Dijon [Claude Rey], à l'occasion de sa consécration épiscopale [dans l'Eglise Notre-Dame des Doms d'Avignon] et de sa prochaine arrivée dans son diocèse. — [*Avignon, impr. Aubanel*], s. d., in-4°, pièce (15 p.).

[Ms. **2.973**, n° 38.

REY (Pierre). — Oratio publicæ alacritatis in adventu Illustrissimi et Reverendissimi Domini, D. Ludovici de Fortia, et de Mont-Real, Episcopi et Condomini Civitatis Cauellionis. A Domino Petro Rey, ejusdem Civitatis Actore habita, Anno 1646, et die 24. Decembris. — *Avignon, J. Bramereau*, 1648, in-12, pièce (18 p.).

2 ex. [8°, **17.120**, n° 9, et **27.233**, fol. 18.

REY (Raymond), inspecteur d'Académie. — R. Rey... L'enseignement primaire et les écoles publiques dans les Etats pontificaux de France et pays divers qui ont formé le département de Vaucluse, avant 1789, d'après les archives locales.— *Avignon, Seguin frères*, 1892, in-8°, pièce (33 p.).

Don de l'auteur.

[8°, **27.611**.

— François Iᵉʳ et la ville d'Avignon (1515-1547), d'après les Archives municipales, par M. Rey,... — *Avignon, Fr. Seguin*, 1895, in-8°, pièce (37 p.).

Don de l'auteur.

[8°, **29.490**.

— Louis XI et les Etats pontificaux de France au xvᵉ siècle, d'après des documents inédits, par M. R. Rey,... — *Grenoble, impr. Allier frères*, 1899, in-8°, x-256 p.

(Extrait de l'*Académie Delphinale*, 4ᵉ série, t. xii.)
Don de l'auteur.

[8°, **31.747**.

— Projet d'établissement à Avignon d'une section du Club alpin français, dite section du Mont-Ventoux. Rapport présenté au Comité d'organisation, par M. Rey,... — *Avignon, impr. Gros frères*, 1879, in-18, pièce (16 p.).

[8°, **29.224**.

REYBAUD (Camille). — Epitro à Moussu Requien, par Camille Reybaud. — *Avignon, Seguin aîné*, 1851, in-12, pièce (17 p.).

[8°, **25.306**.

REYBAUD (Mᵐᵉ Charles). — Elys de Sault ou la Cour des Papes au milieu du xivᵉ siècle, par Fr. d'Antonnelle [Mᵐᵉ Charles Reybaud]. — *Paris, Mᵐᵉ Charles-Béchet*, 1834, 2 vol. in-8°, 312 et 334 p.

[8°, **25.600**.

REYNARD-LESPINASSE (Henri). — Armorial historique du Diocèse et de l'Etat d'Avignon, par Henri Reynard-Lespinasse,.. blasons dessinés par M. Laugier,... — *Paris, Société française de numismatique et d'archéologie*, 1874, in-4°, v-248 p., blas.

(Extrait des *Mémoires de la Société française de Numismatique et d'archéologie*.)
Salle de lecture [4°, **C 4**.

— Ville d'Avignon. Conseil municipal : séance du 7 novembre 1883. Rapport relatif à la conservation et à la restauration du Palais des papes, présenté par M. A. Reynard-Lespinasse...; délibération, lettre d'envoi à M. le Ministre de la guerre, pièces justificatives. — *Avignon, A. Gros*, 1884, in-8°, pièce (39 p.), pl.

[8°, **26.579**, **31.039** et **32.822**.

Autre ex. (Legs Arnaud de Fabre).

[4°, **7.685**.

— *Trad.* Eroli de Narni (Marquis Jean). Notice biographique sur Mgr Félicien Capitone... *Marseille*, 1875, in-8°.

[8°, **26.936**.

— *Voir :* Place (Mgr). Lettre pastorale... [*Marseille*, 1870], in-8°.

[8°, **31.482**.

REYNAUD (Joseph). — Jousè Reynaud. Melanio ; dramo en tres ate. — *Avignon, Vve J. Roumanille*, 1899, in-8°, pièce (31 p.).

[8°, **31.329**.

REYNAUD DE LA GARDETTE. — Aux Electeurs de l'arrondissement de Montélimar. [Par Reynaud de la Gardette, contre M. A. Gasparin]. — [*Valence, impr. J.-J. Joland*, 1837], in-12, pièce (15 p.).

[Ms. **3.005**, n° 47.

REYNES, professeur à l'Ecole de dessin et de peinture de la ville d'Avignon. — [Lettre par laquelle M. Reynes se déclare tout à fait étranger au factum écrit contre le tableau de M. Huet]. — [*Avignon, s. n.*, 1842], in-8°, placard.

[Ms. **3.008**, n° 29.

REYNIER (J.-B.). — Corrections raisonnées des fautes de langage et de prononciation qui se commettent, même au sein de la bonne société, dans la Provence et quelques autres provinces du Midi, par J.-B. Reynier... — *Marseille, chez l'auteur*, 1829, in-12, 212 p.

[8°, **25.003**.

REYNIER (M.). — Les dates mémorables : onze juin 1909. M. Reynier. Album-souvenir du tremblement de terre en Provence... — *Salon, G. Reyre*, [1909], in-4°, pièce (40 p.), fig.

[Fol. **5.245**.

REYRE (Le P. Joseph). — Oraison funèbre de... Monseigneur Louis dauphin. Prononcée dans la Chapelle de MM. les Pénitens Blancs d'Avignon, le 18 avril 1766. Par le P. Joseph Reyre,... — *Avignon, J. Garrigan*, 1766, in-4°, pièce (34 p.).

[Ms. **2.931**, n° 39.

REYROLLES (Jean-Baptiste de). — Clementis XI. Pont. Opt. Max. auguratæ pacis, oratio habita ab... Joanne-Baptista de Reyrolles,... in senatu capitolino Avenionensi, die I. August. 1704... — *Avenione, F.-S. Offray*, s. d., in-4°, pièce (11 p.).

Fonds Massilian-Moutte.

[Ms. **2.457**, n° 37.

— Innocentii XII. Pont. Opt. Max. justitiæ oratio habita a... J. B. de Reyrolles, judice primario curiæ S. Petri, in senatu capitolino Aven. die 1. aug., ann. 1698... — *Avenione, F.-S. Offray*, s. d., in-8°, pièce (8 p.).

Fonds Massilian-Moutte.

[Ms. **2.457**, n° 38.

— Oratio congratulatoria in adventv... D. Sinibaldi de Auria... prolegati Avenion... Habita ab... Joanne-Baptista de Reyrolles,... in palatio apostolico Avenion. Die 5. Novemb. 1706. — *Avenione, F.-S. Offray*, s. d., in-4°, pièce (7 p.).

[Ms. **2.941**, n° 43.

— Autre ex. incomplet.

Fonds Massilian-Moutte.

[Ms. **2.431**, n° 49.

RIBBE (Charles de). — La paix sociale à la fin du moyen-âge. La vie de village en Provence au temps du roi René, d'après des documents inédits, par Charles de Ribbe. — *Paris, bureaux de la Société d'économie sociale*, 1889, in-8°, pièce (40 p.).

(Extrait de la *Réforme sociale*.)
Don de l'auteur.

[8°, **2.114**.

— La Société provençale à la fin du Moyen-Âge, d'après des documents inédits, par Charles de Ribbe. — *Paris, Perrin et Cie*, 1898, in-8°, xii-572 p.

[8°, **30.517**.

RIBÈRE (Michel). — Testamentum patris, filium doctorali laurea inaugurantis, oratio Michaelis Riberii J. C. Avenonensis (sic)... habita in palatio archiepiscopali die 13 maii M.DC.LXV. — *Avignon, M. Chastel*, 1667, in-12, pièce (22 p.).

[8°, **27.230**, t. V, n° 7.

RIBIERS (Esprit de). — Fælicitatis templum et signum, oratio a d. Spiritu de Ribiers J. U. D. in Academia Avenionen., altero antecessore ordinario in jure civili. Habita pridie nonas septembris 1644 in Divæ Mariæ Domnensis Sacello, solemni ri-

RIBIERS (Esprit de). — tu, pro examine morum nobilissimi Ludovici Felix, in sacra theologia doctoris, ad lauream doctoralem in jure canonico et civili consequendam. — *Avignon, typ. Jacques Bramereau,* 1644, in-12, pièce (11 p.).

[8°, **36.919**, n° 4.

RIBIERS (Esprit-Véran de). — Innocentio XIII, pontifici optimo maximo, panegyricus dictus ab illustri D. Spiritu Verano de Ripariis, U. J. D. in alma Universitate Avenionensi aggregato et juris civilis antecessore ordinario,... in æde D. Francisco sacra. IX. Kal. julii M.DCC. XXI... — *Avignon, C. Delorme,* 1721, in-4°, pièce (1 ff. n. ch. - 13 p.).

Fonds Massilian-Moutte et Requien.

4 ex. [8°, **33.795**. — Ms. **2.439**, n° 29, **2.451**, n° 47, et **2.942**, n° 19.

RIBIERS (M. de). — *Voir :* Mémoire pour les religieuses hospitalières de St-Joseph d'Avignon. *Avignon,* 1844, in-4°.

[4°, **4.436**.

RIBIERS (Pierre-François de), ancien primicier de l'Université d'Avignon. — Epitome privilegiorum graduatorum universitatis Avenionensis.[*Dédicace signée* : P. F. D. R. (Pierre-François de Ribiers)]. — *Avignon, F.-S. Offray,* 1710, in-12, VIII ff. n. ch. - 286 p. - II ff. n. ch.

5 ex. [8°, **1.269**, **26.805**, **27.072**, **30.839** et **31.887**.

— Manuductio ad jurisprudentiam, qua fere tota legalis scientia explicatur theorice et practice, quatuor partibus divisa : in prima agitur præcipue de rubricis, axiomatibus et regulis juris...; in secunda, de beneficiis et censuris ecclesiasticis...; in tertia, de universitatibus ac academiis famosis, earumve rectorum jurisdictione et prærogativis ; in quarta, de privilegiis graduatorum potissime Avenionensium juxta Concordatum... Authore Petro-Francisco de Ribiers...— *Avignon, F.-S. Offray,* 1713, in-4°, VII-868 p. - III ff. n. ch.

[4°, **3.915**.

Autre ex. ayant appartenu à Pierre Rousset, prieur et vice-recteur de St-Martial d'Avignon.

[4°, **780**.

RIBIERS (Sébastien de). — Oratio de divo Sebastiano... dum... celebraretur missa pro electione ...D. Francisci Dougier, Carpent., in rectorem ejusdem Academiæ Aven., habita per Nobilem adolescentem Sebastianum de Ribiers... — *S. l. n. d.,* in-12, pièce (8 p.).

[8°, **36.919**, n° 2.

RIBOTI (Augustin). — Examen d'un livre qui a pour titre la vie du P. Romillon avec plusieurs éclaircissemens sur la première institution des Congregations de la Doctrine chrétienne ; et des Ursulines en France [Par le P. Augustin Riboti]. *Toulouse, J. Pech,* 1676, in-8°, pièces liminaires - 330 p.

[8°, **12.651**.

RICARD (Abbé). — Histoire de Monseigneur d'Inguimbert, évêque de Carpentras, suivie d'une Notice sur ses ouvrages, avec pièces justificatives, par M. l'abbé R... [Ricard]. — *Cavaillon, impr. L. Grivot-Proyet,* 1867, in-8°, VI-346 p., port. et fac-sim.

[8°, **26.989**.

— Histoire du cardinal Sadolet suivie de pièces justificatives, par l'abbé R... [Ricard], de Carpentras... — *Avignon, typ. Fr. Seguin aîné*, 1872, in-8°, 179 p.
[8°, **16.857**.
Autre ex. (Anc. archevêché d'Avignon).
[8°, **37.215**.

— Notice historique sur le Saint-Mors de l'Empereur Constantin conservé dans l'église Saint-Siffrein à Carpentras, par l'abbé R... [Ricard]. — *Lyon, L.-P. Pélagaud*, 1862, in-12, 262 p.
4 ex. [8°, **13.840**, **25.953**, **28.342** et **32.167**.

— Notice historique sur le Sanctuaire de Notre-Dame de Santé à Carpentras, avec pièces justificatives, par l'abbé R... [Ricard]. — *Carpentras, Grivot-Proyet*, 1859, in-12, 60 p.
[8°, **25.966**.
Autre ex. (Anc. archevêché d'Avignon).
[8°, **37.417**.

— Vie de Saint Siffrein, évêque et patron de Carpentras, avec pièces justificatives, par l'abbé R... [Ricard]. — *Carpentras, impr. E. Rolland*, 1860, in-12, 137 p.
Don de l'auteur.
[8°, **25.915**.

RICARD (Marius). — Concours et expositions agricoles tenus à Orange les 23, 24, 25 et 26 août 1901. Discours prononcé à la distribution des récompenses par M. Ricard,... — *Avignon, F. Seguin*, 1901, in-8°, pièce (8 p.).
Don de M. F. Seguin.
[8°, **32.975**.

— Rapport dressé à la demande de la Société des cuivres de France par M. Marius Ricard,... dans l'instance pendante entre ladite Société des cuivres de France contre les Srs Carpentras et Bernard, devant le Tribunal civil d'Avignon. — *S. l. n. d.* [*Avignon, F. Seguin*, 1903], in-4°, pièce (10 p.), pl.
Don de M. F. Seguin.
[4°, **6.255**.

RICHARD, maire d'Avignon. — Discours de M. Richard, maire d'Avignon, un des Députés du Club de cette Ville, prononcé au nom de la députation auprès de la Société des amis de la Constitution établie à Arles, dans la séance du 31 mars 1791. [*Suit:* Réponse du Président de la Société des Amis de la Constitution établie à Arles, au Discours prononcé par M. Richard... Vers prononcés par M. Giraud de l'Oratoire... sous le titre de Commandements du parfait clubiste]. — *S. l. n. d.*, in-4°, pièce (10 p.).
Fonds Chambaud et Requien.
2 ex. **Ms. 2.523**, n° 34, et **2.960**, n° 10.

RICHARD, maire d'Avignon, BERNARD et DESCOURS. — Compte-rendu par M. Richard, maire, et MM. Bernard et Descours, officiers municipaux d'Avignon à leurs concitoyens, de leurs opérations pendant leur séjour à Paris, et de ce qui s'y est passé relativement à l'affaire d'Avignon. [7 octobre 1791]. — [*Paris, impr. L. Potier de Lille*, 1791], in-8°, pièce (16 p.).
Fonds Chambaud et Requien.
3 ex. [8°, **33.471**. — **Ms. 2.540**, n° 6, et **2.991**, n° 11.

RICHARD (Toussaint-Agricol), curé de Saint-Pierre d'Avignon.

— Recueil de prières et de cantiques à l'usage des congrégations établies dans la paroisse de St-Pierre d'Avignon. [Par Toussaint-Agricol Richard]. — *Avignon, L. Aubanel*, 1822, in-8°, 360 p.

[8°, 25.148.

RICHAUD (Louis). — *Voir* : Annuaire [officiel] de Vaucluse, 1841-42. *Avignon*, s. d., in-12.

[8°, 14.984.

RICHEMONT (Vic^{te} de). *Edit.* Salamon (Abbé Louis-Siffrein de). Correspondance secrète... *Paris*, 1898, in-8°.

[8°, 30.885.

RICORD fils (Alexandre). — Rapport d'Alexandre Ricord fils, et Pierre Mainvielle, députés extraordinaires du département des Bouches-du-Rhône auprès de la Convention nationale. Fait dans la séance du 23 au soir, par Alexandre Ricord fils. — *Paris, G.-F. Galletti*, an II (1793), in-8°, pièce (22 p.).

[Ms. 3.617, n° 1.

RIEU (Alfred). — L'Agriculture et les chemins de fer en France ; étude sur les tarifs de transport, par M. A. Rieu,... — *Avignon, F. Seguin*, 1903, in-12, pièce (46 p.).

(Syndicat agricole Vauclusien.)

[8°, 33.825.

— Monographie du canal de Vaucluse... par A. Rieu,... — *Avignon, F. Seguin*, 1901, in-8°, 83 p.

(Syndicat des usiniers du canal de Vaucluse.)
Don de l'auteur. [8°, 32.816.

— Quelques considérations sur les plâtrières de Vaucluse. [Signé :

A. Rieu]. — [*Avignon, F. Seguin*], s. d., in-4°, pièce (16 p.).
Don de M. F. Seguin.

[4°, 7.833.

— Les Tarifs des chemins de fer italiens et la décadence de nos exportations agricoles ; réponse à la Compagnie P.-L.-M., par M. A. Rieu,... — *Avignon, F. Seguin*, 1904, in-8°, pièce (43 p.).

(Union des syndicats agricoles des Alpes et de Provence.)
Don de M. F. Seguin.

[8°, 34.546.

— *Voir* : Besse (Auguste) et Rieu (Alfred). Essais d'amélioration de la culture de la garance... *Avignon*, 1875, in-8°.

[8°, 5.878.

RIEUX (Albert), *en religion* le P. Xavier de Fourvières, prémontré. — Ouresoun funèbro de Jóusè Roumanille, capoulié dóu felibrige dicho en Avignoun, dins la gleiso de Sant-Agricò, 1° de Jun de 1891, pèr don Savié de Fourviero. — *Avignon, J. Roumanille*, 1891, in-12, pièce (24 p.).

[8°, 27.609.

Autre ex. (Anc. archevêché d'Avignon).
[8°, 37.422.

— Lou pichot tresor ; dictionnaire prouvençau francés e francés prouvençau, provençal, par le R. P. Xavier de Fourvières,... avec la collaboration de son confrère le R. P. Rupert. — *Avignon, J. Roumanille*, 1902, in-12, XXIII-264 p.

[8°, 33.227.

— Don Savié de Fourviero... Predicanço nouvialo i bèu novi Feliso Enard e Juli Jouve de Marsiho. — *Cavaillon, impr. Louis Mistral*, 1886, in-8°, pièce (15 p.).

[8°, 28.871.

— Don Savié de Fourviero... Lou Sant Sacramen ; discours prononcé durant le pèlerinage eucharistique des Aptésiens à Lacoste. [1er mars 1886]. — *Avignon, Aubanel frères*, 1886, in-8°, pièce (43 p.).

2 ex. [8°, **29.373** et **28.870**.

Autre ex. (Anc. archevêché d'Avignon).
[8°, **37.245**.

— Don Savié de Fourviero. Sant Sifrèn, evesque de Carpentras e de Venasco, predicanço facho, lou 3o de nouvèmbre, dins la catedralo Carpentrassenco. — *Avignon, Aubanel*, 1890, in-8°, pièce (24 p.).
[8°, **15.188**.

Autre ex. (Anc. archevêché d'Avignon).
[8°, **37.255**.

— Don Savié de Fourviero. Santo Radegoundo e li vue beatitudo; discours prononcé sur la colline de Péréal à Saint-Saturnin-lez-Apt, 14 septembre 1886.— *Avignon, Aubanel frères*, 1886, in-12, pièce (43 p.).

2 ex. [8°, **29.375** et **37.436**.

RIGAUD (B.). — Théâtre d'Avignon. Discours d'ouverture, par B. Rigaud, 1852. — [*Avignon, Offray*], s. d., in-8°, pièce (4 p.).

Don de l'auteur.
[8°, **31.667**.

RILLOSI (Attilio). — Attilio Rillosi. Il sentimento della pace in F. Petrarca... — *Mortara, A. Pagliarini*, 1905, in-8°, pièce (18 p.).

Don de l'auteur.
[8°, **3.933**.

RIME di alcuni antichi in onore di Francesco Petrarca riprodotte nella solenne commemorazione della sua morte, che oggi, XVIII luglio MDCCCLXXIV, si celebra in Padova e in Arquà.— [*Bologna, presso Gaetano Romagnoli*, 1874], in-12, LIX-169 p.

(Scelta di curiosità letterarie inedite o rare del secolo XIII al XVII, disp. CXXXVII.)
[8°, **10.486**.

RIMOSTRANZE del grand avantaggio che portarebbe al Contado Venaissino un Canale navigabile ; con le r[i]sposte à quello che si potrebbe dire in contrario. [1718].— S. l. n. d., in-4°, pièce (17 p.).

Fonds Massilian-Moutte et Requien.

2 ex. [**Ms. 2.459**, n° 4, et **2.941**, n° 99.

RIPERT. — *Voir* : Emeric, Constans (Polycarpe) et Ripert. Rapport... de leur mission dans le Comté-Venaissin... [*Aix*, 1791], in-4°.
[**Ms. 2.980**, n° 65.

RIPERT (Jean-Baptiste).—Jean-Baptiste Ripert. Questions musicales actuelles;conférence faite à l'Académie de Vaucluse, le 7 février 1907. — *Avignon, Fr. Seguin*, 1907, in-8°, pièce (20 p.)

(Extrait des *Mémoires de l'Académie de Vaucluse*, 1907.)

Don de M. F. Seguin.
[4°, **7.446**.

RIPERT-MONCLAR (Comte de). — Essai sur la vie et les ouvrages de M. le Marquis de Fortia d'Urban, membre de l'Institut de France, etc., etc., etc., par le Comte de Ripert-Monclar. — *Paris, Edouard Garnot*, 1840, in-8°, 84 p.
[8°, **26.992**.

RIPERT-MONCLAR (Marquis François de). — Cartulaire de la commanderie de Richeren-

RIPERT-MONCLAR (M¹ᵉ F. de). — ches de l'ordre du Temple (1136-1214), publié et annoté par le Mⁱˢ de Ripert-Monclar... — *Avignon, Seguin, Paris, Champion*, 1907, in-8°, CLXIV-307 p.

(Mémoires de l'Académie de Vaucluse. Documents inédits pour servir à l'histoire du département de Vaucluse. I.)
Don de l'Académie de Vaucluse.
[4°, **8.278**.

— Essai sur la domination des empereurs d'Allemagne en Dauphiné et en Provence au moyen âge, par François de Ripert-Monclar... — *Ecole impériale des Chartes. Positions des thèses soutenues par les élèves de la promotion 1863-64*... (*Paris, Ad. Lainé et J. Havard*, 1864, in-8°), p. 53-56.
[8°, **28.691**.

— Marquis de Monclar. La maison de Pétrarque à Vaucluse. — *Caen, H. Delesques*, 1896, in-8°, pièce (16 p.), pl. et vign.
(Extrait du *Bulletin monumental*, année 1895.)
Don de l'auteur.
[8°, **30.913**.

RIPERT-MONCLAR (Jean-Pierre-François de). — Mémoire pour le procureur général au parlement de Provence [Jean-Pierre-François de Ripert-Monclar], servant à établir la souveraineté du Roi sur la ville d'Avignon et le Comté Venaissin.— *S. l.* [*Paris*], 1769, 2 vol. in-8°, t. I : 302-LXX-VIII p. ; t. II : 303-582 - LXXIV-VII p.

Rel. maroquin aux armes de France.
[8°, **26.564**.
Autre ex.
[8°, **26.565**, t. I et II.

RIVAIN (Camille). — *Voir :* Valois (Noël). Raymond Roger, vicomte de Turenne... *Paris*, 1890, in-8°.
[8°, **27.655**.

RIZZINI (Abbé Joseph). — In occasione del quinto centenario del Petrarca suoi onori e trionfi, suo amore per Laura, suo soggiorno a Valchiusa ed Arquà, sue opere latine e italiane coll'aggiunta del suo ritratto fisico e morale, per l'abate professore Giuseppe Rizzini. — *Milan, typ. Trèves*, 1874, in-8°, 151 p.
[8°, **16.923**.

ROBAUDI (Jean). — Edit. Statuts (Comté Venaissin). Statuta Comitatus Venayssini... *Avignon*, 1511, in-8°.
[8°, **152**.

ROBERT (Dominique). — Histoire généalogique de la maison de Simiane, par le R. P. Dominique Robert... — *Lyon, J. Garnier*, 1680, in-12, feuilles liminaires - 176 p., blas.
(Provenant du Collège des Jésuites de Lyon.)
[8°, **26.725**.

ROBERT (Dʳ L.-J.-M.). — Notice historique sur le tremblement de terre du village de Beaumont, département de Vaucluse ... par L.-J.-M. Robert... — *Aix, A. Pontier*, 1812, in-8°, pièce (40 p.).
2 ex. [8°, **26.609**. — Ms. 0.007, n° 6.

ROBERT (Baron Louis-Benoit-Vincent).— Notice sur le général baron Robert [né et mort à Ménerbes (Vaucluse)], par son neveu... le baron Robert,... Deuxième édition... — *Paris, L. Martinet*, 1858, in-8°, pièce (46 p.).
(Extrait du *Spectateur militaire*.)
[8°, **26.934**, n° 1.

ROBERT (Raoul). — Oratio ad S. D. N. Innocentium X, pont.

opt. max., illustriss. viro D. Petro de Fougasses de Felcon D. de la Bartalasse, et Rodulpho Roberto I. V. D. aggregato oratoribus civitatis Auenionis ejusdem nomine S. D. N. obedientiam præstantibus, habita ab eodem D. Rodulpho an. 1645 et die decimatertia martij. — *Romae, F. Caballus,* 1645, in-4°, pièce (v ff. n. ch.).

Fonds Massilian-Moutte et Requien.

2 ex. [**Ms. 2.430**, n° 6, et **2.925**, n° 3.

ROBERT (Ulysse). — Ulysse Robert,... Philibert de Chalon, prince d'Orange, vice-roi de Naples (18 mars 1502 - 3 août 1530). — *Paris, Plon-Nourrit et Cie,* 1902, in-8°, IV-482 p., pl.

[8°, **33.557**.

— Ulysse Robert,... Philibert de Chalon, prince d'Orange, vice-roi de Naples (18 mars 1502 - 3 août 1530). Lettres et documents. — *Paris, Plon-Nourrit et Cie,* 1902, in-8°, 616 p.

(Extrait du « Boletin de la real Academia de la historia ».)

[8°, **33.556**.

ROBERT DE BRIANÇON. — *Voir :* Briançon (Robert de).

ROBESPIERRE (Maximilien de). — Discours de M. de Robespierre, député du département du Pas de-Calais, à l'Assemblée Nationale, sur la pétition du peuple Avignonois, imprimé par ordre de l'Assemblée Nationale. — *Paris, impr. Nationale,* 1790, in-12, pièce (19 p.).

[Ms. **2.988**, n° 40.

— Autre édition. — *S. l. n. d.,* in-8°, pièce (16 p.).

Fonds Chambaud.

[Ms. **2.537**, n° 46.

ROBIDA (A.). — La vieille France, texte, dessins et lithographies, par A. Robida. Provence. — *Paris, librairie illustrée,* s. d., in-4°, 332 p., pl.

[Fol. **4.892**.

ROBINAUX. — Discours prononcé par Robinaux, substitut du procureur de la commune d'Avignon, à l'installation du tribunal du District de Vaucluse, le 7 octobre 1792... [*Suivent :* Discours du citoyen Raphel, le jeune, premier juge du tribunal. — Discours prononcé par Robinaux,... à l'inauguration d'un arbre de la liberté, faite au quartier de la Pyramide, le 7 octobre 1792,...immédiatement après l'installation du tribunal]. — *S. l. n. d.,* in-8°, pièce (16 p.).

Fonds Chambaud et Requien.

2 ex. [**Ms. 2.542**, n° 30, et **2.993**, n° 13.

— Discours prononcé par Robinaux, substitut du Procureur de la Commune d'Avignon, lors de la plantation de l'arbre de la Liberté à la place dite du Change, le 22 octobre 1792, l'an premier de la République Française. [*Suit :* Discours prononcé par Robinaux,... lors de l'inauguration de l'arbre de la liberté, à la place du Corps-Saint, le 4 octobre 1792...]. — *S. l. n. d.* [1792], in-8°, pièce (8 p.).

Fonds Chambaud et Requien.

2 ex. [**Ms. 2.542**, n° 32, et **2.993**, n° 15.

— Discours prononcé par Robinaux, substitut du Procureur de la Commune d'Avignon, lors de la plantation de l'arbre de la Liberté, à la rue de la Bonneterie, devant la maison de la poste aux lettres, le dimanche

28 octobre 1792... [*Suivent* : Discours prononcé par Sabin Tournal, directeur des postes, lors de l'inauguration de l'arbre de la liberté, dans le quartier qu'il habite, le 28 octobre 1792... — Chanson patoise, chantée à la même cérémonie civique par le patriote Henri Cornillon]. — *S. l. n. d.* [1792], in-12, pièce (11 p.).

Fonds Chambaud et Requien.

2 ex. [**Ms. 2.542**, n° 34, et **2.993**, n° 17.

ROBINET (Gustave). — Extrait de la Séance du 24 août 1909 du Conseil général de Vaucluse. Discours prononcé par M. G. Robinet, président, sur l'aménagement du lac d'Allos et la dérivation des eaux de Fontaine-l'Evêque et du Verdon. Vœux émis par le Conseil général. — *Avignon, impr. F. Seguin*, 1909, in-8°, pièce (27 p.).

Don de M. F. Seguin.

[8°, **36.720**.

ROCH (A.). — Administrativement. La ruelle du Panier-Fleuri à Avignon. [Par A. Roch]. — *Lyon, s. n.*, 1884, in-8°, pièce (15 p.), pl.

[8°, **14.000**.

ROCHAS (Adolphe). — Notice sur l'abbé Prompsault, ancien Aumônier des Quinze-Vingts. [Par Adolphe Rochas]. — *Paris, impr. Renou et Maulde*, 1860, in-8°, pièce (11 p.).

(Extrait de la *Biographie du Dauphiné*.)

[8°, **16.915**.

ROCHE (Léon). — Lettre à Monsieur Bonhoure, avocat à Orange [au sujet des eaux du moulin de Barnier. *Signé* : Léon Roche]. — [*Orange, impr. Ra-*

phel fils, 1857], in-4°, pièce (12 p.).

[4°, **5.039**.

ROCHER (Fernand de). — Aux Félibres de Paris. [*Signé* : Fernand de Rocher]. — *S. l. n. d.* [*Avignon, F. Seguin*, 1901], in-8°, pièce (4 p.).

Don de M. F. Seguin.

[8°, **32.718**.

ROCHETIN (Jean-Antoine). — Réponse aux explications données par Joseph-Martin Bergin sur les produits de la ferme du mesurage pendant l'an douze [à Avignon] ; par Jean-Antoine Rochetin, caution de l'adjudicataire. — *S. l. n. d.*, in-12, pièce (14 p.).

Fonds Chambaud.

[8°, **27.230**, t. II, n° 33.

ROCHETIN (Jean-François), maire d'Avignon. — J.-Franç. Rochetin, maire d'Avignon, à ses concitoyens. [5 vendémiaire an III]. — [*Avignon, V. Raphel*], s. d., in-4°, pièce (4 p.).

Fonds Chambaud et Requien.

2 ex. [**Ms. 2.529**, n° 3, et **2.965**, n° 6.

Discours prononcé par le citoyen Jean-François Rochetin, maire de cette Commune [d'Avignon], lors de son installation. [9 brumaire an II]. — [*Avignon, impr. Mouriès*, 1793], in-8°, pièce (4 p.).

Fonds Chambaud et Requien.

2 ex. [**Ms. 2.544**, n° 4, et **2.994**, n° 41.

ROCHETIN (Louis). — Archéologie. Saint-Etienne de Candaus ; sarcophage gallo-romain. [*Signé* : L. Rochetin]. — *Uzès*,

Malige, 1882, in-8°, pièce (15 p.), pl.
Don de l'auteur.
[8°, **14.025**.

— Archéologie. Une inscription intéressante de la colonie d'Orange, par Louis Rochetin... — *Avignon, Seguin frères*, 1882, in-8°, pièce (11 p.).
(Extrait du *Bulletin historique et archéologique de Vaucluse*, 1882.)
Don de l'auteur.
[8°, **14.021**.

— Etude sur la viabilité romaine dans le département de Vaucluse, par L. Rochetin... — *Avignon, Seguin frères*, 1883, in-8°, 88 p., cart.
[Avec appendice : « Passage du Rhône par Annibal »].
(Extrait des *Mémoires de l'Académie de Vaucluse*.)
Don de l'auteur.
[4°, **2.821**.

ROHAULT DE FLEURY (G.). — *Edit.* LAUDUN (Le P. Vincent). Sanctuaires de la S. Vierge en France... *Bourges*, 1900, in-32.
[8°, **32.323**.

ROI (Le) citoyen. Cantate nationale. — [*Avignon, impr. Pierre Chaillot jeune*, 1830], in-8°, pièce (3 p.).
[Chanté à Avignon en 1830].
[Ms. **3.002**, n° 54.

ROLAND (CHARLES). — Cadenet historique et pittoresque, par Charles Roland. Tome Ier (seul publié). — *Paris, Albert Mercklein*, 1837, in-18, 170 p., pl.
2 ex. [8°, **15.067**, n° 2, et **26.547**.

— ...Prospectus [de l'ouvrage précédent]. — *S. l. n. d.*, in-8°, pièce (1 ff. n. ch.).
[8°, **27.233**, fol. 120.

— La Sétifère d'après le système nouveau de Jean Avy, breveté, comprenant toutes les façons qu'exigent les soies, depuis la filature des cocons jusqu'à leur mise en teinture, par Carolus Roland. — *S. l. n. d.*, in-8°, pièce (1 ff. n. ch.).
[8°, **27.233**, fol. 121.

ROLANDIS (F. DE). — Mnemosynon immortalis gratitudinis, et observantiæ debitæ... Cosmo Bardy, e comitibus Verniæ, episcopo Carpent., prolegato Avenionensi, et totius Provinciæ Comitatus Venayssini Gubernatori optimo, per F. de Rolandis,... — *Lyon, P. Colombier*, 1624, in-4°, pièce (17 p.).
[Ms. **2.948**, n° 1.

ROLERII. — Discours de Mr Rolerii, avocat general de N. S. P., prononcé dans la ville de Carpentras, capitale du Comtat Venaissin, devant Monseigneur Delcy, vicelégat d'Avignon, en 1723. — *S. l. n. d.*, in-4°, pièce (3 p.).
[Sur la peste].
2 ex. [Ms. **2.942**, n° 44, et **2.952**, n° 40.

ROLLAND. — Dictionnaire des expressions vicieuses et des fautes de prononciation les plus communes dans les départemens méridionaux, accompagnées de leurs corrections... par M. Rolland... Seconde édition. — *Gap, J. Allier*, s. d., in-8°, VI-366 p.
[8°, **25.002**.

ROLLAND (CALVET DE). — *Voir* : CALVET DE ROLLAND.

ROLLÉRY (PAUL-ALDONCE). — Lettre de M. de X... [Paul-Aldonce Rolléry] à M. de Z... sur le préliminaire de l'ouvrage intitulé : « Les statuts du Comté Venaissin en latin et en françois avec des annotations légales, etc. ». — *A Velorgue, chez Crispin, à l'Enseigne de l'Ane doré, ruë de la Boneterie [Carpentras]*, 1744. pet. in-4°, pièce (11 p.).

[**Ms. 2.944**, n° 48.

ROLLET (Patrice). — De la Vie et des écrits de M. le comte de Gasparin, par M. Patrice Rollet... — *Paris, S. Raçon et Cie*, [1863], in-8°, pièce (44 p.).

(Notice lue, dans sa séance mensuelle du 4 janvier 1863, à la Société d'agriculture, sciences et arts d'Orange.)

[8°, **29.837**.

— *Voir :* Boudin (Augustin). Garbeto de fablo... *Avignon*, 1853, in-8°.

[8°, **25.343**.

— *Voir :* Boudin (Augustin). Li set garbetto... *Avignon*, 1879, in-8°.

2 ex. [8°, **10.554** et **28.504**.

ROLLIN (Martin). — *Voir :* Martin-Rollin.

ROMAN. — Discours prononcé par M. Roman, adjoint, à l'occasion de l'installation du Conseil municipal de la ville d'Avignon, le 13 janvier 1833. — *Avignon, impr. Bonnet*, s. d., in-4°, pièce (4 p.).

Fonds Chambaud et Requien.

2 ex. [**Ms. 2.535**, n° 112, et **2.973**, n° 49.

ROMAN (Jean-Joseph-Thérèse). — Le Génie de Pétrarque, ou imitation en vers françois de ses plus belles poésies, précédée de la Vie de cet homme célèbre... [Par l'abbé J.-J.-T. Roman]. — *Parme ; Paris, Lacombe*, 1778, in-8°, viii-468 p.

2 ex. [8°, **28.293** et **28.592**.

— Ode sur la naissance de Monseigneur le Duc d'Aquitaine... par M. l'abbé Roman. — *S. l. n. d.* [1753], in-4°, pièce (9 p.).

Fonds Massilian-Moutte.

[**Ms. 2.450**, n° 44.

— Vie de François Pétrarque, célèbre poëte italien,... suivie d'une imitation en vers françois de ses plus belles poésies. [Par l'abbé Roman]. — *Vaucluse, Paris, J. Cussac*, 1786, in-8°, viii-471 p., port. grav. par J.-B. Guibert.

[8°, **27.000**.

— Vie de Pétrarque [par l'abbé Roman], publiée par l'Athénée de Vaucluse ; augmentée de la première traduction qui ait paru en français, de la lettre adressée à la Postérité par ce poète célèbre : avec la liste des souscripteurs qui ont concouru à lui faire ériger un monument à Vaucluse, le jour séculaire de sa naissance, 20 juillet 1804, 1er thermidor an 12. — *Avignon, Vve Seguin*, an XII - 1804, in-12, xxii-324 p., port.

[8°, **15.394**.

ROMETTE (Jules). — Dix-huit années de scolasticat et de régence dans diverses maisons de la Compagnie de Jésus en France, en Angleterre et en Belgique. Mémoires véridiques. J. Romette. — *Paris, C. Amat ; Bollène-la-Croisière, chez l'auteur*, 1901, in-8°, 404 p.

Don de l'auteur.

2 ex. [8°, **33.061** et **35.273**.

RONNA (A.), ingénieur civil. — Les irrigations. Tome Ier : Les eaux d'irrigation et les machines... Tome II : Les canaux et les systèmes d'irrigation...Tome III : Les cultures arrosées ; l'économie des irrigations ; histoire, législation et administration. Par A. Ronna... — *Paris, Firmin-Didot*, 1888-1890, 3 vol. in-8°, xv-730, 618 et 810 p., fig.

[Bibliothèque de l'enseignement agricole].

[8°, **27.549** à **27.551**.

ROQUE (Le P. François). — Recueil des vertus de Monsieur d'Entrechaux, chanoine de l'église métropolitaine de N. Dame de Dons... par le R. P. François Roque. — *Avignon, François-Sébastien Offray*, 1710, in-12, iv ff. n. ch. - 146 p.

2 ex. [8°, **25.940**, n° 1, et **25.941**.

ROQUEFORT (Jean-Baptiste-Bonaventure de). — Glossaire de la langue romane, rédigé d'après les manuscrits de la Bibliothèque Impériale... par J.-B.-B. Roquefort. — *Paris, B. Warée*, 1808, 2 vol. in-8°, xxxii-771 et 780 p.

[8°, **24.968**.

ROQUE-MARTINE (Moïse de). — *Voir :* Prière pour la guérison de Monseigneur le Dauphin... S. l. n. d., in-8°.

[Ms. **2.453**, n° 50.

ROSE (Abbé Elzéar-Véran). — Agricol de Panisse, évêque d'Apt, par M. l'abbé E.-V. Rose,... — *Carpentras, typ. Ed. Rolland*, 1863, in-8°, pièce (35 p.).

2 ex. [8°, **28.601** et **28.695**.

— Etudes historiques et religieuses sur le xiv° siècle, ou Tableau de l'Eglise d'Apt sous la cour papale d'Avignon, par l'abbé Rose,... — *Avignon, L. Aubanel*, 1842, in-8°, 657 p.

2 ex. [8°, **12.571** et **25.797**.

Autre ex. (Anc. archevêché d'Avignon).

[8°, **37.335**.

— Hommage rendu à la mémoire de M. J.-B.-Ignace Justiniani, curé de la ville de Carpentras, et chanoine honoraire de l'église métropolitaine d'Avignon ; par M. l'abbé Elzéar Rose,... — *Carpentras, Devillario-Quenin*, octobre 1823, in-8°, pièce (18 p.-1 ff. n. ch.).

2 ex. [8°, **26.927**, n° 12. — Ms. **3.001**, n° 13.

— Notice historique sur la paroisse de Lapalud (Vaucluse) pour servir à l'histoire religieuse de ce département, par M. l'abbé Rose,... — *Carpentras, impr. L. Devillario*, 1854, in-8°, xii-154 p.

[8°, **28.351**.

— Quelques traits de la vie édifiante de M. l'abbé de Roquard relatifs à Mgr de Vaccon, évêque d'Apt, par M. l'abbé Rose. — *Pont-St-Esprit, impr. Gros frères*, 1863, in-8°, 45 p.

[8°, **28.696**.

ROSIER, sous-brigadier des chevaux-légers de S. S., à Avignon. — Discours à M. le comte de Blanchetty, lorsqu'il fut reçu capitaine-commandant des Chevaux-Légers de Sa Sainteté, de la Compagnie d'Avignon ; prononcé par M. Rosier, sous-brigadier de la Compagnie. — S. l. n. d., in-4°, placard.

[Ms. **2.956**, n° 1.

ROSSEL (P.). — Publique déclaration de foy, faicte dans l'église de RR. Peres Prescheurs d'Avignon le 8 octobre 1623, par le sieur P. Rossel... — *Avignon, impr. I. Bramereau,* 1623, in-12, pièce (32 p.).

[8°, **27.230**, t. V, n° 1.

ROSSIÈRE. — A M. le rédacteur du *Messager de Vaucluse* [au sujet de la rencontre du *Vésuve* avec l'*Aigle* n° 2 et d'un accident arrivé au *Vésuve*, de la Compagnie des bateaux à vapeur en fer du Rhône. *Signé :* Rossière, gérant de cette compagnie]. — *Avignon, impr. Jacquet et Cie,* s. d., in-4°, placard.

[Ms. **2.975**, n° 108.

ROUCHON-GUIGUE (E.-C.). — Résumé de l'histoire de l'état et comté souverain de Provence, par E.-C. Rouchon-G[uigue]... — *Paris, Lecointe,* 1828, in-12, vi-524 p.

2 ex. [8°, **15.287** et **26.196**.

ROUGON (Le P.). — Les écoles chrétiennes. Discours prononcé à la distribution solennelle des prix de l'Ecole chrétienne des Frères d'Orange, par le R. P. Rougon, missionnaire gardiste, le 4 août 1892. — *Avignon, Seguin,* 1892, in-12, pièce (12 p.).

Anc. archevêché d'Avignon.

[8°, **37.263**.

ROUIS (E.). — Les confiscations de forêts d'émigrés dans les départements de Vaucluse, du Gard et de l'Ardèche. [Par E. Rouis]. — [*Avignon, Fr. Seguin,* 1898], in-8°, pièce (5 p.).

(Extrait des *Mémoires de l'Académie de Vaucluse,* 1898.)

[8°, **4.795**.

— Notes sur la flore phanérogamique des environs de Carpentras, du Ventoux et des monts de Vaucluse, par E. Rouis,... — *Avignon, François Seguin,* 1895, in-8°, 87 p.

[8°, **29.641**.

ROUMANILLE (Joseph). — La campano mountado, pouèmo en set cant de J. Roumanille,... — *Avignon, J. Roumanille,* 1857, in-12, x-144 p.

[8°, **16.983**.

— Li Capelan, étude de mœurs provençales, par J. Roumanille. IIe édition revue, corrigée et augmentée par l'auteur. — *Avignon, Seguin aîné,* 1851, in-12, xxviii-141 p.

Don de l'auteur.

[8°, **25.036**.

Autre ex. (Anc. archevêché d'Avignon).

[8°, **37.268**.

— Lou Cholera : étude de mœurs provençales. [Par J. Roumanille]. — *Avignon, Seguin aîné,* 1849, in-12, pièce (14 p.).

Don de l'auteur.

[8°, **25.034**, n° 2.

— Les Clubs : étude de mœurs provençales. [Par J. Roumanille]. — *Avignon, Seguin aîné,* 1849, in-12, pièce (28 p.).

Don de l'auteur.

[8°, **25.034**, n° 3.

— Li Conte prouvençau e li cascareleto de J. Roumanille, emé bon noumbre d'ésti conte tradu en francés. — *Avignon, J. Roumanille,* 1884, in-16, 340 p.

Legs Geoffroy-Perret.

[8°, **33.979**.

— Edicioun nouvello revisto, courregido coume se dèu, e bravamen aumentado. — *Avignon, J. Roumanille,* 1889, in-12, 350 p.

[8°, **27.562**.

— Li Diable, noël provençal, paroles de J. Roumanille, musique de A. Dau. — *Avignon, lith. Petit*, s. d., in-fol., pièce (11 ff. n. ch.), musique.

[Fol. **4.260**.

— J. Roumanille. Lis Entarro-Chin, galejado boulegarello (emé traducioun franceso vis-à-vis). Cinquenco edicioun. — *Avignon, J. Roumanille*, 1872, in-12, 55 p.

Don de l'auteur.

[8°, **10.581**, n° 1.

— Autre édition.— *Avignon, imp. F. Seguin*, s. d., in-4°, pièce (11 ff. n. ch.).

(Supplément au journal *L'Union de Vaucluse*.)
Don de l'auteur. [8°, **10.581**, n° 2.

— Sièsenco edicioun.— *Avignon, J. Roumanille*, 1874, in-8°, 55 p., 16 pl. grav. par Charles Combe.

[8°, **10.560**.

— La Ferigoulo, pochade provençale, par J. R. [Roumanille].— *Avignon, Seguin*, 1850, in-12, (32 p.).

Don de l'auteur.

[8°, **25.037**, n° 2.

— Li Margarideto, poésies provençales, par J. Roumanille,... — *Paris, Techener*, 1847, in-8°, VIII-243 p., musique.

Legs Geoffroy-Perret.

2 ex. [8°, **25.723** et **33.976**.

— Li Noué de J. Roumanille. — *Avignon, L. Aubanel*, 1852, in-12, pièce (35 p.).

Don de l'auteur.

[8°, **25.202**.

— Li Nouvé de J. Roumanille mis en musique avec accompagnement de piano ou d'orgue, par A. Dau, Scudo, Marius Dumont, G.-F. Imbert, F. Seguin, Jules

Uzès, etc... Nouvelle édition. — — *Avignon, Seguin frères*, s. d., in-8°, pièce (52 p.), musique.

[8°, **16.982**.

— Lis Oubreto de Roumanille (1835-1859) : Li Margarideto. Li Nouvè. Li Sounjarello. La Part de Diéu. Li Flour de sauvi. — *Avignon, J. Roumanille*, 1860, in-12, VII-360 p., port.

Don de l'auteur.

[8°, **25.242**.

— Tresenco edicioun. — *Avignon, J. Roumanille*, 1864, in-12, XXXV-359 p., port.

Don de l'auteur.

[8°, **25.245**.

— Lis Oubreto en proso de Roumanille. Edicioun nouvello : Lou Colera. Galejado. Un brave enfant. Li Clube. Un rouge em'un blanc. La Santo-Baumo. La Ferigoulo. Li Partejaire. Pèr Nouvé. Santo Crous. Quand devès, fau paga. Li Capelan. Bachiquello, etc. — *Avignon, J. Roumanille*, 1864, in-12, 428 p.

Don de l'auteur.

[8°, **25.244**.

— Li Pijoun, nouvé, eme accoumpagnamen d'orgue ou de piano. [Par J. Roumanille]. — *Avignon, Roubaud*, s. d., in-fol., pièce (11 ff. n. ch.), musique.

[Fol. **4.261**.

— Li Pijoun. Noël provençal, paroles de J. Roumanille, musique de A. Dau. 3ᵉ édition. — *Avignon, Fr. Seguin aîné*, 1850, in-4°, pièce (11 ff. n. ch.).

[Fol. **4.717**, n° 1.

— Li Prouvençalo, poésies diverses recueillies par J. Roumanille, ...précédées d'une introduction

par M. Saint-René Taillandier... et suivies d'un glossaire. — *Avignon, Seguin*, 1852, in-12, 437 p., port.
Don de l'auteur.
[8°, **25.230**.

— Quan devè foou paga ; étude de mœurs avignonaises. [Par J. Roumanille]. — *Avignon, Seguin aîné*, 1849, in-12, pièce (11 p.).
(Extrait du n° 35 du journal *La Commune*.)
Don de l'auteur.
[8°, **25.034**, n° 1.

— Réponse à M. Alfred Artaud, auteur de la brochure intitulée : Etude sur le cantique à Sainte Anne couronné aux Jeux floraux d'Apt (14 septembre 1862), par J. Roumanille. — *Avignon, J. Roumanille*, 1863, in-8°, pièce (16 p.).
[8°, **28.888**.

— Li Sounjarello, par J. Roumanille,...avec une traduction française en regard. — *Avignon, Seguin aîné*, 1852, in-8°, 43 p.- 11 ff. n. ch.
Don de l'auteur.
[8°, **25.247**.

— Un Rouge e un blan ; li Partejaire ; études de mœurs provençales, par J. R. [Roumanille]. — *Avignon, Fr. Seguin*, 1850, in-12, pièce (27 p.).
Don de l'auteur.
[8°, **25.037**.

— Edit. BLAZE (F.-H.-J., *dit* Castil), DUMAS (A.), REBOUL (J.) et POUSSEL (T.). Un liame de rasin... *Avignon*, 1865, in-12.
[8°, **25.298**.

— *Voir* : DESANAT (J.), ROUMANILLE (J.), CARPENTRAS (L.-A.) et BOUDIN (A.). A Moussu Requien... [*Avignon*], s. d., in-8°.
[8°, **27.361**, n° 12.

— *Voir* : FAVRE (Abbé J.-B.). Lou siège de Cadaroussa... *Avignon*, 1866, in-18.
[8°, **25.407**.

— *Voir* : SABOLY (N.), PEYROL (A.) et ROUMANILLE (J.). Li nouvè... *Avignon*, 1897, in-12.
[8°, **30.256**.

— *Voir* : SABOLY (N.), PEYROL (A.), ROUMANILLE (J.), LAMBERT (Abbé) et RELOUL (J.). Li nouvè... *Avignon*, 1857, in-12.
[8°, **25.207**.

— *Voir* : SABOLY (N.) et ROUMANILLE (J.). Li nouvè... *Avignon*, 1865, in-12.
[8°, **25.205**.

— *Voir* : SABOLY (Nicolas), PEYROL (A.), ROUMANILLE (J.), REBOUL (J.), ASTROS (J.-J.-L d') et AUBERT. Li Nouè... *Avignon*, 1852, in-12.
[8°, **25.204**.

— *Voir* : SEGUIN (François). Pèlerinage au Mont Ventoüx... *Avignon*, 1852, in-12.
[8°, **25.680**.

ROUMIEU (CLAUDE-JOSEPH), maître d'école et d'arithmétique, à Avignon. — Tarif et compte fait utile pour les boulangers, bouchers, poissonniers, revendeurs, hôtes, marchands de vin et de farine, communautés et pour tous ceux qui achetent ou vendent par tout le Comtat Venaissin, dédié à Messieurs les Consuls de la ville d'Avignon, fait par Claude-Joseph Roumieu... — *Avignon, T.-F. Domergue*, 1782, in-12, XXXVI ff. n. ch.
[8°, **24.872**.

ROUSSEL (CH.), conseiller d'État. — Ch. Roussel,... Un Pape français, Jean XXII. — *Paris*,

librairie de la Nouvelle Revue, 1896, in-8°, pièce (45 p.).
(Extrait de *La Nouvelle Revue* du 15 octobre 1896.)
2 ex. [4°, **4.797** et **4.798**.

ROUSSEL (Ernest). — Une ancienne Capitale : Orange, par Ernest Roussel, photographies de H. Morel ; avec une préface de M. Maurice Faure ; un avant-propos ; un aperçu de l'histoire d'Orange, par M. Duhamel… — *Paris, A. Gautherin ; Orange, A. Chastel*, [1900], in-12, xi-237 p.
[8°, **33.273**.

ROUSSET (Antonin). — Les Associations syndicales constituées antérieurement à 1865 et les lois des 21 juin 1865 et 8 avril 1898, par Antonin Rousset… [L'Isle, le 8 août 1899]. — *Avignon, F. Seguin*, 1900, in-8°, pièce (16 p.).
(Extrait du *Bulletin de la Société d'Agriculture et d'Horticulture de Vaucluse*.)
Don de l'auteur.
[8°, **5.333**.

— Histoire de la ville et de la baronnie du Thor dans le Comté Venaissin depuis leurs origines jusqu'à leur réunion à la France le 14 septembre 1791,… par Antonin Rousset… — *Carpentras, impr. Batailler*, 1908, pet. in-4°, vi-268 p., pl.
[8°, **35.592**.

— La législation sur le régime des eaux. Petit manuel pratique pour l'application de la loi du 8 avril 1898… par Antonin Rousset. — *Avignon, Seguin*, 1899, in-8°, 132 p.
Don de l'auteur.
2 ex. |8°, **30.719** et **30.994**.

— Noves et Saint-Remy de Provence. Les marais de l'Anguillon, par Antonin Rousset. — *Marseille, Ruat ; Saint-Rémy de Provence, Madame Monier*, 1902, in-8°, vi-;58 p.
Don de M. F. Seguin.
[8°, **33.185**.

— Oppède et ses environs. Fragments d'archéologie et d'histoire du Comtat-Venaissin,…par Antonin Rousset,… — *Marseille, Ruat*, 1902, in-8°, 74 p., fig. et pl.
(Extrait des *Mémoires de l'Académie de Vaucluse*, 1901.)
Don de M. F. Seguin.
[4°, **6 143**.

ROUSSET (F.). — Une localité perdue de la Provence : Machovilla. Malemort (Vaucluse). [*Signé* : F. Rousset]. — *Avignon, impr. Seguin frères*, 1878, in-18, pièce (35 p.).
Don de l'auteur.
[8°, **15.055**.

ROUSSET (Le P. Mathieu-Joseph). — Intérieur d'un cloître dominicain. Le Monastère de Sainte-Praxède à Avignon, sa chronique, la vie d'un grand nombre de religieuses et l'histoire de ses seize fondations,… par le R. P. Mathieu-Joseph Rousset,… — *Lyon, Briday*, 1876, in-12, xvi-460 p.
2 ex. |8°, **11.915** et **33.411**.

— La vénérable Mère Julienne Morell, Dominicaine, sa vie, sa doctrine, son institut, par le R. P. Mathieu-Joseph Rousset,… — *Lyon et Paris, Delhomme et Briguet*, 1893, in-12, xi-311 p., pl.
(Bibliothèque ascétique dominicaine.)
[8°, **33.420**.

— *Édit.* Morell (Julienne). Œuvres spirituelles. *Lyon et Paris*, 1894, in-12.
[8°, **33.421**.

ROUSSIÈRE (Louis), ancien commissaire-ordonnateur des guerres, pensionnaire de la République, associé de l'Athénée de Vaucluse.— Considérations sur les récompenses nationales, par le citoyen Louis Roussière,... — *Avignon, François Chambeau*, 1804, in-8°, pièce (22 p.).

[Athénée de Vaucluse].

2 ex. [8°, **24.902**, n° 5, et **26.804**, t. I, n° 12.

ROUSSILLAC (Amédée).— Chansons républicaines par Amédée Roussillac, candidat à la représentation nationale pour le département de Vaucluse. — *Carpentras, impr. Devillario*, 1848, in-8°, 55 p.

[8°, **25.075**.

ROUSSILLON (Louis). — L'Origan du Comtat, valse chantée, paroles de Louis R. [Roussillon], musique de Germain Béraud. — *Paris, Cairanne*, s. d., in-fol., pièce (11 ff. n. ch.), musique.

[Fol. **5.019**.

ROUSTAN (Paul). — P. R. [Paul Roustan], felibre de Coumbo-Malo. Lou seti de Veisoun, dramo istouri en tres ate e en vers, péço courounado i jo-flourau d'Iero, en 1885, em un conte de ma meirino. — *Avignon, Aubanel frères*, 1887, in-12, 88 p. - 11 ff. n. ch., pl.

[8°, **27.509**.

ROUVET (Massillon), architecte. — Le pont d'Avignon, texte et dessins, par Massillon Rouvet... — [*Nevers, impr. Bellanger*], s. d., in-8°, pièce (31 p.), fig.

(« Extrait des volumes officiels, sessions des Beaux-Arts, 1890 et 1891, et des Mémoires de la Société Académique du Nivernais ».)

Don de l'auteur. [4°, **4.444**.

ROUVROY (Comte Laurens de). — *Voir* : Laurens de Rouvroy (Comte).

ROUX. — Observations sur le commerce de la farine [à Avignon. *Signé* : Roux]. — *S. l. n. d.* [1789], in-8°, pièce (24 p.)

Fonds Chambaud et Requien.

2 ex. [8°, **26.589**, n° 10. Ms. **3.012**, n° 3.

— Projet d'un citoyen [pour l'organisation municipale d'Avignon. Décembre 1789. *Signé* : R*** (Roux)]. — *S. l. n. d.*, in-4°, pièce (22 p.).

Fonds Chambaud et Requien.

3 ex. [Ms. **2.449**, n° 66, **2.536**, n° 9, et **2.986**, n° 13.

ROUX (Abbé A.-J.), professeur au Petit Séminaire d'Avignon. — L'Abbé A.-J. Roux. Joseph-Félix Neyron, professeur de mathématiques au Petit Séminaire d'Avignon. — *Avignon, Aubanel*, 1901, in-12, pièce (24 p.).

Anc. archevêché d'Avignon.

[8°, **37.355**.

— L'abbé A.-J. Roux,... Panégyrique de Saint Agricol prononcé dans l'Eglise paroissiale de Saint-Agricol,... le 2 septembre 1900. — *Avignon, Aubanel*, 1900, in-8°, pièce (27 p.).

Anc. archevêché d'Avignon.

[8°, **37.354**.

— L'abbé A.-J. Roux,... Le petit Palais [d'Avignon] (1317-1901). — *Avignon, Aubanel frères*, [1904], in-8°, 90 p., pl.

Don de l'auteur. [8°, **34.621**.

ROUX (Bienvenu). — Le temple de Janus ou le passé, le présent et l'avenir du collège St-Joseph d'Avignon, fantaisie mythologique, fatidique et allégorique, composée par M. Bienvenu Roux. — *Avignon, F. Seguin,* 1875, in-8°, pièce (20 p.).

[8°, **12.331**, n° 3.

ROUX (D' Esprit). — Brevis Oratio Habita à D° Roux Medicinæ Professore primario, pro Doctoratu D¹ Charasse die XXVI. Novembr. 1753. — *S. l. n. d.*, in-4°, placard.

[Ms. **2.930**, n° 14.

— Réponse extrajudiciaire du sieur Esprit Roux, docteur agrégé de la Faculté de médecine en l'Université de cette ville d'Avignon, ancien médecin ordinaire, et médecin consultant du grand Hôpital, au Mémoire, en forme d'articles, qui lui a été intimé juridiquement de la part du sieur Esprit-Claude-François Calvet, également docteur agrégé, et médecin ordinaire dudit hôpital. — *S. l. n. d.*, in-8°, pièce (23 p.).

[8°, **24.740**.

ROUX (Honoré). — Catalogue des plantes de Provence spontanées ou généralement cultivées, par Honoré Roux,... Avec une préface de M. le Professeur A. Derbès. — *Marseille, impr. Marseillaise,* 1881-1891, in-8°, VIII-655 p.

4°, **4.137**.

ROUX (Jules Charles-). — *Voir :* Charles-Roux (Jules).

ROUX (Martin). — [Requête adressée au Conseil municipal d'Avignon, par le S' Roux, « caution du fermier du mesurage des grains ». 24 août 1840]. — *S. l. n. d.*, in-4°, placard, lithographié.

[Ms. **2.976**, n° 97.

— A Messieurs les Maire, adjoints et membres du Conseil municipal de la ville d'Avignon. [Pétition du S' Martin Roux, aubergiste, et Françoise Chaine, son épouse, cautions de l'ancienne ferme du mesurage des grains. 1843]. — *S. l. n. d.*, in-4°, pièce (11 fl. n. ch.), lithographié.

[Ms. **2.978**, n° 16.

ROUX (Polydore), conservateur du cabinet d'histoire naturelle de la ville de Marseille. — Ornithologie provençale ou description avec figures coloriées de tous les oiseaux qui habitent constamment la Provence ou qui n'y sont que de passage, suivie d'un abrégé des chasses, ...et d'une table des noms vulgaires, par Polydore Roux... — *Marseille, chez l'auteur,* 1825-1830, 2 vol. de texte et 2 vol. de pl. in-4°.

H. N. [4°, **793**.

ROUX-DE-PEYPIN (Abbé). — Discours prononcé par M' Roux, Théologal, Vicaire-général du Diocèse d'Apt, électeur du canton et notable de la Municipalité d'Apt, dans l'Assemblée électorale du Département des Bouches-du-Rhône, avec l'extrait du procès-verbal de ladite Assemblée, qui a délibéré que le chef-lieu du district d'Apt doit être fixé irrévocablement à Apt. — *Aix, chez les frères Mouret,* 1790, in-8°, pièce (18 p.).

[Ms. **3.016**, n° 7.

— Lettre adressée à MM*** ecclésiastiques, fonctionnaires publics. Par M. l'abbé Roux, docteur de la Faculté de Théologie de Paris, Théologal et Vicaire-général du diocèse d'Apt... —

ROUX-DE-PEYPIN (Abbé). — ROVÈRE (J.-S.-F.-X.).

S. l. n. n., 1791, in-8°, pièce (31 p.).
[Contre la Constitution civile du clergé].
[**Ms. 3.013**, n° 45.

Autre ex. (Anc. archevêché d'Avignon).
[8°, **37.211**.

ROVÈRE (JOSEPH-STANISLAS-FRANÇOIS-XAVIER). — Dénonciation faite à l'Assemblée Nationale, séance du 26 octobre 1791, par M. J.-S. Rovère, député des ci-devant Etats réunis d'Avignon et du Comtat Venaissin ; contre M. Mulot, l'un des ci-devant Commissaires-médiateurs entre les peuples d'Avignon et du Comtat. — S. l. n. n. [1791], in-8°, pièce (8 p.).
Fonds Chambaud et Requien.
2 ex. [**Ms. 2.540**, n° 12, et **2.991**, n° 18.

— Discours de J.-S. Rovère, représentant du peuple, délégué dans les départemens méridionaux, prononcé le 6 octobre, en présence du 14ᵐᵉ régiment des Chasseurs à cheval, dans l'Eglise des ci-devant Grands-Carmes à Avignon, à l'occasion de la double cérémonie de la consécration de l'Evêque du département de Vaucluse, et de la Bénédiction des Drapeaux du 14ᵐᵉ Régiment. — [Avignon, impr. Sobin Tournal, 1793], in-8°, pièce (7 p.).
Fonds Chambaud et Requien.
2 ex. [**Ms. 2.544**, n° 3, et **2.994**, n° 4.

— Imposture du sieur Mulot dévoilée. [Signé : J.-S. Rovère, député des ci-devant Etats-Unis d'Avignon et du Comtat auprès de l'Assemblée nationale]. —
Paris, impr. Nationale, 1791, in-8°, pièce (7 p.).
Fonds Chambaud et Requien.
2 ex. [**Ms. 2.550**, n° 14, et **2.991**, n° 32.

— Lettre de J.-S. Rovère, député du département de Vaucluse, à J.-B. Louvet, député de la Haute-Vienne, inventeur du remède universel contre les Conspirations, intitulé : La Preuve morale. [30 vendémiaire an IV]. — [Paris, impr. Guerbart, 1795], in-8°, pièce (16 p.).
[**Ms. 2.995**, n° 5.

— Lettre du citoyen Rovère, représentant du peuple français, aux administrateurs du district d'Avignon. [19 germinal an III]. — S. l. n. d., in-fol., placard.
[Contre Maignet].
[**Atl. 315**, n° 263.

— Lettre du citoyen Rovère,... aux citoyens Administrateurs du district d'Avignon. Paris, le 10 fructidor, an troisième...[Sur l'esprit public dans le département de Vaucluse]. — S. l. n. d., in-4°, placard.
Fonds Chambaud et Requien.
2 ex. [**Ms. 2.530**, n° 81, et **2.965**, n° 183.

— Autre édition. — S. l. n. d., in-fol., placard.
2 ex. [**Atl. 315**, nᵒˢ 264 et 345.

— Dʳ Victorin Laval... Lettres inédites de J.-S. Rovère, membre du Conseil des Anciens, à son frère Simon-Stylite, ex-évêque constitutionnel du département de Vaucluse, publiées avec une introduction, un épilogue et des notes. — Paris, H. Champion, 1908, ix-310 p., port.
Don de M. le Dʳ Victorin Laval.
[4°, **7.688**.

— Mémoire [de J.-S. Rovère] contre le sieur Mulot, ci-devant Commissaire-Médiateur entre les Peuples d'Avignon et du Comtat ; en réponse à sa prétendue Justification prononcée à la barre de l'Assemblée Nationale. — [Paris, impr. Baudouin, 1791], in-8°, pièce (25 p.).

Fonds Chambaud et Requien.

2 ex. [**Ms. 2.540**, n° 20, et **3.013**, n° 36.

— Mémoire contre le sieur Valentin Mulot, mandé à la Barre par décret du 3 novembre 1791. [Par J.-S. Rovère]. — [*Paris, impr. Baudouin*, 1791], in-8°, pièce (8 p.).

[**Ms. 3.013**, n° 29.

— Mémoire instructif sur les troubles d'Avignon et du Comtat Venaissin. [Octobre 1791. *Signé :* J.-S. Rovère,...]. — [*Paris, impr. P. Caron*, 1791], in-8°, pièce (16 p.).

Fonds Chambaud et Requien.

2 ex. [**Ms. 2.550**, n° 8, et **3.013**, n° 25.

— *Voir* : DUPRAT (Jean), *dit* DUPRAT le jeune et ROVÈRE (J.-S.). Discours... prononcés dans la séance du 9 septembre 1791 [de l'Assemblée Nationale]... *Avignon*, 1791, in-8°.

[8°, **33.447**.

ROVÈRE (JOSEPH - STANISLAS- FRANÇOIS-XAVIER) et DUPRAT (JEAN).— Discours fait par MM. Rovère et Duprat, députés des ci-devant états d'Avignon et du Comtat, pour être prononcé à l'Assemblée nationale. [26 septembre 1791]. — [*Paris, impr.* *Le Hodey*, 1791], in-8°, pièce (4 p.).

Fonds Chambaud et Requien.

4 ex. [8°, **33.435**. — **Ms. 2.540**, n° 1, **2.991**, n° 9, et **3.016**, n° 18.

ROVÈRE (JOSEPH - STANISLAS- FRANÇOIS-XAVIER) et GOUPILLEAU (PHILIPPE-CHARLES-AIMÉ). — Correspondance intime du conventionnel Rovère avec Goupilleau (de Montaigu) en mission dans le Midi après la Terreur (1794-1795) publiée d'après les documents originaux inédits avec une introduction et des notes par Michel Jouve,.. et Marcel Giraud-Mangin... — *Nîmes, Debroas*, 1908, in-8°, 227 p.

(Documents sur la Révolution dans le Vaucluse.)

Don de M. Michel Jouve.

[4°, **7.588**.

ROVÈRE (SIMON-STYLITE-FRANÇOIS-RÉGIS). — Discours prononcé dans l'Eglise des ci-devant Grands-Carmes d'Avignon, à l'occasion de la Bénédiction des Drapeaux du 14me Régiment des chasseurs à cheval, par le citoyen J.-F. Rovère, évêque du département de Vaucluse, immédiatement avant sa consécration. — [*Avignon, impr. Sabin Tournal*, 1793], in-8°, pièce (4 p.).

Fonds Chambaud et Requien.

2 ex. [**Ms. 2.544**, n° 1, et **2.994**, n° 2.

ROYS (MARC-ANTOINE DE). — Oraison funèbre de la venerable Mere Marie-Magdelene de la Très-Sainte Trinité, Fondatrice des Religieuses de nostre Dame de la misericorde, prononcée par le Reverend Pere Marc-Antoine De Roys,... — *Avignon,*

M. Mallard, 1678, in-24, 1 ff. n. ch. - 89 p.

Fonds Massilian-Moutte.
[**Ms. 2.458**, n° 12.

ROZIÈRE (Vicomte Ernest de). — Les Isnards. Notices historiques et généalogiques rédigées d'après les documents originaux sur les familles de ce nom en Italie et dans le midi de la France... [par le vicomte de Rozière].Première partie : Comté Venaissin, principauté d'Orange, Dauphiné, Languedoc, Ile de France, Haute et Basse-Provence. — [*Blois, C. Migault et Cie*, 1900], in-4°, xxv-414 p. - 11 ff. n. ch., tabl. généalog.

(Ex. sur papier du Japon.)
Don de M. le vicomte Des Isnards.
[Réserve, n° **19**.

ROZIÈRE (Eugène de). — *Voir* : Esmein (Adhémar) et Rozière (Eugène de). Charles Giraud... *Paris*, 1883, in-8°.
[8°, **16.844**.

— *Voir* : Gap (Lucien). Deux actes d'habitation trouvés dans les Archives de la commune de Mérindol... [*Paris*, 1896], in-8°.
[4°, **8.432**.

RUAT (Valentin). Digressions sur les rivières et cours d'eau du département de Vaucluse antérieures au Code civil. De leur validité et de leur régime légal actuel, par Valentin Ruat,... — *Paris, A. Rousseau*, 1902, in-8°, viii-148 p.

Don de l'auteur.
[4°, **3.371**.

RUCHON. — Eloge funèbre du général Joubert prononcé dans le Temple décadaire de la commune-canton de l'Isle, département de Vaucluse, le 20 vendémiaire, an 8 ; par le citoyen Ruchon, commissaire du Pouvoir exécutif près l'Administration municipale de ladite commune-canton. — [*Carpentras, impr. Jean-Alexis Proyet*, an VIII], in-8°, pièce (6 p.).
[**Ms. 2.997**, n° 1.

RUEL (Louis-Joseph). — Memoire au sujet de l'arrosage du territoire, et sur-tout de la Garrigue, fait pour l'instruction du Conseil [d'Avignon], par noble Louis-Joseph Ruel,... — *Avignon, F.-J. Domergue*, 1762, in-4°, pièce (23 p.).

5 ex. [4°, **4.175**, n° 41, et **4.907**.
— Ms. **2.449**, n° 19, **2.459**, n° 22, et **2.931**, n° 23.

RUELENS (Charles). — La science de la terre. Une introduction et deux conférences, par Ch. Ruelens,... — *Bruxelles*, 1883, in-8°, 96 p.

[Conférence sur « Carpentras et le Mont Ventoux » avec eau-forte d'E. de Muntz, représentant la vue de l'aqueduc de Carpentras d'après un dessin de Joseph Eysséric].
Don de M. le Dr A. Pamard.
[8°, **34.424**.

RUFFI (Antoine de), assesseur d'Avignon. — Oratio in adventu... Marci Danielis Delfini Prolegati Avenionis. Post Deum Pontificium ipsi Commissæ Prolegationis Solemnitèr Recitatum. Habita nomine civitatis. Ab... Antonio de Ruffy,... Assessore. Die 9. Aprilis. 1692... — *S. l. n. d.* [*Avignon, G. Bramereau* (?), 1692], in-4°, pièce.

Fonds Massilian-Moutte et Requien.
3 ex. [**Ms. 2.431**, n° 42, **2.447**, n° 23, et **2.926**, n° 25.

RUFFI (Antoine de), conseiller du roi en ses Conseils d'Etat et

RUFFI (Antoine de).— Histoire des comtes de Provence, enrichie de plusieurs de leurs portraits, de leurs sceaux et des monnoyes de leur temps, qui n'avoient pas encore veu le jour, par M. Antoine de Ruffi... — *Aix, J. Roize*, 1655, in-fol., 412 p. [Fol. **4.235**.

— La vie de Monsieur le Chevalier de La Coste, par le sieur de Ruffi... — *Aix, Charles David*, 1659, in-12, iv ff. n. ch. - 339 p. - xi ff. n. ch. [8°, **25.950**.

RUFFI (Louis-Antoine de). — Apologie des anciens historiens et des troubadours ou poètes provençaux, servant de réponse aux dissertations de Pierre-Joseph sur divers points de l'histoire de Provence. [Par Louis-Antoine de Ruffi]. — *Avignon, J. Du Périer*, 1704, in-8°, pièces liminaires - 136 p. [8°, **26.923**.

— Dissertations historiques et critiques sur l'origine des Comtes de Provence, de Venaissin, de Forcalquier et des vicomtes de Marseille, par M. de Ruffi. — *Marseille, Vve H. Brebion*, 1712, in-4°, III ff. - 96 p. - II ff. n. ch. 2 ex. [4°, **2.839** et **3.869**.

RUFFIER (Xavier). Ruffier, arquebusier-fourbisseur, membre de la Société Populaire d'Avignon, victime de l'aristocratie du Midi, à ses concitoyens. [Septembre 1793].— *S. l., impr. Sallière*, s. d., in-fol., placard. [Atl. **315**, n° 156.

— Ruffier, fourbisseur et arquebusier, patriote d'Avignon, victime de l'aristocratie du Midi, pillé, vexé, incarcéré par les ennemis de la Révolution, avant l'établissement de la République ; pillé, vexé, incarcéré et ruiné par les factieux qui ont voulu détruire la République au mois de juillet dernier, aux Représentans du Peuple. [18 brumaire an III]. — *S. l., [impr. Sallière]*, s. d., in-4°, pièce (8 p.). Fonds Chambaud. [Ms. **2.529**, n° 35.

— Bulletin de la Convention nationale. Séance du cinquième jour de la troisième décade du troisième mois de l'an second... [Pétition du citoyen Louis-Xavier Ruffier, armurier de la Garde Nationale d'Avignon]. — *Paris, impr. Nationale*, s. d., in-fol., placard. [Atl. **314**, n° 203.

RUGENDAS (M.). — [Fragment d'un dictionnaire historique contenant des articles sur les Vernet : Antoine, Claude-Joseph, Carle, Horace, Fany, François et Ignace. *Signat. autogr.* : M. Rugendas]. — Extrait d'un ouvrage in-8°, p. 126-164. [8°, **16.791**.

RUPERT (Le P.). — *Voir :* Rieux (Albert), *en religion* le P. Xavier de Fourvières. Lou pichot tresor... *Avignon*, 1902, in-12. [8°, **33.227**.

RUY (Abbé Louis). — Louis Ruy. Fernand Barral (1888-1910). — [*Avignon, impr. Fr Seguin*, 1910], in-12, pièce (11 p.). (Extrait du *Bulletin de l'Association des Anciens Elèves du Collège St-Joseph d'Avignon*, 1910.) Don de M. F. Seguin. [8°, **37.003**.

— La vraie noblesse de la personnalité. Rapport sur le concours pour le prix d'honneur fondé par les anciens élèves du collège Saint-Joseph, présenté à la distribution des prix, le 18 juillet 1908, par M. l'abbé Ruy,... — *Avignon, F. Seguin*, 1908, in-8°, pièce (16 p.). Don de M. F. Seguin. [8°, **35.630**.

S

SABATIER (André-Hyacinthe), de Cavaillon, professeur d'histoire à l'Ecole centrale du département de Vaucluse. — Le couronnement de Pétrarque à Rome par le citoyen Sabatier... [Précédé de : Fête de Vaucluse en l'honneur de Pétrarque, ode..] — Avignon, Vve Guichard, an XII-1804, in-8°, pièce (24 p.).

2 ex. [8°, **10.356** et **24.902**, n° 10.

— Discours pour la rentrée de l'an VI [à l'École centrale du département de Vaucluse], prononcé par le citoyen Sabatier,... — S. l. n. d. [an VI], in-8°, pièce (4 p.).

Fonds Chambaud et Requien.

3 ex. [8°, **33.444**. — Ms. **2.545**, n° 20, et **2.996**, n° 2.

— Discours sur l'Etre Suprême et l'immortalité de l'âme, prononcé le 20 prairial [an II, à Cavaillon,] suivi d'un hymne patriotique sur la piété filiale, par le citoyen Sabatier de Cavaillon... — [Avignon, impr. Vincent Raphel, 1794], in-8°, pièce (13 p.).

Fonds Chambaud et Requien.

2 ex. [Ms. **2.544**, n° 27, et **2.994**, n° 53.

— Discours sur la fête de la jeunesse, prononcé à Avignon par le citoyen Sabatier... [Suit : Discours sur la fête des victoires et de la reconnoissance, prononcé à Avignon par le citoyen Sabatier,...]. — [Avignon, impr. veuve Tournal, an IV], in-8°, pièce (8 p.).

Fonds Chambaud et Requien.

2 ex. [Ms. **2.544**, n° 69, et **2.995**, n° 10.

— Épitre a M. Gastaldy. [Signé : Sabatier]. — S. l. n. d., in-8°, pièce (4 p.).

[8°, **25.058**, n° 5.

— Fête de Vaucluse en l'honneur de Pétrarque, par le citoyen Sabatier,... — Avignon, veuve Guichard, 1804, in-8°, pièce (25 p.), port. grav. par J.-B. Guibert.

2 ex. [8°, **24.902**, n° 11, et **26.804**, t. I, n° 17.

SABATIER (Antoine). — Antoine Sabatier. Sigillographie historique des administrations fiscales, communautés ouvrières et institutions diverses ayant employé des sceaux de plomb (XIVe-XVIIIe siècles). Plombs historiés de la Saône et de la Seine. — Paris, H. Champion, 1912, in-4°, 505 p., xx pl.

(Avignon, Comté Venaissin, Orange, Villeneuve-lèz-Avignon.)

[4°, **8.479**.

SABATIER (Esprit), d'Oppède, avocat à Avignon. — Le Caducée françois sur la ville d'Avignon, comté Venaissin et principauté d'Orange par Me Esprit Sabatier,... — Avignon, J. Bramereau, 1662, in-8°, III ff. n. ch.-52 p. - 1 ff. pour l'erratum.

Ex. de l'abbé De Véras.

[8°, **26.587**.

— Autre ex. incomplet. (Les 2 premiers feuillets et l'erratum manquent.)
[8°, **25.588**, n° 3.

SABOLY (Nicolas). — Recueil de noëls provençeaux composez par le sieur Nicolas Saboly, beneficier et maître de musique de l'église de Saint-Pierre d'Avignon. — *Avignon, Michel Chastel*, 1699, in-4°, 11 ff. n. ch. - 99 p.
2 ex. [8°, **24.254**, n° 3, et **25.188**.

— Troisième édition corrigée et augmentée. — *Avignon, François-Joseph Domergue*, [1737], in-12, 11 ff. n. ch. - 99 p.
[8°, **25.189**.

— Nouvelle édition, augmentée du Noël fait à la mémoire de Mr Saboly, et de celui des Rois, fait par J.-F. D*** [Domergue]. — *Avignon, François-Joseph Domergue*, 1763, in-12, IV-112 p. - 11 ff. n. ch., pl.
[8°, **25.190**.

— Nouvelle édition, augmentée du Noël fait à la mémoire de Mr Saboly, et de celui des Rois, fait par J.-F. D*** [Domergue]. — *Avignon, T.-F. Domergue le jeune*, 1772, in-12, 114 p. - 11 ff. n. ch.
[8°, **25.191**.

— Nouvelle édition, augmentée du Noël fait à la mémoire de Mr Saboly, et de celui des Rois, fait par J.-F. D... [Domergue]. — *Avignon, T.-F. Domergue*, 1786, in-12, 117 p. - 11 ff. n. ch.
[8°, **25.192**.

— Nouvelle édition, augmentée du Noël fait à la mémoire de Mr Saboly, et de celui des Rois, fait par J.-F. D... [Domergue]. — *Avignon, Ant. Offray*, 1790, in-12, 117 p. - 11 ff. n. ch.
[8°, **25.193**.

— Nouvelle édition, augmentée du Noël fait à la mémoire de M. Saboly, et de celui des Rois, fait par J.-F. Domergue, doyen d'Aramon. — *Avignon, Jean Chaillot*, 1791, in-12, 120 p.
[8°, **25.194**.

Autre ex. (Legs Arnaud de Fabre).
[8°, **36.636**.

— Nouvelle édition... — *Avignon, Ignace-Hypolite Offray*, 1802, in-12, 117 p. - 11 ff. n. ch.
[8°, **25.195**.

— Nouvelle édition... — *Avignon, Jean Chaillot*, 1804, in-12, 132 p.
[8°, **25.196**.

— Nouvelle édition... — *Avignon, Jean Chaillot*, 1807, in-12, 132 p.
[8°, **25.197**.

— Nouvelle édition,... — *Avignon, Chaillot aîné*, 1820, in-12, 132 p.
[8°, **25.198**.

— Nouvelle édition,... — *Avignon, Chaillot aîné*, 1824, in-12, 132 p.
[8°, **25.199**, n° 1.

— Autre édition. — *Avignon, Chaillot aîné*, 1829, in-12, 132 p.
[8°, **25.201**.

— Autre édition. — *Avignon, imp. L. Aubanel*, 1839, in-12, 139 p.
[8°, **25.200**.

— Nouvelle édition, soigneusement corrigée, et augmentée d'un joli choix de Noëls inédits, qui ne se trouvent pas dans les éditions précédentes. — *Avignon, imp. L. Aubanel*, 1845, in-18, 1 f. n. ch. - 176 p.

[8°, **25.203**.

— Nouvelle édition plus complète ...publiée pour la première fois avec les airs notés, recueillis, et arrangés pour le piano ou l'orgue, par Fr. Seguin. — *Avignon, Fr. Seguin aîné*, 1856, in-fol., LII-87 p.

Don de l'éditeur.
[Fol. **4.255**.

— Réimpression de l'édition précédente. — *Avignon, impr. Fr. Seguin*, 1897, in-4°, LIII-87 p.

Don de l'éditeur.
[4°, **4.626**.

— Douze noëls provençaux composés par Nicolas Saboly, 1669-1674. Traduits en français et arrangés en chœur à 3 voix, par Ch. Soulier. — *Paris, Gustave Avocat*, [1873], in-4°, pièce (30 p.).

[4°, **3.650**.

SABOLY (Nicolas), MISTRAL (Frédéric) et LAMBERT (Abbé). — Li nouvè de Nicoulau Saboly em'uno charradisso per Frederi Mistral, segui d'un pau d'aquéli de l'abat Lambert emai d'aquéli di troubaire mouderne... — *Avignon, Aubanel frères*, 1865, in-12, 182 p. - 1 f. n. ch.

[8°, **25.206**.

SABOLY (Nicolas), PEYROL (Antoine) et ROUMANILLE (Joseph). — Li nouvè de Saboly, de Peyrol e de J. Roumanille em'un bon noumbre de vièi nouvè que se canton en Prouvènço. Edicioun revisto coume se dèu, e aumentado. — *Avignon, J. Roumanille*, 1897, in-12, VIII-164 p.

[8°, **30.256**.

SABOLY (Nicolas), PEYROL (Antoine), ROUMANILLE (J.), LAMBERT (Abbé) et REBOUL (J.). — Li Nouvè de Saboly, Peyrol, Roumanille, un peçu d'aquéli de l'abat Lambert, em'uno mescladisso de nouvè vièi e nòu e de vers de J. Reboul. Edicioun revisto... — *Avignon, Aubanel frères*, 1857, in-12, 228 p.

Don de M. Th. Aubanel.
[8°, **25.207**.

SABOLY (Nicolas), PEYROL (Antoine), ROUMANILLE (J.), REBOUL (J.), ASTROS (J.-J.-L. d') et AUBERT. — Li Noué de Saboly, Peyrol e J. Roumanille emé de vers de J. Reboul e quatre dougeno de noué touti flame nòu de J.-J.-L. d'Astros, Aubert,... — *Avignon, L. Aubanel*, 1852, in-12, 204 p.

[8°, **25.204**.

SABOLY (Nicolas) et ROUMANILLE (Joseph). — Li Nouvè de Saboly e de Roumanille, em'un bon noumbre de vièi nouvè que soun esta jamai empremi. Edicioun nouvello, revisto coume se dèu. — *Avignon, J. Roumanille*, 1865, in-12, VIII-160 p.

[8°, **25.205**.

SABRAN (Claude). — Discours prononcé publiquement par M. Claude Sabran, ancien militaire, maire de la commune de Cavaillon, le 29 janvier 1792, jour de son installation à la mairie. — *S. l. n. d.*, n. d., in-8°, pièce (8 p.).

Fonds Chambaud.
[Ms. **2.541**, n° 3.

SABRAN (Cte Guillaume de). — Discours prononcé au château d'Ansouis (Vaucluse), devant Sa Grandeur Monseigneur Hasley, archevêque d'Avignon, à l'occasion de la bénédiction de la chapelle de S. Elzéar et de Ste Dauphine, le 27 septembre 1880. [Par le Cte Guillaume de Sabran]. — *Avignon, Aubanel frères*, 1880, gr. in-8°, 46 p.

[8°, **28.872**.

Autre ex. (Anc. archevêché d'Avignon).
[4°, **8.123**.

— Marie-Elzéar-Henri-Foulques de Sabran-Pontevès, élève de l'école militaire de St-Cyr, retourné à Dieu à l'âge de 20 ans, le 26 mars 1889. [Par le Cte Guillaume de Sabran]. — [*Bagnères-de-Bigorre, imp. Péré*], s. d., in-8°, pièce (20 p.).

Anc. archevêché d'Avignon.
[8°, **37.358**.

SACAZAND (D.). — Angelo Mariæ Durini, archiepiscopo Ancyrano, Excellentissimo præsidi et prolegato Avenionensi. [*Signé* : D. Sacazand orator collegii Avenionensis, Benedictinus Cluniac.]. — *S. l. n. d.*, in-4°, 11 ff. n. ch.

[4°, **3.632**, n° 25.

— Voir : Durini (Ange-Marie). Traduction d'une ode de... Durini à la louange de Pie VI. [Avignon, 1775], in-4°.

[Ms. **2.951**, n° 31.

SACY (Le Bon Antoine-Isaac-Silvestre de). — *Voir* : Silvestre de Sacy (Le Bon Antoine-Isaac).

SADE (Jacques-François-Paul-Aldonce). — Mémoires pour la vie de François Pétrarque, tirés de ses œuvres et des auteurs contemporains, avec des Notes ou Dissertations, et les Pièces justificatives. [Par l'abbé J.-F.-P.-A. de Sade]. — *Amsterdam, Arskée et Mercus*, 1764-1767, 3 vol. in-4°, t. I : 11 ff. n. ch. - vii-cxx-447-82 p., port. ; t. II : xxiv-495-83 p. ; t. III : 1 f. n. ch. - 812-102 p., port.

2 ex. [4°, **2.368** et **3.756**.

SADOLET (Cardinal Jacques). — L'attaque et la défense de la philosophie par le cardinal Sadolet. Première traduction française précédée d'une étude sur cet ouvrage par P. Charpenne. — *Paris, Hachette*, 1864, in-12, 315 p.

[8°, **1.813**.

Autre ex. Succession Pierre Grivolas).
[8°, **35.154**.

— Traité d'éducation du cardinal Sadolet et vie de l'auteur, par Antoine Florebelli, traduits pour la première fois, avec texte latin, notes explicatives et justificatives, par P. Charpenne... — *Paris, imp. H. Plon*, 1855, in-8°, 360 p.

[8°, **2.442**.

SAGE (Abbé J.), curé d'Aubignan. — Jean-Baptiste Guérin, curé de Saint-Siffrein (1792-1867), par l'abbé Sage,... — *Carpentras, imp. Moderne*, 1904, in-16, 163 p., port.

Don de l'auteur.
[8°, **34.675**.

Autre ex. (Anc. archevêché d'Avignon).
[8°, **37.276**.

— L'abbé Sage,... Jean-Ignace Jalla-Lagardette, curé d'Aubignan (1784-1831). — *Avignon,*

SAGE (Abbé J.). — SAGNIER (Alphonse).

F. Seguin, 1902, in-8°, pièce (44 p.).

(Extrait des *Mémoires de l'Académie de Vaucluse*, année 1902, 2ᵉ fasc.)
Don de M. F. Seguin.
[8°, **33.537**.

— Les religieuses Augustines de l'Hôtel-Dieu de Carpentras, par l'abbé J. Sage,... — *Marseille, imp. Marseillaise*, 1899, in-8°, 88 p., pl.
[4°, **4.926**.

Autre ex. (Anc. archevêché d'Avignon).
[4°, **8.120**.

SAGNIER (Alphonse). — A. Sagnier. Le Castelar, près Cadenet. — *Avignon, Seguin frères*, 1884, in-8°, pièce (23 p.).

(Extrait des *Mémoires de l'Académie de Vaucluse*, 1884.)
Don de l'auteur.
[8°, **15.051**.

— A. Sagnier,... Causes et dates de l'enfouissement du trésor trouvé au Pontet. — *Avignon, F. Seguin*, 1900, in-8°, pièce (14 p.).

(Extrait des *Mémoires de l'Académie de Vaucluse*, 1900.)
Don de l'auteur.
[4°, **6.095**.

— A. Sagnier... L'emplacement d'Aeria. Réponse à M. l'abbé Saurel — *Avignon, Seguin frères*, 1887, in-8°, pièce (17 p.).
Don de l'auteur.
[8°, **28.027**.

— A. Sagnier. Etude sur le bas-relief de Novezan [conservé au Musée Calvet d'Avignon]. — *Avignon, F. Seguin*, 1895, in-8°, pièce (13 p.), pl.

(Extrait des *Mémoires de l'Académie de Vaucluse*, 1895.)
Don de M. J. Girard. [4°, **8.612**.

— A. Sagnier... Etude sur les épées de bronze du Musée Calvet. — *Avignon, F. Seguin*, 1898, in-8°, pièce (22 p.), pl.

(Extrait des *Mémoires de l'Académie de Vaucluse*, 1898.)
Don de M. J. Girard.
[4°, **8.696**.

— A. Sagnier. Faucille préhistorique en cuivre au Musée Calvet. — *Avignon, Seguin frères*, 1885, in-8°, pièce (7 p.).

(Extrait du *Bulletin historique et archéologique de Vaucluse et des départements limitrophes*, 1885.)
Don de l'auteur.
[8°, **13.948**.

— Alphonse Sagnier. Le lémur fossile de *mastodonte* ou d'*elephas* donné au Musée Calvet. — *Avignon, Seguin frères*, 1889, in-8°, pièce (12 p.).

(Extrait des *Mémoires de l'Académie de Vaucluse*, 1889.)
Don de l'auteur.
[8°, **27.604**.

— A. Sagnier. Les fouilles de Gadagne ; un cimetière ligure. — *Avignon, Seguin frères*, 1888, in-8°, pièce (24 p.), pl.

(Extrait des *Mémoires de l'Académie de Vaucluse*, 1888.)
Don de l'auteur.
[4°, **3.309**.

— A. Sagnier... Les fouilles faites au voisinage de la tour de Trouillas [à Avignon]. — *Avignon, Seguin frères*, 1884, in-8°, pièce (14 p.).
Don de l'auteur.
[8°, **15.052**.

— Les municipalités du Comtat aux XVIIᵉ et XVIIIᵉ siècles, par A. Sagnier,... — *Avignon, Seguin frères*, 1888, in-8°, pièce (26 p.).

(Extrait des *Mémoires de l'Académie de de Vaucluse*, 1888.)
Don de l'auteur.
[8°, **27.605**.

— A. Sagnier,... Note complémentaire sur un sarcophage épigraphique [appartenant à l'auteur, aujourd'hui au Musée Calvet]. — *Avignon, F. Seguin,* 1901, in-8°, pièce.

(Extrait des *Mémoires de l'Académie de Vaucluse,* 1900.)
Don de M. F. Seguin.
[8°, **25.039.**

— A. Sagnier... Notice sur un sarcophage épigraphique inédit [appartenant à l'auteur, aujourd'hui au Musée Calvet]. — *Avignon, imp. F. Seguin,* 1900, in-8°, pièce (13 p.), pl.

(Extrait des *Mémoires de l'Académie de Vaucluse,* 1900.)
Don de M. J. Girard.
[4°, **8.695.**

— A. Sagnier,... Numismatique appliquée à la topographie et à l'histoire des villes antiques du département de Vaucluse [I. Cavaillon. II. Barri-Aeria]. — *Avignon, Seguin frères,* 1891, in-8°, pièce (47 p.).

(Extrait des *Mémoires de l'Académie de Vaucluse,* 1891.)
Don de l'auteur.
[8°, **27.601.**

— A. Sagnier,... Numismatique appliquée à la topographie et à l'histoire des villes antiques du département de Vaucluse. [III. Vindalium]. — *Avignon, Seguin frères,* 1891, in-8°, pièce (18 p.).

(Extrait des *Mémoires de l'Académie de Vaucluse,* 1891.)
Don de l'auteur.
[8°, **27.602.**

— A. Sagnier... Numismatique appliquée à la topographie et à l'histoire des villes antiques du département de Vaucluse. IV. Cairanne. — *Avignon, Seguin frères,* 1892, in-8°, pièce (16 p.), pl.

(Extrait des *Mémoires de l'Académie de Vaucluse,* 1892.)
Don de M. J. Girard.
[4°, **8.697.**

— A. Sagnier,... Numismatique appliquée à la topographie et à l'histoire des villes antiques du département de Vaucluse. [V. Nouvelles trouvailles à Barri-Aeria]. — *Avignon, Seguin frères,* 1892, in-8°, pièce (13 p.).

(Extrait des *Mémoires de l'Académie de Vaucluse,* 1892.)
Don de l'auteur.
[8°, **27.603.**

— A. Sagnier... [Numismatique appliquée, etc.]. Etude sur le monnayage autonome des Cavares. VI. — *Avignon, F. Seguin,* 1894, in-8°, pièce (19 p.), pl.

(Extrait des *Mémoires de l'Académie de Vaucluse,* 1893.)
Don de M. J. Girard.
[4°, **8.611.**

— A. Sagnier,... Numismatique appliquée à la topographie et à l'histoire des villes antiques du département de Vaucluse. [VII. Caumont]. — *Avignon, François Seguin,* 1895, in-8°, pièce (13 p.).

(Extrait des *Mémoires de l'Académie de Vaucluse,* 1895.)
Don de l'auteur.
[8°, **29.639.**

— A. Sagnier... Numismatique appliquée à la topographie et à l'histoire des villes antiques du département de Vaucluse. VIII. Vaison. — *Avignon, F. Seguin,* 1898, in-8°, pièce (19 p.).

(Extrait des *Mémoires de l'Académie de Vaucluse,* 1898.)
Don de M. J. Girard.
[4°, **8.666.**

— A. Sagnier,... Numismatique appliquée à la topographie et à l'histoire des villes antiques du département de Vaucluse. IX. Machovilla. — *Avignon, François Seguin*, 1899, in-8°, pièce (15 p.).

(Extrait des *Mémoires de l'Académie de Vaucluse*, 1899.)
Don de l'auteur. [8°, **31.325**.

— A. Sagnier. Le pont Saint-Bénézet. Souvenirs du Congrès archéologique d'Avignon. — *Avignon, Seguin frères*, 1882, in-12, pièce (36 p.).

(Extrait de l'*Union de Vaucluse*.)
Don de l'auteur. [8°, **12.679**.

— Les ponts romains sur le Rhône, par A. Sagnier. — *Avignon, Seguin frères*, 1879, in-8°, pièce (29 p.).

(Extrait du *Bulletin historique et archéologique de Vaucluse*, 1879.)
Don de l'auteur. [8°, **14.018**.

— A. Sagnier. Rapport sur le livre intitulé « Aéria » de M. l'abbé Saurel. — *Avignon, Seguin frères*, 1885, in-8°, pièce (15 p.).

Don de M. J. Girard. [4°, **8.698**.

— A. Sagnier. La statue antique de Vachères (Basses-Alpes). — *Avignon, Seguin frères*, 1893, in-8°, pièce (17 p.), pl.

(Extrait des *Mémoires de l'Académie de Vaucluse*, 1892.)
Don de M. J. Girard. [4°, **8.610**.

— A. Sagnier. Stèle épigraphique trouvée à Saint-Estève (Terroir du Thor). — *Avignon, Seguin frères*, 1885, in-8°, pièce (16 p.).

(Extrait des *Mémoires de l'Académie de Vaucluse*, 1885.)
Don de l'auteur. [4°, **2.031**.

— Alphonse Sagnier. Temple d'Auguste à Saint-Paul-Trois-Châteaux. Autel de Jupiter près Crillon. — *Avignon, Seguin frères*, 1890, in-8°, pièce (20 p.).

(Extrait des *Mémoires de l'Académie de Vaucluse*, 1889.)
Don de l'auteur. [8°, **27.697**.

— A. Sagnier. La Vénus antique du Musée Calvet. — *Avignon, Seguin frères*, 1887, in-8°, pl., pièce (12 p.).

(Extrait des *Mémoires de l'Académie de Vaucluse*, 1886.)
Don de l'auteur.
2 ex. [8°, **28.357**.

— *Préf.* CHAILLOT (Amédée). Les œuvres d'art dans les églises et chapelles d'Avignon. *Avignon*, 1894, in-12.
[8°, **29.601**.

— *Voir* : CONGRÈS ARCHÉOLOGIQUE de France. XLIX° session. Séances générales tenues à Avignon en 1882... *Paris-Tours*, 1883, in-8°.
[8°, **37.750**.

SAINT-ANGE. — Légion de Saône-et-Loire. Couplets chantés le jour de la Saint-Louis, 1816. [*Suit* : Couplets Pour la Fête de S. M. Louis XVIII (1817). Couplets pour la Fête de Henri IV, patron de la Légion d'Honneur. 1817. *Signé* : Par un officier de la Légion de Saône-et-Loire (Saint-Ange)]. — [*Avignon, Seguin aîné*], s. d., in-8°, pièce (4 p.).
[8°, **25.058**, n° 29.

SAINT-CHRISTOL (JACQUES-FRANÇOIS DE BRÉMOND, baron DE). — Adresse de M. de Brémond-St-Christol, officier d'infanterie, aux états du Comté Venaissin, contenant les faits

SAINT-CHRISTOL (Bᵒⁿ DE). — justificatifs contre la conduite du Peuple et de la Municipalité de Carpentras. — *S. l. n. d.*, [1791], in-8°, pièce (34 p.).
[**Ms. 3.013**, n° 14.

— Extrait du Procès verbal de M. de S. Christol, major gnal. des Troupes du Comté Venaissin, dressé, d'après son expédition, sur la paroisse du Cheval-Blanc, terroir de Cavaillon. [31 décembre 1790. — *Suit* : Extrait du Procès-verbal de la Milice citoyenne d'Orgon, relativement à l'enlèvement des Armes de France, posées sur la Paroisse du Cheval-Blanc...] — [*Carpentras, D.-G. Quenin*], s. d, in-4°, pièce (8 p.).
Fonds Chambaud et Requien.
3 ex. [**4°, 2.848**, n° 95. — **Ms. 2.522**, n° 124, et **2.959**, n° 81.

— Précis des Mémoires de Mʳ le baron de S. Christol, adjoint à l'Agence Royale de Souabe, depuis 1796 jusqu'en 1805. — *Avignon, Guichard aîné*, 1818, in-8°, 88 p. - 1 ff. n. ch.
Fonds Chambaud et Requien.
2 ex. [**Ms. 2.548**, n° 5, et **2.999**, n° 7.

SAINT-FÉLIX (JULES DE). — Le Rhône et la mer : souvenirs, légendes, études historiques et pittoresques, par Jules de Saint-Félix. — *Paris, imp. Paul Renouard*, 1845, 2 vol. in-8°.
[8°, **15.001**.

— Rome en Provence. Chroniques et légendes du Palais des Papes, par Jules de Saint-Félix. — *Paris, E. Dentu*, 1860, in-8°, 240 p.
[8°, **28.472**.

SAINT-JACQUES (DE). — Harange faite à son Eminence Monseigneur le cardinal Durazzo, évêque de Carpentras, le 4ᵉ septembre 1690. Par Mr. de St-Jacques, Eleu et Procureur général du Pays... — *S. l. n. d.*, in-4°, pièce (4 p.).
[**Ms. 2.941**, n° 7.

— Réponce faite au nom de l'assemblée [du Comté Venaissin], par Mʳ de St-Jacques, procureur general, après un discours fort obligeant de Monseigneur le comte de Grignan... [30 octobre 1689.] — *S. l. n. d.*, in-4°, pièce (3 p.).
[**Ms. 2.437**, n° 16.

SAINT-JUST (CLÉMENT). — *Voir* : CLÉMENT-SAINT-JUST (Just-Norbert-Napoléon Clément, *dit*).

SAINT-LÉGIER (PIERRE-FRANÇOIS TONDUTI DE). — *Voir* : TONDUTI DE SAINT-LÉGIER (Pierre-François).

SAINT-MARTIN. — Le pont de l'Isère et de la Drôme. Couplets en l'honneur de son Altesse Royale Monseigneur le Duc d'Angoulême et de son auguste épouse. [*Signé* : Saint-Martin]. — [*Avignon, imp. Offray*], s. d., in-8°, pièce (1 ff. n. ch.).
[**Ms. 3.001**, n° 8.

SAINT-MARTIN (JEAN-B.), député, conseiller général de Vaucluse. — La Belle-Etoile à Pertuis, par J.-B. Saint-Martin... — *Aix, Achille Makaire*, 1863, in-8°, pièce (17 p.).
[8°, **28.715**.

— Défense des irrigations vauclusiennes. Les eaux de Fontaine-L'Evêque ; exposé et vœu de M. Saint-Martin devant le Conseil général de Vaucluse. — *Avignon, F. Seguin*, 1909, in-8°, pièce (10 p.).
Don de M. F. Seguin. [8°, **36.753**.

— Les derniers représentants de Rome à Avignon et dans le Comté-Venaissin. Pieracchi, recteur du Comté-Venaissin. [*Signé* : Jean Saint-Martin]. — [*Nîmes, imp. générale*, 1912], in-8°, 59 p.

(Extrait de la *Revue du Midi*, 1912.)
Don de l'auteur.
[8°, **38.089**.

— Jean Saint-Martin... L'expédition des produits agricoles du Midi en Angleterre. Conseils pratiques aux producteurs et expéditeurs du Comtat et de la Provence. — *Paris, imp. des mines et de la métallurgie*, 1897, in-8°, 56 p.
Don de l'auteur. [8°, **37.004**.

— Jean Saint-Martin. F.-V. Raspail ; sa vie et son œuvre. — *Paris, Dentu*, 1877, in-12, 106 p.
Legs Arnaud de Fabre.
[8°, **35.882**.

— Jean Saint-Martin. La fontaine de Vaucluse et ses souvenirs. — *Paris, L. Sauvaitre*, 1891, in-8°, 240 p., fig. et pl.
[8°, **17.287**.
Autre ex. (Legs Arnaud de Fabre.)
[8°, **35.866**.

— J. Saint-Martin,... La loi des sucpoots dans Vaucluse 1858 — *Avignon, imp. Paul Dernaud, et C*ⁱᵉ, 1899, in-8°, 94 p.
[8°, **32.450**.
Autre ex. (Don de l'auteur.)
[8°, **37.005**.

— Jean Saint-Martin. M. Clovis Hugues et moi dans l'affaire de Panama. — *Avignon, imp. Eug. Millo*, 1897, in-8°, 53 p.
[8°, **30.357**.

— Le maréchal Brune à Avignon. Episode de la terreur blanche (1815), par Jean Saint-Martin. — *Paris, M. Dreyfous*, 1878, in-16, 181 p., port.
(Petite bibliothèque à 1 franc).
[8°, **19.227**.

SAINT (Le) pèlerinage de Notre-Dame de Lumières, contenant l'Histoire de l'Etablissement de cette Chapelle, ainsi qu'une Notice des premiers Miracles qui s'y sont opérés. — *Avignon, imp. Bonnet fils*, 1855, in-18, 86 p., pl.
3 ex. [8°, **28.491**, n° 1, **28.501**, n° 1, et **28.506**.

SAINT-PÈRE (Ed.). — Le frigorifique d'Avignon par Ed. Saint-Père. — [*Mâcon, Protat*], s. d., in-8°, pièce (9 p.), fig. et pl.
(Extrait de la *Revue générale du froid*, 1912.)
Don de M. le Dʳ Pamard. [4°, **8.933**.

SAINT-PRÉGNAN (Baron Roque de), maire d'Avignon. — Billet adressé à M. Picard. [*Signé* : R. de Saint-Prégnan]. — S. l. n. d., in-4°, 1837, placard.
[Ms. **2.975**, n° 23.

— Lettre adressée à M. le rédacteur du *Messager de Vaucluse*. [*Signé* : R. de Saint-Prégnan. 12 juillet 1837]. — [*Avignon, imp. Bonnet*], s. d., in-4°, pièce (4 p.)
[Ms. **2.975**, n° 25.

SAINT-RÈME (Jérome de). — Innocentius decimus natalibus magnus, virtutibus major, pontificatu maximus. Oratio habita ab illustri D. Hieronymo de S. Reme V. I. D. in æde D. Francisco sacra II. kal. octob. M. DC.XLIV.... — *Avignon, J. Bramereau*, 1644, in-4°, pièce (30 p.).
Fonds Massilian-Moutte.
[Ms. **2.439**, n° 4.

SAINT-RÉNÉ TAILLANDIER, de l'Académie française. — Saint-René Taillandier,... Les destinées de la nouvelle poésie provençale. — *Paris, s. n.*, 1876, in-12, 54 p.

(Extrait de la Revue des Deux Mondes, 1er décembre 1875.)

2 ex. [8°, **10.584** et **25.250**.

— *Préf.* ROUMANILLE (Joseph). Li Prouvençalo... *Avignon*, 1852, in-12.

[8°, **25.230**.

SAINT-VENANT (A.-B. DE), ancien ingénieur en chef des Ponts et Chaussées, membre de l'Institut. — Saint Benezet, patron des Ingénieurs, par A.-B. de Saint-Venant... Œuvre posthume... — *Bourges, imp. Tardy-Pigelet*, 1889, in-8°, XIII-155 p., port. et pl.

[8°, **12.680**.

SAINT-VENANT (J. DE). — J. de Saint-Venant. Antiques sphéroïdes en bronze à ouvertures polaires. — *Monaco, imp. de Monaco*, 1908, in-8°, pièce (16 p.), pl.

[Etude sur les sphéroïdes du Musée Calvet. — Extrait du *Compte rendu du XIIIe Congrès international d'anthropologie et d'archéologie préhistorique*, 1906.]
Don de l'auteur.

[4°, **7.570**.

SAINT-VÉRAN (DE), vice-recteur du Comtat. — Quatrain présenté à M. le marquis de Rochechouart, le 23 avril 1774, jour auquel il vint à Carpentras, délier les Etats du Comté Venaissin, du serment de fidélité.[Par de Saint-Véran]. — *S. l. n. d.*, in-32, placard.

[8°, **27.233**, fol. 15.

SAINT-VICTOR (L.). — L. Saint-Victor. Orange et les Felibres. Première partie : Les monuments romains. La Provence et l'Ange du Vieux Monde. — *Avignon, imp. Eugène Millo et Cie*, 1893, in-8°, pièce (14 p.).

[8°, **27.824**.

SAINT-VINCENS (FAURIS DE).— *Voir :* FAURIS DE SAINT-VINCENS.

SAINT-VINCENT (D. DE). — Exposé de la conduite et des opinions des habitants d'Apt,... Février 1816. [*Signé :* Le Maire d'Apt, D. de St-Vincent]. — [*Apt, imp. Jh Tremollière*], s. d., in-4°, pièce (8 p.).

[Sur la conduite et les opinions politiques des habitants d'Apt, en 1815 et 1816.]
Fonds Chambaud et Requien.

3 ex. [**Ms. 2.535**, n° 7, **2.970**, n° 6, et **2.983**, n° 4.

SAINTE-CROIX (GUILLAUME-EMMANUEL-JOSEPH GUILHEM DE). — Discours prononcé par M. le baron de Sainte-Croix, à la séance du matin, du 25 mars 1790, de l'Assemblée générale des Etats du Comté Venaissin, suivi de la délibération prise en conséquence par la même assemblée, et du projet de mandat à ce sujet. — [*Carpentras, D.-G. Quenin*, 1790], in-4°, pièce (8 p.).

[**Ms. 2.958**, n° 33.

— Des Droits du pape sur le Comté Venaissin et l'Etat d'Avignon ; et refutation de l'écrit de M. Bouche,... concernant la restitution de ces pays à la France. [Par le baron de Sainte-Croix]. — *Genève*, 1790, in-8°, VIII-53 p.

4 ex. [8°, **14.185**, n° 25, **26.572**, n° 6. — **Ms. 2.535**, n° 14, et **2.986**, n° 18.

— Eloge de M. l'abbé Poulle, prédicateur du Roi... [Par le marquis de Sainte-Croix]. — *Avignon, J.-J. Niel*, 1783, in-8°, pièce (32 p.).

[8°, **26.927**, n° 1.

— Exorde général sur la religion chrétienne par M. l'abbé Poulle... ; suivi de l'Eloge de cet illustre orateur, par M. le Mis de Ste Croix... — *Avignon, Aubanel*, 1823, in-12, 72 p.

2 ex. [8°, **26.947** et **28.392**, n° 4.

— [Notes sur la conduite du citoyen Rogier fils, maçon, de Mormoiron. Publié par ordre de la Société des Amis de la République, de Mormoiron, 22 novembre an Ier (Attribué au baron de Sainte-Croix)]. — *S. l. n. n.*, [1792], in-8°, pièce (8 p.).

[**Ms. 3.014**, n° 16.

SAINTE - CROIX (Théophile-Guillaume Guilhem de). — Déclaration de Monsieur de Ste-Croix, officier au régiment de Beauvoisis, concernant sa détention au quartier général des Brigands sortis d'Avignon [25 juillet 1791]. — *S. l. n. d.* [1791], in-8°, pièce (32 p.).

Fonds Chambaud et Requien.

2 ex. [**Ms. 2.539**, n° 31 et **2.999**, n° 35.

SAINTE-MARIE. — Adresse du citoyen Sainte-Marie de Pernes, à ses concitoyens. [Démission de ses fonctions de juge de paix]. — *S. l. n. n.*, [1792], in-8°, pièce (8 p.).

[8°, **27.231**, n° 37. — **Ms. 3.014**, n° 2.

SAINTEMARIE (Joseph-Gabriel). — Le citoyen Saintemarie aîné, à ceux de ses concitoyens (et autres) qui se sont trouvé à l'audience du Tribunal de Police du canton de Pernes, le 10 thermidor an 13 (29 juillet 1805). — *S. l. n. d.*, in-8°, pièce (4 p.).

[*Contient :* Jugement rendu le dix thermidor an treize, par le juge de paix du canton de Pernes.]

[8°, **27.231**, n° 39.

— Extrait d'un libelle diffamatoire qu'on a fait circuler dans Pernes, les 9, 11 et 13 juillet 1809, intitulé : « Avis aux habitants de Pernes », et réponse à cet avis. [Par Saintemarie aîné]. — *S. l. n. d.*, in-8°, pièce (15 p.).

[8°, **27.231**, n° 40.

— Pétition individuelle du citoyen Joseph-Gabriel Saintemarie de la ville de Pernes, aux citoyens administrateurs du département de la Drôme. [Mai 1793]. — *S. l. n. n.*, [1793], in-8°, pièce (8 p.).

[**Ms. 3.014**, n° 22.

— Suite des voies de fait que Mr de Camaret (notre avide Maire) s'est permis de faire pour voler une partie de l'Eau de cette inappréciable Source qui appartient à ses timides et bénins administrés... [Par Joseph-Gabriel Saintemarie de Pernes]. — *S. l. n. d.* [1819], in-8°, pièce (11 p.).

[**Ms. 3.018**, n° 37.

SAINTE-MARTHE (Boyer de). — *Voir :* Boyer de Sainte-Marthe (Louis-Anselme).

SAINTE-MARTHE (Denis de). — *Edit*. Gallia Christiana [nova] in provincias ecclesiasticas distributa... *Paris*, 1715-1865, 16 vol, in-fol.

[Fol. **2.776**.

SAINTE - MARTHE (Louis, Pierre-Abel, Nicolas et Scévole

DE). — *Edit*. Gallia Christiana [vetus]... *Paris*, 1656, 4 vol. in-fol.
[Fol. **2.775**.

SALADINI (De). — Démission de M. de Saladini des fonctions de Commissaire de police d'Avignon, sous l'administration de M. Geoffroy, maire, et motifs qui ont amené cette démission. — [*Avignon, imp. Jacquet et Joudou*, 1838], in-8°, pièce (7 p.).

Fonds Chambaud et Requien.
2 ex. [Ms. **2.551**, n° 59, et **3.005**, n° 56.

— Lettre de M. de Saladini, en réponse à la communication qui lui a été faite de l'ordonnance royale portant acceptation de sa démission des fonctions de commissaire de police, à Avignon. [21 août 1838]. — *Avignon, imp. Jacquet et Joudou*, s. d., in-4°, placard.
[Ms. **2.975**, n° 100.

— Quelques observations sur l'issue à Carpentras, du procès correctionnel contre le nommé Boisset, logeur. [Par De Saladini]. — [*Lyon, imp. Boursy fils*, 1838], in-8°, pièce (15 p.).

[Sur la police municipale d'Avignon.]
[Ms. **3.005**, n° 61.

SALAMON (Abbé Louis-Joseph-Siffrein de). — Correspondance secrète de l'abbé de Salamon chargé des affaires du Saint-Siège pendant la Révolution avec le cardinal de Zelada (1791-1792), publiée par le Vⁱᵉ de Richemont. — *Paris, E. Plon, Nourrit et Cie*, 1898, in-8°, XLIII-549 p.
[8°, **30.885**.

— Mgr de Salamon. Mémoires inédits de l'Internonce à Paris, pendant la Révolution, 1790-1801. Avant-propos, introduction, notes et pièces justificatives, par l'abbé Bridier... Deuxième édition. — *Paris, E. Plon, Nourrit et Cie*, 1892, in-8°, XLVIII-376 p.
[8°, **31.116**.

SALEMBIER (L.). — Le Grand Schisme d'Occident, par L. Salembier. 4ᵉ édit. — *Paris, Lecoffre*, 1902, in-12, XII-440 p.

(Bibliothèque de l'enseignement de l'histoire ecclésiastique.)
[8°, **38.379**.

SALEMBIER (Pierre). — Petrus de Alliacó, auctore Ludovico Salembier... — *Lille, imp. J. Lefort*, 1886, in-8°, XLIX-386 p.

Don de l'auteur.
[4°, **2.967**.

SALES (De), censeur des études au Lycée d'Avignon. — Discours prononcé à la distribution des prix du Lycée Impérial d'Avignon, le 10 août 1854, par M. de Sales,... — [*Avignon, typ. Aubanel frères*, 1854], in-8°, pièce (12 p.).
[8°, **31.121**.

SALIN (Emile). — Emile Salin. Impressions de voyages ; études de mœurs : Vals, Royat, Vichy, Vaucluse, Aix ; les fontaines, les bains. — *Paris, Hurtau*, 1875, in-12, 279 p.

Don de M. Frédéric Mistral.
[8°, **38.736**.

SALOMONI (Filippo). — A Francesco Petrarca nella celebrazione del quinto centenario dalla sua morte. [*Signé* : Prof. Filippo Salomoni.] — *Padova, P. Prosperini*, 1874, in-8°, pièce (III ff. n. ch.).
[8°, **34.594**.

SALVADOR (J. de). — *Voir :* Averton (Cte P. d'), Salvador (J. de), Pontmartin (A. de), etc. Déclaration... S. l. n. d., in-4°.

[Ms. **2.976**, n° 27.

SALVADOR (Jean-François de). — Alexander septimvs, pontifex, ingenio, doctrinâ, rebus gestis, virtute, sanctitate, priusquàm dignitate Maximus ; summâ Dei beneficentiâ Ecclesiæ datus. Oratio habita ab illustri D. Joan. Franc. de Salvador,... in Æde D. Francisco sacra, prid. non. maij. M.DC.LV... — *Avignon, J. Bramereau*, 1655, in-4°, pièce (24 p.).

Fonds Massilian-Moutte et Requien.

3 ex. [Ms. **2.430**, n° 7, **2.439**, n° 7, et **2.925**, n° 10.

SALVADOR (Paul de). — Oratio habita ad Illvstrissimum et Excellentissimum D.D. Antonivm Franciscvm Sanvitali vice-legatum Avenionensem a... D. Paulo de Salvador... in Primicerium iterùm electo die 5. Iunij 1702. — S. l. n. d., in-4°, pièce (3 p.).

Fonds Massilian-Moutte et Requien.

5 ex. [8°, **33.794**. — [Ms. **2.431**, n° 46, **2.451**, n° 41, **2.927**, n° 7, et **3.882**, n° 5.

SALVANI (Le P. Dom Simon) — Vie du vénérable Père Dom Louis de Lauzeray, prieur de la Chartreuse de Villeneuve-lez-Avignon, par le V. P. Dom Simon Salvani son contemporain. Revue par un Père du même Ordre. — *Avignon, Aubanel frères*, etc., 1873, in-12, xxxii-326 p.

[8°, **12.673**.

SAMARAN (Charles). — Les indiscrétions de Garganello ou la vie galante en Avignon au XVI° siècle. [*Signé :* Charles Samaran]. — *Mercure de France*, 1er août 1909, p. 385-404.

[8°, **36.719**.

— Autre édition. — *Revue de la Renaissance*, t. X. 1909, p. 216-228. (Incomplet).

Don de M. Fréféric Mistral.

[8°, **36.922**.

SAMARAN (Charles) et MOLLAT (G.). — La fiscalité pontificale en France au XIVe siècle (Période d'Avignon et Grand Schisme d'Occident), par Ch. Samaran,... G. Mollat,... — *Paris, Fontemoing*, 1905, in-8°, xv-278 p., cart.

(Bibliothèque des Écoles françaises d'Athènes et de Rome, fasc. 96.)

[8°, **35.370**.

SAMPIERDARÉNA (L.-G.). — Cours du Rhône de Lyon à la mer Méditerranée dessiné et gravé par L.-G. Sampierdaréna. — *Publié par Jt. M. Doutre, Cie Génle des Bateaux à vapeur*, 1842, in-fol., placard.

[8°, **13.141**.

SANCTIS (Alessandro de). — *Trad.* Durini (Ange-Marie). Traduzione dell'ode panegirica null'Eminentissimo Sgr cardinale Giraud... S. l. n. d., in-4°.

[Ms. **2.951**, n° 36.

SANNAZAR (Jean-François de Ripa de), professeur de droit civil à l'Université d'Avignon. — Celeberrimi atque acutissimi jureconsulti Bo. Jo. Francisci de Sanctonazario, doctoris Papiensis, jura interpretantis in florenti achademia Avenionensi, ad cives Avenionenses de peste libri tres. — [*Avignon, Jean de Channey*, 12 septembre 1522], in-8°, xxviii ff. n. ch. - clxii ff. ch. et i fl. pour l'erratum.

Au fol. A ii, armoiries de François de Clermont-Lodève, légat d'Avignon ; au fol. clxii v°, marque d'imprimeur de J. de Channey.

3 ex. [8°, **764, 24.945** et **27.183**.

— Autre édition. — [*Lyon, imp. par Jacques Saccon pour Vincent de Portonaris*, 1522], in-4°, xiv fl. n ch. - xciiii ff. ch.

(Sur le titre, marque du libraire.)
Ex. des Célestins d'Avignon, puis de L. Bouche.

[8°, **765**.

— Joan. Francisci de Sancto Nazario... de peste tractatus ; cui novissime accesserunt singularium materiarum summaria cum repertorio ; quòquæ scitu sunt digniora ea ob studentium oculos sese prodant facilius. — [*Lyon, impr. par M. Bonhomme pour*] *Vincent de Portonaris*, 1542, in-fol., 39 p. vii ff. n. ch.

(Titre en frontispice gravé avec marque de Vincent de Portonaris.)
« Ex-libris Dalboin, doctoris medici celeberrimi. »

[Fol. **784**.

Autre ex. [Fol. **1.178**, n° 2.

— Interpretationum et responsorum acutissimi atque clarissimi jureconsulti domi. Joan. Francisci de Sancto Nazario cognomento de Ripa libri tres... — [*Avignon, Jean de Channey*, 1527], in-4°, xxiii ff. n. ch. - xxviii-xxviii-xxix-xxvii-xxii ff. - ii ff. n. ch. - xxii ff.

(Au v° du titre, le privilège accordé par François Ier, à Avignon, le 28 septembre 1524.)

[4°, **1.053**.

— Domini Joannis Francisci de Ripa Papiensis lectura anni 1519 in famosissima et inclyta universitate Avinionensi. Et primo, repetitio rubrice de judiciis..; repetitio c. j. eodem titulo... ; repetitio c. ij. eodem titulo... ; repetitio rubrice de causa possessio. et proprie... ; repetitio c. cum ecclesia sutrina eodem titulo... ; repetitio c. sepe. de restitutio. spolia, in qua fere omnia remedia possessoria ad longum discutiuntur... — *Lyon, Vincent de Portonariis*, [1519], in-fol., ii fl. n. ch. - 44 ff.

[Fol. **1.177**, n° 3.

— Autre édition. — [*Lyon*], *Vincent de Portonaris*, 1542, in-fol., ii ff. n. ch. - 47 ff.

[Cet ouvrage accompagne l'édition de 1542 du *De peste Tractatus*.]

2 ex. [Fol. **784**, n° 2, et **1.178**, n° 3.

SAPORTA (Mis de). — La famille de Madame de Sévigné en Provence, d'après des documents inédits par le marquis de Saporta... — *Paris, Plon, Nourrit et Cie*, 1889, in-8°, iii-404 p. ; port.

[8°, **28.361**.

SAPORTA (Joseph-Antoine de). — Discours prononcé par M. de Saporta, maire d'Apt, le 9 janvier 1791, à l'Installation des Juges du Tribunal du District d'Apt. — S. l., [*imp. de la rue N.-D. des Victoires*, 1791], in-12, pièce (8 p.).

[Ms. **2.989**, n° 3.

SARDOU (J.-B.). — Culte du bienheureux Urbain V. [*Signé* : J.-B. Sardou]. — *Semaine liturgique de Marseille*, n° 475 (1er janvier 1871), pièce.

[8°, **31.483**.

SARHY (Jacob). — *Voir* : Ac-

SARHY (Jacob). — tions de grâce que les juifs avignonais de Bordeaux ont chanté le 23 janvier 1757... [*Bordeaux*], s. d., in-4°.

[Ms. **2.453**, n° 47.

— *Voir :* Prière faite par les Juifs avignonais de Bordeaux le 13 janvier 1757... S. l. n. d., in-4°.

[Ms. **2.453**, n° 48.

SARPILLON DU ROURE (Alexandre de). — Beati Petri de Luxemburgo oratio panægyrica, habita à Nob. Adolescente Alexandro de Sarpillon du Roure Avenionensi, in Basilica Sacra RR. PP. Cœlestinorum... — *Avignon*, J. Bramereau, 1653, in-4°, pièce (iv ff. n. ch. - 21 p.).

[Ms. **2.954**, n° 10.

SAULNIER (Eugène). — Le rôle politique du cardinal de Bourbon (Charles X), 1523-1590, par Eugène Saulnier... — *Paris*, Champion, 1912, in-8°, v-324 p., port. et fac-simile.

(Bibliothèque de l'Ecole des Hautes Etudes, fasc. 193.)

[4°, **8.451**.

SAUPHAR (A.). — A MM. les abonnés et habitués du théâtre d'Avignon. [*Signé :* A. Sauphar, 28 septembre 1843]. — S. l. n. d., in-4°, pièce (1 ff. n. ch.).

[Ms. **2.978**, n° 39.

SAUREL (Alfred). — *Voir :* Congrès archéologique de France, 1882. *Paris-Tours*, 1883, in-8°.

[8°, **37.750**.

— *Voir :* Saurel (Ferdinand) et Saurel (Alfred). Histoire de la ville de Malaucène... *Avignon*, 1882, in-8°.

[4°, **2.910**.

SAUREL (Ferdinand). — Abrégé de l'histoire de Malaucène, par l'abbé Ferdinand Saurel... 2ᵉ édition. — *Paris*, A. Picard, et *Avignon*, Roumanille, 1886, in-8°, 219 p., fig.

Anc. archevêché d'Avignon.

[4°, **8.146**.

SAUREL (Ferdinand) et SAUREL (Alfred). — Histoire de la ville de Malaucène et de son territoire, ...par Ferdinand Saurel et Alfred Saurel. — *Avignon*, J. Roumanille, Marseille, Marius Lebon, 1882, 2 vol. in-8°, cart. et pl.

[4°, **2.910**.

SAUTEL (Abbé Joseph), professeur au Petit-Séminaire d'Avignon. — Joseph Sautel. Antiquités romaines inédites du pays de Vaison : la collection Clément, à Vaison — *Paris*, Champion, *Avignon*, Roumanille, 1913, in-8°, pièce (14 p.), pl.

(Extrait des *Annales d'Avignon et du Comtat Venaissin*, 1913.)

Don de l'auteur. [4°, **8.803**.

— Fouilles du théâtre romain de Vaison en 1911, par M. l'abbé J. Sautel... — *Paris, imp. Nationale*, 1911, in-8°, pièce (12 p.).

(Extrait du *Bulletin archéologique*, 1912.)

Don de l'auteur. [4°, **8.857**.

— Fouilles et découvertes gallo romaines à Vaison. [*Signé :* J. Sautel]. — [*Bordeaux, imp. G. Gounouilhou*, 1911], in-8°, pièce (pag. 199-201).

(Extrait de la *Revue des Etudes anciennes*, t. xiii, 1911.)

Don de l'auteur. [4°, **8.062**.

— Joseph Sautel... Le pays de Vaison avant l'histoire. — *Avignon*, F. Seguin, 1908, in-8°, pièce (48 p.).

(Extrait des *Mémoires de l'Académie de Vaucluse*, 1908.)

Don de l'auteur. [4°, **7.707**.

SAUTEL (Abbé Joseph).

— Joseph Sautel... Le théâtre romain de Vaison. — *Avignon, impr. F. Seguin*, 1909, in-8°, 56 p., fig. et pl.

(Extrait des *Mémoires de l'Académie de Vaucluse*, 1909.)
Don de M. F. Seguin.
[4°, **7.852**.

— Les thermes de Vaison, par l'abbé Joseph Sautel. — *Caen, impr. Delesques*, 1911, in-12, pièce (17 p.).

(Extrait du *Compte-rendu du LXXVI° Congrès archéologique de France*, tenu en 1909, à Avignon)
Don de l'auteur.
[8°, **37.134**.

SAUVE (Fernand), archiviste et bibliothécaire de la ville d'Apt.

— Le Club des Jacobins d'Apt ; analyse des procès-verbaux des séances du 13 février 1791 au 28 messidor an II, par Fernand Sauve... — *Apt, impr. Lanet*, 1905-1906, in-12, 130 p.

(Documents inédits, notes et analyses pour servir à l'histoire de la Provence et du Comté Venaissin, XIII.)
Don de l'auteur.
[4°, **8.603**.

— Sauve. Découvertes gallo-romaines à Apt. — *Caen, H. Delesques*, 1911, in-8°, pièce (15 p.), pl.

(Extrait du *Compte-rendu du LXXVI° Congrès archéologique de France* tenu en 1909, à Avignon.)
Don de l'auteur.
[4°, **8.607**.

— Les Dessous d'une élection législative en province en 1824 (d'après le carnet d'un sous-préfet d'Apt), par Fernand Sauve,... — *Paris, E. Pivoteau et fils*, 1904, in-8°, pièce (16 p.).

(Notices aptésiennes. Etudes et documents historiques. I.)
(Extrait de l'*Œuvre nouvelle*.)
Don de l'auteur.
[8°, **34.679**.

— Les épidémies de peste à Apt notamment en 1588 et 1720-1721, d'après les documents communaux, par Fernand Sauve... — *Aix, impr. B. Niel*, 1905, in-8°, pièce (30 p.).

(Extrait des *Annales de la Société d'Etudes Provençales*.)
Don de l'auteur.
[4°, **8.602**.

— Gargas : Notre-Dame de Bruoux, le château, la commune et la seigneurie, par Fernand Sauve... — *Avignon, F. Seguin*, 1906, in-8°, paginé 67-112, cart. et pl.

(La région aptésienne ; études d'histoire et d'archéologie, II)
(Extrait des *Mémoires de l'Académie de Vaucluse*, 1905.)
Don de l'auteur.
[4°, **8.604**.

— Itinéraire pastoral d'Elzéar de Villeneuve, évêque de Digne, et actes relatifs à son épiscopat (1330-1331). [Signé : Fernand Sauve]. — *Aix-en-Provence, impr. B. Niel*, s. d., in-8°, pièce (5 p.).

[Cet itinéraire est conservé dans les minutes d'un notaire d'Apt.]
(Extrait des *Annales de la Société d'Etudes provençales*, 1905.)
Don de l'auteur.
[4°, **8.601**.

— Fernand Sauve. M.-A. Garcin (1821-1906) ; notice biographique accompagnée d'un portrait en phototypie. — *Avignon, F. Seguin*, 1908, in-8°, pièce (12 p.).

(Extrait des *Mémoires de l'Académie de Vaucluse*, 1908.)
Don de M. F. Seguin.
[8°, **35.628**.

— Fernand Sauve. Monographie de la ville d'Apt (Vaucluse)... — *Apt*, 1903, in-8°, 130 p.

(Extrait de l'*Annuaire du département de Vaucluse*, 1903.)
Don de l'auteur.
[8°, **16.170**.

SAUVE (Fernand).

— La Prostitution et les Mœurs à Apt et en Provence pendant le Moyen-Age, par Fernand Sauve... — *Paris, s. n., et Saint-Amand, Em. Pivoteau*, 1905, in-8°, pièce (37 p.).

(Notices aptésiennes; études et documents historiques. III.)
(Extrait de *L'Œuvre nouvelle.*)
Don de l'auteur.
[8°, **8.600**.

— F. Sauve. Les Services publics communaux et les abonnements en nature au Moyen-Age dans la région aptésienne. — *Aix, impr. B. Niel*, 1908, in-8°, pièce (43 p.).

(Extrait des *Annales de la Société d'Etudes provençales.*)
Don de l'auteur.
[4°, **8.606**.

— Une vieille cité provençale. Les rues et les quartiers d'Apt ; essai de restitution topographique et toponymique, par M. Fernand Sauve... — *Valence, impr. Valentinoise*, 1907, in-8°, pièce (19 p.).

(Congrès des Sociétés savantes de Provence, 1906.)
Don de l'auteur.
[4°, **8.605**.

— Le Vallon d'Aiguebrun : Buoux, le village, l'ancien fort ; Saint-Symphorien, par Fernand Sauve... — *Avignon, F. Seguin*, s. d., in-8°, 67 p., cart. et pl.

(La région aptésienne ; études d'histoire et d'archéologie, I.)
(Extrait des *mémoires de l'Académie de Vaucluse*, 1904.)
Don de l'auteur.
[4°, **8.599**.

SAVONNE (Pierre de). — Tarifle pour trouver le compte faict du poids des trois sortes de pain qu'on faict ordinairement en Avignon, scavoir, Pain blanc, Pain rousset et Pain bis, pour bailler reiglement aux Maistres Boulengiers... provenus du calcul faict par Pierre de Savonne d'Avignon... — *Avignon, J. Bramereau*, 1591, in-4°, pièce (27 p.).

2 ex. |8°, **24.850**. — Ms. **2.924**, n° 3.

— Autre édition. — *Avignon, I. Piot*, 1632, in-12, pièce (36 p.).
|8°, **24.851**.

SCANDALE (Le) du jour. Suicide de l'ex-maréchal Brune. MM. le comte de Douhé, le général Donnadieu et Gabriel Dubouchage, en correspondance avec M. Chopin d'Arnouville, ex-préfet de l'Isère... — *Paris, Lenormant, Pichard*, octobre 1820, in-8°, 63 p.

[Ms. **3.000**, n° 13.
Autre ex. incomplet.
[Ms. **2.549**, n° 3.

SCHAEFER (K.-H.). — Die Ausgaben der Apostolichen Kammer unter Johann XXII nebst den Jahresbilanzen von 1316-1375, mit darstellender Enleitung, herausgegeben von K.-H. Schäfer. — *Paderborn, F. Schöningh*, 1911, in-8°, XI-151-911 p.

(Vatikanische Quellen zur Geschichte des päpstlichen Hof-und Finanzverwaltung, 1316-1378.)
[4°, **8.388**.

SCHLEGEL (A.-W. de). — Observations sur la langue et la littérature provençales, par A.-W. de Schlegel. — *Paris, librairie grecque-latine-allemande*, 1818, in-8°, 122 p.
[8°, **24.976**.

SCHŒFFER (Ad.). — Edit. Chambrun (Jacques Pineton de). Les larmes... *Paris*, 1834, in-12.
|8°, **11.664**.

SCHRADER (D' Th.). — Die Rechnungsbücher der hamburgischen Gesandten in Avignon, 1338 bis 1355, bearbeitet von D' Th. Schrader... — *Hamburg und Leipzig, L. Voss*, 1907, in-8°, III-156 p., pl.

(Herausgegeben vom Verein für Hamburgische Geschichte.)

[8°, **36.277**.

SECOND Brulot. Grand bal masqué, chez Riquetty-Tonneau, ci-devant Mirabeau cadet, le 6 juillet, l'an I*er* de la Liberté. [Contre l'abbé Maury ; à la fin, adresse aux avignonais]. — *S. l. n. d.*, in-8°, pièce (8 p.).

[8°, **14.184**, n° 1.

SECOUSSE (Denis-François). — Mémoire historique et critique sur les principales circonstances de la vie de Roger de St-Lary de Bellegarde, maréchal de France, et principalement sur l'entreprise qu'il forma pour se rendre indépendant de l'autorité royale dans le marquisat de Saluces, et sur les suites qu'eut sa révolte après sa mort, par M' Secousse... — *A Paris*, s. n., 1764, in-12, XXXII-301 p.

On a joint à ce volume : Additions au mémoire historique et critique de la vie de Roger de Saint-Lary de Bellegarde, maréchal de France, par M' le marquis de C*** [Cambis-Velleron].— *Paris*, s. n., 1767, in-8°, VI-268 p.

2 ex. [8°, **26.004**. — Réserve, n° **214**.

SEGUIN (François).— Pèlerinage au Mont Ventoux, par F. Seguin, suivi de Santo-Croux, douas letro a ma bravo sore Touneto, par J. Roumanille... — *Avignon, F. Seguin aîné*, 1852, in-12, 171 p.

Don de l'auteur. [8°, **25.680**.

— *Edit*. Saboly (Nicolas). Recueil des Noëls... *Avignon*, 1856, in-fol.

[Fol. **4.255**.

SEGUIN (François). — Deuxième centenaire de Saboly célébré à Monteux (Vaucluse), le 31 août 1875... [*Signé* : F. Seguin]. — *Avignon, F. Seguin aîné*, 1875, in-8°, 68 p. - 1 ff. n. ch., pl.

2 ex. [8°, **16.858** et **37.398**.

— Saint-Joseph, Avignon. Compte-rendu du 25° anniversaire de l'ouverture du collège, 6 janvier 1875. [Par François Seguin].— [*Avignon, F. Seguin*, 1875], in-8°, 66 p.

[8°, **12.331**, n° 2.

SEGUIN (Jules). — [Requête aux maire et conseillers municipaux de la ville d'Avignon, par le S' Jules Seguin, adjudicataire de la construction du pont suspendu sur le Rhône, 4 mai 1841]. — *S. l. n. d.*, in-4°, pièce (II ff. n. ch.), lithographié.

[**Ms. 2.977**, n° 14.

SEGUIN (Louis). — Louis Seguin... Le Génie provençal et « Mireille ». — *Avignon, F. Seguin*, 1909, in-12, pièce (20 p.).

Don de l'auteur.

[8°, **36.678**.

SEGUINS (Sébastien de). — Sebastiani de Seguinis I. V. DD... domini de Rupe et condomini locorum Venasce, et sancti Desiderii... apud Sanctiss. Sixtum Quintum Pont. Max. legati oratio habita idibus januarii M.D. LXXXVI. — *Romae, A. Gardanus et F. Coattinus*, 1586, in-4°, pièce (8 p.).

Fonds Massilian-Moutte.

[**Ms. 2.421**, n° 7.

SEGUINS DE PAZZIS (Maximin-Roch), *dit* Maxime de Pazzis. — *Voir :* Pazzis (Maximin-Roch Seguins de Pazzis, *dit* Maxime de).

SEGUINS-VASSIEUX (Vic.^{te} de). — *Voir :* André (Abbé J.-F.). Affaire Rosette Tamisier... *Carpentras*, 1851, in-12.

[8°, **25.988**.

SEGUINS-VASSIEUX (Mis Edmond de). — Statuts, règlements et privilèges de la confrérie des Pénitents et des Dames de la Miséricorde, érigée en la ville de Carpentras sous le titre du Très-Saint Crucifix, et agrégée avec la vénérable Archiconfrérie sous le même titre, dans l'église Saint-Marcel de Rome. [Publié par le Mis de Seguins-Vassieux]. — *Carpentras, imp. L. Devillario*, 1853, in-12, 196 p., pl.

[8°, **25.889**.

SEGURET (F.-L.), directeur des Contributions directes du département de Vaucluse. — Du Cadastre et des moyens d'obtenir promptement une répartition juste et égale de la Contribution foncière, par le C. F.-L. Seguret... *Avignon, impr. Garrigan frères*, an XI, in-8°, pièce (38 p.).

[**Ms. 3.017**, n° 49.

SELLIER. — Notice sur la culture de l'olivier ; publié par la Société d'agriculture et d'horticulture de Vaucluse. [Par Sellier]. — *Avignon, impr. Bonnet fils*, 1849, in-8°, pièce (24 p.).

H. N. [8°, **1.781**.

SENTIMENT d'un patriote.[Pièce de vers sur la Révolution, principalement la Révolution d'Avignon]. — *S. l. n. d.* [juillet 1790], in-8°, pièce (13 p.).

Fonds Chambaud et Requien.

3 ex. [8°, **27.230**, t. II, n° 36, et **33.391**. — Ms. **2.987**, n° 50.

SEQUUNTUR praeconisationes factae in loco Modena... — *Voir :* Statuts : Modène. Sequuntur praeconisationes factae in loco de Modena... *S. l. n. d.*, in-4°.

[**Ms. 2.461**, n° 27.

SEQUUNTUR statuta edita... MCCCXXVII. — *Voir :* Conciles et synodes d'Avignon. Sequuntur statuta edita... in monasterio Sancti Ruffi... MCCCXXXVII. [*Avignon*, 1659], in-4°.

[**Ms. 2.441**, n° 2.

SÉRANON (Jules de). — Les villes consulaires et les républiques de Provence au moyen-âge, par Jules de Séranon. — *Aix, Remondet-Aubin*, 1858, viii-131 p.

[8°, **14.772**.

SERAPHINUS, sive oratio funebris in laudem... P. Seraphini Sicci, in Sanctissimo Praedicatorum ordine magistri generalis ...defuncti ad Avenionem. Dicta coram... P. Nicolao Radulphio, ejusdem ordinis magistro generali, coramque religiosissimis coenobii Avenionensis Patribus, a religioso de Societate Iesu, ad VIII. kalend. octob. 1632. — *Avignon, J. Piot*, 1633, in-4°, pièce (11 ff. n. ch. - 12 p.).

Fonds Massilian-Moutte et Requien.

3 ex. [**Ms. 2.445**, n° 3, **2.458**, n° 3, et **2.952**, n° 20.

SÉRIEYS (A.). — *Edit.* Henri IV, roi de France. Lettres inédites... *Paris*, 1802, in-8°.

2 ex. [8°, **9.145** et **25.703**.

SERMON sur les malheurs de la France, fait dans le Désert, par un Prêtre infortuné, lorsqu'il apprit la liberté du Culte. 1795. — S. l. n. d., in-4°, pièce (12 p.).

[Ms. **2.965**, n° 103.

SERVAN (M.). — Discours prononcé devant l'assemblée de la sénéchaussée d'Arles, pour l'élection des députés aux Etats-Généraux, sur la question de savoir si Monseigneur l'archevêque d'Avignon et les corps ecclésiastiques et religieux de la même ville et du Comtat Venaissin peuvent concourir à l'élection des députés aux Etats-Généraux, par M. Servan,... — *Arles, J. Mesnier*, 1789, in-8°, pièce (29 p.).

4 ex. [8°, **29.885** et **33.343**. — Ms. **2.535**, n° 1, et **2.986**, n° 1.

SEUX (Vincent). — Adresse sur l'utilité de la vaccination, par le citoyen Seux fils, ancien officier de santé dans les armées de la République. [L'Isle, 20 thermidor an IX]. — [*Avignon, impr. J.-J. Carias*], s. d., in-4°, pièce (4 p.).

[Ms. **2.982**, n° 28.

SEXTIUS-MICHEL. — *Voir* : Michel (Sextius).

SEYTRES-CAUMONT (Mis de). — *Voir* : Caumont (Joseph-François-Xavier de Seytres, marquis de).

SHERLOCK (Sauveur-François-Louis), député de Vaucluse. — Sherlock, citoyen français, adjudant-général, commandant militaire du département de Vaucluse, nommé représentant du peuple par l'assemblée électorale, à ses concitoyens de Vaucluse. [27 germinal an VI]. — [*Avignon, impr. du département*], s. d., in-4°, pièce (3 p.).

Fonds Chambaud.

[Ms. **2.532**, n° 59.

— Conseil des Cinq-Cents. Discours prononcé par Sherlock... sur le message du Directoire exécutif, annonçant l'assassinat des Ministres plénipotentiaires de la République au congrès de Rastadt. Séance du 16 floréal an 7. — [*Paris, Impr. Nationale*, an VII], in-8°, pièce (7 p.).

[Ms. **3.017**, n° 32.

— Conseil des Cinq-Cents. Motion d'ordre de Sherlock,... sur les assassinats qui se commettent dans le département de Vaucluse. Séance du 12 prairial an 7. — [*Paris, Impr. Nationale*, an VII], in-8°, pièce (7 p.).

[Ms. **3.017**, n° 33.

— Conseil des Cinq-Cents. Opinion de Sherlock,... sur la nécessité d'une loi répressive des délits de la presse. Séance du 24 prairial an 7. — [*Paris, Impr. Nationale*, prairial an 7], in-8°, pièce (11 p.).

[8°, **14.312**, n° 46.

— Conseil des Cinq-Cents. Opinion de Sherlock,... sur la nécessité de rendre l'instruction publique commune à tous les enfans des Français. Séance du 24 nivôse an 7. — [*Paris, Imp. Nationale*, pluviôse an 7], in-8°, pièce (15 p.).

[8°, **14.312**, n° 45.

— Conseil des Cinq-Cents. Opinion de Sherlock,... sur le projet relatif au mode de révision des jugemens rendus par les tribunaux criminels de départemens sur pièces fausses ou faux

SHERLOCK (S.-F.-L.). — SILVESTRE (J.-F.).

témoignages. Séance du 24 brumaire. — [*Paris, impr. Nat.*, brumaire an 7], in-8°, pièce (6 p.).
[8°, **14.312**, n° 43.

Autre ex. (Fonds Cottier).
[8°, **35.188**.

— Conseil des Cinq-Cents. Rapport fait par Sherlock,... au nom d'une Commission spéciale, sur le message du Directoire exécutif relatif à la réélection des officiers et sous-officiers de la garde nationale sédentaire. Séance du 24 prairial an VII. — [*Paris, Impr. Nationale*, an VII], in-8°, pièce (7 p.).
2 ex. [8°, **14.312**, n° 47. — **Ms. 3.017**, n° 34.

— Seconde opinion de Sherlock... sur le projet de résolution relatif au mode de révision des jugemens rendus par les tribunaux criminels. Séance du 13 frimaire an 7. — *S. l.* [*Paris*], [*Baudouin*], in-8°, pièce (7 p.).
[8°, **14.312**, n° 44.

— Sherlock, ex-législateur à ses anciens Collègues. — *S. l. n. d.*, [an IX], in-8°, pièce (21 p.).

Fonds Chambaud et Requien.

2 ex. [8°, **27.230**, t. II, n° 31. — **Ms. 3.017**, n° 44.

SIBOURD (François), juge-mage de Valréas. — Recitatio solemnis ad inaugurationem judicis villæ Valreaci. habita in publica justitiae palaestra dictae villae, per Franciscum Sibourd,... — *Avignon, M. Chastel*, 1668, in-8°, pièce (15 p.).
[8°, **17.121**, n° 2.

SICARD. — Ecole du tambourin, suivie des airs populaires de la Provence, par Mèste Sicard. — *Marseille, Ruat ; Avignon, F. Seguin*, s. d. [1901], in-8°, pièce (24 p.), musique.

Don de M. F. Seguin.
[8°, **32.942**.

SICARD (D' Adrien). — Etude sur le cinquième centenaire de la mort de Pétrarque, par le D' Adrien Sicard,... — *Marseille, Camoin*, 1874, in-8°, pièce (38 p.).

Don de l'auteur.
[8°, **34.597**.

SILLABAIRE républicain pour les enfans du premier âge. — *Avignon, Vincent Raphel*, an II, in-18, pièce (15 p.).
[Ms. **3.017**, n° 11.

SILVESTRE (De), chanoine de St-Agricol d'Avignon. — Cantique à l'honneur de Saint Agricol. [Par le chanoine de Silvestre]. — *S. l. n. d.*, in-4°, placard.
[Ms. **2.955**, n° 24.

SILVESTRE. — Vers à M. le duc de Crillon. [A l'occasion de son entrée à Avignon en 1783. Par Silvestre]. — *S. l. n. d.*, in-4°, pièce (1 ff. n. ch.).

Fonds Massilian-Moutte et Requien.

4 ex. [8°, **25.072**, n° 10. — **Ms. 2.449**, n° 61, **2.450**, n° 56 et **2.955**, n° 16.

SILVESTRE (Joseph-Florent). — Epître à un magistrat, avec des notes historiques sur Avignon, et une préface de l'éditeur de ces notes. [*Préface signée* : J.-F. S. (Silvestre)]. — *Avignon, Bourges*, 1807, in-8°, pièce (4-14 p.).

Fonds Chambaud et Requien.

3 ex. [8°, **27.230**, t. III, n° 7, et **27.233**, fol. 87. — **Ms. 3.015**, n° 17.

— Vers A MM. les Commissaires conciliateurs, députés par l'Assemblée nationale, et nommés par le Roi, sur les troubles d'Avignon et du Comtat. [Par J.-F. S. (Joseph-Florent Silvestre), 20 juin 1791]. — *S. l. n. d.*, in-4°, pièce (1 ff. n. ch.).

Fonds Chambaud.
[**Ms. 2.523**, n° 98.

SILVESTRE (MARIUS). — Marius vendu par sa mère et ses frères. [Par Marius Silvestre]. — *Avignon, impr. Roche et Rullière*, 1900, in-12, pièce (32 p.).
[8°, **31.716**.

SILVESTRE DE SACY (Le Bon ANTOINE-ISAAC). — Notice sur M. Guilhem de Clermont-Lodève de Sainte-Croix, insérée dans le Catalogue des livres de sa bibliothèque : juin 1809. [*Signé :* Silvestre de Sacy]. — [*Paris ? Testu*], s. d., in-12, pièce (24 p.).
[8°, **26.927**, n° 11.

SIMON (LOUIS). — Monographie scolaire de Visan suivie d'une courte notice sur cette importante commune du département de Vaucluse, par un chroniqueur visanais de nos jours [Louis Simon]. — *Villedieu-Vaison, Maison de la bonne presse du Midi*, s. d., in-12, 150 p. - 11 ff. n. ch., fig.

Don de l'auteur.
[8°, **37.114**.

SINETY (ANDRÉ-LOUIS-ESPRIT). — L'Agriculteur du Midi, ou traité d'agriculture propre aux départemens méridionaux... par André-Louis-Esprit Sinety... — *Marseille, J. Mossy*, 1803, 2 vol. in-12, XLVIII-262 et 328 p., pl.

H. N. [8°, **1.589**.

SINGIER, directeur des théâtres de Nîmes, Avignon, etc. — Réflexions sur les privilèges des directeurs de spectacles, et les droits des auteurs dramatiques ; suivies d'un nouveau système d'organisation théâtrale, essentiellement relatif aux troupes de la province, par M. Singier,... — *Nîmes, impr. Durand-Belle*, 1818, in-8°, pièce (20 p.).
[8°, **25.539**, n° 4.

SIRMOND (Le P. JACQUES). — Jacobi Sirmondi, Societatis Jesu presbyteri, Antirrheticus, de canone Arausicano, adversus Petri Aurelii Theologi responsionem, qua ejus epistolam infirmare conatus est. — *Paris, S. Cramoisy*, 1633, in-8°, IV ff. n. ch. - 88 p.
[8°, **26.621**.

SISSAUD (CLAUDE), docteur en médecine, et professeur à l'Université d'Orange. — Discours sur les préservatifs de la peste, par M. Claude Sissaud,... imprimé par délibération du Bureau de la Santé [d'Orange]... pour l'usage de ses habitans. — *Avignon, F. Mallard*, [1720], in-4°, pièce (16 p.).

2 ex. [Ms. **2.926**, n° 5, et **2.942**, n° 12.

SIXIÈME centenaire de la naissance de Pétrarque... — *Voir :* CENTENAIRE (Sixième) de la naissance de Pétrarque...

SOBIRATZ (ESPRIT DE). — Factvm Pour le Païs du Comté Venaissin [pour l'établissement d'une sénéchaussée à Carpentras et pour l'administration de la justice, qui doit être indépendante de celle de la ville d'Avignon. (Par Esprit de Sobiratz)].

— *S. l. n. d.* [1663], in-4°, pièce (9 p.).

[**Ms. 2.925**, n° 23.

SOBIRATZ (François de Paule de). — Le Comté Venaissin accusé, défendu, justifié. A MM. des Comités Militaire, Diplomatique, et d'Avignon. Discours neutre d'après des mémoires originaux. [Par François de Paule de Sobiratz]. — *Paris, chez les Marchands de Nouveautés*, 10 avril 1791, in-8°, pièce (48 p.).

[Attribué à François de Paule de Sobiratz, d'après une note manuscrite à la fin du second exemplaire].
Fonds Chambaud et Requien.

2 ex. [**Ms. 2.538**, n° 31, et **3.013**, n° 1.

SOCIÉTÉ française d'archéologie. Liste des membres du Congrès archéologique de France. 76° session, Avignon (18-26 mai 1909). — *Compiègne, impr. du Progrès de l'Oise*, 1909, in-8°, pièce (18 p.).

(Don de la Société française d'Archéologie).

[8°, **36.666**.

SOLEMNITÉ d'un vœu rendu à Dieu par la ville d'Avignon, célébrée par une procession générale, et par la bénédiction de la statue de la Très-Sainte Vierge qui a été placée sur les remparts de cette ville à la porte St. Michel, en signe de la protection sous laquelle cette ville s'est mise. [3 juin 1721]. — *Avignon, C. Giroud*, 1721, in-4°, pièce (12 p.).

Fonds Massilian-Moutte et Requien.

3 ex. [**Ms. 2.428**, n° 38, **2.439**, n° 27, et **2.942**, n° 17.

SOLITAIRE (Le) du Mont-Ventoux. [Sur les réformes à introduire dans l'administration du Comtat]. — *S. l. n. d.* [1790], in-8° pièce (15 p.).

Fonds Chambaud et Requien.

2 ex. [**Ms. 2.536**, n° 18, et **2.986**, n° 28.

SOMMAIRE de ce dont on s'informe ordinairement pendant la visite pastorale, tiré du Concile de Trente, du Rituel Romain, des Canonistes, qui en ont traité expressément, et des Statuts Sinodaux, de Messeigneurs les Evêques de Cavaillon. — *Cavaillon, E.-J. Rousset*, 1743, in-4°, pièce (19 p.).

[**Ms. 2.944**, n° 39.

SONERA. — Lettre écrite à M. Malet Dupan, rédacteur du Mercure de France; à Avignon, le 1ᵉʳ août, et jetée au bureau de la poste d'Orange, le 3 août, pour éviter les infidélités habituelles de celui d'Avignon, dirigé par le sieur Tournal, rédacteur du Courrier. [*Signé* : Sonera]. — *S. l. n. d.*, [1790], in-12, pièce (15 p.).

Fonds Chambaud et Requien.

2 ex. [**Ms. 2.537**, n° 15, et **2.988**, n° 1.

SONNET [à l'occasion de l'arrivée des médiateurs de la France, à Avignon. 1791]. — *S. l. n. d.*, in-4°, placard.

2 ex. [**Ms. 2.980**, n° 75, et **2.990**, n° 31.

SORBIÈRE (Samuel). — Clementis IX. pontificis optimi maximi icon, ex epistola… Samuelis Sorberii, ad… D. Henricum Ludovicum Habertum Monmorium,… — *Lyon, G. Barbier*, 1667, in-4°, pièce (12 p.).

Ex. de l'abbé de Véras.

[8°, **32.521**.

— Samuelis Sorberii gymnasiarchæ Arausionensis oratio inauguralis habita XIV. kal. novemb. anni M.DC.L. — *Orange, E. Raban*, 1650, in-4°, pièce (30 p.).

Envoi autographe de l'auteur : « Pour le R. P. Agricole, gardien de R. P. Capucins ».

Fonds Massilian-Moutte.

[Ms. **2.427**, n° 20.

SOUBES (Benoit). — Excellentissimo Ecclesiae principi... Francisco Mavricio de Gonteriis, ex marchionibus Caballiaci... Ultimum hoc publicum Doctrinæ suae specimen D.D.D. Benedictus Soubes,... — *S. l. n. d.*, in-4°, pièce (paginé 3 et 4).

[Avec gravure des armoiries de Gonteri, par Louis David].

[Ms. **2.941**, n° 49.

SOULLIER (Charles). — Les noëls de Nicolas Saboly. [Signé : Charles Soullier]. — *La Chronique musicale*, n° du 15 octobre 1873, p. 64-68, musique.

[4°, **5.005**.

— Edit. Saboly (Nicolas). Douze noëls provençaux... *Paris*, [1873], in-4°.

[4°, **3.650**.

SOULLIER (Charles-Simon), ancien député, maire d'Avignon. — Discours d'installation prononcé le 18 juillet 1820, par Monsieur Soullier, ancien député, nommé par Sa Majesté, maire de la bonne ville d'Avignon. — [*Avignon, impr. Bonnet*], s. d., in-4°, pièce (4 p.).

Fonds Chambaud et Requien.

2 ex. [Ms. **2 535**, n° 35, et **2 970**, n° 63.

— Discours prononcé à l'ouverture de la seconde section du collège électoral de Vaucluse. le 11 septembre 1819, par M. Soullier, vice-président. — *S. l. n. d.*, in-4°, pièce (4 p.).

Fonds Chambaud et Requien.

2 ex. [Ms. **2.535**, n° 30, et **2.970**, n° 49.

SOULLIER (Charles-Simon-Pascal). — Le Christ de la Miséricorde. Avignon, 10 juin 1844. A M. le Rédacteur de l'*Indicateur d'Avignon*. | Signé : S. (Soullier)]. — [*Avignon, impr. Bonnet*, 1844], in-4°, pièce (1 ff. n. ch.).

2 ex. [Ms. **2.978**, n° 71, et **2.985**, n° 37.

— Dithyrambe à la mémoire de Jean Althen, introducteur et premier cultivateur de la garance dans le Comtat-Venaissin, par C. S*** [Charles Soullier]. — *Avignon, Bonnet fils*, 1839, in-8°, pièce (8 p.).

4 ex. [8°, **25.074**, n° 29, **34.987**, et **37.751**, n° 18. — Ms. **3.006**, n° 7.

— Histoire de la révolution d'Avignon et du Comté-Venaissin, en 1789 et années suivantes, par Charles Soullier,... — *Paris, Seguin aîné, Avignon, Vve Fischer-Joly et Cie*, 1844, 2 vol. in-8°.

[8°, **30.851**.

Autre ex. (Legs Arnaud de Fabre).

[8°, **36.094**.

— Hymne de délivrance après la terrible inondation de 1840, par Charles Soullier... — *Avignon, impr. Bonnet fils*, [1840], in-8°, pièce (8 p.).

Fonds Chambaud et Requien.

2 ex. [8°, **37.751**, n° 21. — Ms. **3.007**, n° 40.

— Ode à Monsieur le baron de Montfaucon, maire de la ville d'Avignon, chevalier de l'Ordre Royal de la Légion d'honneur, par C.-P. Soullier. — *Avignon, impr. Guichard aîné*, 1829, in-8°, pièce (8 p.).

[**Ms. 3.002**, n° 27.

SOULLIER (Hippolyte), conseiller municipal d'Avignon. — *Voir :* Mémoire pour les Religieuses hospitalières de St-Joseph d'Avignon. *Avignon*, 1844, in-4°.

[4°, **4.436**.

SOUMILLE, LUNEAU, MAUCUER, MATHIEU, LAUGIER père et JUSTAMOND. — Les Maladies épizootiques dans Vaucluse. Recueil des rapports de MM. Soumille aîné et Luneau, vétérinaires à Avignon ; Maucuer, vétérinaire à Bollène ; Mathieu, vétérinaire à Sorgues, Laugier père, vétérinaire à Orange ; Justamond fils, vétérinaire à Bagnols ; sur la Clavelée, la Typhose et le Rouget. — *Avignon, Amédée Chaillot*, 1877, in-8°, 68 p.

[8°, **5.213**.

SOUMILLE (Bernard-Laurent). — Journal de Soumille (B.-L.), prêtre bénéficier de l'église collégiale de Villeneuve-lez-Avignon, précédé d'un avant-propos biographique et historique et suivi de notes et éclaircissements publié par M. A. Coulondres. — *Alais, impr. Martin*, in-8°, 121 p.

(Extrait du *Bulletin de la Société scientifique et littéraire d'Alais.*)
Don de M. A. Coulondres.

[8°, **15.119**.

SOURCE de Fontaine-Lévêque. Mémoire sur le droit de propriété du département du Var de la source de Fontaine-Lévêque.— *Draguignan, impr. Olivier-Joulian*, 1909, in-8°, pièce (24 p.)

(Département du Var.)
Don de M. J. Saint-Martin.

[8°, **38.151**.

SOUVENIR de Sainte Anne [d'Apt]. — [*Avignon, Fr. Seguin aîné*], s. d., in-8°, pièce (2 p.).

[8°, **28.244**, n° 2.

SOUVENIR des noces d'or sacerdotales de M. l'abbé de Courtois, chanoine honoraire, curé-archiprêtre de Notre-Dame d'Orange, 21-22 juin 1891. — *Avignon, Aubanel*, 1891, in-8°, pièce (48 p.).

Anc. archevêché d'Avignon.

2 ex. [4°, **8.118** et **8.141**.

SOUVENIR du jubilé sacerdotal de M. l'abbé Pierre Auffant, chanoine honoraire, curé-doyen de Monteux (1845-1895). — *Avignon, Seguin*, 1896, in-8°, 63 p., port.

Anc. archevêché d'Avignon.

[4°, **8.246**.

SPINARDY (Jean-Baptiste-Pierre-Michel de). — Pie VI, pontificis optimi maximi oratio panegyrica, habita à... D. Joanne-Baptista-Petro-Michaele de Spinardy,... in Æde RR. FF. Prædicatorum D. Dominico sacrâ, vii idus maii M. DCC. LXXV... — *Avignon, J. Blery*, s. d., in-4°, pièce (16 p.).

Fonds Massilian-Moutte et Requien.

3 ex. [**Ms. 2.439**, n° 55, **2.451**, n° 62, et **2.933**, n° 30.

SPŒLBERCH DE LOVENJOUL (Vicomte de). — *Voir :* Filon (Augustin). Mérimée et ses amis... *Paris*, 1894, in-12.

[8°, **34.948**.

STANCES en l'honneur de Son Altesse Royale, Madame la duchesse de Berry, lors de son passage à Avignon. [Par un invalide]. — S. l. n. d., in-12, pièce (2 p.).

Fonds Chambaud.

[8°, **27.230**, t. IV, n° 45.

STANCES pour la fin du mal contagieux... [A propos de la peste d'Avignon]. — S. l. n. d. [1721], in-12, pièce (8 p.).

[8°, **27.230**, t. V, n° 11.

STANCES Sur les desseins de Dieu dans la Peste du dix-huitième siècle. [*Page 8* : Sonnet par un Père de la Doctrine A l'honneur des deux Dominicains qui servent à Saint-Roch [d'Avignon]. — Sonnet. Aux Reverends Peres de la Doctrine chretienne...] — *Avignon, C. Giroud*, 1722], in-4°, pièce (8 p.).

2 ex. [Ms. **2.928**, n° 23, et **2.942**, n° 36.

STASSART (Goswin, baron DE), sous-préfet d'Orange, puis préfet de Vaucluse. — Discours de Mʳ de Stassart,... Sous-Préfet de l'Arrondissement d'Orange, prononcé à la distribution de prix faite aux Elèves des Dames de la Sainte Croix, à Orange, le 6 septembre 1809. — [*Orange, impr. J. Bouchony*, 1809], in-8°, pièce (III ff. n. ch.).

[Ms. **2.997**, n° 34.

— Discours prononcé à l'Athénée de Vaucluse, par M. de Stassart, le 16 juin 1810, jour de sa réception. — S. l. n. d., in-8°, pièce (7 p.).

[8°, **24.902**, n° 12.

— Discours prononcé par Mʳ de Stassart, Président de l'Athénée, à Vaucluse, le 20 juillet 1810, jour de la séance publique tenue en commémoration de la naissance de Pétrarque. — S. l. n. d., in-8°, pièce (2 p.).

[8°, **26.804**, t. I, n° 16.

— Discours prononcé par M. le baron de Stassart..., Préfet de Vaucluse, à la distribution des prix faite au Collège d'Orange, le 30 août 1810. — S. l. n. d., in-8°, pièce (2 p.).

Fonds Chambaud.

[Ms. **2.547**, n° 11.

— Discours prononcé par M. le Baron de Stassart,... Préfet de Vaucluse, au Lycée d'Avignon, le 23 août 1810, jour de la distribution des prix. — S. l. n. d., in-8°, pièce (4 p.)

Fonds Chambaud.

[Ms. **2.547**, n° 10.

— Discours prononcé par M. le Chevalier de Stassart,... Sous-Préfet d'Orange, le 19 octobre 1809, à l'ouverture du Collège d'Orange. — S. l. n. d. [1809], in-8°, pièce (3 p.).

[Ms. **3.018**, n° 21.

— *Voir* : ALMANACH de l'arrondissement d'Orange. *Orange*, s. d., in-12.

[8°, **26.615**.

STATUTA... — *Voir* : STATUTS (Avignon). STATUTS (Comté Venaissin).

STATUTS (AVIGNON). — Statuta inclitae civitatis Avenionensis, nuper facta et reformata. Item Conventio pridem inter dominos quondam Comites, et cives ipsius, inita. Omnia primùm à R. D. Laurentio Lentio, episcopo Firmano prolegato, ac deinde à S. D. N. Papa Pio IIII. confirmata.— *Avignon, Pierre Roux*, 1564, in-8°, 4 ff. n. ch. - 139 ff. - 29 ff. n. ch.

4 ex. [8°, **154**, **27.202**, **27.203**, n° 1, et **32.000**.

— Statuta inclytae civitatis Avenionensis, nuper facta et reformata. Item conventio pridem inter dominos quondam Comites, et cives ipsius, inita, omnia ab... cardinali ab Arminiaco,... Caroli a Borbonio legati Avenionis, in eadem legatione collega confirmata.— *Avignon, Pierre Roux*, 1570, in-4°, 6 ff. n. ch. - 412 p. - 36 ff. n. ch.

6 ex. [8°, **153**, **27.203**, n° 3, **27.204**, n° 1, **31.884**, **32.004** et **32.158**.

— Statuta inclitae civitatis Avinionensis de anno M.D.LXXXI. — *S. l.*, [*De Brye*, 1581], in-4°, pièce (xiv ff. n. ch.).

[8°, **27.204**, n° 2.

— Statuta inclytae civitatis Avenionensis. — *Lugduni, sumptibus Adami Guerini bibliopolae Avenionen.*, 1612, in-4°, ix ff. n. ch. - 364 p. - xxii ff. n. ch.

(Titre dans un frontispice surmonté des armes du pape Paul V, du cardinal Scipion Caffarelli, légat d'Avignon, de Philippe Philonardi, vice-légat, et de la ville d'Avignon.)

2 ex. [4°, **4.999**.
8°, **27.785**.

— *Autre ex. avec le second titre suivant* : Statuta inclytae civitatis Avenionis de anno M.D.LXX. Item ex antiquis statutis ejusdem, aliquot capita, quibus per dicta moderna statuta derogatum non est... — *Lugduni, ex typogr. Claudii Morillon, et Avenione, Adam Guérin*, 1612, viii ff. n. ch. - 364 p. - xxii ff. n. ch.

[4°, **829**.

— Autre ex. sans le frontispice.

[4°, **830**.

— Statuts de la cité d'Avignon, avec la convention d'icelle en latin et françois... — *Avignon, impr. J. Bramereau*, 1617, in-4°, vi ff. n. ch. - 386 p. - 1 f. n. ch.

3 ex. [8°, **27.207**, **29.829** et **31.996**.

— Autre ex. (avec notes manuscrites).

[4°, **783**.

— Statuta inclytae civitatis Avenionis. Item, ex antiquis statutis ejusdem Civitatis aliquot capita... cum regulamentis variorum superiorum ejusdem, nec non bullis summorum Pontificum, et regulamento illustriss. Card. Philonardi...— *Avignon, Laurent Lemolt*, 1680, in-4°, viii ff. n. ch. - 334 p. — xxxi ff. n. ch.

4 ex. [4°, **831**. — 8°, **27.206**, **31.998** et **31.999**.

— Statuts de la cité d'Avignon avec la convention d'icelle latin et françois, respondant par deux coulomnes l'une à l'autre... — *Avignon, Philippe Offray*, 1698, in-4°, iii ff. n. ch. - 386 p. - iii ff. n. ch.

4 ex. [4°, **765**, **784** et **3.893**. — 8°, **15.588**.

STATUTS (Camaret). — Statuts dressés pour le lieu de Camaret, sous le consulat de MM. Joseph Fabre et Jean-Baptiste Dianoux, Approuvés par le Conseil extraordinaire du même lieu, tenu le 24 février 1782...— *Carpentras, D.-G. Quenin*, 1782, in-4°, 52 p.

[Ms. **2.936**, n° 25.

STATUTS (Carpentras). — Statuts, reglemens, bulles et autres titres pour la ville de Carpentras. Imprimez sous differens consulats, et réimprimez l'An 1749... — *Carpentras, F. Vincent*, s. d., in-4°, 108 p.

[Ms. **2 953**, n° 1.

Autre ex. (en mauvais état).

[Ms. **2.929**, n° 51.

STATUTS (Comté Venaissin). — Statuta comitatus Venayssini.— *A la fin :* Impressa fucre presentia statuta in civitate avinion. et extracta a libro statutorum dicti comitatus Venayssini existente penes curiam rectoriatus dicte Comitatus imprimi facta per honorabiles viros magistrum Romanum Filioli notarium et universitatis civitatis Carpen. secretarium Iohannem Robaudi et Pontium Raimondi etiam notarios et dicte curie rectoriatus conscribas anno a nativitate Domini millesimo quingentesimo undecimo et die xv mensis julii. — *Avignon*, [*Thomas de Campanis*], 1511, in-8°, LV ff. n. ch.

[Cet ouvrage a été imprimé, non par Jean de Channey, comme on le croit généralement, mais par Thomas de Campanis, ainsi que l'a démontré A. Claudin, *Les origines de l'imprimerie à Sisteron en Provence* (1513)... p. 11 et suiv. — Caractères gothiques. — Sur le titre, deux gravures sur bois représentant, l'une, la Vierge debout sur un croissant portant l'enfant Jésus dans ses bras et entourée d'une gloire rayonnante, l'autre, les armes du pape Jules II (Julien de la Rovere)].

Ex. de J.-F. de Salvador, puis de C. Bayol.
Don de M. Hector Tempier, 1839.

[8°, **152**.

Autre ex.

[8°, **31.819**.

Autre ex. incomplet (cahier *c* manquant et cahier *e* double).

[8°, **151**, n° 1.

— Les Statuts de la Comté de Venaiscin, avec les jours feriatz d'Avignon et de ladite Comté. Mis de latin en françois par Vasquin Philieul de Carpentras, docteur es droictz. — *Avignon, Claude Bouquet*, 1558, in-8°, 112 ff. - 6 ff. n. ch.

[A la fin : « Imprimé en Avignon par Ian Tramblay et Pierre Roux ». — Sur le titre, gravure sur bois représentant la Vierge debout sur un croissant tenant l'Enfant Jésus dans ses bras et entourée d'une gloire rayonnante. — Au fol. n. ch. signé *f* : portrait gravé de Vasquin Philieul en partie recouvert d'un papier collé. — Au v° du dernier feuillet, armoiries du Pape Paul IV et du cardinal Farnèse, légat d'Avignon].

2 ex. [8°, **151**, n° 2, et **10.601**.

Autre ex. avec le portrait apparent.

[8°, **27.057**.

— Les Statuts du Comtat Venaissin, traduits du latin en françois par M. Vasquin Philieul... Augmentés en cette nouvelle édition de la bulle de N. S. P. le Pape Eugène IV, des réformations generales et taxes des dépens, des jours feriats et de quelques Réglemens non encore imprimés... — *Carpentras, Claude Touset*, 1700, in-12, 292 p. - 14 ff. n. ch. - 7 p.

3 ex. [8°, **1.262**, **27.058** et **31.818**.

STATUTS du lieu public d'Avignon attribués à la reine Jeanne. — Extrait d'un ouvrage, p. 367 à 372, in-8°.

Fonds Chambaud.

[8°, **28.860**, n° 2.

STATUTS (Gigondas).— Anciens statuts de la communauté du lieu de Gigondas dressés le 14 novembre 1591... — *Orange*,

Esprit Nicolau, 1785, in-4°, VIII-43 p.

2 ex. [8°, **27.195**. — **Ms. 2.956**, n° 31.

STATUTS (La Palud). — Ce sont les statvts, et Reglemens Municipaux, faits et dressés sur la Police du Terroir du Lieu de la Palud et son Mandement... — *S. l. n. d.*, in-4°, pièce (12 p.).

[**Ms. 2.941**, n° 27.

STATUTS (L'Isle). — Statuts municipaux de la ville de Lisle, deliberez le seize mars mil sept cens dix. Confirmez par Monseigneur l'Excellentissime Sinibaldi Doria, vice-légat, Gouverneur et Sur-Intendant général des armes de Sa Sainteté... — *Avignon, François-Sébastien Offray*, [1710], in-8°, IV ff. n. ch. - 52 p.

3 ex. [8°, **17.120**, n° 10, **27.061**, n° 4, et **27.076**.

STATUTS (Malaucène). — Statuts municipaux de la ville de Malaucène, tant pour les dommages de la campagne, que pour la bonne police, corrigés en 1762, et 1763, et imprimé (*sic*) en 1764... — *Avignon, F.-J. Domergue*, 1764, in-4°, 60 p. - 1 ff. n. ch.

Fonds Massilian-Moutte et Requien.

2 ex. [**Ms. 2.426**, n° 5, et **2.953**, n° 37.

STATUTS (Modène). — Sequuntur præconisationes factæ in loco de Modena per curiam ejusdem loci sub anno Domini millesimo quadringen. vigesimo nono a nativitate et die XVII mensis Ianuarii... — *S. l. n. d.*, in-4°, pièce (6 p.).

Fonds Massilian-Moutte et Requien.

2 ex. [**Ms. 2.461**, n° 27, et **2.931**, n° 34.

STATUTS (Monteux). — Reglement portant homologation des statuts du lieu de Monteux. — *Avignon, Alexandre Giroud*, 1775, in-4°, pièce (28 p.).

[4°, **3.912**, n° 3.

STATUTS (Orange). — Statuts et reglemens des bans et tales de la claverie de la cité d'Orange, dressez et reformez en l'année 1613, avec le cayer des reformations, contenant trente articles, dressez par les deputez de la Maison de ville en l'année 1656, autorisez et confirmez par le seigneur de Zuylichem, commissaire extraordinairement député par Son Altesse au réglement des affaires de sa principauté, le 16 juillet 1665, et ensuite par la Cour de Parlement... — *Orange, Edouard Raban*, 1684, V ff. n. ch. - 81 p.

2 ex. [8°, **27.208**, n° 1, et **27.212**, n° 2.

STATUTS (Pernes). — Statuts de la ville de Pernes et son terroir. — *Carpentras, Gaspard Quenin*, 1742, in-12, pièce (43 p.).

[8°, **1.275**.

Autre ex. (avec notes manuscrites).

[8°, **25.061**, n° 6.

— Statuts municipaux de la ville de Pernes et son terroir... — *Avignon, impr. J.-J. Niel*, 1765, in-12, 85 p. - 1 fl. n. ch.

3 ex. [8°, **1.276**, **27.061**, n° 7, et **28.683**.

STATUTS (Visan). — Statuts de la communauté de Visan avec les bulles, transactions, concessions, immunitez et autres actes en faveur de ladite communauté ... — *Avignon, L. Lemolt*, 1685, in-16, 192 p.

(Au v° du titre, armoiries gravées du vice-légat Fr. Nicolini.)

2 ex. [8°, **17.121**, n° 4, et **27.061**, n° 8.

STROPHES au Représentant du Peuple Goupilleau [en mission dans le département de Vaucluse. 9 fructidor, an II]. — *S. l. n. d.* [1794], in-8°, pièce (3 p.).

Fonds Chambaud et Requien.

2 ex. [**Ms. 2.544**, n° 38, et **2.994**, n° 34.

STUART (Charles-Edouard). — Extrait du manifeste de Charles Edouard d'Angleterre, fils aîné de Jacques Stuart III. Ledit manifeste imprimé et publié à Dublin le 12/23 aoust 1745. — *S. l. n. d.* [*Avignon ?*], in-4°, pièce (4 p.).

Ex. de l'abbé de Véras.

[8°, **32.501**.

SUARÈS (Charles-Joseph de). — Oratio de Deo trino, et uno habita ad sanctissimum D. N. Urbanum VIII. a Carolo Josepho Suaresio Avenionensi in sacello Vaticano. — *Rome, Louis Grignan*, 1642, pet. in-4°, pièce (iv ff. n. ch.).

[8°, **28.187**, n° 3.

SUARÈS (Joseph-Marie de), évêque de Vaison. — Chorographia diœcesis Vasionensis. Eminentissimo et Reverendissimo Principi Francisco Barberino S. R. E. Cardinali, et Sanctæ Sedis Apostolicæ Vicecancellario etc. Josephus Maria Suaresius Episcopus Vasionensis diœcesis suæ Chorographiam Versibus expressam D.D.L.M. — *S. l. n. d.*, in-4°, pièce (v ff. n. ch.).

[8°, **28.187**, n° 4.

— Descriptivncvla Avenionis et comitatvs Venaiscini, cum indice Geographico. [*Lettre-préface signée* : Josephus-Marias Suaresius,...] — *Lyon, G. Barbier*, [1658], in-4°, pièce (iv ff. n. ch. - 19 p.).

Fonds Massilian-Moutte et Requien.

3 ex. [**Ms. 2.428**, n°s 16 et 19, **2.421**, n° 28, et **2.925**, n° 13.

— Editio secunda... — *Lyon, J. Certe*, 1676, in-4°, pièce (21 p.).

2 ex. [8°, **28.187**, n° 1. — Ms. **2.939**, n° 5.

— Echo de ecclesia metropolitana Avenionensi. [*Dédicace par* : Iosephus Maria Suaresius,...] — *Antverpiæ, ex officina Plantiniana*, 1622, in-4°, pièce (iv ff. n. ch.).

Fonds Massilian-Moutte.

[**Ms. 2.443**, n° 3.

— Oratio de Deo trino et uno ad S. D. N. Urbanum VIII. Pont. max. habita a Josepho Maria Suaresio Avenionensi in sacello Pontificio Montis Quirinalis Octavo idus junii MDCXXXII. — *Rome, typ. du Vatican*, 1632, pet. in-4°, pièce (8 p.).

[8°, **28.187**, n° 2.

SUARÈS (Louis-Alphonse de). — Amoris, et castitatis speculum, sive de Sancto Ioanne apostolo, et evangelista oratio ad... D. Iacobum S. R. E. Cardinalem Rospigliosum legatum Avenionensem a Ludovico Alphonso Suaresio Ecclesiae Avenionensis Praepositi, et Rotae Auditoris Coadjutore. — *Romæ, F. de Falco*, 1670, in-4°, pièce (8 p.).

[**Ms. 2.954**, n° 46.

SUGNY (De). — Discours prononcé, le 6 février 1814, par Mr de Sugny, Auditeur au Conseil d'Etat, Sous-Préfet de Carpentras, à l'occasion de l'installation de MM. les Officiers de la Cohorte sédentaire, organisée dans la même Ville en exécution des dispositions du décret du 17 décembre 1813. — *S. l. n. d.* [1814], in-8°, pièce (3 p.).

Fonds Chambaud et Requien.

  2 ex. [**Ms. 2.547**, n° 21, et **3.015**, n° 27.

— Discours prononcé par Mr de Sugny,... Sous-Préfet de l'Arrondissement de Carpentras, à l'occasion de la Distribution des prix, faite aux Elèves du Collège de cette Ville, le 26 août 1813. — *S. l. n. d.* [1813], in-8°, pièce (3 p.).

Fonds Chambaud et Requien.

  3 ex. [8°, **33.271**. — **Ms. 2.547**, n° 18, et **2.997**, n° 43.

SUITE des éclaircissemens sur les événemens actuels d'Avignon et du Comtat Venaissin. — *Paris, impr. de la rue d'Argenteuil*, 1791, in-12, pièce (30 p.).

Fonds Chambaud et Requien.

  2 ex. [8°, **27.239**, t. II, n° 30. — **Ms. 2.989**, n° 16.

SUITE du recueil de poésies sur la prise du fort Saint-Philippe, le 4 février 1782. [A propos de l'entrée du duc de Crillon-Mahon, à Avignon, en 1783]. — *Avignon, J. Garrigan*, s. d., in-8°, 64 p.

  [8°, **29.824**.

SULEAU (Vicomte E. DE), préfet de Vaucluse. — Discours d'ouverture de M. le vicomte de Suleau, préfet du département et président de l'Académie de Vaucluse, lu à la séance publique tenue le 10 octobre 1826, à l'occasion du prix de poésie décerné à M. Bignan, auteur du meilleur éloge de Joseph Vernet, au jugement de cette société. — *S. l. n. d.*, in-8°, pièce (8 p.).

  [8°, **33.309**.

— Discours prononcé le 25 février 1826, par M. le vicomte de Suleau,... lors de l'installation de Mr le baron de Montfaucon nommé par S. M. maire de la bonne ville d'Avignon. — [*Avignon, impr. Bonnet*], s. d., in-4°, pièce (4 p.).

Fonds Chambaud et Requien.

  2 ex. [**Ms. 2.535**, n° 63, et **2.971**, n° 19.

— Discours prononcé par Monsieur le vicomte de Suleau,... à la distribution des prix du collège royal d'Avignon, le 26 août 1824. — [*Avignon, impr. Aubanel*], s. d., in-4°, pièce (3 p.).

Fonds Chambaud et Requien.

  2 ex. [**Ms. 2.535**, n° 54, et **2.970**, n° 123.

SUPPLÉMENT à la vingt-troisième livraison de la biographie du clergé contemporain, ou réponse de l'ermite de Sainte-Anne, à Avignon, à un solitaire inconnu. M. Dupont [archevêque d'Avignon] — *Paris libr, Universelle*, 1841, in-8°, pièce (32 p.).

  [8°, **33.329**.

SUPPLÉMENT au graduel romain pour le diocèse d'Avignon... — *Avignon, Aubanel*, 1857, in-12, 148 p.

  [8°, **24.510**.

SUPPLÉMENT au vespéral romain du diocèse d'Avignon... — *Avignon, Aubanel frères*, 1857, in-12, 178 p., musique.

  [8°, **24.511**.

SUPPLÉMENT aux Cantiques des Missions. — [*Avignon, impr. L. Aubanel*], s. d., in-12, front., pièce (8 p.).

[8°, **31.832**, n° 4.

SUPPLICO deis habitans dé Roussilloun. — *S. l. n. d.* [1842], in-8°, pièce (4 p.).

[8°, **25.323**.

SUR l'Expulsion des religieuses de l'hôpital d'Avignon. — [*Avignon, Jacquet*] ; *se vend à Avignon, chez M. Clément, Mme Canonge, M. Godefroi*, 1844, in-12, pièce (12 p.).

(*L'Eclaireur du Midi*, suppl' de la 3ᵉ livraison).

2 ex. [8°, **33.817**. — Ms. **3.010**, n° 34.

SUR le pont d'Avignon. — [*Paris, Société d'édition et de publicité artistique*], s. d., in-12.

(Rondes enfantines Nestlé, n° 19.)
Don de M. R. Vallentin du Cheylard.

[8°, **37.146**.

SURELL (ALEXANDRE). — *Voir* : BOUVIER (Marius) et SURELL (Alexandre). Mémoire sur l'état actuel de la navigation du Rhône... *Avignon*, [1843], in-4°.

2 ex. [4°, **1.405**. Ms. **2.978**, n° 6.

— *Voir* : BOUVIER (Marius) et SURELL (Alexandre). Notice sur l'amélioration du Rhône... *Avignon*, [1845], in-8°.

[8°, **7.468**, n° 4.

SYLVAIN (Chanoine). — *Préf.* JULLIAN (Mlle Alix). Le vol d'une âme... 12ᵉ édit. *Avignon*, s. d., in-32.

[8°, **34.627**.

SYLVESTRE (CLAUDE). — Fides et obedientia Avenionensium Gregorio XV, pont. opt. max. exhibita, anno M.DC.XXI et 30 Augusti, per nobilissimum et illustrem virum Joannem Vincentium a Galianis, dominum de Castelet, ac spectabilem et clarissimum jurisconsultum D. Claudium Sylvestrem actorem inclytae civitatis Avenionis, ejusdem civitatis oratores, pronunciante eodem D. Claudio Sylvestro. — *Romae, apud Gulielmum Facciotum*, 1621, in-4°, pièce (12 p.).

Fonds Massilian-Moutte et Requien.

3 ex. [Ms. **2.430**, n° 5, **2.924**, n° 11, et **2.942**, n° 22.

SYLVESTRE (F.-VICTOR). — Epitaphium domini Ludovici Mariæ de Suares, præpositi Avenionensis metropolis. [*Signé* : F.-Victor Sylvester,...]. — *Avignon, G. Bramereau*, 1674, in-fol., placard.

Fonds Massilian-Moutte.

[Ms. **2.443**, n° 7.

SYLVESTRE DE CARPENTRAS (Le P.). — *Voir* : MARTIN (Gaspard). La conversion de Gaspar Martin cy-devant nommé Pere Sylvestre de Carpentras... *Montpellier*, 1615, in-12.

[8°, **25.849**.

SYNODUS AVENIONENSIS. — *Voir* : CONCILES ET SYNODES D'AVIGNON.

T

T. — Excursions dans les départements : Vaucluse. [*Signé :* T.] — *L'Europe*, n° du 14 octobre 1837 (feuilleton).
[**Ms. 2.975**, n° 35.

T. — Notes sur quelques monuments existant à Avignon. — *Voir :* Congrès archéologique de France... 1855. *Paris-Caen*, 1856, in-8°.
[8°, **37.750**.

T. — Ode sur la prise de Mahon, par M. le duc de Crillon, par M. T***. — *S. l. n. d.*, in-4°, placard.
[A l'occasion de l'arrivée du duc de Crillon à Avignon, en 1783].
[8°, **25.072**, n° 15.

T. (S.). — *L'Indicateur, l'Echo et M. Huet.* [*Signé :* S. T.]. — *S. l. n. d.* [1841], in-8°, pièce (4 p.).
[A propos de la *Vue d'Avignon*, par Paul Huet, acquise par le Musée Calvet].
Fonds Chambaud et Requien.
2 ex. [**Ms. 2.551**, n° 6°, et **3.008**, n° 28.

TABARÈS DE ULLOA (Dom François). — Observations pratiques sur la pistache de terre ou manobi d'Amérique... par Dom François Tabarès de Ulloa, ...traduit de l'espagnol en français, par un citoyen d'Avignon [Pierre-Simon Bouchet]. On y a joint la notice lue dans une des séances de l'Athénée de Vaucluse, sur les expériences faites par le citoyen Guérin père. — *Avignon, J.-A. Joly*, 1803, in-8°, pièce (28 p.).
2 ex. [**Ms. 3.017**, n° 58. — H. N., 8°, **1.795**, n° 11.

TABLEAU comparatif des mesures, poids et monnoies de compte du nouveau système, avec les mesures, poids et monnoies de l'ancien. — *Avignon, Offray fils*, [an VII ?], in-fol., placard.
[Atl. **314**, n° 418.

TABLEAU comparatif du poids décimal avec les poids anciens ci-devant en usage dans les villes d'Orange, Arles, Carpentras, Avignon, L'Isle, Marseille, Aix, Apt, Nismes, Beaucaire, Valence, Lyon, Grenoble, Vienne, etc., etc., et avec le poids de marc ; auquel on a ajouté le tableau de réduction des anciennes monnoies... — *Orange, Joseph Bouchony*, [1809], in-18, xxxii ff. n. ch.
[8°, **24.889**.

— *Autre ex. avec titre un peu différent :* Tableau comparatif du poids décimal avec les poids anciens ci-devant en usage dans les villes d'Orange, Carpentras, Avignon, Marseille... (*le reste comme ci dessus*) *Orange, Joseph Bouchony*, s. d., in-18, xxxii ff. n. ch.
[8°, **16.492**.

TABLEAU comparatif du poids décimal avec les poids anciens en usage dans plusieurs villes. — *Orange, J. Bouchony*, 1809, in-8°, pièce (20 p.).
H. N. [8°, **2.120**, n° 4.

TABLEAU des massacres commis dans le Palais d'Avignon, sous les ordres des principaux chefs de l'Armée de Monteux. — *S. l.*

n. d., in-fol., placard, grav. sur bois.

[Massacres des 16 et 17 octobre 1791, dits de la Glacière].

[Atl. **314**, n° 93.

TABLEAU des variations des Signes monétaires depuis la Révolution jusqu'au 1er germinal an 5 de la République... On y trouve également le change des assignats suivant le cours de Bâle et de Paris... — *Orange, E. Nicolau*, [an V], in-18, pièce (VII ff. n. ch.).

[Ms. **3.017**, n° 27.

TACUSSEL (ALEXANDRE). — A Messieurs les membres de la Société pour la protection des paysages de France... et à Messieurs les membres de la Commission départementale de Vaucluse pour la protection des monuments naturels de caractère artistique. [Au sujet de la Fontaine de Vaucluse. *Signé* : Alexandre Tacussel]. — *Carpentras, impr. moderne*, 1908, in-8°, pièce (16 p.), pl.

Don de l'auteur.

[8°, **36.300**.

TACUSSEL (ETIENNE). — Discours prononcé à la séance de la Société populaire de Caderousse, le 13 janvier 1793,... par le citoyen Etienne Tacussel, membre de la Société. — [*Orange, E. Nicolau*, 1793], in-4°, pièce (7 p.).

[Ms. **2.952**, n° 3.

TALABOT (PAULIN) et DIDION (C.), ingénieurs des Ponts-et-Chaussées. — Chemin de fer de Marseille au Rhône : tracé par la vallée du Rhône. Exposé pour le Conseil des Ponts-et-Chaussées, par MM. Paulin Talabot et Didion,... — *Paris, impr. Paul Renouard*, 1842, in-8°, pièce (47 p.), cart. et pl.

[8°, **24.862**, n° 13.

TAMISIER (FRANÇOIS), professeur au Lycée de Marseille. — Biographie du Marquis de Cambis d'Orsan. — *Voir* : ANNUAIRE [officiel] du département de Vaucluse, 1861. *Avignon*, s. d., in-12.

[8°, **31.410**.

— Jacques Saury, chronique du Comtat, par F. Tamisier,... — *Marseille, Camoin*, 1858, in-8°.

[8°, **26.631**.

— Léon Lagrange ou le spiritualisme dans la critique d'art, par F. Tamisier,... — *Marseille, Camoin*, 1879, in-18, 100 p.

Don de l'auteur.

[8°, **16.834**.

— Notice littéraire sur Hyacinthe Morel. [*Dédicace manuscrite signée* : F. Tamisier]. — [*Avignon*], s. n. n. d., in-12, pièce (paginé 87-126).

(Extrait de l'*Annuaire de Vaucluse* pour l'an 1841). — *Voir* : ANNUAIRE [officiel du département] de Vaucluse pour les années 1841-1842. *Avignon*, s. d., in-12.

[Ms. **3.007**, n° 80.

TAMISIER (J.), secrétaire de la Chambre de Commerce d'Avignon. — De Jean Althen, et de l'introduction de la culture de la garance dans le Comtat-Venaissin... [*Signé* : J. T. (Tamisier)]. — *Avignon, impr. Jacquet et J.-B. Joudou*, 1839, in-8°, pièce (31 p.), port.

2 ex. [8°, **28.716**. — Ms. **3.006**, n° 12.

TAMISIER (J.-JEAN). — Proposition d'un plan unique d'imposition, dans lequel on trouvera le moyen de soulager la misère des pauvres, et de combler, dans un tems limité, le deficit de notre ville [d'Avignon], sans surcharger l'opulence des riches. | *Signé* : J.-Jean Tamisier,...]. — *S. l. n. d.* [*Avignon*, 1789], in-4°, pièce (1 ff. n. ch.).

Fonds Chambaud et Requien.

2 ex. [**Ms. 2.522**, n° 3, et **2.958**, n° 4.

TARDIEU (GUSTAVE). — Les Alpes de Provence, guide du touriste, du naturaliste et de l'archéologue, par Gustave Tardieu. — *Paris, Masson*, 1912, VI-310 p.

(Collection publiée sous la direction de M. Boule.)

[8°, **38.246**.

TAUDIÈRE (HENRY). — Les Libertés et les moyens de les restaurer. Conférence faite à Avignon, le 21 juin 1903, par M. Henry Taudière,... Discours de M. Eugène Godefroy. — *Avignon, F. Seguin*, 1903, in-16, pièce (39 p.).

Don de M. F. Seguin.

[8°, **33.826**.

TAULIGNAN (M⁻ MARIE-ZÉPHIRINE-SOPHIE... DE MONTPEZAT, Marquise DE). — Testament et codicilles olographes de Madame Marie-Zéphirine-Sophie-Joséphine-Charlotte-Gaspardine-Justine de Trémolety de Bucelli de Montpezat, marquise de Taulignan, domiciliée à Montpellier, et décédée à Montpellier, le dix-neuf avril mil huit cent cinquante sept. — *Autographié*, in-fol., pièce (23 p.).

2 ex. [Fol. **4.185**. — 4°, **4.416**.

TAVERNIER ET Cⁱᵉ. — [Circulaire de MM. Tavernier et Cⁱᵉ au sujet de leur procès contre MM. Soulier fils aîné et Cⁱᵉ, marchands de soie à Avignon, 1838]. — *S. l. n. d.*, in-4°, pièce (11 ff. n. ch.), lithographié.

[**Ms. 2.975**, n° 92.

TAVERNIER (EUGÈNE). — Etude historique. Le roi Giannino, par M. Eugène Tavernier,... — *Aix-en-Provence, M. Illy*, 1881, in-8°, 89 p.

Don de M. Frédéric Mistral.

[8°, **34.555**.

TEISSIER. — *Voir :* TEISSONNIER. TEISSIER et POUSSEL. Rapport sur le choléra-morbus... *Avignon*, in-8°, 1832.

[**Ms. 3.003**, n° 61.

TEISSIER (THOMAS). — *Voir :* TEYSSIER (Thomas).

TEISSONNIER, TEISSIER et POUSSEL. — Rapport sur le choléra-morbus de Paris, adressé à l'autorité supérieure du département de Vaucluse, et à l'administration municipale d'Avignon, par MM. Teissonnier, Teissier et Poussel, docteurs en médecine. — *Avignon, impr. Vve Guichard*, mai 1832, in-8°, pièce (26 p.).

[**Ms. 3.003**, n° 61.

TERRIS (Abbé FERDINAND), curé-doyen de Cavaillon, puis curé-archiprêtre de Saint-Siffrein de Carpentras. — Oraison funèbre de Sa Grandeur Monseigneur J.-M.-M. Debelay, archevêque d'Avignon, prononcée le jour de ses funérailles (2 octobre 1863) dans l'église métropolitaine de N.-D. des Doms, par M. l'abbé

Terris,... — *Avignon, Aubanel,* 1863, in-8°, pièce (32 p.).
4 ex. [8°, **25.011, 28.347, 28.693** et **29.823.**
Autre ex. (Anc. archevêché d'Avignon).
[4°, **8.251.**

— Le saint Mors de Carpentras et son reliquaire, par l'abbé F. Terris,... — *Carpentras, impr. P. Prière,* 1874, in-8°, pièce (47 p.), pl.
[8°, **13.839.**

TERRIS (Joseph de). — Joseph de Terris,... Le plaisir et la morale. Rapport sur le concours pour les Prix des Anciens Élèves du Collège St-Joseph d'Avignon (année 1900).— *Avignon, François Seguin,* 1900, in-8°, pièce (15 p.).
Don de M. F. Seguin. [8°, **32.441.**

TERRIS (Jules de). — Le baron de Saqui-Sannes, conseiller à la Cour des comptes de Provence, par Jules de Terris. — *Paris, Conseil héraldique de France,* 1907, in-12, pièce (35 p.).
Don de l'auteur.
[8°, **35.414.**

— Centenaire de Saboly. Discours prononcé à la séance solennelle de la société littéraire d'Apt, tenue à Monteux, le 31 août 1875, par M. Jules de Terris.— *Carpentras, impr. Prière,* 1895, in-8°, pièce (12 p.).
Don de l'auteur. [8°, **10.465.**

— La comtesse de Caix de Saint-Aymour. [Notes sur la famille Poli de Saint-Tronquet. Signé: Jules de Terris]. — *Avignon, F. Seguin,* 1896, in-12, pièce (7 p.).
(Extrait du *Courrier du Midi,* n° du 14 juin 1896.)
Don de l'auteur. [8°, **29.920.**

— La duchesse de Mercœur à Carpentras, par M. Jules de Terris. — *Carpentras, impr. Tourrette,* 1882, in-12, pièce (8 p.).
Don de l'auteur.
2 ex. [8°, **15.056** et **28.813.**

— L'ermitage de St-Symphorien à Bonnieux, par M. Jules de Terris. — *Carpentras, impr. Tourrette,* 1882, in-8°, pièce (18 p.), front.
Don de l'auteur.
[8°, **12.575.**

— Les Évêques d'Apt, leurs blasons et leurs familles, par M. Jules de Terris,... — *Avignon, Fr. Seguin,* 1877, in-4°, 138 p., pl.
2 ex. [4°, **2.483** et **8.100.**

— Les Évêques de Carpentras, étude historique, par M. Jules de Terris,... — *Avignon, Seguin frères,* 1886, in-8°, x-338 p., blas.
Don de l'auteur.
[4°, **3.023.**

— L'Hôtel d'Autric [à Apt], par M. Jules Terris; lu à la société littéraire d'Apt, séance du 28 novembre. — *Apt, impr. J.-S. Jean,* 1870, in-8°, pièce (11 p.).
(Extrait du journal *Le Mercure Aptésien,* des 12 et 26 décembre 1869.)
Don de l'auteur.
[8°, **14.964.**

— Jules de Terris. Les Montmorency à Avignon. — *Avignon, F. Seguin,* 1909, in-8°, pièce (8 p.).
(Extrait des *Mémoires de l'Académie de Vaucluse,* 1909.)
Dons de M. F. Seguin et de l'auteur.
2 ex. [4°, **7.802.** — 8°, **36.711.**

— Jules de Terris ... La Noblesse d'Avignon et du Comté-Venaissin. [Première partie : La noblesse]. Deuxième partie : Les charges anoblissantes. — *Rome, Collège héraldique*, 1904, in-8°, 2 pièces (19 et 29 p.).

(Extrait de la *Revue du Collège héraldique*.)
Don de l'auteur.

[8°, **34.800**.

— Notre-Dame de l'Observance à Carpentras (1563-1880), par M. Jules Terris,... — *Carpentras, impr. Paul Tourrette*, 1880, in-8°, pièce (32 p.), blas.
Don de l'auteur.

2 ex. [8°, **12.590** et **28.248**.

— Rapport sur le concours historique ouvert à l'occasion des fêtes du Couronnement de Ste Anne (9 septembre 1877), par M. Jules Terris,... — *Carpentras, impr. P. Tourrette*, 1878, in-16, pièce (13 p.).

(Société littéraire d'Apt.)
Don de l'auteur.

[8°, **14.965**.

— Jules de Terris. Roumanille et la littérature provençale, 1818-1891. — *Paris, Bloud et Barral, Bar-le-Duc, I. Bertrand*, [1891], in-8°, 78 p., port.
Don de l'auteur.

[8°, **30.593**.

— Les signatures des notaires d'Apt au moyen-âge, par M. Jules Terris. — *Avignon, Seguin frères*, 1878, in-8°, pièce (7 p.), pl.

[4°, **3.192**.

— Un père de famille au XVIIe siècle [Gaspard de Mongé, seigneur du Caire et de Puimichel], d'après un document original et inédit, par M. Jules Terris. — [*Apt, impr. J.-S. Jean*, 1870], in-8°, pièce (18 p.).
Don de l'auteur.

[8°, **2.112**.

2e ex. (Don de M. Paul Achard).

[8°, **28.719**.

— Jules de Terris. Un Provençal oublié. Mémoires d'un père de famille au XVIIe siècle. [Gaspard de Mongé, seigneur du Caire et de Puimichel]. — *Forcalquier, impr. Eugène Martin*, 1890, in-8°, xii-80 p.
Don de l'auteur.

[8°, **38.426**.

— Une querelle de moines. Episode de l'histoire d'Apt au XVIIe siècle, par Jules Terris. — *Marseille, typ. Marius Olive*, 1876, in-8°, pièce (20 p.).

2 ex. [8°, **14.963** et **28.246**.

TERRIS (Abbé Paul de). — A Nostro-Dame de Santa : cantico di Coumtadin. [Signé : Paul Terris]. — *Carpentras, Athénosy*, s. d., in-8°, pièce (11 ff. n. ch.).

Anc. archevêché d'Avignon.

[8°, **37.384**.

— L'abbé P. de Terris,... Allocutions prononcées à la cérémonie des fiançailles et à la célébration du mariage de Monsieur Charles-Ferdinand Le Gras avec Mademoiselle Marie-Amélie-Roseline-Augusta de Terris. — *Avignon, Aubanel frères*, 1895, in-8°, pièce (24 p.).
Don de l'auteur.

[8°, **29.602**.

— Apt, la ville sainte de Provence. Discours prononcé en la basilique de Sainte-Anne d'Apt, par M. le chanoine Paul de Terris,... à l'occasion du pèlerinage régional du 29 avril 1895. — *Apt, impr. Vve Aimé Jean*, 1895, in-8°, pièce (16 p.).
Don de l'auteur.

[8°, **29.647**.

— Le Centenaire de Pétrarque. Rapport présenté à la Société littéraire d'Apt dans la séance du 20 septembre 1874, par M. Paul Terris,... — *Apt, J.-S. Jean*, 1876, in-8°, pièce (32 p.).
Don de l'auteur.
[8°, **34.590**.

— L'abbé P. de Terris. Le Curé des Abeilles [Abbé Joseph Thouard]; esquisse biographique. — *Avignon, Aubanel frères*, 1889, in-8°, 56 p.
2 ex. [8°, **17.000** et **28.250**.
Autre ex. (Anc. archevêché d'Avignon).
[8°, **37.260**.

— Discours prononcé le 25 juin dans le sanctuaire de Lourdes, par M. l'abbé Terris... — *Carpentras, impr. Proyet*, s. d., in-8°, pièce (30 p.).
(Pèlerinage du diocèse d'Avignon à Notre-Dame de Lourdes. 23-26 juin 1873.)
Don de l'auteur.
[8°, **10.462**.

— Eloge funèbre de M. l'abbé Jean Bonnet, aumônier des prisons départementales et de la royale et dévote compagnie des Pénitents gris de la ville d'Avignon, prononcé en la chapelle des Pénitents gris, le 31 mars 1892, par M. l'abbé Paul de Terris,... — *Avignon, Aubanel frères*, 1892, in-8°, pièce (32 p.).
2 ex. [8°, **27.483** et **27.613**.

— Eloge funèbre du R. P. Charrasse, prêtre de la Congrégation des Missionnaires de Notre-Dame de Sainte-Garde, chanoine honoraire de l'église métropolitaine d'Avignon, prononcé en l'église Notre-Dame d'Orange, le 8 avril 1889, par M. l'abbé Paul de Terris... — *Avignon, Aubanel*, 1889, in-8°, pièce (36 p.).
Anc. archevêché d'Avignon.
[8°, **37.315**.

— Joseph-François de Rémerville. Etude biographique, critique et littéraire, par l'abbé Paul Terris,... — *Avignon, Seguin frères*, 1881, in-8°.
2 ex. [8°, **16.838** et **28.360**.

— Les Noëls, essai historique et littéraire, par l'abbé Paul Terris,... — *Paris, Palmé, Bruxelles, Albanel*, etc., [1877], in-8°, 203 p.
(Extrait de la *Revue du monde catholique*.)
Don de l'auteur.
[8°, **10.556**.

— Panégyrique de Saint Agricol prononcé le 2 septembre 1883, par M. Paul de Terris,... — *Avignon, Aubanel frères*, 1883, in-8°, pièce (24 p.).
Don de l'auteur.
[8°, **13.498**.
Autre ex. (Anc. archevêché d'Avignon).
[8°, **37.249**.

— Pétrarque. Ode... [*Signé :* Paul des Hébrides (Abbé Paul de Terris)]. — *Carpentras, P. Prière*, 1874, in-16, pièce (20 p.).
[8°, **34.584**.

— Recherches historiques et littéraires sur l'ancienne liturgie de l'église d'Apt, par l'abbé Paul Terris. — *Avignon, typ. F. Seguin aîné*, 1874, in-8°, 78 p.
(Extrait des *Mémoires de la Société littéraire, scientifique et artistique d'Apt*, nouvelle série, tome 1er.)
[8°, **12.572**.

— L'abbé P. de Terris. La Révérende mère Saint Benoît, supérieure générale des pauvres sœurs de Saint François d'Assise à Avignon ; notice biographique. — *Avignon, Aubanel frères*, 1892, in-8°, pièce (28 p.).

(Extrait de la *Semaine religieuse d'Avignon*.)
Don de l'auteur.

[8°, **27.484**.

— Saint Agricol, moine de Lérins, évêque et patron d'Avignon, par M. l'abbé Paul Terris,... — *Fréjus, typ. L. Leydet*, 1876, in-8°, pièce (9 p.).

2 ex. [8°, **13.497** et **28.247**.

— Saint Castor, évêque d'Apt, par l'abbé Paul Terris,... — *Fréjus, typ. L. Leydet*, 1876, in-8°, pièce (26 p.).

2 ex. [8°, **13.506** et **28.245**.

— Saint Siffrein, évêque et patron de Carpentras, par l'abbé Paul Terris. — *Paris, Louis Vivès*, 1875, in-8°, pièce (39 p.).

[8°, **13.500**.

— Sainte Anne d'Apt, ses traditions, son histoire, d'après les documents authentiques, par l'abbé Paul Terris,... — *Avignon, Fr. Seguin aîné*, 1876, in-12, 229 p., blas.

[8°, **12.574**.

— Edition abrégée. — *Avignon, Fr. Seguin aîné*, 1876, in-12, 185 p.

Don de M. F. Seguin.

[8°, **12.573**.

— Abbé Paul de Terris... Le triomphe de la Religion catholique à Orange. Discours prononcé à l'occasion des fêtes du troisième centenaire, le dimanche, 12 février 1899.— *Avignon, Aubanel frères*, s. d., in-8°, pièce (23 p.).

[8°, **31.251**.

— *Voir :* GIRAUD (Abbé Louis-Bernard), MARBOT (Abbé) et TERRIS (Abbé Paul de). — Souvenir du triduum en l'honneur du bienheureux J.-B. de la Salle ...*Avignon*, 1888, in-8°.

2 ex. [8°, **37.357** et **37.380**.

TESNIÈRE (Le P. A.). — Le Très-Saint Sacrement...Compte rendu sommaire du Congrès eucharistique d'Avignon, par le R. P. A. Tesnière... — *Paris, Palmé*, etc., 1882, in-8°, 108 p.

Anc. archevêché d'Avignon.

[8°, **37.213**.

TESSIER (Abbé). — Moyens éprouvés pour préserver les fromens de la carie, publiés... par M. l'abbé Tessier. Imprimés par ordre de l'Assemblée des Trois-Etats du Comté-Venaissin. — *Carpentras, D.-G. Quenin*, 1786, in-4°, pièce (12 p.).

Fonds Cottier et Requien.

2 ex. [4°, **6.893**. — **Ms. 2.956**, n° 38.

TESTE, ancien commissaire du pouvoir exécutif près les tribunaux civil et criminel du département de Vaucluse. — Teste, citoyen français, au Directoire exécutif [sur les vexations dont il a été l'objet]. — [*Avignon, impr. Vve Tournal*, an V], in-8°, pièce (16 p.)

Fonds Chambaud et Requien.

3 ex. [8°, **26.356**, n° 17, et **27.230**, t. II, n° 31.— **Ms. 3.017**, n° 24.

TESTE (ADOLPHE), conseiller municipal d'Avignon. — Mémoire sur le Traité projeté entre la ville d'Avignon et MM. Fournier et Cie, pour l'établissement de fontaines publiques. [Par Ad. Teste].— *Avignon, impr. Bonnet*, 1840, in-4°, pièce (40 p.).

[Ms. **2.985**, n° 22.

— *Voir :* Mémoire pour les religieuses hospitalières de St-Joseph d'Avignon. *Avignon,* 1844, in-4°.

[4°, **4.436**.

TESTE (Antoine-Joseph-Augustin), professeur en droit civil à l'Université d'Avignon. — [Circulaire de Teste annonçant la leçon publique qu'il fera le 20 c^t dans la grande salle de l'Université]. — *S. l. n. d.*, [XVIIIe siècle], in-12, placard.

[8°, **27.230**, t. V, n° 36.

TESTE (Léon de). — Du commerce des soies et soieries en France, considéré dans ses rapports avec celui des autres états, par Léon de Teste. — *Avignon, Vve Guichard*, 1830, 180 p., 1 pl.

3 ex. [8°, **2.327, 24.612** et **28.539**.

— Condition publique. [*Signé :* Léon Teste]. — [*Avignon, imp. Jacquet*, 1842], in-8°, pièce (4 p.).

Fonds Chambaud et Requien.

2 ex. [**Ms. 2.551**, n° 64, et **3.008**, n° 12.

— Condition publique des soies. [*Signé :* Léon de Teste]. — [*Avignon, impr. Jacquet*, 1840], in-8°, pièce (8 p.).

[**Ms. 3.008**, n° 11.

— De l'Industrie avignonaise en 1842, par Léon de Teste. — *Avignon, impr. Jacquet*, 1843, in-8°, 95 p.

Fonds Chambaud et Requien.

3 ex. [8°, **24.568** et **28.539**, n° 2. — Ms. **3.008**, n° 73.

— Observations sur la mesure proposée aux Chambres relatives à la libre sortie des soies de France. [*Signé :* Léon Teste. Avignon, 7 novembre 1831]. — [*Avignon, imp. Vve Guichard*], s. d., in-4°, pièce (4 p.).

[**Ms. 2.972**, n° 148.

— Revue sérigène, journal mensuel, spécialement consacré à l'industrie des soies et soieries, rédigé par d'anciens producteurs, filateurs et fabricants. Directeur : M. Léon de Teste. Prospectus. — [*Paris, impr. Ph. Cordier*, 1843], in-8°, pièce (4 p.).

[**Ms. 3.009**, n° 70.

TEULE (E. de). — Chronologie des docteurs en droit civil de l'Université d'Avignon (1303-1791), par E. de Teule. — *Paris, Emile Lechevalier*, 1887, in-8°, 171 p.

[8°, **16.937**.

TEYSSIER (Thomas). — A Son Excellence Monseigneur François-Marie des comtes de Manzi, archevêque d'Avignon, etc. [Epître dédicatoire de l' « Histoire des souverains pontifes qui ont siégé à Avignon ». *Signé :* T***].
— Découpure de l'ouvrage suivant, in-4°, pièce (1 fl. n. ch.).

Fonds Massilian-Moutte.

[**Ms. 2.440**, n° 34.

— Histoire des souverains Pontifes qui ont siégé dans Avignon. [Par Thomas Teyssier]. — *Avignon, Jean Aubert*, 1774, in-4°, III fl. n. ch. - III-480 p. - 1 f. n. ch.

3 ex. [4°, **2.763, 3.676** et **3.677**.

— Mémoire pour la ville d'Avignon contre les fermiers du sestier, par... Thomas Teissier, ...assesseur... — *Avignon, F.-*

J. *Domergue*, 1750, in-fol., pièce (1 ff. n. ch. - 12 p.).

Fonds Massilian-Moutte et Requien.

> 3 ex. [**Ms. 2.448**, n° 49, **2.455**, n° 1, et **2.945**, n° 1.

— Réplique pour la ville d'Avignon contre les fermiers du sestier, par... Thomas Teissier,... assesseur... — *Avignon, F.-J. Domergue*, 1750, in-4°, pièce (1 ff. n. ch. - 13 p.).

Fonds Massilian-Moutte et Requien.

> 3 ex. [**Ms. 2.448**, n° 51, **2.455**, n° 3, et **2.945**, n° 3.

THIBAULT (Pierre), architecte et ingénieur de S. S. en la légation d'Avignon. — [Circulaire de Pierre Thibault au sujet de son projet de canal d'arrosage et d'irrigation de Carpentras à Avignon, par L'Isle, au moyen des eaux de la Sorgue]. — *S. l. n. d.*, in-4°, placard.

Fonds Massilian-Moutte.

> [**Ms. 2.459**, n° 14.

— Projet pour rendre la Sorgue navigable, et procurer de grands avantages à l'Etat. [Par Pierre Thibault]. — *Avignon, C. Giroud*, 1733, in-4°, pièce (1 ff. n. ch. - 11 p.).

> [**Ms. 2.929**, n° 7.

— Autre édition. — *Avignon, Ch. Giroud*, 1735, in-4°, pièce (12 p.)

> [**Ms. 2.944**, n° 5.

— Autre édition. — *Avignon, C. Giroud*, 1736, in-4°, pièce (12 p.)

Fonds Massilian-Moutte et Requien.

> 2 ex. [4°, **4.175**, n°22. — **Ms. 2.459**, n° 11.

— Autre édition... — *Avignon, A. Giroud*, 1748, in-4° (iv ff. n. ch. - 40 p. - 1 ff. n. ch.).

Fonds Massilian-Moutte et Requien.

> 4 ex. [8°, **2.939**. — 4°, **4.175**, n° 26. — **Ms. 2.459**, n° 15, et **2.929**, n° 49.

— Second Memoire au sujet du projet pour rendre la Sorgue navigable... Par le sieur P. Thibault,... — *Avignon, C. Giroud*, 1736, in-4°, pièce (ii ff. n. ch. - 16 p.).

Fonds Massilian-Moutte et Requien.

> 2 ex. [**Ms. 2.459**, n° 12, et **2.929**, n° 13.

THIERRY-POUX (O.). — Premiers monuments de l'imprimerie en France au XV° siècle, publiés par O. Thierry-Poux... — *Paris, Hachette*, 1890, in-fol., 24 p. - 40 p. - 11 ff. n. ch.

[Avignon.]

> [Atl. **234**.

THILLAYE (L.-J.-S.). — Manuel du fabricant d'indiennes renfermant les impressions des laines, des chalis et des soies ; précédé de la description botanique et chimique des matières colorantes,... par L.-J.-S. Thillaye... — *Paris, Roret*, 1874, in-12, viii-322 p., pl.

> [8°, **4.631**.

THOMAS frères et PONCET (Eugène). — [Circulaire de Thomas frères et Eugène Poncet en faveur de la souscription des actions de la Société pour l'exploitation du chemin de fer de Marseille à Avignon et Beaucaire. 22 février 1842]. — *S. l. n. d.*, in-4°, placard.

> [**Ms. 2.977**, n° 69.

THOMAS (Alphonse-Charles), de Bédoin, notaire à Cavaillon. — *Voir* : Bonnard et Thomas.

Adresse aux Comtadins. *S. l. n. d.*, in-8°.

[Ms. **2.536**, n° 42.

— *Voir :* Mémoires sur la Révolution d'Avignon et du Comtat Venaissin... *S. l.*, 1793, 2 vol. in-4°.

2 ex. [4°, **3.700** et **4.249**.

THOMAS (Antoine). — *Edit.* Boniface VIII... Les registres de Boniface VIII... *Paris*, 1884-1909, in-4°.

[Fol. **5.293**.

THOMAS (Eugène). — Vocabulaire des mots roman-languedociens dérivant directement du grec, précédé de quelques observations historiques et grammaticales, par Eugène Thomas... — *Montpellier, Martel*, 1843, in-4°, pièce (42 p.).

[4°, **3.619**.

THOMAS (Jean-Joseph-Ignace-Louis). — Discours sur l'inévitable existence des sciences, des arts, et de la société, prononcé dans l'Assemblée de l'Athénée de Vaucluse, le 15 floréal an 12, par le C° Thomas, magistrat de sûreté, à l'occasion de sa réception. — *S. l. n. d.*, [1804], in-8°, pièce (28 p.).

3 ex. [8°, **16.941**, t. I, n° 8, **16.942**, n° 4, et **26.804**, t. I, n° 18.

— Epître à un magistrat, avec des Notes historiques sur Avignon [par J.-J.-I.-L. Thomas], et une préface de l'éditeur de ces Notes [J.-F. Silvestre]. — *Avignon, Bourges fils*, 1807, in-8°, pièce (iv-4-14 p.).

3 ex. [8°, **27.230**, t. III, n° 7, et **27.233**, fol. 87. — Ms. **3.015**, n° 17.

— Observations sur divers objets relatifs à l'administration de la Justice et de la Police ; par M. Thomas, magistrat de sûreté de l'arrondissement communal d'Avignon, membre de l'Athénée de Vaucluse. — *Avignon, Seguin frères*, 1807, in-8°, 123 p.

[Athénée de Vaucluse.]

[8°, **26.804**, t. II, n° 2.

— *Voir :* Lefebure (J.-L.), Blaze (H.-S.) et Thomas (J.-J.-I.-L.). Discours... *Avignon*, [an V], in-8°.

[8°, **33.339**.

TIBERTO (Fausto). — Fausto Tiberto. Laura ed il Petrarca. Cantica. — *Padova, M. Giammartini*, 1874, in-8°, pièce (16 p.)

[8°, **34.592**.

TIBI Illustrissimo... Francisco Mariae de Abbatibus, Quem Veluti Antistitum Splendorem Carpectoracten. Ecclesia Moderatorem optimum veneratur ; Pisaurensis Civitas Suos inter Patritios, uti praestantissimum Civem Amplectitur... — *S. l. n. d.*, in-4°, pièce (iv ff. n. ch.).

Fonds Cottier.

[4°, **7.084**.

TIMON-DAVID (Chanoine). — Oraison funèbre de Mademoiselle Anne-Benoîte-Louise Guillaume prononcée dans l'église paroissiale d'Aubignan (Vaucluse), par M. le chanoine Timon-David. — *Carpentras, Tourrette*, s. d., in-12, pièce (24 p.).

Anc. archevêché d'Avignon.

[8°, **37.273**.

TIQUET (Paul). — Deux poètes aptésiens. Annibal de Lortigues, 1572-1630. Pierre de Lortigues sieur de Vaumorière, 1610-1693, par Paul Tiquet. — *Avignon, François Seguin*, 1895, in-8°, pièce (8 p.).

(Extrait des *Mémoires de l'Académie de Vaucluse*, 1895.)

[8°, **29.638**.

TIRAN (ANGE). — Dialogue Marseilles sus leis orpheoun d'Avignoun entre Martin lou pescadou et Dufour lou marchand d'eirange. [*Signé* : Ange Tiran]. — [*Avignon, impr. Jacquet*], s. d., in-4°, pièce (1 ff. n. ch.).

[8°, **31.666**.

TISSERAND. — Compte rendu des travaux de la Commission supérieure du phylloxera (année 1882) et rapport de M. Tisserand... — *Paris, impr. Nationale*, 1883, in-8°, pièce (43 p.).

(Ministère de l'agriculture. Direction de l'agriculture.)

[8°, **7.096**.

TISSERON. — *Pseud. de* PROMPSAULT (J.-L.). Maison de Poli... *Annales historiques*, 25ᵉ année, p. 13-16.

[Fol. **4.628**.

TISSON. — Rapport du général de brigade Tisson, fait au général divisionnaire Willot, sur les événements qui ont eu lieu à Avignon, dans les journées des 24, 25, 26 et 27 du mois de pluviôse, an cinquième... — *S. l. n. d.*, in-12, pièce (44 p.).

Fonds Chambaud.

[8°, **27.230**, t. II, n° 15.

TISSOT, avocat. — Discours adressé à Son Excellence Monseigneur le Comte de Grouchi, commandant en chef l'armée du Midi, à son arrivée à Avignon. Par M. Tissot, avocat, à la tête d'une nombreuse députation. —

[*Avignon, impr. Jⁿ-Jʰ Carias*, 1815], in-8°, pièce (3 p.).

Fonds Chambaud et Requien.

3 ex. [8°, **27.230**, t. IV, n° 5. — **Ms. 2.547**, n° 39, et **2.998**, n° 13.

TISSOT, député d'Avignon près l'Assemblée nationale de 1789. — Copie d'une lettre écrite par M. Tissot, de Paris, le 7 mai 1791 adressée à M. Lescuyer, à Avignon. — *S. l. n. d.*, in-4°, pièce (4 p.).

[**Ms. 2.960**, n° 48.

— Copie de la lettre écrite par M. Tissot aux Administrateurs provisoires de la Ville d'Avignon et au Corps Electoral, contenant la démission de sa place de Député, en datte du 26 octobre 1791. — *S. l. n. d.*, in-4°, placard.

Fonds Chambaud et Requien.

3 ex. [**Ms. 2.523**, n° 137, **2.960**, n° 108, et **3.013**, n° 24.

— Lettre de M. Tissot, député de l'Assemblée Electorale du département de Vaucluse, auprès de l'Assemblée Nationale, au Président de l'Assemblée électorale. [27 mars 1791]. — *S. l. n. d.*, [1791], in-12, pièce (3 p.).

[**Ms. 2.989**, n° 20.

— Lettre de M. Tissot, député de l'Assemblée Electorale du département de Vaucluse, auprès de l'Assemblée Nationale, au Président de l'Assemblée Electorale. [3 avril 1791]. — *S. l. n. n.*, [1791], in-12, pièce (3 p.).

2 ex. [8°, **33.450**. — **Ms. 2.989**, n° 21.

— Précis des moyens de réunion de la Ville et Etat d'Avignon à la France, contenant les réponses aux principales objections présentées par M. Tronchet dans son rapport à l'Assemblée Nationale sur cette affaire. [Par Tissot, 15 octobre 1790]. — *Paris, Lejay fils*, 1790, in-12, pièce (51 p.).

Fonds Chambaud et Requien.

3 ex. [8°, **33.427**. — **Ms. 2.537**, n° 32, et **2.988**, n° 28.

— Tissot, homme de loi, résidant actuellement à Nismes, ci-devant envoyé par les Etats d'Avignon et du Comtat Venaissin auprès du Roi et de l'Assemblée nationale de France, à tous ceux qui détestent les imposteurs et les calomniateurs. [1ᵉʳ thermidor an 9]. — *S. l. n. d.*, in-4°, pièce (11 ff. n. ch.).

[**Ms. 2.968**, n° 37.

— *Voir* : PALUN et TISSOT. Lettre ... à la municipalité d'Avignon... 1ᵉʳ mai 1791... *S. l. n. d.*, in-4°.

[**Ms. 2.980**, n° 70.

— *Voir* : PALUN et TISSOT. Lettre ... à la municipalité d'Avignon... 4 mai 1791... *S. l. n. d.*, in-4°.

[**Ms. 2.523**, n° 55.

TISSOT et BLAZE (HENRI-SÉBASTIEN). — Au nom du département de Vaucluse et du district d'Avignon, Tissot, administrateur du département, et Blaze, administrateur du district, à la Convention Nationale et à ses comités du gouvernement [14 thermidor an III]. — [*Paris, impr. Laurens*], s. d., in-4°, pièce (36 p.).

Fonds Chambaud et Requien.

2 ex. [**Ms. 2.530**, n° 73, et **2.965**, n° 170.

TISSOT et PALUN. — Tableau servant à prouver le vœu de la grande majorité du Comtat Venaissin, pour sa réunion à la France. [*Signé* : Tissot, Palun, députés des Etats d'Avignon et du Comtat Venaissin réunis, sous la dénomination de département de Vaucluse]. — [*Paris, impr. de la rue d'Argenteuil*, 1791], in-8°, pièce (4 p.).

Fonds Chambaud et Requien.

2 ex. [**Ms. 2.550**, n° 9, et **3.013**, n° 17.

TITRES de l'ancien comté de Sault. Usine de Rustrel et ses dépendances appartenant à M. Gavot, notaire à Marseille. — *Apt, J.-S. Jean*, 1865-1867, 2 vol. in-8°.

Don de M. Gavot.

[8°, **34.793**.

2ᵉ ex. (t. I, seul).

[8°, **14.960**.

TOASTS portés au Banquet civique offert par les Avignonais aux Officiers de la Garnison, le 11 août 1830. — [*Avignon, Bonnet fils*, 1830], in-8°, pièce (3 p.).

Fonds Chambaud et Requien.

2 ex. [**Ms. 2.551**, n° 18, et **3.002**, n° 55.

TOMASINI (JACQUES-PHILIPPE). — Jacobi Philippi Tomasini Patavini, episcopi Æmoniensis, Petrarcha redivivus, integram Poetæ celeberrimi vitam Iconibus ære cælatis exhibens. Accessit nobilissimæ feminæ Lauræ brevis historica. Editio altera correcta et aucta... — *Patavii, typ. Pauli Frambotti*, 1650, in-4°, VI ff. n. ch. - 270 p. - IX ff. n. ch., front., port.

[8°, **16.244**.

TOMBEAU de Gaspard de Simiane [au Musée Calvet ; reproduction du monument et notice]. — *L'Art pour tous*, n° du 15 juin 1903, pièce.

[Fol. **5.128**.

TONDUTI (Jean-Baptiste), asseesseur de la ville d'Avignon. — Oratio in adventu Illustr^{mi}... D. D. Frederici Sfortiæ..., Auenionis vicelegati et totius legationis gubernatoris, habita à... D. Joanne Baptista Tonduti,... die 13 mensis junii anni 1637, in publica ejusdem ciuitatis et omnium ordinum salutatione.— *Avignon, J. Bramereau*, 1637, pet. in-4°, pièce (8 p.).

Fonds Massilian-Moutte.

[**Ms. 2.431**, n° 30.

— Oratio propemptica ad illustrissimum et reverendissimum D.D. Jvlium Mazarinum, utriusque signaturae referendarium, et prolegatum Auenionis, Romam redeuntem, habita ab... Joanne Baptista Tonduto,... nomine totius civitatis, die 9 octobris 1636. — *Avignon, J. Bramereau*, 1636, in-12, pièce (8 p.).

[8°, **27.230**, t. V, n° 2.

TONDUTI de SAINT-LÉGER (Pierre-François), auditeur général de la légation d'Avignon. — Quaestionum et resolutionum legalium libri duo, quorum prior in duas partes divisus continet resolutiones beneficiales, canonicas et regulares, secundus controversias civiles determinat, auctore... Petro Francisco de Tonduti, Sanlegerii toparcha, Avenionensi I. C. et Sancti officii consultore. — Tome 1er. *Lyon, hoirs de P. Prost, Ph. Borde et L. Arnaud*, 1649 ; — tome II. *Lyon, Ph. Borde, L. Arnaud, Cl. Rigaud*, 1657, 2 vol. in-fol.

[Fol. **1.126**.

— Autre édition. — *Lyon, Ph. Borde, L. Arnaud et Cl. Rigaud*, 1659-[1663], 2 vol. in-fol.

[Fol. **4.291**.

— Tractatus de pensionibus ecclesiasticis ad stylum curiae Romanæ et ad praxim tribunalium Galliae accomodatus, authore... Petro Francisco de Tonduti, Sanlegerii domino et toparcha... — *Lyon, Ph. Borde, L. Arnaud et Cl. Rigaud*, 1661, in-fol.

2 ex. [Fol. **1.373** et **4.289**.

— 2e édit. — *Lyon, L. Arnaud et P. Borde*, 1671, in-fol.

[Fol. **4.311**.

— 2° (sic) édit. — *Lyon, Deville et Chalmette*, 1729, in-fol.

[Fol. **1.374**.

— Tractatus de praeventione judiciali, authore D. Petro Francisco de Tonduti, Sanlegerii domini, I. C. Avenionensi,... in quo controversiae omnes quae circa praeventiones causarum excitari solent inter Judices ecclesiasticos, seculares, sanctae Fidei inquisitores, episcopos, et alios superiores vel inferiores judices..., breviter et resolutive deciduntur ; multa quoque ad statutorum Avenionensium et Comitatus Venaissini explicationem theorice et practice exponuntur. — *Avignon, J. Piot*, 1646, in-4°, feuillets liminaires - 384 p. et 1 erratum.

[4°, **3.915**.

— Tractatus de praeventione judiciali seu de contentione jurisdictionum, pars altera ; authore D. Petro Francisco de Tonduti... Adjectae sunt in fine decisiones aliquot Rotae Romanae quibus dicta per Authorem corroborantur — *Avignon, J. Piot,* 1651, in-4°, feuillets liminaires - 640 - 102 p.

[Traité concernant le vice-légat, le vice-gérent, le recteur du Comtat et les autres juges d'Avignon et du Venaissin.]

2 ex. |4°, **778** et **3.915.**

— Autre édition. — *Genève, Ph. Gamonetus,* 1653, in-fol.

[Fol. **4.303.**

— Autre édit. — *Lyon, Ph. Borde, L. Arnaud et Cl. Rigaud,* 1659, in-fol.

[Fol. **1.123.**

— Autre édit. — *Lyon, L. Arnaud et P. Borde,* 1673, in-fol.

[Fol. **4.293.**

— Autre édit. — *Lyon, Deville et Chalmette,* 1729, in-fol.

[Fol. **1.124.**

— Autre édit. — *Ibidem, iidem,* 1734, in-fol.

[Fol. **4.294.**

TORCAPEL (Alfred) et ZACHAREWICZ (Ed.). — Carte agronomique de la commune d'Avignon, par MM. Torcapel,... et Zacharewicz. Notice explicative. — *Avignon, François Seguin,* 1898. in-8°, pièce (30 p.).

(Société d'agriculture de Vaucluse.)

2 ex. [8°, **28.592** et **31.008.**

— Carte agronomique de la commune de Morières. Notice explicative, par MM. Torcapel,... et Zacharewicz,... — *Avignon, impr. François Seguin,* 1896, in-8°, pièce (20 p.).

(Société d'agriculture de Vaucluse.)
Ex. avec la carte.

[8°, **30.034.**

Ex. sans la carte.

[8°, **30.011.**

— Carte agronomique des communes de S¹-Saturnin d'Avignon et Jonquerettes. Notice explicative, par MM. Torcapel,... et Zacharewicz,... — *Avignon, impr. François Seguin,* 1896, in-8°, pièce (19 p.).

(Société d'agriculture de Vaucluse.)

[8°, **29.906.**

— Carte agronomique de la commune de Sainte-Cécile. Notice explicative, par MM. Torcapel,... et Zacharewicz,... — *Avignon, François Seguin,* 1897, in-8°, pièce (20 p.).

(Société d'agriculture de Vaucluse.)

[8°, **30.529.**

TOULOUZET. — Discours prononcé par Monsieur Toulouzet, professeur de rhétorique, à la distribution des prix du collège royal d'Avignon, le 26 août 1824. — [*Avignon, impr. Aubanel*], s. d., in-4°, pièce (11 p.).

Fonds Chambaud et Requien.

2 ex. [**Ms. 2.535,** n° 55, et **2.970,** n° 124.

TOURNAL (Sabin). — Adresse à l'Assemblée nationale, Par Sabin Tournal, rédacteur du Courrier d'Avignon ; Par laquelle il refuse l'Amnistie, prononcée pour les crimes de Révolution d'Avignon et du Comtat, et demande que la procédure sur les événemens d'Avignon du 16 octobre 1791, soit continuée à son égard et jugée. Avignon, 31 août 1792... — S. l. n. d., in-4°, pièce (8 p.).

Fonds Chambaud et Requien.

2 ex. [**Ms. 2.524,** n° 66, et **2.961,** n° 54.

— Sabin Tournal, directeur des postes d'Avignon, au citoyen...

[Adresse aux anciens souscripteurs du *Courrier d'Avignon*, au sujet des injustices dont l'auteur prétend avoir été l'objet. 28 germinal an II]. — S. l. n. d., in-4°, placard.
Fonds Chambaud et Requien.
   2 ex. [**Ms. 2.527**, n° 37, et **2.964**, n° 108.

— Sabin Tournal, ci-devant rédacteur du *Courrier d'Avignon*, au comité de surveillance du département de Vaucluse séant à Avignon. Le 22 frimaire, l'an II... — S. l. n. d., in-4°, pièce (6 p.).
Fonds Chambaud et Requien.
   2 ex. [**Ms. 2.527**, n° 26, et **2.964**, n° 104.

— Sabin Tournal aux Jacobins de Paris. [18 juin 1793]. — S. l. n. d., in-fol., placard.
   [Atl. **315**, n° 141.

— Autre édition. — S. l. n. d., in-8°, pièce (1 ff. n. ch.).
Fonds Chambaud et Requien.
   2 ex. [**Ms. 2.543**, n° 18, et **2.993**, n° 41.

— Sabin Tournal, aux Souscripteurs du *Courrier d'Avignon*. [24 avril 1793]. — S. l. n. n., [1793], in-8°, pièce (1 ff. n. ch.).
   [**Ms. 2.993**, n° 34.

— Avis sur la reprise du *Courrier d'Avignon*, par Sabin Tournal. — *Avignon, impr. Sabin Tournal*, 1792, in-4°, pièce (1 p.).
   [**Ms. 2.961**, n° 55.

— [Circulaire de Sabin Tournal adressée aux souscripteurs du *Courrier d'Avignon*. 29 juin 1791]. — S. l. n. d., in-4°, pièce (1 ff. n. ch.).
[Signature autographe.]
Fonds Chambaud et Requien.
   3 ex. [**Ms. 2.523**, n° 102, **2.960**, n° 74, et **2.980**, n° 72.

— Dénonciation que fait Sabin Tournal, rédacteur du *Courrier d'Avignon*, à l'Accusateur public du département de Vaucluse, le 29 mai 1791 ; Au sujet de son Arrestation à la Palud, et des ordres donnés par la municipalité d'Avignon, pour le traduire dans cette dernière ville. — S. l. n. d., in-4°, pièce (8 p.).
Fonds Chambaud et Requien.
   2 ex. [**Ms. 2.523**, n° 89, et **2.960**, n° 66.

— Discours prononcé par Robinaux, substitut du procureur de la commune d'Avignon, lors de la plantation de l'arbre de la Liberté, à la rue de la Bonneterie, devant la maison de la poste aux lettres, le dimanche 28 octobre 1792... [Suit : Discours prononcé par Sabin Tournal, directeur des postes, lors de l'inauguration de l'arbre de la Liberté, dans le quartier qu'il habite, le 28 octobre 1792...]. — S. l. n. d., in-12, pièce (11 p.).
Fonds Chambaud et Requien.
   2 ex. [**Ms. 2.542**, n° 34, et **2.993**, n° 17.

— Note du Sr. Tournal, contre le Sr. J.-F. Berard, auteur du Journal Général de Commerce, et usurpateur du titre de Courrier d'Avignon. [30 mars 1791]. — S. l. n. d., in-4°, pièce (1 ff. n. ch.).
Fonds Chambaud et Requien.
   2 ex. [**Ms. 2.523**, n° 33, et **2.960**, n° 28.

— Nouvelles extraordinaires et très-intéressantes, sur le siège de Carpentras, fait par les Avignonois. [Par Sabin Tournal. 26 octobre 1790]. — [*Avignon, impr. des Patriotes*], s. d., in-12, pièce (4 p.).
Fonds Chambaud. [**Ms. 2.537**, n° 38.

— Réclamation et protestation du Sr. Sabin Tournal, contre le Conseil général de la commune d'Avignon. Au Conseil général de la commune assemblé aujourd'hui 30 juillet 1791. — *S. l. n. d.*, in-4°, pièce (1 ff. n. ch.).

Fonds Chambaud.

[**Ms. 2.523**, n° 118.

— Seconde adresse de Sabin Tournal aux souscripteurs du *Courrier d'Avignon*. — [*Avignon, impr. S. Tournal*, 1793], in-4°, pièce (1 ff. n. ch.).

[**Ms. 2.962**, n° 28.

— *Voir :* MINVIELLE frères, TOURNAL (Sabin) et autres. Lettres... au Ministre de la Justice. *S. l. n. d.*, in-8°.

[8°, **33.456**.

TOURNEFORT (Abbé LÉONARD-MELCHIOR), curé de Villes, puis de Sault. — A Son Altesse Royale Monsieur. La fontaine de Vaucluse. [*Signé :* l'Abbé L.-M. Tournefort, curé de Villes]. — *S. l. n. d.*, in-4°, pièce (11 ff. n. ch.).

2 ex. [**Ms. 2.934**, n° 8, et **2.947**, n° 11.

Autre ex. (avec une épigramme manuscrite sur Tournefort.)

[8°, **25.095**, n° 5.

— Les Admirations du curé de Villes sur la basilique de S. Pierre de Rome, suivies de quelques autres opuscules relatifs... [*Signé :* Léonard Tournefort, curé de Villes]. — *Rome, A. Fulgoni*, 1794, in-8°, 64 p.

[8°, **28.600**.

— L'ami de la patrie, et de la vérité. Aux habitans du Comté Venaissin, par M. l'abbé Tournefort,... — *Carpentras, D.-G. Quenin*, 1790, pet. in-8°, pièce (15 p.).

Fonds Chambaud et Requien.

2 ex. [8°, **25.095**, n° 7, et **27.230**, n° 35.

— Discours prononcé par le curé de la paroisse de Sault [L.-M. Tournefort], le 5 messidor an XII (24 juin 1804), sur l'heureux avènement de Napoléon Bonaparte, à la dignité suprême d'Empereur des Français. — [*Carpentras, J.-A. Proyet*, an XII], in-8°, pièce (31 p.).

2 ex. [8°, **25.095**, n° 4. — **Ms. 3.018**, n° 9.

— Discours prononcé par le Curé de la ville de Sault [L.-M. Tournefort], le jour de son installation, 4 thermidor an XI (23 juillet 1803). — [*Carpentras, imp. J.-A. Proyet*, an XI], in-8°, pièce (15 p.).

Fonds Chambaud et Requien.

2 ex. [**Ms. 2.546**, n° 42, et **3.015**, n° 10.

— Discours prononcés dans la paroisse de*** [Villes], imprimés pour en être distribués *gratis* des exemplaires dans la même paroisse et ailleurs. [Par L.-M. Tournefort]. — *Carpentras, D.-G. Quenin*, 1786, in-12, 72 p.

[8°, **29.815**.

— Hommage à la vertu, opuscule extrait des quarante dialogues manuscrits qui forment une partie du système universel, élémentaire, littéraire, religieux, politique et moral de l'abbé Tournefort, curé de Villes. — *Carpentras, D.-G. Quenin*, 1787, in-16, 52 p.

[8°, **33.764**.

TOURNEFORT (Abbé L.-M.). — TOURREAU (DE).

— Hommage du curé de Villes A son Excellence Mgr. Philomarino, vice-légat... [*Signé* : L.-M. Tournefort, curé de Villes]. — S. l. n. d., in-4°, pièce (II ff. n. ch.).
[**Ms. 2.934**, n° 7.

— Philaréte ou le triomphe de la vertu, ouvrage en prose, divisé en deux parties, contenant trente-six dialogues ; dédié à Sa Majesté Napoléon Ier... S'entretiendront et déclameront, en plusieurs séances, sous la direction de M. Tournefort, curé de Sault, MM... [*Suit* : Les nouveaux Triomphes de Sa Majesté Napoléon Ier... contre la dernière coalition du Nord. Ode]. — [*Carpentras, J.-A. Proyet*, 1807], in-4°, pièce (VI ff. n. ch.).
Fonds Requien et Cottier.
2 ex. [4°, **7.265**. — 8°, **25.095**, n° 2.

— La réunion des muses avec Thémis, poème allégorique dédié à Son Excellence, Monseigneur Durini, archevêque d'Ancyre, président et pro-légat d'Avignon et du Comtat Venaissin. [Par L.-M. Tournefort]. — S. l. n. d., pet. in-8°, pièce (4 p.).
[8°, **25.095**, n° 3.

— Stances sur le passage de S. M. Napoléon Ier, empereur des Français, et roi d'Italie et d'Espagne, dédiées à Monsieur le Préfet du Département de Vaucluse. [*Signé* : Léonard-Melchior Tournefort]. — [*Carpentras, J.-A. Proyet*, 1808], pet. in-8°, pièce (IV ff. n. ch.).
[8°, **25.095**, n° 6.

TOURNEL. — Adresse aux Amis de la Constitution [d'Avignon. 27 mai 1791. *Signé* : Tournel,...]

— S. l. n. d., in-4°, pièce (1 ff. n. ch.).
Fonds Chambaud et Requien.
2 ex. [**Ms. 2.523**, n° 87, et **2.960**, n° 65.

TOURNOUER (R.). — *Voir* : GAUDRY (Albert), FISCHER (P.) et TOURNOUER (R.). Animaux fossiles du mont Léberon. *Paris*, 1873, in-4°.
H. N. [**Fol. 31**.

TOURREAU (DE). — Discours prononcé par M. de Tourreau, colonel de la Garde citoyenne de la ville de Sarrians, à l'Assemblée représentative du comté Venaissin, dans la séance du 4 septembre 1790... — [*Carpentras, D.-G. Quenin*], s. d., in-4°, pièce (II ff. n. ch.).
Fonds Chambaud et Requien.
2 ex. [**Ms. 2.522**, n° 91, et **2.959**, n° 39.

TOURREAU. — Rivières et montagnes. 22 novembre 1842. [Contre le déboisement et pour l'établissement de bâteaux-dragueurs à l'embouchure du Rhône. *Signé* : Tourreau]. — [*Avignon, impr. Jacquet*, 1842], in-8°, pièce (4 p.).
[**Ms. 3.008**, n° 64.

TOURREAU (FRANÇOIS-PAUL-BÉNÉZET DE). Extrac ou quite en 1833 des plaintes, protestations et réclamations d'un maire en 1818 [au sujet des irrigations de la commune de Sarrians. *Signé* : François-Paul-Bénézet de Tourreau]. — *Avignon, imp. Vve Guichard aîné*, 1833, in-4°, VIII-131 p.
[4°, **4.383**.

— Rapport fait par l'ancien maire de Sarrians à l'assemblée générale des arroseurs des eaux de l'Ouvèze, le 20 avril 1824. [Au sujet du procès de la communauté de Sarrians avec le vicomte de Causans. *Signé* : Tourreau]. — *Avignon, Guichard aîné*, 1824, in-8°, pièce (36 p.).

[8°, **33.317**.

— Réplique à M. le vicomte de Causans. [Sur le procès de la communauté de Sarrians avec le vicomte de Causans, au sujet de l'arrosage de l'Ouvèze. *Signé* : Tourreau]. — [*Avignon, Guichard aîné*], s. d. [1826], in-12, pièce (12 p.).

[8°, **33.316**.

TRACHSEL (C.-F.). — Franciscus Petrarcha nuncius apud rempublicam Venetam pax fecit cum Januensis. Médaille originale et authentique du XIV° siècle jusqu'ici inédite modelée par Memmi, dit Maître Simon de Sienne, publiée par C.-F. Trachsel... — [*Lausanne, impr. Georges Bridel et Cie*], 1900, in-8°, pièce (14 p.).

Don de l'auteur. [8°, **32.210**.

— Laurea Noves. Petrarc Amata. Médaille originale du XIV° siècle jusqu'à présent inédite, décrite par C.-F. Traschsel... — *Paris, Société française de numismatique*, 1895, in-8°, pièce (10 p.), pl.

(Extrait de l'*Annuaire de la Société de Numismatique*, 1895.)
Don de l'auteur.

[8°, **29.653**.

TRAITÉ historique de la succession à la principauté d'Orange. — *Paris, Vve Claude Barbin*, 1702, in-12, 56 p.

[8°, **26.618**.

TRAITÉ sur la culture des terres, par un cultivateur propriétaire du département de Vaucluse. — *S. l. n. d.*, in-8°, pièce (8 p.).

3 ex. [8°, **27.233**, fol. 106. — H. N. 8°, **1.602** et **1.563**, n° 5.

TRAMIER. — Compliment fait par Mr. l'avocat Tramier de Venasque, à M. Chastel de Malaucène, lors de son admission au notariat le 3° août 1781. — *S. l. n. d.*, in-32, pièce (2 p.).

[8°, **27.233**, fol. 27.

TRESSY (Jean). — Rapport fait à la Société des Amis de la Constitution à Orange, par Jean Tressy, laboureur, l'un de ses membres. — [*Orange, impr. du Journal des Ecclésiastiques Constitutionnels*, 1790], in-12, pièce (4 p.).

[Ms. **2.988**, n° 52.

TRICHAUD (Abbé J.-M.). — Un vrai gentilhomme ami du peuple au XVI° siècle. Sébastien de Seguins, seigneur de la Roque-sur-Pernes, par l'abbé J.-M. Trichaud,... — *Marseille, M. Lebon*, 1872, in-8°, 71 p.

[8°, **25.940**.

2° ex. (avec notes manuscrites de l'auteur).

[8°, **26.939**.

TRIE. — *Voir* : Corbeau de Saint Allin (P.-L.-A.) et Trie. Rapport... de leur mission dans le ci-devant Comtat Venaissin. — *S. l. n. d.*, in-12.

[Ms. **2.989**, n° 17.

— 2° édit. *Avignon*, [1791], in-12.

[8°, **33.457**.

TRINQUELAGUE (Le Bon C.-F. de). — Eloge d'Esprit Fléchier, évêque de Nismes, discours qui a remporté le prix de l'Académie royale de Nismes, en 1776, par

M. Trinquelague,... — *Nismes, P. Beaume et Buchet*, 1776, in-8°, 57 p.

[8°, **26.927**, n° 8.

Autre ex. (56 p.).

[8°, **29.737**.

TRIOMPHE (Le) de la paix, balet, dansé à Avignon, au mois de février de l'année 1661, en présence de Monseigneur Gaspar de Lascaris... vicelegat et gouverneur general... en la ville et legation d'Avignon... — *Avignon, G. Bramereau*, 1661, in-4°, pièce (17 p.).

Fonds Massilian-Moutte.

[Ms. **2.439**, n° 9.

TRONCHET (François-Denis).— Bulletin de l'Assemblée Nationale. Séance vespertinale du 27 août [1790. Rapport par F.-D. Tronchet sur l'affaire d'Avignon]. — *S. l. n. d.*, in-8°, pièce (2 p.).

Fonds Chambaud et Requien.

2 ex. [Ms. **2.537**, n° 25, et **2.988**, n° 16.

TROUBAT (Jules).— Jules Troubat. Un félibre avant la lettre : Antony Réal. Etude extraite de la revue « La Province »... — *Paris, Librairie de la Province*, 1896, in-8°, pièce (8 p.).

[8°, **35.076**.

TROUILLET (Abbé H.).— L'abbé H. Trouillet... Une âme de prêtre. M. l'abbé Albert Deville ; essai biographique d'après ses notes intimes. — *Avignon, Aubanel*, 1912, in-12, xv-184 p.

Don de M. J. Girard.

[8°, **37.757**.

— Abbé Henry Trouillet. Une cloche historique à Buisson ;

épisode des guerres religieuses dans le Comtat. — *Avignon, François Seguin*, 1894, in-12, pièce (24 p.).

Don de l'auteur.

[8°, **29.365**.

TRUC (Joseph-Marie). — Lettre du citoyen Joseph-Marie Truc, à un de ses amis, relativement à un écrit répandu contre lui par le citoyen Joseph-Véran Bernard, de Vaureas.[16 messidor an IV]. — [*Carpentras, J.-A. Proyet*], s. d., in-4°, pièce (11 ff. n. ch.).

Fonds Cottier.

[4°, **7.270**.

TRUCHEMENT (Abbé). — Panégyrique du bienheureux Laurent de Brindes, général de l'Ordre des Capucins, prêché à la fête de sa béatification, dans l'église des Capucins de Cavaillon, par Monsieur l'abbé Truchement.— *Avignon, Jean Aubert*, 1784, in-12, 46 p., port.

2 ex. [8°, **19.827** et **24.401**.

TRUCHIS (Vicomte Pierre de). — *Voir* : Congrès archéologique de France. LXXVI° session tenue à Avignon en 1909... *Paris-Caen*, 1910, in-8°.

[8°, **37.750**.

TUDÈLE (Guillaume de).— *Voir* : Chanson (La) de la Croisade contre les Albigeois... *Paris*, 1875-79, 2 vol. in-8°.

[8°, **8.444**.

TULLE (Le P. Charles-Joseph) S. J. — Les Rejoüyssances faites pour la naissance de Monseigneur le dauphin : avec un recueil de quelques pièces composées sur ce sujet... [*Dédicace signée* : Charles Tulle,...]. —

Avignon, G. Bramereau, 1662, in-4°, 54 p.

Fonds Massilian-Moutte et Requien.

2 ex. [**Ms. 2.439**, n° 10, et **2.954**, n° 21.

TULLE (François de). — Alexandri VIII. Pont. Max. oratio panegyrica Inter solemnia quæ pro illius inauguratione celebraverunt clerus, senatus, populusque Aven. Habita in Templo Franciscano pridiè nonas Decemb. MDCLXXXIX à... D. Abbate Francisco de Tvllia,...

— *Avignon, G.-L. Lemolt,* 1690, in-4°, pièce (18 p.).

Fonds Massilian-Moutte et Requien.

3 ex. [**Ms. 2.439**, n° 20, **2.451**, n°s 34 et 35, et **2.940**, n° 11.

TURC. — [Mémoire justificatif du Sr Turc pour le retard mis à la livraison du blé qu'il s'était engagé à fournir à la ville d'Avignon. 8 février 1749]. — *S. l. n. d.*, in-4°, pièce (6 p.).

Fonds Massilian-Moutte et Requien.

2 ex. [**Ms 2.448**, n° 48, et **2.944**, n° 66.

U

UBALDO (Francesco). — Francisci Ubaldi jvrisconsvlti Pervsini oratio Avenione habita die XVII. decembris M.DC.VIII. in amplissimo, et primario legvm avditorio, cvm eo primvm docendi jvris civilis cavsa accederet. — *Avignon, J. Bramereau,* 1609, in-4°, pièce (32 p.).

(Au titre, armoiries du légat Scipion Borghèse, gravées par Sarret.)
Fonds Massilian-Moutte et Requien.

2 ex. [**Ms. 2.451**, n° 8, et **2.924**, n° 9.

UBAYE (Le P. Paul d'). — *Voir:* Paul d'Ubaye (Le P.).

UGONI (Camille). — Trad. Foscolo (Ugo). Saggi sopra il Petrarca... *S. l. n. d.*, in-8°.

[8°, **27.002**.

ULLOA (Dom François Tabarès de). — *Voir :* Tabarès de Ulloa (Dom François).

UN Avignonais à ses concitoyens. Vivent (*sic*) la République Française une et indivisible. Vivent les Marseillais. — *S. l. n. d.* [1793], in-8°, pièce (7 p.).

[**Ms. 2.993**, n° 49.

UN mot sur l'adjonction du canton de Malaucène à l'arrondissement de Carpentras. — [*Avignon, impr. Bonnet,* 1843], in-4°, pièce (4 p.).

[**Ms. 2.979**, n° 21.

UN mot sur les affaires du jour [Au sujet de la municipalité d'Avignon, 3 août 1791]. — *S. l. n. d.* [1791], in-8°, pièce (4 p.).

Fonds Chambaud et Requien.

2 ex. [**Ms. 2.539**, n° 35, et **2.990**, n° 40.

UN nouveau complot tombé dans l'*os*. Lettre de M. Mahul, préfet de Vaucluse, à son beau-frère M. Dejean, directeur général des polices du royaume. — *Le Charivari*, n° du 17 juin 1839, pièce.

[Pamphlet contre le préfet Mahul.]

[**Ms. 2.976**, n° 45.

UN petit mot au Sieur L*** [Lieutard], général des Insurgens, à Cavaillon. — *S. l. n. d.* [20 octobre 1789], in-8°, pièce (12 p.).
Fonds Chambaud et Requien.

2 ex. [8°, **32.400**. — Ms. **3.016**, n° 3.

UN psautier provençal de 1265. [Note sur un psautier ayant appartenu au Monastère des Célestins de Gentilly à Sorgues (Vaucluse)]. — *Francfort, Joseph Baer et Cie*, 1907, in-4°, pièce (19 p.), pl.
Don de l'éditeur.

[4°, **7.432**.

UNE Excursion à la Chartreuse des Massacans. — *St-Etienne, A. Waton*, 1904, in-8°, pièce (8 p.), fig.
Don de M. J. Chauvet.

[8°, **34.795**.

UNE funeste léthargie. Petite Némésis provinciale, par un provincial qui aime son pays. [Critique de l'administration municipale d'Avignon]. — *Avignon, impr. Jacquet et Joudou*, [1839], in-8°, pièce (19 p.).

[Ms. **3.006**, n° 28.

UNE observation de rage lue à la Société de médecine de Vaucluse, dans la séance du 13 décembre 1882. — *S. l. n. d.*, in-8°, pièce (24 p.).
Don de M. le Dr A. Pamard.

[8°, **38.364**.

UNE question importante. [Assainissement moral d'Avignon]. — [*Avignon, impr. François Seguin*, 1898], in-8°, pièce (6 p.).

[8°, **30.872**.

URBAIN IV, pape. — Les registres d'Urbain IV (1261-1264), recueil des bulles de ce pape publiées ou analysées... par MM. Léon Dorez et Jean Guiraud... — *Paris, Fontemoing*, 1899-1906, 11 fasc., in-4°.
(Bibliothèque des Écoles françaises d'Athènes et de Rome.)
Dépôt de l'Etat.

[Fol. **5.289**.

URBAIN V, pape. — Lettres secrètes et curiales du pape Urbain V (1362-1370) se rapportant à la France, publiées ou analysées ... par Paul Lecacheux,... — *Paris, A. Fontemoing*, 1902-1906, 2 fasc. in-4°.
(Bibliothèque des Écoles françaises d'Athènes et de Rome.)
Dépôt de l'État.

[Fol. **5.301**.

URBANI (D.). — Per la Commemorazione in Arquà del quinto Centenario dalla morte di Francesco Petrarca. [*Signé* : D. Urbani]. — [*Venezia, G. Cecchini*, 1874], in-32, pièce (III ff. n. ch.).

[8°, **34.582**.

URBIN (Mis D'). — Crillon. Inauguration de sa statue à Avignon (3 mai 1858). [*Signé* : Mis d'Urbin]. — [*Paris, impr. Dubuisson et Cie*, 1858], in-8°, pièce (4 p.).

2 ex. [8°, **29,430**, n° 2, et **31.778**.

V

V. — Lettre de M. V..., négociant d'Avignon, à l'auteur des Soirées lyonnaises et provençales [sur l'agriculture et l'industrie du département de Vaucluse]. — *Bulletin de Lyon*, n° du 29 mars 1909.

[Ms. **2.969**, n° 36.

V. (J.). — Ode à Son Excellence Monseigneur le duc de Crillon au sujet de la prise de Mahon. [*Signé* : Par J. V.]. — *S. l. n. d.*, in-8°, pièce (11 ff. n. ch.).

[A l'occasion de l'arrivée à Avignon du duc de Crillon, en 1783.]

[8°, **25.072**, n° 16.

VACHEZ (A.). — La Chartreuse de Sainte-Croix-en-Jarez, par A. Vachez... — *Lyon, L. Brun et Effantin, etc.*, 1904, in-8°, 314 p. et 1 appendice de 8 p., pl.

[Contient une notice et des documents sur D. Polycarpe de la Rivière.]
Don de l'auteur.

[4°, **7.440**.

VACHIER (Abbé), proviseur du Collège royal d'Avignon. — Instruction sur le Jubilé, pour les élèves du Collège Royal d'Avignon, par M. l'abbé Vachier,... — *Avignon, Guichard aîné*, 1826, in-8°, pièce (32 p.).

3 ex. [8°, **23.817** et **29.486**.— Ms. **3.001**, n° 34.

VAILHEN (Joseph). — Essais d'un abrégé chronologique sur Villeneuve-lez-Avignon... [*Dédicace signée* : Joseph Vailhen, ...]. — *Avignon, M. Chave*, 1744, in-8°, 53 p. - 11 ff. n. ch.

3 ex. [8°, **14.745**, **26.325** et **28.861**, n° 5.

— Memoire et instruction sur la fondation de l'eglise royale collegiale et venerable chapitre Notre-Dame de Villeneuve-lez-Avignon, contre les abus et les usages. Par Messire Joseph Vailhen,... — *Avignon, M. Chave*, 1747, in-fol., pièce (1 ff. n. ch. - 24 p.).

Fonds Massilian-Moutte.

[Ms. **2.451**, n° 20.

VAISON capitale des Voconces. — [*Orange, impr. J.-B. Clavel*, 1856], in-8°, pièce (16 p.).

[8°, **27.748**.

VAISSÈTE ou VAISSETTE (Dominique-Joseph). — *Voir* : Vic (Claude de) et Vaissette (Dominique-Joseph). Histoire générale de Languedoc... *Paris*, 1730-45, 5 vol. in-fol.

[Fol. **4.223**.

— Nouvelle édition. *Toulouse*, 1872-1905, 16 vol. in-4°.

2 ex. [4°, **4.266** et **4.496**.

VAISSETTE (Dominique-Joseph). — *Voir* : Vaissète ou Vaissette (Dominique-Joseph).

VAISSIÈRES (François-Silvestre). — *Voir* : Gleyse-Crivelli (Pierre-Vincent) et Vaissières (François-Silvestre). [Lettres et déclarations...]. *Bibliothèque historique*, t. V, 1819.

[Ms. **3.015**, n° 53.

VALABRÈGUE (André). — *Voir* : Montricher (Henri de) et Valabrègue (André). L'assainissement d'Avignon... *Avignon*, 1897, in-4°.

[4°, **5.109**.

VALADIER (Le P. André). — Voir : Valladier (Le P. André).

VALAYER (Louis). — Justes réclamations des agriculteurs riverains de la Durance contre les prétentions exorbitantes de Marseille. Rapport présenté à la Société d'Agriculture de Vaucluse dans la séance du 4 février 1896, par M. Louis Valayer... — *Avignon, François Seguin*, 1896, in-8°, pièce (30 p.).

[8°, **29.719**.

— Louis Valayer... Pain blanc et pain bis. Rapport présenté à la Société d'Agriculture de Vaucluse dans la séance du 3 décembre 1895. — *Avignon, François Seguin*, 1895, in-8°, pièce (21 p.).

[8°, **29.699**.

— Rapport de la commission de la Société d'agriculture de Vaucluse nommée pour étudier la question du blé et du pain, présenté à la Société d'agriculture de Vaucluse dans la séance du 4 juin 1885, par M. L. Valayer,... — *Avignon, François Seguin*, 1895, in-8°, pièce (30 p.).

[8°, **29.566**.

— Ville d'Avignon. L'œuvre municipale ; gestion de la municipalité Valayer. 18 mois de mandat (août 1910-mai 1912). [Par Louis Valayer]. — *Avignon, impr. H. Offray*, 1912, in-8°, pièce (17 p.).

2 ex. [8°, **37.814** et **38.363**.

VALAYER (Placide-Bruno). — Fragmens du discours prononcé par M. Placide-Bruno Valayer, curé de Vauréas, le trente janvier mil huit cent onze. — Voir : Procès-verbal dressé à l'occasion de la pierre sépulcrale que Son Eminence Mgr le cardinal Maury, archevêque de Paris, a fait poser sur le tombeau de ses père et mère... [*Avignon*, 1811], in-12.

[8°, **27.231**, n° 43.

— Lettre pastorale de Monseigneur l'évêque de Verdun [Placide-Bruno Valayer], à l'occasion de sa prise de possession. — *Paris, impr. A. Le Clere*, 1833, in-4°, pièce (15 p.).

[Ms. **2.973**, n° 55.

VALENTIANUS (Franciscus). — De S. Catharinae Alexandriæ passæ laudibus et martyrio. Oratio... A Francisco Valentiano, Avenionensi, octavo ætatis suæ anno, Avenione habita, in illius D. ædibus, et die illi sacro, ann. Dom. M.DC.XVI. — *Avignon, J. Bramereau*, 1616, in-16, pièce (26 p.).

(Entre les p. 6 et 7, portrait de l'auteur, gravé par Beuf.)
Fonds Massilian-Moutte et Requien.

2 ex. [8°, **31.836**, n° 5. — Ms. **2.446**, n° 1.

VALENTINELLI (Abbé Joseph). — Codici manoscritti d'opere di Francesco Petrarca od a lui riferentisi posseduti dalla biblioteca Marciana di Venezia ed illustrati Dall'Ab. Giuseppe Valentinelli... — *Venise, typ. Giovanni Cecchini*, 1874, in-4°, 107 p.

(Extrait du livre *Petrarca e Venezia...* publié à l'occasion du 5° centenaire de Pétrarque.)

[4°, **3.047**.

VALENTINO. — *Pseud. de* Llorente (Teodor).

VALÈRE - MARTIN (Valère-Joseph-Elzéar-Hyacinthe Mar-

TIN, *dit*). — A ceux qui aiment la vérité et la justice et aux autres. [*Signé* : J. Valère-Martin]. — *Avignon, typ. Bonnet fils*, [1866], in-8°, pièce (10 p.).
[Pamphlet intéressant Cavaillon.]

[8°, **29.865**.

— Notice biographique sur le R. P. Véran, capucin, par M. Valère-Martin,... — *Avignon, Seguin aîné*, 1855, in-8°, pièce (36 p.).

2 ex. [8°, **28.799** et **31.640**

— Reliquiæ ou ce qui reste du couvent des capucins de Cavaillon... par J. Valère-Martin... — *Avignon, typ. F. Seguin aîné*, 1877, in-8°, 283 p. - II ff. n. ch.

[8°, **11.630**.

VALÉRIAN (ANDRÉ). — Illustrissimo... D. Laurentio Cursio, ex comitibus Gaiacii... pro-legato Avenionensi, et supremo armorum in eadem legatione administratori. Andreas Valerian, Sampiritensis. D. D. — *Sans frontispice*, in-4°, pièce (8 p.).
Fonds Massilian-Moutte.

[**Ms. 2.431**, n° 33.

VALERNES (Vic^{te} EDOUARD DE). — A Messieurs les membres de la Société centrale d'agriculture de l'arrondissement d'Avignon. [*Signé* : Le Vte Edouard de Valernes, 18 mars 1826]. — *S. l. n. d.*, in-4°, pièce (4 p.).

[**Ms. 2.971**, n° 23.

VALLA (Abbé L.). — Notre-Dame des Doms (Avignon) ; histoire et guide, par l'abbé L. Valla. — *Montpellier, Manufacture de la Charité*, 1913, in-12, 90 p., fig. et pl.
Don de l'auteur.

[8°, **38.975**.

— Villeneuve-les-Avignon (Gard); guide du voyageur et notes historiques, par l'abbé L. Valla... — *Montpellier, Manufacture de la Charité*, s. d., in-12, 340 p., port. et fig.

[8°, **38.104**.

VALLADIER (Le P. ANDRÉ). — Labyrinthe royal de l'Hercule gaulois triomphant sur le suject des fortunes, batailles, victoires, trophées, triomphes, mariage, et autres faicts héroïques et memorables de Tres-Auguste et Tres-Chrestien Prince Henri IIII, Roy de France et de Navarre, représenté à l'entrée triomphante de la Royne en la cité d'Avignon, le 19 novembre l'an MDC, ou sont contenuës les Magnificences et triomphes dressez à cet effect par ladicte ville.[Par le P. André Valladier]. — *Avignon, Jacques Bramereau*, [1601], in-4°, XII ff. n. ch.- 244 p.
Frontispice et 14 pl. gravées par Mathieu Greuter.
Fonds Requien (Ex-libris Tonduti-Blauvac).

[4°, **3.858**.

Ex. avec notes manuscrites.

[4°, **4.258**.

Autre ex.

[4°, **2.849**.

VALLAVIEILLE (F. DE). — La Défense des Eglises ; rapport sur le concours pour le prix d'honneur fondé par les Anciens Élèves du Collège St-Joseph [d'Avignon] présenté à la distribution des prix le 18 juillet 1912, par F. de Vallavieille... — *Avignon, F. Seguin*, 1912, in-8°, pièce (17 p.).
Don de M. F. Seguin.

[8°, **38.102**.

VALLÉE (L.-L.). — Du Rhône et du lac de Genève ou des grands travaux à exécuter pour la navigation du Léman à la mer, par L.-L. Vallée,... — *Paris, L. Mathias*, 1843, in-8°, xvi-306 p., pl.

[8°, **20.946**.

VALLENTIN (FLORIAN). — Les Alpes Cottiennes et Graies ; géographie gallo-romaine par Florian Vallentin. — *Paris, H. Champion*, 1883, in-8°, 113 p., cart.

Don de l'auteur.

[8°, **14.253**.

— La colonie latine Augusta Tricastinorum, par Florian Vallentin. — *Vienne, E.-J. Savigné*, 1883, in-8°, pièce (23 p.), pl.

Don de l'auteur.

[8°, **14.252**.

— Mythologie gauloise. Le culte des Matræ dans la cité des Voconces, d'après les monuments épigraphiques, par Florian Vallentin. — *Paris, Honoré Champion*, 1880, in-8°, pièce (32 p.).

Don de l'auteur.

[8°, **14.245**.

— La voie d'Agrippa de Lugdunum au Rhone Massalia, par Florian Vallentin. — *Paris, H. Champion*, 1880, in-8°, pièce (23 p.).

(Extrait de la *Revue du Dauphiné et du Vivarais*, 1880.)
Don de l'auteur.

[8°, **14.247**.

VALLENTIN (ROGER). — *Voir* : VALLENTIN DU CHEYLARD (Roger).

VALLENTIN DU CHEYLARD (ROGER). — Antiquités découvertes à Vaison et à Orange, par R. Vallentin du Cheylard. — *Caen, impr. Delesques*, 1911, in-12, pièce (37 p.), fig. et pl.

(Extrait du Compte rendu du LXXVIe Congrès archéologique de France, tenu en 1909, à Avignon.)
Don de l'auteur.

[8°, **37.143**.

— Roger Vallentin. L'atelier monétaire d'Avignon en 1589. — *Avignon, Seguin frères*, 1889, in-8°, pièce (20 p.).

(Extrait des *Mémoires de l'Académie de Vaucluse*, 1889.)
Don de l'auteur.

[8°, **14.271**.

— R. V. C. [Roger Vallentin du Cheylard]. Brûlement de quelques livres à Grenoble. 1744-1754. — *Grenoble, impr. Allier*, 1913, in-8°, pièce (18 p.).

[Notes sur quelques livres imprimés à Avignon.]
(Extrait de la *Petite Revue des bibliophiles dauphinois*, 1913.)
Don de l'auteur.

[4°, **8.798**.

— Contremarque sur un aureus de Vespasien [conservé dans le médaillier de M. A. Sagnier. Signé : Roger Vallentin]. — [*Bruxelles, Fr. Gobbaerts*, 1890], in-8°, pièce (4 p.).

(Extrait de la *Revue belge de numismatique*, 1890.)
Don de l'auteur.

[8°, **14.277**.

— Contremarques sur des monnaies d'argent de la République romaine trouvées dans le territoire des Vocontii, par Roger Vallentin. — *Valence, impr. Jules Céas et fils*, 1888, in-8°, pièce (14 p.).

(Extrait du *Bulletin d'archéologie et de statistique de la Drôme*.)
Don de l'auteur.

[8°, **14.267**.

— Roger Vallentin. Du degré d'instruction du personnel des

monnaies d'Avignon et de Villeneuve-lez-Avignon à la fin du XVIe siècle. — *Bruxelles, J. Goemaere*, 1892, in-8°, pièce (21 p.), pl.

(Mémoire présenté au Congrès international de Numismatique de Bruxelles.)
Don de l'auteur.
[8°, **27.491**.

— Roger Vallentin. Deux lacunes de la numismatique papale d'Avignon. — *Bruxelles, J. Goemaere*, 1891, in-8°, pièce (8 p.).

(Extrait de la *Revue belge de Numismatique*, 1891.)
Don de l'auteur.
[8°, **31.705**.

— Roger Vallentin… Deux sceaux inédits. — *Avignon, Seguin frères*, 1891, in-8°, pièce (12 p.), grav.

[Sceaux d'Étienne de Marlbac, des FF. Mineurs, et d'André de Cruce, notaire.]
(Extrait des *Mémoires de l'Académie de Vaucluse*, 1891.)
Don de l'auteur.
[8°, **27.606**.

— Les doubles tournois et les deniers tournois frappés à Villeneuve-lez-Avignon pendant le règne de Louis XIII (1610-1643) par Roger Vallentin. — *Avignon, impr. Seguin*, 1888, in-8°, pièce (31 p.)

(Extrait des *Mémoires de l'Académie de de Vaucluse*, 1888.)
Don de l'auteur.
[8°, **14.264**.

— Roger Vallentin. Les écus d'or avignonais du pape Paul III (1535). — *Paris, Société française de numismatique*, 1890, in-8°, pièce (15 p.).

(Extrait de l'*Annuaire de la Société de Numismatique*, 1890.)
Don de l'auteur.
[4°, **9.117**.

— Marques de la confrérie du Saint-Esprit de l'aumône de la rue de l'Épicerie et de l'Aumône générale d'Avignon, par Roger Vallentin. — *Bruxelles, J. Goemaere*, 1892, in-8°, pièce (17 p.).

(Extrait de la *Revue belge de Numismatique*, 1892.)
Don de l'auteur.
[8°, **31.706**.

— Du mode de nomination des prévots généraux de la monnaie d'Avignon, par Roger Vallentin. — *Genève, rédaction de la Revue*, 1892, in-8°, pièce (46 p.).

(Extrait de la *Revue Suisse de Numismatique*, 1892.)
Don de l'auteur.
[8°, **27.492**.

— Notes sur le monnayage Avignonais du pape Urbain VIII (1623-1644), par R. Vallentin du Cheylard. — *Bruxelles, imp. Goemaere*, 1908, in-8°, pièce (15 p.).

(Extrait de la *Revue belge de Numismatique*, n° 2 de 1908.)
Don de l'auteur.
[8°, **36.808**.

— Notes sur les doubles tournois de Frédéric-Henri, prince d'Orange (1625-1647), par Roger Vallentin. — *Avignon, impr. H. Guigou*, 1888, in-8°, pièce (16 p.).

Don de l'auteur.
[8°, **14.265**.

— Numismatique avignonaise du pape Clément VII (1523-1534), par Roger Vallentin,… — *Genève, impr. P. Dubois*, 1890, in-8°, pièce (9 p.).

(Extrait du *Bulletin de la Société suisse de Numismatique*, IX, 4.)
Don de l'auteur.
[8°, **31.707**.

— Roger Vallentin. Le parlement général des ouvriers et des

monnayers du serment de l'Empire tenu à Avignon en mai 1531. — *Paris, Société française de Numismatique*, 1889, in-8°, pièce (15 p.).

(Extrait de l'*Annuaire de la Société de Numismatique*, 1889.)
Don de l'auteur.
[8°, **14.275**.

— Roger Vallentin. Philibert Ferrier, vice-légat d'Avignon (1541). — *Avignon, Seguin frères*, 1890, in-8°, pièce (14 p.).

(Extrait des *Mémoires de l'Académie de Vaucluse*, 1890.)
Don de l'auteur.
[8°, **14.281**.

— Roger Vallentin. Les pinatelles d'Urbain VII (1590). — *Avignon, Seguin frères*, 1889, in-8°, pièce (11 p.).

(Extrait des *Mémoires de l'Académie de Vaucluse*, 1888.)
Don de l'auteur.
[8°, **14.269**.

— Les pointes de flèche en bronze du Musée Calvet, par Roger Vallentin… — *Avignon, impr. Henri Guigou*, 1888, in-8°, pièce (8 p.), pl.

Don de l'auteur.
[8°, **14.266**.

— Roger Vallentin. Des produits de la charge des prévots généraux de la monnaie d'Avignon. — *Paris, Société française de Numismatique*, 1893, in-8°, pièce (8 p.).

(Extrait de l'*Annuaire de la Société de Numismatique*, 1893.)
Don de l'auteur.
[4°, **5.014**.

— Quatre poids avignonais inédits, par Roger Vallentin. — *Avignon, Seguin frères*, 1890, in-8°, pièce (12 p.), pl.

(Extrait des *Mémoires de l'Académie de Vaucluse*, 1889.)
Don de l'auteur.
[4°, **9.120**.

— R. Vallentin du Cheylard. [Par R. Vallentin du Cheylard]. — *Paris, R. Wagner*, s. d., in-12, pièce (13 p.), port.

(Extrait du *Dictionnaire biographique de la Drôme*.)
Don de l'auteur.
[8°, **37.507**.

— Sault avant l'histoire. Etude sur les pointes de flèche en bronze, par Roger Vallentin… — *Avignon, Seguin frères*, 1887, in-8°, pièce (7 p.), pl.

(Extrait des *Mémoires de l'Académie de Vaucluse*, 1887.)
Don de l'auteur.
[8°, **14.262**.

— Sault avant l'histoire. Note sur sept pointes de flèche en lames affûtées, par Roger Vallentin… — *Avignon, impr. H. Guigou*, 1887, in-12, pièce (8 p.).

Don de l'auteur.
[8°, **14.231**.

— Seel de Raymon d'Aurengua, par R. Vallentin du Cheylard. — *Bruxelles, impr. Goemaere*, 1910, in-8°, pièce (paginé 385-404).

(Congrès international de numismatique et d'art de la médaille, Bruxelles, 1910.)
Don de l'auteur.
[8°, **37.141**.

— Le seigneuriage des ateliers pontificaux de Sorgues, d'Avignon et de Carpentras, par Roger Vallentin. — *Genève, impr. L.-F. Jarrys*, 1893, in-8°, pièce (14 p.).

(Extrait de la *Revue suisse de Numismatique*, 3ᵉ année.)
Don de l'auteur.
[8°, **31.702**.

— Roger Vallentin. Un atelier monétaire à Courthézon (1270). — *Avignon, Seguin frères*, 1892, in-8°, pièce (7 p.).

(Extrait des *Mémoires de l'Académie de Vaucluse*, 1892.)
Don de l'auteur.
[8°, **27.653**.

— Un procès entre le maire et les consuls de Villeneuve-lez-Avignon, par Roger Vallentin. — *Avignon, Seguin frères*, 1888, in-8°, pièce (15 p.).
(Extrait des *Mémoires de l'Académie de Vaucluse*, 1888.)
Don de l'auteur.
[8°, **14.268**.

— Roger Vallentin. La valeur de l'écu au soleil à Avignon (1555-1636). — *Avignon, Seguin frères*, 1889, in-8°, pièce (7 p.).
(Extrait des *Mémoires de l'Académie de Vaucluse*, 1889.)
Don de l'auteur.
[8°, **14.273**.

VALLETTE (Jean-François). — Avgvstvm Carpentoractensivm fidei et obedientiæ donvm ab Alexandro VII... Datum. Illvstrissimvs D.D. Gaspar Lascaris episcopvs. [*Page 3* : Ioannis Francisci Vallette,... Patrono suo Colendissimo ; elogivm]. — *Avignon, M. Chastel*, 1666, in-4°, pièce (4 p.).
[Ms. **2.925**, n° 32.

VALLIER (G.). — *Voir* : Congrès archéologique de France. XLIX° session. Séances générales tenues à Avignon en 1882 ...*Paris-Tours*, 1883, in-8°.
[8°, **37.750**.

VALOIS (Noel), membre de l'Institut. — La crise religieuse du XV° siècle. Le pape et le concile (1418-1450), par Noël Valois,... — *Paris, Picard*, 1909, 2 vol. in-8°, pl.
[4°, **7.831**.

— La France et le grand schisme d'Occident, par Noël Valois. — *Paris, A. Picard et fils*, 1896-1902, 4 vol. in-8°.
[4°, **4.515**.

— Raymond Roger, vicomte de Turenne, et les Papes d'Avignon (1386-1408), par Noël Valois, d'après un document découvert par M. Camille Rivain. — *Paris, Alphonse Picard*, 1890, in-8°, 64 p.
(Extrait de l'*Annuaire-Bulletin de la Société de l'Histoire de France*, tome XXVI, année 1889.)
[8°, **27.655**.

VALORI (H. de). — Pétrarque, poëme ; par H. de Valori. — *Aix, P.-J. Calmen*, 1811, in-8°, pièce (16 p.).
[8°, **34.708**.

— Autre édition. — *Ibidem*, 1811, in-8°, pièce (16 p.).
[8°, **34.709**.

VALORI (Marquis Henri de). — A Monsieur Clérian. [*Signé* : Le Marquis de Valori]. — [*Avignon, L. Aubanel*, 1842], in-8°, pièce (4 p.).
[8°, **25.074**, n° 26.

— Chanson à l'occasion de l'arrivée à Avignon de S. A. R. Madame, duchesse de Berri. [*Signé* : Le marquis de Valori]. — [*Avignon, impr. Bonnet fils*, 1829], in-8°, pièce (3 p.).
[Ms. **3.002**, n° 37.

VALORI (Marquis Henry-Zozime de). — Document historique de Boccace sur Pétrarque, manuscrit de la bibliothèque de Saint-Marc de Venise, publié pour la première fois et accompagné d'une dissertation et de recherches nouvelles, par le Mis de Valori. — *Avignon, Th. Fischer*, 1851, in-8°, v-80 p.
[8°, **28.426**.

— 9ᵉ édit. — *Paris, Dentu*, 1866, in-8°, 82 p., pl.

[8°, **10.928**.

VALORIS (Abbé ALEXIS DE). — Mémoire théologique et politique, sur la liberté du commerce qu'on propose de donner aux Juifs, aussi ample que celle qui est accordée aux Chrêtiens, contre les intentions des Papes nos Souverains, manifestées dans plusieurs de leurs bulles. [Par l'abbé Alexis de Valoris]. — *S. l. n. d.* [vers 1724], in-4°, pièce (22 p.).

[**Ms. 2.928**, n° 38.

VALORIS (DENIS-FRANÇOIS-RÉGIS). — Discours prononcé à l'assemblée générale des seigneurs feudataires du Comté-Venaissin, le 20 mars 1756, par Monsieur Valoris, syndic general de cette province. — *S. l. n. d.*, in-4°, pièce (1 ff. n. ch.).

Fonds Massilian-Moutte et Requien.

2 ex. [**Ms. 2.421**, n° 20, et **2.930**, n° 45.

VARNIER (JULES). — Société libre des Beaux-Arts. Bulletin 254. Séance du mardi 6 décembre 1842. [Lecture d'une notice sur Bernus, par Jules Varnier]. — [*Paris, impr. Ducessois*, 1842], in-8°, pièce (11 ff. n. ch.).

[**Ms. 3.008**, n° 66.

VASCHALDE (HENRY). — Recherches sur les anciennes sociétés et corporations de la France méridionale, par Henry Vaschalde... — *Paris, Bachelin-Deflorenne*, 1873, in-8°, 60 p.

Anc. archevêché d'Avignon.

[4°, **8.260**.

VASSEL (GUSTAVE). — L'Espulcien deis Récollets [d'Avignon]. Poésio dé Gustavo Vassel. —

[*Avignon, A. Gros*], s. d., placard.

[8°, **11.147**.

VATOUT, député de la Côte-d'Or. — Chambre des Députés. Session 1837. Rapport fait au nom de la Commission chargée de l'examen du projet de loi sur le Classement de plusieurs routes royales, par M. Vatout,... Séance du 10 mars 1837. — [*Paris, A. Henry*, 1837], in-8°, pièce (27 p.).

[Route d'Avignon à Digne.]

[**Ms. 3.005**, n° 28.

VAUCELLE (AUGUSTE DE). — M. Fortuné Pin. Souvenirs poétiques. [*Signé* : Auguste de Vaucelle]. — [*Paris, impr. Alcan-Lévy*], s. d., in-8°, pièce (7 p.).

(Extrait de la *Revue de la Poésie*, 1873.)
Don de L. de Berluc-Pérussis.

[8°, **9.908**, n° 2.

VAUCLUSE. Dictionnaire [biographique], annuaire et album. — *Paris, E. Flammarion*, s. d. [1904], in-8°, VII-730 p., port.

(Les Dictionnaires départementaux.)

[8°, **34.683**.

VAUCLUSE (Le) maçonnique. — [*Paris, impr. Quelquejeu*, vers 1902], in-fol. pièce (1 ff. n. ch.).

(Comité antimaçonnique de Paris.)
Don de M. R. Vallentin du Cheylard.

[8°, **37.532**.

VAUCLUSE — AVIGNON. 18, 19 et 20 juillet 1874. Fêtes littéraires du cinquième centenaire de Pétrarque. Présidents d'honneur. Comité littéraire. Membres des jurys. Délégués italiens et délégués des Académies et Sociétés savantes. Lauréats des concours poétiques et historiques. — *Aix, Vve Remondet-Aubin*, 1874, in-12, pièce (24 p.).

[8°, **34.579**.

VAUDEVILLE Aux Brigands composant l'Armée du Département de Vaucluse. [Juin 1791]. — *S. l. n. d.*, in-4°, pièce (1 fl. n. ch.).

Fonds Chambaud et Requien.

2 ex. [**Ms. 2.523**, n° 103, et **2.960**, n° 73.

VAULABELLE (Alfred de). — Un nouvel observatoire : l'observatoire du Mont-Ventoux. [*Signé* : Alfred de Vaulabelle]. — *Le Magasin pittoresque*, n° du 31 mai 1886, p. 164-166.

Don de M. le D' Victorin Laval.

[Fol. **5.338**.

VAULX (De). — Discours prononcé par M. de Vaulx, maire de Bagnols, à l'occasion du serment prêté par les gardes nationales Avignonoises, après le changement de leurs officiers, le 5 septembre [1790]. — *S. l. n. d.*, in-4°, placard.

[**Ms. 2.959**, n° 41

VAUTRET (Jean Monard de). — *Voir* : Monard de Vautret (Jean).

VELLOZO-PINTO (Comte Jean-Laurent de). — Réfutation des prétentions du pape sur Avignon et le Comté-Venaissin, par le comte Jean-Laurent de Vellozo-Pinto,... — *Marseille*, 1769, in-16, 62 p.

[8°, **26.575**, n° 2.

Autre ex. (sans le titre).

[8°, **26.572**, n° 4.

VELLUTELLO (Alexandre) da Lucca. — *Edit.* Pétrarque (François). Le volgari opere... [*Vinegia*], 1525, in-4°.

[8°, **25.718**.

— *Edit.* Pétrarque (François). [Il Petrarca]. *Venise*, 1552, in-4°.

[8°, **25.712**.

— *Edit.* Pétrarque (François). Il Petrarca... *Venise*, 1579, in-4°.

[8°, **25.716**.

VENAPHRO (Sylvano da). — *Edit.* Pétrarque (François). Il Petrarca... [*Naples*, 1533], in-4°.

[8°, **25.717**.

VENCE (Marquis de). — Critique de la Critique du Nobiliaire de Provence de Barcilon de Mauvans, par le Marquis de Vence. — *Cologne, chez les héritiers de Pierre Marteau*, 1735 [*Avignon, impr. Ph. Prévôt*, 1906], in-8°, pièce (36 p.).

Don de M. Ph. Prévot.

[8°, **35.337**.

VENTURE. — Priere prononcée le 5 mars 1768. Par les Juifs Avignonois, et Avignonois de Bordeaux, demeurant à Paris, à l'occasion de la maladie de Sa Majesté la Reine de France... Composée par M. Venture,... et traduite par lui-même. — *Paris, M. Lambert*, 1768, in-4°, pièce (8 p.).

2 ex. [4°, **4.176**, n° 6. — **Ms. 2.932**, n° 8.

VÉRAN (Barthélémy). — Lettre d'un catholique au Citoyen François Etienne, évêque constitutionnel de Vaucluse. [*Signé* : B... V... (Barthélémy Véran). P'... C... de Maz... diocèse d'Aix. — *Suit* : Réfutation de la seconde Lettre, prétendue Pastorale, du citoyen François

VÉRAN (Barthélémy).

Etienne, soit-disant évêque d'Avignon et de Vaucluse]. — *S. l. n. d.*, in-16, pièce (39 p.).

Fonds Chambaud et Requien.

4 ex. [8°, **30.833**. — Ms. **2.066**, fol. 131, **2.546**, n° 12, et **2.997**, n° 4.

— Réplique d'un catholique au dernier écrit du citoyen François Etienne, évêque constitutionnel de Vaucluse. [*Signé* : B... V... (Barthélémy Véran) P'... C... de Mazan... diocèse d'Aix. 10 thermidor an VIII]. — *Paris, chez les Marchands de Nouveautés*, 1800, in-8°, 48 p.

Fonds Chambaud et Requien.

3 ex. [8°, **29.468**. — ¹ s. **2.546**, n° 17, et **2.997**, n° 6.

VÉRAN (Abbé Joseph). — Histoire de la vie et du culte de Sainte Marthe, hôtesse de Notre-Seigneur Jésus-Christ, patronne du diocèse d'Avignon et de la ville de Tarascon, suivie d'une notice historique sur cette dernière ville, par M. l'abbé Joseph Véran,... — *Avignon, Seguin aîné*, 1868, in-8°, 552 p., pl.

[8°, **25.925**.

VÉRAS (Abbé Jean-Raymond de). — Chapelle du Saint-Sacrement des Pénitens Gris d'Avignon, extrait du manuscrit de l'abbé de Véras, page 313 et suivantes. — [*Villefranche, impr. Pinet-Bussy*], s. d., in-18, pièce (4 p.).

[8°, **25.814**, n° 2.

VERBEKE (Le P.), s. j. — Allocution [au Congrès des œuvres eucharistiques tenu à Avignon, en 1882]. — *Voir* : Raymond (Chanoine H.). Le Congrès des œuvres eucharistiques tenu à Avignon les 13, 14, 15, 16 et 17 septembre 1882. *Avignon*, 1882, in-8°.

[8°, **28.920**.

VERCLOS (Marquis de). — A Madame [duchesse d'Angoulême, poésie à l'occasion de son passage à Avignon en 1823. *Signé* : Le M¹ˢ de Verclos, lieutenant au 1ᵉʳ Bataillon de Vaucluse en 1815]. — *S. l. n. d.*, in-4°, placard.

Fonds Chambaud et Requien.

3 ex. [Ms. **2.535**, n° 46, **2.970**, n° 98, et **3.001**, n° 11.

VERDAGUER (Hyacinthe). — Trad. Mistral (Frédéric). Nerto ... *Barcelone*, s. d., in-12.

[8°, **10.586**.

VERDET (Ernest). — Ernest Verdet. Mémoire sur l'introduction de la betterave à sucre et de l'industrie sucrière dans le département de Vaucluse et la région du Sud-Est ; témoignages et documents. — *Avignon, impr. Eug. Millo et Cie*, 1897, in-8°, pièce (32 p.).

[8°, **30.209**.

VERDIER. — Mémoire sur la vraie cause des maladies du bourg de Morières et des Garrigues. Par Mr. Verdier. — *S. l. n. d.* [1780], in-8°, pièce (7 p.).

Fonds Massilian-Moutte et Requien.

2 ex. [8°, **24.870**, n° 9. — Ms. **2.459**, n° 40.

VERGER (Casimir). — *Voir* : Mémoire pour les Religieuses hospitalières de St-Joseph d'Avignon. *Avignon*, 1844, in-4°.

[4°, **4.436**.

VERIDICO Ragguaglio dell'arrivo de prencipi della casa reale di Francia in Avignone, colle notizie piu distincte dell'entrata e passagio delle Reali Altezze loro per i stati del Contado Venaissino... — *Avignon, F.-S. Offray,* 1701, in-4°, pièce (14 p.).

3 ex. [Ms. **2.438**, n° 14, **2.927**, n° 1, et **3.882**, n° 4.
Autre ex. (incomplet).
[Ms **2.439**, n° 22.

VÉRITABLES (Les) et principales circonstances de la mort déplorable de Madame la marquise de Ganges, empoisonnée et massacrée par l'Abbé et le Chevalier de Ganges, ses beaux-frères, le 13 may 1667, escrites par un officier de Languedoc, voisin du lieu de Ganges... [*Signé* : D. Q. I. S. G. E. M. N.]. — *Arles, F. Mesnier,* 1867, in-8°, pièce (25 p. - 11 ff. n. ch.).

[Ms **2.954**, n° 33.

VÉRITÉ (La) au Peuple Avignonais. [*Suit* : Extrait des registres des Délibérations de la Société des Amis de la Constitution, séant à Avignon, dans l'église de l'Oratoire. Séance du 27 mai 1791]. — *S. l. n. d.* [1791], in-12, pièce (13 p.).

Fonds Chambaud et Requien.
3 ex. [8°, **33.340**. — Ms. **2 539**, n° 10, et **2.990**, n° 17.

VÉRITÉ (La) dévoilée. [Analyse de la Révolution d'Avignon jusqu'au 13 juin 1790]. — *S. l. n. d.*, in-8°, pièce (4 p.).

Fonds Chambaud et Requien.
2 ex. [Ms. **2.537**, n° 4, et **2.987**, n° 29.

VÉRITÉ (La) sur la question de la réunion du canton de Malaucène à l'arrondissement de Carpentras. — [*Carpentras, impr. Devillario,* 1843], in-4°, pièce (11 ff. n. ch.).

[8°, **2.978**, n° 20.

VERNÈDE DE CORNEILLAN (Comtesse N. DE). — Pétition adressée au Sénat par Madame la Comtesse de Corneillan, née de Girard, nièce et héritière de M. le chevalier Philippe de Girard, inventeur de la filature mécanique du lin (1863). — *Paris, impr. Jouaust et fils,* [1863], in-4°, pièce (xxii-16 p.).

[4°, **3.352**, n° 25.

— Pétition au Sénat soumettant à son équité les erreurs de dates et de faits, source et bases de la décision du Conseil d'Etat contre le droit de Madame la Comtesse de Vernède de Corneillan, née de Girard, nièce et héritière de M. le chevalier Philippe de Girard...(1862). — *Paris, impr. Ch. Jouaust,* 1862, in-8°, 58 p.

[4°, **3.352**, n° 24.

— Réclamation d'un million et les intérêts, par Madame la Comtesse de Vernède de Corneillan, née de Girard, nièce et héritière de M. le chevalier Philippe de Girard... (1856). — *Paris, impr. Guiraudet et Jouaust,* 1856, in-4°, 71 p.

[4°, **3.352**, n° 22.

— Très respectueux recours à Sa Majesté l'Empereur, soumettant à son équité souveraine les erreurs de dates et de faits, source et bases de la décision du Conseil d'Etat contre le droit de Madame la Comtesse de Vernède de Corneillan, née de Girard, nièce et héritière de M. le chevalier Philippe de Girard... (1860). — *Paris, impr. Ch. Joaust,* 1860, in-4°, pièce (40 p.).

[4°, **3.352**, n° 23

— *Voir :* Girard (Joseph de) et Vernède de Corneillan (N. de). Invention de la filature mécanique du lin. [*Paris*, 1853], in-8°.

[4°, **5.034** n° 5.

VERNET. — Discours prononcé en présence de MM. les Médiateurs au nom du Comité militaire des Gardes Avignonaises, par M. Vernet, commissaire ordonnateur, et membre de ce Comité [19 juin 1791]. — *S. l. n. d.* [1791], in-12, pièce (4 p.).

Fonds Chambaud et Requien.

2 ex. [**Ms. 2.539**, n° 21, et **2.990**. n° 25.

VERNETY. — Aux citoyens du lieu du Pont de Sorgues. [Au sujet de l'inondation de 1780. *Signé :* Vernety, oncle]. — *S. l. n. d.*, [1789], in-8°, pièce (7 p.).

2 ex. [8°, **27.233**, fol. 74. — [**Ms. 3.016**, n° 1.

VERNETY (Joseph-Ignace), agrégé et professeur de droit à l'Université d'Avignon. — Eminentissimo S. R. E. cardinali Argenvillerio sacram purpuram adepto, oratio gratulatoria habita ab illustri D. Josepho-Ignatio Vernety,... in aulâ Universitatis die quintâ mensis martii anno Domini 1754... — *Avignon, F.-J. Domerque*, 1754, in-4°, pièce (1 ff. n. ch., 16 p. paginées 5-20).

Fonds Massilian-Moutte et Requien.

2 ex. [**Ms. 2.451**, n° 58, et **2.945**, n° 23.

VERNIER (T.), comte de Montorient, président de l'Assemblée nationale. — [Réponse aux discours de M. Duprat le jeune et de M. Rovère]. — *Voir :* Duprat (Jean), dit Duprat le jeune, et Rovère (J.-S.). Discours... *Avignon*, 1791, in-8°.

[8°, **33.447**.

VERNINAC DE SAINT-MAUR (Raymond de), médiateur de la France entre les peuples d'Avignon et du Comté Venaissin.

— [Discours adressé par M. Verninac de Saint-Maur, à l'armée du département de Vaucluse. 19 juin 1791]. — [*Cavaillon, E. Nicolau*], s. d., in-4°, pièce (1 ff. n. ch.).

Fonds Chambaud et Requien.

2 ex. [**Ms. 2.523**, n° 96, et **2.960**, n° 72.

— Discours de M. Duprat le jeune, et de M. Rovère, députés de l'Assemblée électorale des Etats Unis d'Avignon et du Comtat Venaissin, auprès de l'Assemblée nationale, prononcés dans la séance du 9 septembre 1791. Réponse de M. Vernier, président de l'Assemblée nationale. Rapport de M. Verninac-Saint-Maur, médiateur de France... fait à l'Assemblée nationale dans la séance du 10 septembre. Décret de l'Assemblée nationale du 14 septembre, qui déclare les Etats-réunis d'Avignon et du Comtat, partie intégrante de l'Empire français. — *Avignon, S. Tournal*, 1791, in-8°, pièce (34 p.).

Fonds Chambaud et Requien.

3 ex. [8°, **33.447**. — **Ms. 2.539**, n° 44, et **2.991**, n° 7.

— Discours prononcé à l'Assemblée nationale, dans la séance du 14 septembre 1791, par M. Verninac-Saint-Maur... — [*Paris, imp. Le Hodey*], s. d., in-8, pièce (7 p.).

(Extrait du *Logographe*).

Fonds Chambaud et Requien.

2 ex. [8°, **27.230**, t. I, n° 11. — **Ms. 2.539**, n° 42, et **2.991**, n° 6.

— Discours prononcé par M. Duprat le jeune, président de l'Assemblée électorale du département de Vaucluse, dans la séance tenue à Bédarides, le 25 juillet 1791. [*Suit :* Discours de M. Verninac-St-Maur...]. — *S. l. n. d.*, in-4°, pièce (8 p.).

Fonds Chambaud et Requien.

    3 ex. [8°, **33.829**. — Ms. **2.523**, n° 116, et **2.960**, n° 88.

— Discours prononcé par M. Verninac aux Amis de la Constitution d'Orange [12 juin 1791]. — [*Orange*], impr. *Esprit Nicolau*, [1791], in-8°, pièce (5 p.].

Fonds Chambaud et Requien.

    3 ex. [8°, **33.439**. — Ms. **2.539**, n° 17, et **2.290**, n° 21.

— Discours prononcé par M. Verninac-Saint-Maur, l'un des médiateurs de la France... à la Société patriotique des Amis de la Constitution d'Avignon... Séance du 5 juillet 1791. — *S. l. n. d.*, in-8°, pièce (4 p.).

    2 ex. [8°, **33.440**. — Ms. **3.016**, n° 15.

— Discours prononcé par M. Verninac-Saint-Maur,... dans la séance de la Société des Amis de la Constitution d'Avignon, du 15 juillet 1791, en occupant, pour la première fois, la place de Président... — *S. l. n. d.*, in-4°, placard.

Fonds Chambaud et Requien.

    2 ex. [8°, **2.523**, n° 112, et **2.960**, n° 82.

— Observations sur le projet de Décret des Comités de Pétition et de Surveillance réunis, touchant les affaires d'Avignon, par M. Verninac-Saint-Maur. [18 février 1792]. — *S. l. n. d.* [1792], in-8°, pièce (15 p.).

Fonds Chambaud et Requien.

    3 ex. [8°, **27.230**, t. II, n° 3. — Ms. **2.541**, n° 10, et **3.014**, n° 3.

— Rapport fait à l'Assemblée nationale, dans la séance du 10 septembre 1791, par M. Verninac Saint-Maur... — *S. l. n. d.* [1791], in-8°, pièce (11 p.).

    [Ms. **3.013**, n° 23.

— Des troubles d'Avignon et du Comté Venaissin, depuis le mois d'août 1789 jusqu'à ce jour [3 février 1792]. Par M. Verninac-Saint-Maur, envoyé par le Roi, en qualité de médiateur de la France entre les Peuples de ces Etats, au mois de mai 1791. — *Paris, impr. C.-F. Perlet*, l'an IV de la Liberté [1792], in-8° (93 p.).

Fonds Chambaud et Requien.

    2 ex. [8°, **27.230**, t. I, n° 18. — Ms. **2.541**, n° 6, et **2.992**, n° 8.

VERPRÈS (Chevalier DE). — Couplets adressés à M. d'Armand, élu maire d'Avignon dans le courant de mars et installé le 18 avril 1790, par le chevalier de Verprès. — [*Avignon, E. Domergue*], s. d., in-8°, placard.

Fonds Chambaud.

    [Ms. **2.522**, n° 35.

VERS à M. d'Armand, maire d'Avignon. — *S. l. n. d.*, in-8°, placard.

    [Ms. **2.987**, n° 9.

VERS sur le Décret du mercredi 25 mai 1791, qui donne aux Avignonais la certitude d'être Français. — *S. l. n. d.* [1791], in-12, placard.

Fonds Chambaud et Requien.

    2 ex. [Ms. **2.539**, n° 12, et **2.990**, n° 18.

VESTIER (Le P. Jacques). — La vie du B. Père César de Bus, fondateur de la Congrégation de la Doctrine chrestienne en France, par le R. P. Iacques Vestier... — *Toulouse, I. Boude*, 1643, in-12, 208 p. - 11 ff. n. ch.

[Dédié aux viguiers, consuls, assesseur et juges d'Avignon].

[8°, **25.873**.

VIAL (Dr F.). — Création d'un Comité vauclusien de l'alliance d'hygiène sociale par le Docteur F. Vial... — *Marseille, impr. Marseillaise*, 1910, in-8°, pièce (4 p.).

(VIe Congrès de l'Alliance d'hygiène sociale tenu à Marseille du 27 au 30 octobre 1910).

Don de M. le Dr Pamard.

[4°, **8.376**.

VIALLA (S.). — Les Volontaires des Bouches-du-Rhône (1791-1792), par S. Vialla... Tome Ier. — *Paris, Chapelot*, 1913, in-8°, 292-213-7 p.

[4°, **9.059**.

VIANEY (Joseph). — Le Pétrarquisme en France au XVIe siècle, par Joseph Vianey... — *Montpellier, Coulet et fils, Paris, Masson et Cie*, 1909, in-8°, 399 p.

(Travaux et Mémoires de Montpellier, série littéraire, III.)

[8°, **36.326**.

VIANY. — Illustrissimo et reverendissimo Spiritui Flecherio, abbati Sancti Severini, Nemausensium episcopo designato. F. I. C. Viany P. A. S. P. D. — S. l. n. d., in-fol., pièce (11 ff. n. ch.).

[8°, **27.775**.

VIC (Claude de) et **VAISSETTE** (Dominique-Joseph). — Histoire générale de Languedoc, avec des Notes et les Pièces justificatives : composée sur les Auteurs et les Titres originaux et enrichie de divers Monumens, par deux Religieux Bénédictins de la Congrégation de S. Maur [*Epître dédicatoire signée* : Fr. Claude de Vic, Fr. Joseph Vaissette]. — *Paris, Jacques Vincent*, 1730-45, 5 vol. in-fol., cart. et pl.

[Fol. **4.223**.

— Nouvelle édition. — *Toulouse, Edouard Privat*, 1872-1905, 16 vol. in-4°, cart. et pl.

2 ex. [4°, **4.266** et **4.496**.

VICARY (Abbé). — Mémoire sur la Durance. [Au sujet de l'encaissement de cette rivière. Signé : Vicary]. — [*Avignon, impr. Offray aîné*, 1838], in-8°, pièce (16 p.)

[Ms. **3.005**, n° 69.

— Mémoire sur le placement du Pont futur sur la Durance. [Signé : Vicary]. — [*Avignon, Amand-Guichard*, 1830], in-8°, pièce (11 p.).

[Ms. **3.002**, n° 43.

— Supplément au Mémoire sur la Durance du 15 septembre 1838. [Par Vicary]. — [*Avignon, impr. Offray aîné*, 1838], in-8°, pièce (1 ff. n. ch.).

[Ms. **3.005**, n° 77.

VICTOIRE (La) des Avignonois patriotes sur les fanatiques, etc., etc. [13 juin 1790]. — S. l. n. d., in-12, pièce (8 p.).

(Extrait du *Courrier d'Avignon*).

Fonds Chambaud.

[Ms. **2.537**, n° 2.

VICTOR-AMÉDÉE, duc de Savoie. — [Ordonnance de Victor-Amédée, duc de Savoie, interdisant la publication dans ses Etats de divers rescrits du vice-légat d'Avignon, 19 janvier 1701]. — *Nice, impr. G. Romero*, 1701, in-fol., placard.

[Atl. **312**, n° 94.

VIDAL (Aaron). — *Voir :* Ravel (Aaron), Vidal (Aaron) et Milhaud. Observations [et nouvelles observations] pour les juifs d'Avignon... *Paris*, 1794, in-8°.

[Ms. **2.994**, n°s 40 et 43.

VIDAL (F.). — Lou Mie-milenari de messer Francés Petrarco. Tierço rimo dóu felibre-Tambourinaire e letro sus lou museon de Petrarco a Vau-Cluso. [*Signé :* F. Vidal]. — [*Ais-de-Prouvènco, Veuve Aubin-Remondet*, 1874], in-8°, pièce (16 p.).

[8°, **34.581**.

VIDAL (J.-M.). — Bullaire de l'Inquisition française au XIV° siècle et jusqu'à la fin du Grand Schisme, par J.-M. Vidal... — *Paris, Letouzey et Ané*, 1912, in-8°, LXXXV-558 p.

[4°, **9.041**.

— Edit. Benoit XII. Lettres communes... *Paris*, 1902-1911, in-4°.

[Fol. **5.297**.

VIDAUD (Gabriel). — Lettre de Gabriel Vidaud, né à Grenoble, le 19 mars 1776 (v. s.), résidant tantôt à Avignon, tantôt à Velleron depuis 1789, et actuellement grenadier au cinquième bataillon de la Corrèze, au Représentant du Peuple Rovère. — *S. l. n. d.* [an III], in-8°, pièce (35 p.).

Fonds Chambaud et Requien.

2 ex. [Ms. **2.544**, n° 47, et **2994**, n° 46.

VIDEL (Louis). — Histoire de la vie du connestable de Lesdiguières, contenant toutes ses actions, depuis sa naissance, jusques à sa mort, avec plusieurs choses mémorables, servant à l'intelligence de l'histoire générale,... par Louis Videl... — *Paris, Pierre Rocolet*, 1638, in-fol.

Provenant des Dominicains d'Avignon.

[Fol. **3.197**.

— 2° édition. — *Grenoble, Jean Nicolas*, 1649, in-12.

[8°, **11.858**.

VIE de François Pétrarque, d'après Muratori, traduit de l'italien par Gertens. Programme des fêtes du 5° centenaire de la mort de Pétrarque, les 18, 19 et 20 juillet 1874. — *Aix, Veuve Remondet-Aubin*, 1874, in-8°, pièce (15 p.).

Don du traducteur.

[8°, **34.587**.

VIE de J. D. M. d'Inguimbert, évêque de Carpentras. [*Suivi de :* Vie héroïque du brave Crillon, colonel-général de l'infanrerie française]. — *Avignon, impr. Offray*, s. d., in-12, pièce (12 p.).

[8°, **31.777**.

VIE (La) de Jean-Dominique Langlade, dit Dubourg, augmentée de sa pénitence et de sa mort. — *S. l. n. d.*, in-4°, placard.

Fonds Massilian-Moutte.

[Ms. **2.429**, n° 21.

VIE de la mère Jeanne de Jésus [Jeanne Rampalle], religieuse ursuline, fondatrice des Monasteres de Ste-Ursule, de l'Ordre Reformé de St-Augustin, dans les villes d'Arles, d'Avignon, de Tarascon, de Valréas, de Bollene et de St-Remy. — *Avignon, Dominique Seguin*, 1751, in-12, v-332 p.

[Réimpression de l'ouvrage du P. H. Albi, publiée par les religieuses Augustines de St-Remy].

[8°, **11.571**.

VIE (La) de saint Benezet, miraculeux autheur du pont d'Avignon ; la translation de son saint corps, trouvé cette année mil six cens septante, tout entier, quatre cens, soixante, et quinze ans après sa mort. — *Avignon, M. Chastel*, 1670, in-4°, pièce (18 p.).

(En regard du titre, grav. représentant le corps du saint).
Fonds Massilian-Moutte et Requien.

2 ex. [**Ms. 2.452**, n° 3, et **2.954**, n° 42.

VIE (La) de saint Fiacre, fils du Roy d'Ecosse. Pour la Confrérie du lieu d'Aubignan. — *Avignon, J.-Ch. Chastanier*, 1703, in-18, IV ff. n. ch.-50 p.

[8°, **24.424**, n° 13.

— Autre ex. incomplet. (Manquent le titre et les p. 49-50).

[8°, **17.121**, n° 5.

Nouvelle édition corrigée et augmentée. — *Carpentras, D.-G. Quenin*, 1770, in-12, VIII-37 p.

3 ex. [8°, **13.490**, **17.121**, n° 6, et **24.484**, n° 8.

VIE de Saint Guilhem, Duc d'Aquitaine, Comte de Toulouse, premier Prince d'Orange. Fondateur et Moine de l'Abbaye de Saint-Guilhem-le-désert. Notes historiques et légendaires sur le village, les monuments et le château Don Juan du Val de Gellone, par un solitaire montagnard. — *Lodève, E. Corbière*, 1862, in-8°, 173 p.-1 ff. n. ch.

[8°, **13.507**.

VIE de saint Quenin, 15° évêque de Vaison. — [*Nyons, impr. Gros*], s. d., in-12, pièce (24 p.).

[8°, **25.819**.

VIE (La) de saint Véran, apostre de la France dans le sixieme siecle, et evesque de Cavaillon. — *Annecy, Vve Fontaine*, 1720, in-12, 153 p.

[8°, **25.940**, n° 3.

VIE (La) du F. Jean-Baptiste, solitaire de N. D. de la Retraite. — *Carpentras, Dominique-Gaspard Quenin*, 1783, in-12, XXVIII-55 p.

(N.-D. de la Retraite ou de la Cavalerie, à la Bastide-des-Jourdans).

[8°, **12.943**.

VIE héroïque du brave Crillon... — *Voir* : Vie de J. D. M. d'Inguimbert... *Avignon*, s. d., in-12.

[8°, **31.777**.

VIGHERIATUS fulcitus ab... D. Francisco Gabriele de Gerente,... vigherio Avenionensi, seu ab... D. Ludovico Balthezare de Gerente..., filio et collega, restauratoribus. — *S. l. n. d.* [1677], in-fol., placard.

[**Ms. 2.949**, n° 8

VIGNE (La), le phylloxera et les canaux d'irrigation. Etude par un agriculteur de l'arrondissement d'Arles... — *Avignon, F. Seguin*, 1874, in-8°, pièce (20 p.).

[8°, **31.594**.

VIGNE. — Précis historique ou abrégé de la vie et des amours de Pétrarque et de Laure, par un amateur vauclusien [Vigne]. — *Avignon, Bonnet fils*, 1811, in-18, pièce (36 pages).

2 ex. [8°, **27.013** et **34.707**.

VIGNOBLE (Le) de Châteauneuf-du-Pape. — *Avignon, Fr. Seguin*, 1899, in-8°, pièce (8 p.).

[8°, **31.476**.

VIGUIER (Jules). — Les débuts de la Révolution en Provence ; essai sur la chute de l'ancien régime en Provence et l'établissement du nouveau dans les départements des Bouches-du-Rhône, du Var et des Basses-Alpes (24 janvier 1789 - 30 septembre 1791), par Jules Viguier... — *Paris, Lenoir*, 1894, in-8°, xv-405 p.

[8°, **29.931**.

VILLAIN (J.). — J. Villain. Généalogie de la famille Vallentin du Cheylard. — *Saint-Etienne, impr. J. Thomas et Cie*, 1909, gr. in-8°, pièce (14 p.), arm. et port.

(Extrait de la *France moderne*, tome II).

Don de M. R. Vallentin du Cheylard.

[4°, **7.872**.

VILLARD. — Rapport de M. Villard, architecte-voyer, sur le service des eaux d'Avignon. — *Valence, impr. A. Ducros*, 1896, in-8°, 12-18-4-3-15-9-11-11-2-2-1 p.

Ville de Valence.

[8°, **30.643**.

VILLARD (Joseph). — Illustrissimo D. D. Joseph de Guyon de Crochans, archiepiscopo Avenionensi. Brevis oratio. |*Signé:* Jos. Villard, Insulanum. (Vers 1743)]. — S. l. n. d., in-fol., placard.

[Atl. **312**, n° 299.

VILLARS (D^r). — L'Exportation des raisins de Vaucluse en 1887 ; propositions diverses pour assurer l'avenir de cette exportation et la prospérité des marchés de raisins ; réclamation en faveur du marché d'Avignon, par le Dr Villars. — *Avignon, Seguin frères*, s. d., in-12, pièce (24 p.).

Legs Arnaud de Fabre.

[8°, **39.257**.

VILLEFORT (d'Icher de).— *Voir:* Icher de Villefort (B^{on} d').

VILLELONGUE (Abbé). — Rapport fidèle sur les deux événemens scandaleux arrivés récemment dans l'église succursale de Vedennes, le 9 juin, et le 3 juillet 1814. [*Signé:* Villelongue]. — |*Avignon, impr. Offray fils*], s. d., in-4°, 7 p.

Fonds Chambaud.

[Ms. **2.534**, n° 101.

— Réflexions sur un écrit nouvellement répandu dans le public, ayant pour titre : Réponse à un imprimé... [*Signé:* Villelongue, prêtre]. — S. l. n. d., in-4°, pièce (16 p.)

|Ms. **2.969**, n° 132.

VILLENEUVE (Comte de). Précis historique sur la vie de René d'Anjou, roi de Naples, comte de Provence et principalement sur son séjour dans cette province, par M. le comte de Villeneuve... — *Marseille, J.-F. Achard*, 1819, in-8, 51 p.

[8°, **26.927**, n° 13.

VILLENEUVE (H. de), ingénieur des mines des Bouches-du-Rhône, de Vaucluse et du Var. — De l'encaissement de la Durance, par M. H. de Villeneuve... — *Marseille, impr. Feissat,* 1832, in-8°, pièce (32 p.) pl.

[Ms. **3.003**, n° 88.

VILLENEUVE-BARGEMONT (Vicomte F.-L. de). — Histoire de René d'Anjou, roi de Naples. duc de Lorraine et Cte de Provence, par M. le Vicomte F.-L. de Villeneuve-Bargemont. — *Paris J.-J. Blaise,* 1825, 3 vol. in-8°, port. et pl.

[8°, **26.437**.

— Lyonnel, ou la Provence au XIIIe siècle. [Par le vicomte L.-F. de Villeneuve-Bargemont]. — *Paris, J.-J. Blaise,* 1824, 3 vol. in-12.

[8°, **25.597**.

VILLETTE (Antoine-François de) — Paschalis Aquavivæ de Aragonia in gubernando prudentia et humanitas : Oratio habita in aula Collegii Avenionensis Societatis Jesu, die 2^a novembris, anno m.dcc.l., ab Antonio-Francisco de Villette,... — *Avignon, D. Seguin,* 1750, in-4°, pièce (18 p.).

Fonds Massilian-Moutte et Requien.
3 ex. [Ms. **2.431**, n° 54, **2.930**, n° 38, et **2.945**, n° 5.

VINAY (Gabriel). Gabriel Vinay à ses concitoyens. Souscription en faveur des condamnés par suite de la réaction de 1815. — [*Avignon, s. n.*, 1830], in-8°, pièce (4 p.).

Fonds Chambaud et Requien.
3 ex. [8°, **37.751**. — Ms. **2.551**, n° 18, et **3.002**, n° 57.

— Délibération du Corps des Avoués près le Tribunal de première instance d'Avignon, à la date du 22 juillet, et Arrêté du même Tribunal, en date du 8 août 1815, qui suspend de leurs fonctions MM^{rs} Gabriel Vinay, Paul Devèze, Campan et Pignatelli, Avoués près le même Tribunal, et qui défend au Corps des Avoués de prêter leur ministère à MM^{rs} Tissot et Agricol Moureau, avocats près le même Tribunal, pour manifestation d'opinions politiques dans les Cent Jours. [*Signé :* Gabriel Vinay père.] — [*Montélimar. imp. veuve Gallet*, 1830], in-8°, pièce (3 p.).

Fonds Chambaud et Requien.
2 ex. [8°, **27.230**, t. IV, n° 11.
— Ms. **3.002**, n° 58.

VINCENS (Charles). — De l'iconographie de Sainte-Anne et de la Vierge Marie à propos d'une statue du XVe siècle, par M. Charles Vincens... — *Paris, Association française pour l'avancement des sciences*, s.d., in-8°, pièce (11 p.), pl.

(Extrait du Compte rendu du Congrès de Marseille, 1891, de l'Association française pour l'avancement des sciences).

[8°, **27.652**.

VINCENT (Abbé A.). — Notice historique sur Pierrelatte (Drôme), par l'abbé A. Vincent... — *Valence, impr. Marc Aurel,* 1856, in-12, 30 p.

[8°, **10.001**.

VINCENT-DARUTY (Claude). — Le solitaire de Vaucluse. [*Epître dédicatoire signée :* V. D. (Vincent-Daruty)]. — S. l. n. d., in-8°, pièce (15 p.).

[8°, **25.074**, n° 8.

VINDEMIIS (Apicius a). — *Pseud. de* Crozet (Laurent de).

VIOLLET-LE-DUC (Eugène-Emmanuel). — Le Palais des Papes et les remparts d'Avignon.

[Par E. Viollet-le-Duc]. — *Paris, Gide et Baudry*, s. d., in-fol., 14 p., pl.

(Archives de la Commission des Monuments historiques : Moyen Age, Architecture militaire. III).

[Atl. **178**.

VIONNET (Charles). — *Voir :* Belleudy (Jules), Vionnet (Charles) et Mouzin (Alexis). Paul Saïn... [*Avignon*, 1908], in-12.

[8°, **37.529**.

VIRIEU (Mis de). — Les origines chrétiennes de la Gaule méridionale. Légendes et traditions provençales... par le Mis de Virieu,... Deuxième édition. — *Lyon, J.-E. Albert ; Paris, Jules Vic*, 1883, in-8°, vii-304 p., pl.

[8°, **28.534**.

VIRO-SOULÈU (Lou). Juillet 1897. Fêtes cigalières et félibréennes [à Orange] (31 juillet-9 août 1897). Programme des fêtes. — [*Paris, impr. Lucien Duc*, 1897], in-8°, pièce (p. 45-52).

[8°, **30.196**.

VISSAC (Baron Marc de). — Baron Marc de Vissac. L'abbé Bridaine (1701-1767). — *Avignon, F. Seguin*, 1909, in-8°, pièce (30 p.).

Don de l'auteur. [8°, **36.717**.

— Baron Marc de Vissac. Ambassade de la ville d'Avignon au pape Clément IX (1667-1668). — *Avignon, F. Seguin*, 1907, in-8°, pièce (34 p.).

(Extrait des *Mémoires de l'Académie de Vaucluse*, 1907.)
Don de M. F. Seguin.

[4°, **7.445**.

— Bon Marc de Vissac. L'arc-en-ciel des confréries de Pénitents d'Avignon. — *Avignon, F. Seguin*, 1911, in-8°, 99 p.

Don de l'auteur. [4°, **8.273**.

— Bon Marc de Vissac. Le Chevalier de Folard (1669-1752). — *Avignon, impr. F. Seguin*, 1913, in-8°, pièce (36 p.).

(Extrait des *Mémoires de l'Académie de Vaucluse*, 1912.)
Don de l'auteur. [4°, **8.743**.

— Conférence bibliographique faite à l'Académie de Vaucluse, séance du 5 avril 1900, par M. Marc de Vissac [sur l'ouvrage de P. Marmoiton, « Le maréchal Brune et la maréchale Brune »]. — [*Avignon, F. Seguin*], s. d., in-8°, pièce (7 p.).

(Extrait des *Mémoires de l'Académie de Vaucluse*, 1900.)
Don de l'auteur. [4°, **8.950**.

— Marc de Vissac. Dom Pernety et les illuminés d'Avignon. — *Avignon, François Seguin*, 1906, in-4°, pièce (23 p.).

(Extrait des *Mémoires de l'Académie de Vaucluse*, 1906.)
Don de M. François Seguin.

[8°, **35.249**.

— Baron Marc de Vissac. Jean Perrinet Parpaille (1559-1562). — *Avignon, F. Seguin*, 1909, in-8°, pièce (24 p.).

(Extrait des *Mémoires de l'Académie de Vaucluse*, 1909.)
Don de l'auteur. [4°, **8.986**.

— Marc de Vissac. John-Stuart Mill. — *Avignon, F. Seguin*, 1905, in-8°, pièce (15 p.).

(Extrait des *Mémoires de l'Académie de Vaucluse*, 1905.)
Don de M. F. Seguin. [4°, **6.800**.

— Les jolies Filles d'Avignon. Causerie faite à la séance publique du Centenaire de l'Académie de Vaucluse, le 4 août 1901, par le B°ⁿ Marc de Vissac. — S. l. n. d. [Avignon, F. Seguin, 1901], in-12, pièce (22 p.).
Don de l'auteur. [8°, **32.974**.

— B°ⁿ Marc de Vissac. Le journal du chanoine Arnavon (1761-1819). — *Avignon, F. Seguin*, 1912, in-8°, pièce (24 p.).
(Extrait des *Mémoires de l'Académie de Vaucluse*, 1912.)
Don de l'auteur. [4°, **8.552**.

— Baron Marc de Vissac. Le lieutenant-général Mⁱˢ Charles de Calvières. — *Avignon, F. Seguin*, 1911, in-8°, pièce (20 p.).
(Extrait des *Mémoires de l'Académie de Vaucluse*, 1911.)
Don de l'auteur. [4°, **8.080**.

— B°ⁿ Marc de Vissac. Le lieutenant-général Mⁱˢ de Rochechouart. 3ᵉ réunion d'Avignon et du Comtat à la France (1768-1776). — *Avignon, F. Seguin*, 1910, in-8°, pièce (33 p.).
(Extrait des *Mémoires de l'Académie de Vaucluse*, 1910.)
Don de l'auteur. [8°, **37.023**.
Autre ex. (Don de M. F. Seguin).
[4°, **7.983**.

— Mlle de Sombreuil et l'Hôtel des Invalides d'Avignon, par Marc de Vissac. — *Avignon, F. Seguin*, 1905, in-4°, pièce (15 p.).
(Extrait des *Mémoires de l'Académie de Vaucluse*, 1905.)
Don de l'auteur. [4°, **8.988**.

— Baron Marc de Vissac. La marquise de Ganges. Une famille dramatique [la famille de Ganges]. — *Avignon, F. Seguin*, 1911, in-8° 53 p.
Don de l'auteur. [4°, **8.262**.

— Baron Marc de Vissac. Paul de Cadecombe. — *Avignon, F. Seguin*, 1908, in-8°, pièce (23 p.).
(Extrait des *Mémoires de l'Académie de Vaucluse*, 1908.)
Don de M. F. Seguin. [4°, **7.369**.

— Marc de Vissac. Le Pont d'Avignon. — *Avignon, F. Seguin*, 1908, in-8°, pièce (25 p.).
(Séance solennelle de l'Académie de Vaucluse du 26 mai 1907. — Extrait des *Mémoires de l'Académie de Vaucluse*, 1907).
Don de l'auteur. [4°, **8.949**.

— B°ⁿ Marc de Vissac. Un Holocauste à Avignon au temps des guerres religieuses. — *Avignon, F. Seguin*, 1913, in-8°, pièce (29 p.).
(Extrait des *Mémoires de l'Académie de Vaucluse*, 1913.)
Don de l'auteur. [4°, **9.096**.

VITALIS (E.). — *Voir* : Mémoire pour les religieuses hospitalières de St-Joseph d'Avignon. Avignon, 1844, in-4°.
[4°, **4.436**.

VOIX (La) des pauvres ou moyens pour soulager les pauvres de la ville d'Avignon. [Janvier 1759]. — S. l. n. d., in-4°, pièce (4 p.).
Fonds Massilian-Moutte et Requien.
3 ex. [Ms. **2.452**, n° 30, **2.938**, n° 24, et **0.052**, n° 30

VOLCY-BOZE. — Les conventionnels en mission dans le Midi, par Volcy-Boze. — *Paris, Lachaud, et Marseille, Camoin*, 1872, in-12, 96 p.-III ff. n. ch.
[Rôle de Maignet dans Vaucluse].
Don de l'auteur. [8°, **14.316**.

VOYAGE d'un septembrisé et de sa famille à la fontaine de Vaucluse. [Suit : Lettre d'un septembrisé]. — S. l. n. n., 1795, in-8°, pièce (31-12 p.).
[8°, **29.817**.

W

WALDMANN (Émile). — Simple déposition pour servir à l'histoire du Christ de buis de Jean Guillermin, par Emile Waldmann... — *Lyon, Vitte, et Paris, Vic et Amat,* 1890, in-8°, 59 p., pl.

Don de M. Auguste Binon.

[4°, **8.842**.

WALDNER (J.-J.). — *Trad.* WELTER (Nicolas). Théodore Aubanel... *Marseille,* s. d., in-12.

[8°, **34.903**.

WATON (Denis-Pierre-Marie). — *Voir :* ANNUAIRE [officiel] du département de Vaucluse pour l'an IX. *Carpentras,* s. d., in-12.

[8°, **31.390**.

— *Voir :* ANNUAIRE [officiel] statistique du département de Vaucluse pour l'an XII. *Carpentras,* s. d., in-12.

[8°, **31.391**.

WELTER (Nicolas). — Nicolas Welter. Théodore Aubanel, un chantre provençal de la beauté ; traduit de l'allemand par J.-J. Waldner [et] F. Charpin. Avec un discours de Frédéric Mistral... — *Marseille, Aubertin et Rolle,* s. d., in-12, LXVII-247 p., port.

Don de M. J. Aubanel.

[8°, **34.903**.

WIEDERHOLD (Wilhelm). — Papsturkundem in Frankreich. IV. Provence mit Venaissin, Uzegois, Alais, Nemosez und Nizza, von Wilhelm Wiederhold. — *Göttingen, s. n.,* 1907, in-8°, pag. 37-172.

(Extrait de « Nachrichten der K. Gesellschaft der Wissenschaften zu Göttingen Philologisch-historische Klasse », 1907).

Don de l'auteur.

[8°, **35.336**.

WILHELM et ZÜRCHER. — Avant-projet du barrage de Gréoux ; rapports de M. Wilhelm... et de M. Zürcher... — *Marseille, imp. Sauvion,* 1904, in-12, 60 p., cart.

Don de M. J. Saint-Martin.

[8°, **38.198**.

WILLOT (Général). — Discours du général divisionnaire Willot, à la garde nationale d'Avignon, le 6 ventôse, an V° républicain. — *Avignon, impr. de la municipalité,* s. d., in-fol., placard.

[Atl. **314**, n° 355.

WILMOTTE (Maurice). — Trois semeurs d'idées : Agénor de Gasparin, Emile de Laveleye, Emile Faguet, par Maurice Wilmotte. — *Paris, Fischbacher,* 1907, in-12, XII-353 p.

Dépôt de l'État.

[8°, **35.610**

WITTGENSTEIN (Général de). — Copie de la lettre de M. de Wittgenstein, commandant-général de l'armée du Midi ; à MM. les Administrateurs du département des Bouches-du-Rhône, en réponse à leurs arrêtés du 7 et du 10 avril, pour réformer et retirer la réquisition qu'ils lui avoient faite de ne point entrer dans leur territoire avec les troupes qu'il commande. [13 avril 1792]. — S. l. n. d., in-4°, pièce (2 p.).

Fonds Chambaud.

[**Ms. 2.524**, n° 17.

— Copie de la lettre écrite par M. de Wittgenstein, commandant général de l'armée du Midi, à MM. les Administrateurs du département des Bouches-du-Rhône, en leur envoyant communiquer ses lettres de service par son aide-de-camp colonel [4 avril 1792.]. — S. l. n. d., in-8°, pièce (11 ff. n. ch.).

Fonds Chambaud et Requien.

2 ex. [**Ms. 2.524**, n° 12, et **2.980**, n° 95.

— Autre édition. — S. l. n. d. [1792], in-8°, pièce (8 p.).

Fonds Chambaud et Requien.

2 ex. [**Ms. 2.541**, n° 20, et **2.992**, n° 19.

— Lettre écrite à MM. les Commissaires civils députés par le Roi, par M. Wittgenstein, commandant général de l'armée du Midi. [7 avril 1792. — Suit : « Lettre écrite à M. de Wittgenstein, par les Administrateurs du département des Bouches-du-Rhône », 5 avril 1792.

— « Copie de la Réquisition » des mêmes administrateurs à M. de Wittgenstein. Même date. — Réponse de M. de Wittgenstein aux dits administrateurs, 7 avril 1792. — « Lettre écrite à M. de Fezensac, par les Commissaires civils députés par le Roi, en date à Avignon, du 9 avril 1792... » — Copie de la lettre des mêmes à MM. Rebecqui et Bertin, administrateurs des Bouches-du-Rhône, 10 avril 1792. — « Lettre écrite au département des Bouches-du-Rhône, par les Commissaires civils députés par le Roi, en date du 10 avril 1792.. »] — S. l. n. d., in-4°, pièce (8 p.).

Fonds Chambaud et Requien.

2 ex. [**Ms. 2.524**, n° 14, et **2.961**, n° 13.

— Proclamation de M. de Wittgenstein, commandant-général de l'armée du Midi [12 avril 1792]. — S. l. n. d., [1792], in-4°, pièce (4 p.).

[**Ms. 2.961**, n° 10.

WULFF (Fredrik). — Petrarch at Vaucluse 1337-1353... by Fredrik Wulff,... — Lund, C.-W.-K. Gleerup, s. d. [1904], in-8°, pièce (20 p.), 27 pl. et 1 carte.

Don de l'auteur. [8°, **34.105**.

X

XAVIER DE FOURVIÈRES (Le P.). — Voir : Rieux (Albert), en religion le P. Xavier de Fourvières.

Y

YRONDELLE (Antoine), ancien professeur au Collège d'Orange, principal du Collège de Manosque. — Histoire du Collège d'Orange depuis sa fondation jusqu'à nos jours (1573-1909), par Antoine Yrondelle... — *Paris, H. Champion*, 1912, in-8°, xv-352 p., port. et pl.

Don de l'éditeur.
[4°, **8.414**.

— Histoire du Collège d'Orange depuis sa fondation jusqu'à nos jours (1573-1909). Extrait : Le Collège avant la Révolution, par Antoine Yrondelle. — *Avignon, impr. F. Seguin*, 1909, in-8°, xv-97 p.

Don de M. F. Seguin.
[4°, **7.850**.

— A. Yrondelle. Du Pays des plus illustres gouverneurs d'Orange. — *Nîmes, impr. de la Revue du Midi*, 1913, in-8°, pièce (20 p.), fig.

(Extrait de la *Revue du Midi*, 1913).
Don de l'auteur.
[4°, **9.112**.

— Yrondelle. Le Tombeau de Christophe de Dohna [à Orange]. — *Nîmes, impr. de la Revue du Midi*, 1910, in-8°, pièce (13 p.).

(Extrait de la *Revue du Midi*, 1910).
Don de l'auteur.
[4°, **9.111**.

— Voir : Congrès des Sociétés savantes de Provence... 1909. Bergerac, 1910, in-8°.
[4°, **8.064**.

YVAREN (A.). — Le Collège de Vienne en 1788. Souvenirs d'enfance [*Signé* : A. Y(varen)]. — *Avignon, [impr. Jacquet et Joudou]*, 1836, in-8°, 64 p.
[8°, **26.045**.

YVAREN (Dr Prosper), médecin, à Avignon. — A mon ami Louis Brian, d'Avignon, statuaire, premier grand-prix au concours de sculpture de 1832. [*Signé* : Prosper Yvaren]. — [*Avignon, Seguin aîné*], s. d., in-8°, pièce (16 p.).

3 ex. [8°, **25.068**, n° 37, et **31.653**. — Ms. **3.004**, n° 6.

— Dieu pour tous. A mes amis et cliens, les membres de la Société de secours des ouvriers typographes d'Avignon. [*Signé* : Prosper Yvaren, D. M. P., 6 mai 1847]. — [*Avignon, impr. Bonnet fils*], s. d., in-8°, pièce (3 p.).
[8°, **31.657**.

— Discours prononcé pour l'inauguration de la statue de Philippe de Girard, le 7 mai 1882, par le Dr Prosper Yvaren... — *Avignon, impr. Seguin frères*, 1882, in-8°, pièce (11 p.),

Don de l'auteur.
[4°, **3.352**, n° 14.
Autre ex. (Don de F. Mistral.)
[4°, **6.243**.
Autre ex. (Anc. archevêché d'Avignon).
[4°, **8.127**.

— L'Électeur municipal. [*Signé* : Prosper Navyre (Yvaren), boutiquier. Avignon, le 27 avril 1846]. — [*Avignon, impr. Seguin aîné*], s. d., in-12, pièce (2 p.).
[8°, **31.659**.

— Entretiens d'un vieux médecin sur l'hygiène et la morale, par P. Yvaren... — *Paris, J.-B. Baillière et fils*, 1882, in-12, xi-671 p.

[Questions d'hygiène individuelle ou publique appliquées à Avignon. « Histoire morale d'un crayon de mine de plomb. De la rage chez le chien et chez l'homme. Application du calcul à la morale et à l'économie domestique. Les thermes de Caracalla et les bains à deux sous. Leçons données par l'instinct à la raison en matière de voirie. La nouvelle boîte de Pandore. Madame est servie ! *Non in solo pane*. Philé-

YVAREN (Dr Prosper).

mon et Baucis. Les dents agacées. La voix de Rachel. La hache de Vulcain. La massue d'Hercule »].

Legs Arnaud de Fabre.

[8°, **36.459**.

— Esquisse d'une statistique médicale de la commune et de l'arrondissement d'Avignon, par Prosper Yvaren... — *Paris, J.-B. Baillière et fils*, etc., 1873, in-8°, 155 p.

Don de l'auteur.

2 ex. |8°, **6.667** et **30.880**

— Glanes de médecine ramassées en terre de Provence, par Prosper Yvaren... — *Avignon, Seguin*, 1884, in-8°, pièce (27 p.).

Legs Arnaud de Fabre.

[8°, **36.835**.

— Malfilatre, élégie qui a obtenu une mention honorable à l'Académie des Jeux Floraux, dans la séance publique du 3 mai 1826, par Prosper Yvaren... — [*Avignon, Seguin aîné,*], s. d., in-8°, pièce (4 p.).

[8°, **25.068**, n° 35.

— Mémoire sur l'épidémie de variole qui a régné dans l'arrondissement et la commune d'Avignon en 1867 et 1868, par le docteur Prosper Yvaren... —

ZACHAREWICZ (Ed.).

Avignon, A. Roux, 1871, in-18, pièce (26 p.).

[8°, **5.939**.

— Le Roi de la fève, chanson, par M. P. Y...n. [Yvaren], chantée à Paris, le jour des Rois..., en 1828. — *S. l. n. d.*, in-8°, pièce (5 p.).

[8°, **25.068**, n° 36.

— Statuts de la reine Jeanne de Naples relatifs à l'établissement d'un lieu de débauche à Avignon, en l'an 1347. [*Signé:* Prosper Yvaren]. — *Journal des connaissances médico-chirurgicales*, 3° année, 4° livraison, octobre 1835, p. 173-174.

Don de l'auteur.

[8°, **24.783**.

YVER (Georges). — De Guadagniis (Les Gadaigne), mercatoribus Florentinis Lugduni, XVI° p. Chr. n. saeculo, commorantibus. Thesim proponebat... Georges Yver... — *Parisiis, Cerf*, 1902, in-8°, XVI-115 p.

[4°, **6.275**.

YVERT (Louis). — Louis Yvert. Historique du 58° régiment d'infanterie (1638-1899). — *Avignon, impr. F. Seguin*, 1900, in-12, 72 p.

[8°, **31.628**.

Z

ZACHAREWICZ (Ed.), directeur des services agricoles du département de Vaucluse. — Arboriculture fruitière (plantations, variétés, engrais, maladies), par Ed. Zacharewicz... — *Avignon, impr. Millo*, 1905, in-12, pièce (16 p.).

(Chaire départementale d'agriculture de Vaucluse).

Don de l'auteur. [8°, **38.442**.

— Ed. Zacharewicz... Assolements. — *Carpentras, impr. Batailler*, 1914, in-12, pièce (16 p.).

(Conférence faite au Comice agricole de Carpentras).

Don de l'auteur.

[8°, **39.188**.

— Des Assolements en culture potagère principalement étudiés pour le jardin du propriétaire

ou du particulier.., par M. Ed. Zacharewicz... — *Paris, impr. L. Maretheux*, 1898, in-12, pièce (8 p.).
(Société Nationale d'Horticulture de France. Congrès horticole de 1898).
Don de l'auteur.　　　　[8°, **38.436**.

— Les Assolements maraîchers de Cavaillon, par Ed. Zacharewicz... — *Montpellier, bureaux du « Progrès agricole et viticole »*, 1897, in-8°, pièce (16 p.).
(Extrait du *Progrès agricole et viticole*).
Don de l'auteur.　　　　[8°, **38.450**.

— Les Assurances mutuelles contre la mortalité du bétail, la grêle et l'incendie. par Ed. Zacharewicz... — *Avignon, impr. Bernaud*, 1903, in-12, pièce (24 p.).
(Chaire départementale d'agriculture de Vaucluse).
Don de l'auteur.　　　　[8°, **38.446**.

— Cochylis. [*Signé* : Ed. Zacharewicz]. — [*Avignon, impr. F. Seguin*, 1912], in-8°, pièce (3 p.).
Don de l'auteur.　　　　[8°, **38.430**.

— Comice agricole de Carpentras : Exposition agricole du dimanche 13 au mardi 22 septembre 1891 ; rapports sur les opérations du jury, par M. Ed. Zacharewicz... — *Carpentras, impr. Tourrette*, 1892, in-12, pièce (19 p.).
Don de l'auteur.　　　　[8°, **38.457**.

— Concours de la betterave à sucre [organisé par la Société d'Agriculture de Vaucluse]. Rapport présenté par M. Ed. Zacharewicz... — *Avignon, F. Seguin*, 1913, in-8°, pièce (15 p.).
Don de M. F. Seguin.
　　　　[4°, **8.787**.

— Culture de la lavande vraie, par Ed. Zacharewicz... — *Paris, bureaux de la « Revue de viticulture »*, 1907, in-8°, pièce (7 p.).
(Extrait de la *Revue de viticulture*.)
Don de l'auteur.
　　　　[4°, **8.821**.

— Ed. Zacharewicz... Culture de de la lavande vraie ; ses maladies. — *Carpentras, impr. Batailler*, 1913, in-12, pièce (14 p.).
Don de l'auteur.
　　　　[8°, **38.553**.

— Culture de la pomme de terre de primeur, par Ed. Zacharewicz... — *Nancy, impr. Berger-Levrault*, 1913, in-8°, pièce (12 p.).
(Direction des services agricoles de Vaucluse).
Don de l'auteur.
　　　　[8°, **38.438**.

— Culture de la truffe par Ed. Zacharewicz... — *Avignon, impr. Bernaud*, 1903, in-12, pièce (15 p.).
(Chaire départementale d'agriculture de Vaucluse).
Don de l'auteur.
　　　　[8°, **38.444**.

— Culture des asperges dans la vallée de la Durance, par Ed. Zacharewicz... — *Paris, bureaux de la « Revue de viticulture »*, 1907, in-8°, pièce (16 p.).
(Extrait de la *Revue de viticulture*).
Don de l'auteur.
　　　　[4°, **8.822**.

— Culture des plantes maraîchères porte-graines : insectes et maladies, par Ed. Zacharewicz... — *Avignon, impr. Millo*. 1906, in-12, pièce (20 p.).
(Chaire départementale d'agriculture de Vaucluse).
Don de l'auteur.　　　　[8°, **38.445**.

— Culture des primeurs dans la région du Sud-Est. Rôle des engrais chimiques dans la culture maraîchère, par Ed. Zacharewicz...— *Montpellier, Camille Coulet, Paris, Masson*, 1890, in-12, 224 p., pl.

[8°, **29.786**.

— Culture intensive du blé, par Ed. Zacharewicz... — *Avignon, impr. Millo*, 1891, in-12, 64 p.
Don de l'auteur.

[8°, **22.205**.

— La culture maraîchère demi-primeur en coteau avec engrais chimiques, par Ed. Zacharewicz... — *Paris, bureaux de la « Revue de viticulture »*, 1910-1911, 2 pièces, in-8° (7 p. chac.).
(Extrait de la *Revue de viticulture*.)
Don de l'auteur.

[4°, **8.816** et **8.817**.

— La culture maraîchère et les engrais chimiques, par Ed. Zacharewicz... — *Montpellier, bureaux du « Progrès agricole et viticole »*, 1888, in-8°, pièce (7 p.).
(Extrait du *Progrès agricole et viticole*).
Don de l'auteur.

[8°, **38.454**.

— Culture primeur du melon, par Ed. Zacharewicz... — *Avignon, impr. Millo*, 1910, in-8°, pièce (15 p.).
(Chaire départementale d'Agriculture de Vaucluse).
Don de l'auteur.

[8°, **38.433**.

— Culture primeur. Tomate et aubergine, par Ed. Zacharewicz... —*Avignon, impr. Millo*, 1909, in-8°, pièce (18 p.).
(Chaire départementale d'agriculture de Vaucluse).
Don de l'auteur.

[8°, **38.434**.

— Deuxième année d'expériences sur les engrais appliqués à la culture de la vigne, par Ed. Zacharewicz... — *Avignon, C. Durand*, 1892, in-8°, pièce (28 p.).
Don de l'auteur.

[8°, **17.312**.

— Dix ans d'expériences (1899-1908) sur la fumure rationnelle de la vigne (action du nitrate de soude), par M. Zacharewicz... — *S. l. n.n.*, 1910, in-12, pièce (15 p.).
Don de l'auteur.

[8°, **38.440**.

— Économie du forçage des fruits et culture potagère des primeurs.... par M. Ed. Zacharewicz... — *Paris, impr. Maretheux*, 1894, in-8°, pièce (15 p.).
(Société Nationale d'horticulture de France. Congrès horticole de 1894).
Don de l'auteur.

[8°, **38.439**.

— Ensemencements et cultures de printemps, par Ed. Zacharewicz... — *Avignon, impr. Millo*, 1911, in-12, pièce (15 p.).
(Chaire départementale d'agriculture de Vaucluse).
Don de l'auteur.

[8°, **38.431**.

— Étude comparative des différents verres de couleur appliqués au vitrage des serres par Ed. Zacharewicz... — [*Paris, L. Maretheux*], s. d., in-8, pièce (4 p.).
(Extrait du *Journal de la Société Nationale d'horticulture de France*, 1902).
Don de l'auteur.

[4°, **8.820**.

— Étude sur l'élevage du bétail dans le département de Vaucluse, par Ed. Zacharewicz... — *Avignon, F. Seguin*, 1894, in-8°, pièce (13 p.).
(Chaire départementale de Vaucluse).
Don de l'auteur.

2 ex. [8°, **29.361** et **33.048**.

— Expériences sur la culture des fraises : I. La culture des fraises dans le département de Vaucluse ; II. Compte-rendu des expériences faites en vue de l'application des engrais chimiques à cette culture, par Ed. Zacharewicz... — *Montpellier, bureaux du « Progrès Agricole et Viticole », Avignon, Assaleix*, 1890, in-8°, pièce (16 p.).

(Extrait du *Progrès agricole et viticole*).
Don de l'auteur.
[8°, **38.453**.

— Expériences sur les engrais chimiques appliqués à la culture truffière par Ed. Zacharewicz... — *Avignon, impr. F. Seguin*, 1911, in-12, pièce (14 p.).

Don de l'auteur.
[8°, **38.432**.

— Expériences sur les engrais chimiques appliqués à la culture truffière. [Signé : Ed. Zacharewicz. — [*Paris, bureaux de la « Revue de Viticulture »*], s. d., in-8°, pièce (4 p.).

(Extrait de la *Revue de Viticulture*).
Don de l'auteur.
[4° **8.815**.

— Expériences sur quelques variétés de fraisiers traités aux engrais chimiques par Ed. Zacharewicz... — *Montpellier, bureaux du « Progrès agricole et viticole »*, 1891, in-8°, pièce (8 p.).

(Extrait du *Progrès agricole et viticole*).
Don de l'auteur.
[8°, **38.452**.

— Exposition vinicole tenue à Avignon du 6 au 13 novembre 1898; rapport de la Commission de dégustation. [*Signé :* E. Zacharewicz]. — *Avignon, imp. Bernaud*, 1898, in-12, pièce (4 p.).

Don de l'auteur.
[8°, **38.441**.

— Le fraisier et sa culture, par Ed. Zacharewicz... — *Paris, bureaux de la « Revue de la viticulture »*, 1907, in-8°, pièce (20 p.).

(Extrait de la *Revue de viticulture*).
Don de l'auteur.
[4°, **8.819**.

— Influence des engrais chimiques sur le rendement des prairies naturelles et artificielles, par Ed. Zacharewicz... — *Avignon, P. Bernaud et Cie*, 1901, in-8°, pièce (23 p.).

(Chaire départementale d'agriculture de Vaucluse).
Don de l'auteur.
[8°, **33.050**.

— Les irrigations en Vaucluse et les cultures fourragères, par E. Zacharewicz., — *Paris, bureaux de la « Revue de viticulture »*, 1906, in-8°, pièce (19 p.).

(Extrait de la *Revue de viticulture*).
Don de l'auteur.
[4°, **8.813**.

— La lutte contre la fumagine et le cycloconium de l'olivier, par M. Éd. Zacharewicz... — *Paris, impr. Maretheux*, s. d., in-8°, pièce (8 p.).

(1er Congrès international d'oléiculture. Toulon, 1908).
Don de l'auteur.
2 ex. [8°, **38.456** et **38.458**.

— Mémoire sur l'agriculture du département de Vaucluse, par Ed. Zacharewicz... — *Avignon, P. Bernaud et Cie*, 1895, in-8°, 107 p.

Don de l'auteur.
[4°, **6.094**.

— L'olivier, sa culture, ses maladies, son avenir, par Ed. Zacharewicz... — *Avignon, impr.*

34

Bernaud, 1912, in-12, pièce (28 p.).

Don de l'auteur.

[8°, **38.443**.

— Rapport sur le concours de la culture des betteraves à sucre, par E. Zacharewicz... — *Avignon, impr. Seguin*, in-8°, pièce (13 p.).

Don de l'auteur.

[8°, **27.501**.

— Rapport sur le concours de trufficulture [organisé par le Comice agricole de Carpentras], par Ed. Zacharewicz. — *Carpentras, impr. moderne*, 1906, in-12, pièce (32 p.).

(Décembre 1906).

Don de M. J. Saint-Martin.

[8°, **38.196**.

— Rapport sur le concours des plantations fruitières [à Carpentras], par Ed. Zacharewicz... — *Carpentras, impr. moderne*, 1905, in-8°, pièce (31 p.).

(Décembre 1905).

Don de l'auteur.

[8°, **38.435**.

— Rapport sur les travaux de la chaire départementale d'agriculture [de Vaucluse] pendant l'année 1911-1912. [Par Ed. Zacharewicz]. — *Avignon, impr. Bernaud*, 1912, in-8°, pièce (30 p.).

(Chaire d'agriculture).

Don de l'auteur.

[8°, **38.448**.

— Rapport sur une excursion en Angleterre présenté par M. Ed. Zacharewicz... — *Avignon, imp. Millo*, 1907, in-8° pièce (41 p.).

(Département de Vaucluse).

Don de l'auteur.

[8°, **38.449**.

— Rapport sur une mission en Allemagne et en Suisse en vue de donner plus d'extension à l'exportation des produits agricoles de la région Vauclusienne, par M. Ed. Zacharewicz... — *Avignon, impr. Millo*, 1907, in-8°, pièce (40 p.).

Don de M. J. Saint-Martin.

[8°, **38.190**.

— Résumé de conférences agricoles sur la culture intensive du blé, par Ed. Zacharewicz... — *Avignon, Seguin frères*, s. d. [1892], in-8°, 64 p.

(Chaire départementale d'agriculture de Vaucluse).

Don de l'auteur.

2 ex. [8°, **27.529** et **33.047**.

— Résumé de conférences agricoles sur la reconstitution du vignoble vauclusien par les cépages américains et sur les maladies cryptogamiques et insectes de la vigne, par Ed. Zacharewicz... — *Avignon, Seguin frères*, s. d. [1890], in-8°, 114 p.

(Chaire départementale d'agriculture d Vaucluse).

Don de l'auteur.

[8°, **33.046**.

— Résumé de conférences sur les engrais, par Ed. Zacharewicz Opuscule publié sous les auspices du Conseil général... — *Avignon, impr. Seguin*, 1894, in-8°, pièce (24 p.).

(Chaire départementale de Vaucluse).

Don de l'auteur.

[8°, **29.246**.

— Substances à introduire dans l'alimentation du bétail, par Ed. Zacharewicz... — *Avignon, F. Seguin*, 1894, in-8°, pièce (24 p.).

(Chaire départementale de Vaucluse).

Don de l'auteur.

[8°, **28.991**.

— Taille des vignes gelées. Observations sur les procédés en usage pour s'en garantir, par Ed. Zacharewicz... — *Avignon, F. Seguin*, 1897, in-8°, pièce (8 p.).
(Extrait du *Bulletin de la Société d'Agriculture de Vaucluse*).
(Chaire départementale d'agriculture de Vaucluse).
Don de l'auteur. [8°, **30.184**.

— Traitement contre la fumagine et le cycloconium de l'olivier; rapport présenté au congrès oléicole de Sousse (1910), par M. Ed. Zacharewicz... — *Tunis, impr. Guinle et Cie*, 1910, in-8°, pièce (6 p.).
(Exrait du *Bulletin de la Direction de l'agriculture, du commerce et de la colonisation de la régence de Tunis*).
Don de l'auteur. [8°, **38.455**.

— Truffières artificielles, par Ed. Zacharewicz... — *Paris, bureaux de la « Revue de viticulture »*, 1908, in-8°, pièce (8 p.).
(Extrait de la *Revue de viticulture*).
Don de l'auteur. [8°, **8.818**.

— Une nouvelle tomate d'exportation; résultats d'un essai de culture à Avignon signalés par Ed. Zacharewicz... — *S. l. n. d.*, [1913], in-12, pièce (4 p.).
(Publications agricoles de la Cie des chemins de fer P.-L.-M.).
Don de l'auteur. [8°, **38.429**.

— Vade-mecum pour la culture de la betterave à sucre: calendrier cultural; altise et ver gris; essais de quelques variétés de betteraves à sucre, par Ed. Zacharewicz..., 2e édition. — *Avignon, imvr. F. Seguin*, 1911, in-8°, pièce (20 p.).
Don de l'auteur. [8°, **38.451**.

— Le Vaucluse agricole, ses principales cultures : agriculture, horticulture, arboriculture, viticulture et sériciculture, par Ed. Zacharewicz... — *Avignon, impr. Paul Bernaud*, 1898, in-8°, x-404 p., grav.
Don de l'auteur. [8°, **33.049**.

— Le ver-à-soie du mûrier, son élevage, par Ed. Zacharewicz... — *Avignon, impr. Millo*, 1895, in-12, pièce (19 p.).
Don de l'auteur. [8°, **38.437**.

— Le Vignoble Vauclusien et ses cépages; les traitements combinés dans la lutte contre le mildiou, par Ed. Zacharewicz... — *Avignon, impr. H. Auzac*, 1914, in-12, pièce (15 p.).
Don de l'auteur. [8°, **39.259**.

— Vinification; celliers; conservation du vin et traitement de ses maladies ; caves coopératives, par Ed. Zacharewicz... — *Avignon, impr. Bernaud*, 1902, in-12, pièce (13 p.).
Don de l'auteur. [8°, **38.447**.

— *Voir* : Torcapel (Alfred) et Zacharewicz (Ed.). Carte agronomique de la commune d'Avignon... *Avignon*, 1898, in-8°.
[8°, **28.592**.

— *Voir* : Torcapel (A.) et Zacharewicz (E.). Carte agronomique de la commune de Morières... *Avignon*, 1896, in-8°.
[8°, **30.034**.

— *Voir* : Torcapel (A.) et Zacharewicz (E). Carte agronomique de la commune de Sainte-Cécile... *Avignon*, 1897, in-8°.
[8°, **30.529**.

— *Voir* : Torcapel (A.) et Zacharewicz (E.). Carte agronomique des communes de St-Saturnin d'Avignon et Jonquerettes... *Avignon*, 1896, in-8°.
[8°, **29.906**.

ZANOBIS (C.). — A Monsieur Béchard, avocat aux conseils du roi et à la Cour de Cassation. [Réponse au mémoire adressé au roi pour les religieuses hospitalières d'Avignon, 20 mars 1845. *Signé* : C. Zanobis]. — S. l. n. d., in-4°, placard.

4 ex. [Ms. **2.978**, n°ˢ 93 et 96, **2.979**, n° 32, et **2.985**, n° 43.

ZEPELIN (Fritz de). — Mistral og Provence. [*Signé* : Fritz de Zepelin]. — *Varden*, 4 juillet 1909, p. 279-284.
Don de Frédéric Mistral. [4°, **7.800**.

ZUCCARO (Luigi). — Le Colonie provenzali della Capitanata ; comunicazione del Prof. Luigi Zuccaro. — *Roma, tip. della R. Accademia dei Lincei*, 1904, in-8°, pièce (10 p.).
(Atti del Congresso internazionale di scienze storiche, Roma, 1903)...
Don de Frédéric Mistral. [8° **34.690**.

— L'Italie dans la poésie française contemporaine. Florilegio poetico francese moderno seguito da scelte prose di autori fancesi e provenzali contemporanei. [Par Luigi Zuccaro]. — *Milano, Sonzogno*, 1894, in-12. 61 p.
(Bibliotheca del Popolo).
Don de Frédéric Mistral.
[8°, **37.971**.

— Les Poètes provençaux vivants et le félibrige, traduction d'une conférence faite au cercle philologique de Turin, par le professeur Louis Zuccaro... — *Avignon, Roumanille*, 1897, in-8°, pièce (27 p.).
Don de Frédéric Mistral.
[8°, **30.167**.

— La Regina Giovanna, grandioso dramma provenzale di Federico Mistral ; studio critico, per Luigi Zuccaro. — *Aquila, tipogr. cooperativa*, 1900, in-12, pièce (24 p.).
Don de Frédéric Mistral.
[8° **32.739**.

ZÜRCHER. — *Voir* : Wilhelm et Zürcher. Avant-projet du barrage de Gréoux... *Marseille*, 1904, in-12.
'8°, **38.198**.

SOMMAIRE ALPHABÉTIQUE

A

Abbayes et prieurés. 99, 100.
Abeilles (les), 973.
Académie de Vaucluse. 553, 727, 733, 959. — Centenaire. 217. — Voir : Athénée de Vaucluse.
Adrets (Baron des). Voir : Des Adrets (Baron).
Aeria, 226, 907, 909, 910, 911.
Agoult (Reforciat d'), 438.
Agout (Famille d'), 24.
Agricol (Saint), évêque et patron d'Avignon, 50, 137, 138, 151, 188, 189, 195, 251, 297, 302, 329, 336, 427, 432, 602, 630, 665, 815, 888, 940, 974, 975.
Aigrefeuille (Pierre d'), évêque d'Avignon. 26, 195.
Aigremont (Colonel M. de Jacops d'), 398.
Aiguebrun (Vallon de l'), 931.
Ailhaud Jean, 18.
Ailhaud (Jean-Gaspard d'), 18, 19.
Ailly (Pierre d'), 922.
Alauzier Marquis Jean-Joseph de Ripert d', 398.
Albigeois. Chanson de la croisade, 228. — Histoire des Albigeois et des Vaudois, 105, 747.
Alexandre IV, pape, 23.
Alexandre VII, pape, 923.
Alexandre VIII, pape, 1001.
Alphonse de Poitiers, marquis de Provence. 23, 156.
Allard (Esprit), seigneur des Plans, marquis de Grimaud, etc., 24.
Allarmet (Jean), cardinal de Brogny, 243, 535.
Alleman (Antoine d'), 39.
Alleman de Châteauneuf (d'), 398.
Allemands à Avignon au XIVᵉ siècle, 772, 933.
Alpartils (Martin de), 27.
Alpes de Pr. . . . . , 93, — Géologie, 28 Flore, 10.
Alquier (Felix), 588.
Alterii (Cardinal), légat d'Avignon, 52, 91, 580.
Althen (Jean), 8, 27, 41, 210, 225, 333, 946, 966.
Althen-les-Paluds. 43, 345.
Altieri (Cardinal), légat d'Avignon. Voir : Alterii (Cardinal).
Amboise (Georges d'), cardinal, légat d'Avignon. 22.
André (Felix), 29.
André Abbé Jean-François, 4, 30-33.
Andrée (Paul d', 658.
Anglais à Vaucluse, 95, 163, 164.
Anguisciola (Carlo), vice-légat d'Avignon, 54.

Anne (Sainte), patronne d'Apt, 64, 137, 138, 174, 446, 462, 474, 614, 716, 948, 975, 1040.
Anselme (Général Jacques-Bernard-Modeste d'), 46, 820.
Ansouis, 43, 326, 345, 905.
Antonelle (Pierre-Antoine, Marquis d'), 46-48.
Antonnelle (Fr. d'), pseudonyme de Mme Charles Reybaud, 855.
Apt (Arrondissement d'), Comice agricole, 700. — Elections, 52, 774. — Monographies communales, 80. — Poids et mesures, 489. — Sous-préfet. 929.
Apt (Diocèse, évêché d'), 299, 712. — Bréviaire, 166. — Chants liturgiques, 443, 444, 974. — Clergé, 890. — Evêques, 40, 440, 602, 877, 878, 970, 975 : voir : Auspice (Saint), Castor (Saint), Vaccon de). — Histoire du diocèse et des évêques, 19, 163, 436. — Pèlerinage, 865.
Apt District d'), 649, 890. — Archives, 44. — Tribunal, 926.
Apt (Viguerie d'). Institutions judiciaires, 225.
Apt Ville d', 446, 632. - Archéologie, 268, 312, 929. Bibliothèque, 119. — Blason, 646. — Cathédrale Ste-Anne, 248, 972, 973. Voir : Anne (Ste). — Communauté, 845, 931. — Concours agricole, 117, 409. — Curé. Voir : Arnavon (L.). - Ecoles des Frères de la Doctrine chrétienne, 768. — Histoire, 43, 163, 918, 930, 972. — Horloge, 84. — Hôtel d'Autric, 970. — Jeux floraux, 883. — Maire. Voir : Saporta (Joseph-Antoine de). — Notaire, 930, 971. — Pestes, 930. — Poètes, 116, 982. — Prostitution, 931. - Révolution, 13, 114, 929. — Rues et quartiers, au m. à., 269. — Société littéraire, 740, 969, 970, 971. — Troubadour, 576.
Aquaviva (Octave), Cardinal, légat d'Avignon, 22.
Aquaviva (Pascal), vice-légat, 1,665, 1039.
Aramon (Marquis d'), président du Collège électoral de Vaucluse, 49.
Arbaud (Mme d'), née Valère-Martin « La felibresso dóu Cauloun », 50.
Archimbaud (G. d'), 72.
Arena (Antoine), étudiant à Avignon, 51.
Arlatan (D'), maire de Vacqueiras, 52.
Arles (Province ecclésiastique d'), 19, 384, 437.
Arles Royaume d', 151, 426.
Armagnac Georges d', cardinal, légat d'Avignon, 22.

Armand (d'), maire d'Avignon, 52, 710, 1030.
Arnaud (Abbé François), 54, 168, 169.
Arnavon (Chanoine), 1043.
Arnavon (collection), 256.
Arnavon (L.), curé d'Apt, 126.
Artaud (Antoine-François-Marie), 57, 351.
Astier (d'), ci-devant Montredon, 58.
Astier (Louis-Charles-André d'), 49, 59, 60.
Athénée de Vaucluse, 37, 99, 506, 830, 887, 949, 963, 981, 982.
Aubanel (Chanoine) 61, 688.
Aubanel (Charles), 61.
Aubanel (Théodore), 61, 62, 269, 727, 766, 1045.
Aubert (collection), 724.
Aubéry (Joseph-Etienne-Augustin-Sébastien), de Malaucène, 64, 627.
Aubignan, 43, 199, 439, 982, 1035. — Coseigneur, voir : Corvi (Rican).
Aubry (François), serrurier d'Avignon, 66.
Audiffret (Crépin), officier municipal d'Avignon, 12, 67.
Audiguier, négociant à Avignon, 409.
Auffant (Abbé Pierre, curé de Monteux), 67, 945.
Augié (Noël), garde avignonais, 68.
Augier (François-Henri-Eugène, Comte d'), vice-amiral, 68, 237.
Augier (Victor), 4, 68.
Aulan (Jean-François de Suarez, marquis d'), 162.
Auphant (Jean-François-Sauveur, professeur à l'Ecole centrale de Vaucluse. 37.
Aurel, 43.
Aurengua (Raymon d'), 1016.
Auribeau, 43.
Auric Jean-Bernard, 69.
Auspice (St), évêque d'Apt, 602.
Averton (Comte F. d'), 72.
Avignon (Arrondissement d'). Dessins, 527. — Conseil, 654. — Elections, 169 ; voir : Vaucluse (Département), Elections. — Irrigations, 273. — Notaires (Minutes), 38, 42, 347, 848. — Sous-Préfet, voir : Bilioti (Victor de).
Avignon (Diocèse, évêché et archevêché d'), 521, 633, 643, 712, 800, 960. — Origines, 337. — Evêques et archevêques (ancien régime), 40, 933 ; leur histoire, 241, 436, 437, 470, 593, 702 ; temporel, 367, 432 ; terrier, 432 ; dîmes, 626 ; armorial, 855. — Evêque concordataire, 383, 384, 389, 540, 746. Voir : Périer (Jean-François). — Archevêques (XIXe s.) 30, 844. — Evêques, voir : Agricol (St), Aiguefeuille (Pierre d'), Didier (St), Vérédème (St). — Archevêques, Voir : Capitone Félicien, Crochans (Joseph de Guyon de), Debeley (Mathias), Dubreil (Louis-Anne), Dupont (J.-M.-A.-C.) Fiesque (Laurent de), Gonteri (François-Maurice de), Libelli (Hyacinthe), Marinis (Dominique de), Naudo (Paul), Vigne (L. J.-M.-A.). — Vicaire général. Voir : Rochemaure (de), Sollier. — Administrateur du Diocèse, Voir : Roux (J.-B.).

Abbayes et prieurés, 100.
Appel en faveur des Chrétiens de Syrie, 196.
Cantiques, 198-201, 412, 704, 822, 823, 961.
Catéchisme, 211, 212.
Clergé, 514, 784, 937.
Colportage catholique, 111.
Conciles et Synodes, 195, 261, 265, 766, 840.
Congrès Eucharistique, 159, 171, 814, 976.
Culte de St François-Régis, 294. — Culte de la Vierge, 193, 495, 621, 664, 746, 803, 805, 816 ; sanctuaires de la Vierge, 549.
Eglises, 520, 521, 689.
Formulaire et rituel, 418.
Lettres pontificales concernant le diocèse, 470.
Missions (ancien régime), 199-201 ; missions (XIXe siècle), 124, 126, 197, 199, 427, 433, 509, 528, 644, 837, 838, 961.
Ordo, 721, 722.
Ouvrages d'édification, 141.
Paroisses, 155 ; — cloches paroissiales, 735.
Pélerinages, 34, 330, 405, 594, 595, 752, 973.
Prières, 786, 787.
Saints, 31, 32.
Tribunaux ecclésiastiques, 183.

Avignon (District d'), 173, 174, 203, 240, 829. — Archives, 44. — Administrateur, voir : Chavagnac.

Avignon (Ville d').
  Aérostation, 45, 331, 345, 435.
  Agriculture. Carte agronomique, 989. — Concours régionaux, 140, 261, 537, 551, 776. — Ecole d'agriculture, 25. — Elevage, 821, 841. — Elevage des vers à soie, 197, 847. — Irrigations, 442, 624, 896. — Olivier, 538. — Société d'agriculture, 1009. — Station agronomique, 812.
  Album, 23, 527.
  Allemands à Avignon au XIVe siècle, 772, 933.
  Annuaires, 34-36, 484, 485, 506. — Cicerone, 248.
  Archéologie, 494, 532, 908-911. — Congrès archéologique de 1909, 355, 358, 1004, 911. — Inscriptions romaines, 357. — Patères, 268. — Monuments antiques, 357. — Mosaïques antiques, 356. — Route d'Agrippa, 358.
  Archevêché (Hôtel de l'), 43.
  Archevêché et archevêques. Voir : Avignon (Diocèse, Evêques et Archevêques)
  Archives communales, 844.
  Armoiries, 208.
  Art et Artistes, 8, 101-103, 494, 683-686, 848-850. — Collections, 255-257. — Expositions, 478, 596. — Œuvres d'art des églises et chapelles, 223. — Peinture, 8, 41, 133, 736 ; école avignonaise, 95, 386, 485, 848. — Sculpture, 41, 78. — Tapisseries de cuir doré, 390.
  Assassinats, 295, 337, 599, 666, 667 ; voir : Langlade (Jean-Dominique).

SOMMAIRE ALPHABÉTIQUE

Assistance publique, 252, 751.
Associations. Voir : Avignon (Sociétés).
Ateliers de charité, 449, 568.
Augustines (religieuses), 569.
Aumône générale, 8, 185, 507, 648, 811, 1014, 1044. — Aumône de la rue de l'Epicerie. 1014.
Bibliographie, 119-123.
Bibliothèque municipale (avant sa réunion au Musée Calvet), 37, 420. Voir : Avignon (Musée Calvet).
Bibliothèque paroissiale St-Pierre, 120.
Bibliothèques particulières, 119-123, 188.
Bienfaisance, 148.
Bullaire, 176.
Capucins, 35.
Carmel, 617.
Carmes, 751.
Carte agronomique, 989.
Célestins, 532, 721, 740.
Cérémonies funèbres, 69, 98, 517, 566, 838 840.
Chaux, mortiers et plâtres, 718.
Chroniqueurs, 1043.
Cicerone. Voir : Avignon (Annuaires).
Cloches avant 1789, 104.
Collège des Jésuites, 337, 488, 549, 1039. — Collège du Roure, 333. — Collège St-Martial, 115, 251. — Collège St-Nicolas d'Annecy, 432.
Collège royal, 102, 332, 461, 616, 617, 803, 960, 990, 1005
Commerce et industrie avant 1790, 44, 106 ; — en 1842, 977. — Banque, 311. — Commerce des cuirs 7 ; — des cuirs dorés. Voir : Boissier (Raymond). — Garance, 8, 27, 38. Voir : Althen (Jean). — Indiennes, 980. — Industrie frigorifique, 916. — Soie, 9, 38, 198, 450-451, 571, 796, 968 ; condition des soies, 977. — Voir : Avignon (Foires et marchés).
Communauté (avant 1790), 44, 278, 441, 514, 634, 846, 987. — Ambassades à la Cour Pontificale, 42, 348, 493, 510, 869, 962, 1041. — Blé, farine et pain 278, 888, 931, 1002. — Conseil, 293. — Embellissement de la ville, 571. — Finances, 725, 762. — Hôtel de Ville, 291, 669. — Impositions, 967 — Imprimeur de la ville, 334. — Nettoyage des rues, 414. — Pendule offerte au Mis de Rochechouart, 622. — Podestats, 40. — Secrétaire. Voir : Henry (Honoré). — Sestier, 978, 979. — Syndics et Consuls, 40. — Viguiers, 40, 1036.
Commune révolutionnaire. Voir : Avignon (Révolution).
Commune (depuis 1800), 763, 871, 1003. — Assainissement, 657. — Assainissement moral, 1004. — Conseil municipal, 76, 311, 527, 654, 875. — Cloche municipale, 28. — Commissaire de police. Voir : Saladini (de). — Demande des secours, 336. — Eaux potables, 157, 352, 467, 1037. — Echange de terrains, 325. — Eclairage au gaz, 197, 400. — Elections municipales, 49, 386, 527, 639, 687, 762 1050. — Ferme du mesurage des grains, 872, 889, 890. — Finances, 773. — Fontaines publiques, 626, 792, 819, 976. — Hôtel de Ville, 284,
706. — Jardins publics, 255. — Legs Taulignan, 964. — Maires. 40, 656, 945, 960. Voir : Armand (d') ; Du Demaine (Comte Roger) ; Duprat (Jean) : Montfaucon (L.-E.-G. de Pertuis, Baron de) ; Olivier de Pezet (A.-J.-A. d') ; Pourquery de Boisserin (Gaston) ; Puy (Guillaume) ; Richard, Rochetin (J.-F.) ; St-Prégnan (Baron Roque de) ; Soullier (Ch.-Simon). — Municipalité et administration municipale, 28, 93, 124, 278, 340, 1007. — Octrois, 270, 762 774. — Plan d'alignement, 12, 220. — Poids public, 543. — Police municipale, 921. — Préposé aux viandes, 408. — Travaux d'utilité publique 653, 656.
Concours régional agricole Voir : Avignon (Agriculture).
Conférences, 967.
Confréries, 226. — Confrérie de N.-D. de la Major, 2. — Confrérie du Rosaire, 5.
Congrégation des pauvres, 198. —
Congrégation des pauvres femmes, 174. —
Congrégation de la Ste-Vierge, 294.
Congrès. — Congrès archéologiques Voir : Avignon (Archéologie). — Congrès Eucharistique 159 171, 814 976.
Corde (Sœurs de la). Voir : Avignon (St-François d'Assise (Sœurs de).
Corporations, 44. — Voir : Avignon (Drapiers, Marchands, Serruriers).
Cours d'éloquence, 210 ; de mnémotechnie. 735.
Crèche de St-Pierre de Luxembourg, 223 ; de la Ste-Enfance, 148, 511.
Dévots Voir : Avignon (Petits Colets ou Dévots).
Dominicains, 185, 295, 492, 838, 878, 936, 948, 1034. — Description du Couvent, 269, 586.
Douches et bains de vapeurs, 238.
Drapiers 42, 347.
Droit Ancien. Bullaire, 176. — Statuts, 950-952. Traités et consultations de jurisconsultes, 579, 859 860, 924-926, 987-989.
Eclipses, 435, 436 676.
École apostolique, 711 ; — des Beaux-Arts 110 ; de dessin, 374 ; — de dessin et de tissage, 354 ; — libre St-Joseph, 28, 66, 171, 294, 303, 336, 393, 465, 514, 576, 603, 629 733, 876, 885, 898, 934, 969, 1010. — Normale, 679.
Écoles gratuites des Frères, 260.
Élections législatives. Voir : Vaucluse (département de) Élections.
Élections municipales. Voir : Avignon Commune (depuis 1800).
Émigrés, 14. Voir : Avignon et Comté Venaissin (Révolution).
Enseignement primaire avant 1789, 854.
Enterrements, 171.
Entrées : François Ier, 110. — Louis XIII, 115. Louis XIV, 529 835. — Napoléon III, 284 — Reine Marie de Médicis, 532 10 0. — Reine de Pologne, 835 — Ducs de Bourgogne et de Berry, 69, 141, 491, 493, 513, 577, 621, 836, 1024. — Infant Don Philippe, 568, 572, 667, 836. — Monsieur, 840. — Duchesse d'Angoulême 321, 662, 840, 1024 — Du-

chesse de Berry, 812, 949, 1018. — Duchesse d'Orléans, 785. — Cardinaux-légats : Acciaioli, 537 ; Aquaviva, 407 ; Chisi (Flavio), 785 ; Farnèse, 497. — Vice-légats : Laurent Cursi 202 ; Sinibaldi Doria, 858 ; Marc-Daniel Delfini, 896 ; Grégoire Salviati, 735. — Archevêques : Joseph de Guyon de Crochans. 45, 197, 229, 234, 322, 377. F.-M. de Gonterii, 513 ; Dominique de Marinis, 240 ; Montecatini, 319.

Épidémies, 42. — Pestes, 636, 925 ; — Pestes au XVIIe siècle, 276, 394, 426, 427, 842 ; — Peste de 1720-1722, 75, 108, 234, 270, 274, 275, 374, 385, 402, 473, 505, 550, 551, 587, 617, 635, 656, 737, 765, 786, 806, 949. - Choléra, 31, 35, 100, 356, 449, 450, 650, 968. — Variole, 1051.

Étymologie, 269.
Exécutions capitales au XVIIIe s., 42.
Faiseur de bas, 605.
Fêtes (avant 1790), 44, 516, 668, 697, 779, 835, 837, 839, 1000, 1001. Voir : Avignon (Entrées). — Fêtes révolutionnaires Voir : Avignon (Révolution). — Fêtes (depuis 1800), 283, 409, 539, 710, 781. Voir : Pétrarque Centenaire).
Feu d'artifice, 307.
Filles (les) d'Avignon, 61, 1043.
Foires et marchés, 7 ; - marché de raisins, 1038.
Fonderie typographique, 669.
Fonderies de Vaucluse, 568.
Fort St-Martin, 318, 576, 649.
Frères des Écoles chrétiennes, 260.
Garnison (ancien régime), 228. — Révolution, 332. — 1er Régiment de Pontonniers, 216. - 58e Régiment d'Infanterie, 734, 1052.
Gastronomie, 508.
Guides, 72, 192, 252, 534, 744, 813. — Guide du Congrès archéologique, 268. — Guide du pèlerin, 192.
Histoire générale, 223, 397, 419, 552, 716 ; — projets d'histoire générale, 96, 224, 428, 552, 665-667, 698, 770. — Notices et notes historiques, 35, 37, 90, 137, 285, 385, 475, 478, 479, 519, 581, 648, 699, 940, 981. — Variétés historiques, 170.
Histoire. Antiquité, 97, 422. Moyen-Age, 180, 356, 593. — XIIe et XIIIe siècles, 7, 615. — Conventions de 1251, 59, 251, 500 XIVe siècle, 94, 307, 348, 530, 576, 803, 1018. Voir : Avignon (Papes) — XVe siècle, 180, 259, 469, 534, 652, 855, 1017. — XVIe siècle, 110, 181, 188, 747, 854, 923, 933, 1044. Voir : Avignon et Comté Venaissin (Histoire, Guerres de religion). — XVIIe et XVIIIe siècles, 59, 60, 630, 841, 933, 1041, 1043. — Réunions temporaires et réunion définitive à la France. Voir : Avignon et Comté Venaissin (Réunions temporaires et réunion définitive). — Révolution Voir : Avignon (Révolution). — 1814-1815, 4, 14, 125, 375, 469, 983. — Terreur blanche, 68, 368, 461, 915. Voir : Brune (Maréchal). — Restauration, 128, 204, 221, 229-233, 290, 375-377, 539, 540, 604, 624, 661-663, 912. — 1830, 111, 226, 704, 873, 986. — Louis-Philippe, 119, 124, 316, 409, 731, 732, 916. — Politique et évènements contemporains, 29, 93, 467, 1007.

Histoire naturelle, 243-245, 299, 390. - Fossiles, 217. — Mollusques vivants des environs, 216. — Œuf extraordinaire trouvé à Avignon, 3.
Hôpitaux, 2, 185, 653, 654 ; — au moyen-âge 733. — Hôpital général, 69, 120, 704, 832. Hôpital des insensés, 699, 700. — Hôpital St-Bénézet 689. — Hôpital St-Bernard 500. Hôpital Ste-Marthe, 450 ; religieuses, 324, 387, 483, 625, 654, 689, 704, 775, 961, 1063. — Hospice St-Louis, 463. — Maison Royale de santé, 7-7. — Maternité, 382. — Orphanotrophium de Grégoire XI, 223.
Horloges publiques et horlogers, 8.
Hôtel Crillon (ancien), 234.
Hôtel du Luxembourg, 225.
Hôtel- de -Ville Voir : Avignon, Communauté avant 1790) et Commune (depuis 1800)
Hôtes illustres : Berryer, 229, 545, 737, 776. — Bonaparte (Napoléon), 132, 737. — Duc de Crillon-Mahon, 59, 840, 940, 959, 963, 1008 ; Voir : Crillon (Louis des Balbes de Berton, Duc de). — François Ier, 110. — Margraves de Brandebourg-Kuhlbach-Bareith, 57. — Marie Mancini, 96. — Molière et Mignard, 783. — Montmorency Les), 970. Richelieu, 495. — Stuart Mill, 1042. — Stuarts (Les), 957. — Voir : Avignon (Entrées).
Hygiène publique ou individuelle, 1050.
Illuminés, 1042.
Immaculée-Conception (Religieuses de l'), 381.
Impressions de voyageurs sur Avignon, 169, 170, 352, 494, 496.
Imprimerie, 122, 1012. — Histoire, 39, 129, 744 ; — en 1444 et 1446, 96, 250, 848-850, 980. — Imprimerie Bérenguier, 60 ; — F.-J. Domergue, 334, 335.
Industrie. Voir : Avignon (Commerce et Industrie).
Inondations, 237, 293, 625, 627, 667, 687, 776, 836, 841, 946.
Inquisition, 1053.
Institution Grimaud-Meissonnier, 622.
Institutions (ancien régime), 330, 401.
Institutions judiciaires (ancien régime), 119, 178-180, 293 ; voir : Avignon et Comté Venaissin (Institutions). — Cour temporelle 457. — Rote, 321. Voir : Poulle (Joseph de). — Tribunal de la conservation, 413. - Voir : Avignon Tribunal).
Invalides (Succursale de l'Hôtel des), 23, 191, 288, 353, 561, 1043. — Commandant. Voir : Le Noir (Général Vicomte).
Jésuites, 193, 247, 449, 519, 650.
Jeux aux XVIIe et XVIIIe siècle, 44.
Jeux floraux, 62.
Journaux. Bibliographie, 847. « Courrier d'Avignon », 991-993. Journal « La Mouche », 72, 315, 808.
Juges de Paix, 748, 749. Voir : Pertuis.
Juifs, 220, 287, 373, 615, 772, 814, 842, 853, 1019. — Juifs avignonais de Bordeaux, 11, 786, 1042.

SOMMAIRE ALPHABÉTIQUE

Kermesse 72
Légation et Vice-Légation. Voir : Avignon et Comté Venaissin. (Légation et Vice-Légation).
Légendes, 913. — Légende des quatre Henri, 234, 411. — Légende du Palais du Roure, 563.
Littérature. Chansons, 197, 204, 228-233, 278, 283, 284, 686, 704. — Contes provençaux, 215. — Nouvelles et romans sur Avignon, 72, 605, 776, 855. — Pièces satiriques, 377, 378, 414, 601, 805, 983. — Poèmes sur Avignon, 156, 552, 590, 591, 645. — Poètes, 61, 62, 66, 127, 128, 172, 173, 259, 324, 365-366, 402, 405, 409, 412, 492, 565, 566, 678-680, 852, 876, 1018. — Poètes burlesques, 701, 702. — Poètes provençaux, 33, 130, 147-150, 207, 208, 316, 332, 471, 601, 604, 660-664, 983, 1019.
Loterie, 793.
Lycée, 41, 102, 131, 164, 300, 320, 588, 922, 950. Voir : Avignon (Collège royal).
Marchands, 43, 347, 457.
Marchés. Voir : Avignon (Foires et marchés)
Médecine et médecins, 42, 71, 393, 394, 504, 556, 559, 572, 591-593, 658, 728, 730-734, 738, 799, 810. — Statistique médicale, 1051.
Mesures. Voir : Avignon (Poids).
Météorologie, 459. — Orages, 318, 575, 576, 649. — Froids excessifs, 835.
Mœurs et coutumes, 530, 880-883, 923, 941, 1052. — La Noël, 140.
Monnaie. Voir : Avignon (Numismatique).
Monuments, 267, 268. — Monument du brave Crillon, 8, 170, 355, 740, 1004 ; — de Philippe de Girard, 792 ; — de Paul Saïn, 658.
Musée. Origines, 346.
Musée Calvet. Notice historique, 331 ; documents, 184, 333. Voir Calvet (E.-C.-F.). — Descriptions, 40, 41, 78, 130, 462, 480, 813. — Antiquités, 94, 97, 311-313, 381, 498, 597, 834, 907-912, 917, 1015. — Bibliothèque : manuscrits, 221, 473, 533, 535, 806 ; catalogue des manuscrits, 530-531 ; autographes, collection Requien, 367, 612, 651. — Centenaire, 410. — Christ d'ivoire, 530, 926. Voir : Guillermin Jean. — Exposition, 648. — Livre d'or, 579. — Monnaies et Médailles, 847. — Peinture, 38, 312, 456, 534, 634, 856, 963. — Sculpture, 313, 347, 682, 986.
Musique, 41, 44, 443, 444, 866. — Fêtes musicales, 66, 173, 258, 410.
Noblesse. Voir : Avignon et Comté Venaissin (Noblesse).
Noëls, 95, 108, 614, 694, 695, 703, 704, 760, 880-882, 901-904.
Notre-Dame des Doms, 33, 77, 90, 95, 104, 149, 192, 193, 198, 278, 320, 459, 578, 651, 782, 815, 854, 958. — Notices historiques ou archéologiques, 8, 9, 269, 344, 347, 428, 475, 597, 6 0, 701, 1009. — Chapitre, 53. — Origine du mot Doms, 42, 346.
Numismatique, 268, 356, 404, 461, 1012-1015, 1017. Voir : Avignon et Comté Venaissin (Numismatique). — Monnaie et monnayeurs, 1012-1016.

Palais des Papes, 257, 348. — Histoire, 43, 258, 259, 268, 269, 331, 342, 346, 373, 495, 683-685, 1040. — Guides et descriptions générales, 42, 43, 90, 194, 346, 427, 457. — Plan, 285. — Vue, 29. — Fresques, 161, 700. — Voûtes du Génie, 718. — Droits de propriété, 443. — Restauration, 43, 161, 241, 461, 856. — Exposition de Gobelins, 352.
Palais (Petit-), 888
Papes, 38, 90, 519, 734, 1045. — Histoire, 30, 31, 79, 144, 247, 643, 647, 978. — Grand Schisme, 447, 746, 767, 922, 1017 — Bibliothèque pontificale, 373, 374, 400, 533. — Bulles, 105, 176, 251, 566, 515, 1004. — Chambre Apostolique, 582, 924, 932. — Daterie, 217. — Romans historiques et poèmes sur les Papes d'Avignon, 8, 336, 471, 605, 645, 855. — Voir : Benoît XII, Benoît XIII, Clément VI, Clément VII, Innocent VI, Jean XXII, Urbain V.
Paysage (le), historique d'Avignon, 103.
Pénitents, 507, 592, 711, 1042 ; — blancs, 452, 586, 614, 857 ; — bleus, 198, 301 ; — gris, 6, 139, 192, 195, 274, 275, 299, 379, 387, 506, 538, 694, 699, 743, 776, 789, 791, 829, 1023 ; voir : Vidaud (Gabriel de) ; — noirs de la Miséricorde, 317, 423, 609, 726 ; Christ ; voir : Avignon (Musée Calvet) ; — rouges, 198.
Pétition pour la liberté de l'enseignement, 3, 45, 329, 677.
Petits-Colets ou Dévots (Secte des), 830.
Pharmacie (Histoire de la), 470.
Plan, 414.
Poètes. Voir : Avignon (Littérature).
Poids, 266, 1015 ; comparaison des poids et mesures anciens et nouveaux, 190, 261, 634.
Pont St-Bénézet, 97, 198, 234, 268, 422, 562, 563, 887, 911, 917, 961, 1044. — Pont (1806), 283. — Pont suspendu, 76, 201, 720, 934.
Population (avant 1790). Dénombrement, 725 — Dépopulation, 571.
Port, 778.
Préfecture (Hôtel de la), 43.
Prisons, 768.
Privilèges accordés par les Rois de France, 311, 797.
Processions, 149, 791, 943. Voir : Avignon (Pénitents gris).
Prostitution. Histoire, 227, 566, 733, 954, 1052.
Protestants. XVIe siècle, 499 ; voir : Avignon et Comté Venaissin (Histoire, Guerres de Religion). — XIXe s., 350, 431, 677, 845.
Récollets, 10 9.
Remparts, 9, 35, 269, 588, 943, 1040. — Projets de démolition, 220, 434, 599, 739.
Repenties, 223, 734.
Révolution, 492. — Histoire, 31, 44, 139, 235, 252, 627, 635, 946, 1030. Voir : Avignon et Comté Venaissin (Révolution). — Recueils de documents 43, 344, 467, 468, 892, 894, 921, 923. — Documents contemporains, 1789, 569, 888 ; — 1790, 10, 12, 15, 16, 46-48, 67, 74, 151, 160, 228, 254, 288, 289, 323, 379, 388, 414, 568, 569, 572, 626,

649, 708, 745, 839, 841, 1045, 1032; — *1791*, 12, 13 16, 46-48, 52, 73 77, 99, 248 254, 280, 323, 388, 478, 573 619, 624, 925, 726, 791, 862, 992, 993. 1002 1025; — Massacre de la Glacière, 248, 249, 260, 289, 300, 388, 503, 710, 739, 788, 867, 840, 954. 990; — *1792*. 13, 14, 66, 73, 78, 98, 135, 165, 170, 241, 308, 369, 391, 392, 430, 573, 642, 659, 703, 752, 799, 800; — *1793*. 1001; — an II, 173, 174, 206, 237, 239, 318, 391, 392, 673 675, 788, 991; — an III, 303, 304, 737, 752, 758, 851, 897, 898; — an IV, 15, 249; an V, 671, 708, 791, 845, 846, 983; — *1797*, 229. Cercle constitutionnel, 319. - Comité militaire, 136. — Commune. Maires. 872, 1030; réunion de la commune de Morières, 769; procureur de la commune. Voir : Piot. — Culte de la Raison, 710. — Député. Voir : Palun — Federalisme, 555. — Fêtes, 63, 561, 695, 780, 798, 870, 893, 994. - Garde nationale, 139, 1021, 1027, 1046. Garnison, 332. - Société des Amis de la Constitution, 48, 79, 716, 1024; — Société patriotique, 295; — Société populaire et montagnarde, 282, 301, 303, 318, 514, 587. — Voir : Avignon et Comté Venaissin (Révolution) et Vaucluse (Révolution).

Rhône, 357.

Rocher des Doms, 357. — Voir : Avignon (Fort St-Martin).

Rues Dictionnaire des), 7, 40, 734 — Plan d'alignement, 12, 226 — Rue du Muguet, 35. — Place publique 71. — Voir : Avignon (Communauté et commune)

St-Agricol, 677, 711, 721, 786. — Notice, 9. — Chapitre, 174. — Office, 712, 713.

St-Didier, 196, 251, 499, 519, 556, 6 9, 822 - Office, 713, 714. — Retable, 284.

St-François d'Assise (Sœurs de), dites Sœurs de la Corde, 470, 851, 974.

St-Geniès, 787.

St-Laurent. 313, 714, 724.

St Pierre, 512, 661, 696, 802, 863. — Notes historiques, 96, 850. — Façade et portes, 849. — N.-D. des Sept-Douleurs, 194. — Chanoine. Voir : Léonard (Jean). — Curé Voir : Richard (Abbé T.-A.).

St-Ruf (Ordre de), 242, 623. — Abbé. Voir : Letbert.

St-Sacrement, 159.

St-Symphorien (avant 1790), 612.

St-Véran, 532.

Ste-Catherine, 1008.

Ste-Claire. 170.

Ste-Enfance (Œuvre de la). Voir : Avignon (Crèche de la Ste-Enfance).

Ste-Praxède, 664, 665, 886.

Sapeurs-pompiers, 177, 178.

Schisme Grand). Voir : Avignon Papes).

Séminaire St-Charles, 60, 270, 273, 714, 815. — Bâtiments, 43. — Supérieur. Voir : Morel (Abbé).

Séminaire (Petit·), 630.

Serruriers, 126.

Sigillographie, 203, 909, 1013.

Société avignonaise, 377, 378, 805, 923.

Sociétés. Association amicale des Anciens élèves de la rue Tête-Noire, 119 Association du Rosaire vivant, 778. — Cercle des Amis de l'ordre, 458. - Chambre syndicale des typographes d'Avignon, 120. Section du Club-Alpin, 855. — Groupe de la Jeunesse Républicaine, 853. — Groupe St-Joseph, 28. — Œuvre de Jésus-Marie-Joseph et St-Pierre de Luxembourg, 120. - Œuvre de St-Pierre de Luxembourg, 120. Société d'agriculture, 1001 - Société de la Foi, 4, 594. Société du Bienheureux Pierre de Luxembourg, 594. — Société de plusieurs personnes pour aller voir l'arrivée du roi, à Lyon, 372. — Société de secours des ouvriers typographes, 1056. — Syndicat d'initiative, 72.

Sœurs Garde Malades, 851. Voir : Avignon. St-François d'Assise (Sœurs de). Statuts, 950-952.

Syndicats. Voir : Avignon (Sociétés).

Théâtre, 865, 927, 942. Ballets, 333, 442, 610, 701, 999. — Directeur. Voir : Singier (Alexis). Pièces, 81, 101, 209, 210, 295, 304, 539, 549, 558, 591, 649, 650, 652, 679, 680, 689, 690, 723, 783, 796, 812, 813, 853.

Tiers-Ordre, 485, 579, 711.

Topographie, XVIII' siècle, 44; — physique et médicale, 730.

Tribunal correctionnel 225; — et de 1" instance, 765. — Président. Voir : Collet. - Avocats et avoués, 1040. Voir : Avignon (Juges de paix)

Tribunaux Ancien régime). Voir : Avignon (Institutions judiciaires).

Université, 25, 38, 48, 106, 127, 179, 289, 291, 292, 335, 345, 346, 354, 379, 464, 520, 533, 541, 554, 578, 608, 670, 706, 716, 741, 761, 762, 800, 820, 858, 860, 923, 924-926, 977, 1031, 1037. — Histoire, 82, 600. Cartulaire, 553. - Faculté de droit, 181, 978; — des arts, 599; — de médecine, 554. — Primicier. Voir : Salvador (Paul de).

Ursulines, 21, 508, 743, 1045.

Usages locaux, 43, 105, 106.

Verbe Incarné, 130.

Vie avignonaise au XVI' siècle, 923 ; aux XVII' et XVIII' siècles, 44.

Visitation, 306, 325, 453, 611, 660.

Avignon et Comté Venaissin (Etats pontificaux et Papes)

Agriculture, Elevage, 801. — Olivier 538.

Ambassades à la cour pontificale, 42, 934.

Archives notariales, 43, 342.

Aumônes générales, 507.

Communautés : Bulle de bono regimine, 255.

Descriptions, 273, 319, 805, 957, 958.

Epidémies, 42. — Peste, 635, 636, 765.

Fermes du tabac, des toiles peintes et du sel, 213, 214, 239, 341, 830. — Droits de sortie, 541

Histoire générale, 32, 224, 397, 419, 494. — Notices historiques, 137, 581. — Calendrier, 183. — Ephémérides, 38.

Histoire, XIV' siècle, 315, 348, 576, 803; voir : Avignon (Papes) — XV' et XVI'

siècles. Voir: Avignon. Histoire (XV° et XVI° siècles). — Guerres de religion, 54, 150, 497, 749, 750, 842, 1000, 1044. — Réunions temporaires. Voir : Avignon et Comté Venaissin (Réunions temporaires). — Réunion définitive. Voir : Ibid. (Réunion définitive. — Révolution. Voir : Ibid. (Révolution).
Hôpitaux Généraux, 832 ; — ptochotrophia, 185.
Imagerie et littérature populaires, 219.
Imprimeurs, 744.
Institutions judiciaires, 225, 382, 401, 464, 611, 942, 987-989. — Projet de tribunaux collégiaux, 49, 59, 779, 795.
Institutions politiques et municipales, 32, 255, 401.
Juifs, 220, 287, 373, 615, 772, 814, 842, 853, 1019.
Légation et vice-légation, 38, 39, 611, 691, 1033. — Avocat général. Voir : Passéry. — Chevaux-légers, 878. — Dataire. Voir : Giorgi. — Droits de lods, 595. — Général des armes. Voir : Malateste (Charles-Félix de). — Règlements, 824, 829. — Légats. Voir : Alterii. Amboise (Georges d'), Aquaviva (Octave), Armagnac (Georges d'), Barberini (Antoine), Bourbon (Charles de), Chigi (Flavio de), Cybo (Alderano), Farnèse (Alexandre), Foix (Pierre de), Rospigliosi. — Président et pro-légat. Voir : Durini (Ange-Marie). — Vice-légats. Voir : Anguisciola (Carlo), Aquaviva (Pascal), Bardi (Cosme), Colonna (Alexandre), Cursi (Laurent), Delci (Rainier), Ferrier (Philibert), Grimaldi (Dominique de), Lomellini (Laurent), Mazarin (Jules), Nicolini (François), Passionei (Paul), Salviati (Grégoire), Sanvitali (A. F.), Sforza (Frédéric).
Littérature. Voir : Avignon et Comté Venaissin (Imagerie et littérature populaires).
Mesures (Comparaison des), 261. Voir : Avignon (Poids).
Météorologie. Froids excessifs, 835.
Monnaies (Réduction des), 24, 134, 261, 373, 453, 676, 884.
Musique religieuse, 443, 444.
Noblesse, 40, 395, 644, 697, 770, 708, 976. Armorial, 855.
Numismatique, 203, 205, 206, 609, 621, 907.

Pénitents, 107, 711.
Privilèges des habitants en France, 214, 787.
Prostitution, 277, 566.
Réunions temporaires à la France : histoire, 235, 522 ; — mémoires et documents, 41, 44, 229, 305, 522, 569, 622, 621, 659, 666, 678, 789, 821, 823, 824, 835, 934, 917, 1043 ; — édits du roi, 823. — Gouverneur. Voir : Rochechouart (M¹⁵ de). — Controverse sur les droits du pape ou du roi sur Avignon et le Comté, 208, 209, 216, 396, 439, 760, 761, 844, 867, 900, 918, 1021.
Réunion définitive. Histoire, 521, 614. — Recueils de documents, 42-44, 153, 344, 387, 469, 823. — Documents contemporains (discours, mémoires, etc.), 58, 74, 85, 87, 109, 144, 145, 160, 229, 270, 280, 339, 341, 342, 388, 426, 497, 504, 511, 578, 590, 595, 618, 628, 658, 675, 696, 720, 732, 751, 784, 793, 796, 797, 801, 802, 830, 831, 843-845, 869, 984, 986, 1028, 1030.
Révolution, 492, 913. — Histoire, 31, 44, 235, 252, 627, 635, 946, 1030. — Recueils de documents 43, 344, 467, 468, 892, 894, 921, 922. — Documents contemporains : 1789, 270, 570, 937, 1003 ; — 1790, 86, 181, 271, 281, 288, 338, 378, 388, 389, 472, 498, 500, 515, 552, 570, 589, 590, 709, 751, 803, 829, 843, 913, 935, 944, 992, 993, 999 ; — 1791, 65, 73, 107, 136, 198, 203, 211, 279, 280, 288, 310, 322, 323, 339, 358-363, 375, 396, 408, 484, 508, 571, 612, 682, 707, 708, 718, 720, 725, 736, 738, 765, 801, 822, 839, 841, 847, 853, 862, 893, 919, 943, 959, 984, 990, 995, 1028-1030 ; — 1792, 12, 14, 180, 275, 308, 309, 314, 360, 361, 363-365, 381, 388, 686, 706, 798 ; — an VI, 233. — Armée départementale, 136, 323, 377, 523, 524, 822, 829, 1021, 1028 ; général : voir : Jouve-Jourdan (Mathieu). — Emigrés, 142, 608, 609, 803, 804. — Médiateurs et commissaires civils, 14, 65, 77, 165, 257, 279, 308, 315, 509, 566, 567, 681, 682, 735, 764, 891, 893, 941, 944, 1027-1030, 1047, 1048. — Voir : Mulot (Abbé F.-V.), Verninac-St-Maur (R. de).
Sigillographie, 20 , 900.
Aymard (Jacques Antoine Marie Rodolphe d'), maire d'Orange, 75, 1, 9.

B

Bâle (Concile de), 1017. — Projet de translation à Avignon, 534.
Balechou (Jean-Joseph), 79, 102, 103.
Barbentane (ancien diocèse d'Avignon), 155, 414. — Tour Anglica, 269, 342.
Barberini (Antoine), légat d'Avignon, 487.
Barcilon (Augustin), 1.
Barcilon (Charles), 1.
Bardi (Cosme), vice-légat d'Avignon, 874.
Barjavel (François), accusateur public près le Tribunal criminel de Vaucluse, 85-87.

Barnouin (Abbé Louis), 827.
Barnouin (le P. Marie-Benoît), 827.
Baroncelli-Javon Marie-Thérèse de), 405.
Barra, 277.
Barral (Fernand), 898.
Barras, représentant du peuple, 781.
Barroux (Le), 42, 43, 197.
Barthelasse (Ile de la), 192, 771.
Bartolo da Siena (Giovanni di), 683.
Bastet (Victorien), statuaire, 102, 103.
Bastide-des-Jourdans (La), 1036. — Voir : Notre-Dame de l'Ermitage.
Baucet (Le), 438, 793-795.

SOMMAIRE ALPHABÉTIQUE

Baume (La) des Peyrards, 328.
Baume-Suze (Louis de la), 767.
Baumes-de-Venisse, 25, 807.
Baumettes (Les), 30.
Baux (Maison de), 90.
Bayet (De) fils, 94.
Beauchamp (Merles de), 79.
Beaufort (Raymond de), 347.
Beaumont, 868.
Béchet (Dr Jean-Joseph) 100, 101.
Bédarrides, 42, 470, 771.
Bedoin, 663. — Massacre, 114, 269, 340, 560.
Béjart (Madeleine), 234, 420, 424, 805.
Bellegarde (Roger de St-Lary de), maréchal de France, 188, 953.
Bérézet (Saint), fondateur du pont d'Avignon, 21, 172, 186, 193-195, 199, 251, 321, 494, 562, 648, 677, 817, 917, 1035.
Beni (Joseph), évêque de Carpentras, 88, 623, 624.
Benoit XI, pape, 105.
Benoit XII, pape, 105.
Benoit XIII, pape d'Avignon, 27, 439.
Benoit de la Vailhonne (Joseph-François), 106-108.
Bérard Gens-Louis, de Monteux, 108.
Berard (J.-F.), 992.
Berluc-Pérussis (Léon de) 110, 510, 688.
Bernard, 862.
Bernard (Camille), 727.
Bernard (Ferrier), sculpteur, 849.
Bernard (Joseph-Véran), 113, 1000.
Bernardi (Joseph-Elzéar Dominique), 38, 113, 114.
Bernus (Jacques), 849, 1019.
Bertet (Jean), 5.
Bertet (Laurent-Dominique), fondateur de Ste-Garde, 5, 544, 826, 834.
Berthet (Elie), 82.
Bertrand de Baux, prince d'Orange, 312.
Bertrand Piedmore (J.), 118.
Besson (R. P. Paul), 177.
Bigand (Auguste), peintre, 147.
Bilhion père, 94.
Biliotti (Maison de), 699.
Biliotti (Victor de), sous-préfet d'Avignon pendant les Cent Jours, 124, 125.
Bimard (Comte Ludovic de), 558.
Blanchefort (Famille de), 24.
Blanchetty (Famille de), 24.
Blau (Pierre), cardinal de St-Ange, 854.
Blauvac St-Trophime, 357. — Seigneur. Voir : Tonduti (Jean-Baptiste de).
Blaze (François-Henri-Joseph, dit Castil), 127, 128, 817.
Bouce, évêque de Venasque, 424.
Boisset, logeur, 921.
Boissié (Géraud), professeur au Collège d'Orange, 269.
Boissier (Raymond), marchand de cuir doré d'Avignon, 320.
Bollène (Canton de), Vétérans, 398.
Bollène (Ville de), 71, 793, 1035. — Almanach paroissial, 27. — Collèges et pensionnats, 26. — Curés, 397, 398 ; voir : Ferrer (Abbé Emmanuel). — Eglise, 399, 714. — Maire : Voir : Granet-Lacroix (de). — Pont et chapelle N.-D. de Bonne-Aventure, 398. — Réaction thermidorienne, 324. — Religieuses du St-Sacrement, 159, 284, 302. — Ursulines, 21.
Bonaparte (Napoléon), à Avignon, 132, 737.
Bonaparte Wyse, 679.
Bonaparte-Wyse Napoléon-Estelle, 132.
Bonard (X.-L.), peintre, 132.
Boniface VIII, pape, Bulles, 135.
Bonne (Famille de), 24.
Bonnel (Siméon), missionnaire, 138, 139, 140.
Bonnet, de L Isle, 627.
Bonnet (Achille-Benjamin-Constant), 1, 207.
Bonnet (Abbé Jean), 673.
Bonnieux, 797, 970.
Bonpas (Chartreuse de), 195, 342, 540.
Bouche Charles-François, député à l'Assemblée Nationale, 144, 145, 843.
Bouches-du-Rhône, Révolution : histoire, 1891 ; — fédéralisme, 483 ; — volontaires, 1001. — Diocèse constitutionnel ordo, 723.
Boudin (Sébastien), 147-150.
Bougnés (Elisabeth), 268.
Boulogne (Etienne-Antoine de), évêque Troyes, 306, 503.
Bourbon (Charles de), cardinal, légat d'Avignon, 22, 927.
Bourges (Gabriel), 152, 533.
Bourges (Léon), 565.
Bourgogne (Royaume de), 780.
Bournareau, vicaire général de Carpentras, 624.
Boussot (D'), 522.
Boyer, juge au tribunal criminel de Vaucluse, 86.
Brancas (Mlle de), 143.
Brantes (Joseph-Ignace de Blanc, marquis de), 44, 45.
Brémond (J.-F. de), baron de St-Christol. Voir : St-Christol baron de.
Brian (Louis), 679, 1049.
Bricqueville (Eugène de), 168, 169.
Brioude (Abbé N.), à Triors, 5.
Brigitte, Cardinal don Vai, 110.
B.un (Esprit-Joseph), architecte et ingénieur, 172, 440, 626.
Brune (Maréchal), 5, 153, 662, 1042. — son assassinat, 58, 260, 353, 525, 545, 548, 620, 915, 934.
Bruny (Maison de), barons de La Tour d'Aigues, 67.
Bruoux (Notre-Dame de), 980.
Buisson, 969.
Buoux, 446, 931.
Bus (César de), 93, 94, 227, 351, 466, 597, 598, 1031.

C

Cabrières (Massacres de), 64, 136, 288.
Cade (D' André), 177.
Cadecombe (Paul de), 178-180, 1044.
Cadenet, 299, 873, 907. — Ermite, 269. — Fonts baptismaux, 225. — Tambour d'Arcole, 539.
Caderousse, 635, 832, 965. — Siège, 406, 512.
Cairanne, 909.
Caix de Saint-Aymour (Comtesse de), 969.
Cajétan (Jacques), 531.
Calmels (Pierre), 678.
Calvet (Antoine., jurisconsulte, 120, 183
Calvet (Esprit-Claude-François), 38, 183-185, 357, 457, 482 496, 532, 889
Calvet neveu, 365.
Calvier (Joseph-Marie), peintre, 397.
Calvières lieutenant-général Mis Charles de), 121, 1043.
Camaret, 952.
Camaret (de), maire de Pernes, 920.
Camaret (Abbé Octave de), 398.
Cambis d'Orsan Auguste-Marie-Jacques-François-Luc, Mis de , député de Vaucluse, pair de France, 40, 186 187, 430, 797.
Cambis-Velleron (Joseph-Louis-Dominique Mis de), 121, 188, 189, 329.
Campan, avoué d'Avignon 1040.
Capitone (Félicien), archevêque d'Avignon, 379.
Cardinaux français, Histoire, 338.
Carmejane (Maison de), 447
Carmejane-Pierredon (Famille de), 698.
Caromb, 24, 267, 386.
Carpentras (Arrondissement de), 1002, 1025. Député 77. — Sous-préfet, 959. — Épidémie, 215.
Carpentras (Diocèse), 314, 722, 784. — Conciles et synodes, 265, 266. — Évêques, 40, 253 436, 437, 624, 970, 1017 ; Voir : Beni (Joseph), Durazzo (cardinal), Inguimbert (Dominique-Malachie d'), Lascaris (Gaspard), Sadolet (Jacques), Sadolet (Paul), Siffrein (St). — Mission, 112, 557. — Offices, 182. — Révolution, 160. — Vicaire général. Voir : Bournareau.
Carpentras (District de), 829. — Archives, 44.
Carpentras (Ville de), 433, 467, 493, 525, 862, 874, 896.
  Acrostiche, 258.
  Antiquités 545 ; - monuments, 37 268 ; — arc de triomphe, 37, 38, 719 ; — mosaïque, 720 ; — bas-relief, 545.
  Aqueduc, 37, 249.
  Bibliothèque, 37 ; — manuscrits (Catalogue des), 343, 531, 543, 574 ; — collection musicale J.-B. Laurens, 672. — Bibliothécaire, Voir : Olivier-Vitalis (L.-H.-I.-M.).
  Bullaire, 176.
  Capucins, 606.
  Collège, 236, 574, 737, 959.
  Communauté avant 1789 399. — Commune révolutionnaire, 298. — Commune depuis 1800, 399. — Consuls et officiers municipaux, 43. — Eaux, 352, 607. — Fontaines, 174, 250.
  Conservation (Tribunal de la), 792.
  Description, 109 ; — en 1694, 269
  École centrale du département. Voir : Vaucluse (départ.), Instruction publique.
  Entrée du cardinal Farnèse, 128, 129.
  Garde nationale, 556, 557, 959.
  Histoire, 280, 281, 574, 581 ; voir : Carpentras (Révolution). — Restauration, 13, 230, 778
  Hôtel-Dieu, 907.
  Hôtes illustres : Duchesse de Mercœur, 970. — Voir : Carpentras (Entrée).
  Humanistes du XVIe siècle, 135, 136.
  Juifs, 220, 228, 279, 282, 287, 655, 685, 808.
  Mémorial, 42.
  Monnaie, 1016.
  Musée, 40, 41, 551.
  Notre-Dame de l'Observance, 971.
  Notre-Dame de Santé, 189, 700, 719, 861, 972.
  Œuvre de la Miséricorde, 474, 935. - Voir : Grimaud (Abbé).
  Pénitents de la Miséricorde, 935.
  Peste, 203, 632.
  Poètes patois, 172, 505, 581.
  Révolution, 570. — Documents contemporains 1789, 76, 411, 831 ; 1790, 76, 281, 380, 771, 992 ; 1791, 74, 85, 87, 249, 279, 280, 323, 738, 841, 847 ; 1792, 149, 334 ; an III, 303, 304. — Cercle constitutionnel, 77. — Société des Amis de la Constitution, 85. — Société populaire, 304. — Siège, 992.
  St-Sacrement, 159.
  St-Siffrein (Église cathédrale de), 504, 550, 580, 715, 843, 861, 982. — Notice historique, 33. — St-Clou, 199. — St-Mors, 969.
  Satire moderne, 304, 651, 652.
  Société agricole, commerciale et littéraire, 37.
  Statuts, 952.
  Terroir, 724.
  Tribunal correctionnel et de 1re instance, 113, 706, 717 ; — tribunal de la Conservation, 792.
  Visitation, 239.
Carpentras et environs. Histoire naturelle, 299.
Carteaux (Général Jean-François), 132, 206, 207.
Casarie (Ste), 194, 195, 356, 432, 774.
Cassan (Denis-Casimir), poète avignonnais, 207, 208, 296.
Cassin (Dr Paul), 62, 209.
Castelar (Le) près Cadenet, 907.
Castil-Blaze Voir : Blaze (François-Henri-Joseph, dit Castil).
Castor (St), évêque d'Apt, 975.

Caumont, 910. — Chapelle St-Symphorien, 343, 532.
Causans (Vicomte de), 215, 997.
Causans (Comtesse Marie-Jeanne de Vincens de), 615.
Cavaillon (Diocèse de), 944. — Evêques, 40, 253, 436, 437, 814, 854, 1036 ; voir : Fortial de Montréal (Louis de), Guyon (Joseph de), Mancini, Véran (St). — Bréviaire, 167. — Office, 182. — Cérémonial, 16. — Synode, 266.
Cavaillon (Ville de), 299, 1009. — Abbaye de St-Benoît, 320.
 Académie, 97.
 Agriculture, 1053.
 Antiquités, 909 ; — inscriptions, 521, 620 ; — monuments, 37, 268 ; — arc, 152 ; — utriculaires, 183.
 Capucins, 1000, 1009.
 Carmélites, 413.
 Chronique, 472.
 Commune, 365, 402, 575, 904. — Maires. Voir : Faure, Sabran (Claude).
 Hôpital. Pharmacie, 522.
 Juifs, 220.
 Notaire. Voir : Thomas (de Bédoin).
 Pont sur le Coulon, 624.
 Révolution, 136, 221, 899, 904, 1003.
 St-Véran (Eglise cathédrale de), 714, 715.
 Statuts, 42.
 Syndicat de la Durance, 521.
Cavalerie (N.-D. de la), 827, 1036.
Cavares, 910.
Cayrol (Horace), 705.
Chabas (Honoré), 721.
Chabas (Véran) 221.
Chabran (Emile), 651.
Chabran (Joseph), général de division, 221, 222.
Chalon (Louis de), prince d'Orange, 181.
Chalon (Philibert de), prince d'Orange, 767, 869.
Chantron (Colonel), 688.
Chapat (Louis), collectionneur, 256.
Charasse (D'), 889.
Charrasse (de P.), 973.
Chassenet (François), 73, 237.
Chastel, notaire, 998.
Chastel (J.-P.), sculpteur, 452.
Châteauneuf-de-Gadagne, 42, 343, 349.
Châteauneuf-du-Pape, 423.
Châteaurenard, 342.
Chauffard (D' Marie-Etienne-Denis-Hyacinthe), 109, 238.
Chaussy (Dominique), 239, 766.
Chavagnac, administrateur du district d'Avignon, 240.
Cheval-Blanc, 784, 913.
Chézard de Matel (Jeanne-Marie), 130
Chigi (Flavio de), cardinal, légat d'Avignon, 65, 72, 487.
Chouvet (Abbé A.), 247, 463.
Cigale, 155.
Clausonne (Bermond de), abbé de Villeneuve-lès-Avignon, 283.
Clavel, curé de Grillon, 821.
Clément IV, pape. Bulles, 250.
Clément V, pape, 553, 580.
Clément VI, pape. Bulles, 251.

Clément VII, pape, 535.
Clément IX, pape, 291, 307, 732, 944.
Clément X, pape, 291.
Clément XI, pape, 155, 857.
Clément XIII, pape, 11, 44, 653.
Clément XIV, pape, 44, 623, 653.
Clérian, 147, 1018.
Clermont, 647.
Collet, président du Tribunal de 1" instance d'Avignon, 290.
Colonna (Alexandre), vice-Légat d'Avignon, 487.
Comin, 121.
Comté ou Comtat-Venaissin. Histoire, XIII°-XV° siècles, 403, 438, 439. — Guerres de religion, 285. — XVIII° siècle, 93. — Voir : Avignon et Comté Venaissin (Histoire)
 Agriculture, 976 ; — blés, 181.
 Assemblée représentative, 2, 46-48, 65, 71, 75, 76, 107, 380, 412, 441, 490, 491, 709, 808, 918, 996.
 Canaux, 442, 793 ; — projet de canal navigable, 866.
 Comtes, 897.
 Documents : Bullaire, 176. — Chronique, 966. — Ordonnances, statuts, règlements, 723, 832. — Statuts, 875, 953, 954.
 Droit. Traités et dissertations juridiques, 117, 134, 135, 808, 809.
 Etats, 27, 54, 407, 619, 692, 809, 821, 912 914, 976, 1019. — Histoire, 456. — XV° siècle, 42. — XVIII° siècle, 172, 486. — Procureur général. Voir : Saint-Jacques (de).
 Institutions, 403. — Divisions administratives, 42. — Chambre Apostolique. 117. — Notaires 998. — Municipalités aux XVII° et XVIII° siècles, 908. — Recteurs et rectorie, 31, 38, 42, 136, 280, 810, 915. — Tribunaux 792, 793, 942.
 Juifs, 82, 93, 94, 116, 220, 407, 510, 638, 786.
 Révolution. Documents contemporains, 1789, 28, 74 ; 1799, 71, 75, 107, 108, 792, 943, 944 ; — 1791, 73, 74, 85-87, 107, 108, 912. — Voir : Comté Venaissin (Assemblée représentative).
 Théâtre provençal, 797.
Corvi (Ricali), cosignueur d'Ankin..., 439.
Cottier (Charles), 121, 279-282.
Coulon (le), « La felibresso dóu Cauloun » Voir : Arbaud (Mme d').
Courtet (Guillaume), dominicain, 285.
Courthézon, 42, 343, 404, 1016.
Courtois (Abbé Auguste de), 286, 948.
Créquy (Famille de), 24.
Crillon, 912.
Crillon (Famille de Berton de), 28. — Archives, 276
Crillon (le chevalier de), 378
Crillon (Jean-Louis des Balbes de Berton de), archevêque de Narbonne, 477.
Crillon (Louis de Berton des Balbes de), dit le brave Crillon, 27, 38, 45, 64, 89, 104, 192, 419, 424, 583, 657, 708. — Son monument à Avignon, 8, 170, 355, 740, 1104.

SOMMAIRE ALPHABÉTIQUE

Crillon et Mahon (Louis de Balbes de Berton, duc de), 45, 59, 142, 166, 185, 201, 289, 297, 490, 537, 669, 772, 823, 840, 940, 959, 963, 1005.
Crochans (Joseph de Guyon de), archevêque d'Avignon, 45, 197, 229, 234, 322, 377, 687, 1037.
Crozet (Gabriel-Marie), 291.
Cucuron, 326, 327.
Cursi (Laurent), vice-légat d'Avignon, 202, 1009.
Cybo (Alderano), cardinal, légat d'Avignon, 53.

D

Dauvergne (Dr Prosper), 333.
David (Félicien), 164.
David (Louis), graveur, à Avignon, 42, 346.
Debelay (Mathias), archevêque d'Avignon, 149, 968.
Debry (Jean), représentant du peuple, 303, 304, 769, 851.
Delci (Rainier), vice-légat d'Avignon, 305, 503, 505, 874.
Deleutre (Collection), 122, 256.
Delphine (Ste), 143, 163, 687.
Delpon (Henri), 62.
Demangelle (Paul), 460.
Demarez (André), voyageur, 314.
Démians (Mathilde), 629.
Denis (Claude), 635.
Déretz (A.), 72, 315.
Derin (Pierre), légionnaire, 26.
Des Adrets (François de Beaumont, baron), 24, 607, 628.
Desandré (Auguste), 62.
Des Essarts (Charles-Hyacinthe-Antoine de Galéans), 331.
Deveria (Eugène), 597.
Devèze (Paul), avoué d'Avignon, 1040.
Deville (Abbé Albert), 999.
Didier (St), évêque d'Avignon, 196.
Didier (Eusèbe), 188, 189, 297, 329, 330.
Digoine du Palais (Cte Galéan de), 825.
Dohna (Christophe de), 1049.
Doria (les), 532.
Douliot (Paul), architecte et physicien d'Avignon, 336.
Dours Général Joseph-François), 554.
Dubreil (Louis-Anne), archevêque d'Avignon, 61, 119, 132, 337.
Du Demaine (G.), 72.
Du Demaine (Jeanne), 558.

Du Demaine (Cte Roger), maire et député d'Avignon, 169, 340.
Du Guesclin (Bertrand) et les Etats. pontificaux de France, 307, 530.
Dumas (François), 62.
Dumas (Jeanne), 680.
Du Pilhon, généalogie, 353.
Duplessis (J.-S.), peintre, 37, 102, 719.
Dupont (Jacques-Marie-Antoine-Célestin), archevêque d'Avignon, 583, 960.
Duprat (Jean), dit le jeune, président de l'Assemblée électorale de Vaucluse, maire d'Avignon, député à la Convention, 309, 358-363.
Duprat (Jean-Etienne-Benoît), dit l'aîné, président du tribunal du district de Vaucluse, 289, 314, 363-365.
Dupuy, maire d'Avignon, 230
Durance, 241, 314, 355, 626. — Encaissement, 109, 125, 709, 762, 768, 1032 1038. — Réparation des bords, digues et chaussées, 146, 182, 214, 322, 830 ; — sentence Sabatini, 213. — Prises d'eau, 781, 782, 796, 1007. — Syndicat de la Durance, 521, 819. — Question de Fontaine-l'Evêque et du Verdon, 871, 914, 947, 1046. — Pont de Bonpas, 213, 215, 541, 546, 663, 709, 789, 831, 845 ; — de Janson, 624, 707 ; — de Pertuis, 462 ; — aux rochers de Bergeret, 625, 845.
Durazzo (Cardinal), évêque de Carpentras, 98.
Durini (Ange-Marie), président et pro-légat d'Avignon et du Comté Venaissin, 4, 44, 56, 80, 142, 184, 297, 368-371, 655, 745, 905, 995.
Dutillet (Louis-Guillaume), dernier évêque d'Orange, 26, 139, 384.

E

Elci (Rainier d'), vice-légat d'Avignon, 305, 503, 505, 874.
Elzéar (St), 143, 163, 687.
Enard (Félix), 864.
Enseignement libre. Annuaire, 34.
Entrechaux. Seigneur. Voir : Fogasses (Balthazar de).
Entrechaux (d'), chanoine, 877.
Etats pontificaux de France. Voir : Avignon et Comté Venaissin.

Etienne (André), dit le Tambour d'Arcole, 539.
Etienne (François), évêque, 26, 383-384.
Eutrope (St), évêque d'Orange, 286.
Evêques et archevêques. Listes, 19, 339, 384, 385, 436, 437.
Eymenier, chef du 1er bataillon de la 34e demi-brigade, 765.

F

Fabre (Jean-Henri), 390, 842.
Farnèse (Alexandre), cardinal, légat d'Avignon, 128, 129, 497.
Faure, juge au tribunal de Vaucluse, 86.
Faure, maire de Cavaillon, 402, 765.
Fauvety (Jean), président du tribunal révolutionnaire d'Orange, 58.

Félibres, felibrige, 17, 70, 114, 252, 403, 561, 562, 636, 644, 872. — « L'Antifélibre), 237. — Voir : Provençale (langue).
Félix V, antipape, 652.
Ferrer (Abbé Emmanuel), curé de Bollène, 397.

Ferret (Emile), 741
Ferrier (Philibert), vice-légat d'Avignon, 1015.
Ferry de la Bellone (D' de), 409, 727.
Fiesque (Laurent de), archevêque d'Avignon, 512, 659.
Filles de l'Enfance (Congrégation des). 820.
Fléchier (Esprit), évêque de Nîmes, 38, 109, 305, 389, 411, 998, 1031.
Fogasses (Balthazar de), seigneur de la Bastie et d'Entrechaux, 415
Fogasses (François Dragonet de), seigneur de la Bastie, 415
Foix (Pierre de), cardinal, légat d'Avignon, 21, 180 536.
Folard (chevalier de), 429, 627, 1042.
Fonte (Guillelmus de), médecin, 732.
Forbin (Maison de), 19, 370, 415, 618.
Forbin (Chevalier de), 488.
Forbin (Toussaint de), 415.

Forbin-Janson (C'' de), 417, 708.
Fornéry (Joseph), historien du Comtat, 348, 419.
Fortia (Maison de), 421, 448.
Fortia Paul de) 766.
Fortia de Montréal (Louis de), évêque de Cavaillon, 854
Fortia d'Urban (M'' de), 122, 272, 419-425, 866.
Fourmon Abbé, 602.
Fournier d'Aultanne (Général), 688.
Françon (le P.), 825, 827.
François I'' et Avignon, 110.
Fréron (Louis-Marie-Stanislas), représentant du peuple), 15, 55, 429, 781.
Frizet (Abbé Antoine-Anthime), 273.
Fugières (Général), 564.
Fuzet (Mgr F.), curé de Villeneuve-lès-Avignon, évêque de Beauvais, 253, 432-434.

G

Gadagne, 908.
Gadaigne (les), 1052.
Galas 278)
Ganges (M'' de), 421, 561, 1025, 1043.
Garcin (M.-A.), 930.
Gargas, 630.
Gasparin (A.'), 856.
Gasparin (Agénor de), 1046.
Gasparin (Auguste de), député d'Orange, 83, 584, 875.
Gastaldy, médecin d'Avignon, 738, 900.
Gaufridy (Elzéar) 488
Gautier (Théophile), à Avignon, 591.
Gens (St), 26, 148, 149, 199, 454, 474, 717, 793-795, 822.
Gentilly (Célestins de), 1003.
Gérard (François), médecin, 100, 450.
Gérente (maison de), 448.
Gérente (François-Gabriel de), 1036.
Gérente (Hippolyte de) député, 77.
Gérente (Louis-Balthazar de), 1036.
Germaine (Sœur), supérieure de l'hospice de Séguret, 298.
Gevaudan M'' de), 496.
Giannino (le roi), 968.
Gignac, 272.
Gigondas, 518, 812, 954.
Gilorgi, auteur du la Legation, 617
Girard (Joseph de), 152.
Girard (Philippe de), 29, 41, 233, 363, 317, 318, 354, 387, 456, 458, 470, 508, 717, 806, 1026, 1050.
Giraud (Charles), 381.
Gonfond (Joséphine), 464.
Gonnet (D'), 727.
Gonnet (Abbé Gilles-Chérubin-Eugène), 462-464.
Gonteri (François-Maurice de), archevêque d'Avignon, 204, 385, 838, 945.

Gordes (la Vénus de), 104.
Goudareau (Jules), 525, 465.
Goudareau Olympe), 465.
Goult, Faïences, 256
Goupilleau (Philippe-Charles-Aimé), représentant du peuple, 15, 467, 894.
Grand-Pré (Abbé de), membre de l'Athénée de Vaucluse, 26.
Granet-Lacroix (D'), maire de Bollène 26.
Gras (Félix), 117, 273, 47..
Grève (Guillaume), 849
Grillon, 821. Curé. Voir : Clavel.
Grimaldi Dominique de), vice-légat d'Avignon, 749.
Grimaud (Abbé), de l'œuvre de la Miséricorde de Carpentras, 101, 473.
Grimaud-Meissonnier (Institution) pour l'éducation des sourds-muets, 589, 622.
Grimoard (Famille de), 20.
Grivolas (Antoine), peintre, 101.
Grivolas (Pierre) peintre, 62.
Groseau (le), 631.
Guérin (D'), 25, 26, 963.
Guérin (François), sous-préfet d'Orange, 26.
Guérin (Abbé Jean-Baptiste), 906.
Guérin (Marcel), 680.
Guigue (François), 112.
Guilhem (Abbé de), 278.
Guilhermier (Eugène de), 26, 485.
Guilhermin Jean', sculpteur, 192, 317, 491, 530, 946, 1045.
Guillaume (Anne-Benoîte-Louise), 982.
Guindon-Roquefort (Procès), 58.
Guyon Joseph de) de Crochans, évêque de Cavaillon, 814 ; — archevêque d'Avignon, 45, 197, 229, 234, 322, 377, 687, 1037.

H

Henry (Honoré) secrétaire et chroniqueur de la ville d'Avignon, 497.
Honorius IV, pape, 501.

Huet (Paul), peintre, 856, 963.
Hugues (Clovis), 915.
Hugues Jean-Henri d'), 489, 490, 501, 502..

SOMMAIRE ALPHABÉTIQUE

I

Imbert (G.-F.), 463.
Imbert de Lonnes, 3.
Inguimbert (Dominique-Malachie d"), évêque de Carpentras, 37, 38, 109, 394, 585, 720, 742, 860, 1034.
Innocent IV, pape, 566.
Innocent VI, pape, 506.

Innocent X, pape, 648, 916.
Innocent XI, pape, 293.
Innocent XII, pape, 857.
Innocent XIII, pape, 859.
Isnard (Sixte), 509, 510.
Isnards (Maison des), 895.

J

Jalat (Abbé J.-B.), 458, 511, 512.
Jalla-Lagardette (Abbé Jean-Ignace), 906.
Jean XXII, pape, 118, 515, 884. — Son tombeau, 269, 347.
Jean-Baptiste (le F.), solitaire de N.-D. de la Retraite, 1036.
Jeanne (reine), 1064.
Jeanne de Jésus, fondatrice des couvents des Ursulines d'Avignon, Valréas, Bollène, etc., 21.
Jeanne de Luxembourg, 21, 193.
Jonquerettes, 990.

Jossaud (Esprite de Jésus de), 355, 786.
Jourdan (Mathieu Jouve-). Voir : Jouve-Jourdan (Mathieu).
Joussaud (Esprite de Jésus de). Voir : Jossaud (Esprite de Jésus de).
Jouve (Julie), 864.
Jouve-Jourdan (Mathieu), général de l'armée de Vaucluse, 78, 300, 309, 523, 524, 739, 764, 780, 839.
Jullian (Alix), 526.
Justin (le Père), 84, 150.
Justiniani (Abbé J.-B.-Ignace), 878.

L

La Bastie, Seigneurs. Voir : Fogasses (Balthazar de), Fogasses François-Dragonet de).
La Baume-Suze (Louis de), 767.
La Boulie (Famille de), 459, 460.
Lacoste, 865.
La Coste (Chevalier de), 897.
Lacroix (Joseph), 147.
La Fare (la Révérende Mère de), 159.
Lagnes, 30.
Lagrange (Cardinal de), 684.
Laistre C¹⁰ Pierre de, 600.
Lambot, commissaire royal dans le département de Vaucluse, 231, 545.
Langlade (Jean-Dominique, dit Dubourg, 599, 666, 1034.
Languedoc, Histoire, 212, 213, 403, 1031. — XIII° siècle. Voir : Alphonse de Poitiers. Institutions politiques et administratives, 333 — Corporations, 1019.
Lapalud, 111, 878, 955. — Assassinat du maitre de poste, 323. — Capitulation, 43, 650.
Laplanche (Pierre), peintre, 147.
La Rivière (Polycarpe de), 315, 610, 1005.
La Salle (Antoine de), 529.
Lascaris (Gaspard), évêque de Carpentras, 692, 1017.
Laurana Francesco, sculpteur, 284, 685.
Laure, 64, 67, 110, 133, 163, 311, 482, 719, 751, 754, 755, 813, 986, 997, 1036. — Laure des Baux, 277, 833.
Laurens (François de), 447.
Laurens (Jean-Joseph-Bonaventure), 368, 551, 672.
Laurens (Jules), 533, 551.
Lauris, 154.
La Valfenière (les de Royers de), 236.

Lazare (St), 146.
Le Bourgeois (Robert), 558.
Le Gras (Charles-Ferdinand), 972.
Le Gras (Joseph), 404.
Le Noir (Général Vicomte), commandant de la succursale des Invalides à Avignon, 23, 564.
Léonard (Jean), chanoine de St-Pierre, 565, 766, 779.
Lequien (le P. Antoine), 159.
Lers (Château de), 639.
Lescuyer le fils du patriote), 522.
Letbert, abbé de St-Ruf, 242.
Libelli (Hyacinthe), archevêque d'Avignon, 53, 611, 777.
Ligonès Jeanne d'Antil de), 825.
L'Isle-sur-Sorgue, 72, 153, 181, 299, 332, 458, 511, 517, 568, 577, 621, 833. — Histoire, 555. — Statuts, 955. — Révolution, 466, 517, 895. — Eglise, 511. — Juifs, 116, 287, 707.
Lomellini (Laurent), vice-légat, 91.
Lonnes (Imbert de). Voir : Imbert de Lonnes.
Lortigues (Annibal de), 982.
Lortigues (Pierre de), 982.
Loubet (Etienne), juge de paix du 3° arrondissement de Vaucluse, 542.
Louis XI et les Etats pontificaux, 855 ; — et le St-Siège, 259.
Lourmarin, 155, 455, 646.
Lubéron (Mont), 444.
Lumières (N.-D. de), 407, 795, 828, 916.
Luna (Rodrigue de), 438.
Luxembourg (Jeanne de). Voir : Jeanne de Luxembourg.
Luxembourg (Pierre de). Voir : Pierre de Luxembourg.

M

Machovilla, 886, 911.
Madeleine (Ste), 146.
Magnan (Abbé), 20, 585.
Mahul, préfet de Vaucluse, 1002.
Maignet (Etienne-Christophe), représentant du peuple, 222, 560, 587, 752, 1044.
Malateste (Charles-Félix de), marquis de Roncoffrède, général des armes à Avignon, 11.
Malaucène, 65, 87, 268, 327, 356, 782, 817, 928, 955, 998. — Canton, 1002, 1025. — Le Groseau, 63.
Malemort, 886.
Malijac (M. de) 383.
Mancini, évêque de Cavaillon, 16.
Mancini (Marie), à Avignon, 96.
Manne (Louis-François), chirurgien d'Avignon, 70, 274, 493, 525, 568, 572, 591-593, 843.
Marchand (affaire), 853.
Marie-Bernard (Dom), vicaire général de la Congrégation de Sénanque, 602.
Marie-Madeleine de la Très-Sainte Trinité, 894.
Marie Stanislas (Mère), 851.
Maries (Stes), 545.
Marinis (Dominique de), archevêque d'Avignon, 466, 538, 799, 810.
Martel (Abbé Dominique-Louis), 825.
Martel (Jean-Joseph), 603.
Martellange (Etienne), 236.
Marthe (Ste), 146, 1023.
Martian (St), 446.
Martin, ingénieur d'Avignon, 171, 605.
Martin (Abbé), 826.
Martin (Madeleine), 165.
Martin (Valère). Voir : Valère-Martin.
Martini (Simone), 685, 690.
Masse (Achille), 431.
Massilian (Famille de), 22.
Masson (D'), 705.
Maubec (Famille de), 24.
Maucord, sculpteur, 455.
Maupas (Pont de), 63.
Maury (Cardinal Jean-Siffrein), 4, 38, 619, 778, 933. — Sa famille, 790.
Maximin (St), 146.
Mazan, 385.
Mazarin (Jules), vice-légat d'Avignon, 64, 486, 529, 987.
Mellan (Philippe), graveur, 849.
Mendès, révolutionnaire avignonais, 289.
Méridionales (les), 28.
Mérignargues (Amélie de), 629.
Mérimée (Prosper), 411.
Ménard (Léon), 457.
Mérindol, 438. — Massacre, 64, 288.
Méritan (Abbé Elzéar-Louis), curé de St-Sulpice, 583, 826.
Merles de Beauchamp (les), 79.
Meyssonnier (Véran). Voir : Véran (le P.).
Michel (Abbé), de Caderousse, 26.
Mignard (Nicolas), 637.
Mignard (Paul), 414.
Mignard (Pierre), 414, 534, 559, 658.

Mill (John-Stuart), 1042.
Minvielle (Joseph), 289, 640-642.
Mistral (Frédéric), 102, 1063.
Modène, 794, 816, 955.
Modène (Famille de Raimond de Vénasque de), 700.
Modène (François de Raimond de Mormoiron, Cte de), 234, 420, 421, 424, 805.
Molière (femme de), 234, 420, 424, 805.
Mondragon, 175, 286, 470. Voir : Notre-Dame des Plans.
Mongé (Gaspard de), seigneur du Caire et de Puimichel, 971, 972.
Monnier (Jean-Charles), général commandant les gardes nationales de Vaucluse, 5.
Montauban (Famille de), 24.
Montdevergues, 43, 349.
Montélimar. Cartulaire, 241.
Monteux, 67, 956. — Curé. Voir : Auffant (Abbé Pierre).
Monteynard (Maison de), 543.
Montfaucon (L.-Eugène-Gabriel de Pertuis, baron de), maire d'Avignon, 655, 656, 947, 960.
Montfavet, 600, 677.
Montgolfier (les) à Avignon, 343.
Montlor (Famille de), 24.
Montmirail. Eaux minérales, 243, 275. — Voir : Vacqueyras.
Mont-Ventoux. Notices, 25, 88, 272, 553, 673, 896.
Découvertes archéologiques, 243, 328.
Ascension de Pétrarque, 307, 756.
Histoire naturelle, 243-246, 299. — Botanique, 609. — Géologie, 560. — Sources, 157.
Hôtel climatérique, 246.
Observatoire, 157, 158, 728, 1021.
Pèlerinage, 933. — Croix, 474.
Poèmes sur le Mont-Ventoux, 172, 816.
Morel (Abbé), directeur du Séminaire St-Charles d'Avignon, 767.
Morel Hyacinthe, 39, 58, 66, 109, 660-664, 699, 852, 966.
Morell (Julienne), 886.
Morin (le P. Jacques), J. C.
Morichini Lorenzo, Mgr
Morières, 191, 705, 707, 748, 769, 989, 1024.
Mormoiron, 919.
Mornas, 470, 526, 575.
Moulin, 766.
Moureau (Agricol), 124, 364, 376, 673, 673-675, 1040.
Moutte X., 123.
Mouzin Alexis, 41, 678-681.
Mouzin Marguerite, 646.
Mouzin Marthe, 678.
Mouzin Marthe, 686.
Mouzin Thérèse, 678.
Mulot (Abbé François-Valentin), 77, 165, 315, 681, 682. — Voir : Avignon et Comté Venaissin. Révolution (Médiateurs et commissaires civils).
Murs, 327.

N

Naudo (Paul), archevêque d'Avignon, 721.
Neyron (Joseph-Félix), 888.
Nicolas III, pape, 690.
Nicolas (Froment), 850.
Nicolas (Hector), 245.
Nicolini (François), vice-légat d'Avignon, 53,54, 185, 390.
Nogent-St-Laurens, 256, 643.

Nolhac (le P. Antoine), 260, 739.
Notre-Dame de l'Ermitage, 195.
Notre-Dame-des-Plans, 175, 407.
Notre-Dame-de-Vie, 795.
Notre-Dame-des-Vignes, 444.
Noves (ancien diocèse d'Avignon), 342, 637, 885.

O

Obrian (Daniel), valet de chambre du prince Édouard, 335.
Odidier (Abbé Arsène), 463.
Olivier, professeur à l'Université d'Avignon, 716.
Olivier (Mme Jules), 678.
Olivier-Gérente, procureur de la commune de Pernes, 718.
Olivier de Pezet (Albert-Joseph-Augustin d'), capitaine du génie, conseiller municipal, maire d'Avignon, 670, 717, 718.
Olivier-Vitalis (Ignace-Hyacinthe-Joseph-Martin), bibliothécaire de Carpentras, 719, 720.
Omont, 697.
Oppède, 269, 438, 439, 809, 886.
Orange (Arrondissement d'). Almanach, 25. — Description des communes, 25. — Élections, 207. — Notaires, 43. — Sous-préfets, 949, 950. Voir : Guérin (François), Stassart (Goswin, baron de).
Orange (Diocèse d'), 166, 182, 506, 721, 942. — Religion, 975 — Évêques, 40, 436, 437 ; Voir : Dutillet (L.-G.), Eutrope (St). — Conciles, 4. — Missions, 75, 286, 838.
Orange (District d'). Archives, 44 — Tribunal, 156, 157.
Orange (Ville et principauté), 460, 555, 918, 945, 1049.
    Affaire Marchand, 853.
    Antiquités et archéologie, 26, 37, 268, 380, 803, 873, 1011.
    Arc, 57, 84, 134, 202, 268, 418, 498.
    Archives municipales, 612.
    Bibliothèque, 123.
    Château, 268.
    Chronique, 42, 269, 746.
    Collèges et pensionnats, 26, 949. —
    Collège, 269, 950, 1048, 1049.
    Communauté avant 1789 : Statuts, 956.
    Commune, 638 : — eau potable, 352 : — maire. Voir : Aymard (J.-A.-M.-R. d').
    Concours agricole, 861.
    Cour de la claverie, 43.
    Député. Voir : Gasparin (Auguste de).

    Droits du roi de France sur Orange 209, 997.
    Église romane, 348 ; — St-Florent, 410.
    Enseignement catholique, 486. —
    Frères des écoles chrétiennes, 650, 879.
    Fêtes, 25, 26, 283 ; - Fêtes cigalières, 1041.
    Histoire, 92, 133, 442, 885 ; — XVIIe siècle, 571 ; - Restauration, 230, 501, 502, 789.
    Imprimeurs, 638, 744.
    Monuments, 527, 760 ; - monuments romains, 202, 238, 268, 605 ; — Voir : Orange (Arc) et Orange (Théâtre antique).
    Moulins, 871.
    Numismatique, 205, 338, 403, 404, 1014 ; — sigillographie, 900, 1016.
    Passage du comte d'Artois, 405.
    Peste, 942.
    Principauté, 6, 43, 137, 997 ; histoire, 133, 547, 775, 885, — guerres de religion 842 ; — princes, 25, 181, 434, 690, 1035 ; Voir : Bertrand de Baux, Chalon (Louis de), Chalon (Philibert de) ; — institutions judiciaires, 225.
    Prostitution, 566.
    Protestants, 227, 606, 607, 842.
    Révolution, 14, 15, 107, 156, 323, 324, 396, 552, 589, 738, 780, 998, 1029. — Commission populaire, 114, 139, 287, 297, 559 ; - religieuses guillotinées, 57, 328, 333, 474, 505, 826, 828. — Garde nationale, 139, 152. — Tribunal révolutionnaire, 94 ; — président. Voir : Fauvety (Jean).
    Théâtre antique, 268, 331, 851 ; — représentations, 61, 331, 410, 601, 817, 848.
    Tombeau de Christophe de Dohna, 1049.
    Tribunal de 1re instance, 422, 717. —
    Avocats et avoués, 3.
    Université, 42, 43, 345, 638.
Orange-Montpellier (Famille d'), 692.
Origan du Comtat, 887.
Ormond (James Butler, duc d'), 205.
Ouvèze (rie), 997.
Ouvèze (District de l'), 271, 295.

P

Palun, député d'Avignon, 725.
Pamard (Collection), 256.
Pamard (Dr Alfred), 62, 727-729.
Pamard (Jean-Baptiste-Antoine-Bénézet), 710, 729, 730, 733.

Pamard (Nicolas-Dominique), 274.
Pamard (Paul), maire et député d'Avignon, 678.
Pamard (Dr Paul), 697.

SOMMAIRE ALPHABÉTIQUE

Pamard (Pierre-François-Bénézet), 729, 730, 731.
Pancin (J.-C.), 733.
Panisse (Agricol de), 877.
Papes. Histoire, 247 ; voir : Avignon (Papes). — Bulles et bullaires, 23, 105, 135, 176, 250, 251, 473, 501, 506, 515, 605, 690, 691, 777, 1004. — Papes nés en France, 144. — Voir : Alexandre IV, Alexandre VII, Alexandre VIII, Benoît XI, Boniface VIII, Clément IV, Clément IX, Clément X, Clément XI, Clément XIII, Clément XIV, Honorius IV, Innocent IV, Innocent X, Innocent XI, Innocent XII, Innocent XIII, Nicolas III, Pie VI, Urbain IV, Urbain VIII — Antipape. Voir : Félix V.
Paris (Aimé), professeur de mnémotechnie, 735.
Parpaille (Jean-Perrinet), 1042.
Parrocel (Famille), 587.
Parrocel (Étienne), 736.
Pascal (Eugène), 62.
Passery, ancien avocat général de la vice-légation, 627.
Passionei (Paul), vice-légat d'Avignon, 1, 486, 606.
Patras (Aimé), 404.
Patras (Charles de), 181.
Paul, chirurgien, 738.
Pazzis Maximin-Roch Seguins de Pazzis, dit Maximin de , 741, 742.
Peiresc Nicolas-Claude-Fabri de, 484.
Peirol (Antoine). Voir : Peyrol (Antoine).
Pellechet (Marie), 535, 744.
Pellegrin (Joseph), 169.
Perboyre (Jean-Gabriel), 410.
Perdiguier (Agricol), 409, 591, 606, 745, 746, 853.
Périer (Jean-François), évêque d'Avignon, 367, 746.
Pernes, 109, 127, 420, 422, 788, 810, 822, 919, 920, 956. — Histoire, 272 ; — Révolution, 401, 503, 718. — Monuments, 268. — Maires. Voir : Camaret (de), Proal. — Procureur de la commune. Voir : Olivier-Gérente.
Pernety (Dom), 1042.
Perrat (Jean), notaire d'Orange, 746.
Perrot (Olympe), 382.
Pertuis, (D), 919. — Archéologie, 279. — Histoire naturelle, 299. — Cordonnerie, 411.
Pertuis, juge de paix d'Avignon, 748.
Pertuis de Montfaucon (L.-Eugène Gabriel de). Voir : Montfaucon (L.-Eugène-Gabriel de Pertuis, baron de).
Pérussis (Abbé de), 257.
Pérussis (Louis de), 39, 129, 497, 749-751.
Petit, gendarme, 752.
Pétrarque (François), 23, 56, 64, 79, 82, 109, 163, 189, 237, 242, 277, 286, 311, 313, 350, 425, 427, 434, 479, 536, 539, 558, 599, 613, 634, 651, 664, 696, 751, 753-759, 804, 812, 813, 865, 867, 875, 876, 905, 986, 997, 1018, 1018, 1031, 1036, 1040, 1048. Centenaire (1804), 424, 769, 899, 900 ; — (1810), 950 ; — (1874 , 48, 62, 90, 110, 125, 160, 216, 217-219, 221, 273, 277, 337, 340, 395, 397, 406, 408, 410, 411, 435, 445, 461, 477, 489, 501, 547, 586, 590, 595, 637, 642, 652, 693, 706, 742, 770, 772, 817, 868, 922, 940, 973, 974, 982, 1004, 1020, 1033, 1034 ; — 1904), 219, 310, 554, 639, 693.
Peyre, 760, 796.
Peyrol (Antoine), auteur de Noëls, 760.
Phéniciennes Colonies en Provence, 83.
Pie VI, pape, 370, 465, 486, 948.
Pieracchi, recteur du Comtat, 915.
Pierre de Luxembourg (Cardinal), 21, 46, 98, 119, 139, 152, 191, 193-195, 200, 251, 293, 330, 371, 412, 425, 475, 499, 534, 567, 584, 620, 721, 741, 774, 816, 927.
Pierrelatte, 1040.
Pignatelli, avoué d'Avignon, 1040.
Pimont (Abbé), aumônier des prisons d'Avignon, 767-768.
Pin (Adrien), 768.
Pin (Elzéar), 147, 768.
Pin Fortuné, 613, 768, 1020.
Pin (Abbé Joseph-François-Adrien), 768.
Piot, procureur de la commune d'Avignon, 769.
Poli (Maison de), 724. Voir : Saint-Tronquet (famille Poli de).
Polier, membre du Conseil général de la commune d'Avignon, 789.
Polycarpe de la Rivière, 356, 610, 1005.
Pons St., 119, 195, 408, 774.
Pont Julien, 647.
Pontet (le), 104, 907.
Pontmartin (Armand de), 70, 125, 437, 776-777.
Ponts (Constructeurs de) au m. â., 171.
Pougnet (Abbé), 777, 826.
Poulet (Pierre), 778.
Poulin (Marie), 778.
Poulle, juge, 778.
Poulle (Joseph de), doyen de la Rote, 49, 779.
Poulle (Abbé Louis de), prédicateur du roi, 99, 779, 918, 919.
Poulle (Abbé Louis de), député à la Constituante, 779, 780.
Poultier (François), représentant du peuple, 780.
Pourquery de Boisserin (Gaston), député et maire d'Avignon, 781, 782.
Prayet (J.), ex-recteur de Cheval-Blanc, 784.
Préharon, 151, 768.
Prilly (Marie-Joseph-Victor Mounier de), évêque de Châlons, 787, 800.
Proal, maire de Pernes, 788.
Prompsault (Abbé J.-H.-R.), chapelain des Quinze-Vingts, 17, 871.
Prompsault (Abbé Romain), 151.
Protton, menuisier d'Avignon, 797.
Provençale (Langue), 610, 747, 934, 1063, 1064.
Dictionnaires, 75, 211, 440, 500, 501, 573, 645, 743, 817, 864, 877, 981.
Grammaire, 573.
Littérature et poésie, 403, 445, 542, 633, 639, 917, 932 ; — Noëls, 55, 95, 112. — Renaissance provençale, 70, 252 Voir : Félibres.
Orthographe, 50.
Provençalismes corrigés, 433, 857, 874.
Proverbes et dictons, 173, 175, 823.

SOMMAIRE ALPHABÉTIQUE

Provence, Almanachs, 52. — Annuaire, 484. — Calendrier, 183.
  Archéologie grecque. 279 ; — gallo-romaine, 383 ; — chrétienne, 557, 558 ; — du moyen-âge, 267-269. 777. 851.
  Bibliographie, 88.
  Caractère provençal, 94.
  Chevaliers de Malte, 577, 578.
  Communes. Armorial, 166. — Noms des communes, 23.
  Comtes (Histoire des), 131.
  Culte de Bacchus au XVIII° siècle, 292.
  Description historique et géographique, 6, 146. — Description pittoresque, 870.
  Dictionnaires biographiques, historiques et topographiques, 6, 7, 440.
  Dominicains, 336.
  Droit public, 144. — Ordonnances. édits, lettres patentes, etc., 89. — Statuts, 526. — Coutumes, 131. — Jurisprudence féodale, 549. — Franc-aleu, 448. — Législation sur les eaux, 337.
  Eglises. Apostolicité, 269, 382, 395, 453, 454, 493, 1041 ; — histoire au XV° siècle, 78. — Hagiographie, 26, 146. - Missions, 446.
  Flore, 10.
  Guides du touriste, 87.
  Histoire générale, 145, 146, 389, 444, 696, 734, 879, 897. — Préhistoire, 269. — Colonies phéniciennes, 83. — Antiquité, 185, 210. — Invasions sarrazines, 834. — Histoire du I°r au XII° siècle, 593. — Royaumes de Provence et d'Arles, 151, 426, 780. 781. — Domination des empereurs d'Allemagne, 867. — XIII° siècle, 1039. — Désolation des Eglises pendant la guerre de Cent ans, 315. — Invasion de 1536, 51. Guerres de religion, 54. — Convocation des Etats généraux, 642. — Révolution, 582 ; — mouvement fédéraliste en 1793, 483.
  Histoire naturelle, 111, 299.
  Hospitaliers de St-Jean de Jérusalem, 545.
  Institutions administratives, 168, 277, 527, 620. — Intendance Lebret, 600. — Etats, 277, - Vigueries, 51. 175.
  Littérature. Chants populaires, 49, 127. — Poèmes macaroniques, 51. — Voir : Félibres, et Provençale (langue).
  Médecine, 18, 19.
  Mysticisme, 165.
  Noblesse, 57, 101, 168, 434, 620, 1022. — Armorial, 696.
  Numismatique, 50. 403, 404, 549, 897. — Marcs, 268.
  Ornithologie, 299, 514.
  Parlement. Arrêts, 135, 140, 141, 303.
  Pénitents (Confréries de). 243.
  Poèmes descriptifs, 163, 351.
  Poésie populaire, 49, 50, 127.
  Sceaux et bulles, 126, 312.
  Société (Histoire de la), 858.
  Sorcellerie, 581.
  Syndicats agricoles, 26.
  Tambourin et airs populaires, 939.
  Variétés, 137.
  Vœu pour l'organisation provinciale et communale de la Provence, 155.
Provence (Marche de), 593.
Provence (Royaume de), 781.
Puget-Barbentane (Général Hilarion), 798.
Puy (Guillaume), maire d'Avignon, 230.
Puy (Mlle de), 430.

Q

Quenin (St), évêque de Vaison, 1036.
Quenin (Dominique-Gaspard), imprimeur, 802.

R

Raffélis (Chevalier de), 805.
Raffélis (Pierre de), de Roquesante, juge de Fouquet. 400.
Raffélis-Soissan (de), 257.
Raimond de Mormoiron de Modène (François de). 234, 420, 421, 424, 805.
Raimond de Vénasque de Modène (Famille de), 700.
Rampaille (Jeanne), 1034.
Randon, accusateur public près le tribunal criminel provisoire d'Avignon, 807.
Raousset-Boulbon (Cte de), 808.
Raoux (X.), 808.
Raphel (Jean-Joseph-Claude-Vincent), dit Raphel aîné, 808-810.
Raphel (Louis-Alexis), le jeune, 810.
Raphélis-Soissan (de), 257.
Raspail (François-Vincent), 123, 812, 915.
Raymond (Abbé Joseph-Ange), 816.
Réal (Fernand-Michel, dit Antony), 817, 818, 999.
Reboul (Adelaïde), 512.
Redon (T.), industriel, 828.

Régionalisme, 70.
Rémerville (Joseph-François de), 974.
Remusat, juge au tribunal criminel de Vaucluse, 86.
Renauy (Joseph Prosper), architecte, 800, 843.
René (le roi), 55, 559, 560, 801, 843, 1038, 1039.
Requiem (Esprit), 150, 316, 411, 589, 630, 662, 847, 855.
Revoil (Henry), architecte, 646, 851.
Revol (B.-H.), poète avignonais, 852.
Rey (Abbé Claude), 854.
Reynard-Lespinasse (A.), 856.
Reynard-Lespinasse (Henri), 855.
Reynes, professeur à l'Ecole de dessin d'Avignon, 856.
Reyre (le P. Joseph), 857.
Rhône, 657, 913. — Monographie, 89. — Histoire, 565. — Découverte archéologique, 313. — Passage par Annibal, 163, 164, 300, 419, 420, 453, 537. — Procès du Rhône, 396, 820.

Canaux, 782.
Encaissement et canalisation, 351 ;
— projet de canal dérivé, 352 ; — canaux dérivés, 782.
Iles, 704, 796. Voir : Barthelasse (Ile de la).
Inondations 154, 228, 651.
Navigation, 159, 165, 241, 253, 260, 337, 428, 700, 832, 996, 1011 ; — bateaux à vapeur. 879.
Nivellement, 693.
Poèmes du Rhône, 484, 618, 636, 645.
Poissons, 299.
Régime et chaussées, 157 ; — palière de la Cachade, 133.
Tourisme, 79, 924.
Rhône Bassin du), Géographie physique, 581.
Ribère (Michel), jurisconsulte avignonais, 858.
Richard, maire d'Avignon, 48, 862.
Richard (Abbé Toussaint-Agricol), curé de St-Pierre d'Avignon, 681, 862.
Richerenches. Templiers, 867.
Rienzi (Nicolas), 130, 259, 338.
Rieux (Thérèse-Julie-Adèle-Eudoxie), 137.
Ripa-de-Sannazar ou de Saint-Nazaire (Jean-François de). Voir : Sannazar (Jean-François de Ripa (de).
Rive (Abbé Joseph-Jean), 6, 665.
Roaix, Templiers, 241.
Robert (Louis-Benoît), général, 868.
Robinaux, substitut du procureur de la commune d'Avignon, 870, 871.
Robion, 386.
Roche (D'), 178.
Roche (Léon), 871.
Rochechouart (Mis de), gouverneur d'Avignon et du Comtat, 34, 69, 369, 622, 623, 1045.
Rochechouart (M^{ise} de), 622.

Rochegude (Mis d'Aqueria de), 399.
Rochemaure (de), vicaire général du diocèse d'Avignon, 98.
Rochetin (Jean-Antoine), 872.
Rochetin (Jean-François), maire d'Avignon, 872.
Rogier fils, 919.
Rollery (Paul-Aldonce), 874.
Romillon (le P. Jean-Baptiste), 153, 581, 860.
Roncoffrede (Marquis de). Voir : Malateste (Charles-Félix de), marquis de Roncoffrede.
Roquard (Abbé de), 302, 878.
Roque-sur-Pernes (la), 272, 998.
Roquesante (Pierre de Raffélis de), juge de Fouquet, 400.
Rosier, sous-brigadier des chevaux-légers de S. S., 878.
Rospigliosi (Cardinal), légat d'Avignon, 958.
Rossel (P.), 878.
Rossoline (Ste), de Villeneuve, 494.
Rouard (E), 123.
Roumanille (Joseph), 215, 216, 269, 273, 777, 864, 880-884, 971.
Roussillon, 301.
Roux (Esprit), médecin, 889.
Roux (Jean-Baptiste), administrateur de l'archevêché d'Avignon, 378, 784.
Roux (Martin), 889.
Rovère (Joseph-Stanislas-François-Xavier), député de Vaucluse, 891-894.
Rovère (Simon-Stylite-François-Régis), évêque constitutionnel de Vaucluse, 892, 894.
Ruf (St), évêque d'Avignon, 468.
Ruffier (Xavier), patriote d'Avignon, 897, 898.
Rustrel (Usine de), 986.
Ruy (Abbé Louis), 629, 898.

S

Sablet, 69, 175.
Saboly (Nicolas), 77, 149, 150, 405, 901-904, 934, 945, 969.
Sabran, ancien officier de marine, 847.
Sabran (Claude), maire de Cavaillon, 904.
Sabran (Famille de), 371.
Sabran-Pontevès (Maison de), 906.
Sabran-Pontevès (Marie-Elzéar-Henri Foulques de), 905.
Sadolet (Jacques), cardinal, évêque de Carpentras, 22, 136, 747, 861, 906.
Sadolet (Paul), évêque de Carpentras, recteur du Comtat, 136.
Sadrin (Abbé), 827.
Saignon, 446.
Saïn (Paul), peintre, 163, 658, 678.
Saint-André-des-Ramières, 175.
Saint Benoît (Sœur), 974.
Saint-Christol (Jacques-François de Brémond, baron de), 912, 913.
Saint-Didier. Etablissement, 132.
Saint-Jacques (de), procureur général du Comtat, 913, 914.
Saint-Just, 298.
Saint-Laurent-des-Arbres (ancien diocèse d'Avignon), 367.

Saint-Paul-Trois-Châteaux (diocèse).Eglise, 715. — Evêques, 19, 162, 253. — Catéchisme, 5, 212. — Synode, 266.
Saint-Pierre-de-Vassols, 272.
Saint-Prégnan (Baron Roque de), maire d'Avignon, 916.
Saint-Rémy de Provence (ancien diocèse d'Avignon), 311, 740, 760, 865.
Saint-Saturnin d'Apt, 254, 865.
Saint-Saturnin-d'Avignon, 990.
Saint-Tronquet (Famille Poli de), 969. Voir : Poli (Maison de).
Saint-Victor de Bouquet, 357.
Sainte-Cécile, 617, 990.
Sainte-Croix (Guillaume-Emmanuel-Joseph-Guilhem de), 131, 296, 764, 918, 919, 941.
Sainte-Croix (Théophile-Guillaume-Guilhem de), 919.
Sainte-Garde-des-Champs (N.-D. de), 5, 84, 111, 112, 794, 826, 827, 835.
Sainte-Marie, de Pernes, 919.
Saintemarie (Joseph-Gabriel), de Pernes, 919, 920.
Saisson (Charles-Marie), 827.

Saladini (de), commissaire de police à Avignon, 921.
Salamon (Abbé Louis-Joseph-Siffrein de), internonce, 921, 922.
Salvador (Joseph-François de), fondateur de Ste-Garde, 544, 826, 834.
Salvador (Paul de), primicier de l'Université d'Avignon, 923.
Salviati (Grégoire des ducs de), vice-légat, 537.
Sannazar (Jean-François de Ripa del), professeur de droit à l'Université d'Avignon, 924, 926.
Sannes (baron de Saqui-), conseiller à la Cour des comptes de Provence, 969.
Sannes (C" de Saqui-), 488, 597.
Sannes (Germaine de Saqui-), 558.
Sanvitali (Antoine-François), vice-légat, 923.
Saporta (Joseph-Antoine de), maire d'Apt, 926.
Saqui-Sannes. Voir : Sannes (de Saqui-).
Sarrians, 175, 215, 310, 656, 808, 809, 823, 896, 996, 997. — Ancien maire Voir : Tourreau (F.-P.-B. de).
Sault, 118, 994, 1016. — Inscription antique, 247. — Musée, 41. — Révolution, 116, 215.
Sault (Comté de), 299, 986.
Sault (Elys de), 48.
Saumanes, 111, 293.
Saurel (Famille), 447.
Saurel (Alfred) 446, 927, 928.
Schisme (Grand) d'Occident. Voir : Avignon (Papes).
Seguin (Hippolyte), 257.
Seguin (Madeleine), 404.
Seguins (Sébastien de), 934, 948.
Seguins de Pazzis (Maximin-Roch), 741, 742.
Seguins-Vassieux (Mis de), 399, 935.
Séguret, 175, 298, 438, 439, 441. — Hospice. Voir : Germaine (Sœur).

Sénanque (Abbaye de), 114, 195, 267, 602, 681. — (Congrégation de). Vicaire général. Voir : Marie-Bernard (Dom).
Sépet (Joseph), 11.
Seren (Mlle Fernande), 432.
Sérignan, 108, 489, 490.
Serres-lès-Carpentras, 724.
Servier (Marthe), 463.
Sévigné (M^{ise} de), 926.
Seymard (Eugène), 110.
Seynes (Léonce de), 588.
Seyssaud (René), 103.
Sforza (Frédéric), vice-légat, 548, 987.
Sherlock (Sauveur-François-Louis), député de Vaucluse, 937-939.
Siena (Giovanni di Bartolo da), 683.
Siffrein (St-), évêque de Carpentras, 138, 861, 865, 975.
Simiane (Maison de), 868.
Simiane (Gaspard de), 986.
Simiane-La-Coste (Gaspard de), recteur de St-Martial d'Avignon, 738.
Simiane-La-Coste ((Mis de), 287.
Singier (Alexis), directeur du théâtre d'Avignon, 233, 942.
Sollier (Abbé), vicaire général du diocèse d'Avignon, 88.
Sombreuil (Mlle de), 1043.
Sorgia, 355.
Sorgue (la), 979, 980. — Ecrevisses, 55.
Sorgues, 543, 771, 1027. — Archéologie, 268, 356. — Célestins de Gentilly, 1003. Atelier monétaire, 609, 1016.
Soullier (Charles-Simon), ancien député, maire d'Avignon, 945, 946.
Soumille (Bernard-Laurent), 947.
Stanhope (Philippe), 95.
Stassart (Goswin, baron de), sous-préfet d'Orange, préfet de Vaucluse, 25, 26, 283, 290, 366, 460, 482, 661, 662, 949, 950.
Stuarts (les) à Avignon, 335, 600, 957.
Suarès (Louis-Marie de), prévôt de la Métropole d'Avignon, 468, 962.
Sylvestre (le P.), de Carpentras, 606, 962.

T

Tambour d'Arcole (le). Voir : Etienne (André).
Tamisier (J.), secrétaire de la Chambre de Commerce d'Avignon, 912, 966.
Tamisier (Rosette), 30.
Taulignan (Marie-Zéphirine-Sophie... de Montpezat, M^{ise} de), 967.
Tavernier, 968.
Terris (Abbé Ferdinand), curé de Cavaillon, puis de St-Siffrein de Carpentras, évêque de Fréjus, 503, 815, 968, 969.
Terris (Marguerite de), 404.
Terris (Marie-Amélie-Roseline-Augusta de), 972.
Teste, ancien commissaire du pouvoir exécutif près les tribunaux civil et criminel de Vaucluse, 976.
Teste (Antoine-Joseph-Augustin), professeur de droit à l'Université d'Avignon, 977.
Teyssier (Thomas de), auditeur de la rote et historien d'Avignon, 378, 978, 979.

Thibault (Pierre), architecte et ingénieur de la légation d'Avignon, 979, 980.
Thomas frères, industriels à Avignon, 400.
Thomas (Alphonse-Charles), de Bédoin, maire à Cavaillon, 627, 980.
Thor (le), 147, 162, 347, 700, 828, 911. — Etymologie, 356. — Histoire, 885. — Eglise, 268, 269.
Thouard (Abbé Joseph), 973.
Thouzon, 147, 347. — Grotte, 245.
Tisson, général de brigade, 765, 983.
Tissot, avocat d'Avignon, 983, 1040.
Tissot, député à la Constituante, 984, 985.
Tonduti (Jean-Baptiste), seigneur de Blauvac, 487, 987.
Toulouse (Comtes de). Histoire, 212.
Tour-d'Aigues (la), 67, 299.
Tournal (Sabin), 107, 289, 572, 632, 802, 944, 990-993.
Tournemire (Jean de), 733.
Tourreau (François-Paul-Bénézet de), maire de Sarrians, 215, 996, 997.

Tourrettes, 647.
Tramier, avocat, de Vénasque, 998.
Trestaillons, 817.
Truc (Joseph-Marie), 113, 1000.

Turc, marchand de blé, à Avignon, 1002.
Turenne (Raymond-Roger, vicomte de), 1018.

U

Urbain IV, pape, 1004.
Urbain V, pape 10, 19, 20, 196, 437, 585, 770, 797, 926, 1004.

Urbain VIII, pape, 957, 958.

V

Vaccon (de), évêque d'Apt, 878.
Vachères, 543.
Vacqueiras, 52, 517. — Eaux minérales, 25, 243. — Voir : Montmirail.
Vaison (Diocèse de). Chorographie, 957. — Evêques, 40, 162, 253, 259, 436, 437, 516 1036 ; voir : Quenin (St). — Offices, 182. — Synode, 266.
Vaison (Ville de), 535, 910, 1006. — Antiquités, 268, 928, 929, 1011. — Inscriptions, 312. — Monuments, 37, 166, 268, — Cathédrale, 297. — Eglise St-Quenin, 715. — Révolution, 108, 203, 887.
Valère-Martin (Valère-Joseph-Elzéar-Hyacinthe Martin, dit), 122, 1008, 1009.
Vallentin du Cheylard (Famille), 1037.
Vallentin du Cheylard (Roger). 1011-1017.
Valori (Gabriel de), 32.
Valori (Henri de), 32, 1018.
Valréas (Canton de). Réaction thermidorienne, 324.
Valréas (Ville de), 113, 790, 825, 1000. — Histoire, 62, 63. — Collèges et pensionnats, 26. — Juge, 939. — Ursulines, 21, 1035. — Révolution, 74. — Poète, 237.
Valvor (Guy-). Voir : Vayssière (Georges).
Vaucluse (Département de). — Notices générales. 32, 35, 36, 285, 426, 430, 431, 435, 449, 542, 543, 548, 565, 832. — Guides, 371, 431, 485, 510, 613, 797. — Panorama, 482. — Descriptions historiques et pittoresques, 164, 538, 555, 563, 582, 601, 630, 639, 657, 672, 689, 767.
Adresses (Dictionnaire des), 475.
Agent-voyer en chef, 808.
Agriculture, 17, 36, 37, 42, 393, 507, 546, 548, 551, 594, 613, 763, 766, 808, 911, 941, 963, 997, 1003, 1031-1062. — Voir : Avignon. Agriculture (Ecole d'agriculture). — Agronomie, 807, 812. — Anil ou indigo franc, 525. — Betterave, 763. — Blés, 686. — Elevage, 1053, 1056, 1060. — Garance. Voir : Vaucluse (département). Commerce et industrie. — Lavande, 1054. — Olivier, 84, 935, 1058, 1061. — Pastel, 478. — Populations agricoles, 93. — Syndicat agricole vauclusien, 26. — Syndicats agricoles des Alpes et de Provence, 269. — Tabac, 710, 764, 785. — Truffe, 29, 409, 581, 635, 1054, 1057, 1059, 1061. — Viticulture, 452, 1036-1038, 1056, 1060-1062 ; — phylloxera, 983, 1036.
Aliénés 349

Annuaires, 25, 34-44. — Notice et bibliographie des annuaires, 41, 342.
Archéologie, 40, 225, 639, 907-912. — Congrès archéologiques, 267-269. — Archéologie préhistorique, 233, 267, 268, 326-328, 817. — Archéologie antique, 183, 184, 219, 267, 268, 381, 417,606, 1011. — Monuments romains, 40, 164, Arcs-de-triomphe, 62. — Mosaïques, 540. — Céramique, 580. — Topographie gallo-romaine, 646. — Voies romaines, 454, 744 873. -- Villes antiques. Voir : Aeria, Vindalium. — Archéologie chrétiene : Inscriptions, 268, 557 ; — sarcophages, 558. — Archéologie sacrée, 82. — Archéologie romane, 114, 532,851. -- Architecture lombarde, 268. — Croix couvertes, 95 — Fontaines, 269, 418. — Cabanes en pierres sèches, 573. — Voir : Vaucluse (département). Monuments historiques.
Archives communales, 226 ; — d'Orange, 612. — Inventaires (Avignon), 344.
Archives départementales, 612. — Inventaires, 10. — Etat général par fonds, 43, 383. — Etat sommaire de la période révolutionnaire, 43, 383.
Archives notariales, 43. — Etats des minutes : arrondissement d'Avignon, 38, 42, 43, 347 ; — d'Orange, 43. — Curiosités notariales, 269, 8..
Art et artistes, 40, 41, 102, 300, 551. — Monuments de sculpture, peinture, architecture, etc., 428. — Exposition, 239. — Voir : Avignon (Art et artistes).
Assistance publique, 728, 729, 739. — Assistance médicale, 540. — Enfants trouvés, 739. — Maternité, 162. — Comité Vauclusien de l'Alliance d'hygiène sociale, 1031.
Associations religieuses, 574.
Bibliographie, 88, 530.
Bibliothèques anciennes et modernes, 226. — Voir : Apt, Avignon, Carpentras, Orange (Bibliothèque). — Manuscrit, 1003.
Biographie, 160. — Dictionnaires, 7, 63, 83, 1020. — Célébrités, 37, 164. — Silhouettes Vauclusiennes, 257.
Cadastre, 490, 935.
Canaux et irrigations, 2, 87, 417, 588, 876, 914, 947, 1007, 1058. — Associations syndicales, 885. — Régime des eaux, 807, 885, 895. — Canal Brun (Projet), 172, 626. — Canal de Carpentras, 190. — Canal de Carpentras à Avignon (pro-

jet), 979. — Canal Crillon, 191, 627, 705, 707. — Canal de l'Hôpital, 209, 739. — Canal de L'Isle, 191. 286. — Canal de Mérindol, 579. — Canal de Pierrelatte, 190, 339, 478, 773. — Canal Puy, 171, 605 — Canal de St-Chamas à Donzère (projet). 561, 670 — Canal de St-Julien, 191, 343. — Canal de Sarrians, 823. — Canal de Tarascon à Avignon (projet), 709, 762. — Canal de Vaucluse, 343, 773, 819, 828, 863. — Canaux du Rhône, 782.
Cantiques populaires, 301, 302.
Cartes, 36, 42.
Cartes agronomiques, 989, 990.
Chambre de commerce, 267.
Chasse, 631.
Chemins de fer 89, 153, 187, 747, 863, 864 ; — d'Avignon à Marseille ou d'Avignon à Lyon, 240, 241, 299, 306, 316, 545, 546, 653, 688, 694, 708, 966, 980 ; — d'Avignon à Gap, 286 ; — de Pertuis, 748 ; - des Alpes, 819.
Commerce et industrie, 36-38, 42, 354, 546, 828. — Garance, 38, 92, 118, 187, 451, 528. 763. — Soies, 38, 187, 485, 625, 874, 977, 978. — Sucre, 1024. — Confiture, 445. — Pain, 1037.
Communautés et consulats au moyen-âge, 936.
Communes. Armorial, 166. — Dictionnaires. 6, 40, 42, 284, 285. — Dictons et sobriquets, 83. — Onomastique, 41, 42, 677, 588.
Compagnonnage, 745, 746.
Conseil général. Table des délibérations, 344.
Département. Formation, 42, 43, 280.
Députés, 186, 187, 787, 843 ; voir : Cambis d'Orsan (A.-M.-F.-L., Mis de), Du Demaine (Cte Roger), Gasparin (Auguste de), Pouquery de Boisserin (Gaston), Rovère (J.-S.-F.-X.), Sherlock (S.-F.-L.).
Eclairage public, 40.
Eclipses, 480.
Ecole centrale : Voir : Vaucluse (département). Instruction publique.
Eglise consistoriale, 647.
Elections : An XII, 221 222 ; — 1er empire, 476, 505, 515, 771, 775 ; — Restauration, 48, 49, 68, 186, 354, 415-417, 552, 819, 929, 946 ; — Louis-Philippe, 250, 557, 583, 797 ; — 2e empire, 435 ; — 3e République, 93, 169, 340, 483.
Epidémies. 270, 492. — Variole, 1051. — Choléra, 621, 633, 968.
Epizooties. 947. — Rage, 1003.
Etat-civil. Actes antérieurs à 1790, 42.
Evêques. Voir : Etienne (François), Rovère (S.-S.-F.-R.).
Ex-libris, 398, 399.
Fêtes votives, 40.
Foires et marchés, 41.
Forêts. 879. — Déboisement, 996.
Franc-maçonnerie. 1020.
Garde d'honneur Vauclusienne, 306.
Gardes Nationales. Commandant. Voir : Monnier (Jean-Charles).

Géographie. 112, 426, 516, 577, 590, 742, 747.
Géologie, 253, 444 472, 517. 518, 560, 691, 743, 744, 812. — Avens, 604. — Chaux, plâtres, ciments, 807 ; — plâtrières, 863. — Fossiles, 812. — Minéralogie, 730 ; — mines de fer, 469.
Histoire, 575, 576 ; — recueil de documents, 502 ; — éphémérides historiques, 40. — Antiquités, 40, 419-422, 448, 453, 454. — Itinéraire d'Annibal, 163, 164, 300, 419, 420, 424, 453, 537, 748. — XVIe siècle, 84. — Révolution. Voir : Vaucluse (département). Révolution. — 1er empire, 994, 995. — 1814. 181. — 1815 (Fédération Vauclusienne. Campagne du duc d'Angoulême , 43, 224, 230-232, 375, 484, 502, 650, 708, 914. — Terreur blanche, 430, 431, 542, 1039, 1040. — Restauration 229-233, 417, 584, 585, 661, 778, 918 ; — commissaire royal. Voir : Lambot. — Louis-Philippe, 762. — 1848, 887. — 2e Empire, 915. — Politique et événements contemporains, 189, 387, 458.
Histoire naturelle. 243-247, 477, 479, 482, 640, 833, 834. — Botanique, 727. — Champignons, 834. — Flore, 879, 889. — Ornithologie, 890. — Sources (Température des), 40. — Tremblements de terre, 857, 868.
Horloges publiques et horlogers, 8.
Hydrologie, 807, 885, 895.
Impositions, 190, 276, 524, 631.
Inondations, 8, 42, 53, 54, 224, 260. — Voir : Rhône (Inondations).
Instruction publique. Historique, 40, 225 ; — au XIXe siècle, 190. — Enseignement primaire avant 1789, 40, 854 ; — 1791-1900. 599. — Ecole centrale du département, 36, 37, 44, 465, 661, 809, 899.
Journaux (Bibliographie des), 847.
Justice et police, 830, 982.
Juifs. Liquidation des anciennes Communautés, 287, 707.
Littérature. Chansons, 228-233. — Noëls, 974. — Pastorales, 111. — Poètes provençaux, 50, 111, 112, 128, 172, 390, 406, 575, 676, 681. — Romans, 48, 104 ; voir : Vaucluse (département). Révolution. — Théâtre. 37, 40, 41, 856. — Voir : Avignon (Littérature. (Romans). Félibres.
Médecine, 1050. — Hygiène, 1049. — Topographie médicale, 479. — Voir : Vaucluse (département). Vaccination.
Mesures. Voir : Vaucluse (département). Poids et mesures.
Météorologie, 36, 37, 42, 480, 481, 728.
Mistral, 272.
Mobiles et mobilisés (1870-71), 399.
Mœurs et coutumes, 465. — Chefs des plaisirs. Bazoche. Abbés de la jeunesse. 41
Monnaies (réduction des), 964, 965. — Voir : Avignon et Comté Venaissin (Monnaies) et Vaucluse (Numismatique).

SOMMAIRE ALPHABÉTIQUE

Monuments historiques, 39, 40, 43, 44 ; — objets d'art classés, 43, 44.
Musique. Histoire, 41.
Numismatique, 40, 909-911. — Collections, 256. — Voir : Vaucluse (Monnaies).
Pénitents, 612.
Poids et mesures (Conversion des), 36, 40, 43, 281, 305, 386, 444, 692, 810, 964. Points les plus élevés 40.
Ponts, 41.
Population, 37, 38, 40-42. — Mortalité, 40, 728 ; — des enfants du 1ᵉʳ âge, 100. — Recensement, 417, 801.
Préfets. 38, 40, 52, 261, 306, 949 950, 959, 960, 995, 1002. Voir : Mahul, Stassart (Goswin, baron de).
Recensement, 417, 801.
Recrutement, 615
Rentes foncières, 420, 422, 423.
Représentants, 42, 346.
Révolution. Histoire, 31 48, 235, 521, 542, 554, 614, 627, 946, 1031, 1037. Voir : Avignon (Révolution). Avignon et Comté Venaissin (Révolution). — Recueils de documents, 43, 344, 467, 892. 894. — Documents contemporains, 765 ; 1790. 671 ; — 1791. 46-48. 276, 358-361, 738 ; 1792. 78, 81, 97, 152, 360, 361, 368, 570, 637, 818, 1046-1048 ; — 1793. 294, 362, 364, 365, 390, 671, 673-675, 790 ; — an II. 222, 239, 240, 372, 507, 672, 863 ; voir : Bédoin (Massacre) ; — an III. 78, 364, 752, 753, 892. 985, 1044 ; — an IV. 15, 369, 429, 491, 504, 509, 892 ; — an V. 16, 113, 154, 155, 560, 632, 801, 821, 976 ; — an VI, 155, 319, 353, 608 ; — an VII. 228, 271 ; — an IX. 985. — Administration centrale du département, 38, 40. — Approvisionnement, 430. — Armée du département de Vaucluse, 136, 323, 377, 523, 524, 822, 829, 1021, 1025 ; général. Voir : Jouve-Jourdan (Mathieu). — Assemblée électorale, 846 ; président. Voir : Duprat (Jean), dit le jeune. — Assignats et mandats territoriaux, 40, 640, 965 ; réduction. 280. — Brigandage, 156, 789, 938. — Calendrier républicain, 703. — Commission militaire, 70. — Député à la Convention. Voir : Duprat (Jean). — Fédéralisme, 132, 206 — Garde nationale, 116 810 — Histoire religieuse, 334, 780, 891, 892, 894, 937, 1022, 1023. — Jury central d'instruction, 454. — Maximum, 577. — Représentants du peuple, 937-939, 1033 Représentants en mission, 38, 40, 467, 781, 957, 1044 ; Voir : Barras, Debry (Jean). Fréron (L.-M.-S.), Goupilleau (Ph.-C.-A.), Maignet (E.-Chr.), Poultier (François). — Romans sur la Révolution Vauclusienne, 300, 465, 471, 817. — Syllabaire républicain, 940. — Tribunal criminel, 85, 86, 114 ; accusateur public. Voir : Barjavel (François) ; juges, Voir : Boyer, Faure, Rémusat. — Volontaires, 1031.
Routes, 201 ; — d'Avignon à Digne, 1020. — Agent-voyer, 808.
Souscription pour les Vendéens, 49 ; — en faveur des Grecs, 376.

Statistique, 37 ; — Mémoire statistique sur le département, 742.
Statues historiques, 42.
Topographie, 36, 37, 38. — Topographie physique et médicale, 479.
Tourisme, 963.
Transhumance, 606.
Tribunaux, 830, 982.
Usages locaux, 43. Voir : Avignon (Usages locaux).
Vaccination (Controverses sur la), 83, 127, 431, 729, 937.
Vaucluse (District de), 295. — Comptabilité, 640, 641. — Tribunal, 870 ; président. Voir : Duprat (J.-E.-B.), dit l'aîné
Vaucluse (Ville de), 31, 32, 38, 56, 66, 72, 95, 97, 109, 133, 147, 163, 277. 452, 595, 632, 664, 768, 867, 900. — Fontaine, 157, 164, 286, 299, 311, 317, 324, 372, 479, 503, 525, 603, 607, 819, 915, 922, 965, 993, 1044.
Vaucluse (Hortense de), mélodrame, 773.
Vaudois, 105, 748.
Vaugines, 348.
Vayson (Paul), peintre, 102, 103, 161.
Vayssière (Georges), dit Guy Valvor, 589.
Vedènes, 174, 382, 844, 1038.
Velleron, 177.
Venaissin (Comté). Voir : Comté Venaissin.
Vénasque, 37, 268, 454, 536, 998. — Évêque. Voir : Boèce.
Ventoux (le). Voir : Mont-Ventoux.
Véran (St), évêque de Cavaillon, 31, 32, 39, 50, 138, 614, 1036.
Véran (Barthélemy), adversaire de l'évêque Etienne, 1022, 1023.
Véran (Véran Meysonnier, dit le P.), capucin, 1009.
Verdier (César), de Morières, 1024.
Vérédème (St), évêque d'Avignon, 196.
Vernet, membre du Comité des Gardes avignonaises, 1027.
Vernet (les), peintres, 898.
Vernet (Carle), 126, 303, 442, 661.
Vernet (Horace), 126, 303, 306, 525, 642, 661.
Vernet (Joseph), 109, 126, 303, 306, 401, 542, 698, 960, 966.
Verninac de Saint-Maur (Raymond de), commissaire médiateur, 1028-1030.
Vesc (Famille de), 24.
Vève (Abbé), 825.
Via (cardinal Arnaud de), 348.
Viala (Joseph-Agricol), 42, 260, 277, 345, 555, 563, 838.
Vidaud (Gabriel), grenadier, 1033.
Vidaud (Gabriel de), pénitent gris d'Avignon, 139, 777.
Viens. Mines, 299.
Vigne (Louis-Joseph-Marie-Ange), archevêque d'Avignon, 748.
Villandrando (Rodrigue de), 803.
Villa Nova, près Avignon, 357.
Villa Nova, près Bédarrides, 357.
Villelaure. Mosaïques romaines, 498.
Villelongue (Abbé), 1038.
Villeneuve-lez-Avignon, 161, 408, 432, 462, 1003. — Histoire, 282, 283, 1005, 1010. — Chronique, 947. — Révolution,

492. 498. — Restauration, 166. — Guide, 222.
 Candaus, 872.
 Chartreux, 124, 195. — Chartreuse, 282, 418, 683, 774, 923.
  Communauté, 1017. — Elections, 776.
  Croix couverte, 95.
  Curé. Voir : Fuzet (Mgr F.).
  Institution Grimaud, 589.
  Monnaie, 1013.
  Monuments, 268. — Eglise, 1006.
  Musée, 222 ; — tableau du roi René, 850.
  Pénitents gris, 428.
  St-André, 97, 204, 283, 631, 732. — Abbé. Voir : Clausonne (Bermond de).

Saints, 774. — Centenaires religieux, 119. Voir Casarie (Ste), Pons (St). Sigillographie, 900.
Villes, 993, 994, 995.
Vinay (Gabriel), avoué d'Avignon, 1039, 1040.
Vindalium, 909.
Vintras (Pierre-Michel) et sa secte, 30, 101.
Visan, 444, 941, 956.
Vitrolles-lez-Luberon 437.
Voconces, 1011, 1012.
Waton (D'), 727.
Waton (Denis-Pierre-Marie), 1045.
Wittgenstein (de), général de division, commandant l'armée du Midi, 14, 1046-1048.

Y

Yvan (Antoine), 165, 1049.
Yvaren (Cyprienne), 600.

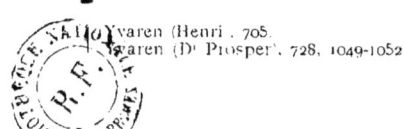

Yvaren (Henri), 705.
Yvaren (D' Prosper), 728, 1049-1052.

DOUBLE
Q.4638
(1)

51

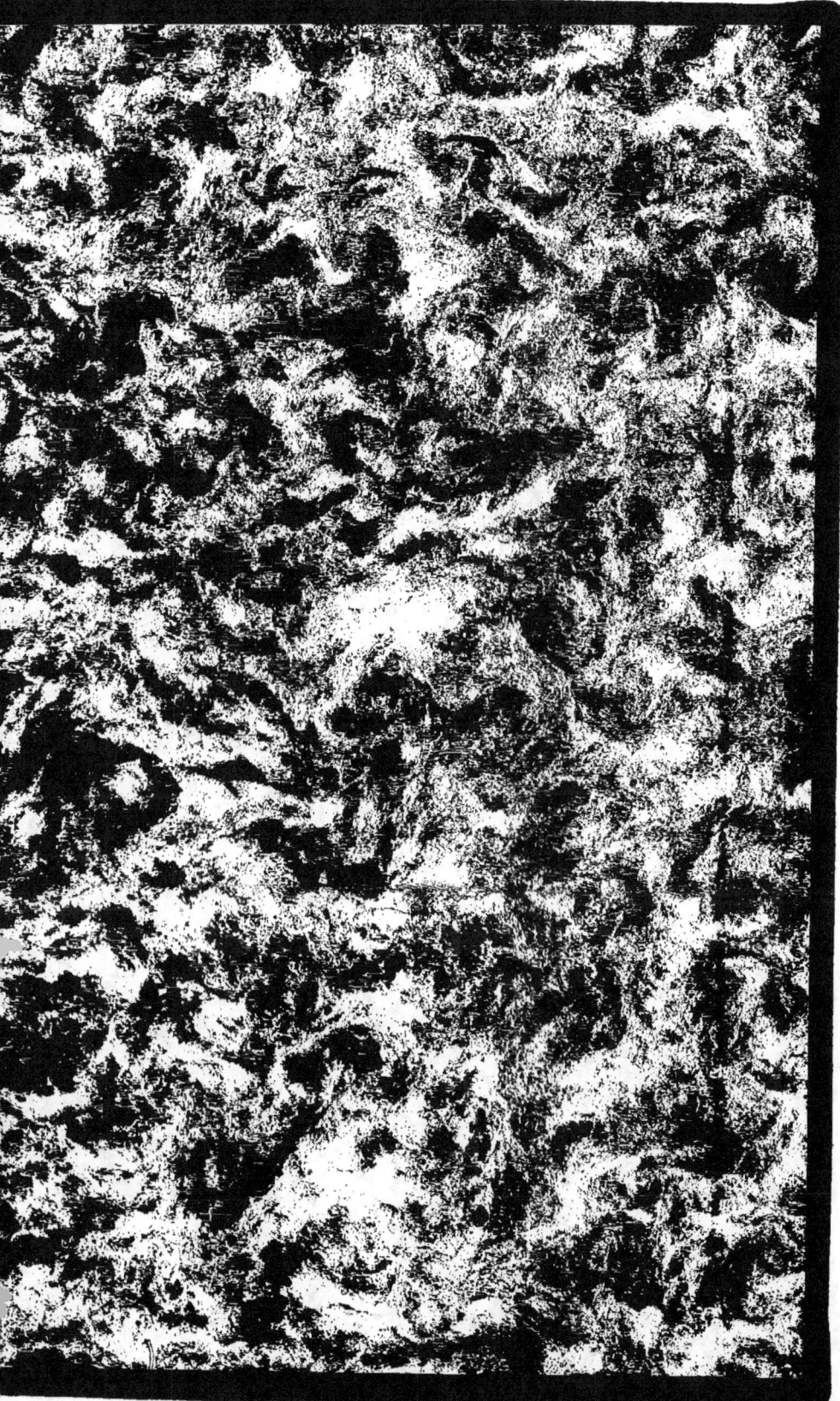

www.ingramcontent.com/pod-product-compliance
Lightning Source LLC
Chambersburg PA
CBHW070358230426
43665CB00012B/1171